U0881991

中国电源行业年鉴　2014

中国电源学会　编著

机 械 工 业 出 版 社

《中国电源行业年鉴2014》由中国电源学会编著，对电源行业整体发展状况进行了综合性、连续性、史实性的总结和描述，是电源行业权威的资料性工具书。本年度《年鉴》共分十篇，前两篇：政策法规、宏观经济动态，主要介绍了与电源行业相关领域的国家政策法规和宏观经济环境，为行业发展和各单位的决策提供指导和参考；后八篇：电源行业发展报告、电源行业要闻、科研与成果、电源发明专利、电源标准、电源相关高等院校和科研机构简介、会员企业简介、电源新产品介绍，从各个方面介绍了2013年度电源行业的发展状况。

本年鉴可供相关政府职能部门、生产企业、高等院校、科研院所、采购单位、检测服务机构人员和电源工程技术人员参考。

图书在版编目（CIP）数据

中国电源行业年鉴.2014/中国电源学会编著.—北京：机械工业出版社，2014.8
ISBN 978-7-111-47724-2

Ⅰ.①中…　Ⅱ.①中…　Ⅲ.①电源-电力工业-中国-2014-年鉴
Ⅳ.①F426.61-54

中国版本图书馆CIP数据核字（2014）第191741号

机械工业出版社（北京市百万庄大街22号　邮政编码100037）
策划编辑：林春泉　责任编辑：林春泉
版式设计：霍永明　责任校对：任秀丽　李锦莉
封面设计：鞠　杨　责任印制：刘　岚
北京京丰印刷厂印刷
2014年9月第1版·第1次印刷
210mm×285mm·36.25印张·28插页·1490千字
0 001—1 200册
标准书号：ISBN 978-7-111-47724-2
定价：298.00元

凡购本书，如有缺页、倒页、脱页，由本社发行部调换

电话服务	网络服务
社服务中心：(010)88361066	教材网：http://www.cmpedu.com
销售一部：(010)68326294	机工官网：http://www.cmpbook.com
销售二部：(010)88379649	机工官博：http://weibo.com/cmp1952
读者购书热线：(010)88379203	**封面无防伪标均为盗版**

中国电源学会第二十届学术年会11月8-10日在杭州召开

本次会议超过700人参加，图为主会场现场

中国电源学会理事长徐德鸿教授致开幕词

中国工程院院士、浙江大学汪槱生教授致辞

会议支持单位浙江大学副校长宋永华致辞

会议承办单位三科电器集团董事长周存熙先生致辞

美国工程院院士李泽元教授参加年会
并作大会报告

IEEE-电力电子学会（PELS）主席Don Tan先生
参会并作大会报告

爱尔兰国立大学前校长Hurley教授
参加会议并作大会报告

年会分会场交流

年会分会场交流

墙报交流

中国电源学会第七次全国会员代表大会

中国电源学会第七次全国会员代表大会于11月7日在杭州召开

全国人大常委、中国科协副主席冯长根出席会议并讲话

中国电源学会简介

中国电源学会于1983年成立，是在国家民政部注册的国家一级社团法人，业务主管部门是中国科学技术协会。

中国电源学会以促进我国电源科学技术进步和电源产业发展为已任。电源科学技术是采用半导体功率器件、电磁元件、电池等元器件，运用电气工程、自动控制、微电子、电化学、新能源等技术，将粗电加工成高效率、高质量、高可靠性的交流、直流、脉冲等形式的电能，是一门多学科交叉的科学技术，在经济建设和社会生活的各个方面具有广泛的应用。

电源涉及的产品范围主要包括：通信电源、不间断电源（UPS）、光伏逆变电源、风力发电变流器、LED驱动电源、通用交流电源、通用直流电源、变频电源、特种电源、蓄电池、充电器、变压器、元器件和电源配套产品等。

中国电源学会的最高权力机构是全国会员代表大会，执行机构是理事会和常务理事会，秘书处是学会常设日常办事机构。

中国电源学会下设交流电源、直流电源、变频电源、照明电源、特种电源、变压器、元器件、电磁兼容、电能质量、新能源电能变模技术等十个专业委员会，以及学术、专家咨询、国际交流、组织、编辑、科普、标准化等七个工作委员会。另外，还有业务联系的八个具有法人资格的地方电源学会。

中国电源学会汇聚了全国电源界的专家学者和广大科技人员，每年举办各种类型的学术交流会。两年一届的大型学术年会到2013年已经成功举办了20届，历届会议规模达400人以上，最近一届达到近700人的规模，是国内电源界水平最高、规模最大的学术会议。自2009年开始，每年举办一次以推广应用技术为主要内容的中国电源技术年会，面向工程技术人员，提高创新能力，每届参会人数超过1000人。此外，我会每年还举办各种类型的专题研讨会。

中国电源学会汇聚了众多的电源企业，目前拥有420余家企业会员，其中副理事长单位8家，常务理事单位17家，理事单位33家，包括了国内外知名的电源企业。同时，我会与几千家企业保持着联系，形成了覆盖全国的服务和信息网络。

中国电源学会发挥学术界和企业界两大优势，促进产学研相结合，为建立以企业为主体的技术创新体系，全面提升企业的自主创新能力做出了不懈的努力。

中国电源学会从1995年开始举办“中国国际电源展览会”，到2013年已先后在北京、天津、上海、深圳、广州、南京等地举办了十九届。1999年国家科技部授予中国电源学会国际科技展览会主办单位资格。

中国电源学会的出版物有：《电源学报》、《中国电源行业年鉴》，同时中国电源学会还组织编辑出版了系列丛书、技术专著以及各种学术会议论文集。

由国家科技部批准，在国家科技奖励工作办公室登记注册，中国电源学会于2011年正式设立“中国电源学会科学技术奖”。此奖项在全国范围内评选，是代表本行业、本专业最高水平的奖励。2013年举办了第二届评奖活动，其最高获奖项目已向国家科技奖推荐。

中国电源学会积极开展继续教育活动，利用学会的专家资源，每年举办不同的培训班，特别是结合当前的技术热点和技术难点，开展培训和服务活动，得到社会的广泛关注和支持。

中国电源学会利用网络系统开拓学会服务功能，建立了网上会员注册、网上信息发布、网上技术论坛、网上培训、网上招聘、网上产品推广等，已形成国内电源行业更新最快、内容最全、最具人气的综合性网站。

中国电源学会开展了一系列行业服务活动，如：编写标准、科技成果鉴定、技术服务、技术咨询、参与工程项目评标评价等。

学会地址：天津市南开区黄河道467号大通大厦16层　邮编：300110
电话：（022）27680796 27634742　传真：（022）27687886
网站：www. cpss. org. cn　www. 21dianyuan. com
邮箱：cpss@ cpss. org. cn

中国电源学会组织机构名单

主要领导人名单

（按照姓氏笔画排序）

理 事 长： 徐德鸿

副理事长： 刘进军　张　波　李占师　陈成辉　周雒维　徐殿国　曹仁贤　章进法

秘 书 长： 韩家新

副秘书长： 张　磊　陈　敏

分支机构及主任委员名单

工作委员会：

学术工作委员会	马　皓
专家咨询工作委员会	张广明
组织工作委员会	张卫平
国际交流工作委员会	刘进军
科普工作委员会	章进法
编辑工作委员会	周雒维
标准化工作委员会	康　勇
青年工作委员会（筹）	耿　华（拟任）

专业委员会：

直流电源专业委员会	阮新波
特种电源专业委员会	史平君
磁技术专业委员会	陈　为
元器件专业委员会	高　勇
电磁兼容专业委员会	张　波
变频电源与电力传动专业委员会	阮　毅
照明电源专业委员会	徐殿国
电能质量专业委员会	卓　放
新能源电能变换专业委员会	曹仁贤
信息系统供电技术专业委员会（筹）	张广明（拟任）
无线电能传输技术及装置专业委员会（筹）	孙跃（拟任）

地方学会及理事长名单

（按学会名称汉语拼音顺序排列）

学会	理事长
福建省电源学会	陈道炼
广东省电源学会	张　波
陕西省电源学会	钟彦儒
上海电源学会	汤天浩
四川省能源研究会电源委员会	蒋理平
天津市电源研究会	车延博
武汉市电源学会	林　桦
西安市电源学会	侯振义
浙江省电源学会	徐德鸿

中国电源学会理事单位名单

（按单位名称汉语拼音字母顺序先行后列排序）

副理事长单位

艾默生网络能源有限公司
佛山市禅城区华南电源创新科技园投资管理有限公司
广东易事特电源股份有限公司
广东志成冠军集团有限公司
茂硕电源科技股份有限公司
深圳市航嘉驰源电气股份有限公司
台达电子企业管理（上海）有限公司
厦门科华恒盛股份有限公司
阳光电源股份有限公司

常务理事单位

安泰科技股份有限公司非晶金属事业部
北京动力源科技股份有限公司
北京星原丰泰电子技术股份有限公司
北京中大科慧科技发展有限公司
东莞市石龙富华电子有限公司
佛山市柏克新能科技股份有限公司
佛山市新光宏锐电源设备有限公司
广东新昇电业科技股份有限公司
广州金升阳科技有限公司
合肥华耀电子工业有限公司
河北先控捷联电源设备有限公司
鸿宝电气集团股份有限公司
华东微电子技术研究所
深圳华德电子有限公司
深圳科士达科技股份有限公司
深圳索瑞德电子有限公司
石家庄通合电子科技股份有限公司
温州现代集团有限公司
厦门信和达新能源有限公司
浙江科达磁电有限公司

理事单位

北京泛华恒兴科技有限公司
北京新创四方电子有限公司
成都金创立科技有限责任公司
大连宝士达电源股份有限公司
佛山市众盈电子有限公司
广东创电科技有限公司
广东意壳电子科技有限公司
广州成启半导体有限公司
杭州池阳电子有限公司
河北奥冠电源有限责任公司
基美电子（苏州）有限公司
济南诺顿科技有限公司
江苏宏微科技股份有限公司
洛阳隆盛科技有限责任公司
南通新三能电子有限公司
宁波赛耐比光电有限公司
宁夏银利电器制造有限公司
赛尔康技术（深圳）有限公司
三科电器集团有限公司
陕西柯蓝电子有限公司
深圳古瑞瓦特新能源股份有限公司
深圳可立克科技股份有限公司
深圳桑达国际电源科技有限公司
深圳市铂科磁材有限公司
深圳市汇川技术股份有限公司
深圳市金宏威技术股份有限公司
深圳市京泉华科技股份有限公司
深圳市晶福源电子技术有限公司
深圳市智胜新电子技术有限公司
深圳市中电熊猫展盛科技有限公司
四川长虹欣锐科技有限公司
苏州东山精密制造股份有限公司
宿州市博远新能源电子科技有限公司
太仓电威光电有限公司
天津福海银洋能源科技开发有限公司
田村（中国）企业管理有限公司
无锡新洁能股份有限公司
西安爱科赛博电气股份有限公司
西安龙腾新能源科技发展有限公司
西安伟京电子制造有限公司
厦门埃尔华进出口有限公司
厦门市爱维达电子有限公司
英飞凌科技（中国）有限公司
英飞特电子（杭州）股份有限公司
浙江矛牌电子科技有限公司
浙江特雷斯电子科技有限公司
中国长城计算机深圳股份有限公司

目　录

《中国电源行业年鉴　2014》编辑委员会
《中国电源行业年鉴　2014》编辑部
前言
中国电源学会简介
中国电源学会组织机构名单
中国电源学会理事单位名单

第一篇　政策法规

1. 国务院关于促进光伏产业健康发展的若干意见 ……… 2
2. 国家发展改革委关于发挥价格杠杆作用促进光伏产业健康发展的通知 …………………………………… 5
3. 国家发展改革委关于印发《分布式发电管理暂行办法》的通知 ……………………………………… 6
4. 国家能源局关于印发分布式光伏发电项目管理暂行办法的通知 ……………………………………… 9
5. 国家能源局关于印发《光伏发电运营监管暂行办法》的通知 ……………………………………… 12
6. 关于印发半导体照明节能产业规划的通知………… 15
7. 关于促进铅酸蓄电池和再生铅产业规范发展的意见…………………………………………………… 23
8. 国务院办公厅关于强化企业技术创新主体地位全面提升企业创新能力的意见…………………… 25
9. 工业和信息化部关于印发《工业企业知识产权管理指南》的通知 ……………………………………… 28

第二篇　宏观经济动态

1. 2013 年国内生产总值 ………………………………… 35
2. 2013 年按经济类型分工业增加值增长速度 ………… 36
3. 2013 年工业企业主要经济指标 …………………… 37
4. 2013 年国有工业企业主要经济指标 ……………… 39
5. 2013 年股份制工业企业主要经济指标 …………… 41
6. 2013 年私营工业企业主要经济指标 ……………… 43
7. 2013 年外商及港澳台投资工业企业主要经济指标 … 45
8. 2013 年工业主要产品产量（摘录） ……………… 48
9. 2013 年固定资产投资情况 ………………………… 51
10. 2013 年民间固定资产投资 ……………………… 52

第三篇　电源行业发展报告

1. 中国电源学会会员企业 30 强名单 ………………… 54
2. 2013 年度中国电源行业发展报告………………… 55
　1）调研背景 ……………………………………… 55
　2）2013 年中国电源市场概况分析 ……………… 55
　3）2013 年中国电源行业区域市场分析 ………… 58
　4）2013 年中国电源行业产品市场分析 ………… 59
　5）2013 年中国电源企业整体概况分析 ………… 60
　6）2014 ~ 2018 年中国电源产业发展预测 ……… 61
　7）鸣谢单位 ……………………………………… 63
3. 2013 年度电能质量产业分析报告………………… 66
　1）电能质量行业发展背景综合简介 …………… 66
　2）国外行业发展状况 …………………………… 66
　3）国内行业发展状况 …………………………… 67
　4）2013 年度行业发展分析 ……………………… 69
　5）对未来发展分析和建议 ……………………… 69

第四篇　电源行业要闻

行业动态 ……………………………………………… 74
　中国电源学会第七次全国会员代表大会胜利召开 …………………………………………………… 74
　第二届中国电源学会科学技术奖颁奖仪式隆重举行 ………………………………………………… 74
　中国电源学会第二十届学术年会圆满落幕 ……… 74
　2013 中国电源技术年会　暨新能源电能变换技术专委会成立大会在合肥顺利召开 ……………… 75
　第三届全国电能质量学术会议　暨电能质量行业发展论坛在镇江成功举行 ……………………… 75
　中国电源学会培训课程取得新突破 ……………… 76
　中国科协宋军部长一行到中国电源学会考察调研 …………………………………………………… 76
　2013 年电子计算机行业发展情况………………… 77
　2013 年电子信息产业统计公报…………………… 79
　2013 年我国光伏产业运行情况…………………… 84

2013 年我国锂离子电池行业运行情况 …… 84
2013 年我国电子信息产品进出口情况 …… 84
2013 年可再生能源装机大幅增加 占据半壁江山 …… 86
不断扩大可再生能源利用规模 …… 88
“风光储输”示范工程——打造新能源领域的“中国标准” …… 88
西北电网跨区域新能源消纳将增 80 倍 …… 88
全球光伏发电新装机容量将首超风能 …… 89
中欧光伏产品贸易争端大事记 …… 89
关于中国输欧光伏产品贸易争端达成价格承诺的联合声明 …… 89
中欧光伏价格承诺 8 月 6 日正式实施，有效期至 2015 年 …… 89
财政部清算光伏金太阳工程，终结“事前补贴” …… 90
历年金太阳示范工程政策演变 …… 90
国家电网正式发布《关于做好分布式电源并网服务工作的意见》 …… 90
2013 年光伏产业扶持政策密集出台，分布式光伏项目成为重点扶持对象 …… 91
2013 年全国新增光伏发电装机容量 1292 万千瓦 …… 92
我国光伏发电在发达地区率先升温 …… 92
甘肃光伏电站首次实现有功智能控制 …… 92
新疆光伏发电并网装机容量突破百万千瓦 …… 92
青海省第三个百万千瓦光伏发电群开始并网发电 …… 93
江苏光伏产业复苏，出口连续 4 月增长 …… 93
青海建成世界最大离网光伏电站 …… 93
微型光伏逆变器技术通过国家认监委审核 …… 93
告别寒冬，光伏业迎兼并重组热 …… 94
无锡尚德依法实施破产重整 …… 95
2013 年风电产业继续保持平稳较快发展势头 …… 95
国家能源局制定《促进风电产业健康发展若干意见》 …… 97
第三批风电项目公布，风电行业收获“政策红包” …… 97
2013 年全国风电装机容量将超过 7500 万千瓦 …… 97
国家电网并网风电装机容量达 6426 万千瓦，居全球首位 …… 97
中国风电集团有限公司 70 兆瓦光伏项目再获国家开发银行 4.9 亿信贷支持 …… 98
我国首个全面系统风电检测结束，风电并网仍存症结 …… 98
新疆风电并网装机容量突破 400 万千瓦 …… 99
沈阳今年将试水风电清洁供暖 …… 99
新能源补贴明确导向，纯电动客车成大赢家 …… 99
四部委确定首批新能源汽车推广应用城市（区域）名单 …… 100
2013 年半导体照明/LED 产业发展向好，稳中前行 …… 100
2013 年 LED 总投资超 200 亿，中小规模投资是主流 …… 100
2013 年中国 LED 产业十大技术前沿热点 …… 101
2013 年我国 LED 照明行业政策概览 …… 103
2013 上半年广东 LED 产业产值突破 1200 亿元，同比增近三成 …… 104
广东 LED 产业集聚六大优势，产值突破 2100 亿元 …… 105
半导体照明联合创新国家重点实验室积极与国外高校开展合作 …… 105
半导体照明总体部署 …… 105
工信部发布《关于数据中心建设布局的指导意见》 …… 106
世界首例多端柔性直流输电工程 核心设备 100% 自主国产 …… 106
国家发展改革委：对电解铝企业实行阶梯电价政策 …… 106
新疆维吾尔自治区首个垃圾填埋气发电项目开工 …… 106
电力行业节能减排取得新成效 …… 107
2013 年全国发电装机平稳较快增长、结构持续优化 …… 107
UPS 市场尚未饱和，面临技术变革 …… 107
中消协：无“CCC”认证手机充电器就是身边“手雷” …… 109
“充电宝”俏销，安全存隐患 …… 109
国产半导体装备业崛起，打破海外垄断尤需技术创新 …… 109
自主研发 6500 伏高压 IGBT 芯片及其模块问世 …… 110
2013 年度电子信息产业标准化十大事件 …… 110
企业新闻 …… 111
阳光电源 30 千瓦光伏逆变器获《Photon》杂志“双 A”级评定 …… 111
阳光电源系列中功率逆变器通过 VDE 可靠性测试 …… 111
阳光电源 800 千瓦逆变器通过 CSA 认证，获北美市场通行证 …… 111
新标准、新高度——阳光电源 SNEC 展上向全球发布最新系列逆变器 …… 112
阳光电源逆变器出货量跻身全球前三 …… 112
阳光电源主持制定的光伏逆变器国家标准正式发布 …… 112
阳光电源 WG2000KFP 变流器荣获“国家重点新产品证书” …… 113
科华恒盛华北油田（IDC）互联网数据中心项目顺利通过验收 …… 113
科华恒盛泰安云计算数据中心项目顺利通过验收 …… 113
科华恒盛中标中国国际信息技术（福建）产业园（IDC）互联网数据中心项目 …… 114
中央电视台经济半小时报道易事特自主创新

和品牌建设成果 …… 114
易事特成功开发模块化冷池数据中心解决方案 …… 115
易事特喜获省级科学技术奖，科研创新再添新彩 …… 115
广东志成冠军集团公司总工程师李民英获批成为享受国务院政府特殊津贴专家 …… 116
全国电力电子学标准化技术委员会不间断电源分技术委员会2013年年会在广东志成冠军集团公司胜利召开 …… 116
台达上海运营中心获美国LEED黄金级认证 …… 117
台达为智慧城市建设提供绿色动力 …… 117
台达为美国肯尼迪航天中心打造大型LED显示屏，点亮亚特兰蒂斯号展览厅 …… 118
艾默生网络能源（西安）有限公司获西安软件园“2013年度软件园优秀创新企业” …… 118
聚焦发展电源产业，打造全国一流电源主题园区——华南电源创新科技园正式开园，电源企业抱团发展 …… 119
携手中国电源学会，华南电源创新科技园迎来发展新机遇 …… 120
科华恒盛进驻华南电源创新科技园 …… 121
华南电源创新科技园一期封顶仪式隆重举行 …… 121
资源整合，茂硕电源投资连硕设备 …… 122
茂硕电源收购深圳富凌，拓展光伏逆变业务 …… 122
茂硕电源喜获TUV南德战略合作单位荣誉 …… 123
茂硕电源组高端人才队伍，走自主创新之路 …… 123
航嘉积极践行“低碳科技，环保生活” …… 124
航嘉参与电源在电工领域的应用工作 …… 124
航嘉实验室的建设和发展 …… 125
北京星原丰泰电子技术股份有限公司正式挂牌上市 …… 125
北京星原丰泰电子技术股份有限公司获得中关村信用双百企业称号 …… 126
金武士携手李宗翰，UPS业内第一个明星代言品牌 …… 126
佛山市禅城区投资推介会隆重举行，新光宏锐电源设备有限公司现场签约 …… 127
金武士进驻鞍山市奥体中心，助力2013全运会赛事转播 …… 128
新光宏锐成为佛山市禅城区首批企业高校研究生联合培养基地 …… 128
华东微电子技术研究所助嫦娥三号探测器落月 …… 128
华东微电子技术研究所与合肥工业大学共同成立同行管理研究中心 …… 128
深交所组织“践行中国梦·走进上市公司——投资者开放日”活动牵手科士达 …… 129
科士达亮相第七届SNEC上海国际光伏展 …… 129
富华电子荣膺“2013年国家火炬计划重点高新技术企业” …… 130
富华电子喜获一项科技成果鉴定 …… 130
科达磁电成功研发出 $\phi60 \sim \phi200$mm 磁罐磁粉心系列 …… 131
北京动力源DIP-HE-60/2800型工业电源设备产品入选第二批中关村国家自主创新示范区新技术新产品目录 …… 131
北京动力源喜获“上市公司环境责任十佳企业”称号 …… 131
移动式数据中心MDC亮相2013金融展 …… 131
技术创新，柏克荣获“2013年度广东专利奖” …… 131
柏克一体化电源解决方案携手巴州人民医院守护生命健康 …… 132
柏克联合中科院微电子所共建核心技术平台 …… 132
新昇电业持续创新，提升效率 …… 133
广州金升阳科技获得“中国电源学会科学技术奖” …… 133
华耀电子喜获“安徽省创新型企业”荣誉 …… 134
华耀电子项目首获“中国电源学会科技进步奖” …… 134
华耀电子高效加强版LED驱动电源EWH60-200W系列正式上市 …… 134
合肥华耀电子知识产权结硕果 …… 134
华耀电子“纯电动汽车车载DC-DC转换器”获省级重点新产品认定 …… 134
合肥华耀电子四种产品获省级科技成果认定 …… 134
合肥华耀电子ECU开关电源顺利通过安徽省名牌产品复审 …… 134
合肥华耀电子11项产品获安徽省新产品认定 …… 135
华耀电子产品获科技部“国家重点新产品”认定 …… 135
华耀电子获批组建省智能供电工程技术研究中心 …… 135
华耀电子获“安徽省自主创新品牌示范企业”荣誉认定 …… 135
华耀电子获“2013安徽企业最佳雇主”荣誉称号 …… 135
北京公安局采购先控电源10套600kV·A模块化UPS系统 …… 135
先控电源400kV·A高端UPS进驻河北联通IDC机房再展风采 …… 136
先控电源UPS，广东移动的“守护者” …… 136
先控电源荣获“中国电源学会科学技术奖” …… 137
先控电源绿色大功率模块化UPS服务翔明（IDC）互联网数据中心项目 …… 137
深圳华德TS16949取证工作进入最后阶段 …… 138
深圳华德两款新产品即将进入试生产阶段 …… 138
深圳华德MES系统的调研和考察工作仍在进行中 …… 138
“国产非晶带材在电力系统中的应用开发及工程化”顺利完成验收 …… 138
咬定青山不放松 开创非晶新辉煌——安泰科技召开非晶金属事业部重组设立大会 …… 139
索瑞德荣获“深圳市宝安区人民政府质量进步奖” …… 139

索瑞德成功中标国家电网公司福建电力有限公司2013年第一批协议库存物资招标项目 ………… 139
浙江矛牌电子科技有限公司隆重开业 ………………… 139
汇川技术光伏项目再创佳绩 ………………… 139
汇川技术CM3000三电平防爆高压变频器首获订单填补国内空白 ………………… 139
汇川公司2013荣誉事件 ………………… 139
Kewell公司CSPV研讨会详解光伏阵列现场特性测试 ………………… 140
Kewell应邀参加并网逆变器“中国效率”测试与评估技术条件审查会 ………………… 140
“上能Sunel”注册商标被国家工商行政总局认定为“中国驰名商标” ………………… 141
再创佳绩，雄韬集团连续两年排名“深圳企业100强” ………………… 141
索英电气节能回馈电子负载“支招”企业节能节电赢实效 ………………… 141
国际聚变合作项目电源系统及其进展 ………………… 141
以科技立世，谋创新发展——合肥联信电源有限公司起草国家标准《静态电子切换装置》、《发电机电能再生利用装置》获国家工信部立项批准 ………………… 142
深圳市英威腾电源有限公司300kV · A模块化UPS新鲜“出炉” ………………… 142
理士国际参与起草的行业标准《通信用嵌入式太阳能光伏电源系统》顺利通过中国通信标准化协会审查 ………………… 142
理士国际“LEOCH”商标荣获“中国驰名商标”称号 ………………… 142
稳利达2013年成就集锦及最新产品推荐 ………………… 143

第五篇　科研与成果

电源科技奖获奖项目介绍 ………………… 145
2012年度国际自然科学基金电源及相关专业结题项目介绍 ………………… 153
2013年度国家重点新产品计划电源及相关产品立项项目清单 ………………… 198
2013年度国家火炬计划电源及相关领域立项项目清单 ………………… 200
中国电源学会第二十届学术年会录用论文目录 ………… 202

第六篇　电源发明专利（2013年授权）

2011年公开 ………………… 209
2012年公开 ………………… 209
2013年公开 ………………… 212

第七篇　电 源 标 准

2013年终止标准（24） ………………… 325
2013年新实施标准（69） ………………… 326
电工 ………………… 326
电子元器件与信息技术 ………………… 331
通信、广播 ………………… 332
车辆 ………………… 332
能源、核技术 ………………… 333
轻工、文化与生活用品 ………………… 334
铁路 ………………… 334
公路、水路运输 ………………… 334
冶金 ………………… 334
土木、建筑 ………………… 335
机械 ………………… 335
综合 ………………… 335
船舶 ………………… 335
延续实施标准（363） ………………… 335
电工 ………………… 335
输变电设备 ………………… 335
电气照明 ………………… 340
其他 ………………… 344
通信、广播 ………………… 350
电子元器件与信息技术 ………………… 356
能源、核技术 ………………… 358
铁路 ………………… 361
石油 ………………… 364
电子 ………………… 365
仪器、仪表 ………………… 366
工程建设 ………………… 367
矿业 ………………… 368
车辆 ………………… 369
轻工、文化与生活用品 ………………… 370
其他 ………………… 371

第八篇　与电源相关高等院校和科研机构简介（按单位名称汉语拼音字母顺序排列）

1. 北方工业大学 ………………… 377
2. 北京航空航天大学 ………………… 377
3. 重庆大学 ………………… 378
4. 电子科技大学 ………………… 379
5. 东南大学 ………………… 380
6. 福州大学 ………………… 381
7. 复旦大学 ………………… 381
8. 广东工业大学 ………………… 383
9. 广西大学 ………………… 383
10. 哈尔滨工业大学 ………………… 384

11. 合肥工业大学 385
12. 湖南工程学院 386
13. 华南理工大学 387
14. 华中科技大学 387
15. 辽宁工业大学 388
16. 南京工程学院 389
17. 南京航空航天大学 389
18. 清华大学 390
19. 山东大学 390
20. 山东劳动职业技术学院 391
21. 上海大学 392
22. 上海电力学院 393
23. 上海海事大学 393
24. 上海应用技术学院 395
25. 深圳航天科技创新研究院 396
26. 四川大学 396
27. 苏州市职业大学 397
28. 天津大学 397
29. 同济大学 398
30. 武汉大学 399
31. 西安交通大学 400
32. 西安理工大学 401
33. 西北工业大学 402
34. 燕山大学 403
35. 漳州职业技术学院 403
36. 浙江大学 404
37. 中国兵器工业集团第二〇六研究所 405
38. 中国兵器装备集团兵器装备研究所 406
39. 中国科学院等离子体物理研究所 406
40. 中国矿业大学（北京） 407

第九篇　会员企业简介（按单位名称汉语拼音字母顺序排列）

副理事长单位 410
1. 艾默生网络能源有限公司 410
2. 佛山市禅城区华南电源创新科技园投资管理有限公司 410
3. 广东易事特电源股份有限公司 411
4. 广东志成冠军集团有限公司 411
5. 茂硕电源科技股份有限公司 413
6. 深圳市航嘉驰源电气股份有限公司 414
7. 台达电子企业管理（上海）有限公司 414
8. 厦门科华恒盛股份有限公司 416
9. 阳光电源股份有限公司 417

常务理事单位 418
10. 安泰科技股份有限公司非晶金属事业部 418
11. 北京动力源科技股份有限公司 419
12. 北京星原丰泰电子技术股份有限公司 420
13. 北京中大科慧科技发展有限公司 421
14. 东莞市石龙富华电子有限公司 421
15. 佛山市柏克新能科技股份有限公司 422
16. 佛山市新光宏锐电源设备有限公司 423
17. 广东新昇电业科技股份有限公司 424
18. 广州金升阳科技有限公司 425
19. 合肥华耀电子工业有限公司 425
20. 河北先控捷联电源设备有限公司 426
21. 鸿宝电气集团股份有限公司 427
22. 华东微电子技术研究所 428
23. 深圳华德电子有限公司 429
24. 深圳科士达科技股份有限公司 430
25. 深圳索瑞德电子有限公司 431
26. 石家庄通合电子科技股份有限公司 432
27. 温州现代集团有限公司 433
28. 厦门信和达新能源有限公司 434
29. 浙江科达磁电有限公司 434

理事单位 435
30. 北京泛华恒兴科技有限公司 435
31. 北京新创四方电子有限公司 435
32. 成都金创立科技有限责任公司 436
33. 大连宝士达电源股份有限公司 436
34. 佛山市众盈电子有限公司 437
35. 广东创电科技有限公司 437
36. 广东意壳电子科技有限公司 438
37. 广州成启半导体有限公司 438
38. 杭州池阳电子有限公司 439
39. 河北奥冠电源有限责任公司 440
40. 基美电子（苏州）有限公司 440
41. 济南诺顿科技有限公司 441
42. 江苏宏微科技股份有限公司 441
43. 洛阳隆盛科技有限责任公司 442
44. 南通新三能电子有限公司 442
45. 宁波赛耐比光电有限公司 443
46. 宁夏银利电器制造有限公司 443
47. 赛尔康技术（深圳）有限公司 444
48. 三科电器集团有限公司 444
49. 陕西柯蓝电子有限公司 445
50. 深圳古瑞瓦特新能源股份有限公司 446
51. 深圳可立克科技股份有限公司 446
52. 深圳桑达国际电源科技有限公司 447
53. 深圳市铂科磁材有限公司 447
54. 深圳市汇川技术股份有限公司 447
55. 深圳市金宏威技术股份有限公司 448
56. 深圳市京泉华科技股份有限公司 448
57. 深圳市晶福源电子技术有限公司 449
58. 深圳市智胜新电子技术有限公司 449
59. 深圳市中电熊猫展盛科技有限公司 449
60. 四川长虹欣锐科技有限公司 450
61. 苏州东山精密制造股份有限公司 450
62. 宿州市博远新能源电子科技有限公司 451
63. 太仓电威光电有限公司 451

64. 天津福海银洋能源科技开发有限公司 …… 452
65. 田村（中国）企业管理有限公司 …… 452
66. 无锡新洁能股份有限公司 …… 453
67. 西安爱科赛博电气股份有限公司 …… 454
68. 西安龙腾新能源科技发展有限公司 …… 454
69. 西安伟京电子制造有限公司 …… 455
70. 厦门埃尔华进出口有限公司 …… 455
71. 厦门市爱维达电子有限公司 …… 456
72. 英飞凌科技（中国）有限公司 …… 456
73. 英飞特电子（杭州）股份有限公司 …… 457
74. 浙江矛牌电子科技有限公司 …… 457
75. 浙江特雷斯电子科技有限公司 …… 458
76. 中国长城计算机深圳股份有限公司 …… 458

会员单位 …… 459

广东省 …… 459

77. TÜV 南德意志集团 …… 459
78. 东莞宏强电子有限公司 …… 459
79. 东莞华兴电器有限公司 …… 459
80. 东莞立德电子有限公司 …… 460
81. 东莞市港龙电源设备有限公司 …… 460
82. 东莞市金河田实业有限公司 …… 460
83. 东莞市乐科电子有限公司 …… 460
84. 东莞市锐源仪器股份有限公司 …… 461
85. 东莞市友美电源设备有限公司 …… 461
86. 佛山市宝星科技发展有限公司 …… 461
87. 佛山市迪智电源有限公司 …… 461
88. 佛山市富士川电业有限公司 …… 462
89. 佛山市哥迪电子有限公司 …… 462
90. 佛山市汉毅电脑设备有限公司 …… 462
91. 佛山市凯拓电源设备有限公司 …… 463
92. 佛山市力迅电子有限公司 …… 463
93. 佛山市南海区平洲广日电子机械有限公司 …… 463
94. 佛山市南海区泰琪丰电子有限公司 …… 463
95. 佛山市南海赛威科技技术有限公司 …… 464
96. 佛山市上驰电源科技有限公司 …… 464
97. 佛山市顺德区冠宇达电源有限公司 …… 464
98. 佛山市顺德区扬洋电子有限公司 …… 464
99. 广东大比特资讯广告发展有限公司 …… 465
100. 广东恩亿梯电源有限公司 …… 465
101. 广东丰明电子科技有限公司 …… 465
102. 广东和昌电业集团有限公司 …… 466
103. 广东金华达电子有限公司 …… 466
104. 广东省佛山科星电子有限公司 …… 466
105. 广东顺德三扬科技股份有限公司 …… 467
106. 广西吉光电子科技股份有限公司 …… 467
107. 广州安的电子技术有限公司 …… 467
108. 广州东芝白云菱机电力电子有限公司 …… 467
109. 广州广日电气设备有限公司 …… 468
110. 广州华工科技开发有限公司 …… 468
111. 广州凯盛电子科技有限公司 …… 468
112. 广州科欣仪器有限公司 …… 469
113. 广州市白云化工实业有限公司 …… 469
114. 广州市宝力达电气材料有限公司 …… 469
115. 广州市昌菱电气有限公司 …… 470
116. 广州市华德电子电器设备有限公司 …… 470
117. 广州市锦路电气设备有限公司 …… 470
118. 广州市力索能电子有限公司 …… 470
119. 广州市凝智科技有限公司 …… 471
120. 广州市维能达软件科技有限公司 …… 471
121. 广州市先锋电镀设备制造有限公司 …… 471
122. 广州市昱诚电子技术有限公司 …… 471
123. 海丰县中联电子厂有限公司 …… 472
124. 华为技术有限公司 …… 472
125. 惠州 TCL 王牌高频电子有限公司 …… 472
126. 江门市安利电源工程有限公司 …… 473
127. 理士国际技术有限公司 …… 473
128. 深圳安固电子科技有限公司 …… 473
129. 深圳奥特迅电力设备股份有限公司 …… 473
130. 深圳博科源科技有限公司 …… 474
131. 深圳华天启科技有限公司 …… 474
132. 深圳华意隆电气股份有限公司 …… 474
133. 深圳蓝信电气有限公司 …… 475
134. 深圳麦格米特电气股份有限公司 …… 475
135. 深圳欧陆通电子有限公司 …… 475
136. 深圳市爱维达新能源科技有限公司 …… 476
137. 深圳市安科讯实业有限公司 …… 476
138. 深圳市安托山技术有限公司 …… 476
139. 深圳市比亚迪锂电池有限公司 …… 477
140. 深圳市长运通光电技术有限公司 …… 477
141. 深圳市东辰科技有限公司 …… 477
142. 深圳市富凌控制技术有限公司 …… 478
143. 深圳市港泰电子有限公司 …… 478
144. 深圳市港特科技有限公司 …… 478
145. 深圳市好科星电子有限公司 …… 478
146. 深圳市核达中远通电源技术有限公司 …… 479
147. 深圳市华之美半导体有限公司 …… 479
148. 深圳市汇业达通讯技术有限公司 …… 479
149. 深圳市坚力坚实业有限公司 …… 480
150. 深圳市捷益达电子有限公司 …… 480
151. 深圳市金顺怡电子有限公司 …… 480
152. 深圳市金威源科技股份有限公司 …… 480
153. 深圳市金元电子技术有限公司 …… 480
154. 深圳市巨鼎电子有限公司 …… 481
155. 深圳市科陆电源技术有限公司 …… 481
156. 深圳市科瑞爱特科技开发有限公司 …… 481
157. 深圳市库马克新技术股份有限公司 …… 482
158. 深圳市联德合微电子有限公司 …… 482
159. 深圳市南方默顿电子有限公司 …… 482
160. 深圳市帕瓦科技有限公司 …… 483
161. 深圳市鹏源电子有限公司 …… 483

162. 深圳市普德新星电源技术有限公司 ………… 483
163. 深圳市瑞必达科技有限公司 ………… 484
164. 深圳市瑞晶实业有限公司 ………… 484
165. 深圳市思凡贝特科技有限公司 ………… 484
166. 深圳市威日科技有限公司 ………… 485
167. 深圳市威泰隆电源电气有限公司 ………… 485
168. 深圳市西格玛泰变压器有限公司 ………… 485
169. 深圳市希顺有机硅科技有限公司 ………… 486
170. 深圳市新能力科技有限公司 ………… 486
171. 深圳市新未来电源技术有限公司 ………… 486
172. 深圳市新亚电子制程股份有限公司 ………… 487
173. 深圳市兴龙辉科技有限公司 ………… 487
174. 深圳市雄韬电源科技股份有限公司 ………… 487
175. 深圳市英可瑞科技开发有限公司 ………… 488
176. 深圳市英威腾电源有限公司 ………… 488
177. 深圳市正能实业有限公司 ………… 488
178. 深圳市中兴昆腾有限公司 ………… 488
179. 深圳市卓越至高电子有限公司 ………… 489
180. 深圳唐微科技发展有限公司 ………… 489
181. 拓哲（广州）电子科技有限公司 ………… 489
182. 协丰万佳科技（深圳）有限公司 ………… 490
183. 伊戈尔电气股份有限公司 ………… 490
184. 中山市浩成自动化设备有限公司 ………… 490
185. 中山市横栏镇阿瑞斯电子厂 ………… 491
186. 中山市万科电子有限公司 ………… 491
187. 中山市卓锋电子有限公司 ………… 491
188. 中兴通讯股份有限公司 ………… 491
189. 珠海金电电源工业有限公司 ………… 492
190. 珠海科达信电子科技有限公司 ………… 492
191. 珠海山特电子有限公司 ………… 492
192. 珠海泰坦科技股份有限公司 ………… 493
193. 专顺电机（惠州）有限公司 ………… 493

上海市 ………… 493

194. 安森美半导体 ON Semiconductor ………… 493
195. 昂宝电子（上海）有限公司 ………… 494
196. 美尔森电气保护系统（上海）有限公司 ………… 494
197. 美国国家仪器有限公司（简称“NI”） ………… 494
198. 上海百纳德电子信息有限公司 ………… 494
199. 上海超群无损检测设备有限责任公司 ………… 495
200. 上海福沪电源技术有限公司 ………… 495
201. 上海复华控制系统有限公司 ………… 495
202. 上海钢研精密合金器材有限公司 ………… 495
203. 上海光泰电气有限公司 ………… 496
204. 上海豪远电子有限公司 ………… 496
205. 上海厚国电气有限公司 ………… 497
206. 上海吉电电子技术有限公司 ………… 497
207. 上海尖诺电子科技有限公司 ………… 497
208. 上海津盛电器设备制造有限公司 ………… 497
209. 上海科泰电源股份有限公司 ………… 498
210. 上海雷诺尔科技股份有限公司 ………… 498
211. 上海临港经济发展（集团）有限公司 ………… 498
212. 上海诺易电器有限公司 ………… 499
213. 上海潘登新电源有限公司 ………… 499
214. 上海全力电器有限公司 ………… 499
215. 上海日意电子科技有限公司 ………… 500
216. 上海赛特康新能源科技有限公司 ………… 500
217. 上海松丰电源设备有限公司 ………… 500
218. 上海伟浩机电设备有限公司 ………… 500
219. 上海稳利达科技股份有限公司 ………… 501
220. 上海稳压器厂 ………… 501
221. 上海熙顺电气有限公司 ………… 501
222. 上海新康电器制造有限公司 ………… 502
223. 上海阳顿电气制造有限公司 ………… 502
224. 上海鹰峰电子科技有限公司 ………… 502
225. 上海宇帆电气有限公司 ………… 503
226. 上海正泰电源系统有限公司 ………… 503
227. 上海灼日精细化工有限公司 ………… 503
228. 晟朗（上海）电力电子有限公司 ………… 503
229. 时冠电气（上海）有限公司 ………… 503
230. 中达电通股份有限公司 ………… 504

江苏省 ………… 504

231. 艾普斯电源（苏州）有限公司 ………… 504
232. 安伏（苏州）电子有限公司 ………… 504
233. 苏州能讯高能半导体有限公司 ………… 505
234. 北京博旺天成科技发展有限公司 ………… 505
235. 常州诚联电源制造有限公司 ………… 505
236. 江苏坚力电子科技有限公司 ………… 506
237. 常州瑞华电力电子器件有限公司 ………… 506
238. 常州市超顺电子技术有限公司 ………… 506
239. 常州市创联电源有限公司 ………… 507
240. 常州市武进红光无线电有限公司 ………… 507
241. 江苏禾力清能电气有限公司 ………… 507
242. 江苏上能新特变压器有限公司 ………… 507
243. 江苏英尔特光电科技有限公司 ………… 508
244. 昆山渝科电子科技有限公司 ………… 508
245. 雷诺士（常州）电子有限公司 ………… 508
246. 溧阳市华元电源设备厂 ………… 508
247. 南京冠亚电源设备有限公司 ………… 509
248. 南京金宁星拓电源设备研究所 ………… 509
249. 南京时恒电子科技有限公司 ………… 509
250. 南京亿源科技有限公司 ………… 509
251. 启东市华泰电源制造厂 ………… 510
252. 苏州市电通电力电子有限公司 ………… 510
253. 苏州市申浦电源设备厂 ………… 510
254. 苏州台智源电子有限公司 ………… 510
255. 无锡东电化兰达电子有限公司 ………… 511
256. 无锡海德电子有限公司 ………… 511
257. 无锡市迈杰电子有限公司 ………… 511
258. 无锡市星火电器有限公司 ………… 512
259. 兴化市东方电器有限公司 ………… 512

260. 徐州市恒源电器有限公司 …… 512
261. 扬州凯普电子有限公司 …… 512
262. 扬州奇盛电力设备有限公司 …… 513
263. 扬州双鸿电子有限公司 …… 513
264. 扬州裕红电源制造厂 …… 513
265. 越峰电子（昆山）有限公司 …… 513
266. 张家港市电源设备厂 …… 514
267. 中国船舶重工集团公司第七二四研究所 …… 514

北京市 …… 514

268. 北京承力电源有限公司 …… 514
269. 北京创德科技有限公司 …… 515
270. 北京大华无线电仪器厂 …… 515
271. 北京航天拓扑高科技有限责任公司 …… 515
272. 北京航天星瑞电子科技有限公司 …… 515
273. 北京航星力源科技有限公司 …… 516
274. 北京恒电电源设备有限公司 …… 516
275. 北京汇众电源设备厂 …… 516
276. 北京机械设备研究所 …… 517
277. 北京京仪椿树整流器有限责任公司 …… 517
278. 北京纽绅埔科技有限公司 …… 517
279. 北京普罗斯托国际电气有限公司 …… 517
280. 北京七星飞行电子有限公司 …… 518
281. 北京群菱能源科技有限公司 …… 518
282. 北京韶光科技有限公司 …… 518
283. 北京世科伟业电气有限公司 …… 519
284. 北京世特美测控技术有限公司 …… 519
285. 北京索英电气技术有限公司 …… 519
286. 北京通力盛达节能设备股份有限公司 …… 520
287. 北京新雷能科技股份有限公司 …… 520
288. 北京亚澳博信通信技术有限公司 …… 520
289. 北京一峰电子制作中心 …… 520
290. 北京银星通达科技开发有限责任公司 …… 521
291. 北京宇翔电子有限公司 …… 521
292. 北京中天汇科电子技术有限责任公司 …… 521
293. 伊顿电源（上海）有限公司 …… 522
294. 中国兵器装备集团兵器装备研究所 …… 522
295. 中科航达科技发展（北京）有限公司 …… 522

浙江省 …… 522

296. 杭州奥能电力设备制造有限公司 …… 522
297. 杭州奥能电源设备股份有限公司 …… 523
298. 杭州易泰达科技有限公司 …… 523
299. 杭州远方仪器有限公司 …… 523
300. 杭州中恒电气股份有限公司 …… 523
301. 康舒电子（东莞）有限公司杭州分公司 …… 524
302. 乐清市潘登电源有限公司 …… 524
303. 乐清市永茂电源有限公司 …… 524
304. 宁波金源电气有限公司 …… 525
305. 衢州三源汇能电子有限公司 …… 525
306. 上海弘乐电气有限公司 …… 525
307. 温州东驰电力科技有限公司 …… 526
308. 温州华高电气有限公司 …… 526
309. 温州市创力电子有限公司 …… 526
310. 温州松特电器有限公司 …… 526
311. 浙江海利普电子科技有限公司 …… 527
312. 浙江宏胜光电科技有限公司 …… 527
313. 浙江省东阳市仪表仪器有限公司 …… 527
314. 浙江省海宁市海整整流器有限公司 …… 528
315. 浙江腾腾电气有限公司 …… 528
316. 浙江西奥根电气有限公司 …… 528
317. 浙江正泰电源电器有限公司 …… 529
318. 中川电气科技有限公司 …… 529

山东省 …… 529

319. 海尔集团技术研发中心 …… 529
320. 海湾电子（山东）有限公司 …… 529
321. 济南芯驰能源科技有限公司 …… 530
322. 临沂昱通新能源科技有限公司 …… 530
323. 青岛航天半导体研究所有限公司 …… 530
324. 青岛晶鑫伟业高磁材料科技有限公司 …… 530
325. 青岛云路新能源科技有限公司 …… 531
326. 山东山大华天科技集团股份有限公司 …… 531
327. 山东圣阳电源股份有限公司 …… 531
328. 山东新风光电子科技发展有限公司 …… 531
329. 威海东兴电子有限公司 …… 532
330. 威海广泰空港设备股份有限公司 …… 532
331. 威海文隆电池有限公司 …… 532
332. 烟台东方电子玉麟电气有限公司 …… 533

天津市 …… 533

333. 东文高压电源（天津）有限公司 …… 533
334. 天津华云自控股份有限公司 …… 533
335. 天津市环瑞金属材料技术有限公司 …… 533
336. 天津市津铝工贸有限公司 …… 534
337. 天津市九荣鑫电源技术有限公司 …… 534
338. 天津市鲲鹏电子有限公司 …… 534
339. 天津市蓝丝莱电子科技有限公司 …… 535
340. 天津市鑫利维铝业有限公司 …… 535

四川省 …… 535

341. 成都普斯特电气有限责任公司 …… 535
342. 成都顺通电气有限公司 …… 535
343. 四川厚天电气股份有限公司 …… 536
344. 四川省科学城帝威电气有限公司 …… 536
345. 四川斯维奇电气科技有限公司 …… 536
346. 四川欣三威光电科技有限公司 …… 537
347. 四川依米康环境科技股份有限公司 …… 537
348. 四川英杰电气股份有限公司 …… 537

湖北省 …… 538

349. 空军预警学院电子技术研究所 …… 538
350. 武汉能创技术有限公司 …… 538
351. 武汉瑞源电力设备有限公司 …… 538
352. 武汉新瑞科电气技术有限公司 …… 538

353. 武汉永力科技股份有限公司 …… 539
354. 武汉中磁浩源科技有限公司 …… 539
安徽省 …… 539
355. 安徽首文高新材料有限公司 …… 539
356. 合肥科威尔电源系统有限公司 …… 540
357. 合肥联信电源有限公司 …… 540
358. 合肥通用电子技术研究所 …… 540
359. 中国科学院等离子体物理研究所 …… 541
福建省 …… 541
360. 福建联晟捷电子科技有限公司 …… 541
361. 福建省瑞盛电力科技有限公司 …… 541
362. 福州福光电子有限公司 …… 542
363. 厦门蓝溪科技有限公司 …… 542
364. 厦门兴厦控恒昌自动化有限公司 …… 542
湖南省 …… 543
365. 湖南长沙阳环科技实业有限公司 …… 543
366. 湖南东方万象科技有限公司 …… 543
367. 湖南丰日电源电气股份有限公司 …… 543
368. 湖南科明电源有限公司 …… 543
369. 湖南省湘潭市华鑫电子科技有限公司 …… 544
河北省 …… 544
370. 保定科诺沃机械有限公司 …… 544
371. 河北远大电子有限公司 …… 544
372. 任丘市先导科技电子有限公司 …… 545
373. 唐山尚新融大电子产品有限公司 …… 545
贵州省 …… 545
374. 贵阳航空电机有限公司 …… 545
375. 贵州航天林泉电机有限公司 …… 546
376. 贵州奇胜电源工程有限责任公司 …… 546
陕西省 …… 546
377. 陕西长岭光伏电气有限公司 …… 546
378. 陕西拓普索尔电子科技有限责任公司 …… 546
甘肃省 …… 547
379. 兰州精新电源设备有限公司 …… 547
380. 天水七四九电子有限公司 …… 547
381. 中国科学院近代物理研究所 …… 547
其他 …… 548
382. 哈尔滨光宇集团股份有限公司 …… 548
383. 哈尔滨九洲电气股份有限公司 …… 548
384. 南昌大学教授电气制造厂 …… 548
385. 重庆汇韬电气有限公司 …… 549
386. 航天长峰朝阳电源有限公司 …… 549
387. 许继电源有限公司 …… 549
388. 桂林斯壮微电子有限责任公司 …… 550
389. 勤发电子股份有限公司 …… 550
会员企业按主要产品索引 …… 550
UPS 电源（105） …… 550
新能源电源（光伏逆变器、风力变流器等）（95） …… 551
通用开关电源（89） …… 552
通信电源（78） …… 553
照明电源、LED 驱动电源（71） …… 554
稳压电源（器）（67） …… 555
模块电源（50） …… 555
EPS 电源（48） …… 556
特种电源（39） …… 556
直流屏、电力操作电源（38） …… 557
变频电源（器）（37） …… 557
电子变压器（48） …… 557
蓄电池（30） …… 558
电源配套设备（自动化设备、SMT 设备、绕线机等）（23） …… 558
功率器件（20） …… 559
电焊机、充电机、电镀电源（19） …… 559
半导体集成电路（18） …… 559
电抗器（18） …… 559
磁性元件/材料（15） …… 559
电容器（14） …… 560
滤波器（13） …… 560
PC、服务器电源（12） …… 560
电源测试设备（12） …… 560
电感器（9） …… 560
电阻器（5） …… 560
胶（5） …… 560
机壳、机柜（4） …… 560
绝缘材料（3） …… 560
风扇、风机等散热设备（2） …… 561
其他（37） …… 561

第十篇　电源新产品介绍

240V 高压直流电源
（厦门科华恒盛股份有限公司） …… 563
ITCube 系列数据中心解决方案
（深圳科士达科技股份有限公司） …… 564
SmartRow™ 易睿™ 中小型数据中心解决方案
（艾默生网络能源有限公司） …… 565
模块化 UPS 电源 EA660
（广东易事特电源股份有限公司） …… 566
TDX 系列 80-400K 可并机 工频机
（佛山市新光宏锐电源设备有限公司） …… 567
多制式节能型绿色 UPS 电源
（广东志成冠军集团有限公司） …… 568
M25A-T200kV · A 并机
（东莞市乐科电子有限公司） …… 569
CMS-640(380V/380V 640kV · A)在线式通信用不间断电源系统(河北先控捷联电源设备有限公司) …… 570
模块化 UPS 系列
（佛山市柏克新能科技股份有限公司） …… 571

IDC 移动式应急电源车
（北京中大科慧科技发展有限公司） …………………… 572
150kW 大功率水冷电源系统
（北京动力源科技股份有限公司） …………………… 573
直流远供电源
（深圳索瑞德电子有限公司） ………………………… 574
175W PWM 调光恒流源
（茂硕电源科技股份有限公司） ……………………… 575
UEL040A-D1
（东莞市石龙富华电子有限公司） …………………… 576
SG1000TS
（阳光电源股份有限公司） …………………………… 577
PNS 光伏控制器
（鸿宝电气集团股份有限公司） ……………………… 578
节电柜
（温州现代集团有限公司） …………………………… 579
华耀高功率密度、高效率标准砖 DC-DC 模块电源
（合肥华耀电子工业有限公司） ……………………… 580
XRE 系列 DC-DC 二代机新产品
（北京星原丰泰电子技术股份有限公司） …………… 581
WKPG-100 预稳压模块
（西安伟京电子制造有限公司） ……………………… 582
LI120 导轨 AC-DC 电源
（广州金升阳科技有限公司） ………………………… 583
MVP500
（深圳市航嘉驰源电气股份有限公司） ……………… 584
电抗器及变压器
（深圳市港特科技有限公司） ………………………… 585
光伏逆变用 LCL 双层电抗器
（广东新昇电业科技股份有限公司） ………………… 586
纳米晶磁粉芯
（浙江科达磁电有限公司） …………………………… 587
CTW 系列高频 PFC 电感
（田村(中国)企业管理有限公司） …………………… 588
KEMET 薄膜电容 C9T 系列
（厦门信和达新能源有限公司） ……………………… 589
英飞凌 650V TRENCHSTOP™5 IGBT
（英飞特电子(杭州)股份有限公司） ………………… 590
电源 EMC 滤波器
（安泰科技非晶金属事业部） ………………………… 591
电源学报 ……………………………………………… 592

第一篇 政策法规

国务院关于促进光伏产业健康发展的若干意见
国家发展改革委关于发挥价格杠杆作用促进光伏产业健康发展的通知
国家发展改革委关于印发《分布式发电管理暂行办法》的通知
国家能源局关于印发分布式光伏发电项目管理暂行办法的通知
国家能源局关于印发《光伏发电运营监管暂行办法》的通知
关于印发半导体照明节能产业规划的通知
关于促进铅酸蓄电池和再生铅产业规范发展的意见
国务院办公厅关于强化企业技术创新主体地位全面提升企业创新能力的意见
工业和信息化部关于印发《工业企业知识产权管理指南》的通知

国务院关于促进光伏产业健康发展的若干意见

国发〔2013〕24号

各省、自治区、直辖市人民政府，国务院各部委、各直属机构：

发展光伏产业对调整能源结构、推进能源生产和消费革命、促进生态文明建设具有重要意义。为规范和促进光伏产业健康发展，现提出以下意见：

一、充分认识促进光伏产业健康发展的重要性

近年来，我国光伏产业快速发展，光伏电池制造产业规模迅速扩大，市场占有率位居世界前列，光伏电池制造达到世界先进水平，多晶硅冶炼技术日趋成熟，形成了包括硅材料及硅片、光伏电池及组件、逆变器及控制设备的完整制造产业体系。光伏发电国内应用市场逐步扩大，发电成本显著降低，市场竞争力明显提高。

当前，在全球光伏市场需求增速减缓、产品出口阻力增大、光伏产业发展不协调等多重因素作用下，我国光伏企业普遍经营困难。同时，我国光伏产业存在产能严重过剩、市场无序竞争，产品市场过度依赖外需、国内应用市场开发不足，技术创新能力不强、关键技术装备和材料发展缓慢，财政资金支持需要加强、补贴机制有待完善，行业管理比较薄弱、应用市场环境亟待改善等突出问题，光伏产业发展面临严峻形势。

光伏产业是全球能源科技和产业的重要发展方向，是具有巨大发展潜力的朝阳产业，也是我国具有国际竞争优势的战略性新兴产业。我国光伏产业当前遇到的问题和困难，既是对产业发展的挑战，也是促进产业调整升级的契机，特别是光伏发电成本大幅下降，为扩大国内市场提供了有利条件。要坚定信心，抓住机遇，开拓创新，毫不动摇地推进光伏产业持续健康发展。

二、总体要求

（一）指导思想

深入贯彻党的十八大精神，以邓小平理论、“三个代表”重要思想、科学发展观为指导，创新体制机制，完善支持政策，通过市场机制激发国内市场有效需求，努力巩固国际市场；健全标准体系，规范产业发展秩序，着力推进产业重组和转型升级；完善市场机制，加快技术进步，着力提高光伏产业发展质量和效益，为提升经济发展活力和竞争力作出贡献。

（二）基本原则

远近结合，标本兼治。在扩大光伏发电应用的同时，控制光伏制造总产能，加快淘汰落后产能，着力推进产业结构调整和技术进步。

统筹兼顾，综合施策。统筹考虑国内外市场需求、产业供需平衡、上下游协调等因素，采取综合措施解决产业发展面临的突出问题。

市场为主，重点扶持。发挥市场机制在推动光伏产业结构调整、优胜劣汰、优化布局以及开发利用方面的基础性作用。对不同光伏企业实行区别对待，重点支持技术水平高、市场竞争力强的骨干优势企业发展，淘汰劣质企业。

协调配合，形成合力。加强政策的协调配合和行业自律，支持地方创新发展方式，调动地方、企业和消费者的积极性，共同推动光伏产业发展。

（三）发展目标

把扩大国内市场、提高技术水平、加快产业转型升级作为促进光伏产业持续健康发展的根本出路和基本立足点，建立适应国内市场的光伏产品生产、销售和服务体系，形成有利于产业持续健康发展的法规、政策、标准体系和市场环境。2013—2015年，年均新增光伏发电装机容量1000万千瓦左右，到2015年总装机容量达到3500万千瓦以上。加快企业兼并重组，淘汰产品质量差、技术落后的生产企业，培育一批具有较强技术研发能力和市场竞争力的龙头企业。加快技术创新和产业升级，提高多晶硅等原材料自给能力和光伏电池制造技术水平，显著降低光伏发电成本，提高光伏产业竞争力。保持光伏产品在国际市场的合理份额，对外贸易和投融资合作取得新进展。

三、积极开拓光伏应用市场

（一）大力开拓分布式光伏发电市场。鼓励各类电力用户按照“自发自用，余量上网，电网调节”的方式建设分布式光伏发电系统。优先支持在用电价格较高的工商业企业、工业园区建设规模化的分布式光伏发电系统。支持在学校、医院、党政机关、事业单位、居民社区建筑和构筑物等推广小型分布式光伏发电系统。在城镇化发展过程中充分利用太阳能，结合建筑节能加强光伏发电应用，推进光伏建筑一体化建设，在新农村建设中支持光伏发电应用。依托新能源示范城市、绿色能源示范县、可再生能源建筑应用示范市（县），扩大分布式光伏发电应用，建设100个分布式光伏发电规模化应用示范区、1000个光伏发电应用示范小镇及示范村。开展适合分布式光伏发电运行特点和规模化应用的新能源智能微电网试点、示范项目建设，探索相应的电力管理体制和运行机制，形成适应分布式光伏发电发展的建设、运行和消费新体系。支持偏远地区及海岛利用光伏发电解决无电和缺电问题。鼓励在城市路灯照明、城市景观以及通讯基站、交通信号灯等领域推广分布

式光伏电源。

（二）有序推进光伏电站建设。按照“合理布局、就近接入、当地消纳、有序推进”的总体思路，根据当地电力市场发展和能源结构调整需要，在落实市场消纳条件的前提下，有序推进各种类型的光伏电站建设。鼓励利用既有电网设施按多能互补方式建设光伏电站。协调光伏电站与配套电网规划和建设，保证光伏电站发电及时并网和高效利用。

（三）巩固和拓展国际市场。积极妥善应对国际贸易摩擦，推动建立公平合理的国际贸易秩序。加强对话协商，推动全球产业合作，规范光伏产品进出口秩序。鼓励光伏企业创新国际贸易方式，优化制造产地分布，在境外开展投资生产合作。鼓励企业实施“引进来”和“走出去”战略，集聚全球创新资源，促进光伏企业国际化发展。

四、加快产业结构调整和技术进步

（一）抑制光伏产能盲目扩张。严格控制新上单纯扩大产能的多晶硅、光伏电池及组件项目。光伏制造企业应拥有先进技术和较强的自主研发能力，新上光伏制造项目应满足单晶硅光伏电池转换效率不低于20%、多晶硅光伏电池转换效率不低于18%、薄膜光伏电池转换效率不低于12%，多晶硅生产综合电耗不高于100千瓦·时/千克。加快淘汰能耗高、物料循环利用不完善、环保不达标的多晶硅产能，在电力净输入地区严格控制建设多晶硅项目。

（二）加快推进企业兼并重组。利用“市场倒逼”机制，鼓励企业兼并重组。加强政策引导和推动，建立健全淘汰落后产能长效机制，加快关停淘汰落后光伏产能。重点支持技术水平高、市场竞争力强的多晶硅和光伏电池制造企业发展，培育形成一批综合能耗低、物料消耗少、具有国际竞争力的多晶硅制造企业和技术研发能力强、具有自主知识产权和品牌优势的光伏电池制造企业。引导多晶硅产能向中西部能源资源优势地区聚集，鼓励多晶硅制造企业与先进化工企业合作或重组，降低综合电耗、提高副产品综合利用率。

（三）加快提高技术和装备水平。通过实施新能源集成应用工程，支持高效率晶硅电池及新型薄膜电池、电子级多晶硅、四氯化硅闭环循环装置、高端切割机、全自动丝网印刷机、平板式镀膜工艺、高纯度关键材料等的研发和产业化。提高光伏逆变器、跟踪系统、功率预测、集中监控以及智能电网等技术和装备水平，提高光伏发电的系统集成技术能力。支持企业开发硅材料生产新工艺和光伏新产品、新技术，支持骨干企业建设光伏发电工程技术研发和试验平台。支持高等院校和企业培养光伏产业相关专业人才。

（四）积极开展国际合作。鼓励企业加强国际研发合作，开展光伏产业前沿、共性技术联合研发。鼓励有条件的国内光伏企业和基地与国外研究机构、产业集群建立战略合作关系。支持有关科研院所和企业建立国际化人才引进和培养机制，重点培养创新能力强的高端专业技术人才和综合管理人才。积极参与光伏行业国际标准制定，加大自主知识产权标准体系海外推广，推动检测认证国际互认。

五、规范产业发展秩序

（一）加强规划和产业政策指导。根据光伏产业发展需要，编制实施光伏产业发展规划。各地区可根据国家光伏产业发展规划和本地区发展需要，编制实施本地区相关规划及实施方案。加强全国规划与地方规划、制造产业与发电应用、光伏发电与配套电网建设的衔接和协调。加强光伏发电规划和年度实施指导。完善光伏电站和分布式光伏发电项目建设管理制度，促进光伏发电有序发展。

（二）推进标准化体系和检测认证体系建设。建立健全光伏材料、电池及组件、系统及部件等标准体系，完善光伏发电系统及相关电网技术标准体系。制定完善适合不同气候区及建筑类型的建筑光伏应用标准体系，在城市规划、建筑设计和旧建筑改造中统筹考虑光伏发电应用。加强硅材料及硅片、光伏电池及组件、逆变器及控制设备等产品的检测和认证平台建设，健全光伏产品检测和认证体系，及时发布符合标准的光伏产品目录。开展太阳能资源观测与评价，建立太阳能信息数据库。

（三）加强市场监管和行业管理。制定完善并严格实施光伏制造行业规范条件，规范光伏市场秩序，促进落后产能退出市场，提高产业发展水平。实行光伏电池组件、逆变器、控制设备等关键产品检测认证制度，未通过检测认证的产品不准进入市场。严格执行光伏电站设备采购、设计监理和工程建设招投标制度，反对不正当竞争，禁止地方保护。完善光伏发电工程建设、运行技术岗位资质管理。加强光伏发电电网接入和运行监管。建立光伏产业发展监测体系，及时发布产业发展信息。加强对《中华人民共和国可再生能源法》及配套政策的执法监察。地方各级政府不得以征收资源使用费等名义向太阳能发电企业收取法律法规规定之外的费用。

六、完善并网管理和服务

（一）加强配套电网建设。电网企业要加强与光伏发电相适应的电网建设和改造，保障配套电网与光伏发电项目同步建成投产。积极发展融合先进储能技术、信息技术的微电网和智能电网技术，提高电网系统接纳光伏发电的能力。接入公共电网的光伏发电项目，其接网工程以及接入引起的公共电网改造部分由电网企业投资建设。接入用户侧的分布式光伏发电，接入引起的公共电网改造部分由电网企业投资建设。

（二）完善光伏发电并网运行服务。各电网企业要为光伏发电提供并网服务，优化系统调度运行，优先保障光伏发电运行，确保光伏发电项目及时并网，全额收购所发电量。简化分布式光伏发电的电网接入方式和管理程序，公布分布式光伏发电并网服务流程，建立简捷高效的并网服务体系。对分布式光伏发电项目免收系统备用容量费和相关服务费用。加强光伏发电电网接入和并网运行监管。

七、完善支持政策

（一）大力支持用户侧光伏应用。开放用户侧分布式电源建设，支持和鼓励企业、机构、社区和家庭安装、使用光伏发电系统。鼓励专业化能源服务公司与用户合作，投资建设和经营管理为用户供电的光伏发电及相关设施。对分布式光伏发电项目实行备案管理，豁免分布式光伏发电应用发电业务许可。对不需要国家资金补贴的分布式光伏发电项目，如具备接入电网运行条件，可放开规模建设。分布式光伏发电全部电量纳入全社会发电量和用电量统计，并作为地方政府和电网企业业绩考核指标。自发自用发电量不计入阶梯电价适用范围，计入地方政府和用户节能量。

（二）完善电价和补贴政策。对分布式光伏发电实行按照电量补贴的政策。根据资源条件和建设成本，制定光伏电站分区域上网标杆电价，通过招标等竞争方式发现价格和补贴标准。根据光伏发电成本变化等因素，合理调减光伏电站上网电价和分布式光伏发电补贴标准。上网电价及补贴的执行期限原则上为20年。根据光伏发电发展需要，调整可再生能源电价附加征收标准，扩大可再生能源发展基金规模。光伏发电规模与国家可再生能源发展基金规模相协调。

（三）改进补贴资金管理。严格可再生能源电价附加征收管理，保障附加资金应收尽收。完善补贴资金支付方式和程序，对光伏电站，由电网企业按照国家规定或招标确定的光伏发电上网电价与发电企业按月全额结算；对分布式光伏发电，建立由电网企业按月转付补贴资金的制度。中央财政按季度向电网企业预拨补贴资金，确保补贴资金及时足额到位。鼓励各级地方政府利用财政资金支持光伏发电应用。

（四）加大财税政策支持力度。完善中央财政资金支持光伏产业发展的机制，加大对太阳能资源测量、评价及信息系统建设、关键技术装备材料研发及产业化、标准制定及检测认证体系建设、新技术应用示范、农村和牧区光伏发电应用以及无电地区光伏发电项目建设的支持。对分布式光伏发电自发自用电量免收可再生能源电价附加等针对电量征收的政府性基金。企业研发费用符合有关条件的，可按照税法规定在计算应纳税所得额时加计扣除。企业符合条件的兼并重组，可以按照现行税收政策规定，享受税收优惠政策。

（五）完善金融支持政策。金融机构要继续实施“有保有压”的信贷政策，支持具有自主知识产权、技术先进、发展潜力大的企业做优做强，对有市场、有订单、有效益、有信誉的光伏制造企业提供信贷支持。根据光伏产业特点和企业资金运转周期，按照风险可控、商业可持续、信贷准入可达标的原则，采取灵活的信贷政策，支持优质企业正常生产经营，支持技术创新、兼并重组和境外投资等具有竞争优势的项目。创新金融产品和服务，支持中小企业和家庭自建自用分布式光伏发电系统。严禁资金流向盲目扩张产能项目和落后产能项目建设，对国家禁止建设的、不符合产业政策的光伏制造项目不予信贷支持。

（六）完善土地支持政策和建设管理。对利用戈壁荒滩等未利用土地建设光伏发电项目的，在土地规划、计划安排时予以适度倾斜，不涉及转用的，可不占用土地年度计划指标。探索采用租赁国有未利用土地的供地方式，降低工程的前期投入成本。光伏发电项目使用未利用土地的，依法办理用地审批手续后，可采取划拨方式供地。完善光伏发电项目建设管理并简化程序。

八、加强组织领导

各有关部门要根据本意见要求，按照职责分工抓紧制定相关配套文件，完善光伏发电价格、税收、金融信贷和建设用地等配套政策，确保各项任务措施的贯彻实施。各省级人民政府要加强对本地区光伏产业发展的管理，结合实际制定具体实施方案，落实政策，引导本地区光伏产业有序协调发展。健全行业组织机构，充分发挥行业组织在加强行业自律、推广先进技术和管理经验、开展统计监测和研究制定标准等方面的作用。加强产业服务，建立光伏产业监测体系，及时发布行业信息，搭建银企沟通平台，引导产业健康发展。

国务院

2013年7月4日

（此件有删减）

国家发展改革委关于发挥价格杠杆作用促进光伏产业健康发展的通知

发改价格［2013］1638号

各省、自治区、直辖市发展改革委、物价局：

为充分发挥价格杠杆引导资源优化配置的积极作用，促进光伏发电产业健康发展，根据《国务院关于促进光伏产业健康发展的若干意见》（国发［2013］24号）有关要求，决定进一步完善光伏发电项目价格政策。现就有关事项通知如下：

一、光伏电站价格

（一）根据各地太阳能资源条件和建设成本，将全国分为三类太阳能资源区，相应制定光伏电站标杆上网电价。各资源区光伏电站标杆上网电价标准见附件。

（二）光伏电站标杆上网电价高出当地燃煤机组标杆上网电价（含脱硫等环保电价，下同）的部分，通过可再生能源发展基金予以补贴。

二、分布式光伏发电价格

（一）对分布式光伏发电实行按照全电量补贴的政策，电价补贴标准为每千瓦时0.42元（含税，下同），通过可再生能源发展基金予以支付，由电网企业转付；其中，分布式光伏发电系统自用有余上网的电量，由电网企业按照当地燃煤机组标杆上网电价收购。

（二）对分布式光伏发电系统自用电量免收随电价征收的各类基金和附加，以及系统备用容量费和其他相关并网服务费。

三、执行时间

分区标杆上网电价政策适用于2013年9月1日后备案（核准），以及2013年9月1日前备案（核准）但于2014年1月1日及以后投运的光伏电站项目；电价补贴标准适用于除享受中央财政投资补贴之外的分布式光伏发电项目。

四、其他规定

（一）享受国家电价补贴的光伏发电项目，应符合可再生能源发展规划，符合固定资产投资审批程序和有关管理规定。

（二）光伏发电项目自投入运营起执行标杆上网电价或电价补贴标准，期限原则上为20年。国家根据光伏发电发展规模、发电成本变化情况等因素，逐步调减光伏电站标杆上网电价和分布式光伏发电电价补贴标准，以促进科技进步，降低成本，提高光伏发电市场竞争力。

（三）鼓励通过招标等竞争方式确定光伏电站上网电价或分布式光伏发电电价补贴标准，但通过竞争方式形成的上网电价和电价补贴标准，不得高于国家规定的标杆上网电价和电价补贴标准。

（四）电网企业要积极为光伏发电项目提供必要的并网接入、计量等电网服务，及时与光伏发电企业按规定结算电价。同时，要及时计量和审核光伏发电项目的发电量与上网电量，并据此申请电价补贴。

（五）光伏发电企业和电网企业必须真实、完整地记载和保存光伏发电项目上网电量、自发自用电量、电价结算和补助金额等资料，接受有关部门监督检查。弄虚作假的视同价格违法行为予以查处。

（六）各级价格主管部门要加强对光伏发电上网电价执行和电价附加补助结算的监管，确保光伏发电价格政策执行到位。

附件：全国光伏电站标杆上网电价表

国家发展改革委

2013年8月26日

全国光伏电站标杆上网电价表（含税）

［单位：元/（千瓦·时）］

资源区	光伏电站标杆上网电价	各资源区所包括的地区
Ⅰ类资源区	0.90	宁夏，青海海西，甘肃嘉峪关、武威、张掖、酒泉、敦煌、金昌，新疆哈密、塔城、阿勒泰、克拉玛依，内蒙古除赤峰、通辽、兴安盟、呼伦贝尔以外地区
Ⅱ类资源区	0.95	北京，天津，黑龙江，吉林，辽宁，四川，云南，内蒙古赤峰、通辽、兴安盟、呼伦贝尔，河北承德、张家口、唐山、秦皇岛，山西大同、朔州、忻州，陕西榆林、延安，青海、甘肃、新疆除Ⅰ类外其他地区
Ⅲ类资源区	1.0	除Ⅰ类、Ⅱ类资源区以外的其他地区

注：西藏自治区光伏电站标杆电价另行制定。

国家发展改革委关于
印发《分布式发电管理暂行办法》的通知

发改能源［2013］1381号

各省、自治区、直辖市及计划单列市、新疆生产建设兵团发展改革委、能源局，华能、大唐、国电、华电、中电投集团公司，国家电网公司、南方电网公司，中广核、中节能集团公司，国家开发投资公司，中石油、中石化集团公司，中海油总公司，神华、中煤集团公司、中联煤层气公司：

为推动分布式发电应用，促进节能减排和可再生能源发展，我委组织制定了《分布式发电管理暂行办法》。现印发你们，请按照执行。

附件：分布式发电管理暂行办法

国家发展改革委

2013年7月18日

附件

分布式发电管理暂行办法

第一章 总 则

第一条 为推进分布式发电发展，加快可再生能源开发利用，提高能源效率，保护生态环境，根据《中华人民共和国可再生能源法》、《中华人民共和国节约能源法》等规定，制定本办法。

第二条 本办法所指分布式发电，是指在用户所在场地或附近建设安装、运行方式以用户端自发自用为主、多余电量上网，且在配电网系统平衡调节为特征的发电设施或有电力输出的能量综合梯级利用多联供设施。

第三条 本办法适用于以下分布式发电方式：

（一）总装机容量5万千瓦及以下的小水电站；

（二）以各个电压等级接入配电网的风能、太阳能、生物质能、海洋能、地热能等新能源发电；

（三）除煤炭直接燃烧以外的各种废弃物发电，多种能源互补发电，余热余压余气发电、煤矿瓦斯发电等资源综合利用发电；

（四）总装机容量5万千瓦及以下的煤层气发电；

（五）综合能源利用效率高于70%且电力就地消纳的天然气热电冷联供等。

第四条 分布式发电应遵循因地制宜、清洁高效、分散布局、就近利用的原则，充分利用当地可再生能源和综合利用资源，替代和减少化石能源消费。

第五条 分布式发电在投资、设计、建设、运营等各个环节均依法实行开放、公平的市场竞争机制。分布式发电项目应符合有关管理要求，保证工程质量和生产安全。

第六条 国务院能源主管部门会同有关部门制定全国分布式发电产业政策，发布技术标准和工程规范，指导和监督各地区分布式发电的发展规划、建设和运行的管理工作。

第二章 资源评价和综合规划

第七条 发展分布式发电的领域包括：

（一）各类企业、工业园区、经济开发区等；

（二）政府机关和事业单位的建筑物或设施；

（三）文化、体育、医疗、教育、交通枢纽等公共建筑物或设施；

（四）商场、宾馆、写字楼等商业建筑物或设施；

（五）城市居民小区、住宅楼及独立的住宅建筑物；

（六）农村地区村庄和乡镇；

（七）偏远农牧区和海岛；

（八）适合分布式发电的其他领域。

第八条 目前适用于分布式发电的技术包括：

（一）小水电发供用一体化技术；

（二）与建筑物结合的用户侧光伏发电技术；

（三）分散布局建设的并网型风电、太阳能发电技术；

（四）小型风光储等多能互补发电技术；

（五）工业余热余压余气发电及多联供技术；

（六）以农林剩余物、畜禽养殖废弃物、有机废水和生活垃圾等为原料的气化、直燃和沼气发电及多联供技术；

（七）地热能、海洋能发电及多联供技术；

（八）天然气多联供技术、煤层气（煤矿瓦斯）发电技术；

（九）其他分布式发电技术。

第九条 省级能源主管部门会同有关部门，对可用于分布式发电的资源进行调查评价，为分布式发电规划编制和项目建设提供科学依据。

第十条 省级能源主管部门会同有关部门，根据各种可用于分布式发电的资源情况和当地用能需求，编制本省、自治区、直辖市分布式发电综合规划，明确分布式发电各重点领域的发展目标、建设规模和总体布局等，报国务院能源主管部门备案。

第十一条 分布式发电综合规划应与经济社会发展总体规划、城市规划、天然气管网规划、配电网建设规划和无电地区电力建设规划等相衔接。

第三章 项目建设和管理

第十二条 鼓励企业、专业化能源服务公司和包括个人在内的各类电力用户投资建设并经营分布式发电项目，豁免分布式发电项目发电业务许可。

第十三条 各省级投资主管部门和能源主管部门组织实施本地区分布式发电建设。依据简化程序、提高效率的原则，实行分级管理。

第十四条 国务院能源主管部门组织分布式发电示范项目建设，推动分布式发电发展和管理方式创新，促进技术进步和产业化。

第四章 电网接入

第十五条 国务院能源主管部门会同有关方面制定分布式发电接入配电网的技术标准、工程规范和相关管理办法。

第十六条 电网企业负责分布式发电外部接网设施以及由接入引起公共电网改造部分的投资建设，并为分布式发电提供便捷、及时、高效的接入电网服务，与投资经营分布式发电设施的项目单位（或个体经营者、家庭用户）签订并网协议和购售电合同。

第十七条 电网企业应制定分布式发电并网工作流程，以城市或县为单位设立并公布接受分布式发电投资人申报的地点及联系方式，提高服务效率，保证无障碍接入。

对于以35千伏及以下电压等级接入配电网的分布式发电，电网企业应按专门设置的简化流程办理并网申请，并提供咨询、调试和并网验收等服务。

对于小水电站和以35千伏以上电压等级接入配电网的分布式发电，电网企业应根据其接入方式、电量使用范围，本着简便和及时高效的原则做好并网管理，提供相关服务。

第十八条 鼓励结合分布式发电应用建设智能电网和微电网，提高分布式能源的利用效率和安全稳定运行水平。

第十九条 国务院能源主管部门派出机构负责建立分布式发电监管和并网争议解决机制，切实保障各方权益。

第五章 运行管理

第二十条 分布式发电有关并网协议、购售电合同的执行及多余上网电量的收购、调剂等事项，由国务院能源主管部门派出机构会同省级能源主管部门协调，或委托下级部门协调。

分布式发电如涉及供电营业范围调整，由国务院能源主管部门派出机构会同省级能源主管部门根据相关法律法规予以明确。

第二十一条 分布式发电以自发自用为主，多余电量上网，电网调剂余缺。采用双向计量电量结算或净电量结算的方式，并可考虑峰谷电价因素。结算周期在合同中商定，原则上按月结算。电网企业应保证分布式发电多余电量的优先上网和全额收购。

第二十二条 国务院能源主管部门派出机构会同省级能源主管部门组织建立分布式发电的监测、统计、信息交换和信息公开等体系，可委托电网企业承担有关信息统计工作，分布式发电项目单位（或个体经营者、家庭用户）应配合提供有关信息。

第二十三条 分布式发电投资方要建立健全运行管理规章制度。包括个人和家庭用户在内的所有投资方，均有义务在电网企业的指导下配合或参与运行维护，保障项目安全可靠运行。

第二十四条 分布式发电设施并网接入点应安装电能计量装置，满足上网电量的结算需要。电网企业负责对电能计量进行管理。

分布式发电在运行过程中应保存完整的能量输出和燃料消耗计量数据。

第二十五条 拥有分布式发电设施的项目单位、个人及家庭用户应接受能源主管部门及相关部门的监督检查，如实提供包括原始数据在内的运行记录。

第二十六条 分布式发电应满足有关发电、供电质量要求，运行管理应满足有关技术、管理规定和规程规范要求。

电网及电力运行管理机构应优先保障分布式发电正常运行。具备条件的分布式发电在紧急情况下应接受并服从电力运行管理机构的应急调度。

第六章 政策保障及措施

第二十七条 根据有关法律法规及政策规定，对符合条件的分布式发电给予建设资金补贴或单位发电量补贴。建设资金补贴方式仅限于电力普遍服务范围。享受建设资金补贴的，不再给予单位发电量补贴。

享受补贴的分布式发电包括：风力发电、太阳能发电、生物质发电、地热发电、海洋能发电等新能源发电。其他分布式发电的补贴政策按相关规定执行。

第二十八条 对农村、牧区、偏远地区和海岛的分布式发电，以及分布式发电的科学技术研究、标准制定和示范工程，国家给予资金支持。

第二十九条 加强科学技术普及和舆论宣传工作，营造有利于加快发展分布式发电的社会氛围。

第七章 附 则

第三十条 各省级能源主管部门会同国务院能源主管部门派出机构及价格、财政等主管部门，根据本办法制定分布式发电管理实施细则。

第三十一条 本办法自发布之日起施行。

国家能源局关于印发分布式光伏发电项目管理暂行办法的通知

国能新能〔2013〕433号

各省（自治区、直辖市）发展改革委（能源局）、计划单列市发展改革委、新疆生产建设兵团发展改革委，国家电网公司、南方电网公司，水电水利规划设计总院：

为推进分布式光伏发电应用，规范分布式光伏发电项目管理，现将《分布式光伏发电项目管理暂行办法》印送你们，请遵照执行。

国家能源局

2013年11月18日

分布式光伏发电项目管理暂行办法

第一章 总 则

第一条 为规范分布式光伏发电项目建设管理，推进分布式光伏发电应用，根据《中华人民共和国可再生能源法》、《中华人民共和国电力法》、《中华人民共和国行政许可法》，以及《国务院关于促进光伏产业健康发展的若干意见》，制定本办法。

第二条 分布式光伏发电是指在用户所在场地或附近建设运行，以用户侧自发自用为主、多余电量上网且在配电网系统平衡调节为特征的光伏发电设施。

第三条 鼓励各类电力用户、投资企业、专业化合同能源服务公司、个人等作为项目单位，投资建设和经营分布式光伏发电项目。

第四条 国务院能源主管部门负责全国分布式光伏发电规划指导和监督管理；地方能源主管部门在国务院能源主管部门指导下，负责本地区分布式光伏发电规划、建设的监督管理；国家能源局派出机构负责对本地区分布式光伏发电规划和政策执行、并网运行、市场公平及运行安全进行监管。

第五条 分布式光伏发电实行“自发自用、余电上网、就近消纳、电网调节”的运营模式。电网企业采用先进技术优化电网运行管理，为分布式光伏发电运行提供系统支撑，保障电力用户安全用电。鼓励项目投资经营主体与同一供电区内的电力用户在电网企业配合下以多种方式实现分布式光伏发电就近消纳。

第二章 规模管理

第六条 国务院能源主管部门依据全国太阳能发电相关规划、各地区分布式光伏发电发展需求和建设条件，对需要国家资金补贴的项目实行总量平衡和年度指导规模管理。不需要国家资金补贴的项目不纳入年度指导规模管理范围。

第七条 省级能源主管部门根据本地区分布式光伏发电发展情况，提出下一年度需要国家资金补贴的项目规模申请。国务院能源主管部门结合各地项目资源、实际应用以及可再生能源电价附加征收情况，统筹协调平衡后，下达各地区年度指导规模，在年度中期可视各地区实施情况进行微调。

第八条 国务院能源主管部门下达的分布式光伏发电年度指导规模，在该年度内未使用的规模指标自动失效。当年规模指标与实际需求差距较大的，地方能源主管部门可适时提出调整申请。

第九条 鼓励各级地方政府通过市场竞争方式降低分布式光伏发电的补贴标准。优先支持申请低于国家补贴标准的分布式光伏发电项目建设。

第三章 项目备案

第十条 省级及以下能源主管部门依据国务院投资项目管理规定和国务院能源主管部门下达的本地区分布式光伏发电的年度指导规模指标，对分布式光伏发电项目实行备案管理。具体备案办法由省级人民政府制定。

第十一条 项目备案工作应根据分布式光伏发电项目特点尽可能简化程序，免除发电业务许可、规划选址、土地预审、水土保持、环境影响评价、节能评估及社会风险评估等支持性文件。

第十二条 对个人利用自有住宅及在住宅区域内建设的分布式光伏发电项目，由当地电网企业直接登记并集中向当地能源主管部门备案。不需要国家资金补贴的项目由省级能源主管部门自行管理。

第十三条 各级管理部门和项目单位不得自行变更项目备案文件的主要事项，包括投资主体、建设地点、项目规模、运营模式等。确需变更时，由备案部门按程序办理。

第十四条 在年度指导规模指标范围内的分布式光伏发电项目，自备案之日起两年内未建成投产的，在年度指导规模中取消，并同时取消享受国家资金补贴的资格。

第十五条 鼓励地市级或县级政府结合当地实际，建立与电网接入申请、并网调试和验收、电费结算和补贴发放等相结合的分布式光伏发电项目备案、竣工验收等一站式服务体系，简化办理流程，提高管理效率。

第四章 建设条件

第十六条 分布式光伏发电项目所依托的建筑物及设施应具有合法性，项目单位与项目所依托的建筑物、场地及设施所有人非同一主体时，项目单位应与所有人签订建筑物、场地及设施的使用或租用协议，视经营方式与电力用户签订合同能源服务协议。

第十七条 分布式光伏发电项目的设计和安装应符合有关管理规定、设备标准、建筑工程规范和安全规范等要求。承担项目设计、咨询、安装和监理的单位，应具有国家规定的相应资质。

第十八条 分布式光伏发电项目采用的光伏电池组件、逆变器等设备应通过符合国家规定的认证认可机构的检测认证，符合相关接入电网的技术要求。

第五章 电网接入和运行

第十九条 电网企业收到项目单位并网接入申请后，应在20个工作日内出具并网接入意见，对于集中多点接入的分布式光伏发电项目可延长到30个工作日。

第二十条 以35千伏及以下电压等级接入电网的分布式光伏发电项目，由地市级或县级电网企业按照简化程序办理相关并网手续，并提供并网咨询、电能表安装、并网调试及验收等服务。

第二十一条 以35千伏以上电压等级接入电网且所发电力在并网点范围内使用的分布式光伏发电项目，电网企业应根据其接入方式、电量使用范围，本着简便和及时高效的原则做好并网管理，提供相关服务。

第二十二条 接入公共电网的分布式光伏发电项目，接入系统工程以及因接入引起的公共电网改造部分由电网企业投资建设。接入用户侧的分布式光伏发电项目，用户侧的配套工程由项目单位投资建设。因项目接入电网引起的公共电网改造部分由电网企业投资建设。

第二十三条 电网企业应采用先进运行控制技术，提高配电网智能化水平，为接纳分布式光伏发电创造条件。在分布式光伏发电安装规模较大、占电网负荷比重较高的供电区，电网企业应根据发展需要建设分布式光伏发电并网运行监测、功率预测和优化运行相结合的综合技术体系，实现分布式光伏发电高效利用和系统安全运行。

第六章 计量与结算

第二十四条 分布式光伏发电项目本体工程建成后，向电网企业提出并网调试和验收申请。电网企业指导和配合项目单位开展并网运行调试和验收。电网企业应根据国家有关标准制定分布式光伏发电电网接入和并网运行验收办法。

第二十五条 电网企业负责对分布式光伏发电项目的全部发电量、上网电量分别计量，免费提供并安装电能计量表，不向项目单位收取系统备用容量费。电网企业在有关并网接入和运行等所有环节提供的服务均不向项目单位收取费用。

第二十六条 享受电量补贴政策的分布式光伏发电项目，由电网企业负责向项目单位按月转付国家补贴资金，按月结算余电上网电量电费。

第二十七条 在经济开发区等相对独立的供电区统一组织建设的分布式光伏发电项目，余电上网部分可向该供电区内其他电力用户直接售电。

第七章 产业信息监测

第二十八条 组织地市级或县级能源主管部门按月汇总项目备案信息。省级能源主管部门按季分类汇总备案信息后报送国务院能源主管部门。

第二十九条 各省级能源主管部门负责本地区分布式光伏发电项目建设和运行信息统计，并分别于每年7月、次年1月向国务院能源主管部门报送上半年和上一年度的统计信息，同时抄送国家能源局及其派出监管机构、国家可再生能源信息中心。

第三十条 电网企业负责建设本级电网覆盖范围内分布式光伏发电的运行监测体系，配合本级能源主管部门向所在地的能源管理部门按季报送项目建设运行信息，包括项目建设、发电量、上网电量、电费和补贴发放与结算等信息。

第三十一条 国务院能源主管部门委托国家可再生能源信息中心开展分布式光伏发电行业信息管理，组织研究制定工程设计、安装、验收等环节的标准规范，统计全国分布式光伏发电项目建设运行信息，分析评价行业发展现状和趋势，及时提出相关政策建议。经国务院能源主管部门批准，适时发布相关产业信息。

第八章 违规责任

第三十二条 电网企业未按照规定收购分布式光伏发电项目余电上网电量，造成项目单位损失的，应当按照《中华人民共和国可再生能源法》的规定承担经济赔偿责任。

第九章 附 则

第三十三条 本办法由国家能源局负责解释，自发布之日起施行。

附表1：分布式光伏发电项目备案汇总表（略）

附表2：1兆瓦以上分布式光伏发电项目信息表（略）

国家能源局关于
印发《光伏发电运营监管暂行办法》的通知

国能监管〔2013〕459号

各派出机构，各省（自治区、直辖市）发展改革委（能源局），新疆生产建设兵团发展改革委，各有关电力企业：

为促进光伏产业健康发展，加强光伏发电并网运营监管，我们编制了《光伏发电运营监管暂行办法》并已经局长办公会议审议通过，现印发你们，请遵照执行。

国家能源局

2013年11月26日

光伏发电运营监管暂行办法

第一章 总 则

第一条 为加强监管，切实保障光伏发电系统有效运行，优化能源供应方式，促进节能减排，根据《中华人民共和国可再生能源法》、《电力监管条例》等法律法规和国家有关规定，制定本办法。

第二条 本办法适用于并网光伏电站项目和分布式光伏发电项目。

第三条 国务院能源主管部门及其派出机构依照本办法对光伏发电项目的并网、运行、交易、信息披露等进行监管。

任何单位和个人发现违反本办法和国家有关规定的行为，可以向国务院能源主管部门及其派出机构投诉和举报，国务院能源主管部门及其派出机构应依法处理。

第四条 光伏发电项目运营主体和电网企业应当遵守电力业务许可制度，依法开展光伏发电相关业务，并接受国务院能源主管部门及其派出机构的监管。

第二章 监管内容

第五条 国务院能源主管部门及其派出机构对光伏发电项目运营主体和电网企业电力许可制度执行情况实施监管。

除按规定实施电力业务许可豁免的光伏发电项目外，其他并网光伏发电项目运营主体应当申领电力业务许可证。持证经营主体应当保持许可条件，许可事项或登记事项发生变化的，应当按规定办理变更手续。

第六条 国务院能源主管部门及其派出机构按照有关规定对光伏发电电能质量情况实施监管。

光伏发电并网点的电能质量应符合国家标准，确保电网可靠运行。

第七条 国务院能源主管部门及其派出机构对光伏发电配套电网建设情况实施监管。

接入公共电网的光伏发电项目，接入系统工程以及接入引起的公共电网改造部分由电网企业投资建设。接入用户侧的光伏发电项目，接入系统工程由项目运营主体投资建设，接入引起的公共电网改造部分由电网企业投资建设。

第八条 国务院能源主管部门及其派出机构对光伏发电并网服务情况实施监管。

电网企业应当按照积极服务、简洁高效的原则，建立和完善光伏电站项目接网服务流程，并提供并网办理流程说明、相关政策解释、并网工作进度查询以及配合并网调试和验收等服务。

电网企业应当为分布式光伏发电接入提供便利条件，在并网申请受理、接入系统方案制订、合同和协议签署、并网验收和并网调试全过程服务中，按照“一口对外”的原则，简化办理程序。

电网企业对分布式光伏发电项目免收系统备用容量费和相关服务费用。

第九条 国务院能源主管部门及其派出机构对光伏发电并网环节的时限情况实施监管。

光伏电站项目并网环节时限按照国家能源局有关规定执行。

分布式光伏发电项目，电网企业自受理并网申请之日起25个工作日内向项目业主提供接入系统方案；自项目业主确认接入系统方案起5个工作日内，提供接入电网意见函，项目业主据此开展项目备案和工程设计等后续工作；自受理并网验收及并网调试申请起10个工作日内完成关口电能计量装置安装服务，并与项目业主按照要求签署购售电合同和并网协议；自关口电能计量装置安装完成后10个工作日内组织并网验收及并网调试，向项目业主提供验收意见，调试通过后直接转入并网运行，验收标准按国家有关规定执行。若验收不合格，电网企业应向项目业主提出解决方案。

第十条 国务院能源主管部门及其派出机构对光伏发电项目购售电合同和并网协议签订、执行和备案情况实施监管。

电网企业应与光伏电站项目运营主体签订购售电合同和并网调度协议，合同和协议签订应当符合国家有关规定，并在合同和协议签订10个工作日内向国务院能源主管部门派出机构备案。光伏电站购售电合同和并网调度协议范本，国务院能源主管部门将会同国家工商行政管理部门另行制定。

电网企业应按照有关规定及时与分布式光伏发电项目运营主体签订并网协议和购售电合同。

第十一条 国务院能源主管部门及其派出机构对电力调度机构优先调度光伏发电的情况实施监管。

电力调度机构应当按照国家有关可再生能源发电上网规定，编制发电调度计划并组织实施。电力调度机构除因不可抗力或者有危及电网安全稳定的情形外，不得限制光伏发电出力。

本办法所称危及电网安全稳定的情形，应由国务院能源主管部门及其派出机构组织认定。

光伏发电项目运营主体应当遵守发电厂并网运行管理有关规定，服从调度指挥、执行调度命令。

第十二条 国务院能源主管部门及其派出机构对电网企业收购光伏发电电量的情况实施监管。

电网企业应当全额收购其电网覆盖范围内光伏发电项目的上网电量。因不可抗力或者有危及电网安全稳定的情形，未能全额收购的，电网企业应当及时将未能全额上网的时间、原因等信息书面告知光伏发电项目运营主体，并报国务院能源主管部门派出机构备案。

第十三条　国务院能源主管部门及其派出机构对光伏发电并网运行维护情况实施监管。

并网光伏电站项目运营主体负责光伏电站场址内集电线路和升压站的运行、维护和管理，电网企业负责光伏电站配套电力送出工程和公共电网的运行、维护和管理。电网企业安排电网设备检修应尽量不影响并网光伏电站送出能力，并提前三个月书面通知并网光伏电站项目运营主体。

分布式光伏发电项目运营主体可以在电网企业的指导下，负责光伏发电设备的运行、维护和项目管理。

第十四条　国务院能源主管部门及其派出机构按照有关规定对光伏发电电量和上网电量计量情况实施监管。

光伏电站项目上网电量计量点原则上设置在产权分界点处，对项目上网电量进行计量。电网企业负责定期进行检测校表，装置配置和检测应满足国家和行业有关电量计量技术标准和规定。

电网企业对分布式光伏发电项目应安装两套计量装置，对全部发电量、上网电量分别计量。

第十五条　国务院能源主管部门及其派出机构对光伏发电电费结算情况实施监管。

光伏发电项目电费结算按照有关规定执行。以自然人为运营主体的，电网企业应尽量简化程序，提供便捷的结算服务。

第十六条　国务院能源主管部门及其派出机构对光伏发电补贴发放情况实施监管。

电网企业应按照国家核定的补贴标准，及时、足额转付补贴资金。

第三章　监管措施

第十七条　国务院能源主管部门派出机构与省级能源主管部门应当加强光伏发电项目管理和监管信息共享，形成有机协作、分工负责的工作机制。

第十八条　电网企业应向所在地区的国务院能源主管部门派出机构按季度报送以下信息：

1. 光伏发电项目并网接入情况，包括接入电压等级、接入容量、并网接入时间等。

2. 光伏发电项目并网交易情况，包括发电量、自用电量、上网电量、网购电量等。

3. 光伏电站项目并网运行过程中遇到的重要问题等。

并网光伏电站运营主体应根据产业监测和质量监督等相关规定，定期将运行信息上报，并对发生的事故及重要问题及时向所在省（市）的国务院能源主管部门派出机构报告。

国务院能源主管部门及其派出机构根据履行监管职责的需要，可以要求光伏发电运营主体和电网企业报送与监管事项相关的其他文件、资料。

第十九条　国务院能源主管部门及其派出机构可采取下列措施进行现场检查：

1. 进入并网光伏电站和电网企业进行检查；

2. 询问光伏发电项目和调度机构工作人员，要求其对有关检查事项作出说明；

3. 查阅、复制与检查事项有关的文件、资料，对可能被转移、隐匿、损毁的文件、资料予以封存；

4. 对检查中发现的违法行为，有权当场予以纠正或者要求限期改正。

第二十条　光伏发电项目运营主体与电网企业就并网无法达成协议，影响电力交易正常进行的，国务院能源主管部门及其派出机构应当进行协调；经协调仍不能达成协议的，由国务院能源主管部门及其派出机构按照有关规定予以裁决。

电网企业和光伏发电项目运营主体因履行合同等发生争议，可以向国务院能源主管部门及其派出机构申请调解。

第二十一条　国务院能源主管部门及其派出机构可以向社会公开全国光伏发电运营情况、电力企业对国家有关可再生能源政策、规定的执行情况等。

第二十二条　电网企业和光伏发电项目运营主体违反本办法规定，国务院能源主管部门及其派出机构可依照《中华人民共和国可再生能源法》和《电力监管条例》等追究其相关责任。

电网企业未按照规定完成收购可再生能源电量，造成光伏发电项目运营主体经济损失的，应当按照《中华人民共和国可再生能源法》的规定承担赔偿责任。

第四章　附　　则

第二十三条　本办法由国家能源局负责解释，各派出机构可根据本地实际情况拟定监管实施细则。

第二十四条　本办法自发布之日起施行，有效期为3年。

关于印发半导体照明节能产业规划的通知

发改环资〔2013〕188号

各省、自治区、直辖市及计划单列市、副省级省会城市、新疆生产建设兵团发展改革委、科技厅（科委）、工业和信息化主管部门（经贸委、经信委、工信厅）、财政厅（局）、住房和城乡建设厅（建委、建设交通委、建设局）、质检局：

为引导半导体照明节能产业健康有序发展，促进节能减排。国家发展改革委、科技部、工业和信息化部、财政部、住房和城乡建设部、国家质检总局联合编制了《半导体照明节能产业规划》。现印发你们，请贯彻执行。

附：半导体照明节能产业规划

国家发展改革委
科技部
工业和信息化部
财政部
住房和城乡建设部
国家质检总局
2013年1月30日

附件：

半导体照明节能产业规划

目 录

前言 …… 18
一、现状与形势 …… 19
（一）发展现状 …… 19
（二）面临形势 …… 19
二、指导思想、原则和目标 …… 20
（一）指导思想 …… 20
（二）基本原则 …… 20
（三）发展目标 …… 20
三、主要任务 …… 20
（一）逐步开展推广应用 …… 20
（二）着力提升产业创新能力 …… 21
（三）加快完善产业服务支撑体系 …… 21
四、重点工程 …… 21
（一）照明产品应用示范与推广工程 …… 21
（二）产业化关键技术研发工程 …… 21
（三）核心装备及配套材料技术创新工程 …… 21
（四）标准检测及认证体系建设工程 …… 22
五、保障措施 …… 22
（一）统筹协调推进产业健康有序发展 …… 22
（二）继续加大技术创新支持力度 …… 22
（三）实施支持产业发展的鼓励政策 …… 22
（四）广泛开展宣传教育和人才培养 …… 22
（五）深化国际与区域交流合作 …… 22

前　　言

半导体（LED）照明亦称固态照明，是继白炽灯、荧光灯之后的又一次光源革命。因节能环保、寿命长、应用广泛，作为节能环保产业的重要领域，被列入我国战略性新兴产业。随着技术的不断突破、节能效果的日益显现、产业规模的持续扩大和应用领域的不断拓展，我国 LED 照明节能产业已经进入发展的关键期，需对行业进行有序引导，促进 LED 照明节能产业的健康发展，推动绿色照明工程，实现节能减排。

根据《国务院关于加快培育和发展战略性新兴产业的决定》、《“十二五”节能减排综合性工作方案》、《“十二五”节能环保产业发展规划》以及《半导体照明节能产业发展意见》等有关内容，制定本规划。本规划提出了 LED 照明节能产业到 2015 年的发展目标、任务和措施，是近期我国 LED 照明节能产业发展的指导性文件。

一、现状与形势

我国照明用电约占全国用电量的13%左右，推广使用高效照明产品，提高照明用电效率，节能减排潜力很大。我国从1996年启动实施绿色照明工程，2008年开展财政补贴高效照明产品推广工作，2009年印发了《半导体照明节能产业发展意见》，2011年发布了“中国逐步淘汰白炽灯路线图”，推动照明产业结构优化、持续发展。据测算，若将我国全部在用的白炽灯替换成节能灯，每年可节电480亿千瓦·时，相当于减排二氧化碳近4800万吨，若进一步更换为LED照明产品，将带来更大的节能效果。

（一）发展现状

1. 我国照明产业发展现状

我国照明产业的发展经历了从普通照明、传统高效照明到LED照明等新光源的发展阶段，已成为世界最大的照明电器生产、消费和出口国。2008年以来累计通过财政补贴方式推广节能灯等产品6.8亿只，形成年节电能力260亿千瓦·时，相当于减排二氧化碳2600万吨，大幅提高了高效照明产品市场占有率。2010年，全国照明产品在用量达到71.55亿只，其中高效照明产品占有率超过70%，LED照明产品逐步进入市场应用（见表1）。

表1 2010年我国各类用户照明产品在用量及占有率

产品		居民（亿只）	工业（亿只）	商业、公共（亿只）	全国	
					在用量（亿只）	占有率（%）
普通照明产品	总计	16.08	1.57	2.03	19.68	27.50
	白炽灯	12.84	0.56	0.53	13.93	19.46
	卤钨灯	1.09	0.09	0.72	1.90	2.66
传统高效照明产品	总计	25.73	7.47	18.53	51.73	72.30
	紧凑型荧光灯（节能灯）	19.35	2.23	7.77	29.35	41.02
	直管荧光灯	6.38	4.33	10.62	21.33	29.81
	高压钠灯		0.09	0.03	0.12	0.17
	LED照明产品		0.02	0.12	0.14	0.20
	合计	41.81	9.04	20.56	71.55	100

2. 我国LED照明产业发展现状

近年来，LED照明技术发展迅速，成本快速下降，产品示范应用逐步推开，节能减排效果日益明显。LED照明产品已成为下一代新光源的发展方向，我国LED照明节能产业形成了较完整的产业链和一定的产业规模，具备了较好的发展基础，已成为全球LED照明产业发展最快的区域之一。

产业化技术不断突破。LED芯片技术从无到有，2010年LED芯片国产化率达到60%；具有自主知识产权的硅衬底功率型LED器件光效超过90流明/瓦（lm/W），处于国际领先水平。下游应用与国际技术水平基本同步，LED射灯、筒灯、球泡灯等产品平均光效超过60流明/瓦，较白炽灯有70%以上的节能效果；LED隧道灯、路灯平均光效超过80流明/瓦，通过智能控制已可实现一定节能效果。以生产型金属有机物化学气相沉积（MOCVD）设备为代表的关键设备进入试制阶段；部分关键原材料实现国产化。

产业规模迅速扩大。“十一五”期间，我国LED照明节能产业年均增长35%以上。据不完全统计，截至2010年底，我国有半导体照明企业5000余家，其中规模以上企业约1000家。全行业年产值1200亿元，LED照明应用产品产量占全球60%以上，产值超过190亿元。我国已成为LED功能性照明和景观照明等产品全球制造基地。区域分布上，珠三角、长三角、闽赣三大区域集中了80%以上的LED照明企业和产值。标准检测认证体系逐步完善。标准、检测和认证工作取得阶段性进展，成立了国家半导体照明标准领导小组，研究制定了名词术语、检测方法、性能要求等21项国家标准、11项行业标准、7项技术规范。建设了一批LED照明国家级检测机构，参与了国际LED照明产品测试比对，开展了两岸LED照明检测机构测试比对工作。启动了射灯、筒灯、隧道灯、路灯、球泡灯等LED照明产品的节能认证工作。

（二）面临形势

随着技术日趋成熟和市场需求逐步启动，LED照明节能产业将进入新一轮增长期，朝着更高光效、更低成本、更高可靠性和更广泛应用方向发展。

1. 国际竞争日趋激烈

近几年，全球LED照明节能产业产值年增长率保持在20%以上。据统计，2010年全球照明市场规模为1340亿美元，其中LED照明市场约50亿美元，占全球照明市场份额3.7%左右。到2020年全球照明市场规模将超过1500亿美元，LED照明市场有望达到750亿美元，占全球照明市场份额50%。目前，美国、日本在LED芯片等核心器件方面具有竞争优势；欧洲在汽车照明及功能性照明方面具有竞争优势；我国台湾地区LED芯片制造、封装的产能最大；韩国凭借大企业战略显现出后发优势。专利、标准、人才竞争白热化，产业整合速度明显加快。

2. 我国机遇与挑战并存

我国LED照明节能产业发展面临着重大历史机遇。一是我国城镇化进程不断加快，创造了巨大的市场空间。二是发展LED照明节能产业是转变发展方式及培育战略性新兴产业的现实选择。三是我国不断加大LED照明产品的应用推广力度，逐步扩大产品应用范围，市场规模日益扩大。同时，我国LED照明节能产业发展也面临严峻的挑战。一是企业规模普遍偏小，产业集中度低，盲目投资、低水平重复建设现象较为严重。二是核心专利尚需突破，研发投入有待加强，MOCVD等关键设备仍然依赖进口。三是市场竞争无序，产品质量有待提高。四是标准、检测和认证体系建设仍待加强，服务支撑体系尚需完善。当前，是我国LED照明节能产业发展的关键时期，加强规划引导，对促进行业有序发展，支持企业做强做大具有重要意义。

二、指导思想、原则和目标

（一）指导思想

深入贯彻科学发展观，围绕转方式、调结构、促发展，把LED照明作为战略性新兴产业的发展重点，提升技术创新和产品质量水平，加大产品应用推广，完善产业支撑体系，加强行业指导和规范，促进LED照明节能产业健康有序发展，促进节能减排，提高生态文明水平。

（二）基本原则

——坚持政府引导与市场配置相结合。加强产业发展宏观指导，形成有利于产业发展的政策及配套环境。充分发挥市场配置资源的基础作用，规范市场竞争行为。推动LED主导产品质量逐步达到国际先进水平。

——坚持协调发展与重点推进相结合。优化产业结构，推动LED照明节能产业协调发展。重点推动具有比较优势和较好基础的地区形成特色明显、体系完整的产业集群。

——坚持技术创新与产业升级相结合。推进LED照明技术创新，突破核心关键技术。解决共性技术问题，促进企业转型和产业升级，带动相关产业协同发展。

——坚持企业培育与应用推广相结合。培育具有自主知识产权和较强竞争力的龙头企业。以市场需求为导向、根据产品技术成熟度和经济性，逐步加大LED照明产品推广力度。

（三）发展目标

到2015年，关键设备和重要原材料实现国产化，重大技术取得突破。高端应用产品达到国际先进水平，节能效果更加明显。LED照明节能产业集中度逐步提高，产业集聚区基本确立，一批龙头企业竞争力明显增强。研发平台和标准、检测、认证体系进一步完善。

1. 节能减排效果更加明显，市场份额逐步扩大

到2015年，60瓦以上普通照明用白炽灯全部淘汰，市场占有率将降到10%以下；节能灯等传统高效照明产品市场占有率稳定在70%左右；LED功能性照明产品市场占有率达20%以上。此外，LED液晶背光源、景观照明市场占有率分别达70%和80%以上。与传统照明产品相比，LED道路照明节电30%以上，室内照明节电60%以上，背光应用节电50%以上，景观照明节电80%以上，实现年节电600亿千瓦·时，相当于节约标准煤2100万吨，减少二氧化碳排放近6000万吨。

2. 产业规模稳步增长，重点企业实力增强

LED照明节能产业产值年均增长30%左右，2015年达到4500亿元（其中LED照明应用产品1800亿元）。产业结构进一步优化，建成一批特色鲜明的半导体照明产业集聚区。形成10～15家掌握核心技术、拥有较多自主知识产权和知名品牌、质量竞争力强的龙头企业。

3. 技术创新能力大幅提升，标准检测认证体系进一步完善

LED芯片国产化率80%以上，硅基LED芯片取得重要突破。核心器件的发光效率与应用产品的质量达到国际同期先进水平。大型MOCVD装备、关键原材料实现国产化，检测设备国产化率达70%以上。建立具有世界先进水平的研发、检测平台和标准、认证体系。

三、主要任务

（一）逐步开展推广应用

逐步推广应用技术成熟、节能效果明显的LED照明产品（见专栏1）。优先推广室内商业照明产品及系统，积极推广室外公共照明产品及系统，适时推广家居照明产品，积极支持汽车、农业、医疗等领域的创新应用。（见专栏2）

专栏1　主要LED照明产品

LED筒灯　属室内照明产品，主要应用在办公楼、酒店、商场、地铁等领域，产品综合光效≥65流明/瓦，显色指数≥85。

LED射灯　属室内照明产品，主要应用在酒店、商场等领域，产品综合光效≥60流明/瓦，显色指数≥90。

LED球泡灯　属室内照明产品，主要应用在办公楼、酒店、商场及家居照明等领域，产品综合光效≥60流明/瓦，显色指数≥85。

LED直管灯　属室内照明产品，主要应用在办公楼、酒店、商场、地下停车场及家居照明等领域，产品综合光效≥70流明/瓦，显色指数≥80。

LED平面灯　属室内照明产品，主要应用在办公楼、酒店、商场及家居照明等领域，产品综合光效≥60流明/瓦，显色指数≥85。

LED路灯/隧道灯　属室外照明产品，主要应用在道路（支/次道路为主）、隧道等照明领域，产品综合光效≥90流明/瓦，显色指数≥70。

LED创新应用产品 主要应用在农业、医疗、通讯等领域。

OLED照明产品　属室内照明产品，主要应用在大面积及平面照明领域，产品综合光效≥40流明/瓦，显色指数≥85。

（二）着力提升产业创新能力

围绕产业发展需求，加快LED照明核心材料、装备和关键技术的研发（见专栏2）。加强公共研发平台建设，建立以企业为主体，产学研紧密结合的技术创新体系。积极发挥企业技术研发中心作用，提升LED照明节能产业的整体创新能力。

专栏2 核心材料、装备和关键技术

LED照明用衬底制备技术　新型衬底材料及大尺寸衬底技术与工艺。

核心装备制造技术　多片式MOCVD等生产型设备国产化关键技术。

外延芯片产业化关键技术　大尺寸衬底高效蓝光LED外延、芯片技术；高效绿光、红光及黄光LED外延、芯片技术；结合集成电路工艺的芯片级光源技术。

封装及系统集成技术　高效白光LED器件封装关键技术、设计与配套材料开发；多功能系统集成封装技术；荧光粉涂覆技术。

高效、低成本LED驱动技术　高效、高可靠、低成本的LED驱动电源开发（含驱动电源芯片）。

室内外照明产品集成技术　高品质、低成本、多功能LED模组、光源、灯具标准化、系列化研究；结构、散热、光学系统设计；新型散热材料开发。

智能化照明系统关键技术　控制协议与标准开发；基于互联网、物联网及云计算技术的智能化、多功能照明管理系统开发。

LED创新应用技术　现代农业、养殖、医疗、通讯等特殊领域应用技术及系统开发；超越传统照明形式的系统解决方案。

OLED照明关键技术　高效、高可靠性、低成本OLED材料开发；白光OLED器件及大尺寸OLED照明面板开发；高效、长寿命OLED灯具的设计与开发。

（三）加快完善产业服务支撑体系

完善LED照明标准、检测、认证等服务支撑体系（见专栏3）。梳理LED照明相关标准，建立和完善标准体系，加快规格接口等标准的研究制定。提升我国LED照明产品检测能力和水平。完善LED照明产品节能认证制度。建设行业技术资源和信息共享等服务平台。开展LED照明产品生态评估和废旧LED照明产品回收问题研究。

专栏3 标准检测认证等支撑体系

LED照明标准体系研究　梳理LED照明相关标准，建立和完善以设备、材料、器件、模块、光源、灯具、照明应用、能效等为主要内容的标准体系框架；分阶段、有重点开展相关标准的制修订工作。

LED照明产品检测与评价　LED照明产品的质量评价体系研究；包括产品失效机理、寿命实验和可靠性评价在内的LED照明产品性能及照明质量的系统测试方法研究等。

LED照明检测平台建设及检测设备开发　检测平台和信息网络建设；产品和系统测试设备开发；灯具在线测试系统开发；应用现场检测设备开发等。

LED照明节能认证　结合已制定的标准或技术规范，制定相应认证技术规范和实施规则，开展LED照明产品节能认证。

四、重点工程

围绕规划目标和具体任务，结合现阶段LED照明产品的技术水平、市场现状及节能效果和潜力，着力在产品示范应用、技术研发、装备制造、标准化推进等方面实施四大重点工程。

（一）照明产品应用示范与推广工程

逐步加大财政补贴LED照明产品推广力度。在商业照明、工业照明及政府办公、公共照明等领域，重点开展LED筒灯、射灯等室内照明产品和系统的示范应用和推广。适时进入家居照明领域。在户外照明领域，重点开展LED隧道灯、路灯等产品和系统的示范应用。

推动LED产品在医疗、农业、舞台、景观照明等专业和特殊场所的示范应用。有序推进实施“十城万盏”半导体照明应用示范工程。组织开展知名建筑照明应用、建筑智能照明节能改造、缺电地区离网照明应用示范工程。积极开展绿色照明示范城市创建活动。

（二）产业化关键技术研发工程

大力发展大尺寸外延芯片制备、集成封装等产业化关键技术。优先发展基于大尺寸硅、蓝宝石、碳化硅衬底的LED芯片制备技术及三维、晶圆级等新型多功能集成封装技术的研发。重点支持LED照明应用的光、热、机、电、驱动、控制等产业化共性关键技术研发和新一代LED光源研究，解决LED光源与灯具的模块化、标准化问题。支持LED智能化系统管理等技术研究和OLED照明产品的制备技术开发。

（三）核心装备及配套材料技术创新工程

着力推进核心装备的引进消化吸收和再创新，力争实现生产型MOCVD设备量产。促进生产设备、工艺装备、检测设备制造商与材料工艺研究机构及用户间的合作。重点支持高纯金属有机化合物（MO源）、新型高效荧光粉、大尺寸衬底、图形衬底、封装材料、低成本散热材料等关键材料的开发及产业化。

（四）标准检测及认证体系建设工程

加快制定与出台LED照明产品检测方法、性能、安全、规格、接口等国家标准、行业标准，结合国家相关政策实施，研究制定更高要求的技术规范。完善半导体照明标准体系，积极参与国际标准研究与制订。开展检测技术、检测方法研究，积极开展检测能力验证，严格检测机构资质认定，建设若干具有国际先进水平的产品检测平台。分重点、有步骤地开展LED照明产品的节能认证工作，根据产品成熟度，逐步扩大产品的节能认证范围，健全产品认证体系。

五、保障措施

（一）统筹协调推进产业健康有序发展

贯彻落实发展改革委、科技部、工业和信息化部、财政部、住房城乡建设部、国家质检总局等部门联合印发的《半导体照明节能产业发展意见》（发改环资［2009］2441号），强化组织实施与部门分工协作。加强对各地区发展LED照明节能产业的宏观指导，严格落实国家产业政策。研究设立LED照明行业准入门槛，避免盲目扩张和低水平重复建设。通过中央预算内投资，支持一批LED照明龙头企业；通过工业转型升级资金支持产业结构优化升级。加强市场规范与监督，提升LED照明产品质量水平。开展知识产权战略研究，探索建立知识产权预警机制和专利共享机制，建立完善专利池。

（二）继续加大技术创新支持力度

通过973计划、863计划支持LED照明基础技术、前沿技术研究；通过科技支撑计划、高技术产业化示范工程支持LED照明应用开发及系统集成示范和产业化示范项目建设；通过电子信息产业发展基金支持LED关键共性技术研发和产业化。加大对半导体照明领域的科学研究和产业共性关键技术联合研发。改进重大项目组织方式，提高攻关效率。鼓励建立以专业技术机构和企业为主体的产学研联合创新模式，统筹考虑现有科研布局，充分整合利用现有科技资源，形成技术研发的长效机制，探索建设可持续发展的国际化、开放性的公共研发平台和检测平台。

（三）实施支持产业发展的鼓励政策

实施半导体照明生产设备关键零部件及原材料的进口税收优惠政策。建立LED照明产品能效“领跑者”制度，鼓励产品能效水平不断提升。将LED照明产品示范应用作为节能评估工作的重要内容。逐步扩大财政补贴推广力度，适时将球泡灯等量大面广、技术成熟的LED照明产品纳入补贴范围。推动实施一批政府办公楼、医院、宾馆、商厦、机场、轨道交通、道路等公共照明应用工程。落实节能产品政府采购政策，政府机关和公共机构带头采用LED照明产品。

（四）广泛开展宣传教育和人才培养

加大宣传力度，面向社会宣传普及LED照明相关知识。通过组织开展照明创新设计大赛、建设LED照明展示体验中心等活动，培育绿色消费理念，营造良好社会氛围。完善人才培养、引进和流动机制，加大行业亟需的相关人才培养力度。鼓励开展LED照明方面的专业培训，重点培养一批产业技术和管理高端人才以及专业技术工程师。

（五）深化国际与区域交流合作

大力实施绿色照明工程，充分利用政府间在节能环保领域的多边、双边合作渠道，提高国际标准话语权。开展技术交流与产业合作，并不断拓展合作的领域和范围。积极推进海峡两岸在技术研发、标准检测、应用示范、产业化等方面的实质性合作。

关于促进铅酸蓄电池和再生铅产业规范发展的意见

工信部联节［2013］92号

各省、自治区、直辖市人民政府：

近年来，我国铅酸蓄电池和再生铅行业快速发展，成为全球铅酸蓄电池生产、消费和出口大国。由于部分企业规模小、工艺技术落后，污染治理水平低，导致铅污染事件频发，严重威胁群众健康，影响社会稳定。为加强铅污染防治和资源循环利用，杜绝铅污染事件发生，促进铅酸蓄电池和再生铅行业规范有序发展，经国务院同意，提出以下意见。

一、总体要求

（一）明确发展目标。深入贯彻落实科学发展观，按照严格准入、强化监管、标本兼治的原则，加大产业结构调整力度，加强环境保护核查、行业准入和生产许可证管理，加大环境执法力度，健全政策法规和标准体系，有效控制铅排放，实现铅酸蓄电池规范生产、有序回收、合理再生利用。到2015年，废铅酸蓄电池的回收和综合利用率达到90%以上，铅循环再生比重超过50%，推动形成全国铅资源循环利用体系。

二、加快产业结构调整升级

（二）加大落后产能淘汰力度。把铅酸蓄电池和再生铅行业作为国家淘汰落后产能的重点行业，立即淘汰开口式普通铅酸蓄电池生产能力，并于2015年底前淘汰未通过环境保护核查、不符合准入条件的落后生产能力。禁止将落后产能向农村和中西部地区转移。鼓励有条件的企业进行兼并重组，促进产业升级，提高产业集中度。

（三）严格行业准入和生产许可管理。按照铅酸蓄电池和再生铅行业相关准入要求，对现有企业逐一进行审查，并向社会公告通过审查的企业名单。严格铅酸蓄电池生产许可管理，申请或重新核发生产许可证的企业，应当符合环境保护要求和行业准入条件；因不符合相关要求而被依法取缔关闭的，要注销其生产许可证。外贸企业出口的铅酸蓄电池应为具备有效生产许可证的企业生产的产品。研究建立再生铅行业生产许可管理制度。

（四）强化项目审批管理。加强铅酸蓄电池和再生铅新、改、扩建项目备案管理，禁止在重要生态功能区、铅污染超标区域和重金属污染防治重点区域内新、改、扩建增加铅污染物排放的项目；在非重点区域内新、改、扩建铅酸蓄电池和再生铅企业要符合区域铅污染物排放总量控制要求。建设铅酸蓄电池和再生铅企业集聚园区应当开展规划环评，强化园区规划控制，严格落实防护距离要求。

（五）加快推行清洁生产。依法对铅酸蓄电池和再生铅企业实施强制性清洁生产审核，各省级环境保护部门会同发展改革部门、工业主管部门公布强制性清洁生产审核企业名单，每两年完成一轮清洁生产审核。指导和督促企业落实清洁生产方案，鼓励金融机构加大对企业清洁生产的信贷支持。

（六）推进行业技术进步。加强双极性密封电池、超级电池、泡沫石墨电池等新型铅酸蓄电池的技术研发，推广卷绕式、胶体电解质铅酸蓄电池技术。采用内化成、无镉化、智能快速固化室、真空合膏、管式电极灌浆挤膏等先进成熟工艺技术对现有铅酸蓄电池生产企业进行升级改造，开展铅酸蓄电池拉网式、冲孔式、连铸连轧式板栅制造工艺技术应用示范。加快废铅酸蓄电池规模化无害化再生关键技术装备的研发与应用。

三、加强环境执法监管

（七）强化环境保护核查和监管。开展铅酸蓄电池和再生铅行业环境保护专项核查，并向社会公告通过核查的企业名单。建立健全铅酸蓄电池和再生铅企业环境管理档案和信息管理体系。制定更加严格的铅酸蓄电池和再生铅行业重金属污染物排放标准。地方各级环境保护部门要定期对铅酸蓄电池和再生铅企业进行监督性监测，对企业周边环境开展经常性监测，对超标排放的企业要依法采取限期治理等措施，确保达标排放。对发生重特大铅污染事件的地区，要依法严肃追究有关人员的责任。

（八）规范企业环境行为。铅酸蓄电池和再生铅企业要落实有效的环境管理制度，建设完善的铅烟、铅尘、酸雾和废水收集、处理设施，并保证设施稳定运行和达标排放；要逐步安装铅在线监测设施并与当地环境保护部门联网，逐月报告日常监测情况。严格执行固体废物分类贮存、处置和危险废物转移联单等制度，含铅废渣、污泥等危险废物应按规定委托有资质的单位进行安全处置。要制定重金属污染事件应急预案，并定期开展应急培训和演练。加强职工劳动保护，健全血铅定期检查制度，改善工作场所环境，维护职工身心健康。

四、建立规范有序的回收利用体系

（九）落实生产者责任延伸制度。制定《废铅酸蓄电池回收利用管理办法》，提出落实生产者责任延伸制度的具体机制和操作办法，明确生产企业（进口商）的回收责任，督促企业在设计和制造环节充分考虑产品废旧回收时的便利性和可回收率。充分发挥市场机制作用，调动销售者、消费者参与回收利用的积极性。

（十）规范回收利用行为。依法规范个体商贩废铅酸蓄电池回收行为，严厉打击非法拆解和土法炼铅等行为。完善危险废物经营许可制度，鼓励生产企业通过其零售网络组织回收废铅酸蓄电池，支持生产企业、销售企业、专业回收企业和再生铅企业共建回收网络。加强对废铅酸蓄电池收集、储存、运输全过程的监管。支持规模化、规范化的铅再生利用示范工程建设。

五、加强政策引导和支持

（十一）加大财政资金支持力度。2012—2015 年，中央财政淘汰落后产能奖励资金对全国范围内的铅酸蓄电池企业淘汰落后产能予以支持。加大中央财政清洁生产专项资金支持力度，重点支持符合准入条件、排放达标的企业运用先进节能环保技术改造现有生产能力。

（十二）落实税收优惠政策。继续对利用废铅酸蓄电池生产再生铅的企业，实行增值税即征即退 50% 的税收优惠政策。进一步研究完善再生铅行业鼓励政策，加大税收扶持力度。

六、加强组织实施

（十三）明确职责任务。地方人民政府对本行政区内的铅污染防治工作负总责，相关企业是铅污染防治的责任主体。国家建立由工业和信息化部、环境保护部、商务部、发展改革委、财政部等部门和相关协会参加的协调工作机制，统筹研究产业升级、行业准入、污染防治工作目标和计划、相关配套政策措施等，督促和指导地方相关部门开展工作。有关部门要各司其职，加强协调配合，共同推进铅酸蓄电池和再生铅行业规范发展。充分发挥行业协会的组织、自律、监督和协调作用。

（十四）加强信息公开和社会监督。各省级工业主管部门、环境保护部门要定期公布本行政区域内铅酸蓄电池和再生铅企业名单、厂址以及产能等情况，相关企业每年应向社会发布企业年度环境报告，公布污染物排放和环境管理等情况。加大对铅污染危害及防护常识的宣传力度，鼓励社会对企业违法行为进行监督与举报。

工业和信息化部
环境保护部
商务部
国家发展改革委
财政部
2013 年 3 月 12 日

国务院办公厅关于强化企业技术创新主体地位全面提升企业创新能力的意见

国办发〔2013〕8号

各省、自治区、直辖市人民政府，国务院各部委、各直属机构：

《国家中长期科学和技术发展规划纲要（2006—2020年）》实施以来，以企业为主体、市场为导向、产学研相结合的技术创新体系建设取得积极进展，激励企业创新的政策措施逐步完善，企业研发投入的积极性不断提高，研发能力得到增强，重点产业领域取得一批创新成果，为产业升级和结构调整提供了有力支撑。但目前我国企业创新能力依然薄弱，许多领域缺乏具有自主知识产权的核心技术，企业尚未真正成为创新决策、研发投入、科研组织和成果应用的主体，制约企业创新的体制机制障碍仍然存在。为深入贯彻落实党的十八大精神和《中共中央国务院关于深化科技体制改革加快国家创新体系建设的意见》（中发〔2012〕6号），全面提升企业创新能力，经国务院同意，现提出以下意见。

一、指导思想和主要目标

（一）指导思想。坚持以邓小平理论、"三个代表"重要思想、科学发展观为指导，围绕促进科技与经济社会发展紧密结合，统筹发挥市场配置资源的基础性作用和政府的引导支持作用，以深入实施国家技术创新工程为重要抓手，建立健全企业主导产业技术研发创新的体制机制，促进创新要素向企业集聚，增强企业创新能力，加快科技成果转化和产业化，为实施创新驱动发展战略、建设创新型国家提供有力支撑。

（二）主要目标。到2015年，基本形成以企业为主体、市场为导向、产学研相结合的技术创新体系。培育发展一大批创新型企业，企业研发投入明显提高，大中型工业企业平均研发投入占主营业务收入比例提高到1.5%，行业领军企业达到国际同类先进企业水平，企业发明专利申请和授权量实现翻一番。企业主导的产学研合作深入发展，建设一批产业技术创新战略联盟和产业共性技术研发基地，突破一批核心、关键和共性技术，形成一批技术标准，转化一批重大科技成果。企业创新环境进一步优化，形成一批资源整合、开放共享的技术创新服务平台，面向企业的科技公共服务能力大幅度提高，涌现出一大批富有活力的科技型中小企业和民办科研机构。到2020年，企业主导产业技术研发创新的体制机制更加完善，企业创新能力大幅度提升，形成一批创新型领军企业，带动经济发展方式转变实现重大进展。

二、重点任务

（一）进一步完善引导企业加大技术创新投入的机制。企业要按照社会主义市场经济体制的要求，不断深化自身改革，适应市场化和全球化竞争的需要，增强创新驱动发展的内在动力；要明确企业主要负责人对技术研发的责任，加强研发能力和品牌建设，建立健全技术储备制度，提高持续创新能力和核心竞争力。各级政府要鼓励和引导企业加大研发投入，大力培育创新型企业，充分发挥其对技术创新的示范引领作用。推进科研项目经费后补助工作，鼓励和引导企业按照国家战略和市场需求先行投入开展研发项目。建立健全国有企业技术创新的经营业绩考核制度，落实和完善国有企业研发投入视同利润的考核措施，加强对不同行业研发投入和产出的分类考核。中央国有资本经营预算产业升级与发展专项资金要加大对中央企业技术创新的支持力度。国家科技计划项目征集和指南编制要充分听取企业专家的意见，产业化目标明确的重大科技项目由有条件的企业牵头组织实施。加强国家科技奖励对企业技术创新的引导激励。

（二）支持企业建立研发机构。引导企业围绕市场需求和长远发展，建立研发机构，健全组织技术研发、产品创新、科技成果转化的机制，大幅度提高大中型工业企业建立研发机构的比例。在明确定位和标准的基础上，引导企业建设国家重点实验室，围绕产业战略需求开展基础研究。在行业骨干企业建设一批国家工程（技术）研究中心、国家工程实验室，支持企业开展技术成果工程化研究。加强国家认定企业技术中心和技术创新示范企业工作。对企业国家重点实验室、国家工程（技术）研究中心、国家认定的企业技术中心以及科技类民办非企业单位，依据相关规定给予进口科技开发用品或科教用品的税收优惠政策。对民办科研机构等新型研发组织，在承担国家科技任务、人才引进等方面与同类公办科研机构实行一视同仁的支持政策。

（三）支持企业推进重大科技成果产业化。建立健全按产业发展重大需求部署创新链的科研运行机制和政策导向，推进新技术、新材料、新工艺、新模式、高端装备等的集成应用，实施国家高技术产业化示范项目、国家科技成果转化引导基金、国家重大科技成果转化项目、国家文化科技创新工程等，大力培育发展战略性新兴产业。组织实施用户示范工程，采取政策引导、鼓励社会资本投入等方式，促进科技成果推广应用，运用高新技术改造提升传统产业。

依托国家自主创新示范区、国家高新技术产业开发区、国家创新型（试点）城市、国家高技术产业基地、国家新型工业化示范基地、信息化与工业化融合示范区、国家农业科技园区、国家级文化和科技融合示范基地、国家现代服务业产业化基地等，完善技术转移和产业化服务体系，吸引企业在区内设立研发机构，集聚高端人才，培育发展创新型产业集群。

（四）大力培育科技型中小企业。国家中小企业发展专项资金、中小企业技术改造资金等要大力支持中小企业技术创新和改造升级。扩大科技型中小企业技术创新基金规模，继续实施科技型中小企业创业投资引导基金、新兴产业创投计划、中小企业创新能力建设计划和中小企业信息化推进工程，强化火炬计划、星火计划、国家重点新产品计划对中小企业产品和技术创新的政策引导作用，引导和支持中小企业创新创业。综合采用买（卖）方信贷、知识产权和股权质押贷款、融资租赁、科技小额贷款、公司（企业）债券、集合信托、科技保险等方式，支持科技型企业开展技术创新融资。为小型微型科技企业创造公平竞争的市场环境，促进其健康发展。

（五）以企业为主导发展产业技术创新战略联盟。支持行业骨干企业与科研院所、高等学校签订战略合作协议，建立联合开发、优势互补、成果共享、风险共担的产学研用合作机制，组建产业技术创新战略联盟。支持联盟按规定承担产业技术研发创新重大项目，制订技术标准，编制产业技术路线图，构建联盟技术研发、专利共享和成果转化推广的平台及机制。积极探索依托符合条件的联盟成员单位建设国家重点实验室。深入开展联盟试点，加强对联盟的分类指导和监督评估。围绕培育发展战略性新兴产业，结合实施国家科技重大专项，通过联盟研发重大创新产品，掌握核心关键技术，构建产业链。围绕改造提升传统产业，通过联盟开展共性技术攻关，解决制约产业升级的重大制造装备、关键零部件、基础原材料、基础工艺及高端分析检测仪器设备等难题。围绕发展现代服务业，通过联盟加强技术创新、商业模式创新和管理创新，培育现代服务业新业态。

（六）依托转制院所和行业领军企业构建产业共性技术研发基地。针对重点行业和技术领域特点和需求，在钢铁、有色金属、装备制造、建材、纺织、煤炭、电力、油气、新能源与可再生能源、电子信息、生物医药、化工、轻工、现代农业、现代服务业等产业，依托骨干转制院所、行业特色高等学校和行业领军企业，通过体制机制创新，整合相关科研资源，推动建设一批产业共性技术研发基地，加强共性技术研发和成果推广扩散。对产业共性技术研发基地的运行管理、技术扩散服务的绩效实行定期评价。

（七）强化科研院所和高等学校对企业技术创新的源头支持。鼓励科研院所和高等学校与企业共建研发机构，共建学科专业，实施合作项目，加强对企业技术创新的理论、基础和前沿先导技术支持。实施卓越工程师教育培养等计划，推行产学研合作教育模式和“双导师”制，鼓励高等学校和企业联合制定人才培养标准，共同建设课程体系和教学内容，共同实施培养过程，共同评价培养质量。推动科研院所、高等学校面向市场转移科技成果，有条件的科研院所、高等学校应建立专业技术转移机构和技术成果供需平台。完善落实股权、期权激励和奖励等收益分配政策，以及事业单位国有资产处置收益政策和人事考核评价制度，鼓励科研院所、高等学校科技人员转化科技成果。

（八）完善面向企业的技术创新服务平台。面向行业技术创新需求，促进科技资源整合和优势互补，推动形成一批专业领域技术创新服务平台，培育一批专业化、社会化、网络化的示范性科技中介服务机构。以中央财政资金为引导，带动地方财政和社会投入，支持围绕地方特色优势产业和战略性新兴产业创新发展的区域公共科技服务平台建设。推动平台面向中小企业提供研发设计、检验检测、技术转移、大型共用软件、知识产权、标准、质量品牌、人才培训等服务，提高专业化服务能力和网络化协同水平。探索通过购买公共服务等方式，引导建立促进技术创新服务平台有效运行的良好机制。加快建设技术交易市场体系、科技创业孵化网络和科技企业加速成长机制。

（九）加强企业创新人才队伍建设。在海外高层次人才引进计划、创新人才推进计划等相关重大人才工程和政策实施中，支持企业引进海外高层次人才，引导和支持归国留学人员创业。加强专业技术人才和高技能人才队伍建设，培养科技领军人才、优秀创新团队。加强对企业科研和管理骨干的培训。健全科技人才流动机制，鼓励科研院所、高等学校和企业创新人才双向流动和兼职。继续坚持企业院士专家工作站、博士后工作站、科技特派员等科技人员服务企业的有效方式，不断完善评价制度，构建长效机制，对于服务企业贡献突出的科技人员，采取优先晋升职务职称等奖励措施。广泛开展职工合理化建议、技术革新、技能大赛等群众性技术创新活动，对有突出贡献的职工优先晋升技术技能等级，充分调动职工参与技术创新的积极性，提高企业职工科技素质。

（十）推动科技资源开放共享。健全科技资源开放共享制度，深入开展全国科技资源调查，促进科技资源优化配置和高效利用。建立健全科研院所、高等学校、企业的科研设施和仪器设备等科技资源向社会开放的合理运行机制。加大国家重点实验室、国家工程实验室、国家工程（技术）研究中心、大型科学仪器中心、分析测试中心等向企业开放服务的力度，将资源开放共享情况作为其运行绩效考核的重要指标。加强对国家科技基础条件平台开放服务工作的绩效评价和奖励补助，积极引导其对企业开展专题服务。加强区域性科研设备协作，提高对企业技术创新的支撑服务能力。

（十一）提升企业技术创新开放合作水平。鼓励企业通过人才引进、技术引进、合作研发、委托研发、建立联合研发中心、参股并购、专利交叉许可等方式开展国际创新合作。加强国际科技创新信息收集分析，为企业开展国际科技合作提供服务。鼓励企业到海外建立研发机构，联合科研院所承担国际科技合作项目。支持企业参加各类国际标准组织，积极参与国际技术标准制修订。鼓励和支持企业向国外申请知识产权。加大国家科技计划开放合作力度，鼓励跨国公司依法在我国设立研发机构，与我国企业、科研究院所和高等学校开展合作研发，共建研发平台，联合培养人才。

（十二）完善支持企业技术创新的财税金融等政策。完善和落实企业研发费用税前加计扣除政策，加大企业研发设备加速折旧政策的落实力度。完善高新技术企业认定办法，落实税收优惠政策。促进科技和金融结合，在风险可控原则下和国家允许的业务范围内，加大政策性银行对企业转化科技成果和进出口关键技术设备的支持力度，鼓励商业银行开发支持企业技术创新的贷款模式、产品和服务，加大对企业技术创新的融资支持。建立健全首台（套）重大技术装备保险机制，支持企业研发和推广应用重大创新产品。加大对符合条件的创新型企业上市融资以及已上市创新型企业再融资和市场化并购重组的支持力度，支持科技成果出资入股并确认股权。切实加强知识产权保护，依法惩治侵犯知识产权的违法犯罪行为。

三、组织实施

（一）加强组织领导，强化统筹推进。各地方、各部门要切实增强责任感和紧迫感，围绕全面实施创新驱动发展战略，加大推进技术创新的力度，全面提升企业创新能力。科技、发展改革、财政、教育、工业和信息化、农业、人力资源社会保障、国资、金融、工会等有关部门和单位要建立深入实施国家技术创新工程的联合推进机制，发挥各自优势，加强协同创新，形成工作合力。各地方要结合实际，制定贯彻本意见的具体方案。要充分调动各方面的积极性，共同推进企业技术创新工作。

（二）加强监测评估，务求取得实效。要加强分类指导，建立监测评价机制，对各项重点任务推进和各项政策措施落实的情况进行督促检查，定期总结和发布工作进展情况。逐步建立企业技术创新调查制度。对探索性强的政策任务要加强研究，通过试点积累经验，并及时总结推广。要加强宣传和舆论引导，大力宣传企业技术创新工作的重要意义、政策措施、进展成效和先进经验，营造有利于工作顺利推进的良好社会氛围。

国务院办公厅

2013 年 1 月 28 日

工业和信息化部关于
印发《工业企业知识产权管理指南》的通知

工信部科［2013］447 号

各省、自治区、直辖市及计划单列市、新疆生产建设兵团工业和信息化主管部门：

为贯彻落实国家知识产权战略纲要和国务院《工业转型升级规划（2011—2015 年）》知识产权相关工作要求，指导和推动工业企业知识产权管理制度化建设，有效促进工业企业知识产权运用能力提升，我部组织编制了《工业企业知识产权管理指南》。现印发你们，请认真贯彻实施。

附件：工业企业知识产权管理指南

工业和信息化部

2013 年 11 月 8 日

附件

工业企业知识产权管理指南

1 范围

本指南规定了工业企业知识产权管理的基本要求、基础管理、运用管理、评价与改进等。

工业企业应结合企业知识产权管理实际，有所侧重，灵活运用。

本指南适用于我国工业和信息化领域内企业知识产权的规范化管理和管理水平评价。

2 引用文件

本指南主要引用以下文件：

GB/T 19000—2008 质量管理体系基础和术语

GB/T 21374—2008 知识产权文献与信息基本词汇

GB/T 29490—2013 企业知识产权管理规范

3 概念

下列概念适用于本指南。

3.1 知识产权

在科学技术、文学艺术等领域中，发明者、创造者等对自己的创造性劳动成果依法享有的专有权，其中包括专利、商标、著作权及相关权利、集成电路布图设计、地理标志、植物新品种、商业秘密、传统知识、遗传资源以及民间文艺等。

[GB/T 21374—2008 术语和定义 3.1.1]

3.2 知识产权运用

知识产权运用是指各类市场主体依法获得、拥有知识产权，并在生产经营中有效利用知识产权，增强知识产权防卫能力，实现知识产权价值的活动。

4 基本要求

4.1 健全体系

设立知识产权工作机构，明确领导分工及职责，配备知识产权工作人员等；建立、健全知识产权组织管理体系。

4.2 建立制度

建立各类知识产权管理规章与制度，建立、健全企业知识产权内部管理规范和企业知识产权评价制度。

4.3 协同运用

注重知识产权协同运用，积极推动创新成果转化和知识产权产业化；有效管理知识产权的转让、许可、输出和引进，开展知识产权投融资活动；加强商标运用，创建企业品牌，实现和提升企业知识产权价值。

4.4 有效防卫

建立和完善知识产权防卫体系，制定切实有效的防卫措施。尊重、合法使用他人知识产权，充分利用知识产权制度规则，保障企业和权利人合法权益。

5 基础管理

5.1 机构管理

5.1.1 设置机构

企业应建立知识产权管理机构开展知识产权业务，或根据企业实际确定企业研发、技术、生产经营等相关业务主管部门开展知识产权业务，或根据需要委托专业机构代管；企业可配备专、兼职知识产权工作人员。

5.1.2 管理者职责

企业最高管理者是企业知识产权管理的第一责任人，应通过以下活动实现知识产权管理体系的有效性：

（1）制定知识产权方针；

（2）确定知识产权目标；

（3）明确知识产权管理的职责和权限，确保有效沟通；

（4）确保资源的配备；

（5）组织管理评审。

参见［GB/T 29490—2013，GB/T 29490—20135.1］

知识产权分管负责人职责如下：

（1）负责制定企业知识产权发展规划；

（2）负责策划建立企业知识产权管理体系，并推进实施；

（3）负责对企业知识产权各项工作的审查、监督和批准实施；

（4）负责企业重大知识产权事务的处理；

（5）负责协调企业内外有关知识产权工作；

（6）及时向最高管理者报告有关工作信息。

管理机构职责：

参见［GB/T 29490—20135.4.2］

5.2 制度管理

企业根据需要可制定专门或综合性的知识产权管理制度。

企业各类知识产权管理制度在主要环节和流程上协调有序。企业知识产权管理制度体系完善，包括但不限于下列制度：1）知识产权议事决策制度；2）知识产权信息利用制度；3）知识产权奖惩制度；4）知识产权教育培训制度；5）知识产权文件档案管理制度；6）技术合同管理制度；7）知识产权交易管理制度；8）知识产权工作考核评价制度；9）知识产权评估制度；10）知识产权权属管理制度；11）知识产权保密制度；12）知识产权风险管理制度；13）专利管理制度；14）商标管理制度；15）著作权管理制度；16）商业秘密管理制度；17）集成电路布图设计管理制度；18）其他知识产权相关管理制度。

5.3 人力资源管理

5.3.1 知识产权普及教育

企业定期对员工提供必要的知识产权普及教育。

企业对新入职员工提供知识产权入职教育。

企业知识产权普及教育内容至少包括知识产权基本知识、企业的知识产权管理制度。

5.3.2 知识产权培训

企业应建立知识产权内部培训制度，针对企业内部不同部门及岗位，确定应具备的各种知识产权知识及技能，制定合适的培训方案。

企业应对管理层开展知识产权教育和培训，提高企业管理层知识产权意识和能力。

企业应对相关业务人员开展知识产权业务培训，确保研发、营销等相关人员具备知识产权业务知识，使其了解其工作与实现知识产权管理目标的关系；确保知识产权工作人员的知识、技能和经验达到本指南的要求。

企业应培训知识产权专职人员，使其了解：1）知识产权相关法律；2）知识产权申请程序、救济方式、侵害鉴定、诉讼仲裁、授权协议；3）知识产权风险规避；4）知识产权评价；5）知识产权信息安全管理等。

企业应积极组织、参与知识产权论坛或活动，鼓励员工参与知识产权实践，增加处理知识产权纠纷等相关事务的实际经验。

5.4 财务管理

5.4.1 经费保障

企业应根据不同发展阶段和规模水平等实际情况为知识产权工作提供相应的经费预算，一般按企业研发经费的1%～5%预算。预算包括日常工作经费和专项经费预算。

企业应提供知识产权相关工作经费保障，经费用于企业知识产权申请、注册、登记、维持和诉讼等事务，用于企业知识产权工作机构的人力成本、宣传培训、设备添置和日常开支等工作。

企业建立专项经费保障企业知识产权战略实施、知识产权数据库建设、知识产权预警分析、重大知识产权并购、海外知识产权布局等。

5.4.2 经费管理

企业应严格知识产权经费的管理，规范政府财政性知识产权专项资金的使用，必要时提供专项审计报告。

5.5 合同管理

企业应加强合同中的知识产权管理：1）应建立健全合同审核机制，在合同签订流程上建立知识产权审查环节，并形成记录；2）对检索与分析、预警、申请、诉讼、侵权调查与鉴定、管理咨询等知识产权对外委托业务应签订书面合同，并约定知识产权权属、保密等内容；3）在进行委托开发或合作开发时，应签订书面合同，约定知识产权权属、许可及利益分配、后续改进的权属和使用等；4）承担涉及国家重大专项等政府支持项目时，应了解项目相关的知识产权管理规定，并按照要求进行管理。参见国标 GB/T 29490—20137.5。

企业应与入职员工、有关合作单位签订保密合同，确保企业的商业秘密得到有效保护。保密合同应清楚列明商业秘密范畴、用途与使用条件、保密义务内容、保密期限、保密津贴、违约处理等内容。

企业对新入职员工开展知识产权尽职调查，对于研发、生产、销售等与知识产权关系密切的岗位，要求新入职员工签订知识产权声明文件；对于涉及企业核心知识产权的在职员工签订竞业禁止协议；对离职员工进行相应的知识产权事项提醒。

6 运用管理

6.1 制定运用策略

企业应根据生产经营需要制定知识产权运用策略，明确专利、商标、著作权和商业秘密等在企业生产经营中的具体运用策略。

企业知识产权运用包括知识产权获得、实施、许可、转让、产业化等。

企业应规范知识产权运用流程，企业知识产权运用活动应遵循企业知识产权运用流程进行。

企业应结合发展需要，统筹开展专利、商标、著作权、商业秘密等类型的知识产权运用管理。

6.2 知识产权信息利用

6.2.1 知识产权信息获取

企业应根据知识产权战略实施的需要，收集相关专利、商标、著作权等知识产权信息，建立和拓展企业知识产权信息获取渠道。

企业知识产权信息包括但不限于：1）各类知识产权的数据、文献、法规、政策等信息资料；2）知识产权相关的协议、合同等；3）知识产权产生、申请、注册、登记的原始文档及过程记录；4）知识产权审查、评估、分析与预测研究等报告；5）企业专利数据库；6）企业认定的有关商业秘密；7）知识产权诉讼的法律文件；8）知识产权公文、图书、情报等资料；9）经营和收购、并购的知识产权信息；10）考核、奖励、惩处等知识产权工作历史文档。

6.2.2 知识产权数据库

企业可根据实际情况，自行或委托相关服务机构建立与自身技术领域相关的知识产权数据库，并定期整理和维护。

企业应充分利用知识产权数据库进行企业发展所需的知识产权检索、分析。

6.2.3 知识产权信息检索与分析

企业在立项、研发、采购、生产、销售和售后等活动中应对专利、商标、著作权及其他类型的知识产权信息进行检索与分析，评估自身的研发与经营活动，并保存相关的检索、分析或评估报告，避免侵犯他人知识产权或低水平重复研发。

企业创造或获得知识产权时，应对涉及的技术领域进行国内或国际专利检索与分析，确保知识产权的合法性和有效性；企业国内（外）合作、并购、异地（国外）研发和销售、参展等活动中，应注重适时开展知识产权检索与分析，提出检索报告及相应的建议。

企业技术创新活动立项之前，知识产权管理部门会同技术部门对技术创新活动涉及的技术领域进行国内外专利文献检索，提出专利检索报告及相应的研发建议。

企业在开发软件、集成电路布图设计等研发活动前，实行必要的著作权检索；开发软件、集成电路布图设计等工作完成后，进行必要的跟踪检索，对相应的著作权进行鉴定验收时应有著作权检索分析；企业投资建立中外合资、合作企业时，合作方以著作权作投资的，企业应就所涉及的著作权进行检索和分析，合作方应当对该著作权的权利予以确认，并作出合法性承诺。

企业知识产权管理部门应组织研发部门对拟申请专利的技术方案进行新颖性、创造性和实用性检索、分析、论证，及时作出是否申请专利的决策。

企业委托社会组织开发软件、设计集成电路布图等，项目取得阶段性成果或完成后，承担者应向企业提供软件、集成电路布图设计等属于创新性的著作权检索报告。

企业应定期进行相关的知识产权文献更新检索与分析，对企业希望制造或销售产品的国家（地区）及相关竞争对手进行重点检索与分析，防范在当地制造或销售时的侵权风险。

6.2.4 知识产权档案管理

企业应对相关知识产权文件进行分类、编目、登记、统计和必要的加工整理，并指派专人对企业的专利档案、商标档案、著作权档案、商业秘密档案等进行管理，且定期检查。

企业可根据自身信息化水平，指派专人对企业的专利档案、商标档案、著作权档案、商业秘密档案等进行数字化管理，建立相应的知识产权数字管理系统。

企业对档案保管采取防盗、防火等安全措施，进行安全防护，并建立档案管理工作的责任追究制度。

建立了知识产权电子档案的企业应采取有效的技术保护措施，保障企业知识产权电子档案的信息安全。

6.3 合理获得规范实施

6.3.1 制定流程与计划

企业应当制定知识产权获得流程，知识产权获得应遵循企业知识产权获得流程进行。

企业根据知识产权战略，制定知识产权获得工作计划，确定所需知识产权的种类、获得方式、途径及保护范围。

6.3.2 选择获得方式，规范实施

企业依需要合理选择知识产权的获得方式。

企业原始取得知识产权，应明确归属以及成果完成人，设计研发相关记录文件保存完好。

企业转移取得知识产权，应查明权属状态，转移合同中注明转移知识产权法律状态、转移范围及附加条件。

企业合并或投资获得知识产权，应要求提供知识产权清单，开展知识产权风险及价值评估，尽到尽职调查义务，确保所获得知识产权的合理价值及其权属的真实性、合法性。

企业技术合作开发获得知识产权，应在合同中明确约定知识产权归属和后续改进技术权利权属，注明保密义务。

企业根据产业发展和市场竞争需要规范实施自有知识产权。可自主实施、转让，或寻求双边或多边知识产权交叉许可，建立或参加知识产权联盟。

企业实施自有知识产权有以下方式：1）生产自有知识产权产品；2）使用自有知识产权保护的方法；3）在产品上加注自有知识产权标记。

企业知识产权许可与转让应规范有序进行：1）由知识产权管理机构向企业最高管理者汇报并获批准；2）订立书面的知识产权许可或转让合同；3）根据企业经营目标选择合适的收款方式；4）企业应定期监控知识产权许可与转让权限、范围的状况。

企业应根据整体经营战略制定相应的单一商标、多商标、主副商标或商标并购等战略；企业对不使用的商标，经评估、批准后可转让；企业计划向国外出口产品或开展其他市场活动时，应考虑在相应国家注册商标，防止企业商标在他国被抢注。

许可他人使用本企业软件和集成电路布图的，须经可行性论证，委托评估后，根据许可的不同类型，结合许可使用时间确定许可使用费。

6.4 产业化

6.4.1 转化推广

企业应将拥有的知识产权成果适时有效地转化应用于企业产品生产、服务创新、商业模式创新或技术方案优化，努力使企业知识产权价值最大化。

企业应加强与科研机构、高等学校的合作，根据生产经营需要有效转化利用科研机构、高等学校的知识产权成果。

企业应通过各种媒体和平台传播与推广已拥有知识产权的产品、服务或技术方案。

企业可通过广告、媒体，传播和推广新产品、服务或技术方案的名称或标志，扩大企业的社会影响力。

企业可选择商号、商标等作为域名并进行注册，利用互联网标识，扩大企业影响。

6.4.2 品牌建设

企业应在分析市场基础上，结合自身的商标、产品资源优势，规划品牌的发展方向。

企业定期进行商标使用宣传，做好品牌定位与扩展，制定差异化的品牌培育策略，选择易于识别的商标作为品牌，进行品牌推广与宣传，凸显品牌形象。

企业应投放资源，向目标市场传递品牌标志信息，建立品牌地位；企业应结合品牌资源聚集程度和市场机遇，实施品牌延伸策略。

企业应提高产品质量，优化服务，夯实品牌物质技术基础；企业通过监测，全面、客观地对品牌定位、品牌设计、品牌传播等进行及时、系统的分析，不断修改完善企业品牌管理方案，不断提升品牌管理水平。

企业应综合运用商标、专利、著作权、商业秘密等知识产权资源，培育、管理、运营品牌。

6.4.3 知识产权合作

企业在产学研合作中应加强知识产权协同运用。

企业应选择适当方式与同行业或相关行业的其他企业协同运用知识产权，增强经营实力。

企业开展知识产权合作的主要方式：1）在产业/行业

组织或企业联盟内将自有知识产权交叉许可；2）与联盟企业共同制定专利技术标准的处置政策，增加行业话语权；3）与联盟企业共同应对知识产权壁垒和竞争对手的知识产权滥用行为；4）与科研机构、高等院校合作研发、合作转化推广知识产权成果。

6.4.4 知识产权与标准

企业在掌握核心技术的基础上，应积极参与地方、行业和国家标准制订，提升企业核心知识产权的市场价值和产业控制力。

企业应加强产学研用合作制定标准的工作，积极参与知识产权中标准的合理、合法和合规处置。

企业可制定高于地方、行业和国家标准的企业标准，运用标准提高企业创新发展能力；企业应积极推动自主知识产权标准成为国际标准，争取国际话语权。

6.4.5 知识产权布局

企业可储备、布局知识产权，以便在市场竞争中为企业经营目标服务：1）企业可就具有竞争潜力的技术或设计申请知识产权，占领行业制高点；2）企业可有选择地引进具有一定先进性和发展潜力的核心知识产权，增加技术储备，有效提升技术竞争能力，实现战略跨越；3）企业可根据不同知识产权性质，规划知识产权储备，进行知识产权布局。

企业应依据产品主要销售地、主要竞争对手所在国以及申请国的相关法律政策环境，合理选择专利申请地，做好境外及国际专利申请；企业应根据国际化生产经营的需要，及时跟踪竞争对手的国际专利布局，整合企业研发成果，有的放矢开展国际专利布局。

企业应积极利用并购或者专利购买等方式获得专利，开展专利布局。

6.4.6 知识产权运营

企业知识产权成果产业化中可探索组建知识产权业务的运营实体。企业可根据经营需要实现拥有知识产权的产业化、市场化运营，主要方式有技术出资、入股、产业化运作、质押贷款等。

企业可将专利作价作为技术出资或入股，建立合资公司或者组建知识产权专营持股公司。

企业可以专利权、商标权、著作权等进行投资，评估后，明确投资相关内容。

企业可根据需要利用知识产权质押贷款进行融资。

企业可将拥有知识产权组合打包，增加市场竞争优势。

企业知识产权运营中，应定期监控拥有的知识产权法律状态，防止知识产权失效。

企业应规范知识产权账目，确保知识产权实施许可、作价出资等收益。

6.4.7 知识产权输出

企业知识产权产业化中应拓展知识产权利用空间，延展企业产业链、创新链，寻求和发展知识产权对外许可或者转让等知识产权输出机会，将其知识产权授权输入方按照约定使用或实施。

知识产权输出时，企业应通过输出合同界定双方的权利和义务，具体明确包括但不限于以下内容：1）明确界定输出方、输入方范围；2）知识产权归属条款；3）输出方式；4）输出地域；5）输出知识产权涉及的产品、服务或技术；6）保密条款；7）违约责任；8）费用及其计算方式；9）争议解决条款等。

6.4.8 知识产权引进

企业知识产权产业化中应寻求外部可利用机会，积极引进知识产权，模仿、吸收和再创新，研发新产品或技术，增强企业竞争优势。

在进行知识产权引进时，企业应审查知识产权的有效性与法律状态，并通过合同界定双方的权利和义务，具体明确包括但不限于以下内容：1）引进知识产权涉及的产品、服务或技术；2）知识产权归属条款；3）知识产权引进条款；4）知识产权侵权责任条款；5）输出方知识产权无瑕疵担保条款；6）争议解决条款等。

6.4.9 知识产权运用评估

企业在知识产权产转让、许可、转移、并购等知识产权运用中，应对所涉及的知识产权进行评估。

企业应采取适当的机制及措施，评估其知识产权价值。企业申请或维持专利应评估其价值。企业并购涉及专利资产的，知识产权管理部门应开展专利价值评估。企业许可他人使用本企业软件和集成电路布图设计的，应委托评估其著作权价值。对企业不使用的商标，经批准后可实施商标转让，转让时应委托商标评估机构进行商标价值评估；企业以商标权投资，应委托商标评估机构进行价值评估。商业秘密使用中需要进行第三方价值评估的，委托符合专业服务要求的中介机构完成。

企业对知识产权的价值评估要报企业最高管理者研究审批后执行。

6.5 知识产权保护与防卫

6.5.1 方式选择

企业根据需要选择适当的知识产权保护方式和手段。企业可选择专利、商标、著作权或商业秘密等方式对创新成果进行保护。

6.5.2 知识产权维护

企业申请和维持专利、登记著作权、注册商标和延展商标使用、设置商业秘密保护范围、密级和保护期限可根据市场竞争需求来确定。

企业应当制定知识产权维护流程，知识产权维护行为应按流程进行。

企业应定期对拥有的各类知识产权进行内部评价，决定放弃或维持，以降低管理成本。

企业决定不再维持某项知识产权时，应经企业高层业务主管批准；不再维持关键核心技术知识产权时，应经企业最高管理者批准。

6.5.3 知识产权风险管理

企业应加强研发风险管理，对研发活动实施过程跟踪监控，适时调整研发策略和研发内容，规避知识产权侵权风险；企业应对设计与开发成果进行评估、确认，形成知识产权评估报告，并明确其保护方式，采取相应的保护措施。

企业应加强生产经营风险管理，在采购产品、技术和服务时，应对商品、商品包装、商品说明书等进行检查，以避免侵犯他人知识产权；企业在来料加工、贴牌生产、委托加工时，应避免侵犯第三人知识产权。企业可要求委托方提供相关知识产权信息和知识产权权属证明。企业应在合同中约定相应的知识产权权属、知识产权的许可使用范围、侵犯第三人知识产权时的责任承担以及损害赔偿数额等内容。

企业应加强产品出口或赴境外参展风险管理，企业将产品出口至境外、到境外参加相关展会，应先进行相关知识产权检索，避免海关、境外知识产权行政管理或司法机关扣货、查封等风险。

6.5.4 知识产权预警

企业可自行或委托专门服务机构对其所涉及的各类知识产权、知识产权纠纷、相关贸易和销售产品所在地知识产权法律政策等信息进行统计、分析、判断并及时作出警示预报，根据反馈的结果对信息进行分析，并对相关预警信息进行持续跟踪。

企业应结合市场竞争格局，跟踪竞争对手知识产权发展态势，分析竞争对手知识产权发展趋势，制定知识产权应对措施。

企业知识产权管理部门应从产品质量、标记、商品范围、文字图形组合、责任追究等多个方面对被授权使用、许可使用注册商标进行监测，对于商标使用不当行为，根据侵权情节，及时向决策层提出预警预报和处理建议。

企业可在必要时，就自己需要保护的知识产权向海关申请备案。

6.5.5 知识产权紧急事件响应

企业应建立知识产权应急事件紧急响应机制，制定紧急处理方案，采取正确的步骤和措施对知识产权应急事件进行处置，降低事件损害程度和社会影响。

对于重大知识产权事件，企业应成立紧急处理临时指挥小组或专家工作组，在事件评估与调查、事件信息发布、事件应急响应、事后恢复重建与总结调整等环节积极开展有关工作。

企业应及时将事件经过和有关整改措施向产业主管部门上报。

6.5.6 知识产权阻止

企业应合理利用自有知识产权，阻止竞争对手的知识产权滥用行为，并且防范他人对企业自有知识产权的侵害。

企业实施知识产权阻止的方式主要有以下几项：1）及时有效公开不需要申请知识产权的技术创新成果，阻止他人利用相同成果获取知识产权进行讹诈；2）合理规划企业原始创新取得、合作研发取得、并购取得、受让取得等知识产权获得行为，消除潜在的知识产权壁垒；3）有针对性地开展主导技术标准的专利申请与布局、关键核心技术包绕式、组合式专利申请与布局、主要产品销售的专利的国际申请与布局等，增加防御性知识产权。

6.5.7 知识产权维权

企业自有知识产权遭受侵权时，应选择适当方法和手段维护自己合法权益。

企业作为知识产权权利人，可通过协商谈判、请求行政执法部门处理或提起法律诉讼等方式，制止和防范他人侵权行为。

企业应及时向相关管理部门进行著作权备案或登记，并以著作权标识或其他方式向公众明确创新成果受著作权保护，企业应主动监测市场使用状况，采取必要的技术手段防范非法复制、盗版等侵权行为。

企业应充分利用自有知识产权研发、设计等相关文档，必要时对不当申请进行专利异议或无效宣告请求。

7 评价与改进

7.1 工作机制

企业应建立有效的知识产权管理水平评价程序。企业知识产权管理机构应定期对本企业的知识产权工作开展检查与评价；企业可委托专业机构开展知识产权工作评价。

7.2 自我评价

企业应当建立自我监督和自我完善机制，对知识产权管理体系实施的各个环节以及各环节中产生的效果进行监督、分析和改进。

企业应当设立内部监督程序，对知识产权管理体系的各个环节产生的效果进行比较，定期对知识产权管理体系的实施效果进行内部监督，提交实施报告。

企业知识产权管理机构应明确检查频次，依据本指南的要求，按自我评价程序，检查知识产权管理全过程，及时发现知识产权管理体系和运用中存在的问题，将定期检查结果和建议上报企业最高管理者，并及时采取纠正或改进措施。

企业最高管理者应定期对知识产权管理体系的适宜性和有效性进行评价。评价应包括对知识产权战略实施的评价；知识产权管理绩效评价，管理目标、体系、运用是否需要调整和改进等。

7.3 持续改进

产业主管部门指导企业开展检查和评价，督促企业根据检查和评价结果改进工作；必要时可要求企业上报知识产权工作情况。

企业最高管理者应当根据实施情况，适时调整企业知识产权管理目标，修正企业知识产权管理体系。

产业主管部门应当根据本指南的实施情况，从环境优化、制度设计、目标修正、规划执行等方面不断完善本指南制度安排，持续改进指南实施机制。

第二篇　宏观经济动态

2013 年国内生产总值
2013 年按经济类型分工业增加值增长速度
2013 年工业企业主要经济指标
2013 年国有工业企业主要经济指标
2013 年股份制工业企业主要经济指标
2013 年私营工业企业主要经济指标
2013 年外商及港澳台投资工业企业主要经济指标
2013 年工业主要产品产量（摘录）
2013 年固定资产投资情况
2013 年民间固定资产投资

2013 年国内生产总值

指　标	2013 年第 4 季度	2013 年第 3 季度	2013 年第 2 季度	2013 年第 1 季度
国内生产总值_累计值(亿元)	568845.21	387100.24	248024.45	118862.08
国内生产总值_累计增长(%)	7.7	7.7	7.6	7.7
第一产业增加值_累计值(亿元)	56957.00	35669.00	18622.00	7427.00
第一产业增加值_累计增长(%)	4.0	3.4	3.0	3.4
第二产业增加值_累计值(亿元)	249684.42	175117.83	116955.37	54528.34
第二产业增加值_累计增长(%)	7.8	7.8	7.6	7.8
工业增加值_累计值(亿元)	210689.42	148999.74	101504.99	48786.30
工业增加值_累计增长(%)	7.6	7.6	7.3	7.5
建筑业增加值_累计值(亿元)	38995.00	26118.09	15450.38	5742.04
建筑业增加值_累计增长(%)	9.5	9.7	9.6	9.8
第三产业增加值_累计值(亿元)	262203.79	176313.41	112447.08	56906.74
第三产业增加值_累计增长(%)	8.3	8.4	8.3	8.3
交通运输、仓储和邮政业增加值_累计值(亿元)	27282.93	21178.15	12838.41	6481.79
交通运输、仓储和邮政业增加值_累计增长(%)	7.2	7.2	6.9	7.0
批发和零售业增加值_累计值(亿元)	55671.86	35066.86	22892.85	11708.25
批发和零售业增加值_累计增长(%)	10.3	10.4	10.3	10.5
住宿和餐饮业增加值_累计值(亿元)	11494.05	7727.24	4840.89	2427.23
住宿和餐饮业增加值_累计增长(%)	5.3	5.1	4.8	4.5
金融业增加值_累计值(亿元)	33534.76	26237.73	16115.79	8140.05
金融业增加值_累计增长(%)	10.1	10.4	10.8	11.4
房地产业增加值_累计值(亿元)	33294.77	24840.45	16323.06	8486.64
房地产业增加值_累计增长(%)	6.6	7.3	7.6	7.8
其他行业增加值_累计值(亿元)	100925.43	61262.99	39436.09	19662.78
其他行业增加值_累计增长(%)	7.7	7.6	7.4	6.8

注：1. 2013 年各季度国内生产总值及分行业增加值数据为初步核算数。
　　2. 数据来自国家统计局。

2013 年按经济类型分工业增加值增长速度

指标	2013 年 12 月	2013 年 11 月	2013 年 10 月	2013 年 9 月	2013 年 8 月	2013 年 7 月	2013 年 6 月	2013 年 5 月	2013 年 4 月	2013 年 3 月	2013 年 2 月	2013 年 1 月
国有及国有控股企业增加值_同比增长(%)	8.3	9.1	8.4	7.8	9.5	8.1	6.3	4.4	4.3	4.3		
国有及国有控股企业增加值_累计增长(%)	6.9	6.8	6.5	6.3	6.1	5.6	5.2	4.9	4.9	5.2	5.8	
私营企业增加值_同比增长(%)	11.0	11.0	11.9	12.8	12.1	11.6	10.9	13.0	13.6	13.3		
私营企业增加值_累计增长(%)	12.4	12.5	12.7	12.8	12.8	12.9	13.1	13.6	13.8	13.9	14.3	
集体企业增加值_同比增长(%)	3.4	2.4	5.4	3.8	2.9	3.6	1.7	4.0	5.7	5.8		
集体企业增加值_累计增长(%)	4.3	4.4	4.6	4.5	4.6	4.8	5.0	5.7	6.5	6.7	6.5	
股份合作企业增加值_同比增长(%)	11.0	0.9	5.8	8.8	4.7	6.7	8.9	8.8	7.7	1.0		
股份合作企业增加值_累计增长(%)	6.9	6.5	7.1	7.3	7.1	7.5	7.6	7.2	5.6	2.7	4.2	
股份制企业增加值_同比增长(%)	10.8	11.1	11.1	11.1	11.7	11.1	10.5	10.7	10.9	11.0		
股份制企业增加值_累计增长(%)	11.0	11.0	11.0	11.0	11.0	10.9	10.9	11.0	11.1	11.3	11.4	
外商及港澳台投资企业增加值_同比增长(%)	8.9	9.5	9.6	9.4	8.7	7.9	7.8	8.1	7.4	6.1		
外商及港澳台投资企业增加值_累计增长(%)	8.3	8.2	8.1	7.9	7.7	7						

注：1. 从 2011 年起，规模以上工业企业起点标准由原来的年主营业务收入 500 万元提高到年主营业务收入 2000 万元。（以下各表均按此标准）

2. 2012 年起，国家统计局执行新的国民经济行业分类标准（GB/T 4754—2011），原来的工业行业大类由 39 个调整为 41 个，具体请参见 http://www.stats.gov.cn/tjbz。为便于用户使用，对于工业分大类行业增加值增速以及出口交货值数据，数据库分别提供了 2003—2011 年以及 2012 年—至今两个数据库。

3. 为了消除春节日期不固定因素带来的影响，增强数据的可比性，按照国家统计制度，自 2013 年起，1—2 月份工业数据一起调查，一起发布，不再单独发布 2 月份当月数据。

4. 数据来自国家统计局。

2013 年工业企业主要经济指标

指　标	2013 年 12 月	2013 年 11 月	2013 年 10 月	2013 年 9 月	2013 年 8 月	2013 年 7 月	2013 年 6 月	2013 年 5 月	2013 年 4 月	2013 年 3 月	2013 年 2 月	2013 年 1 月
企业单位数_累计值(个)	352546	347257	347257	347257	346205	345596	344940	344238	343885	343703	343704	
亏损企业_累计值(个)	41842	47559	50910	53076	54409	56051	57184	58347	62199	66832	71072	
亏损企业_上年同期累计值(个)	40130	46822	49811	52024	53043	54183	55595	56996	60184	64019	68523	
亏损企业_累计增长(%)	4.3	1.6	2.2	2.0	2.6	3.5	2.9	2.4	3.4	4.4	3.7	
流动资产合计_累计值(亿元)	408223.90	411837.84	404747.79	399540.53	392739.26	387008.41	385430.05	383636.87	378765.45	371523.96	361885.29	
流动资产合计_上年同期累计值(亿元)	368977.70	373970.60	368476.55	364573.23	358358.09	353710.55	350528.63	347231.48	342430.09	335296.56	323845.89	
流动资产合计_累计增长(%)	10.6	10.1	9.8	9.6	9.6	9.4	10.0	10.5	10.6	10.8	11.8	
应收帐款_累计值(亿元)	95693.44	98306.42	95232.01	93422.12	91642.42	89818.88	89121.58	87006.67	84787.44	82876.92	79778.64	
应收帐款_上年同期累计值(亿元)	83966.51	87180.19	84647.30	83193.88	81161.64	79704.76	78333.81	76520.49	74806.26	72155.01	68795.37	
应收帐款_累计增长(%)	14.0	12.8	12.5	12.3	12.9	12.7	13.8	13.7	13.3	14.9	16.0	
存货_累计值(亿元)	95402.36	95803.92	94576.99	93663.78	92976.12	92347.75	91480.81	91422.14	90622.46	89257.63	87806.52	
存货_上年同期累计值(亿元)	88041.00	88577.42	88068.75	87166.09	86829.13	86460.67	85803.97	85641.93	84380.78	82546.97	80296.20	
存货_累计增长(%)	8.4	8.2	7.4	7.5	7.1	6.8	6.6	6.8	7.4	8.1	9.4	
产成品_累计值(亿元)	32759.47	32975.04	32519.51	32036.03	31905.97	31674.04	31510.55	31443.31	31159.62	30571.52	29348.50	
产成品_上年同期累计值(亿元)	30665.72	30943.83	30612.45	30215.04	30175.95	29853.04	29398.00	29355.41	28866.20	28094.16	27297.55	
产成品_累计增长(%)	6.8	6.6	6.2	6.0	5.7	6.1	7.2	7.1	8.0	8.8	7.5	
资产总计_累计值(亿元)	850625.85	837539.61	824030.25	813981.23	802565.18	792741.06	786879.95	780174.51	771663.02	760668.71	748376.10	
资产总计_上年同期累计值(亿元)	760408.76	751965.31	738420.68	729717.91	719172.52	709843.06	704011.81	697088.88	688880.07	678306.39	667883.05	
资产总计_累计增长(%)	11.9	11.4	11.6	11.6	11.6	11.7	11.8	11.9	12.0	12.1	12.1	
负债合计_累计值(亿元)	491708.34	488440.72	481332.56	476961.48	470007.00	463719.05	460866.24	458075.05	453055.72	445288.55	436134.03	
负债合计_上年同期累计值(亿元)	440429.18	440385.81	433982.07	430178.08	423741.48	419055.26	415821.35	411995.17	406877.57	398703.23	387294.42	
负债合计_累计增长(%)	11.6	10.9	10.9	10.9	10.9	10.7	10.8	11.2	11.4	11.7	12.6	
主营业务收入_累计值(亿元)	1029149.76	923876.62	827734.72	736937.91	645058.50	559974.80	478365.36	388731.81	304177.61	222363.59	136962.39	
主营业务收入_上年同期累计值(亿元)	925177.65	831132.67	744751.42	663870.49	581744.14	504631.59	429447.20	347424.39	271941.72	198682.94	121083.77	
主营业务收入_累计增长(%)	11.2	11.2	11.1	11.0	10.9	11.0	11.4	11.9	11.9	11.9	13.1	
主营业务成本_累计值(亿元)	877522.44	791249.83	710296.36	632813.32	554116.34	480702.47	409644.93	332033.40	259293.53	189020.53	115682.63	

（续）

指 标	2013年12月	2013年11月	2013年10月	2013年9月	2013年8月	2013年7月	2013年6月	2013年5月	2013年4月	2013年3月	2013年2月	2013年1月
主营业务成本_上年同期累计值(亿元)	784386.06	707902.14	635935.93	567172.99	497153.17	430949.86	366094.23	295888.54	231402.67	168725.81	102654.15	
主营业务成本_累计增长(%)	11.9	11.8	11.7	11.6	11.5	11.5	11.9	12.2	12.1	12.0	12.7	
主营业务税金及附加_累计值(亿元)	15617.67	14096.73	12642.96	11315.01	9933.53	8647.47	7409.24	6202.57	5027.24	3892.29	2664.91	
主营业务税金及附加_上年同期累计值(亿元)	14488.61	13094.51	11771.57	10565.64	9287.68	8110.71	6951.82	5832.76	4711.11	3602.90	2449.94	
主营业务税金及附加_累计增长(%)	7.8	7.7	7.4	7.1	7.0	6.6	6.6	6.3	6.7	8.0	8.8	
销售费用_累计值(亿元)	25339.61	22352.79	19974.54	17777.01	15563.56	13511.09	11488.52	9363.95	7342.88	5385.37	3394.90	
销售费用_上年同期累计值(亿元)	22425.62	19860.83	17752.57	15827.98	13872.02	12000.40	10179.55	8294.71	6510.32	4746.10	2971.32	
销售费用_累计增长(%)	13.0	12.6	12.5	12.3	12.2	12.6	12.9	12.9	12.8	13.5	14.3	
管理费用_累计值(亿元)	36665.90	31703.64	28290.66	25205.11	22080.96	19203.83	16348.06	13328.47	10562.33	7838.76	4992.74	
管理费用_上年同期累计值(亿元)	32915.88	28676.39	25592.40	22843.04	20007.88	17378.64	14770.93	12056.86	9538.73	7050.87	4472.16	
管理费用_累计增长(%)	11.4	10.6	10.5	10.3	10.4	10.5	10.7	10.6	10.7	11.2	11.6	
财务费用_累计值(亿元)	11802.80	10772.90	9646.01	8612.29	7563.48	6563.17	5582.86	4531.72	3651.29	2764.93	1750.82	
财务费用_上年同期累计值(亿元)	11126.58	10153.41	9195.72	8304.49	7306.32	6355.89	5440.56	4468.82	3465.87	2580.76	1601.67	
财务费用_累计增长(%)	6.1	6.1	4.9	3.7	3.5	3.3	2.6	1.4	5.4	7.1	9.3	
利息支出_累计值(亿元)	11358.63	10131.37	9156.85	8219.33	7183.93	6255.85	5352.66	4333.53	3458.58	2589.28	1598.58	
利息支出_上年同期累计值(亿元)	10676.72	9565.38	8680.59	7793.93	6824.44	5970.95	5096.33	4161.11	3277.03	2423.87	1464.71	
利息支出_累计增长(%)	6.4	5.9	5.5	5.5	5.3	4.8	5.0	4.1	5.5	6.8	9.1	
利润总额_累计值(亿元)	62831.02	53338.01	46263.22	40452.81	34863.90	30032.16	25836.64	20812.45	16106.91	11740.08	7091.53	
利润总额_上年同期累计值(亿元)	56022.56	47131.24	40680.67	35633.90	30913.07	27023.80	23264.18	18539.05	14464.67	10469.07	6052.55	
利润总额_累计增长(%)	12.2	13.2	13.7	13.5	12.8	11.1	11.1	12.3	11.4	12.1	17.2	
亏损企业亏损总额_累计值(亿元)	5732.49	5418.07	5201.00	4852.00	4505.36	4104.31	3532.78	3037.46	2582.72	2055.45	1586.12	
亏损企业亏损总额_上年同期累计值(亿元)	6046.53	5812.73	5574.35	5283.05	4837.35	4289.80	3675.54	3261.40	2725.06	2185.37	1794.36	
亏损企业亏损总额_累计增长(%)	-5.2	-6.8	-6.7	-8.2	-6.9	-4.3	-3.9	-6.9	-5.2	-5.9	-11.6	
应交增值税_累计值(亿元)	30130.82	25567.04	22288.77	19544.86	17056.98	14799.70	12668.83	10383.09	8222.48	6173.68	3964.88	
应交增值税_上年同期累计值(亿元)	26740.53	22856.15	19929.79	17538.50	15387.58	13371.15	11411.93	9376.39	7422.63	5517.99	3663.39	
应交增值税_累计增长(%)	12.7	11.9	11.8	11.4	10.9	10.7	11.0	10.7	10.8	11.9	8.2	

注：数据来自国家统计局。

2013 年国有工业企业主要经济指标

指 标	2013 年 12 月	2013 年 11 月	2013 年 10 月	2013 年 9 月	2013 年 8 月	2013 年 7 月	2013 年 6 月	2013 年 5 月	2013 年 4 月	2013 年 3 月	2013 年 2 月	2013 年 1 月
国有工业企业单位数_累计值(个)	6831	6792	6791	6794	6787	6784	6774	6701	6696	6695	6682	
国有工业企业亏损企业数_累计值(个)	1824	1989	2141	2192	2221	2237	2215	2283	2418	2595	2608	
国有工业企业亏损企业数_上年同期累计值(个)	1746	1965	2054	2163	2136	2196	2179	2258	2339	2459	2615	
国有工业企业亏损企业数_累计增长(%)	4.5	1.2	4.2	1.3	4.0	1.9	1.7	1.1	3.4	5.5	-0.3	
国有工业企业流动资产合计_累计值(亿元)	32922.74	34600.30	33965.86	33737.05	33266.77	32837.86	32494.32	32947.85	32394.04	31898.21	30826.79	
国有工业企业流动资产合计_上年同期累计值(亿元)	30221.66	32391.71	32625.42	32215.69	31744.98	31081.79	30691.12	30853.51	30656.37	29850.26	28685.68	
国有工业企业流动资产合计_累计增长(%)	8.9	6.8	4.1	4.7	4.8	5.7	5.9	6.8	5.7	6.9	7.5	
国有工业企业应收帐款_累计值(亿元)	5558.73	6024.27	5878.45	5780.44	5753.57	5627.54	5462.24	5172.90	5068.57	5083.48	4675.90	
国有工业企业应收帐款_上年同期累计值(亿元)	4654.01	5248.38	4924.17	4863.80	4801.47	4623.50	4616.25	4436.29	4447.31	4429.87	4080.20	
国有工业企业应收帐款_累计增长(%)	19.4	14.8	19.4	18.9	19.8	21.7	18.3	16.6	14.0	14.8	14.6	
国有工业企业存货_累计值(亿元)	8090.16	8218.83	8100.52	8044.65	7937.49	7908.22	7933.41	8127.99	7973.26	7926.50	7766.83	
国有工业企业存货_上年同期累计值(亿元)	7434.77	7607.97	7644.62	7673.08	7532.98	7504.27	7539.29	7636.14	7490.38	7350.88	7174.68	
国有工业企业存货_累计增长(%)	8.8	8.0	6.0	4.8	5.4	5.4	5.2	6.4	6.5	7.8	8.3	
国有工业企业产成品_累计值(亿元)	1810.36	1832.51	1810.38	1820.26	1764.88	1751.27	1818.06	1822.72	1820.68	1832.93	1721.63	
国有工业企业产成品_上年同期累计值(亿元)	1703.62	1786.03	1751.48	1782.52	1724.44	1674.56	1681.82	1689.01	1660.15	1583.60	1551.55	
国有工业企业产成品_累计增长(%)	6.3	2.6	3.4	2.1	2.4	4.6	8.1	7.9	9.7	15.7	11.0	
国有工业企业资产总计_累计值(亿元)	110002.00	109374.38	108639.28	107364.96	106745.76	105162.03	104049.18	103846.79	102754.51	102562.20	101301.78	
国有工业企业资产总计_上年同期累计值(亿元)	99961.10	99571.10	99235.02	97985.31	96937.86	95853.46	95277.26	94565.73	93858.36	93400.98	91288.05	
国有工业企业资产总计_累计增长(%)	10.0	9.9	9.5	9.6	10.1	9.7	9.2	9.8	9.5	9.8	11.0	
国有工业企业负债合计_累计值(亿元)	68278.30	68787.13	68059.96	67759.02	66987.76	65769.28	65262.64	64797.55	64188.56	64149.79	63393.14	
国有工业企业负债合计_上年同期累计值(亿元)	62227.54	63028.27	63005.20	62423.29	61485.03	60594.61	60265.27	59674.28	59322.65	58669.25	57353.46	
国有工业企业负债合计_累计增长(%)	9.7	9.1	8.0	8.6	9.0	8.5	8.3	8.6	8.2	9.3	10.5	
国有工业企业主营业务收入_累计值(亿元)	82579.95	74537.93	67442.40	60509.11	53257.84	46059.79	39144.28	32586.87	25799.70	19325.84	12512.63	
国有工业企业主营业务收入_上年同期累计值(亿元)	76997.89	69212.80	62537.63	56224.58	49718.35	43176.18	36898.42	30658.83	24318.28	18163.58	11433.27	
国有工业企业主营业务收入_累计增长(%)	7.3	7.7	7.8	7.6	7.1	6.7	6.1	6.3	6.1	6.4	9.4	
国有工业企业主营业务成本_累计值(亿元)	70449.58	63612.52	57474.81	51572.62	45382.45	39252.77	33312.21	27511.15	21706.49	16203.08	10331.67	
国有工业企业主营业务成本_上年同期累计值(亿元)	65842.39	59120.66	53273.37	47904.47	42421.50	36884.14	31465.58	25973.86	20547.31	15322.87	9519.18	
国有工业企业主营业务成本_累计增长(%)	7.0	7.6	7.9	7.7	7.0	6.4	5.9	5.9	5.6	5.7	8.5	

（续）

指标	2013年12月	2013年11月	2013年10月	2013年9月	2013年8月	2013年7月	2013年6月	2013年5月	2013年4月	2013年3月	2013年2月	2013年1月
国有工业企业主营业务税金及附加_累计值(亿元)	3181.39	2963.53	2695.85	2438.18	2133.90	1854.89	1594.46	1545.18	1269.30	1007.89	722.06	
国有工业企业主营业务税金及附加_上年同期累计值(亿元)	2954.92	2749.25	2510.42	2276.17	2000.88	1751.08	1512.80	1455.08	1193.95	941.40	672.44	
国有工业企业主营业务税金及附加_累计增长(%)	7.7	7.8	7.4	7.1	6.7	5.9	5.4	6.2	6.3	7.1	7.4	
国有工业企业销售费用_累计值(亿元)	1173.78	1027.87	923.40	818.68	712.87	619.02	527.33	435.76	342.22	252.81	159.15	
国有工业企业销售费用_上年同期累计值(亿元)	1065.89	939.99	848.47	761.88	670.20	584.84	493.44	409.44	320.81	233.04	155.51	
国有工业企业销售费用_累计增长(%)	10.1	9.4	8.8	7.5	6.4	5.8	6.9	6.4	6.7	8.5	2.3	
国有工业企业管理费用_累计值(亿元)	2904.64	2486.80	2238.46	2005.01	1760.66	1537.23	1316.55	1096.89	870.49	663.72	428.28	
国有工业企业管理费用_上年同期累计值(亿元)	2722.92	2360.60	2124.69	1908.06	1656.04	1442.31	1233.39	1025.19	822.31	620.26	400.46	
国有工业企业管理费用_累计增长(%)	6.7	5.4	5.4	5.1	6.3	6.6	6.7	7.0	5.9	7.0	7.0	
国有工业企业财务费用_累计值(亿元)	1510.00	1378.92	1276.81	1138.76	1002.30	868.20	747.65	589.66	479.17	368.51	234.86	
国有工业企业财务费用_上年同期累计值(亿元)	1495.85	1372.55	1266.64	1164.04	1022.88	895.85	776.23	619.03	493.93	375.80	233.63	
国有工业企业财务费用_累计增长(%)	1.0	0.5	0.8	-2.2	-2.0	-3.1	-3.7	-4.7	-3.0	-1.9	0.5	
国有工业企业利息支出_累计值(亿元)	1562.60	1407.40	1307.13	1180.79	1035.56	899.19	778.65	604.23	490.43	381.36	230.44	
国有工业企业利息支出_上年同期累计值(亿元)	1511.62	1355.42	1250.96	1151.30	1013.97	889.98	785.76	615.52	493.31	373.27	227.70	
国有工业企业利息支出_累计增长(%)	3.4	3.8	4.5	2.6	2.1	1.0	-0.9	-1.8	-0.6	2.2	1.2	
国有工业企业利润总额_累计值(亿元)	4030.68	3697.24	3302.35	2974.26	2543.16	2176.39	1875.20	1531.97	1211.70	889.77	589.89	
国有工业企业利润总额_上年同期累计值(亿元)	3492.74	3056.20	2716.15	2439.56	2094.07	1823.04	1588.50	1284.46	984.60	715.55	438.16	
国有工业企业利润总额_累计增长(%)	15.4	21.0	21.6	21.9	21.5	19.4	18.1	19.3	23.1	24.4	34.6	
国有工业企业亏损企业亏损总额_累计值(亿元)	749.86	681.79	655.37	614.91	566.61	507.91	437.93	375.03	327.56	271.61	199.15	
国有工业企业亏损企业亏损总额_上年同期累计值(亿元)	907.04	877.52	844.21	785.64	704.13	623.86	524.48	456.38	390.94	336.12	260.00	
国有工业企业亏损企业亏损总额_累计增长(%)	-17.3	-22.3	-22.4	-21.7	-19.5	-18.6	-16.5	-17.8	-16.2	-19.2	-23.4	
国有工业企业应交增值税_累计值(亿元)	3281.38	2992.94	2739.57	2456.03	2157.86	1878.46	1599.87	1397.71	1125.29	884.53	597.84	
国有工业企业应交增值税_上年同期累计值(亿元)	3033.38	2739.58	2479.32	2216.93	1983.07	1722.88	1469.28	1288.48	1020.50	777.70	580.34	
国有工业企业应交增值税_累计增长(%)	8.2	9.3	10.5	10.8	8.8	9.0	8.9	8.5	10.3	13.7	3.0	

注:数据来自国家统计局。

2013 年股份制工业企业主要经济指标

指 标	2013 年 12 月	2013 年 11 月	2013 年 10 月	2013 年 9 月	2013 年 8 月	2013 年 7 月	2013 年 6 月	2013 年 5 月	2013 年 4 月	2013 年 3 月	2013 年 2 月	2013 年 1 月
股份制工业企业单位数_累计值(个)	232836	228189	228168	228155	227231	226679	226016	226356	226059	225849	225913	
股份制工业企业亏损企业数_累计值(个)	24770	28395	30522	32091	32924	33920	34616	35432	37961	40861	43683	
股份制工业企业亏损企业数_上年同期累计值(个)	23637	28006	30024	31571	32261	32839	33674	34631	36592	39129	41812	
股份制工业企业亏损企业数_累计增长(%)	4.8	1.4	1.7	1.7	2.1	3.3	2.8	2.3	3.7	4.4	4.5	
股份制工业企业流动资产合计_累计值(亿元)	246140.23	247280.60	242994.84	239327.53	235283.35	231763.74	231134.03	228796.07	225294.36	220674.71	214780.22	
股份制工业企业流动资产合计_上年同期累计值(亿元)	219931.90	221758.17	217899.16	214991.82	210794.10	208113.27	205775.01	202205.77	198944.26	195017.57	188271.06	
股份制工业企业流动资产合计_累计增长(%)	11.9	11.5	11.5	11.3	11.6	11.4	12.3	13.2	13.2	13.2	14.1	
股份制工业企业应收帐款_累计值(亿元)	53462.75	54746.63	53088.71	51781.16	50766.19	49826.34	49393.51	47996.15	46232.77	45060.39	43230.55	
股份制工业企业应收帐款_上年同期累计值(亿元)	45480.70	47065.81	45852.65	44776.69	43725.02	43029.70	42068.40	40798.22	39498.07	37916.59	35758.66	
股份制工业企业应收帐款_累计增长(%)	17.6	16.3	15.8	15.6	16.1	15.8	17.4	17.6	17.1	18.8	20.9	
股份制工业企业存货_累计值(亿元)	58995.37	59212.22	58313.50	57691.64	57072.96	56760.02	56174.36	55695.19	55202.54	54141.70	53056.10	
股份制工业企业存货_上年同期累计值(亿元)	53430.29	53592.77	53092.04	52407.41	52233.64	51913.19	51369.27	51016.58	50155.83	48921.90	47275.24	
股份制工业企业存货_累计增长(%)	10.4	10.5	9.8	10.1	9.3	9.3	9.4	9.2	10.1	10.7	12.2	
股份制工业企业产成品_累计值(亿元)	21156.72	21407.23	21094.51	20759.92	20682.12	20545.31	20434.70	20330.99	20155.07	19651.50	18850.06	
股份制工业企业产成品_上年同期累计值(亿元)	19534.67	19731.51	19453.46	19236.70	19196.76	18973.19	18697.52	18663.50	18292.64	17748.76	17170.15	
股份制工业企业产成品_累计增长(%)	8.3	8.5	8.4	7.9	7.7	8.3	9.3	8.9	10.2	10.7	9.8	
股份制工业企业资产总计_累计值(亿元)	511929.41	502341.58	493594.27	487157.22	479464.58	473806.21	470336.54	464175.17	458116.57	449995.87	442063.12	
股份制工业企业资产总计_上年同期累计值(亿元)	451740.86	445169.28	435824.28	430085.99	422836.95	416917.26	412908.24	406780.77	401072.91	394185.92	390580.12	
股份制工业企业资产总计_累计增长(%)	13.3	12.8	13.3	13.3	13.4	13.7	13.9	14.1	14.2	14.2	13.2	
股份制工业企业负债合计_累计值(亿元)	299892.81	296247.93	291662.05	288479.47	284183.91	280430.43	278461.67	275833.02	271728.99	266253.86	260149.89	
股份制工业企业负债合计_上年同期累计值(亿元)	263830.01	262838.46	257942.00	255043.17	250658.71	247808.37	245338.35	241994.86	238500.00	233459.46	226458.66	
股份制工业企业负债合计_累计增长(%)	13.7	12.7	13.1	13.1	13.4	13.2	13.5	14.0	13.9	14.1	14.9	
股份制工业企业主营业务收入_累计值(亿元)	610395.83	545827.23	487885.50	433512.42	379198.27	329230.14	281392.40	227769.18	177819.57	129554.94	79186.65	
股份制工业企业主营业务收入_上年同期累计值(亿元)	541687.15	485126.33	433823.40	385633.00	337395.23	292507.61	248856.28	200190.28	156111.94	113613.45	69040.78	
股份制工业企业主营业务收入_累计增长(%)	12.7	12.5	12.5	12.4	12.4	12.6	13.1	13.8	13.9	14.0	14.7	
股份制工业企业主营业务成本_累计值(亿元)	519688.53	466915.85	418226.42	371833.09	325334.60	282189.67	240495.97	194253.26	151218.31	109801.44	66669.41	
股份制工业企业主营业务成本_上年同期累计值(亿元)	457058.33	411699.84	369106.97	328308.50	287183.16	248681.44	211082.01	169847.34	132298.57	95994.49	58244.05	
股份制工业企业主营业务成本_累计增长(%)	13.7	13.4	13.3	13.3	13.3	13.5	13.9	14.4	14.3	14.4	14.5	

（续）

指　标	2013年12月	2013年11月	2013年10月	2013年9月	2013年8月	2013年7月	2013年6月	2013年5月	2013年4月	2013年3月	2013年2月	2013年1月
股份制工业企业主营业务税金及附加_累计值(亿元)	9487.49	8528.13	7641.04	6841.31	6026.32	5264.95	4515.18	3607.04	2929.80	2270.74	1559.59	
股份制工业企业主营业务税金及附加_上年同期累计值(亿元)	8878.13	8010.35	7194.02	6443.17	5662.36	4957.36	4253.43	3406.59	2753.30	2098.68	1428.51	
股份制工业企业主营业务税金及附加_累计增长(%)	6.86	6.46	6.21	6.18	6.43	6.20	6.15	5.88	6.41	8.20	9.18	
股份制工业企业销售费用_累计值(亿元)	14433.09	12619.66	11249.23	9974.46	8728.05	7570.94	6434.07	5219.81	4099.17	2998.29	1890.72	
股份制工业企业销售费用_上年同期累计值(亿元)	12561.38	11030.19	9815.20	8725.29	7643.29	6612.17	5600.22	4547.58	3562.97	2600.59	1614.64	
股份制工业企业销售费用_累计增长(%)	14.9	14.4	14.6	14.3	14.2	14.5	14.9	14.8	15.1	15.3	17.1	
股份制工业企业管理费用_累计值(亿元)	21793.84	18737.25	16671.67	14836.54	12988.69	11287.90	9603.53	7801.46	6182.34	4565.54	2912.80	
股份制工业企业管理费用_上年同期累计值(亿元)	19405.93	16842.82	14995.15	13367.98	11709.89	10172.46	8643.47	7022.41	5552.66	4101.50	2597.84	
股份制工业企业管理费用_累计增长(%)	12.3	11.3	11.2	11.0	10.9	11.0	11.1	11.1	11.3	11.3	12.1	
股份制工业企业财务费用_累计值(亿元)	8112.76	7323.62	6554.56	5858.83	5148.31	4477.94	3817.47	3114.82	2499.28	1866.86	1164.44	
股份制工业企业财务费用_上年同期累计值(亿元)	7276.55	6619.87	5969.73	5347.23	4698.18	4088.82	3495.84	2881.62	2249.33	1672.50	1019.89	
股份制工业企业财务费用_累计增长(%)	11.5	10.6	9.8	9.6	9.6	9.5	9.2	8.1	11.1	11.6	14.2	
股份制工业企业利息支出_累计值(亿元)	7605.24	6769.58	6092.63	5460.53	4765.47	4147.33	3541.82	2871.64	2283.36	1701.04	1043.74	
股份制工业企业利息支出_上年同期累计值(亿元)	6936.74	6210.11	5601.39	5023.16	4388.14	3836.59	3253.33	2659.58	2094.12	1542.66	922.32	
股份制工业企业利息支出_累计增长(%)	9.6	9.0	8.8	8.7	8.6	8.1	8.9	8.0	9.0	10.3	13.2	
股份制工业企业利润总额_累计值(亿元)	37285.28	31249.65	27058.41	23555.99	20254.97	17491.17	15091.17	12048.77	9343.12	6843.15	4102.37	
股份制工业企业利润总额_上年同期累计值(亿元)	33602.82	27978.64	24116.55	21025.18	18237.04	16020.30	13835.06	10901.07	8452.07	6060.58	3534.56	
股份制工业企业利润总额_累计增长(%)	11.0	11.7	12.2	12.0	11.1	9.2	9.1	10.5	10.5	12.9	16.1	
股份制工业企业亏损企业亏损总额_累计值(亿元)	3290.72	3130.60	3006.63	2794.07	2577.90	2337.38	2000.69	1720.67	1446.85	1132.66	880.62	
股份制工业企业亏损企业亏损总额_上年同期累计值(亿元)	3353.99	3207.42	3083.17	2941.60	2703.49	2375.73	2025.92	1824.45	1535.37	1220.35	959.36	
股份制工业企业亏损企业亏损总额_累计增长(%)	-1.9	-2.4	-2.5	-5.0	-4.7	-1.6	-1.3	-5.7	-5.8	-7.2	-8.2	
股份制工业企业应交增值税_累计值(亿元)	18104.38	15251.35	13227.13	11587.57	10110.57	8784.09	7534.14	6092.63	4780.87	3566.15	2284.81	
股份制工业企业应交增值税_上年同期累计值(亿元)	16036.15	13736.12	11946.35	10502.31	9181.05	7971.31	6833.58	5546.29	4366.49	3238.54	2112.11	
股份制工业企业应交增值税_累计增长(%)	12.9	11.0	10.7	10.3	10.1	10.2	10.3	9.9	9.5	10.1	8.2	

注：数据来自国家统计局。

2013 年私营工业企业主要经济指标

指　标	2013 年 12 月	2013 年 11 月	2013 年 10 月	2013 年 9 月	2013 年 8 月	2013 年 7 月	2013 年 6 月	2013 年 5 月	2013 年 4 月	2013 年 3 月	2013 年 2 月	2013 年 1 月
私营工业企业单位数_累计值(个)	194945	191777	191548	191518	190892	190481	189842	195743	195573	195437	196546	
私营工业企业亏损企业数_累计值(个)	15620	17901	19271	20300	20939	21691	22184	23506	25253	27417	29550	
私营工业企业亏损企业数_上年同期累计值(个)	14952	17724	19066	20114	20497	20972	21625	23035	24456	26325	28221	
私营工业企业亏损企业数_累计增长(%)	4.5	1.0	1.1	0.9	2.2	3.4	2.6	2.0	3.3	4.2	4.7	
私营工业企业流动资产合计_累计值(亿元)	93732.93	92230.62	90543.65	89004.45	87139.21	85702.27	84382.96	87680.54	86050.30	83825.19	82334.17	
私营工业企业流动资产合计_上年同期累计值(亿元)	81141.63	80397.69	78470.83	76860.84	75240.95	73686.05	72196.36	74797.50	72929.00	70896.89	68752.73	
私营工业企业流动资产合计_累计增长(%)	15.5	14.7	15.4	15.8	15.8	16.3	16.9	17.2	18.0	18.2	19.8	
私营工业企业应收帐款_累计值(亿元)	23078.75	22516.65	21798.84	21228.94	20822.30	20434.09	20123.89	20441.76	19835.59	19162.60	18699.50	
私营工业企业应收帐款_上年同期累计值(亿元)	19678.76	19368.00	18676.27	18121.64	17699.52	17327.02	16923.83	17275.65	16614.13	15951.32	15232.34	
私营工业企业应收帐款_累计增长(%)	17.3	16.3	16.7	17.2	17.6	17.9	18.9	18.3	19.4	20.1	22.8	
私营工业企业存货_累计值(亿元)	21596.05	21252.30	20930.21	20666.79	20299.88	20067.09	19740.73	20616.35	20319.98	19826.74	19534.05	
私营工业企业存货_上年同期累计值(亿元)	19096.55	18895.53	18565.41	18245.12	18014.51	17739.06	17387.02	18215.57	17754.55	17395.88	16761.99	
私营工业企业存货_累计增长(%)	13.09	12.47	12.74	13.27	12.69	13.12	13.54	13.18	14.45	13.97	16.54	
私营工业企业产成品_累计值(亿元)	9203.72	9106.85	8986.59	8823.36	8610.51	8463.71	8320.68	8624.31	8456.13	8160.79	7956.15	
私营工业企业产成品_上年同期累计值(亿元)	8263.58	8220.47	8099.51	7951.24	7805.96	7683.98	7506.63	7773.91	7534.02	7285.30	6978.39	
私营工业企业产成品_累计增长(%)	11.4	10.8	11.0	11.0	10.3	10.2	10.8	10.9	12.2	12.0	14.0	
私营工业企业资产总计_累计值(亿元)	174771.08	168344.73	164533.05	161619.54	158354.67	156028.56	153264.88	159832.76	157137.08	153831.71	152673.46	
私营工业企业资产总计_上年同期累计值(亿元)	148818.35	144224.49	139948.63	137038.62	134359.60	131508.64	128863.50	134125.43	131300.23	128308.07	125895.89	
私营工业企业资产总计_累计增长(%)	17.4	16.7	17.6	17.9	17.9	18.7	18.9	19.2	19.7	19.9	21.3	
私营工业企业负债合计_累计值(亿元)	93373.30	91578.52	90177.65	89094.05	87870.19	86609.53	85308.77	89403.96	87874.37	85817.19	84545.17	
私营工业企业负债合计_上年同期累计值(亿元)	80808.64	79543.25	77719.12	76503.02	75364.18	74113.30	72787.69	75891.70	74242.25	72041.99	70511.05	
私营工业企业负债合计_累计增长(%)	15.6	15.1	16.0	16.5	16.6	16.9	17.2	17.8	18.4	19.1	19.9	
私营工业企业主营业务收入_累计值(亿元)	329694.32	295485.32	263346.50	233257.35	203193.19	175832.89	149278.31	124835.58	96919.97	70021.44	42720.06	
私营工业企业主营业务收入_上年同期累计值(亿元)	285803.26	256495.66	228194.69	202141.24	176158.41	151961.58	127808.02	105601.94	81936.38	59160.30	35802.54	
私营工业企业主营业务收入_累计增长(%)	15.4	15.2	15.4	15.4	15.4	15.7	16.8	18.2	18.3	18.4	19.3	
私营工业企业主营业务成本_累计值(亿元)	284537.63	256825.83	229629.53	203662.31	177511.34	153406.45	129685.08	107938.63	83660.08	60295.54	36562.78	
私营工业企业主营业务成本_上年同期累计值(亿元)	244495.34	220930.73	197387.33	174970.76	152540.49	131472.33	110362.92	91048.36	70551.72	50751.74	30609.90	
私营工业企业主营业务成本_累计增长(%)	16.4	16.3	16.3	16.4	16.4	16.7	17.5	18.6	18.6	18.8	19.5	

（续）

指　　标	2013年12月	2013年11月	2013年10月	2013年9月	2013年8月	2013年7月	2013年6月	2013年5月	2013年4月	2013年3月	2013年2月	2013年1月
私营工业企业主营业务税金及附加_累计值(亿元)	2211.64	1881.26	1624.41	1409.15	1213.76	1041.51	880.01	739.33	574.42	421.01	262.06	
私营工业企业主营业务税金及附加_上年同期累计值(亿元)	1915.70	1639.56	1411.52	1229.63	1069.39	923.02	781.55	657.12	510.20	371.62	235.70	
私营工业企业主营业务税金及附加_累计增长(%)	15.5	14.7	15.1	14.6	13.5	12.8	12.6	12.5	12.6	13.3	11.2	
私营工业企业销售费用_累计值(亿元)	6765.44	5939.92	5253.26	4650.41	4056.61	3511.21	2958.70	2517.58	1962.34	1436.13	908.94	
私营工业企业销售费用_上年同期累计值(亿元)	5830.68	5127.41	4528.15	4012.68	3505.78	3025.57	2552.32	2161.99	1681.76	1230.83	773.47	
私营工业企业销售费用_累计增长(%)	16.0	15.9	16.0	15.9	15.7	16.1	15.9	16.5	16.7	16.7	17.5	
私营工业企业管理费用_累计值(亿元)	9531.45	8230.82	7274.64	6440.12	5618.74	4869.84	4120.43	3519.60	2773.55	2044.11	1310.66	
私营工业企业管理费用_上年同期累计值(亿元)	8156.22	7053.18	6227.36	5517.76	4837.04	4174.27	3520.58	2986.06	2346.02	1729.43	1107.61	
私营工业企业管理费用_累计增长(%)	16.9	16.7	16.8	16.7	16.2	16.7	17.0	17.9	18.2	18.2	18.3	
私营工业企业财务费用_累计值(亿元)	3260.06	2900.56	2597.28	2315.31	2018.33	1764.32	1499.23	1265.72	1015.23	758.18	468.52	
私营工业企业财务费用_上年同期累计值(亿元)	2881.72	2571.19	2308.12	2061.88	1801.85	1576.42	1343.55	1139.92	904.00	674.82	412.33	
私营工业企业财务费用_累计增长(%)	13.1	12.8	12.5	12.3	12.0	11.9	11.6	11.0	12.3	12.4	13.6	
私营工业企业利息支出_累计值(亿元)	2602.46	2288.00	2053.32	1819.03	1594.25	1388.68	1178.41	1008.77	804.57	593.20	366.25	
私营工业企业利息支出_上年同期累计值(亿元)	2360.02	2073.40	1870.17	1664.85	1468.76	1274.66	1081.94	916.98	724.95	540.19	323.70	
私营工业企业利息支出_累计增长(%)	10.3	10.4	9.8	9.3	8.5	9.0	8.9	10.0	11.0	9.8	13.1	
私营工业企业利润总额_累计值(亿元)	20876.17	17400.67	14852.25	12785.97	10990.73	9439.28	7999.35	6696.90	5171.88	3757.08	2306.24	
私营工业企业利润总额_上年同期累计值(亿元)	18177.71	14956.74	12643.62	10928.47	9458.68	8179.74	6910.43	5681.13	4387.30	3188.71	1973.20	
私营工业企业利润总额_累计增长(%)	14.8	16.3	17.5	17.0	16.2	15.4	15.8	17.9	17.9	17.8	16.9	
私营工业企业亏损企业亏损总额_累计值(亿元)	762.60	762.44	748.54	708.58	669.74	627.86	548.08	489.21	417.33	335.98	252.48	
私营工业企业亏损企业亏损总额_上年同期累计值(亿元)	677.83	698.28	702.93	672.73	611.22	541.40	474.34	438.68	376.74	317.12	236.46	
私营工业企业亏损企业亏损总额_累计增长(%)	12.5	9.2	6.5	5.3	9.6	16.0	15.6	11.5	10.8	6.0	6.8	
私营工业企业应交增值税_累计值(亿元)	9019.64	7413.25	6324.84	5457.41	4728.22	4094.28	3474.89	2926.12	2269.87	1667.70	1037.94	
私营工业企业应交增值税_上年同期累计值(亿元)	7686.10	6384.87	5443.82	4719.57	4105.45	3559.98	3006.24	2493.57	1940.41	1419.65	900.10	
私营工业企业应交增值税_累计增长(%)	17.4	16.1	16.2	15.6	15.2	15.0	15.6	17.4	17.0	17.5	15.3	

注：数据来自国家统计局。

2013 年外商及港澳台投资工业企业主要经济指标

指　标	2013 年 12 月	2013 年 11 月	2013 年 10 月	2013 年 9 月	2013 年 8 月	2013 年 7 月	2013 年 6 月	2013 年 5 月	2013 年 4 月	2013 年 3 月	2013 年 2 月	2013 年 1 月
外商及港澳台投资工业企业单位数_累计值(个)	57402	57163	57162	57162	57087	57035	56995	57483	57453	57451	57547	
外商及港澳台投资工业企业亏损企业数_累计值(个)	12081	13669	14501	14869	15260	15743	16121	16543	17497	18706	19828	
外商及港澳台投资工业企业亏损企业数_上年同期累计值(个)	11694	13360	13991	14291	14664	15075	15525	16106	17018	17914	19430	
外商及港澳台投资工业企业亏损企业数_累计增长(%)	3.3	2.3	3.7	4.0	4.1	4.4	3.8	2.7	2.8	4.4	2.1	
外商及港澳台投资工业企业流动资产合计_累计值(亿元)	108671.49	109890.86	108157.34	107222.57	105314.04	103831.82	103650.05	104727.63	104255.61	102548.35	100246.54	
外商及港澳台投资工业企业流动资产合计_上年同期累计值(亿元)	100651.64	101946.34	100750.80	100492.17	99360.41	98434.56	98321.88	99248.40	98374.23	96371.11	93370.81	
外商及港澳台投资工业企业流动资产合计_累计增长(%)	8.0	7.8	7.4	6.7	6.0	5.5	5.4	5.5	6.0	6.4	7.4	
外商及港澳台投资工业企业应收帐款_累计值(亿元)	32292.98	33257.13	32125.89	31844.84	31166.74	30459.26	30449.49	30257.91	30011.40	29358.07	28670.74	
外商及港澳台投资工业企业应收帐款_上年同期累计值(亿元)	29933.54	31074.58	30199.77	29995.00	29164.67	28695.60	28334.96	28158.58	27879.21	26940.43	26239.83	
外商及港澳台投资工业企业应收帐款_累计增长(%)	7.9	7.0	6.4	6.2	6.9	6.2	7.5	7.5	7.7	9.0	9.3	
外商及港澳台投资工业企业存货_累计值(亿元)	24233.53	24319.81	24177.48	24027.12	24100.84	23845.37	23632.53	24059.13	23976.84	23776.83	23659.28	
外商及港澳台投资工业企业存货_上年同期累计值(亿元)	23452.78	23693.54	23703.17	23491.07	23518.05	23499.73	23441.36	23687.13	23487.34	23115.32	22834.90	
外商及港澳台投资工业企业存货_累计增长(%)	3.3	2.6	2.0	2.3	2.5	1.5	0.8	1.6	2.1	2.9	3.6	
外商及港澳台投资工业企业产成品_累计值(亿元)	7961.06	7933.50	7857.06	7738.71	7775.32	7717.72	7621.89	7735.24	7640.13	7594.94	7362.01	
外商及港澳台投资工业企业产成品_上年同期累计值(亿元)	7718.03	7733.91	7750.50	7558.20	7667.24	7633.44	7493.58	7542.92	7508.51	7385.89	7286.54	
外商及港澳台投资工业企业产成品_累计增长(%)	3.2	2.6	1.4	2.4	1.4	1.1	1.7	2.6	1.8	2.8	1.0	
外商及港澳台投资工业企业资产总计_累计值(亿元)	185611.05	184451.87	181341.64	179857.50	177464.70	175311.91	174883.94	176150.53	175394.37	173357.59	170659.07	
外商及港澳台投资工业企业资产总计_上年同期累计值(亿元)	171011.98	170978.71	168507.66	167559.45	166119.85	164381.72	163846.43	165196.89	164006.71	161412.56	157411.99	

（续）

指　　标	2013年12月	2013年11月	2013年10月	2013年9月	2013年8月	2013年7月	2013年6月	2013年5月	2013年4月	2013年3月	2013年2月	2013年1月
外商及港澳台投资工业企业资产总计_累计增长(%)	8.5	7.9	7.6	7.3	6.8	6.7	6.7	6.6	6.9	7.4	8.4	
外商及港澳台投资工业企业负债合计_累计值(亿元)	104059.26	104213.65	102674.55	102007.70	100397.38	99180.33	99366.20	100266.21	100155.37	98222.23	96216.13	
外商及港澳台投资工业企业负债合计_上年同期累计值(亿元)	96690.51	97158.27	96109.43	96049.43	95070.22	94293.89	94325.22	95002.96	94078.71	92134.98	89424.77	
外商及港澳台投资工业企业负债合计_累计增长(%)	7.6	7.3	6.8	6.2	5.6	5.2	5.3	5.5	6.5	6.6	7.6	
外商及港澳台投资工业企业主营业务收入_累计值(亿元)	241387.75	218017.79	195950.33	175063.95	153406.83	133311.47	114056.39	94039.65	73776.25	54066.72	33483.93	
外商及港澳台投资工业企业主营业务收入_上年同期累计值(亿元)	221442.30	200216.92	180125.49	161457.75	141799.93	123247.42	105211.12	86581.64	68297.91	50071.04	30534.91	
外商及港澳台投资工业企业主营业务收入_累计增长(%)	9.0	8.9	8.8	8.4	8.2	8.2	8.4	8.6	8.0	8.0	9.7	
外商及港澳台投资工业企业主营业务成本_累计值(亿元)	206638.54	187519.58	168994.50	151110.31	132523.66	115187.89	98476.18	81163.64	63737.75	46657.76	28830.71	
外商及港澳台投资工业企业主营业务成本_上年同期累计值(亿元)	190085.41	172497.47	155755.84	139648.86	122812.19	106743.34	91078.40	74830.66	59058.23	43291.40	26422.52	
外商及港澳台投资工业企业主营业务成本_累计增长(%)	8.7	8.7	8.5	8.2	7.9	7.9	8.1	8.5	7.9	7.8	9.1	
外商及港澳台投资工业企业主营业务税金及附加_累计值(亿元)	2148.93	1913.00	1703.80	1511.53	1319.50	1137.81	968.81	790.44	625.20	462.59	288.85	
外商及港澳台投资工业企业主营业务税金及附加_上年同期累计值(亿元)	1911.71	1688.66	1507.58	1357.62	1197.16	1032.69	872.29	722.56	571.13	423.31	262.38	
外商及港澳台投资工业企业主营业务税金及附加_累计增长(%)	12.4	13.3	13.0	11.3	10.2	10.2	11.1	9.4	9.5	9.3	10.1	
外商及港澳台投资工业企业销售费用_累计值(亿元)	7792.48	6990.17	6281.29	5635.45	4942.33	4297.23	3658.54	3018.99	2359.84	1733.89	1089.76	
外商及港澳台投资工业企业销售费用_上年同期累计值(亿元)	7034.01	6333.79	5714.50	5121.80	4493.20	3881.26	3302.62	2710.10	2135.11	1543.37	970.56	
外商及港澳台投资工业企业销售费用_累计增长(%)	10.8	10.4	9.9	10.0	10.0	10.7	10.8	11.4	10.5	12.3	12.3	

（续）

指标	2013年12月	2013年11月	2013年10月	2013年9月	2013年8月	2013年7月	2013年6月	2013年5月	2013年4月	2013年3月	2013年2月	2013年1月
外商及港澳台投资工业企业管理费用_累计值(亿元)	9453.76	8285.02	7435.01	6640.56	5825.75	5073.15	4315.64	3545.02	2808.89	2088.51	1318.52	
外商及港澳台投资工业企业管理费用_上年同期累计值(亿元)	8521.99	7504.06	6733.45	6017.04	5277.67	4588.35	3898.37	3209.00	2534.44	1863.20	1181.15	
外商及港澳台投资工业企业管理费用_累计增长(%)	10.9	10.4	10.4	10.4	10.4	10.6	10.7	10.5	10.8	12.1	11.6	
外商及港澳台投资工业企业财务费用_累计值(亿元)	1423.33	1400.49	1219.07	1083.77	949.17	810.20	672.46	553.39	454.70	366.67	246.15	
外商及港澳台投资工业企业财务费用_上年同期累计值(亿元)	1667.28	1537.16	1406.92	1298.78	1153.09	991.02	846.10	709.91	516.59	379.97	251.89	
外商及港澳台投资工业企业财务费用_累计增长(%)	-14.6	-8.9	-13.4	-16.6	-17.7	-18.3	-20.5	-22.1	-12.0	-3.5	-2.3	
外商及港澳台投资工业企业利息支出_累计值(亿元)	1646.42	1476.64	1331.77	1198.14	1049.25	915.75	781.51	660.25	526.90	389.57	248.35	
外商及港澳台投资工业企业利息支出_上年同期累计值(亿元)	1714.42	1543.02	1417.89	1252.32	1101.56	961.86	820.14	693.82	538.08	396.24	243.51	
外商及港澳台投资工业企业利息支出_累计增长(%)	-4.0	-4.3	-6.1	-4.3	-4.8	-4.8	-4.7	-4.8	-2.1	-1.7	2.0	
外商及港澳台投资工业企业利润总额_累计值(亿元)	14599.20	12417.44	10701.01	9403.11	8166.34	6987.80	5983.92	4933.84	3762.13	2687.78	1592.18	
外商及港澳台投资工业企业利润总额_上年同期累计值(亿元)	12644.24	10728.28	9196.52	8099.18	7030.58	6088.27	5212.96	4300.44	3430.19	2510.04	1411.59	
外商及港澳台投资工业企业利润总额_累计增长(%)	15.5	15.7	16.4	16.1	16.2	14.8	14.8	14.7	9.7	7.1	12.8	
外商及港澳台投资工业企业亏损企业亏损总额_累计值(亿元)	1503.14	1426.30	1369.63	1282.98	1208.56	1119.91	972.21	839.31	720.44	579.90	453.88	
外商及港澳台投资工业企业亏损企业亏损总额_上年同期累计值(亿元)	1596.70	1538.40	1461.98	1377.81	1271.43	1147.03	1001.58	881.85	719.30	563.63	465.97	
外商及港澳台投资工业企业亏损企业亏损总额_累计增长(%)	-5.9	-7.3	-6.3	-6.9	-4.9	-2.4	-2.9	-4.8	0.2	2.9	-2.6	
外商及港澳台投资工业企业应交增值税_累计值(亿元)	5981.09	4972.63	4272.93	3730.21	3245.29	2797.37	2392.10	1983.09	1602.53	1200.34	759.70	
外商及港澳台投资工业企业应交增值税_上年同期累计值(亿元)	5179.22	4261.23	3673.52	3222.61	2833.97	2459.26	2081.36	1730.03	1400.94	1037.67	682.33	
外商及港澳台投资工业企业应交增值税_累计增长(%)	15.5	16.7	16.3	15.8	14.5	13.8	14.9	14.6	14.4	15.7	11.3	

注：数据来自国家统计局。

2013 年工业主要产品产量(摘录)

(发电设备)指标	2013 年 12 月	2013 年 11 月	2013 年 10 月	2013 年 9 月	2013 年 8 月	2013 年 7 月	2013 年 6 月	2013 年 5 月	2013 年 4 月	2013 年 3 月	2013 年 2 月	2013 年 1 月
发电设备产量_当月值(万千瓦)	1251.9	1159.4	1203.7	1233.2	1028.4	745.3	1654.2	1353.7	991.1	1191.3		
发电设备产量_累计值(万千瓦)	12735.4	11497.4	10422.8	9217.4	7980.2	6961.6	6315.0	4657.2	3302.5	2310.5	26086.8	
发电设备产量_同比增长(%)	-29.3	6.6	7.5	-5.9	2.2	10.0	-1.6	9.7	-5.1	8.5		
发电设备产量_累计增长(%)	-4.8	-1.4	-2.3	-3.3	-2.6	-3.0	-5.1	-5.6	-12.0	-14.4	1376.3	

注：发电机组(发电设备)指 500 千瓦以上的水轮发电机组、汽轮发电机和燃气轮发电机等。

(房间空气调节器)指标	2013 年 12 月	2013 年 11 月	2013 年 10 月	2013 年 9 月	2013 年 8 月	2013 年 7 月	2013 年 6 月	2013 年 5 月	2013 年 4 月	2013 年 3 月	2013 年 2 月	2013 年 1 月
房间空气调节器产量_当月值(万台)	1302.4	1069.4	1066.3	1121.6	1018.4	1191.0	1316.3	1532.5	1592.1	1605.7		
房间空气调节器产量_累计值(万台)	14332.9	13047.8	12299.8	11222.7	10099.0	9055.3	7886.9	6596.1	5082.8	3490.0	1989.3	
房间空气调节器产量_同比增长(%)	13.1	6.8	11.9	9.2	24.6	26.6	15.9	-13.6	3.8	24.3		
房间空气调节器产量_累计增长(%)	11.6	11.3	8.5	8.0	9.0	8.0						

(程控交换机)指标	2013 年 12 月	2013 年 11 月	2013 年 10 月	2013 年 9 月	2013 年 8 月	2013 年 7 月	2013 年 6 月	2013 年 5 月	2013 年 4 月	2013 年 3 月	2013 年 2 月	2013 年 1 月
程控交换机产量_当月值(万线)	353.7	323.4	290.3	306.1	268.7	268.4	280.8	187.0	216.7	158.7		
程控交换机产量_累计值(万线)	3180.8	2827.1	2506.8	2216.2	1909.9	1637.6	1371.2	1102.1	914.4	702.1	571.8	
程控交换机产量_同比增长(%)	25.2	2.4	22.2	0.3		19.3	11.5	-14.2	-36.5	-54.9		
程控交换机产量_累计增长(%)	7.1	1.3	1.4	-0.9	-1.1	-0.5	-3.6	-7.8	-14.6	-9.5	27.1	

(移动通信基站)指标	2013 年 12 月	2013 年 11 月	2013 年 10 月	2013 年 9 月	2013 年 8 月	2013 年 7 月	2013 年 6 月	2013 年 5 月	2013 年 4 月	2013 年 3 月	2013 年 2 月	2013 年 1 月
移动通信基站设备产量_当月值(万信道)	2390.5	1240.0	1212.9	1193.1	1223.9	1197.4	1415.7	929.1	867.2	893.9		
移动通信基站设备产量_累计值(万信道)	14248.6	11858.2	10617.3	9404.2	8211.0	6986.9	5789.3	4376.4	3450.8	2566.3	1681.2	
移动通信基站设备产量_同比增长(%)	63.4	30.3	64.3	59.4	57.1	28.8	10.8	-12.6	14.8	-14.3		
移动通信基站设备产量_累计增长(%)	21.2	15.3	13.7	9.4	4.6	-1.2	-5.7	-10.0	-8.2	10.4	27.2	

（移动通信手持机）指标	2013年12月	2013年11月	2013年10月	2013年9月	2013年8月	2013年7月	2013年6月	2013年5月	2013年4月	2013年3月	2013年2月	2013年1月
移动通信手持机产量_当月值（万台）	15174.5	15270.6	14423.0	14244.2	12872.7	11623.6	11809.5	12320.0	11440.4	11326.4		
移动通信手持机产量_累计值（万台）	153181.2	135016.9	119980.3	105495.2	91187.0	78238.8	67899.0	55832.2	43506.3	32242.1	22308.4	
移动通信手持机产量_同比增长（%）	15.2	15.1	38.5	30.7	32.2	25.9	24.5	32.8	19.6	12.3		
移动通信手持机产量_累计增长（%）	25.8	24.1	25.7	24.0	23.0	21.5	22.6	22.0	19.2	19.9	35.1	

（电子计算机整机）指标	2013年12月	2013年11月	2013年10月	2013年9月	2013年8月	2013年7月	2013年6月	2013年5月	2013年4月	2013年3月	2013年2月	2013年1月
电子计算机整机产量_当月值（台）	40458000.0	42453000.0	34992000.0	32912000.0	31494000.0	27487000.0	27900000.0	25839000.0	27766000.0	30214000.0		
电子计算机整机产量_累计值（台）	376703000.0	335761000.0	292808000.0	258275000.0	225397000.0	194038000.0	166389000.0	138390000.0	112658000.0	84793000.0	52291000.0	
电子计算机整机产量_同比增长（%）	14.4	8.7	0.8	3.2	19.4	15.0	5.0	−3.8	5.4	3.4		
电子计算机整机产量_累计增长（%）	7.9	7.8	7.5	8.6	9.4	8.4	7.1	7.5	10.5	9.2	5.3	

（微型计算机设备）指标	2013年12月	2013年11月	2013年10月	2013年9月	2013年8月	2013年7月	2013年6月	2013年5月	2013年4月	2013年3月	2013年2月	2013年1月
微型计算机设备产量_当月值（万台）	3863.8	4121.4	3379.4	3168.1	2975.3	2559.7	2518.7	2336.6	2527.0	2715.5		
微型计算机设备产量_累计值（万台）	35246.3	31346.1	27172.9	23836.2	20673.7	17717.4	15151.5	12623.4	10289.9	7755.1	4786.1	
微型计算机设备产量_同比增长（%）	14.9	9.7	1.4	4.0	17.7	17.5	2.8	−4.6	4.5	5.8		
微型计算机设备产量_累计增长（%）	7.8	7.9	7.4	8.4	9.0	8.0	6.4	7.3	10.4	11.5	7.3	

（集成电路）指标	2013年12月	2013年11月	2013年10月	2013年9月	2013年8月	2013年7月	2013年6月	2013年5月	2013年4月	2013年3月	2013年2月	2013年1月
集成电路产量_当月值（万块）	747000.0	770000.0	735000.0	778000.0	770000.0	759437.3	810652.3	784698.3	702087.2	722645.4		
集成电路产量_累计值（万块）	8676000.0	7931000.0	7192000.0	6459000.0	5483000.0	4717256.6	4213266.2	3400202.2	2619471.2	1928273.2	1417000.0	
集成电路产量_同比增长（%）	9.5	11.4	11.4	12.6	7.8	6.1	10.6	8.8	−20.9	−14.2		
集成电路产量_累计增长（%）	10.4	10.0	9.6	9.3	8.5	8.8	9.8	9.7	−10.2	−7.3	33.1	

（彩色电视机）指标	2013年12月	2013年11月	2013年10月	2013年9月	2013年8月	2013年7月	2013年6月	2013年5月	2013年4月	2013年3月	2013年2月	2013年1月
彩色电视机产量_当月值(万台)	1490.7	1427.6	1303.6	1511.8	1278.0	969.8	974.6	995.5	1173.2	1119.3		
彩色电视机产量_累计值(万台)	14027.0	12487.1	11062.5	9759.0	8246.8	6964.4	6012.3	5042.3	4043.6	2878.8	1765.0	
彩色电视机产量_同比增长(%)	0.6	-3.3	-13.0	-4.5	2.3	-10.0	4.1	5.4	1.4	3.1		
彩色电视机产量_累计增长(%)	-0.2	-0.3		2.0	4.4	3.1	5.2	6.4	2.4	1.4	6.8	

（电工仪器仪表）指标	2013年12月	2013年11月	2013年10月	2013年9月	2013年8月	2013年7月	2013年6月	2013年5月	2013年4月	2013年3月	2013年2月	2013年1月
电工仪器仪表产量_当月值(万台)	1340.1	1268.9	1073.2	1015.4	1105.7	1071.5	1122.3	1011.1	1068.9	1040.8		
电工仪器仪表产量_累计值(万台)	12426.1	11001.5	9702.3	8610.7	7555.7	6461.3	5370.3	4198.3	3598.6	2521.7	1450.1	
电工仪器仪表产量_同比增长(%)	-1.0	-6.3	-5.3	-17.9	-0.5	-0.5	11.1	2.3	12.4	6.0		
电工仪器仪表产量_累计增长(%)	-1.3	-2.1	-1.8	-1.5	-0.1	1.0	0.9	-2.6	7.4	2.6	0.1	

（发电量）指标	2013年12月	2013年11月	2013年10月	2013年9月	2013年8月	2013年7月	2013年6月	2013年5月	2013年4月	2013年3月	2013年2月	2013年1月
发电量_当月值(亿千瓦小时)	4779.6	4391.8	4305.2	4310.4	4987.0	4794.5	4252.6	4104.1	3994.4	4194.3		
发电量_累计值(亿千瓦小时)	52451.1	47412.5	43017.6	38688.4	34319.9	29228.7	24341.6	20018.3	15861.2	11822.8	7573.2	
发电量_同比增长(%)	8.3	6.8	8.4	8.2	13.4	8.1	6.0	4.1	6.2	2.1		
发电量_累计增长(%)	7.6	7.0	7.0	6.8	6.4	5.2	4.4	4.0	3.8	2.9	3.4	

（汽车）指标	2013年12月	2013年11月	2013年10月	2013年9月	2013年8月	2013年7月	2013年6月	2013年5月	2013年4月	2013年3月	2013年2月	2013年1月
汽车产量_当月值(万辆)	229.8	228.4	208.5	207.3	179.6	170.8	185.2	192.8	203.2	229.0		
汽车产量_累计值(万辆)	2387.2	2161.9	1937.2	1713.9	1507.0	1327.3	1157.1	972.7	780.3	579.2	350.0	
汽车产量_同比增长(%)	22.8	25.6	25.5	17.5	14.8	15.4	13.5	15.7	18.3	12.4		
汽车产量_累计增长(%)	18.4	18.1	17.2	15.3	15.1	15.1	15.2					

（轿车）指标	2013年12月	2013年11月	2013年10月	2013年9月	2013年8月	2013年7月	2013年6月	2013年5月	2013年4月	2013年3月	2013年2月	2013年1月
轿车产量_当月值(万辆)	127.1	127.1	115.6	113.8	102.3	98.5	103.7	105.2	109.7	114.4		
轿车产量_累计值(万辆)	1330.1	1207.6	1084.3	954.0	840.0	737.9	639.5	535.9	428.3	305.8	192.2	
轿车产量_同比增长(%)	20.1	19.9	20.0	10.4	11.2	11.9	13.1	12.2	15.3	14.2		
轿车产量_累计增长(%)	16.6	16.6	16.7	14.5	15.0	15.6	16.1					

注：数据来自国家统计局。

2013 年固定资产投资情况

指　标	2013 年 12 月	2013 年 11 月	2013 年 10 月	2013 年 9 月	2013 年 8 月	2013 年 7 月	2013 年 6 月	2013 年 5 月	2013 年 4 月	2013 年 3 月	2013 年 2 月	2013 年 1 月
固定资产投资完成额_累计值(亿元)	436527.70	391282.53	351669.25	309207.57	262578.08	221722.23	181317.60	131210.65	91319.18	58092.28	25675.92	
固定资产投资完成额_累计增长(%)	19.6	19.9	20.1	20.2	20.3	20.1	20.1	20.4	20.6	20.9	21.2	
国有及国有控股固定资产投资额_累计值(亿元)	144055.51	126132.57	113044.45	99001.30	83874.90	70494.78	57342.13	41161.14	28701.00	18029.09	8183.24	
国有及国有控股固定资产投资额_累计增长(%)	16.3	16.8	17.1	17.6	18.1	17.7	17.5	17.7	18.1	18.7	16.9	
房地产开发投资额_累计值(亿元)	86013.38	77412.16	68693.18	61119.55	52119.77	44301.58	36827.94	26797.97	19180.14	13132.57	6669.70	
房地产开发投资额_累计增长(%)	19.8	19.5	19.2	19.7	19.3	20.5	20.3	20.6	21.1	20.2	22.8	
第一产业固定资产投资完成额_累计值(亿元)	9240.95	8509.11	7719.68	6798.73	5787.07	4826.95	3883.96	2729.82	1770.33	930.03	335.86	
第一产业固定资产投资完成额_累计增长(%)	32.5	31.7	30.6	31.1	32.0	32.8	33.5	31.1	32.1	31.4	37.4	
第二产业固定资产投资完成额_累计值(亿元)	184804.36	167043.44	150895.35	132607.21	113237.23	95764.86	78051.63	56656.76	39117.63	24634.79	10293.27	
第二产业固定资产投资完成额_累计增长(%)	17.4	17.3	17.6	17.1	16.6	16.0	15.6	15.7	16.3	16.2	15.6	
第三产业固定资产投资完成额_累计值(亿元)	242482.39	215729.98	193054.22	169801.63	143553.79	121130.43	99382.02	71824.07	50431.21	32527.46	15046.79	
第三产业固定资产投资完成额_累计增长(%)	21.0	21.5	21.6	22.3	23.0	23.1	23.5	23.9	23.9	24.5	25.0	
中央项目固定资产投资完成额_累计值(亿元)	24785.34	20632.06	17645.79	15019.63	12627.64	10549.54	8338.08	6109.99	4444.34	2686.53	1331.16	
中央项目固定资产投资完成额_累计增长(%)	12.4	13.4	8.1	10.4	10.8	12.4	9.7	7.1	8.5	11.6	4.4	
地方项目固定资产投资完成额_累计值(亿元)	411742.36	370650.46	334023.46	294187.94	249950.44	211172.69	172979.52	125100.66	86874.84	55405.75	24344.76	
地方项目固定资产投资完成额_累计增长(%)	20.1	20.2	20.8	20.7	20.8	20.5	20.7	21.1	21.3	21.4	22.3	
新建固定资产投资完成额_累计值(亿元)	217544.72	195821.26	177229.92	155768.32	132198.99	111718.46	91035.71	65777.93	45180.40	28180.71	12190.24	
新建固定资产投资完成额_累计增长(%)	21.4	22.0	22.3	22.3	22.9	22.2	22.1	21.9	21.2	22.6	22.7	
扩建固定资产投资完成额_累计值(亿元)	54228.81	49241.51	44670.00	39080.58	33232.03	27824.41	22674.74	16612.33	11542.32	7017.43	2914.04	
扩建固定资产投资完成额_累计增长(%)	13.0	13.4	14.6	14.3	13.6	12.4	12.4	13.9	15.4	12.7	9.6	
改建固定资产投资完成额_累计值(亿元)	61544.21	53459.90	47390.68	41297.68	34998.71	29439.22	23816.55	17051.50	11986.55	7574.45	2993.50	
改建固定资产投资完成额_累计增长(%)	17.4	23.5	23.2	23.5	23.9	24.4	24.3	23.1	25.9	26.2	27.2	
建筑安装工程固定资产投资完成额_累计值(亿元)	291023.88	262130.54	236069.20	207382.26	176298.52	148698.06	121246.45	87865.57	61164.42	39011.57	17710.54	
建筑安装工程固定资产投资完成额_累计增长(%)	23.0	23.2	23.5	23.7	24.2	23.9	24.2	23.6	23.6	25.1	26.2	

（续）

指　　标	2013 年 12 月	2013 年 11 月	2013 年 10 月	2013 年 9 月	2013 年 8 月	2013 年 7 月	2013 年 6 月	2013 年 5 月	2013 年 4 月	2013 年 3 月	2013 年 2 月	2013 年 1 月
设备工器具购置固定资产投资完成额_累计值(亿元)	89423.63	79456.66	71280.35	62357.98	52758.10	44416.56	36249.44	26292.86	18232.62	11448.27	4864.18	
设备工器具购置固定资产投资完成额_累计增长(%)	17.8	18.1	18.8	18.5	18.2	18.1	18.0	20.3	21.6	21.3	22.9	
其他费用固定资产投资完成额_累计值(亿元)	56080.19	49695.33	44319.70	39467.33	33521.46	28607.61	23821.71	17052.22	11922.15	7632.44	3101.19	
其他费用固定资产投资完成额_累计增长(%)	7.2	7.0	6.2	6.6	5.9	6.0	5.5	6.2	6.3	2.9	-2.9	
房屋施工面积_累计值(万平方米)	1243885.10	1177291.49	1105425.82	1060750.60	1014305.33	964575.13	910444.67	826413.76	753287.91	680285.74	595354.64	
房屋施工面积_累计增长(%)	17.2	16.0	13.3	13.8	15.0	15.7	16.5	16.8	17.0	16.8	15.3	
房屋竣工面积_累计值(万平方米)	253455.58	172455.37	146619.40	125054.70	104610.59	86028.93	70580.37	53707.98	41094.64	30234.39	18106.08	
房屋竣工面积_累计增长(%)	5.0	7.6	8.8	11.4	12.3	10.0	8.7	5.6	5.6	4.8	19.6	
新增固定资产投资_累计值(亿元)	272472.58	200413.78	162309.28	135931.94	110741.41	91855.22	73550.21	53729.68	38312.78	25814.47	13741.38	
新增固定资产投资_累计增长(%)	22.5	22.6	17.5	17.7	21.4	21.5	23.1	22.5	21.5	22.4	28.9	

注：数据来自国家统计局。

2013 年民间固定资产投资

指　　标	2013 年 12 月	2013 年 11 月	2013 年 10 月	2013 年 9 月	2013 年 8 月	2013 年 7 月	2013 年 6 月	2013 年 5 月	2013 年 4 月	2013 年 3 月	2013 年 2 月	2013 年 1 月
民间固定资产投资_累计值(亿元)	274794.00	248381.00	223427.00	196611.00	166964.00	141201.00	115584.00	83832.00	57963.00	36763.00	15777.00	
民间固定资产投资_累计增长(%)	23.1	23.2	23.4	23.3	23.3	23.3	23.4	23.8	23.9	24.1	24.6	
第一产业民间固定资产投资_累计值(亿元)	7084.00	6532.00	5903.00	5188.00	4372.00	3634.00	2927.00	2074.00	1364.00	764.00	274.00	
第一产业民间固定资产投资_累计增长(%)	32.9	33.1	31.4	31.3	31.9	33.4	34.2	33.4	36.5	37.1	39.0	
第二产业民间固定资产投资_累计值(亿元)	139546.00	126872.00	114783.00	100957.00	86061.00	72776.00	59269.00	43109.00	29479.00	18386.00	7457.00	
第二产业民间固定资产投资_累计增长(%)	20.7	20.7	21.1	20.9	20.5	20.0	20.2	20.9	21.4	21.7	21.7	
第三产业民间固定资产投资_累计值(亿元)	128164.00	114977.00	102741.00	90466.00	76531.00	64791.00	53388.00	38649.00	27120.00	17613.00	8046.00	
第三产业民间固定资产投资_累计增长(%)	25.4	25.5	25.7	25.7	26.0	26.7	26.6	26.6	26.0	26.1	26.7	

注:数据来自国家统计局。

第三篇　电源行业发展报告

中国电源学会会员企业 30 强名单

2013 年度中国电源行业发展报告

一、调研背景

二、2013 年中国电源市场概况分析

三、2013 年中国电源行业区域市场分析

四、2013 年中国电源行业产品市场分析

五、2013 年中国电源企业整体概况分析

六、2014—2018 年中国电源产业发展预测

七、鸣谢单位

2013 年度电能质量产业分析报告

一、电能质量行业发展背景综合简介

二、国外行业发展状况

三、国内行业发展状况

四、2013 年度行业发展分析

五、对未来发展分析和建议

中国电源学会会员企业30强名单

序号	公司名称	主要产品
1	台达电子企业管理（上海）有限公司	通用开关电源，通信电源，新能源电源（光伏逆变器、风力变流器等），变频电源（器）
2	赛尔康技术（深圳）有限公司	充电器、适配器，照明电源、LED驱动电源
3	中达电通股份有限公司	UPS，通信电源，照明电源、LED驱动电源，新能源电源（光伏逆变器、风力变流器等）
4	安泰科技股份有限公司非晶金属事业部	滤波器，电抗器，功率器件，磁性元件/材料
5	艾默生网络能源有限公司	UPS，通信电源，新能源电源（光伏逆变器、风力变流器等）
6	深圳市航嘉驰源电气股份有限公司	通用开关电源，通信电源，PC、服务器电源，照明电源、LED驱动电源
7	中国长城计算机深圳股份有限公司	通用开关电源，通信电源，PC、服务器电源，照明电源、LED驱动电源
8	深圳市比亚迪锂电池有限公司	铁锂电池，通用开关电源
9	阳光电源股份有限公司	新能源电源（光伏逆变器、风力变流器等）
10	深圳市汇川技术股份有限公司	变频电源（器），UPS，新能源电源（光伏逆变器、风力变流器等），电源配套设备（自动化设备、SMT设备、绕线机等）
11	广东易事特电源股份有限公司	UPS，EPS，通信电源，新能源电源（光伏逆变器、风力变流器等）
12	青岛云路新能源科技有限公司	滤波器，电子变压器，电抗器
13	深圳科士达科技股份有限公司	UPS，新能源电源（光伏逆变器、风力变流器等），蓄电池
14	厦门科华恒盛股份有限公司	UPS，EPS，通信电源，新能源电源（光伏逆变器、风力变流器等）
15	田村（中国）企业管理有限公司	通用开关电源，电子变压器，电抗器，磁性元件/材料
16	深圳市英威腾电气股份有限公司	变频电源（器），UPS，EPS，通信电源，新能源电源（光伏逆变器、风力变流器等）
17	浙江海利普电子科技有限公司	变频电源（器）
18	伊戈尔电气股份有限公司	电子变压器，电抗器，照明电源、LED驱动电源，新能源电源（光伏逆变器、风力变流器等），特种电源
19	哈尔滨光宇电源股份有限公司	蓄电池
20	许继电源有限公司	直流屏、电力操作电源，UPS，特种电源
21	中国电子科技集团公司第四十三研究所（华东微电子技术研究所）	滤波器，通用开关电源，照明电源、LED驱动电源，模块电源
22	深圳市京泉华科技股份有限公司	电子变压器，电感器，通用开关电源，照明电源、LED驱动电源
23	茂硕电源科技股份有限公司	照明电源、LED驱动电源，通用开关电源，充电器、适配器，新能源电源（光伏逆变器、风力变流器等）
24	广东志成冠军集团有限公司	UPS，EPS，蓄电池
25	北京动力源科技股份有限公司	通信电源，EPS，新能源电源（光伏逆变器、风力变流器等），变频电源（器）
26	上海科泰电源股份有限公司	电源配套设备（自动化设备、SMT设备、绕线机等）
27	宁波金源电气有限公司	稳压电源（器），电子变压器，通用开关电源，UPS
28	陕西长岭光伏电气有限公司	新能源电源（光伏逆变器、风力变流器等），机壳、机柜，电源配套设备（自动化设备、SMT设备、绕线机等），电源测试设备
29	湖南丰日电源电气股份有限公司	蓄电池、直流屏、电力操作电源，UPS，通信电源
30	江苏上能新特变压器有限公司	电子变压器，电抗器，直流屏、电力操作电源

2013 年度中国电源行业发展报告

一、调研背景

（一）调查对象

在承继历届电源研究及调查优势与成功经验的基础上，2013 年度中国电源行业调查的范围延伸到了电源市场的各个板块，包括业内专家学者、厂商、传统渠道商、IT 渠道商、系统集成、电源培训与教育等企业和机构。调查对象不仅涵盖了家庭/个人用户和一般企业用户，更着力刻画了金融、电信、制造、政府等行业用户对于电源产业的基本概况。具体包括：最终用户、产品供应商、维护与支持提供商、渠道商、系统集成商。

（二）数据来源

本届调查主要采取了电话呼叫、问卷调查、线上调查等方式收集信息，并辅助以焦点小组讨论以及专家集中评审等多种方式，以期更加全面、科学地调查和评估中国电源产业发展状况和电源产品与企业的基本状况。在抽样过程上，综合运用了双重抽样、逐次抽样、分阶段抽样、分层抽样、整群抽样、等距抽样等多种方法，以确保调查数据的精确度，综合衡量其优劣。焦点小组和专家集中评审是本届调查的方法创新所在，不但体现了厂商和用户的全程参与特色，同时也是进行收集数据、信息补充和修正的依据。

（三）样本分布

表 1　2013 年度中国电源调查样本区域分布

区域	比例
华北	12.3%
华东	18.1%
华南	41.2%
华中	9.0%
东北	7.3%
西南	7.5%
西北	4.6%
合计	100%

数据来源：中国电源学会，ICTresearch；2014，04。

（四）研究介绍

本报告的调研周期为 2013 年 4 月到 2014 年 4 月，本报告的内容是 2013 年度电源行业发展状况，涉及的专业领域主要是电子电源。研究机构为中国电源学会及 ICTresearch 咨询公司。

1. 中国电源学会

中国电源学会成立于 1983 年，是在国家民政部注册的国家一级社团法人，业务主管部门是中国科学技术协会。中国电源学会的专业范围包括：通信电源、不间断电源（UPS）、通用交流稳定电源、直流稳压电源、变频电源、特种电源、蓄电池、变压器、元器件、电源配套产品等。

中国电源学会下设 17 个省、市、地区电源学会和交流电源、直流电源、变频电源、特种电源、变压器、元器件、电磁兼容、电能质量、照明电源九个专业分会，以及学术、国际交流、组织、编辑、科普、标准化六个工作委员会。秘书处是学会常设日常办事机构。目前，形成了覆盖全国的组织和信息网络。

中国电源学会亦承办各种类型的学术交流会，特别是大型学术年会已经成功地举办了将近 20 届，历届会议规模达到 1000 多人。年会的召开汇聚了国内外的专家学者来总结、交流电源技术各个领域的新理论、新技术、新成果，有力地促进了中国电源科技水平的提高。

中国电源学会出版的刊物：《中国电源资讯》《电源技术学报》《电源世界》《电源技术应用》；同时中国电源学会还编辑出版了系列丛书和技术手册以及各种学术会议论文集。中国电源学会为了加速学会的信息化进程，建立了行业门户网站："世纪电源网"（http://www.21dianyuan.com）。

2. ICTresearch 咨询

ICTresearch（http://www.ictresearch.com）商标归属北京汇信中通咨询有限公司，是我国较早重点关注 IT 制造业的市场咨询、顾问和活动服务专业提供商。ICTresarch 致力于帮助 IT 制造业专业人士、业务主管和投资机构制定以事实为基础的技术采购决策和业务发展战略。

ICTresearch 的资深分析师具有丰富的经验和能够把握全局的视角，对电源产业、新能源产业、数据中心产业等技术的发展趋势和业务营销机会进行深入分析。在对技术理解的前提下，ICTresearch 通过长期积累的企业信息数据库、方法论、扎实的基础研究手段和广泛的国内外影响力，帮助客户优化商业决策、预测未来、发现事实、影响观念。

ICTresearch 的客户不仅包括全球财富 500 强中多家著名跨国公司，而且包括我国本土诸多知名企业。ICTresearch 主要业务范围涵盖市场调研、行业分析、产品监测、竞争对手研究、项目可行性研究、企业上市辅导等内容，可以提供一条龙综合服务。经过多年的发展和积累，ICTresearch 已经成为业界知名的数据中心、电源等领域的咨询服务提供商。

二、2013 年中国电源市场概况分析

（一）2013 年世界电源市场概况分析

1. 2013 年世界电源产业规模与特征

随着全球经济的发展、电子信息技术水平的持续提升以及人们生活水平的不断提高，各种电子产品品种不断丰富、市场普及率不断提高，电源作为电子产品的重要部件，市场规模也不断扩大。电源市场在世界范围内一直保持稳定增长，在 2013 年达到 801.8 亿美元，同比 2012 年增长了 5.7%。

表 2 2011—2013 年度电源市场规模分析

年 份	2011 年	2012 年	2013 年
销售额（亿美元）	708.8	758.8	801.8
增长率	5.3%	7.1%	5.7%

数据来源：中国电源学会，ICTresearch，2014，04。

2. 2013 年世界电源市场结构分析

开关电源主要分为消费类开关电源和工业类开关电源，从全球范围来看，工业类开关电源涵盖自动化控制、测试设备、医疗、半导体制造、计算机、照明、通信设备等领域；消费类开关电源的主要应用包括空调器、冰箱、洗衣机、液晶电视机等家电领域。2013 年，开关电源市场规模达到 344.8 亿美元；预计 2014 年之后，全球电子市场增速将逐渐企稳，将受到医疗、照明、通信等领域的发展拉动。

表 3 2011—2013 年度开关电源市场规模分析

年 份	2011 年	2012 年	2013 年
销售额（亿美元）	308.1	331.2	344.8
增长率	6.2%	7.5%	4.1%

数据来源：中国电源学会，ICTresearch；2014，04。

在全球经济复苏的大环境下，全球 UPS 市场开始恢复正增长势头。2013 年，全球 UPS 市场销售收入为 59.3 亿美元，比 2012 年小幅上涨 1.7%。预计 2014 年之后 UPS 会呈现稳定增长态势，UPS 的增长主要受益于全球云计算快速推广和大数据应用的规模建设需求。

表 4 2011—2013 年度 UPS 市场规模分析

年 份	2011 年	2012 年	2013 年
销售额（亿美元）	57.2	58.3	59.3
增长率	-1.0%	1.9%	1.7%

数据来源：中国电源学会，ICTresearch；2014，04。

由于线性电源的体积及能耗的问题，导致线性电源只能在特定的行业和领域销售，整体规模不是很大，增长率也比开关电源低。2013 年整体销售额为 30.5 亿美元，同比增长 1.0%。线性电源应用行业和领域有一定的限制，同时受到其他电源的替代效用影响，整体规模增长不大。

表 5 2011—2013 年度线性电源市场规模分析

年 份	2011 年	2012 年	2013 年
销售额（亿美元）	29.8	30.2	30.5
增长率	2.7%	1.3%	1.0%

数据来源：中国电源学会，ICTresearch；2014，04。

逆变器产品中的主要带动细分产品为光伏逆变器，光伏和风力发电等相关能源产业的发展带动整个逆变器产品的增速高于其他细分产品。2013 年，逆变器产品规模达到 121.3 亿美元，这主要是受到全球主要国家对清洁能源和新能源产业的推动所致。

表 6 2011—2013 年度逆变器市场规模分析

年 份	2011 年	2012 年	2013 年
销售额（亿美元）	93.4	106.7	121.3
增长率	9.6%	14.2%	13.7%

数据来源：中国电源学会，ICTresearch；2014，04。

目前，低压变频器应用较多的行业为起重机械、纺织化纤、电梯、石油石化、冶金、建材电力、市政、煤炭、塑胶等众多行业。高压变频器产品主要在风机、水泵等工业领域的中高压电动机配置中使用，具有较好的节能效果。2013 年世界变频器规模为 169.2 亿美元。

表 7 2011—2013 年度变频器市场规模分析

年 份	2011 年	2012 年	2013 年
销售额（亿美元）	150.2	158.6	169.2
增长率	4.7%	5.6%	6.7%

数据来源：中国电源学会，ICTresearch；2014，04。

其他类型和领域的电源主要为各种特种电源，是为不同的行业和领域所设计和制造的。2013 年销售额为 76.7 亿美元。

表 8 2011—2013 年度其他电源市场规模分析

年 份	2011 年	2012 年	2013 年
销售额（亿美元）	70.1	73.8	76.7
增长率	4.0%	5.3%	3.9%

数据来源：中国电源学会，ICTresearch；2014，04。

根据对世界经济和区域的研究，我们按全球整体经济的发展情况，将全球划分为五大主要区域，分别是北美区、欧洲区、亚洲区、南美区和其他地区。从全球的电源地区细分市场来看，仍然是欧美发达国家地区的市场占据主导地位，但新兴国家的区域发展速度较快，呈现出加速增长的趋势。

经济全球化和国际产业转移的新趋势，将提供给亚洲、非洲等发展中国家一个全面提升制造业的机会，提高发展中国家的国际竞争力及在世界经济分工中的地位。亚洲国家中，中国工业化进程较快，同时注重改革开放的深化，中国制造业迅速成长，生产规模也急速扩大，随之而来的是技术水平不断提高，中国已经渐渐成为“世界工厂”。

表 9 世界区域划分

地区	划 分
北美区	美国、加拿大
欧洲区	欧盟成员国、俄罗斯
亚洲区	亚洲各国
南美区	南美洲各国
其他	包括非洲、大洋洲等国家

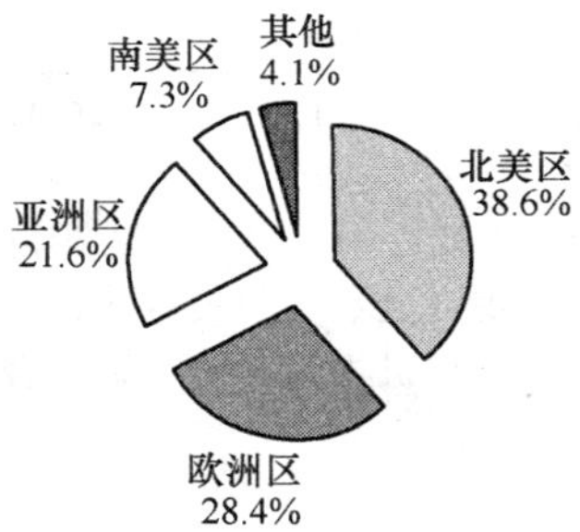

数据来源：中国电源学会，ICTresearch；2014，04。

图 1 2013 年世界电源地区销售细分市场

（二）2013 年中国电源产业规模与特征

1. 2011—2013 年中国电源产业产值规模分析

近年来，随着中国宏观经济的持续高速发展，中国电源产业总体来说一直保持着平稳的增长，尤其是国家对于风电、水电等新能源产业的扶持更是带动相关领域电源细分市场的发展。2013 年，中国电源产业的产值规模呈现出良好的发展态势，同比 2012 年增长率为 6.6%，销售额过 1700 亿元。中国电源行业的规模分析主要指产值，包含国内销售、出口、OEM/ODM 等几个部分，本报告涉及的数值如未特意表明均指产品产值（不包含港、澳、台等地区，以下同）。

表 10 2011—2013 年中国电源产业产值规模

年 份	2011 年	2012 年	2013 年
产值（亿元）	1489	1606	1712
增长率	9.6%	7.9%	6.6%

数据来源：中国电源学会，ICTresearch；2014，04。

本年度包含变频器产品产值。

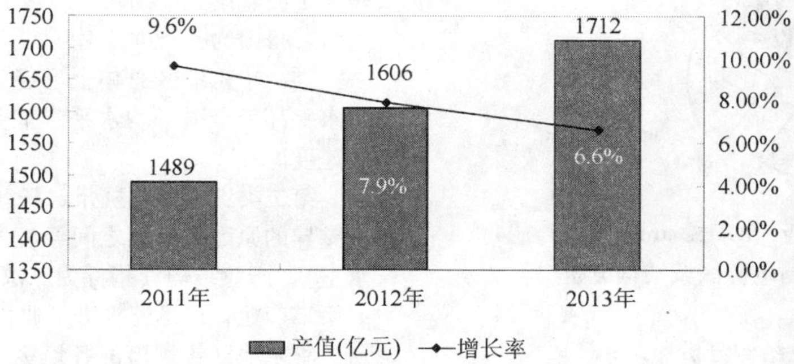

数据来源：中国电源学会，ICTresearch；2014，04。

图 2 2011—2013 年中国电源产业产值规模

2. 2013 年中国电源市场特征

（1）产品特征

电源产品在各个行业中的应用十分广泛，产品的种类繁多，产品表现出多样性的特点。由于产品的多样性使得电源产业布局体现出一定的分散性特征，在众多电力电子相关产业中都涉及电源的研发和制造。同时，由于电源产品制造的技术门槛不高，投资也相对较小，这使得进入电源产业中的企业数量较大，产业分布比较分散。目前，国家在监管方面尚没有专门的部门来协调管理整个电源行业的发展，因此电源产品的标准和质量管理也较为分散。

（2）价格特征

从电源市场的价格特征来看，电源产品的价格主要与能源价格、基础材料、核心元器件及人工成本相关。目前来看，电源产品的高端核心元器件，如 IGBT 芯片，国内还不能大规模量产。核心元器件的进口使得电源产品的成本难以有效地控制，只有通过不断地研发投入，未来在核心元器件方面，电源产品的成本才能大幅的降低。同时，在 2013 年由于能源、金属材料及人力成本的持续走高，电源产品也面临着较大的成本压力，部分的电源产品也出现了涨价的现象。

（3）促销特征

电源产品根据其应用的行业不同，其体现出的促销特征也有所不同。电源产品大部分应用于工业企业，其促销往往不是简单地进行广告与打折。电源产品的促销也体现多样性的特点，如通过给予渠道的返点来进行促销，也可以配合一些相关的展览和会议来进行产品的促销。同时，厂商在促销的过程中更加注重概念、理念、方案的宣传而不仅仅集中于产品性能与技术指标，更注重于长期的营销策略而不是短期的促销行为。在对产品进行促销的同时，企业也更加注重赋予产品更多的附加价值，如给用户提供更多的服务来增长自身产品的吸引力。

（4）渠道特征

在电源产品市场上，不同的电源产品由于其产品的应用特性不同，往往采用的渠道策略会有较大的差别。一些标准化的产品，如 UPS、通信电源等，可以通过经销商和代理商来进行分销，而一些定制化的电源产品，则往往是电源企业直接与客户建立长期的战略合作关系，来为客户提供长期的定制化的服务。不论是直销还是分销，把握住客户的需求，更好地通过渠道体系来满足客户的需求无疑就是最适合某种电源产品的渠道销售策略。

（三）2013 年中国电源市场结构分析

1. 2013 年中国电源区域结构分析

从中国电源产业的区域分布结构来看，目前大部分的电源仍在华南、华东两大区域生产，这些区域也正是中国制造业最为发达和集中的区域。

表 11 2013 年中国电源区域结构分析

（单位：亿元）

区域	产值	市场份额
东北	63	3.7%
华北	161	9.4%
华东	454	26.5%
华南	835	48.8%

（续）

区域	产值	市场份额
华中	67	3.9%
西北	55	3.2%
西南	77	4.5%
总计	1712	100%

数据来源：中国电源学会，ICTresearch；2014，04。

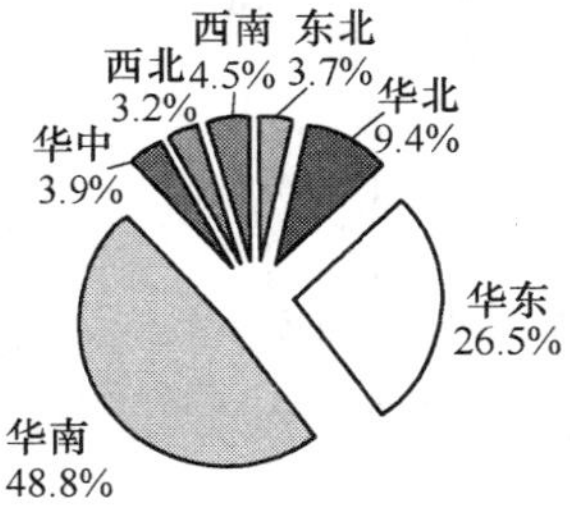

数据来源：中国电源学会，ICTresearch；2014，04。

图 3　2013 年中国电源区域结构分析

2. 2013 年中国电源行业结构分析

ICTresearch 咨询公司根据电源行业相关产品在各行业的应用，把中国电源行业市场划分为电信、金融、政府、制造、邮政、交通、能源及教育等行业应用市场。2013 年，中国电源行业结构见表 12。从电源产业的行业分布结构来看，除了出口的相关产品外，主要集中在制造、政府、金融以及电信行业中。

表 12　2013 年中国电源行业结构分析

（单位：亿元）

市场划分	2013 年	占比
电信	94	5.5%
金融	33	1.9%
政府	123	7.2%
制造	241	14.1%
出口	993	58.0%
其他	228	13.3%
总计	1712	100.0%

数据来源：中国电源学会，ICTresearch；2014，04。

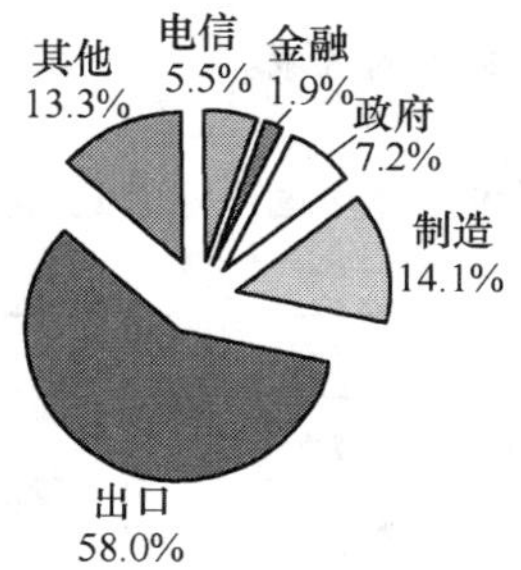

数据来源：中国电源学会，ICTresearch；2014，04。

图 4　2013 年中国电源行业结构分析

三、2013 年中国电源行业区域市场分析

（一）华东区域市场分析

华东地区正在向“国际制造业基地”发展。其工业生产总值不仅占据全国重要地位，而且增长率也高于全国水平。作为国内具有很强综合经济实力、很高人口密集度、市场购买力很强的区域之一，华东区域历来被企业视为重点布局区域。华东地区包含上海市、江苏省、浙江省、安徽省、山东省、江西省等省市。

第一类：常州、嘉兴、无锡、上海、舟山、南京、苏州、宁波、绍兴、湖州个地区。其中，常州、嘉兴、无锡、上海、舟山为一亚类，南京、苏州、宁波、绍兴、湖州为一亚类。华东地区总体上已经进入工业化中期，工业化总体水平高于全国平均水平，工业化发展速度也快于全国平均速度。

第二类：泰州、杭州、扬州。导致华东地区工业化进程差异的原因是地区之间经济发展水平（指标为人均收入水平）、产业结构（指标为三次产业占 GDP 比重）。依靠发展第二产业，是迅速推进工业化重要手段。

华东地区各省市的各地级市工业化进程也不均衡。从华东地区各地级市的工业化进程来看，各地级市之间的工业化进程差异也很大。另外，上海市工业化水平最高，处于后工业化阶段，内部差异小。

（二）华南区域市场分析

华南地区一般包含广西壮族自治区、广东省、海南省、福建省、台湾省以及香港、澳门两个特区。珠江三角洲经济区，简称珠三角经济区，是组成珠江的西江、北江和东江入海时冲击沉淀而成的一个三角洲，面积大约一万多平方公里。一般来说它的最西点定在三水。2009 年 1 月 8 日，《珠江三角洲地区改革发展规划纲要（2008—2020 年）》。规划范围以广东省的广州、深圳、珠海、佛山、江门、东莞、中山、惠州和肇庆市为主体，辐射泛珠江三角洲区域。

（三）华北区域市场分析

华北地区包括北京、天津、河北、山西、内蒙古等省市自治区。华北地区具有发展经济得天独厚的条件，两大直辖市北京、天津作为华北经济圈的核心城市，130 公里的超近距离，使两者联系起来极为便利，且河北的一些城市穿插其间，构成了区域特色。北京作为首都，是全国政治、文化中心和国际交流中心，又是全国公路、铁路、航空枢纽，具有特殊的区位优势。北京高新技术产业发达，资金雄厚，人力资源丰富，有其他城市无法比拟的优越性。天津是老工业基地，轻工业比较发达，并且是国际性现代化港口城市。天津的滨海新区有 120 多平方公里的土地资源。河北省面积 18.8 万平方公里，在空间地理位置上构成北京、天津的腹地，为其提供充足的土地和劳动力等生产要素，也是北京、天津产业转移的大后方。

（四）其他区域市场分析

西部大开发的范围包括重庆、四川、贵州、云南、西藏、陕西、甘肃、青海、宁夏、新疆、内蒙古、广西 12 个省、自治区、直辖市其面积为 685 万平方公里，占全国的 71.4%。2002 年末人口为 3.67 亿人，占全国的 28.8%。

2003年其国内生产总值为22660亿元，占全国的16.8%。西部地区资源丰富，市场潜力大，战略位置重要。但由于自然、历史、社会等原因，西部地区经济发展相对落后，人均国内生产总值仅相当于全国平均水平的2/3，不到东部地区平均水平的40%，迫切需要加快改革开放和现代化建设步伐。当前和今后一段时期，是西部地区深化改革、扩大开放、加快发展的重要战略机遇期。要重点抓好基础设施和生态环境建设；积极发展有特色的优势产业，推进重点地带开发；发展科技教育，培育和用好各类人才；国家要在投资项目、税收政策和财政转移支付等方面加大对西部地区的支持，逐步建立长期稳定的西部开发资金渠道；着力改善投资环境，引导外资和国内资本参与西部开发；西部地区要进一步解放思想，增强自我发展能力，在改革开放中走出一条加快发展的新路。

四、2013年中国电源行业产品市场分析

由于电源产品覆盖的产品种类众多，同时还大量存在各种非标准化的定制化电源产品。根据中国电源学会长期跟踪研究，对UPS、通信电源、电力电源等重点电源进行了重点的分析研究。当前，对于电源的分类，还没有形成统一的口径，我们的研究主要从以下几个维度进行细分：

按功率变换形式分类　目前的输入功率主要有交流（AC）电源和直流（DC）电源两类，负载要求也主要有AC和DC两类。所以电力电子电源产品有四大类：AC-DC电源转换产品；DC-DC电源转换产品；DC-AC电源转换产品；AC-AC电源转换产品。

按电源产品名称和原理分类　主要有：开关电源（包含通信电源，电力操作电源、照明电源、PC电源、服务器电源、适配器、电视电源、家电电源等）；不间断电源（英文缩写为UPS，包含AC UPS和DC UPS等）；逆变器（包含车载逆变器，光伏逆变器等）；线性电源（包含电镀电源、高端音响电源等）；其他（包含变频器、特种电源等）。

按照电源生产的商业模式不同分类　分为定制电源和标准电源。定制电源是利用电力电子器件、相关自动化控制技术及嵌入式软件技术对电能进行变换及控制，并为满足客户特殊需要而定制的一类电源。按照行业的细分，又可以划分为消费类定制电源和工业类定制电源两大类。标准电源是根据国内外的电源标准和要求制造的电源。标准电源针对的是所有需求的用户，是统一、标准化的产品，不是仅针对满足某些特定需求的用户而定制的产品。

根据电源学会的研究表明，规模较大的电源类型有照明电源、计算机电源、通信电源、UPS、变频器、逆变器等。

（一）开关电源市场分析

开关电源应用十分广泛，主要使用于工业自动化控制、军工设备、科研设备、LED照明、工控设备、通信设备、电力设备、仪器仪表、医疗设备、半导体制冷制热、空气净化器、电子冰箱、液晶显示器、视听产品、安防、计算机机箱、数码产品和仪器类等领域。目前，除了对直流输出电压的纹波要求极高的场合外，开关电源已经全面取代了线性稳压电源，主要用于小功率场合。在许多中等容量范围内，开关电源逐步取代了相控电源，如通信电源领域、电焊机、电镀装置等的电源。

其中照明电源又可以分为镇流器、LED驱动电源、其他三类。2013年LED驱动电源发展速度较快，成为拉动细分市场增长的主要动力。计算机电源主要指传统PC电源和一体化PC电源两类。传统PC电源基本趋于饱和，增长乏力，但是一体化PC电源成长性非常好。通信类电源主要包含通信电源、直放站电源等，随着国家4G网的落实，预计“十二五”期间通信电源会保持较好的增长势头。

表13　2011—2013年中国开关电源产品结构分析

（单位：亿元）

年　份	2011年	2012年	2013年
开关电源	922	989	1046
增长率	8.5%	7.3%	5.8%

数据来源：中国电源学会，ICTresearch；2014，04。

（二）不间断电源市场分析

UPS主要分为后备式、在线式和在线互动式三个种类。其中，在线式UPS占据整体规模的80%左右。UPS主要应用在数据中心、办公场所、工业生产、交通等领域和行业。随着数据中心在中国的快速发展，UPS的市场规模也会持续发展。

表14　2011—2013年中国UPS产品结构分析

（单位：亿元）

年　份	2011年	2012年	2013年
UPS	71	75	82
增长率	10.9%	5.6%	9.3%

数据来源：中国电源学会，ICTresearch；2014，04。

（三）逆变器市场分析

逆变器主要包含光伏逆变器、便携式逆变器、车载逆变器等类型。其中，光伏逆变器随着绿色能源的兴起，在“十二五”期间将会爆炸性的增长。

表15　2011—2013年中国逆变器电源产品结构分析

（单位：亿元）

年　份	2011年	2012年	2013年
逆变器	75	93	106
增长率	17.2%	24.0%	14.0%

数据来源：中国电源学会，ICTresearch；2014，04。

（四）其他电源产品市场分析

变频器主要分为低压变频器和中、高压变频器，当前以低压变频器为主，但是高压变频器的市场潜力更大一些。传统的起重行业、电梯行业以及注塑机行业等增长速度虽然有所减缓，但数字城市和智能交通的高速建设和发展将带动变频器细分产品的平稳增长。线性电源主要应用在研究机构、工矿企业以及其他工业领域，需求比较平稳，每年的市场规模变化不大。

表 16 2011—2013 年中国其他电源产品结构分析

（单位：亿元）

年 份	2011 年	2012 年	2013 年
其他电源	421	449	478
增长率	10.5%	6.7%	6.5%

数据来源：中国电源学会，ICTresearch；2014，04。

五、2013 年中国电源企业整体概况分析

（一）中国电源企业数量分布

由于电源产业相关产品的多样性以及产品应用的广泛性，使得电源产业中相关的电源企业数量相对较多。同时，由于电源产品制造的技术门槛以及资金要求都不是太高，这也客观上导致了电源产品相关研发和生产的企业数量众多。从近三年的情况来看，自 2011 年中国电源产业由于受到全球金融危机的影响，对整个制造业产生了一些负面影响，电源企业的增幅开始放缓，2013 年中国电源企业数量为 1.74 万家，增幅仅为 0.58%。

表 17 2011—2013 年中国电源企业数量分析

（单位：千家）

年 份	2011 年	2012 年	2013 年
企业数量	17.0	17.3	17.4
增长率	2.4%	1.76%	0.58%

数据来源：中国电源学会，ICTresearch；2014，04。

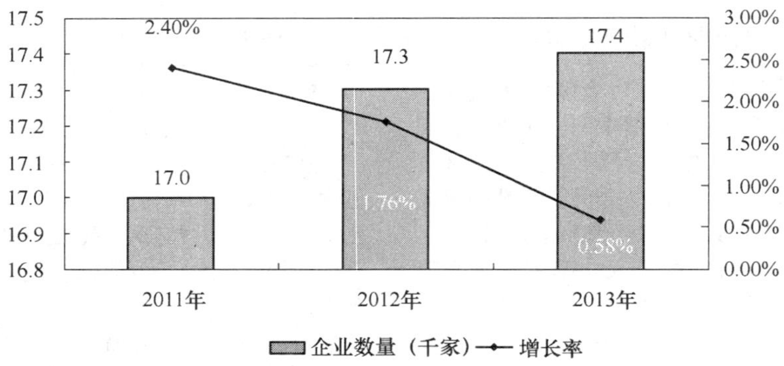

数据来源：中国电源学会，ICTresearch；2014，04。

图 5 2011—2013 年中国电源企业数量分析

（二）中国电源企业区域分布

目前，从中国电源企业的区域分布来看，主要还是分布在以珠三角、长三角为代表的华南及华东沿海地区，同时在北京、天津周边也有数量众多的电源相关产品的研发和生产企业。

表 18 2013 年中国电源企业区域分布分析

（单位：千家）

区 域	企业数量	占比
华东	4.0	23.1%
华北	1.8	10.1%
华南	8.7	50.3%
其他	2.9	16.5%
总计	17.4	100%

数据来源：中国电源学会，ICTresearch；2014，04。

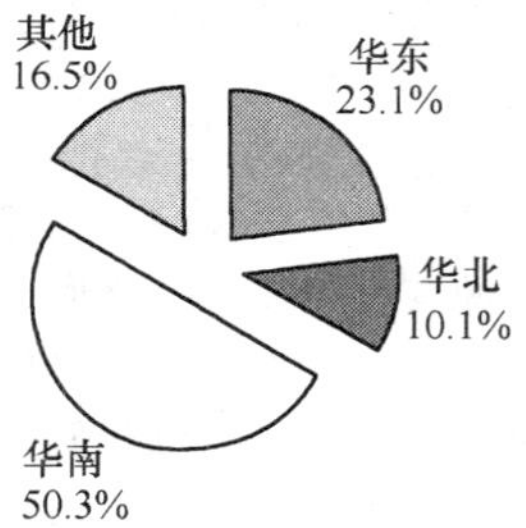

数据来源：中国电源学会，ICTresearch；2014，04。

图 6 2013 年中国电源企业区域分布分析

（三）中国电源企业类型分布

目前，从不同类型的电源企业分布来看，研发与生产定制化电源的企业数量最多，尤其是为工业类相关设备制造定制化电源产品的企业数量最多。无论是通信、医疗、交通及军工行业的相关设备对电源产品的需求都十分强劲，这无疑使得为这些行业客户服务的电源企业长期保持在活跃的状态。

表 19 2013 年中国电源企业类型分布分析

（单位：千家）

产 品	企业数量	占 比
UPS	0.9	5.2%
开关电源	12.3	70.8%
线性电源	0.5	2.7%
逆变器	1.0	5.7%
变频器	0.7	3.8%
其他	2.1	11.8%
总计	17.4	100%

数据来源：中国电源学会，ICTresearch；2014，04。

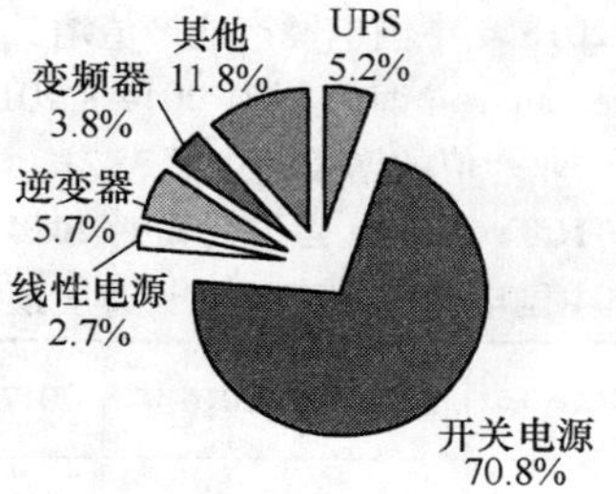

数据来源：中国电源学会，ICTresearch；2014，04。

图7　2013年中国电源企业类型分布分析

六、2014～2018年中国电源产业发展预测

（一）2014～2018年中国电源产业发展趋势

1. 产品发展历程

现代电力电子技术的发展方向，是从以低频技术处理问题为主的传统电力电子学，向以高频技术处理问题为主的现代电力电子学方向转变。电力电子技术起始于20世纪50年代末60年代初的硅整流器件，其发展先后经历了整流器时代、逆变器时代和变频器时代，并促进了电力电子技术在许多新领域的应用。电源行业在改革开放三十多的年发展过程中，曾出现过的主要市场发展浪潮和典型的产品如下：

● 工业、军工浪潮下的电源市场代表，开关电源；

● 计算机浪潮下的电源市场代表，PC电源、服务器电源；

● 便携式电子产品浪潮下的电源市场代表，便携式电源；

● 电信浪潮下的电源市场代表，通信电源、直放站电源等；

● 绿色能源浪潮下的电源市场代表，光伏逆变器、绿色照明电源、电动汽车相关的电源等。

2. 产品发展特点

电源产品在各个行业中的应用十分广泛，产品的种类繁多，产品表现出多样性的特点。而正是由于产品的多样性使得电源产业布局体现出一定的分散性特征，在众多电力电子相关产业中都设计到电源的研发和制造。同时，由于电源产品制造的技术门槛不高，投资也相对较小，这使得进入电源产业中的企业数量较大，产业分布比较分散。目前，国家在监管方面尚没有专门的部门来协调管理整个电源行业的发展，因此电源产品的标准和质量管理也较为分散。

在电源产品市场上，不同的电源产品由于其产品的应用特性不同，往往采用的渠道策略会有较大的差别。一些标准化的产品，如UPS、通信电源等，可以通过经销商和代理商来进行分销；而一些定制化的电源产品，则往往是电源企业直接与客户建立长期的战略合作关系，来为客户提供长期的定制化的服务。不论是直销还是分销，把握住客户的需求，通过渠道体系更好地满足客户的需求无疑就是最适合某种电源产品的渠道销售策略。

3. 产品发展与应用前沿

（1）短距离无线充电产品值得期待。短距离无线充电是当前研究最多的技术之一。实现无线充电主要通过三种方式，即电磁感应、无线电波及共振作用。目前，最为常见的充电解决方案就采用了电磁感应的方式，通过一次侧和二次侧线圈感应产生电流，从而将能量从传输端转移到接收端。无线电波是另一个发展较为成熟的技术，其基本原理类似早期使用的矿石收音机。另一种尚在研究中的技术是电磁共振。

（2）高压直流UPS（HVDC）成规模试用。伴随着对“绿色、低碳”电源呼声日益高涨，高压直流UPS供电系统的运用已进入实质研发甚至是小规模试运行阶段。直流UPS的实际应用目前也取得了很大进展，在一些发达国家机房采用大规模直流供电已取得了成功。在我国经过科学家和工程技术人员的不断探索，试点工作也取得了很大成功。

（3）绿色照明电源应用前景广阔。当前主要是用新型高效的高压钠灯、金属卤化物灯替代高压汞灯、低效钠灯、卤钨灯。半导体LED灯适用于交通信号指示灯、汽车尾灯、转向灯、广告牌、夜景照明等。电能消耗仅为白炽灯的1/10，节能灯的1/4，而寿命是白炽灯的100倍。用电子镇流器、低耗能电感镇流器替代普通高耗能电感镇流器。

（二）2014～2018年中国电源产业产值规模预测

1. 2014～2018年中国电源产业产值规模

ICTresearch咨询公司依据中国电源产业产值的历史统计数据，分析其数据特征，选择合适的数学模型，综合定

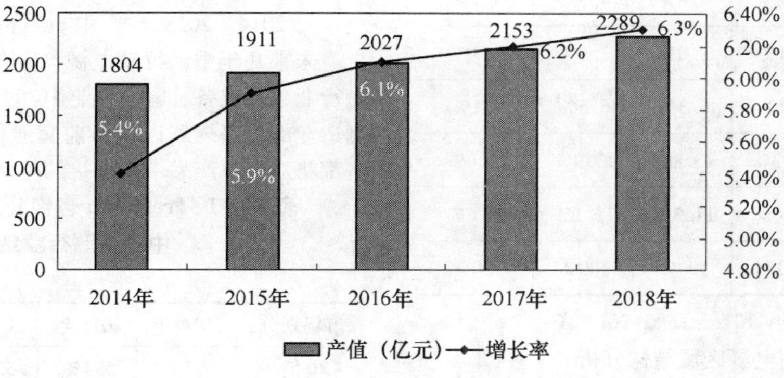

数据来源：中国电源学会，ICTresearch；2014，04。

图8　ICTresearch咨询公司对2014～2018年中国电源产业产值规模预测

量和定性分析，对中国电源产业未来五年的产值进行了预测。ICTresearch 咨询公司预计未来五年电源产业产值规模见表 20。

表 20 ICTresearch 咨询公司对 2014 ~ 2018 年中国电源产业产值规模预测

（单位：亿元）

年　　份	2014 年	2015 年	2016 年	2017 年	2018 年
产值	1804	1911	2027	2153	2289
增长率	5.4%	5.9%	6.1%	6.2%	6.3%

数据来源：中国电源学会，ICTresearch；2014，04。

2. 2014 ~ 2018 年中国电源产业产值增长速度

依据 ICTresearch 咨询公司对 2014 ~ 2018 年的预测结果，中国电源产业产值的增长速度见表 21。

表 21 ICTresearch 咨询公司对 2014 ~ 2018 年中国电源产业产值增长速度预测

年　　份	2014 年	2015 年	2016 年	2017 年	2018 年
增长率	5.4%	5.9%	6.1%	6.2%	6.3%

数据来源：中国电源学会，ICTresearch；2014，04。

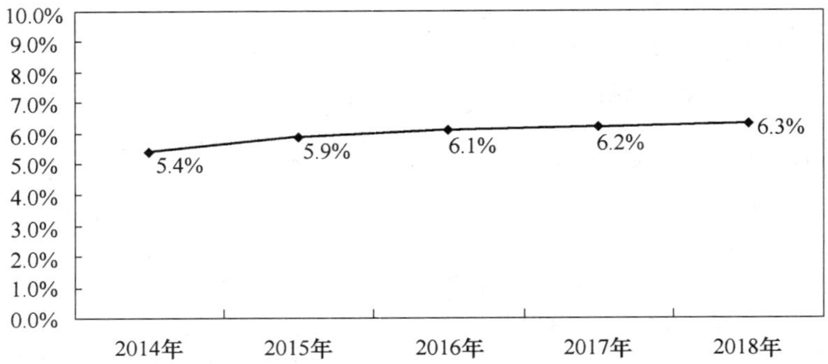

数据来源：中国电源学会，ICTresearch；2014，04。

图 9 ICTresearch 咨询公司对 2014 ~ 2018 年中国电源产业产值增长速度预测

（三）2014 ~ 2018 年中国电源市场结构预测

1. 2014 ~ 2018 年中国电源产品结构分析

根据预测的总量结果与未来几年电源产品与市场的发展趋势，ICTresearch 咨询公司对未来五年中国电源产品结构预测见表 22。

表 22 ICTresearch 咨询公司对 2014 ~ 2018 年中国电源产品成长率预测

（单位：亿元）

产品	2014 年	2015 年	2016 年	2017 年	2018 年
开关电源	61.6%	61.1%	61.8%	61.7%	61.8%
UPS	4.7%	4.8%	4.8%	4.8%	4.7%
线性电源	2.2%	2.1%	2.0%	1.9%	1.7%
逆变器	5.8%	6.2%	6.3%	6.6%	7.1%
变频器	13.9%	14.2%	13.8%	13.9%	14.0%
其他	11.8%	11.6%	11.3%	11.1%	10.6%
总计	100%	100%	100%	100%	100%

数据来源：中国电源学会，ICTresearch；2014，04。

2. 2014 ~ 2018 年中国电源区域结构分析

在区域市场结构上，未来随着制造业向中西部城市的转移，电源产业的区域结构分布也会出现相应的变化，中西部的内陆区域将会有更加快速的增长。

表 23 ICTresearch 咨询公司对 2014 ~ 2018 年中国电源区域结构预测　（单位：亿元）

区域	2014 年	2015 年	2016 年	2017 年	2018 年
东北	3.7%	3.6%	3.8%	3.9%	4.0%
华北	9.4%	9.5%	9.3%	9.6%	9.4%
华东	26.5%	26.2%	26.0%	25.7%	25.5%
华南	48.8%	48.2%	47.7%	47.4%	47.4%
华中	3.9%	4.1%	4.1%	4.3%	4.4%
西北	3.2%	3.5%	3.7%	3.6%	3.7%
西南	4.5%	4.9%	5.4%	5.5%	5.6%
总计	100%	100%	100%	100%	100%

数据来源：中国电源学会，ICTresearch；2014，04。

3. 2014 ~ 2018 年中国电源行业结构分析

未来几年中，拉动电源产业的需求增长因素较多，金融行业数据灾备、电信行业 4G 时代的逐步来临、高端装备制造业的振兴规划以及目前交通行业高铁的高速发展，这些都将对电源产品带来直接的拉动效应。

表 24 ICTresearch 咨询公司对 2014 ~ 2018 年中国电源行业结构预测

（单位：亿元）

市场划分	2014 年	2015 年	2016 年	2017 年	2018 年
电信	5.5%	5.4%	5.5%	5.6%	5.7%
金融	1.9%	2.0%	2.2%	2.3%	2.2%

（续）

市场划分	2014 年	2015 年	2016 年	2017 年	2018 年
政府	7.2%	7.0%	7.1%	7.0%	7.2%
制造	14.1%	14.3%	14.4%	14.2%	14.3%
出口	58.0%	57.5%	57.1%	56.7%	56.3%
其他	13.3%	13.8%	13.7%	14.2%	14.3%
总计	100%	100%	100%	100%	100%

数据来源：中国电源学会，ICTresearch；2014，04。

七、鸣谢单位

2013 年电源行业发展报告鸣谢单位（按照汉语拼音排名）

艾默生网络能源有限公司
艾普斯电源（苏州）有限公司
安徽三宇集团易特流焊割发展有限公司
安徽省友联电力电子工程有限公司
安徽首文高新材料有限公司
安泰科技股份有限公司非晶金属事业部
北京创德科技有限公司
北京大华无线电仪器厂
北京动力源科技股份有限公司
北京泛华恒兴科技有限公司
北京航星力源科技有限公司
北京汇众电源设备厂
北京聚能普瑞科技有限公司
北京纽绅埔科技有限公司
北京群菱能源科技有限公司
北京索英电气技术有限公司
北京星原丰泰电子技术股份有限公司
北京一峰电子制作中心
北京中大科慧科技发展有限公司
北京中天汇科电子技术有限责任公司
北京中宇豪电气有限公司
常州坚力电子有限公司
常州市超顺电子技术有限公司
常州市创联电源有限公司
常州市武进红光无线电有限公司
成都金创立科技有限责任公司
成都科星电器桥架有限公司
东莞市港龙电源设备有限公司
东莞市金河田实业有限公司
东莞市乐科电子有限公司
东莞市友美电源设备有限公司
东文高压电源（天津）有限公司
佛山市柏克电力设备有限公司
佛山市富士川电业有限公司
佛山市凯拓电源设备有限公司
佛山市力迅电子有限公司
佛山市南海区泰琪丰电子有限公司
佛山市顺德区冠宇达电源有限公司
佛山市新光宏锐电源设备有限公司
佛山市众盈电子有限公司
福建省瑞盛电力科技有限公司
广东创电科技有限公司（原广东创电电源有限公司）
广东凯乐斯光电科技有限公司
广东省佛山科星电子有限公司
广东新昇电业科技股份有限公司
广东易事特电源股份有限公司
广东意壳电子科技有限公司
广东志成冠军集团有限公司
广州安的电子技术有限公司
广州成启半导体有限公司
广州东芝白云菱机电力电子有限公司
广州华工科技开发有限公司（华南理工大学科技开发公司）
广州金升阳科技有限公司
广州科欣仪器有限公司
广州市昌菱电气有限公司
广州市维能达软件科技有限公司
广州市昱诚电子技术有限公司
贵州航天林泉电机有限公司
哈尔滨光宇电源股份有限公司
哈尔滨九洲电气股份有限公司
海湾电子（山东）有限公司
杭州奥能电源设备有限公司
杭州易泰达科技有限公司
杭州远方仪器有限公司
合肥科威尔电源系统有限公司
合肥联信电源有限公司
河北奥冠电源有限责任公司
河北实华科技有限公司
河北先控捷联电源设备有限公司（原河北先控电源设备有限公司）
河北远大电子有限公司
鸿宝电气集团股份有限公司
湖南东方万象科技有限公司
湖南丰日电源电气股份有限公司
湖南科明电源有限公司
惠州 TCL 王牌高频电子有限公司
基美电子（苏州）有限公司
济南诺顿科技有限公司
江门市安利电源工程有限公司
江苏禾力清能电气有限公司
江苏上能新特变压器有限公司
江苏英尔特光电科技有限公司
昆山渝科电子科技有限公司
兰州精新电源设备有限公司
乐清市永茂电源有限公司
雷诺士（常州）电子有限公司
溧阳市华元电源设备厂

洛阳隆盛科技有限责任公司
南通新三能电子有限公司
宁波金源电气有限公司
宁波赛耐比光电有限公司
宁夏银利电器制造有限公司
青岛航天半导体研究所有限公司
任丘市先导科技电子有限公司
瑞谷科技（深圳）有限公司
赛尔康技术（深圳）有限公司
三科电器集团有限公司
山东山大华天科技股份有限公司
山东新风光电子科技发展有限公司
陕西长岭光伏电气有限公司
陕西柯蓝电子有限公司
陕西拓普索尔电子科技有限责任公司
上海百纳德电子信息有限公司
上海复华控制系统有限公司
上海钢研精密合金器材有限公司
上海豪远电子有限公司
上海弘乐电气有限公司（原浙江弘乐电气有限公司）
上海科泰电源股份有限公司
上海诺易电器有限公司
上海欧天电气有限公司
上海日意电子科技有限公司
上海松丰电源设备有限公司
上海稳利达科技股份有限公司
上海阳顿电气制造有限公司
上海宇帆电气有限公司（原一帆电子电力有限公司）
上海灼日精细化工有限公司
深圳安固电子科技有限公司
深圳奥特迅电力设备股份有限公司
深圳博科源科技有限公司
深圳古瑞瓦特新能源有限公司
深圳科士达科技股份有限公司
深圳可立克科技股份有限公司
深圳蓝信电气有限公司
深圳欧陆通电子有限公司
深圳桑达国际电子器件有限公司
深圳市安托山技术有限公司
深圳市比亚迪锂电池有限公司
深圳市铂科磁材有限公司
深圳市长运通光电技术有限公司
深圳市富凌控制技术有限公司
深圳市航嘉驰源电气股份有限公司
深圳市华之美半导体有限公司
深圳市汇川技术股份有限公司
深圳市捷益达电子有限公司
深圳市金顺怡电子有限公司
深圳市金威源科技股份有限公司
深圳市京泉华电子有限公司
深圳市晶福源电子技术有限公司
深圳市巨鼎电子有限公司
深圳市科陆电源技术有限公司
深圳市南方默顿电子有限公司
深圳市尼康继峰电子有限公司
深圳市帕瓦科技有限公司
深圳市瑞必达科技有限公司
深圳市盛弘电气有限公司
深圳市思凡贝特科技有限公司
深圳市威日科技有限公司
深圳市威泰隆电源电气有限公司
深圳市希顺有机硅科技有限公司
深圳市新能力科技有限公司
深圳市新亚电子制程股份有限公司
深圳市英可瑞科技开发有限公司
深圳市英威腾电源有限公司
深圳市正能实业有限公司
深圳市智胜新电子技术有限公司
深圳市中电熊猫展盛科技有限公司
深圳市中兴昆腾有限公司
深圳市卓越至高电子有限公司
深圳索瑞德电子有限公司
晟朗（上海）电力电子有限公司
石家庄通合电子科技股份有限公司
时冠电气（上海）有限公司（原上海时冠电源设备制造有限公司）
四川长虹欣锐科技有限公司
四川省科学城帝威电气有限公司
四川斯维奇电气科技有限公司
四川欣三威光电科技有限公司
四川英杰电气股份有限公司
苏州固钜电子科技有限公司
苏州吉远电子科技有限公司
苏州市申浦电源设备厂
宿州市博远新能源电子科技有限公司
台达电子企业管理（上海）有限公司
太仓电威光电有限公司
天宝国际兴业有限公司
天津福海银洋能源科技开发有限公司
天津豪凯科技发展有限公司（原天津市淦泽工贸有限公司）
天津华云自控股份有限公司
天津市九荣鑫电源技术有限公司
天津市鲲鹏电子有限公司
天津市鑫利维铝业有限公司
天水七四九电子有限公司
田村（中国）企业管理有限公司
拓哲（广州）电子科技有限公司
威海东兴电子有限公司
温州东驰电力科技有限公司
温州市创力电子有限公司
温州现代集团有限公司

无锡新洁能股份有限公司
武汉能创技术有限公司
武汉新瑞科电气技术有限公司
武汉永力电源技术有限公司
西安爱科赛博电气股份有限公司
西安龙腾新能源科技发展有限公司
西安能讯微电子有限公司
西安伟京电子制造有限公司
厦门埃尔华进出口有限公司
厦门市爱维达电子有限公司
厦门信和达电子有限公司
协丰万佳科技（深圳）有限公司
徐州市恒源电器有限公司
许继电源有限公司
扬州双鸿电子有限公司
阳光电源股份有限公司
伊戈尔电气股份有限公司
英飞凌科技（中国）有限公司
英飞特电子（杭州）股份有限公司
浙江海利普电子科技有限公司
浙江宏胜光电科技有限公司
浙江科达磁电有限公司
浙江矛牌电子科技有限公司
浙江省海宁市海整整流器有限公司
浙江特雷斯电子科技有限公司
浙江西奥根电气有限公司
浙江正泰电源电器有限公司
中川电气科技有限公司
中达电通股份有限公司
中国长城计算机深圳股份有限公司
中国电子科技集团公司第四十三研究所（华东微电子技术研究所）
中科航达科技发展（北京）有限公司
重庆汇韬电气有限公司
珠海科达信电子科技有限公司
珠海山特电子有限公司
专顺电机（惠州）有限公司

2013年度电能质量产业分析报告

中国电源学会电能质量专业委员会

一、电能质量行业发展背景综合简介

（一）概述

电能质量（Power Quality），从严格意义上讲，衡量电能质量的主要指标有电压、频率和波形。从普遍意义上讲，优质供电包括电压质量、电流质量、供电质量和用电质量。电能质量问题可以定义为，导致用电设备故障或不能正常工作的电压、电流或频率的偏差，其内容包括频率偏差、电压偏差、电压波动与闪变、三相不平衡、瞬时或暂态过电压、波形畸变（谐波）、电压暂降、中断、暂升及供电不连续性等。电能质量的领域十分宽广，而现在不论国内还是国外，对于电能质量问题，所对应的产品只有三大类：一类是治理电压暂降的设备，目前来说，国内此项技术较为落后；一类是谐波治理设备，由于中国的特殊国情，以及负载的配电系统的多样性及复杂性，该类设备在我国运用十分广泛；还有一类是传统的无功补偿装置。

随着人类对能源的依赖越来越大，越来越多的分布式能源大量接入电网，针对分布式能源并网的电能质量问题，越来越受到国外学者的关注。同时，大量的电能转化及新设备的应用带来了新的电能质量问题，使得电能质量的问题更进一步细化，由此针对电能质量研究体系的完善、技术的更新、设备的研究提出了新的挑战，这也将是全世界电能质量行业研究的下个课题。不论是国内电能质量行业还是国外电能质量行业，提高电能质量，促进节能减排，需要我们所有电力人的努力！

（二）国内电能质量行业发展背景

我国的电能质量行业最主要的还是谐波治理装置及无功补偿装置，在低压端，已经形成使用有源型的谐波治理装置及无功补偿装置来替代无源型的谐波治理及无功补偿装置的趋势。

近十年间，由于中国电力电网事业发展和“智能电网”的建设的需要，以及人们对电能问题引发的事故和相关经济损失的认识，促进了电能质量市场的发展；其次，电网、矿山、石油化工、铁路、冶金和新能源等应用电能质量产品的下游主要行业用户的爆发式增长和发达国家行业协会的影响和推动，使中国电能质量市场得到了进一步的发展。

目前，国内在电能质量方面的研究大多局限在谐波、无功问题的范围内，也提出并开发了一些改善和提高电能质量的电能质量补偿装置，有源电力滤波器（APF）、动态无功补偿装置（SVC）、静止无功发生器（SVG）技术已经相对成熟，而动态电压恢复器（DVR）等解决电压暂降问题的设备将成为电能质量行业新的爆发点。电力系统整体解决方案将成为新的趋势，电能质量检测设备的研发及制造将成为新的增长点。

（三）国外电能质量行业发展背景

国外不同于国内，发达国家整体电能质量情况要明显优于我国，主要谐波源设备被硬性要求都自带谐波治理装置。电能质量问题主要体现在电压暂降、功率因数低等方面，整个配电系统较为完善，系统背景电能质量较好。相比来说，国外使用有源电力滤波器的场合较少。

国外工业化的发展带动了整个电能质量行业的发展，尤其以德国、日本为代表。由于它们较早地进入、研究，其电能质量的发展状况要优于我国，特别是基础电力电子工业的发展是国内厂商无法比拟的。因为拥有健全的基础工业、先进的电能质量控制理论、成熟的制造工业体系，使得其电能质量的水平一直处于国际领先水平。国外一些发达国家在电能质量控制方面的研究和应用已取得显著的成效，从实用的功率理论的扩展到电能质量评价指标体系的建立，从广泛的电能质量普查到对用户电能质量的监测等，已建立和形成了常务性机制。对各种电能质量问题的分析方法及电能质量控制技术和装置，已深入进行了研究、开发和应用。这一方面，需要我们好好学习和借鉴。

二、国外行业发展状况

一直以来，不论是电能治理设备制造，还是电能质量检测制造，日本、德国、美国等发达国家的电能质量控制装置的发展水平处于全球领先水平，而且占据全球行业出口量的一半以上。

（一）瑞士ABB集团

ABB集团是电力和自动化技术领域的领导者，集团业务遍及约100个国家，全球员工总数约为13.5万人。集团下设三个业务部门，分别从事电力技术、自动化技术和石油/天然气/石化行业。

ABB集团的电力产品部门统领ABB集团在世界各地的变压器、开关、断路器、电缆和辅助设备制造业务。ABB集团的电力系统部为世界各地的输配电网络和发电厂提供全套系统和服务，重点是变电站和变电站自动控制系统。此外，该部门还提供灵活的交流输电系统（FACTS）和高压直流（HVDC）输电系统以及电网管理系统。在发电业务领域，电力系统部提供仪表产品及电厂控制和辅助装置。

（二）法国施耐德电气集团

施耐德电气集团成立170多年间，为100多个国家的能源及基础工业、数据中心及网络、楼宇和住宅市场提供整体解决方案，全球拥有11.4万员工。施耐德电气集团主要产品包括人机对话、不间断电源、运动控制、传感技术、MGE不间断电源系统等。其中的电能质量产品包括高低压电抗器、高低压电容器、无源滤波器、有源滤波器。

三、国内行业发展状况

（一）行业情况

2012 年在国内外经济环境严峻的情况下，电能质量行业内企业遭遇了最寒冷的寒冬，行业整体销售业业绩受到了不同程度的影响，尤其是行业内领头羊企业遭受了重创。但同时，行业内企业在新的技术创新及产品研发上有了新的突破与应用。

（二）企业情况

以下简要介绍 8 家在电能质量行业内具有代表性的高新技术企业。

1. 荣信电力电子股份有限公司

公司拥有具备上百名高端人才的研发团队，常年引进和邀请独联体和欧洲权威技术专家直接参与企业技术开发，并与国内国际多所著名大学共同建立多个实验室，能够满足从系统仿真（RTDS）到全载试验的全过程检验检测需要，可承担电力电子领域最复杂及最前沿的试验研究。公司拥有 66kV/16000kV · A 高压变电站、SVC 专用高压全载试验中心、高压变频专用全载试验中心等设施；拥有各类专利四十余项、软件版权十余项；承担了我国国家级重大科研项目 23 项；是 2 项国家标准的制定单位。在 2012 年，荣信电力电子股份有限公司与广东电网公司、清华大学等单位合作完成的“百兆伏安级动态无功补偿装置（STATCOM）关键技术研究及应用”项目获得中国南方电网公司科技进步奖特等奖。

2012 年荣信电力电子股份有限公司在光伏电站总包、煤矿项目总包等有所斩获。但是据其财报显示，2012 年，SVC 收入确认及订单均回落到最低点，公司实现营业收入 12.74 亿元，同比下降 21.86%；利润总额 1.28 亿元，同比下降 62.31%；净利润 1.14 亿元，同比下降 59.71%。

2. 西安爱科赛博电气股份有限公司

西安爱科赛博电气股份有限公司于 2012 年 4 月 19 日进行了股改，原西安赛博电气有限责任公司变更为西安爱科赛博电气股份有限公司下属的电能质量事业部，其市场定位与所有业务范围保持不变。整合后西安爱科赛博电气股份有限公司拥有四个业务板块，分别为电源事业部、电能质量事业部、新能源事业部及军品部。公司继续持有爱科电源品牌和赛博电能质量产品品牌。需要说明的是，电能质量事业部，即原西安赛博电气有限责任公司，继续从事电能质量治理行业，主要产品以有源滤波器（APF）、静止无功发生器（SVG）和无功谐波综合补偿装置为主。随着电力电子技术的发展，电能质量产品不断更新换代，有源类电能质量产品已经占有了一定的市场份额，结合国家电网规划纲要所提供的信息未来对新型电能质量解决方案和产品的需求量会成倍数增长，公司希望能够在电能质量行业拥有更多的机会，为“洁净能源、绿色地球”的企业使命做出应有的奉献。

在 2012 年中，公司在技术研发方面，硕果累累：《供用电系统谐波的有源抑制技术及应用》获得了国家科学进步二等奖，《智能微网技术》获得陕西省科学技术进步二等奖；有源滤波器、静止无功发生器通过了国家权威机构——国家电力科学研究院的认证；同年实现了中压 SVG 的研发、试验、量产及设备在光伏、煤炭行、建材化工等行业的合同签订、应用。

同时，低压静止无功发生器和有源电力滤波器作为西安爱科赛博电气股份有限公司的支柱产品，在 2013 年度中表现优异，在电力、烟草、石化、煤炭、石油化工、轨道交通等行业销量稳定增长，成为国内电能质量行业的标杆。

3. 思源电气股份有限公司

思源电气股份有限公司成立于 1993 年 12 月，2004 年 8 月 5 日在深圳证券交易所成功上市，是国内知名的专门从事研发和生产输配电及控制设备的高新技术企业、国家重点火炬计划企业，是电力设备制造与服务业中发展最快的上市公司之一。

思源电气股份有限公司公布 2012 年年报业绩快报：2012 年 1 ~ 12 月份，公司实现营业收入 28.84 亿元，同比增长 46.41%；实现利润总额 3.44 亿元，同比增长 78.28%；归属于上市公司股东的净利润 2.45 亿元，同比增长 59.51%；EPS 为 0.56 元；新增订单 38.97 亿元，同比增长 43%。

思源电气股份有限公司为输配电行业提供系统解决及应用方案，目前主要电能质量产品有，动态无功补偿及谐波治理装置（SVG）、有源电力滤波装置（APF）、高压变频调速装置（MVD）、动态电压调节装置（DVR）。

4. 深圳盛弘电气有限公司

深圳市盛弘电气有限公司是一家专注于电力电子技术应用的高科技公司，公司战略方向是为新能源和智能电网提供领先的电力电子产品和解决方案，提供使用户更高效利用电能的核心用户价值。

盛弘电气具备全系列电力电子技术平台，包括 AC-DC、DC-AC、AC-AC、DC-DC；在 0.2 ~ 500kW 功率段各种电力电子技术平台具有 10 年以上产品开发经验。盛弘电气有限公司的电力电子产品，均具备高效率、高功率密度的领先技术优势。

盛弘电气有限公司的产品包括，有源滤波器、光伏并网逆变器、新能源汽车非车载充电机、定制电源。

5. 山东山大华天科技股份有限公司

华天公司创立于 1991 年 5 月 7 日，2000 年 12 月 28 日，山东山大科技集团公司联合山东省高新技术投资有限公司、山东省企业信用担保有限责任公司、山东银座商城股份有限公司等战略投资者及 12 名自然人共同以发起方式设立了省内高校首家按现代企业制度规范设立的股份制企业——山东山大华天科技股份有限公司。

山大华天公司的主要产品包括，有源滤波器、无源滤波器、低压无功补偿、高压无功补偿、EPS 应急电源、低压成套开关设备、网络能源设备。

6. 哈尔滨威瀚电气设备股份有限公司

哈尔滨威瀚电气设备股份有限公司（原哈尔滨工大威瀚科技开发有限责任公司）成立于 1999 年 6 月，坐落于哈尔滨平房开发区，依托哈尔滨工业大学人才优势，成功开辟产学研成功范例，是致力于动态无功功率补偿及其相关领域电力电子产品开发应用的高新技术企业。

哈尔滨威瀚电气设备股份有限公司主要产品有高低压静态/动态无功发生电源（ASVG/TSVG）、高低压电力有源滤波装置（APF）、高压 TSC 型动态无功功率补偿装置、高压 TCR 型动态无功功率补偿装置、TSC 系列晶闸管动态无功功率补偿器、TSF 动态谐波滤波器、HVC 高压自动无功电压综合调节装置，新型动态无功发生电源、WHGRQ 系列中高压电动机软起动装置等。

7. 威凡智能电气高科技有限公司

威凡智能电气高科技有限公司是专业从事节能与电能质量治理、电力综合自动化系列产品研发和制造的高新技术企业，是中国电源学会电能质量专业技术委员会委员单位和中国电能质量治理行业骨干企业。

公司与中国工程院、清华大学联合成立了国内唯一专注于电能质量治理和电力自动化控制研究的院士专家工作站，建有国家级博士后科研工作站和电力电子工程技术研究中心，并已成立了威凡高科（南京）电力电子研究院，专业从事电能质量领域的前沿课题研讨、关键技术研究及新品研发。

公司的主要产品有静止无功发生器（WSVG）、高压静止无功补偿装置（WSVC）、有源滤波装置（WAPF）、高低压动态无功补偿及滤波装置、高低压空心/铁心电力电抗器、变频器专用电抗器及各类特制电抗器、变电站/电厂综合自动化系统、计算机监控系统、高低压微机保护测控装置、配网自动化等多个品种。

8. 株洲变流技术国家工程研究中心有限公司

株洲变流技术国家工程研究中心有限公司隶属中国南车股份有限公司，是南车株洲电力机车研究所有限公司的全资子公司。公司经原国家计委批准成立，以提升我国变流技术与电传动技术的自主知识产权和核心竞争能力为历史使命，是中国大功率变流技术领域唯一的国家级工程研究中心。

公司设有变流技术委员会，由国内外二十多位知名专家组成，并建有海外研发中心，跟踪全球变流技术发展趋势，掌握尖端和前沿变流技术，使公司成为具有国际竞争力的变流技术工程研究基地。

公司的主要产品有电能质量治理装置、高压变频装置、变频电机试验电源、高压软起动系列装置、特种电源、光伏逆变器、工业传动变流设备等。

（三）政策、技术、市场对行业发展的影响

新能源的空前繁荣发展，带来了新的电能质量研究课题——分布式能源接入点的电能质量研究。

分布式发电满载希望。对于分布式能源，国务院召开常务会议，提出要“着力推进分布式光伏发电，鼓励单位、社区和家庭安装、使用光伏发电系统”。

国家电网公司发布了《关于做好分布式光伏电网并网服务工作的意见》，为满足条件的光伏项目免费提供接入服务。此前，国家能源局公布《关于申报分布式光伏发电规模化应用示范区的通知》，明确提出“每个省（区、市）支持申报总装机容量原则上不超过500兆瓦”，规定“国家对示范区的光伏发电项目实行单位电量定额补贴政策，对自发自用电量和多余上网电量实行统一补贴标准”。

继国家发展改革委发布《关于发展天然气分布式能源的指导意见》后，一批利好政策相继出台，使得分布式能源的发展满载希望。

为了优化资源的大范围配置，加快新能源的开发，能够容纳更多的新能源的接入，建设坚强的智能电网是最终途径。根据我国发展的特点，实现向坚强智能电网的转变和发展，是要思考的问题。新能源发电具有间歇性、随机性、可调度性差的特点。目前，在电网接纳能力不足的情况下，大规模新能源发电并网会给电力系统带来一些不利影响，电网必须将接入容量控制在可控范围内，以最大限度地减小不利影响。存在以下主要问题：

（1）间歇性和波动性发电特点。风力发电是通过风能转变为电能实现发电，因此与水电、火电等常规电源相比，风力发电能力由风的大小、强弱而定，必然具有风的随机性、波动性和不可控性的特点。太阳能发电是将太阳能转变为电能，由于天气及地球运动的原因，同样具有上述的特点。

（2）注入电网的谐波。由于并网风力发电和光伏发电系统均配有电力电子装置，会产生一定的谐波和直流分量。谐波电流注入电力系统后，会引起电网电压畸变，影响电能质量，还会造成电力系统继电保护、自动装置误动作，影响电力系统安全运行，所以需配置滤波装置、静止或动态无功补偿装置等，以抑制注入电网的谐波分量。

（3）孤岛现象。孤岛现象是当电网失压时，并网风力发电和光伏发电系统仍保持对失压电网中的某一部分供电的状态，并与本地负载连接形成独立运行状态。这时，孤岛中的电压和频率不受电网控制，如果电压和频率超出允许的范围，可能会对用户设备造成损坏；如果负载容量大于孤岛中逆变器容量，会使逆变器过载，可能会烧毁逆变器；同时，会对检修人员造成危险，如果对孤岛进行重合闸操作，会导致该线路再次跳闸。由此可见，对孤岛现象的检测和预防是十分重要的，这也是目前并网风力发电和光伏发电系统急需解决的关键技术之一。目前研究的重点技术包括功率预测和储能技术，具备功率预测系统是并网的必备技术。

（四）国内外现状对比

1. 电能质量管理策略对比

我国目前遵循的电能质量策略是“谁污染谁治理”和“堵新治旧”的原则，到目前为止，我国电力行业尚无统一的电能质量管理和监督部门，有关各方的相互关系还得进一步理顺。我国的电能质量监管一般由生产技术部兼任。由于电能质量监管与生产、计划、运行、用电、设计、基建密切相关的，而作为生计部门在电能质量监督、管理上却受到很大的局限。无法对高耗电企业的污染和治理提出根本性管制。

反观发达国家的电能质量管理策略，欧洲各国发电、输电、供电、用户之间的电力供销协议中对电能质量的条款规定非常具体和细致，以保证协议的可操作性。供用电双方都依照合同保证电能质量指标的实现，一旦出现问题，双方要依照合同明确责任，并采取措施解决问题。为明确分清电能质量问题的责任，在产权分界点及用户与系统内安装综合电能质量监测仪十分必要。它可给分析问题的原因提供可靠的技术依据。欧盟委员会建议电力市场委员会发布导则，要求电力系统就电能质量及其服务方面作出报告并公开出版。电力市场委员会还应建立适当的准则评价报告的内容，以保证电能质量达到电磁兼容的水平。报告中应同时引用三个可靠性指标：平均每年中断供电的频率（中断次数/年）；用户平均丧失电压的时间（分钟/年）；每次电压中断的平均时间（分钟/电压中断）。为检查此年度报告的内容，电力生产与供电国际联盟（UNIPEDE）在年度报告的最终期限内成立专家小组对报告进行审查。

国内外电能质量的管理策略差距，一方面有历史原因，包括电力网架结构的不同和科学技术发展存在的差距等；另一方面是管理策略的原因，正确的管理体系及方法必然促进生产发展，进而带动科技进步，科技进步反之会促进生产效率提高，形成良性循环。可以说电能质量管理策略的提高是解决电能质量问题的根本出发点。

2. 电能质量技术对比

目前，国外有关电能质量的研究正掀起高潮，从功率理论的研究、电能质量评价指标体系的讨论，到电能质量监测、各种电能质量问题的分析，以及配电柔性输电技术（DFACTS）等电能质量控制技术的研究和装置的开发正深入进行。在欧美、日本等发达国家和地区，电能质量技术及其装置已经得到了广泛应用，并且已经有大量能进行工程应用的成熟产品。并联型有源电力滤波器的最大容量已达50MV·A，用于抑制电弧炉引起的电压闪变。德国西门子公司已成系列地生产出改善电能质量的电能质量调节装置，其换流器采取基于绝缘栅双极型晶体管的脉宽调制技术。它利用并联型有源滤波器和串联型有源滤波器进行组合，与系统连接有三种方式：并联运行时，主要防止非正常负荷产生的谐波、无功、负荷不平衡及闪变对系统的影响；串联运行时，主要用于系统电压突变、电压畸变或不平衡对负荷的影响；串并联运行时，具有双向补偿的功能。

另一方面，我国总体经济和技术水平虽然还比较落后，但在部分经济发达地区电能质量问题的影响已经比较突出。尤其是随着经济的快速发展，产业转型下形成的各地高新技术开发区对电能质量有更高的要求。目前，已经有不少高新技术开发区不得不引进国外的电能质量技术产品，以减少因停电或其他电能质量问题而引发产品质量下降造成的损失。

我国的电能质量相关技术起步较晚，在20世纪末之前甚至没有形成一定规模的产业。从20世纪末至今的十多年间，我国电力电容器制造业飞跃式地发展，以及对APF与SVG核心技术的掌握和产品量产等一系列成果，不论在技术上还是在生产规模上都获得了世人所公认的进步。

需要注意的是，虽然我们在产品技术经济指标和外观方面都有了今非昔比的变化，但是在一定程度上，这些技术的进步是靠国外技术进步尤其是中外合资企业的先进技术所带动的，具有自主知识产权的技术并不多，这些进步是追赶性的。

总的来讲，我国电能质量技术虽然与国外有一定的差距，但是随着我国对电能质量技术的深入研究，我国的电能质量技术已处于高速发展阶段。

四、2013年度行业发展分析

（一）重大政策、行业事件

相对于前些年来说，2013年没有新的相关重大政策出台，但是备受大家关注的“雾霾”，和电能质量有着紧密的联系。提高电能质量，有助于节能减排，可以为消除雾霾做出贡献。最早国家电网提出的建设坚强型电网及柔性输配电相关内容，对于电能质量行业有着很好的指导意义。

2013年，中高压级联SVG的爆炸式应用，是一件很有意义的事情。这也预示SVG的高性能、全面性的优势得到了大家的认可。随着该产业的不断增大，已经慢慢出现SVG替代普通电容的一种趋势，这是电能质量整个行业发展的一种必然结果。

（二）行业发展数据分析

据不完全统计，2013年有源电力滤波器的市场在10亿元左右，无功补偿的市场在100亿元左右，相对于2012年基本持平。一些新建项目开始接受并使用有源型电能质量装置来替代传统的无源型电能质量装置，其中的典型代表为APF及低压及中高压的SVG。

总的来说，目前国内电网的接纳能力及电能质量是大规模发展新能源发电的重要基础条件，这有赖于坚强智能电网的发展。大力发展微网发电系统是改变能源结构迈向低碳经济社会模式的必由之路，这有赖于微网及电能质量技术的发展和市场的有序发展和培育。同时，这也是建设坚强智能电网的目标。未来的能源市场是由生产商、投资商和消费者共同参与博弈的市场。目前，微小型风力发电和光伏发电技术已能满足并网技术的要求，随着物联网技术的发展，将实现网络化控制。大中型风电场、光伏发电场主要存在有功功率调整和动态无功功率调整控制功能方面的缺陷，这些有待于进一步研究。

2013年，我国电能质量行业可谓是一路跌宕，一度产销增长乏力、经济效益堪忧。受国际经济持续低迷和国内经济增长放缓的双重影响，2013年以来我国电能质量行业生产销售指标彻底告别了此前保持了将近十年的约30%的高速增长态势，利润总额更罕见地出现了“负增长”。

除了产销增长减慢，增速呈下行态势，主要电工产品产量增长疲弱。与此同时，行业的进出口增速也持续走低，出口增速单边下滑的趋势依旧未出现明显改善，对外贸易困难加大。与2012年相比，无论是进口额、出口额，还是进出口总额增速落差很大。2013年我国电工行业企业的亏损额和亏损面较2012年有不同程度的扩大。

尽管行业利润指标下滑，但在2014年初，经济效益已出现止跌回稳迹象。电能质量行业的亏损逐月减少。坚持过2013年的寒冬后，在2014年将迎来新的机遇与挑战。

五、对未来发展分析和建议

（一）技术发展趋势

近年来，电能质量控制技术及装置的发展非常迅速，各类技术都是有一定的使用价值，一些高新技术产品（如APF和SVG）的技术还需要进一步改进。未来的技术还需要进一步发展，主要向技术复杂度、经济性和可靠性方面发展。如下几方面将会是未来发展的重点：

（1）体制改革明确电能质量归口管理和监督部门，成立独立于电力企业的电能质量监督管理机构。该机构要能负责全网的频率、电压和波形等各项电能质量指标的考核、统计和对外发布制定相关的可操作的考核管理办法；接受有关电能质量的咨询投诉制定改善电能质量的计划措施并督促执行；严格执行对新电网污染用户接入的审批和控制。

（2）标准改进。我国针对电能质量某些指标制定了相应的标准，但是对电压剧降、谐波、直流分量等有待进一步的研究，并制定相关标准。另外，电能质量标准的制定，涉及供电企业、用户及用电设备制造商，需要设计、咨询、标准化组织和研究部门及仪器检测制造商广泛参与，满足高效生产流程需要，维护用电设备的正常运行。目前，越来越多的用户向供电部门提出了高质量的供电要求，甚至要求签订供电合同以保证供电质量。

（3）基础电力电子元器件方面的提升。目前，电能质量产品的核心元器件 IGBT 等功率器件均为国外进口产品，国内没有相关器件的知识产权，无法掌握核心技术，不能直接生产。造成了高端电能质量产品的生产成本较高、生产周期不确定，功率元器件的发展直接影响到电能质量产品。所以基础电力电子元器件的国产化显得十分必要与重要。

（4）电能质量产品的高度智能化。最近几年，以专家系统、神经网、模糊逻辑和进化计算为代表的人工智能新技术已开始较全面地应用于电能质量研究。它是个较复杂且工作量和数据处理量很大的系统工作。特别是在电能质量分析方面，很多人工智能被用来进行辅助分析，对复杂的问题进行处理。智能化旨在减轻人的劳动，能自动对电能质量问题进行识别和数据处理，从而实现全面的无人监控功能。

（二）市场发展趋势

2010～2012 年的三年时间，随着国家节能减排政策的深入和智能电网工程的开展，中国电能质量市场进入快速发展的时期。之后三年中国电能质量市场的发展将会保持一个相对较高的发展速度，即年均复合增长率还会保持在 18%，远高于中国的 GDP 增长预期和其他一些行业的发展速度。

目前，发展相对比较成熟的 PF 和 SVC 等产品在这三年还会保持稳定的发展，年增长率预计持续在 15% 左右；相对较新的 APF 和 SVG 等产品在未来会进一步被用户所接受，随着技术的进步和性能的提高，预计未来会有超过 20% 的年增长率；相对比较陌生的治理暂降类的产品预计会相继实现零的突破，在这三年内会有成倍的增长；监测类产品也会有较快的发展，相对成熟的便携式监测产品预计会有 15% 的年增长率，而在线式的监测产品则随着功能性和适用性能的进一步完善从而在这三年内达到超过 20% 的增长。

我国电能质量的发展刚刚进入快速增长期，企业数量不断增加，但是规模相对较小，国内还没有形成绝对的领导企业，只是一些企业在技术和市场份额上有些优势。而且，我国电能质量高端产品市场很大一部分被国外进口产品占据，在低端产品市场中国内企业的竞争非常激烈。随着技术的不断发展，我国电能质量行业中的企业数量会不断增加，企业规模也会不断增大，并且不断会有企业进入高端产品市场的竞争当中，从而发展成为国内企业在高端产品市场和低端产品市场的竞争都非常激烈的局面，国外企业在我国高端产品市场的优势地位将会受到强烈的冲击。

（三）行业发展建议

虽然我国电能质量市场在未来的发展前景是非常好的，但是根据研究，目前仍然有几个问题阻碍了市场的发展，主要包括：

首先，加强全电网电能质量监测技术，明确引发电能质量问题的责任。打破同网同价，实行优网优价，积极推广使用电能质量控制和治理技术、设备。积极研究有关电能质量方面的新技术及应用，推动生产和科研部门的密切合作，促进科技成果的迅速转化，建立专门电能质量技术有偿转让信息市场，让更多的企业越来越广泛地参与到电能质量行业中。

其次，就外部环境而言，电能质量的监督和管理体制还应该进一步合理制定和完善。纵观目前我国整个电能质量市场，没有一个部门被明确指定可以作为电能质量监管的主管部门。没有监管、监管不力等现象长期阻碍了市场的发展。按照电力工业部在 1998 年颁发的《电网电能质量技术监督管理规定》的条文，国家电力公司负责全国电网电能质量技术监督。但是具体业务由两大部门分级管理，各级电力调度部门为主，对电厂、电站进行监管，但是由于所用指标和监管的范围有限，对广大用户所提供的发电侧电能质量的状况还是没有根本的保障；其次是电能质量检验测试中心站，负责监测干扰源用户的谐波、电压波动、闪变及三相不平衡等，投入了大量设备和人力，实际上也没有达到预期监测的目的。很多厂商和专家反映，监管政策体制不完善、监管力度不够造成了我国电能质量市场从根本上没有保障，从而限制了市场的发展。

另外，由于中国电能质量市场尚处于初级阶段，在目前在市场的发展过程中，一些市场的参与者出现了一些鱼龙混杂的现象。一些厂商不注重质量和对用户的保障，导致了用户对电能质量产品不信任的态度，从而阻碍了市场的健康发展；此外，作为电能质量产品的最大的用户群体——电网公司，也出现了资源配置上的重置、采购盲目和使用混乱的情况，这不仅对电能质量市场没有起到相应的积极作用，反而造成极大的浪费。

第四篇　电源行业要闻

行业动态

中国电源学会第七次全国会员代表大会胜利召开
第二届中国电源学会科学技术奖颁奖仪式隆重举行
中国电源学会第二十届学术年会圆满落幕
2013 中国电源技术年会　暨新能源电能变换技术专委会成立大会在合肥顺利召开
第三届全国电能质量学术会议　暨电能质量行业发展论坛在镇江成功举行
中国电源学会培训课程取得新突破
中国科协宋军部长一行到中国电源学会考察调研
2013 年电子计算机行业发展情况
2013 年电子信息产业统计公报
2013 年我国光伏产业运行情况
2013 年我国锂离子电池行业运行情况
2013 年我国电子信息产品进出口情况
2013 年可再生能源装机大幅增加 占据半壁江山
不断扩大可再生能源利用规模
“风光储输”示范工程——打造新能源领域的“中国标准”
西北电网跨区域新能源消纳将增 80 倍
全球光伏发电新装机容量将首超风能
中欧光伏产品贸易争端大事记
关于中国输欧光伏产品贸易争端达成价格承诺的联合声明
中欧光伏价格承诺 8 月 6 日正式实施，有效期至 2015 年
财政部清算光伏金太阳工程，终结“事前补贴”
历年金太阳示范工程政策演变
国家电网正式发布《关于做好分布式电源并网服务工作的意见》
2013 年光伏产业扶持政策密集出台，分布式光伏项目成为重点扶持对象
2013 年全国新增光伏发电装机容量 1292 万千瓦
我国光伏发电在发达地区率先升温
甘肃光伏电站首次实现有功智能控制
新疆光伏发电并网装机容量突破百万千瓦
青海省第三个百万千瓦光伏发电群开始并网发电
江苏光伏产业复苏，出口连续 4 月增长
青海建成世界最大离网光伏电站
微型光伏逆变器技术通过国家认监委审核
告别寒冬，光伏业迎兼并重组热
无锡尚德依法实施破产重整
2013 年风电产业继续保持平稳较快发展势头
国家能源局制定《促进风电产业健康发展若干意见》
第三批风电项目公布，风电行业收获“政策红包”
2013 年全国风电装机容量将超过 7500 万千瓦
国家电网并网风电装机容量达 6426 万千瓦，居全球首位
中国风电集团有限公司 70 兆瓦光伏项目再获国家开发银行 4.9 亿信贷支持
我国首个全面系统风电检测结束，风电并网仍存症结
新疆风电并网装机容量突破 400 万千瓦
沈阳今年将试水风电清洁供暖
新能源补贴明确导向，纯电动客车成大赢家
四部委确定首批新能源汽车推广应用城市（区域）名单
2013 年半导体照明/LED 产业发展向好，稳中前行
2013 年 LED 总投资超 200 亿，中小规模投资是主流
2013 年中国 LED 产业十大技术前沿热点
2013 年我国 LED 照明行业政策概览
2013 上半年广东 LED 产业产值突破 1200 亿元，同比增近三成
广东 LED 产业集聚六大优势，产值突破 2100 亿元
半导体照明联合创新国家重点实验室积极与国外高校开展合作
半导体照明总体部署
工信部发布《关于数据中心建设布局的指导意见》
世界首例多端柔性直流输电工程 核心设备 100% 自主国产
国家发展改革委：对电解铝企业实行阶梯电价政策
新疆维吾尔自治区首个垃圾填埋气发电项目开工
电力行业节能减排取得新成效
2013 年全国发电装机平稳较快增长、结构持续优化
UPS 市场尚未饱和，面临技术变革
中消协：无“CCC”认证手机充电器就是身边“手雷”
“充电宝”俏销，安全存隐患
国产半导体装备业崛起，打破海外垄断尤需技术创新
自主研发 6500 伏高压 IGBT 芯片及其模块问世
2013 年度电子信息产业标准化十大事件

企业新闻

阳光电源 30 千瓦光伏逆变器获《Photon》杂志“双 A”级评定
阳光电源系列中功率逆变器通过 VDE 可靠性测试
阳光电源 800 千瓦逆变器通过 CSA 认证，获北美市场通行证
新标准、新高度——阳光电源 SNEC 展上向全球发布最新系列逆变器
阳光电源逆变器出货量跻身全球前三

阳光电源主持制定的光伏逆变器国家标准正式发布

阳光电源 WG2000KFP 变流器荣获“国家重点新产品证书”

科华恒盛华北油田（IDC）互联网数据中心项目顺利通过验收

科华恒盛泰安云计算数据中心项目顺利通过验收

科华恒盛中标中国国际信息技术（福建）产业园（IDC）互联网数据中心项目

中央电视台经济半小时报道易事特自主创新和品牌建设成果

易事特成功开发模块化冷池数据中心解决方案

易事特喜获省级科学技术奖，科研创新再添新彩

广东志成冠军集团公司总工程师李民英获批成为享受国务院政府特殊津贴专家

全国电力电子学标准化技术委员会不间断电源分技术委员会 2013 年年会在广东志成冠军集团公司胜利召开

台达上海运营中心获美国 LEED 黄金级认证

台达为智慧城市建设提供绿色动力

台达为美国肯尼迪航天中心打造大型 LED 显示屏，点亮亚特兰蒂斯号展览厅

艾默生网络能源（西安）有限公司获西安软件园“2013 年度软件园优秀创新企业”

聚焦发展电源产业，打造全国一流电源主题园区——华南电源创新科技园正式开园，电源企业抱团发展

携手中国电源学会，华南电源创新科技园迎来发展新机遇

科华恒盛进驻华南电源创新科技园

华南电源创新科技园一期封顶仪式隆重举行

资源整合，茂硕电源投资连硕设备

茂硕电源收购深圳富凌，拓展光伏逆变业务

茂硕电源喜获 TUV 南德战略合作单位荣誉

茂硕电源组高端人才队伍，走自主创新之路

航嘉积极践行“低碳科技，环保生活”

航嘉参与电源在电工领域的应用工作

航嘉实验室的建设和发展

北京星原丰泰电子技术股份有限公司正式挂牌上市

北京星原丰泰电子技术股份有限公司获得中关村信用双百企业称号

金武士携手李宗翰，UPS 业内第一个明星代言品牌

佛山市禅城区投资推介会隆重举行，新光宏锐电源设备有限公司现场签约

金武士进驻鞍山市奥体中心，助力 2013 全运会赛事转播

新光宏锐成为佛山市禅城区首批企业高校研究生联合培养基地

华东微电子技术研究所助嫦娥三号探测器落月

华东微电子技术研究所与合肥工业大学共同成立同行管理研究中心

深交所组织“践行中国梦·走进上市公司——投资者开放日”活动牵手科士达

科士达亮相第七届 SNEC 上海国际光伏展

富华电子荣膺“2013 年国家火炬计划重点高新技术企业”

富华电子喜获一项科技成果鉴定

科达磁电成功研发出 ϕ60 ~ ϕ200mm 磁罐磁粉心系列

北京动力源 DIP-HE-60/2800 型工业电源设备产品入选第二批中关村国家自主创新示范区新技术新产品目录

北京动力源喜获“上市公司环境责任十佳企业”称号

移动式数据中心 MDC 亮相 2013 金融展

技术创新，柏克荣获“2013 年度广东专利奖”

柏克一体化电源解决方案携手巴州人民医院守护生命健康

柏克联合中科院微电子所共建核心技术平台

新昇电业持续创新，提升效率

广州金升阳科技获得“中国电源学会科学技术奖”

华耀电子喜获“安徽省创新型企业”荣誉

华耀电子项目首获“中国电源学会科技进步奖”

华耀电子高效加强版 LED 驱动电源 EWH60-200W 系列正式上市

合肥华耀电子知识产权结硕果

华耀电子“纯电动汽车车载 DC-DC 转换器”获省级重点新产品认定

合肥华耀电子四种产品获省级科技成果认定

合肥华耀电子开关电源顺利通过安徽省名牌产品复审

合肥华耀电子 11 项产品获安徽省新产品认定

华耀电子产品获科技部“国家重点新产品”认定

华耀电子获批组建省智能供电工程技术研究中心

华耀电子获“安徽省自主创新品牌示范企业”荣誉认定

华耀电子获“2013 安徽企业最佳雇主”荣誉称号

北京公安局采购先控电源 10 套 600kV·A 模块化 UPS 系统

先控电源 400kV·A 高端 UPS 进驻河北联通 IDC 机房再展风采

先控电源 UPS，广东移动的“守护者”

先控电源荣获“中国电源学会科学技术奖”

先控电源绿色大功率模块化 UPS 服务翔明（IDC）互联网数据中心项目

深圳华德 TS16949 取证工作进入最后阶段

深圳华德两款新产品即将进入试生产阶段

深圳华德 MES 系统的调研和考察工作仍在进行中

“国产非晶带材在电力系统中的应用开发及工程化”顺利完成验收

咬定青山不放松 开创非晶新辉煌——安泰科技召开非晶金属事业部重组设立大会

索瑞德荣获“深圳市宝安区人民政府质量进步奖”

索瑞德成功中标国家电网公司福建电力有限公司 2013 年第一批协议库存物资招标项目

浙江矛牌电子科技有限公司隆重开业

汇川技术光伏项目再创佳绩

汇川技术 CM3000 三电平防爆高压变频器首获订单填补国内空白

汇川公司 2013 荣誉事件

Kewell 公司 CSPV 研讨会详解光伏阵列现场特性测试

Kewell 应邀参加并网逆变器“中国效率”测试与评估技术条件审查会

“上能 Sunel”注册商标被国家工商行政总局认定为“中国驰名商标”

再创佳绩，雄韬集团连续两年排名“深圳企业 100 强”

索英电气节能回馈电子负载“支招”企业节能节电赢实效

国际聚变合作项目电源系统及其进展

以科技立世，谋创新发展——合肥联信电源有限公司起草国家标准《静态电子切换装置》、《发电机电能再生利用装置》获国家工信部立项批准

深圳市英威腾电源有限公司 300kV · A 模块化 UPS 新鲜“出炉”

理士国际参与起草的行业标准《通信用嵌入式太阳能光伏电源系统》顺利通过中国通信标准化协会审查

理士国际“LEOCH”商标荣获“中国驰名商标”称号

稳利达 2013 年成就集锦及最新产品推荐

行业动态

中国电源学会第七次全国会员代表大会胜利召开

中国电源学会第七次全国会员代表大会在杭州胜利召开。中国电源学会秘书长韩家新主持会议，全国人大常委、中国科协副主席冯长根出席会议并讲话。

冯长根副主席首先向大会的胜利召开表示祝贺，对与会代表及全体电源科技工作者表示问候。冯副主席对中国电源学会的工作予以充分肯定，指出“中国电源学会是中国科协所属学会中具有鲜明特点和活力的学术团体。在第六届理事会领导下，中国电源学会在民主办会、队伍建设、会员管理、专业培训、学报和行业年鉴出版、扶持地方产业发展等方面取得了显著的成绩。”同时，冯副主席对学会今后的工作予以指示“希望中国电源学会在新一届理事会领导下，团结广大电源科技工作者、专业工作者和全体会员，深入学习贯彻党的十八大精神，按照中国科协有关‘三服务一加强’的要求，围绕国民经济和社会发展的‘十二五’规划和国家中长期科学技术发展规划的总体部署，坚持以科技创新、科学发展、和谐发展为原则，不断提升服务能力，为提高我国电源科技水平、促进我国电源产业发展、全面建成小康社会、实现中华民族伟大复兴的中国梦不懈奋斗。”

随后，中国电源学会秘书长韩家新作了中国电源学会第六届理事会工作报告和财务报告，提交大会表决通过。会议还表决通过了《中国电源学会章程》修订草案和《中国电源学会会费标准及管理办法》。

出席本次大会的会员代表通过不记名投票形式选举产生了中国电源学会第七届理事，到会的新当选理事，选举了常务理事和学会主要领导。浙江大学徐德鸿教授当选理事长，刘进军、李占师、周雒维、曹仁贤、张波、陈成辉、徐殿国、章进法当选副理事长，韩家新当选秘书长。

选举过后，韩家新秘书长宣布了名誉理事长、名誉理事名单，并为名誉理事颁发证书。会议最后，新任理事长徐德鸿教授代表第七届理事会发言。

本次会议圆满完成各项既定议程，并顺利完成学会换届改选工作，为学会今后四年乃至八年的发展奠定了良好的基础。

第二届中国电源学会科学技术奖颁奖仪式隆重举行

第二届中国电源学会科学技术奖颁奖仪式于2013年11月8日在杭州之江饭店举行。颁奖仪式设在中国电源学会第二十届学术年会开幕式现场，中国电源学会理事长徐德鸿、秘书长韩家新等学会领导，海外特邀嘉宾，获奖单位及参会代表700余人出席了颁奖仪式。

本届“电源科技奖”项目类共评出一等奖2项、二等奖5项、三等奖6项，个人类评出杰出贡献奖1人、青年奖2人。北方工业大学、北京莱斯达电子科技有限公司的“交流无频闪MH灯用电子电源系统基础理论和关键技术研究”项目，以及浙江大学的“高增益交错并联DC-DC交流器多自由度协调与结构形成研究”项目获得一等奖，中国电源学会理事长徐德鸿教授为一等奖获奖单位颁发了荣誉证书和奖杯。中国电源学会副理事长徐殿国教授、李占师先生、陈成辉先生为项目类二等奖、三等奖获奖单位代表颁奖。

中国工程院院士、浙江大学汪槱生教授获得杰出贡献奖，中国电源学会秘书长韩家新为其颁奖。清华大学耿华教授、广州金升阳科技有限公司王保均先生获得青年奖，副理事长章进法先生为获奖人颁奖。

两年一届的“中国电源学会科学技术奖”由国家科技部批准设立，是受国家委托组织实施，代表本专业、本行业在全国范围内最高水平的科技奖励，旨在奖励为我国电源领域的创新、发展等方面做出突出贡献的单位和个人。第三届“电源科技奖”将于2015年上半年开始接受申报。

中国电源学会第二十届学术年会圆满落幕

2013年11月7日~11日，由中国电源学会主办，三科电器集团有限公司承办，三菱电机机电（上海）有限公司、富士电机（中国）有限公司、英飞凌科技（中国）有限公司协办的中国电源学会第二十届学术年会在浙江省杭州市召开。

中国电源学会学术年会至今已有30多年历史，是中国乃至亚洲电源领域规模最大、水平最高的综合性学术盛会。本届年会参会人数超过700人，汇聚境内外电源学术界、产业界和政府部门的高层人士及电源相关专业在校研究生等。年会征集论文近300篇，通过分会场宣读和墙报张贴等多种形式进行报告。

中国电源学会秘书长韩家新主持了开幕式；中国电源学会理事长徐德鸿教授致开幕词；浙江大学副校长宋永华，中国工程院院士、浙江大学汪槱生教授，会议承办单位三科电器集团董事长周存熙先生分别进行了致词。开幕式上，韩家新秘书长宣布了中国电源学会第十九届学术年会优秀论文和第二届中国电源学会科学技术奖的获奖名单，并为获奖单位、获奖人进行了颁奖。

开幕式后，进入大会报告环节，美国工程院院士李泽元教授、爱尔兰国立大学前校长William Gerard Hurley教授、香港大学Ron Hui教授、德国工程院院士Leo Lorenz博士、IEEE电力电子学会（IEEE-PELS）主席Don Tan博士、日本富士电机有限公司电子器件首席技术官Tatsuhiko Fujihira博士等国内外知名专家分别进行了报告，受到参会代表的热烈欢迎。

大会报告结束后，举行了墙报交流环节，近百名作者通过张贴墙报的方式展示了自己的论文，并与参会代表进行了面对面的交流。

8日晚，东道主三科电器集团有限公司设宴宴请全体参会代表，三科电器集团董事长周存熙先生、中国电源学会理事长徐德鸿教授为全体与会代表祝酒，现场气氛十分热烈。

11月9日全天以及10日上午，十五场主题分会场报告在杭州之江饭店会议中心举行，参会代表自由地选择感兴趣的会场聆听报告，每个报告结束后，报告人都会与台下代表进行讨论，并回答代表提问，现场气氛轻松、愉悦。

年会同期还召开了中国电源学会第七次全国会员代表大会、中国电源学会七届一次理事会会议、中国电源学会七届一次常务理事会会议，以及《电源学报》编委会会议。

本次会议的成功举办，学会学术委员会进行了大量的前期筹备工作，同时也得到了承办单位三科电器集团有限公司，协办单位富士电机（中国）有限公司、三菱电机机电（上海）有限公司、英飞凌科技（中国）有限公司，支持单位浙江大学以及浙江省电源学会等单位的大力支持，学会向所有为本届年会提供帮助和支持的单位及个人表示感谢。

2013 中国电源技术年会
暨新能源电能变换技术专委会成立
大会在合肥顺利召开

2013 年 9 月 6 日～8 日，由中国电源学会、中国电源学会新能源电能变换技术专业委员会主办，阳光电源股份有限公司承办的 2013 中国电源技术年会　暨新能源电能变换技术专委会成立大会在合肥两淮豪生大酒店隆重召开。来自海内外 150 多家产、学、研单位的近 400 名专家代表参加了会议。

国家发改委能源研究所研究员王斯成，中国电科院新能源研究所副所长刘纯，合肥市副市长倪胜如，中国电源学会副理事长兼秘书长韩家新，专委会主任委员、阳光电源总经理曹仁贤，中国电源学会副秘书长李占师等专家领导出席了大会开幕式。会上，倪胜如与曹仁贤共同为专委会的成立揭牌，韩家新代表中国电源学会为专委会首任主任委员曹仁贤颁发了聘任证书。

会议围绕新能源产业技术发展这个主题，先后举办了专题报告、专题讲座、新能源行业发展高峰论坛等多种形式的活动。王斯成、刘纯、天津大学王成山教授、合肥工业大学张兴教授等 14 位新能源领域的知名专家、学者分别就光伏发电、风力发电、新能源发电并网、分布式发电与微网等方面的技术发展相关课题作了报告和专题讲座，内容丰富精彩，场场爆满。

“本次大会集合了中国电源行业、尤其是新能源电能变换技术领域产、学、研各界的精英力量。同时，中国电源学会新能源电能变换技术专业委员会也正式获得成立，这不仅是我国电源行业的一次盛会，更是我国新能源电源产业的一次盛会。”韩家新副理事长指出“专委会成立后，相信在各位委员及社会各界的共同努力下，必将为我国新能源电能变换技术的发展和提升，为我国新能源电源产业健康发展做出积极的贡献”。专委会主任委员曹仁贤表示，作为中国电源学会的一级分支机构，专委会将在中国电源学会的领导下，致力于新能源电能变换技术领域的创新发展，努力提高新能源电源行业的自主创新能力，为中国新能源电源产业的发展积极贡献力量。

大会的召开，进一步明晰了中国新能源电源行业发展的方向，增强了行业发展信心，对推动中国新能源电源产业的创新升级、促进行业的发展壮大，将产生积极的影响。

第三届全国电能质量学术会议
暨电能质量行业发展论坛在镇江成功举行

2013 年 8 月 15 日～17 日，由中国电源学会电能质量专业委员会和亚洲电能质量项目中国合作组共同主办、威凡智能电气高科技有限公司承办的第三届全国电能质量学术会议暨电能质量行业发展论坛在镇江碧榆园酒店成功举行，本次会议得到了全国电流电压等级及频率标准化技术委员会的大力支持。

大会邀请到清华大学韩英铎院士、中国电力科学研究院赵畾教授、中国电力科学研究院林海雪教授、华北电力大学肖湘宁教授、安徽大学李令冬教授、湖南大学罗安教授、西安交通大学卓放教授、浙江大学吕征宇教授、中国电机工程学会高级顾问王振铭、中国电力科学研究院苏剑、民航机场建设集团规划设计总院张云青、中南建筑设计院熊江主任等 20 余位业界资深专家和来自全国 20 余个省市的 200 多位学者、企业家和工程技术人员参会，中国电源学会副理事长兼学术委员会主任、浙江大学徐德鸿教授作为学会领导也应邀参会并致辞。此次会议的召开进一步促进了国内电能质量学术技术和工程应用方面的交流，对行业发展起到良好的推动作用。作为电能质量行业的主流媒体，《科技信息·电能质量》始终关注行业发展动态，在秉承前两届会议积极合作的态度下，充分发挥了支持媒体的积极性，全程参与了本次大会，为行业发展贡献绵力。

本届会议继承了前两届会议的特色，以“分布式发电、智能微电网与电能质量”为主题，坚持以学术技术交流为主，通过大会报告、行业发展论坛、分会场报告、论文张贴交流和企业展示等多样形式进行，同时还组织与会者参观了承办单位——威凡智能电气高科技有限公司。大会报告和行业论坛围绕电能质量问题及解决方案进行了讨论，聚焦目前热点行业，邀请用户、设计院和设备厂商与参会代表进行互动式深度交流，取得了非常好的交流效果。

16 日上午 8 点 30 分，第三届全国电能质量学术会议开幕，开幕式由中国电源学会电能质量专委会秘书长、西安爱科赛博电气股份有限公司董事长白小青主持，主任委员、西安交通大学卓放教授致开幕辞，中国电源学会徐德鸿副理事长、承办单位威凡高科薛恒怀董事长以及镇江领导分别讲话，对本次活动的策划、举办表示肯定及支持，并预祝本次会议圆满成功。

16 日上午和下午的大会报告分别在专委会副主任委员、清华大学姜齐荣教授，浙江大学吕征宇教授，全国电压电流等级和频率标准化技术委员会张莘秘书长，南车株洲电力机车研究所有限公司王卫安的主持下有序展开。清华大学韩英铎院士、中国电力科学研究院苏剑、华北电力大学肖湘宁教授、中建国际李炳华、湖南大学罗安教授、中国电科科学研究院赵髃教授、安徽大学朱明星教授等的前沿的主题演讲为大会奠定了坚实基础。与会者表示，这样高端、专业的会议不但是自身提高的好机会，更是促进行业发展的盛会。最后，在威凡智能电气高科技有限公司副总经理杨志先生的精彩演讲中本次大会报告结束。

17 日，与会者迎来了期待已久的行业论坛。论坛由亚洲电能质量联盟中国合作组黄炜秘书长主持，本次行业论坛针对分布式发电、公共建筑、轨道交通、汽车工业四个热点行业，与用户、设计院、设备企业从不同视角聚焦行业应用做报告，并与专家、听众一起进行互动式平行讨论。国电南自新能源工程公司李滨、中南建筑设计研究院熊江、江苏省电力科学研究院袁晓冬、天津泰达发展有限公司齐琳、中铁第一勘察设计院集团有限公司曹建设、铁道第三勘察设计院董志杰、上海通用汽车有限公司赵晨光、中国第一汽车集团公司罗建仁，以及西安爱科赛博电气股份有限公司、山东山大华天科技股份有限公司、深圳市盛弘电气有限公司的代表等分别发表演讲，并就相关热点问题与与会者答疑解惑，现场交流气氛热烈。

与此同时，分会场的优秀论文宣读也在热烈地进行着。此次学术会议论文集在专委会学术委员会的精心策划下，共收录了近 80 篇论文，汇集了标准研讨、监测分析、设备研究、治理应用等各个领域的新动态、新成果；聚集了科研院所、大专院校、优秀企业的新观点、新言论。这不但充实了本次会议的内容，为大会锦上添花，还极大地丰富了电能质量领域的科技成果，为促进行业发展起到了一定的作用。

中国电源学会电能质量专业委员会和亚洲电能质量项目中国合作组联合主办的全国电能质量学术会议已于 2009 年和 2011 年分别在北京和长沙成功举办了两届。两届会议均各有 200 多位行业人士参会交流，100 多篇论文通过专家组的评审编入会议论文集。会议以浓厚的学术交流氛围、高质量的报告内容和多样的组织形式赢得了与会专家、代表的高度评价。通过三届会议的成功举办，全国电能质量学术会议已经成为电能质量行业重要的学术交流和信息共享平台，是高层次、专业化、全方位的全国电能质量行业交流盛会，是广大专家、学者、用户、企业家、工程技术人员畅谈交流、结识朋友的极佳之地。

中国电源学会培训课程取得新突破

2013 年中国电源学会在原有新能源、光伏逆变器、LED 照明电源、开关电源等培训课程的基础上，根据广大电源科技人员和企业的要求，进行重新组织和筹划，设立了"功率变换器电磁技术高级培训班"和"功率半导体器件及其应用高级研修班"两个全新的培训课程，均得到了培训学员的认可和肯定。

功率变换器电磁技术高级培训班于 2013 年 9 月 13 日 ~15 日在上海举办，中国电源学会变压器电感器专业委员会主任陈为教授，电磁行业权威专家卢增艺博士、颜冲博士为学员授课，来自全国各企事业单位代表 40 多人参加了本次培训。

通过此次培训，学员们更深入地认识了磁性元件对于功率变换器各项电路性能的影响，能够从电磁理论角度深刻理解磁性元件的各项电气和损耗特性，能够比较全面地考虑磁性元件的电气参数、损耗特性及 EMI 特性，从而设计出各项性能优化的磁性元件。学员们纷纷表示通过此次培训受益匪浅。

功率半导体器件及其应用高级研修班于 2013 年 10 月 21 日 ~26 日在上海海事大学举办，本次培训特邀德国科学院院士国际著名电力电子专家 Leo Lorenz 博士担任主讲，同时还邀请了浙江大学徐德鸿教授、法国海军学院 J. Charpentier 博士、上海海事大学汤天浩教授、上海交通大学蔡旭教授等国内外知名学者授课。来自全国院校代表、企事业单位代表、在校研究生近百人参加了此次培训。

Leo Lorenz 博士系统地给大家梳理了功率器件的原理，深入分析了高频开关器件的结构、参数特性，以及电力电子产品设计中器件选择和保护的关键技术。课程中，徐德鸿教授、Charpentier 博士、蔡旭教授也为大家在功率器件的发展趋势、海上风力发电、船舶上器件应用技巧等众多前沿技术做了精彩的报告。另外，Transphorm、英飞凌、美尔森等企业高级研发人员也对功率器件的使用和设计理念做了精彩的宣讲。课堂间隙中大家还对工作中、学习中不甚了解的问题提出了疑问，老师们则认真地回答了大家的问题，不时引起大家的惊呼和鼓掌。经过 5 天半的课程，与会代表纷纷表示此次活动物超所值，真正地学习到了相应的技术，对于以前一些模糊不清的概念和技术难点有了茅塞顿开的感觉。26 日下午大家集体参观了亚洲最大的进出口码头——洋山深水港，以及上海海事大学物流学院的实验室。通过老师们的辅导及讲解亲手在检测设备上进行了调试。

通过这两次培训，参加培训的学员不仅在理论知识、应用技术方面得到了加强，更重要的是授课老师们将多年工作的经验没有保留地传授给大家，让大家受益匪浅。今后中国电源学会将把培训工作作为学会一项重点工作，力争为广大科技人员提供更多有价值的培训课程。

中国科协宋军部长一行到中国电源学会考察调研

2013 年 7 月 25 日下午，中国科协学会学术部宋军副部长（主持工作）、刘兴平副部长、范唯副部长、李芳处长、徐强处长一行到中国电源学会调研座谈，听取对中国科协机关工作的意见和建议。我会副理事长兼秘书长韩家新、副秘书长李占师、办公室主任张磊参加座谈。

韩家新主持座谈，张磊对学会的基本情况和历史沿革进行了简要介绍，对学术交流、编辑出版、网站建设、政府职能承接、继续教育和技术培训、组织建设等主要工作进行了重点阐述，对下一步的会员发展、品牌项目培育、国际交流渠道开拓、政府转移职能承接等进行了展望。宋军副部长对学会的工作给予了充分肯定。他指出，学会要保持自己的特色，强化自己的优势；学会在提升能力时，既要发展，又要继承，要保持连续性；科协与学会要加强沟通，在培训、期刊等方面给予学会更多的支持和指导。

调研期间，中国科协领导参观了学会秘书处。

2013 年电子计算机行业发展情况

2013 年，受海外市场需求不振、国内经济增长放缓等因素影响，我国电子计算机行业整体保持低速增长。由于智能手机的井喷式增长，对电子计算机行业带来较大冲击，市场竞争更加激烈，技术变革将改变原有市场格局，传统电子计算机将向更便携、更具移动化趋势转变，产业结构面临着深层次变革。

基本情况

一、产业规模保持低速增长

2013 年，我国电子计算机行业实现销售产值 22401 亿元，同比增长 5.5%，低于电子信息制造业平均水平 5.5 个百分点。从各季度销售产值完成情况看，产业规模持续扩大，发展增速振荡回落，销售产值增速连续 16 个月低于制造业平均水平，且差距呈扩大趋势。从 2013 年年初相差 1.4 个百分点扩大至年末 5.5 个百分点。2013 年，我国共生产微型计算机 3.37 亿台，同比下降 4.9%。其中，笔记本 2.73 亿台，同比增长 7.9%。2013 年电子计算机行业各季度销售产值完成情况如图 1 所示。

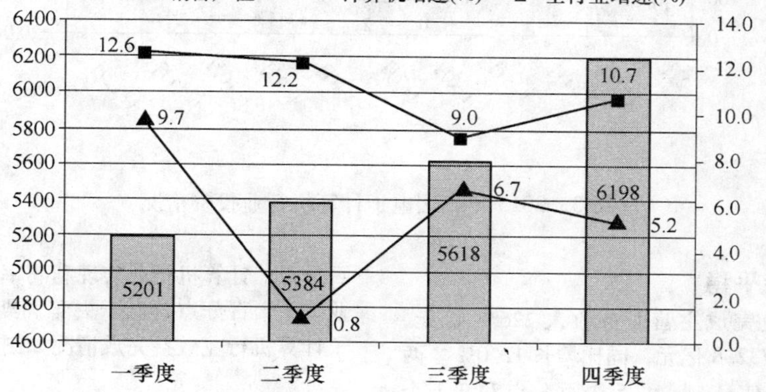

图 1　2013 年电子计算机行业各季度销售产值完成情况

二、外贸出口一路走低

2013 年，受全球电子计算机市场持续下滑态势影响，海外市场需求疲软，我国电子计算机产品出口整体呈现下滑态势。据海关统计，2013 年，我国台式微型计算机出口 1006.6 万台，出口额 69.5 亿美元，同比增长 24.1%；笔记本电脑出口 32668.2 万台，出口额 1108.1 亿美元，同比下降 2.6%。从全年走势看，上半年行业出口快速下滑，进入下半年基本趋稳，自 6 月以来连续 7 个月负增长。2013 年我国电子计算机累计出口额情况如图 2 所示。

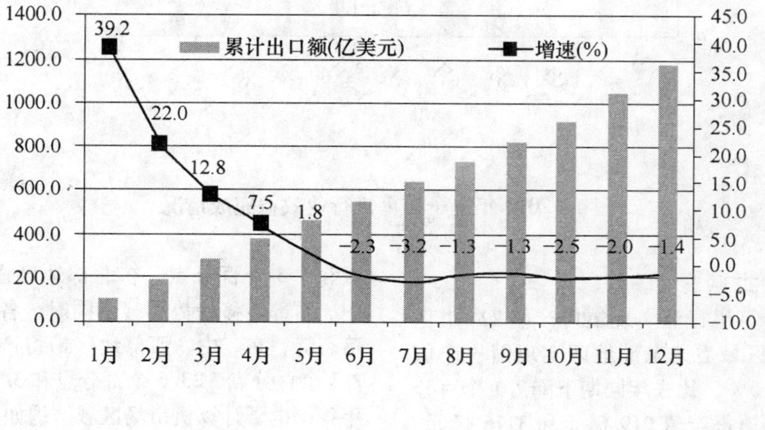

图 2　2013 年我国电子计算机累计出口额情况

三、投资增速明显低于行业平均水平

2013 年，电子计算机行业累计完成固定资产投资 810 亿元，同比增长 1.8%，增速低于电子信息制造业平均水平（12.9%）11.1 个百分点。从走势看，行业投资增速从 5 月出现负增长，且持续 7 个月投资增速呈负增长。2013 年我国电子计算机行业投资情况如图 3 所示。

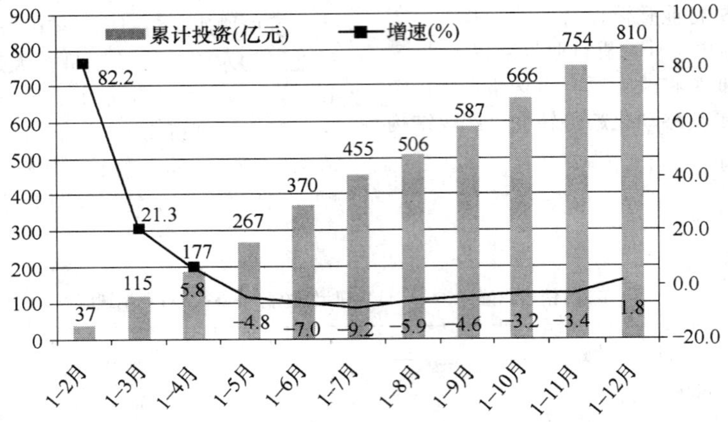

图 3　2013 年我国电子计算机行业投资情况

四、经济效益保持平稳

2013 年，计算机行业完成主营业务收入 22658 亿元，同比增长 5.4%；利润为 732.8 亿元，同比增长 12.0%。两个指标增速分别低于电子信息制造业 5 个百分点和 9.1 个百分点。计算机行业实现利润率 3.2%，低于电子信息制造业 1.3 个百分点，低于去年同期 0.2 个百分点。2013 年电子计算机行业效益完成情况如图 4 所示。

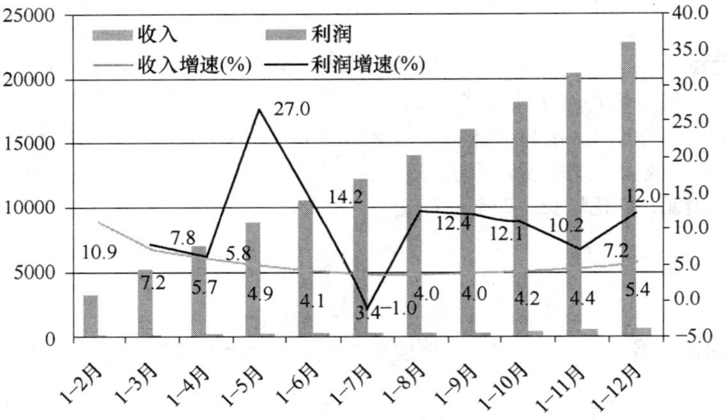

图 4　2013 年电子计算机行业效益完成情况

五、区域结构进一步调整

2013 年，我国电子计算机行业实现销售产值 22401 亿元，同比增长 5.5%。分区域看，东部地区实现销售产值 17583 亿元，全国占比 78.5%，比去年同期下降 7.1 个百分点；中部、西部分别实现销售产值 919 亿元和 3776 亿元，全国占比 4.1% 和 16.9%，比去年同期分别提高 1.6 个百分点和 5.5 个百分点；东北部地区占全国比 0.5%，产业向中、西部转移趋势明显。同时，各地销售产值增速均呈回落态势，东、中、西部地区销售产值增速比年初分别回落 9.2 个百分点、23.6 个百分点和 3.2 个百分点。2012 ~ 2013 年我国电子计算机市场区域结构如图 5 所示。

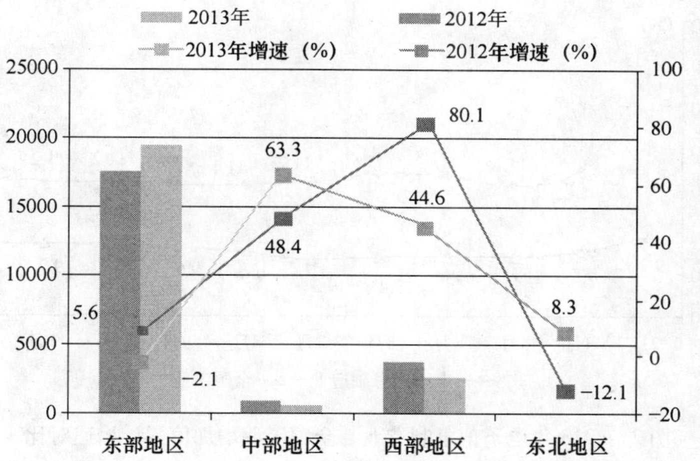

图5　2012—2013 年我国电子计算机市场区域结构

2013 年电子信息产业统计公报

2013 年，面对错综复杂的国内外政治经济形势，我国电子信息产业各级主管部门认真贯彻党中央、国务院“稳中求进”的经济工作总基调，坚持统筹稳增长、调结构与促改革之间的关系，加大政策预调微调力度，积极培育信息消费等热点领域，产业内骨干企业加快转变发展方式，不断优化产品与市场结构，全面深化转型升级，使得产业整体运行呈现平稳态势，生产保持较快增长，效益规模稳步提升，结构调整不断加快，为提高社会信息化发展水平和促进两化深度融合发挥了积极作用，在国民经济中的重要性持续提高。

一、综合

（一）产业规模稳步扩大

2013 年，我国电子信息产业销售收入总规模达到 12.4 万亿元，同比增长 12.7%；其中，规模以上电子信息制造业实现主营业务收入 9.3 万亿元，同比增长 10.4%；软件和信息技术服务业实现软件业务收入 3.1 万亿元（快报数据），同比增长 24.6%。2009 ~ 2013 年我国电子信息产业收入规模如图 1 所示。

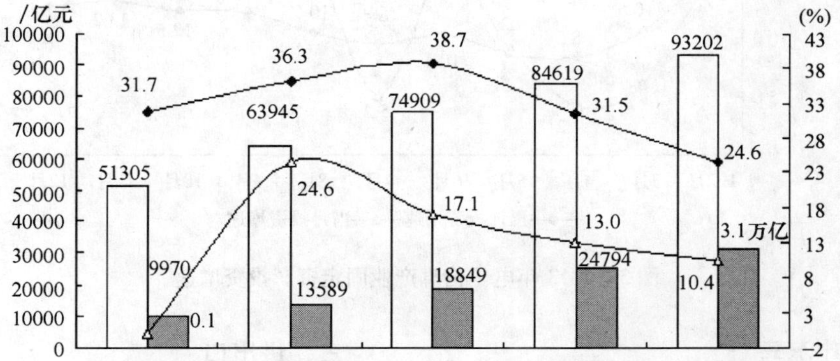

图1　2009—2013 年我国电子信息产业收入规模

（二）产业增速保持领先

2013 年，我国规模以上电子信息制造业增加值为 11.3%，高于同期工业平均水平 1.6 个百分点；行业收入、利润总额和税金在工业总体中占比分别达到 9.1%、6.6%和 4.0%。其中，利润总额和税金增速分别达到 21.1%和 19.1%，明显高于工业 12.2%和 11.0%的平均水平，电子信息制造业在工业经济中保持领先地位，支撑作用不断增强，2013 年电子信息制造业与全国工业增加值累计增速对比如图 2 所示。

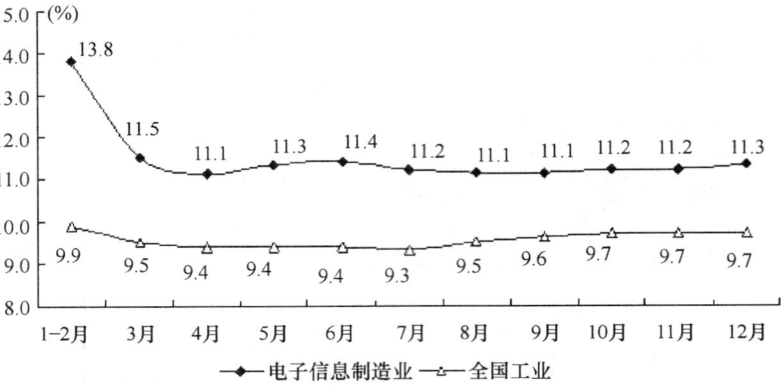

图 2 2013 年电子信息制造业与全国工业增加值累计增速对比

（三）国际地位日趋稳固

2013 年，我国电子信息产业销售收入 12.4 万亿元，折美元计算，在同期全球 IT 支出中占比超过 50%。在硬件产品制造方面，我国手机、计算机和彩电等产品产量分别达到 14.6 亿部、3.4 亿台和 1.3 亿台，均在全球出货量的半数以上。在软件产品开发方面，我国软件业务收入同比增长 24.6%，明显高于全球 5.7% 的平均水平，全球市场份额占比进一步提高。

二、投资

（一）产业投资缓慢增长

2013 年，我国电子信息产业 500 万元以上项目完成固定资产投资额 10828 亿元，同比增长 12.9%，增速比上年提高 7.2 个百分点，但仍低于同期工业投资增速 4.9 个百分点。全年，新增固定资产投资 6749 亿元，同比增长 1.3%，增速比上年回落 11.7 个百分点；新开工项目 7949 个，同比增长 5.0%，增速比上年回落 3.3 个百分点，如图 3 所示。

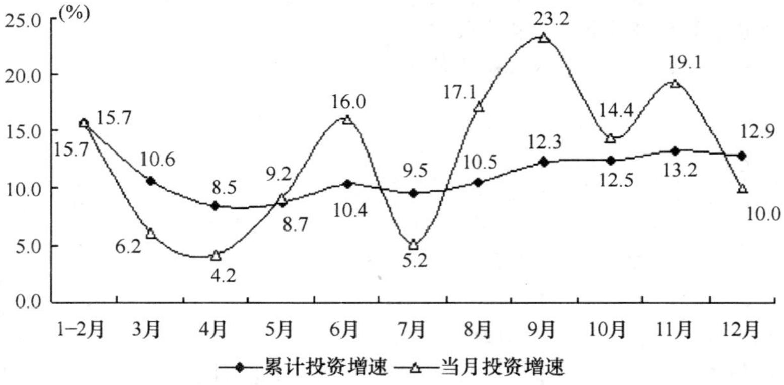

图 3 2013 年电子信息产业固定资产投资增速

（二）投资结构加快转变

分行业看，在政策引导下，集成电路行业投资活跃，完成投资额 578 亿元，同比增长 68.2%，增速居各行业首位；在 4G 加快建设的拉动下，通信设备行业完成投资 897 亿元，同比增长 37%，明显高于全行业平均水平；分地区看，西部地区投资加速，完成投资 1650 亿元，同比增长 29.2%，比上年提高 24.1 个百分点，高于平均水平 11.2 个百分点，比重提高 1.9 个百分点；从投资主体看，内资企业完成投资 8772 亿元，同比增长 16.1%，增速高于平均水平 3.2 个百分点，比重达到 81.0%，比上年提高 2.2 个百分点。

三、进出口

（一）外贸增速高位趋稳

2013 年，我国电子信息产品进出口总额达 13302 亿美元，同比增长 12.1%，增速高于同期全国外贸进出口总额水平 4.5 个百分点。其中，出口 7807 亿美元，同比增长 11.9%，高于全国外贸出口增速 4.0 个百分点，占全国外贸出口比重达到 35.3%，比上年提高 1.2 个百分点，对全国外贸出口增长的贡献率为 51.1%。进口 5495 亿美元，同比增长 12.4%，高于全国外贸进口增速 5.1 个百分点，占全国外贸进口比重达到 28.2%，比上年提高 1.3 个百分点，对全国外贸进口增长的贡献率为 45.7%。从全年进出口走势来看，呈逐步趋稳态势，如图 4 所示。

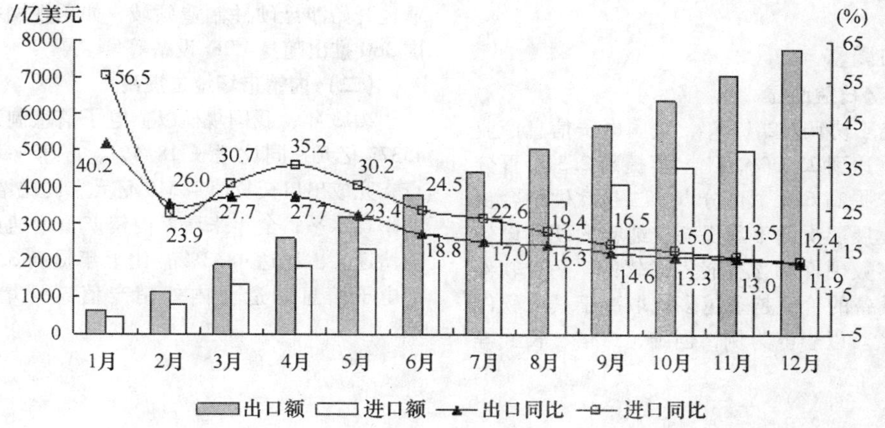

图4　2013年我国电子信息产品累计进出口额及增速

（二）外贸结构持续优化

在贸易方式上，一般贸易比重继续提升，出口额1514亿美元，增长23.2%，增速高于平均水平11.3个百分点；占比（19.4%）较上年提高1.8个百分点。此外，保税区仓储转口货物、保税仓库进出境货物及边境小额贸易等贸易方式出口增势突出，出口额达到1138、105和16亿美元，分别增长64.3%、41.5%和88.4%，贸易方式多元化趋势更加明显。在贸易主体结构上，内资企业出口1958亿美元，同比增长38.4%，增速高于平均水平26.5个百分点；占比（27.5%）较上年提高5.3个百分点。在贸易伙伴结构上，新兴市场成为新的增长点，对越南、南非和阿根廷等国出口增速分别达到78.5%、34.1%和23.5%。在区域结构上，中西部地区成为新的增长极，如陕西、山西、重庆和安徽四省市出口增速分别达到86.5%、65.9%、64.9%和53.1%。

四、经济效益

（一）效益规模继续扩张

2013年，我国规模以上电子信息制造业主要效益指标稳步增长，实现销售收入93202亿元，同比增长10.4%；利润总额为4152亿元，同比增长21.1%；税金总额为1845亿元，同比增长19.1%，如图5所示。

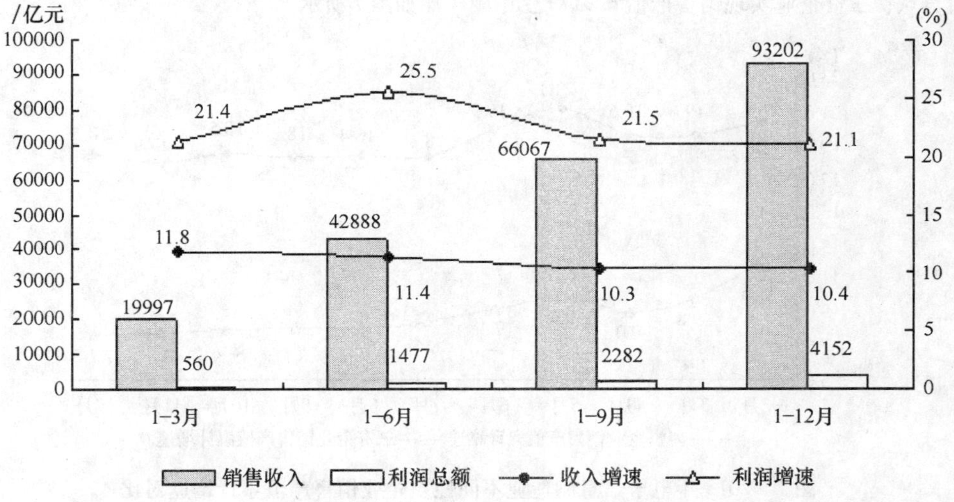

图5　2013年我国规模以上电子信息制造业收入及利润情况

（二）效益水平有待提升

从效益水平看，2013年，我国规模以上电子信息制造业销售利润率为4.5%，比上年提高0.4个百分点，但低于工业平均水平1.6个百分点。全年，规模以上电子信息制造业每百元主营业务收入中成本为 88.6 元，比工业平均水平高 3.3 元，企业生产经营的成本压力较大，盈利水平偏低。

五、产业结构调整

（一）融合化趋势日益凸显

一是软硬比例趋于协调。2013 年，我国电子信息产业中，软件业收入比重达到 25.0%，比上年提高 2.3 个百分点，比“十一五”末提高 6.8 个百分点。二是软硬融合步伐加快。随着产业发展层次的不断提高，纯粹的硬件设备越来越少见，绝大多数硬件都含有嵌入式软件、平台软件或应用软件，硬件设备的价值越来越多地取决于其中软件产品的价值技术含量。以彩电为例，创维、海信、长虹等主要厂商通过组织力量研发配套软件，或与软件企业开展合作，以提升产品的附加值。同时，软件企业及互联网企业也开始涉足硬件制造领域，如乐视网推出电视产品，奇虎 360 推出随身 WiFi 设备等。

（二）内销市场地位提高

2013 年，我国规模以上电子信息制造业实现内销产值 45373 亿元，同比增长 18.4%，高于平均水平 7.4 个百分点；完成出口交货值 48519 亿元，同比增长 4.9%，低于行业平均水平；全年来看，内销产值增速始终领先于外销产值增速，占比达 48.3%，比上年提高 3.3 个百分点。2013 年电子信息制造业内外销产值累计增速对比如图 6 所示。

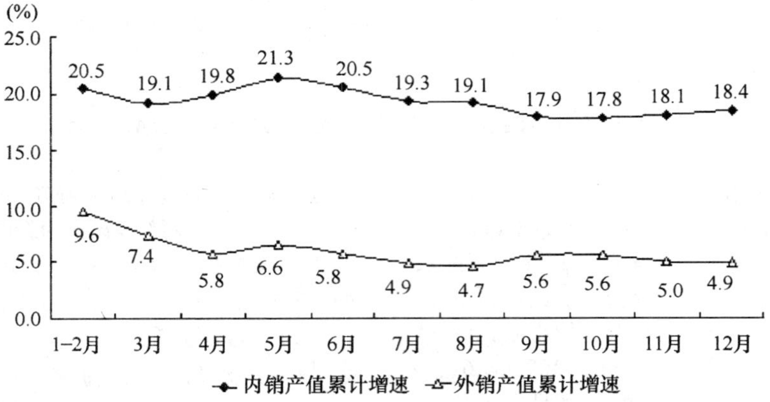

图 6　2013 年电子信息制造业内外销产值累计增速对比

（三）内资企业实力提升

2013 年，我国规模以上电子信息制造业中，内资企业实现销售产值 30975 亿元，同比增长 18.5%，高于行业平均水平 7.5 个百分点；三资企业实现销售产值 62917 亿元，同比增长 7.7%，增速低于平均水平 3.3 个百分点；内资企业销售产值占比达 33.0%，比上年提高 2.1 个百分点。2013 年电子信息制造业不同性质企业销售产值累计增速对比如图 7 所示。

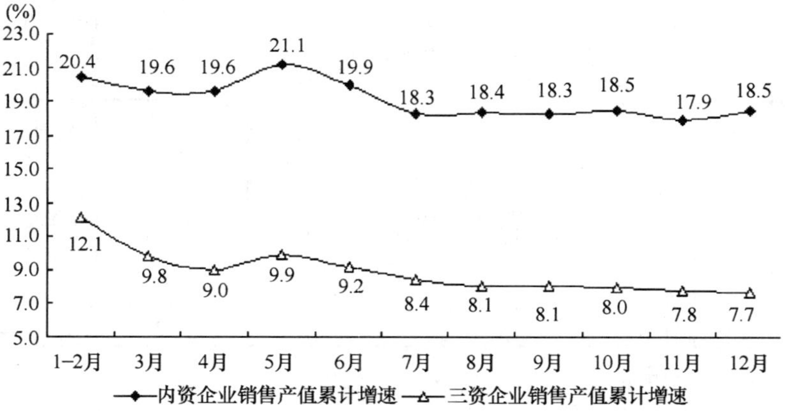

图 7　2013 年电子信息制造业不同性质企业销售产值累计增速对比

（四）产业转移有序推进

2013 年，我国规模以上电子信息制造业中，中部地区和西部地区分别实现销售产值 10208 和 7659 亿元，同比增长 28.0% 和 28.9%，增速高于平均水平 17.0 和 17.9 个百分点；中西部地区销售产值占比达 19.0%，比上年提高 2.5 个百分点。2013 年东、中、西、东北部电子信息制造业发展态势对比如图 8 所示。

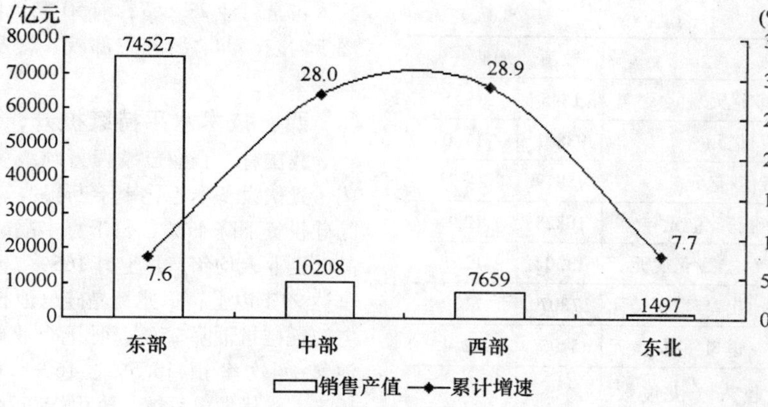

图8 2013年东、中、西、东北部电子信息制造业发展态势对比

六、科研创新

(一) 创新环境不断完善

2013年以来，电子信息产业各级主管部门下大力度优化企业创新政策环境，落实促进企业创新的财税政策。开展国家技术创新示范企业认定，建设以企业为主导的产业创新联盟；培育发展战略性新兴产业及信息消费等新兴业态和市场热点；组织实施重大创新发展工程和应用示范工程，加强关键核心和共性技术攻关，推进科技成果产业化；加快重点领域标准制修订，提升国际标准制定话语权；为我国电子信息产业自主科研创新营造了良好的政策环境，提供了有力的政策支持。

(二) 重点领域不断取得技术突破

在电子材料领域，石墨烯科研成果迅速转化，国内第一条世界领先的石墨烯生产线已开工在建，标志着我国在该领域跻身世界前列；在集成电路领域，国内第一款具有自主知识产权的55纳米相变存储技术产品发布，打破了国外芯片存储核心技术长期垄断的局面；我国完全自主知识产权的大功率IGBT芯片通过专家鉴定并投入批量生产，终结了高端IGBT芯片完全依赖进口的历史，将为我国轨道交通、电力系统等相关行业的发展提供强劲支撑；在卫星导航领域，我国北斗导航手持机和芯片亮相2013年世界雷达博览会；在超级计算机领域，我国研制的“天河二号”荣登全球超计算机500强排行榜榜首；在液晶显示领域，国内首颗AMLOED驱动芯片研制成功，具有重要的里程碑意义。

七、社会贡献

(一) 经济贡献日益增强

2013年，我国规模以上电子信息制造业收入、利润总额和税金占工业总体比重分别达到9.1%、6.6%和4.0%；电子信息产品进出口总额达13302亿美元，占全国外贸进出口总额的32.0%，比上年提高1.3个百分点；电子信息产业对国民经济增长的支撑作用不断增强。

(二) 助推社会信息化建设

2013年，我国电信固定资产投资完成额达到3755亿元，全年新建光缆线路265.8万公里，总长度达到1745.1万公里，同比增长17.9%。截止2013年12月末，使用4Mbit/s及以上高速率宽带接入用户占整个国内互联网接入用户数的78.8%，比上年提高14.3个百分点；我国网络国际出口带宽达到341万Mbit/s，同比增长79.3%，比上年提高42.6个百分点。移动电话普及率达到90.8部/百人，比上年提高8.3部/百人；互联网宽带接入用户数和移动互联网用户数分别达到1.9和8.1亿户，比上年末增加1906和4319万户。同时3G网络已经覆盖到全国所有乡镇，3G用户总规模突破4亿户，渗透率达到32.7%，比上年同期提高11.8个百分点。城镇居民的彩电、计算机拥有率继续提高。同时，信息技术的渗透带动作用日益增强，推动生产制造业、交通物流业、出口贸易业等各行业的智能化和自动化改造，传统行业企业通过广泛应用信息技术加快转型升级，逐步占据价值链高端。此外，电子信息技术在国防和国家重点工程领域也发挥了重要作用。2013年12月15日，嫦娥三号着陆器、巡视器顺利完成互拍成像，标志着我国探月工程二期取得圆满成功。在这其中，以中国电科为代表的一批电子信息企业功不可没。

2014年是全面贯彻落实党的十八大和十八届三中全会精神、全面深化改革的开局之年，也是电子信息产业转型升级发展的关键一年。目前，我国电子信息产业发展的基本面仍较为良好，但也面临着较多的不确定和挑战性因素，长期结构性问题与短期困难相互交织，形势较为复杂，提升产业发展质量和效益的任务仍较为艰巨。下一阶段，需要认真贯彻落实十八届三中全会和中央经济工作会议精神，坚持稳中求进，改革创新，把改革贯穿于产业发展各个领域各个环节，科学监测、密切关注，做好形势预判并及时采取应对措施，推进电子信息产业持续健康发展。

预计，2014年我国规模以上电子信息制造业增加值将增长10%左右，软件业增速将在20%以上。

八、附表

表1 2013年电子信息产业主要指标完成情况

		数额	增速（%）
一、规模以上电子信息制造业	工业增加值增速/%		11.3
	主营业务收入/亿元	93202	10.4
	利润总额/亿元	4152	21.1

（续）

<table>
<tr><th colspan="3"></th><th>数额</th><th>增速（%）</th></tr>
<tr><td rowspan="7">一、规模以上电子信息制造业</td><td colspan="2">税金总额/亿元</td><td>1845</td><td>19.1</td></tr>
<tr><td colspan="2">销售产值/亿元</td><td>93891</td><td>11.0</td></tr>
<tr><td colspan="2">出口交货值/亿元</td><td>45819</td><td>4.9</td></tr>
<tr><td colspan="2">固定资产投资/亿元</td><td>10828</td><td>12.9</td></tr>
<tr><td rowspan="3">电子信息产品进出口</td><td>总额/亿美元</td><td>13302</td><td>12.1</td></tr>
<tr><td>出口额/亿美元</td><td>7807</td><td>11.9</td></tr>
<tr><td>进口额/亿美元</td><td>5495</td><td>12.4</td></tr>
<tr><td>二、软件业</td><td colspan="2">软件业收入（快报数据）/万亿元</td><td>3.1</td><td>24.6</td></tr>
<tr><td rowspan="5">三、主要产品产量</td><td colspan="2">手机/万部</td><td>145561</td><td>23.2</td></tr>
<tr><td colspan="2">微型计算机/万台</td><td>33661</td><td>-4.9</td></tr>
<tr><td colspan="2">彩色电视机/万台</td><td>12776</td><td>-0.4</td></tr>
<tr><td colspan="2">集成电路/亿块</td><td>867</td><td>5.3</td></tr>
<tr><td colspan="2">程控交换机/万线</td><td>3116</td><td>10.2</td></tr>
</table>

2013年我国光伏产业运行情况

2013年以来，受政策引导和市场驱动等因素影响，我国光伏产业发展形势较2012年有所好转，骨干企业经营状况趋好，国内光伏市场稳步扩大。

一、行业发展逐步回暖，企业经营状况改善

2013年全球新增光伏装机36吉瓦，同比增长12.5%；全年多晶硅、组件价格分别上涨47%和8.7%。欧盟对我光伏“双反”案达成初步解决方案，我对美韩多晶硅“双反”做出终裁，外部环境进一步改善。国内企业经营状况不断趋好，截至2013年底，在产多晶硅企业由年初的7家增至15家，多数电池骨干企业扭亏为盈，主要企业第四季度毛利率超过15%，部分企业全年净利转正。

二、产业规模稳步增长，应用水平不断提高

2013年全国多晶硅产量8.4万吨，同比增长18.3%，进口量8万吨；电池组件产量约26吉瓦，占全球份额超过60%，同比增长13%，出口量16吉瓦，出口额127亿美元。国内市场快速增长，新增装机量超12吉瓦，累计装机量超20吉瓦，电池组件内销比例从2010年的15%增至43%。全行业销售收入3230亿元（制造业2090亿元，系统集成1140亿元）。

三、盲目扩张势头减缓，行业集中度逐步提高

受政策引导和市场调整等影响，产业无序发展得到一定遏制，众多企业加大内部整改力度，部分落后产能开始退出。同时，部分企业兼并重组意愿日益强烈，出现多起重大并购重组案。从工业和信息化部发布的第一批符合《光伏制造行业规范条件》企业名单（共109家）情况看，其2013年多晶硅、硅片、电池组件产量分别占全国的85.7%、61%和74%；从业人员及销售收入分别占光伏制造业的58%和78%。2013年，我国前10大光伏企业销售收入占全行业23.6%，前50家销售占比63.6%，产业发展逐步向东部苏、浙和中部皖、赣及西、北部蒙、青、冀等区域集中。

四、技术水平持续提升，创新驱动效应明显

我国骨干企业已掌握万吨级多晶硅及晶硅电池全套工艺，光伏设备本土化率不断提高。2010年至今，每千吨多晶硅投资下降47%，每千克多晶硅综合能耗下降35%，多晶硅企业人均年产量上升165%，骨干企业副产物综合利用率达99%以上；每兆瓦晶硅电池投资下降超过55%，每瓦电池耗硅量下降25%，骨干企业单晶、多晶及硅基薄膜电池转换效率由16.5%、16%、6%增至19%、17.5%、10%；光伏发电系统投资由25元/瓦降至9元/瓦。

2013年我国锂离子电池行业运行情况

2013年，我国锂离子电池行业（包括锂离子电池、设备、材料）规模持续扩大，全球市场份额稳步提升，全行业销售收入超过860亿元。

一、产业规模持续扩大

2013年，我国锂离子电池总产量达337亿瓦·时，同比增长14%；销售收入超过650亿元，同比增长5%。其中，智能手机、平板电脑等移动智能终端市场大幅增长，带动消费型锂离子电池市场稳步上升，销售收入同比增长15%；动力型锂离子电池市场增长30%，销售收入达40亿元。

二、全球市场份额稳步提升

全球锂离子电池市场份额方面仍然呈现中、韩、日三分天下的局面，我国锂离子电池产品占全球市场份额比例从2012年的26.9%上升至2013年的30%，韩国、日本分别占42.9%和26.9%。

三、关键材料国产化进程加快

锂离子电池四大关键材料国产化水平不断提高。2013年，我国锂离子电池正极材料产量为4.5万吨，同比增长25%；负极材料产量为3.5万吨，同比增长20%；电解液产量为2.9万吨，同比增长20%；隔膜产量为2.65亿平方米。

四、生产设备市场形势向好

下游市场的增长，带动地方政府增大支持力度和提速电动汽车的应用，激发了锂离子电池生产企业投资扩产，带动了锂离子电池生产设备需求的增长。2013年，锂离子电池设备销售收入达40亿元，同比增长超过30%。

五、储能市场开拓初见成效

由于通信基站、新能源电站等新兴储能市场的带动，2013年储能型锂离子电池市场规模大幅增长至20亿元，增幅达43%。特别是通信运营商集中采购带动需求，通信用储能型锂离子电池市场规模同比增长超过100%。

2013年我国电子信息产品进出口情况

2013年以来，我国电子信息产品对外贸易克服错综复杂的国内外经济形势，总体保持较快增长，为支撑全国外

贸增长发挥了积极作用。全年，电子信息产品进出口总额达13302亿美元，同比增长12.1%，增速高于同期全国外贸进出口总额水平4.5个百分点。其中，出口额为7807亿美元，同比增长11.9%，高于全国外贸出口增速4.0个百分点，占全国外贸出口达35.3%，比上年提高1.2个百分点，对全国外贸出口增长的贡献率为51.1%。进口额为5495亿美元，同比增长12.4%，高于全国外贸进口增速5.1个百分点，占全国外贸进口达28.2%，比上年提高1.3个百分点，对全国外贸进口增长的贡献率为45.7%。

一、各行业进出口增速分化明显

在出口方面，电子器件类产品增速居于首位，出口额为1605亿美元，增长80.1%，增速高于全行业平均水平68.2个百分点；通信设备与家用电子电器行业保持相对较快增长，出口额分别为1773和1027亿美元，增长18.7%和19.9%，增速高于平均水平6.8个百分点和8.0个百分点；电子仪器设备和电子材料增势平缓，出口额为305和59亿美元，分别增长9.4%和10.7%，增速略低于全行业平均水平；计算机、电子元器件和广播电视设备出口呈下降态势，出口额分别为2245、719和74亿美元，同比下降5.7%、20.6%和38.4%。出口额前五位的产品分别是，笔记本电脑（1108亿美元，-2.6%）、手机（951亿美元，17.4%）、集成电路（877亿美元，64.1%）、液晶显示板（359亿美元，-1.1%）和手持式无线电话用零件（355亿美元，23.7%）。

在进口方面，电子器件、通信设备、电子仪器设备和家电行业呈增长态势，进口额分别为3105、488、434和228亿美元，增长41.8%、21.1%、12.9%和117.7%；计算机、电子元器件、电子材料和广播电视设备进口同比下降，进口额分别为599、521、76和45亿美元，同比分别下降9.9%、44.7%、16.2%和59.3%。进口额前五位的产品分别是，集成电路（2313亿美元，20.5%）、液晶显示板（496亿美元，-1.4%）、手持式无线电话用零件（337亿美元，26.6%）、硬盘驱动器（161亿美元，-27.5%）和印制电路（136亿美元，-5.7%）。

二、进出口贸易方式趋于多元化

在出口方面，一般贸易出口额为1514亿美元，增长23.2%，增速高于平均水平11.3个百分点，占比达19.4%，比上年同期提高1.8个百分点；加工贸易出口额为5017亿美元，同比小幅增长1.0%，增速低于平均水平10.9个百分点。其中，进料加工贸易出口额为4682亿美元，同比增长2.6%；来料加工贸易出口额为334亿美元，同比下降为16.5%。保税区仓储转口货物、保税仓库进出境货物及边境小额贸易等贸易方式出口增势突出，出口额分别达1138、105和16亿美元，增长64.3%、41.5%和88.4%。

在进口方面，一般贸易进口额为1216亿美元，同比增长17.6%，增速高于平均水平5.2个百分点；加工贸易进口额为2660亿美元，增长3.1%，增速低于平均水平9.3个百分点。其中，进料加工贸易进口额为2323亿美元，增长4.5%；来料加工贸易进口额为336亿美元，同比下降5.5%。保税区仓储转口货物和保税仓库进出境货物等贸易方式进口增长较快，进口额为1375和193亿美元，分别增长28.9%和26.2%。

三、民营企业进出口增速保持领先

在出口方面，内资企业出口额为1958亿美元，同比增长38.4%，增速高于平均水平26.5个百分点，占比到27.5%，比上年同期提高5.3个百分点。其中，民营企业出口增势突出，出口额为1592亿美元，增长55.4%，增速高于平均水平43.5个百分点，对电子信息产品整体出口增长贡献率达68.6%。三资企业出口为5662亿美元，增长4.3%，增速低于平均水平7.6个百分点。其中，外商独资企业出口为4225亿美元，增长1.5%。中外合资企业出口为1374亿美元，增长13.7%；中外合作企业出口额为63亿美元，增长7.3%。

在进口方面，内资企业进口额为1687亿美元，增长43.3%。其中，民营企业进口增速居于首位，进口额为1311亿美元，增长61.9%，增速高于平均水平49.5个百分点。三资企业进口额为3808亿美元，增长2.6%。其中，外商独资企业进口额为2788亿美元，下降1.3%。中外合资企业进口额为1010亿美元，增长15.1%；中外合作企业进口额为10亿美元，增长10.5%。

四、对主要贸易伙伴进出口增速差异较大

在出口方面，对前五大贸易对象分化明显，具体来看，对中国香港地区出口额为2401亿美元，增长25.7%；对美国出口额为1386亿美元，增长6.0%；对日本出口额为497亿美元，增长6.2%；对韩国出口额为394亿美元，增长14.0%；对荷兰出口额为346亿美元，小幅增长0.7%。对部分新兴市场出口保持较快增长，如对越南、南非和阿根廷等国，增速分别达78.5%、34.1%和23.5%。对欧洲出口整体呈下降态势，出口额为1275亿美元，下降1.4%；从主要国家看，对德国、法国和意大利，分别下降8.4%、10.5%和11.0%。

在进口方面，复进口仍居首位，进口额为1290亿美元，增长12.6%，其后五位地区和国家分别是中国台湾地区（1097亿美元，27.1%）、韩国（1022亿美元，15.8%）、日本（546亿美元，-3.1%）、马来西亚（386亿美元，3.1%）和美国（265亿美元，46.2%）。

五、主要省市进出口增长态势不一

在出口方面，广东、江苏、上海、浙江和重庆五省市居前五位，出口额分别为3433、1410、943、253和250亿美元，同比增长17.9%、-0.5%、-1.7%、4.5%和64.9%。陕西、山西和安徽等中西部省份出口增长较快，增速分别达到86.5%、65.9%和53.1%。

在进口方面，广东、江苏、上海、天津和北京五省市居前五位，进口额分别为2391、936、721、224和175亿美元，同比增长19.4%、3.5%、-5.1%、19.8%和4.0%。

六、附图

2013年以来我国电子信息产品累计进出口额如图1所示。

2013年1~12月电子信息产品各主要行业出口情况对

比如图 2 所示。

2013 与 2012 年电子信息产品出口贸易方式结构对比如图 3 所示。

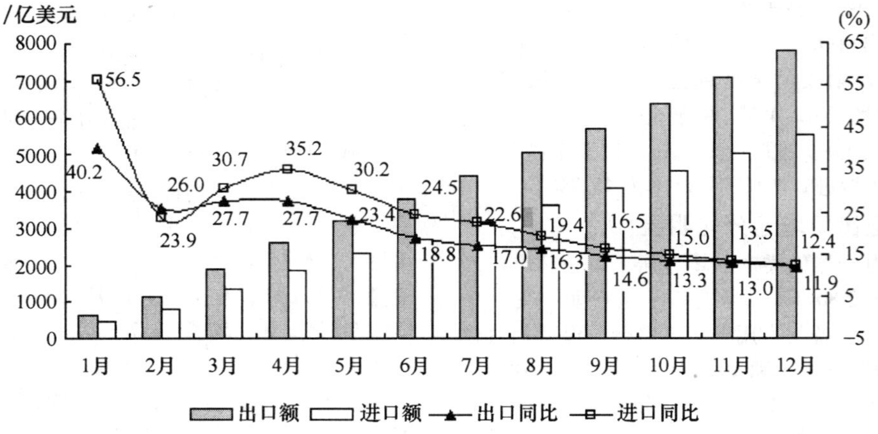

图 1　2013 年以来我国电子信息产品累计进出口额

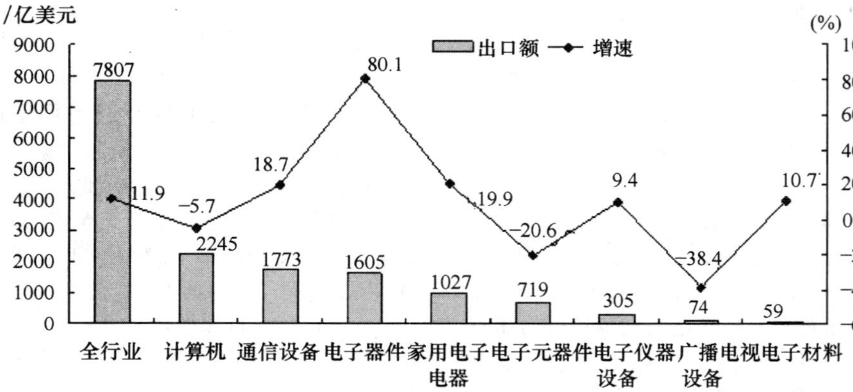

图 2　2013 年 1—12 月电子信息产品各主要行业出口情况对比

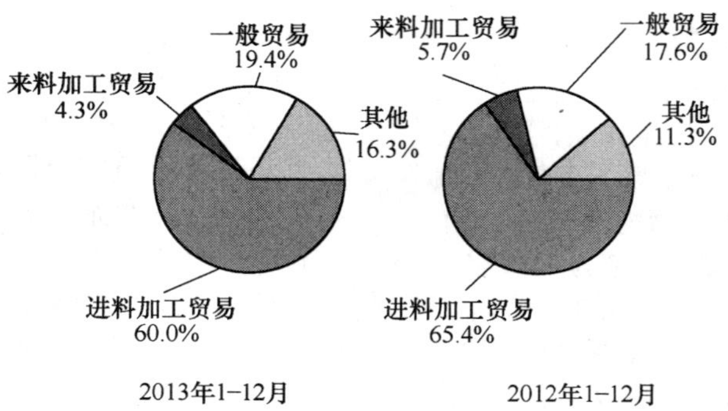

图 3　2013 与 2012 年电子信息产品出口贸易方式结构对比

2013 年可再生能源装机大幅增加占据半壁江山

2013 年 11 月 7 日，中电联 2013 年前三季度电力供需形势分析新闻发布会在京召开。会议介绍了全年新增发电装机容量为 9100 万千瓦左右，其中新增可再生能源装机容量为 4900 万千瓦左右。可再生能源装机大幅增加，已占据全年新增装机总量的“半壁江山”。

2013年底全国发电设备容量将达到12.3亿千瓦左右，其中可再生能源装机容量为3.6亿千瓦，占比30%左右，可再生能源装机总量接近"可再生能源十二五规划"总体目标。

一、水电发展规模持续扩大

今年前三季度水电完成投资同比增长11.8%，新增装机容量为1867万千瓦，截至9月底全国6000千瓦及以上水电装机容量为2.31亿千瓦、同比增长12.4%，水电新增装机持续增长。

"十二五"时期，我国水电发展的重点为大型水电基地建设，将优先开发水能资源丰富、分布集中的河流，建设10个千万千瓦级大型水电基地。重点包括金沙江中下游、雅砻江、大渡河、澜沧江中下游、黄河上游、雅鲁藏布江中游等流域（河段）水电开发，启动金沙江上游、澜沧江上游、怒江等流域水电开发工作。全国将开工建设水电1.6亿千瓦，其中抽水蓄能电站为4000万千瓦；新增水电装机容量为7400万千瓦，其中新增小水电为1000万千瓦，抽水蓄能电站为1300万千瓦。

以四川为例，"十二五"以来，以"三江"（金沙江、雅砻江、大渡河）为主的四川水电基地的大中型水电工程陆续建成投产，目前该省水电装机已突破4600万千瓦，跃居全国首位。

截至目前，我国已建成常规水电装机容量占全国技术可开发装机容量的48%。到2020年，全国水电总装机容量将达到4.2亿千瓦。可以说，我国水电发展规模扩大。

二、风电行业开始稳步复苏

继2012年取代美国成为世界第一风电大国后，我国2013年并网风电装机容量再度位居世界首位。

中电联的统计数据显示，上半年我国新增风电并网装机容量为410万千瓦，到6月底全国并网风电装机量达到了6600万千瓦，同比增加25.9%，发电量同比增长39.3%。全国新核准102个风电项目，新增核准容量为902万千瓦，同比增长4%。其中，新疆新增核准容量超过200万千瓦，居全国之首；山西、甘肃的新增核准容量均超过100万千瓦，居全国第二位和第三位。

据中电联专职理事长魏昭峰介绍，我国新能源发电装机容量和发电量持续保持快速增长。2013年前三季度，风电新增装机容量为647万千瓦，全国并网的风电装机容量为6826万千瓦，同比增长了23.6%；电网发电量为993亿千瓦·时，同比增长了40.6%。风电已经成为我国除了火电和水电之后的第三大电源。蒙西、蒙东、吉林、甘肃、冀北地区的风电发电量占用电量比例、风电瞬时出力占负荷比例等风电运行指标创新高，与国际先进水平相当。风电设备利用率继续提高。除因南方低风速地区项目的建设外，哈密等大型风电基地建设已接近尾声，将于年底投入运行。随着哈密到郑州±800千伏直流特高压线路年底投运，西北地区风电"弃风限电"的情况将得到进一步缓解。风电发展总体环境逐步好转。

作者从主流整机制造商处了解到，金风科技新增风电装机容量有望达到300万千瓦，联合动力将超过200万千瓦，华锐风电和湘电股份新增装机容量也能达到100万千瓦。

多家风电设备制造商和研究机构预计显示，2006—2012年我国风电装机年均增长76%，发电量年均增长85%。2013年全国新增风电装机将超过14吉瓦，同比增加8.6%，风电累计装机容量将达到约90吉瓦。风电行业呈现稳步复苏态势。

三、分布式光伏发电初现曙光

2013年全球光伏新增装机容量或将首次超过风电，同时，我国也推出多种财政补贴等措施推进分布式光伏并网发电的步伐。

中电联的统计数据显示，前三季度我国并网太阳能发电新增装机容量为321万千瓦，同比增加290万千瓦，9月底6000千瓦及以上并网太阳能发电装机容量为684万千瓦，发电量为56亿千瓦·时。

根据国家能源局的预计，2013年新增装机约10吉瓦。到2013年底，中国累计光伏装机将达到16.5吉瓦。其中，分布式光伏项目为5.7吉瓦，光伏电站约10.8吉瓦。青海累计装机容量为3.21吉瓦，甘肃累计装机容量为2.83吉瓦，新疆累计装机容量为1.28吉瓦，宁夏累计装机容量为1.26吉瓦，内蒙累计装机容量为910兆瓦。

近日，能源局发布了2014年各省光伏发电规模预方案。方案称，光伏电站共计约11.8吉瓦，其中分布式光伏约为7.6吉瓦。东部沿海发达地区分布式光伏项目占全部分布式光伏项目的比例超过70%，江苏、山东、浙江三地的建设规模都突破了1吉瓦；西部地区建设规模为650兆瓦。此外，西部多个省光伏电站建设规模计划远远超过东部沿海地区。青海、新疆、宁夏、甘肃、内蒙古、陕西和河北六省的光伏电站建设总规模计划达到了3.1吉瓦。

分布式光伏发电近三年呈现爆发式增长。我国从2009年开始实施特许权招标，推动地面大型光伏电站建设。同年，开始了"金太阳"工程和光电建筑示范项目，给予分布式光伏发电系统补贴，并按照投资规模的大小，确定补贴额度。截至2011年年底，国家已公布的光电建筑示范项目规模约为30万千瓦；"金太阳"工程已公布的规模约为117万千瓦。随着国家对分布式光伏发电补贴政策的持续，分布式光伏发电将是未来的重要发展方向。

11月12日，国际能源署发布的《2013年世界能源展望》指出"可再生能源将成为电力行业的主要燃料。预计到2035年，全球电力增长的50%由可再生能源供电，其中间歇式发电（风能和太阳能）占比45%。中国将是可再生能源发电绝对量增幅最大的国家，增长量可能要超过欧盟、美国和日本增量的总和。"

随着世界石油能源危机的出现和全球环境的变化，人们开始认识到可再生能源的重要性。各国各地区凭借本地的资源优势和区位优势，借助国家政策，大力发展可再生能源发电。可再生能源以其自身清洁、可循环利用的优势已被越来越多的人接受和认可，进入快速增长期。水电等常规可再生能源的发展规模扩大，风能、太阳能、生物质能等新兴可再生能源发展迅速。

可再生能源装机的增长的同时，需要国家更完善更规划的产业政策扶持，需要规范的法律制度支持。可再生能源将逐渐占主导地位取代化石能源来满足人类文明对能源的需求，未来的电力将朝着清洁能源的方向发展。

不断扩大可再生能源利用规模

可再生能源包括水能、风能、太阳能、生物质能、海洋能、地热能等，具有取之不尽、清洁环保的特点，可以持续满足人类的能源需要。面对日益严峻的能源环境问题，许多国家把开发利用可再生能源、减少化石能源消费作为重要的能源发展战略，通过制定法律和政策措施，推动可再生能源快速发展。

2012 年底，全球风电装机容量达到 2.8 亿千瓦，近 10 年来年均增长近 30%；光伏发电装机容量达 1 亿千瓦，近 10 年来年均增长率为 40%。可再生能源已成为许多国家能源发展的重要战略，德国 2012 年新增光伏发电容量为 760 万千瓦，成为德国新增发电装机规模最大的电源。可再生能源在许多国家能源和电力消费中的比重不断扩大，2012 年丹麦风电已占到全部电力消费的 28%，2020 年将达到 50%。同时，可再生能源在未来能源中的地位日益明确，许多国家制定了清晰的可再生能源发展战略和目标。德国制定的 2050 年能源发展战略是，可再生能源将占到全部能源消费的 60%，将占电力消费的 80%；丹麦提出了到 2050 年完全摆脱对化石能源依赖的目标。可以预见，经过几十年的持续努力，欧洲许多国家将会实现能源转型，能源消费将会主要依赖可再生能源，《第三次工业革命》描绘的互联网与可再生能源融合、形成新的经济社会发展模式的目标将会实现。

近年来，在《可再生能源法》的推动下，我国可再生能源发展取得了举世瞩目的成就，特别是风电装机容量已达 7000 万千瓦，今年风电发电量将达到 1400 亿千瓦·时，约占全部发电量的 2.5%。光伏发电容量将达到 1500 万千瓦，发电量超过 100 亿千瓦·时。同时，水电装机容量将达到 2.7 亿千瓦，年发电量约为 9000 亿千瓦·时。虽然可再生能源发展明显加快，但可再生能源占能源消费的比重仍然很低，尚不足 10%，特别是面临的矛盾在加大，弃风、弃水问题突出，暴露了我国能源发展思路和管理体制机制的缺陷。

目前，我国总发电装机容量已超过 12 亿千瓦，年发电量超过 5 万亿千瓦·时。如按风电发电量占到全部发电量的 20% 测算，可消纳风电发电量 1 万亿千瓦·时，按风电平均 2000 小时测算，需安装风电装机容量 5 亿千瓦，风电发展潜力很大。随着发电装机容量和发电量的增加，风电装机容量还可以增加。此外，无论从需求还是可能来看，太阳能发电的利用潜力更大。专家分析，实现能源转型，2050 年非化石能源发电可满足能源消费的 62%，非化石能源发电占到电力消费的 86%，风电装机容量达到 20 亿千瓦，光伏发电装机容量达到 24 亿千瓦。因此，必须下大的力气推动可再生能源发展，不断提高可再生能源的消费比重。

“风光储输”示范工程——打造新能源领域的“中国标准”

这是国家“风光储输”示范工程的光伏发电站。12 月 25 日，位于河北省张家口市的国家“风光储输”示范工程实现安全稳定运行两周年。该工程是国家科技支撑计划重大项目，集风电、光伏发电、储能及智能调度输电工程四位一体。一期工程建设风电装机容量为 9.85 万千瓦、光伏发电容量为 4 万千瓦和储能容量为 2 万千瓦，配套建设一座 220 千伏智能变电站，总投资为 33 亿元，于 2011 年 12 月 25 日竣工投产。两年来，国家“风光储输”示范工程通过风、光、储多组态联合运行模式，不仅累计输出平稳可控的绿色电能 5.2 亿千瓦·时，还通过实践破解了新能源集中并网、集成应用的世界性技术难题，达到国际领先水平。为我国新能源领域相关标准制定、技术进步和产业升级提供了有力支撑，极大提升了我国在新能源领域的国际影响力和话语权。目前，风电装机容量为 40 万千瓦、光伏发电容量为 6 万千瓦、储能容量为 5 万千瓦的国家“风光储输”示范工程二期正在紧张建设中。项目建成后，每年将向电网提供约为 12.5 亿千瓦·时的优质、可靠、稳定的绿色电能。

西北电网跨区域新能源消纳将增 80 倍

2013 年西北电网将通过跨区、跨省交易消纳新能源电量预计将达 39 亿千瓦·时，同比增长 80 倍，约占西北跨区跨省交易送出电量的 7%，占西北风电发电量的 15%。

近年来西北电网新能源装机容量增长迅猛，截至 2013 年 10 月底，西北电网新能源并网装机容量达 1907 万千瓦。其中，风电 1355 万千瓦，太阳能光伏 552 万千瓦。电力电量供大于求的矛盾异常突出。新能源发电存在预测困难、出力不稳定、不可控的特点，给网内火电企业和电网运行带来了很大压力。按照传统政策，新能源电力原则上在本省消纳，这就使得新能源装机比例大的省份消纳压力大增。甘肃是西北新能源装机增长最快的省份，特别是甘肃河西地区风电装机过于集中，就地平衡、省域平衡的传统电力市场平衡模式已不适应新能源快速发展的形势。

近年来，国家电网西北电力交易分中心在跨区跨省交易组织工作中，创新探索解决了全网新能源消纳特别是风电消纳困难的问题。特别是今年新能源消纳压力不断加大的形势下，西北交易分中心大胆创新电力交易模式，努力打破省间电力市场壁垒，促进新能源电量大规模、大范围消纳。一是对跨区跨省交易模式进行优化和创新，利用国家电力市场平台，改变过去只有火电企业参加跨区交易的交易模式，风电企业直接参与跨区外送电集中交易，为新能源拓展了区外消纳的空间。二是利用跨省中长期合同固定新能源市场份额，在 2013 年签订的新疆送青海 3 年购售电合同中明确约定风电达 20 亿千瓦·时，着力用市场化手段实现了新能源电量长期稳定的大范围消纳。三是完善交易机制，基于现行电价政策实际，统筹平衡西北电力外送交易的经济性、低碳性和公平性关系，助推新能源大省加大电力外送。按照平等自愿的市场原则，今年组织甘肃跨省跨区外送电量达125亿千瓦·时，为风电、光电上网消纳腾出市场空间。

从2013年前10个月运行情况来看，西北跨区跨省新能源消纳规模显著增长，截至10月底西北地区已经实现风电电量外送34.8亿千瓦·时，有效促进了西北新能源大规模、大范围消纳和新能源产业的可持续发展。

全球光伏发电新装机容量将首超风能

据中国证券报报导，彭博社2013年12月1日发布最新年度新能源发电报告预测，2013年全球光伏发电装机容量将新增36.7千兆瓦，比去年同期增加20%；风能发电装机容量将新增35.5千兆瓦，比去年同期降低25%。全球太阳能发电新装机容量将首次超过风能发电装机容量，其中美国太阳能发电新装机容量将超过风能发电装机容量数倍。

彭博报告指出，以净发电量计算，截至2013年三季度末，全球太阳能发电量比去年同期增加6.407千兆瓦·时，月均增长率为17%；风能发电量月均增长率为0。

美国太阳能行业协会数据显示，截至2013年三季度末，美国太阳能发电新装机容量为2.528千兆瓦，超过同期风能发电新装机容量1.027千兆瓦的2倍。

中欧光伏产品贸易争端大事记

中欧光伏贸易争端是全球涉案金额最大的贸易争端之一。随着27日中欧双方就光伏贸易争端达成价格协议，这一备受关注的贸易摩擦案有望取得重大突破，中国光伏企业有望保住重要的欧洲市场。以下是中欧光伏贸易争端大事回顾。

2012年7月，德国Solarworld公司代表欧盟光伏电池产业向欧盟委员会正式提交了对中国光伏产品进行反倾销立案调查的申请。

SolarWorld（美国）公司曾于2011年11月联合其他6家太阳电池制造商向美国国际贸易委员会和美国商务部提交申请，要求针对中国输美太阳电池（板）和组件进行反倾销和反补贴合并调查，致使美方裁定对中国光伏产品征收反补贴和反倾销税。

2012年9月6日，欧盟委员会宣布对中国光伏产品发起反倾销调查。该案成为中欧双方迄今为止最大的一桩贸易纠纷，全球能源界为此一片哗然。

2013年6月4日，欧盟委员会宣布，欧盟将从6月6日起对产自中国的光伏产品征收11.8%的临时反倾销税，如果双方未能在8月6日前达成妥协方案，届时反倾销税率将升至47.6%。

2013年7月27日，欧盟委员会贸易委员德古赫特宣布，经过谈判，中国与欧盟就光伏贸易争端已达成“友好”解决方案，该方案近期将提交欧委会批准。这一谈判结果对于中欧双方意义重大。

同日，中国机电产品进出口商会、中国可再生能源学会、中国光伏产业联盟等5家行业组织发表《关于中国输欧光伏产品贸易争端达成价格承诺的联合声明》，称中欧光伏贸易争端最终达成价格承诺，在双方协商达成的贸易安排下，中国光伏产品将继续对欧盟出口并保持合理份额。

关于中国输欧光伏产品贸易争端达成价格承诺的联合声明

2013年7月27日，中国机电产品进出口商会、中国可再生能源学会、全联新能源商会、中国资源综合利用协会可再生能源专业委员会、中国光伏产业联盟五家行业组织发表《关于中国输欧光伏产品贸易争端达成价格承诺的联合声明》。全文如下：

经过中欧双方艰苦、细致的谈判，中国光伏产业代表与欧委会就中国输欧光伏产品贸易争端达成价格承诺。该价格承诺体现了中方绝大多数企业的意愿，使中国光伏产品在双方协商达成的贸易安排下，继续对欧盟出口，并保持合理市场份额。中国机电产品进出口商会、中国可再生能源学会、全联新能源商会、中国资源综合利用协会可再生能源专业委员会、中国光伏产业联盟代表中国光伏行业对此表示欢迎。

中欧光伏产业作为全球光伏产业链的不同环节，优势互补、共同发展，具有重大的共同利益。双方就解决光伏产品贸易争端达成一致，是互利双赢的结果，有利于中欧乃至全球光伏产业的共同发展，也为中欧双边经贸关系营造了良好环境。

光伏贸易摩擦案是中欧贸易史上金额最大的贸易争端，得到中欧双方领导人的高度重视。李克强总理和欧委会巴罗佐主席亲自通话进行沟通，为双方达成价格承诺奠定了良好的政治基础。国务院领导、商务部和相关政府部门关心、支持中国光伏企业的发展，欧盟有关国家政府和领导人、行业组织和很多企业也支持通过磋商解决贸易争端，中国光伏产业对此表示衷心感谢！

中国光伏产业的发展需要更加注重行业发展规划、国际市场多元化、国际国内市场平衡，更加注重新技术研发、原材料、设备制造方面的协调发展。

中国光伏行业组织一直致力于维护公平的国际贸易环境，反对贸易保护，主张通过协商解决贸易争端。在今后我国光伏产业发展中，中国光伏行业组织将继续发挥自身作用，推动技术进步，指导行业自律，规范出口秩序，为中国光伏行业健康发展做出更多贡献。

中欧光伏价格承诺8月6日正式实施，有效期至2015年

2013年8月6日起，旨在化解中欧光伏贸易争端的“价格承诺”协议正式实施。英利、尚德、赛维、天合光能、晶科等94家承诺的光伏企业按照价格承诺协议要求对欧盟出口硅片、电池、组件可免征反倾销税，设定的价格底线为每瓦0.56欧元，同时中国输欧光伏产品每年总量不得超过7吉瓦。未承诺企业对欧盟出口上述产品将被征收47.6%（非承诺的应诉企业）或67.9%（非应诉企业）的反倾销税，对于超出年出口限额的部分将同样征收47.6%的反倾销税。该“价格承诺”的有效期至2015年年底。

协议的达成使中国光伏产业不确定性大大降低，有望加快技术落后的低效率光伏企业退出市场，推动国内光伏产业重组。短期内中国产品的价格竞争力不会逆转，而7

吉瓦在欧盟市场所占份额可望高于47%。

财政部清算光伏金太阳工程，终结“事前补贴”

金太阳工程将成为历史名词，靠光伏补贴获利已经不那么容易。2013年12月23日，财政部下发《关于清算2012年金太阳和光电建筑应用示范项目的通知》。

按照规定，2012年金太阳示范项目在2013年6月30日（含）前完成并网发电的，按原补助标准5.5元/瓦进行清算。2013年12月31日（含）前完成并网发电的，补助标准按5元/瓦进行清算。2014年6月30日（含）前完成并网发电的，补助标准按4元/瓦进行清算。

特别需要注意的是，2014年6月30日之后未建成并网的项目一律取消示范并收回已拨付的补助资金。光电建筑一体化的示范工程与金太阳清算政策相似。

这两项旨在促进国内光伏应用和规模化发展的实施计划，至少刺激了国内600万千瓦光伏电站建设。但是，骗补、电站质量低、电站晒太阳等负面效应也随之出现。

一位分布式光伏企业人士介绍，由于政策存在先天缺陷，投资业主多忙于跑项目、骗补贴，采取拖延拖工期的方式以期建设成本继续降低，在设备采购上以次充好，不重视发电效率，很多项目连并网都无法解决。一些项目更是赶在项目规定验收期前仓促抢装，导致豆腐渣工程的出现。

2013年6月份，国家审计署对金太阳示范工程及光电建筑应用示范项目的审计结果，更让业内公开的秘密引来极大的关注。审计发现，多家公司及单位通过编造虚假申报材料等方式，套取中央财政累计资金达2.6亿元。

2013年3月，财政部决定金太阳示范工程不再进行新增申请审批。2013年5月，财政部曾发布《关于清算金太阳示范工程财政补助资金的通知》，规定没有按期完工的项目，要求“取消示范工程，收回补贴资金”；没有按期并网的项目，则会被“暂时收回补贴资金，待并网发电后再来函申请拨付”。

此次，财政部最新清算通知也意味着金太阳工程的终结，国家对光伏电站由“事前投资补贴”向“事后电量补贴”转变。2013年8月26日国家发改委下发《关于发挥价格杠杆作用促进光伏产业健康发展的通知》，正式确定地面电站及分布式电站的补贴电价，并提高可再生能源电价附加征收标准。

历年金太阳示范工程政策演变

2009年7月16日，财政部、科技部、国家能源局联合发布《关于实施金太阳示范工程的通知》，决定综合采取财政补助、科技支持和市场拉动方式，加快国内光伏发电的产业化和规模化发展。三部委计划在两到三年内，采取财政补助方式，支持不低于500兆瓦的光伏发电示范项目。

2009年的第一期示范工程包括329个项目，设计装机总规模642兆瓦，规定在两到三年时间完成。这一年的“金太阳”，重点支持大型工矿、商业企业及公益性事业单位，利用现有条件建设用户侧并网光伏发电项目、偏僻无电区光伏发电项目及大型并网光伏发电项目。当年并网光伏发电项目按系统总投资的50%给予补助，偏远无电地区的独立光伏发电系统按系统总投资的70%给予补助。

2010年，“金太阳”不再支持大型并网光伏电站，其他支持范围与2009年相同。2010年9月21日，三部委与住建部联合下发《关于加强金太阳示范工程和太阳能光电建筑应用示范工程建设管理的通知》，将关键设备招标方式由项目业主自行招标改为国家集中招标，按中标协议供货价格的一定比例给予补贴。其中，用户侧光伏发电项目补贴比例为50%，偏远无电地区的独立光伏发电项目为70%。对示范项目建设的其他费用采取定额补贴；用户侧光伏发电项目为4元/瓦（建材型和构件型光电建筑一体化项目为6元/瓦），偏远无电地区独立光伏发电项目为10元/瓦（户用独立系统为6元/瓦）。

2010年~2011年，“金太阳”重点支持经济技术开发区、工业园区、产业园区等集中连片开发的用户侧等光伏发电项目等。补贴标准又有所调整，不再对关键设备进行招标，只要设备检测符合标准即可，补贴方式仍采用初投资补贴，采用晶体硅组件的示范项目补助标准为9元/瓦，采用非晶硅薄膜组件的为8元/瓦。

2012年上半年，“金太阳”第一批项目的补贴标准调整为，用户侧光伏发电项目补助标准原则上为7元/瓦，后在正式实施过程中调低到5.5元/瓦。下半年第二批项目的补贴标准为，2013年6月30日前完工的“金太阳”及与建筑一般结合的太阳能光电建筑应用示范项目补助标准为5.5元/瓦，建材型等与建筑紧密结合的光电建筑一体化项目补助标准为7元/瓦；偏远地区独立光伏电站的补助标准为25元/瓦，户用系统的补助标准为18元/瓦。

2013年3月，财政部决定金太阳示范工程不再进行新增申请审批。2013年5月，财政部发布《关于清算金太阳示范工程财政补助资金的通知》，规定没有按期完工的项目，要求“取消示范工程，收回补贴资金”；没有按期并网的项目，则会被“暂时收回补贴资金，待并网发电后再来函申请拨付”。

国家电网正式发布《关于做好分布式电源并网服务工作的意见》

2013年2月27日，国家电网公司在京召开“促进分布式电源并网新闻发布会”，向社会正式发布《关于做好分布式电源并网服务工作的意见》。这是国家电网公司继2012年发布《关于做好分布式光伏发电并网服务工作的意见》后，出台的积极促进分布式能源发展的又一重大举措。一系列标准和细则的制定，将优化并网流程，简化并网手续，提升服务效率，切实提高分布式电网并网的服务水平。

发布会上，据国家电网公司总经理助理张丽英介绍，作为以建设运营电网为主营业务的国有重点骨干企业和特大型能源企业，国家电网公司认真落实国家能源发展战略，始终将促进新能源、分布式电源发展作为公司的政治责任和社会责任，全力推动我国分布式电源安全健康发展。一是加大电网投入、加快并网工程建设，克服分布式电源与电网规划工作不同步、工程建设工期不匹配、项目容量小且用户类型多等各种困难，积极主动开展前期工作，千方百计加快分布式电源并网工程建设。二是为保障分布式电源可靠并网，以及大规模接入后电力系统的安全稳定运行，大力推进分布式电源并网标准体系建设，先后编制了16项企业标准、8项行业标准、8项国家标准，解决了我国分布式电源标准建设滞后的突出问题。三是在国家能源局大力支持下，成功建设了国家级风电和太阳能发电研发（实验）中心，具备了风电和光伏发电全系列并网检测能力，为我国掌握分布式风电、光伏发电等并网关键装备的核心技术，提升关键装备的国产化水平提供了重要的实验检测平台。四是持续加大科研投入，建成了具有世界先进水平的分布式电源并网数字仿真平台，累计投入10亿元，在分布式电源的分析建模、规划设计、运行控制、功率预测、电网消纳等多个方面开展基础性研究工作，着力解决制约分布式电源发展的关键技术，以及重合闸、备自投、手拉手等可靠性装置与分布式电源协调运行及控制问题。五是建设重大示范工程，提升建设运行管理水平。建成以光伏发电、分布式电源为主要内容的天津生态城智能电网综合示范工程、上海世博园智能电网示范工程、河南智能电网示范工程，为我国多种新能源综合开发利用、分布式电源发展积累了经验和技术基础。

据国家电网公司统计，截至2012年年底，我国已并网投产的分布式电源为1.56万个，装机容量为3436万千瓦，其中分布式水电为2376万千瓦，居世界第一；余热、余压、余气资源综合利用和生物质发电近年来增长迅速，装机容量为871万千瓦，居世界前列。与此同时，我国风机、光伏电池和组件产量居世界第一，成为世界新能源装备制造中心；微型燃气轮机设备研制取得重大突破，初步具备了自主研发能力。

国家电网公司高度重视分布式电源持续健康发展，对分布式电源、微电网及如何支持光伏产业渡过难关等重大问题进行了多次专题研究，提出了“支持、欢迎、服务”分布式电源的工作要求。2012年10月26日，国家电网公司发布了《关于做好分布式光伏发电并网服务工作的意见》。之后，公司又组织骨干力量，经反复研究、多方征求意见，编制了《关于做好分布式电源并网服务工作的意见》（以下简称《服务意见》）、《关于促进分布式电源并网管理工作的意见》和《分布式电源接入配电网相关技术规定》，将承诺扩大到所有类型分布式电源。在《服务意见》中，就提供优惠并网条件、加强配套电网建设、优化并网流程、简化并网手续、提高服务效率等措施做出以下解释和承诺：

一是合理确定分布式电源界定标准。(《服务意见》明确，分布式电源，是指位于用户附近，所发电能就地利用，以10千伏及以下电压等级接入电网，且单个并网点总装机容量不超过6兆瓦的发电项目。包括太阳能、天然气、生物质能、风能、地热能、海洋能、资源综合利用发电等类型。

二是为并网开辟绿色通道。《服务意见》明确，为分布式电源项目接入电网提供便利条件，为接入系统工程建设开辟绿色通道。接入公共电网的分布式电源项目，其接入系统工程（含通信专网）及接入引起的公共电网改造部分由国家电网公司投资建设。接入用户侧的分布式电源项目，其接入系统工程由项目业主投资建设，接入引起的公共电网改造部分由国家电网公司投资建设（西部地区接入系统工程仍执行国家现行规定）。

三是提供一切优惠条件。《服务意见》明确，建于用户内部场所的分布式电源项目，发电量可以全部上网、全部自用或自发自用余电上网，由用户自行选择，用户不足电量由电网提供。上、下网电量分开结算，电价执行国家相关政策。公司免费提供关口计量装置和发电量计量用电能表。分布式光伏发电、风电项目不收取系统备用容量费。

四是全力做好并网服务。《服务意见》规定了并网关键节点时间，承诺随时提供并网相关问题咨询服务，明确并网申请受理、接入系统方案制定、接入系统工程设计审查、计量装置安装、合同和协议签署、并网验收和并网调试、政府补助计量和结算服务中，不收取任何服务费用。

2013年光伏产业扶持政策密集出台，分布式光伏项目成为重点扶持对象

2013年7月国务院发布《关于促进光伏产业健康发展的若干意见》后，财政部、发展改革委、国家能源局、国家电网及国家开发银行就补贴、退税、电价、并网及融资等问题出台若干配套政策，对国内光伏市场应用形成有力支持。特别是11月以来，各部委出台光伏发电项目的推广政策格外密集，其中分布式光伏项目成为重点扶持对象。

11月4日，国家能源局向地方能源局下发《关于征求2013、2014年光伏发电建设规模意见的函》，预计2013年光伏新增装机容量将达10吉瓦；2013年底累计光伏装机将达到16.5吉瓦，其中分布式光伏项目为5.7吉瓦；2014年各省光伏发电新增规模预计为11.8吉瓦，其中分布式约为7.6吉瓦。

11月18日，业内盼望已久的分布式又一利好政策正式落地。国家能源局发布《关于分布式光伏发电项目管理暂行办法的通知》，涉及总则、规模管理、项目备案、建设条件、电网接入和运行、计量与结算、产业信息监测及违规责任等细则。

11月26日，财政部发布《关于对分布式光伏发电自发自用电量免征政府性基金有关问题的通知》。该通知指出，为促进光伏产业健康发展等目标，对分布式光伏发电自发自用电量免收可再生能源电价附加、国家重大水利工程建设基金、大中型水库移民后期扶持基金、农网还贷资金四项针对电量征收的政府性基金。

11月26日，能源局研究落实分布式新能源民间投资政策，解决民营企业反映的突出问题，努力消除民间资本参与能源建设的政策障碍，为民营企业营造公平竞争环境，并制定了《国家能源局落实民间投资政策工作方案》。

11月28日，工信部对首批符合《光伏制造行业规范条件》企业名单进行公示，此次共有134家光伏生产企业入围公示名单。

2013 年全国新增光伏发电装机容量 1292 万千瓦

根据国家能源局公布数据，2013 年全国新增光伏发电装机容量为 1292 万千瓦。其中，光伏电站容量为 1212 万千瓦，分布式光伏容量为 80 万千瓦。

在国务院《关于促进光伏产业健康发展的若干意见》及一系列配套政策支持下，2013 年我国的光伏发电快速发展。截至 2013 年底，全国累计并网运行光伏发电装机容量为 1942 万千瓦。其中，光伏电站容量为 1632 万千瓦，分布式光伏容量为 310 万千瓦，全年累计发电量为 90 亿千瓦·时。

截至 2013 年底，全国 22 个主要省（自治区、直辖市）已累计并网 741 个大型光伏发电项目，主要分布在我国西北地区。累计装机容量排名前三的省区分别为甘肃、青海和新疆，三省区之和超过全国光伏电站总量的 60%。

分布式光伏发电主要分布在电力负荷比较集中的中东部地区，华东和华北地区累计并网容量分别为 145 万千瓦和 49 万千瓦，占全国分布式光伏的 60%。排名前三的省份分别为浙江、广东和河北，三省之和占全国分布式光伏并网总容量的 40% 以上。

我国光伏发电在发达地区率先升温

2013 年 6 月 14 日，李克强总理主持召开国务院常务会议提出，光伏产业是新能源产业的重要发展方向，我国光伏产业已具有相当国际竞争力，但受全球光伏市场低迷、国内市场应用不足等影响，目前出现生产经营困难，必须支持光伏产业走出困境并健康发展。要在努力巩固国际市场的同时，用改革的办法，发挥市场机制作用，着力激发国内市场有效需求，推动产业创新升级。

在我国经济发达的长三角地区，光伏发电市场开始全面升温。

2013 年 6 月 29 日，作为目前亚洲最大的单体建筑光伏发电项目———杭州火车东站屋顶项目——并网发电。该项目设计总装机容量为 10 兆瓦，采用 10 千伏电压等级并网，为光电建筑应用示范项目。工程项目年峰值日照时数为 1762 小时/年，工程光伏发电系统综合效率系数为 0.77，年发电量约为 980 万千瓦·时。

长三角地区同时也是全球光伏制造业聚集区，为支持企业走出困境，这里的光伏项目早已悄然启动。例如，在江苏泰州，中国医药城太阳能光电建筑应用示范项目已正式并网投运。该光伏电站是泰州市首个通过 20 千伏并网的光伏发电项目，分散布置在 10 栋厂房屋顶上，总面积约为 1.36 万平方米，共布置 230Wp 光伏组件 5560 块，总容量约为 1.28 兆瓦，年均上网电量约 124.52 万千瓦·时，所发电量全部上网。

在金华，横店集团东磁股份有限公司光伏电站则于 4 月 8 日正式并网发电。这座光伏电站总发电容量为 20.7 兆瓦，占用面积为 20 万平方米，总投资为 2.3 亿元。光伏电站设计寿命为 25 年，每年发电量约为 2000 万千瓦·时，解决园区内 10% 的用电量。

2013 年 8 月 27 日，浙江杭州桐庐经济开发区 50 兆瓦分布式光伏发电应用示范区项目建设正式启动。该项目总投资约为 4.5 亿元人民币，利用桐庐经济开发区内 23 家大中型企业总面积为 539175 平方米的厂房屋顶，安装 50 兆瓦高效晶体硅电池组件，计划于 2013 年底基本建设完成。建成后预计年发电量为 4700 万千瓦·时，约有 70% 以上的发电量由企业自用。

甘肃光伏电站首次实现有功智能控制

由东润环能（北京）科技有限公司自主研发的正泰敦煌鸣山光伏电站有功闭环控制系统结束试运行，正式接入国网甘肃省电力公司新能源有功智能控制系统，成为甘肃电网首个实现有功智能控制的光伏电站。

该光伏电站有功闭环控制系统投运后，可以在 120 秒内达到目标调节值，可实现对逆变器的群起群停功能，保障逆变器的安全、有效和电网稳定运行。同时，系统能接收并执行新能源有功智能控制系统发送的发电计划，实现有功自动调节和闭环控制，使光伏有功控制更安全、快速、准确。

据悉，长久以来甘肃光伏电站尚未实现有功闭环控制系统接入，还在依靠传统人工进行调节，不仅浪费了大量时间和精力，还易出现不准确偏差。敦煌鸣山光伏电站在应用了东润环能公司的新能源有功智能控制系统技术后，实现了甘肃电力对新能源与电网开展互动闭环控制，既保证了电网安全稳定运行，又保证了新能源发电送出最大化、最优化。

随着甘肃光伏发电产业快速发展，大规模光伏发电集中并网后，光伏波动性、间歇性和“正调峰”特性对电网运行产生了严重影响。而作为新能源并网及运营供应商的东润环能公司在新能源应用技术领域积累了丰富的经验，提供的发电功率预测、AGC、AVC 系统服务项目超过 600 个。在根据我国不同地区发电站特点，东润环能公司制定差异化方案，一直致力于推动新能源并网及调度自动化系统友好能力的技术支持和服务保障能力。

新疆光伏发电并网装机容量突破百万千瓦

2013 年 12 月 7 日，随着新疆哈密地区华电石城子三期 2 万千瓦太阳能光伏电站正式并网发电，新疆光伏发电并网装机容量达到 100.5 万千瓦。新疆风能、太阳能等清洁能源并网装机容量突破 500 万千瓦，占新疆电网总装机容量的 15% 以上。

据国网新疆电力公司介绍，新疆光伏电站建设虽然起步较晚，但进展迅速。2011 年 3 月，中电投总投资 3.26 亿元建设的哈密光伏电站开工并于同年 12 月 6 日正式并网发电，成为新疆光伏发电产业的“零”突破，仅 2 年后，新疆光伏发电并网装机已突破百万千瓦。

在光伏发电项目的刺激下，仅 2012 年就有 20 多家光伏装备制造企业入驻新疆哈密、石河子、阿拉尔、吐鲁番等地，哈密提出打造全国最大的光伏发电产业基地。截至目前已有近30家国内知名光伏装备制造企业入驻哈密光伏产业园区。

为提高新疆风能、太阳能等清洁能源的利用率，国网新疆电力公司每年专项用于清洁能源送出工程的建设资金达5亿元以上，先后建成投运一大批220千伏和110千伏配套送出工程。已建成投运的750千伏新疆与西北电网联网工程、新疆与西北主网联网第二通道，以及今年即将建成的哈密至郑州±800千伏直流输电工程，将使“疆电外送”能力达到1300万千瓦，年输电量超过650亿千瓦·时。

青海省第三个百万千瓦光伏发电群开始并网发电

2013年11月25日，华能共和一期光伏电站并网发电，成为青海省第三个百万千瓦光伏发电群并网项目中第二个并网发电的光伏电站，并网容量为2万千瓦。目前，青海省2013年百万千瓦光伏发电群建设项目已全面进入验收并网发电阶段。

针对第三个百万千瓦光伏发电群于年底前集中并网发电，国网青海省电力公司积极推进光伏并网管理工作，深入研究解决光伏电站并网接入、电量消纳、电网安全运行等关键技术问题，加快750千伏骨干网架建设，主动开展并网手续办理“一站式”、工程建设“跟踪式”、并网检验“贴心式”服务。

之后，国网青海电力印发《新能源建设常见缺陷汇总》，确保各项目高质量建设、高效率验收、安全顺利并网发电。

近年来，青海省按照“大集团引领、大项目支撑、集群化发展、园区化承载”的光伏产业发展思路，集中连片开发、分期建设，产业发展集聚程度不断提高，省内大规模光伏电站装机容量以每年新投一百万千瓦容量的速度迅猛发展。

2013年，青海共有47个光伏发电项目获得路条，总容量167万千瓦。目前，青海电网并网运行的光伏电站为96家，并网光伏装机容量为214万千瓦。省内光伏等新能源发电装机容量已占全省总装机容量的14%，光伏等新能源累计上网电量达24亿千瓦·时。

江苏光伏产业复苏，出口连续4月增长

新华网南京2014年1月27日从南京海关获悉，江苏光伏产业在经历低迷后，呈现复苏回暖趋势。截至2013年12月，该省太阳电池出口值已连续4个月保持同比增长态势。

南京海关新闻发言人、副关长冯忠明介绍，近期江苏省内光伏企业订单持续增加，出口逐渐呈现好转迹象。自2013年9月份起，江苏太阳电池出口值在25个月后重回增长轨道，到12月已连续4个月保持同比增长态势。

去年，受外部市场低迷、贸易壁垒等因素影响，江苏光伏产业遭受重创，全球四大光伏企业之一的无锡尚德甚至被迫破产重整。不过，目前江苏的光伏行业正在出现积极变化。南京海关统计处处长唐仁军介绍，常州天合光能、无锡尚德太阳能等光伏大企业在手订单明显增加，2013年下半年订单数量已经实现了大幅增长。虽然对欧盟、美国等传统市场的出口仍持续疲软，但如日本、印度和南非等新兴市场则出现了成倍增长。

据统计，2013年江苏全省对欧盟出口太阳电池18.3亿美元，占同期江苏省太阳电池出口总值的31.8%，而2011年和2013年这一比重分别高达73%和69%；而对日本、印度和南非分别出口13.9亿美元、3.4亿美元和2.3亿美元，分别增长3倍、2.1倍和13倍。以苏州为例，2013年前11个月，对欧美出口双双大幅下降，对亚洲市场出口则增长105%，其中对日出口4.51亿美元，增幅超过215%；扬州市去年对韩国出口3551万美元，增长10.1倍；对印度出口2401万美元，增长1.4倍；对加拿大出口1629万美元，增长2.1倍。

江苏光伏产业复苏的背后，同样有着南京海关的助力。南京海关隶属常州海关开展了“送政策、送服务”活动，引导企业用好政策，简化审批手续，提供便捷优惠通关措施。常熟海关建立了光伏企业进出口联络人制度，统一协调企业办理进出口业务，通过加急通关、现场加班、开辟绿色通道等方式，进一步提高通关效能。南通海关加强政策指导和答疑解难，帮助韩华新能源成为南通地区光伏行业首家海关AA类诚信企业。

青海建成世界最大离网光伏电站

OFweek太阳能光伏网讯：2013年12月11日，世界上最大规模离网光伏电站——青海玉树州曲麻莱县7.203兆瓦分布式离网光伏电站建成并试运行。此电站可全部解决曲麻莱县城常住户及自来水厂等用电大户的无电、缺电问题。

曲麻莱县原靠一座二级水电站供电，供电不足，冬日隔天供电，且仅可供电6小时，群众生活、企业生产多有不便。2012年，青海科技厅组织、中广核电力公司实施金太阳工程项目建设该电站。项目总投资2.3625亿元，光伏总装机容量为7.203兆瓦，电站采用全光伏储能发电模式，不带任何其他电源，储能总容量为每小时25.7兆瓦。在连续阴雨天等极端情况下，光伏电站所带全部负荷依靠电池可供电24小时，50%的居民日常用电靠储能电池运行72小时，重要负荷依靠储能电池供电达一周时间。

整个电站的逆变器系统、铅酸储能系统、锂电储能系统等全部采用集装箱式，既可缩短施工周期，又可在达到设备使用年限时方便回收。能源管理系统采集整个光伏电站设备的运行信息，根据光伏出力、储能状态、负荷情况进行分析，经过逻辑运算和预判功能协调三者的关系。

为了处理好光伏电源点、储能电源点、小水电电源点与负荷分配的关系，光伏电站增加了一套调度自动化系统，合理控制电源点出力和负荷之间的关系。

微型光伏逆变器技术通过国家认监委审核

8月19日，北京鉴衡认证中心提出的《微型逆变器技术要求和测试方法》通过国家认证认可监督管理委员会专家组审查。审查会议由全国能源基础与管理标准化技术委员会新能源与可再生能源分技术委员会主持，来自国家认监委科技与标准管理部、中国可再生能源学会光伏专委会、

国家太阳能光伏产品质量监督检验中心、中国三峡新能源公司、招商新能源控股有限公司、莱茵检测认证服务（中国）有限公司、保定天威北方电气自动化有限公司等单位的20余位专家参加了本次会议。

专家组审查认为，鉴衡认证中心提出的《微型逆变器技术要求和测试方法》符合国家认证认可监督管理委员会认证技术管理办法的要求，规定了微型逆变器的定义、结构、机械性能、电气性能及安全等方面的技术要求和测试方法，内容科学合理，符合微型逆变器的使用要求。审查组一致同意该认证技术规范通过审查，同时给予更高的评价，认为该认证技术规范填补了国内空白，提高了微型逆变器的产品质量、规范了市场，为我国光伏产业的发展提供了技术支撑。

太阳电池组件局部的阴影、不同的倾斜角度、面向方位、污垢、不同的老化程度、细小的裂缝及不同光电板的不同温度等容易造成系统失配导致输出效率下降的弊端，进而导致整体的输出功率大幅降低。这是集中式逆变器难以解决的问题。为了解决这一问题，近年来出现了微型逆变器的新构架。即在每个太阳电池模块配备微型逆变器，通过对各模块的输出功率进行优化，使得整体的输出功率最大化，即使部分电池板受到阴影、灰尘覆盖等情况的影响，微型逆变器仍可以跟踪最佳的局部MPP（最大功率点），可挽回大量损失的发电量。同时，微型逆变器将输入电压/电流转换为不同的输出电压/电流，以最大限度提高系统中的能量传输。

告别寒冬，光伏业迎兼并重组热

2013年初国内光伏产业的倒闭潮和破产潮，在进入隆冬后一眨眼间仿佛成为过去。

下半年，光伏行业利好政策不断释放，尤其是2013年第四季度以来，各地光伏电站投资热潮再起，非光伏企业和上游组件企业也加入到了“抢装潮”。这带动光伏组件商、硅片厂商出货量大增，产品毛利率也有所提升，光伏产品价格坚挺，光伏制造业明显回暖。

一系列利好政策犹如给光伏企业打了一针兴奋剂，部分光伏组件企业恢复盈利，并开始了新一轮的产能扩张之路。但是，很多已经被关停的光伏企业也趁机“起死回生”，业界担心这是否会引发新一轮的产能过剩。本期解读2013年光伏行业关键词——兼并重组。

一、电站投资热潮涌动

今年7月，国务院发布《关于促进光伏产业健康发展的若干意见》后，财政部、发展改革委、国家能源局、国家电网及国家开发银行就补贴、退税、电价、并网及融资等问题出台若干配套政策，对国内光伏市场应用形成有力支持。

进入年底，国家能源局、财政部也相继出台了利好政策。一时间，部分央企开始四处扩张，非光伏企业和上游组件企业也加入到了“抢装潮”。

《每日经济新闻》记者梳理发现，8月，中国机械工业集团宣布拟在宁夏投资200亿元开发2500兆瓦沙漠生态光伏电站；中航工业集团则透露，未来3年内，将在北京、上海等11个省20个城市陆续投资38亿元，建400兆瓦分布式发电系统。

此外，华电、中广核、国电等也纷纷抢食光伏电站项目。非光伏企业的代表则有江苏旷达（002516，股吧）、松辽汽车（600715，股吧）等。

而光伏的上游组件制造业的低迷让更多的投资者将目光投向了下游光伏电站。在国内光伏厂商新一轮的逆境探索中，已有不少企业在实施“以下游电站建设带动组件销售”的战略。这些企业包括英利、阿斯特、海润光伏（600401，股吧）、中环股份（002129，股吧）、阳光电源（300274，股吧）等。

据德勤近日发布的2013年中国清洁技术行业调查报告称，目前国内已披露的达成意向、签约及在建的光伏项目达130吉瓦，甚至比国家新拟定的到2015年装机容量达35吉瓦的“十二五”目标还要超出近3倍。

值得注意的是，上游多晶硅、中游光伏组件的过剩产能正在逐步淘汰或消化，而下游光伏电站环节却出现了过剩迹象，产能过剩有从上中游向下游转移的趋势。

据国家能源局统计，1～10月，中国光伏新增装机容量3.61吉瓦，这意味着本年度剩余的2个月中国光伏新增装机容量会在4～5吉瓦左右，“抢装”现象非常明显。

二、回暖产能再引担忧

在一系列扶持政策的支持下，光伏产品价格坚挺，企业热情高涨，光伏制造业明显回暖。业内预计，明年大部分光伏企业都能实现盈利。

公开资料显示，今年的光伏巨头们在利好政策的刺激下，不但扭亏为盈，毛利率更是不断攀升。其中，英利、赛维LDK、晶科、天合光能、阿特斯、晶澳六大企业三季度毛利率环比均有不同程度上涨，其中的赛维LDK涨幅达22.9%。

目前，26家已发布2013年业绩预告的光伏概念股中，剔除3家不确定外，有8家预喜，更有隆基股份（601012，股吧）、横店东磁（002056，股吧）等9家公司预计扭亏。

记者了解到，包括英利、天合光能、晶科能源、晶澳在内的光伏组件商已准备扩产。英利海南基地组件产能已由300兆瓦左右扩至1吉瓦；晶科能源年底产能达到1.8吉瓦，预计2014年会达到2吉瓦；天合光能目前组件产能2.4吉瓦，计划2014年达到3吉瓦。

2013年中国光伏产业有效产能约为45吉瓦，比2012年的60吉瓦下降了约25%。不过，这种增减却出现在不同的派系之中，即一线企业产能、产量持续增强，二线企业较为稳定，三线企业产能继续降低。这种此消彼长的格局既保证了光伏产业的需求不会出现断层，又有利于淘汰落后产能，形成某种寡头垄断的局面。

当然，这种寡头垄断是指大量订单流向了晶科、晶澳、阿特斯、英利等一线企业，并不会形成绝对的垄断，因此对行业长远发展是有利的。

但是，今年整个光伏产业链产能过剩仍很严重。数据显示，2012年国内光伏电池和组件厂商有600多家，仅去年一年数量就减少了1/4，但减产产能总量可能只有10%。据了解，这些厂商大部分都是停工和半停工状态，今年市场情况好转，这些产能可能会很快卷土重来。这意味着，全行业去产能化过程实际上并未有实质性推进。

三、企业加速兼并重组

过去两年，破产、重组、跑路一直是光伏企业中的“热词”。2013年3月，国内光伏巨头无锡尚德因大量债务违约而被实施破产重整；另一家光伏龙头江西赛维也不得不变卖资产抵债。此外，一些中小光伏企业老板纷纷跑路。

而每一次行业低谷，都是洗牌、整合并购的大好时机。已在“寒冬”中挣扎两年多的光伏行业，终于迎来了自己的并购契机。

9月13日，赛维LDK太阳能高科技（合肥）有限公司100%股权转让公示结束，通威集团以8.7亿元价格成功接手合肥赛维。10月8日，顺风光电以“黑马”之姿成为尚德的接盘人。

更有人通过这轮兼并重组成为了能源行业的首富。在最新发布的2013年福布斯中国内地富豪榜榜单中，汉能控股集团董事局主席李河君以665亿元的资产跃居第四名，成为能源行业的首富。

这家最早以水力发电为主业的企业，去年和今年分别抄底收购了德国Solibro、美国MiaSole和GlobalSolarEnergy三家薄膜技术领域的企业。自此，汉能控股集团成为全球较早实现柔性薄膜太阳能组件大规模量产的公司。

当然，国家政策也在大力推动兼并重组。9月17日，工信部就出台了《光伏制造业规范条件》；10月12日，工信部又印发《光伏制造行业规范公告管理暂行办法》，这被看成了光伏行业兼并重组工作向前推进的重要步骤。

按照规划目标，到“十二五”末，国内要形成1家年销售收入过千亿元的光伏企业，约10家年销售收入过500亿元的光伏企业和年销售收入过10亿元的光伏专用设备企业。

无锡尚德依法实施破产重整

2013年3月20日，无锡市中级人民法院依据《破产法》裁定，对无锡尚德太阳能电力有限公司实施破产重整。

3月18日，无锡尚德太阳能电力有限公司债权银行联合向无锡市中级人民法院递交无锡尚德破产重整申请。据介绍，截至2月底，包括工行、农行、中行等在内的9家债权银行对无锡尚德的本外币授信余额折合人民币已达到71亿元。

银行方面表示，由于所欠银行债务陆续到期，考虑到债务方的现实境况，以及至今未对债权银行逾期授信提出切实可行的还款方案等因素，为最大限度维护债权人合法权益、维护社会稳定，必须按照市场化原则依法采取措施，对无锡尚德实施破产重整。

无锡尚德对债权银行提出的破产重整申请无异议。银行方面表示，希望无锡尚德太阳能电力有限公司通过破产重整，整合有效资源，改善运营管理，摆脱经营困境。银行方面还希望，通过改组和完善治理结构，寻找合适的战略重组第三方，使企业重生、产业重振。

无锡尚德由知名的太阳能光伏科学家施正荣博士于2001年在无锡创立，从事光伏电池与组件生产。2005年，施正荣博士在英属维尔京群岛注册成立100%控投无锡尚德的尚德电力公司，并在纽交所上市。

2006年尚德电力的股价达到40美元以上，施正荣以23亿美元的财富，成为当年的中国首富。一直以来，无锡尚德都是尚德电力公司旗下资产规模最大的生产基地，集中了尚德电力公司95%以上的产能，其光伏组件产能在2012年达到2.4吉瓦，是全球四大光伏企业之一。

2013年风电产业继续保持平稳较快发展势头

2013年，国家能源局采取了一系列政策措施，推动风电产业持续健康发展。强化规划的引领作用，实施风电年度发展计划，加强风电产业监测和评价体系建设，采取有针对性的措施解决弃风限电问题，有序推进风电基地建设，使风电产业发展更加理性，继续保持了平稳较快发展势头。

2013年，全国新增风电并网容量为1449万千瓦，累计并网容量为7716万千瓦，同比增长23%；发电量为1349亿千瓦·时，同比增长34%；风电利用小时数达到2074小时，同比提高184小时；平均弃风率11%，比2012年降低6个百分点；全国新增核准容量为3069万千瓦，累计核准容量为1.37亿千瓦，累计在建容量为6023万千瓦。

2013年，全国风电项目布局得到优化，“三北”地区弃风限电情况明显好转，中东部和南部地区风电加快发展，补贴效率进一步提高，风电设备制造业加快复苏，出口风电机组为338台、总容量为65万千瓦，出口国家扩展到美国、意大利、澳大利亚等21个国家和地区。

2014年国家能源局将进一步优化风电开发布局，积极推动海上风电开发建设，结合大气污染防治工作，加快推动清洁能源替代，有序推进承德风电基地二期项目、乌兰察布和锡林郭勒风电基地规划，利用哈密—郑州±800千伏输电线路开展“风火打捆”输电示范研究，积累风电消纳示范运行经验，对拟规划建设的12条大气污染防治输电通道开展风电消纳论证，努力促进风电产业持续健康发展。预计到2014年底，全国风电并网装机容量超过9000万千瓦，年发电量达到1750亿千瓦·时。

表1　2013年风电发展情况统计表

指标名称	累计核准容量（万千瓦）	累计在建容量（万千瓦）	并网容量（万千瓦）		上网电量（亿千瓦·时）	利用小时数	弃风电量（亿千瓦·时）	弃风率（%）
			新增	累计				
全国	13739	6023	1449	7716	1349	2074	162.31	10.74%
华北地区	4415	1668	415	2747	494	2112	57.99	10.51%
北京	20	5	0	15	3	2200	0	—

（续）

指标名称	累计核准容量（万千瓦）	累计在建容量（万千瓦）	并网容量（万千瓦）		上网电量（亿千瓦·时）	利用小时数	弃风电量（亿千瓦·时）	弃风率（%）
			新增	累计				
天津	42	19	0	23	5	2430	0.09	1.68%
河北	1113	338	68	775	141	2021	28.00	16.59%
山西	744	397	120	347	42	2220	0	—
山东	854	352	108	502	87	2008	0	—
蒙西	1642	557	118	1085	216	2188	29.9	12.17%
东北地区	3172	1094	252	2077	364	1915	66.50	15.45%
蒙东	1132	384	45	748	140	2010	33.99	19.54%
辽宁	694	128	94	565	100	1934	5.28	5.00%
吉林	664	287	48	377	56	1660	15.72	21.79%
黑龙江	682	295	66	386	67	1951	11.51	14.61%
华东地区	981	445	131	536	106	2264	0	0.00%
上海	56	24	1	33	7	2282	0	—
江苏	486	230	63	256	45	2150	0	—
浙江	115	65	13	50	10	1950	0	—
安徽	146	96	20	49	8	1948	0	—
福建	178	30	34	148	36	2666	0	—
华中地区	732	543	105	189	24	2141	0	0.00%
江西	97	67	13	30	5	2225	0	—
河南	132	92	15	40	6	2202	0	—
湖北	149	86	46	63	6	2167	0	—
湖南	195	159	17	36	5	2000	0	—
重庆	61	52	5	10	1	2185	0	—
四川	97	86	9	11	1	2415	0	—
南方地区	1180	639	152	541	93	2147	1.69	1.78%
广东	345	164	44	181	30	1900	0	—
广西	145	133	3	13	2	2100	0	—
海南	36	6	0	30	6	2239	0	—
贵州	288	186	50	102	12	2060	0	—
云南	365	151	56	214	44	2388	1.69	3.68%
西北地区	3259	1633	394	1626	268	2112	36.13	11.86%
西藏	5	4	1	1	0	—	0	—
陕西	239	139	44	99	12	2090	0.37	2.96%
甘肃	1147	444	69	703	119	1806	31.02	20.65%
青海	51	35	14	16	1	1753	0	—
宁夏	731	430	22	302	58	2084	0.43	0.73%
新疆	1086	580	244	506	78	2582	4.31	5.23%

国家能源局制定《促进风电产业健康发展若干意见》

“国家能源局制定完成的《促进风电产业健康发展若干意见》已上报至国务院，处于待批状态。”国家能源局新能源和可再生能源司副司长史立山在2013年10月16日召开的2013北京国际风能大会上表示。

据了解，这一新政预计于年内下发，扶持力度堪比光伏，将涉及技术、管理、政策、体制等各个方面，具体政策已在制定中，其中就包括可再生能源配额管理办法。力争在两至三年内基本解决弃风限电问题。

“我国现有电力系统的运行规则和管理体制与之不适应，各类电源的规划缺乏有效衔接，风电并网的技术和管理水平有待提高，全社会就风电替代煤电的理念没有达成共识。”国家能源局新能源和可再生能源司司长王骏在会上指出，正是这些问题的存在，使得目前弃风限电现象比较严重，制约了风电可持续发展。

“要解决弃风限电的问题，首先要加强对限电比较严重地区的研究和运行的监管，制定有针对性的解决方案。同时争取出台实施可再生能源电力的配额制。我们正在做这项工作，争取用两到三年的时间来基本解决限电的问题。”王骏表示。

第三批风电项目公布，风电行业收获“政策红包”

国家能源局于2013年3月11日印发“十二五”第三批风电项目核准计划的通知，列入“十二五”第三批风电核准计划的项目共491个，总装机容量为2797万千瓦；安排促进风电并网运行和消纳示范项目4个，装机容量为75万千瓦，合计装机容量为2872万千瓦。

能源局称，黑龙江、吉林、内蒙古的核准计划另行研究。同时，2013年内未能核准的项目，可结转到2014年核准。不具备建设条件的项目，应申请取消，不得置换。已列入核准计划、但在规定时限未能完成核准的项目，相关风电投资企业须说明原因。

通知还要求，各电网公司要积极配合做好列入核准计划风电项目的配套电网建设工作，落实电网接入和消纳市场，及时办理并网支持性文件，加快配套电网送出工程建设，确保风电项目建设与配套电网同步投产和运行。

能源局还就风电并网及消纳工作指出，各地应采取各种技术手段和政策措施，促进风电的市场消纳，不断提高风电在电力消费中的比重。风电运行情况好的地区可适当加快建设进度，风电利用率低的地区在解决严重弃风问题之前，原则上不再扩大风电建设规模。

此外，弃风限电严重的地区，要全面分析风电不能有效送出和消纳的原因，及早解决问题。对开发潜力较大、未来风电建设规模增长较快的地区，要加强风电消纳技术方案的研究。

2012年，全国弃风电量约200亿千瓦·时，风电平均利用小时数比2011年有所下降，个别省（区）风电利用小时数下降到1400小时左右，浪费了清洁能源和投资，加剧了环境矛盾。目前，我国风电发电量仅占全部电力消费量的2%。

2013年全国风电装机容量将超过7500万千瓦

人民网北京10月17日电（记者王静）　在日前举行的北京国际风能大会上，国家新能源司司长王骏在发言中提到，中国风电装机容量全世界排名第一，预计到2013年底，全国风电的装机容量要超过7500万千瓦，发电量将会达到1400亿千瓦·时。与此同时，随着风电的快速发展，现有电力系统运行规则和管理体制有待规范，各类电源的规划缺乏统筹的衔接，风电并网运行的技术水平还是有待提高。

王骏说，国家能源局大力支持风电产业的发展，目前正在进一步完善相关政策，主要在以下几个方面。

第一，积极推动电力系统的改革，实现风电优先上网全额收购，加强对限电比较严重地区的研究和运行的监管，制定有针对性的解决方案，同时争取出台实施可再生能源电力的配额制。我们正在做这项工作，争取用两到三年的时间，来基本解决限电的问题。

第二，完善风电开发管理体系，因地制宜地优化开发布局，确保风电平稳有序地增长。近年来，由于低风速风机的技术迅速发展，这样已经使得中国的中部、东部和南方地区，风电的开发形成了非常可观的规模，应该说造就了新的增长点。

第三，加强风电产业监测和评价体系建设，通过对风电开发建设并网运行及设备质量等情况进行实时的监测，定期发布信息，引导行业健康发展。

国家电网并网风电装机容量达6426万千瓦，居全球首位

2013年10月28日，国家电网公司在北京召开促进风电消纳新闻发布会。会议公布：截至9月底，国家电网并网风电装机容量达6426万千瓦，同比增长21.5%。2006年~2012年，国家电网调度范围内风电装机年均增长76%，年发电量年均增长85%。国家电网接入风电规模、风电增长速度继续位居全球第一。

2012年6月，我国并网风电装机容量达5258万千瓦，取代美国成为世界第一风电大国。2013年以来，国家电网调度范围内风电并网装机容量总体保持平稳增长，风电发电量增速高于风电并网容量增速，风电利用小时数有所增加，风电运行指标创历史新高。1~9月，国家电网调度范围内风电新增容量790万千瓦，风电发电量931亿千瓦·时，同比增长37%，较风电并网容量增速高16个百分点；风电累计利用小时数达1514小时，同比增加130小时。蒙西、蒙东、吉林、甘肃、冀北地区的风电发电量占用电量比例、风电瞬时出力占负荷比例等风电运行指标创新高，与国际先进水平相当。

中国风电集团有限公司 70 兆瓦光伏项目再获国家开发银行 4.9 亿信贷支持

OFweek 太阳能光伏网讯 中国风电集团有限公司（连同其附属公司，简称 CWP）欣然宣布集团旗下合计 70 兆瓦光伏发电项目再获国家开发银行（简称国开行）4.9 亿人民币 15 年长期项目贷款，至此，CWP 已累计获得国开行共 12.3 亿人民币贷款，为 CWP 旗下 5 个独资，共 150 兆瓦的光伏项目提供长期信贷支援。国开行的不断支援为加快太阳能发电业务发展成为 CWP 核心业务奠定资金基础。

CWP 旗下云南永仁 50 兆瓦项目和青海德令哈三期 20 兆瓦项目于近日与国开行签署 4.9 亿人民币 15 年长期项目贷款协定，贷款金额分别为 3.4 亿人民币和 1.5 亿人民币，该等项目均由 CWP100% 独资持有。

CWP 欣然宣布集团旗下合计 70 兆瓦光伏发电项目再获国开行 4.9 亿人民币 15 年长期项目贷款，至此，CWP 已累计获得国开行共 12.3 亿人民币贷款，为 CWP 旗下 5 个独资、共 150 兆瓦的光伏项目，提供长期信贷支援。

CWP 在光伏行业拥有丰富经验，利用先发优势，于 2010 年将业务拓展至太阳能发电领域，并成功获得大量优质的太阳能资源储备。目前，CWP 共拥有营运太阳能电站 8 间，总装机容量达 150 兆瓦，其中权益装机容量为 133.3 兆瓦。除已营运电站外，集团还拥有已核准待建设光伏发电项目 410 兆瓦，及已获中国国家发展和改革委员会核准立项批复的光伏发电项目达 530 兆瓦。此外，集团成功与各地政府签订总计超过 5 吉瓦的太阳能资源独家开发协议。

CPW 执行董事兼行政总裁杨智峰先生表示，“非常感谢国开行对本公司多个光伏发电项目的大力支持。有赖于国开行的资金支持，中国风电将加速转变其原有的以合资为主的电站开发经营模式，未来将主要以独资形式开发光伏发电项目。我们相信，开发经营模式的转变将会大幅提升电站投资业务板块在公司销售收入及利润中的贡献比例。受惠于年内出台的系列国家政策及指引，光伏行业将迎来新的发展契机。我们会紧紧抓住这一发展机遇，充分发挥集团的优势和经验，开发更多优质的太阳能资源，增加公司的太阳能资源储备，推动太阳能发电业务的发展，使其逐渐成为中国风电集团的核心业务和利润贡献的主要来源。”

我国首个全面系统风电检测结束，风电并网仍存症结

近年来，我国风电实现了跨越式发展，截至 2013 年 6 月底风电并网容量达到 6749 万千瓦，居世界首位。9 月 6 日，国家风电技术与检测研究中心在北京发布其成立以来首个全面系统的风电检测信息。检测显示，“风电并网难”在技术上仍有四个症结。

一、风电出口总量有望超去年，第三方检测机构推行

9 月 4 日，北京鉴衡认证中心携德国 TUV 莱茵集团与金风科技签署风电机组认证协议，自此迈出了“一次认证，两张证书”国际认证合作的第一步。而认证壁垒的打破，无疑将加快我国风电产品“走出去”的步伐。中国可再生能源学会风能专业委员会预计，与 2012 年全年出口 225 台（容量为 430.45 兆瓦）相比，2013 年我国风电机组出口总量有望超过同期水平。

“和当年德国、日本的产品进入其他国家一样，国外的客户对于中国的风电产品实际上是有偏见的，总是先入为主的对其质量、安全性等不信任，这就需要一个独立第三方的检测认证机构来介入。”德国 TUV 莱茵集团大中华区工业服务部总监 ThomasFuhrmann 坦言。

随着认证壁垒的打破，对于我国风电产业的“走出去”战略无疑是巨大利好。中国可再生能源学会风能专业委员会发布的《2013 年 1—6 月份中国风电装机容量统计》报告显示，2013 年国内有 5 家企业向国外出口风电机组，已发运台数为 139 台，容量达 274 兆瓦，同比增长 37%。其中，新疆金风科技股份有限公司在巴基斯坦、智利、罗马尼亚、巴拿马等地区开拓了新兴市场，并实现了风电机组的批量出口，上半年出口风电机组为 77 台，容量达到 162.5 兆瓦，约为 2012 年全年出口量的两倍。三一电气股份有限公司、东方电气股份有限公司和明阳风电股份有限公司也将风电机组销售到了埃塞俄比亚、印度和德国等市场。

二、检测推动风电技术发展

9 月 6 日，国家风电技术与检测研究中心（以下简称检测中心）在北京举行了风电并网检测发布会，这是该中心 2009 年成立以来首次进行全面系统的风电检测信息发布。作为国家能源局授权的国家级风电并网检测机构，检测中心以客观、准确、公正为指导方针，面向风电行业权威发布了 3 年来风电并网检测总体进展、检测信息和检测数据研究成果，剖析了风电检测发现的典型技术问题，提出了解决方案。

国家能源局新能源司副司长史立山对该中心在不太长时间内形成世界一流的风电技术检测体系和研究能力“感觉出乎意料”，并称这是“意义重大的历史性进步”。

目前，检测中心已完成 43 个厂家的 217 个型号风电机组的低电压穿越能力检测，国内安装的量产风电机组已 100% 进行检测；已完成 151 个风电场的低电压穿越能力抽检。风电检测工作全面开展以来，国内风电设备质量稳步提高，风电整体运行品质有效提升，杜绝了风电大规模脱网事故，有力地支撑了电力系统安全稳定运行，促进了风电行业健康发展。

风电检测发布会的召开，是建立公开透明的风电检测信息常态发布机制的有益尝试，搭建了风电各方技术交流的平台，实现了检测研究成果行业内共同分享，进一步凝聚了各方共识，对推动风电技术进步具有重要意义。

三、四大技术缺陷导致风电并网难

在本次大规模检测中，结果显示，公众关注的“风电并网难”，在技术上主要归结为四大类典型问题，即风电场及风电机组保护参数设置不当、控制策略缺陷、维护不当，

以及接地措施不当等其他原因。

据悉，由国家能源局授权的该中心成立于2009年，是迄今为止国家能源局投资最大的检测中心（国家能源局给予3300万元资金支持，国家电网公司配套投入建设资金3.45亿元）。依托中国电科院，2010年建成检测中心张北试验基地，共有30个固定检测机位和21套风电场现场检测设备，具备电网扰动模拟装置、电压跌落发生装置等试验检测设备；在风电装机超过百万千瓦的省区，还设有11家检测分中心。该中心目前已成为世界上规模最大、功能最全、电压最高、检测手段最先进的风电检测机构。

检测报告显示，截至2013年6月底，我国风电并网容量达到6749万千瓦，居世界首位。目前，检测中心已完成43个厂家的217个型号风电机组的低电压穿越能力检测，国内安装的量产风电机组已100%进行检测；已完成151个风电场的低电压穿越能力抽检。而据国网公司科技部（智能电网部）主任王益民介绍，目前，国家电网区域内风电场抽检已近尾声，年内将完成全部检测。王益民称，检测开展以来，风机并网性能明显提升，风电运行稳定性大幅提高。王益民透露，大规模风电脱网事故从2011年的8起降低到2012年的1起，今年未发生大面积脱网事故。

新疆风电并网装机容量突破400万千瓦

中新网乌鲁木齐11月11日电（闫文陆李易峰） 记者11日从国网新疆电力公司获悉，随着盾安淖毛湖4.8万千瓦风电机组近期并网运行，新疆电网内风电机组接入电网运行的总装机容量已经达到402.7万千瓦。

近年来，国网新疆电力公司大力加强电网建设和“疆电外送”通道建设。2010年11月3日实现750千伏新疆与西北电网联网，新疆电网正式并入国家电网，开启了“疆电外送”的大门。为加大风电等清洁能源送出力度，国网新疆电力每年专项用于清洁能源送出工程建设资金都在5亿元以上，先后建成投运了一大批220千伏和110千伏配套送出工程。2013年6月27日，随着新疆与西北主网联网750千伏第二通道工程竣工投运，新疆电网接纳清洁能源的能力进一步增强，风电更大规模并网外送成为现实。

为加快风电场送出线路建设，国网新疆电力公司为风电场尽快并网创造条件；落实“一站式”服务，优化新机并网时序和流程，依法规范快速办理新机并网手续，及时安排风电机组并网，同时尽量安排部分外送风电电量；做好风电机组运行管理，及时优化系统运行方式，调整火电机组、水电机组运行方式，为风电场安全可靠运行创造条件。

新疆龙源风力发电有限公司是新疆最大的风电企业，早在1991年就建成当时国内最大的风电场——达坂城风力发电场，又先后建设了阿拉山口风电场、巴里坤风电场、哈巴河风电场、老风口风电场、布尔津风电场、吐鲁番屋顶光伏电站等7个发电场。“现在，新疆正处于大发展、大建设时期，国家的支持政策也很给力，新近批复的哈密风电场二期就是最好的例证。我们规划到“十二五”末风电装机容量达到180万千瓦。”该公司负责人表示。

新疆龙源风力发电有限公司对未来发展的信心并非没有根据。根据国家电网公司规划，“十二五”期间，新疆电网电源总装机规模达到7750万千瓦，形成哈密、准东两个大型火电基地和哈密、达坂城、小草湖等大型风电基地。新疆几项“疆电外送”工程需要配套火电装机容量约为3600万千瓦、风电装机容量为1000万千瓦。预计2015年风电规划装机容量可达900万千瓦，占全疆电源总装机的13%左右，其中内销300万千瓦、外送600万千瓦。

国网新疆电力相关负责人表示，“十二五”期间国网新疆电力在750千伏骨干网架建设中重点加快推进“两通道、两环网、两延伸”，仅在哈密就将建成750千伏变电站4座、750千伏主干线路8条、特高压直流换流站2座，将使新疆风电更大规模并网外送成为现实。

沈阳今年将试水风电清洁供暖

记者从市发展和改革委员会了解到，作为中国最大风电企业的龙源电力，已与辽宁省有关方面初步达成了法库县20万平方米风电供暖项目意向。

根据初步统计，辽宁省每年弃风电量约占总发电量的15%以上，80%以上的弃风发生在冬季11月至第二年的3月份，尤其是后半夜弃风更为严重。而到2015年，全省风电场都实施弃风电供热后，每年可减少风电弃风电量约16.2亿千瓦·时。

同时，实行弃风电供热有利于提高城市供热能力，减少城市供热燃煤消耗，降低城市大气污染。到2015年，沈阳市规划风电装机容量达200万千瓦，根据测算年弃风电量为5.4亿千瓦·时，最多可实现540万平方米供热面积由风电弃风供热，每年可节约标煤约18.9万吨，全省最多可实现1620万平方米供热，约年节56.7万吨标煤。

新能源补贴明确导向，纯电动客车成大赢家

9月17日，财政部等四部委联合发布新能源汽车补贴政策，明确2013年至2015年继续开展新能源汽车推广应用工作。据上证报资讯了解，此次政策最大的赢家是纯电动客车，同时充电桩等配套设施建设也将提速。

一、补贴政策偏向公共客车

按照原先政策，只有10米以上的纯电动客车可获补贴50万元，新出台的政策共分为三个档次，6米至8米的补贴30万，8米至10米的补贴40万，超过10米的仍维持50万补贴。另外，纯电动等乘用车实施逐年退坡原则，2014年、2015年补助标准将在2013年的基础上下降10%、20%，但纯电动公交车、插电式混合动力（含增程式）公交车标准维持不变。由此可见，在政府强力推进节能减排、促进大气污染治理的背景下，补贴政策明显向公共客车领域引导。

根据补助标准，纯电动乘用车每辆补助3.5万至6万元不等，插电式混合动力乘用车则每辆补助3.5万元。而对于纯电动客车，每辆补助标准为30至50万元，混合动力客车每辆则补助25万元；另外纯电动专用车按电池容量每千瓦补贴2000元，每辆补贴总额不超过15万元。

二、专项资金直拨利好车企

新一轮补贴政策，亮点主要有两大方面，其中最重要

的就是中央财政将补贴资金直接拨付给新能源汽车生产企业。受访的新能源车企表示，由于以前中央补贴资金是拨付给车辆销售地政府，再由政府拨给车企，这样容易形成地方保护主义，此次新政无疑将打破这种局面。

另外一个亮点是充电桩建设。按照新政规定，中央财政将安排资金，对示范城市充电设施建设给予奖励。业内人士表示，充电桩等配套设施不完善，已成为新能源车推广的重要障碍，中央财政的扶持，有利于加速配套设施的建设。

三、龙头公司分享政策红利

此次示范城市原则上可扩充至全国，但申报要求较高。按照规定，2013 年至 2015 年特大型城市或重点区域新能源汽车累计推广量不低于 10000 辆，其他城市或区域累计推广量不低于 5000 辆，如果未能完成年度推广目标的将予以淘汰。而中汽协数据显示，2012 年全国新能源汽车销量也仅为 1.2 万辆，申请示范城市难度较大。

总体来看，补贴政策的出台，有利于加速新能源汽车推广，比亚迪、宇通客车等新能源汽车生产企业直接受益，如果后续推广放量，将拉动上游锂电池、电动机和稀土永磁的需求，给相关公司带来新增市场。

四部委确定首批新能源汽车推广应用城市（区域）名单

为加快新能源汽车产业发展，推进节能减排，促进大气污染治理。近期财政部、科技部、工信部、发展改革委组织专家对各地申报的新能源汽车推广应用实施方案进行了审核评估，确认了 28 个城市（区域）为第一批新能源汽车推广应用城市。

第一批新能源汽车推广应用城市（区域）名单如下：

北京市、天津市、太原市、晋城市、大连市、上海市、宁波市、合肥市、芜湖市、青岛市、郑州市、新乡市、武汉市、襄阳市、长株潭地区、广州市、深圳市、海口市、成都市、重庆市、昆明市、西安市、兰州市；河北省城市群〔石家庄（含辛集）、唐山、邯郸、保定（含定州）、邢台、廊坊、衡水、沧州、承德、张家口〕、浙江省城市群（杭州、金华、绍兴、湖州）、福建省城市群（福州、厦门、漳州、泉州、三明、莆田、南平、龙岩、宁德、平潭）、江西省城市群（南昌、九江、抚州、宜春、萍乡、上饶、赣州）、广东省城市群（佛山、东莞、中山、珠海、惠州、江门、肇庆）。

2013 年半导体照明/LED 产业发展向好，稳中前行

一、产业发展势头全面向好，成为 2013 年亮点

国内半导体照明市场需求的快速增长是产业发展全面向好的主要因素，出口增长更加明显。

2013 年我国半导体照明/LED 产业呈现出的主要特点：半导体照明市场需求快速增长带动了产业链的活跃；市场需求的变化使得技术创新加快步伐，产业链联合创新已经成为共识；LED 芯片产能利用率逐步提高，价格进一步下降；企业间的联合、并购和重组日趋活跃；照明企业更加注重销售渠道的建设，为半导体照明市场的大规模启动做好准备。

今年第二季度以来，国内半导体照明市场需求超出预期，持续快速增长，带动 LED 器件、相关材料和设备市场同步增长，部分企业甚至出现了往年难得一见的订单排队现象。国内半导体照明市场需求的快速增长是产业发展全面向好的主要因素，出口增长更加明显。在产业发展向好的同时，企业增产不增收、增收不增利的现象普遍存在；在激烈的市场竞争中，价格战是竞争的主要手段；产品质量成为当前用户最为关注的问题。

二、国家有关部委扶持产业发展，政策更加完善

“强能力、重支撑、树品牌、促应用”是工业和信息化部针对半导体照明/LED 产业的工作主线。

我国政府完善半导体照明/LED 产业政策环境、推动产业技术进步的力度正在持续加大。2013 年 1 月份，国家发改委、工业和信息化部、财政部、住建部、国家质检总局等 6 个部委联合发布了《半导体照明节能产业规划》。8 月份，国务院出台《关于加快发展节能环保产业的意见》，并将 LED 产业纳入整个环保产业之中。

2012 年 10 月，工业和信息化部召开部长办公会专题研究支持半导体照明/LED 产业，提出具体要求并制定了行动计划纲要。会议要求在总结产业发展经验的基础上，抓住重点、积聚资源、扩大应用；发挥市场在资源配置中的作用，加大力度推动标准制定工作和提高检测能力，同时加大资金的支持力度等。

“‘强能力、重支撑、树品牌、促应用’是工业和信息化部针对半导体照明/LED 产业的工作主线。”工业和信息化部电子信息司巡视员胡燕表示，“从今年开始，电子信息产业发展基金将连续 3 年加大力度支持半导体照明/LED 技术创新和产业化。”

“根据工业和信息化部去年年底发布的《中国逐步降低荧光灯含汞量路线图》，自今年 6 月 1 日起分 3 个阶段逐步降低荧光灯的含汞量，2014 年 12 月 31 日全面淘汰液汞生产工艺。这是半导体照明/LED 产业的大好机会。”胡燕说。

2013 年 LED 总投资超 200 亿，中小规模投资是主流

OFweek 半导体照明网讯：根据国家半导体照明工程研发及产业联盟产研部统计分析，我国 LED 半导体照明行业在经历了 2012 年投资低谷期之后，2013 年投资呈现缓慢回暖态势。截至 2013 年 12 月底，2013 年全年我国 LED 照明行业项目投资总额达 208.2 亿元，较去年的 179.6 亿元同比增长 15.9%。从区域投资分布来看，今年 LED 投资江苏省独大，投资占比超过 30%。值得关注的中部安徽、湖北、四川三省投资紧随其后，金额占比分别约为 14.8%、14.5%、13.5%。从 2013 年的投资规模来看，中小规模投资仍然是主流，5 亿元以上的大规模投资项目数仅占 11.3%，1～5 亿元的中等规模投资项目数约占 45.2%，1

亿元以下小规模投资项目数约占43.5%。

从产业链各环节分布来看，2013年的投资主要集中在产业配套和应用环节。相比较2012年，2013年产业配套由去年的21.5%上升至47.7%，成为今年的投资热门环节，而应用领域的投资占比从去年的50.2%下降至23.1%。另外，研发检测类投资也有所增长，从今年的投资整体环节分布来看，今年投资更加均衡，投资更趋理性。

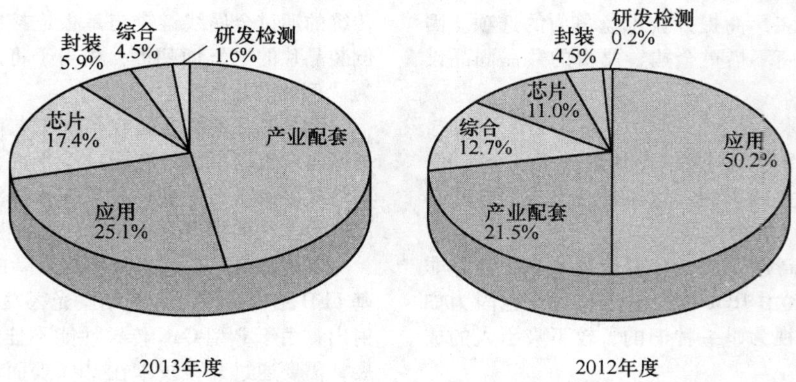

2012～2013年度产业链各环节投资结构对比

2013年中国LED产业十大技术前沿热点

走过了2013年，在短短一年的时间看到了LED市场内跌宕起伏、热点不断。也看到了技术市场不甘落后，频出新技术、新热点关键词。先是COB、HV-LED、共晶技术、COB炒热技术市场，再者又来覆晶、倒装、免封装掀起技术市场高潮，最后LED产业需要MOCVD设备国产化、智能照明未来化、封装模组化成就未来整个LED产业的趋势。种种迹象表明，整个LED照明产业技术经历着变幻莫测的市场检测与前所未有的考验。

关键词一　COB

随着LED市场价格的下降，普通照明应用这个巨大市场与商业照明、特种照明、背光等领域的强劲需求，推动LED光源单位亮度的提高。COB封装在有限的体积下水平散热和垂直散热都有较好的性能，适合在小面积做到更大的功率。本身具有以下优点：

(1) 性能更优越。采用COB技术，将芯片裸die直接绑定在PCB板上，消除了对引线键合连接的要求，使产品性能更加可靠和稳定。

(2) 集成度更高。采用COB技术，消除了芯片与应用电路板之间的链接管脚，提高了产品的集成度。

(3) 体积更小。采用COB技术，由于可以在PCB双面进行绑定贴装，相应减小了COB应用模块的体积，扩大了COB模块的应用空间。

(4) 更强的易用性、更简化的产品工艺流程。采用了独创的集束总线技术，COB板和应用板之间采用插针方便互连，免除了使用芯片必须经过的焊接等工艺流程，降低了产品使用难度，简化了产品流程，同时使得产品更易更换，增强了产品易用性。

(5) 更低的成本。COB技术是直接在PCB板上进行绑定封装，免除了芯片需要植球、焊接等加工过程的成本，且用户板的设计更加简单，有效降低了嵌入式产品的成本。

关键字二　HV-LED

HV-LED顾名思义就是高压LED，与传统DC-LED相比，具有封装成本低、暖白光效高、驱动电源效率高，线路损耗低等优势。

(1) HV-LED直接在芯片级就实现了微晶粒的串并联，使其在低电流高电压下工作，将简化芯片固晶、键合数量，降低封装成本。

(2) HV-LED芯片在单位面积内形成多颗微晶粒集成，避免了芯片间BIN内如波长、电压、亮度跨度带来的一致性问题。

(3) HV-LED芯片是小电流驱动的功率型芯片，可以与红光LED芯片集成+黄色萤光粉形成暖白光，比传统DC-LED+红色萤光粉+黄色萤光粉形成的暖白光出光效率高，并缩短了LED暖白与冷白封装光效的差距，且更易实现光源的高显指。

(4) HV-LED由于自身工作电压高，容易实现封装成品工作电压接近市电，提高了驱动电源的转换效率；由于工作电流低，其在成品应用中的线路损耗也将明显低于传统DC-LED芯片。

关键字三　共晶技术

另一项在2013年炙手可热的封装技术就是共晶。

共晶是指在相对较低的温度下共晶焊料发生共晶物熔合的现象，共晶合金直接从固态变到液态，而不经过塑性阶段，是一个液态同时生成两个固态的平衡反应。其熔化温度称共晶温度。

共晶焊接技术最关键是共晶材料的选择及焊接温度的控制。如采用共晶焊接，晶粒底部可以采用纯锡（Sn）或金锡（Au-Sn）等合金作接触面镀层，晶粒可焊接于镀有金或银的基板上。当基板被加热至适合的共晶温度时，金或银元素渗透到金锡合金层，合金层成分的改变会提高溶点，令共晶层固化并将LED紧固地焊于热沉或基板上。共晶层和热沉或基板完全地键合为一体，打破从芯片到基板的散热系统中的热瓶颈，提升 LED 寿命。

虽然此前这项技术就被大厂所采用，不过通常的芯片结构因为是蓝宝石衬底而不能适用共晶技术。但是到 2013 年伴随非蓝宝石衬底的芯片方案增多，另外加上采用蓝宝石衬底的大功率芯片厂商推出了更多倒装结构的芯片，使得共晶技术成为中国封装厂商提升技术竞争力的选项。因而瑞丰、天电等不少厂商不惜重金购置昂贵的共晶固晶设备。

关键词四 覆晶技术

覆晶技术指的是由晶片、衬底、凸块形成了一个空间，而电路结构封装在这个空间里面。这样封装出来的芯片具有体积小、性能高、连线短等优点。

尽管覆晶技术具备高达 19% 的年复合成长率，但并非新技术，早在 30 年前就由 IBM 首次引进市场；也因为如此，覆晶封装很容易被视为是一种旧的、较不吸引人的成熟技术。

事实上，无论使用哪种封装技术，最终都还是需要凸块（bumping）这个制程阶段。2012 年，凸块技术在中段制程领域占据 81% 的安装产能，约当 1400 万片 12 寸晶圆；晶圆厂装载率同样为高水准，特别是铜柱凸块平台（Cupil-larplatform，88%）。

在覆晶封装市场规模方面，估计其 2012 年金额达 200 亿美元（为中段制程领域的最大市场），YoleDeveloppement 公司预期该市场将持续以每年 9% 速度成长，在 2018 年可达到 350 亿美元规模。

新一代的覆晶封装 IC 预期将彻底改变市场面貌，并驱动市场对晶圆凸块技术的新需求。YoleDeveloppement 公司先进封装技术分析师 LionelCadix 表示：“在 3D 整合及超越摩尔定律的途径方面，覆晶封装是关键技术之一，并将让晶圆整合实现前所未见的精密系统。”而覆晶封装正随着产业对新式铜柱凸块及微凸块技术的需求而重新塑形，正逐渐成为晶片互连的新主流凸块冶金技术。

关键词五 OLED

OLED 对应中文为有机发光二极管，是基于有机半导体材料的发光二极管。OLED 具有全固态、主动发光、高对比、超薄、低功耗、无视角限制、响应速度快、工作温度范围宽、易于实现柔性和大面积、功耗低等诸多优点。目前，OLED 已在手机终端等小尺寸显示领域得到应用，在大尺寸电视和照明领域的发展潜力也得到业界的认可。OLED 已经被视为 21 世纪最具前途的显示和照明产品之一。

而 OLED，正是从 2012 年正式登上了照明的舞台，虽然目前只是一个小角色，但是对 LED 有不小的替代威胁。

在 2013 年 4 月的法兰克福展上，Philips 公司首次展示出最新 OLED 技术的 LumibladeOLEDGL350 面板，每片 GL350OLED 面板尺寸约为 155 平方公分，亮度可达 115 流明。

而在 2012 年 5 月 8 日 ~ 11 日的美国拉斯维加斯照明展上，Philips 公司再次展出了一个 OLED 镜子产品，它会自动感应人体的接近与否，自动把周围的 OLED 光源模组做调整，中间变暗变成具备镜子的效果。成功地将智慧灯具和 OLED 的概念整合在一起。

作为全球照明市场领导的 Philips 公司，押宝 OLED 的意味非常明显。

关键词六 倒装技术

倒装晶片之所以被称为“倒装”，是相对于传统的金属线键合连接（WireBonding）方式与植球后的工艺而言的。传统的通过金属线键合与基板连接的晶片电气面朝上，而倒装晶片的电气面朝下，相当于将前者翻转过来，故称其为“倒装晶片”。

倒装芯片的实质是在传统工艺的基础上，将芯片的发光区与电极区不设计在同一个平面，这时则由电极区面朝向灯杯底部进行贴装，可以省掉焊线这一工序，但是对固晶这段工艺的精度要求较高，一般很难达到较高的良品率。

其优势是，通过 MOCVD 技术在蓝宝石衬底上生长 GaN 基 LED 结构层，由 P/N 结发光区发出的光透过上面的 P 区射出；由于 P 型 GaN 传导性能不佳，为获得良好的电流扩展，需要通过蒸镀技术在 P 区表面形成一层 Ni-Au 组成的金属电极层；P 区引线通过该层金属薄膜引出。为获得好的电流扩展，Ni-Au 金属电极层就不能太薄；为此，器件的发光效率就会受到很大影响，通常要同时兼顾电流扩展与出光效率两个因素；但无论在什么情况下，金属薄膜的存在，总会使透光性能变差；此外，引线焊点的存在也使器件的出光效率受到影响；采用 GaN LED 倒装芯片的结构可以从根本上消除上面的问题。

由于大功率商业照明逐渐向大电流、高亮度、多集成方向发展的需要，带金线的正装芯片、垂直芯片封装技术存在着一些不可避免的劣势，如金线虚焊、浪涌冲击、耐大流能力不足、封装硅胶热胀冷缩造成金线断裂、制程中金线影响良品率等问题。

关键词七 免封装技术

新世纪研发中心的陈正言博士表示，免封装技术只是技术的整合，而不是让封装消失，基本上还是封装。就他个人而言，只要是蓝光 + 荧光粉实现白光的过程就是封装。至于为什么市场上的免封装技术被炒热的原因，陈博士表示因为免封装省去了一些环节，是可以让成品成本做到最低的技术。

PFC 免封装产品中，运用 flipchip 基础的晶片设计不需要打线，PFC 免封装晶片产品的优势在于光效提升至 200 流明/瓦，发光角度大于 300 度的超广角全周光设计，加上可以不用使用二次光学透镜，将减少光效的耗损与成本。

PFC 新产品将主打 LED 照明市场。特别是应用在蜡烛灯上，不仅可以模拟钨丝灯的造型，同时可以突破散热体积的限制，并且取代传统 40 瓦钨丝蜡烛灯，达到 3.5 瓦有 350 流明输出的光效。

关键词八 MOCVD 国产化

而就在 2013 年最后一个月，天龙光电投资的中晟半导体，正泰集团旗下的理想能源纷纷下线国产 MOCVD 设备。此前受到低落市场环境冲击偃旗息鼓的国产 MOCVD 又掀起一股热潮。

面对市场信心不足，中晟光电更强调在发布之前已经调试 300 炉次以上。而每炉可以承载 2 寸外延片 60 ~ 80 片。一时间，匿声很久的国产 MOCVD 再次点燃市场的热情。

而据不完全统计，中国已经开发出和宣称在研发MOCVD的公司和研究所多达20多家，热闹程度不低于外延芯片厂。

对中国发展半导体照明产业的长期布局来说，拥有本土的MOCVD设备制造商或许是需要的。如果一个产业迅速发展，上游关键设备却完全依赖境外企业的话，免不了会落入大部分利润被拿走的不利境地。

工信部发布的《高端装备制造业"十二五"发展规划》提出，到2015年，高端装备制造业销售收入超过6万亿元人民币，在装备制造业中的占比提高到15%；到2020年，高端装备制造产业销售收入在装备制造业中的占比要提高到25%。科技部发布的《半导体照明产业"十二五"规划》也提出，到2015年，大型MOCVD装备、关键原材料将实现国产化。

这意味着现在做MOCVD可能得到来自政府的大量补贴，所以也不难理解这么多企业以国产化为诉求进入这个行业。不过，前两年外延厂商的疯狂扩产，已经过度地透支了市场对MOCVD设备的需求，国产设备的前景究竟如何，还需要来自市场的检验。

关键字九 模组化

照明是人类基本需求，照明也代表经济活动的高低。而一款LED照明灯具，从设计、选料、测试、认证到最后投放市场，耗费大、周期长。往往到一个专案走完流程市场上已经有更有竞争力的产品出现，很多代价不菲的新产品、新设计还没有来得及收回成本就要退市了。在目前竞争更加激烈、生存更艰难的状况下，小型企业在面对竞争对手的新产品的时候往往有心无力再去追赶，只能选择固守旧产品或者抄袭。

而有远见的业者就想到了LED模组化，这其中最有影响力的应属于Zhaga联盟。该联盟代表看目前备受国际瞩目的LED光引擎互换性（Interchangeability）接口标准，目的在推动全球LED照明灯具系统接口的标准化，进而实现不同制造商产品间的相容与互换性，以保障消费者的选购利益。实际上，Zhaga联盟虽然是由九大的领导厂商发起的，但现在全球已经拥有190家会员，其所受业界欢迎程度可见一斑。

而对照明业者来说，对于灯具的设计变得简单。照明厂商只需要关注在最后的整灯或者灯具的制造上，只要让灯具与Zhaga联盟的接口相容，灯具的设计就从一个复杂的光机热电的系统工程压缩到一个简单的组装流程。厂商可以花更多的精力和资源在生产管理和市场推广上。这样至少在核心组件的设计上，小型厂商有机会和大厂站在相同的平台上。

2013年，我们看到的就是GE、艾迪生、齐瀚光电、Bridgelux众多大小厂商纷纷投靠Zhaga联盟阵营，模组化，模组标准化的趋势已经不可逆转。

关键字十 智能照明

智能照明是指利用计算机、无线通信数据传输、扩频电力载波通信技术、计算机智能化信息处理及节能型电器控制等技术组成的分布式无线遥测、遥控、遥信控制系统，来实现对照明设备的智能化控制。智能照明要具有灯光亮度的强弱调节、灯光软启动、定时控制、场景设置等功能，并达到安全、节能、舒适、高效的特点。

传统的照明供电控制一般采用主电源经配电箱分成多路配电输出线，提供照明灯回路用电，由串接在照明灯回路中的开关面板直接通断供电线来实现对灯的控制，灯只有开、关，而无逻辑时序及亮、暗调光控制，因而无法形成各种灯光亮度组合的场景及系统控制。

而智能照明系统采用主电源经可程式设计控制模组后输出供照明灯用电，灯的开、关和调亮、调暗由可程序设计多功能按键面板控制，控制模组与按键面板之间通过一条低压控制总线相互连接起来。控制模组和按键面板内部有微处理器、存储器和控制总线的接口电路，它们在低压情况下工作，所有控制器和面板都可通过程式设计实现对各灯路的亮度控制，于是就可产生不同的灯光场景和系统控制的效果。

我国目前还是传统的照明供电系统占据主流地位，人们对智能照明的概念普遍接受不高。但是2013年，不仅在各大小展会上智能照明成为"新秀"，伴随全国范围内大面积的照明节能改造项目的推进，更多的案例开始采用智能照明控制系统。而未来的照明市场中，基于智能照明的技术将占市场主导地位。

2013年我国LED照明行业政策概览

2013年中央和地方政府密集出台了一系列LED照明行业规划和扶持政策，推动LED照明行业健康有序的发展。

一、中央政府

1月16日，国务院办公厅关于转发发展改革委、住房和城乡建设部《绿色建筑行动方案》，积极推动公共建筑节能改造。开展大型公共建筑和公共机构办公建筑空调、采暖、通风、照明、热水等用能系统的节能改造，鼓励采取合同能源管理模式进行改造，"十二五"期间，完成公共建筑改造6000万平方米，公共机构办公建筑改造6000万平方米。

1月23日，《关于加快推进重点行业企业兼并重组的指导意见》发布，支持稀土行业大企业以资本为纽带，通过联合、兼并、重组等方式，大力推进资源整合，大幅度减少稀土开采和冶炼分离企业数量，提高产业集中度，基本形成以大型企业为主导的行业格局。

2月17日，国家发展改革委、科技部、工业和信息化部、财政部、住房和城乡建设部、国家质检总局联合编制了《半导体照明节能产业规划》，是近期我国LED照明节能产业发展的指导性文件。《规划》中称，到2015年，60瓦以上普通照明用白炽灯全部淘汰，市场占有率将降到10%以下；节能灯等传统高效照明产品市场占有率稳定在70%左右；LED功能性照明产品市场占有率达20%以上。此外，LED液晶背光源、景观照明市场占有率分别达70%和80%以上。与传统照明产品相比，LED道路照明节电30%以上，室内照明节电60%以上，背光应用节电50%以上，景观照明节电80%以上，实现年节电600亿千瓦·时，相当于节约标准煤2100万吨，减少二氧化碳排放近6000

万吨。LED 照明节能产业大发展目标是产值年均增长 30% 左右，2015 年达到 4500 亿元（其中 LED 照明应用产品 1800 亿元）。产业结构进一步优化，建成一批特色鲜明的半导体照明产业集聚区。形成 10～15 家掌握核心技术、拥有较多自主知识产权和知名品牌、质量竞争力强的龙头企业。

2 月 22 日，国务院将高效照明产品及系统纳入国家战略新兴产业。

2 月 27 日，《中国逐步降低荧光灯含汞量路线图》发布。

4 月，住房和城乡建设部发布关于 2012 年城市照明节能工作专项监督检查情况的通报，包含 59 个城市的 781 个城市照明项目。

5 月，工信部公开征集对《LED 球泡灯性能要求》等 5 项轻工行业标准计划项目的意见。

5 月，工信部发布 2012 年稀土行业兼并重组总体情况分析，表明我国稀土行业 2012 年并购交易活动表现较为活跃，2012 年稀土行业全年发生兼并重组交易 34 宗，交易金额为 37.8 亿元。

7 月，经济建设司表示“节能产品惠民工程”取得显著成效。2007 年，中央财政从高效照明产品推广入手，支持用高效照明产品替代白炽灯，对大宗用户按中标协议供货价格的 30% 给予补贴，对城乡居民用户按中标协议供货价格的 50% 给予补贴。截至 2012 年，已累计安排近 41.57 亿元资金，支持推广 6.55 亿只高效照明产品，直接拉动内需 80 亿元，实现年节电 185 亿千瓦·时。

8 月，国家发展改革委发布关于加大工作力度、确保实现 2013 年节能减排目标任务的通知，明确“十二五”期间推广高效照明产品 1.3 亿只。

8 月 11 日，国务院发布《国务院关于加快发展节能环保产业的意见》。

9 月，工信部印发《产业关键共性技术发展指南（2013 年）》，明确提出将 LED 芯片、荧光粉等环节的关键技术作为贯彻落实国务院创新驱动战略的产业关键共性技术。

二、地方政府

广东省：4 月，广东省印发《广东省 LED 标杆体系推荐产品目录（室内照明 SN201301）》及《广东省 LED 标杆体系推荐产品目录（室外照明 SY201301）》。6 月 14 日，省政府在佛山市召开全省推广应用 LED 照明产品工作现场会。陈云贤副省长出席会议并讲话。

佛山市：4 月，佛山市南海区经济促进局（科技）发布《佛山市南海区促进绿色照明产业发展扶持和奖励办法实施细则》。

福建省：5 月，福建省光电行业协会发布福建省推广应用 LED 照明产品若干措施的通知。

天津市：2 月 1 日，经天津市政府第 99 次常务会议审议通过的《天津市城市照明管理规定》正式施行。

山东省：2 月 25 日，山东省出台节能环保产业发展实施意见，重点支持半导体照明产业化，提出了“十二五”节能环保产业发展总体目标：节能环保产业产值年均增长 16% 以上，到 2015 年山东省节能环保产业总产值达到 5500 亿元，增加值占地区生产总值的比重为 2.6% 左右，高效节能产品市场占有率提高到 30% 以上，全省工业固体废物综合利用率达到 85% 等。

北京市：2013 年 2 月，北京市旅游委、市发改委、市财政局联合下发《关于组织实施 2012—2013 年北京市淘汰白炽灯推广 LED 照明产品工作的通知》，将在北京饭店行业推广 LED 照明产品 64 万只。

嘉兴市：2 月 27 日，嘉兴市出台全浙江省首个 LED 半导体照明产业地方扶持政策。从今年起，嘉兴市各县（市、区）将连续 5 年集中资金支持 LED 半导体照明产业发展。

深圳市：3 月 13 日，深圳市政府废止 LED 产业发展七年规划。8 月，深圳出台公共机构“十二五”节能工作三年行动方案（2013—2015 年），提出全面推广 LED 照明灯具。

安徽省：8 月 20 日，安徽省人民政府办公厅印发《关于印发安徽省节能环保产业发展规划的通知》，将半导体照明产业化及应用工程列为重点工程。

东莞市：1 月，常平镇正式出台《关于加快推进常平镇光电产业发展的实施意见》，该意见明确了常平镇光电产业发展的方向、重点和目标，要以 LED 照明、高端电子信息产业为发展重点领域。5 月，出台《促进 LED 产业发展实施办法》，将扶持重点放在了核心技术及高端技术研发制造层面。

台湾省：2 月起，将补助 22 万户中低收入户、低收入户，政府认可约 1500 个社福机构等弱势族群使用 LED 灯泡，兼顾推广 LED 产业并照顾弱势族群。

2013 上半年广东 LED 产业产值突破 1200 亿元，同比增近三成

《2013 年 2 季度广东省 LED 产业运行监测报告》正式发布。报告显示，2013 年上半年，广东省 LED 产业总产值为 1251.68 亿元，同比增长 27.73%，连续四年多 LED 产值增长率超 20%。作为广东省 LED 产业传统优势领域的照明灯具、背光源、封装元器件分别同比增长 55.96%、46.63% 和 37.14%，成为上半年广东省 LED 产业规模平稳扩大的关键带动领域。与此同时，产业效益稳步提升。初步核算，2013 年上半年，广东省 LED 产业增加值为 290.51 亿元，同比增长 27.72%。其中，1 季度 LED 产业增加值为 112.63 亿元，同比增长 21.09%；2 季度 LED 产业增加值为 177.88 亿元，同比增长 32.30%，环比增速有所加快。

一、外贸出口环境积极改善，LED 产品出口超 500 亿

2013 年上半年，广东省进出口总额为 5544.1 亿美元，同比增长 21.2%。其中，出口为 3163.8 亿美元，同比增长 18.2%；进口为 2380.3 亿美元，同比增长 25.5%。广东省不仅稳居全国外贸第一大省，而且外贸进出口规模和增速均居全国沿海省市首位。受此大环境影响，2013 年上半年，广东省 LED 产业外贸出口势头强劲，累计完成出口交货值

540.89 亿元，LED 产业核心板块均呈现良好的增长态势。

二、LED 专利申请超 4 万件，数量占全国 1/4

截止到 2013 年 6 月底，广东省 LED 专利申请共计 43787 件，占全国 LED 专利申请总量的 26.29%，占广东省全部专利申请量的 3.90%。从专利申请的结构上看，截至 2013 年 6 月底，广东省 LED 照明行业申请发明专利 9684 件，占 22.12%；实用新型专利 24573 件，占 56.12%；外观设计专利 9530 件，占 21.76%。

三、省内招标 LED 路灯及隧道灯超 27 万盏

截止到 2013 年 6 月底，广东省招标 LED 路灯及隧道灯共计 272690 盏，招标数量过万盏的地市共 11 个，排在前三位的分别是惠州、东莞和深圳。其中，惠州上半年招标 LED 路灯及隧道灯共 38360 盏，占招标总量的 14.07%；东莞上半年招标 LED 路灯及隧道灯共 29529 盏，占招标总量的 10.83%；深圳上半年招标 LED 路灯及隧道灯共 28482 盏，占招标总量的 10.44%。

广东 LED 产业集聚六大优势，产值突破 2100 亿元

2012 年，广东省出台了《广东省战略性新兴产业发展“十二五”规划》，拟投入 220 亿元支持战略性新兴产业发展。根据《规划》LED 产业到 2015 年将率先实现突破。经过近 18 个月的大力推广，广东省 LED 产业优势凸显，在 LED 封装工艺及制造技术、MOCVD 系统的研发和制造、新产品开发能力及标准光组件、产品标准制定、专利技术、产业规模六个方面均领先全国。数据显示，广东省 LED 产业产值成功突破 2100 亿，占全国的比例约为 44.25%，产业规模继续位居全国首位。截至目前，广东省拥有外延生长企业 6 家，芯片大型企业 7 家，已有从事 LED 封装上市公司 6 家，中小型企业数近千家，技术专利占全国逾四成。凭借技术创新优势，广东 LED 积极推动产品标准制定，率先研发 LED 照明标准光组件，制定以 LED 路灯为核心的半导体照明产品标准，引领全国 LED 产业发展。

目前，广东省相关单位正在积极研发和制造 MOCVD 系统，广东省工业技术研究院、广东昭信半导体装备制造有限公司将联合推动 LED 产业关键技术的攻关与 MOCVD 设备产业化。MOCVD 系统研制已取得阶段性成果，现在 MOCVD 系统已经有样品，预计 2015 年将实现产业化。

半导体照明联合创新国家重点实验室积极与国外高校开展合作

半导体照明联合创新国家重点实验室是首家科技部依托产业技术创新联盟建立的国家重点实验室，旨在建立可持续发展的国际化、开放性、前瞻性、产业共性关键技术、专利和标准的研发平台，形成聚集和培养人才的平台，推动产业技术创新。自成立以来，该实验室一直积极与国际著名的高校和研究机构开展深入合作。

6 月 6 日，半导体照明联合创新国家重点实验室与英国谢菲尔德大学签署了合作谅解备忘录。双方就建立第三代半导体光电中心、加强学术交流、组织共同建立第三代半导体光电中心的国际顾问委员会等合作事宜展开了深入讨论，并达成一致意见。此次合作谅解备忘录的签署，将开启双方合作发展的新阶段，对实现互利共赢、促进共同发展有着重要的意义。

7 月 27 日，半导体照明联合创新国家重点实验室与美国加州大学芭芭拉分校工程学院材料系固态照明及能源中心在北京进行了深入交流，双方希望在 GaN 同质衬底研究等方面开展合作，共同承担企业项目研发和开展全方位人才培养，将实验室与国外高校的合作推向一个更高的层次。

半导体照明总体部署

半导体照明（包括发光二极管（LED）和有机发光二极管（OLED））是已知最高光效的人工光源，不仅可应用在照明领域，也可广泛应用于显示、指示、背光、交通、医疗、通信、农业等领域，被称为照明光源的又一次革命。此外，半导体照明节能潜力巨大，发展半导体照明产业、推广半导体照明产品的应用，对推进我国节能减排、改善百姓民生有着重要的意义。

为抢占新兴产业先机，科技部牵头，于 2003 年 6 月成立了国家半导体照明工程协调领导小组，紧急启动“国家半导体照明工程”，成立了国家半导体照明工程研发及产业联盟（以下简称“联盟”），同时在“十五”科技攻关计划、863 计划中进行了先期项目部署，实现了国内功率型芯片从无到有的突破，光效达到 30 流明/瓦，并建设了 5 个国家半导体照明产业化基地。

“十一五”期间，863 计划新材料领域继续设立了“半导体照明工程”重大项目，进一步加大了研发支持力度，“十一五”末光效达到 100 流明/瓦；实施了人才标准专利战略，借奥运会、世博会实现系统化集成示范工程，稳步推进产业化，通过联盟推动了产学研及上下游的实质性合作。2009 年，科技部启动了“十城万盏”半导体照明应用试点示范工作，加快了技术创新的步伐和相关产业的发展。结合“十城万盏”和产业化基地建设，推进地方应用技术开发和检测平台建设，探索适合不同需求的能源合同管理实施模式。

2012 年，科技部研究制定了《半导体照明科技发展“十二五”专项规划》，系统布局半导体照明技术创新链和产业链，以应用促发展，优化创新体系和发展环境。《规划》的总体目标是以培育战略性新兴产业为目标，以跨计划、跨领域组织为手段，以产学研紧密合作、体制机制创新的战略联盟为实施主体，优化产业链，提升价值链。“十二五”中期考核产业化指标达到 130 流明/瓦，研发指标达到 147 流明/瓦，具有自主知识产权的硅衬底功率型 LED 器件光效超过 120 流明/瓦。

为在国家层面合力推动半导体照明技术创新与产业发展，2009 年国家发展改革委、科技部、工业和信息化部、住房和城乡建设部、财政部、国家质检总局等 6 部委联合发布了《半导体照明节能产业发展意见》。此外，2012 年 8 月，科技部与财政部、国家发展改革委三部委联合组织了半导体照明产品的财政补贴招标；与国家标准委等相关部门联合成立了国家半导体照明标准领导小组，共同推进标

准体系的建立。

工信部发布《关于数据中心建设布局的指导意见》

为落实《国务院关于加快培育和发展战略性新兴产业的决定》，满足社会信息化水平不断提高的要求，促进我国数据中心，特别是大型数据中心的合理布局和健康发展，工业和信息化部1月11日发布了《关于数据中心建设布局的指导意见》（以下简称《指导意见》）。

《指导意见》提出了科学推动数据中心的建设和布局的指导思想。坚持以市场为导向，以资源节约和提高效率为着力点，通过引导市场主体合理选址、长远设计、按需按标建设，逐渐形成技术先进、结构合理、协调发展的数据中心新格局。

《指导意见》提出了数据中心建设和布局的基本原则，即市场需求导向原则，资源环境优先原则，区域统筹协调原则，多方要素兼顾原则和发展与安全并重原则。

《指导意见》分别对新建超大型数据中心，新建大型数据中心，新建中小型数据中心和已建数据中心进行布局导向。从强化政策引导，加强应用引领，夯实网络能力，落实安全保障和发挥示范作用五个方面提出了数据中心建设布局的保障措施。

《指导意见》还根据标准机架数对数据中心的规模进行划分，根据地质灾害、能源富集程度和气候等因素对地区进行分类。

世界首例多端柔性直流输电工程核心设备100%自主国产

国家“863”计划示范工程广东汕头南澳岛三端柔性直流输电工程顺利投运，项目设计容量为20万千瓦，直流电压等级±160千伏，是世界首例多端柔性直流输电工程。

该项目所有核心设备均为国内首次研发，实现了100%的自主国产化，标志着我国已掌握大容量高压多端柔性直流输电技术。其中最为核心的多端柔性直流输电系统模块化多电平（MMC）技术运用，为新能源并网、大型城市供电以及海上孤岛供电、送电等提供了非常有效的解决方案。

据测算，南澳多端柔性直流输电工程每年能输送风电5.6亿千瓦·时，以国家能源局公布的最新6000千瓦及以上供电标准煤耗率计算，这相当于节省了18.25万吨标准煤，减少二氧化碳排放48.55万吨。

国家发展改革委：对电解铝企业实行阶梯电价政策

北极星智能电网在线讯　国家发展改革委和工业和信息化部今日发布消息称，将对电解铝企业实行阶梯电价政策，铝液电解交流电耗不高于每吨13700千瓦·时的，执行正常的电价；高于每吨13700千瓦·时但不高于13800千瓦·时的，电价每千瓦·时加价0.02元；高于每吨13800千瓦·时的，电价每千瓦·时加价0.08元。

通知表示，为了贯彻落实《国务院关于化解产能严重过剩矛盾的指导意见》（国发［2013］41号），促进电解铝企业加快技术进步，降低能源消耗，近日，国家发展改革委、工业和信息化部出台了《关于电解铝企业用电实行阶梯电价政策的通知》（发改价格［2013］2530号），决定自2014年1月1日起对电解铝企业用电实行阶梯电价政策。

《通知》明确，根据电解铝企业上年用电实际水平，分档确定电价。铝液电解交流电耗不高于每吨13700千瓦·时的，执行正常的电价；高于每吨13700千瓦·时但不高于13800千瓦·时的，电价每千瓦·时加价0.02元；高于每吨13800千瓦·时的，电价每千瓦·时加价0.08元。

《通知》指出，各地要规范电解铝企业与发电企业电力直接交易行为。铝液电解交流电耗高于每吨13700千瓦·时或未完成节能考核目标的，不得与电力企业进行电力直接交易；不高于每吨13350千瓦·时的，省级人民政府有关部门应优先支持其参与电力直接交易。

《通知》强调，各地不得自行降低对电解铝企业的用电价格，已实行电价优惠的应立即纠正。同时，要严格执行对电解铝企业自备电厂自发自用电量收取政府性基金、附加和系统备用费的有关规定，不得自行减免。

《通知》要求，省级价格、工业、节能主管部门和电网企业要根据职责分工，密切协作，建立健全相关配套制度，共同做好电解铝企业用电阶梯电价政策实施工作。同时，对电解铝企业执行阶梯电价增加的电费资金，要严格管理和规范使用。

对电解铝企业实行阶梯电价，目的是运用价格杠杆加快淘汰落后电解铝产能，减少资源过度消耗，促进电解铝行业结构调整。下一步，国家发展改革委将会同有关部门根据国家宏观调控和产业调整需要，适时在其他行业推广，推动产业转型升级，促进经济持续健康发展。

新疆维吾尔自治区首个垃圾填埋气发电项目开工

昔日生活垃圾产生的恶臭气体如今也能转化成宝贵的电能。乌鲁木齐市垃圾填埋气体收集发电项目日前已经开工，这是新疆维吾尔自治区首个垃圾填埋气发电项目。

按照一户居民年平均用电2000千瓦·时计算，该项目全部建成后年产1250万千瓦·时发电量，可满足6000多户居民一年的用电需求。

8日，据市城管委（行政执法局）大浦沟固体废物综合处理场介绍，该项目总投资3420万元，总建筑面积1166.5平方米，5台500千瓦机组总装机容量2500千瓦，年发电量1250万千瓦·时，今年将建成投入两台机组。每年减排二氧化碳量达109326.96吨（按日均垃圾进场量1300吨计算），计划今年10月中旬竣工。

大浦沟固体废物综合处理场负责人介绍，由于垃圾的降解，生活垃圾中的有机物在厌氧的情况下发酵会产生大量沼气，既会成为大气污染源，还会引起填埋场火灾和爆炸事故的发生，但沼气却是一种理想的发电气体燃料。

相关数据显示，每吨垃圾产生填埋气量为110～200立方米，这些填埋气收集起来，经过脱硫器由贮气罐供给燃气发电机组，在发电机内燃烧产生电力。

“按每年产出1250万千瓦·时的发电量计算，可满足

6000多户居民一年的用电需求。”该负责人说，此项目是市委、市政府打造的民生建设精品工程和循环经济发展的亮点工程，这对提高垃圾无害化、改善人居环境具有重要的意义。

电力行业节能减排取得新成效

由中国电力企业联合会和美国环保协会共同编著完成的《中国电力减排研究2013》于2013年12月17日在京发布。本年度报告的研究主题选定为“霾、PM2.5与火电厂细颗粒物控制”，向读者全面、系统介绍霾和细颗粒物的科学知识及电力行业细颗粒物排放控制的基本情况。

报告分析了2012年度中国电力行业发展情况，以及燃煤电厂大气污染物和温室气体排放控制现状。统计表明，电力供应能力稳步增强，截至2012年底，全国发电总装机容量和发电量分别达到11.44亿千瓦和4.98万亿千瓦·时；电源结构调整有新成效，水电、核电、并网风电、太阳能等清洁能源新增装机增速高于火电，清洁能源装机容量约占我国总装机容量的28.5%，发电量约占总发电量的21.5%；节能减排迈出新步伐，6000千瓦及以上火电机组平均供电标准煤耗为325克/（千瓦·时），同比下降4克/（千瓦·时）；电力烟尘排放总量151万吨，单位火电发电量烟尘排放量降至0.39克/（千瓦·时）；二氧化硫排放量为883万吨，比上年下降3.3%，火电二氧化硫排放绩效降至2.26克/（千瓦·时）；全国脱硫机组容量达到6.8亿千瓦，占全国煤电机组容量的90%；全国已投运的烟气脱硝机组容量约2.3亿千瓦，约占火电机组容量的28.1%；电力行业通过发展非化石能源、降低供电煤耗和降低线损率等措施减排二氧化碳成效显著。以2005年为基准年，2006—2012年，累计减排二氧化碳35.6亿吨，碳减排量逐年提高。

2012年以来，国家公布并施行了多项与电力行业节能减排相关的法规文件，出台了十余项专项规划，修订了环境保护法并公开征求意见，修订后的清洁生产促进法、环境空气质量标准陆续实施，环境法规政策体系进一步完善。

报告还阐述了霾及细颗粒物（PM2.5）的科学认识，包括概念界定、主要来源及影响、测量手段及监测基准；介绍了我国及一些发达国家霾污染的基本情况与防霾治霾的工作进展；重点分析了燃煤电厂细颗粒物的生成机理及特点，包括直接排放的一次细颗粒物和以气态形式（如SO_2、NO_x、SO_3和VOC等）排放到大气中后经复杂的大气物理化学过程生成的二次细颗粒物；总结了电力行业在大气污染控制包括细颗粒物控制方面开展的大量工作。火电厂具有布局分散、高架排放、集中治理的特点，尽管排放量较大，但对环境产生的相对影响正逐步减轻。鉴于电力燃煤约占全国煤炭消费总量的50%，电力行业必然在防霾治霾中发挥重要作用。经过多年积累，电力行业已经有效控制了烟尘和二氧化硫排放总量，正大规模开展烟气脱硝，未来电力行业污染控制将从单一控制向协同控制转变。

报告在总结电力行业发展及大气污染控制成效的基础上，提出了政策建议：一是实施全面部署、综合防治、系统控制、长期作战的战略；二是必须进行法制、机制的重大变革；三是必须建立以改善环境质量为导向的考核机制；四是转变以抓“大”为主的污染控制思路；五是从全局和系统的角度充分发挥电力工业在雾霾治理中的重要作用。

2013年全国发电装机平稳较快增长、结构持续优化

根据中电联快报统计，2013年全国发电装机实现平稳较快发展，全年新增发电装机容量9400万千瓦。其中，水电新增2993万千瓦，火电3650万千瓦，核电221万千瓦，并网风电1406万千瓦，并网太阳能发电1130万千瓦。

截至2013年末，全国发电总装机容量达12.47亿千瓦，同比增长9.3%。其中，水电2.8亿千瓦，同比增长12.3%；火电8.6亿千瓦，同比增长5.7%，核电1461万千瓦，同比增长16.2%；并网风电7548万千瓦，同比增长24.5%；并网太阳能发电1479万千瓦，增长3.4倍。新能源和可再生能源发电装机占比31%，较上年提高5.76个百分点。

表1 2013年全国发电装机增长情况

指标名称		计算单位	全年累计	
			绝对量	增长（%）
发电新增设备容量	总计	万千瓦	9400	—
	水电	万千瓦	2993	—
	火电	万千瓦	3650	—
	核电	万千瓦	221	—
	并网风电	万千瓦	1406	—
	并网太阳能发电	万千瓦	1130	—
年末全口径发电设备容量	总计	万千瓦	124738	9.3
	水电	万千瓦	28002	12.3
	火电	万千瓦	86238	5.7
	核电	万千瓦	1461	16.2
	并网风电	万千瓦	7548	24.5
	并网太阳能发电	万千瓦	1479	340

注：发电装机容量，又称发电设备容量。受统计口径、并网时点确认等影响，发电装机容量增量与固定资产投资新增发电装机容量存在一定差异。

UPS市场尚未饱和，面临技术变革

2013年，对于UPS市场是不平凡的一年，高压直流电源对传统UPS的压力不断加大，国内、国际厂商竞争越发激烈，多家厂商都提出了由单一UPS供应到提供整体解决方案的转型迫在眉睫。对于厂商来说这既是机遇也是挑战。

UPS作为通信机房、基站中电力安全的关键设备，同时也是较大的能耗设备，一直受到极大的关注。随着现代信息化技术的迅猛发展，更多大型IDC机房的涌现，云技术的大量应用，IT及CT机房服务器、计算机类设备对供电质量均提出了更高的要求。

一、模块化为主流趋势

随着数据中心规模的扩张、能耗的急剧增加，包括运

营商在内的用户逐渐通过绿色节能产品或技术来改造或新建数据中心，模块化UPS已经成为UPS的主流发展方向。

模块化UPS历经10多年，其稳定性、可靠性、市场占有率等方面已获得了长足的发展。模块化UPS概念的提出，就是旨在满足用户对于提高供电系统的可用性、可靠性、可维护性及节能特性等方面的需求，各个厂商一直在不断地研发并推出新的模块化产品。

模块化UPS与传统单机相比，从系统的可靠性、维护性、扩展性、性能参数指标、体积重量、成本等方面，都具有很大的优势，且节能降耗效果显著。国家提倡环保节能的口号越发响亮的同时，绿色节能型模块化UPS备受关注，其输入功率因数达0.999以上，减少了线路损耗，提高了电源利用率；其逆变效率可达98%以上，从而提高了整机工作效率，降低损耗、节约电能。

某运营商相关专家向记者表示，相信模块化UPS在未来几年里依然会作为机房供电系统的主流。随着能源成本持续增加及用户对数据中心灵活性的要求逐步提高，用户对UPS的可靠性、可用性、节能性、灵活性和易维护性会提出越来越高地要求，模块化UPS才能满足用户的这些需求。

在我国大力发展信息化建设的今天，数据中心成为城市能耗“大户”，在全球IT总能耗中，数据中心就占到了40%。随着产业的快速发展，数据中心的节能减排不仅关乎经济效益，更关乎社会效益。

从机房用电分配的比例上看，以UPS为主的电源系统耗电约占到机房总能耗的8%左右，并且UPS会产生电力谐波，对电力系统造成谐波污染，同时产生大量附加损耗。构建一个安全、可靠、绿色、节能的供电环境，是建设低碳通信网络的重要环节。

施耐德电气IT事业部大中华区总裁黄陈宏博士曾表示，绿色数据中心的UPS一定要是模块化的。即新建数据中心要通过模块化来满足现在和以后的业务扩容需求，满足机房能效（PUE）最接近1的需求。

二、技术变革是挑战

2013年三大运营商在电源设备采购招标中，都提出了不同份额的高压直流电源设备采购需求，业界评论大有高压直流电源逐步替代UPS之势。在这种市场背景下，传统UPS厂商都面临很大的挑战。

专家指出，长久以来，UPS市场格局基本明朗，份额绝大部分掌握在艾默生、施耐德电气和伊顿等国外厂商手中，剩下的些许份额被国内的科华、科士达、台达等几家企业瓜分，华为、中兴等国内优秀厂商正陆续发力。因此对于各厂商，UPS技术的发展革新尤为关键。

中国电子商会电源专业委员会对UPS行业发展建议指出，电源设备企业要加大研发和技术投入，争取达到国际先进的水平。不间断电源是网络、信息建设可靠运行的电源保障，是信息化和国防安全的一个重要设备，因此，本土品牌的不间断电源厂商必须加大技术和研发投入，提升综合实力，制造高质量的不间断电源产品，保障我国经济建设的顺利进行，并且在有条件的情况下，争取出口，获得国际市场份额。

随着电子政务、教育信息化建设深入，医疗、农业等传统行业信息化建设持续升温，中小企业信息化继续呈现蓬勃的生机；IT市场的快速成长等市场的广大需求下，要求各厂商加大技术方面的投入，全方位地满足客户需求，从而形成明显的竞争优势。

记者采访中了解到，对于UPS技术的攻坚，大致包括以下几个方面：超强过载能力，随着机房和业务数据的不断发展，用户对于突加负载的要求不断增多，要求电源能够实现强大的过载能力，并且要求后期扩展维护方便；小体积紧凑型的设计，机房设计越加规范化，要求电源设备的体积不断减小；人性化的交互界面，许多新产品通过LCD显示更为直接、方便地进行设置，符合使用者的简单便捷操作需求；技术上突破实现输出不降额，从而降低转电池的概率，提高电池寿命。另外，出色的环保、节能特性，效率的提高依然需要技术上的突破。通过提高产品的性能及环保特性，来满足中小机房IT类设备的最新应用，全面提升小功率段塔式UPS商业竞争力。

伊顿电气集团电能质量业务部北亚区产品经理在接受记者采访时表示，UPS技术的变革势在必行，特别是对于通信行业。这就要求UPS厂商将目前成熟的新材料、新技术应用到新型的UPS设计上，向用户提供具备性能更稳定、应用更灵活、设备体积更小、重量更轻、运行效率更高、更省电、操作维护更简便等特点的新型UPS系统。

三、市场尚未饱和

2013年，对于UPS市场是不平凡的一年，高压直流电源对传统UPS的压力不断加大，国内、国际厂商竞争越发激烈，多家厂商都提出了由单一UPS供应到提供整体解决方案的转型迫在眉睫。对于厂商来说，这既是机遇也是挑战。

华为UPS事业部专家在接受采访时认为，UPS市场尚未饱和，市场潜力仍然值得期待。从全球范围来看，发达国家以及经济蓬勃发展国家的UPS需求都在增长。随着网络带宽的不断提升，大型数据中心快速增长，IT设备量需求不断增加，带来的是持续加大的UPS功率需求。同时，随着数据中心的按需扩容成为一种大趋势，模块化UPS需求也将逐渐增加。

业内人士认为，未来几年行业集中度将进一步提高。随着UPS行业竞争加剧，优胜劣汰的自然规律将加速行业的新陈代谢，使具有较强技术研发实力、较大生产规模和品牌优势的厂商获得更大的扩张机遇与市场空间，行业集中度将进一步提高。

对于UPS产业未来的发展，专家指出，各厂商，特别是对于国内厂商，需认清市场的发展，集中打造高可用性和高效的UPS来满足各个行业领域的需求，推出满足各种大、中、小型的全系列UPS产品，提高机身内部的功率密度，集当前先进的高速CPU多任务处理、新型驱动控制、高速网络通信等技术为一体的高可靠的、绿色环保的智能化UPS，探索一条区别于传统UPS的智能化发展的新思路。

中消协：无“CCC”认证手机充电器就是身边“手雷”

新华社北京5月7日电（记者 常志鹏） 中国消费者协会7日发布提示，未经过CCC认证的手机充电器存在重大安全隐患，就是身边的“手雷”。

常用的充电器包括给摄像机、数码相机等充电的电源适配器，给无绳电话、ADSL调制解调器使用的电源适配器等。小小的充电器是人们日常使用频繁的电器，产品质量直接关系消费者人身财产安全。

据介绍，目前市场上充斥着很多未经CCC安全认证的通用电源适配器，这些适配器大多安全指标不合格，可能会导致使用者触电、着火、灼伤等危险，特别是边充电边使用时。如已经发生的，消费者使用未经CCC安全认证的充电器给手机充电，同时接听电话，由于不合格手机充电器发生漏电，传导到手机上，致使当事人触电死亡。

消费者协会调查发现，我国对影响消费者安全的产品实施CCC认证制度。国家质检总局、国家认监委于2001年发布《第一批实施强制性产品认证的产品目录》的公告，经过CCC认证的电源适配器在电气安全和电磁兼容性能上满足国家强制性标准要求，安全有保障。

针对此情况，中国消费者协会特别提醒广大消费者，请消费者在购买手机充电器等电源产品时，确认其具有CCC标识；CCC标识的真假可以到国家认监委网站（http：//www.cnca.gov.cn/cnca/cxzq/rzcx/114453.shtml）查询。

“充电宝”俏销，安全存隐患

新华社太原8月12日专电 随着手机、平板电脑等电子产品成为生活“标配”，这些产品电池消耗快、待机时间短成了突出问题，便携式移动电源“充电宝”应运而生。

在太原市大南门众多的手机卖场内，记者看到货架上各种品牌的“充电宝”随处可见，销售人员表示“这是手机的必备产品，销量很好”。在淘宝网站键入“充电宝”搜索，出现将近50万件商品。排名靠前的商品最近销量都在几万件。

然而，品牌众多的“充电宝”并非都是安全产品。“床上的充电宝突然爆炸了，弄得满屋都是难闻的气味。”8月2日，网友“透明的蓝鱼儿”发布微博，并配图说明。

记者走访太原市一些数码商场发现，许多“充电宝”没有3C认证。“目前市场上的‘充电宝’很混乱。”某电子科技城的刘姓老板坦言，所售部分“充电宝”，他们不负责保证质量。

深圳市一家电池生产厂商肖先生表示，由于制造移动电源不存在技术壁垒，几乎所有的电芯、电路板都可以在普通电子市场直接采购，造成了制造商准入门槛过低。

业内人士介绍，“充电宝”不宜长期使用。“与原装充电器相比，移动电源的电压不稳定，经常使用，轻则会损坏电池，重则损害手机的主板等。”

“目前国家并未出台相关的生产标准和行业标准。”山西省产品质量监督检验研究院相关工作人员表示，消费者最好购买正规厂商生产的三包齐全的产品。

业内人士指出，购买“充电宝”，消费者要注意三方面问题。一是了解电芯质量。不少商家向消费者推荐“充电宝”时，总以容量“论英雄”，价格也依据容量而定。移动电源的容量只是参数之一，“充电宝”所采用电芯的质量更为关键。目前，移动电源电芯一般采用锂离子电芯和锂聚合物电芯两种。最好选择聚合物电芯的电池，其安全性较高，且寿命相对较长。二是拒绝“三无”产品。经过3C认证的电源适配器在各项性能上均能满足国家强制性标准要求，安全更有保障。正品“充电宝”都贴有“防伪贴”，在相关官网上可查证。消费者要看清3C认证、生产日期、厂商信息等信息。三是索要正规发票。

国产半导体装备业崛起，打破海外垄断尤需技术创新

与国外半导体装备巨头相比，国内厂商仍存较大差距，当前国内高端制造装备大多仍需依赖进口。专家表示，国产半导体装备业亟须努力突破核心技术，加大资本投入，构建完善生态链体系。

一、国产半导体设备业迅速崛起

据中国科学院微电子研究所所长叶甜春介绍，近年来国内外市场需求为国产半导体装备业提供了历史性发展机遇。目前，一批极大规模集成电路制造装备、集成电路先进封装工艺制造装备、高亮度发光二极管制造装备开发成功，国产装备实现从无到有、从低端装备到高端装备的突破，一些装备开始与国际领先厂商竞争。

中国电子专用设备工业协会常务副秘书长金存忠表示，“十二五”期间国家出台支持发展半导体设备制造业的诸多政策，国家科技重大专项“极大规模集成电路制造装备与成套工艺专项”明确提出，“十二五”期间将重点进行45到22纳米关键制造装备攻关等，使装备和材料占国内市场的份额分别达到10%和20%，并开拓国际市场。

记者从日前举行的“2013年中国半导体制造装备战略峰会暨半导体设备市场年会”上获悉，中国电子专用设备工业协会17家半导体设备制造商统计，2012年国产半导体设备销售收入为36.8亿元人民币，预计2013年国产半导体设备销售收入为42亿元人民币。

二、与国际巨头相比仍存较大差距

随着国家启动专项的支持和推进，一些关键半导体设备已从2000年落后国外先进水平5代，缩短为现在的1到2代，已有部分设备可以在大生产线上替代国外设备。但仅有几种设备国产化还远远不够，国内仍然没有整线制造的能力。许多国产半导体设备中的关键零部件也仍不具备国产化能力，依然需要进口，这也使得国产设备的完全自主仍然面临挑战。

《电子工业专用设备》执行编辑黄刚表示，我国半导体设备的发展始于模仿，设备本体的设计与制造和与之配套的工艺技术脱节比较严重，战略模式、商业模式、创新能力与国际巨头相比仍存较大差距，而且设备供应商缺乏对产品应用趋势和发展方向的深入了解。即使某些设备供应

商的研发团队具有国际前沿技术研发能力，开发出高端设备，却苦于没有机会进入应用领域进行验证，导致无法在工艺验证及批量生产过程中发现问题、改进设备，最终高端设备无法实现批量销售、缺乏市场竞争力。

自主研发6500伏高压IGBT芯片及其模块问世

2013年12月27日上午，中国科学院、中国工程院的四位院士及来自中科院微电子所、南京大学、中南大学等高等院所的权威专家对中国南车株洲电力机车研究所研制的“1500伏至6500伏系列高压高功率密度IGBT芯片及其模块研究开发”项目展开技术鉴定。与会专家一致认为，国产高压高功率密度IGBT具有耐压高、电流大、功率损耗低、动态性能好等优点，经历了严苛性能测试和在轨道交通等重大项目上的实际应用，各项技术指标达到国际领先水平、填补了国内空白，实现了中国在这一尖端科技领域的跨越式进步。

中国南车株洲电力机车研究所IGBT事业部负责人刘国友等人介绍，世界以高速动车组、大功率机车、新能源装备、高压电网为主的产业对IGBT有庞大市场需求。在国家发展改革委、工业和信息化部、科技部及地方各级政府支持下，中国南车株洲电力机车研究所为IGBT科技攻关和产业化投入超过20亿元，初步形成了自主核心技术和完整产品系列，对推动国家产业转型升级、先进装备制造水平提升等具有重大战略价值。

2013年度电子信息产业标准化十大事件

一、工业和信息化部加快制定企业两化融合管理体系国家标准

制定企业两化融合管理体系国家标准是《信息化和工业化深度融合专项行动计划（2013—2018年）》（工信部信［2013］317号）中的第一项行动计划。工信部积极推进企业两化融合管理体系国家标准的制定，完成了《信息化和工业化融合管理体系要求（征求意见稿）》，对规范企业系统推进两化融合的通用方法，建立全国性的第三方认定服务体系，推动企业建立、实施和改进两化融合管理体系，促使企业稳定获取预期的信息化成效，引领企业打造和提升信息化环境下的竞争能力，具有重要的指导意义。

二、强制性标准管理改革全面启动

强制性标准是我国标准体系的重要组成部分，在规范市场秩序、保护消费者权益、维护公共安全、推动产业发展等方面发挥重要作用。2013年，按照政府职能转变的要求，强制性标准改革工作全面启动。进一步明确强制性标准定位和政府部门的管理职责，对改革和创新我国标准管理体系、推进标准化工作健康可持续发展具有重要意义。

三、电子信息产业技术标准体系建设方案基本完成

技术标准体系建设是标准化工作的核心任务之一。根据《关于编制工业和通信业“十二五”技术标准体系建设方案的通知》(工信厅科[2012]18号)的要求，电子信息制造业和软件服务业已基本完成了《电子信息领域“十二五”技术标准体系建设方案》和《软件和信息技术服务业“十二五”技术标准体系建设方案》(以下简称《方案》)的建设工作。《方案》充分结合技术、产业发展现状与趋势分析，充分考虑了电子信息产业实际情况，开展了与国际标准和国外先进标准的对比分析研究，从产业发展全局视角出发，提出了近几年的重点领域和重点标准项目，为“十二五”电子信息产业标准化工作奠定了坚实的基础。

四、移动支付系列国家标准发布

国家标准GB/T 30001.1～5—2013《信息技术 基于射频的移动支付　第1～5部分》于2013年10月10日正式发布。该系列标准涵盖了移动支付射频接口、卡片、设备、应用管理和安全、测试方法等基础技术内容，确保了移动支付产品的互操作性和互通性，在为消费者利用移动终端设备进行支付提供统一解决方案的同时，也将有利于我国近距离无线通信技术的推广及规范产业和市场健康有序的发展。

五、我国先进视频编码标准规模化应用之路开启

行业标准GY/T 257.1—2012《广播电视先进音视频编解码 第1部分：视频》（简称AVS+）的产业化应用取得新进展。一是美国电气和电子工程师协会（IEEE）正式批准AVS视频编码标准，标志着AVS标准走向国际；二是高清和标清节目压缩编码逐步向AVS+过渡，卫星传输高清频道将采用AVS+，地面数字电视的高清频道直接采用AVS+，而地面数字标清频道将逐步转换为AVS+。随着采用AVS+标准的节目从无到有、内容载体的逐渐多样化，以及AVS产业化的专项资金支持，我国数字音视频产业将实现从“中国制造”到“中国创造”的规模化战略转型。

六、《软件研发成本度量规范》正式发布

工业和信息化部批准发布《软件研发成本度量规范》，该标准规定了软件研发成本度量的方法及过程，包括软件研发成本的构成、软件研发成本度量过程、软件研发成本度量的应用。该标准的发布，为软件研发各方统一成本度量提供了可行的方法，为制定项目预算、招投标采购计划等提供了依据，有利于解决软件成本度量的评估标准缺失问题，对于消除恶意竞标、低价中标等现象具有重要作用。

七、ITSS应用推广体系基本建成

信息技术服务标准（ITSS）中的国标GB/T 29264—2012《信息技术服务　分类与代码》等4项国家标准颁布实施，并基本建成了应用推广体系。一是财政部颁布实施的《政府采购品目分类目录》中信息技术服务分类目录内容采纳了《信息技术服务　分类与代码》的内容；二是江苏、杭州、成都等省市对通过标准符合性企业提供专项资金支持；三是民政部批准中国电子工业标准化技术协会成立信息技术服务分会，组织开展信息技术服务标准化相关工作；四是神州数码、东软、浪潮等37家企业通过标准符合性评估。

八、我国在新一代信息技术产业国际标准化工作中的话语权明显增强

2013年，我国在新一代信息技术产业领域国际标准制

定、参与国际标准化活动等方面成果丰硕。国际标准 IEEE SA—1888.1—2013《泛在绿色控制网络：控制和管理》、ITU—T Y.3501《云计算框架及高层需求》等我国主导制定的国际标准相继发布，物联网、射频连接器等领域标准获得 ISO/IEC 立项，由我国专家担任召集人的“智慧城市研究组”成立，袁媛和崔莹首次在信息技术领域获“IEC 1906 奖”，这些由我国主导或实质性参与的国际标准化活动对于增强我国的标准话语权、提升我国在国际标准化工作中的影响力具有重要意义。

九、我国三项光伏核心标准成为 SEMI 标准

国际半导体设备与材料协会（SEMI）向全球发布了由我国企业主导制定的 SEMI PV47—0513《晶体硅光伏组件用减反射镀膜玻璃技术要求》、SEMI PV44—0513《光伏组件包装保护技术要求》、SEMI PV45—0513《TGA 法测量光伏组件用 EVA 中的 VA 含量》三项光伏标准，标志着中国在国际光伏标准领域实现标准零的突破。标准的发布，将对中国光伏产业的发展和 SEMI 标准工作产生里程碑式的意义。

十、海峡两岸加强云计算技术标准合作

为促进海峡两岸云计算产业和技术标准共同发展，第十届海峡两岸信息产业和技术标准论坛设立了云计算分论坛，两岸专家就信息共享和合作机制、云计算数据中心和互操作等技术标准的研究制定、推进云计算技术开源社区的建设及应用等方面达成了初步共识。这是海峡两岸云计算产业发展及技术标准制定的重要成果，将为促进两岸云计算共同发展创造更大机遇。同时，两岸在论坛上公布了 4G/TD-LTE、平板显示、太阳光伏三个领域的 12 项信息产业共通标准，达成了 29 项共识，并就半导体照明领域签署了“海峡两岸 LED 路灯、LED 台灯共通标准合作协议”。

企业新闻

阳光电源 30 千瓦光伏逆变器获《Photon》杂志“双 A”级评定

2013 年 2 月，阳光电源股份有限公司的 30 千瓦中功率光伏逆变器 SG30KTL 被《photon》杂志实验室评定为 Sehr-gut（很好），获得中等辐照和高辐照的“双 A”级评定。在所有逆变器中位列全球第五、亚洲首位，领衔全球 20 千瓦以上组串型逆变器。

据了解，SG30KTL 是目前市场上同等功率中体积最小、容量最大的无变压器型中功率逆变器，并可直接在室外安装使用，一经推出便跃升为市场中的明星产品。其轻便的重量特别方便于双人安装与维护，无需另外的吊装机械辅助，可大大降低系统的安装与维护成本；加之内置的直流汇流箱功能，进一步降低用户直流侧配电投资。

在最重要的转换效率上，经过《Photon》杂志实验室在中等辐照和高辐照的条件下的测评，SG30KTL 分别达到了 97.5% 和 97.7%；最大效率达到 98.3%；欧洲和美国加州同类产品效率也高达 98.1%。尤其是该产品的 MPPT（最大功率点跟踪）支持单、双路的灵活配备，在最大程度上保证了较高的转换效率，同时也大大提升了系统设计与接入的灵活性，具有极高的性价比，“是 Photon 所测试逆变器中的顶尖机型”（《Photon》杂志测评报告评价），已在中国、德国和西班牙等全球多个国家得以成功应用。

此次 SG30KTL 被《Photon》杂志实验室评为“双 A”级，是国际权威机构对阳光电源股份有限公司逆变器品质性能的又一次肯定，为其国际化进程的不断加快提供了新的有力支撑。

阳光电源系列中功率逆变器通过 VDE 可靠性测试

2013 年 4 月，阳光电源股份有限公司系列中功率光伏逆变器产品 SG15KTL、SG20KTL 和 SG30KTL 顺利通过德国 VDE（德国电气工程师协会）可靠性测试，成为欧洲市场上第一批通过该项测试的亚洲逆变器产品。

VDE 可靠性测试专注于对逆变器等电子设备的设计、工艺、运行模式的合理性和可靠性方面的测试，包括元器件功率、电流和温度等的压力测试，每台产品要历经 3 个月的长期测试。该项测试由 VDE 遍布全球的员工为被测产品提供质量保证，一旦通过该项测试，则表明被测试产品拥有了长期可靠性运行性能的权威证明。

作为亚洲最大的逆变器专业制造商，阳光电源股份有限公司的中功率逆变器凭借其优良性能，先后通过了 TUV、CE、BDEW、VDE AR N 4105、CGC 等权威认证。其中，15 千瓦、30 千瓦等功率的逆变器产品还先后获得《Photon》杂志实验室“双 A”级评定。在海内外众多项目的实际应用中，其系列产品也凭借可靠、稳定的运行与高发电量赢得了客户的广泛认可。

“VDE 可靠性认证是对我们产品长期运行的稳定性和可靠性的认可，《Photon》杂志实验室“双 A”评定是对我们产品高转换效率的肯定，是行业权威对我们产品品质的全面认可。”阳光电源股份有限公司副总裁王卫军表示，“我们的团队将继续以国际一流可再生能源设备制造商为标准要求，致力为客户提供更加优质的产品和服务。”

阳光电源 800 千瓦逆变器通过 CSA 认证，获北美市场通行证

2013 年 6 月，阳光电源股份有限公司自主开发的最新大功率光伏逆变器 SG800MX 顺利通过北美 CSA 认证，取得了进入美国、加拿大北美光伏市场的“绿卡”。

此次取得认证的 SG800MX 是阳光电源股份有限公司最新推出的北美版新品。该产品基于 DC1000V 开路电压设计，功率为 800 千瓦，整体防护等级达到 NEMA3R（IP54），可以户外使用，采用智能调速散热方案，搭载夜间 SVG 功能，具备低电压穿越、零电压穿越能力，能从容应对各种复杂电网环境，发电效率更高；在供电可靠性方面采用双电源方案，并配备完善的保护及故障预警系统，同时具有较强的过载能力，能更好地适应高温、高海拔等复杂恶劣环境。凭借优异的设计理念和过硬的性能表现，该产品在 CSA 机构认证检测中，顺利通过全部的认证检测项目。

为满足全球市场的需求，阳光电源股份有限公司持续加大研发创新投入，不断推出新产品，目前，面向北美市场开发了 SG100KC、SG250KC、SG250KU、SG500LV 等系列产品，且已先后通过了 CSA 认证，已形成较为完善的北美市场产品阵线，并实现了批量销售。阳光电源股份有限公司将以更加丰富的产品组合，满足美国、加拿大北美光伏市场的客户需求，努力扩大北美市场份额。

新标准、新高度——阳光电源 SNEC 展上向全球发布最新系列逆变器

2013 年 5 月，亚洲最大的光伏逆变器专业制造商——阳光电源股份有限公司，面向全球隆重举行了“新标准、新高度——阳光电源新品发布会”，发布多款逆变器新品。

本次发布会，阳光电源股份有限公司推出了 SG500MX、SG1000TS-MV、SG250K3 和 SG100K3 四款逆变器及整体解决方案。其中，SG500MX 产品技术性能全面领先，同时具备零电压、低电压、高电压穿越能力，是目前市场上唯一通过中国电科院制定的新国标 GB/T 19964—2012 检测的逆变器，可广泛应用于光伏地面电站和屋顶电站，能在确保光伏电站方便快捷并网的同时，大大降低电站升级或改造带来的风险和损失。

针对分布式光伏电站及地面电站推出的 SG1000TS-MV 整体解决方案，基于 2 台 SG500MX，内置高压变压器、高压环网柜，产品运输、安装、后期回收更为方便简单，大大降低了系统的集成、安装成本。

SG250K3 和 SG100K3 则通过精细的优化设计进行升级“瘦身”，大幅缩小了产品的体积尺寸和占地面积，更便于安装维护。同时采用膜电容设计，MPPT 跟踪精度达到 99.99%，能够实现电网的安全、可靠接入，可有效保障电站长期稳定收益，是分布式光伏电站建设的首选之一。

本次发布会以“新标准、新高度”为主题，寓意阳光电源股份有限公司的研发团队坚持以满足不断升级的市场需求为根本，持续开展专业专注的创新开发，致力为客户研制性能更优的逆变器。

历经 16 年的专注发展和专业沉淀，阳光电源股份有限公司已成为亚洲最大的逆变器专业制造商，跻身全球行业第一方阵，全球累计光伏逆变器出货量超过 3 吉瓦。

图 1 阳光电源股份有限公司 SNEC 展上向全球发布最新系列逆变器 SG10000TS-MV

图 2 阳光电源股份有限公司 SNEC 展上向全球发布最新系列逆变器 SG500MX 侧面

阳光电源逆变器出货量跻身全球前三

2013 年，全球权威研究机构 IHS 报告显示，2012 年，在全球光伏逆变器市场领域，阳光电源股份有限公司全年出货量大幅增长，出货量跃居全球第三，成为前十名中唯一的中国光伏逆变器企业。

作为亚洲最大的光伏逆变器企业，阳光电源公司一直专注于光伏逆变等新能源电能变换技术的创新开发，沉淀积累了较为雄厚的研发实力，拥有多项逆变器核心技术。近年来，阳光电源股份有限公司的光伏逆变器更是加速了技术的升级优化节奏，产品不断推陈出新，多次受到全球光伏逆变器权威《Photon》杂志实验室的肯定，领先国内同行业产品，跨入世界先进水平行列。

目前，公司 1.5 千瓦至 1.26 兆瓦全系列逆变器产品已先后通过 TUV、CE、ENEL—Guide、ETL、CSA、AS4777、BDEW、金太阳等多项权威认证及测试，能分别满足屋顶户用光伏系统、商用屋顶光伏系统、地面大型光伏电站系统等不同类型项目的需求，并能提供一体化的系统解决方案。

在竞争日益激烈的光伏市场上，阳光电源股份有限公司作为行业领先企业，正通过不断地产品研发和持续创新获得了高速动态增长，其优异的品牌影响力得到了更多中国及欧美等客户的认可，市场号召力也进一步增强。

阳光电源主持制定的光伏逆变器国家标准正式发布

2013 年 12 月下旬，国家质量监督检验总局和国家标准化管理委员会联合发布公告，由阳光电源股份有限公司主持制定 GB/T 30427—2013《并网光伏发电专用逆变器技术要求和试验方法》正式发布，将正式实施。标准对光伏并网逆变器的技术要求、试验方法、检验规则等作出了明确要求和规定，为光伏逆变器的设计、生产、检测和认证等提供了权威的依据。

早在 2005 年，阳光电源股份有限公司凭借在新能源电源领域的领先实力，受中国标准化研究院委托，牵头研究

并网光伏逆变器国家标准。2007 年，阳光电源股份有限公司联合国内专业单位组成标准起草小组，根据国内外光伏发电技术发展和并网逆变器的要求，与行业专家和有关单位进行反复研讨、试验，并经全国太阳光伏能源标委会组织多次审查，几易其稿。2013 年，标准顺利通过了国家工业和信息化部、国家质量监督检验总局、国家标准化管理委员会等有关部门的审核批准。

当前，国家对光伏发电接入电网的要求日趋严格，新的并网标准和接入要求对光伏逆变器在高效、可靠、安全并网等性能指标上提出了更高要求。由于在制定过程中积极借鉴吸收了许多国际先进的应用实践经验，标准的发布实施将对促进行业规范发展和技术进步，提升光伏并网逆变器的产业水平和国际市场竞争力，起到积极的推动作用。同时，也凸显了以阳光电源股份有限公司为代表的中国光伏逆变行业技术水平取得了显著提升。

阳光电源 WG2000KFP 变流器荣获“国家重点新产品证书”

2013 年 12 月，阳光电源股份有限公司风能变流器 WG2000KFP 被列入 2013 年度国家重点新产品计划，并获得由科技部、环境保护部、商务部、国家质检总局四部委联合颁发的“国家重点新产品证书”。

国家重点新产品计划是国家科技计划体系的重要组成部分，以“加强引导、鼓励创新、扶持重点、营造环境”为指导思想，通过政策性引导和扶持，促进新产品开发和科技成果转化及产业化，重点支持创新性强、技术含量高，拥有自主知识产权，对行业共性技术有较大带动作用的新产品开发和试制工作。

WG2000KFP 是阳光电源股份有限公司 WindPlus 系列全功率风能变流器的主流产品之一，在产品的创新性、先进性方面取得了骄人成绩。目前，该产品已批量装机于内蒙古通辽风场、内蒙古察右中旗风场等低温的北方风场，批量应用于福建连江风场、福建金井风场等高盐雾、高腐蚀的沿海风场，以及云南百花山等高温、高湿的南方风场，深受业主和整机厂商的好评。

此次 WG2000KFP 变流器荣获“国家重点新产品证书”，是阳光电源股份有限公司继 SG1K-6K 并网光伏逆变器、250/500 千瓦并网光伏逆变器之后，第三度获此殊荣。这充分展现了阳光电源股份有限公司领先的综合科研实力，有利于整合和发挥技术研发、品牌等多方资源和优势，进一步提升扩大市场份额。

科华恒盛华北油田（IDC）互联网数据中心项目顺利通过验收

近日，由厦门科华恒盛股份有限公司（以下简称科华恒盛）定制的华北油田任丘（IDC）互联网数据中心项目圆满完工，顺利通过验收，赢得项目方的一致好评。据悉，此项目在提升科华恒盛国内高端品牌形象的同时，为科华恒盛加快打造国内绿色数据中心物理基础架构平台解决方案奠定良好案例基础。

图 1　华北油田数据中心实际应用现场

华北油田任丘（IDC）互联网数据中心项目是科华恒盛在激烈竞争中，以高性价比优势获得的大型（IDC）互联网数据中心建设项目。据悉，科华恒盛在华北油田任丘（IDC）互联网数据中心建设项目中，结合数据中心云计算的发展趋势，以云动力绿色节能为核心概念，运用冷通道技术，为项目方量身定制（IDC）互联网数据中心整体解决方案，该项目按 T4 标准建设，解决方案包括供配电系统、防雷接地系统、空调及新风系统、机房环境监控系统、机房综合布线系统、气体消防系统六大部分。科华恒盛采用业界领先的整体机房理念及环保节能技术，以高可靠端到端的供配电解决方案、先进的机房管理解决方案、业界领先的 3D 机房动力环境监控方案，为用户构建了一个高效节能、智能简捷和极具扩展性的绿色数据中心。

近年来，科华恒盛顺时而动，以智慧电能和云动力为企业未来发展重点，在数据中心整体方案上不断提升，接连拿下泰安云计算数据中心、郑州景安（IDC）互联网数据中心、南京市委党校数据中心、上海电信（IDC）互联网数据中心等高端项目，为立志打造国内绿色数据中心物理基础架构平台解决方案第一品牌而努力。

科华恒盛泰安云计算数据中心项目顺利通过验收

近日，由厦门科华恒盛股份有限公司（以下简称科华恒盛）定制的泰安市云计算中心项目圆满完工，顺利通过验收并获得了项目方的诸多好评。泰安云计算数据中心项目的建造是科华恒盛在新一代 IDC 物理基础架构设计与解决方案成功探索的道路上迈出的重要的一步。

泰安云计算数据中心是由泰安市政府批准、泰安市高新技术开发区组织，成城物联网与浪潮集团共同投资 6000 万元建设的“科技城”，总占地面积 4800 平方米。近年来，随着现代大型数据中心和云计算的蓬勃发展及数据中心能耗的不断增加，提高数据中心设备可靠性，保证数据中心及机房设备（含监控系统）正常运行的动力成为关键。在泰安云计算数据中心项目中，科华恒盛以高端电源研发、

图1 泰安云计算数据中心实际应用现场

制造及其前后端配电解决方案的设计和体验为先驱，旨在打造的新一代数据中心物理基础平台综合型解决方案。

随着国内新一代数据中心基础设施在诉求上的改变，科华恒盛坚持从产品出发，在现代IDC行业，尤其是机房相对恶劣的自然条件与电网环境中，按需定制、因地制宜，为客户打造更为安全、可靠的“端到端”智能配电系统解决方案、智能制冷系统解决方案和3D运维监控系统解决方案。据悉，项目成功验收至今，泰安云计算数据中心整体配电系统、制冷节能系统、服务器机柜在内的数据中心产品运行良好，为泰安“科技城”的发展提供了平稳、高效的动力支撑。

科华恒盛中标中国国际信息技术（福建）产业园（IDC）互联网数据中心项目

近日，厦门科华恒盛股份有限公司（以下简称科华恒盛）成功牵手华东地区最大的信息技术服务外包基地——中国国际信息技术（福建）产业园，为该项目提供科华恒盛Kelong牌KR33系列IGBT整流高端大功率UPS产品为核心的云动力绿色数据中心配电解决方案，中标23台400kV·A、2台300kV·A和1台120kV·A UPS及相关配电、电池系统，累计金额近千万。体现科华恒盛针对大型（IDC）互联网数据中心解决方案的又一重要应用。

图1 中国国际信息技术（福建）产业园

中国国际信息技术（福建）产业园所属的国际信息技术服务外包产业平台是商务部推出的重点信息产业项目，由中国国际电子商务中心（CIECC）牵头实施，在包括安溪在内的全国20个服务外包示范城市统一构建，是全国性的信息技术服务外包产业重要支撑平台之一。该产业园位于福建省泉州市安溪县龙门镇南翼新城开发区高新技术产业园内，总占地面积约1200亩，项目规划建筑面积约87万平方米，包括数据机房区、业务功能区和辅助功能区三大板块。其中，数据机房区包括国家级数据灾备中心、公共数据灾备机房及配套的管理、监控、指挥、动力中心等配套设施，建成后将成为华东地区当时最大的信息技术服务外包基地。

据悉，中国国际信息技术（福建）产业园一期数据中心项目使用科华恒盛KELONG品牌KR33系列高端大功率UPS产品26台。科华恒盛提供高可靠高效率的IGBT整流机型，该机型输入谐波电流低于3%，输入功率因数大于0.99，输出功率因数达到0.9，整机效率在94%以上，市电输入与UPS输出电气隔离。此外，相关配电系统完全根据用户现场优化设计与摆放，电池系统安装单体电池在线监控系统，实时监测每节电池的状态。科华恒盛深入剖析客户需求，结合项目现场情况，细化实施方案，将该项目成功打造成一个高质量“交钥匙工程”。

科华恒盛，作为国内智慧电能引领者始终定位高端，在25年高端电源创新研发应用基础上，致力打造国内数据中心物理基础架构平台解决方案第一品牌。科华恒盛在业界提出并广泛实施了将供配电系统、制冷系统、机柜系统、3D综合运维管理系统及光伏风电新能源系统等完美融合的“云动力”绿色数据中心产品解决方案，将不断在更多重大项目中运用。中国国际信息技术（福建）产业园（IDC）互联网数据中心项目是科华恒盛继中国移动国际信息港、华北油田IDC、泰安云计算IDC等大型数据中心项目外的又一力作。

中央电视台经济半小时报道易事特自主创新和品牌建设成果

2013年3月3日，正值全国“两会”开幕之际，中央电视台《经济半小时》栏目用较大篇幅，深入报道了易事特公司自主创新和自主品牌建设的丰硕成果。来访记者从产业转型升级的角度，深入公司实地考察，并采访董事长何思模教授，揭示了易事特以“科研创新”为核心，以“自主品牌”为主线的品牌发展路径，全面介绍了易事特人才引进和培育工作、自主品牌建设的缘由及发展路径、科研创新的整体策略。这是易事特公司在前不久新华社、《证券日报》等重要媒体报道了公司分布式发电自主创新的成功经验后，其成功的创新发展模式再度引起国家级媒体高度关注。

栏目在关注珠三角地区“腾笼换鸟”的发展模式中把镜头放到了东莞的转型升级发展，通过关注具有东莞发展缩影的松山湖科技产业园区，最后把焦点对准了易事特公司的自主创新发展。画面记述了记者实地考察易事特公司自主创新和自主品牌的建设情况，并采访了公司董事长何思模教授。报道中，何思模董事长向记者讲述了易事特公司成立初期没有自主技术和品牌所面临的困境，并坚定了自己的未来发展道路——掌握核心技术、发展国际知名品牌，并最终使公司的产品成功应用于金融、银行、通信等众多领域，并销往全球100多个国家和地区。

而这其实中的秘笈，就是何思模董事长在采访中谈到的通过引进和培养国内外顶尖人才，与清华大学等多家高校开展产学研合作，建设高端科研平台等方式，使公司不断开发并掌握行业的核心技术。伴随着公司技术优势与品牌优势的不断提升，核心竞争力不断增强，公司的发展也显现出了不断增长态势，产品最终走出国门，迈向全世界。

央视网视频链接：http://jingji.cntv.cn/2013/03/03/VIDE1362321962074969.shtml

易事特成功开发模块化冷池数据中心解决方案

随着数据中心机房的功率和热量密度的增加，硬件制冷变得越来越困难，提高空调系统的制冷效率并节约能源成为了数据中心管理的突出问题。为满足中高端数据中心各种气流组织的需求，易事特公司近日隆重推出其自主研发生产的模块化冷池数据中心解决方案，将绿色、节能理念融入数据中心的设计、制造及建设整个过程，为新一代数据中心基础设施的有效制冷营造高效、节能的解决方案。

该解决方案运行原理是，在两排面对面排列的机柜中间的冷通道上安装活动墙隔板，使其完全封闭，构成一个冷空气室，使95%左右的冷风可以直接送到冷空气室内而进入服务器设备，经过冷热交换后的热风排到机房，再回到空调机组。

这种热风与冷风路径分开，不仅能有效防止冷、热气流短路、混合，提高空调系统的风量利用率和冷风利用率，还能更好地集中冷量对数据中心的设备功率进行针对性供冷调节，解决数据中心设备局部过热、过冷的问题。有效降低机房能源消耗率PUE数值，提高数据中心的IT设备的容积率，满足IT设备散热对冷空气风量的最大需求，使数据中心达到绿色和节能的目的。

“模块化冷池数据中心是通过工厂标准化、工业化的生产、加工形成的，能有效地缩短数据中心机房的安装建设周期，降低了数据中心的建设及运营成本。”公司技术负责人表示。目前，该模块化冷池方案已在广东、浙江、江西、江苏等地的金融、医疗、通信领域的信息中心机房得到成功应用，建设后的数据中心由于冷、热通道的使用，改善了数据中心的气流组织，有效地提高了数据中心的节能效果，得到客户的一致认可与好评。

图1　方案俯视图

易事特喜获省级科学技术奖，科研创新再添新彩

2013年11月27日上午，东莞市高标准建设国家知识产权示范城市动员会暨全市科学技术奖励大会在东莞市行政中心召开。中纪委驻国家知识产权局纪检组长、国家知识产权局党组成员肖兴威，省政协副主席、省知识产权局局长陶凯元，市领导徐建华、袁宝成、姚康、黄双福、周楚良、张科、何嘉琪等出席了会议。会上颁发的科学技术奖项中，易事特公司自主研究开发的“高效光伏并网逆变器”项目，荣获广东省科学技术奖励三等奖。

东莞近年来强化城市转型升级，实施创新驱动发展战略，深入实施“科技东莞”工程，着力进行创新型经济强市建设，在此支撑下高新技术产业得以持续发展。据悉，本次东莞市获得“国家知识产权示范城市”。会上颁发了97项科学技术奖项，项目整体水平再次有了较大提升，社会经济效益比较明显。

光伏并网发电系统，就是太阳能组件产生的直流电经过并网逆变器转换成符合市电电网要求的交流电之后直接接入公共电网。光伏并网发电系统是太阳能光伏发电的发展方向，代表了21世纪最具吸引力的能源利用技术。其生态环境和谐性高、发电成本低廉，又能与建筑物完美结合、减少建造成本、进出电网灵活、线路损耗率低，是世界各发达国家在光伏应用领域竞相发展的热点和重点，是世界太阳能光伏发电的主流发展趋势，市场巨大、前景广阔。光伏逆变器是光伏并网发电系统的核心设备。易事特公司本次获奖的"高效光伏并网逆变器"项目，采用高效率IGBT功率器件，运用DSP+CPLD全数字控制技术，先进的MPPT算法和反孤岛技术，低电压穿越功能等先进技术，通过了TüV、CE、金太阳CQC认证，最高转换率达98.7%，具备完善的保护功能，安全可靠，能适应恶劣的应用环境，整体技术达到国内领先水平，产品性能更是达到了国际先进水平。之前，该项目已于2012年9月荣获东莞市科学技术进步奖二等奖，本次项目再获省级奖项，为易事特公司科研创新工作成就再添新彩！

广东志成冠军集团公司总工程师李民英获批成为享受国务院政府特殊津贴专家

近日，国务院常务会议批准了2012年享受政府特殊津贴人员名单，广东志成冠军集团公司总工程师、研究所所长李民英同志经东莞市人力资源和社会保障局逐级上报，成功进入2012年享受国务院特殊津贴专家之列，成为广东省2012年享受国务院特殊津贴100位专家的高层次技术人才之一。其中，东莞市占据2个名额，而李民英同志是唯一一位在东莞市企业中获此殊荣的专家。

多年来，志成冠军集团公司注重人才队伍的培养和建设，努力营造人才成长的宽松环境，搭建人才施展才华的舞台，使科技人才队伍日益壮大，呈现出金字塔式的人才搭建格局，在技术创新推进产业转型升级中发挥了重要的作用。

李民英同志1983年毕业于陕西工学院电子系，1999年8月应聘来广东志成冠军集团有限公司担纲大容量不间断电源（UPS）的研究开发工作，并出任公司副总工程师兼UPS研究所副所长。当时，国内UPS制造商只能生产技术含量相对较低的30kV·A以下容量的中小UPS，30kV·A以上的大容量UPS被国际UPS制造商垄断。李民英为了填补这一国内空白，不到一年的时间就成功地研发出了40～60kV·A三相输入三相输出大容量UPS。随后，又开发出到容量达120kV·A UPS，被列入国家重点新产品计划、国家火炬计划和国家科技成果重点推广计划，相继取得外观设计、实用新型、发明3项专利，并被评为国家"十五"火炬计划实施"优秀火炬计划项目"和东莞市技术发明一等奖、专利金奖。通过项目的产业化，提升了国产UPS产品的竞争力，给公司创造了巨大的经济效益。

2003年9月，该同志担任总工程师兼UPS研究所所长后，更加潜心技术创新，在知识产权上获得了多项专利和实用新型专利，在国内首先设计应用数字信号处理器（DSP）技术，研究了三相大功率双逆换器（10～300kW）产品系列的核心算法和控制技术。2009年在汽车充电站模块UPS、模块直流电源的冗余数字均流并联技术方面，利用DSP技术实现数字化的并联冗余，深入研究了数字化并联的均流调节技术，以及基于瞬时功率理论抵制谐波的控制算法和自适应性技术等电源的关键技术，实现了应用和自主创新，完成了汽车充电站电源系统、充电桩的系列科技成果。

全国电力电子学标准化技术委员会不间断电源分技术委员会2013年年会在广东志成冠军集团公司胜利召开

2013年11月28日至12月1日，全国电力电子学标准化技术委员会（以下简称标委会）不间断电源分技术委员会（以下简称分技术委员会）在志成冠军集团公司召开了

图1　不间断电源分技术委员会2013年年会

2013年年会暨行业标准起草工作组第四次会议。出席会议的代表为28人。

会议由全国电力电子学标准化技术委员会秘书长兼分技术委员会主任委员蔚红旗主持，他首先感谢各位委员及企业单位百忙之中亲临会议，感谢各位委员、各位专家对标准化工作一如既往的支持，并一一介绍了参会代表与企业。

会议上志成冠军集团公司总裁周志文，西安电力电子研究所所长陆剑秋，东莞市质监局副局长邓志波，中国电源协会副会长李占师等发表了讲话。

分技术委员会秘书长李民英向标委会做了一年来的工作报告，并提出了2013年的工作建议。与会代表审议并通过了秘书长的报告。标委会主任委员蔚红旗对今年秘书处9月份和10月份的工作开展给予了高度肯定。

本次会议上讨论了三个行业标准工作组的标准：WG1《储能电站用双向变流设备》、WG2《模块化直流不间断电源系统》和WG3《模块化交流不间断电源系统》征求意见稿。三个行业标准工作组组长单位对第三次工作组会议后征求的意见处理作出通报，参会代表畅所欲言积极参与讨论。最后，WG2《模块化直流不间断电源系统》和WG3《模块化交流不间断电源系统》征求意见稿全体鼓掌通过。标准WG1《储能电站用双向变流设备》将进一步征求更多建议。会议还讨论了行业标准项目《工业用交流工频不间断电源设备技术要求》《医疗设备用不间断电源技术要求》的立项可行性和必要性，并讨论了3个IEC国际标准投票立项事宜。

台达上海运营中心获美国LEED黄金级认证

台达上海运营中心暨研发大楼日前获得美国绿色建筑委员会（USGBC）颁发LEED黄金级认证。与同地区的一般大型公共建筑相比，其总体节电可达36.5%；相较LEED设计基准，节水可达46%。

台达上海运营中心采用了多种自行开发的节能产品，包括台达InfraSuite数据中心解决方案，年平均（数据机房能源使用效率值PUE）仅为1.43，符合Green Grid黄金级绿色机房标准。工业自动化产品与电梯/空调变频等设备，可有效降低用电；同时，配合台达建筑能源管理系统（Delta BEMS），监控大楼能源使用，助力实现高效节能。

台达长期以来结合企业核心能力，通过自身行动来倡导绿色建筑。台达目前在全球已拥有11座经认证的绿色建筑，共取得5张美国LEED绿色建筑认证、8张EEWH中国台湾地区绿色建筑认证。同时，台达自2007年起长期赞助中国可再生能源学会举办“台达杯国际太阳能建筑设计竞赛”，并出资将竞赛获奖作品进行实地建造。例如，运用2009年竞赛一等奖作品在四川绵阳建成“杨家镇台达阳光小学”，成为汶川地震灾区第一所全校式绿色建筑；运用2011年竞赛一等奖作品“垂直村落”在苏州同里湖畔开工建设为低碳示范住宅。2013年为青岛海慈医院征集大型既有公共建筑节能改造方案等。

目前，台达已整合工业自动化、楼宇自动化、数据中心、通信网络能源、可再生能源、视讯与监控、电动车充电等解决方案，可广泛运用在绿色建筑及智能绿建筑相关产业与领域。

图1 台达上海运营中心应用台达InfraSuite数据中心解决方案实现高效节能

台达为智慧城市建设提供绿色动力

台达集团是全球电源管理与散热管理解决方案的领先企业，于亚洲最大工业盛会“2013中国国际工业博览会”展示可应用于智慧城市的供电配电、能源监控管理、绿色能源解决方案，为城市安防、交通管理、通信服务、数据中心、能源管理等领域提供创新、节能的服务。

智慧城市通过信息和通信技术，可更加高效地利用资源，提升城市生活的质量并减少能源消耗。台达一直秉持着“环保 节能 爱地球”的经营使命，应用电力电子的核心能力，为现代化的智慧城市建设提供全方位的关键技术。在过去一年中，台达已为全国各地客户设计、建造完成多项解决方案，包括第十二届全运会比赛场馆的不间断电源系统；应用台达 InfraSuite 数据中心整体解决方案的陕西省广电及国家知识产权局；山东、山西、新疆维吾尔自治区、黑龙江、浙江、辽宁等地的平安城市、应急指挥项目。并且，长春、青岛等地的交通调度中心均采用台达领先的监控技术，如分布式显示控制系统、大屏幕显示系统等。

此外，台达致力提升绿色能源产品的能源转换效率，并提供一站式的太阳能光伏系统工程服务及应用，如参与大唐电力在上海外高桥保税区及金山区、青浦区的金太阳示范项目等。若依去年下半年至今台达参与的光伏系统装置容量估计，每年将产生约6200万千瓦·时的洁净电力。

台达为美国肯尼迪航天中心打造大型 LED 显示屏，点亮亚特兰蒂斯号展览厅

台达（Delta Products Corporation，DPC）成功为美国国家航空航天局（NASA）位于佛罗里达州的肯尼迪航天中心附属参观园区（Kennedy Space Center Visitor Complex）建成大型 LED 显示屏，为该园区甫落成的亚特兰蒂斯号（Space Shuttle Atlantis）展览厅提供绝佳的视觉辅助。这座显示屏高20英尺、宽110英尺（约6.2米×34.1米），为全美最大的室内连续拼接 LED 显示屏幕之一。

台达 LED 显示屏为亚特兰蒂斯号提供壮丽的展览背景，呈现航天飞机环绕地球时的模拟景象，带给观众深刻的视觉震撼。台达此次使用超过800个 I-8LED 显示单元，组成20英尺高、110英尺宽、像素间距8毫米的室内显示大屏，总像素超过300万，并拥有堪称完美的色彩均匀度及对比度。此外，显示屏宽广的可视角度也能确保游客在不同位置都能拥有最好的视觉体验。

台达视讯事业副总经理 Sat Narayanan 表示："通过系统整合伙伴 Electrosonic 精准的工程设计及安装，台达 LED 显示屏成功地为展览厅提供浩瀚的宇宙背景，并为航天飞机增加了航行时的动感，我们非常满意此项目的成果。"

亚特兰蒂斯号展览区于日前开幕，记录了美国国家航空航天局30年的航天计划，同时也成为肯尼迪航天中心附属参观园区最新的热门景点。展区中，亚特兰蒂斯号以43.5度角倾斜，有如在太空中飘浮，游客可由不同的角度观赏。

图1 台达高20英尺、宽110英尺的 LED 显示屏为亚特兰蒂斯号提供航行太空的壮丽背景

艾默生网络能源（西安）有限公司获西安软件园"2013年度软件园优秀创新企业"

近日，在"2013年度西安软件园优秀企业表彰及座谈会"上，艾默生（Emerson）电气集团（纽约证券交易所股票代码：EMR）所属业务品牌、实现了关键基础设施可用性、容量和效率最大化的艾默生网络能源（西安）有限公司，由于在研发创新中不断取得的突出成绩，被西安软件园评为"2013年度软件园优秀创新企业"。此外，艾默生网络能源（西安）有限公司以其在计算机应用软件开发和计算机信息系统集成上的质量和管理水平方面的优异表现，顺利通过了 ISO9001：2008 质量管理体系认证和审核，并获得了相关认证机构颁发的认证证书，标志着公司的质量管理水平向国际化标准迈上了一个新台阶。

艾默生网络能源（西安）有限公司先后在大功率风力发电电能变换及控制技术、高效率不间断供电控制及电能变换技术、通信及 IDC 机房类直流供电技术、高显热比精密节能温湿度控制技术、动力设备及环境监控数据统计分析技术、电动机变频调速控制技术、数据中心物理设备解决方案及监控管理技术等研究领域取得重大突破，目前已

成为艾默生网络能源乃至艾默生电气集团在全球最重要的产品研发基地之一。此次被西安软件园评为“2013 年度软件园优秀创新企业”，也充分证明了艾默生网络能源（西安）有限公司在产品、技术研发创新上的强大实力。

聚焦发展电源产业，打造全国一流电源主题园区——华南电源创新科技园正式开园，电源企业抱团发展

2013 年 1 月 22 日，全国首个以电源为主题的产业园区——华南电源创新科技园在广东佛山高新区禅城园举行招商推介会。推介会上，佛山市禅城区政府与佛山市南海区的“广东金融高新技术服务区”及进驻佛山新城的“佛山中德工业服务区”签订了合作协议，旨在借助广东金融高新技术服务区扶持园区企业做大做强，并借助中德工业服务区助推产业升级。佛山有着悠久的电源发展基础，依托本地雄厚的工业基础发展，华南电源创新科技园以 UPS 产业作为切入点，形成电源产业链集聚。高端的定位、赋予前瞻的规划，使得这个园区成为招商引资的热土，华南电源创新科技园吸引了新光宏锐、柏克电源、众盈电子、新基德电子等 12 家电源企业签约进驻，并成功引入科技服务、金融服务、人才服务、招商服务和园区服务“五大服务平台”，为企业提供全方位服务。

图 1　2013 年 1 月 22 日，华南电源创新科技园招商推介会现场

图 2　2013 年 1 月 22 日，华南电源创新科技园招商推介会签约仪式

华南电源创新科技园位于广东佛山高新技术产业开发区禅城园内，占地约 330 亩，总建筑面积约 41 万平方米。其中，都市型厂房 23 栋，面积约 31.7 万平方米；研发办公楼 7 栋，面积约 6.5 万平方米；车位约 1500 个；员工公寓、饭堂、图书馆、超市、篮球场、公园等配套设施齐备。

携手中国电源学会，华南电源创新科技园迎来发展新机遇

2013 年 6 月 8 日，中国电源学会第六届八次常务理事会议在广东佛山高新区禅城园举行，中国电源界近 40 位顶级专家、学者和企业家齐聚华南电源创新科技园。华南电源创新科技园正式批准成为中国电源学会副理事长单位，被认定为“中国电源学会现代电源产业基地”；现场与中国电源学会签署战略合作协议，双方将本着资源共享、优势互补、共同发展的原则，在行业交流、技术服务、人才培养、产品推广等方面展开密切合作，共同为广大电源企业提供切实有效的服务。佛山市委常委、禅城区委书记区邦敏，禅城区政府区长刘东豪，禅城区委常委、经济与科技促进局局长徐航等领导出席了本次活动，与中国电源学会常务理事就电源行业现状、园区建设及佛山电源产业发展等问题进行了座谈。

中国电源学会理事会成员一行参观考察了华南电源创新科技园，了解了园区建设进展，各位常务理事对园区的规划和布局表示肯定。佛山市委常委、禅城区委书记区邦敏表示：“电源园区代表了都市型产业发展方向，在原有产业基础上，发挥城市聚集人才和资源的优势，发展高端制造业，电源园区为禅城探索出一条新路。中国电源学会与电源产业园区合作，对于禅城乃至佛山产业的发展是一件很有意义的事，电源产业园区将以此为契机，往高端产业进军。”

图 1　2013 年 6 月 8 日，中国电源学会与华南电源创新科技园签署战略合作协议

图 2　2013 年 6 月 8 日，中国电源学会常务理事一行参观华南电源创新科技园

科华恒盛进驻华南电源创新科技园

2013 年 10 月 9 日，华南电源创新科技园与厦门科华恒盛股份有限公司签署《厂房认购意向协议》。国内领先的高端 UPS 制造商科华恒盛的华南总部正式进驻华南电源创新科技园。

2013 年 6 月，双方开始结识、互动，科华恒盛经过多次实地考察，认为佛山市禅城区优越的交通、雄厚的产业基础、丰富的人力资源和巨大的市场发展潜力，具有很大吸引力，短短 3 个月时间就决定在华南电源创新科技园投资并注册新公司，把华南总部设在园区，着力打造集营销运营、技术研究院、工程技术中心、客户服务中心、物流中心、产品集成和高端装配生产等功能于一体的总部。

科华恒盛的进驻将带动佛山电源产业上下游产业链的完善和发展，奠定华南电源创新科技园的高端定位，引领佛山电源产业创新升级。

图 1 2013 年 10 月 9 日，华南电源创新科技园与科华恒盛合作签约仪式

华南电源创新科技园一期封顶仪式隆重举行

2013 年 10 月 28 日，随着最后一罐混凝土缓缓浇筑，全国首个电源主题产业园区——华南电源创新科技园，第一期 10 万平方米都市型厂房顺利封顶。园区从规划、建设到封顶先后仅用 10 个月的时间，显现出产业转型升级的“禅城速度”。中国电源学会、广东省电源学会及佛山市、禅城区政府等领导参加了封顶仪式。

图 1 2013 年 10 月 28 日，华南电源创新科技园举行一期封顶仪式

作为中国电源学会首个园区性质的副理事单位，华南电源创新科技园成了电源产业的“香饽饽”。继佛山电源协会三大会长单位新光宏锐、柏克、众盈电子等本地企业在此扎根发展，一批国内龙头企业，如国内电源行业大型上市公司华科恒盛华南总部也签约进驻。到目前为止，已有33家电源企业签约进驻园区，有意向进驻的企业超过40家。

“禅城的优越的交通区位、雄厚的产业基础、巨大的发展潜力都是我们非常看重的，我们对园区的发展很有信心！”厦门华科恒盛股份有限公司总裁陈成辉信心满满。“10个月前，我在华南电源创新科技园参加奠基仪式，10个月过去了，一座产业载体拔地而起，”在封顶仪式上，佛山市政府副市长刘炜说。华南电源创新科技园不仅打造了硬件的配套，也从软件和技术、金融等平台上下功夫，作为电源产业的创新科技园，将以创新驱动来提升电源产业，创建更多产业发展平台。

图2 2013年10月28日，佛山市禅城区领导和入园企业代表为园区铲土封顶

资源整合，茂硕电源投资连硕设备

2013年12月31日，茂硕电源基于产业布局的需要，与深圳市连硕设备技术有限公司（以下简称连硕设备）全体股东签订《关于深圳市连硕设备技术有限公司之投资协议书》，实现以自有资金人民币2078.95万元现金出资投资参股连硕设备，投资完成后将持有该公司20.7895%的股份，成为其第二大股东。

投资参股企业简介：

连硕设备公司成立于2011年11月，系国家高新技术企业及双软认证企业，是国内专业从事电子产业链自动化设备及平板显示检测设备的研发、软件服务、生产与销售，协助合作厂商进行产品生产线改造与升级的设备服务提供商。当前，连硕设备公司拥有颇具规模的研发技术队伍和经验丰富的高级管理团队，以及来自国内外LED资深专家组成的核心技术团队，新增产品涉及LED照明、LED背光源、电子电路、芯片检测及通信设备等。

连硕设备主要提供的产品及解决方案包括，LED荧光灯自动化生产解决方案、LED球泡灯自动化生产解决方案、自动平面检测系统、SMD LED分光机、编带机高端系列、半导体集成电路测试包装机系列等。

茂硕电源收购深圳富凌，拓展光伏逆变业务

2013年8月8日，茂硕电源发布公告称，公司已启用1800万元自有资金现金投资深圳市富凌控制技术有限公司（以下简称深圳富凌），通过股权转让及增资等方式，最终取得深圳富凌51%股权。本次投资前，台州富凌持有深圳富凌80%的股权，明德士持有深圳富凌20%的股权。茂硕电源拟以800万元受让台州富凌持有的深圳富凌26.5%的股权；同时茂硕电源拟以1000万元向深圳富凌增资，增加注册资本500万元。增资完成后，茂硕电源投资的注册资本为765万元，占深圳富凌51%的股权。

资料显示，深圳富凌原注册资本为1000万元，经营太阳能光伏逆变器的技术开发与销售，生产并网光伏逆变器、离并网一体光伏逆变器、光伏水泵逆变器、优化器、高性能变频器等。本次增资主要用于深圳富凌业务经营拓展，包括生产建设投资、补充流动资金等。

据介绍，光伏逆变器属于新能源领域，至今才40年的历史。近年来，逆变器研究技术一直为外国公司所垄断，目前我国的光伏发电装机规模比较滞后，却占据60%的市场份额。深圳富凌主要致力于光伏逆变器的研发、生产和销售，以及提供光伏电站解决方案、拥有高技术的核心团队和核心竞争力，以及光伏逆变器相关专利；在低电压穿越技术、矢量变频技术等在变频器和逆变器的核心技术已

经掌握，并申报国际发明专利，改进型的相关技术在业界处于国内领先水平。

对于此次对外投资的目的，茂硕电源表示，未来光伏逆变器的使用范围将继续扩大，也是未来新能源领域的一个重点，公司基于产业布局的需要，出资投资深圳富凌，将有利于双方资源优势的互补，发挥更大的协同作用。

茂硕电源表示，本次投资光伏逆变器项目，符合公司产业布局的需要，有利于公司进一步拓展业务领域。通过这次投资，为公司培育新的利润增长点，有助于公司保持核心竞争力及促使公司持续创新，务求带动销售收入及经营利润的稳步增长。

不过，在业务拓展的同时，该项目同时也存在一定风险。茂硕电源表示，目前整个光伏逆变器的市场潜力很大，但世界各国对光伏产业的支持政策各异，可能存在产品销售的不确定性，面临一定的市场风险。此外，本次投资控股后，公司如何进行资源整合以发挥最大的协同作用，对公司的管理也提出了一定的挑战。

茂硕电源喜获 TUV 南德战略合作单位荣誉

2013 年 12 月，作为对过去双方友好合作的高度认可，并进一步提升双方的战略合作层次，TUV 南德意志集团（以下简称 TUV 南德）授予茂硕电源《检测认证战略合作单位》荣誉，并为此次授牌举行了仪式。茂硕电源研发中心刘耀平副总裁、董秘办方吉槟副总裁等一行五人作为代表出席了本次授牌仪式。

众所周知，TUV 南德于 150 多年前在德国成立，是全球领先的技术服务公司之一，具备较高的信誉和专业水平，服务范围覆盖测试、认证、检验、资讯及专家指导等多个领域。作为严谨、公正的第三方，TUV 南德一直以来都为各个行业提供专业技术服务，涉及的领域涵盖工业、产品、交通、环境、建筑、能源等，为众多企业的专业产品取得市场认可度，在提高客户满意度、加强产品安全管控等方面起到了很好的作用。

茂硕电源作为国内唯一一家以 LED 驱动电源为主业的上市企业，在 LED 驱动、开关电源及消费类电源领域的发展颇为迅速，在产品创新及市场占有率方面已具备业内领先水平，为行业的发展起到了积极的推动作用。

茂硕电源与 TUV 南德的合作始于 2011 年，双方的合作范围涵盖了传统的消费类电源、LED 电源和医疗电源的安规、电磁兼容以及备受关注的能效领域的测试认证及资讯服务。过去，茂硕电源检测中心在 TUV 南德相关技术人员现场指导下，连续三年完成相关测试并获得 TUV 南德目击实验室资格认证。未来，为了进一步提升茂硕电源企业品牌形象，加大国际市场对茂硕产品的认可，茂硕电源将不断进取继续提高自身专业水平，争取独立完成相关专业测试，获得更多、更专业的技术认证。

随着市场的需求和发展，国际市场用户对 LED 驱动及消费类电源、开关电源的要求越来越高，对产品的具权威的第三方认证也越来越重视，对安规认证机构选择也越来越严格，茂硕电源与 TUV 南德此次合作更具意义，同时双方对未来的战略合作也进行了深入探讨。此次获得 TUV 南德授予战略合作单位的殊荣，该荣誉是国内首批针对电源行业的授牌之一，茂硕电源为此感到十分荣幸。新年伊始，祝愿新的一年茂硕电源与 TUV 南德携手共进，为创造更大互利共赢局面开拓新篇！

茂硕电源组高端人才队伍，走自主创新之路

众多业内人士表示，2013 年是 LED 照明全面爆发元年，2014 年将是 LED 照明发展的关键年。茂硕电源作为国内唯一一家以 LED 驱动电源为主业的上市企业，将紧随产业发展步伐，抓住机遇，始终坚持科技创新引领未来，坚持推动 LED 行业发展为己任，积极为行业发展出谋献策。

图 1 研发中心刘耀平副总裁（左一）、叶阳总工程师（右一）与李泽元教授合影

据了解，我国近年来的经济发展和城市建设发展迅猛，城市照明进步巨大，但更需进一步提升整体形象，更需要照明在艺术表现、节能减排方面做出贡献，对照明设计和产品的应用需求上更加注重先进技术与工程实际相结合。

特别是在国家科技部、发改委等相关部委继地方政府的积极倡导下，我国的半导体照明产业迎来了高速发展阶段，半导体照明在室外的景观、道路等领域都得到了广泛的应用。

茂硕电源秉承“科技创新，驱动未来”的发展主旨，积极响应全球节能减排的号召，积极开拓自主研发之路，于2013年重金引进电源行业资深技术专家及海归博士等高科技人才打造研发团队。目前，作为公司副总裁兼任研发中心总经理的行业资深电源专家刘耀平先生与毕业于加拿大滑铁卢大学的技术研发总工程师叶阳博士携手，两人共同带领着两百余人的研发团队不断钻研于科技创新与产品性能提升。

经过近一年的人才引进与资源重整，茂硕电源的研发团队终于成为名副其实的由多名海归博士主导研发的高科技研发队伍，形成由预研部负责前沿科技研发、产品研发中心负责新产品研发、工程技术中心负责制造研发的三级研发体系，为茂硕电源的“高可靠LED智能驱动”提供了有力保障！

航嘉积极践行“低碳科技，环保生活”

随着时代的发展，社会对电子产品的需求是不再看重性能，而是要求更安全、更环保、更节能。其中，对节能要求近年来更是快速发展，几乎涵盖了通信、音视频、办公及家用电器等大部分的电子产品，并且范围仍在不断扩大。大部分国家（包括发展中国家）都有或者正在制定相应的能效要求准则。并且，节能要求逐步呈现出从自愿性向强制性过渡的趋势。

航嘉公司作为国内最大的电源制造商，从2010开始就秉承“低碳科技　环保生活”的理念，公司的充电器、电源适配器、USB电工插座、移动电源等产品都按照节能环保理念研发设计，关注世界各国的对于电源能效要求。目前，航嘉适配器充电器基本全部符合V级能效，PC电源在80Plus认证方面，从铜牌到铂金基本覆盖了所有的PC电源标准品。

在高质确保公司产品的同时，航嘉积极参与国家标准研究和制定工作。2013年由中国标准化研究院牵头，航嘉公司积极主导对电源能效指标进行调研，并参与更新国家标准GB 20943—2013《单路输出式交流-直流和交流-交流外部电源能效限定值及节能评价值》，在2013年9月份批准正式发布，2014年09月01日开始实施，属于强制性国家标准。该标准定义了包括外置电源输出功率大于51瓦的转换效率强制要求大于0.85等指标，为节能减排做贡献。

航嘉参与电源在电工领域的应用工作

随着电子消费产品的飞速发展，电子行业的更新换代非常快，手机和平板电脑占据了消费者大部分时间和精力，它们的充电装置也日趋增多，充电功能电路和传统设备的结合，成为吸引用户眼球的亮点，移动电源和充电排插就此诞生。但是，这些产品安全可靠吗？没有标准来评价，为了保护消费者的权益，航嘉公司积极主导参与行业标准《带USB充电接口的插座》的工作。

2013年7月17日～19日，行业标准《带USB充电接口的插座》第二次工作组会议在深圳召开，此次会议由航嘉公司主导，邀请了电工产品的各个专家到会，会议讨论了带USB充电接口插座的相关技术要求和实验方法。

图1　会议照片

图2　USB 排插照片

航嘉实验室的建设和发展

2013 年 12 月 3 号，航嘉检测中心安规实验室取得“美国 UL CTDP 认可证书”，同时，电磁兼容实验室也获得了加拿大 ICES 的认可。航嘉检测中心加上之前获得 CNAS、TUV TMP、NEMKO TMP、SGS TMP、FCC、ERP、DOE 等授权资格，已经具备了世界上主要国家和地区的电源准入标准的测试能力。

航嘉检测中心不断提高检测能力，先后建立了功能实验室、可靠性实验室、噪声实验室、光学实验室、零件实验室、材料实验室、热仿真实验室等。在仪器方面主要包含 EMC 辐射测试仪、3 套传导测试仪、高加速寿命测试仪、3 套雷击测试仪、X-光分析仪、半消声声学测试仪、20 套高低温环境箱等试验设备。

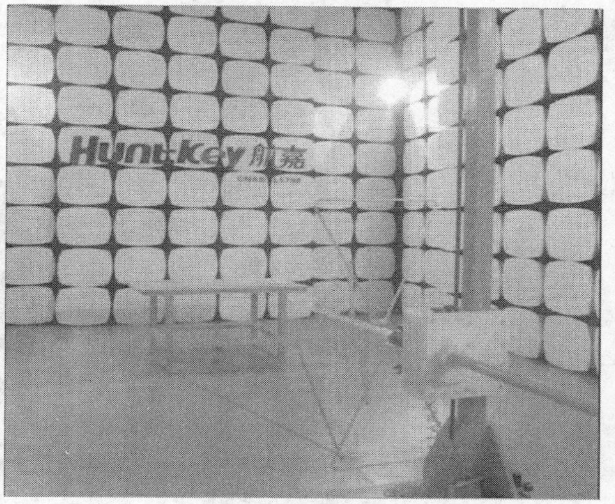

图1　EMC 暗室

图2　高加速寿命测试仪

北京星原丰泰电子技术股份有限公司正式挂牌上市

2013 年 8 月 7 日，中国证监会核准公开转让并在全国中小企业股份转让系统挂牌的 9 家企业在北京举行挂牌仪式。北京星原丰泰公司董事长赵力行先生作为企业代表发言，发言如下：

“我很荣幸代表此次挂牌等 9 家企业发言，首先请允许我对于支持我们企业的各级领导、中关村管委会、券商及各事务所、全国中小企业股份转让系统有限责任公司，在我们改制挂牌过程中给予我们的耐心指导、大力支持和所付出的辛勤劳动表示衷心的感谢!

此次挂牌意味着我们进入了资本市场的大门，在这个新的平台上，给我们中小企业提供了一个广阔的发展空间；提升了企业的知名度，提升了企业的品牌价值，提升了企业的市场竞争力。与此同时我们也要清醒地认识到我们成为了公众公司，需要我们进一步提升企业的规范化水平，进一步提升企业的管理水平，进一步提升企业的盈利能力，来回馈股东、回馈社会。

我们 9 家公司很有幸此时能够挂牌，6 月 19 日李克强总理主持召开了国务院常务会议，研究部署金融支持经济结构调整和转型升级的政策措施。其中，专门提到加快发展多层次资本市场，将中小企业股份转让系统试点扩大至全国，鼓励创新、创业型中小企业融资发展。之所以我们恰逢其时，占尽天时、地利、人和，在此还是要再次感谢在座的各位领导，是你们给我们插上了翱翔的翅膀。

最后祝各家公司和在座的各位今后都能够每天进步、不断成长、适应改变、勇于突破、取得成功!"

图 1　我司董事长赵力行及其他参与挂牌企业代表人与证监会代表合影

北京星原丰泰电子技术股份有限公司获得中关村信用双百企业称号

近日，"信用中关村"系列活动——北京中关村企业信用促进会成立十周年暨2013中关村"信用双百"企业发布会，在北京举行。此项活动由中关村管委会、中国人民银行营业管理部、北京市经济和信息化委员会、北京市金融工作局联合举办，会上发布的中关村"信用双百"企业包括116家"最具影响力信用企业"和101家"最具发展潜力信用企业"，旨在进一步推动中关村"信用首善之区"建设，树立中关村企业信用品牌，服务科技创新型企业融资发展，持续推动中关村信用体系建设再上新台阶。而星原丰泰公司也在会上获得了中关村企业信用促进会的认可，并获得了2013年双百"最具发展潜力信用企业"荣誉证书！以资表扬星原丰泰公司在电源行业建立的良好信用品牌及为客户提供优质服务的进取精神。

会上，中关村企业信用促进会总结回顾了成立10年来的发展历程，商业银行、担保机构与"信用双百"企业代表进行了企业融资授信签约。中关村软件园被中关村管委会授予"中关村信用示范基地"称号，将作为"中关村信用示范基地"创建工作的首批试点，发挥专业园基础设施完善、产业高度聚集、自主创新活跃的优势，推动中关村国家自主创新示范区信用体系建设，通过建设辐射状信用工作平台网络，更好地贴近企业开展服务。此外，会上还发布了740家中关村信用星级企业，其中五星级企业99家、四星级企业74家、三星级企业92家、二星级企业164家、一星级企业311家。

金武士携手李宗翰，UPS业内第一个明星代言品牌

2013年6月，新光宏锐电源设备有限公司旗下金武士品牌正式签约中国知名男演员李宗翰，形成UPS业内第一个邀请明星作为形象代言的品牌。

对于此次代言，新光宏锐相关人士表示，选择与李宗翰先生作为金武士品牌形象代言人，不仅是基于相互的高度尊重与信任，同时也是源于彼此形象气质上的契合。

李宗翰是当下具有代表性的实力派演员。与李宗翰一样，自从成立以来，金武士通过不断地创新及积累，形成可靠性、可适用性、可延展性、可维护性、可管理性、可持续性六大标准。零度无缝对接的360°电源整体解决方案的品牌，得到广大客户的认可。与此同时，李宗翰为人低调稳重，注重公益事业的优秀品格，与金武士打造具有社会责任感的企业理念相吻合。他不仅事业成功更有着优秀的人格魅力，这些都与金武士品牌的价值理念与品牌个性高度契合。

新光宏锐公司相关人士表示，签约明星作为品牌形象代言人只是金武士在打造强势品牌的道路上迈出的第一步。下半年，将会有更多的重磅营销推广活动陆续推出。届时，金武士品牌将以全新的形象、强势的姿态立足于国内UPS行业。

图 1　李宗翰代言金武士品牌签约现场

佛山市禅城区投资推介会隆重举行，新光宏锐电源设备有限公司现场签约

2013 年 10 月 29 日，在禅西绿岛湖举行了以“城市新空间，产业新动力”为主题的“2013 年佛山市禅城区投资推介会”。新光宏锐电源设备有限公司作为重点签约单位参加了本次推介会，并于现场签约入驻华南电源创新科技园。

禅城区区长区邦敏、副区长乔羽、禅城区委常委、禅城区经济和科技促进局局长徐航等领导出席了会议。

据了解，现场签约及启动 50 个项目，投资总额超过 300 亿元，银行授信 100 亿。其中，包括新光宏锐电源设备有限公司在内的签约项目 40 个，投资金额 228 亿；启动项目 10 个，投资金额 75 亿。

本次签约和启动的项目主要涉及现代服务业和高端制造业，包括商务商贸、金融、科技服务、信息服务、工业设计和精密制造、生物医药、UPS、电子信息等高端产业，与禅城区特别是禅西新城未来的产业规划十分契合。

这次签约入驻华南电源创新科技园是新光宏锐公司继 2013 年 5 月牵手著名影星李宗翰后又一具有里程碑意义的要事。入驻新园区和牵手李宗翰为公司的发展插上翅膀，必将引领公司进入发展的快车道。

图 1　佛山市禅城区投资推介会现场

图 2　参会部分企业

金武士进驻鞍山市奥体中心，助力 2013 全运会赛事转播

第十二届全运会于 2013 年 9 月初在辽宁省举行。为保证第十二届全运会赛事转播质量，金武士凭借出色的性能和品牌口碑在众多优秀产品中脱颖而出，被选为鞍山市奥体中心四大场馆卫星转播车专用 UPS。

新建成的鞍山市奥体中心整体设计创意为“金镶玉”。占地面积为 31.32 万平方米，总建筑面积约为 19.45 万平方米，为一场三馆布局，承办第十二届全运会足球比赛、乒乓球比赛、水球比赛与手球比赛。各场馆建设内部具备先进的智能系统、照明系统、音响调控、无障碍设施等功能，能够确保全运会比赛的各方面需求，同时保证赛后的产业化运营。

卫星转播车承担着比赛现场实况转播的责任，具有机动灵活、活动范围大等特点，对电源的可靠性与稳定性要求很高。金武士 TD 系列工频在线式 UPS 实现从模拟到数字化的跨越，采用先进的全 DSP 数字化控制技术，为用户的负载提供安全可靠的电源保障，结合高频机的成熟技术进一步提升产品性能，同时提高了 UPS 的可靠性和稳定性，完全满足卫星转播车对电源供应保障的苛刻要求。此次助力第十二届全运会鞍山市奥体中心赛事转播，进一步彰显金武士出众的品牌实力，为金武士强势布局东北市场迈出坚实的一步。

新光宏锐成为佛山市禅城区首批企业高校研究生联合培养基地

2013 年 11 月 2 日，佛山市禅城区人社局举办了企业高校研究生联合培养基地的授牌仪式。新光宏锐电源设备有限公司凭借雄厚的实力得到禅城区人社局的高度肯定，被授予首批企业高校研究生联合培养基地。禅城区共 14 家名企成为首批企业高校研究生联合培养基地。

据禅城区人社局介绍，企业高校研究生联合培养基地是引导在读硕士生、博士生利用科研交流、项目开发、成果转让和就业承接等方式，在禅城企业开展实践活动，以期引进和留住人才。新光宏锐公司积极响应此举措，为高校研究生提供良好的锻炼平台。新光宏锐公司一向注重人才引进，近年来公司引进研究生、本科等高端人才人数逐年增加，为公司的长远发展打下坚实的后盾基础。

武汉大学、哈尔滨工业大学、中山大学等 10 所来自全国各地的高校代表出席了活动。此次活动，成为禅城名企与重点高等院校优秀人才对接培养的盛宴，将极大地推动企业的发展。

华东微电子技术研究所助嫦娥三号探测器落月

2013 年 12 月 14 日 21 时 11 分，嫦娥三号探测器成功落月，华东微电子技术研究所研制的 DC-DC 电源产品获得成功应用。该款高压抗辐照空间电源分别安装在嫦娥三号激光测距敏感器和激光三维成像敏感器的关键部位，为激光输出提供触发高压，为“嫦娥落月”提供了重要技术保障。

该电源采用厚膜混合集成技术、裸芯片组装工艺和金属气密性封装，将输入电流经过稳压、滤波、变压后转换成连续的输出电流给敏感器使用，具有体积小、集成度高、可靠性高等特点，并具备抗空间辐射能力，是目前少数在宇航工程中得到实际应用的国产混合集成电源模块。

华东微电子技术研究所与合肥工业大学共同成立同行管理研究中心

2013 年 4 月 26 日，华东微电子技术研究所在合肥隆重举行了“华东微电子技术研究所、合肥工业大学管理学院共同成立同行管理研究中心仪式”。合肥工业大学刘晓平副校长、华东微电子技术研究所李浪平所长分别在仪式上发表了重要讲话，双方表示将本着“资源互补、共同参与、共同成长”的理念，不断丰富中心合作内容，实现中心合作价值，探索创新，为同行管理研究中心的发展筑牢基础，为今后进一步深入、长期合作搭建好平台。随后李浪平所长、合肥工业大学管理学院梁昌勇院长代表双方签署了合作协议。

深交所组织“践行中国梦· 走进上市公司——投资者开放日”活动牵手科士达

2013年11月20日，由深圳证券交易所、深圳证监局联合组织的“践行中国梦·走进上市公司——投资者开放日”活动抵达科士达。科士达公司董事长兼总经理刘程宇、总工程师延汇文、供应链总监杨军、董事会秘书兼财务总监蔡艳红女士等公司高管出席活动，陪同深圳证监局、深交所相关领导，以及来自全国各地的50余位投资者代表参观了深圳光明高新区科士达工业园研发生产基地，并与投资者进行了开放式的互动交流。

随着中国经济社会步入新的发展阶段，务实、开放成为新一届中央领导打造中国经济升级版的主旋律，资本市场作为实现“中国梦”的重要载体，也同样离不开各上市企业开放和务实的态度。深圳证监局相关领导表示“践行中国梦·走进上市公司——投资者开放日”活动旨在搭建投资者与上市公司互动交流、有效沟通的桥梁，使投资者能够近距离、全方位了解上市公司情况，在帮助投资者实现资本市场“中国梦”的同时，进一步促进上市公司的透明开放性，从而赢得资本市场更大的信任和支持力度。

作为中国电源行业领航者，科士达始终秉承务实、开放、真诚的态度，深信资本市场上的认可度和影响力来自于企业自身的良好经营和健康可持续性发展。借助此次活动机会，科士达邀请投资者代表和媒体走进科士达深圳研发制造基地，“零距离”见证和感受科士达研发实力和光伏逆变器、大功率UPS、精密空调器等多项核心产品的先进生产线。

据科士达工业人员介绍，科士达是目前国内在产品线、规模以及市场业绩增速等方面均位于前列的光伏逆变系统产品研发制造商之一，为用户提供包括光伏逆变器、智能汇流箱、防逆流箱、直流配电柜、太阳能深循环蓄电池及监控在内的光伏逆变系统完整产品线，在中电投格尔木并网光伏电站、协鑫大同太阳能发电工程、尚德电力青海乌兰并网光伏电站、中广核新疆图木舒克光伏电站、国电内蒙光伏电站等一大批光伏电站工程中得到广泛应用。

除参观光伏逆变器生产线外，投资者代表一行还重点参观了科士达大功率UPS、精密空调器生产线。其中，单柜容量高达500kV·A、系统容量高达1500kV·A的YMK系列高功率密度大容量模块化UPS产品，以及涵盖中小型机房、大型IDC数据中心应用环境的MatrixAir、StationAir、FocusAir三大系列精密空调器产品引吸引了投资者的强烈关注。投资者代表一致认为，精密空调器产品线是科士达完成数据中心整体解决方案产业布局的关键步骤之一。该产品的成功推出，使科士达成为首个完整拥有包括UPS、精密空调器、精密配电柜、蓄电池、网络服务器机柜、动力环境监控在内的数据中心关键基础设施产品线的国内厂商，对公司在未来数据中心市场的发展有着极其重要的战略意义。而公司面向下一代数据中心的节能型、高可靠、高功率密度YMK系列UPS的扩展，则对打破国外厂商在同类高端产品领域的高端技术垄断性优势，提升公司在高端UPS市场上的占有率，乃至促进国产大功率模块化UPS加速实现进口替代进程，将起到巨大推进作用。

在本次活动专场交流会议中，深圳证监局上市公司监管处黄山副处长和科士达公司董事长刘程宇分别致辞发言，深交所沈梁军博士在会议上做了主题演讲，与投资者代表分享了基于中国证券市场的研究、投资理念和策略。投资者和媒体代表就科士达的企业生产经营、业务状况、行业前景、公司未来战略等问题与公司管理层展开了广泛深入的交流。科士达高管团队对投资者关心的问题一一进行了细致解答，并积极听取投资者意见和建议。公司董事长刘程宇在现场接受专访中表示，回报股东是上市公司履行股东受托责任的重要体现，也是资本市场健康发展的内在要求，科士达自上市以来积极推动现金分红制度，2010～2012年连续三年现金分红超过上市公司股东净利润的30%。在未来，公司会始终保持开放心态，不断提升治理水平，规范决策程序，尊重股东权力，提高主动性信息披露意识，增强公司透明度，同时，不断提升公司盈利能力和持续发展能力，与投资者携手共铸民族电源企业的“中国梦”。

科士达亮相第七届SNEC上海国际光伏展

2013年5月16日，2013第七届SNEC上海国际太阳能产业及光伏工程展览会在上海新国际博览中心圆满闭幕。作为国内领先的光伏逆变器专业研发制造商及光伏发电逆变系统一体化解决方案提供商，深圳科士达科技股份有限公司携太阳能光伏逆变系统全线产品及整体解决方案亮相本届展会，向国内外用户展示了科士达在光伏领域的创新技术和领先实力。

据悉，SNEC光伏展览会是亚洲最为专业、最具影响力的光伏展，其展出内容包括光伏生产设备、材料、光伏电池、光伏应用产品和组件及光伏工程和系统，涵盖了光伏产业链的各个环节，以“国际化、专业化、品牌化、规模化”的形象得到行业的一致认可。本届展览会展出面积为15万平方米，参展商超过1500多家，观众达15万人次。大批国内外一流光伏企业为用户展示了光伏行业最新产品和技术。

本次展会，科士达不仅展出了以“逆变效率专家”享誉行业的全线光伏逆变器产品，同时展出了直流配电柜、智能汇流箱、防逆流箱、监控系统和太阳能深循环蓄电池等太阳能光伏发电系统产品线。科士达相关负责人表示，科士达在光伏领域不仅具有专业的创新研发优势，更具有基于全产品线的一体化解决方案实力，在硬件功能、系统兼容、效率转换和整体性价比等方面具备行业领先优势，有能力为客户创造更多的价值。

虽然今年中国光伏企业仍受全球光伏行业“低谷期”的影响，但在光伏逆变器企业集中的E7和E6馆，包括科士达在内的国内逆变器大型厂商展台前仍然人气火爆。业内专家表示，本次光伏行业“寒冬”对逆变器厂商的影响较小，相反市场给了逆变器行业一个相对有利的整合期。在未来，那些真正有技术积累、应用经验优势和自主创新能力的逆变器企业将获得更多的发展机会。

科士达相关负责人表示，光伏逆变器作为对长期运行稳定性要求高的产品，需要深厚的技术积累和强大的可持续性研发创新实力。中国逆变器企业需要沉下心来，在技术、质量及服务等各个方面下足功夫，不断突破技术瓶颈，研发出高品质、高效率、高性价比的产品，真正提高企业的产品核心竞争力。在新形势下，科士达将继续发挥领先优势，夯实自己“逆变效率专家”的品牌形象，并致力推动行业健康有序发展。

富华电子荣膺“2013年国家火炬计划重点高新技术企业”

日前，国家科技部公布了“2013年国家火炬计划重点高新技术企业”评选结果，东莞市石龙富华电子有限公司（以下简称 UE Electronic）榜上有名，成为广东省2013年入选的42家企业之一。这是在获得“国家火炬计划科技项目（产业化示范）”立项后，UE Electronic 的技术能力再次得到国家权威机构的认可。

据悉，培育和发展国家火炬计划重点高新技术企业是火炬高新技术产业化及环境建设的重要内容，是在全国高新技术企业范围内，择优选择一批发展有特色的高新技术产业化骨干企业，引导其利用社会各类资源，使之做强做大、做专做精，成为提升自主创新能力、调整产业结构、转变发展方式、引领我国高新技术产业跨越发展的中坚力量。“国家火炬计划重点高新技术企业”的认定主要从企业的创新能力、行业带动性、营利能力及社会贡献四个方面对企业进行综合评价，获得认定的企业数量占全部高新技术企业的比例不超过2%。

“凭借着对高新技术的不懈追求和消化吸收，公司始终掌握着行业内最尖端的科学技术，每年都有多款品质过硬、性能优越的电源产品问世，本次获得认定是政府及其职能部门对公司加强研发投入，自主创新能力不断提升的一次肯定。”UE Electronic 负责人表示，“荣膺‘国家火炬计划重点高新技术企业’是企业自主创新和核心竞争力提升的重要标志。也有助于充分利用人才、技术及外部优势，进一步提高公司的自主创新能力，提升公司的行业地位。”

UE Electronic 成立24年以来，一直专注电源产品的生产和技术的研发，如今，公司早已成为国内重要电源产品制造商，“UE”品牌电源也成为广东省名牌产品，其应用涵盖了 LED 驱动电源、医疗电源、通信电源等多领域。

一直以来，UE Electronic 注重技术进步和科技创新，不断加强自主研发，在产学研合作中创出了多项国家级研发专利成果，目前已经申报和获得了六十多项左右发明、外观设计及实用新型专利许可授权，成为名副其实的专利企业大户。

在强有力的科研力量支撑下，UE Electronic 先后获得国家高新技术企业、中国 LED 百强企业、广东省名牌产品、东莞市专利培育企业、东莞市装备制造业重点企业、广东省级企业技术中心等荣誉。

过硬的产品质量和良好的信誉也赢得了包括华为、中兴、西门子、富士康、欧司朗、飞利浦、奥的亮、雷士照明、德豪润达、JVC、比亚迪、伟易达等国内外著名企业的青睐。此外，UE Electronic 还成为了粤港招标项目、广东省教育部产学研结合项目、广东省战略性新兴产业专项资金 LED 项目、国家火炬计划产业化示范项目及省级企业技术中心专项资金项目等的担纲者。

富华电子喜获一项科技成果鉴定

2013年伊始，东莞市石龙富华电子有限公司（以下简称 UE Electronic）再次传出喜讯。1月9日，由 UE Electronic 和华南理工大学共同完成的“大功率 LED 驱动电源及控制集成系统”项目正式通过科技成果鉴定。UE Electronic 的这项科研成果成功通过科学鉴定再次肯定了其在 LED 驱动电源方面技术创新所做的持续不懈的努力，这也标志着 UE Electronic 再一次在技术创新方面走在同行的前面。

据了解，此次科技成果鉴定是由东莞市科技局组织，并委托东莞市科技中介同业公会主持召开。鉴定委员会专家成员都是来自广东的半导体和电子材料相关领域的教授专家，其中广东工业大学教授张淼担任主任委员，华南师范大学光电材料与技术研究所教授级高级工程师郭志友和暨南大学教授杨恢东担任副主任委员。“大功率 LED 驱动电源及控制集成系统”项目针对大功率 LED 驱动电源的高效节能、高功率因数、高功率密度、智能调光、高可靠性和无故障时间长等方面的特殊要求，采用了高效率、高功率因数单级 AC-DC 变换，高效恒流输出智能调光，混沌脉宽调制电磁干扰抑制和基于潜电路的故障诊断等关键技术，研制了大功率 LED 驱动电源。同时，该项目开发的大功率 LED 驱动电源产品经 TUV 检测机构检验，所检指标符合要求，其转换效率达到95.3%，功率因数达到0.993，寿命达到11万小时。

鉴定委员会专家们认真审核了 UE Electronic 和华南理工大学提交的相关项目材料，并进行了仔细的现场考察，对一些关键问题进行了质询，最后经过讨论出了鉴定决定。决定认为 UE Electronic 和华南理工大学提供的项目资料齐全，符合科技成果鉴定的要求，项目整体技术达到国际先进水平，同意通过科技成果鉴定，并建议项目产品进一步扩大生产，加快推广应用。

“该项目为解决当前大功率 LED 驱动电源普遍存在的效率低、寿命短、可靠性不高等问题，在助力照明性能、能效和耐用性的提升及节省成本方面都发挥了巨大的作用，值得肯定鼓励，应加快推广应用。当前国家在加大力度推广使用更加节能环保的 LED 照明应用产品，驱动电源作为决定 LED 照明产品寿命和性能核心部件，未来的市场前景十分看好。”鉴定委员会一位专家对该项目研究成果的重要性如此表示，同时他也希望 UE Electronic 能继续加强技术创新的投入力度，争取更大的技术突破，加快科技成果的产业化过程，造福于民。

UE Electronic 不仅注重科技创新，组织科研力量攻克技术难题，还在自主知识产权保护方面做了很多努力和工作。“这个项目获得授权发明专利6件、授权实用新型专利3件、授权外观设计专利7件和计算机软件著作权2件，发表了学术论文8篇。有了这些专利、著作权和学术论文的支撑，我们就能很好地保护该项目的知识产权。”UE Electronic董事长黄子田指出，根据该项目开发的大功率LED驱动电源产品如今已广泛应用于路灯、隧道灯、景观灯等，使用效果良好，取得的经济和社会效益显著。

黄子田同时还表示，UE Electronic坚持技术立身、持续创新，正是对于科技创新的重视和不断投入为公司转型升级提供了坚实的基础。未来将坚定走技术创新这条路，力争以更多的创新成果，持续为消费者提供更安全、更高效、更稳定的驱动电源。

科达磁电成功研发出$\phi60\sim\phi200$mm磁罐磁粉心系列

一般的大功率、大电流应用中，硅钢片或非晶磁心可以被应用于电抗器中，硅钢片工作频率一般小于5kHz；而非晶磁心工作频率小于50kHz，但无论硅钢片或非晶磁心，由于损耗偏高或者磁滞伸缩系数偏高，而且磁心需要开气隙非闭合环路，造成磁心在工作中温升偏高或者出现明显噪声及电磁辐射。

而环形、E型等常规金属软磁磁心，可以满足上述要求，尺寸需要100mm以上，并使用3~5个磁心才能满足要求，同时由于这种电感通常是线径较粗的铜线，使得绕线非常困难。设计人员急需一种符合大功率、大电流应用的新型磁性材料。

科达磁电通过多项技术改革，成功研发出$\phi60\sim\phi200$mm磁罐磁粉心系列。EMC大功率磁罐磁粉心具有高饱和磁通密度、低磁损、优良的低频大电流特性和屏蔽等特点，是应用于太阳能光伏、风电和可靠性电源、轨道交通等新型产业中的“逆变器”、“滤波器”、“电抗器”的核心元件。

北京动力源DIP-HE-60/2800型工业电源设备产品入选第二批中关村国家自主创新示范区新技术新产品目录

本报讯　根据《中关村国家自主创新示范区新技术新产品（服务）认定管理办法》的文件要求，北京动力源公司通过对材料的组织及申报，经专家评审团严格的评审，成为市科委、市发展改革委、市住房和城乡建设委、市经济信息化委、中关村管委会拟认定的第二批中关村国家自主创新示范区新技术新产品，动力源公司凭借DIP-HE-60/2800型工业电源设备的创新技术成功入选。

入选第二批中关村国家自主创新示范区新技术新产品目录，代表动力源公司技术产品在创新能力上有带动性，有较高的科技含量。此证书具有较高权威性。

北京动力源喜获“上市公司环境责任十佳企业”称号

2013年12月13日，“上市公司环境责任评级结果新闻发布会”在京召开，北京动力源公司荣获“上市公司环境责任十佳企业”荣誉。此次发布会由中国上市公司环境调查组委会主办，以上市公司为领跑者，带动全社会，用实际行动对环境保护给予关心和重视为目的。荣获“上市公司环境责任十佳企业”称号的还有兴业银行、伊利股份等企业。

未来，动力源公司将利用专业的技术优势，继续为全球环保产业做出更大的贡献。

移动式数据中心MDC亮相2013金融展

在2013年中国国际金融展会上，北京中大科慧科技发展有限公司携其新产品——移动式数据中心MDC闪亮登场。

展会上，中大科慧公司对分数据中心管控系统、数据中心解决方案、数据中心动力运维、移动银行四个模块进行了展出。此次展出的移动式数据中心是中大科慧公司最新设计研发的新产品，能实现全方位监控，集中管理。具有快速部署、低成本运营、高能效和低碳等多种优势。

技术创新，柏克荣获“2013年度广东专利奖”

近期，柏克公司获由经省政府批准，省人力资源和社会保障厅、省知识产权局授予的“2013年广东专利奖　优秀奖”。柏克公司也成为该批专利奖项目中极少数获此项殊荣的UPS科研单位。

柏克公司首创的“一种市电和电池双路供电的多路输出”技术提供了一种能快速动态启动的应急电源设备。该技术充分考虑了辅助开关电源可靠性、安全性、便利性及产品性能提升等多方面因素，将多项电路设计创新性技术方案综合运用于专利产品，解决了应急电源产品的双路供电的难题，简化了复杂的电路，提升了产品的智能化水平。

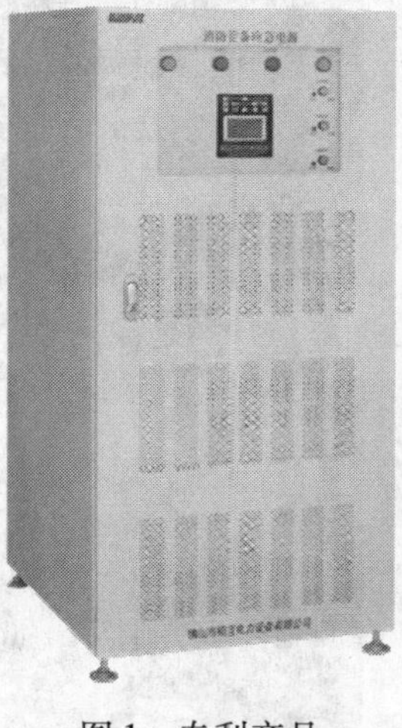

图1　专利产品

与现有技术相比，本专利技术最大的优势在于所提供的应急电源产品的转换时间少（小于1.8ms，远低于国内同类产品的3ms转换时间），是目前中国转换时间最短的应急电源产品。此外，本专利技术还具有市电和电池双路供电、市电自启动、低压关机等多种功能，良好地保障了产品的可靠性和安全性。该专利产品可广泛应用于场馆照明、国防、航空、公共安全等领域，为应急电源产品的产业发展提供了更可靠的技术保证。

据了解，该专利产品实现了辅助开关电源产品的重大技术革新，对我国开关电源类产品未来的发展方向发挥了引领作用，代表了当前我国开关电源产品的较高水平。数据显示，这项技术不仅具有行业突破性质，应用了其研发生产的产品投入市场后更产生了轰动效应，体现出技术水平高、资源能耗低、综合效益好的特点，因而得以从广东省内上百万件有效专利中脱颖而出。

除此次获奖的专利外，柏克公司还牵头建立了佛山市应急电源工程技术研究开发中心，并参与了住房与城乡建设部行业标准《集中式EPS应急电源》的制定，还成功孵化中科纵联科技有限公司，积极探索了一条产学研结合的道路。

柏克一体化电源解决方案携手巴州人民医院守护生命健康

近日，柏克携公司UPS、精密空调、智能配电，助力新疆巴州人民医院现代化医疗建设，为人民的健康及生命筑起一道安全的电源保障。

近年来，柏克公司与巴州人民医院在电力系统的建设方面展开了全面而深入的合作。巴州人民医院是国家二级甲等医院、全国百佳医院，承担着自治州八县一市、石油、兵团、铁路及南疆各族群众的医疗、预防、保健、康复任务。多年来，巴州人民医院根据医疗业务发展的需要，立足于各族患者的保健需求，瞄准科技前沿，先后引进核磁共振、64排螺旋CT、大C型臂、三维彩超、DR、CR、数字摄影成像系统、罗氏全自动生化免疫电发光检验系统、直线加速器、SRI全身热疗系统、电子关节镜等先进设备850余件/套。这些先进设备的应用，极大地促进了医院临床医学的快速发展，为科室开展新技术、新项目，不断占领医疗市场的制高点提供了先进平台。然而，医疗设备在医院是否能够发挥其最大效能，除了与机器本身的技术性能有直接关系外，还与供电电源的质量有着极其重要的关系。电源品质的好坏，将直接影响医疗设备的运行稳定性和可靠性。

巴州人民医院的UPS设备、精密空调设备、智能配电均出自柏克公司。柏克公司提供的一体化电源解决方案能很好地支持医疗设备的高质量运行。柏克也凭借着与巴州人民医院近年来的成功合作经验，把关注产品向提供一体化解决方案上转变，在电源设备的选型上提供量身定制，为巴州人民医院的建设提供了强有力的支撑。

柏克联合中科院微电子所共建核心技术平台

2013年6月6日，华南电源产业技术创新与标准联盟暨中科院功率器件检测分析与电源核心共性技术研发公共服务平台揭牌仪式，在华南电源创新科技园展厅启动。佛山市电源行业协会秘书长、柏克新能科技股份有限公司董事副总经理何万里先生主持本次揭牌仪式。

此次揭牌仪式受到了佛山市各级领导单位的高度重视。参加揭牌仪式的主要领导有佛山市科技局胡学骏局长，佛山市质监局李健武副局长，中科院微电子所张国欢高级工程师，禅城区质监局董建旺局长，禅城区经促局毛伟锋常务副局长，佛高区禅管委胡安泉主任，禅城区各部门领导及张槎街道班子成员。

参加揭牌仪式的还有佛山市电源行业主要企业。

图1　仪式现场

禅城区经科局常务副局长毛伟锋表示：“公共平台由政府扶持建立，但与以往不同的是，该平台由企业和院所共同成立的实体公司——中科纵联科技股份有限公司——来运营，联盟整合企业和院所的科技力量，研发和服务将更贴合行业需求，更有针对性。”

佛山市中科纵联科技股份有限公司作为提升电源产业创新能力的重要平台，依托中国科学院微电子研究所等研究机构，联合了佛山市柏克新能科技股份有限公司等地区龙头企业的国家级创新资源，以创新和标准为引擎，致力掌握产业制高点，将为促进电源产业的优化升级，把握行业话语权起到重要作用。

柏克公司是该平台的牵头企业之一，肩负重要技术研发及管理职能。柏克新能科技股份有限公司董事长叶德智先生出任中科纵联科技有限公司董事；柏克新能科技股份有限公司董事总经理罗峰先生出任中科纵联科技有限公司总经理，主要负责电源产业核心共性关键技术的研发、科技人才引进与培养、科技成果转化与产业化、电路组件验证与检测等诸多工作。

据介绍，柏克新能科技股份有限公司自成立以来，一直注意跟踪、把握行业的最新发展动态，制定了企业技术创新的方向、目标和规划。为提高企业自主研究开发能力，公司与国际一流的实验室建立了紧密的战略合作关系。

新昇电业持续创新，提升效率

广东新昇电业股份有限公司在持续创新过程中，自主研发高性能箔式绕线机。箔式绕线机是绕制变压器箔式线圈的专用设备，采用PLC自动控制变频无级调速系统、光电液压纠偏系统、自动焊接机构等，确保了变压器绕箔的焊接质量，使变压器的损耗大幅度降低。随着高性能箔式绕线机的投入使用，新昇电业公司在新能源领域开发的新产品越来越多。

图1　高性能箔式绕线机

广州金升阳科技获得“中国电源学会科学技术奖”

热烈祝贺广州金升阳科技应用于工业控制及新能源汽车的器件级DC-DC电源模块关键技术项目获得“第二届中国电源学会科学技术奖”！

“中国电源学会科学技术奖”（国科奖社证字第0220号）是经中华人民共和国科学技术部批准设立的，代表电源行业在全国范围内评选的科技奖励。奖励在我国电源领域的科学研究、技术创新、新品开发、科技成果的推广和应用等方面做出突出贡献的个人和单位。

图1　获奖证书及奖杯

此项科学技术奖，标志着金升阳汽车级DC-DC电源模块在关键技术上取得了电源行业的认可，加速了我国电源科技技术事业的发展。自2013年1月份顺利通过了TS16949汽车质量管理体系认证之后，广州金升阳已经成功开发出多款应用于传统汽车电子、混合动力汽车和电动汽车的电源，而这些设计正被广泛地采纳。

金升阳汽车电子专用DC-DC电源模系列产品遵循TS16949的生产和测试规范要求，全面采用汽车级的元器件，不仅符合汽车集成电路（IC）应力测试标准AEC-Q100，更能满足被动（无源）组件应力测试认证规范AEC-Q200。该系列产品普遍应用于BMS电池管理系统中对电池电压信号进行监测，智能充电机中对电动机电压、电流进行监测，智能充电机中对充放电电流、电压进行监测等场合。

华耀电子喜获“安徽省创新型企业”荣誉

近期，经安徽省科技厅、省发展改革委、省经济和信息化委等八部门认定审核，省科技厅发布第三批创新型企业名单，华耀电子公司名列其中。这是继荣获安徽省创新型试点企业之后的又一殊荣，对华耀电子公司长期创新工作再一次给予了充分的肯定。根据相关政策规定，省级创新型企业不仅可有资金奖励，还可以享受税收优惠。

未来，华耀电子公司还将不断提高技术创新能力，加强自主创新研发平台、研发团队、研发条件的建设工作，推进以企业为主体、市场为导向、产学研结合的企业技术创新体系建设，形成具有核心竞争力和领先地位的创新型龙头企业，为建设国家级创新型试点企业奠定坚实基础。

华耀电子项目首获“中国电源学会科技进步奖”

近日，公司“高频高效多路脉冲调制输出 DC-DC 电源模块”项目荣获“第二届中国电源学会科技进步奖技术开发类三等奖”。周世兴总经理，副总经理及项目组代表应邀参加了中国电源学会学术年会及授奖仪式。

该项目产品开发应用以来，陆续取得了丰硕的创新成果，2012 年获安徽省科技进步奖三等奖、安徽省新产品鉴定、安徽省高新技术产品认定、安徽省科技成果认定，“一种多组可调宽、脉冲调制输出电路模块”获实用新型专利授权。2013 年，项目再度通过全国电源专业领域资深专家严格评审，被评定为“项目技术上有创新，总体技术水平和主要技术经济指标居国内领先，取得了良好的社会、环境和经济效益，在国内电源技术领域做出了较大贡献。”

中国电源学会是国家一级学会，也是目前国内电源行业唯一的全国性行业组织。中国电源学会科技进步奖是由国家批准，在全国范围内评选的科技奖励。2013 年全国仅 13 个电源项目获此奖项。

华耀电子高效加强版 LED 驱动电源 EWH60-200W 系列正式上市

华耀电子公司继完成高效 LED 驱动电源 EWP60-200W 系列开发之后，在此基础上又研发出高效加强版 EWH 系列。该系列与 EWP 系列相比，效率更高（最高效率高达 94%），可靠性更好，主要应用于 LED 路灯、隧道灯、景观照明等室外照明领域。

EWH 系列可在 AC90 ~ 305V 输入电压范围内工作，产品具有 60W、80W、100W、120W、150W、180W、200W 共 7 个功率段，输出电压范围涵盖 15 ~ 428V，满足了高电压输出的要求。其主要特点如下：

1）采用最新设计外壳，不仅设计紧凑、外观精美，且散热性更好，使产品的整体温升大大降低，从而提高产品的寿命及可靠性。

2）支持多种智能调光控制，主要分为两大类。一类通过内置高精度电位器实现输出电流或电压可调。一类支持 0 ~ 10V 直流电压、10VPWM（脉宽调制）和电阻三合一调光，也可通过外接信号转换器实现，通过智能系统控制。

3）可进行定时开关及调光控制，实现 LED 灯具二次节能。

4）可工作于恒压或恒流驱动模式，同时恒流点可自行设置。

合肥华耀电子知识产权结硕果

从国家知识产权局获悉，2013 年度上半年，华耀电子 1 项发明专利、10 项实用新型专利再获授权，同时申请 1 项国防专利已获受理，另有 11 项发明专利进入实质性审查阶段。

近两年，华耀电子知识产权的申请量和授权量呈快速增长趋势，部分核心专利也已成功应用至系列产品中，并逐步迈向产业化。至此，华耀电子申请知识产权量已达 64 项。其中，发明专利申请量达 21 项，实用新型专利申请量达 27 项，外观专利申请量达 13 项，软件著作权申请量达 3 项；已获授权专利 42 项，其中发明专利 2 项，实用新型专利 25 项，外观设计专利 12 项，软件著作权 3 项，另有 14 项发明专利进入实质性审查阶段。2012 年度下半年，一项发明专利成功申请发明专利产业化项目，在取得较好经济效益的同时，亦获得政府的大力支持。

技术创新是企业持续发展的动力和源泉。华耀电子作为“合肥市知识产权示范企业”，将继续推行知识产权保护，不断加强知识产权管理和建设工作，重视专利分析，充分挖掘战略信息，为保护核心技术、增强产品市场竞争优势、建设创新平台提供有力保障。

华耀电子“纯电动汽车车载 DC-DC 转换器”获省级重点新产品认定

日前，在安徽省科技厅下达的 2012 年度安徽省重点新产品计划中，华耀公司新能源事业部“纯电动汽车车载 DC-DC 转换器”产品被认定为安徽省重点新产品。在公示的 153 项重点新产品计划中，华耀公司产品排列第 28 位。

安徽省重点新产品计划是安徽省科技计划体系中的重要组成部分，是一项政策性引导计划。通过政策性引导和扶持，促进新产品开发和科技成果转化及产业化，加速科技产业化环境建设，推动企业的科技进步和提高企业技术创新能力。

合肥华耀电子四种产品获省级科技成果认定

近日，合肥华耀电子自主研发的“CBB92 系列低电感高压大电流脉冲电容器”、“纯电动汽车车载 DC-DC 转换器”、“高频高效多路脉冲调制输出 DC-DC 电源模块”、“高效小体积导轨系列电源”四项研发成果顺利获得由安徽省科技厅颁发的省级科技成果证书。

合肥华耀电子ECU开关电源顺利通过安徽省名牌产品复审

近日，合肥华耀电子ECU开关电源（5 ~ 750W）顺利通过安徽省名牌产品复审，这是继 2009 年荣获安徽省名牌产品以来再度获认可，并受到安徽省质量技术监督局的通报表彰。

合肥华耀电子将以此为激励，积极响应安徽省名牌发展战略，持续提升产品质量、服务质量和品牌形象，坚持走以质取胜之路，锐意进取，不断创新，争创省、市品牌示范企业，充分发挥电源行业的引领示范作用，为塑造企业品牌、扩大市场影响力、实现“十二五”经营目标做出新的更大的贡献。

合肥华耀电子11项产品获安徽省新产品认定

近日，华耀电子“新型宽输入电压电源模块”和“低谐波高功率密度多脉冲整流电源”两项产品顺利被安徽省经济和信息化委员会认定为“安徽省新产品”。至此，华耀电子经认定的新产品共计11项。

据省市政策规定，省级新产品研发团队可享受财政一次性奖励，并从认定之日起所缴纳增值税新增部分的省、市留成部分，3年内全额奖励企业。

华耀电子产品获科技部“国家重点新产品”认定

近日，华耀电子“纯电动汽车车载DC-DC转换器”产品经公司申报、省市网评、科技部专家复评等重重环节把关，最终获科技部“国家重点新产品”认定和国家财政奖励。

华耀电子近年来稳步进军新能源汽车产业市场，已与安凯、江淮、金龙等车企开展了良好合作，该产品即批量应用于安凯纯电动大巴上，整车运行中性能稳定。

华耀电子在合肥市新能源汽车试点示范推广的利好形势下，与中国普天、国家电网保持着紧密联系，并将依托今年新认定的安徽省智能供电工程技术研究中心，在新能源汽车领域继续加强智能充电技术和产品的系列推广和运营服务。

华耀电子获批组建省智能供电工程技术研究中心

近日，安徽省科技厅下达了《2013年度安徽省工程技术研究中心组建计划》的通知，华耀电子申报组建的“安徽省智能供电技术和产品工程技术研究中心”已正式立项批复建设。

中心的主要职责为针对智能供电领域的关键技术开展攻关，进行系统化、配套化和工程化研究，提供可规模化生产的成套技术、标准、工艺、装备；为行业或领域进行人员培训，培养高中级工程技术人员和工程管理人员；中心对外开放，接受企业、院所等单位委托的工程技术研究、设计、试验和咨询等任务；开展多种形式的国际、国内项目合作与交流，开展技术的引进、消化吸收和再创新，接纳国内外相关科技人员携带科研成果，到中心进行工程化研究开发。

华耀电子组建的省智能供电工程技术研究中心的主要研究方向为电动汽车充电、军工智能供配电、大功率电源模块、LED数字化电源等技术和产品。中心将采取边组建边运行的方式，组建期不超过三年，期满安徽省科技厅将按计划任务书要求进行考核和验收。

华耀电子获“安徽省自主创新品牌示范企业”荣誉认定

近日，经安徽省经信委、省发展改革委、省财政厅、省商务厅等六部门审核认定，华耀公司荣获“安徽省自主创新品牌示范企业”称号，这是对ECU电源品牌长期创新工作的充分认可与肯定。根据相关政策规定，省级自主创新品牌示范企业的管理团队可享受资金奖励。

品牌的自主创新能力，是企业研发创新实力的综合体现，也是企业产品市场核心竞争力的重要表现。作为省级自主创新品牌示范企业，华耀电子将继续加强自主创新研发平台、研发团队、研发条件的创新能力建设，不断提升ECU电源产品的技术创新能力，为ECU电源更好、更快地开拓外部市场积蓄动力。

华耀电子获“2013安徽企业最佳雇主”荣誉称号

近日，由安徽省人力资源与社会保障厅主办的“2013安徽企业最佳雇主”评选在合肥举行，华耀电子凭借卓越的人才战略、完善的人才培养机制和优秀的企业文化，荣获“2013安徽企业最佳雇主”殊荣。此次华耀电了获人力资源权威机构的高度赞誉，不仅是对公司人力资源工作的肯定，更是对华耀电子品牌价值的认可。

长期以来，华耀电子通过内外两方面积极开展“雇主品牌”建设：一方面，通过社会人才招聘、高校宣讲、企业文化构建、展会宣传等方式，于潜在雇员中树立品牌，使潜在员工愿意来司工作；另一方面，在现有公司员工中树立品牌。华耀电子凭借扎实的技术积累和稳健的资金平台，适应新产业发展对人才的不断需要，有机地融合了企业经营战略和企业文化理念，有效地转化为各项人力资源开发与管理的政策，以灵活的工作方式为每一个有梦想的华耀人提供施展才华的舞台，实现公司与员工的“双赢”。

雇主品牌建设与企业日常人力资源工作的“招、育、用、留”密切相关。此次，华耀电子荣获“2013安徽企业最佳雇主”称号，是雇主品牌建设取得的阶段性的成绩，更是让华耀电子与人才的对接从传统的岗位、薪资层面上升到社会口碑、品牌形象层面，体现了华耀电子的社会品牌和社会价值。

北京公安局采购先控电源10套600kV·A模块化UPS系统

近日，先控电源喜讯连连，北京公安局采购10套先控大功率绿色模块化UPS系统（600kV·A），为其信息中心IDC机房关键设备提供有力保障。

信息化机房是各个业务部门的数据运行和应用的关键部门。机房内运行的信息化设备和大楼内安防系统设备需要7×24小时不间断工作。一旦遭遇断电等不可抗因素，将会带来巨大的无法弥补的损失。UPS系统可以在断电后为信息化机房楼内的弱电系统提供一定时间的供电，保证机房内信息化设备和安防系统设备持续运行。因此，北京公安局对UPS设备的选择非常关注。

先控电源为有效保障北京公安局IDC机房的可靠性，

提供了整体解决方案，供电系统架构采用 2N 双母线结构，双路市电供电输入，每路 UPS 主机采用模块化双重并联双总线供电技术，每台模块主机本身已具备冗余，且每套“1+1”系统本身又是并机使用，最后再汇集到系统双总线，完全满足用户大功率双电源负载需求。该系统设计满足国标 GB 50174—2008《电子信息系统机房设计规范》A 级标准，高于欧洲 T4 标准。这种高可靠性、高安全性的绿色节能方案征服了北京公安局！最终采用 10 套 CMS-600 模块化 UPS 系统为其机房供电。

丰富先控产品线，扩大市场占有率，成为行业领跑者、航向标，提供更加全面、满意的增值服务，为用户和业界同行提供更好的服务和支持是先控电源的追求也是先控电源的承诺。

先控电源 400kV·A 高端 UPS 进驻河北联通 IDC 机房再展风采

近日，先控电源凭借雄厚技术实力以及多年来通信行业领域所建立的优良口碑，在河北联通 IDC 机房项目中脱颖而出，一举中标。其 12 套 CMS-400 高端大功率模块化 UPS 系统进驻河北联通 IDC 机房，成为其系统稳定、可靠、安全工作的坚实守护神。

河北联通数据中心是北方地区较大的 IDC 数据中心，为用户提供高可靠性、稳定性、安全性的 7×24 小时全天候运营服务。为了满足不断增长的信息量和业务范围，打造绿色通信网络，河北联通对 UPS 产品的选择标准是高质量、高可靠和绿色环保。

先控电源项目组根据该项目 UPS 设备的具体需求，组织公司专家团队，通过现场勘查，详细研究、规划，充分考虑新时代用户负载的实际使用环境和使用特点，采用配置先控 CM40 功率模块（单模块容量 40kV·A）的 CMS-400 系统，构成的双总线整体解决方案。方案具有高稳定性、高可靠性、扩容性强、效率高等诸多优势，拥有行业最低的谐波，具有更强的带载能力。最为河北联通所青睐的是 CMS 低碳环保的品质恰恰契合了河北联通倡导的“绿色通信”理念和机房节能的目的。

图 1 IDC 机房

作为 UPS 行业的领先企业，先控电源专注多年，其产品线得到了最大程度的完善与丰富，能够提供 IDC 机房全力支持，已经成为全球提供最完整 IDC 机房“一体化整体解决方案”的供应商之一。显而易见，此次得以中标，用户看中的不仅是先控电源产品本身，更看中整体方案提供能力以及完善的技术服务。

先控电源 UPS，广东移动的“守护者”

2013 年 10 月，先控模块化 UPS 系统 CMS 系列凭借供电质量高、可靠性好、低投资等优势，在众多的竞争者中脱颖而出，可提供的全方位电源管理解决方案，中国移动通信集团广东有限公司一次性采购先控电源 CMS-640 模块化 UPS 共 18 套。采用双总线供电方案，为大型数据中心提供高可靠的电源保护，打造现代、一流的一体化机房。其系统特点如下：

1）全方位的电源保护方案。功率模块采用高频在线式双变换结构，输出稳定度高，无切换时间，保证电源始终为负载提供全方位保护和高品质正弦波电源。

2）节省投资，提高设备利用率。系统采用模块化 N+X 备份工作，因此可支持未来不可预见的功率密度，降低了传统不间断电源扩容、升级的风险，具有边成长边付款的系统结构和能力，避免了规模过大和投资过度。

3）简便的扩容与维护。模块电源可以带电拔插，即使没有专业的技术人员在现场，用户也可以方便的扩容和维护。平均修复时间 MTTR≤5 分钟。

4）智能化电池管理。系统可根据电池容量进行限流充电和自动均、浮充电；可根据电池的放电曲线自动调节放电终止电压，避免了固定设置导致电池过度放电；可根据环境温度来补偿电池的充放电管理，延长电池寿命 50% 以上；定期自动进行电池自检，确保电池可靠工作。

5）无污染的绿色电源。模块采用三相有源功率因数校正技术和三电平 SPWM 逆变技术，大幅降低输入电流谐波（THDI≤3%），输入功率因数高于 0.99，整机效率达到 95% 以上。

6）完备的本机监控管理。监控单元采用多级分散式控制，大屏幕 LCD 液晶显示，智能人机对话菜单，实时监测、控制各模块电源、输入交流配电、直流配电和输出交流配电等各单元的参数和状态，随时设置和存储各项告警参数、告警记录。

7）一体化、单元化设计。系统采用一体化设计，即机柜上实现交直流配电、模块电源的集中管理和集中监控，方便用户操作使用。

8）优良的电磁兼容特性。模块电源内的直流升压电路运用了先进的反灌杂音抑制技术，无需附加外接设备，即可完全符合电磁兼容标准，确保与共用直流屏的其他设备互不干扰。

先控模块化 UPS 系统 CMS 系列采用双总线供电方案，为大型数据中心提供高可靠的电源保护，打造现代、一流的一体化机房。

图 1　先控电源 CMS-640UPS

先控电源荣获“中国电源学会科学技术奖”

拥有十多年 UPS 行业研发制造经验的先控电源于 2013 年 11 月 8 日荣获第二届“中国电源学会科学技术奖”。

两年一届的“中国电源学会科学技术奖”于 2011 年 1 月由国家科技部正式批准设立，是受国家委托、组织实施，代表本专业、本行业在全国范围内最高水平的科技奖励，旨在奖励为我国电源领域的科学研究、技术创新、新品开发、科技成果推广应用等方面做出突出贡献的单位和个人。

“第二届中国电源学会科学技术奖”于 2013 年 6 月正式启动，历经 5 个月的时间，评审委员会（由中国电源学会学术委员会、专家委员会、常务理事单位共同推荐的专家组成）通过对格式审查、专家初审、评审委员会投票表决一系列审核过后，本着“尊重知识、尊重人才”的方针，确定了获奖名单。

据了解，先控电源获奖项目 CMS-640（380V/380V 640kV·A）在线式通信用 UPS 系统，所有模块公用直流母线，由 DSP 芯片完成整流和逆变的数字化控制；采用顺位主从的同步控制技术，将控制电路分散到每一个模块中，主模块在突出运行时可进行无缝切换，实现了模块的互换性；采用三电平正弦波调制技术，模块的输出效率大于 97%，峰值因数大于 1：5，过载能力达 200%；保证了 UPS 系统绿色、节能、安全、可靠的运行，并受到了各行业的青睐及广泛应用。

先控电源在电源行业的贡献有目共睹，通过自主创新，永攀科学技术高峰，加速了电源科技的发展。

先控电源将继续以先进的技术、可靠的产品、优质的服务为广大用户保驾护航。

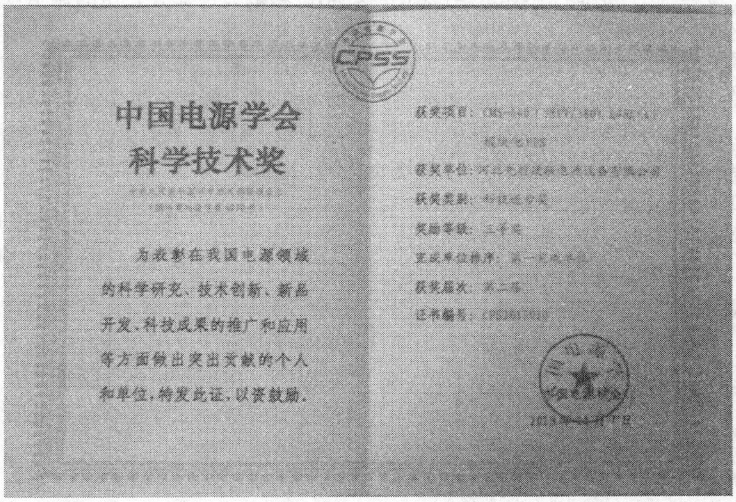

图 1　获奖证书

先控电源绿色大功率模块化 UPS 服务翔明（IDC）互联网数据中心项目

近日，8 套先控电源绿色大功率模块化 UPS——CMS－640 系统（单台容量可达 640kV·A）——中标翔明（IDC）互联网数据中心项目，为数据中心提供不间断的电力保障。

翔明（IDC）互联网数据中心为政府及民营企业托管服务，数据中心内运行的信息化设备必须 7×24 小时不间断工作，一旦遭遇断电等突发事件，将会带来巨大的损失。UPS 系统可以在突发断电后，为数据中心机房内的设备提供一定时间的电能，保证机房内信息化设备的持续运行。因此，UPS 系统的选择就成为重中之重。

为满足翔明（IDC）互联网数据中心设备及其他交流不间断负载用电需求，本期工程在大楼新建一套供电方案，满足供电需求。其主要包括先控 8 套 CMS 大容量模块化 UPS 系统（采用模块化双总线方式运行）及配套设备。

先控 CMS 系列工业级模块化 UPS，是先控电源遵循“节能、绿色、环保”的新概念而推向市场的一款高端模块化 UPS 产品。其不仅包含了传统 UPS 的整流、滤波、充电、逆变器的装置，还具备智能型的电源保护功能，并且采用了平均电流控制整流技术、顺位主从同步控制技术、多级分散式控制技术和三阶正弦波逆变等多项新概念技术，在大幅提高了设备的可用性、可靠性的基础上降低了设备的投资、运营、维护成本。

先控电源所提供的模块化 UPS 双总线供电系统满足用户设备供电的要求，可实现对 UPS 系统持续地并联扩容或冗余备份，满足了后期设备的随需扩展，并且实现了 UPS 输入的高效节能。其整机效率高、发热量小，运行损耗小，能大大提高电能利用率，实现绿色节能省电，是今后大型数据中心的较好选择。

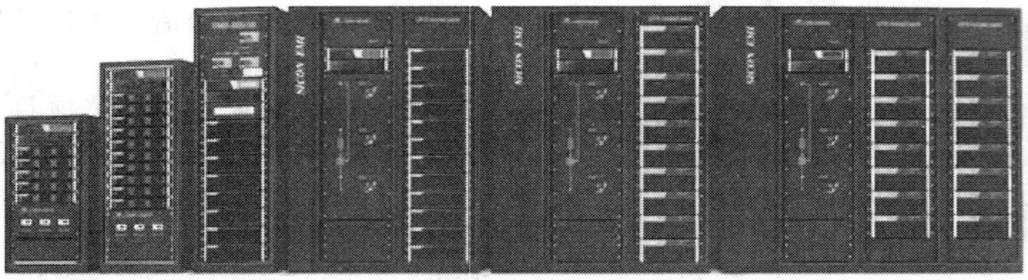

图 1 先控电源模块化 UPS

深圳华德 TS16949 取证工作进入最后阶段

技术规范 ISO/TS 16949 的全称是“质量管理体系——汽车生产件及相关维修零件组织应用 ISO9001：2008 的特别要求”。为了成为国际汽车行业的合格供应商，深圳华德电子有限公司从 2012 年底开始进行 TS ISO/16949 取证的准备工作，并成立了以公司领导为首的推行小组。在 2013 年，推行小组聘请了顾问公司对深圳华德的 ISO9001 质量管理体系进行了诊断，制定了详细的推行计划，对管理干部和生产员工开展了全面的宣贯和培训，取证的前期准备工作已有条不紊地展开。虽然深圳华德取得 ISO9001 证书已有 18 年了，质量体系的概念已融入了日常工作中，但是干部和员工都明白，通过 ISO/TS 16949 的取证将把深圳华德的质量管理水平推向一个新的高度，公司的业务范围也将扩大到汽车制造领域，大大地增强了企业的竞争力，为此深圳华德的员工都表示要通过自己的实际行动来支持这一项工作。推行小组认为，取证工作将在今年完成。

深圳华德两款新产品即将进入试生产阶段

WP4550RD 和 WP1302RC 是深圳华德为某国际知名大公司设计的电源产品，这两款电源产品将与不同的建筑物环境控制系统配合工作。由于产品必须长时间运行在比较恶劣的环境中，因此需要有很高的安全性、可靠性和稳定性。经过将近一年的努力，两款产品的样机均已通过了客户方的现场考核，各项指标都达到了客户的要求，设计已被客户认可。目前，样机已分别被送往相关的机构进行安全认证检测，预计两个月后产品将在宝安分厂进行试生产。

深圳华德 MES 系统的调研和考察工作仍在进行中

制造企业生产过程执行管理系统（Manufacturing Execution System，MES），是一套面向制造企业车间执行层的生产信息化管理系统。MES 是美国 AMR 公司在 20 世纪 90 年代初提出的，旨在加强 MRP 计划的执行功能，把 MRP 计划同车间作业现场控制通过执行系统联系起来。深圳华德在 1998 年就导入了 MRP 系统，在物料计划和采购计划方面运用得非常成功。但由于 MRP 系统更偏重于计划，其在“车间作业计划”的执行方面比较弱，而 MES 很好地充实了 MRP 系统在车间控制和车间调度方面的功能，提升制造执行力，实现制造过程透明化、追根溯源和流程防呆，及时、准时、实时地把握生产过程的变化情况。考虑到导入 MES 将极大地提升公司的制造执行能力和核心竞争力，在 2013 年公司成立了 MES 考察小组，负责调研和考察适合公司产品和制造流程特点的 MES。目前考察工作正有条不紊地进行着，考察小组希望在 2014 年度完成 MES 的选型，并在取得 ISO/TS 16949 认证后择机开始推动 MES 的导入工作。

“国产非晶带材在电力系统中的应用开发及工程化”顺利完成验收

2014 年 1 月 26 日，由安泰科技主持承担的国家科技部支撑计划项目“国产非晶带材在电力系统中的应用开发及工程化”在京顺利完成验收。中国工程院副院长干勇院士、科技部高新司材料处徐禄平处长及北京市科委相关领导与专家出席了验收会。

该项目是安泰科技联合北京中机联供非晶科技股份有限公司、中兆培基（北京）电气有限公司以及沈阳变压器研究院股份有限公司，围绕国产非晶带材在电力系统中的应用而开发的。经过两年的工作开展，项目组已建成了生产能力为 4 万吨/年的国产非晶配电变压器铁心生产线和 6 万台/年的国产非晶配电变压器生产线并投入生产，完成了质量达到国际先进水平 17 类不同型号（10 ~ 2000kV · A）非晶配电变压器铁心和非晶配电变压器产品的开发。

中国工程院副院长干勇院士及与会的其他评审组专家，对项目取得的各项科研成果给与了高度评价，并建议要对已挂网运行的非晶配电变压器进行持续的跟踪评价，全面掌握该类设施的运行情况和节能效果。同时对非晶节能材料在其他领域的应用给予了很高的期望。科技部高新司材料处徐禄平处长对以安泰科技为龙头的非晶联盟发展表示出高度的关注，希望非晶联盟加快产业发展速度，快速实现非晶产业链的未来发展蓝图。

咬定青山不放松，开创非晶新辉煌——安泰科技召开非晶金属事业部重组设立大会

2013年7月4日，安泰科技非晶金属事业部重组设立大会在安泰总部报告厅举行。公司董事长才让、总裁赵士谦、总裁班子成员等领导出席会议，安泰南瑞非晶科技有限责任公司、非晶制品分公司及上海安泰至高非晶金属有限公司相关人员参加了会议。

非晶金属事业部是按照公司逐步推进以业务领域为主线，实施统筹管理的总体规划，通过重组、整合公司非晶业务相关业务单元而设立的，事业部下设安泰南瑞非晶科技有限责任公司、非晶制品分公司、上海安泰至高非晶金属有限公司和材料技术研究所等。

非晶、纳米晶业务领域是公司最重要的业务领域之一，非晶金属事业部的组建既是公司发展战略的需要，也是非晶业务发展的需要，有利于公司非晶业务的统一领导和统筹规划，有利于集中该业务领域的各类资源和综合优势支持变压器用非晶带材业务，有利于各业务单元的优势互补、发挥协同效应。

非晶金属事业部总经理卢志超决心以科学的态度、严谨的作风带领事业部全体员工圆满完成公司交给的重任。公司董事长才让在讲话中对非晶金属事业部的成立给予了充分肯定，并表示集团公司将会一如既往给予全力支持。公司总裁赵士谦讲话中强调了非晶业务对于公司的重要意义，表示有信心通过不懈的努力奋斗，开创安泰科技非晶事业的美好明天。

索瑞德荣获“深圳市宝安区人民政府质量进步奖”

2013年深圳索瑞德电子有限公司荣获“深圳市宝安区人民政府质量进步奖”。

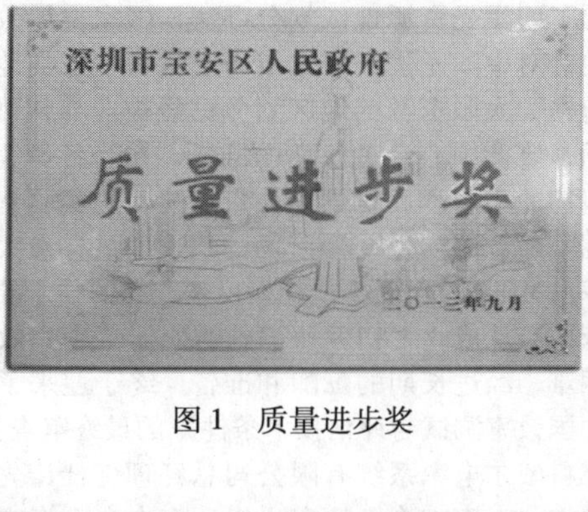

图1 质量进步奖

索瑞德成功中标国家电网公司福建电力有限公司2013年第一批协议库存物资招标项目

根据权威的评标委员会的评审结果，索瑞德公司以优良的产品质量、专业快捷的售后服务，在国家电网公司福建电力有限公司2013年第一批协议库存物资招标项目中中标。

本次中标的产品系列很多，主要有索瑞德UPS，2kV·A、30kV·A、60kV·A、120kV·A等不同功率系列产品成功入标。

浙江矛牌电子科技有限公司隆重开业

2013年8月5日上午8时，浙江矛牌电子科技有限公司在行业来宾的见证和社会各界的支持下隆重举办了开业典礼。

典礼上，公司总经理介绍了公司情况，浙江矛牌电子科技有限公司是一家集电源产品/智能控制产品研发、制造、销售为一体的高新技术公司，公司产品将广泛应用于健身器材、民用、工业、医疗、通信、安防、监控、照明、电力电子等领域。公司生产的开关电源及各类智能控制板具有价格低、性能稳定、转换效率高、安全可靠、使用寿命长等特点，是取代传统控制型线性电源等的理想升级换代产品。公司本着“以人为本，互利共赢”的经营理念，贯彻“质量第一、顾客至上、以人为本、团结进取”的企业宗旨，秉承精益求精、不断创新的精神推动公司不断向前发展，做得专业，做出水平。

浙江矛牌电子科技有限公司真诚为广大客户服务，让公司的产品和服务带来更多的安全，创造更多的财富！

汇川技术光伏项目再创佳绩

2013年10月，汇川技术获得顺风光电（中国）投资有限公司270MW光伏订单，总计540台IPV800T500TL光伏并网逆变器，和220套户外集装箱兆瓦级光伏逆变机房。

该项目分别位于国内光伏重镇新疆维吾尔自治区哈密、巴州、吐鲁番以及陕西、河北等地区，均属于集中型大规模光伏并网电站。目前，公司正积极组织生产，高速响应客户需求，确保客户在12月底前实现电站并网。

汇川技术此次中标影响重大，是市场对产品品质的肯定，对光伏产品进入规模市场应用具有里程碑意义。

汇川技术CM3000三电平防爆高压变频器首获订单填补国内空白

近日，汇川技术自主研制生产的CM3000系列三电平防爆高压变频器签订首台订单！该产品额定电压为3300V、额定容量3000kV·A，采用防爆水冷设计。该产品主要应用于煤矿刮板机驱动，具备体积小、高性能、谐波小、长线驱动能力等多个优势。在此之前，国内厂商尚无此类产品，此订单标志着CM3000系列3.3kV三电平产品填补国内此领域产品的空白！

汇川技术是创业板上市公司（300124），目前是国内工业自动化领域领军企业。一直以来，汇川技术通过大量研发投入，致力于技术创新，为中国工控领域带来一个又一个技术突破！持续为客户创造价值，进取永不止步。

汇川公司2013荣誉事件

汇川公司技术通过苏州市“创新先锋企业”认定。

苏州市科技局公示了2013年苏州市认定“创新先锋企业”名单，共有48家企业上榜，苏州汇川技术有限公司榜上有名。公司将以此为契机，不断增强公司技术创新能力，

未来将进一步加大研发投入，助推企业快速成长。

汇川“IS 系列高性能交流伺服驱动器”项目荣获“2012 年度深圳市科技进步奖一等奖”

汇川技术“IS 系列高性能交流伺服驱动器”项目首次解决了国内“高分辨率编码器、高性能控制算法”技术难题，具有较大应用和推广前景，对行业的技术进步和产业结构调整有重大作用。

汇川技术获第 14 届中国电气工业 100 强殊荣。

2013 年 11 月 14 日，由机械工业信息研究院、《电气时代》杂志社主办，中国电器工业协会大力支持的第十届中国电气工业发展高峰论坛暨第 14 届中国电气工业 100 强颁奖盛典在北京隆重召开。第 14 届电气工业 100 强研究旨在客观反映中国电气工业的企业发展运营状况，促使企业加快品牌建设，提高在国内、国际市场上的竞争力。

汇川技术荣登 2013 装备中国创新先锋榜。

2013 年 11 月 28 日，中国机械工业联合会会刊——《中国机电工业》杂志主办的“2013 装备中国创新企业年会暨装备中国创新先锋榜颁奖盛典”在北京举行。汇川、柳工、潍柴等 62 家企业光荣上榜。

汇川技术企业技术中心被认定为江苏省企业技术中心。

汇川技术企业技术中心将有利于企业加强技术创新体系、能力的建设，为企业规模化生产提供技术支撑，更有利于培养并吸引一批高水平、高层次的科技人才，提高企业的核心竞争力。

Kewell 公司 CSPV 研讨会详解光伏阵列现场特性测试

2013 年 11 月 7 日，第九届中国太阳级硅及光伏发电研讨会（the 9th CSPV）在沙家浜国际会议中心隆重开幕，合肥科威尔电源系统有限公司参加其中关于光伏发电系统与应用研讨会，并且公司研发部唐经理做了关于《光伏阵列现场特性测试及光伏逆变器的效率》的报告。

报告中提到目前光伏阵列现场测试的标准主要有 CGC/GF003.1：2009（CNCA/CTS 0004—2010）《并网光伏发电系统工程验收基本要求》，该标准主要是对光伏电站验收的要求，标准中 Section 9.7 光伏方阵标称功率测试明确要求采用太阳能方阵测试仪抽测太阳电池支路的 *I-V* 特性曲线；另外一个标准 IEC61829 GB/T 18210—2000《晶体硅光伏（PV）方阵 *I—V* 特性的现场测试》，主要描述了晶体硅光伏方阵特性的现场测试及将测的数据外推到标准测试条件或其他温度与辐照度条件下的程序。

面对现场光伏阵列复杂的测试环境，那么一般室外的便携式光伏 *I-V* 曲线测试仪方法是对现场环境下的光伏组件、组串或者是阵列进行测试，得出实际太阳电池板在实际工作环境的特性数据，如开路电压（V_{oc}）、短路电流（I_{sc}）、最大输出功率（P_m）、最大功率点电压（V_{mp}）、最大功率点电流（I_{mp}）、填充因子（FF）、*I-V* 曲线等，同时配合辐照度计，温度传感器测试的实时数据，转换到 STC 数据。

报告中同时介绍了光伏逆变器测试对 PV 模拟器的要求，实际的太阳电池板的输出特性的变化是物理特性，其输出的电压和电流对应的关系是无需调整的时间。太阳电池板 *I-V* 模拟器的核心是用电力电子变换装置（直流电源）来模拟真实的电池板输出的物理特性。光伏模拟器测试核心的指标之一就是动态响应时间，也就是说当逆变器有快速的扰动时，模拟器的输出要严格按照曲线对应的电压（V）和电流（I）对应关系输出，并且调整时间要足够的快，更能满足被测逆变器的需求。逆变器的另一个核心指标是输出的电压、电流、功率的精度。在相关标准中对模拟器的核心指标都有严格的规定。

目前光伏方阵模拟器主要作用是模拟太阳电池板的输出特性，作为逆变器的输入源为测试提供供电，例如过欠频、过欠压、低电压穿越、防孤岛、电能质量等测试中提供电池板特性的直流输入。还有就是用于测试、验证光伏逆变器的 MPPT 效率。

Kewell 应邀参加并网逆变器“中国效率”测试与评估技术条件审查会

2013 年 11 月 20 日，由鉴衡认证中心组织编写的《并网逆变器“中国效率”测试与评估技术条件》审查会在北京福建大厦举行。

光伏并网逆变器的发电效率将直接影响光伏并网发电系统的整体发电量，欧美等发达国家分别针对本地区的气候条件推出了欧洲效率（European Efficiency）和加州效率（California Efficiency），即通过不同输出功率条件下逆变器的发电效率配以不同加权系数来计算、评价真实使用环境下的逆变器发电效率。由于我国太阳能资源条件与欧美相差较大，欧洲效率或加州效率不能适用于我国的使用要求。

鉴衡中心光伏事业部总经理王宗表示：“中国气候复杂，光伏应用市场巨大，中国应该有适合本地区条件的逆变器效率。推中国效率的难点主要集中在三个方面：一是中国太阳资源的地区划分，二是基础数据的积累，三是专业的测试设备能力。对于太阳资源，中国气象局从技术上已经给出了四类光资源地区划分办法，国家发展改革价格司日前也针对中国光伏应用从市场上认可了三类地区的光伏发电价格，太阳资源的地区划分已经被业界认可。对于基础数据，鉴衡中心经过长期的准备，并与各研究所、测试认证机构通力合作，积累了大量、准确的实验室和现场测试数据。随着国内逆变器市场的快速发展，最大逆变器转换效率（MPPT）已经不能全面反映产品的技术要求和性能。鉴衡中心从成立之初就认识到逆变器“中国效率”的复杂和困难，经过长期的酝酿和准备，终于迎来了《并网逆变器中国效率测试与评估技术条件》的最终审查会。”

合肥科威尔电源系统有限公司总经理傅仕涛先生作为代表，参加此次审查会。评审小组还有来自上海交通大学的沈文忠教授、复旦大学的孙耀杰教授、中科院电工所窦伟、TUV 莱茵李卫春、合肥工大苏建徽教授，以及中节能、特变电工、山艺新能源等公司的代表。

《并网逆变器中国效率测试与评估技术条件》明确提出了“中国效率”，进一步明确光伏并网逆变器的效率测试的重要性，尤其是静态和动态 MPPT 测试。本次审查小组组长，可再生能源专业委员会主任朱俊生高度评价这一研究成果。光伏专委会专家赵玉文、发改委能源研究所专家王思成也认为，“并网逆变器中国效率”填补了中国逆变器测试技术的空白。

“上能 Sunel”注册商标被国家工商行政总局认定为“中国驰名商标”

近日，从国家工商行政管理总局商标评审委员会传来喜讯，江苏上能公司使用在商标注册用商品和服务国际分类第 9 类变压器、整流用电力装置、电站自动化装置商品上的“上能 sunel”注册商标被国家工商行政管理总局商标评审委员会认定为“中国驰名商标”，此项殊荣对于提高江苏上能公司的知名度和产品竞争力起着极大的推动作用。

江苏上能公司自成立以来，始终以市场经济为导向，着重实施商标发展战略，积极拓展商标的知名度，牢固地将商标与产品质量的提升相结合。新华日报曾专题报道过江苏上能公司的商标情结。2012 年江苏上能公司分别获得常州市名牌产品、江苏省著名商标等荣誉称号，此次“中国驰名商标”的成功认定是公司实施商标发展战略的一个里程碑。

再创佳绩，雄韬集团连续两年排名“深圳企业 100 强”

由深圳市企业联合会与深圳商报共同主办的“2013 深圳企业 100 强”排序目前进入公告期。雄韬集团凭借优良的产品，强大的综合竞争实力，荣登百强榜。

2013 年，雄韬集团不断加快产业结构优化与升级，提升研发能力，全力增强产品和企业的竞争优势，创造了新的发展优势和经营业绩，企业保持了持续健康快速发展的势头。雄韬集团在依法经营、诚信经营和承担社会责任等方面都发挥出了示范和带头作用。

雄韬集团坚持走技术创新、管理创新之路，成长为中国蓄电池行业外向型企业的领导性力量。多年来，凭借优异的销售业绩和良好的商业信誉，雄韬先后评获“国家高新技术企业”、“2012 深圳市 100 强企业”、“深圳市民营企业 50 强”、“中国优秀民营科技企业”、“深圳市高新技术企业”、“深圳市民营领军骨干企业”等殊荣，集团累计申请国际级及国家级专利一百多项，并多次荣获广东省、深圳市科技进步奖、创新奖等。

“深圳企业 100 强”评选活动始于 2003 年，已成功举办十一届，以科学严谨的排名标准和数据采集，得到了中国企业联合会、广东省企业联合会、深圳市社会科学院等职能部门和有关专家的肯定和支持，成为深圳企业界最重要的评选活动。

雄韬集团将秉持兢兢业业的创业精神，以创新、积极进取的姿势，展示作为深圳企业一员最美好的精神面貌，积极关心深圳现代化建设，在互惠合作中实现自身事业的发展，为建设深圳这座美丽的城市及深圳的繁荣发展做出新的贡献。

索英电气节能回馈电子负载“支招”企业节能节电赢实效

2013 年 8 月，北京索英电气技术有限公司为全球电源供应器产业的台湾新金宝集团旗下康舒科技股份有限公司，再次提供了总计约 150 万瓦的电源老化测试系统。该系统用于其自有生产的品牌电源及其代工制造的苹果、IBM、联想等国内外知名品牌 PC 电源、服务器电源的老化测试并实现产线的智能化管理，系统投入运营后，可实现企业年节电 760 多万千瓦·时、年节省电费 760 余万元的实际效益。

该电源老化测试系统主要针对输出规格在 DC0 ~ 60V 以内的所有恒压源、恒流源的老化需求，同时配合上位机软件实现与客户现场质量管理系统连接，进而实现老化数据的及时上传，最终实现产线的智能化管理。该系统既能模拟各种负载特性，又能将电能无污染地回馈到电网，节电效益明显。据测算，在正常运行情况下，负载回馈效率达 85%，最高可达 90%。同时，该系统还具有无高热、无明火、无火灾隐患、可通过增减单元模块调节系统容量、可计算机监控，自动化程度高等系统特点。

北京索英电气技术有限公司电源老化测试系统在康舒科技股份有限公司的成功应用，是索英电气在电源老化测试领域的技术实力与行业“龙头”地位的又一次印证与体现，不仅为国内外其他电源厂商的电源老化测试提供了直接且成熟的应用借鉴与参考，同时也是北京索英电气技术有限公司致力以科技创新回馈社会，用节能技术创新的实际行动助推国家节能减排工作的重要体现！

国际聚变合作项目电源系统及其进展

国际热核聚变实验堆计划（ITER），在法国建立和运行，实现核聚变功率 500MW，是探索最终解决人类能源问题的重大国际合作项目。它由中、欧、日、韩、印、俄和美七方共同承担，这也是中国至今为止参与的最大国际合作项目。其中，中方将参与世界最大容量变流电源（4600MW）的研制。

中科院等离子体物理研究所电源控制室作为聚变电源研究的主要实验室之一，承担着 ITER 极向场变流器电源系统采购包的设计及国内集成任务，负责变流系统参数设计、大功率新型设备研发、设备型式试验和额定参数试验以及集成测试等。

等离子体所 2012 年完成了初步设计，2013 年上半年完成最大输出直流 450kA、最大直流电压 2000V 的大型测试平台建立，2013 年底前完成了原型样机中所有设备研制和加工、并在等离子所完成了所有样机设备的测试，包括常规试验 31 项，型式试验 30 项，如交流封闭母线 350kA 动稳定试验，直流隔离开关 350kA 冲击试验、55kA 稳态温升试验，变流器模块 430kA/100ms 短路冲击和 175kA 动态均流试验，外旁通 350kA 动稳定和 160kA 故障抑制能力试验。各项试验结果均达到设计要求，获得了国际组织的认可。

计划本年度完成样机的集成测试，和最终设计方案评审。2015 年开始变流器单元设备的批量生产并陆续发往法国安装、调试。

以科技立世，谋创新发展——合肥联信电源有限公司起草国家标准《静态电子切换装置》、《发电机电能再生利用装置》获国家工信部立项批准

在2013年4月6日召开的博鳌亚洲论坛2013年民营企业家圆桌会议上，达成了科技与创新是民营企业未来发展的方向性选择共识。具体到国内电源行业，科技与创新则具体体现在对技术和标准的执着追求上。

合肥联信电源有限公司，始终坚持“以科技立世，谋创新发展”，在技术和标准之路上奋发前进。在JG/T371—2012《集中式蓄电池应急电源装置》起草过程中，合肥联信电源有限公司参与了标准内容编写，对该标准送审稿顺利通过审核起到了极为关键的作用。该标准的实施，填补了行业空白，使集中式蓄电池应急电源装置在建筑工程应用范围、系统配置、功能要求、技术参数等方面，对保证产品质量，提高产品使用的安全性、可靠性及规范性具有重要指导意义。

2013年合肥联信电源有限公司更加客观、全面地审视自身，分析行业现状，更多地与全行业分享立世以来的积累，积极主持申报标准《静态电子切换装置》、《发电机电能再生利用装置》，获国家工信部批准，正式列入2013年第二批国家标准制定、修订计划。标准的制定与颁布，将更好地为电力行业安全运行服务，减少供电切换问题引发的事故，从而降低负载断电频率，减少停电损失和因此给用户带来的各种困扰。

深圳市英威腾电源有限公司300kV·A模块化UPS新鲜“出炉”

300kV·A模块化UPS结合了传统塔式机型的技术特点与现代化机房模块化的需求，在实现模块化设计的同时，保证了系统的高可靠性。此款产品各项性能指标已达到国际领先水平，绿色环保，且性价比高，是英威腾电源的一款“新星”产品。

该款产品单个机柜可以实现300kV·A的容量，机柜并联后可以实现900kV·A的容量配置。

此款产品的主要特点如下：

- 绿色环保电源，整机效率大于95%，输入电流谐波小于4%。
- 10.4in的大屏幕触摸屏人机界面，且采用彩色屏幕。
- 全数字化模块并联技术，环流指标可达1.5%。
- 整流、逆变、充电、放电全部实现DSP数字化控制。
- 强大的带载能力，N+X冗余模块化设计。
- 可靠性强、性能稳定，采用三电平逆变全数字化控制技术。
- 所有电路板均采用三防工艺。
- 能提供最佳的供电质量与强大的负载保护。

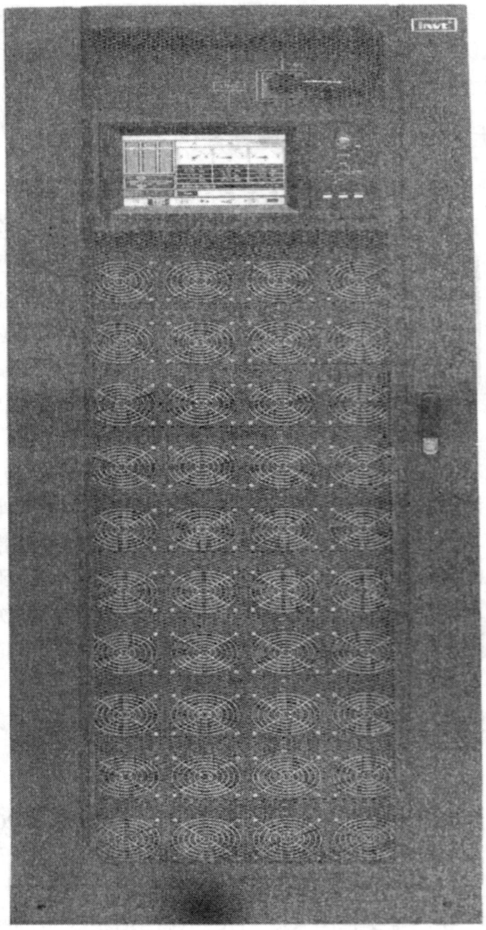

图1 300kV·A模块化UPS

理士国际参与起草的行业标准《通信用嵌入式太阳能光伏电源系统》顺利通过中国通信标准化协会审查

2013年12月18日、19日，中国通信标准化协会通信电源与通信局站工作环境技术工作委员会（TC4）第二十一次全会在北京圆山酒店隆重召开。会上，理士国际参与起草的行业标准《通信用嵌入式太阳能光伏电源系统》顺利通过TC4会议审查。

理士国际“LEOCH”商标荣获“中国驰名商标”称号

2013年1月，理士国际“LEOCH”商标及马头形图案（理士）被国家工商行政管理总局认定为“中国驰名商标。”

“中国驰名商标”是中国商标领域的最高荣誉，是对市场上有较高声誉、为公众所熟知、产品销售范围广、商标使用时间长、服务质量好、企业知名度及信誉度高的注册商标的一种最高认可。

理士国际现拥有备用、启动和动力电池三大产业，自1999年进入电池领域以来，通过不断努力和创新已快速成长为新锐民族自主电池品牌。此次荣获“中国驰名商标”

是理士国际实施品牌战略的重要里程碑，对提高 LEOCH 的品牌价值，提升公司行业竞争力具有重大意义。

稳利达 2013 年成就集锦及最新产品推荐

2013 年，面对市场竞争等诸多困难，稳利达公司全体员工负重前行，聚焦项目，对标一流，付出了超常努力，在项目开发、新品研发、企业建设等方面取得了突出成绩。

2013 年 3 月，稳利达公司率先以绝对优势荣获陕西省移动公司五百多万的定单，实现了公司销售工作的“开门红”，为完成年度目标任务奠定了良好的基础。同时，公司光伏产品在技术、工艺、质量上的提升，又使得稳利达公司顺利捧获太阳能光伏逆变器的重要荣誉——金太阳认证，再一次证明稳利达公司在光伏产品上精湛水平。紧接着研发推出的一款斩波补偿式交流稳压电源，又以高尖端的稳压性能填补了国内稳压器技术空白。这一系列成就，无不展示了稳利达公司作为国内知名公司的综合实力。岁末公司被评为上海市高新技术企。

自 1994 年成立发展至今，稳利达公司始终秉承着“稳行至远，利信达业”的发展理念，用一系列高精端的滤波补偿、稳压器、光伏逆变器等产品不断地为电源行业带来新的定义与诠释，期待稳利达公司再创高峰，为广大客户创造更多的惊喜！

第五篇 科研与成果

电源科技奖获奖项目介绍

2012 年度国际自然科学基金电源及相关专业结题项目介绍

分布式发电微网系统运行控制与保护关键技术研究

基于可再生能源的分布式发电系统能量变换、控制与并网运行研究

集中决策与分布实现相协调的大电网后备保护系统研究

静止中频电源组网技术研究

微电网系统若干应用基础理论研究

本安防爆开关 DC-DC 变换器的非爆炸本质安全判据及优化设计理论

光伏电源柔性并入微网的优化控制及其对微网电能质量的作用机理研究

基于 DVS 的高效动态电压变换器集成设计理论与方法

基于多端直流系统的风电直流微网技术研究

基于浮栅 MOS 技术的低功耗集成电路设计中若干关键问题研究

可控电抗器 IGBT 电路实现原理与方法研究

柔性发输电系统概率风险评估和优化配置模型研究

水下自主潜器耐压型电源 A1-H2O2 半燃料电池的阴极的研究

微弧氧化电源负载特性与脉冲能量作用效能的研究

新型线性有源滤波器在强磁场高稳定度电源中的应用及其解耦控制研究

自然均流、均压的高频组合直流变换器研究

电网节能发电调度的水火电负荷分配方法研究

高可靠大功率分布式谐振恒流 LED 驱动电源系统研究

基于概率 CMOS 理念的集成电路设计理论研究

基于双 Buck 电路的多电平逆变器研究

微网中多个电能质量调节装置和微源间电能质量的交互影响与对策研究

用于可再生能源并网发电的新型高增益变流器拓扑形成规律研究

直驱式波浪发电系统的控制与联网运行

2013 年度国家重点新产品计划电源及相关产品立项项目清单

2013 年度国家火炬计划电源及相关领域立项项目清单

中国电源学会第二十届学术年会录用论文目录

电源科技奖获奖项目介绍

第二届中国电源学会科学技术奖

中国电源学会科学技术奖（国科奖设证字第 0220 号）于 2011 年 1 月通过了国家科技部审批正式设立。我会于 2013 年 6 月启动第二届电源科技奖工作，经过项目申报、初评、评审会会议、公示等程序，评选结果于 2013 年 10 月 29 日通过生效，并于 2013 年 11 月 8 日中国电源学会第二十届学术年会开幕式中举行了颁奖仪式。

本次评奖我会本着公开、公平、公正的原则，严格按照《国家科学技术奖励条例》、《社会力量设立科学技术奖实施细则》以及《中国电源学会科学技术奖实施细则》的有关规定，规范推荐申报制度，严格评选条件和程序，评选结果面向社会进行公示未接到异议申请，评审结果通过中国电源学会六届九次常务理事会表决通过正式生效。获奖项目涵盖了我国电源领域的各个方面，汇集了近年来本领域的优秀成果，代表了本领域科技发展的最高水平，为我国电源领域树立了标杆，极大地促进了我国电源科技水平的提高。获奖名单见表。

表 获奖名单

项目类获奖名单

序号	项目名称	主要完成单位	获奖等级
1	交流无频闪 MH 灯用电子电源系统基础理论和关键技术研究	1. 北方工业大学 2. 北京莱斯达电子科技有限公司	一等奖
2	高增益交错并联 DC-DC 变流器多自由度协调与结构行程研究	浙江大学	一等奖
3	SPA 系列有源电力滤波器产品	1. 西安爱科赛博电气股份有限公司 2. 西安交通大学电力电子与新能源技术研究中心	二等奖
4	移动式医疗器械高可靠电源关键技术及应用	华南理工大学	二等奖
5	高功率密度低电压调整率多路输出模块电源	南京航空航天大学	二等奖
6	医疗设备专用高性能不间断电源系统（UPS）	漳州科华技术有限责任公司	二等奖
7	应用于工业控制及新能源汽车的器件级 DC-DC 电源模块关键技术	广州金升阳科技有限公司	二等奖
8	CMS-640（380V/380V 640kV·A）模块化 UPS	河北先控捷联电源设备有限公司	三等奖
9	大功率三电平变换器关键技术研究及应用	1. 北方工业大学 2. 北京西电华清科技有限公司 3. 中能惠天节能科技（北京）有限公司	三等奖
10	无源自均流多路直驱式 LED 驱动电源的研究与产业化	英飞特电子（杭州）股份有限公司	三等奖
11	高频高效多路脉冲调制输出 DC-DC 电源模块	合肥华耀电子工业有限公司	三等奖
12	卧式全浇注大容量变频变压器	江苏上能新特变压器有限公司	三等奖
13	高压大功率系列薄膜电容器的研制	1. 扬州凯普电子有限公司 2. 扬州大学	三等奖

杰出贡献奖

序号	获奖人	所在单位
1	汪槱生	浙江大学电气工程学院

青年奖

序号	获奖人	所在单位
1	耿华	清华大学
2	王保均	广州金升阳科技有限公司

获奖项目介绍

一等奖

交流无频闪 MH 灯用电子电源系统基础理论和关键技术研究

完成单位： 北方工业大学、北京莱斯达电子科技有限公司

获奖类别： 技术发明奖

项目简介：

该项目主要应用于影视照明、隶属电源与电光源技术交叉学科。其主要贡献为，一个系列产品、20 年研究、30 余篇论文，4 项发明与创新、多项重大应用和显著的经济效益。

由原广电部“八五”、“九五”攻关项目、国家基金、北京市基金、高层次人才等项目支持，经近 20 年研究，在基础理论和关键技术研究取得了多项突破，获发明专利 4 项、实用新型专利 9 项，SCI、EI 论文 30 篇，使我国成为继德国之后第 2 个掌握这种技术的国家；研制出 0. 125 ~ 24kW 系列并已规模化生产的产品；培育了一个国际品牌的电源企业，提供 120 个工作岗位；产品被认证为政府采购指定产品，出口欧美和亚非。至 2013 年 6 月国内产值 2. 3 亿元，出口 1 521 万美元。

发明点及典型应用：

1）发明大功率软开关技术，整机效率达 94%，解决了高温运行和地磁影响 MH 灯稳定性的两大技术难题；发明了中功率电源电路，效率达 97%，减低成本 1/5。

2）发明自适应控制策略，使电源的输出自动跟踪灯的时变特性，延长灯的寿命至 1. 5 倍；发明电源与触发器分频区工作原理，满足灯的高压触发和低压启动的要求；发现低频声共振现象及其抑制技术；发明高频声共振抑制技术——减少能量破坏起振条件；MH 灯及其电源建模方面的贡献为，提出灯的高频通用模型，类 Buck 变换器的小信号模型范式和双环控制模型等。

3）发现特斯拉变压器能量传输效率最大条件，研制电子触发器，使体积和成本降低到 1/10；解决了启动噪声影响同期录音和重复启动两大难题。

4）率先研制出弧光成像与电气参数综合测试装置，为优化电源系统的参数提供工具。

5）与重大事件关联的照明系统有，2008 年北京奥运会主火炬，多哈亚运会电视转播，俄罗斯电视台演播室和交通部汽车碰撞试验室等。

中国电工技术学会电力电子学会鉴定会的结论是“技术发明为国内首创，填补了国内空白，达到了世界先进水平，在功率等级和运行环境温度两项指标领先于国际同类产品。”

高增益交错并联 DC-DC 变流器多自由度协调与结构行程研究

完成单位： 浙江大学

获奖类别： 科技进步奖

项目简介：

高增益 DC-DC 变流器是电力电子国际学术前沿，在新能源发电、绿色照明、高效储能和直流输电等领域的应用前景极为广泛。在大量升压比超过 10 的应用场合，单一变量控制的变流器几乎无法满足系统需求，使得高增益变流器的设计与实现极具挑战。本项目在国家基金、省科技计划等支持下，取得显著原创性成果。

1）提出了内置倍压单元形成高增益交错并联电路方法，实现了升压比倍增，器件应力更低，不仅有效地解决了 Boost 电路存在的脉冲窄、应力高、损耗大等核心问题，而且拓展了高增益电路的工程应用。

2）提出了多自由度协调的高增益交错并联拓扑结构，通过多变量调节，避免了控制参数的极限运行，提升了系统暂态稳定性。

3）提出了非互补型有源钳位软开关新方法，导出了循环能量最小的钳位型软开关技术，大幅降低了环流损耗。

4）提出了基于电荷平衡原理的多路自主均流法，减少了功率传递级数，均衡了器件应力，从而提高了可靠性。

项目发表 SCI/EI 论文 73 篇。其中，SCI 收录 37 篇，本学科国际期刊论文 27 篇，名列国际前茅。并且，ESI 高被引论文 3 篇。另获发明专利 10 项。论文被 38 个国家 284 所高校、7 家机构他引 574 次，其中 SCI 他引 210 余次。他引作者含 IEEE Fellow 29 人，国际期刊副主编以上著名学者 37 人，获广泛高度评价。项目负责人已成为本领域国际知名学者，是中国大陆本学科首位 IEEE Distringuished Lecturer（卓越讲座人）。项目成果被评为国家基金优秀结题项目，还培养本学科首位国家优秀青年基金获得者等优秀青年人才，形成了较完整的高增益交错并联电路形成与协调控制方法。

以中国工程院院士汪槱生教授为主任的鉴定委员会认为，项目研究成果总体达到国际先进水平，其中的内置倍压单元高增益交错并联变流器、多自由度控制高增益拓扑结构和非互补型有源钳位软开关方法等居国际领先水平。

项目成果已在船用大功率电源系统中成功应用并产业化，也应用于电池测试和照明驱动产品中。项目成果对于实现高增益变流系统具有非常重要的理论意义，将为我国新能源发电、绿色照明和高效储能等产业的发展做出重要贡献。

二等奖

SPA 系列有源电力滤波器产品

完成单位： 西安爱科赛博电气股份有限公司、西安交通大学电力电子与新能源技术研究中心

获奖类别： 科技进步奖

项目简介：

本项目属电气工程学科领域。该项目为的是电力系统电能生产、输配及应用方向的电能质量优化产品研发与应

用。该产品是电力电子技术与电能质量领域结合的产物，为“洁净电能，绿色地球”的使命服务。

在研制的过程中，采用了先进的瞬时无功控制策略及冗余的硬件设计思路，可以有效滤除电网中由于非线性负载所产生的谐波电流，同时可具备系统谐波与无功同补的功能。补偿器硬件采用以DSP为核心的模数混合型控制电路，DSP完成数据采集、数学计算和控制指令信号的产生，电流跟踪控制和PWM信号产生采用模拟电路控制，具有极好的快速响应特性；解决了传统补偿电路所存在的问题，补偿性能大大提高。整套设备具备完善的保护设置，具备极好的可靠性；对于典型变频器负载的补偿率可达95%以上，补偿特性优良；全响应时间不超过10ms，适用于各类快速波动场合的应用需求。该产品具备三倍中线电流的能力，能够降低甚至消除系统中心所存在的较大中线电流，增强了系统的安全可靠性。

该系列产品自2003年研发至今已先后应用于烟草、纺织、通信、电力、石油、化工、轨道交通、汽车、酒店、商场、冶金等各行业，适用于几乎所有的工业场合。SPA系列有源滤波器自推广应用至今已超过数千台应用案例。有源滤波器技术是西安爱科赛博电气股份有限公司与西安交通大学共同研发并推广应用的。在经过多年的工业场合应用，该型产品已逐步改进至适应于多种情况，满足不同用户的需求。2010年又成功推出了军用有源滤波器，这标志着该有源滤波器技术得到了军方及国家的认可。2012年该型产品的技术又获得了国务院颁发的国家科学技术进步二等奖，再次受到了国家权威部门的赞许。2012年又进行了有源滤波器的数字化、大容量的改进，使其能满足快速波动、数字化监控、大容量及高可靠性的需求。有源滤波器技术发展至今，该产品序列已十分完善，包含了军用的20A、模块的30A和50A再包括整柜结构的50～400A，可以满足现代工业企业对于有源滤波设备的各种需求，能够服务于各种与电力生产、输配、应用相关的各领域用户。

移动式医疗器械高可靠电源关键技术及应用

完成单位： 华南理工大学

获奖类别： 技术发明奖

项目简介：

本项目属于电力电子前沿研究领域，主要涉及移动式医疗器械电源的关键技术及应用。

本项目针对移动式医疗器械电源的安全、可靠、隔离、漏电流、效率、EMI-RFI辐射与防护、高功率密度等严格的指标要求，通过提出系列高效及高可靠主电路拓扑技术、混沌PWM电磁干扰抑制技术、负载状态自动检测式待机损耗控制技术、PCB静电放电结构技术、紧凑型壳体结构等关键技术，研制出具有自主知识产权的高可靠医疗电源，实现移动式医疗器械电源装置的高效节能、安全可靠、高功率密度等性能要求，并通过国际最具权威的德国TUV产品认证，达到国际“能源之星”电源标准，以及严格的医疗器械安规和国际电源能耗标准。

项目技术经国内外科技查新证明属于国际首创，由广东省科技厅组织的鉴定委员会认定项目整体技术达到国际先进水平，其中“零损耗软开关单级功率因数校正技术、混沌PWM电磁干扰抑制技术、负载状态自动检测式待机损耗控制技术”达到国际领先水平。

项目获得了一批具有自主知识产权的创新性成果，获得授权专利共12项。其中，授权发明专利11项（1项获2012年国家专利奖优秀奖、1项获2011年广东省专利奖优秀奖），授权实用新型专利1项。在国内外权威刊物上发表SCI论文16篇、EI论文19篇。

项目成果已经实现产业化，生产出一系列移动式医疗器械电源产品，产品性能与国内外知名医疗电源企业（XP Power、SL Power、GlobTek、Sinpro、Astrodyne和源世达等公司）的对比，效率平均提高了2%，功率因数平均提高了0.05，最高功率密度平均提高了0.2 W/in^3，EMI/EMC到达EN55022标准，故障率平均降低了10%以上，技术竞争力显著提高。目前部分类型产品在国内市场所占份额已达到了15%。近三年累计新增产值2.78亿元。

高功率密度低电压调整率多路输出模块电源

完成单位： 南京航空航天大学

获奖类别： 科技进步奖

项目简介：

本项目致力于全电（多电）飞机高效率、高功率密度、低调整率电能变换装置的研究，属于电力电子变换领域。随着多电飞机技术的飞速发展，多路输出模块电源在航空电气系统中的应用越来越广泛。交叉调整率不仅是衡量多路输出电源性能的一个关键指标，也是影响电源体积、效率及电路拓扑选取的重要因素。目前，军用多路输出电源模块市场主要被国际品牌（如interpoint、VTP以及Vircor等）垄断，需要具有自主知识产权的产品。与此同时，国家大力发展大飞机项目，使得对高性能且具有自主知识产权多路输出模块电源的需求更为迫切。现有的技术和拓扑结构的共性问题在于交叉调整率差，且系统的效率和功率密度不高。

课题提出了一种适用于多路输出场合两级式功率变换架构，解决了航空、航天等高可靠性应用场合，大变比多路输出模块电源高交叉调整率、低效率、低功率密度且输出路数不能扩展的难题；提出了一种“输出分组与加权控制相结合”的多路输出方案，将功率相近、工作模式类似的输出分别组合到一个变压器中，结合加权控制，将电源的交叉调整率从4%～5%降低为1.3%，降低了电源高度，提高了电源功率密度；提出四开关Buck-Boost变换器的三模式控制方法，解决了传统升降压电路器件应力大、输出电压反极性、功率两次转换和效率低的难题，保证了8～80V超宽输入范围的高效率，且额定输入附近点效率最优；提出了平面变压器多层PCB绕组优化布置方法，解决了二次侧并联绕组电流分布不均，并联效果差的难题，提高了并联绕组铜皮的利用率，减小了漏感，降低了磁性元件的损耗，提高了变换器的效率。

课题研究成果具有自主知识产权（申请中国发明专利

4 项，发表高水平学术论文 8 篇）。多个模块电源已经应用的电源系统型号产品主要包括 XX-X2、XX-X8 及 XX 预研型号等，还有部分技术正处于向产品转换的阶段，将在航空逆变控制系统中进行应用。本项目总体技术处于国内领先，达到国际先进水平。课题的开展成功打破了国际品牌在机载电源模块领域的长期垄断，加快了机电系统国产化的进程，推动了国内研究机构技术自主研发能力的发展，具有良好社会、经济及军事效益。

医疗设备专用高性能不间断电源系统（UPS）

完成单位：漳州科华技术有限责任公司

获奖类别：科技进步奖

项目简介：

1）项目所属科学技术领域。项目所属学科为“电力电子技术”。

2）主要技术内容。“医疗设备专用高性能不间断电源系统（UPS）”是以现代高频 UPS 的变换技术及先进的数字控制技术为核心，采用美国摩托罗拉（Motorola）公司的 MC68HC908MR32 高性能 MCU 设计，拥有较高的智能化程度。项目针对欧美高端医疗设备对电源谐波和 EMC 高要求的需求，漳州科华技术有限责任公司在原有高频 UPS 技术基础上，采用了“EMC 电磁兼容技术”及“低电流谐波抑制技术”等技术满足了美国 UL 认证和 EMC 电磁兼容要求，并实现输入 140～276V 全范围低电流谐波设计。此外，项目开发了“数字化多电压制式自适应控制”、“输入与输出数字化变频控制”、“数字化双环防电压陷落补偿控制”等创新技术，有效保证了项目产品高效、安全、绿色、节能等特性。

3）授权专利情况。该项目获发明专利 1 项，实用新型专利 5 项，外观专利 1 项。

4）技术经济指标。项目产品通过了美国 UL 认证及欧盟 CE 认证，产品质量稳定，性能优越。主要技术性能指标有，产品功率范围为 1～12kV · A；输入功率因数为 0.999；输入全范围电流谐波为 3.4%；输入频率范围为 45～65Hz；输入电压范围为 140～276V；电源效率≥90.2%；EMC 通过 EN 55022 Class A/CISPR 22 要求；输出电压多制式要求，通过 LCD 面板兼容 200V/208V/220V/230V/240V，输出频率通过拨码开关兼容 50Hz/60Hz；电池允许热插拔维护。主要经济指标有，目前该项目产品主要出口美国，产品评价出售价格折合人民币约 12000 元/台，平均销售毛利率约 38%，根据市场预测产品销售额增长率在 25%～30% 间，预计 2013 年可实现销售额 3500 万元，新增利润 1050 万元，新增税收 300 余万元。

5）促进行业科技进步作用应用推广及效益。科华公司是国内本土企业中首家研制医疗设备用不间断电源的，产品研制成功并通过了 CE、UL 等认证，并成功出口美国，经专家评审表明，项目产品综合技术水平国内领先，有效促进了国内医疗领域电源技术发展。科华公司是一家集生产、研发、销售于一体的高端电源厂商，建有完善的国内外销售服务网络。项目产品主要出口美国市场。项目执行期间，累计实现销售收入 7253 万元，新增利税 2396 万元。产品技术先进，得到了客户广泛认可，产品销售额逐年递增。下一步，公司将大力开发欧洲、国内医疗电源市场，进一步提升项目产品经济效益。

应用于工业控制及新能源汽车的器件级 DC-DC 电源模块关键技术

完成单位：广州金升阳科技有限公司

获奖类别：科技进步奖

项目简介：

1）项目所属科学技术领域。本项目涉及器件级 DC-DC 电源模块。该电源模块除广泛应用于工业控制、医疗仪器、通信系统及数据通信接口等传统领域外，更突破性地应用到新能源汽车等新兴领域。

2）主要科技内容。本项目通过升级传统自激推挽电路拓扑，结合自主创新的专利技术、集成电路设计与先进封装工艺，实现小体积、高效率、高可靠性的器件级 DC-DC 电源模块。使其完全满足新能源汽车的高要求并提升其在工控领域应用的可靠性。其核心技术攻关内容包括，一是实现产品的短路保护；二是实现产品的高效率和低功耗；三是解决低温启动能力差与高温启动和短路功耗大的矛盾；四是利用集成电路设计与特定工艺实现关键元器件高度集成和产品小体积。

3）主要技术指标。①转换效率最高为 80%；②空载功耗最小为 0.1W；③纹波噪声最大为 60mV；④保护功能可实现持续短路保护；⑤工作温度为 −40～105℃。

4）经济指标。本项目产品的成功上市，将有利于金阳科技有限公司产品占据国内工业电源的高端市场，保持定压产品全球的龙头地位。本项目在工业控制、医疗仪器、通信系统及新能源汽车领域的应用，带动下游生产厂商产生的间接经济效益也十分可观。项目预计 2015 年正式投产，之后 5 年的盈利预测为，累计销售 3210 万只，销售收入达 2.6 亿，新增利税 1.3 亿，新增净利润 7380 万元。

5）促进行业科技进步作用及应用推广情况。本项目属于“小型化高性能电子元器件关键技术”领域，攻克了长期依赖进口并严重影响行业发展的电子元器件关键技术和核心产品，打破国外垄断，为电子信息制造业的结构调整、产业升级奠定了技术基础，带动了国内模块电源厂商的技术进步，促进了电子元器件产业链上下游的共同发展，影响和拉动了相关产业的发展态势与进程。项目产品广泛应用于交换设备、移动通信、微波通信、路由器等通信领域，更可满足新能源汽车、新一代信息技术产业、节能环保产业等战略新兴产业对模块电源的高质量要求，促进我国战略性新兴产业的共同发展，推动我国工业、农业、能源、交通运输、科技等的整体进步。

三等奖

CMS-640（380V/380V 640kV · A）模块化 UPS

完成单位：河北先控捷联电源设备有限公司

获奖类别：科技进步奖

项目简介：

模块化UPS是在传统的单机UPS设备的基础上发展来的，是集成的N+1冗余并机系统与模块化体系结构的融合，是数据中心供电系统的发展趋势和首选机型。

与单机UPS组成的冗余容错系统相比，模块化UPS系统增加了两点新的性能优势：

1）单机UPS（N+1）冗余并机系统的集成，省去现场安装、连线、调试等工作；设备输入、输出连接规范化，可缩短调试时间，并提高了系统可靠性；节省了物理空间；集中管理，提高了管理维护水平、降低运营费用。

2）故障快速修复。采用现场备件用户自行拔插更换的故障修复方法，构成可快速修复的系统，故障修复时间是单机冗余系统的1/10～1/15；提高安装、调试和维护的质量：减少人为错误、降低维护难度；提高部署速度，可将系统安装时间缩短到单机冗余系统的1/10；提高系统扩展能力，可按需要扩展系统容量；避免过度规划，降低设备和备件成本；提高设备容量利用率，可明显地提高设备工作效率；简化规划、设计、安装流程，降低非设备资本成本。

CMS-640是河北先控捷联电源设备有限公司研制的第五代模块化不间断电源产品。该产品由16个40kV·A的UPS模块、UPS监控、静态开关、UPS机架组成。其中，40kV·A的UPS功率模块是当前容量最大的UPS模块，由此模块组成的640kV·A的系统容量也是最大的单机模块化UPS产品，该产品具有国际领先水平。

CMS-640模块化UPS采用了无主从的并联技术，多级分散式的控制技术，先进的输入输出充电功率均分技术，所有系统的模块（如监控、静态开关、UPS模块）均具有在线热插拔功能，可实现在线的维护和扩容。

产品有很高的输入、输出指标，输入电流谐波小于3%，输入功率因数大于0.99，效率大于95%，是名副其实的节能环保的产品。

该系统可实现4台并联，使系统的最大容量可扩展至2560kV·A，极大地增加了模块化UPS的应用范围。

该产品有极强的带载和抗冲击能力，除了可以为阻性负载、容性负载，还可以带动感性负载，使得该产品可以适应于计算机和服务器等通信类负载和工业动力类负载。

640kV·A的整机产品为在信息系统（数据中心）领域取代单机UPS产品创造了条件，随着该产品的推广使用，必将使数据中心供电系统在提高可用性（提高可靠性，降低故障修复时间）、提高适应性（提高部署速度、增强可扩展能力和重新配置的能力）、降低总拥有成本（设备购置和运行成本）三个方面得到明显的改善和提升。

CMS-640产品已经得到极大的应用，鹿泉联通IDC机房一次性采购12套CMS-640产品；北京市公安局一次性采购16套CMS-640；廊坊润泽IDC机房为当时亚洲最大最先进的IDC机房，工程一期采购CMS-640产品20套。

大功率三电平变换器关键技术研究及应用

完成单位： 北方工业大学、北京西电华清科技有限公司、中能惠天节能科技（北京）有限公司

获奖类别： 科技进步奖

项目简介：

大功率三电平变换技术属于电气工程技术领域，主要研究的科学技术内容有，三电平变换器中点电位平衡控制、三电平变换器死区补偿技术、三电平变换器故障诊断技术、基于FPGA的三电平具体实现方式、三电平PWM整流器控制技术、三电平逆变器调速控制技术以及三电平变换器装置主回路的结构及散热设计。所研制的660V/200kW双PWM大功率三电平变频器各项基本技术指标达到国外同类产品水平，具有国内领先技术水平。取得的主要成果为多个系列产品、20余篇论文、3个创新、5项发明专利、6项实用新型专利、1部专著。

本项目的顺利实施将极大促进大功率三电平变换器的工业化应用及产业化发展，有利于打破国外企业在大功率变换器应用领域的技术及产品垄断，开发出具有完全自主知识产权的大功率高性能调速装置，提高自主创新能力，获得具有自主知识产权的关键技术。所取得的关键技术与相关企业合作，进一步推动大功率变换器产品的国产化，极大促进了本行业的技术创新能力，加快全行业的产业化推及应用进程，提高与国外相关产品的核心竞争力。

本项目所获得的关键技术已成功应用于相关企业的工业化产品中，如北京西电华清科技有限公司中的三电平隔爆变频器（660V/1140V/200～400kW）、压板机专用变频器（1140V/200kW）、潜油电泵专用变频器（800～2500V/200～400kW）；中能惠天节能科技（北京）有限公司的抽油机专用节电器（660V/200kW）、风机变频节能改造；北京合康亿盛变频科技股份有限公司的三电平1140kV/800kW多绳摩擦式矿井提升机用变频器；韩国SEOHO（收获）电气株式会社690V/110kW的煤矿井下矿用三电平变频器。项目产业化后，已替代了某些进口产品，在国内形成很好的市场，极大地推动了相关企业的发展，形成系列变频器的产业链，增加了就业机会，降低能源消耗，带来极大的经济效益与社会效益。

无源自均流多路直驱式LED驱动电源的研究与产业化

完成单位： 英飞特电子（杭州）股份有限公司

获奖类别： 科技进步奖

项目简介：

该项目属于能源技术/节能新技术领域，项目产品为新型电力电子器件，是LED驱动电源的创新研究。该项目突破了传统的直流侧均流的LED驱动方案的诸多不便，集中开发了具有独特高频交流侧均流的技术，利用无源元件实现多路LED中的电流平均值均衡。为了实现直流侧的均流效果，主要研究利用耦合电感或无极性电容等无源元件，以此来平衡高频交流侧的电荷。项目过程中，通过在交流侧串接均流变压器或设置隔离电容，研究多路LED负载可能出现的各种情况对驱动电源效率、功率因数、可靠性和成本等方面的影响，开发出具有高效率、高可靠性、低成本等特点的新型多路LED直驱电源。

项目产品技术指标是电网电压范围为 AC90 ~ 305V；工作效率为 94.3%；功率因数为 0.975；负载电流不平衡度 ≤0.1。

经济指标是，项目产品 2010 ~ 2012 年累计实现销售收入 14214 万元，利润 3263 万元，税收 578 万元；其中项目执行期 2009 年 7 月至 2011 年 6 月实现销售收入 4140 万元。

根据 LED 产业的发展、公司国内外优势资源和市场对项目产品的旺盛需求，待项目量产后将完成 95 万台/年，销售额达 20000 万元，利税达 4000 万元。由于项目核心技术上的重大突破，不仅解决了 LED 应用中瓶颈问题—效率、可靠性的提高，同时使成本得到大幅度降低，确保了客户的市场竞争力及节约了大量能耗，社会、经济效益尤为突出。

高频高效多路脉冲调制输出 DC-DC 电源模块

完成单位：合肥华耀电子工业有限公司

获奖类别：科技进步奖

项目简介：

本项目隶属于电子信息领域，是某雷达装备中关键部件数字阵列模块（DAM）的核心部分，是为该 DAM 组件要求而专门研制，并已广泛应用于北斗通信机等通信设备中。

本项目通过分布式供电方式、应用于各 DAM 组件中。该系统的分布式供电方案，是先将交流电通过 AC-DC 电源变换成 +36V 的直流母线电压，在 DAM 组件内部，再通过本电源模块将 +36V 母线电压变换成组件所需的各电压品种。本项目为电流型 PWM 控制的隔离式正激 DC-DC 变换器，设计成多路连续与脉冲方式混合输出，满足使用要求。

促进行业科技进步作用：

1）本项目的实施使企业实现了产业升级，获得了较大的经济效益，提高了企业竞争力，实现了跨越式发展。

2）本项目的实施带动了上游电子元器件、微电子组装等行业的发展，有助于促进地方经济的发展，形成新的经济增长点。

3）与本项目相关的产业有基板（印制板、陶瓷基板、铝基板、铜基板等）产业、元器件产业、芯片产业、微电子设备及组装、结构设计及加工、管壳封装等产业，同时还有使用电源模块的电子设备。本项目的研制成功和批量生产，带动了与之相关产业的快速发展和突破。

4）本项目的实施带动了地方经济发展，为国家创造更多税收。

5）本项目的实施大量解决了本地研发制造类人才的就业问题，形成了有利的良性循环，取得了良好的社会效益。

应用推广情况：

本项目自 2008 年来已批量应用于 38 所某雷达装备数字阵列模块、四创电子北斗通信机及四川九洲电器毫米波雷达通信设备，应用过程性能稳定，工作可靠。

卧式全浇注大容量变频变压器

完成单位：江苏上能新特变压器有限公司

获奖类别：科技进步奖

项目简介：

本产品是一种全新型的变频系统专用变压器，产品电压等级包括 3kV、6kV 和 10kV 以及 35kV，容量最大可以做到 6000kV · A，具有损耗低、防潮好、耐污秽、抗短路能力强等特点，可广泛应用于变频调速系统。本产品具有大量的技术创新：产品引线结构去掉了同类产品中必用的支架；产品铁心及线圈结构也大胆创新，使变压器体积大幅度下降；产品各项性能指标均高于同类产品，尤其是精度要求是以日本的标准进行设计的；产品研发中申请了一项专利；绝缘系统由 NOMEX 纸绝缘革新为树脂浇注绝缘，使本项目产品的部分技术创新点在国际、国内都是首创。项目的整体技术水平达到了国内领先，产品在国内及国际市场上都是很有竞争力的。实现了对东欧、日本、俄罗斯、韩国、南非等多国的出口，也建立了与汉森集团、安川、富士、艾默生、俄罗斯 ZAO 等知名企业的稳定合作关系，部分企业还与我们共同成立了变频系统组装车间，扩大了产品链，每年可为公司形成几千万的产值，数百万的利润。通过本产品研发，上能新特变压器有限公司在国内率先掌握了产品设计、生产的关键技术，并形成了核心自主知识产权。因此，本产品在业内具有明显的技术优势和市场竞争优势。

高压大功率系列薄膜电容器的研制

完成单位：扬州凯普电子有限公司、扬州大学

获奖类别：科技进步奖

项目简介：

随着能源压力的不断加大，新能源的应用已受到世界各国的广泛重视，如太阳能发电、风力发电以及电力汽车、混合动力汽车等。我国“十二五”电力发展规划已明确提出，到“十二五”末新能源发电力比重从现在的不到 1 % 提高到 6 % 以上。新能源的推广和使用还受到许多条件的限制，就拿太阳能、风能发电等发电设备来说，由于受到阳光强弱和风力、风向等因素的影响造成了输出功率不稳定等问题。另外，新能源发电的“电厂分散”、“容量小”，给电力配送、调峰及传输等带来一些问题。针对这些问题，近年来已展开了较为系统的研究并进行了实际应用。从现在情况看，欧美国家处于领先的地位，提出了局域分散的智能电网结合成全国性的网络体系新型电力体系，其核心就是将广域电力输送网络同智能电网结合起来的广域智能网格（称为“电网 2.0”）。将新能源电力系统作为局域分散的智能电网的一个部分有效地解决了电力传输、配送以及调峰等问题。

逆变器是新能源电力系统的关键设备之一，目前，逆变器中的电容器通常使用电解电容，其寿命短、漏电流大、低温和高频性能差及损耗大等无法克服的缺点，直接影响了电力转换效率和供电品质。通过研究有机介质薄膜及金属化水平的不断提高，用金属化薄膜制造高压大功率电容

器取代电解电容器已成为了可能。薄膜电容器具有高频特性好、损耗小和温度特性稳定等特点，可以满足逆变器对电容器性能的要求。

国外一些公司通过对薄膜电容器制造工艺、材料等改进，已成功研制并生产出用于逆变器、新能源汽车等的高压大功率薄膜电容器。例如，德国 Epcos 公司和美国 Vishay 公司形成了月产约 30 万只和约 10 万只的生产能力。据 iSppli 公司统计的数字，2011 年全球高压大功率薄膜电容器采购额约为 2.5 亿美元，预计到 2015 年其采购量将达到 25 亿美元左右。

目前，国内薄膜电容器已形成了较为完整的产业链，但主要生产低端产品，高压大功率薄膜电容器制备不仅可以取代现有电解电容器，改善和提高电网的品质，也会对现有薄膜电容器产业技术升级等方面带来积极影响。

杰出贡献奖

汪槱生

教授

浙江大学电气工程学院

个人介绍：

汪槱生院士是我国电力电子学科的奠基人、电力电子产业的开拓者和领导者。汪院士始终以国家发展和民族振兴为己任，毕生致力于电能高效产生和高效利用技术的研究、应用和推广，为国家电力事业的持续发展和传统产业的转型升级奠定了基础。

杰出科技成就和贡献：

1. 国际上首创发电机双水内冷技术，实现了我国大容量发电机制造水平的飞跃，有力带动了当时电力工业和国民经济发展

汪院士等在 1958 年国际上首创大型发电机转子水内冷技术，建立了中国独有、世界领先的大容量汽轮发电机双水内冷的方法和体系，实现了我国大容量发电机制造水平的飞跃，有力带动了当时电力工业和国民经济发展。《人民日报》评论“这是攀登世界科学技术高峰的一项重大成就”。

该成果至今累计生产双水内冷发电机八百多台，总容量约 8 亿 kW，并出口印度、巴基斯坦等多个国家。中国首座秦山核电站 310MW 主发电机采用双水内冷技术，于 1991 年并网发电，已安全可靠运行 22 年。

该成果获 1964 年国家发明登记［0024 号］，1978 年全国科学大会奖和 1985 年国家科技进步一等奖。刘少奇、陈云、彭真等同志相继来浙江大学视察这一成果。

2. 突破了大功率半导体器件应用的核心技术，实现了电能变换从旋转式到静止式的跨越，开创了我国电能高效利用的新时代

20 世纪 60 年代，汪院士率先提出了大功率电力电子技术实现电能高效变换的新方法，突破了大容量电能直接变换的核心技术，实现了电能变换从旋转式到静止式的跨越。1970 年，汪院士成功研制第一台工业用晶闸管中频感应加热电源，满足了当时新一代武器装备制造对特种电源的需求。并不断创新完善，形成了具有完全自主知识产权的中频、高频和超音频系列化感应加热电源（功率范围从 5kW 到 3MW，频率范围从 60Hz 到 400kHz），无偿推广到全国各地，两百多家感应加热电源企业应运而生，开创了我国静止式感应加热电源产业，带动了我国金属冶炼、钢铁制造等产业的转型升级。据机电部 1992 年统计，静止式感应加热电源产业占当时国内工业生产总值的万分之四，约 90% 生产企业采用汪院士的核心技术。

该成果已经拓展到电能直接变换的各个应用领域，引领了我国电力电子行业的快速发展，开启了我国电能高效利用的新时代。如发改委《节能中长期专项规划》指出，在电机驱动系统推广静止式电能变换技术，可提高运行效率约 2%，节电 200 亿 kW · h，占 2011 年全国总发电量的千分之四以上。据行业协会统计，2012 年国内电力电子相关产业产值已超 3 万亿，是该年度 GDP 的十四分之一。

该系列成果先后获全国科学大会奖、国家科技进步奖及轻工业部、教育部、科学院等省部级以上奖励 15 项。

3. 创建我国电力电子学科，培养了大量的优秀人才和国际知名学者，奠定了国家节能减排、新能源等产业可持续发展的坚实基础

汪院士创建了我国第一个电力电子领域的本科专业（1972 年）、硕士点和博士点（1981 年），是我国电力电子学科的奠基人、第一位博士生导师和院士。汪院士领导建立了我国唯一的“国家电力电子技术专业实验室”和高校唯一的“国家电力电子应用技术工程研究中心”。培养了大批优秀人才，包括院士 3 名，IEEE Fellow 7 名，国家千人计划入选者、国内外知名大学教授及大型企业总裁 100 余名。

在汪院士的带领下，我国电力电子学科及产业蓬勃发展。目前，全国已有一百多所大学建有电力电子学科点，为节能事业培养了数十万的专门人才，极大地推动了节能减排、新能源等战略性产业的可持续发展。近五年来，我国在电力电子学科最有影响力的国际会议之一的 ECCE 上发表论文位居世界前三。

汪院士团队所发表论文他引超过 7000 余次。近 5 年来，在电力电子学科国际最权威期刊（IEEE Trans. P. E.）上发表论文 70 余篇，位居国际第一。汪院士还担任多个 IEEE 国际会议主席，其领导的浙江大学电力电子学科已成为世界电力电子领域最有影响力的学科之一。

汪院士一生潜心实干、开拓创新，始终把服务国民经济发展为己任，始终关注国家电能的高效产生和高效利用，虽年逾八旬，仍然奋斗在教学科研和技术开发应用第一线，目前还带领团队开展新一代电力电子器件、新型节能电机技术和电力电子直流配电网等国际前沿技术和创新方法研究。汪院士一生淡泊名利、甘为人梯，无私帮助年轻人成长，培养了一大批杰出人才。1959 年，汪院士年仅 31 岁就

当选为全国人民代表大会代表。1964年，再次被选为全国人民代表大会代表。1979年又被评为全国劳动模范。汪院士一生十分谦逊，虚怀若谷，作风严谨，实事求是，堪称楷模。

青 年 奖

耿华

副教授

清华大学

个人介绍：

耿华，2003年6月于华中科技大学电气与电子工程学院获学士学位；2008年于清华大学自动化系获博士学位；2008.11～2010.5，在加拿大Ryerson大学LEDAR实验室从事博士后研究工作；2010.6～2012.12，在清华大学自动化系任讲师；2012.12～至今，在清华大学自动化系任副教授。

主要学术兼职包括，北京自动化学会理事、中国国际经济合作学会能源环境委员会常务委员、中国电源学会新能源电能变换技术专业委员会委员、中国电源学会电能质量专业委员会委员、IEEE会员、中国电工技术学会会员、北京市电力电子学会会员。

耿华博士长期从事风力发电技术和电力电子技术的科研和教学工作，在该技术领域具有较深的学术造诣。迄今，主持国家自然科学基金青年基金项目1项、清华大学自主科研项目1项、台达电力电子科教发展基金项目1项、国际合作和企业合作项目3项；参与国家自然科学基金面上项目3项。近年来在国内外期刊、会议上发表学术论文50余篇，包括SCI收录15篇，EI收录40余篇，其中1篇文章获IEEE会议ISGT2011唯一最佳张贴论文奖；已获得国家发明专利授权3项，部分成果已通过与企业合作的形式转化为工业应用。入选2013年“北京高校青年英才计划”。

主要科技成果：

1. 风力发电系统的控制技术

针对孤岛运行的微网系统，提出基于负序电流注入的孤岛检测算法（2010～2011），提出孤岛运行下风电系统的设计及直接电压控制方法（2010～2011）；针对大容量并网型风电功率振荡问题，分析当前商业机组中的功率振荡现象，提出一种基于直流母线电流观测的抑制方法（2010～2011）；针对并网风电系统的非线性转矩特性和其输出功率的波动问题，提出一种逆系统鲁棒桨距角控制方法（2009～2010）；针对双馈和直驱型风电场，分析其低电压故障穿越能力，提出其低电压穿越方法（2011～2013）。部分成果（风电系统的功率控制技术、低电压穿越技术等）已实现成果转化，主持完成国际合作项目“直驱式风电变流器系统的控制技术”（东方日立电控设备有限公司，2010～2012），开发了1.5MW直驱式风电变流器，样机于2011年9月在东方电气杭州新能源有限公司实验站通过验收，正进行挂网试运行。

2. 电力电子设备及其应用技术

提出一种适用于电力电子设备的全数字锁相环（2011～2012），基于此锁相环实现正负序电压的快速检测（2012～2013）。

王保均

材料组主管、失效分析高级工程师

广州金升阳科技有限公司

1987.9～1991.6就读于常州技术师范学院 电子工程系无线电技术专业。

1991.8～1993.6供职于江苏连云港技工学校，任教师，中教二级资质。

1993.9～1995.4在广州芳村利达电子厂（1994年后，更名为先达电子厂）兼职，任厂长兼总工程师。

1996.6～1998.3供职于广州天乐电器实业有限公司（其前身是利达电子厂），先后任工程部长、品质部长、副总经理兼总工程师。

1998.7～2004.6供职于广东东莞步步高电子工业有限公司电话设备分公司。先后任品质部QE工程师、IQE主管、可靠性试验与硬件评估部门经理。

2005.6～2011.4供职于新加坡独资的深圳辉盛电子有限公司，任公司副总经理兼总工程师。

2011.11～至今，供职于广州金升阳科技有限公司，任材料组主管、失效分析高级工程师。

主要科技成果：

1）率先提出在功率放大器中，利用一个声道反相后放大，降低直流电源滤波电容的容量

2）在家用VCD影碟机中，改变荧光显示屏的分压电阻，降低功耗

3）对家用无绳电话子母机的供电变压器优化

4）对家用电话机中供电电感的优化

5）对自激推挽变换器启动不良的改良

6）实现自激推挽变换器短路保护功能

7）实现井森－自激推挽式变换器的短路保护功能

8）提升ROYER电路的变换效率

9）提高汽车蓄电池使用寿命

10）解决开关电源厂商测试光耦电流传输比的难题

11）解决开关电源厂商不能测试MOS管的输入、输出电容

12）改善使用NTC热敏电阻的限流电路性能

13）推出一种非峰值整流技术

14）针对小功率电路，推出一款降压式PFC电路拓扑

2012年度国际自然科学基金电源及相关专业结题项目介绍

分布式发电微网系统运行控制与保护关键技术研究

1. 基本信息

项目名称： 分布式发电微网系统运行控制与保护关键技术研究
项目类别： 重点项目
项目负责人： 丁明
负责人职称： 教授
依托单位： 合肥工业大学
研究期限： 2009-01-01 到 2012-12-31
主题词： 分布式发电；微网；保护；电压型逆变器

2. 项目摘要

本项目将根据分布式发电技术应用日益广泛、配电系统中分布式电源的渗透率不断提高的现实情况，以冷热电联供（CCHP）、建筑一体化太阳能光伏发电（BIPV）、燃料电池、蓄电池、超级电容等分布式发电设备与负荷构成的微网系统作为研究背景，重点研究分布式微网系统的继电保护、运行控制、解并列控制等方面的关键理论与核心技术问题，通过建立微网系统各组成单元的静态和动态数学模型，深入研究微网系统自主独立运行和并网运行时的动态和稳态特性，系统地分析微网与常规电力系统的交互作用；研究微网系统及各发电单元的保护控制与能量管理控制策略，探讨微网与常规电网的解并列条件，开发微网解/并列/保护、微电源电力电子接口及电能质量控制技术和装置；寻求建立微网系统各发电单元的协调控制方案及可行性验证；利用实验平台验证理论模型和方法的合理性，为未来分布式发电微网技术在电力系统中的广泛应用打下良好基础。

3. 结题摘要

本项目针对分布式发电技术应用日益广泛、配电系统中分布式电源的渗透率不断提高的现实情况，以冷热电联供（CCHP）、建筑一体化太阳能光伏发电（BIPV）、燃料电池、蓄电池、超级电容等分布式发电设备与负荷构成的微网系统作为研究对象，重点研究了分布式微网系统的继电保护、运行控制、解并列控制等方面的关键理论与核心技术；系统分析了微网系统各组成单元和含微网配电网的故障特性，提出了含微网的配电网故障分析方法；提出了自适应相位相关电流差动保护和基于Petri网的配电网故障诊断方法；研究了微网解列方案，提出了微网失步判别算法，提出了基于模糊数学的微网失步解列方案；提出了基于主动检测的孤岛检测方法并应用于CCHP示范项目；进行了分布式电源逆变器采用P-f和Q-V下垂控制时微网的频率稳定性的分析，仿真验证了PQ、V/f-P/Q控制策略配合，可以满足微网系统从并网到孤岛转换的稳定运行。对静态开关的工作原理进行分析，研究线路阻抗不同时逆变器改进下垂控制策略、基于暂态仿真的微网控制策略、基于功率平衡及时滞补偿相结合的双级式变流器协调控制、基于非线性干扰观测器的交直流微网直流母线电压控制以及孤岛条件下微网的综合控制策略；提出了具有功率控制和调频调压双重功能的VSVC型的新型通用逆变电源设计思想，并通过仿真验证设计模型的正确性。针对储能系统，进行了能量优化和功率优化的研究，结果表明通过合适储能系统的选择和配合，可以减少分布式电源接入对系统的影响。提出了基于dq0检测法的改进的UPQC电能质量检测方法和基于最佳能量补偿策略的UPQC补偿控制策略。在微网电能质量研究中，提出了线性正弦跟踪算法、线性梳状滤波器算法、非归一化和归一化正弦频率跟踪算法、非归一化基波频率跟踪算法、非归一化与归一化频率自适应梳状滤波器。对孤岛运行情况下的一次、二次调频的机理进行了分析，研究了多代理技术下的单微网、多微网的能量管理，建立微电网各元件的CIM扩展模型。设计实现了集中式继电保护与控制系统、开发完成了一个微网稳定性仿真系统，完成了静态开关样机研制，设计开发了储能系统的充放电控制装置，并通过样机的功能验证。进行UPQC样机设计制造。设计实现了基于合肥工业大学分布式发电实验平台的微网能量系统。设计实现了天津大学微网控制保护系统的一、二次系统建设。研究结果从保护、运行控制、系统集成角度，对微电网相关研究的进一步开展具有重要意义。

4. 项目成果

序号	成果名称	类型	完成人
1	复杂配电系统综合技术评价方法研究、系统开发及工程应用	奖励	天津大学、王成山
2	太阳能光伏并网发电及其逆变控制	著作	张兴、曹仁贤
3	Investigation of protection schemes for high penetration rooftop photovoltaic system	会议	Li Bin1、Wu HongLin1、Gao XiaoQi2
4	Distribution System Reliability Evaluation Based on Pseudo-Sequential and Network-Equivalence	会议	Ming Ding、Fang Cui、Shenghu Li、Jingjing Wang
5	Key Technologies for Microgrids-A Review	会议	Ming Ding、Yingyuan Zhang、Meiqin Mao

（续）

序号	成果名称	类型	完成人
6	Operation optimization for microgrids under centralized control	会议	M. Ding、 Y. Y. Zhang、 M. Q. Mao、 W. Yang、X. P. Liu
7	CIM Extension of Microgrid Energy Management System	会议	Ming Ding、Zhengkai Zhang、Xuefeng Guo
8	Out-of-step disconnection scheme based on fuzzy math	会议	Li Bin1、Tian Xiaohe1、Bo Zhiqian2
9	Photovoltaic system power forecasting based on combined grey model and BP neural network	会议	Wang Shouxiang1、Zhang Na1、Zhao Yishu2、Zhan Jie2
10	Dynamic Simulation of Doubly-Fed Induction Generator under Disturbances	会议	Ming Ding、Yangbin Zheng、Shenghu Li、Fang Cui
11	Reliability evaluation of distribution system with wind farms based on network-equivalent method	会议	Ding Ming、Cui Fang、WangJingjing、Zheng Yangbin、Li
12	Optimal selection of multiple types of distributed generations	会议	Fu Liwei1、Wang Shouxiang1、Zhang Yingwu2、Zhang Chengfeng2、Dong Pengtao2
13	A self-healing reconfiguration technique for smart distribution networks with DGs	会议	Li Dapeng1、Wang Shouxiang1、Zhan Jie2、Zhao Yishu2
14	Economic analysis of the microgrid with multi-energy and electric vehicles	会议	Meiqin Mao1、Shujuan Sun1、Chang Liuchen12
15	An ANN-based approach for forecasting the power output of photovoltaic system	会议	Ming Ding、Lei Wang、Rui Bi
16	Research of real-time database system for Microgrid	会议	Ming Ding、Tian Xie、Lei Wang
17	Three Phase Power Flow for Weakly Meshed Distribution Network with Distributed Generation	会议	Ming Ding、Xuefeng Guo、Zhengkai Zhang
18	Stabilizing control strategy of complementary energy storage in renewable energy system	会议	Ding Ming1、Wang Bo2、Chen Zhong2、Chen Zinian3、Luo Yaqiao3、Zheng Guoqiang3
19	A grid-connection control scheme of PV system with fluctuant reactive load	会议	Li Bin1、Tian Xiaohe1、Zeng Hongyan1
20	Research on grid-connected power control for double-fed generator	会议	Che Yanbo1、Wang Yu1、Wang Chengshan1、Ai Lin2
21	An improved branch current-based three-phase state estimation algorithm for distribution systems with DGs	会议	Wang Shouxiang1、Cui Xiaokun1、Li Zuyi2、Shahidehpour Mohammad2
22	Simulation study on microgrid coordinated control under islanding operation	会议	Li Bin1、Bao Hailong1、Chen Yao2
23	Modeling and control for large capacity battery energy storage system	会议	Zhong Chen、Ming Ding、Jianhui Su
24	Control scheme for power condition system of large capacity battery energy storage under unbalanced grid	会议	Ming Ding、Jianhui Su、Zinian Chen、Yaqiao L
25	Modeling and impact analysis of large scale V2G electric vehicles on the power grid	会议	Wang Shouxiang1、Zhang Na1、Li Zuyi2、Shahidehpour Mohammad2
26	Unified control of smoothing out wind power fluctuations and active power filtering by an energy storage system	会议	Ding Ming1、Chen Zhong2、Wang Bo2、Chen Zinian3、Luo Yaqiao3、Zheng Guoqiang3

（续）

序号	成果名称	类型	完成人
27	On closed-loop decoupling control strategy for grid-connected double-fed generator	会议	Wang Yu1、Che Yanbo1、Wang Chengshan1
28	Reliability analysis of distributed system with DGs	会议	Wang Shouxiang1、Li Zhixin1、Xu Qun2、Li Zuyi3
29	Design of grid-connected photovoltaic system using soft cut-in control	会议	Lv Bin1、Che Yanbo1、Wang Chengshan1
30	Three-phase probabilistic power flow in distribution system with grid-connected photovoltaic systems	会议	Ding Ming1、Wu Xinglong1
31	Analysis of low voltage ride through ability of variable speed constant frequency wind turbine based on crowbar protection	会议	Ding Ming1、Hu Tenghua1、Han Pingping1、Wang Dongjun1
32	Dynamic economic dispatch for microgrids including battery energy storage	会议	Xiaoping Liu、Ming Ding、Jianghong Han、Pingping Han
33	Control strategy for virtual synchronous generator in microgrid	会议	Yang Xiang-zhen、Su Jian-hui、Ding Ming、Li Jinwe
34	Design of protection and control scheme for microgrid systems	会议	Li Bin1、Li Yongli1、Bo Zhiqian2、Klimek A. 2
35	基于虚拟同步发电机思想的微电网逆变电源控制策略	期刊	丁明、杨向真、苏建徽
36	基于改进BP神经网络的光伏发电系统输出功率短期预测模型	期刊	丁明、王磊、毕锐
37	含大型太阳能发电系统的极限传输容量概率计算	期刊	王敏、丁明
38	微型燃气轮机发电系统模型修正及实验验证	期刊	王成山、高菲、李鹏、郭力、黄碧斌、丁承第
39	太阳日总辐射量的Box-Jenkins模型	期刊	王敏、丁明
40	并联型有源电力滤波器输出电感选择的新方法	期刊	张国荣、齐国虎、苏建徽、丁明、陈林、张晓安
41	集中控制式微网系统的稳态建模与运行优化	期刊	丁明、张颖媛、茆美琴、杨为、刘小平
42	分布式电源并网逆变器典型控制方法综述	期刊	王成山、李琰、彭克
43	微网实验系统结构特征及控制模式分析	期刊	王成山、杨占刚、王守相、车延博
44	低压微网控制策略研究	期刊	王成山、高菲、李鹏、黄碧斌、丁承第、于浩
45	Exponential Stability, Semistability, and Boundedness of a Multi-ANF System	期刊	Chu ZhaoBi、Ding Ming、Du ShaoWu、Feng、XiaoYing
46	计及非线性因素的混合供能系统协调控制	期刊	郭力、李霞林、王成山
47	多能源发电微网实验平台及其能量管理信息集成	期刊	茆美琴、丁明、张榴晨、苏建徽、孙鸣
48	光伏并网发电系统的MPPT-电压控制策略仿真	期刊	吴红斌、陶晓峰、丁明
49	微网研究中的关键技术	期刊	丁明、张颖媛、茆美琴
50	故障时双馈风力发电系统的控制策略研究	期刊	杨之俊、吴红斌、丁明、刘静
51	基于IEC61970标准的微网EMS平台设计	期刊	丁明、杨为、张颖媛、毕锐、徐宁舟
52	电力电子装置典型模型的适应性分析	期刊	王成山、高菲、李鹏、黄碧斌、丁承第、于浩
53	A seamless operation mode transition control strategy for a microgrid based on master-slave control	期刊	Wang ChengShan、Li XiaLin、Guo Li、Li YunWei
54	微网实时数据库系统研究	期刊	丁明、解添、毕锐
55	含多个不对称光伏并网系统的配电网三相随机潮流计算	期刊	丁明、吴兴龙、陆巍、张征凯

（续）

序号	成果名称	类型	完成人
56	包含钠硫电池储能的微网系统经济运行优化	期刊	丁明、张颖媛、茆美琴、刘小平、徐宁舟
57	面向智能电网的保护控制系统	期刊	李斌、薄志谦
58	基于 CIM 的图形化电网拓扑建模与分析	期刊	高研、丁明、毕锐、丁银、杨为
59	负荷侧新型电池储能电站动态功能的研究	期刊	丁明、徐宁舟、毕锐
60	共直流母线式风光互补发电系统的仿真研究	期刊	南国君、丁明、王贻玲
61	风电场风速不确定性建模及区间潮流分析	期刊	王守相、徐群、张高磊、于立涛
62	Testing for nonlinearity in solar radiation time series by a fast surrogate data test method	期刊	Gan Min、Huang Yun-zhi、Ding Ming、Dong Xue-ping、Peng Jiang-bei
63	基于功率平衡及时滞补偿相结合的双级式变流器协调控制	期刊	王成山、李霞林、郭力
64	用于电力系统暂态稳定仿真的可变步长牛顿法	期刊	吴红斌、丁明
65	微电网实验平台的设计	期刊	杨为、丁明、毕锐、高研、丁银
66	分布式发电优化配置研究综述	期刊	王守相、王慧、蔡声霞
67	含分布式电源的闭环配电网保护方案	期刊	李斌、于绚、薄志谦
68	面向分布式发电系统的 CIM 扩展	期刊	丁明、张征凯、毕锐
69	多类型分布式电源在配电网中的优化配置	期刊	付丽伟、王守相、张永武、张成峰、董澎涛
70	基于马尔可夫链的光伏发电系统输出功率短期预测方法	期刊	丁明、徐宁舟
71	基于综合建模的 3 类电池储能电站性能对比分析	期刊	丁明、徐宁舟、毕锐、陈自年、罗亚桥、宋卓
72	微网系统的动态经济调度	期刊	刘小平、丁明、张颖媛、徐宁舟
73	基于系统辨识的地表太阳辐射 Box-Jenkins 模型的建立	期刊	王敏、丁明
74	相位相关电流差动保护新原理	期刊	李斌、范瑞卿、于绚、贺家李、薛士敏
75	基于灰色神经网络组合模型的光伏短期出力预测	期刊	王守相、张娜
76	基于变量自适应分组的电力系统多速率仿真算法	期刊	高毅、李继平、王成山
77	考虑负载效应的可修表决系统可靠性仿真模型	期刊	丁明、王京景、李生虎
78	智能配电网保护控制的设计与研究	期刊	李斌、薄志谦
79	基于 STL 的配电网结构自动分析功能设计与实现	期刊	丁明、徐婷婷、毕锐、程俊
80	遮阴影响下的光伏阵列结构研究	期刊	丁明、陈中
81	微电网系统 CIM/XML 模型研究	期刊	丁银、丁明、毕锐、高研、杨为
82	Reliability-oriented distribution network reconfiguration considering uncertainties of data by interval analysis	期刊	Zhang Peng、Li Wenyuan、Wang Shouxiang
83	风电引起的电压波动与闪变的仿真研究	期刊	吴义纯、丁明
84	用于平抑可再生能源功率波动的储能电站建模及评价	期刊	丁明、徐宁舟、毕锐
85	一种适用于混合储能系统的控制策略	期刊	丁明、林根德、陈自年、罗亚桥、赵波
86	基于故障分量的 T 接线路电流纵差保护新判据	期刊	李斌、罗涛、薄志谦
87	基于故障分量的相位相关电流差动保护	期刊	李斌、曾红艳、范瑞卿、薄志谦
88	一个实际小型光伏微网系统的设计与实现	期刊	王成山、杨占刚、武震
89	The effect of different state sizes on Mycielski approach for wind speed prediction	期刊	Gan Min、Ding Ming、Huang Yun-zhi、Dong Xue-ping
90	面向多逆变器的微电网电压控制策略	期刊	杨向真、苏建徽、丁明、李劲伟、杜燕

基于可再生能源的分布式发电系统能量变换、控制与并网运行研究

1. 基本信息

项 目 名 称：基于可再生能源的分布式发电系统能量变换、控制与并网运行研究
项 目 类 别：重点项目
项目负责人：阮新波
负责人职称：教授
依 托 单 位：华中科技大学
研 究 期 限：2009-01-01 到 2012-12-31
主 题 词：分布式发电系统网络拓扑结构；电力电子变换器；并网运行；暂态特性；能量管理

2. 项目摘要

基于可再生能源的分布式发电是国民经济可持续发展战略和环境保护的重要组成部分。研究分布式发电系统的并网运行问题，消除它对电网的负面影响，改善其电能质量，确保分布式发电系统独立及并网运行时的稳定性，将为高效、高质量、高稳定性和更经济的分布式发电系统的发展提供重要的理论基础，对能源结构调整、环境保护和可持续发展来说具有战略性全局性的重要意义。本项目针对由风能和太阳能等可再生能源发电单元及多元复合储能单元构成的分布式发电系统，研究其网络拓扑及其优化配置方法、适应分布式发电系统特点的电力电子变换器电路拓扑及控制策略、多能源发电单元多变换器独立或并网运行的协调控制和稳定性理论、稳态和暂态情况下分布式发电系统与电力系统之间相互影响的机理、基于经济运行调控理论的分布式发电系统能量管理方法和去随机化策略、综合故障诊断理论及故障后系统快速重构方法。通过上述研究，实现分布式发电系统安全、经济、高效、优质的并网运行。

3. 结题摘要

基于可再生能源的分布式发电是解决能源危机和环境保护的途径之一。本项目围绕分布式发电系统，开展了系统网络拓扑及优化配置、适应分布式发电系统特点的电力电子变换器、分布式发电系统并网控制、分布式发电系统特性及与电力系统的相互影响、分布式发电系统监控与能量管理等五个方面的研究工作，所取得的研究成果如下：①给出了风光蓄互补发电系统的容量优化配置的评价指标和约束条件，提出了独立运行和并网运行时的优化配置方法，采用能量滤波器对所需储能元件容量进行了优化。②针对风力发电和太阳能发电单元，提出了一种隔离式 Buck-Boost 变换器，在宽输入电压范围内实现了高变换效率；针对多能源联合供电系统，提出了一系列多输入直流变换器，简化了系统结构；针对储能单元，研究了双端有源全桥变换器的控制方法，提高了变换效率；研究了多电平逆变器的控制方法，以简化控制电路和改善输出电压质量；提出了两级式逆变器中前级直流变换器的二次纹波电流抑制方法，提高了变换效率和可再生能源发电单元的使用寿命。③针对 LCL 型并网逆变器，提出了电网电压全前馈方法，有效减小了电网电压背景谐波对并网电流的影响及其稳态误差；针对三相并网逆变器，提出了基于多复系数滤波器的频率自适应锁相环，解决了电网电压严重畸变和不平衡时的电网同步问题；开展了分布式发电系统并网运行及协调控制和多机独立运行电压频率控制研究，提出了基于加权控制算法的分布式发电系统并/脱网无缝切换策略；提出了一种基于负序电压正反馈孤岛检测方法，避免了对逆变器并网运行时的影响。④建立了分布式发电系统的稳态和暂态数学模型，分析了各单元并网端口特性及其对电力系统的影响；研究了分布式电源对配电网继电保护的影响，提出了基于通信的含分布式电源配电网的线路保护方案，探讨了分布式发电系统的接入规范及解决方案。⑤建立了一种分布式发电能量管理系统平台，研究了其在独立和并网运行时的优化能量管理方法；提出了分布式发电系统在线监测、故障诊断与系统重构方法，以及配电网含风电机组的故障隔离和含微网的故障恢复重构方法。同时，完成了 3 个研究实验平台。发表和录用论文 116 篇，其中被 SCI 收录 23 篇，EI 收录 79 篇；出版专著 3 部；申请中国专利 39 项，其中 14 项已授权。本项目为实现分布式发电系统安全、经济、高效、优质的并网运行提供了理论基础，对能源结构调整、环境保护和可持续发展具有重要意义。

4. 项目成果

序号	成果名称	类型	完成人
1	Modeling and simulation of the asynchronous wind turbine	会议	Shao Wen1、Zhang Buhan1、Mao Chenxiong1、Chen Yizhe1、Mao Biao1、Chen Yi1、Zeng Jie2、Chen Xun2
2	Accurate power sharing control for inverter-dominated autonomous microgrid	会议	Gu Herong1、Guo Xiaoqiang1、Wu Weiyang1
3	A Study on Dynamic Power Flow Caused by the Grid-Connected PV Systems	会议	Li Yan、Jing Panpan、Luo Yulei、Zhang Buhan、Mao Chengxiong Ruan、Xinbo
4	The islanding start and operation control of doubly-fed wind generation system	会议	Zhang Chun-Jiang1、Chai Xiu-Hui1、Du-Cui1、Wang Hui1、Zang Xun1
5	Research on Multi-Agent Parallel Computing Model of Hydrothermal Economic Dispatch in Power System	会议	Zhang Bu-han、Li Junfang、Li Yan、Mao Chengxiong、Ruan Xin-bo、Yang Jianhua

（续）

序号	成果名称	类型	完成人
6	Real-time grid impedance estimation technique for grid-connected power converters	会议	Gu Herong1、Guo Xiaoqiang1、Wang Deyu1、Wu Weiyang1
7	Design of injected grid current regulator and capacitor-current-feedback active-damping for LCL-type grid-connected inverter	会议	Bao Chenlei1、Ruan Xinbo1、Wang Xuehua1、Li Weiwei1、Pan Donghua1、Weng Kailei1
8	Weighted control research on seamless transfer for dual-mode three phase inverter in microgrid	会议	Wang Xiaohuan1、Zhang Chunjiang1、Li Xia2、Guo Zhongnan1
9	A modified Newton-Raphson power flow method considering wind power	会议	Li Yan1、Luo Yulei1、Zhang Buhan1、Mao Chengxiong1
10	Modeling and simulation of SSTIBES	会议	Zeng Jie1 2、Zhang Buhan1、Mao Chengxiong1、Li Yan1、Lu Jiming1、Fan Shu3
11	Optimal Reactive Power Dispatch Using Particle Swarms Optimization Algorithm Based Pareto Optimal Set	会议	Li Yan、Jing Pan-pan、Hu De-feng、Zhang Bu-han、Mao Cheng-xiong、Ruan Xin-bo、Miao Xiao-yang、Chang De-feng
12	Improvement for the closed-loop control of shunt active power filter	会议	Sun Xiaofeng1、Li Ningning1、Wang Baocheng1、Li Xin1
13	Multi-time scales coordination scheduling of wind power integrated system	会议	Wang Kui1、Zhang Buhan1、Wu Xiaoshan1、Zhai Jiajun1、Shao Wen1、Duan Yao1
14	Research on no-load grid-connection control strategy for doubly-fed wind power system	会议	Wang Yong1 2、Zhang Chun-Jiang1 2、Kan Zhi-Zhong1 2、Chai Xiu-Hui1 2
15	Two-degree-of-freedom current regulation of grid-connected inverters in microgrid	会议	Gu Herong1、Wang Deyu1、Guo Xiaoqiang1、San Guocheng1、Zhao Wei1、Zhang Ying1、Wu Weiyang1
16	Operation and control mode of electronic power transformer	会议	Wang Dan1 2、Mao Chengxiong1、Lu Jiming1
17	Two-Phase Dynamic Reactive Power Optimization Based on Improved Genetic Algorithm	会议	Zhang Bu-han、Wang Kai、Yang Chao、Li Yan、Mao Cheng-xiong、Ruan Xin-bo、Yao Yong-feng、Hu Hong-xian
18	Magnetic integration of an LCL filter for the single-phase grid-connected inverter	会议	Pan Donghua1、Ruan Xinbo1、Wang Xuehua1、Bao Chenlei1、Li Weiwei1
19	A Full-Feed forward Scheme of Grid Voltages for a Three-Phase Grid-Connected Inverter With an LCL Filter	会议	Li Weiwei、Pan Donghua、Ruan Xinbo、Wang Xuehua
20	An Energy Control Based Approach for Thermal Unit Economical Dispatch	会议	Li Junfang、Zhang Buhan、Wang Kai、Li Yan、Mao Chengxiong、Ruan Xinbo
21	Isolated Buck-Boost DC/DC Converter for PV Grid-Connected System	会议	Yao Chuan、Ruan Xinbo、Wang Xuehua
22	Non-devastating islanding detection for micro grid based on mathematical statistics	会议	Wang Xiaohuan1、Zhang Chunjiang1、Zhao Wenchao1、Mu Xiao2
23	Design of the PI regulator and feedback coefficient of capacitor current for grid-connected inverter with an LCL filter in discrete-time domain	会议	Wang Xuehua1、Ruan Xinbo1、Bao Chenlei1、Pan Donghua1、Xu Lin1
24	Low voltage ride through control strategy of directly driven wind turbine with energy storage system	会议	Zhang Kun1、Duan Yuping3、Wu Ji、ong1、Qiu Jun3、Lu Jiming1、Fan Shu2、Huang Hui1、Mao Chengxiong1
25	Analysis on idle-load grid-connection transient impact current of DFIG	会议	Chai Xiuhui1、Zhang Chunjiang1、Wang Yong1、Gao Jun'，E1、Yang Hongbo2
26	Static security analysis of smart grid adapting to new energy supply injection	会议	Liu Yifang1、Zhang Buhan1、Wang Jianghong2、Li Junfang1、Zheng Xu2、Wang Kai1、Wu Bingying1、Mao Biao1

（续）

序号	成果名称	类型	完成人
27	Theoretical research for the application of flow storage battery in demand side management	会议	Wu Bingying1、Zhang Buhan1、Wang Jianghong2、Li Junfang1、Zheng Xu2、Liu Yifang1、Mao Biao1、Gao Yidan1
28	A hybrid renewable DC microgrid voltage control	会议	Sun Xiaofeng1、Lian Zhizhen1、Wang Baocheng1、Li Xin1
29	Multiple-input full bridge DC/DC converter	会议	Yang Dongsheng1、Ruan Xinbo1、Li Yan1、Liu Fuxin1
30	An improved droop controller for grid-connected voltage source inverter in microgrid	会议	Yajuan Guan1、Weiyang Wu1、Xiaoqiang Guo1、Herong Gu1
31	Modeling、analysis and design for hybrid power systems with dual-input DC/DC converter	会议	Li Yan1、Ruan Xinbo1、Yang Dongsheng1、Liu Fuxin1
32	Studies on security capacity of wind farms containing VRB energy storage system	会议	Biao Mao1、Bingyin Wu1、Buhan Zhang1、Guanglong Xie1
33	Frequency-adaptive sinusoidal signal integrator for grid-connected inverters in weak grids	会议	Gu Herong1、Guo Xiaoqiang1、Zhao Qinglin1、Wu Weiyang1
34	Research on the propagation characteristic of non-stationary wind power in microgrid network based on empirical mode decomposition	会议	Xie Guanglong1、Zhang Buhan1、Wang Jianghong2、Mao Chengxiong1、Zheng Xu2、Cui Yanlin1、Gao Yidan3
35	Precise modeling based on dynamic phasors for droop-controlled parallel-connected inverters	会议	Wang L. 1、Guo X. Q. 1、Gu H. R. 1、Wu W. Y. 1、Guerrero Josep M. 2
36	A new fault-tolerant control method for cascaded multilevel inverter	会议	Wang Baocheng1、Guo Xiaoling1、Wang Liqiao1、Li Xin1、Sun Xiaofeng1
37	Research on decoupling control and low voltage ride-through of a double-fed wind power system	会议	Zhang Chun-Jiang1、Wang Yong1、Li Ya-Zhen2、Kan Zhi-Zhong1
38	Dynamic modelling for distribution networks containing dispersed generations and energy storage devices	会议	Mao Biao1、Zhang Buhan1、Wang Jianghong2、Chen Yizhe1、Zheng Xu2、Gao Yidan1、Wu Bingyiog1、Liu Yifang1
39	Steady security risk assessment considering uncertainties of wind power and fault in smart grid	会议	Li Junfang1、Zhang Buhan1、Wang Jianghong2、Mao Chengxiong1、Liu Yifang1、Wang Kai2、Duan Yao2、Zheng、Xu2、Wan、Li2
40	An Improved Low-Voltage Ride-Through Control Strategy of Doubly Fed Induction Generator During Grid Faults	期刊	Hu Sheng、Lin Xinchun、Kang Yong、Zou Xudong
41	层次分析法在资源综合利用电源规划中的应用	期刊	高一丹、李俊芳、张步涵、陈金富、邓永辉、张建国、余志刚、张宝金、杨攀峰
42	基于储能的直驱风力发电系统的功率控制	期刊	张坤、毛承雄、陆继明、王丹、黄辉
43	Real-time measurement method of DC injection for transformerless PV systems	期刊	Guo、Xiao-Qiang
44	并网双馈风力发电机组的建模与仿真	期刊	高一丹、张步涵
45	三相并网逆变器比例复数积分电流控制技术	期刊	郭小强、邬伟扬、赵清林、王立乔
46	风光蓄互补发电系统容量的改进优化配置方法	期刊	徐林、阮新波、张步涵、毛承雄
47	并网逆变器 LCL 接口直接输出电流控制建模及稳定性分析	期刊	郭小强、邬伟扬、顾和荣、王立乔、赵清林
48	可再生能源分布式发电系统建模综述	期刊	黄汉奇、毛承雄、王丹、陆继明、张步涵
49	Frequency-adaptive voltage sequence estimation for grid synchronisation	期刊	Guo Xiao Qiang
50	Performance of the Grid-Connected PV system in LV microgrid operation	期刊	Li Yan1、Wang Li1、Jing Panpan1、Zhong Binbin1、Zhang Buhan1、Mao Chengxiong1

（续）

序号	成果名称	类型	完成人
51	数-模综合仿真接口算法分析	期刊	梅成林、张立冬、邵稳、张硕廷、张步涵、毛承雄、曾杰、陈迅
52	三相逆变器采样模型重复控制研究	期刊	孙孝峰、孟令杰、杨超
53	基于PI调节器和电容电流反馈有源阻尼的LCL型并网逆变器闭环参数设计	期刊	鲍陈磊、阮新波、王学华、潘冬华、李巍巍、翁凯雷
54	Phase locked loop and synchronization methods for grid-interfaced converters: a review	期刊	Guo Xiao-Qiang、Wu Wei-Yang
55	变速恒频风力发电机空载并网控制策略	期刊	王勇、张纯江、柴秀慧、杨海军、李荷丹
56	通用储能系统数学模型及其PSASP建模研究	期刊	李妍、荆盼盼、王丽、许轶珊、杨增涛、张步涵、毛承雄
57	宽输入电压范围下隔离型全桥Boost变换器的高效率控制	期刊	姚川、阮新波、王学华
58	微电网非破坏性无盲区孤岛检测技术	期刊	郭小强、邬伟扬
59	Full Feedforward of Grid Voltage for Grid-Connected Inverter With LCL Filter to Suppress Current Distortion Due to Grid Voltage Harmonics	期刊	Wang Xuehua、Ruan Xinbo、Liu Shangwei、Tse Chi K
60	基于反馈线性化原理的直驱风力发电机组控制系统设计	期刊	王利兵、毛承雄、陆继明、王丹
61	风电场并网系统的电压稳定性分析及改善措施	期刊	李中成、张步涵、刘涤尘、冯韶祥
62	一种双馈风力发电机在电网电压不平衡条件下的改进控制策略	期刊	胡胜、林新春、康勇、邹旭东
63	基于二自由度电流调节的分布式发电系统并网控制技术	期刊	顾和荣、赵清林、郭小强、邬伟扬
64	阻性有源滤波器分频控制位置的选择方案	期刊	孙孝峰、曾健、张芳、李昕
65	基于自适应滤波的单相统一电能质量控制器研究	期刊	童力、邹旭东、张允、康勇
66	考虑储能装置风电场的动态经济调度	期刊	王魁、张步涵、胡永强
67	微网中三相逆变器无互连线并联新型下垂控制策略	期刊	阚志忠、张纯江、薛海芬、董杰、邬伟扬
68	Coordination between short-term and real-time scheduling incorporating wind power	期刊	Wang Kui1、Zhang Buhan1、Zhai Jiajun1、Shao Wen1、Wu Xiaoshan1、Mao Chengxiong1
69	Control strategies of HESS for the application of directly driven WTG	期刊	Wang Li1、Li Yan1、Sheng Meiwei1、Xu Yishan2、Yang Zengtao2、Zhang、Buhan1
70	基于内模原理的自适应电流检测系统研究	期刊	童力、邹旭东、张允、康勇
71	配电系统电力电子变压器非线性控制	期刊	刘海波、毛承雄、陆继明、王丹
72	直驱永磁风力发电系统电网侧变换器的模糊功率控制	期刊	黎春湦、张坤、毛承雄、陆继明、王丹
73	Synthesis of Multiple-Input DC/DC Converters	期刊	Li Yan、Ruan Xinbo、Yang Dongsheng、Liu Fuxin、Tse Chi K
74	分布式发电系统无缝切换控制策略	期刊	王晓寰、张纯江
75	Isolated Single Primary Winding Multiple-Input Converters	期刊	Wang Qin、Zhang Jie、Ruan Xinbo、Jin Ke
76	Applications of Lagrange-Quasi-Newton method in power system steady-state security region	期刊	Li Zhongcheng1、Zhang Buhan1、Mao Chengxiong1、Wang Kui1
77	单相多电平逆变器空间矢量调制技术及其应用	期刊	王立乔、姜旭东
78	Flexible Control of Three-Phase Distributed Generation Systems for Voltage Rise Mitigation in Microgrid	期刊	Wang Bao-Cheng、Guo Xiao-Qiang、Huang Xin-Ke
79	微电网中三相逆变器孤岛运行控制技术	期刊	关雅娟、邬伟扬、郭小强
80	级联型多电平变流器新型载波相移SPWM研究	期刊	王立乔、齐飞
81	Isolated Buck-Boost DC/DC Converters Suitable for Wide Input-Voltage Range	期刊	Yao Chuan、Ruan Xinbo、Wang Xuehua、Tse Chi K

（续）

序号	成果名称	类型	完成人
82	时钟交错的定频积分控制技术——载波相移 PWM 技术的一种新拓展应用	期刊	王立乔、张挺
83	电网电压跌落情况下双馈风力发电机电磁过渡过程及控制策略	期刊	王勇、张纯江、柴秀慧、高俊娥、杜翠
84	基于动态等效阻抗匹配的光伏发电最大功率点跟踪控制	期刊	郑颖楠、王俊平、张霞
85	Pulse width modulation AC/DC converters with line current harmonics minimisation and high power factor using hybrid particle swarm optimisation	期刊	Lou H.、Mao C.、Lu J.、Wang D.、Lee W-J.
86	无变压器非隔离型光伏并网逆变器漏电流抑制技术	期刊	邬伟扬、郭小强
87	基于短期负荷预测的微网储能系统主动控制策略	期刊	陈益哲、张步涵、王江虹、毛彪、方仍存、毛承雄、段善旭
88	适应分布式电源即插即用特性需求的微网公共信息模型	期刊	罗毅、施琳、涂光瑜、毛承雄、张步涵、阮新波
89	抑制电网背景谐波影响的并网逆变器控制策略	期刊	王学华、阮新波、刘尚伟
90	Voltage stability of medium and low voltage distribution networks with wind generation based on Hilbert-Huang transform	期刊	Xie Guanglong1、Zhang Buhan1、Mao Chengxiong1、Li Yan1
91	无变压器非隔离型光伏并网逆变器直流注入控制技术	期刊	王宝诚、郭小强、梅强、孙孝峰、邬伟扬
92	基于混沌量子粒子群算法的含风电场电力系统实时调度	期刊	王魁、张步涵、周杨、李俊芳
93	Symmetrical short circuit current characteristics of doubly fed induction generator wind turbine with crowbar protection	期刊	Zhai Jiajun1、Zhang Buhan1、Wang Kui1、Shao Wen1、Mao Chengxiong1
94	Small-signal modelling and analysis of wind turbine with direct drive permanent magnet synchronous generator connected to power grid	期刊	Huang H.、Mao C.、Lu J.、Wang D.
95	微网中三相逆变器类功率下垂控制和并联系统小信号建模与分析	期刊	张纯江、王晓寰、薛海芬、阚志忠、邬伟扬
96	并联有源滤波器网侧谐波电流反馈控制	期刊	孙孝峰、曾健、李宁宁、李昕
97	利用混合储能系统改善配电网电能质量的研究	期刊	陈奕、张步涵、毛承雄、毛彪、曾杰、陈迅
98	分布式发电并网无缝切换控制算法设计与实现	期刊	王晓寰、张纯江
99	Multiple-Complex Coefficient-Filter-Based PhaseLocked Loop and Synchronization Technique for Three-Phase Grid-Interfaced Converters in Distributed Utility Networks	期刊	Guo Xiaoqiang、Wu Weiyang、Chen、Zhe
100	One-Cycle Control for a Double-Input DC/DC Converter	期刊	Yang Dongsheng、Yang Min、Ruan Xinbo
101	Design and Implementation of an Energy Feedback Digital Device Used in Elevator	期刊	He Jinping、Mao Chengxiong、Lu Jiming、Yang Jiawei
102	Full Feedforward of Grid Voltage for Discrete State Feedback Controlled Grid-Connected Inverter With LCL Filter	期刊	Xue Mingyu、Zhang Yu、Kang Yong、Yi Yongxian、Li Shuming、Liu Fangrui
103	考虑电网静态安全风险的随机潮流计算	期刊	刘怡芳、张步涵、李俊芳、王凯、段瑶、段献忠、程时杰
104	Zero-Voltage-Switching PWM Full-Bridge Converter Employing Auxiliary Transformer to Reset the Clamping Diode Current	期刊	Chen Wu、Ruan Xinbo、Chen Qianghong、Ge Junji
105	Improved current regulation of three-phase grid-connected voltage-source inverters for distributed generation systems	期刊	Guo X. Q.、Wu W. Y.
106	用于直驱式风力发电的复合储能系统	期刊	张坤、毛承雄、陆继明、王丹

集中决策与分布实现相协调的大电网后备保护系统研究

1. 基本信息

项 目 名 称： 集中决策与分布实现相协调的大电网后备保护系统研究

项 目 类 别： 重点项目

项目负责人： 王增平

负责人职称： 教授

依 托 单 位： 华北电力大学

研 究 期 限： 2009-01-01 到 2012-12-31

主 题 词： 后备保护；在线整定；潮流转移识别；拓扑分析；故障元件识别

2. 项目摘要

电力工业是国家关键基础设施，电网安全是国家安全的一部分。世界上频繁发生的大停电事故为大电网安全与控制敲响了警钟。随着电力需求的快速增长，西电东送、全国联网工程的实施，我国电网已成为世界上最复杂的电网之一。继电保护是保障电网安全的第一道防线，其准确快速的动作对于隔离故障、有效控制事故蔓延至关重要。对大停电事故的研究表明，传统的仅基于本地量的继电保护已不能适应电网安全的要求，在有些情况下甚至是造成系统崩溃的助力。本项目将全局信息引入继电保护系统，重新审视继电保护的原理与配置，研究快速网络拓扑和运行方式识别、复杂大电网故障元件定位与关联保护域界定、后备保护在线自适应整定、防联锁跳闸措施等内容，构建集中决策与分布实现相协调的大电网后备保护系统。重点解决后备保护易受系统运行方式影响，配合关系复杂，动作时间长，且在潮流转移情况下可能发生误动等问题，为我国电网铸造更加安全、可靠的第一道防线。

3. 结题摘要

电网安全可靠运行关系到社会经济的和谐稳定发展。继电保护是保障电网安全的第一道防线，其作用至关重要。在目前日益复杂的电网环境下，传统继电保护中的后备保护由于仅利用本地量信息，暴露出整定配合复杂、动作延时长、不能适应系统运行方式变化、过负荷易误动等缺陷，严重威胁着大电网安全稳定，已经直接或间接地引起了国内外多次大停电事故，造成了极其恶劣的影响。本项目重新审视了后备保护的原理与配置，从保护性能缺陷的根本症结着手，将多点、多类型信息引入，构建了集中决策与分布实现相协调的大电网后备保护系统。根据保护发展阶段和对广域信息利用程度的不同，分为两条解决途径，研究路线一：利用广域信息提升现有保护模式性能，包含两个方向：针对保护适应性差的问题，提出了近、远后备保护自适应调整等方案，优化了保护特性，使其适应电网运行状态，同时引入大电网解耦分区并行整定技术，加速了计算进程，为在线整定实用化提供支撑。针对保护过负荷误动的问题，重点研究了电网潮流转移识别算法、关键线路及关联路径搜索方法，在此基础上提出了基于 WAMS 的防联锁跳闸策略，提升了电网安全水平。研究路线二：基于广域信息的全新继电保护构成模式。针对原保护仅利用本地信息逐级配合判别故障带来的诸多缺陷，在全新系统模式下利用广域信息直接定位故障元件，全面提升保护性能，包括两个方向：在集中式广域保护系统方面，首次将 PMU 信息用于电网拓扑分析，建立了基于电网理论和多元分析理论的故障识别体系，创新性地从捕捉电网变异信息和提取归纳故障特征的角度快速准确定位故障。在分布式广域保护系统方面，提出了双层聚类、圆网格、多覆盖等保护分区方法，并据此重点研究了利用分布信息的高容错故障元件识别方案。同时，建立了广域通信系统及广域保护整体可靠性模型，对于制定通信机制和优化系统设计具有积极的指导意义。截至目前，依托本项目取得的学术成果包括：SCI 论文 33 篇，EI 论文 197 篇，申请及授权专利 35 项，专著 3 部，获省部级科技进步奖 3 项；参加国内外学术会议 43 人次；培养博士生 14 名、硕士生 30 名。开发了广域保护仿真和实验平台，并将理论与实践相结合，在贵州都匀和六盘水两个地区构建了广域保护系统，取得了显著的社会和经济效益。全面实现了本项目的预期目标，为我国电网安全稳定运行铸造了更为坚实可靠的第一道防线。

4. 项目成果

序号	成 果 名 称	类型	完 成 人
1	电力系统若干先进信号处理理论与方法	奖励	林湘宁、文劲宇、郑胜、何海波
2	继电保护状态检修研究	奖励	薛安成
3	安徽电网计算参数模型在线辨识校核研究与应用	奖励	毕天姝
4	高压发电机故障分析与运行保护技术	著作	林湘宁
5	New Frontiers in Graph Theory	著作	张亚刚
6	Machine Learning	著作	张亚刚
7	Integrated back-up protection based on substation area information	会议	Hu ZhongShan1、Wang ZengPing1
8	Study on sequence component based fault phase selector during power swings	会议	Li Wei1、Bi Tian-Shu1、Yang Qi-Xun1

（续）

序号	成果名称	类型	完成人
9	Interval eigenvalue analysis of closed-loop control for power system oscillation with interval parameters	会议	Ma Jing1、Wang Tong1、Wang Zengping1、Thorp James S. 2
10	Small-signal stability analysis of microgrid based on perturbation theory	会议	Ma Jing1、Wang Xue1、Lan Xinbin1
11	A New Method to Coordinate the PI Controllers' Parameters of Doubly-fed Induction Generator	会议	Zhang Jian、Xue Ancheng、Chen Jinmei、BI Tianshu
12	Global governor-side damping controller for low frequency oscillation of power systems based on partial state feedback	会议	Xue Ancheng1、An Pinghua1 2、Bi Tianshu1
13	RTDS based maximal power point tracking simulation for permanent magnet synchronous generator	会议	Chen Jinmei1、Xue Ancheng1、Bi Tianshu1
14	Impact of transient response of instrument transformers on phasor measurements	会议	Bi Tianshu1、Liu Hao1、Zhou Xing1、Yang Qixun1
15	The implementation of wide-area protection and control experimental system	会议	Bi Tianshu1、Yu Hao1、Wu Jingtao2、Wang Shuyi3
16	The discussion on the key issues affecting the accuracy and the application of PMU technology	会议	Bi Tianshu1、Liu Hao1、Kezunovic Mladen2
17	PCA fault location based on wide area measurement systems	会议	Zhang Yagang1、Wang Zengping1、Zhang Jinfang1
18	A new tracking algorithm of substation configuration based on the general multiplication and general addition operations	会议	Zhang Jinfang1、Wang Zengping1、Zhang Yagang1、Ma Jing1
19	Posterior probability locates faults under the influence of new energy resources	会议	Zhang Yagang1、Wang Zengping1、Zhang Jinfang1
20	On-line parameter identification for excitation system based on PMU data	会议	Bi Tianshu1、Xue Ancheng1、Xu Guoyi1、Guo Xiaolong1、Ge Fei2、Wang Zhengfeng2
21	A novel adaptive partitioning method for wide area protection	会议	Li Zhenxing1、Yin Xiangen1、Zhang Zhe1、He Zhiqin1、Wang Hua1
22	A New Algorithm of Topology Analysis Based on PMU information	会议	Cheng qian、Zengping Wang、Jinfang Zhang
23	Principal components fault location based on WAMS/PMU measure system	会议	Wang Zengping1、Zhang Yagang1、Zhang Jinfang1
24	Application of 2nd order matrix perturbation to compute power system inter-area oscillation modes considering uncertainties	会议	Ma Jing、Wang Tong、Wang Zengping、Thorp James S.
25	Collocated control algorithm based wide-area damping system employing supplementary controllers	会议	Ma Jing1、Wang Tong1、Thorp James S. 2、Wang Zeng-Ping1
26	Research on loss-of-excitation protection of large generator directly connected to UHV grid	会议	Liu YaDong1、Wang ZengPing1、Su Yi2、Tu LiMing2
27	RTDS based maximal power point tracking simulation for doubly-fed induction generator	会议	Zhang Jiamin1、Xue Ancheng1、Bi Tianshu1
28	A generalized leakage inductance-based method for discrimination of internal faults from inrush currents	会议	Ma Jing1 2、Wang Tong3、Wu Jie4、Wang Zengping3
29	A robust control algorithm based on polytope uncertainty	会议	Ma Jing1、Guo Rui1、Wang Zengping1
30	Fault pattern recognition in power system engineering	会议	Yagang Zhang1、Yutao Liu1、Xiaozhe Wang1、Zengping Wang1

（续）

序号	成 果 名 称	类型	完 成 人
31	New type of wide area fault location algorithm based on posterior viewpoints	会议	Wang Zengping1、Zhang Yagang1、Zhang Jinfang1
32	Unified Model for Coordinated Control of Permanent Magnet Synchronous Wind Generator System	会议	Chen Jinmei、Xue Ancheng、Tian Chunguang、BI Tianshu、GAO Changzheng
33	Application of negative sequence voltage contribution factor to detect islanding	会议	Ma Jing1、Mi Chao1、Wang Zengping1
34	Study of the operation of parallel cables	会议	Kong XiangPing1 2、Cao Yang3、Zhang Zhe1 2、Yin XiangGen1 2、Deng Xing1 2、Wang YuXue1 2
35	Low frequency oscillation eigenvalue analysis of uncertain system based on perturbation method	会议	Ma Jing1、Peng Mingfa2、Wang Tong1
36	A methodology for vulnerability assessment of backup protection under cascading failures	会议	Yang W. H. 1、Bi T. S. 1、Huang S. F. 1、Xue A. C. 1、Yang Q. X. 1
37	A new method to improve the LVRT of DFIG based on the current compensation	会议	Chen Jinmei1、Xue Ancheng1、Tian Chunguang2、Bi Tianshu1、Gao Changzheng2
38	Governor-side damping controller for power systems based on PMU's data with time delay	会议	Xue Ancheng1、An Pinghua1、Bi Tianshu1
39	A novel algorithm of wide area backup protection based on fault component comparison	会议	He Zhiqin1、Zhang Zhe1、Yin Xianggen1、Wang Hua1
40	Adaptive loss of field protection based on phasor measurements	会议	Bi Tianshu1、Sui Jiayin1、Yu Hao1、Yang Qixun1
41	A new method for identifying the fault location on series compensated lines based on transient fault information	会议	Wang Yuxue1、Yin Xianggen1、Zhang Zhe1、Tang Jinrui1、He Zhiqin1
42	A probabilistic risk assessment method of transmission line distance protection	会议	Dai Zhihui1、Wang Zengping2、Jiao Yanjun1
43	Fault identification algorithm applied in regional backup protection based on fault condition set	会议	Jiang XianGuo1、Wang ZengPing1、Li Chen1
44	Relay protection for half wavelength AC transmission line	会议	Xiao ShiWu1、Cheng YanJie1、Wan WenHua2、Wang Ya3
45	Fault identification of transmission line using the union back-up information in regional-area	会议	Li Chen1、Wang ZengPing1、Jiang XianGuo1、Fan XueDi2
46	Bayesian fault detection based on WAMS/PMU measurement system	会议	Zhang Yagang1、Wang Zengping1、Zhang Jinfang1
47	Identifying inrush current using sinusoidal proximity factor	会议	Ma Jing1、Ye Donghua1、Wang Zengping1、Wu Jie2
48	Calculation & analysis of sequence impedance for parallel multi-circuit cable lines	会议	Wang Yuxue1、Kong Xiangping1、Deng Xing1、Zhang Zhe1、Yin Xianggen1
49	The PMU dynamic performance evaluation and the comparison of PMU standards	会议	Bi Tianshu1、Liu Hao1、Zhang Daonong1、Yang Qixun1
50	A novel method for determining minimum break point set based on network reduction and relays incidence matrix	会议	Ye Donghua1、Ma Jing1、Wang Zengping1
51	Design of global power systems stabilizer to damp interarea oscillations based on wide-area collocated control technique	会议	Ma Jing1 2、Wang Tong3、Wang Zengping3、Wu Jie4、Thorp James S. 2

（续）

序号	成 果 名 称	类型	完 成 人
52	Low frequency oscillation analysis of the topology variation network based on matrix perturbation	会议	Ma Jing1、Peng Mingfa1、Wang Tong1
53	Multi-agent based wide area backup protection for series compensated lines	会议	He Zhiqin1、Zhang Zhe1、Yin Xianggen1、Li Zhenxing1、Kong Xiangping1、Wang Yuxue1
54	Unified model for doubly-fed wind generator system and its application in controllers'; coordination	会议	Zhang Jiamin1、Xue Ancheng1、Bi Tianshu1
55	Integration of protection and control systems for smart substation	会议	Ma Jing1、Wang Tong1、Wu Jie2、Wang Zengping1
56	Fault location in distribution networks using Prony analysis	会议	Tang JinRui1 2、Yin XiangGen1 2、Zhang Zhe1 2、He ZhiQin1、Ye Lei1、Wang Yuxue1
57	Impact of composite dynamic load on the dynamic security region of power systems	会议	Xue Ancheng1、Cao Zhenbo1、Bi Tianshu1、Li Jin2
58	Analysis on Governor-side Supplemental Controller for Damping Inter-area Low Frequency Oscillation of Power Systems	会议	Pinghua AN、Ancheng Xue、Tianshu BI
59	A novel method of substation configuration based on the virtual impedance	会议	Zhang Jinfang1、Wang Zengping1、Zhang Yagang1、Ma Jing1
60	A new approach for finding connected routes of power network and its application	会议	Zhang Jinfang1、Wang Zengping1、Zhang Yagang1
61	An Adaptive LVRT Control for DFIG Wind Power System	会议	Zhang Jian、Xue Ancheng、Chen Jinmei、BI Tianshu、Ningbo Wang、Yanhong Ma
62	A novel method for multi-fault location utilizing fault fitting degree	会议	Ma Jing1、Xu Dong1、Wang Tong1
63	A New Method for Analyzing Oscillation Eigenvalues of Uncertain System Utilizing 2nd Order Perturbation	会议	Jing Ma、Mingfa Peng、Tong Wang
64	A mixed H2/h∞ based LMI algorithm for damping inter-area oscillations	会议	Ma Jing、Guo Rui、Wang Tong
65	Communication channel reconstruction technology of wide-area protection under extreme catastrophe	会议	Li Zhenxing1、Yin Xianggen1、Zhang Zhe1、He Zhiqin1
66	An adaptive protection scheme for distributed systems with distributed generation	会议	Ma Jing1 2、Mi Chao1、Wang Tong1、Wu Jie3、Wang Zengping1
67	Dominant mode identification for low frequency oscillations of power systems based on prony algorithm	会议	Ding Lan1、Xue Ancheng1、Han Fukun2、Li Jin1、Wang Maohai2、Bi Tianshu1、Wang Jinping3
68	On-line excitation systems' parameters identification based on input-output system and hybrid algorithm with PMU	会议	Xue Ancheng1、Cao Zhenbo1、Bi Tianshu1、Yang Dong2、Duan Gang2、Wu Jingtao2
69	On the Estimation to the Time-Varying Failure Characteristics of Protection Devices	会议	Ruichen Wang、Ancheng Xue、Xiaoguai Cao、Yuhang Luo、Shaofeng Huang
70	Transmission line parameters identification based on moving-window TLS and PMU data	会议	Ding Lan1、Bi TianShu1、Zhang DaoNong2
71	Multi-objective robust control considering uncertainties for damping oscillations	会议	Ma Jing1、Wang Tong1、Wang Zengping1、Thorp James S. 2
72	A phase selector for transmission line protective relaying using the multi-parameter comparison criterion	会议	Li Wei1、Bi Tianshu1、Xu Zhenyu1、Yang Qixun1

（续）

序号	成果名称	类型	完成人
73	Study on emergency control based on Regional frequency response model	会议	Zhang Zhichao1、Wang Zengping1、Chen Xin1
74	Impact of load characteristic on dynamic security region of power system	会议	Cao Zhenbo1、Xue Ancheng1、Li Jin1、Bi Tianshu1
75	Study on unbalance factor of sequence impedance for parallel multi-circuit cable lines	会议	Deng Xing1、Yin Xianggen1、Zhang Zhe1、He Zhiqin1、Li Zhenxing1
76	On impact of the different models of generation system to power system dynamic security region	会议	Li Jin1、Xue Ancheng1、Cao Zhenbo1、Bi Tianshu1
77	On-line Synchronous Generator's Parameters Identification with Dynamic PMU data	会议	Junli Zhang、Ancheng Xue、Tianshu BI、Zhengfeng Wang、Wei Tang
78	A new node contribution factors for the low frequency oscillations of power system based on the PMU's data and HHT	会议	Li Jin1、Xue Ancheng1、Wang Jinping3、Ding Lan1、Wang Maohai2、Bi Tianshu1、Han Fukun2
79	Researches on the time-varying failure rate characteristic for the HVDC protection devices in China Southern Power Grid	会议	Cao Xiaoguai1、Wang Ruichen2、Wang Bao2、Shao Zhen1、Luo Yuhang1、Xue Ancheng2、Bi Tianshu2、Huang Shaofeng2
80	Calculation of induced voltage in metal shield of single-core cable operated in parallel	会议	Kong Xiang-Ping1、Wang Yu-Xue1、Zhang Zhe1、Yin Xiang-Gen1、Deng Xing1
81	The perfect regulation based on robust control to damp inter-area oscillations	会议	Ma Jing1、Wang Yuhui1、Li Junchen1
82	Flow transferring identification algorithm with consideration of transient period	会议	Bi T. S. 1、Xu H. M. 1、Huang S. F. 1、Yang Q. X. 1
83	A multi-fault location algorithm based on wide area information in complex large power grid	会议	Ma Jing1、Xu Dong1、Wang Zhuo1
84	A novel method for discrimination of internal faults and inrush currents by using waveform singularity factor	会议	Ma Jing1、Wang Zengping1、Wu Jie2
85	An adaptive distance protection scheme for distribution system with distributed generation	会议	Ma Jing1、Li Jinlong2、Wang Zengping1
86	Novel optic high voltage transducer based on Gaussian quadrature method	会议	Xiao Shiwu1、Hu Xuefei1
87	Improvements for pilot protection in distribution grid with full converter wind turbines	会议	He Zhiqin1、Zhang Zhe1、Yin Xianggen1、Tang Jinrui1、Wang Yuxue1
88	A new substation configuration algorithm based on the graphic characteristic of the main electrical connection	会议	Zhang Jinfang1、Wang Zengping1、Zhang Yagang1
89	Relay replacement strategy based on the least unit life cycle cost with minimum maintenance model	会议	Wang RuiChen1、Xue AnCheng1、Bi TianShu1、Huang ShaoFeng1
90	Wide-area backup protection algorithm based on multisource information fusion	会议	He Zhiqin1、Zhang Zhe1、Yin Xianggen1、Li Zhenxing1、Deng Xing1
91	Fault detection based on discriminant analysis theory in electric power system	会议	Zhang Yagang1、Zhang Jinfang1、Ma Jing1、Wang Zengping1
92	基于改进 Hilbert 谱分析的 STATCOM 并补线路保护方法	期刊	刘青、王增平、张媛
93	GOOSE 方式变压器后备保护探讨	期刊	王来军、Yan Yang、文明浩、李丰、马云龙、鄢阳

（续）

序号	成果名称	类型	完成人
94	基于窗口滑动改进 Prony 算法的电力系统低频振荡识别	期刊	丁蓝、Wang Jinping、Han Fukun、Wang Maohai、薛安成、李津、王金萍、韩福坤、王茂海
95	含分布式电源的配电网自适应保护新方法	期刊	马静、王希、米超、王增平
96	基于稀疏 PMU 布点的广域保护全网时间同步方案	期刊	姜宪国、王增平、李琛
97	广域保护多 Agent 系统动态协作机制	期刊	李振兴、尹项根、张哲、邓星、刘颖彤
98	基于主接线图形特征的厂站内拓扑分析新方法	期刊	王增平、张晋芳、张亚刚
99	Recent Research Progress in Fault Analysis of Complex Electric Power Systems	期刊	Wang、Zengping、Zhang Yagang、Zhang Jinfang、Ma Jing
100	基于故障区域搜索的配电网故障定位算法	期刊	贾浩帅、郑涛、赵萍、郭昆亚、张晋芳
101	Faulty Feeder Detection and Fault Self-Extinguishing by Adaptive Petersen Coil Control	期刊	Lin Xiangning、Huang Jingguang、Ke Shuohao
102	A Fault Diagnosis Method of Power Systems Based on Improved Objective Function and Genetic Algorithm-Tabu Search	期刊	Lin Xiangning、Ke Shuohao、Li Zhengtian、Weng Hanli、Han Xionghui
103	基于负序电压分配因子的孤岛检测新原理	期刊	马静、米超、王增平、张亚刚、杨奇逊
104	First-Zone Distance Relaying Algorithm of Parallel Transmission Lines for Cross-Country Nonearthed Faults	期刊	Xu Z. Y.、Li W.、Bi T. S.、Xu G.、Yang Q. X.
105	通用行波测距修正方法	期刊	吴刚、林湘宁
106	A Novel Adaptive Distance Protection Scheme Based on Variable Data Window	期刊	Deng Xing、Yin Xianggen、Zhang Zhe、Wu Dali
107	基于故障电压分布的广域后备保护算法	期刊	汪华、He Zhiqin、Jiang Rongzhou、Chen Guoyan、张哲、尹项根、何志勤、江荣舟、陈国炎
108	基于相邻变电站信息融合的广域后备保护系统	期刊	田聪聪、文明浩、刘航、何志勤
109	基于同步测量信息的电网拓扑错误辨识方法	期刊	王增平、张晋芳、钱诚
110	PCA Fault Feature Extraction in Complex Electric Power Systems	期刊	Zhang Yagang、Wang Zengping、Zhang Jinfang、Ma Jing
111	基于故障模型的广域故障定位新方法	期刊	马静、Wang Zeng-ping、李金龙、李金辉、杨奇逊、王增平
112	基于图论的潮流转移路径的快速搜索	期刊	杨文辉、毕天姝、薛安成、黄少锋、杨奇逊
113	孤网运行与频率稳定研究综述	期刊	张健铭、毕天姝、刘辉、薛安成
114	一起特高压变压器的差动保护误动分析及防范措施	期刊	郑涛、张婕、高旭
115	分布式集中决策的区域智能保护系统结构与算法	期刊	汪旸、尹项根、张哲
116	基于故障电压比较的广域后备保护新算法	期刊	何志勤、张哲、尹项根、汪华
117	Research Progress in Nanocrystalline Solar Power System	期刊	Yagang Zhang、Zengping Wang
118	多核并行计算技术在电力系统短路计算中的应用	期刊	熊玮、夏文龙、余晓鸿、林湘宁
119	基于动态故障树与蒙特卡罗仿真的保护系统动态可靠性评估	期刊	戴志辉、王增平、焦彦军
120	基于贡献因子的广域信号优选方法	期刊	马静、Yang Qixun、王彤、王上行、王增平、杨奇逊
121	基于多信息融合的广域继电保护故障识别	期刊	李振兴、尹项根、张哲
122	交直流互联系统区间振荡广域阻尼控制系统设计	期刊	王彤、马静、杨奇逊
123	分区域广域继电保护的系统结构与故障识别	期刊	李振兴、尹项根、张哲、邓星、王育学
124	一种基于分布参数模型的线路相间距离保护方法	期刊	马静、曾惠敏、林富洪
125	基于前 K 最短路径的输电断面搜索新算法	期刊	王增平、李刚、任建文

（续）

序号	成 果 名 称	类型	完 成 人
126	Effective Overvoltage Source Identification Scheme for Machines Working in Parallel	期刊	Lin Xiangning、Zhao Feng、Gao Yan、He Yue、Weng Hanli、Bo Zhiqian
127	相间接地故障时常规选相元件动作行为分析及改进措施	期刊	李伟、毕天姝、徐振宇、杨奇逊
128	Fault discrimination using synchronized sequence measurements under strong white gaussian noise background	期刊	Zhang Yagang1、Wang Zengping1、Zhang Jinfang1
129	Communication modeling for wide-area relay protection based on IEC 61850	期刊	Chen Guoyan1、Yin Xianggen1、Zhang Kai1
130	适于不同运行模式的多逆变单元三环反馈控制策略研究	期刊	马静、米超、丁秀香、王增平
131	复杂和应涌流导致差动保护误动的原因与对策	期刊	金明亮、尹项根、游大海
132	基于模糊聚类理论的电网故障元件定位	期刊	徐岩、刘金生、张亚刚、王增平
133	Adaptive Damping Control of Inter-Area Oscillations Based on Federated Kalman Filter Using Wide Area Signals	期刊	Jing Ma、Tong Wang、Zengping Wang、James S. Thorp
134	Theoretical Fundamentals and Implementation of Novel Self-Adaptive Distance Protection Resistant to Power Swings	期刊	Lin Xiangning、Li Zhengtian、Ke Shuohao、Gao Yan
135	聚类算法在电网故障元件定位应用中的研究	期刊	徐岩、刘金生、张亚刚、王增平
136	基于同步相量测量 N 端输电线路故障测距新算法	期刊	王增平、林富洪
137	基于分布参数模型的输电线路相间距离保护	期刊	马静、林富洪、曾惠敏
138	Wide-area intelligent protection system based on genetic algorithm	期刊	Yang Wang1、Xiang-Gen Yin1、Zhe Zhang1
139	A selective single-phase-to-ground fault protection for neutral un-effectively grounded systems	期刊	Lin Xiangning、Ke Shuohao、Gao Yan、Wang Bing、Liu Pei
140	A statistical evaluation of power grid fault detection	期刊	Zhang Yagang1、Wang Zengping1、Zhang Jinfang1
141	广域后备保护智能跳闸策略研究	期刊	李丰、Wang Yi、王来军、文明浩、马云龙、汪溢
142	基于线路运行介数的过负荷脆弱性评估	期刊	马静、王希、王增平
143	Fault localization in electrical power systems: A pattern recognition approach	期刊	Zhang Ya Gang、Wang Zeng Ping、Zhang Jin Fang、Ma Jing
144	电力系统广域继电保护研究综述	期刊	何志勤、张哲、尹项根、陈卫
145	基于故障匹配度的广域后备保护新原理	期刊	马静、Wang Zengping、Yang Qixun、LI Jinhui
146	内桥接线方式下变压器差动保护误动原因及防范措施	期刊	黄少锋、谷君、郑涛、王增平
147	基于故障关联因子的新型广域后备保护	期刊	马静、李金龙、王增平、杨奇逊
148	适应网络变结构的最小断点集更新算法	期刊	马静、叶东华、王彤、李金晖、王增平、杨奇逊
149	直流保护装置时变失效特性分析	期刊	薛安成、王宝、王睿琛、曹小拐、毕天姝、黄少锋
150	基于多元统计分析方法的电网故障区域界定方法研究	期刊	徐岩、吴丹、张亚刚
151	Architecture and fault identification of wide-area protection system	期刊	Li Zhenxing1、Yin Xianggen1、Zhang Zhe1、Wang Yuxue1
152	Instantaneous Value and Equal Transfer Processes-Based Current Differential Protection for Long Transmission Lines	期刊	Wen Minghao、Chen Deshu、Yin Xianggen
153	An Effective Fault Identification Technique for Electrical Engineering	期刊	Zhang Yagang、Wang Zengping、Zhao Shuqiang
154	圆网格式保护区域交叠全覆盖分区新方法	期刊	马静、王希、王增平、Ma Jing、Wang Xi、Wang Zengping（State Key Laboratory）
155	利用匹配思想的 T 型线路准确故障定位新算法	期刊	王增平、林富洪、曾惠敏

（续）

序号	成 果 名 称	类型	完 成 人
156	实现有限选择性的低压微网区域保护	期刊	林湘宁、袁硕、翁汉琍、李正天、郑荣进
157	基于测距函数相位特性的T型高压线路故障定位原理	期刊	林富洪、王增平、曾惠敏
158	基于双曲正切函数相位特性的高压长线路故障测距新算法	期刊	林富洪、王增平
159	基于参数识别原理的串补线路距离保护	期刊	王育学、尹项根、张哲、李振兴、何志勤、孔祥平
160	基于开关路径函数集的新型厂站内网络拓扑方法	期刊	王增平、张晋芳、张亚刚
161	电力互感器对同步相量测量的影响	期刊	刘灏、毕天姝、周星、薛安成、杨奇逊
162	基于功率原理的新型发电机不对称故障保护	期刊	金明亮、尹项根、游大海
163	超高压线路等传变快速距离保护	期刊	文明浩、陈德树、尹项根
164	Fault detection under strong white Gaussian noise background in power systems	期刊	Zhang Yagang1、Wang Zengping1、Zhang Jinfang1
165	潮流转移区域后备保护动作特性自适应调整策略	期刊	杨文辉、毕天姝、薛安成、黄少锋、杨奇逊
166	基于单端单回线电气量的同杆双回线单相接地距离保护研究	期刊	毕天姝、李伟、徐振宇、杨奇逊
167	Identifying Transformer Inrush Current Based on Normalized Grille Curve	期刊	Ma Jing、Wang Zengping、Yang Qixun、Liu Yilu
168	继电保护装置恒定失效率估算方法	期刊	薛安成、王睿琛、刘蔚、庄博、王宁、黄少锋
169	基于多Agent的广域保护系统体系研究	期刊	李振兴、尹项根、张哲、王育学
170	基于背离路径的输电断面搜索新算法	期刊	任建文、李刚、王增平、甄旭锋
171	Principles and Implementations of Hierarchical Region Defensive Systems of Power Grid	期刊	Lin Xiangning、Li Zhengtian、Wu Kecheng、Weng Hanli
172	Robust Wide Area Measurement System-Based Control of Inter-area Oscillations	期刊	Ma Jing、Garlapati Shravan、Thorp James S.
173	Fault detection based on discriminant analysis theory in power systems	期刊	Zhang Yagang1、Wang Zengping1、Zhang Jinfang1、Ma Jing1
174	基于信号复杂度的串补线路单端暂态保护	期刊	刘青、王增平、郑振华、常彦彦
175	Wide-Area Backup Protection Algorithm Based on Fault Component Voltage Distribution	期刊	He Zhiqin、Zhang Zhe、Chen Wei、Malik Om P.、Yin Xianggen
176	不受潮流转移影响的距离后备保护动作特性自适应调节研究	期刊	林湘宁、夏文龙、熊玮、李正天、刘小春、刘健哲
177	采用加强制动的新型发电机差动保护	期刊	金明亮、You Dahai、尹项根、胡婷、邵德军、游大海
178	不受汲出电流影响的方向式四分段双母线保护	期刊	姜宪国、王增平、李琛
179	基于电网生存性评估的关键线路识别方法	期刊	杨文辉、毕天姝、黄少锋、薛安成、杨奇逊
180	基于IEC 61850的广域继电保护通信建模	期刊	陈国炎、张哲、尹项根
181	An agent concept for high fault tolerance wide area protection	期刊	Wang Yangguang1、Yin Xianggen2、You Dahai2
182	广域继电保护分层系统结构的网络拓扑设计	期刊	陈国炎、张哲、尹项根
183	继电保护装置时变失效率估算及其区域性差异分析	期刊	王睿琛、薛安成、毕天姝、黄少锋
184	基于多面体不确定性和降低保守性的鲁棒H2/H∞控制策略	期刊	马静、郭锐、王彤、贾京华、王铁强
185	具有高信息冗余的广域后备保护系统	期刊	田聪聪、文明浩
186	基于广域测量系统的改进电网拓扑结构识别	期刊	徐岩、宋艳争、张亚刚、王增平、张晋芳
187	基于谐波畸变率正反馈的孤岛检测新方法	期刊	马静、米超、王增平
188	基于PSASP短路计算的区域电网等值方法	期刊	文明浩、杨帆
189	BDA Fault Detection in Complex Electric Power Systems	期刊	Zhang Yagang、Wang Zengping、Zhao Shuqiang

（续）

序号	成 果 名 称	类型	完 成 人
190	Statistical Description and Forecasting Analysis of Life System	期刊	Zhang Ya-Gang、Zhang Jin-Fang、Ma Qian、Ma Jing
191	Dynamical randomicity and predictive analysis in cubic chaotic system	期刊	Zhang Yagang、Xu Yan、Wang Zengping
192	WAMS Based Damping Control of Inter-area Oscillations Employing Energy Storage System	期刊	Ma Jing、Wang Tong、Thorp James S.、Wang Zengping、Yang Qixun、Phadke A. G.
193	First-Zone Distance Relaying Algorithm of Parallel Transmission Lines for Cross-Country Grounded Faults	期刊	Bi Tianshu、Li Wei、Xu Zhenyu、Yang Qixun
194	微网分布式电源非线性功率控制策略	期刊	何越、李正天、林湘宁
195	A Novel Fault Identification Using WAMS/PMU	期刊	Zhang Yagang、Wang Zengping、Zhang Jinfang
196	FAULT IDENTIFICATION BASED ON NLPCA IN COMPLEX ELECTRICAL ENGINEERING	期刊	Zhang Yagang、Wang Zengping、Zhang Jinfang
197	双重化继电保护系统确定最佳检修周期新方法	期刊	郑涛、王方、金乃正
198	有限广域继电保护系统的分区原则与实现方法	期刊	李振兴、尹项根、张哲、何志勤
199	基于虚拟阻抗的厂站内拓扑分析新方法	期刊	张晋芳、王增平、张亚刚、马静
200	基于综合阻抗比较原理的广域继电保护算法	期刊	李振兴、尹项根、张哲、何志勤
201	基于故障相并联补偿电流变化特征的单相自适应重合闸	期刊	郑涛、刘敏、董淑惠
202	Powerformer 电压控制改善系统的角度稳定性	期刊	高艳、林湘宁、刘沛
203	基于双曲正弦函数相位特性高压故障线路相位测距法	期刊	林富洪、王增平、李金龙、曾惠敏
204	Application of Wide-area Collocated Control Technique for Damping Inter-area Oscillations Using Flexible AC Transmission Systems Devices	期刊	Ma Jing、Wang Tong、Thorp James S.、Phadke A. G.、Wang Zengping
205	A New Algorithm to Avoid Maloperation of Transformer Differential Protection in Substations With an Inner Bridge Connection	期刊	Zheng T.、Gu J.、Huang S. F.、Guo F.、Terzija V.
206	Bayes-Based Fault Discrimination in Wide Area Backup Protection	期刊	Wang Zengping、Zhang Jinfang、Zhang Yagang
207	采用同向正序基频分量的双回线故障测距原理	期刊	林富洪、王增平
208	阶段式保护原理性失效风险的概率评估方法	期刊	戴志辉、王增平、焦彦军、曹树江
209	基于单位生命周期费用最小的继电保护装置更换策略	期刊	薛安成、王睿琛
210	基于图论分区与改进 BFS 算法搜索安全约束集的防联锁过载控制策略	期刊	李刚、王增平、任建文、闫利伟
211	变压器空载合闸漏感参数识别方法	期刊	马静、吴劼、马磊、王希、王增平
212	Universal Wavefront Positioning Correction Method on Traveling-Wave-Based Fault-Location Algorithms	期刊	Lin Xiangning、Zhao Feng、Wu Gang、Li Zhengtian、Weng Hanli
213	含分布式电源的配电网大面积断电供电恢复策略	期刊	王增平、张丽、徐玉琴、李雪冬
214	广域继电保护及其故障元件判别问题的探讨	期刊	尹项根、李振兴、刘颖彤、刘宝
215	Universal Characteristics of Faults in Complex Power System	期刊	Zhang Yagang、Wang Zengping、Zhang Jinfang
216	A fault steady state component-based wide area backup protection algorithm	期刊	Ma Jing1 2、Li Jinlong1、Thorp James S. 2、Arana Andrew J. 2、Yang Qixun1、Phadke A. G. 2
217	基于判别分析方法的电网故障元件定位方法	期刊	徐岩、吴丹、张亚刚
218	一种直接消除变压器合闸励磁涌流的方法	期刊	何越、林湘宁、黄景光
219	包含同步发电机及电压源逆变器接口的微网控制策略	期刊	张丽、徐玉琴、王增平、李雪冬、李鹏
220	Phase current differential protection for transformers in wye-delta mode	期刊	Wang Yuxue1、Yin Xianggen1、Zhang Zhe1、Li Zhenxing1

（续）

序号	成果名称	类型	完成人
221	抽水蓄能同步电机低功率保护判据和整定方案	期刊	金明亮、尹项根、游大海
222	基于同步相量测量的厂站内网络拓扑分析新方法	期刊	钱诚、王增平、张晋芳
223	基于回路平衡方程和励磁电感的特高压变压器保护	期刊	邓祥力、王传启、张哲
224	Efforts on Improving the Performance of Superimposed-Based Distance Protection	期刊	Li Zhengtian、Lin Xiangning、Weng Hanli
225	广域继电保护故障区域的自适应识别方法	期刊	李振兴、尹项根、张哲、王育学、唐金锐
226	Electric power system fault detection based on posterior probability	期刊	Zhang Yagang1、Wang Zengping1、Zhang Jinfang1
227	电力系统多区域复杂环网的最小断点集计算	期刊	马静、叶东华、王彤、王增平、陈晓芳
228	基于摄动矩阵和凸多胞体的不确定性鲁棒 H2/H∞ 控制方法	期刊	马静、王彤、杨奇逊
229	基于广域信息多端高压输电区域后备保护	期刊	马静、曾惠敏、林小华
230	A novel adaptive current protection scheme for distribution systems with distributed generation	期刊	Ma Jing、Wang Xi、Zhang Yagang、Yang Qixun、Phadke A. G.
231	快速适应电网结构变化的广域后备保护新方法	期刊	马静、李金晖、李金龙、王增平、杨奇逊
232	平行多回电缆序阻抗参数的计算与分析	期刊	王育学、张哲、尹项根、孔祥平、邓星、蒙绍新、赵健康
233	A Two Terminal Network-Based Method for Discrimination Between Internal Faults and Inrush Currents	期刊	Ma Jing、Wang Zengping、Yang Qixun、Liu Yilu
234	一种基于电流突变量的故障选相新方法	期刊	马静、王希、王增平
235	基于遗传信息融合技术的广域继电保护	期刊	汪旸、尹项根、张哲、刘建、何志勤
236	基于区间模型和二阶摄动理论的低频振荡模态分析方法	期刊	马静、王彤、彭明法、贾京华、王铁强、王增平、杨奇逊

静止中频电源组网技术研究

1. 基本信息

项 目 名 称： 静止中频电源组网技术研究
项 目 类 别： 专项基金项目
项目负责人： 聂子玲
负责人职称： 教授
依 托 单 位： 中国人民解放军海军工程大学
研 究 期 限： 2012-01-01 到 2012-12-31
主 题 词： 静止式中频电源；组网；双闭环多重 PR 控制器；带预同步的复合主从控制；模式切换

2. 项目摘要

本项目拟对大容量静止式中频电源组网运行的若干关键技术进行深入系统的研究。精确建立静止式中频电源的数学模型，并在此基础上分别提出针对电源独立运行、组网运行时的控制器设计方法，分析控制器参数的差异，最终得到参数的最佳组合；提出一套适用于中频组网的并联均流控制策略，对拟采取的控制策略：改进的锁相环主从控制、无线并联综合控制及高速光纤环网控制进行对比分析，并给出具体的硬、软件实现方法；分析组网连接电感对直流侧的影响，得到组网连接电感选取应遵循的规则，为组网子系统的安全提供保证；深入分析静止式中频电源组网方式，并对中频电网进行建模，模拟各种工况下中频电网的运行，计算电网潮流分布，得到中频电源组网的运行特性；研究不同程度的非线性负载对电源系统性能的影响，为制定合理的补偿界限和优化控制方法奠定基础。

3. 结题摘要

静止式中频电源组网系统具有很多优势，同时还有很多问题有待深入的研究和解决。本项目以大容量静止式中频电源组网系统为研究对象，主要研究内容和取的成果如下：①针对静止式中频电源基波频率较高，传统的控制方法谐波抑制较难且难以实现无静差输出等问题，建立了静止式中频电源数学模型，详细分析了比例谐振控制策略的原理、特性以及设计方法，提出了一种适用于静止式中频电源组网运行的双闭环多重 PR 控制器，即负载电流内环和负载电压外环均采用多重 PR 控制；②将新型锁相环技术、同步控制技术及自动主从分配技术相结合，提出一种静止式中频电源组网控制策略即带预同步的复合主从控制策略，实现电源组网运行子系统的无缝切换，研究了采用 CAN 通信及高速光纤环网的组网策略；③对静止式中频电源组网系统模式切换的暂态过程进行了分析，提出正确的模式切换开关顺序，分析了组网连接电抗大小和直流电压利用率对直流支撑电容电压的影响，并建立了仿真模型，对理论分析进行了验证，在此基础上提出了确保直流支撑电容性方法。在国内外重要期刊和学术会议上发表论文6篇，被EI收录5篇；申请1项专利；培养1名博士生和3名硕士生。

4. 项目成果

序号	成果名称	类型	完成人
1	Analysis of Over-voltage of DC-Link Capacitor of Solid State Power Supply in Parallel Operation	会议	聂子玲
2	Dual-loop PR control for collapsed H-bridge single-phase 400Hz power supply	会议	Zhu Junjie1、Nie Ziling1、Ma Weiming1、Nie Shixiong1
3	Comparison between DB control and dual-loop PR control for collapsed H-bridge single-phase 400Hz power supply	会议	Zhu Junjie1、Nie Ziling1、Ma Weiming1、Nie Shixiong1
4	一种用于静止式中频电源的比例谐振控制策略	期刊	朱俊杰、马伟明、聂子玲
5	静止式中频电源谐波分析及抑制方法	期刊	朱俊杰、马伟明、聂子玲、聂世雄
6	盲信号分离在静止式中频电源故障分析中的应用	期刊	聂子玲

微电网系统若干应用基础理论研究

1. 基本信息

项 目 名 称： 微电网系统若干应用基础理论研究
项 目 类 别： 专项基金项目
项目负责人： 曾嵘
负责人职称： 教授
依 托 单 位： 清华大学
研 究 期 限： 2009-01-01 到 2012-12-31
主 题 词： 微电网；控制与保护；储能系统；电能质量；谐波

2. 项目摘要

现代社会对供电的可靠性、经济性以及环境保护的要求越来越高。含有分布式发电单元、储能单元和负载的独立或并网运行的微电网，成为解决供电安全可靠性、节能降耗、利用和发展新能源的一种有效方案。本课题针对我国微电网应用的几个基础科学理论问题开展研究：①微电网的系统模型及运行机理，探讨各种形式的微电网结构、运行模式，基于仿真平台开展研究；②微电网在线调度与安全风险评估，主要针对电源出力的随机性、实时信息的不完备和电网的三相不平衡开展研究；③微电网的控制与保护，主要研究考虑全网络特性的分散灵活控制策略以及自适应保护理论与方法；④微电网中储能装置特性及其对提高可调度性的关键作用；⑤提高微电网灵活运行能力的电能质量控制及电磁暂态防护技术。本课题希望通过以上若干理论问题的研究，为我国分布式发电与微电网的应用打下坚实的基础。

3. 结题摘要

含有分布式发电单元、储能单元和负载的独立或并网运行的微电网，是解决供电安全可靠性、节能降耗、利用和发展新能源的一种有效方案。本课题针对我国微型电网应用的几个基础科学理论问题开展了研究，较圆满地完成了计划研究的内容，为我国分布式发电与微电网的应用打下一定理论基础。①建立了微电网的系统模型，实现了仿真平台，探讨了各种形式的微电网结构、运行模式及其运行机理；②研究了微型电网在线调度与安全风险评估，提出考虑多重不确定性的微电网在线安全风险评估理论，提出了相应的预警指标；③研究了微电网的控制与保护，提出了微电网的分散灵活控制器设计方法以及能够自动识别系统运行模式的自适应保护方法；④研究了微电网中储能装置特性及其对提高可调度性的关键作用，形成了微电网系统与储能装置的数学分析方法，提出了储能装置与微电网的接口与控制策略，实现同时具有发电和储能功能的集成化微电源—储能装置原型；⑤提出了提高微电网灵活运行能力的电能质量控制及电磁暂态防护技术。

4. 项目成果

序号	成果名称	类型	完成人
1	Study on Impact of Grid Connection of Distributed Photovoltaic System on Distribution Network Peak-valley Difference Considering Photovoltaic Volatility	会议	Jinxia Li、Jinghong Zheng、Shouzhen Zhu、Xiaoyu Wa
2	High-Speed Bus Tranfer for Distribution Networks with DG Connecteed	会议	王敏、程林、孙元章
3	Temporal Abuductive Reasoning based Intelligent Alarm method for Power System	会议	Kang Taifeng、Wu Wenchuan、Zhang Boming
4	Characteristics and Modeling of Motor Load on Partial Motor Stalled Conditions	会议	Zheng Jinghong、Wang Xiaoyu、Zhu Shouzhen、Xu Wilsun

（续）

序号	成果名称	类型	完成人
5	三相不控整流发电机功率分配控制策略设计	会议	郭文涛、张雪敏、梅生伟、秦博宇
6	Energy management in grid connected PV systems with supercapacitor energy storage	会议	Kang Qing1、Xiao Xi1、Yi Hu1、Nie Zanxiang1
7	Analysis and comparison on the control strategies of multiple voltage source converters in autonomous microgrid	会议	Wang Yang1、Lu Zongxiang1、Min Yong1
8	Study on transferred lightning overvoltage in microgrid	会议	Yu Hongqiao1、Chen Shuiming1、Yang Pengcheng1
9	Study on lightning protection of cables and transformer in microgrid	会议	Yu Hong-Qiao1、Chen Shui-Ming1、Yang Peng-Cheng1
10	Optimization of electric vehicle charging capacity in a parking lot for reducing peak and filling valley in power grid	会议	Dai MengTing1 2、Zheng JingHong1、Zhang Man1 2、Wang WenZhuo1
11	Study on microgrid operation modes switching based on eigenvalue analysis	会议	Zheng Jing Hong1、Wang YanTing2、Wang ZhongJun2、Zhu Shouzhen1、Wang Xiaoyu1、Shen Xinwei1
12	A Distribution Management System Based on Loop Analysis Method	会议	Wu Wenchuan、Zhang Boming、Ju Yuntao、Sun Hongbin
13	Verification of the Equivalent Model of the Inverter in Microgrid	会议	Shi S. S.、Lu Z. X.、Min Y.
14	A Two-level Energy Storage System for Wind Energy Systems	会议	Xi Xiaoa、Hu Yib、Qing Kang、Nie Jinfeng
15	Investigation of the impact of positive feedback anti-islanding controls on dynamics of motor load	会议	Wang Xiaoyu1、Zheng Jinghong1、Zhu Shouzhen1、Xu Wilsun2
16	基于降阶模型的多电源微电网小干扰分析	会议	王阳、鲁宗相、闵勇、时珊珊
17	The experience and revelation from renewable portfolio standard in Texas for China	会议	Yang Jun1、Zheng Jinghong2、Wei Ling2、Zhu Shouzhen2
18	Research of Energy Storage System for Power Control in Wind Farm	会议	Xi Xiao、Hu Yi、Qing Kang
19	Research on the topological characteristics of power grids with distributed generation	会议	Mao Yanbin、Liu Feng、Mei Shengwei
20	Optimizing the distribution of inner electrodes for large energy storage multi-layer capacitors	会议	Xiao Xi1、Nie Jinfeng1、Nie Zanxiang1、Lin Yuanhua2、Deng Wei3
21	A Universal Two-Level Changeover Circuit of Super-Capacitor Bank for Energy Storage Systems	会议	Xi Xiao、Jin Feng Nie、Zanxiang Nie
22	Modelling and Application of Secondary Circuit Signals for Power grid Intelligent Alarm	会议	Kang Taifeng、Wu Wenchuan、Sun Hongbin、Zhang Bomi
23	Innovation for wind power: Adding smart processors between prediction systems and dispatch systems	会议	Zhang Zhao Sui1 2、Sun Yuan Zhang1、Lin Jin1、Modi Vijay2、Cheng Lin1、Chen Gang1
24	Reliability Cost/Worth Evaluation of Industrial Power System	会议	Huishi Liang、Lin Cheng、Yuanzhang Sun
25	A hybrid fault event detection algorithm using fault recorder data	会议	Kang Taifeng、Wu Wenchuan、Sun Hongbin、Zhang Bomi
26	A Modified Minimal Cut Set Algorithm of Distribution System Reliability with Distributed Generator	会议	Congqi Ye、Lin Cheng、Xiaohui Ye
27	Study on Composite Load Modelling for Partial Motors Collapsing	会议	Zheng Jinghong、Zhu Shouzhen、Wang Xiaoyu、LI Yang
28	Comparison of the Voltage and Frequency Control Schemes for Voltage Source Converter in Autonomous Microgrid	会议	Wang Yang、Lu Zongxiang、Min Yong、Shi Shanshan
29	Frequency-security based operations in an industry power grid: Technical issues considering wind power integration	会议	Yuan Zhang Sun1、Jin Lin2、Zhao Sui Zhang2

（续）

序号	成 果 名 称	类型	完 成 人
30	Three-phase DFIG steady model and fast three-phase load flow algorithm for distribution power systems	会议	Ju Yuntao1、Wu Wenchuan1、Zhang Boming1、Sun Hongbin1
31	Investigation of Switching Transients between Operation Modes for Inverter-Based Mcrogrid	会议	Wang Yanting、Zheng Jinghong、Wang Xiaoyu、Zhu Shouzhen、Zhu Hongbo
32	A Novel Control Strategy for DFIG based on Magnitude and Frequency of Rotor Voltage for Wind Power Generation	会议	Wang Zhong、Sun Yuanzhang、Li Guojie、Li Xiong
33	Modeling and Simulation of theMicrogrid Prototype in China	会议	Shi S. S. 、Lu Z. X. 、Min y. 、Qiao Y
34	Direct drive wave energy converters integrated with a composite energy storage system	会议	Nie Zanxiang1、Xiao Xi1、Yi Hu1、Kang Qing1
35	A novel frequency control strategy of micro-source based in the secondary frequency regulation of power system	会议	Zhao Hong、Zhu Guiping
36	A review on overvoltages in microgrid	会议	Chen Shuiming1、Yu Hongqiao1
37	并网风电对赤峰电网的输电通道与潮流影响的研究	会议	李国杰、王建东、刘海燕、许大鹏
38	Voltage ripple across the capacitor in DC side of shunt APF	会议	Zhu Guiping、Yan Zhaoyang
39	双馈风电机组的小信号分析及其控制系统的参数优化	期刊	林今、李国杰、孙元章、黎雄
40	谐波对低压微电网运行的影响	期刊	姚勇、朱桂萍、刘秀成
41	微电网电源的虚拟惯性频率控制策略	期刊	杜威、姜齐荣、陈蛟瑞
42	低压电涌保护器的有效保护距离实验研究	期刊	颜彪、陈水明、王顺超
43	氧化锡压敏电阻特性分析	期刊	魏乔苑、何金良、胡军
44	无差调频过程中微电源功率分配策略设计	期刊	时珊珊、鲁宗相、闵勇、王阳
45	微网的成本效益分析	期刊	梁惠施、程林、苏剑
46	微电源特性分析及其对微电网负荷电压的影响	期刊	时珊珊、鲁宗相、闵勇、王阳
47	基于时间溯因推理的电网诊断报警方法	期刊	康泰峰、吴文传、张伯明、李鹏、张文峰
48	微电网中微电源接口仿真模型的研究与比较	期刊	王阳、鲁宗相、闵勇
49	基于元件组的复杂配电网可靠性评估	期刊	陈璨、吴文传、张伯明、秦建光
50	SMES-Battery Energy Storage System for Conditioning Outputs from Direct Drive Linear Wave Energy Converters	期刊	Zanxiang Nie、Xi Xiao、Qing Kang
51	考虑传输容量约束的配电网可靠性快速评估	期刊	吴素农、吴文传、张伯明
52	Method for assessing grid frequency deviation due to wind power fluctuation based on time-frequency transformation	期刊	Lin Jin1、Sun Yuan Zhang2 3、Poul Srensen4、Li Guo Jie5、Gao Weng Zhong6
53	基于频域的风电场功率波动仿真（一）模型及分析技术	期刊	林今、孙元章、李国杰、程林、黎雄
54	A distribution system state estimator accommodating large number of ampere measurements	期刊	Wu Wenchuan、Ju Yuntao、Zhang Boming、Sun Hongbin
55	基于超级电容储能的直驱海浪发电功率平抑控制研究	期刊	康庆、肖曦、聂赞相
56	非线性系统的多项式近似表示及电力系统应用（Ⅱ）——应用篇	期刊	孙玉娇、刘锋、梅生伟
57	海上风电场内部电气系统合闸过电压仿真分析	期刊	王建东、李国杰、秦欢
58	采用变速恒频机组的风电场并网问题研究综述（英文）	期刊	孙元章、林今、李国杰、黎雄
59	海上风电场内部电气系统布局经济性对比	期刊	王建东、李国杰
60	有源配电网公共信息模型扩展及其标准算例系统设计	期刊	吴文传、刘鹏飞、张屹、张伯明、刘耀年
61	Capacitors dispatch for quasi minimum energy loss in distribution systems using a loop-analysis based method	期刊	Wu W. C. 、Zhang B. M. 、Lo K. L.

（续）

序号	成 果 名 称	类型	完 成 人
62	Effect of Erroneous Position Measurements in Vector-Controlled Doubly Fed Induction Generator	期刊	Wang Zhong、Li Guo-Jie、Sun Yuanzhang、Ooi Boon Teck
63	暂态稳定分析中负荷模型主导参数研究	期刊	郑竞宏、李康、朱守真
64	非线性系统的多项式近似表示及电力系统应用（Ⅰ）——理论篇	期刊	孙玉娇、刘锋、梅生伟
65	基于蒙特卡罗模拟的含微网配电网可靠性评估	期刊	梁惠施、程林、刘思革
66	钒液流储能电池建模及其平抑风电波动研究	期刊	李国杰、唐志伟、聂宏展、谭靖
67	微电网中微电源接口仿真模型的研究与比较	期刊	王阳、鲁宗相、闵勇
68	电池储能系统在改善微电网电能质量中的应用	期刊	姚勇、朱桂萍、刘秀成
69	计及风电功率不确定性的经济调度问题求解方法	期刊	张昭遂、孙元章、李国杰、程林、林今
70	多端电压源型直流输电系统的控制策略	期刊	阮思烨、李国杰、孙元章
71	微电网孤网运行时的频率特性分析	期刊	时珊珊、鲁宗相、闵勇、王阳
72	输电网-配电网-微电网三级电网规划的若干基础问题	期刊	梅生伟、王莹莹
73	基于多场景技术的有源配电网可靠性评估	期刊	陈璨、吴文传、张伯明、秦建光、郭子健
74	基于降阶模型的多电源微电网小干扰分析	期刊	王阳、鲁宗相、闵勇、时珊珊
75	Autonomous AC Grid Based on Multi-infeed Voltage Source Converter Stations	期刊	Li Guo Jie、Ruan Si Ye、Ooi Boon Teck、Sun Yuan Zhang、Choi S. S.
76	支持大规模电流量测的配电网抗差状态估计方法	期刊	巨云涛、吴文传、张伯明
77	Dependence of residual voltage ratio behavior of SnO2-based varistors on Nb2O5 addition	期刊	Wei QiaoYuan、He JinLiang、Hu Jun
78	微电网平滑切换控制方法及策略	期刊	郑竞宏、王燕廷、李兴旺、王忠军、王小宇、朱守真
79	Magnitude and frequency control of grid-connected doubly fed induction generator based on synchronised model for wind power generation	期刊	Wang Z.、Sun Y.、Li G.、Ooi B. T.
80	中国微电网的特点和发展方向	期刊	时珊珊、鲁宗相、周双喜、闵勇
81	基于多源信息的配电网电流匹配状态估计	期刊	巨云涛、吴文传、程学启、张伯明、孙宏斌
82	可靠性与经济性相协调的配电网规划方法	期刊	程林、焦岗、田浩
83	船舶电力系统重构的博弈算法	期刊	王冠群、张雪敏、刘锋、梅生伟
84	输入状态稳定理论及其独立电力系统应用	期刊	张雪敏、陈来军、梅生伟
85	采用变速恒频机组的风电场有功功率波动对系统节点频率影响的动态评估模型	期刊	林今、孙元章、李国杰、黎雄
86	A SMES design for a hybrid energy storage system used for a wave energy converter	期刊	Huiming Zhang、Zanxiang Nie、Xi Xiao
87	Emulation and Control Methods for Direct Drive Linear Wave Energy Converters	期刊	Zanxiang Nie、Xi Xiao、Richard MacMahon
88	基于频域的风电场功率波动仿真（二）变换算法及简化技术	期刊	林今、孙元章、李国杰、程林、黎雄
89	考虑电缆故障时海上风电场电气系统开关配置方案的经济性比较与分析	期刊	王建东、李国杰
90	Model parameters identification method for wind farms based on wide-area trajectory sensitivities	期刊	Lin Jin1、Cheng Lin1
91	Assessment of the power reduction of wind farms under extreme wind condition by a high resolution simulation model	期刊	Lin Jin、Sun Yuan-zhang、Cheng Lin、Gao Wen-zhong

本安防爆开关 DC-DC 变换器的非爆炸本质安全判据及优化设计理论

1. 基本信息

项目名称：本安防爆开关 DC-DC 变换器的非爆炸本质安全判据及优化设计理论
项目类别：面上项目
项目负责人：刘树林
负责人职称：教授
依托单位：西安科技大学
研究期限：2010-01-01 到 2012-12-31
主题词：本质安全；DC-DC 变换器；本质安全判据；爆炸性试验；优化设计

2. 项目摘要

现有非爆炸性本质安全判据不适用于非线性的开关 DC-DC 变换器，也不能指导本质安全 DC-DC 变换器的设计和制造，从而制约了本质安全开关电源在危险性环境的应用。为此，本课题通过对开关 DC-DC 变换器进行爆炸性试验，研究其电感分断及输出短路放电的电流-电压特性；建立其电感分断及输出短路放电特性的数学模型，推导出最大电感分断及输出短路放电能量；探索将其电感分断和输出短路放电特性等效为简单线性电路的方法；得出 DC-DC 变换器的非爆炸性本质安全判据；研究满足本质安全和电气性能指标要求的本质安全 DC-DC 变换器的元器件参数设计区域；得出本质安全 DC-DC 变换器的最低工作频率及使其本安输出功率最大的优化设计理论。研制本质安全 DC-DC 变换器样机，应用安全火花试验装置对其进行爆炸性试验，验证所提出的非爆炸性本质安全判据和设计理论，为在爆炸性环境下推广应用效率高、体积小、重量轻的本质安全开关电源奠定理论基础。

3. 结题摘要

应用于爆炸性环境的直流电源必须满足防爆的要求，本质安全是最佳的防爆形式，本安防爆开关电源必将获得广泛应用。DC-DC 变换器是组成开关电源的核心基础，因此，对本安防爆 DC-DC 变换器的非爆炸性本质安全判据及其优化设计方法进行研究具有重要理论研究意义和工程应用价值。现有非爆炸本安性能评价方法仅适用于简单电感和电容电路；应用基于安全火花试验装置的开闭爆炸性试验，仍然是判断开关电源能否满足本安要求唯一方法；既满足电气性能指标要求，又满足本质安全要求的本安防爆开关 DC-DC 变换器的设计方法鲜有报道。为得出本安防爆开关 DC-DC 变换器的非爆炸性本质安全判据及其优化设计方法，本课题通过对开关 DC-DC 变换器进行爆炸性试验，研究其电感分断及输出短路放电的电流-电压特性；建立其电感分断及输出短路放电特性的数学模型，推导出最大电感分断及输出短路火花放电能量；根据能量等效原理，将基于安全火花实验装置的电感分断和输出短路火花放电特性等效为简单电感电路及电容电路；依据电感及电容电路的临界点燃曲线，得出了 DC-DC 变换器的非爆炸本质安全判据；依据得出的本质安全判据及对变换器电气性能指标与元器件参数之间关系的分析，得出了同时满足本质安全和电气性能指标要求的本安防爆 DC-DC 变换器的电感、电容参数设计区域；通过调节变换器工作频率，改变电感、电容参数设计区域范围，从而得出本质安全 DC-DC 变换器的最低工作频率；通过采用较高的工作频率，扩展电感、电容参数的选择范围，从而尽可能提高 DC-DC 变换器的本安输出功率。研制本质安全 DC-DC 变换器样机，应用安全火花试验装置对其进行爆炸性试验，验证所提出的非爆炸性本质安全判据和设计理论的正确性与可行性。所提出的非爆炸性本质安全判据，可指导本安防爆 DC-DC 变换器及开关电源设计、制造和生产，缩短开发周期，减少开发成本；所提出的设计方法，可简化设计流程，在给定的频率下，选用最大的电感及电容，从而可得到尽可能大的本安输出功率。本课题研究所取得的成果，可促进本质安全开关电源及本安型电气电子设备在爆炸性危险环境中的推广应用。

4. 项目成果

序号	成果名称	类型	完成人
1	本质安全型防爆开关电源系列产品研究	奖励	刘树林、刘健、杨波、童军、岳改丽、武梅、寇蕾
2	开关变换器分析与设计	奖励	刘树林、刘健
3	不间断本质安全开关电源产品开发与推广	奖励	刘树林、张新平、刘健、王媛彬、钟久明、马一博
4	开关变换器分析与设计	著作	刘树林、刘健
5	A Monolithic step down Converter with Frequency-Variable Protection Technique	会议	Liu Shulin、Zhang Yunwu、Cao Xiaosheng
6	Analysis of Energy Transfer Behavior of Buck -Boost Converters	会议	Liu Shulin、Zhong Jiuming
7	Optimal Design of Inductance and Capacitance of Output Intrinsically Safe Buck DC-DC Converters	会议	Shu-lin Liu、Yi-bo Ma、Yun-wu Zhang
8	电容电路短路火花放电特性及其建模研究	期刊	刘树林、钟久明、樊文斌、战美
9	矿用本安型开关电源的稳定性研究	期刊	王媛彬
10	本质安全型矿用开关电源的数字仿真	期刊	王媛彬

（续）

序号	成果名称	类型	完成人
11	Buck-Boost 变换器的最小电感和电容设计考虑	期刊	刘树林、钟久明、刘健
12	RCD 钳位反激变换器的回馈能耗分析及设计考虑	期刊	刘树林、曹晓生、马一博
13	矿用本安电源的动态特性分析	期刊	王媛彬

光伏电源柔性并入微网的优化控制及其对微网电能质量的作用机理研究

1. 基本信息

项 目 名 称：光伏电源柔性并入微网的优化控制及其对微网电能质量的作用机理研究

项 目 类 别：面上项目

项目负责人：李鹏

负责人职称：教授

依 托 单 位：华北电力大学（保定）

研 究 期 限：2010-01-01 到 2012-12-31

主 题 词：微网；光伏电源；柔性并入；优化控制；电能质量

2. 项目摘要

微网（Microgrid）为分布式发电并网规模化应用及提高分布式发电的综合技术经济效益提供了有效可行的新途径，符合我国新能源发电和可持续发展的战略要求。但微网技术中有许多理论和技术问题亟待解决。其中微网中微电源的运行控制与电能质量就是一个突出问题。因此，在前期研究的基础上，本项目将重点研究以下内容：一、光伏电源柔性并入微网的优化控制理论方法研究。（1）光伏电源柔性并入微网的控制系统数学模型；（2）光伏电源柔性并入微网的 H∞ 最优控制及其鲁棒性；（3）光伏电源柔性并入微网运行时有功、无功独立调节的解耦控制方法。二、光伏电源并入微网对微网电能质量的作用机理研究。（1）光伏电源常规并入微网对微网电能质量的扰动机理及其检测方法；（2）光伏电源柔性并入微网对微网电能质量的作用机理及其对电能质量的调节控制策略；（3）光伏电源与电能质量调节装置及储能装置的优化配置方法及其协调控制策略。

3. 结题摘要

圆满完成了本项目国家自然科学基金任务书的研究内容，主要创新成果如下：一、光伏电源柔性并入微网的优化控制理论方法研究。（1）针对微网中的光伏电源特点，深入研究了改进型 Boost DC-DC 升压斩波电路与 DC-AC 逆变器构成的多级光伏电源柔性并网电路拓扑结构，并建立了其数学模型。（2）首次提出了基于 H∞ 模型匹配的光伏电源柔性并入微网的波形跟踪控制新方法，该方法有效改善了光伏电源并入微网的过渡过程，适应性强、鲁棒性强。（3）首次提出了一种基于逆系统的微网有功、无功独立控制新方法；首次提出了一种微网中基于相对增益分析的目标函数对角化解耦新方法；两种控制方法均可实现光伏电源柔性并入微网运行时有功、无功的独立调节。二、光伏电源并入微网对微网电能质量的作用机理研究。（1）深入研究了光伏电源常规并入微网对微网电能质量的扰动机理。针对光伏微网，提出了基于数学形态学的微网电压补偿量直接检测方法，实现了光伏电源并入微网的暂态电能质量快速检测。提出了一种基于改进 HHT 的光伏微网电能质量检测方法，该方法更适合于光伏微网中非线性、非平稳信号的检测与分析。（2）针对含储能装置的光伏发电系统，深入研究了一种适用于低压微网线路参数特性的下垂控制策略，使得光伏电源功率控制更为精准。进一步分析了光伏电源柔性并入微网对微网电能质量的作用机理，并首次提出了基于自适应逆控制的微网虚拟有功频率调节新方法，确保微网的频率电能质量指标。（3）提出了一种图解与遗传算法相结合的微网中光伏电源的选址、定容的优化配置方法；提出了基于电压偏差灵敏度分析的微网中光伏电源与电能质量调节装置优化配置方法；提出了综合考虑微网接纳能力与电网调峰需求的微网中光伏电源与储能装置的优化配置方法。研究了微网中光储发电能量管理系统，提出了一种等效阻抗匹配与中心差分法相结合的光伏电源最大功率点跟踪控制方法，实现了微网中光伏电源与储能装置的协调控制，并深入研究了微网中光储协调控制的工作模式。针对光伏微网，提出了统一电能质量控制器（UPQC）与静止型动态无功补偿器（SVC）相结合的复合式电能质量协调控制方法，可有效保证光伏微网的电能质量指标。通过该项目的研究，已发表被 EI 收录论文 22 篇，已受理国家发明专利 5 项，作为特约专家在国家级科技创新发展论坛作大会主旨报告 1 次。获得河北省电力公司科技成果一等奖 1 项。已培养博士、硕士研究生共 13 名。

4. 项目成果

序号	成果名称	类型	完成人
1	Research on Economic Optimal Operation of Microgrid	会议	Peng Li、Shuangle Zhang
2	Multi-agent Approach for Service Restoration of Microgrid	会议	Li Peng、Song Bin、Wang Wei、Wang Tiemin
3	The New Method of Harmonic Detection in Microgrid Electric Vehicle Charging Stations Based on the Improved HHT	会议	Peng Li、Shuai Wang

（续）

序号	成 果 名 称	类型	完 成 人
4	HHT Based on the LS-SVM and Its Application in the Voltage Flicker and Harmonic Detection of Microgrid	会议	Peng Li、Liqiang Fei
5	Analysis of Acceptable Capacity of Microgrid Connected to the Main Power Grid	会议	Peng Li、Xiaochun Li
6	Research on the Wind Power Active Power Control Strategies and the Energy Storage Device Optimal Allocation	会议	Peng Li、Yingying Hu
7	A Novel Decoupling Method of Photovoltaic Grid-connected Inverter in Microgrid	会议	Peng Li、Yinbo Sheng
8	To Strengthen the Construction of Smart Grid, To Enhance the Leaping Development of New Energy Power Generation	会议	Peng Li、Xiaochun Li
9	Detection of Power Quality Disturbances in Microgrid Based on Generalized Morphological Filter and Backward Difference	会议	Peng Li、Jinxin Liu
10	Based on the Improved HHT and Its Application in the Power Quality Detection of Microgrid	会议	Peng Li、Wanping Li
11	The Application of Voltage Direct Detection Method Based on Mathematical Morphology in Distribution Network with DG	会议	Li Peng、Wang Wei、Cui Hongfen、Wang Shuai、Yang Xilei、Zhao Yishu
12	A Droop Control Method of Microsources Based on Divided Self-adjusting Slope Coefficient	会议	Peng Li、Wei Wang
13	The Harmonic Detection of Electric Vehicle Charging stations in Microgrid based on the HHT	会议	Peng Li、Wanping Li
14	Research of Adaptive Inverse Control Applied to Microsources Based on P-f Droop Characteristic	会议	Peng Li、Chao Chen
15	The Research on Photovoltaic Power flexible Grid-connected in Microgrid based on H∞ Control	会议	Peng Li、Chengjia Liu
16	A Novel Islanding Detection Method based on Digital PLL for Grid-Connected Converters	会议	Fu Chao、Shi Xin Chun、Wang Yi、Li Peng
17	Research on Dynamic Voltage and Reactive Power Control System Based on Sixteen-Area Diagram Control Strategy	会议	Peng Li、Jinming Xue
18	An Improved Binary Particle Swarm Optimization for Unit Commitment Problem	会议	Peng Li、Peng Xi
19	三相并网逆变器离散化模型及其控制策略研究	期刊	黄天富、石新春、李鹏
20	多分辨率奇异谱熵和支持向量机在孤岛与扰动识别中的应用	期刊	朱艳伟、石新春、李鹏
21	微网中电能质量问题及其治理措施研究	期刊	刘金鑫、李鹏、崔红芬
22	粒子群优化算法在光伏阵列多峰最大功率点跟踪中的应用	期刊	朱艳伟、石新春、但扬清、李鹏
23	包含同步发电机及电压源逆变器接口的微网控制策略	期刊	张丽、徐玉琴、王增平、李雪冬、李鹏
24	基于改进变尺度混沌优化算法的微网优化运行	期刊	张双乐、李鹏
25	包含分布式电源的配电网无功优化	期刊	张丽、徐玉琴、王增平、李雪冬、李鹏

基于 DVS 的高效动态电压变换器集成设计理论与方法

1. 基本信息

项 目 名 称： 基于 DVS 的高效动态电压变换器集成设计理论与方法
项 目 类 别： 面上项目
项目负责人： 耿莉
负责人职称： 教授
依 托 单 位： 西安交通大学
研 究 期 限： 2010-01-01 到 2012-12-31
主　题　词： 动态电压调整；开关 DC-DC 变换器；低功耗；系统集成

2. 项目摘要

系统电源管理的动态电压调整（DVS）技术对高性能嵌入式 DC-DC 变换器提出了迫切的要求。本项目借助电力电子学的电路分析手段、集成电路设计及系统控制相关理论，建立理论模型，解决 DVS 技术带来的变换器的电压建立、电压转换等新问题，从理论上深入探索变换器的结构、电路参数和集成开关器件参数的设计方法及新颖控制策略，获得基于 DVS 的动态可变电压变换器设计理论，获得高效、宽输入/输出电压及负载范围的开关 DC-DC 变换器的集成设计方法，研究系统的电源管理与嵌入式变换器的协调设计问题，实现性能趋于完善的、高效的可升/降压单电路实现的新型集成开关 DC-DC 变换器单元。此项研究目前在国内外尚处于起步阶段，新理论、新方法亟待探索和研究，是十分有意义的、前瞻性的工作。基于 DVS 技术的嵌入式开关 DC-DC 变换器具有输出灵活、性能优化及开关控制组合丰富的本质优势，在低压、低功耗系统集成中有着广阔的发展和应用前景。

3. 结题摘要

动态电压调整（DVS）技术对高性能嵌入式 DC-DC 变换器提出了迫切的要求。本项目紧密围绕应用于 DVS 系统的开关 DC-DC 变换器的关键问题开展了研究与设计工作，在宽电压转换的多模式控制、效率优化及瞬态响应提高方面做了一些创新性的工作。在传统的四开关 Buck-Boost 变换器中增加 LDO 模式，以提高转换效率；设计了新型的流水线算法 ADC 和分时复用延迟链 DPWM，用于变换器的数模混合控制；应用状态曲线分析法，从理论上分析了变换器的固有响应速度问题，设计了新颖的瞬态响应增强电路，提高了变换器瞬态响应速度；提出了用于提高变换器轻载效率的新型栅压摆幅调整及非均匀栅宽调整技术，减小了功率开关管的开关损耗，使其更适合工作于高频下，从而提高了变换器的集成度；设计了变换器高频工作下的零电流检测电路，进一步减小了变换器的损耗；将跳频技术应用于开关变换器中，既可以提高轻载效率，同时也可以避免变频控制的 EMI 干扰问题；还设计了适用于 DVS 系统的数字控制 DC-DC 变换器，其中的窗口 ADC 和 DPWM 控制器都涉及新颖的设计。应用上述研究结果，完成了 4 款 DC-DC 变换器的设计，并进行了流片实验。基于 DVS 技术的嵌入式开关 DC-DC 变换器具有输出灵活、性能优化及开关控制组合丰富的本质优势，在低压、低功耗系统集成中有着广阔的发展和应用前景。研究成果可应用于 SoC IP 核库单元和诸多相关技术领域，有助于减轻功耗对集成度的约束，从而推动我国 IC 水平的纵深发展。

4. 项目成果

序号	成果名称	类型	完成人
1	An algorithmic ADC applied in digital controlled switched DC-DC converters	会议	Fan Shiquan、Geng Li、Wang Shenglei
2	A novel zero-current-detector for DCM operation in synchronous converter	会议	Gao Shiquan、Geng Li、Yuan、Wang Shenglei、Li Haiqi、Chen Lei、cheng Fan
3	A Flash Window ADC for DVS-enabled Digital Controlled DC-DC Converters	会议	Li, Li Haiqi、Wang Shenglei、Gao Yuan、Song Yan Geng
4	A novel adaptive delay-tracking ADC for DVS power management applications	会议	Wang Fengxia、Geng Li、Shenglei、Gao Yuan、Li Haiqi、Fan Shiquan
5	Design and implementation of a mixed-signal Boost converter with a novel multi-phase clock DPWM	期刊	Fan Shiquan、Wang Ke、Geng Li
6	A dynamic buck converter with ultra fast response and low voltage ripples designed for DVS systems	期刊	Liu Pei、Liu Jun、Geng Li

基于多端直流系统的风电直流微网技术研究

1. 基本信息

项 目 名 称： 基于多端直流系统的风电直流微网技术研究
项 目 类 别： 面上项目
项目负责人： 李和明
负责人职称： 教授
依 托 单 位： 华北电力大学（保定）
研 究 期 限： 2010-01-01 到 2012-12-31

主 题 词： 风力发电；微网；多端直流；永磁同步发电机

2. 项目摘要

研究基于多端直流系统构建的风电直流微网，使其作为一个可控的模块化电源嵌入多重化交流或直流微网中，促进风电在微网中的应用。利用多端直流系统汇集并重新分配多台风机的潮流，可减少逆变器的数量及储能系统容量而降低成本，提高微网中风电的供电质量、可靠性及应用范围。首先提出基于多端直流系统的风电直流微网配置方案，并建立其动态模型。其次，研究风机侧整流器、联网逆变器、负荷侧逆变器等单端变换器的运行模式及控制方法，在此基础上提出多端协同管理的控制策略，确保风电直流微网的联网及孤岛运行的可靠性，具备即插即用功能。此外，研究直流传输线路短路故障的定位算法和直流断路器的优化配置方法，提出完善的故障保护方案。最后，提出风电直流微网对上层交流电网的支持策略。本课题将研究风电直流微网的仿真与实验平台，对所提出的控制策略进行分析与验证。

3. 结题摘要

课题研究基于多端直流系统构建的风电直流微网，使其作为一个可控的模块化电源嵌入多重化交流或直流微网中，促进风电在微网中的应用。利用多端直流系统汇集并重新分配多台风机的潮流，可减少逆变器的数量及储能系统容量而降低成本，从而提高微网中风电的供电质量、可靠性及应用范围。首先，提出了基于多端直流系统的风电直流微网配置方案，并建立其动态模型。其次，研究了风机侧整流器、联网逆变器、负荷侧逆变器等单端变流器的运行模式及控制方法，在此基础上提出了多端协同管理的控制策略，确保风电直流微网的联网及孤岛运行的可靠性，并具备即插即用功能。此外，通过对直流传输线路短路故障的定位算法和直流断路器的优化配置方法的研究，提出了完善的故障保护方案。最后，提出了风电直流微网对上层交流电网的支持策略。课题通过风电直流微网的仿真与实验平台，对所提出的控制策略进行了分析与验证。

4. 项目成果

序号	成果名称	类型	完成人
1	Interconnection of wind farms with grid using a MTDC network	会议	Fu Yuan1、Wang Yi1、Luo Yingli1、Li Heming1、Zhang Xiangyu1
2	Contribution of VSC-HVDC Connected Wind Farms to Grid Frequency Regulation and Power Damping	会议	Wang Yi、Zhu Xiaorong、Xu Lie、Li Heming
3	Control of DFIG-based wind farms for power network frequency support	会议	Zhang Xiangyu1、Li Heming1、Wang Yi1
4	Coordinated control of MTDC-based microgrid with wind turbines	会议	Zhang Lirong1、Wang Yi1、Li Heming1
5	Hierarchical coordinated control of DC microgrid with wind turbines	会议	Zhang Lirong1、Wang Yi1、Li Heming1、Sun Pin1
6	基于功率跟踪优化的双馈风力发电机组虚拟惯性控制技术	期刊	李和明、张祥宇、王毅、朱晓荣
7	永磁直驱风电机组对系统功率振荡的阻尼控制	期刊	王毅、张祥宇、李和明、朱晓荣

基于浮栅MOS技术的低功耗集成电路设计中若干关键问题研究

1. 基本信息

项目名称： 基于浮栅MOS技术的低功耗集成电路设计中若干关键问题研究

项目类别： 面上项目

项目负责人： 杭国强

负责人职称： 副教授

依托单位： 浙江大学

研究期限： 2010-01-01 到 2012-12-31

主 题 词： 电路设计理论；浮栅MOS电路；神经元MOS管；低功耗设计；集成电路

2. 项目摘要

互连技术和低功耗技术是集成电路发展面临的两大挑战。浮栅MOS管具有单个器件功能性强、阈值控制灵活和低功耗等特点，对提高集成电路信息密度、有效减少互连线数及实现低功耗设计有重要意义，近年来国际上对浮栅MOS电路的研究呈指数式增长。本项目旨在提出一种适用于描述多输入浮栅MOS阈值可控特点的代数系统及高性能低功耗浮栅MOS电路的实用设计和综合方法，包括：研究多栅输入信号、阈值与器件开关状态之间关系的数学表示和性质，建立开关级浮栅MOS电路设计理论；提出浮栅电荷初始化和刷新方法及电路阈值控制方法；研究浮栅MOS阈值逻辑及其对复杂函数的综合方法；提出提高浮栅MOS电路噪声容限、灵敏度及消除输出信号阈值损失的具体措施；研究消除浮栅MOS电路馈通电流的方法，提出低功耗浮栅MOS电路的实用设计和综合方法。研究浮栅MOS管在匹配滤波器中的应用。对电路的性能通过HSPICE模拟验证，设计子系统进行流片测试。

3. 结题摘要

浮栅MOS管具有单个器件功能性强、阈值可变和功耗低等特点，对减少互连线数，提高集成度以及实现低功耗设计有重要意义。本项目旨在提出一种适用于描述多输入浮栅MOS阈值可控特点的代数系统及低功耗浮栅MOS电路的实用设计和综合方法。具体成果有：①利用多输入浮栅MOS管易于通过浮栅实现求和的特点，提出一种通过引入多值求和信号指导设计浮栅 MOS 电路的方法，对每个浮栅 MOS 管的逻辑功能均采用传输开关运算予以表示。引入求和辅助变量可显著简化对电路的综合过程。②对钟控浮栅 MOS 管的 SPICE 宏模型进行改进，改进后的模型可用于对具有可变浮栅预置电压的电路进行分析；提出一种采用钟控浮栅 MOS 管设计的采样保持电路，通过引入 nMOS 阈值补偿单元，克服了单管浮栅 MOS 跟随器存在阈值损失这一缺点，提高了精度。③采用浮栅 MOS 管设计了几种具有回差特性的阈值门，通过选择不同的电容耦合系数可以实现不同的回差特性，通过改变外部输入栅电压可以方便地移动回差窗口。提出一种基于浮栅 MOS 管的多值电压型施密特触发器设计方案，由具有回差特性的阈运算电路和多值信号传输控制电路组成。回差值可通过改变电容耦合系数比来调整。④提出一种采用浮栅 MOS 管和双传输管逻辑实现多值电路的设计方案，由浮栅 MOS 管实现文字运算电路，用文字电路的输出去控制双传输开关，实现对多值信号的传输。⑤将浮栅 MOS 管应用在神经网络中，设计了模板匹配和竞争全胜等电路。基于 Hopfield 神经网络，提出了两种采用浮栅 MOS 管的并行 A-D 转换器，它们分别由比较器和施密特触发器来构成，电路结构得到了非常明显的简化。⑥讨论了电路级低功耗时钟网络设计方法，提出了有条件放电的双边沿触发器；提出了采用两相功率时钟的能量恢复型触发器电路；提出了采用双传输管逻辑和浮栅 MOS 管的多值边沿触发器设计。⑦提出一种基于浮栅 MOS 管的差动电压开关逻辑电路设计方案，该方案将传统 CVSL 电路中的 nMOS 下拉网络由多输入浮栅 MOS 管来替代，从而消除了在实现复杂逻辑函数时出现的 nMOS 堆叠问题。本项研究发表学术论文 27 篇，其中 EI 已收录 14 篇，申请国家发明专利 3 项，其中 1 项已授权。

4. 项目成果

序号	成果名称	类型	完成人
1	A novel method of multi-view virtual image synthesis for auto-stereoscopic display	会议	Xi Ming1 2、Xue Jiufei1 2、Wang Lianghao1 2、Li Dongxiao1 2、Zhang Ming1 2
2	Power optimization for VLSI circuits and systems	会议	Zhao Peiyi1、Wang Zhongfeng3、Hang Guoqiang2
3	Fast stereo matching algorithm based on adaptive window	会议	Zhang Jing1 2、Li Dong Xiao1 2、Zhang Ming1 2
4	Voltage-Mode Multi-Valued Schmitt Trigger with Neuron-MOS Transistors	会议	Guoqiang Hang、Xuanchang Zhou、Danyan Zhang、Yang Yang
5	Novel CMOS static ternary logic using double pass-transistor logic	会议	Hang Guoqiang1 2、Zhou Xuanchang2
6	Novel Differential Logic Using Floating-Gate MOS Transistors	会议	Guoqiang Hang、Yinan Mo、Xuanchang Zhou、Danyan Zhang
7	Application of neuron-MOS and pass transistor to voltage-mode ternary logic circuit	会议	Hang Guoqiang1 2、Yang Yang1、Hu Xiaohui1、Zhu Hongli1
8	Neuron-MOS Based Schmitt Trigger with Controllable Hysteresis	会议	Guoqiang Hang、Yonghui Liao、Yang Yang、Danyan Zhang、Xiaohui Hu
9	Design of ternary clocked adiabatic shift register	会议	Mei Fengna1、Wang Pengjun1
10	基于开关信号理论的四值绝热动态 D 触发器设计	会议	高虹、汪鹏君
11	Novel CMOS ternary flip-flops using double pass-transistor logic	会议	Hang Guoqiang1 2、Zhou Xuanchang1
12	Novel Asymmetric 8T SRAM Cell with Dynamic Power	会议	Yinan Mo、Guoqiang Hang、Danyan Zhang
13	三值钟控绝热同步可逆计数器设计	会议	梅凤娜、汪鹏君
14	A novel S/H circuit based on clock-controlled neuron-MOS transistor	会议	Hang Guoqiang1 2、Li Jinxuan2、Wang Guofei2
15	基于浮栅 MOS 管的电压型四值施密特电路	会议	杭国强、周选昌
16	Design of ternary D flip-flop using one latch with neuron-MOS literal circuit	会议	Xuan chang Zhou、Guo qiang Hang、Dan yan Zhang、Xiao hui Hu
17	Adjustable Schmitt Triggers Using Floating-Gate MOS Transistors	会议	Guoqiang Hang、Hongli Zhu、Peiyi Zhao、Xuanchang Zhou
18	A Hamming neural network integrated circuit using neuron-MOS transistor	会议	Hang Guoqiang1 2、Wang Guofei2、Mo Yinan2、Hu Xiaohui1
19	The design of Neural A-D converter using neuron-MOS transistor	会议	Hang Guoqiang1 2、Wang Guofei2、Hu Xiaohui1
20	Adiabatic computing circuit design using two-phase power-clock	会议	Guoqiang Hang
21	A novel sample and hold circuit using clocked neuron-MOS scheme	期刊	Hang Guoqiang1、Li Jinxuan2、Wang Guofei2

（续）

序号	成 果 名 称	类型	完 成 人
22	计算布尔 E-导数的新算法	期刊	厉晓华、杭国强
23	An optimization amendment policy of maze micromouse walking states control	期刊	Cai Jianping1、Wu Jianzhong1、Huo Meimei1、Chen Xing1
24	特殊逻辑函数布尔差分及布尔 E-导数的性质研究	期刊	厉晓华、方伟杰、杭国强
25	Key technologies study of an intelligent robots micromouse	期刊	Wu Jianzhong1、Cai Jianping1、Huo Meimei1
26	基于 K 图的布尔 E-导数计算的图形方法	期刊	厉晓华、郑强、杭国强
27	Novel current-mode CMOS quaternary edge-triggered flip-flops	期刊	杭国强、应时彦

可控电抗器 IGBT 电路实现原理与方法研究

1. 基本信息

项目名称：可控电抗器 IGBT 电路实现原理与方法研究

项目类别：面上项目

项目负责人：熊元新

负责人职称：教授

依托单位：武汉大学

研究期限：2010-01-01 到 2012-12-31

主 题 词：变类器；电抗器；IGBT 电路；实现方法；实现原理

2. 项目摘要

本项目在国内外首次提出功率可控回转器和电抗器 IGBT 电路实现的概念。研究二端口功率可控回转器与单相可控电抗器 IGBT 电路实现原理与方法。研究实现功率可控回转器与电抗器而工作于正弦交流电源激励绝缘栅双极晶体管（IGBT）互补结构低功耗共射共栅电路和共射共栅电流镜电路，研究辅助电路实现回转器回转比与电流镜电流的比值成正比关系。研究功率可控集成回转器和电抗器的谐波、电磁兼容与暂态特性，从电路技术上实现集成器件的合理布局和谐波控制。研究 IGBT 器件性能，提出新的 IGBT 电路模块。探索三端口输入功率可控回转器 IGBT 电路实现原理与方法，最后实现三相可控集成电抗器。功率可控回转器和电抗器 IGBT 电路实现与 IGBT 器件性能研究将给柔性交流输电系统设备和变换电源技术集成化研究产生新的技术突破，因此实现具有自主知识产权功率可控集成回转器与电抗器，并提出新的 IGBT 电路模块，对电气设备集成化具有决定性意义。

3. 结题摘要

本项目分析了二端口类型Ⅰ和Ⅱ的 C-L 变类器、R-C 变类器及 R-L 变类器端口变量映射关系，并且引用微分算子给出其传输微分算子矩阵方程，同时实现 C-L 变类器和 R-L 变类器电路。证明二端口 C-L 变类器是二端口回转器和单相无铁心电抗器的理论基础。根据这一理论，引用零值器和泛值器的概念，将绝缘栅双极晶体管（IGBT）用零值器和泛值器表示。根据 IGBT 等效成零值器和泛值器总是连接在一起的特点，用 IGBT 变换零值器和泛值器设计的单相电压反向型和电流反向型电抗器，从而得到了正弦交流电源激励 IGBT 电路实现无铁心频率固定单相可控电抗器，并且仿真分析了单相可控电抗器的电抗范围为 2.12 ~ 212Ω。研究了频率小于波传播截止频率谐波源激励时变电磁兼容分析方法，探索了 IGBT 电路实现低压三相电抗器，并分析其电抗值调节范围和过渡过程。同时提出了一种新型分段多级饱和磁闭式可控电抗器结构（MSMCR）及其谐波特性的数学模型。通过粒子算法对各截面参数进行优化设计，使得 MSMCR 输出总谐波电流小于总电流 2.61%，实验验证了数学模型的正确性和 MSMCR 抑制谐波的有效性。本项目完成了“可控电抗器 IGBT 电路实现原理与方法研究”项目的研究内容和研究目标。

4. 项目成果

序号	成 果 名 称	类型	完 成 人
1	基于均匀传输线的牵引系统传播特性分析	会议	熊一、罗超、查晓明
2	基于优化分段函数频谱分析的高铁谐波分析	会议	熊一、周宸杰、王陆璐等
3	基于优化孤岛检测方法的适用于小水电丰富地区进线备自投逻辑优化设计	会议	熊一、周宸杰等
4	双级饱和磁控电抗器谐波抑制优化技术	期刊	陈绪轩、陈柏超等
5	非铁磁式电抗器 IGBT 实现电路仿真分析	期刊	邢鹏翔、刘乃齐、熊元新
6	位移电流密度的分解与应用	期刊	熊元新
7	可控三相电抗器 IGBT 电路实现过渡分析	期刊	李忠民、方超颖、熊元新等
8	低压三相电抗器 IGBT 电路实现	期刊	李忠民、方超颖、王耘等

（续）

序号	成果名称	类型	完成人
9	二端口变类器原理分析及电路实现	期刊	熊元新、刘涤尘、文武
10	变压器空载合闸励磁涌流的仿真分析研究	期刊	何越、熊元新等
11	麦克斯韦联立微分方程分析	期刊	熊元新
12	IGBT 电路实现三相可控电抗器电压不对称进行分析	期刊	方超颖、李忠民、樊新鸿等
13	多级饱和磁阀式可控电抗器谐波分析数学模型	期刊	陈绪轩、田翠华、陈柏超等
14	电抗器 IGBT 电路实现原理	期刊	熊元新、陈绪轩、文武
15	可控电抗器 APEX 大功率运算放大器实现	期刊	熊元新、徐东辉、王耘
16	IGBT 电路实现可控电抗器参数范围分析	期刊	方超颖、李忠民等

柔性发输电系统概率风险评估和优化配置模型研究

1. 基本信息

项目名称： 柔性发输电系统概率风险评估和优化配置模型研究

项目类别： 面上项目

项目负责人： 赵渊

负责人职称： 教授

依托单位： 重庆大学

研究期限： 2010-01-01 到 2012-12-31

主题词： 柔性交流输电系统；概率风险评估；优化配置；可靠性；异步化同步发电机

2. 项目摘要

通过电力系统、电力电子、电机理论等多学科交叉，融合概率风险评估技术和可靠性成本效益模型，建立柔性发输电设备对系统可靠性影响的概率风险评估模型和优化配置算法，为大电网建设改造和运行调度提供工程实用的优化方法和决策辅助工具。在安全性和充裕度统一框架下，基于柔性发电设备-异步化同步发电机（ASG）的转速与电网频率解耦特性，量化 ASG 对大电网概率暂态稳定性的影响；基于 ASG 无功、有功独立控制能力和柔性交流输电（FACTS）设备电网运行参数调控能力，研究柔性发输电设备对大电网概率静态安全风险的影响机理，构建含 ASG 和 FACTS 设备的大电网概率安全风险评估模型和算法，实现它们对电网运行风险影响的定量概率评估及可靠性成本效益分析；建立基于可靠性成本效益分析的柔性发输电设备优化配置模型，充分利用有限资源，提高电网结构稳定性和运行可靠性的新思路，为电网规划和运行提供新的分析方法和充分的决策依据。

3. 结题摘要

通过电力系统、电力电子、电机理论等多学科交叉，融合概率风险评估技术和可靠性成本效益模型，对柔性发输电设备对系统可靠性影响的概率风险评估模型和优化配置算法展开深入研究。从安全性视角，基于柔性发电设备-异步化同步发电机（ASG）的转速与电网频率解耦特性，在概率稳定性框架下研究了含 ASG 多机系统的稳定性问题，计及负荷水平、机组出力、网架结构及扰动方式等多个不确定性因素，从概率小扰动稳定和概率暂态稳定两个方面研究 ASG 各种接入方案对系统概率失稳风险的影响；从柔性发电设备可靠性建模的角度，分析了异步化同步发电机（ASG）和传统同步发电机（SG）励磁系统主要功能模块的故障模式，研究了二者在不同运行方式下的马尔科夫状态转移过程，搭建了相应的可靠性模型；从充裕性角度，基于 ASG 无功、有功独立控制能力和柔性交流输电（FACTS）设备电网运行参数调控能力，研究了柔性发输电设备对大电网可靠性的影响机理，构建了含 ASG 和 FACTS 设备的大电网可靠性评估模型，实现了它们对电网供电可靠性改善作用的量化概率评估；基于可靠性的灵敏度分析和启发式优化思路，建立了基于可靠性成本/效益分析的柔性输电设备安装地点和安装容量的优化配置模型，探索充分利用有限资源，提高电网结构稳定性和运行可靠性的新思路，为电网规划和运行提供新的分析方法和充分的决策依据。

4. 项目成果

序号	成果名称	类型	完成人
1	电网运行风险理论及其辨识技术	奖励	谢开贵、周家启、赵渊、胡博、曹侃
2	计及异步化同步发电机的电网可靠性评估模型	期刊	赵渊、黄旭、谢开贵
3	电网频率崩溃的可靠性评估模型	期刊	芦晶晶、沈力、李柏青、赵渊、吴小平
4	基于 PSAT 的多机系统动态仿真研究	期刊	刘文丽、赵渊、谢开贵
5	UPFC 对电网可靠性的灵敏度分析及优化配置	期刊	赵渊、杨晓嵩、谢开贵
6	电网可靠性指标概率密度分布的解析计算模型	期刊	赵渊、谢开贵

（续）

序号	成 果 名 称	类型	完 成 人
7	计及同步发电机运行极限约束的电力系统可靠性评估	期刊	孙梨恒、赵渊、黄旭、谢开贵
8	电网概率风险评估中元件可靠性参数的不确定性分析	期刊	赵渊、谢开贵
9	柔性交流输电系统交直流潮流可靠性评估模型	期刊	吕磊炎、赵渊、谢开贵
10	电力系统可靠性评估的动态任务分配并行算法	期刊	胡博、谢开贵、赵渊、曹侃
11	FACTS 元件的可靠性成本/效益分析及其优化配置模型研究	期刊	赵渊、董力、谢开贵
12	基于频率动态特性的电力系统频率失稳概率评估	期刊	赵渊、吴小平、谢开贵
13	非参数自回归方法在短期电力负荷预测中的应用	期刊	赵渊、张夏菲、谢开贵

水下自主潜器耐压型电源 A1-H2O2 半燃料电池的阴极的研究

1. 基本信息

项 目 名 称：水下自主潜器耐压型电源 A1-H2O2 半燃料电池的阴极的研究

项 目 类 别：面上项目

项目负责人：曹殿学

负责人职称：教授

依 托 单 位：哈尔滨工程大学

研 究 期 限：2010-01-01 到 2012-12-31

主 题 词：过氧化氢；电还原；过渡金属氧化物；纳米阵列电极；燃料电池

2. 项目摘要

A1-H2O2 半燃料电池具有能量密度高、结构简单、机械充电快捷、安全可靠、耐压等特点，是中型深海水下自主潜器（AUV）的优选电源之一。在 AUV 上已有多年的成功应用历史。但是由于其阴极结构和催化性能上的缺陷（阴极体积表面积有限、催化剂显著催化 H2O2 化学分解等）导致电池只能使用极低浓度的 H2O2，因而显著降低了其能量密度。本研究将采用三维立体网状结构的金属为基体，在基体上生长过渡金属氧化物纳米线簇并在纳米线上沉积贵金属构成复合催化剂，制备液相传质性能和催化性能均较佳的电极。通过对电极基体的结构、过渡金属氧化物纳米线簇及其负载贵金属催化活性组分、H2O2 浓度、温度等对电极性能影响的研究，了解影响电极性能的主要因素及其机理。确定电极的组成、结构、制备方法及制备条件，为进一步提高 A1-H2O2 半燃料电池性能打下坚实基础。

3. 结题摘要

A1-H2O2 半燃料电池能量密度高、结构简单、安全可靠，广泛用做水下自主潜器的动力电源。本项目研究了系列新型 H2O2 电还原催化电极；从催化剂活性组分、电极结构、制备方法、到催化性能进行了系统的实验研究和机理分析。制备了 Co3O4/Ni-foam、NiCo2O4/Ni-foam、CuO/Cu-foil、Au/Ni-foam、Pd/CFC 五种具有开放的三维立体结构的电极以及钙钛矿型 La1-xSrxMnO3 和 Fe-N-C 两种粉末催化剂，分别考察了这些电极和电催化剂对 H2O2 电还原反应的催化活性和稳定性以及作为 H2O2 基燃料电池（Al-H2O2 半燃料电池、直接 NaBH4-H2O2 燃料电池、直接 H2O2-H2O2 燃料电池）阴极和（或）阳极的性能。首次发现 NiCo2O4、Co3O4、CuO、La1-xSrxMnO3 和 Fe-N-C 等对 H2O2 在碱性介质中电还原反应均具高催化活性和良好稳定性，为廉价非贵金属催化剂的研究奠定了基础，扩展了 H2O2 电催化的研究领域。利用无模板自由生长法，实现了泡沫镍支撑的 Co3O4、NiCo2O4、CuO 纳米线或纳米片阵列电极的制备；获得了具有三维立体开放结构的新型 H2O2 电还原反应的催化电极，显著提高了电极的液相传质性能，有效地解决了 H2O2 分解导致利用率下降问题，为大幅提升 H2O2 基燃料电池的性能打下了良好的基础。通过方波电动势脉冲电沉积法，制备了碳布负的载树枝状 Pd 电极（Pd/CFC），发现其对 H2O2 在酸性介质的电还原和碱性介质中电氧化反应的催化性能显著高于传统的碳载 Pd 催化剂。同时发现，H2O2 在酸性溶液中的电还原反应的动力学慢于在碱性溶液中的电氧化反应，为直接 H2O2-H2O2 燃料电池的研究明确了主攻方向。以 Co3O4/Ni-foam 为阴极的 Al-H2O2 半燃料电池，室温下的峰值功率密度达 80mW/cm^2，以 Au/Ni-foam 为阴极时高达 135mW/cm^2。以 Pd/CFC 为阴极和阳极的直接 H2O2-H2O2 燃料电池的峰值功率密度达 14.3mW/cm^2，是目前文献报道的最高水平。阐明了 H2O2 在酸和碱中的开路电位均是 H2O2 电氧化和电还原反应电位的混合电位，二者之间存在约 0.9V 的电势差，奠定了直接 H2O2-H2O2 燃料电池的理论基础。

4. 项目成果

序号	成 果 名 称	类型	完 成 人
1	Preparation and supercapacitance of CuO nanosheet arrays grown on nickel foam	期刊	Wang G. 、Huang J. 、Chen S. 、Gao Y. 、Cao D.
2	Catalytic Behavior of NiCo2O4 for H2O2 Electroreduction in Alkaline Medium	期刊	Gao Yinyi、Cao Dianxue、Wang Guiling、Yin Cuilei

（续）

序号	成果名称	类型	完成人
3	NiCo_ 2O_ 4 纳米线对 H_ 2O_ 2 电还原的催化性能	期刊	王贵领、郝世阳、陆天虹、曹殿学、尹翠蕾
4	Nickel Foam Supported-Co3O4 Nanowire Arrays for H2O2 Electroreduction	期刊	Wang Gui ling、Cao Dian xue、Yin Cui lei、Gao Yin yi、Yin Jin ling、Cheng Lin
5	Electrodeposition of Pd nanoparticles on C@TiO2 nanoarrays：3D electrode for the direct oxidation of NaBH4	期刊	Cheng Kui、Cao Dian xue、Yang Fan、Zhang Lin lin、Xu Yang、Wang Gui ling
6	Spherical clusters of β-Ni(OH)2 nanosheets supported on nickel foam for nickel metal hydride battery	期刊	Wang Y.、Cao D.、Wang G.、Wang S.、Wen J.、Yin J
7	泡沫镍负载的 NiCo_ 2O_ 4 纳米线阵列电极的超级电容性能	期刊	于丽秋、陈书礼、常莎、李云虎、高胤义、王贵领、曹殿学
8	The open circuit potential of hydrogen peroxide at noble and glassy carbon electrodes in acidic andbasic electrolytes	期刊	Jing X.、Cao D.、Liu Y.、Wang G.、Yin J.、Wen Q.、Gao Y.
9	泡沫镍载 Co（OH）_2 纳米线的电化学电容性能	期刊	徐旸、刘新伟、翟婧如、陈书礼、曹殿学、王贵领
10	Direct peroxide-peroxide fuel cell - Part 2：Effects of conditions on the performance	期刊	Yang Fan、Cheng Kui、Liu Xiu ling、Chang Sha、Yin Jing ling、Du Chun yu、Du Lei、Wang Gui ling、Cao Dian xue
11	Cobalt oxide-graphene nanocomposite as anode materials for lithium-ion batteries	期刊	Wang Guiling、Liu Jin cheng、Tang Sheng、Li Huaiyu、Cao Dian xue
12	以 Fe-N/C 为阴极催化剂的 Al-H_ 2O_ 2 半燃料电池	期刊	田永梅、徐旸、高原、曹殿学、王贵领
13	Preparation of Co3O4 nanowires grown on nickel foam with superior electrochemical capacitance	期刊	Huang Jichun、Zhu Jiangtao、Cheng Kui、Xu Yang、Cao Dianxue、Wang Guiling
14	Oxygen evolution reaction on Ni-substituted Co3O4 nanowire array electrodes	期刊	Lu B.、Cao D.、Wang P.、Wang G.、Gao Y.
15	Effects of acetone on electrooxidation of 2-propanol in alkaline medium on the Pd/Ni-foam electrode	期刊	Cheng Y.、Liu Y.、Cao D.、Wang G.、Gao Y.
16	An alkaline Al-H2O2 semi-fuel cell based on a nickel foam supported Co3O4 nanowire arrays cathode	期刊	Lei T.、Tian Y. M.、Wang G. L.、Yin J. L.、Gao Y. Y.、Wen Q.、Cao D. X.
17	Poisoning of acetone to Pt and Au electrodes for electrooxidation of 2-propanol in alkaline medium	期刊	Liu Yao、Zeng Ya chao、Liu Ran、Wu Liong bin、Wang Gui ling、Cao Dian xue
18	Preparation and electrocatalytic performance of Fe-N-C for electroreduction of H2O2	期刊	Tian Yong mei、Huang Ji chun、Gao Yuan、Cao Dian xue、Wang Guiling
19	Influence of Ag doped CuO nanosheet arrays on electrochemical behaviors for supercapacitors	期刊	Huang Ji chun、Wu Hongbin、Cao Dian xue、Wang Gui ling
20	碱性 Al-H_ 2O_ 2 半燃料电池 Au/Ni 阴极性能研究	期刊	陈书礼、卢帮安、刘瑶、王贵领、曹殿学
21	丙酮对 Pd 电极上异丙醇电氧化的毒化作用	期刊	刘瑶、曾亚超、刘冉、王贵领、曹殿学
22	以泡沫镍载 NiCo_ 2O_ 4 纳米线阵列为阴极催化剂的 Al-H_ 2O_ 2 半燃料电池	期刊	田永梅、雷婷、王贵领、曹殿学
23	Electrochemical capacitance of Co3O4 nanowire arrays supported on nickel foam	期刊	Gao Yin yi、Chen Shu li、Cao Dian xue、Wang Gui ling、Yin Jin ling
24	CuO nanosheets grown on cupper foil as the catalyst for H2O2 electroreduction in alkaline medium	期刊	Li Yunhu、Cao Dian xue、Liu Yao、Liu Ran、Yang Fan、Yin Jin ling、Wang Gui ling
25	A direct NaBH4-H2O2 fuel cell using Ni foam supported Au nanoparticles as electrodes	期刊	Cao Dian xue、Gao Yin yi、Wang Gui ling、Miao Rongrong、Liu Yao

（续）

序号	成 果 名 称	类型	完 成 人
26	Electrocatalytic activity of perovskite La1-xSrxMnO3 towards hydrogen peroxide reduction in alkaline medium	期刊	Wang Gui ling、Bao Yan yan、Tian Yong mei、Xia Jing、Cao Dian xue
27	Direct peroxide-peroxide fuel cell - Part 1：The anode and cathode catalyst of carbon fiber cloth supported dendritic Pd	期刊	Yang Fan、Cheng Kui、Mo Ying hua、Yu Li qiu、Yin Jing ling、Wang Gui ling、Cao Dian xue

微弧氧化电源负载特性与脉冲能量作用效能的研究

1. 基本信息

项 目 名 称： 微弧氧化电源负载特性与脉冲能量作用效能的研究

项 目 类 别： 面上项目

项目负责人： 杨世彦

负责人职称： 教授

依 托 单 位： 哈尔滨工业大学

研 究 期 限： 2010-01-01 到 2012-12-31

主 题 词： 低能耗微弧氧化；负载电气特性；电能转化机理；电气系统匹配

2. 项目摘要

微弧氧化是一种很有前途的轻合金表面陶瓷化改性技术，大量致力于成膜机理和各种功能膜层制备的实验探索还在继续，但高能耗导致的高成本严重制约了其工业化发展。申请者在科研实践基础上，提出从电气系统优化的角度探索电能有效作用的研究方法。拟从分析复杂、多变的微弧氧化负载电气特性入手，揭示负载电路模型结构和参数的阶段性、非线性和时变性变化规律，奠定微弧氧化电能转化机理和作用效能的分析基础，补充探索微弧放电机理的理论依据。在此基础上，分析促进膜层生长的脉冲能量需求和加剧电解液热损耗并导致系统损耗倍增的多余能量来源，明确系统电参数与能量损耗之间的量化关系，给出与负载特性变化对应的电源输出特性、脉冲波形参数的系统匹配方法。为实现低能耗微弧氧化提供一种系统分析和设计的科学依据，促进微弧氧化技术的进步和工业化发展，也为新工艺、新材料的微弧氧化功能膜层制备以及其他电化学相关研究提供新的思路。

3. 结题摘要

微弧氧化是一种在铝、镁、钛等金属及其合金表面原位生成陶瓷相氧化膜的表面改性新技术，因其生成的膜层具有优良的耐磨、耐蚀性能而受到了广泛的关注。在国内外科研实践的基础上，微弧氧化技术已开始实际应用，其膜层性能和环保优势得到了充分体现，但同时，其工艺能耗过大特别是电能消耗大而导致成本过高的问题也日益突出。项目采用从电气系统优化的角度探索电能有效作用的研究方法，从微弧氧化复杂多变的负载电气特性分析入手，对氧化过程中电能的转化机理和作用效能展开研究，提出了可有效降低工艺能耗的优化方法。首先，以由电化学阻抗谱法得到的多孔膜等效电路模型为基础，采用对微弧氧化电源负载实际波形进行参数拟合的方法，得到了能够反映负载在脉冲作用下的特性的等效电路模型。结合该等效电路模型分析了不同类型脉冲对负载的作用效能，明确了无益于膜层生长的多余能量的消耗，是导致工艺能耗增大、膜层质量和性能下降的主要原因。其次，根据脉冲对负载的作用效能，提出了将脉冲能量可控的具有陡直前沿的尖峰电流脉冲用于微弧氧化的研究方案。同时，为保证输出电流脉冲的能量可控，对脉冲波形控制进行了研究，建立了在微弧氧化电源负载条件下，电流脉冲单元耦合电感一次、二次绕组进行能量交换时的等效电路模型，分析了一次、二次绕组漏感和负载参数及其剩余电压对电流脉冲波形的影响，给出了控制脉冲波形的有效方法。在相同工艺条件下，通过对铸铝工件进行微弧氧化加工的比较，采用尖峰电流脉冲时，其单位能耗比方波电流脉冲明显降低，所需电源输出功率减小，实际验证了脉冲作用效能的提高。最后，利用尖峰电流脉冲电源，实现了不经一般方法中所必需的热浸镀铝环节，直接在Q235钢表面生成微弧氧化膜层，拓展了该技术的适用金属范围。该项目的研究为实现低能耗微弧氧化提供了一种新途径，对微弧氧化技术工业化发展起到了一定促进作用；新形式的脉冲电源为探索微弧放电机理提供了新的实验条件，也为目前正在进行的新工艺、新材料的微弧氧化功能膜层制备提供了新的技术手段。

4. 项目成果

序号	成 果 名 称	类型	完 成 人
1	Micro-arc oxidation flyback switching current pulse unit and combination of multi-units	会议	Yang Wei1、Yang Shiyan1、Liu Hongyang1
2	微弧氧化脉冲电源的负载模型及其定量表征	期刊	赵玉峰、杨威、杨世彦
3	反激式微弧氧化电源电流脉冲及其能量控制	期刊	杨威、杨世彦、赵玉峰
4	微弧氧化电源特性和参数对膜层性能及电能消耗的影响	期刊	杨威、赵玉峰、杨世彦
5	Effects of frequency on growth process of plasma electrolytic oxidation coating	期刊	Zhang Xuelin、Zhang Yufeng、Chang Limin、Jiang Zhaohua、Yao Zhongping、Liu Xiaowei

新型线性有源滤波器在强磁场高稳定度电源中的应用及其解耦控制研究

1. 基本信息

项目名称：新型线性有源滤波器在强磁场高稳定度电源中的应用及其解耦控制研究
项目类别：面上项目
项目负责人：刘小宁
负责人职称：研究员
依托单位：中国科学院合肥物质科学研究院
研究期限：2010-01-01 到 2012-12-31
主题词：强磁场；高稳定度电源；线性有源滤波器；控制

2. 项目摘要

已获批准的“十一五”期间国家重大科技基础设施“强磁场实验装置”对关键子课题“20MW 高稳定度电源系统”输出电流的稳定度和纹波提出了非常高的要求，目前国际上强磁场实验室的高稳定度电源系统降低输出电流纹波最有效的方法是采用串联在电流主回路中的大功率晶体管线性调整技术，这种方法的造价和功耗都非常高，而并联 PWM 有源滤波又会产生高频干扰，针对以上问题本项目将大功率器件线性调整技术和并联有源滤波技术的优点相结合，提出了一种新型线性有源滤波方法，期望在项目的资助下更深入地开展新型并联线性有源滤波的拓扑结构和控制策略的研究，作为关键问题，项目将深入研究有源滤波控制与磁体电流稳流控制间的解耦问题，优化解耦控制策略，以保证输出电流低纹波下实现高稳定度。

3. 结题摘要

已获批准的“十一五”期间国家重大科技基础设施“强磁场实验装置”对关键子课题“20MW 高稳定度电源系统”输出电流的稳定度和纹波提出了非常高的要求，目前国际上强磁场实验室的高稳定度电源系统降低输出电流纹波最有效的方法是采用串联在电流主回路中的大功率晶体管线性调整技术，这种方法造价和功耗都非常高，而并联 PWM 有源滤波又会产生高频干扰，针对以上问题本课题将大功率器件线性调整技术和并联有源滤波技术优点相结合，提出了一种新型线性有源滤波方法。课题首先研究了稳态强磁场实验装置中大功率高稳定电源结构，对电源的各功能模块进行了初步分析设计。然后开展了强磁场整流电源的三闭环控制系统设计与仿真研究。最后，开展了新型并联线性有源滤波的拓扑结构和控制策略的研究。作为关键问题，项目研究有源滤波控制与磁体电流稳流控制间的协调控制，以保证输出电流低纹波下实现高稳定度。在理论研究的基础上确定了具体的实验方案，完成了实验样机的研制。实验结果表明论文采用的并联型有源滤波器具有较好的低次纹波的抑制能力，论文的研究成果为稳态强磁场实验装置中大功率高稳定电源系统的有源滤波器设计提供一定的借鉴和参考。

4. 项目成果

序号	成果名称	类型	完成人
1	2.5V/18kA 超导磁体模型线圈电源设计	期刊	付蔚、刘小宁、李俊
2	微网中电能质量调节器的稳定性及其容量分析	期刊	李俊、刘小宁、张广明
3	稳态强磁场电源无功补偿及谐波抑制的设计	期刊	刘静、刘小宁
4	多电平逆变器分析与仿真	期刊	姚海瑞、李俊、薄翠梅、张广明
5	稳态强磁场装置电源系统并联直流有源滤波器的实现新方案	期刊	王磊、刘小宁
6	多组并联结构的恒流充电电源	期刊	刘军、刘小宁
7	A new shunt DC active filter of Power Supply in Steady High Magnetic Field Facility	期刊	Wang Lei、LIU Xiao ning
8	稳态强磁场中直流有源滤波器连接电感的计算	期刊	王磊、刘小宁、王灿
9	三相电压型 SVPWM 整流器研究	期刊	廖细文、刘小宁

自然均流、均压的高频组合直流变换器研究

1. 基本信息

项目名称：自然均流、均压的高频组合直流变换器研究
项目类别：面上项目
项目负责人：石健将
负责人职称：副教授
依托单位：浙江大学
研究期限：2010-01-01 到 2012-12-31
主题词：组合直流变换器；自然均流、均压；高可靠性；约束条件；高性能

2. 项目摘要

随着社会经济的飞速发展，电源系统电压、电流等级显著提高，对电源系统的容量、功率密度及可靠性等提出越来越高的要求。由于高频功率半导体开关器件容量及其高频开关损耗等因素制约，使传统高频电源系统的大容量与高功率密度相互矛盾，组合变换器正是在此背景下应运而生；然而组合变换器的工作过程必须考虑其构成模块的串联均压和并联均流问题，一般采用均压、均流控制环，但控制复杂性及其潜在的失控因素导致组合变换器系统可靠性降低、成本提高，已成为目前组合变换器发展的制约因素。本申请项目拟从电源模块的电路拓扑、组合方式、连接方式及控制等四个方面进行研究，探索并找到组合变

换器各构成模块实现自然均压、均流的约束条件或边界条件，从而不采用均压、均流控制环及控制母线而实现组合变换器各模块自然均压和均流，提高系统可靠性和功率密度，改善系统电气性能，优化各模块的参数设计，降低成本，推进高频大功率开关电源技术发展。

3. 结题摘要

随着社会经济的飞速发展，电源系统电压、电流等级显著提高，对电源系统的容量、功率密度及可靠性等要求越来越高。由于高频功率半导体开关器件容量及其高频开关损耗等因素的制约，使得传统高频电源系统的大容量与高功率密度之间相互矛盾，组合变换器正是在此背景下应运而生。然而组合变换器工作过程必须考虑其构成模块的串联均压和并联均流问题，传统方法一般采用均压和均流控制环，但其控制复杂性及其潜在的失控因素导致组合变换器系统的可靠性降低、成本提高，这已成为目前组合变换器发展的制约因素。本申请项目从电源模块的电路拓扑、组合方式、连接方式及控制等四个方面进行研究，探索并找到并—串型、并—并型、串—并型及串—串型等四类组合变换器各构成模块实现自然均压、均流的约束条件或边界条件，从而不采用均压、均流控制环及控制母线而实现组合变换器系统各构成模块的串联自然均压和并联自然均流，提高了整个组合变换器系统的可靠性和功率密度，改善了系统电气性能，优化各模块的参数设计，降低成本，推进高频大功率开关电源技术发展。针对并—串型组合直流变换器，本项目以双管正激组合直流变换器为例，分析了组合变换器实现模块并联自然均流和串联自然均压的机理与实现条件；针对串—并型组合直流变换器，本项目以移相全桥电路组合变换器为例，研究分析了组合变换器实现输入串联自然均压和输出并联自然均流的机理与实现条件；针对串—串型组合直流变换器，本项目采用由串—并型组合变换器与并—串型组合变换器直接级联构成，从而实现串—串型组合变换器实现输入/输出串联自然均压；针对并—并型组合直流变换器，本项目分别以桥式变换器、反激变换器及电流源型变换器为例，研究分析了由这些模块单元构成的并—并型组合变换器实现模块并联自然均流的机理与约束条件。

4. 项目成果

序号	成 果 名 称	类型	完 成 人
1	新型高增益高效率变流器拓扑、控制及应用	奖励	何湘宁、李武华、赵荣祥、石健将
2	A novel input-parallel output-parallel connected DC-DC converter modules with automatic sharing of currents	会议	程娟、石健将、何湘宁
3	一种低压大电流输入的组合式直流变换器研究	期刊	杨永飞、罗劼、陈建华、石健将
4	相同移相角控制的串—并型移相全桥组合变换器	期刊	石健将、罗劼、何湘宁
5	Research on Voltage and Power Balance Control for Cascaded Modular Solid-State Transformer	期刊	Shi Jianjiang、Gou Wei、Yuan Hao、Zhao Tiefu、Huang Alex Q.
6	Common-Duty-Ratio Control of Input-Parallel Output-Parallel (IPOP) Connected DC-DC Converter Modules With Automatic Sharing of Currents	期刊	Shi Jianjiang、Zhou Lingbing、He Xiangning
7	Design and Analysis of an Interleaved Flyback-Forward Boost Converter With the Current Autobalance Characteristic	期刊	Wang Dong、He Xiangning、Shi Jianjiang
8	共同移相角控制下电流源型并联变换器均流分析	期刊	周灵兵、石健将、何湘宁
9	Common-Duty-Ratio Control of Input-Series Output-Parallel Connected Phase-shift Full-Bridge DC-DC Converter Modules	期刊	Shi Jianjiang、Luo Jie、He Xiangning

电网节能发电调度的水火电负荷分配方法研究

1. 基本信息

项 目 名 称： 电网节能发电调度的水火电负荷分配方法研究
项 目 类 别： 青年科学基金项目
项目负责人： 李刚
负责人职称： 助理研究员
依 托 单 位： 大连理工大学
研 究 期 限： 2010-01-01 到 2012-12-31
主 题 词： 电网；节能发电调度；水电；火电；负荷分配

2. 项目摘要

节能发电调度对确保电力工业实现节能减排目标有着非常重要的意义。我国电力主要以水火电为主，节能发电调度的关键是要做好水火电协调工作，需要研究行之有效的水、火电负荷分配模型及算法，充分体现节能、环保、经济原则。然而传统负荷分配模型及算法已无法满足要求，需要结合节能发电调度要求，开展创新性理论方法研究。本项目拟结合贵州、云南、福建三个省级电网，针对节能发电调度关键理论和技术难点，研究具有普适性和行之有效的电网节能发电调度模式下水、火电负荷分配算法，为电力行业节能减排提供关键理论方法与技术支持。研究内容主要包括三部分：①节能发电调度模式下火电负荷分配模型及算法；②节能发电调度模式下水电负荷分配模型及算法；③原型节能发电调度计划生成系统研究与开发。

3. 结题摘要

围绕电力系统开展节能发电调度工作的几个关键科学技术问题：电力负荷预测、节能发电调度模式下水电负荷分配和火电负荷分配、技术支持系统设计与集成。本课题主要提出了基于 SCE-UA 支持向量机的短期电力负荷预测模型；针对节能发电调度模式下火电负荷分配的问题，研究提出了动态机组组合与等微增率法相结合的火电机组节能负荷分配方法、改进等微增率算法求解火电负荷分配算法、火电机组单位容量等微增率求解负荷分配方法和基于能耗排序法的节能发电调度模式下火电负荷分配算法；围绕水火协调应用下水电站如何在负荷分配中发挥调峰作用问题，提出了基于机组组合方法的水电站群短期负荷分配算法、水电站分段调峰负荷分配方法、基于 TS-PSO 求解水电站厂内经济运行算法；依托于贵州电网和云南电网工程背景，研究并开发成功了节能发电调度技术支持系统，较好地将上述模型及算法集成在一起，更好地为生产服务，同时为电力系统开展节能发电调度提供技术支持。本项目已发表论文 11 篇，审稿论文 2 篇，EI 收录 9 篇。

4. 项目成果

序号	成果名称	类型	完成人
1	电网节能发电调度计划生成系统及集成技术研究与应用	奖励	李刚
2	大规模水电站群短期优化调度方法Ⅱ：高水头多振动区问题	期刊	申建建、武新宇、程春田、李刚
3	机组检修优化的最小缺电量模型	期刊	廖胜利、程春田、李刚、谢一工、蔡华祥
4	Hybrid PSO algorithm with Tabu Search for hydro unit commitment	期刊	LI Gang、Cheng Chuntian
5	基于 SCE-UA 支持向量机的短期电力负荷预测模型研究	期刊	李刚、程春田、曾筠、林剑艺
6	省级电网发、输电设备检修优化系统研究与开发	期刊	李刚、程春田、廖胜利、谢一工、蔡华祥
7	面向省级电网的检修可视化设计和辅助决策实现	期刊	廖胜利、应小诚、李刚、程春田、蔡华祥、杨后东
8	改进等微增率算法求解火电负荷分配问题的实用化研究与应用	期刊	李刚、程春田、曾筠、孙斌、林成
9	水电站分段调峰负荷分配方法研究与应用	期刊	程春田、李建兵、李刚
10	大规模小水电并网调度信息采集通信方式及应用	期刊	李秀峰、李刚、刘晓娟、程春田、蔡华祥
11	省地一体化电厂调度管理系统的设计与实现	期刊	李刚、应小诚、程春田、蔡华祥、李秀峰、蒋燕
12	动态机组组合与等微增率法相结合的火电机组节能负荷分配方法	期刊	李树山、李刚、程春田、范祥莉、孙斌、林成
13	电网检修计划编制的智能可视化方法及应用	期刊	李刚、李善综、程春田、应小诚、蔡华祥

高可靠大功率分布式谐振恒流 LED 驱动电源系统研究

1. 基本信息

项目名称：高可靠大功率分布式谐振恒流 LED 驱动电源系统研究

项目类别：青年科学基金项目

项目负责人：罗全明

负责人职称：副教授

依托单位：重庆大学

研究期限：2010-01-01 到 2012-12-31

主题词：分布式电源系统；多路输出；高频交流母线；无源谐振恒流网络；小信号模型

2. 项目摘要

在大功率 LED 照明领域，通常把具备功率因数校正及恒流输出功能的 LED 驱动电源与 LED 阵列封装在一起组成 LED 灯具，由于功率因数校正环节输入输出瞬时功率不平衡，内部必须使用电解电容，而电解电容的 MTBF 比 LED（100000h）小得多，成为提高灯具使用寿命的瓶颈。本申请项目提出并研究大功率分布式恒流 LED 驱动电源系统，系统包括功率因数校正模块及恒流驱动模块，其中恒流驱动模块与 LED 阵列封装在一起组成 LED 灯具，而功率因数校正模块位于灯具外部，因此，其内部的电解电容不会影响灯具的使用寿命，如能实现无电解电容恒流驱动模块，灯具的使用寿命无疑将得以大大提高，即提高了驱动可靠性。由于功率因数校正模块研究相对成熟，本申请项目以无电解电容恒流驱动模块的实现及系统稳定性分析为研究重点，项目研究成功有助于提高驱动可靠性，有助于优化驱动电源系统结构，有助于驱动电源标准化，具有重要的理论价值及实用意义。

3. 结题摘要

本项目研究大功率分布式恒流 LED 驱动电源系统，系统由功率因数校正模块及恒流驱动模块组成，功率因数校正模块位于 LED 灯具外部，恒流驱动模块与大功率 LED 阵列封装在一起组成 LED 灯具，研究目标在于提高 LED 驱动可靠性、延长实际使用寿命。项目主要完成了以下几方面的工作：①高效率单相 Boost 型功率因数校正：项目从以下两个思路着手解决低压满载时效率不高的问题，其一为研究无整流桥软开关 Boost 型功率因数校正，进行了相关理论分析及实验验证，取得了较好的效果；其二是研究高增益 Boost 变换器及其在功率因数校正中的应用，从开关电感三端网络出发，推导出了高增益 Boost 变换拓扑并进行了实验验证，为其在功率因数校正中的应用奠定了基础。②非隔离恒流驱动模块：功率因数校正模块的输出电压一般在 400V 左右，而 LED 串的输出电压一般低于 60V。此外，为满足光输出总量的要求，在大功率应用场合需要多串 LED 并联使用。为此，本项目研究了一种高降压非隔离多路输出 LED 驱动电源，具备高降压、自动均流及低电压应力的特点。③隔离型恒流驱动模块：本项目重点研究了基于高频交流母线的高效率、高可靠、低成本模块化隔离型恒流驱动模块，由高频 DC/AC 逆变模块和高频 AC/DC 整流模块通过高频交流母线组合而成。研究了高频 DC/AC 整流模块的实现方案，提出了无源高频谐振恒流 AC/DC 整流模块，建立了系统大信号及小信号模型，进行了相关实验研究，为下一步实际应用提供了支撑。④大功率 LED 照明控制系统：以 LED 隧道照明为对象研究了大功率 LED 照明控制系统，该控制系统不仅满足了隧道的深度调光和快速调光要求，而且可以实现自动调光和连续调光。系统结构简单、控制简便，又同时具备自动控制、手动控制和应急控制功能，能够满足不同操作需要。

4. 项目成果

序号	成 果 名 称	类型	完 成 人
1	Analysis and design of a multi-channel constant current LED driver based on high frequency AC bus	会议	Shubo Zhi、Quanming Luo、Can Zou、Luowei Zhou
2	基于 LCL-T 半桥谐振变换器的大功率 LED 恒流驱动电源	会议	孙明坤、罗全明、李国辉、周雒维
3	多路高降压恒流 LED 驱动电源	会议	郑玢鑫、罗全明、汪洋、周雒维
4	一种交错控制高增益 ZCT Boost 变换器	期刊	罗全明
5	一种高可靠无源恒流 LED 驱动电源	期刊	罗全明，支树播、蒋德高、周雒维
6	LED 隧道照明智能控制系统	期刊	潘海龙、周雒维、罗全明、刘丽莎
7	交错控制双 Boost 型 DC/DC 变换器	期刊	罗全明、吴彬
8	一种低开关电压应力 ZVT Boost 变换器	期刊	罗全明、支树播、周雒维、卢伟国
9	基于拓扑组合的高增益 Boost 变换器	期刊	罗全明、闫欢、孙明坤、邹灿、周雒维
10	一种 ZVT 无整流桥 Boost 功率因数校正	期刊	罗全明、高聪哲、周雒维
11	串联谐振恒流 LED 驱动电源的分析及设计	期刊	孙明坤、周雒维、罗全明
12	High Step-Down Multiple-Output LED Driver with the Current Auto-Balance Characteristic	期刊	Luo Quanming、Zhu Binxin、Lu Weiguo、Zhou Luowei
13	一种无整流桥 ZVT PWM Boost 型 PFC 的研究	期刊	胡小平、夏绪伟、罗全明
14	一种多路输入高升压 Boost 变换器	期刊	罗全明、郑玢鑫、周雒维、汪洋
15	High step-up converter with capacity of multiple input	期刊	L. -W. Zhou、B. -X. Zhu、Q. -M. Luo
16	基于单周控制的三相四线制 PWM 整流器	期刊	刘丽莎、周雒维、罗全明、潘海龙
17	Direct Current Control Method Based On One Cycle Controller for Double-Frequency Buck Converters	期刊	Luo Quanming、Zhi Shubo、Lu Weiguo、Zhou Luowei

基于概率 CMOS 理念的集成电路设计理论研究

1. 基本信息

项 目 名 称： 基于概率 CMOS 理念的集成电路设计理论研究

项 目 类 别： 青年科学基金项目

项目负责人： 鲁征浩

负责人职称： 副教授

依 托 单 位： 苏州大学

研 究 期 限： 2010-01-01 到 2012-12-31

主 题 词： 概率 CMOS；PCMOS；CMOS 工艺；纳米尺度；集成电路

2. 项目摘要

在超深亚微米乃至纳米尺度下，由于噪声以及参数漂移等随机干扰的影响相对于信号强度与电源电压等日益显著，超高速 CMOS 数字电路与器件的行为与结果也会随着特征尺寸、电压以及功耗的降低具有很大的随机性，而不是总能给出一个确定的计算结果。本课题针对目前最前沿的概率 CMOS（Probabilistic CMOS）集成电路设计理论中的一个难点问题：小尺寸 CMOS 器件或门电路的随机行为与功耗以及速度之间的关系展开研究，力争将小尺寸 CMOS 工艺条件下的随机噪声作为资源而不是干扰，结合门级电路在上述条件下的随机行为与功耗等重要设计指标之间的精确数学关系，探索在超深亚微米甚至纳米尺度上，如何利用一组甚至大量具有随机性行为的门级电路的组合，得出具有确定结果或者高容错性的电路模块的方法和实现，并在一定程度上形成设计理论。

3. 结题摘要

本课题的依据是在超深亚微米乃至纳米尺度下，超高速 CMOS 电路的行为与结果会随着特征尺寸、电压以及功耗的降低具有很大的随机性。在三年时间内，本人按照既定的计划顺利进行了相关的研究，并取得了预期的成果，主要的科研成果摘要如下：第一，将复杂概率系统的 Markov 随机场建模方法应用到纳米级别概率 CMOS 集成电路设计上来，首次提出了差分级联电压开关型 Markov 随机场逻辑的概念，该创新结构可以应用到所有门级电路中，极大的提高了电路的容错性，可以有效地消除噪声等随机干扰的影响；第二，对噪声作用下概率 CMOS 门电路产生准确结果的概率与电路的功耗以及速度之间的关系进行了数学建模和仿真，并将其应用在小尺寸 CMOS 工艺设计的超高速除法电路、运算电路和放大电路中；第三，以概率 CMOS 理念为设计基础，对基于 100nm 以下 CMOS 工艺的静态存储器单元的低功耗及高可靠性设计进行了研究，提出了一个反馈检测的方案；第四，在算法理论及系统设计级别进行了探索，相关成果的运用可以在保证纳米级别超大规模集成电路系统可靠性的前提下，极大的降低系统计算的复杂度以及硬件开销，并在 FPGA 平台验证；第五，搭建了基于高性能的 65nm CMOS FPGA 验证平台，取代过于昂贵的流片，对噪声作用下概率 CMOS 门电路产生准确结果的概率与电路的功耗以及速度之间的关系进行了数学建模和仿真，并在实际的 65nm FPGA 硬件验证平台上加以验证；第六，以概率 CMOS 理念为设计基础，对有限域乘法器的并行 VLSI 结构进行了研究，在适当提高硬件冗余的条件下，大大提高了运算的可靠性和运算速度，并且以此为基础设计了两款电路在 FPGA 上验证实现；此外，还应用概论 CMOS 理念，采用小尺寸 CMOS 工艺进行了一系列超高速电路的研究。课题在合作单位的支持下，参加了 5 次小尺寸 CMOS 工艺的流片和测试；在基金的资助下发表 SCI 检索期刊论文 5 篇，另有 2 篇在撰写中，EI 及 ISTP 检索论文 12 篇，完成了既定的目标；参加国际会议 15 人次，其中出国参加会议有 5 个，共 10 人次；受邀在国际会议上组织了 3 个专题；邀请合作专家新加坡南洋理工大学杨杰圣教授来访交流指导 3 次；共计在项目资助下毕业硕士研究生 3 人，在读硕士研究生 3 人。综上，课题组较为圆满的按计划完成了研究，取得了预期的科研成果，在此感谢国家自然科学基金的资助。

4. 项目成果

序号	成果名称	类型	完成人
1	Self-demodulated receiver at MM-wave range using SiGe technology	会议	Yu X. P. 1、Hu B. Y. 1、Yan X. L. 1、Lu Z. H. 2、Lim W. M. 2、Liu Y. 2、Yeo K. S. 2、Hu C. H. 3
2	A 6GHz dual-modulus prescaler using 180nm SiGe technology	会议	Nan C. Z. 1、Yu X. P. 1、Hu B. Y. 1、Lu Z. H. 2、Lim W. M. 2、Liu Y. 2、Yeo K. S. 2、Hu Changhui3
3	Reduced-complexity decoding of low-density parity check codes based on adaptive convergence	会议	Su Jianing1、Lu Zhenghao1、Yu Xiaopeng2、Liu Yang3
4	Design of probabilistic-based Markov Random Field logic gates in 65nm CMOS technology	会议	Lu Zhenghao1、Yu Xiao Peng2、Yeo Kiat Seng3
5	A novel accurate dB-linear control circuit topology for variable gain amplifiers in BiCMOS technology	会议	Lu Zhenghao1、Hu C. H. 2、Yu X. P. 3、Lim W. M. 3、Liu Y. 3、Yeo K. S. 3
6	Low power high data rate GHz range receiver in 40nm CMOS technology	会议	Yu Xiaopeng1、Lu Zhenghao2、Lim Wei Meng2、Yeo Kiat Seng2、Liu Yang2、Yan X. L. 1、Hu Changhui3
7	A Novel Low Complexity Soft-decision Demapper for QPSK 8PSK Demodulation of DVB-S2 systems	会议	Su Jianing、Lu Zhenghao、Yu Xiaopeng、Hu Changhui
8	A 10 GB/s CMOS transimpedance amplifier with adaptive gain	会议	Xu Jia1、Lu Zhenghao1
9	Low cost VLSI design of a flexible FFT processor	会议	Su Jianing1、Lu Zhenghao1
10	A 60GHz BiCMOS self-demodulator with injection locked oscillator	会议	Lu Zhenghao1、Yu Xiao Peng2、Yeo Kiat Seng3、Lim Wei Meng3、Yan Jinna3、Pan Renjing3
11	Parallel structure of GF (214) and GF (216) multipliers based on composite finite fields	会议	Su Jianing1、Lu Zhenghao1
12	Leakage reduction of sub-55nm SRAM based on a feedback monitor scheme for standby voltage scaling	会议	Wu Chen1、Zhang Lijun1、Lu Zhenghao1、Ma Yaqi2、Zheng Jianbin2

（续）

序号	成 果 名 称	类型	完 成 人
13	Design of Nano-Scale Noise Tolerant CMOS Logic Circuits Based on Probabilistic Markov Random Field Approach	期刊	Lu Zheng Hao、Yu Xiao Peng、Liu Yang、Su Jia Ning、Hu Chang hui
14	0.8 mW 1.1 ~5.6 GHz dual-modulus prescaler based on multi-phase quasi-differential locking divider	期刊	Yu X. P.、Lim W. M.、Lu Z.、Gu J.、Liu Y.、Kiat-Seng Y.
15	Considerations and Optimization of Measurement Accuracy of Capacitance in Nano-Scale CMOS Technology	期刊	Cao Sihan、Yu Xiaopeng、Pan Yun、Shi Zheng、Hu Changhui
16	Bandwidth-Related Optimization in High-Speed Frequency Dividers using SiGe Technology	期刊	Nan Chaozhou、Yu Xiaopeng、Lim Weimeng、Hu Bo-Yu、Lu Zhenghao、Liu Yang、Yeo Kiat-Seng
17	Circuits Design for Contactless Testing of Nano-Scale CMOS Devices and Circuits	期刊	Yu Xiaopeng、Lu Zhenghao、Lim Weimeng、Liu Yang、Hu Changhui

基于双 Buck 电路的多电平逆变器研究

1. 基本信息

项 目 名 称： 基于双 Buck 电路的多电平逆变器研究
项 目 类 别： 青年科学基金项目
项目负责人： 洪峰
负责人职称： 副教授
依 托 单 位： 南京航空航天大学
研 究 期 限： 2010-01-01 到 2012-12-31
主　题　词： 逆变器；多电平；Buck；可靠性

2. 项目摘要

适用于高电压大功率场合的多电平技术是当前研究的热点。提高电路可靠性是多电平逆变器研究中的关键问题。目前，多电平逆变器均以桥式电路为基本单元。本课题提出以双 Buck 电路为基本单元构建多电平逆变器，并认为该方法有助于提高电路可靠性，在电平数较多情况下，有简化电路的可能；并具有转换效率高、易构建三相系统的特点。课题将通过探讨以下基本问题，促进这一技术领域的生长和完善：①以双 Buck 逆变电路为基本单元构建多电平逆变器的基本方法和原理；②双 Buck 多电平逆变器的基本类型和拓扑；③利用双 Buck 电路实现多电平输出和电压箝位解耦控制的方法；④适用于双 Buck 多电平逆变器的控制策略和调制方法等。课题研究工作是对多电平技术和逆变技术的延伸和开拓，具有重要的理论价值；在无功补偿、电机驱动、新能源发电、大功率电源、有源滤波等工业领域，具有广泛的应用前景。

3. 结题摘要

电容均压与逆变过程耦合，造成箝位器件数量多，是造成多电平逆变器复杂、可靠性低的主要因素。桥臂直通、体二极管反向恢复造成的电压尖峰和损耗等问题，亦是降低其可靠性的重要原因。本课题提出并研究一种新思路：以双 Buck 电路而非传统桥式电路为基础，构建新型的高可靠性、高效率的多电平逆变器。课题归纳、分析了双 Buck 多电平逆变器的基本构建方式和原理，划分、提出了其基本类型，提出、分析了它们的通用结构和机理，并注重与桥式电路进行对比。围绕二极管箝位型双 Buck 多电平逆变器，提出并详细分析了其中的三电平结构、衍化结构、五电平结构。利用双 Buck 电路的半周工作方式，使得 Buck 电路 1 和 Buck 电路 2 交替用于输入均压和逆变输出，两者互补实现了均压与逆变解耦，改变了箝位器件数随电平数增长过快的状况。新型逆变器的箝位器件数按电平数倍数关系增长，而桥式电路则近似按倍数关系增长。此外，二极管箝位型双 Buck 多电平逆变器继承了双 Buck 电路体二极管不工作等特点。分析、仿真、实验表明，电路具有高可靠性。围绕飞跨电容型结构，同样重点研究了三电平和五电平拓扑。与二极管箝位型类似，飞跨电容型结构同样实现了解耦控制，在电平数大于 5 后，具有器件数量的优势。该类电路的另一优势为：消除了电源、飞跨电容、两者间、电容间的所有直通隐患。除动态均压外，课题还研究、提出了建压的方法。课题还提出、分析、研究了两种复合级联型双 Buck 多电平结构具体拓扑，其特征和关键点与前两类近似。复合级联结构可将双 Buck 电路适宜高频调制和桥式电路适宜低频换向的优势互补，提高效率与可靠性。课题开展了优化、应用和拓展研究：提出了减小电路磁件的磁集成方法；提出将无源软开关技术与双 Buck 多电平电路结合，在保持高可靠性的同时，进一步消减开关损耗；初步探讨了课题成果在光伏并网发电中的具体应用，并取得有益效果；将课题思路发散，得出了直流变换器输出并联组合单级逆变器的概念和若干电路，有助于提高单级升压逆变器的效率。综上，研究工作基本构建了双 Buck 多电平逆变器这一新技术方向的理论框架。双 Buck 多电平逆变器达到了可靠性高、电路结构和控制方法相对简洁等预期目标，为构建实用型装置奠定了基础，代价则是无源器件的增多，有待后续研究进一步改进。达到并超出了预期成果：发表学术论文 20 篇，申请发明专利 6 项，授权 3 项，培养研究生 11 名。

4. 项目成果

序号	成果名称	类型	完成人
1	The solution of control for direct side volatage in single phase Grid-connected PV inverter	会议	Yang Jianqing、Hong Feng
2	FPGA controlled dual buck half bridge three-level inverter	会议	Liu Miao、Hong Feng
3	Research on Dual Buck Half Bridge Five-level Inverter for Rooftop Solar System	会议	Ji Baojian、Hong Feng、Ge Wenjing、Yang Wei
4	Three-level dual buck inverter with coupled-inductance	会议	Liu Miao、Hong Feng、Wang Chenghua
5	Research on the Stability of Photovoltaic Power System Based on Dual Buck Inverter	会议	ChenChunliu、Hong Feng、Wang Chenghua、OuYang jing
6	Dual Buck Hybrid Cascaded Multilevel Inverter	会议	Xin Ji、Zhoucheng Liu、Feng Hong
7	基于CPLD的单相逆变控制器	期刊	高恭娴、杨伟、洪峰
8	半周工作单极性双降压式半桥逆变器	期刊	孙刚、洪峰
9	五电平飞跨电容型双降压逆变器	期刊	刘苗、洪峰、王成华
10	一种新颖的三电平双Buck逆变器	期刊	嵇保健、赵剑锋、洪峰
11	五电平双降压式半桥逆变器	期刊	杨伟、洪峰、王成华
12	一种飞跨电容型多电平逆变器电容建压方法	期刊	洪峰、刘苗、嵇保健、王成华
13	一种新型输出并联型双Boost逆变器	期刊	欧阳静、洪峰、王成华、黄银汉
14	复合型级联多电平双Buck逆变器	期刊	嵇保健、洪峰、张广明
15	飞跨电容型双降压五电平逆变器	期刊	刘苗、洪峰、王成华
16	半周控制双Buck-Boost单级逆变器	期刊	嵇保健、洪峰
17	二极管钳位型双Buck三电平逆变器输入均压解耦控制	期刊	洪峰、嵇保健、杨伟、王成华
18	全数字控制无变压器式单相光伏并网逆变器	期刊	赵杰、洪峰
19	一种不隔离三电平双Buck光伏并网逆变器	期刊	嵇保健、洪峰、赵剑锋
20	模拟光伏并网实验装置的研制	期刊	洪峰、嵇鼎毅、王成华

微网中多个电能质量调节装置和微源间电能质量的交互影响与对策研究

1. 基本信息

项目名称： 微网中多个电能质量调节装置和微源间电能质量的交互影响与对策研究

项目类别： 青年科学基金项目

项目负责人： 涂春鸣

负责人职称： 教授

依托单位： 湖南大学

研究期限： 2010-01-01 到 2012-12-31

主题词： 微网；电能质量；多逆变器交互；环流抑制；多目标调节

2. 项目摘要

电能质量问题是目前微网技术研究和发展的关键前沿问题。微网中多个电能质量调节装置和微源构成的多逆变器系统环境存在电能质量的交互，是一个新的研究难点。本项目拟针对含电能质量调节装置的微网电能质量问题进行研究，分析电能质量调节装置分布位置和容量对微网电能质量的影响；构建微网多逆变器系统环境模型，揭示多个电能质量调节装置和微源间电能质量交互影响的机理；提出多个微源与多个电能质量调节装置间的电压协调控制方法和谐波协同抑制方法，克服多逆变器之间的环流影响和电压波动，抑制谐波交汇、叠加和谐波残留；并研究多逆变器系统环境下的微网电压稳定和谐振稳定问题。本项目旨在探索解决微网多逆变器耦合交互问题的方法，为保障电能质量调节装置和微源的正常性能提供有效的理论途径，促进微网电能质量的提高，推动微网技术的进一步前进。项目的研究成果可广泛应用于电力系统电能质量以及船舶、电力机车、冶金、电镀等包含多逆变器系统的领域。

3. 结题摘要

微网中多个电能质量调节装置和微源构成的多逆变器系统环境存在电能质量的交互，对微网电能质量的调控十分关键。本项目建立了含电能质量调节装置的微网系统电能质量结构化模型，设计了微网系统各电能质量指标域的优化函数，分析了电能质量调节装置分布位置和容量对微网电能质量的影响，提出了微网中有源滤波器接入位置与容量优化配置方法。对微网中多逆变器环境下的环流与母线电压波动进行了分析，指出微网多逆变器之间的交互影响以及微源邻近负载的投切都会引起微网母线电压波动，电压控制差异引起的电压波动会造成多逆变器之间存在环流，必然导致电压质量调节装置受到邻近逆变器的影响，难以发挥电压调节的作用。分析了微网系统孤岛环流特性，在微源控制方面，提出了多微源逆变器环流及电压波动主从控制方法、电压频率与幅值自恢复下垂曲线控制方法和基于虚拟同步发电机运行的多逆变器控制方法来抑制环流；在电能质量控制方面，提出了静止同步补偿器与微网在配电网无功电压协同控制中的联合运用方法、微源并网电能质量控制系统控制方法、电能质量综合控制器模糊-神经网络双闭环控制方法等，均从微网多逆变器环境的系统层面实现多电能质量调节装置的协调运行。本项目提出微网逆变器复用思想，即使得单个逆变器实现多种控制功能，减少逆变器使用数量，降低微网多逆变器环境复杂度，提高微网可控性和可靠性。据此，本项目设计了一种微网单相光伏并网发电与谐波治理复用系统及其复合控制方法实现光伏并网和谐波治理共用一台逆变器，另外还提出一种基于多目标配置的微网 SVG 优化控制方法，使得一台 SVG 装置满足电压、无功、负序、谐波等多种电能质量调节需求，均为减少微网逆变器数量提供了较好的思路。结合本项目的相关理论成果，项目组在云南电网的云电科技园开展了微网电能质量分析与控制研究，测试分析了多逆变环境对微网电能质量的影响，并成功投运一台多目标优化控制的 SVG，实现了多种电能质量调节目标。在本项目在资助下，项目组已发表论文 10 篇，其中 EI 收录 7 篇，申请发明专利 7 项，其中已授权 2 项，部分研究成果作为主要成果之一获得国家科技进步二等奖 1 项。

4. 项目成果

序号	成 果 名 称	类型	完 成 人
1	Research of intellective high quality inverter-based distributed power supply system collocating SVC	会议	Lv Zhipeng1、Luo An. 1、Zhou Ke. 2、Jiang Wenqian2、Guo Lu. 1、Shen Yao1
2	两种光伏逆变器电流控制方法对比研究	会议	徐欣慰、罗安、涂春鸣、吕志鹏
3	多逆变器环境微网环流控制新方法	期刊	吕志鹏、罗安、蒋雯倩、徐欣慰
4	A grid-connected single-phase photovoltaic and harmonic suppression system for micro grid	期刊	Tu Chunming1、Lan Zheng1、Lv Zhipeng1、Rong Fei1、Peng Shuangjian1、Lv Wenkun1
5	微电网中 APF 接入位置与容量优化配置方案	期刊	侯桂兵、涂春鸣、罗安、凡福华、孟金岭
6	具有谐波抑制功能的综合电能质量控制系统设计	期刊	常亮亮、涂春鸣、罗安、帅智康、杨晓峰、兰征
7	一种有滤波功能的微网单相光伏系统	期刊	兰征、涂春鸣、罗安、吕志鹏
8	Analysis and control of microgrid system circulation in island mode	期刊	Yu Li1、Cao Yijia1、Luo An1、Tu Chunming1、Rong Fei1
9	电网电压不平衡条件下微网 PQ 控制策略研究	期刊	吕志鹏、罗安、荣飞、郭镥
10	静止同步补偿器与微网在配电网无功电压协同控制中的联合运用	期刊	吕志鹏、罗安、周柯、荣飞、沈瑶

用于可再生能源并网发电的新型高增益变流器拓扑形成规律研究

1. 基本信息

项 目 名 称： 用于可再生能源并网发电的新型高增益变流器拓扑形成规律研究

项 目 类 别： 青年科学基金项目

项目负责人： 李武华

负责人职称： 副教授

依 托 单 位： 浙江大学

研 究 期 限： 2010-01-01 到 2012-12-31

主 题 词： 高增益变流器；拓扑形成规律；可再生能源并网发电

2. 项目摘要

针对太阳能、燃料电池等可再生能源装置输出电压低，而并网逆变器所需母线电压高的特点，本项目提出了电压增益拓展单元概念，采用三绕组耦合电感加开关电容交错式结构来拓展变流器电压增益、避免极限占空比工作状态、降低开关管电压应力、实现系统功率扩容和自动均流；并辅以简单电路，可实现开关管软开关动作，解决传统 Boost 变流器在高增益变换场合存在的窄关断脉冲、高电压应力、大峰值电流和高损耗等问题。项目还研究高增益变流器拓扑形成规律和演绎方法，以找出隔离型和非隔离型变流器之间的内在关联，并总结一般隔离型与非隔离型变流器之间相互转换的普适性原理，从方法论上实现隔离型与非隔离型变流器的统一。本项目的开展将极大加速可再生能源的推广和应用为通信、计算机和照明等电源产业中相关问题的解决提供可参考的理论和技术基础；为国家节能减排目标的实现做出重要贡献；同时，也为新型变流器拓扑的形成提供新思路和新方法。

3. 结题摘要

本青年科学基金项目的研究目标是采用电压增益拓展单元概念实现一系列隔离型和非隔离型高增益高效率 DC/DC 变流器拓扑族，以解决传统 Boost 变流器在高增益变换场合存在的极限占空比、开关管电压应力高、峰值电流大以及开关损耗和导通损耗大等问题，满足可再生能源并网发电应用的苛刻要求，并研究隔离型和非隔离型高增益变流器电路之间的内在关联，从理论上推导和演绎高增益变流器拓扑的形成方法，进而总结一般隔离型变流器与相应非隔离型变流器之间的相互转换关系，为新型变流器拓扑的形成提供新思路。本青年科学基金项目的研究内容主要包括如下三个方面：①在隔离型高增益变流器方面，研究从交错并联Flyback变流器推导出高增益交错并联Boost型变流器的方法，并研究其软开关原理，以适用于低压输入、高压输出的隔离变换场合。②在非隔离型高增益变流器方面，研究在传统Boost变流器基础上演绎具有多维增益控制的大升压比变流器拓扑族形成方法，并研究其软开关实现原理。③从隔离型变压器与自耦升压变压器的内在关系出发，对隔离型与非隔离型高增益高效率交错并联Boost变流器进行深入分析，以实现隔离型和非隔离型变流器之间的相互转换。在青年科学基金资助下，经过三年来的持续努力和高效研究，本课题组已完全按计划完成了所有的研究内容，实现了项目申请时拟定的预期目标。本项目有效地解决了用于新能源发电的高增益高效率DC/DC电路拓扑中若干关键挑战性难题。该项目已资助发表SCI/EI论文34篇，国际期刊SCI论文16篇，电力电子学科国际权威期刊(IEEE Power Electron.) SCI论文10篇，申请发明专利9件，取得了良好的学术成果。鉴于项目取得的系列成果，申请人应邀在电气工程国际权威期刊(IEEE Ind. Electron.)上发表了用于光伏发电的高增益交错并联直流变换的综述论文。项目研究成果是浙江省科学技术成果一等奖的主要创新点之一。经此项目培养，申请人应邀担任重要国际会议的Track Chair和分会主席，获浙江省青少年英才（青年组）一等奖、台达教育与环境基金会“中达青年学者奖”、入选浙江省151人才工程培养计划和受聘为浙江大学“求是青年学者”。在此项目基础上，申请人也获得了国家自然科学基金的“青年-面上连续资助”项目“新一代高性能直流型光伏集成发电模块系统研究”（批准号：51277195）。

4. 项目成果

序号	成果名称	类型	完成人
1	Interleaved ZVS flyback-forward converter with reduced output voltage stress on secondary rectifier diodes	会议	Li Wuhua、Zhao Yi、He Xiangning、Xu David、Wu Bin
2	High step-up boost converter with coupled inductor and switched capacitor	会议	Yi Zhao、Li Wuhua、Yan Deng、He Xiangning、Lambert Simon、Pickert Volker
3	Performance analysis of isolated ZVT interleaved converter with winding-cross-coupled inductors and switched-capacitors	会议	Xie Rui、Li Wuhua、Zhao Yi、Zhao Jing、He Xiangning、Cao Fengwen
4	A novel single-phase transformerless photovoltaicinveter connected to grid	会议	Yang Bo、Li Wuhua、Deng Yan、He Xiangning、Lambert Simon、Pickert Volker
5	An Active Clamp ZVT Converter with Input-parallel and Output-series Configuration	会议	Zhao Yi、Li Wuhua、Li Weichen、He Xiangning
6	Performance analysis of ZVT interleaved high step-up converter with built-in transformer	会议	Li Weichen、Li Wuhua、He Xiangning、Lambert Simon、Pickert Volker
7	A Novel Single-Phase Transformerless Grid-connected Inverter	会议	Cui Wenfeng、Yang Bo、Zhao Yi、Li Wuhua、He Xiangning
8	A Smart and Simple PV Charger for Portable Applications	会议	Li Weichen、Zheng Yuzhen、Li Wuhua、Zhao Yi、He Xiangning
9	A transformerless grid connected photovoltaic inverter with switched capacitors	会议	Gu Yunjie、Li Wuhua、Yang Bo、Wu Ji、Deng Yan、He Xiangning
10	General law of non-isolated interleaved high step-up topologies with winding-cross-coupled inductors deduced from isolation counterparts	会议	Xie Rui、Li Wuhua、Zhao Yi、Zhao Jing、He Xiangning、Cao Fengwen
11	Interleaved high step-up converter with built-in transformer and voltage doubler for PV grid-connected generation systems	会议	Li Weichen、Li Wuhua、Cui Wenfeng、Zhao Yi、Yang Bo、He Xiangning
12	ZVS three-level phase-shift high step-down DC/DC converter with two transformers	会议	Li Peng、Li Wuhua、Zhao Yi、Yang Huan、He Xiangning
13	A non-isolated high step-up converter with built-in transformer derived from its isolated counterpart	会议	Li Weichen、Li Wuhua、Ma Mingyao、Deng Yan、He Xiangning

（续）

序号	成 果 名 称	类型	完 成 人
14	Active Clamp Boost Converter with Switched Capacitor and Coupled Inductor	会议	Zhao Yi、Li Wuhua、Yang Bo、He Xiangning
15	Performance analysis of a single stage single phase high step-up soft switching boost converter	会议	Rong Qiang、Li Wuhua、Shi Jianjiang、Wu Ji、Deng Yan、He Xiangning
16	Performance Analysis of High Conversion Raito Converter with Switched Capacitor and Voltage Gain Extension Cell	会议	Zhao Yi、Li Wuhua、He Xiangning、Zhang Yao、Ma Hao
17	Performance Analysis of an Interleaved High Step-Up Converter with Voltage Multiplier Cell	会议	Li Wuhua、Zhao Yi、Deng Yan、He Xiangning
18	An isolated PWM plus phase-shift controlled ZVS bidirectional converter with coupled inductors	会议	Wu Haimeng、Li Wuhua、Zhao Yi、He Xiangning
19	Zero-voltage transition interleaved high step-up converter with built-in transformer	期刊	Li W.、Li W.、He X.
20	Analysis, Design and Experimentation of Isolated ZVT Boost Converter with Coupled Inductors	期刊	Zhao Yi、Li Wuhua、Deng Yan、He Xiangning
21	Single-Phase Improved Active Clamp Coupled-Inductor-Based Converter With Extended Voltage Doubler Cell	期刊	Zhao Yi、Li Wuhua、He Xiangning
22	Three-Level Forward-Flyback Phase-Shift ZVS Converter With Integrated Series-Connected Coupled Inductors	期刊	Li Wuhua、Li Peng、Yang Huan、He Xiangning
23	Interleaved High Step-Up Converter with Winding-Cross-Coupled Inductors and Voltage Multiplier Cells	期刊	Li Wuhua、Zhao Yi、Wu Jiande、He Xiangning
24	Interleaved Converter With Voltage Multiplier Cell for High Step-Up and High-Efficiency Conversion	期刊	Li Wuhua、Zhao Yi、Deng Yan、He Xiangning
25	High step-up boost converter with passive lossless clamp circuit for non-isolated high step-up applications	期刊	Zhao Y.、Li W.、Deng Y.、He X.
26	Single-Stage Single-Phase High-Step-Up ZVT Boost Converter for Fuel-Cell Microgrid System	期刊	Li Wuhua、Li Weichen、Deng Yan、He Xiangning
27	Isolated Winding-Coupled Bidirectional ZVS Converter With PWM Plus Phase-Shift（PPS）Control Strategy	期刊	Li Wuhua、Wu Haimeng、Yu Hongbing、He Xiangning
28	Single-Switch High Step-Up Converters With Built-In Transformer Voltage Multiplier Cell	期刊	Deng Yan、Rong Qiang、Li Wuhua、Zhao Yi、Shi Jianjiang、He Xiangning
29	Improved Transformerless Inverter With Common-Mode Leakage Current Elimination for a Photovoltaic Grid-Connected Power System	期刊	Yang Bo、Li Wuhua、Gu Yunjie、Cui Wenfeng、He Xiangning
30	PWM plus Phase Angle Shift（PPAS）Control Scheme for Combined Three-port DC/DC Converters	期刊	Li Wuhua、Xiao Jianguo、Zhao Yi、He Xiangning
31	Review of Non-Isolated High Step-Up DC/DC Converters in Photovoltaic Grid-Connected Applications	期刊	Li Wuhua、He Xiangning
32	General Derivation Law of Nonisolated High-Step-Up Interleaved Converters With Built-In Transformer	期刊	Li Wuhua、Li Weichen、He Xiangning、Xu David、Wu Bin
33	Inherent Clamp Flyback-Buck Converter with Winding-Cross-Coupled Inductors	期刊	Li Wuhua、Li Weichen、He Xiangning
34	High-Step-Up and High-Efficiency Fuel-Cell Power-Generation System With Active-Clamp Flyback-Forward Converter	期刊	Li Wuhua、Fan Lingli、Zhao Yi、He Xiangning、Xu Dewei、Wu Bin

直驱式波浪发电系统的控制与联网运行

1. 基本信息

项 目 名 称： 直驱式波浪发电系统的控制与联网运行

项 目 类 别： 青年科学基金项目

项目负责人： 吴峰

负责人职称： 教授

依 托 单 位： 河海大学

研 究 期 限： 2010-01-01 到 2012-12-31

主 题 词： 波浪发电系统；建模；最优控制；储能；功率平滑

2. 项目摘要

海洋覆盖了地球70%的面积，蕴涵着无穷的能量，海洋能中，波浪能的能量密度最大，是最有可能实现商业化应用的可再生能源之一。国外在波浪能发电方面已经开展了广泛的研究，而国内在这方面的研究还才刚刚起步。波浪发电装置主要有间接驱动和直接驱动两大类。直接驱动波浪发电系统的结构简单，能量转化的效率高。通常直驱式波浪发电系统应用直线发电机发电，其输出的功率是变化的，不能满足并入电网运行的要求。本项目以直接驱动波浪发电系统为研究对象，首先分析直线电机的运行特性，设计最优解耦控制器，从波浪中获取最大的能量。然后根据波浪发电系统的输出功率的特点，选择合适的储能装置及其接入系统方式，平滑波浪发电系统的输出功率，并且协调控制储能装置和“背靠背”变换器，使得波浪发电满足接入电网运行的要求，实现直驱式波浪发电系统的联网运行。

3. 结题摘要

本项目首先研究了直驱式波浪发电系统模型，在此基础上提出了波浪发电系统的最优控制策略，最后构建了直驱式波浪发电系统联网运行的电力电子变换器及其控制器。主要工作如下：①直驱式波浪发电系统建模。直驱式波浪发电系统模型通常由驱动系统模型和发电机模型两部分构成。本项目首先给出了驱动系统的详细模型、简化模型和线性化模型。直接驱动式的波浪发电系统通常采用直线发电机来发电，而之前直线发电机模型都是建立在abc坐标中，与电力系统分析中的其他的建立在的dq坐标中的元件不相兼容。与传统的旋转电机不同，直线发电机的“转子”是来回往复运动的，其速度的大小及方向都是变化的。所以提出一种改进的变速PARK变换，将直线发电机的模型转换到dq坐标中。在dq模型的基础上，进一步忽略定子磁链的动态，推导得出直线发电机的简化模型。最后，对不同的模型进行比较分析，并给出了不同模型的使用场合。②提出直接驱动式波浪发电的最优控制。直驱式波浪发电系统能够获取最大的波浪能，必须满足发电机的阻尼和水的阻尼相等，以及直驱式波浪发电系统与波浪发生共振两个条件。基于dq坐标中的直线发电机模型，分析了得出直线发电机的状态变量的dq坐标中是正弦波，其具有幅值和相位两个控制自由度，可以分别用来控制波浪发电系统的自然频率和直线发电机的阻尼力。基于分析了直线发电机在波浪浮子上作用力分析，提出了对波浪发电的最优控制，该最优控制策略不仅适用于线性、规则波浪，同时适用于非线性、不规则波浪。同时该控制策略是通过电力电子设备实现的，这样提高了波浪发电系统控制的灵活性和准确性，提高了波浪发电装置的效率。③构建并网背靠背变换器，并将储能装置应用于平滑输出功率。首先基于VSC构建了用于波浪发电系统并网的背靠背变换器，并且设计了发电机侧和网络侧的控制器。由于直线发电机的内电动势的幅值和频率都是变化的，所以其发出的功率也是变化的，而电网要求发电装置输出恒定的功率，所以提出采用背靠背变换器中的电容器来平滑输出功率，并设计了相应的附加控制。为了克服该结构中电容器容量过大的缺点，进一步提出采用储能装置来平滑波浪发电的输出功率。分别采用分布式储能和集中储能两种不同的结构，对波浪发电场的输出功率进行平滑，并通过仿真验证了所提出功率平滑策略的有效性，对波浪发电场接入电网运行具有重要指导意义。

4. 项目成果

序号	成果名称	类型	完成人
1	Control Strategy for AWS based Wave Energy Conversion System	会议	Wu F.、Zhang X. P.、Ju P.
2	电池储能在直接驱动式波浪能发电场并网运行中的应用（英文）	期刊	吴峰、张小平、鞠平

2013年度国家重点新产品计划电源及相关产品立项项目清单

序号	项目编号	项目名称	承担单位
1	2013GRA00055	高效能低功耗电源转换芯片	圣邦微电子(北京)股份有限公司
2	2013GRA00059	能量功率型锂离子动力电池(35Ah)	中信国安盟固利动力科技有限公司
3	2013GRA00071	500kW光伏并网逆变器	北京景新电气技术开发有限责任公司
4	2013GRA00089	磷酸铁锂66Ah动力电池384-66	北京普莱德新能源电池科技有限公司
5	2013GRA10019	锂离子电池正极用钴酸锂材料	天津华夏泓源实业有限公司
6	2013GRA30006	光伏发电并网逆变装置	山西合创电力科技有限公司
7	2013GRB00004	混合超级电容器电池(电容型锂离子动力电池)	朝阳立塬新能源有限公司
8	2013GRB01001	ZZDFPSZ-117660/220-400换流变压器	特变电工沈阳变压器集团有限公司
9	2013GRB20010	智能电网调度管理系统	大庆高新区中环电力控制系统有限公司
10	2013GRC00038	RNSVG-35kV链式动态电能治理装置	上海雷诺尔电力自动化有限公司
11	2013GRC10063	太阳能光伏连接系统	苏州快可光伏电子股份有限公司
12	2013GRC10068	智能电网用应力转移型节能导线	江苏通光强能输电线科技有限公司
13	2013GRC10133	高效单机MW级光伏并网逆变器	常州佳讯光电产业发展有限公司
14	2013GRC11008	智能电网环境与安全物联网综合监控系统	南京磐能电力科技股份有限公司
15	2013GRC20008	新型纳米稀土电池(6-DZM-20Ⅱ)	天能电池集团有限公司
16	2013GRC20012	高性能电动汽车用锂离子电池	浙江天能能源科技有限公司
17	2013GRC20021	无源自均流多路直驱式LED驱动电源-EUC	英飞特电子(杭州)股份有限公司
18	2013GRC20042	6-EVF-70混合动力汽车用高功率铅蓄电池	超威电源有限公司
19	2013GRC20048	高效低成本单晶硅太阳能电池(太阳电池)	浙江金诺新能源科技有限公司
20	2013GRC20054	低功耗原边控制芯片	横店集团浙江英洛华电子有限公司
21	2013GRC20071	QLLT剩余电流动作断路器	杭州乾龙电器有限公司
22	2013GRC20077	新型制绒及扩散高效晶体硅太阳能电池片(太阳电池片)	乐叶光伏股份有限公司
23	2013GRC20087	SDC4006高效原边反馈电源芯片	绍兴光大芯业微电子有限公司
24	2013GRC22004	ZGS-Z.G 35kV光伏发电用组合式变压器	宁波天安(集团)股份有限公司
25	2013GRC30005	WG2000KFP风能变流器	阳光电源股份有限公司
26	2013GRC30017	钛酸锂电池	安徽天康(集团)股份有限公司
27	2013GRC40004	高比能量动力型锂离子电池65280/75Ah	优科能源(漳州)有限公司
28	2013GRC40013	高效智能化LED路灯	福建富顺电子有限公司
29	2013GRC41004	高光效功率型绿光LED芯片(S-50BGMUP)	厦门市三安光电科技有限公司
30	2013GRC50023	大型养路机械设备配套电源(THLA590PT)	泰豪电源技术有限公司
31	2013GRC60032	QYD-40000/220牵引变压器	山东达驰电气有限公司
32	2013GRD00002	CA-V10 Ⅰ大电流主动均衡电池管理系统	中航锂电(洛阳)有限公司
33	2013GRD10012	SPG大功率光伏并网逆变器	湖北追日电气股份有限公司
34	2013GRD10025	18650型模块化锂离子动力电池	湖北盐光能源科技有限公司
35	2013GRE00020	1MW光伏并网逆变器	广东明阳龙源电力电子有限公司
36	2013GRE00022	绿色新型矩阵变频器	广东易事特电源股份有限公司
37	2013GRE00040	风力发电用栅格结构Crowbar电阻	广东福德电子有限公司
38	2013GRE01001	单双向可调角度大功率LED泛光灯(AM722)	广州市雅江光电设备有限公司
39	2013GRE02006	1E级直流电源系统ATCD-220/1000	深圳奥特迅电力设备股份有限公司

（续）

序号	项目编号	项 目 名 称	承 担 单 位
40	2013GRE02020	20Ah 高功率单体电池	深圳市比克电池有限公司
41	2013GRE02024	LED 节能日光灯（荧光灯）管—600mm \ 1200mm \ 1500mmT8 节能产品	深圳雷曼光电科技股份有限公司
42	2013GRE02025	SID-3YL 微机涌流抑制器	深圳市国立智能电力科技有限公司
43	2013GRE10001	TCB1000/75-381312/496.5-1QW 串联电容器装置	桂林电力电容器有限责任公司
44	2013GRE20001	一体化智能型光伏发电升压并网及控制成套装置	海南金盘电气有限公司
45	2013GRF00009	长寿命、大功率 LED 照明灯 DJ-PAR38-12W	四川鼎吉光电科技有限公司
46	2013GRG00006	TDL1227.7-1.2/36-QW 型特高压悬式直流滤波电容器装置	西安西电电力电容器有限责任公司
47	2013GRG10014	JZF506 型三相电源模块	天水华天微电子股份有限公司
48	2013GRG30005	AT 供电专用自耦牵引变压器	卧龙电气银川变压器有限公司
49	2013GR604002	XDMV 型高性能大功率高压变频装置	西安西电电力整流器有限责任公司

2013年度国家火炬计划电源及相关领域立项项目清单

序号	项目编号	项 目 名 称	承 担 单 位
1	2013GH010027	-48V直流网络电源控制器	傲视恒安科技(北京)有限公司
2	2013GH040168	出口特高压800kV并联电抗器产业化	特变电工沈阳变压器集团有限公司
3	2013GH050221	高亮、高显色性大功率白光LED器件产业化	上海大晨光电科技有限公司
4	2013GH010272	大功率、高亮度LED芯片模组项目产业化	江苏北极皓天科技有限公司
5	2013GH040399	输电线路动态增容智能监测系统	徐州宇飞电力科技有限公司
6	2013GH050503	高原专用胶体储能电池	江苏华富储能新技术股份有限公司
7	2013GH050505	高效率高稳定性太阳能光伏逆变器	苏州欧姆尼克新能源科技有限公司
8	2013GH050507	大功率、高光效、高显色性LED灯	泰州市华强照明器材有限公司
9	2013GH050508	小型垂直轴风力发电设备	江苏六和新能源设备科技有限公司
10	2013GH050510	高效可靠智能控制LED路灯产业化项目	江苏星峰光电科技有限公司
11	2013GH050512	年产600万盏LED大功率照明灯生产线	徐州宏光电子有限公司
12	2013GH050525	高效制氢及氢燃料电池一体化研发与产业化	江苏中靖新能源科技有限公司
13	2013GH050526	通信用磷酸铁锂锂离子电池系统	双登集团股份有限公司
14	2013GH050528	大功率LED外延片和芯片的研发与产业化	江苏新广联科技股份有限公司
15	2013GH710500	江宁智能电网创新型产业集群	南京市江宁区科学技术局
16	2013GH710501	低成本槽式太阳能热发电系统	南京帕偌特太阳能有限公司
17	2013GH710502	自由活塞式高效碟式太阳能斯特林发电系统	南京嘉业新能源有限公司
18	2013GH010604	大功率集成封装散热LED灯	浙江中博光电科技有限公司
19	2013GH010605	采用注塑成型二次整体封装的LED光源	杭州勇电照明有限公司
20	2013GH010606	交互式LED电子黑板的产业化	浙江威谷光电科技有限公司
21	2013GH010616	SDC4565LED驱动电源控制芯片	绍兴光大芯业微电子有限公司
22	2013GH040874	煤矿风机用隔爆型双电源真空电磁起动器	浦江星火矿用开关有限公司
23	2013GH040880	语音门禁互锁专用不间断电源	温州市博克电子有限公司
24	2013GH040902	高端应用GU10型LED节能灯	浙江寰龙电子技术有限公司
25	2013GH050904	矿用隔爆型LED巷道灯产业化	浙江通明电器有限公司
26	2013GH050905	太阳能分布式微网发电系统	杭州浙大桑尼能源科技有限公司
27	2013GH050906	基于物联网的太阳能热水工程监测和控制系统	浙江比华丽电子科技有限公司
28	2013GH050907	BSL强固型LED路灯	浙江博上光电有限公司
29	2013GH050909	无镉内化成动力铅蓄电池产业化	超威电源有限公司
30	2013GH050910	锂离子电池正极材料磷酸铁锂产业化	浙江振华新能源科技有限公司
31	2013GH050911	大功率模组化LED城市照明路灯	浙江捷莱照明有限公司
32	2013GH050912	新型固胶体动力型锂聚合物电池	浙江振龙电源股份有限公司
33	2013GH050914	新型太阳能LED警示信号灯	温州市宏大警示设备有限公司
34	2013GH050915	高显色指数LED球灯	长兴友邦电器有限公司
35	2013GH050916	海水冷却LED船用集鱼灯	浙江深度光电科技有限公司
36	2013GH050925	新型磷酸铁锂动力电池模块的开发与产业化	浙江超威创元实业有限公司
37	2013GH050926	15Ah电动汽车用锂离子蓄电池产业化	浙江兴海能源科技有限公司
38	2013GH050928	高能效大功率LED工矿灯	浙江通亮光电科技有限公司
39	2013GH050929	年产100万kVAh胶体储能电池产业化	浙江天能动力能源有限公司
40	2013GH050930	光伏组件与储能电池技术及光伏系统开发应用	恒基光伏电力科技股份有限公司
41	2013GH710603	基于激光加工技术的智能双电源投切保护装置	宏秀电气有限公司

（续）

序号	项目编号	项　目　名　称	承　担　单　位
42	2013GH050989	电动摩托车用动力锂离子电池	宁波世捷新能源科技有限公司
43	2013GH011001	LED 芯片封装与产业化示范项目	蚌埠德豪光电科技有限公司
44	2013GH011005	高光效大功率照明 LED 外延片、芯片产业化	马鞍山圆融光电科技有限公司
45	2013GH041043	新能源汽车电子电器开关产业化	昌辉汽车电器（黄山）股份公司
46	2013GH710701	稀土合金纳米硅晶动力蓄电池研发及产业化	天能电池（芜湖）有限公司
47	2013GH011058	太阳能光伏领域功率电力电子芯片项目	福建省安特半导体有限公司
48	2013GH041069	集成智能微型逆变器光伏并网发电组件	文创太阳能（福建）科技有限公司
49	2013GH051075	储能式超级电容器不间断电源（UPS）	漳州科华技术有限责任公司
50	2013GH041086	SmartSwitch 数字化配电系统	厦门明翰电气股份有限公司
51	2013GH051099	新一代高光效、大流明 LED 隧道灯产业化	江西省晶和照明有限公司
52	2013GH051100	大功率超低热阻 LED 路灯	吉安市艾吉特光电科技有限公司
53	2013GH011103	电网运行安全集中监控系统	山东康威通信技术股份有限公司
54	2013GH011108	高效节能大功率 LED 路灯	山东宇泰光电科技有限公司
55	2013GH011116	智能变电站辅助系统综合监控平台	烟台磐能电气控制系统有限公司
56	2013GH041178	大功率开关磁阻调速电动机及控制系统	山东德森机电科技股份有限公司
57	2013GH041185	新型 SC10-25000/35 干式变压器	山东鲁能泰山电力设备有限公司
58	2013GH041186	采用国产非晶铁心的高效节能变压器	山东达驰电气有限公司
59	2013GH041206	2000kW 智能环保船用双燃料发电机组	潍坊赛马力发电设备有限公司
60	2013GH051207	高精度压床式锂电池化成分容系统装置	山东路华电子设备有限公司
61	2013GH051208	低成本高性能磷酸铁锂的开发与产业化	烟台卓能电池材料有限公司
62	2013GH710903	室内 P1.7 高清 LED 显示屏研发及产业化	山东欣立得光电科技有限公司
63	2013GH710904	LED 风光互补绿色照明产品研发及产业化	潍坊广生新能源有限公司
64	2013GH051279	长寿命电动汽车用锂离子二次电池负极材料	新乡远东电子科技有限公司
65	2013GH011291	新型贴片 LED 封装及其产业化项目	湖北匡通电子有限公司
66	2013GH051315	年产 25 万 kWh 磷酸铁锂动力电池项目	欧赛新能源科技有限公司
67	2013GH051316	智能 LED 路灯及其测试技术集成与产业化	湖北恒颖超科技有限公司
68	2013GH011334	大功率 LED 封装研发及应用	武汉长江半导体照明科技股份有限公司
69	2013GH051338	超高亮度 LED 外延片和芯片产业化	华灿光电股份有限公司
70	2013GH051339	不同材质 LED 芯片制造产业化	元茂光电科技（武汉）有限公司
71	2013GH051340	太阳能光伏电缆	武汉第二电线电缆有限公司
72	2013GH051372	智能电网用光纤复合电力电缆产业化项目	金杯电工衡阳电缆有限公司
73	2013GH031405	锂离子电池高密度负极材料产业化关键技术	湛江市聚鑫新能源有限公司
74	2013GH011444	16 通道 PWM 控制恒流输出 LED 驱动芯片	深圳市明微电子股份有限公司
75	2013GH051452	大容量超级电容器产业化项目	深圳市今朝时代新能源技术有限公司
76	2013GH051453	18650 型 2.6Ah 动力电池产业化	深圳市比克电池有限公司
77	2013GH051455	用于固定通信基站的（第二代）环保储能电池	深圳市三俊电池有限公司
78	2013GH051488	年产 60MW 非晶硅薄膜太阳能电池生产线（太阳电池）	成都旭双太阳能科技有限公司
79	2013GH051532	移动式 LED 应急照明灯产业化	遵义火焰山电器有限公司
80	2013GH011548	新一代白光 LED 封装产业化项目	陕西光电科技有限公司
81	2013GH051576	太阳能电池缺陷自动检测系统（太阳电池）	西安导引科技有限责任公司
82	2013GH051579	光纤导入式太阳光照明系统	陕西宝光光电有限公司
83	2013GH051601	TSPV-500K 太阳能光伏并网逆变系统	天水电气传动研究所有限责任公司

中国电源学会第二十届学术年会录用论文目录

分会场1：谐波、电磁兼容和电能质量控制

S1.01 变压器共模端口有效电容的分析与评估 …… 李芬、董纪清、庄凡
S1.02 基于波形控制方法的燃料电池低频纹波抑制技术 …… 王浩然、肖程元、王槐、朱国荣
S1.03 一种基于改进EMD的谐波分析新方法 …… 郭艳威、金涛
S1.04 LLC变换器的共模EMI特性分析与优化设计 …… 陈庆彬、陈为
S1.05 一种应用于平面EMI滤波器的新型磁心结构 …… 龚敏、王世山
S1.06 一种基于改进半桥结构的有源滤波器研究 …… 王涛、金毅、王志辉、陈仲、孟小利
S1.07 非对称型12脉波整流电路自耦变压器绕组结构的研究 …… 曹咏芳、李雄、李明闻、朱国荣
S1.08 基于PCC电压检测的有源电力滤波器研究 …… 沈虹、江百乾、王芳、孙孝峰
S1.09 基于比例谐振的LCL型有源电力滤波器控制系统设计 …… 卞晶、王亚威、郑帅、王志强
S1.10 基于SVPWM的三相并联APF控制策略研究 …… 陈爽、杜贵平、张波
S1.11 EMI滤波器(L-C-L)的建模分析和布局优化 …… 卢增艺、周贺、章进法

分会场2：新型功率器件及其应用、高频磁元件和集成磁技术

S2.01 “E王E”形耦合电感器的建模与研究 …… 杨玉岗、叶菁源
S2.02 新型低寄生电感模块的设计 …… 陈道杰、Michael Frisch、Erno Temesi
S2.03 电力电子磁心损耗直流功率测量法的定标模型和方法 …… 杨向东、陈为、汪晶慧、黄晓生
S2.04 低寄生电感IGBT功率模块的设计及测试 …… 朱楠、陈敏、徐德鸿
S2.05 一种倍流整流变换器集成磁件的改进设计 …… 卢增艺、陈为、章进法
S2.06 基于SiC MOSFET的驱动及缓冲电路设计与实验研究 …… 刘永迪、边境、李虹、刘学超
S2.07 氮化镓晶体管全负载范围高效率安全工作的三电平驱动方式 …… 孙彤、任小永、党昊、阮新波
S2.08 一种高介电常数材料的制作及其在电力电子器件中的应用 …… 徐晨琛、王世山
S2.09 低寄生电感功率模块的设计及测试 …… 朱楠、陈敏、徐德鸿
S2.10 高压碳化硅MOSFET特性分析 …… 陈永真、陈之勃
S2.11 一种适合于磁集成开关变换器的时域分析方法 …… 卢增艺、陈为、章进法
S2.12 高频高磁导率锰锌铁氧体材料TSR15的研制 …… 孙炜、顾张新、陆阳、聂敏

分会场3：太阳能、风力、燃料电池发电

S3.01 一种准单极性SPWM全桥非隔离光伏并网逆变器 …… 肖华锋、刘隰蒲、兰科
S3.02 双向反激微功率光伏并网逆变器的分析与设计 …… 毛行奎、王小彬、张锦吉、陈为
S3.03 推挽正激式直流变换器型高频环节光伏并网逆变器 …… 黄伏送、张杰、严斌、陈道炼
S3.04 电励磁双凸极风力发电机系统MPPT控制策略的对比研究 …… 周兴伟、周波、郭鸿浩、刘颖
S3.05 双馈风力发电机转子变流器九点控制器设计 …… Wenjie Li、Jin Chen、Guanling Chen
S3.06 无变压器非隔离型三相中点钳位多电平光伏逆变器漏电流抑制策略 …… 郭小强、Marcelo C. Cavalcanti、Alexandre M. Farias、Josep M. Guerrero
S3.07 基于定值扫描MPPT的微型逆变器 …… 杨天、杨开、骆雅琴
S3.08 基于db4小波包的规模化并网逆变器网侧电流谐振信息提取方法 …… 刘隰蒲、肖华锋、兰科、徐青山
S3.09 微功耗家用风力发电机 …… 郁百超
S3.10 模型预测控制三相并网逆变器的研究 …… 史宇、韩金刚、马治远、汤天浩
S3.11 Crowbar阻值对双馈电机暂态定子磁链的影响 …… 黄清军、邹旭东、江彩瑜

分会场4：电源技术与特种电源(1)

S4.01 基于级联多电平的两级式单相光伏并网发电系统直流母线均压策略研究 …… 丁谊、王学华、阮新波、李继华
S4.02 并联型开关线性复合结构包络线跟踪电源的优化设计 …… 王亚洲、阮新波、金茜
S4.03 一种测量漏电流双磁心磁通门探头的研究与设计 …… 郑剑斌、董纪清、陈为、张煜
S4.04 基于加权网络模型的电力电子电路可靠性分析 …… 丘东元、刘玉飞、张波
S4.05 一种高效率隔离型功率变换器的研究 …… 孙佳、张丽丽、陈之勃、陈永真
S4.06 原边反馈反激电路的原理与设计 …… 张卫平、刘申丽、姜志亮、刘元超
S4.07 远距离低磁耦合谐振无线电能传输磁系统分析 …… 钟晓龙、陈为、骆明峰
S4.08 基于灰色BP神经网络的EPS故障率预测 …… 张子辰、周熙文
S4.09 基于EDF的双向DC/DC变换器小信号建模与仿真 …… 刘灿、王萍

S4.10　1.2MVA 混合钳位五电平变流模块的电容取值工程设计 …… 董玉斐、何原明、李武华
S4.11　补偿式斩控调压交流稳压电源 …… 龚秋声

分会场5：多电平、新颖 PWM 控制

S5.01　基于 Icepak 混沌 SPWM 变换器功率器件温升研究 …… 张柏华、李虹、王博宇、刘永迪
S5.02　3L-NPC 半桥逆变器新型均压控制策略研究 …… 石祥花、许津铭、谢少军
S5.03　一种新型三相四线制航空有源滤波器 …… 李梦南、金毅、王志辉、陈仲
S5.04　双频控制组合式三相三电平直流变换器 …… 张吾杨、刘福鑫、阮新波
S5.05　基于谐波注入的电网参数在线检测方法 …… 盛僖洋、雷万钧、聂程、丁忠安
S5.06　T 型三电平电力电子器件故障的容错运行策略 …… 张文平、李海津、徐德鸿、Prasad Enjeti
S5.07　新型 3L-NPC 半桥逆变器调制策略研究与损耗对比 …… 石祥花、钱强、谢少军
S5.08　三电平双 PWM 控制系统硬件方案及控制策略研究 …… 王建渊、雷国惠、钟彦儒
S5.09　非对称多电平变换器的优化设计 …… 方翼翔、丘东元
S5.10　半桥三电平直流变换器电容电压控制策略 …… 虞晓阳、金科、刘志军
S5.11　一种模块化多电平换流器模型预测控制的优化方法 …… 曹穆、王跃、丛武龙、刘普
S5.12　基于谐波注入的电网参数在线检测方法 …… 盛僖洋、聂程、雷万钧、张凯

分会场6：逆变器与 UPS

S6.01　Buck DC-DC Chopper Mode Inverters with High Frequency Link …… Daolian Chen、Guoling Wang
S6.02　并联三相 PWM 逆变器环流双更新控制 …… 陈佳明、张文杰、张学广、徐殿国
S6.03　三相 PWM 并网逆变器静止坐标系下电流重复控制策略 …… 张文杰、陈佳明、张学广、徐殿国
S6.04　逆变器带非线性负载控制策略研究 …… 尹球洋、王学华、阮新波、徐林
S6.05　风能并网系统中双 Boost 变换器的研究 …… 张惠珍、陈浩龙
S6.06　分布式输入串联输出串联逆变器系统的控制策略 …… 朱恒伟、方天治
S6.07　单相微网逆变器的并网/离网双工作模式控制策略研究 …… 孙向东、任碧莹、张琦、梁刚、安少亮
S6.08　MIC 系统的研究 …… 张卫平、付得意、郝晓飞、毛鹏
S6.09　单相高频链矩阵式逆变器的解结耦单极性移相控制 …… 闫朝阳、徐术超、韩星月、张纯江
S6.10　三相高频链矩阵式逆变器开关异常过电压应力的抑制 …… 闫朝阳、李建霞、贾民立、张纯江、邬伟扬
S6.11　100kW 三电平 DC/AC 变流器散热器优化设计 …… 朱晔、许彬慈、张安羊、徐德鸿
S6.12　大功率逆变器损耗建模方法研究分析 …… 孙鹏飞、吴岩松、李武华

分会场7：软开关技术、功率因数校正技术

S7.01　一种 30kW 软开关逆变器直流母排设计方案 …… 何宁、杜成瑞、陈敏、徐德鸿
S7.02　双向全桥 DC/DC 变换器软开关及峰值电流特性分析 …… 苗静、游小杰、李艳、梁美
S7.03　ZVS 与 ZVZCS 移相全桥变换器关键问题的分析 …… 张强、林维明
S7.04　单相 UPS 系统双 Boost PFC 数字化的研究 …… 叶开明、陈浩龙、蔡逢煌、王武
S7.05　并联式三相有源功率因数校正电路的研究 …… 杜思涛、张淼
S7.06　一种软开关交错并联双向变换器的研究 …… 高雨翔、王勤、肖岚
S7.07　一种低环流损耗的新型全桥 ZVS 变换器 …… 汪洋、陈仲、王志辉
S7.08　基于单相模块构建三相 PWM 整流器的研究 …… 谢人、张涛、陈敏、徐德鸿
S7.09　二极管钳位三电平 PWM 整流器双变比例因子中点电位平衡控制 …… 张小贝、伍文俊、钟彦儒
S7.10　一种单相逆变器非单位功率因数零电压开关调制方法研究 …… 习江北、陈烨楠、胡光铖、陈敏、徐德鸿
S7.11　一种零电压软开关逆变器中 IGBT 模块的优化选择 …… 杜成瑞、朱楠、何宁、徐德鸿

分会场8：微型电网、智能电网中的电力电子技术

S8.01　具有中间母线的多变换器系统的稳定性阻抗判据 …… 张欣、阮新波、谢智刚
S8.02　改进的空间状态模型和含逆变器的微网孤岛运行分析 …… 祝明华、王先为、熊连松、卓放、张海龙
S8.03　基于背靠背(BTB)变流器的电网故障模拟装置 …… 陈文杰、朱楠、徐德鸿、陈敏
S8.04　一种低谐波畸变量的快速主动移频式孤岛检测方法 …… 陈武、王广江、朱旭
S8.05　模型预测控制单相级联 H 桥多电平并网逆变器的研究 …… 杨腾飞、姚彭、赵铭、韩金刚、汤天浩
S8.06　基于储能系统功率调节的电力系统低频振荡抑制策略研究 …… 谢亦丰、熊连松、卓放、祝明华、李琛、张海龙
S8.07　微型电网特征参数的实时在线计算方法研究 …… 熊连松、祝明华、卓放、谢亦丰、李琛、张海龙
S8.08　并网逆变器的相序自适应控制研究 …… 贾宇虹、贺超、陈国柱
S8.09　直流微电网协调控制与能量管理研究 …… 王盼宝、王卫、吴辉
S8.10　一种微电网逆变器混合控制方法的研究 …… 李阳、顾和荣、赵巍

S8.11 比例复数积分控制原理及应用 …… 郭小强
S8.12 逆变器并联运行对孤岛检测方法的影响研究 …… 张纯江、王晓寰、辛岩洁

分会场 9：系统仿真、建模与控制

S9.01 Buck 变换器的离散模型 …… 熊春、阮新波、张欣、陈沛琳
S9.02 基于三相四桥臂的永磁容错电机控制系统研究 …… 穆晓敬、郝振洋
S9.03 基于动态规划的飞机配电网管理策略研究 …… 彭城、唐彬鑫、任爽、杨善水
S9.04 采用 RC 阻尼消除基于二极管-电容网络的高升压 DC-DC 变流器右半平面零点 … 张岩、马小龙、冯君杰、刘进军
S9.05 T 型三相三电平整流-逆变系统建模与控制研究 …… 王昊、徐德鸿
S9.06 拓宽矩阵变换器-起动/发电系统发电功率范围的控制策略 …… 卞金梁、周波、秦显慧、雷家兴、梁莹
S9.07 谐振电路在 D-Q 坐标下的建模 …… 张颖奇
S9.08 叠加式升压变换器输出电容结构对音频衰减率的影响 …… 陈骞、郑琼林、李艳
S9.09 中频有源滤波器的控制建模与分析 …… 刘亚云、金毅、王志辉、陈仲
S9.10 基于 Flotherm 的正激变换器热设计 …… 钟志远、秦海鸿、王丹
S9.11 一种三级三相电力电子变压器拓扑均压均流问题研究 …… 王新宇、欧阳少迪、刘进军
S9.12 基于有源门极控制的 IGBT 并联技术的研究 …… 何海兵、谭平安、陈乐、方超

分会场 10：新颖开关电源

S10.01 移相串联谐振高压充电电源谐振参数设计方法研究 …… 廖永福、林磊、徐强强、李傲、钟和清、邓禹
S10.02 适用于高压大功率场合的三相三电平 LLC 谐振直流变换器 …… 胡高平、刘福鑫、金峰、阮新波
S10.03 电流型双向多脉冲变流器的研究 …… 杨鸣强、陈乾宏、胡翔
S10.04 双串联谐振双向三端口 DC/DC 变换器选频解耦控制研究 …… 孙孝峰、薛利、孟宇飞、刘飞龙
S10.05 基于输出电压上翘特性的 ISOP 组合变换器无互联均压控制策略 …… 陈武、王广江、朱旭、阮新波
S10.06 LLC 谐振变换器轻载下电压增益失真的研究 …… 俞珊、董纪清、陈海堤
S10.07 集成化独立光伏系统的多模式控制策略研究 …… 李芳、李艳、游小杰
S10.08 一种具有快速负载响应的抽头电感 Buck 变换器的研究 …… 李智、郭晓君、洪翠、林维明
S10.09 一种基于图论的电力电子拓扑构造方法 …… 张桂东、张波、李忠、丘东元、邓禹
S10.10 基于模糊控制的移相串联谐振高压充电电源研究 …… 李傲、林磊、徐强强、廖永福、钟和清
S10.11 输入串联输出并联的多路输出变换器 …… 张强、任小永、庞振进、陈乾宏、阮新波
S10.12 一种升降压双电平输出直流变换器 …… 单涛、盛田田、王晓琳、邓智泉

分会场 11：照明电子、电动汽车

S11.01 基于 Buck-Flyback 单级 PFC 的 LED 恒功率控制策略 …… 郑清良、徐玉珍、李智、林维明
S11.02 电动汽车无线充电技术的研究进展 …… 王振亚、王学梅、张波、丘东元
S11.03 电动汽车直流变换器中高压 MOSFET 的振荡分析与改善 …… 周晶晶、庞方杰、汤天浩
S11.04 Buck/Boost 集成型三端口直流变换器 …… 毛韵雨、刘福鑫、阮新波
S11.05 基于集成 Buck-Flyback 单级 PFC 的分析与设计 …… 翁武仙、林维明
S11.06 基于 LLC 谐振转换器的 LED 汽车灯驱动电路设计 …… 冯铁球、张相军
S11.07 一种高 PF 单段线性高压 LED 驱动方案 …… 王立乔、李思恺、李明峰、程增奇
S11.08 一种 PWM 加移相控制的三端口直流变换器 …… 张吾杨、刘福鑫、阮新波
S11.09 LED 照明与相控调光 …… 路秋生
S11.10 长寿命 LED 驱动电路专用电解电容器应用特性分析 …… 陈永真、陈之勃
S11.11 基于 SM7525 无电解电容 LED 驱动电路 …… 甘同、李照华、王桂风、赵春波、王桂光、郭伟峰
S11.12 防爆 LED 灯电源散热技术研究 …… 李姝江

分会场 12：电池及充电技术、储能技术

S12.01 共振式无线充电区域的设计与实现 …… 陈文仙、陈乾宏、黄君涛、张慧娟、任小永
S12.02 采用非接触互感器的自激式非接触谐振变换器 …… 严开沁、陈乾宏、侯佳、任小永、阮新波
S12.03 电磁共振式无线电能传输系统特性的研究与分析 …… 陈文仙、陈乾宏、黄君涛、张慧娟、任小永
S12.04 基于 E 类放大器的无线电能传输系统设计 …… 唐伟、戴卫力、薛伟民、张俊康
S12.05 两级式储能变换器无缝切换控制策略 …… 蒋顺平、林桦
S12.06 超级电容器寿命分析 …… 陈永真、陈之勃
S12.07 基于 LCL 滤波器的双向储能变流器研究 …… 刘钊、王淑惠
S12.08 超级电容器储能系统的电压均衡研究 …… 庄怡倩、谢少军、王成
S12.09 锂离子动力电池充放电特性建模 …… 张文娟、崔纳新、商云龙

S12.10　链式储能系统电池侧二次脉动功率的抑制方法……陈强、李睿、蔡旭
S12.11　软磁材料在无线充电器中的应用……杜成虎、董生玉、方中华、郭跃波

分会场 13：电力传动与变频调速

S13.01　基于旋转高频电压注入法的 BSSM 无位置传感器起动控制技术研究……钱东祥、魏佳丹、周波、张坤
S13.02　基于滑模观测器的 TSMC-PMSM 无速度传感器矢量控制系统研究……马宝剑、宋卫章、钟彦儒、贺瑾、张磊、熊树青、李希、邢飞雄、严骅
S13.03　基于免疫算法的感应电机二自由度内模控制策略研究……尹忠刚、牛剑博、钟彦儒
S13.04　电力传动系统中半实物仿真技术的分类及稳定性研究……黄清军、邹旭东、邓璐
S13.05　基于霍尔位置传感器的车用永磁同步电机正弦波驱动……沈彪、储剑波、胡莹、王世山
S13.06　注入信号对脉振高频信号注入法的影响研究……王龙、周波、李洁、刘兵、赵星
S13.07　大功率变频交流电源系统起动控制策略仿真研究……张坤、周波、魏佳丹、钱东祥
S13.08　基于二自由度无源性控制的永磁同步电机控制策略研究……丁虎晨、尹忠刚、钟彦儒
S13.09　基于双幂次趋近律滑模的感应电机控制方法……尹忠刚、李东、钟彦儒
S13.10　基于 TMS320F280200 简易变频器设计方案……赵庆、周熙文
S13.11　基于滑模观测器的永磁同步电机无传感器控制的研究……韩彬彬、明正峰、刘又清
S13.12　三相逆变器预测控制……贺瑾、宋卫章、钟彦儒、马宝剑、张磊、熊树青、邢飞雄、李希

分会场 14：电源的数字控制

S14.01　Buck 功率控制数字 PID 补偿器设计……张卫平、张学江、毛鹏、周升明
S14.02　状态空间理论在逆变器数字 PID 双环控制中的应用……徐发喜、王念春
S14.03　一种提高微网逆变器稳定性的控制参数优化选取方法……翁凯雷、阮新波、王学华
S14.04　全数字控制 LLC 谐振变换器电池充电器研究……刘一希、陈新、刘观秋、杨盼
S14.05　数字控制相移 + PWM 控制双向 DC/DC 变换器……肖旭、张方华、郑愫
S14.06　基于系统特征值分析法的微电网逆变器稳定性分析……刘飞、陈新
S14.07　基于小波变频调制的逆变器控制技术……张金龙、漆汉宏、孙孝峰
S14.08　峰值电流模式控制数字移相全桥变换器的分析与设计……王均、马皓
S14.09　数字式双闭环 PR 控制单相逆变器的仿真研究……王亚威、郑帅、卞晶、吴文强
S14.10　基于 DSP 的大功率调制器控制器的研究与设计……刘培刚、李青、姚列英
S14.11　含负载电流源的 PWM 变换器稳态周期解和占空比微变 Z 域模型……胡茂洪

分会场 15：电源技术与特种电源(2)

S15.01　基于调制脉冲叠加的阻抗测量方法……岳小龙、张政华、师洪涛、卓放
S15.02　三相晶闸管移相触发器芯片的设计与实现……孙俊、韩雁、寿鑫莉
S15.03　基于 SC-BUCK 变换器的介电型 EAP 发电系统研究……洪博、王莉、秦剑华、张霞
S15.04　用薄膜电容器替代电解电容器……王燕路、王洪宝、陈永真
S15.05　电网阻抗对并网逆变器系统稳定性影响分析及控制……华森杰、陈新、王赟程、张旸
S15.06　基于相似原理的兆瓦级风轮机特性模拟……刘颖、周波、郭鸿浩、周兴伟、游霞
S15.07　变频交流发电机变增益控制的研究及实验验证……彭方涛、李申、倪永亮、王莉、杨善水
S15.08　输入串联输出并联逆变器系统的复合式控制策略……王健、方天治
S15.09　电除尘器使用的新一代脉冲高压电源……张谷勋、熊茂
S15.10　混合集成 DC/DC 变换器输出电压温度系数设计……尹华、李文豪
S15.11　三电平逆变器中点电位波动分析及估计策略……刘汉阳、黄松清、孙浩祺
S15.12　基于小波变换的低压 AFCI 研究……申彬彬、张子辰、周熙文

D1：新型功率器件及其应用

D1.01　IGBT 栅极阈值电压分析与实用意义的关系……陈永真
D1.02　从不同年代的通用型 IGBT 模块的数据分析看 IGBT 的进步……陈永真、陈之勃
D1.03　高压大功率 IGBT 开关特性测试方法……杨昌国、施贻蒙

D2：电源的数字控制、功率因数校正技术

D2.01　基于 Buck 开关纹波调制的电源线通信研究……王睿驰、杜进、吴建德、何湘宁
D2.02　移相全桥变换器 PWM 控制设计与实现……姜婷婷、刘晓东、方炜
D2.03　基于滑模控制的 Boost-Forward 功率因数校正变换器分析……王菁、王浩然、朱国荣

D3：电池及充电技术

D3.01　一种基于 Reflex™ 脉冲的锂电池快速充电策略……郑晓龙、韩金刚、汤天浩

D3.02 基于动态均衡点的锂电池组均衡控制策略 …… 邱实、马燕、朱国荣
D3.03 基于双向 DC-DC 变换器的动力电池特性模拟装置 …… 刘述喜、李山、吴波、王博
D3.04 动力锂电池均衡充放电管理系统 …… 马文超、马林威、王留留
D3.05 基于 Boost 变换器的温差发电系统研究 …… 李艳、柳少良、李继红、侯雪艳

D4：电源技术与特种电源

D4.01 一种宽范围输出的直流电力试验操作电源 …… 谢超、毛行奎
D4.02 150W 模块电源损耗及散热的分析与优化 …… 陈明浩、陈乾宏、任小永、杨鸣强
D4.03 四通道交错并联 Buck 变换器输出本质安全的分析 …… 杨玉岗、祁鳞、宁浩轩、王旭生
D4.04 大功率高效线性变换器的设计 …… 张卫平
D4.05 基于占空比的隔离型反激式变换器参数优化的研究 …… 张丽丽、孙佳、陈之勃、陈永真
D4.06 高可靠性须从"芯"做起 …… 张上虎、杨高权、王希天
D4.07 基于 DU1502 高 PF 单段线性高压 LED 驱动方案 …… 李思恺、王立乔、程增奇、李明峰、王希天
D4.08 基于 DU1763 无电感无电解电容可调光 LED 灯 …… 李明峰、颜文林、王希天
D4.09 单相和多相复式半波可控整流电路的研究 …… 龚秋声
D4.10 单相和多相复式桥式可控整流电路的研究 …… 龚秋声
D4.11 导通角控制与熄灭角控制的复式可控整流电路研究 …… 龚秋声
D4.12 蓄电池放电模拟系统的研究 …… 王明彦、宋伟杰
D4.13 基于 LCC 的级联叠加模块化高压脉冲电源设计 …… 张亚超、骆志伟、王德玉、孙孝峰
D4.14 16KW 固态-前向波发射机高压电源 …… 范鹏、刘星辉
D4.15 电能回收再利用装置的分析与实现 …… 刘晖、李多山、董海燕
D4.16 The parallel-output dual flyback inverter …… Wang Wei、Hong Feng
D4.17 三相稳压器缺零保护电路的设计 …… 高青青、周熙文

D5：逆变器与 UPS

D5.01 UPS 串联蓄电池组飞渡电容均衡管理系统设计与实现 …… 郑帅、王亚威、卞晶、李国锋
D5.02 基于 DSP 的推挽型逆变器的控制策略研究 …… 魏图明
D5.03 一种反激式变换器的软开关实现方法 …… 刘浩兴、苏宁焕
D5.04 20-sim 中三相逆变电路键合图模型实现方法研究 …… 施龙生、陈则王、朱宝琳
D5.05 基于 SKiiP4 模块的 500kW 应急电源 …… 董海燕、李多山、刘晖
D5.06 基于遗传算法的逆变器特定消谐 PWM 的研究 …… 张文义、孟晓丹

D6：太阳能、风力、燃料电池发电

D6.01 基于模糊双环解耦控制的直驱风电并网及低电压穿越 …… 杨国良、崔杰、陈朋朋
D6.02 交错反激光伏微逆变器的损耗分析 …… 何俊文、陈为
D6.03 双馈机组在电网故障期间问题及故障穿越技术分类 …… 黄清军、邹旭东、江彩瑜
D6.04 电网电压相位跳变故障下双馈电机锁相问题 …… 江彩瑜、邹旭东
D6.05 双馈电机励磁控制的阻抗模型 …… 邓璐、邹旭东
D6.06 基于 SEPIC 的高效光伏 MPPT 控制器的研究 …… 董睿、何金伟、徐佳
D6.07 自给式光伏发电系统设计 …… 肖华锋、王朝宇、刘隰蒲、兰科
D6.08 双支路型两级式光伏并网逆变器的软启动方法 …… 刘畅、金科、王健

D7：系统仿真、建模与控制

D7.01 忆阻器建模及动态特性分析 …… 詹玉香、陈艳峰、张波
D7.02 非理想电网电压条件下软件锁相环性能对比仿真研究 …… 赵巍、张江明、顾和荣
D7.03 用于超级电容储能的双向 Buck/Boost 变换器建模研究 …… 何汀、谢少军、王成
D7.04 基于受控源的建模方法在飞机供电系统仿真中的应用 …… 戴泽华、吕秀芹、杨善水
D7.05 三相逆变器 SHEPWM 与 SPWM 的对比仿真研究 …… 张文义、孟晓丹
D7.06 基于母线电流传感器的无位置传感器 PMSM 仿真研究 …… 姜洪磊、李惠光、杨国良、李金超
D7.07 改进的遗传算法在火灾图像分割中的应用 …… 吴天佑、周熙文
D7.08 基于双绕组永磁容错电机的双余度控制系统的研究 …… 黄义红、郝振洋
D7.09 开关电源传导电磁干扰仿真研究 …… 张煜、陈庆彬、陈为
D7.10 离网型光伏逆变器的电压与双电流闭环控制方法 …… 仲磊、莫建冬、韩金刚、汤天浩
D7.11 基于 PROFINET 的电机和大功率脉冲电源逻辑控制系统设计 …… 陈宇红、胡浩天、李维斌、姚列英、宣伟民
D7.12 10kV 中压混合式负荷开关及其长行程推拉电磁铁分析与设计 …… 林甲深、陈为、李芬、郭雅红

D7.13　电励磁双凸极电机四种电动控制策略的比较 …… 谢仁和、王世山、虞振洋
D7.14　两种拓扑结构的脉冲电源仿真研究 …… 史春逢、高大庆、黄玉珍、陈又新、王荣坤
D8：新颖开关电源
D8.01　采用磁放大器后级稳压的新颖正反激变换器设计 …… 王小彬、蓝丽金、毛行奎
D8.02　回转器在无电解电容 LED 驱动中的应用 …… 陈建壮、陈艳峰、张波、丁力
D8.03　宽范围快响应 Boost 变换器单片机实现 …… 胡茂洪
D8.04　低纹波降压变换器与快速负载动态响应的控制 …… 何宏伟、林维明
D9：照明电子
D9.01　LED 灯调光技术及其发展 …… 林维明、张强、郑清良
D9.02　细谈 LED 驱动电源中的电解电容寿命 …… 黄敏超
D9.03　微功耗 LED 照明电源 …… 郁百超
D10：多电平、新颖 PWM 控制
D10.01　3L-NPC 半桥逆变器电容电压自平衡机理研究 …… 石祥花、许津铭、钱强、谢少军
D10.02　二极管钳位三电平变换器双调制波单载波脉宽调制策略研究 …… 李露、伍文俊、钟彦儒
D10.03　电力电子装置的开关状态函数化分析方法 …… 黄松清、刘汉阳、孙浩祺
D10.04　用于三相 AC-DC 模块化多电平换流器的改进模型预测控制策略 …… 丛武龙、王跃、曹穆、刘普
D11：其他
D11.01　无位置传感器无刷直流电机的直接转矩控制研究 …… 杨国良、周康乐、张恩蓓、常心妍
D11.02　采用交流电感器的不控整流滤波器的可视化分析 …… 铁瑞芳、伍家驹
D11.03　介电型 EAP 发电系统升压变换器研究 …… 秦剑华、王莉、王成淑
D11.04　基于二阶忆阻器的忆容器模型及其滤波特性分析 …… 朱志勇、陆益民
D11.05　有源荷控忆阻器在非线性电路中的应用 …… 李斌华、杨汝、刘佐濂
D11.06　高压电解电容器最新进展 …… 陈永真
D11.07　三相感应电机的参数辨识和应用 …… 凌毅、周熙文

第六篇　电源发明专利

（2013 年授权）

2011 年公开

2012 年公开

2013 年公开

说明：电源专利部分所收录专利均为 2012 年获得授权的电源相关专利，按照专利公开日进行分类。

2011年公开

开关电源用变压器引脚整直机

申请（专利）号：201010236415.0　**公开日：**2011-01-12

申请人：池国强

发明人：池国强

摘要：

开关电源用变压器引脚整直机，属于机电类自动化设备，应用于变压器生产制造领域。解决变压器生产过程中引脚弯曲的问题，此整直机利用机械原理对弯曲的引脚进行1次整直，1次完成所有方向上的弯脚。具有使用简单，维护成本低，体积小，控制简单，适用多种变压器型号等特点。

子电池流通式子母电池电源系统

申请（专利）号：201010520479.3　**公开日：**2011-02-09

申请人：赵山山

发明人：赵山山

摘要：

一种用于解决电动汽车等需要快速充电的设备问题的装置，它是由子电池和母电池组成。充满电的子电池在必要时经过机构进入母电池，与原本没电的子电池进行替换，提供电力。没电的子电池离开母电池，到充电器处充电。母电池和充电器内有传送的机构供子电池在母电池与充电器之间往返。母电池内有各个子电池的并联与串联的结构，形成不同电压与容量的母电池。母电池能够根据子电池的电量选择哪些电池并联和串联，智能地使用所有子电池的电量。充电器能够检测从母电池所得子电池的情况，从而决定收费的多少。它解决了快速充电的问题，主要用于电动汽车等设备。

一种大功率电源负载仪

申请（专利）号：201110098022.2　**公开日：**2011-11-23

申请人：深圳茂硕电源科技股份有限公司

发明人：顾永德　苏周　王永彬　徐兵　董洁

摘要：

一种大功率电源负载仪，可以在恒压、恒流、恒阻模式之间进行切换，可满足各种电源的检测需求。其是一种实用的电源负载仪，只需用简单的电路及元器件即可实现多种模式负载功能，可以根据测试的需要转换，有恒流、恒压、恒阻三种状态，能很好地解决大功率设备在测试中的负载需求。本发明利用MOS管与锰铜丝电阻组成负载回路，利用电流比较器进行电流准确度控制，本发明利用一组转换开关来在恒阻、恒压、恒流三种模式之间进行模式转换。本发明能达到很高的电流准确度和稳定性，能满足所有设备的测试要求，每种模式都是用一个多圈电位器来进行调节电流、电压、电阻的大小。本发明在使用时还可以在输入端增加一个电流表和电压表，来监测负载仪的工作情况。

电源外置型灯具

申请（专利）号：201010192959.1　**公开日：**2011-12-07

申请人：俞炳金

发明人：俞炳金

摘要：

电源外置型灯具包括灯具本体，在灯具本体外部设置有灯具电源，所述灯具电源固定在灯具本体的外部。在不影响灯具安装、使用的状况下，可把灯具内部的电源通过设计变更安装在灯具的外部，并通过快速连接端子接线，达到更优化的资源。通过改进，在安装或维护灯具时，可以不用打开灯具内部（因为安定器是装在外面）的状况下，直接接线，安装省时省力、节约资源。

太阳能应急电源

申请（专利）号：201010192954.9　**公开日：**2011-12-07

申请人：俞炳金

发明人：俞炳金

摘要：

一种太阳能应急电源，包括太阳电池板箱和蓄电池箱，所述蓄电池箱内置蓄电池、控制器、电流输入及输出装置，所述太阳电池板箱和蓄电池箱可电连接，其特征在于所述太阳电池板箱箱体底部由合页连接，且内置四块太阳电池板，其中每两块太阳电池板通过合页形成可折叠连接，并分置于所述太阳电池板箱的两侧箱体内。本发明采用4块30W电池板可折叠成箱体，使充电功率达到120W，缩短充电时间的同时更方便携带，能广泛应用于灾难救助、应急、野外作业和特种生活等各个领域，并能满足大功率输出和长时间用电的需求。

2012年公开

电动车混合供电电源及技术

申请（专利）号：201010251761.6　**公开日：**2012-02-08

申请人：大庆市海丰能源技术研究有限公司

发明人：王文明　王子齐　张建华

摘要：

本发明提供一种电动车混合供电电源，由太阳电池、风力发电机、超级充电电容、蓄电池四部分混合编组而成。其中太阳电池、风力发电机为发电供电单元，超级充电电容、蓄电池为储电供电单元。该组合供电系统克服了现有各种电动车电能储备功能单一、储量小、无法动态充电、续驶里程短、频繁充电的不足。采用可再生能源动态供电与储存静态供电混合编组设计，可减少电动车蓄电池配置数量，降低整车重量和车内空间，减少传统电能补充次数，增加车辆行驶动力和速度。

电源盒

申请（专利）号：201110246148.X　**公开日：**2012-04-25

申请人：西安辉炜信息科技有限公司

发明人：周晓辉　武斌　张娟

摘要：

本发明涉及一种电源盒，包括外壳 1 和一个可滑动的滑盒，其特征在于：滑盒与外壳合围出一个内腔室，内腔室用于放置电源模块；在滑盒的侧面一共安装有至少一个风扇，所述的侧面包括左侧面和右侧面；在外壳的左侧面和右侧面都设置有均匀分布的孔或栅格。本发明所提供的技术产品，可以达到预期的技术效果，保证外置于 LED 显示屏体外的电源模块不但美观而且安全。同时结构简单，大大节约了制造成本。

一种防腐电源装置

申请（专利）号： 201010506674.0 **公开日：** 2012-05-09

申请人： 黄铂

发明人： 黄铂

摘要：

一种防腐电源装置是涉及一种基于单神经元自适应算法的防腐电源装置。本发明就是提供一种可以在控制上达到无静差、无超调的优良性能的防腐电源装置。本发明包括控制单元、信号调整电路和驱动电路、防腐电源以及上位机，其结构要点在防腐电源电路中，防腐电源的正输出端与阳极相连，负输出端与金属板相连，下面放标准的参比电极。保护电流由防腐电源的正端-阳极-参比电极-管道-防腐电源的负端形成回路。

电源外置型灯具

申请（专利）号： 201010506566.3 **公开日：** 2012-05-09

申请人： 崔敏娟

发明人： 崔敏娟

摘要：

电源外置型灯具包括灯具本体，在灯具本体外部设置有灯具电源，所述灯具电源固定在灯具本体的外部。在不影响灯具安装、使用的状况下，可把灯具内部的电源通过设计变更安装在灯具的外部，并通过快速连接端子接线，达到更优化的资源。通过改进，在安装或维护灯具时，可以不用打开灯具内部（因为安定器是装在外面）的状况下，直接接线，安装省时省力、节约资源。

一种模糊 PID 控制的双峰脉冲电镀电源

申请（专利）号： 201010515618.3 **公开日：** 2012-05-16

申请人： 孙奎

发明人： 孙奎

摘要：

一种模糊 PID 控制的双峰脉冲电镀电源。本发明涉及一种双峰脉冲电镀电源，本发明提供一种精确控制脉冲宽度、频率和幅值，提高镀层质量的模糊 PID 控制的双峰脉冲电镀电源。本发明包括主电路和控制电路，其特征在于主电路包括三相全控整流桥、滤波电路和 DC/DC 变换电路，三相交流工频电压经过三相全控整流桥变为脉动直流电压，滤波电容将脉动直流电压变为比较平滑的直流电压，再经过 DC/DC 变换电路转化为矩形波，最后经脉冲变压器输出负载所需的双峰脉冲电流。控制电路完成脉冲电流幅值、频率和脉宽的控制以及对电源的保护。

具备两相圆孔、三相圆孔、USB 接口的多功能电源插座

申请（专利）号： 201010517458.6 **公开日：** 2012-05-16

申请人： 毛世静 郑晴 郑金存

发明人： 郑晴 毛世静 郑金存

摘要：

具备两相圆孔、三相圆孔、USB 接口的多功能电源插座，属于小型电子产品。随着计算机的普及，特别是笔记本电脑、上网本、智能手机的大量应用，每人一“本”、每人一部智能手机的梦想将在不久的将来成为现实，计算机已经成为人们日常工作、生活中不可或缺的工具，作为工具的便捷性是工具的必备特性，笔记本电脑就拥有了携带容易、使用便捷的特点，人们每天奔波于家庭、办公室等多个地点，几乎做到笔记本电脑、手机不离身，然而在体验着现代化设备带来的好处同时，也在抱怨着设备的沉重，电池、电源线、鼠标、充电器一连串的外设，成为必带的“全套”设备。如何为使用者“减负”成为我们本发明研究的重点。本发明的思想是在长期使用笔记本电脑的实践中产生的，目的是解决笔记本电脑、手机充电器等携带过程中的“负担过重”问题，通过改变电脑插座的方式，为使用者减少携带一根电源线的重量，从而实现初步“减负”的目标，同时为使用者节省包内空间，减少因携带电源线造成的设备摩擦产生的损害。

一种具有备用电源启动功能的电动自行车防盗器装置

申请（专利）号： 201010564555.0 **公开日：** 2012-05-30

申请人： 彭国智

发明人： 彭国智

摘要：

一种具有备用电源启动功能的电动自行车防盗器装置，所述电动自行车包括简易款电动自行车、豪华款电动自行车、电动摩托车和轻便电动摩托车。这种具有备用电源启动功能的电动自行车防盗器装置由电动自行车防盗器电路加上电压取样电路组成，在电动自行车防盗器电路内的单片机里预置程序，用于当电动车电瓶电压降低到设定的第一次欠电压值时，输出欠电压信号，让电动自行车处于断电或模拟的欠电压状态，操作遥控器备用电源启动按键，或操作直接与单片机一输入端电连接的开关，单片机停止输出欠电压信号，能与普通电动自行车控制器兼容，实现备用电源启动功能。

汽车后备箱备用电源插座

申请（专利）号： 201010583745.7 **公开日：** 2012-07-04

申请人： 任立蓬

发明人： 任立蓬

摘要：

目前的汽车后备箱没有备用电源插座，在后备箱内用

电十分不便，比如在后备箱内做饭，在后备箱内安装电动车罩等。本发明是在后备箱内安装一个电源插座，供设备使用。

汽车电源一变多插座

申请（专利）号： 201010583741.9　**公开日：** 2012-07-11

申请人： 任立蓬

发明人： 任立蓬

摘要：

目前的汽车电源插座是一孔的，上面只能插一个用电设备。而汽车用附属设备越来越多，有时需几个同时使用，一个插座不能满足需要。本发明是用一个插头的多孔插座插在汽车电源插座（点烟器）上，将汽车电源插座的一孔变为多孔，方便使用。

家用电器上的电源插座

申请（专利）号： 201010583788.5　**公开日：** 2012-07-11

申请人： 任立蓬

发明人： 任立蓬

摘要：

目前的家用电器上面没有电源插座，在实际应用中，又需要其他设备与之配套使用，比如：用电视机放映影碟机的光盘，如果使用电视机上面的插座为影碟机供电，这样就可以节省一个外部插座，也避免影碟机的电源线布线太乱。本发明是在家用电器的适当位置上设置一个或多个电源插座，内部与家用电器的供电电源相连，需要时为其他家用电器供电。

一种功率因数校正电源插座

申请（专利）号： 201010613766.9　**公开日：** 2012-07-11

申请人： 张旺华

发明人： 张旺华

摘要：

本发明公开了一种功率因数校正电源插座，其包括：功率因数校正 AC-DC 模块，逆变 DC-AC 模块。所述的功率因数校正 AC-DC 模块将输入的市电进行功率因数调节，采用 PFC 控制器把输入交流电源变成功率因数接近 1 的 350V 直流电源；所述的逆变 DC-AC 模块使用逆变技术把直流电源变成频率为 50Hz 的有效电压为 220V 的正弦交流电源。本发明用于功率因数较低的感抗、容抗负载，能够有效地提高负载的功率因数，从而减小负载对电网的污染，提高能源利用率。

用于全彩 LED 照明灯具的一体化电源

申请（专利）号： 201010585967.2　**公开日：** 2012-07-11

申请人： 西安光厦科技有限公司

发明人： 韩伟

摘要：

本发明用于全彩 LED 照明灯具的一体化电源，包括电源盒、开关电源模块、遥控解码及控制模块、PWM 驱动模块，其特征是开关电源模块、遥控解码及控制模块、PWM 驱动模块都安装在电源盒内。该电源盒的上下壳面中心镂空有中心圆孔，上下壳面的两中心圆孔相互投影经过的电源盒体内部区域是空的。本发明的有益效果是便于安装用于固定灯罩的空心罗纹杆，可方便快捷组装遥控全彩 LED 照明灯具，提高生产安装效率。

电源模块和背光组件

申请（专利）号： 201110399530.4　**公开日：** 2012-08-15

申请人： 三星电子株式会社

发明人： 康元亨　金旻奎　严在股　金均浩

摘要：

本发明提供了一种电源模块和一种背光组件。所述电源模块包括印制电路板（PCB）、变压器、电路图案和输出端子。所述 PCB 包括从侧部朝第二方向突出的第一插座连接部。侧部沿与第二方向不同的第一方向延伸。第一插座连接部的至少一个角部分包括将分别沿第一方向和第二方向延伸的第一边缘和第二边缘连接的斜切的边缘。变压器固定在 PCB 上。电路图案形成在所述 PCB 上并连接到所述变压器。输出端子形成在所述第一插座连接部处并连接到所述电路图案。

基于开关电源的无线智能家居控制系统

申请（专利）号： 201210185854.2　**公开日：** 2012-10-03

申请人： 山西迈利森科技有限公司

发明人： 牛悦铧

摘要：

本发明针对目前智能家居结构复杂、成本高昂等缺点，利用开关电源和单片机设计了一种无线智能家居系统。它将控制指令由遥控器通过无线方式发送到控制器上的无线模块，再由无线模块将指令解析给单片机。通过由单片机控制的开关电源来控制继电器的开和关，从而达到智能化控制家电电源开关的目的。通过实验证实了该系统安全可靠，性能稳定，达到了设计要求，同时该系统除用于家庭设备的无线自动控制外，也可用于家庭通信、家庭安全防范，组建智能家居控制系统等。

半导体存储器的内部电源电压生成电路及生成方法

申请（专利）号： 201210117226.0　**公开日：** 2012-10-24

申请人： 拉碧斯半导体株式会社

发明人： 广田彰宏

摘要：

本发明涉及半导体存储器的内部电源电压生成电路和生成方法，其目的在于提供一种能缩短从以比保证存取的规定的最小循环短的地址周期的数据读出工作转移至以规定的最小循环的数据读出工作时的存取延迟的半导体存储器的内部电源电压生成电路以及内部电源电压生成方法。一边对外部电源电压进行升压，生成升压电压并将其作为内部电源电压经由输出线供给到半导体存储器，一边向一端连接输出线的电容器的另一端施加基准低电位，并且向该输出线施加外部电源电压，由此对电容器进行充电，在内部电源电压比阈值电压低的情况下，通过向该电容器的另一端施加外部电源电压使输出线上的内部电源电压上升。

一种 DC-DC 电源转换集成模组装置

申请（专利）号：201110107153.2　**公开日：**2012-10-31

申请人：尹慧萍

发明人：尹慧萍

摘要：

本发明提供了一种 DC-DC 电源转换集成模组装置，由变压器隔离单元、外壳和接口单元组成，所述接口单元由电源转换集成单元叠加而成，接口单元与外壳呈一体设置，变压器隔离单元内设置有 DC 输入端，电源转换集成单元内设置有负载输出端口，电源转换集成单元至少有两组。本发明的电源转换模组功能扩展方便，功率范围可根据电动汽车的用电系统改变而自行调整电源转换集成单元的数量，并且可将电源转换集成模组留有电源备份单元，当电源转换器发生故障时，可以立即转切到备份电源输出单元，从而能有效地提高电动汽车整车电源用电系统的安全性能，并且该产品具有集成化、多元化、产业化和系统升级及使用便捷的优点。

2013 年公开

一种大功率 LED 电源驱动保护装置

申请（专利）号：201110177176.0　**公开日：**2013-01-02

申请人：新昌县七星街道兰新科技咨询服务部

发明人：杨飞婷

摘要：

一种大功率 LED 电源驱动保护装置由金属板、电器、导线和塑料件等组成，属于机电一体化产品。当今市场上大功率 LED 大量应用，但散热保护问题一直是设计者的头痛问题。体积之大，而且效果不好，从而影响 LED 的有效功率，甚至使 LED 灯具烧坏不能使用。本发明根据散热和传热原理有效地在金属板上均匀地开上若干个槽子和小孔，使 LED 上的热量快速散发出来，从而有效地保护了 LED 的正常工作，延长了 LED 的工作寿命。本发明具有高效节能、亮度高、造型美观、环境适应能力强、安全可靠等优点，同时使制造工艺更加简单，制造、安装、维护成本更加低廉。

一种电源测试装置

申请（专利）号：201210289693.1　**公开日：**2013-01-02

申请人：泰州东睿信息技术有限公司

发明人：杨欣

摘要：

本发明适用于测试技术领域，提供了一种电源测试装置，电源测试装置具体包括：读取预先配置的电源测试流程信息，并输出所述电源测试项目进行测试的指令的测试控制终端；与所测试控制终端连接，根据测试控制终端输出的指令，对待测电源的各项参数进行测试，并将测试结果参数反馈给测试控制终端的电源测试辅助设备；与测试控制终端连接的报警器。本发明提供的电源测试装置完善了现有的电源测试流程，减少漏测和误判情形，提高了测试质量和效率。

一种计算机电源

申请（专利）号：201210289512.5　**公开日：**2013-01-02

申请人：泰州东睿信息技术有限公司

发明人：杨欣

摘要：

本发明适用于计算机技术领域，提供了一种计算机电源，设有一壳体，壳体内设有一集成控制主板，壳体上设有至少 4 个供电接口，壳体内还设有与集成控制主板和供 4 个供电接口分别连接的至少 4 个电源转换器，至少 4 个电源转换器连接有主控单元，所述主控单元连接一第二电源接口，集成控制主板上还设有与主控单元连接的传感器。计算机电源设有至少 4 个转换器和主控单元，该 4 个转换器完成对主板、CPU、声卡和外接设备的电压转换等操作，当电源的集成控制主板有损坏时，可以将供电电源切换到该 4 个转换器所对应的供电方式，保证计算机继续正常工作，不需要额外更换新的电源，节省成本。

一种电源开关

申请（专利）号：201110193923.X　**公开日：**2013-01-02

申请人：刘静

发明人：刘静

摘要：

本发明提供一种电源开关，在开关座上还设置有与开关按键相连的可选用的光控测和声控测，通过上述三种混联设置，使电源开关可以在手动、光控以及声控的各种情况下对使用电源进行通断控制，可杜绝白天开灯，夜晚忘记关灯的现象，在使用上更为方便，有利于节约用电。

电源装置及具备电源装置的车辆

申请（专利）号：201210216747.1　**公开日：**2013-01-02

申请人：三洋电机株式会社

发明人：桥本裕之　土屋正树　浅井康广　濑户高志　笼谷贵英

摘要：

本发明提供一种能够避免在电池单元表面结露的情况，并同时维持电池单元与冷却板（61）的热结合的电池装置及具备该电池装置的车辆。电源装置具备：电池层叠体（5），其通过将多个方形电池单元（1）层叠而成；覆盖壳体（16），其留下电池层叠体（5）一面的局部而覆盖电池层叠体（5）的外部；冷却板（61），其与该电池层叠体（5）的一面配置成热结合状态，且在内部流过制冷剂，从而用于与该电池层叠体（5）进行热交换，其中，电源装置还具备覆盖电池层叠体（5）的一面的防水性片（19），在电池层叠体（5）与覆盖壳体（16）的间隙中夹有通过向该间隙注入填充材料而形成的填充层（18），通过填充层

（18）来固定防水性片（19）。

电源连接器

申请（专利）号：201210360084.0　**公开日：**2013-01-02

申请人：连展科技电子（昆山）有限公司

发明人：郑凯睿　李伟　张超

摘要：

一种电源连接器，包括本体、正极端子、第一接地端子、第二接地端子、第一信号端子以及第二信号端子。正极端子系组设于本体，第一接地端子、第二接地端子、第一信号端子以及第二信号端子系结合于本体之底部，且第一接地端子的设置位置平行于第二接地端子，第一信号端子的设置位置平行于第二信号端子，其中，第一信号端子与第二信号端子可用以进行交流与直流转换，藉此解决习知连接器无法提供信号转换及接收的问题。

一种电源墙插

申请（专利）号：201210340937.4　**公开日：**2013-01-02

申请人：昆山市鑫嘉松贸易有限公司

发明人：闫易雪

摘要：

本发明公开了一种电源墙插，包括方形的墙插板体和插盖体，墙插盖体的上边沿通过固定转轴与墙插板体的上边沿活动连接，墙插盖体以固定转轴为轴旋转，插板体的下边沿设有卡槽，所述墙插盖体的下边沿设有与卡槽形状相匹配的卡扣，插板体上表面还设有电源状态指示灯，电源状态指示灯的下方还设有电源开关。本发明的电源墙插设计简单、容易实现、防水防尘、安全性高，具有良好的应用前景。

一种电源插排座

申请（专利）号：201110194271.1　**公开日：**2013-01-02

申请人：蔡颖

发明人：蔡颖

摘要：

本发明提供一种电源插排座，在座体设置有稳压器，在座体底板上分布设置有吸盘，通过稳压器，能够在插用电源时确保各种电器的电压使用稳定，避免意外电压变动带来的损坏，并可用吸盘将插排座固定使用，可对安全插拔插头起到稳固作用。

一种实现多机监控的直流电源系统及方法

申请（专利）号：201110177517.4　**公开日：**2013-01-02

申请人：中兴通讯股份有限公司

发明人：闫从才

摘要：

本发明公开了一种实现多机监控的直流电源系统及方法，此系统包括用于单独管理整流柜的主监控单元和一个或多个从监控单元，所述主监控单元与各从监控单元相连，从监控单元与其他从监控单元均相连；主监控单元，用于执行主监控功能并对各从监控单元进行管理和控制；从监控单元，用于从主监控单元和其他从监控单元获取数据并备份，还用于在主监控单元为非工作状态并且本从监控单元具备切换为主监控单元的条件时，切换为主监控单元。本方案避免大容量通信电源的监控单元失效对用户造成的损失。

一种并联式无局部放电变频升压电源装置

申请（专利）号：201110184243.1　**公开日：**2013-01-02

申请人：苏州华电电气股份有限公司

发明人：余青　徐伟旗　朱文康　范海青　徐明

摘要：

本发明公开了一种并联式无局部放电变频升压电源装置，包括主变频电源、从变频电源、控制箱、励磁变压器。主变频电源、从变频电源并列设置；主变频电源、从变频电源分别与控制箱连接；主变频电源、从变频电源分别与励磁变压器的输入侧绕线连接；励磁变压器的输入侧绕组线圈匝数小于励磁变压器的输出侧绕组线圈匝数。本发明方案可以利用原有无局放变频电源实现功率叠加，一是解决目前没有特大功率无局放变频电源的问题；二是平时做常规试验时可分别单机使用，体积小，运输、搬运比较方便；三是可以大大提高设备利用率；四是避免了两台无局放变频电源输出端直接并机，而两台电源由于参数不可能完全一致而产生的回流造成不必要的功率损耗，甚至造成变频电源的损坏。

一种电流互感器宽频升流检测电源

申请（专利）号：201110184267.7　**公开日：**2013-01-02

申请人：苏州华电电气股份有限公司

发明人：余青　黄金桃　周洪　樊斌　刘家亮

摘要：

本发明公开了一种电流互感器宽频升流检测电源，包含电源滤波器、缓启动电路、整流滤波电路、功率桥式逆变器、双LC滤波电路、宽频升流变压器。所述电源滤波器、缓启动电路、整流滤波电路、功率桥式逆变器、双LC滤波电路、宽频升流变压器依次相连。工作时，将输入的交流市电经电源滤波器，与缓启动电路相连，与缓启动电路的输出端相接的整流滤波电路转换为直流电，与整流滤波电路的输出端电连接的功率桥式逆变器将输入的直流电转换成交流调制波，与整流滤波电路相连将输入的调制波转换成交流正弦波电压，滤波采用双LC滤波电路，可控制输出电压的谐波量，与宽频升流变压器相连接将输入电压转为大电流输出。本发明方案的单片机数字式检测输出大电流，防止输出漂移。

一种电热鞋底、电热靴、电源及其电热取暖装置

申请（专利）号：201210363134.0　**公开日：**2013-01-09

申请人：戴庆华

发明人：戴庆华

摘要：

本发明公开一种电热鞋底，电热鞋底内设置有第一电热元件，电热鞋底的底部设置有暴露在外的第一电极和第二电极，第一电极和第二电极连接电热元件。本发明还公开了利用上述电热鞋底制成的电热靴和一种电源，包括安全电压装置和电极板，安全电压装置的输出口连接电极板，电极板的顶部设置有暴露在外的压力开关电极和第三电极或第四电极，电极板的第三电极和第四电极分别连接安全电压装置的输出口的正极和负极，第三电极或第四电极的其中之一再与压力开关电极相连。本发明的电热鞋底通过在鞋底设置相互分离的第一电极和第二电极，通过与之相匹配的电源，可以很方便地实现通电加热，利用本发明的电热鞋底制作电热靴，可以方便地实现电热取暖功能。

利用电池传感器的辅助电子设备电源控制装置及方法

申请（专利）号：201210235036.9 **公开日：**2013-01-09

申请人：现代摩比斯株式会社

发明人：郑志容

摘要：

本发明涉及利用电池传感器的辅助电子设备电源控制装置及方法。本发明的辅助电子设备的电源管理装置，由于车辆长期停车、车辆电子装置使用过度、频繁起动等原因，电池充电量明显减少（即显著降低而有可能放电）时，利用切断车内主要装置之外的辅助装置的电源，电池充电的量足以向辅助设备供电时恢复供电。根据本发明，可以延长车辆长期停车时的正常起动时间，延长电池寿命，防止电池放电而受到损害（例如，电池放电而无法起动），提高燃料效率而减少尾气排量。

一种闭环控制电源输入的方法

申请（专利）号：201110186503.9 **公开日：**2013-01-09

申请人：北京中科信电子装备有限公司

发明人：周文龙 彭立波 杨亚兵

摘要：

本发明阐述了一种闭环控制电源输入的方法，其特征在于将某个物理返回量通过某个算法与电源的输入量相关联，从而将此返回量与电源输入量做闭环，由返回量控制输入量。本方法涉及离子注入机，属于半导体制造领域。本方法通过返回量控制输入量，可以使得软件对电源的控制更加精确，从一定程度上减少了输入误差，并且误差随着时间的推移而逐渐减小。

一种带状束流离子源电源控制系统

申请（专利）号：201110186473.1 **公开日：**2013-01-09

申请人：北京中科信电子装备有限公司

发明人：张继恒 唐景庭 孙勇

摘要：

本发明公开了一种带状束流离子源电源控制系统，包括：主控计算机、光纤通信控制卡、I/O信号控制器、灯丝电源、偏压电源、弧压电源。其特征在于光纤通信卡插在主控计算机的PCI插槽上，光纤通信卡和I/O信号控制器之间通过光纤连接传输数据。两个灯丝电源、两个偏压电源、一个弧压电源的控制端分别和I/O信号控制器的信号端用导线连接，同时这三种电源的电源输出端分别和离子源灯丝、阴极和弧室壁相连。

电源插座

申请（专利）号：201210357500.1 **公开日：**2013-01-09

申请人：泰州市科进机电设备有限公司

发明人：曹华新

摘要：

本发明公开了一种电源插座，包括壳体，壳体上设置了至少一套插孔，在壳体的上表面侧棱上铰连有至少一个自启板，自启板上设置有与插孔一一对应的自启板插孔，在自启板和壳体的铰连处的自启板的另一侧设置有和自启板固定连接的施压板。采用以上技术方案以后，该电源插座使用起来较为安全、方便。

新型电源适配装置

申请（专利）号：201210291937.X **公开日：**2013-01-09

申请人：臧建虎

发明人：臧建虎

摘要：

本发明公开了一种新型电源适配装置，包括本体及设置在本体上端的端盖，所述本体上设置有电源插头及输出线，所述端盖两侧开设有若干散热小孔，所述本体上设置有一凸台，所述凸台内开设有凹槽，所述凹槽内设置有卡座，所述电源插头与卡座旋转连接。该新型电源适配装置结构合理，由于在本体上设置有凸台，使得该电源适配装置插拔方便，电源插头可以收放在凸台中的凹槽内，减小了该电源适配装置的体积，便于携带，同时，由于端盖上设置有若干散热小孔，提高了散热性能，延长了电源适配装置的使用寿命。

电源连接器与连接线一体成型新型制品

申请（专利）号：201210305619.4 **公开日：**2013-01-09

申请人：深圳市智泰电子有限公司

发明人：肖智勇

摘要：

本发明的目的是提供一种电源连接器与连接线的一体成型制品（wireharness），电源连接器五金端子的导电插针部和导电端子部为一体制成。导电插针部为实心金属件，另一端与导电端子部连接；导电端子部有一焊线端子/快接端子/铆接端子/压接端子与连接线焊接、铆接或连接在一起；整个五金端子及连接线与五金端子的连接部埋设注塑固定于绝缘体内，而连接线除与五金端子的连接部以外的部分均外露于绝缘体之外。

电子飞行包的电源系统

申请（专利）号：201210231701.7 **公开日：**2013-01-09

申请人：罗斯蒙特航天公司

发明人：M·豪科姆　T·赫萨格　B·威廉博瑞

摘要：

一种向飞机上电子飞行包设备提供电源的控制系统。所述控制系统包括耦合到多个电源的电源切换组件以及至少一个电子飞行包设备。所述电源切换组件可操作并可经配置以选择性地根据所述飞机的条件向至少一个电子飞行包设备应用来自所述多个电源中的至少一个电源。

可根据交流电源频率控制光源发光模式的光源控制器

申请（专利）号：201110221780.9　**公开日：**2013-01-09

申请人：伟诠电子股份有限公司

发明人：林虔葳　谢嘉德

摘要：

可根据交流电源频率控制光源发光模式的光源控制器。该光源控制器包含一时钟信号产生器及一微控制器。该时钟信号产生器用以在一交流电源的电压电平到达一预定电压电平时产生一时钟信号。该微控制器电连接于该时钟信号产生器，该微控制器用以根据该时钟信号及一输入信号控制至少一种光源。

一种 LED 驱动电源

申请（专利）号：201110191352.6　**公开日：**2013-01-09

申请人：深圳市万禧节能科技有限公司

发明人：范传伟

摘要：

本发明公开了一种 LED 驱动电源，包括市电交流电源、第一电阻 R1、第二电阻 R2、第一电容 C1、电抗器 T1、第二电容 C2、整流桥 DZ、第三电容 C3、第三电阻 R3、第五电阻 R5、变压器 T2、第四电阻 R4、第四电容 C4、电源驱动集成电路、第八电阻 R8、第九电阻 R9、第五电容 C5、第八电容 C8、第十电阻 R10、晶体管、第七电阻 R7、第一二极管 D1、第六电阻 R6、第六电容 C6、第二二极管 D2、第八电阻 R8 和第七电容 C7。采用了本发明的技术方案，可以准确设定输出电流，具有很高的电源功率因数，并且寿命与 LED 寿命相当。

一种用于加速器低能端的导向器电源装置

申请（专利）号：201110186468.0　**公开日：**2013-01-09

申请人：北京中科信电子装备有限公司

发明人：彭彬　唐景庭　谢均宇

摘要：

本发明公开了一种用于加速器低能端的导向器电源装置，包括信号产生板、高压产生板、高压放大器板、电压电流显示板、滤波器、风机和机箱，所述的信号产生板、高压产生板、高压放大板和电压电流显示板采用层间结构安装在机箱内；滤波器和风机安装在机箱后面板上。信号产生板产生两组连续可调的 0～10V 正负对称的电压信号；高压产生板为高压放大板提供高压直流工作电压；高压放大板用于低压电压信号的放大。说明书对一种导向器电源装置的结构和原理作出了详细说明，并给出了具体实施案例。

控制电源的方法及电源控制装置

申请（专利）号：201210408826.2　**公开日：**2013-01-16

申请人：杭州华三通信技术有限公司

发明人：何磊

摘要：

本申请公开控制电源的方法，应用于由 CPU 和电源控制芯片构成的电源控制装置，CPU 通过 I^2C 总线与两个以上电源控制芯片相连，芯片之间两两级联。第一级电源控制芯片收到次一级电源控制芯片的正常工作信号后输出电源使能信号，通知次一级电源控制芯片正常工作信号；第一级电源控制芯片与最后一级电源控制芯片之间的任一级电源控制芯片启动后向上一级及次一级控制芯片发送正常工作信号，接收上一级及次一级控制芯片的正常工作信号，输出电源使能信号；最后一级电源控制芯片启动后向上一级控制芯片发送正常工作信号；接收上一级电源控制芯片的正常工作信号，输出电源使能信号。本申请公开电源控制装置，本申请还可提高对单板和电源控制芯片的保护能力。

一种电源控制器

申请（专利）号：201210399676.3　**公开日：**2013-01-16

申请人：西安中科麦特电子技术设备有限公司

发明人：梁荷岩

摘要：

一种电源控制器，包括传感器，传感器通过控制器和电视机电源连接，当传感器探测到无人时，通过控制器将电视机关闭，因此节约能源。

一种针对周期性关键任务的电源管理装置及其方法

申请（专利）号：201210330495.5　**公开日：**2013-01-16

申请人：北京航空航天大学

发明人：王雷　李康　王刚　王欢　赵玉龙　王宇

摘要：

本发明提供了一种电源管理装置及其方法，主要用于移动设备和嵌入式设备中。该装置通过心跳性能采集模块在周期性的目标程序中设置心跳产生代码，并采集心跳频率，状态分析和决策模块通过将采集的心跳频率与操作系统的目标心跳速率比较来决定性能调整策略，通过系统参数调节模块来完成 CPU 频率和电压的调节。该方法同该装置，通过设置的心跳产生代码来采集心跳频率，对比心跳频率和目标心跳速率来调节 CPU 频率和电压，或者降低目标程序的执行速度。本发明方法实现了对关键性周期任务的电源管理，在动态节约能源的同时能够满足服务的性能要求，提供了高质量的电源管理服务。

一种计算机及其电源电路

申请（专利）号： 201210363711.6 **公开日：** 2013-01-16

申请人： 陈志伟

发明人： 陈志伟

摘要：

本发明属于电源电路领域，提供了一种计算机及其电源电路。在本发明中，通过在计算机电源电路中采用包括电压隔离单元、电压获取与供给单元、开关管及分压单元的功率控制电路，在计算机主电源工作正常的情况下，从12V转5V变压电路直接获取+5V输出电压作为计算机的待机电压，使待机辅助供电电路的功率损耗转移到12V转5V变压电路，从而保证了在输出功率不变的情况下，降低整个计算机电源电路的变压输入功率总和，并使电压转换效率得到提高，解决了现有计算机电源存在变压输入功率大、电压转换效率低且功率损耗严重的问题。

一种节能多电源无线定时控制系统

申请（专利）号： 201210348992.8 **公开日：** 2013-01-16

申请人： 宁波思特机电有限公司

发明人： 徐建坤

摘要：

一种节能多电源无线定时控制系统，其由一个信号发射端和至少两个信号接收端（电源插座）所组成，信号发射端包括与若干按键连接的按键电路、控制电路、发射电路，供电电路与控制电路连接，信号接收端（电源插座）与接收电路、解码电路、控制电路依次连接，供电电路与解码电路和输出电路连接，控制电路与指示电路和输出电路连接。通过本系统，使用者可以通过一个信号发射端实现对多个不同信号接收端（电源插座）的控制，根据需要使用电器节约电能。

一种计算机电源变压器

申请（专利）号： 201210334232.1 **公开日：** 2013-01-16

申请人： 江苏精海变压器有限公司

发明人： 夏振宇

摘要：

本发明适用于变压器技术领域，提供了一种计算机电源变压器，所述计算机电源变压器具体包括：多个磁心形成的多个磁路；围绕所述多个磁路的组合绕组；组合绕组为平面导体绕组和印制电路板绕组。其中，组合绕组在垂直磁路方向上连续依次穿绕所述多个磁心，分别围绕多个磁路；平面导体绕组作为电源输入端、12V输出端和5V输出端；印制电路板绕组分别为-5V、-12V和标准待机电源输出。本发明组合利用平面导体绕组以及印制电路板制成的等效绕组，实现了不同电压、不同电流的输入输出要求，通过多个磁路分散了变压器的发热点，改善了变压器散热环境，提高了变压器的输出功率。

一种双电源开关的互锁装置

申请（专利）号： 201110197413.X **公开日：** 2013-01-16

申请人： 苏州唐峰电器有限公司

发明人： 唐祥根

摘要：

本发明公开了一种双电源开关的互锁装置，包括安装底板、安装架和两个电源开关，所述安装底板的四周有凸边，所述安装架呈U形，开口方向朝下，并固定在安装底板的中心，其特征在于：还包括互锁杆；电源开关放置在安装底板上，位于安装架的两侧，并通过螺钉与安装架固定；安装架的中心设有旋转轴；互锁杆的中心开有与旋转轴相配合的孔，并通过旋转轴活动地固定在安装架上；互锁杆的两端均设有U形互锁槽；互锁槽的大小与电源开关上的控制杆大小相对应，且控制杆能够通过互锁槽带动互锁杆旋转。本发明方案的一种双电源开关的互锁装置，结构简单、操作容易、维修方便、成本低。

电源装置及具备电源装置的车辆

申请（专利）号： 201210238872.2 **公开日：** 2013-01-16

申请人： 三洋电机株式会社

发明人： 久米正夫

摘要：

本发明提供电源装置及具备电源装置的车辆，其在将汇流条形成低价且能够大量生产的结构的同时，能够可靠地防止汇流条振动导致的损伤或断线。电源装置通过汇流条将连接多个电池单体而成的电池单元串联或并联连接。汇流条由金属板加工成在两端的连接端子之间连接，同时相互正交的纵面区域和横面区域的形状，利用纵面区域和横面区域吸收将连接端子连接的电池单元的相对的纵向和横向的振动。

T源型交流逆变电源的控制方法

申请（专利）号： 201210406948.8 **公开日：** 2013-01-16

申请人： 哈尔滨东方报警设备开发有限公司

发明人： 李宣南 朴顺善 毛飞

摘要：

本发明涉及一种T源型交流逆变电源的控制方法，属于电能变换领域，用于将波动的、较低的直流电压转化为幅值和频率恒定的交流电压。在原有逆变器和滤波器的基础上，在直流侧增加二极管、双绕组变压器和滤波电容，不增加额外的直流-直流变换环节，利用逆变器的直通状态实现直流电压的升压和稳压控制。采用直流电压和交流电压双闭环的控制策略，同时实现直流电压和交流电压幅值恒定控制，本发明具有结构紧凑、直流电压利用率高、效率高、可靠性高等优点。

T源型交流逆变电源

申请（专利）号： 201210390856.5 **公开日：** 2013-01-16

申请人： 哈尔滨东方报警设备开发有限公司

发明人： 李宣南 张卓林 毛飞

摘要：

本发明涉及一种T源型交流逆变电源，属于电能变换领域，用于将波动的、较低的直流电压转化为幅值和频率恒定的交流电压。在原有逆变器和滤波电感的基础上，在直流侧增加二极管、双绕组变压器和滤波电容，不增加额外的功率开关器件，利用逆变器的直通状态实现直流电压的升压和稳压控制；加入交流电压检测电路、偏置电路、直流电压检测电路、低通滤波电路、主控制器以及隔离驱动电路，结合直流电压和交流电压双闭环的控制策略，同时实现直流电压和交流电压幅值恒定控制，本发明具有结构紧凑、直流电压利用率高、效率高、可靠性高等优点。

一种电源连接器

申请（专利）号： 201110429007.1　**公开日：** 2013-01-23

申请人： 深圳市智泰电子有限公司

发明人： 肖智勇

摘要：

本发明涉及一种电源连接器，尤指其五金端子由导电端子与导电插针两个部件铆合形成。导电端子有导电环和一束线环可以连接电线，五金端子和连接线固定于绝缘体上，而仅有连接线的大部分外露于绝缘体之外，五金端子与连接线的各连接部均包覆于绝缘体中。而连接线本身外敷有绝缘被覆材料，而使电源连接器最大限度地与外围空间绝缘隔离，并扩大了其外围的可利用空间。

新型电源连接器

申请（专利）号： 201110429026.4　**公开日：** 2013-01-23

申请人： 深圳市智泰电子有限公司

发明人： 肖智勇

摘要：

本发明涉及一种电源连接器，尤指电源连接器之五金端子和连接线通过铆接、焊接或是其他连接方式连接在一起，在两者的连接部外敷了一中间过渡材料，五金端子和连接线以及中间过渡材料的连接物一起固定在绝缘体上，使连接线的大部分外露的带连接线的电源连接器，中间过渡材料可以根据需要部分外露或不外露。

一种储能型锂电池组电源系统

申请（专利）号： 201210422408.9　**公开日：** 2013-01-23

申请人： 上海富贯智能科技有限公司

发明人： 谢城

摘要：

本发明涉及一种储能型锂电池组电源系统，所述系统包括整流器，整流器一端与锂电池组连接，整流器另一端与电流供应装置连接，锂电池组一端与变换器、逆变器、转换开关、输出开关以及负载串联连接，锂电池组一端通过控制驱动模块与显示控制模块连接，驱动控制模块一端与逆变器以及输出开关形成并联连接。本发明提供系统可在闲置时收集能源设备的闲余电能，并可在晚间自动利用用电低谷时期进行充电，在用电高峰时期释放电能进行供电，而且成本低、维护率低且维护方便。

Z 源型两开关交流逆变电源

申请（专利）号： 201210406951.X　**公开日：** 2013-01-23

申请人： 哈尔滨东方报警设备开发有限公司

发明人： 李宣南　朴顺善　毛飞

摘要：

本发明涉及一种 Z 源型两开关交流逆变电源，属于电能变换领域，用于将具有波动特性较低的直流电压转化为较高额定电压幅值和频率恒定的交流电压。由直流侧的输入侧二极管、阻抗网络、单相桥臂、输出侧的滤波器、主控制器、交流电压检测电路、偏置电路、直流电压检测电路以及隔离驱动电路等组成。其中阻抗网络中的一个直流电容用两个串联的电容替代，两个串联电容的连接点作为交流侧的一个输出端，进而省去了一个桥臂，只需一个桥臂的两个开关器件，利用逆变器的直通状态，同时采用直流电压和交流电压双闭环的控制策略，同时实现直流电压和交流电压幅值恒定控制，本发明具有结构紧凑、成本低、效率高、可靠性高等优点。

一种输出频率可变的自激振荡逆变电源

申请（专利）号： 201110202681.6　**公开日：** 2013-01-23

申请人： 晴飞照明电器（上海）有限公司

发明人： 张曦春　熊爱明

摘要：

本发明提供一种输出频率可变的自激振荡逆变电源。在自激振荡电路中设置逆变开关电路、负载电路、一个磁性电流互感器和互感器可变负载，磁性电流互感器有一次绕组、二次绕组或控制绕组，一次绕组与负载电路串联连接，二次绕组与逆变开关电路连接作为其中功率管的驱动，互感器可变负载与磁性电流互感器任一绕组并接，改变互感器可变负载的负载值，达到改变自激振荡频率目的。优点是提供了一种能较好工作的输出频率可变的自激振荡逆变电源，而且成本较低。

一种大功率 LED 驱动电源电路

申请（专利）号： 201210377250.8　**公开日：** 2013-01-23

申请人： 西安信唯信息科技有限公司

发明人： 郭万里　汤初高

摘要：

本发明涉及一种电源电路，特别是一种大功率 LED 驱动电源电路，其特征是：包括串联在负载回路的控制管，控制管基极连接有恒流电路，负载回路两端串接在电源 E 的正负输出端上，所述的电源 E 的正负输出端之间串接限流电阻 R1 和稳压管 Dw，限流电阻 R1 和稳压管 Dw 连接点输出的稳定直流电压通过电阻 R2 连接到恒流电路的电源端，恒流电路的另一端与控制管基极电连接。它提供了一种稳定性好、可靠性高、成本低的大功率 LED 驱动电源电路。

脉宽调制式大功率 LED 驱动电源电路

申请（专利）号： 201210377050.2　**公开日：** 2013-01-23

申请人：西安信唯信息科技有限公司
发明人：汤初高　郭万里
摘要：

本发明涉及一种电源电路，特别是脉宽调制式大功率LED驱动电源电路，其特征是：包括串联在负载回路的控制管和开关控制电路，控制管基极连接有恒流电路，负载回路两端串接在电源E的正负输出端上，所述的电源E的正负输出端之间串接限流电阻R1和稳压管Dw，恒流电路一端与控制管基极电连接。控制管发射极与电源E的负输出端之间有反馈电阻R4，反馈电阻R4与控制管发射极电连接点与保护晶体管T2的基极电连接，保护晶体管T2的集电极和发射极串接在控制管基极与电源E的负输出端之间，开关控制电路的一个I/O输出口与控制管基极电连接，通过控制控制管基极的电位，使负载回路在开关状态下工作。它提供了一种稳定性好、可靠性高、成本低的脉宽调制式大功率LED驱动电源电路。

一种恒压型可调控恒电源大功率LED

申请（专利）号：201110212150.5　**公开日：**2013-01-30
申请人：江苏浦莱特实业有限公司
发明人：李长月　张巧生　圣大勇　孟国元
摘要：

本发明涉及一种恒压型可调控恒电源大功率LED。包括进线、电感电流导通模式恒流源装置、出线和LED光源，所述的电感电流导通模式恒流源装置上分别连接有进线和出线，所述的出线与LED光源相连接。本发明结构合理简单、生产制造容易、成本低、使用性能好。恒压型可调控恒电源大功率LED，其输入恒流源的电源为AC12～24V，通过内置功率开关的电感电流导通模式恒流源装置转换为8～30V的LED输入电源，恒流源装置采用高端电流采样设置LED平均电流，接受模拟调光和很宽范围的调光。

半导体器件的并联电源连接的测试方法

申请（专利）号：201110361920.2　**公开日：**2013-01-30
申请人：飞思卡尔半导体公司
发明人：李莉妮　刘丰　彭瑞杰
摘要：

本发明涉及半导体器件的并联电源连接的测试方法，一种具有内部电源总线、用于连接内部电源总线与外部电源的并联电源连接以及测试模块的半导体器件。测试模块包括用于产生第一和第二差分传感器信号的传感器，所述信号是在所选择的一个并联连接中间隔开的位置处，由流动在并联连接中的电流产生的电压的函数。测试模块还包括第一和第二平衡差分对比较器，其接收第一和第二参考信号并分别产生第一比较器信号和第二比较器信号，其中第一比较器信号是第一差分传感器信号和第一参考信号的相对值的函数，第二比较器信号是第二差分传感器信号和第二参考信号的相对值的函数。测试模块还包括一输出元件，其产生是第一和第二比较器信号的函数的输出信号。

电源控制电路

申请（专利）号：201110212123.8　**公开日：**2013-01-30
申请人：鸿富锦精密工业（深圳）有限公司　鸿海精密工业股份有限公司
发明人：付迎宾　冯岚毅
摘要：

一种电源控制电路，包括电源控制芯片、电源转换器、比较电路、第一滤波电路、反馈电路及电源，该比较电路用于比较该电源与电源控制芯片所输出的电压值，并根据比较的结果输出比较信号，反馈电路根据比较信号产生对应的反馈信号，电源控制芯片侦测反馈信号的电平，并据此决定是否输出对应的驱动信号至电源转换器，该电源转换器接收到驱动信号后，输出处理后的电压，并通过第一滤波电路输出。本发明电源控制电路有效地保证了系统上电或掉电过程中的时序，如此避免了因上电或掉电的时序混乱而导致该电源转换器的损坏。

电光装置、电光装置的电源供给方法以及电子设备

申请（专利）号：201210250808.6　**公开日：**2013-01-30
申请人：精工爱普生株式会社
发明人：北泽幸行
摘要：

本发明涉及电光装置、电光场效应装置的电源供给方法以及电子设备，像素电路（110）包含晶体管、发光器件和电压限制电路。在电源间串联连接的晶体管以及发光器件中的晶体管使与栅极以及源极间的电压对应的电流流过发光器件，发光器件以与流过栅极、源极间的电流对应的亮度发光。电压限制电路以晶体管的漏极以及源极间的电压不超过规定值的方式进行限制。

一种卡式电源延长插座

申请（专利）号：201210276725.4　**公开日：**2013-01-30
申请人：刘东兴
发明人：刘东兴
摘要：

本发明公开了一种卡式电源延长插座。本发明的目的是提供一种使用方便、插头不易松脱、安全且防水的电源延长插座。本发明包括插座主体、插座主体上部插座顶板上设置的插孔以及设置在插孔下插座主体内的电源连接弹片，其特征在于：所述的插座主体外设置有相对于插座主体中部对称设置的倒扣，倒扣中下部通过倒扣转轴与插座主体轴接，倒扣转轴轴接处下方倒扣与插座主体间设置有弹簧。所述的插孔四周的插座顶板上设置有由弹性材料制成的防水垫。所述的倒扣外侧面底部设置有防滑板。所述的插座主体外设置有插座保护挡板。本发明主要用于家庭、商务电源延长设备。

电动车电源装置

申请（专利）号：201210440034.3　**公开日：**2013-01-30
申请人：沈阳创达技术交易市场有限公司

发明人：李翠

摘要：

一种电动车电源装置，属于电动车技术领域。包括铅酸蓄电池、超级电容器和一个由IGBT构成的限流控制电路。该限流控制电路与铅酸蓄电池连接后，再与超级电容器并联。本发明的优点是将铅酸蓄电池与超级电容器结合而构成的结构简单、使用寿命长、安全可靠的电动车混合电源。

电源管理电路

申请（专利）号：201110215686.2　**公开日：**2013-01-30

申请人：富泰华工业（深圳）有限公司　鸿海精密工业股份有限公司

发明人：黄仁文

摘要：

本发明提供一种电源管理电路，其包括电压转换单元、切换单元、第一控制单元及第二控制单元。该电压转换单元连接于直流电源输入端及电池之间，切换单元连接于电池与负载之间，第一控制单元连接于直流电源输入端与切换单元之间，第二控制单元连接于电压转换单元与电池之间；该切换单元经导通与截止，控制电池是否为负载供电，该第一控制单元用于控制切换单元的导通与截止，第二控制单元用于控制该电压转换单元是否为该电池充电。

开关电源装置

申请（专利）号：201210258633.3　**公开日：**2013-01-30

申请人：爱光学系统株式会社

发明人：大里友和　藤井和俊

摘要：

本发明公开了一种开关电源装置，所述开关电源装置包括机箱、基板和散热器，基板具有安装在其上的电路部件且容纳在所述机箱中，电路部件包括开关元件，散热器设置于机箱中以将所述机箱的内部分隔成部件安装腔和空气流经的空气流通路径，基板容纳在所述部件安装腔中。电路部件的开关元件安装在基板上，同时接触散热器的面向部件安装腔的表面，且通过在所述空气流通路径中流动的空气穿过散热器而冷却。

晶闸管中频电源的控制系统

申请（专利）号：201210360731.8　**公开日：**2013-01-30

申请人：湘潭高新区中频设备有限公司

发明人：王福秋

摘要：

本发明公开的晶闸管中频电源的控制系统包括一脉冲电路板、设于所述脉冲电路板内的启动电路、截止电压保护电路、过电压保护电路、截止电流保护电路、过电流保护电路、过热保护电路、水压保护电路、三相电源断相保护电路以及连接且控制上述各电路的CPLD芯片；借由所述CPLD芯片中的相关程序分别控制各电路，且可于相应的程序中设置相应的参数，当某一电路中的指标超出设置的相应参数，就对其进行报警，所以，晶闸管中频电源的控制系统不再仅借助电路去实现各种控制，因而在结构上简化，且各功能电路都是模块化的，相互之间影响较小而使系统稳定性好，此外，所述CPLD芯片的程序中的参数可进行调节，以适应不同的晶闸管中频电源控制的需要，通用性好。

具有用于升高电压的机构的电源装置

申请（专利）号：201210263003.5　**公开日：**2013-01-30

申请人：安奕极电源系统有限责任公司

发明人：W·保罗　P·瓦尔迈尔

摘要：

本发明涉及一种电源装置，包括一个具有至少两个用于二次侧外线电位的二次侧抽头和一个用于二次侧零线电位的抽头的第一变压器（T1）和两个功率调整器（V1、V2），其中在第一变压器的额定工作状态在其中一个用于二次侧外线电位的第一抽头与用于二次侧零线电位的抽头之间产生第一变压器的一个额定电压，用于二次侧外线电位的抽头经由所述功率调整器与电源装置的一个输出端的一个外线接头连接，其中，电源装置在第一变压器（T1）的二次侧上具有一个用于将电压升高，使其超过额定电压的机构（T2）。

AC/DC转换器及使用其的AC电源适配器以及电子设备

申请（专利）号：201210256089.9　**公开日：**2013-01-30

申请人：罗姆股份有限公司

发明人：名手智　林宏

摘要：

本发明提供一种一方面对残留电压采取应对措施，一方面降低消耗电力的AC/DC转换器。AC/DC转换器经由同心插头接受交流电压VAC，并且将其转换为直流电压VDC。放电路径设于从放电用端子DIS至接地端子GND的路径上。检测电路对检波电压Vd与既定阈值电压VTH1进行比较，当检波电压Vd连续在既定检测时间低于阈值电压VTH1时接通放电路径。

无电解电容器的LED驱动电源

申请（专利）号：201110215529.1　**公开日：**2013-01-30

申请人：成都蜀昌科技有限公司

发明人：卢赐武

摘要：

一种无电解电容器的LED驱动电源，由续流二极管、限流蓄能电感、开关元件、反馈电路、启动电路、取样电路、比较与控制电路组成；所述限流蓄能电感上增设反馈线圈并通过RC串联电路连接至开关元件输入控制端，实现自激振荡；取样电路通过比较与控制电路连接至开关元件输入控制端，取样电路的取样电阻串联在开关回路中，取样电压输入到控制电路中实现恒流。体积小巧、电路极其简洁，仅用8个常规普通廉价元件就高效可靠的实现了开关式降压、逐周期恒流、短路保护等功能，且只需使用小容量电容器从而彻底避免使用电解电容。

电源固定装置

申请（专利）号： 201110223761. X **公开日：** 2013-02-06

申请人： 鸿富锦精密工业（深圳）有限公司 鸿海精密工业股份有限公司

发明人： 卢宏钧

摘要：

一种电源固定装置，用于固定一电源，该电源的一端面设有卡孔，该电源固定装置包括安装架、卡持件及连接于该安装架与该卡持件之间的弹性件，安装架包括基板，基板的一端设有一收容槽，安装架于该基板的另一端设有可挡止该电源的另一端面的挡片，基板于收容槽的一侧突设一突起，突起朝向收容槽设有一倾斜的引导部，卡持件滑动地置于基板上，卡持件包括可卡入电源的卡孔的卡钩及一可伸入基板的收容槽且具弹性的凸舌，凸舌设有可沿该突起的引导部滑动的抵持块，拆卸电源时，相对基板滑动卡持件使卡钩脱离该电源的卡孔，安装架的引导部抵推卡持件的抵持块，使抵持块向上滑动并抵接基板，凸舌弹性变形向上抵顶电源。该电源固定装置只需向外拉卡持件，该凸舌弹性变形而抵出电源，拆卸方便、快捷。

计算机电源分控装置

申请（专利）号： 201210389434. 6 **公开日：** 2013-02-06

申请人： 西安迅腾科技有限责任公司

发明人： 陈学锋

摘要：

一种计算机电源分控装置，经由内置附设中断响应器的控制处理器，所述的中断响应器中断处理输出端导通计算机电源的电源分部输出端口，控制处理器同计算机电源分部切换端电导通，计算机电源分部切换端附设电源分部输出端口非记忆性元件判断单元。彻底克服了对于非记忆性元件的中断信息不明从而无法获取连续而完整信息的缺陷。

一种新型电源连接器与开关制品

申请（专利）号： 201210000243. 6 **公开日：** 2013-02-06

申请人： 深圳市智泰电子有限公司

发明人： 肖智勇

摘要：

本发明涉及一种新型电源连接器与开关制品，其电源连接器的绝缘本体部和电源开关的绝缘本体部为一体形成，二者共享中间的绝缘隔墙，而其他的构成零件包括五金端子、开关控制机构等均装配于这个一体形成的绝缘体上，减少了分开为两个零件时周围的重复的固定附件和多余的绝缘部，大幅度减小了产品的体积和占用的空间，节约了材料；同时通过端子的一体制作方式，使产品的连接点减少，提高了产品的可靠度。

一种防止计算机电源线意外脱落的电源接插件

申请（专利）号： 201210390681. 8 **公开日：** 2013-02-06

申请人： 浪潮电子信息产业股份有限公司

发明人： 滕学军 谷俊杰

摘要：

本发明提供一种防止计算机电源线意外脱落的电源接插件，其结构是由计算机电源插座和计算机专用电源线插头组成，在计算机电源插座端口的两侧对称设置有插销孔，两个U形插销相对插在插销孔中，计算机专用电源线插头上部两侧设置有盲孔，两个U形插销穿过插座上的插销孔插在计算机专用电源线插头两侧的凹槽中，将计算机专用电源线插头锁定在计算机电源插座之中，从而实现防止计算机专用电源线插头与计算机电源插座意外脱落的目的。

将至少一个电子元件与电源电互连的装置及相关电子系统

申请（专利）号： 201210255486. 4 **公开日：** 2013-02-06

申请人： 阿尔斯通运输股份有限公司

发明人： S·达格达格 P·拉塞尔

摘要：

电子互连装置包括第一端子、第二端子、绝缘衬底、第一传导层和电流传导回路，绝缘衬底包括平行的顶表面和底表面，第一传导层被设置成接触顶表面且包括用于连接电子元件的焊盘和电流迹线，第一传导层形成第一电流传导平面，电流传导回路在第一端子和第二端子之间，包括所述迹线且具有电感。该装置包括降低回路的电感的器件，该器件包括第二传导层和电连接件，第二传导层被设置成接触底表面，所述第二层形成与第一平面平行的第二传导平面，电连接件在两个平面之间，第一端子被连接到第一平面而第二端子被连接到第二平面，以使电流能通过电连接件在这两个平面中从第一端子流到第二端子，在第二平面中电流的方向与在第一平面中电流的方向是相反的。

电源连接器与连接线一体成型制品

申请（专利）号： 201210305624. 5 **公开日：** 2013-02-06

申请人： 深圳市智泰电子有限公司

发明人： 肖智勇

摘要：

本发明的目的是提供一种电源连接器与连接线的一体成型制品（wireharness），电源连接器五金端子的导电插针部和导电端子部为一体制成；导电插针部为一端密封的空心无缝金属件，另一端与导电端子部连接；导电端子部有一焊线端子/快接端子/铆接端子/压接端子与连接线焊接、铆接或连接在一起；整个五金端子及连接线与五金端子的连接部埋设注塑固定于绝缘体内，而连接线除与五金端子的连接部以外的部分均外露于绝缘体之外。

改进的电源装置

申请（专利）号： 201110437647. 7 **公开日：** 2013-02-06

申请人： 彼得·戴格

发明人：彼得·戴格

摘要：

本发明涉及一种改进的电源装置，该装置允许电力同时提供到多于一个的设备。

一种光伏电源与电网电源并联给负载供电装置

申请（专利）号：201210432596.3　**公开日：**2013-02-06

申请人：湖南天利恩泽太阳能科技有限公司

发明人：张恩理　娄志林

摘要：

本发明涉及一种光伏电源与电网电源并联给负载供电装置，光伏电源依次连接直流阻抗变换器、光伏电源电流传感器后，与电网电源连接整流和稳流稳压装置形成的直流电源电路并联，并联后设总电流传感器，总电流传感器连负载。本发明既能满足光伏电源的最大功率输出，对电网的安全运行也无任何影响，是一种能满足不同负载要求的直流电源。

电源供给控制系统以及半导体集成电路

申请（专利）号：201210274766.X　**公开日：**2013-02-06

申请人：拉碧斯半导体株式会社

发明人：日高雄斗

摘要：

本发明提供一种能够防止电流从所连接的太阳电池向一次电池逆流的电源供给控制系统以及半导体集成电路。在一次电池（10）和负载（19）间所设置的第一开关电路（15）中，利用比较器（25）对使一次电池（10）的输出电压下降了第一电压电平的量后的第一电压与使负载（19）侧的电压下降了第二电压电平的量后的第二电压进行比较。在第二电压为第一电压以上的情况下，切断一次电池（10）和负载（19）间的电连接。对于第二开关电路（17）的太阳电池（13）和负载（19）也是同样的，由此，在负载（19）侧的电压超过一次电池（10）或太阳电池（13）的输出电压之前使开关电路关断，防止由电流的逆流导致的电池的损坏。

数字信号处理器电源电路

申请（专利）号：201210442597.6　**公开日：**2013-02-06

申请人：沈阳创达技术交易市场有限公司

发明人：李翠

摘要：

一种数字信号处理器电源电路，属于电力电子技术领域。该电路包括5V电源、滤波电容和电平转换芯片，5V电源经过电容滤波传递给专用电平转换芯片的输入端，电平转换芯片的输出经过滤波处理后给DSP芯片供电。本发明的优点：所设计的电路结构简单、成本低、稳定性能好。

一种直流电源供电的二相交流变频电动机驱动电路

申请（专利）号：201210101249.2　**公开日：**2013-02-06

申请人：施少俊

发明人：施少俊

摘要：

本发明属于交流电动机变频驱动电路领域，涉及一种直流电源供电的二相交流变频电动机驱动电路，其包括：防止电压波动电路，第一稳压电路，第二稳压及第一互补管静态基极电位固定电路，启动电阻R1以及第一互补管V1、V2和第二互补管V3、V4电路，一组全桥电路，其中由第一稳压电路和第二稳压及第一互补管静态基极电位固定电路向第一互补管的基极提供静态偏置电流，而启动电阻R1以及第一互补管V1、V2和第二互补管V3、V4电路则将输入信号放大，然后再推动一组全桥电路并驱动负载电动机M。本电路结构简易，电路在静态时功率损耗可以小于1W，其有益效果是：能容易地实现用直流电源（安全电压范围以内）通过本电路来驱动交流电动机并可以变频调速。

LED驱动电源综合测试仪

申请（专利）号：201210437873.X　**公开日：**2013-02-13

申请人：中山新特丽照明电器有限公司

发明人：曾跃明　谢福富　孙跃

摘要：

本发明公开了LED驱动电源综合测试仪，包括程控电源、LED驱动电源、输入电量测量仪、输出电量测量仪、开短路电路和人机交互界面，相对于传统的LED驱动电源测试装置而言，本发明通过人机交互界面与上述部件之间的连接关系，以及与使用者的实时交互，可以准确、快速、高效地获取LED驱动电源技术指标，实现对LED驱动电源输入及输出特性测量，检验判断，数据记录等自动集中处理功能，大幅提高了工作效率，因此具备良好的应用前景。

笔记本电源适配器

申请（专利）号：201210495307.4　**公开日：**2013-02-13

申请人：沈阳信达信息科技有限公司

发明人：王春艳　封仕燕

摘要：

本发明属于电源技术领域，特别是涉及一种笔记本电源适配器。本发明的目的是提供一种携带方便占用空间小的笔记本电源适配器。技术解决方案包括进线、进线口、适配器本体、连接筒、固线卡和出线，进线通过进线口与适配器本体的一端相连接，适配器本体的另一端与连接筒相连，出线一端与适配器本体相连接并穿过连接筒，连接筒表面设置有固线卡。

一种电源插头

申请（专利）号：201210391539.5　**公开日：**2013-02-13

申请人：青州市晟虹工贸有限公司

发明人：刘新强　董春燕

摘要：

本发明公开一种电源插头，包括本体，安装在本体上的上导电插片，其特征在于：所述本体包括上插头和下插头，上插头和下插头之间插接，本发明通过采用上述技术方案，使电源插头可以较容易的实现三相变两相或两相变三相的目的，解决了生活中将电源插头由三相变为两相后不能再变回三相的问题，结构简单，使用方便。

可关闭电源的笔记本电脑电源充电器

申请（专利）号：201210416844.5 **公开日：**2013-02-13

申请人：南通芯迎设计服务有限公司

发明人：黄藩

摘要：

一种可关闭电源的笔记本电脑电源充电器，所述笔记本电脑电源充电器具有接入交流电源的电源线，电源线末端具有插头，在所述电源线的另一端具有方形的变压器盒，所述变压器盒内部设置有变压装置及控制电路，所述变压器盒的另一端具有接入到笔记本电脑的电源输出头和输出线，其特征在于：所述变压器盒的外壳上具有切断交流电源的开关，笔记本电脑在夜间等不使用时完全可以关闭电源充电器，此设计在不将电源插头拔出的情况下通过增加一个开关来控制电源的断开与连接，方便简洁。

Z 源型两开关交流逆变电源的控制方法

申请（专利）号：201210409803.3 **公开日：**2013-02-13

申请人：哈尔滨东方报警设备开发有限公司

发明人：李宣南　朴顺善　毛飞

摘要：

本发明涉及一种 Z 源型两开关交流逆变电源的控制方法，属于电能变换领域，用于将具有波动特性较低的直流电压转化为较高额定电压的幅值和频率恒定的交流电压。将 Z 源逆变器的阻抗网络的一个直流电容替换为两个串联的电容，两个串联电容的连接点作为交流电压的一个输出端，进而省去一个桥臂，只需一个桥臂的两个开关器件，利用逆变器的直通状态，同时采用直流电压和交流电压双闭环的控制策略，同时实现直流电压和交流电压幅值恒定控制，本发明具有结构紧凑、成本低、效率高、可靠性高等优点。

利用电源开关选择光源发光模式的光源控制器及照明系统

申请（专利）号：201110265072.5 **公开日：**2013-02-13

申请人：伟诠电子股份有限公司

发明人：邵政哲　苏卜儒　林虔葳

摘要：

利用电源开关选择光源发光模式的光源控制器及照明系统。该光源控制器包含一时钟信号产生器，用以在一交流电源的电压电平到达第一电压电平时产生一时钟信号；一电源转换器，用以将该交流电源转换为一直流电源；一电源电压传感器，用以感测该直流电源的电压电平；一微控制器，电连接于该时钟信号产生器及该电源电压传感器，该微控制器用以根据一电源开关关闭前最后一时钟信号产生的时间及之后该电源开关开启后该直流电源的电压电平到达第二电压电平的时间选择一光源的发光模式。

电源供应器固定装置

申请（专利）号：201110232866.1 **公开日：**2013-02-20

申请人：鸿富锦精密工业（武汉）有限公司　鸿海精密工业股份有限公司

发明人：陶恒　郭雪娇　王淑秋　张治国

摘要：

一种电源供应器固定装置，用以固定一电源供应器，包括有底板及垂直连接所述底板的后板，所述电源供应器包括有安装板及分别连接所述安装板相对侧缘且相互平行的两侧壁，所述安装板设有安装孔，所述后板设有定位孔及折板，所述底板设有用以支撑所述电源供应器的限位部，所述后板还设有平行于所述折板的挡片，所述挡片与所述折板之间的距离等于所述电源供应器的两侧壁之间的距离，在所述电源供应器被推入所述挡片及所述折板之间后，所述安装孔对准所述定位孔。

一种大功率储能电源

申请（专利）号：201210505512.4 **公开日：**2013-02-20

申请人：济南航医纳科技有限公司

发明人：刘振升　胡立祥

摘要：

本发明公开了一种大功率储能电源，包括绝缘介电层（1），其特征是：所述绝缘介电层（1）内部设置有至少一个正内电极（2）和一个负内电极（3），所述正内电极（2）的一端通过正端电极（4）连接正极极性柱（5），所述负内电极（3）的一端通过负端电极（6）连接负极极性柱（7），所述绝缘介电层（1）两侧分别设置有抗干扰涂层（8），所述绝缘介电层（1）、正端电极（4）、负端电极（6）和抗干扰涂层（8）都包裹在绝缘涂层（9）内。本发明储能密度高，是目前最好的锂电池的 3～4 倍，寿命长、充电快、成本低，与铅酸电池相当，可大电流放电。

一种 LED 工矿灯的电源腔

申请（专利）号：201210479875.5 **公开日：**2013-02-27

申请人：天津海宇光电科技有限公司

发明人：郭宏志

摘要：

本发明要解决的问题是提供一种 LED 工矿灯的电源腔，包括电源腔的本体，所述本体包括环形侧面和与其一体的圆盘形底面，所述侧面上均布若干条形孔；所述底面上设有防水圈，其为环形凸起，底面上还设有若干圆形孔。本发明的有益效果在于：由于采用上述技术方案，使得电源腔可以在安装之后与散热体之间形成密闭的空腔，防尘防水。

EMI 电源滤波器温升试验装置及方法

申请（专利）号：201210459632.5 **公开日：**2013-02-27

申请人：西安开容电子技术有限责任公司

发明人：罗建辉

摘要：

本发明属于电子测试与测量技术领域，特别是一种对大批量同规格 EMI 电源滤波器的温升进行试验的 EMI 电源滤波器温升试验装置及方法，该装置包括直流稳压电源、EMI 电源滤波器、连接导线、温度巡检仪；参试的滤波器与电源通过导线串联，组成试验回路。温度巡检仪测量、记录滤波器的表面温度，滤波器的最高表面温度与环境室温的差值即为滤波器的温升。对于直流电源滤波器，其加载电流 I = Ie，对于交流电源滤波器，其加载电流 I = 1.4Ie。这种方法极大的提高了效率，节省了大量的成本，显著降低温升试验的能耗，节省了大量的成本和资源，同时使试验过程操作简便、安全实用。

一种机柜电源插排插孔的设计方法

申请（专利）号：201210439759.0　**公开日：**2013-02-27

申请人：浪潮电子信息产业股份有限公司

发明人：汪佳

摘要：

本发明提供一种机柜电源插排插孔的设计方法，通过相邻插孔不同路的改进设计，将原有机柜电源插排的每路孔位交叉排列，同时对电源插排里边的电路板做相应改动来支持每路孔位交叉排列。该方法既很好地尊重了使用者的习惯，又有效分配了负载，使多电源机器很好地实现冗余，同时也避免了使用负载过大可能造成的安全隐患。

一种电机调速器电源输入端口的滤波器

申请（专利）号：201210486226.8　**公开日：**2013-02-27

申请人：西安开容电子技术有限责任公司

发明人：任琦

摘要：

本发明涉及一种电源滤波器，属于电力电子技术领域，具体地说是一种电机调速器电源输入端口的滤波器。其特征是：包括第一级低通滤波电路、第二级低通滤波电路、第一级低通滤波电路与第二级低通滤波电路的串接、屏蔽壳体。本发明是一种既能保证伺服系统的动态性能指标，又能使电机调速器电源输入线满足工业产品/军用设备传导测试要求的具有较小体积的电机调速器电源输入端口电源滤波器。可适应变频器及驱动器等不同类型的电机调速器的电源输入端口，解决了伺服系统对共用电网的共阻抗干扰问题。

焊接电源

申请（专利）号：201210173105.8　**公开日：**2013-03-06

申请人：株式会社大亨

发明人：杨熙

摘要：

本发明提供一种不使作业效率下降，能够为了防止熔透焊道的烧穿而使母材冷却的焊接电源（PS1）。在使用涂药电弧焊条（2）进行封底焊接用的焊接电源（PS1）中，主焊接电流设定电路（IWR）输出主焊接电流设定信号（Iwr），低电平电流设定电路（LWR）输出由高速脉冲构成的低电平电流设定信号（Lwr）。电流设定切换电路（SW）在切换启动开关（BS）输出高电平信号期间输出低电平电流设定信号（Lwr）作为电流设定控制信号（Ir），在输出低电平信号期间输出主焊接电流设定信号（Iwr）作为电流设定控制信号（Ir）。电源主电路（PM）基于电流设定控制信号（Ir）而向涂药电弧焊条（2）与母材（4）之间供电。能够大幅度地提高作业效率，且不需要焊接作业者的技能。

用于电源的多模参数分析器

申请（专利）号：201210305800.5　**公开日：**2013-03-06

申请人：马克西姆综合产品公司

发明人：P·W·莱瑟姆二世　M·基埃德　S·昌德拉斯　S·G·金立　A·费克特

摘要：

一种系统包括输入选择模块、乘法器选择模块、乘法器模块、加法模块、多个累加器以及估计模块。输入选择模块选择输入信号，该输入信号包括占空比信号和电源的多个电流信号和电压信号。乘法器选择模块选择来自正弦发生器和余弦发生器的输入。乘法器模块将选择的输入信号乘以来自正弦发生器和余弦发生器的输入以产生乘积。加法模块将乘积相加以产生和。多个累加器累加所述和。估计模块基于在多个累加器中累加的和来估计多个部件的值，所述多个部件包括电源的电感、电容和电阻。

冗余电源辅助检测电路及方法

申请（专利）号：201110237533.8　**公开日：**2013-03-06

申请人：鸿富锦精密工业（深圳）有限公司　鸿海精密工业股份有限公司

发明人：刘艺红

摘要：

本发明提供一种冗余电源辅助检测电路，用于辅助检测一电子设备的冗余电源的工作状况，该电子设备包括至少两个电源供应器，该冗余电源辅助检测电路包括计时器、切换单元及微控制器，该计时器用以每间隔一段时间向微控制器触发脉冲信号，切换单元电连接于一外部的供电电源与二电源供应器之间，该微控制器用以控制切换单元动作，以使任意一个电源供应器与供电电源导通或断开。本发明还提供一种冗余电源辅助检测方法，该冗余电源辅助检测方法测试效率高，且不会造成人力资源的浪费。

一种光感应电源装置

申请（专利）号：201110242132.1　**公开日：**2013-03-06

申请人：李刚

发明人：李刚

摘要：

本发明公开了一种光感应电源装置，属于电子技术领域，包括交流电源和电源电路单元，由降压电路、整流电路、稳压电路和滤波电路组成，微控制器电源单元和开关电路，由驱动电路和继电器组成，还包括传感器，交流电路与电源电路单元的输入端电连接，降压电路通过整流电路与稳压电路电连接，稳压电路通过电路与滤波电路连接，微控制器电源单元与电源电路单元的输出端电连接，微控制器电源单元与传感器电连接，传感器与驱动电路电连接，继电器与驱动电路输出端电连接。传感器是光感应元件，有益效果是本发明可在无人的状态下，根据光线的明暗，通过光感应元件自动断开或接通电路，节约能源，符合经济效益。

电源装置

申请（专利）号： 201110255051.5　**公开日：** 2013-03-06

申请人： 鸿富锦精密工业（深圳）有限公司　鸿海精密工业股份有限公司

发明人： 颜建宗

摘要：

一种电源装置，用以对一用电设备供电，所述电源装置包括电源供应模组及微处理器，所述电源供应模组包括多个电源供应单元（Power Supply Unit，PSU），所述多个PSU连接至一现有的电源，所述微处理器连接至每一PSU，并根据用电设备实际消耗的功率以及每一PSU的最大输出功率确定需要对用电设备供电的PSU，并控制所确定的PSU对用电设备供电。

电源系统

申请（专利）号： 201110241331.0　**公开日：** 2013-03-06

申请人： 鸿富锦精密工业（深圳）有限公司 鸿海精密工业股份有限公司

发明人： 蔡佑淇

摘要：

一种电源系统，包括层叠设置的第一电源供应单元及第二电源供应单元、设有连接单元的电源分配板及电源接口板。该第一电源供应单元及该第二电源供应单元前端分别设有第一进风口及第二进风口；该电源接口板包括一基板、一线缆及安装于该基板上的分别与第一电源供应单元及第二电源供应单元对接的第一电连接器、第二电连接器；该基板上与该第一进风口及该第二进风口正对的位置设有若干通风口，该线缆一端与该第一电连接器及该第二电连接器的引脚对应电连接，另一端电连接于电源分配板的连接单元上。该电源系统更利于电源供应单元散热。

电源匹配系统

申请（专利）号： 201110236066.7　**公开日：** 2013-03-06

申请人： 鸿富锦精密工业（深圳）有限公司 鸿海精密工业股份有限公司

发明人： 付迎宾　葛婷　潘亚军

摘要：

一种电源匹配系统，应用于一CPU电源，该CPU电源包括一电源控制芯片，该电源控制芯片用来设定CPU电源的工作频率，该电源匹配系统包括：一控制单元及一控制电路，该控制单元用于获取CPU的功率信息，并根据CPU不同的功率大小输出相应的控制信号，该控制电路依据接收来自该控制单元输出不同的控制信号来输出相应的频率选择信号至该电源控制芯片的频率转换引脚，该电源控制芯片的频率转换引脚侦测到不同的频率选择信号使得CPU电源工作在不同的工作频率下。本发明电源匹配系统使得各种不同功率的CPU均可工作在其最适的工作频率下，如此提高了CPU电源的工作效率。

无线鼠标电源控制装置

申请（专利）号： 201110235160.0　**公开日：** 2013-03-06

申请人： 神讯电脑（昆山）有限公司

发明人： 杨庆

摘要：

本发明揭示一种无线鼠标电源控制装置，包括：传感器，设于所述无线鼠标上，用以感测人体是否在使用鼠标，并产生控制信号；开关控制电路，设于所述无线鼠标内，与所述传感器相连，接收所述传感器产生的控制信号，依据所述控制信号产生开关动作；电源，设于所述无线鼠标内，与所述开关控制电路连接，受控于所述开关控制电路，依据所述开关动作，对所述无线鼠标进行供电或不供电。利用本发明无线鼠标电源控制装置，由于是通过传感器感测人体是否在操作，从而开关控制电路可以自动判断以进行开闭电源的动作，使得对无线鼠标电源的控制更加方便，同时由于采用传感器的方式进行感测，而非采用传统的机械式按压，从而可以提高无线鼠标的使用寿命。

空心蓝光电源线

申请（专利）号： 201110248019.4　**公开日：** 2013-03-06

申请人： 南京千灵电器科技有限公司

发明人： 杨庆

摘要：

本发明在电源线插头上开孔并嵌入蓝光LED驱动电路，构成空心蓝光电源线，电路对市电进行整流、滤波、分压后驱动蓝光LED发光环，结构简单，易于实现，LED灯可在无光照时用作指示灯，亦可作为装饰品，美观实用。

电源控制箱

申请（专利）号： 201210531687.2　**公开日：** 2013-03-06

申请人： 陕西中明能源投资有限公司

发明人： 王梅玫

摘要：

本发明所述的电源控制箱涉及一种防护装置，特别涉及一种电气设备的防护装置。本发明所述的电源系统包括电源控制箱，其特征在于包括箱体，箱体上设有门体，电气系统设置于箱体内部，电气系统外表面上设有控制面板，所述的控制面板设置于门体相对应的一侧上，电气系统上设有接线口。本发明所述的电源控制箱，将电气系统设置在门体中，可以有效避免风雨等恶劣自然环境对电源的损害，有效地保证了电源系统的安全。

利用环境微弱能量供电的间隙性数字式传感器工作电源

申请（专利）号：201210411037.4 **公开日：**2013-03-06
申请人：上海臻源电力电子有限公司
发明人：胡大良 张卫红 王曼
摘要：

一种利用环境微弱能量供电的间隙性数字式传感器工作电源，涉及弱电供电技术领域，所解决的是降低传感器施工工作量及减少传感器布线对周边电气设备影响的技术问题。该电源包括储能回路、电压切换回路、微弱能量收集装置；所述微弱能量收集装置用于收集环境微弱能量为储能回路充电；所述储能回路由储能电容构成，用于储存电能及输出电能；所述电压切换回路包括一个切换比较器、一个电子切换开关；所述储能回路通过电子切换开关输出电能，所述切换比较器用于检测储能回路的端电压，根据储能回路的端电压值控制电子切换开关间歇性通断。本发明提供的电源，适用于内部电路间隙使用的微功耗传感器的工作电源供给。

一种超级电容发动机起动电源装置

申请（专利）号：201110200046.4 **公开日：**2013-03-06
申请人：祁延年 谢锡聪
发明人：祁延年 谢锡聪
摘要：

本发明公开一种基于超级电容替代现有发动机起动电瓶的车辆及设备启动电源替代系统。它由A1电源转换系统、E2超级电容组储能系统、A2储能完成告警系统构成。该系统利用A1电源转换系统将任意形式的辅助电源转换成起动电动机所需要的电源并储存在E2超级电容组储能系统，A2储能完成告警系统提供超级电容储存完成信号，最后供给发动机起动电动机，用于起动发动机。该系统利用辅助电源对超级电容充电，起动时由超级电容组为起动电动机提供强劲的起动能量。

主动给使用在电力驱动车辆的电源系统中的电容器放电的放电设备和放电方法

申请（专利）号：201210287734.3 **公开日：**2013-03-06
申请人：马涅蒂-马瑞利公司
发明人：里卡尔多·维安西诺 法比奥·贝尔纳迪 乔瓦尼·朱弗雷
摘要：

一种用于主动给在电力驱动车辆的电源系统（1）中的主电容器（C滤波）放电的放电设备（11）；放电支路（13）并联连接到所述主电容器（C滤波）并且设置有放电晶体管（TD）；控制设备（14）连接到所述放电晶体管（TD）的栅极/基极端子，并且当需要给所述主电容器（C滤波）放电时通过将它偏置到导通模式来控制所述放电晶体管（TD）；并且当需要给所述主电容器（C滤波）放电时，控制单元（12）触发提供电力给低电压储能系统（7）的电子DC/DC转换器（3），并且触发控制电机（2）来电流循环通过所述电机（2）的电子电力转换器（3），所述电流不导致产生和吸收驱动扭矩。

一种低电压大电流设备的恒流电源

申请（专利）号：201110241698.2 **公开日：**2013-03-06
申请人：李国军
发明人：李国军
摘要：

本发明公开了一种低电压大电流设备的恒流电源，包括220V交流电源、降压变压器，降压变压器的二次回路接到负载上，在连接220V交流电源与降压变压器的电路上设SPWM电路，SPWM电路与处理器的控制电路连接，处理器为集成电路芯片的微处理器。上述技术方案集成了电流产生、电流控制、电流通过时间计时、试品优劣判断、计数等多种功能，外部接口简单，减少连接控制线，提高了系统可靠性；采用专用芯片、NXP微处理器、功率模块为核心器件，结合智能高效软件PID算法设计而成的，具有稳定性好、准确度高、效率高、控制迅速和便捷等特点。

电池适配器以及采用该种电池适配器的电源设备

申请（专利）号：201210303509.4 **公开日：**2013-03-06
申请人：日立工机株式会社
发明人：中野恭嗣 岛敏洋 船桥一彦 高野信宏 河野祥和 小仓政幸 渡部伸二 藤泽治久
摘要：

本发明涉及电池适配器以及采用该种电池适配器的电源设备。电池适配器包括能够将电压波形从DC转换为AC的逆变器设备。可以选择性地将形状不同的第一可再充电电池和第二可再充电电池连接到逆变器设备。第一可再充电电池例如可以是用在电动工具中的电池组，第二可再充电电池例如可以是高容量铅酸电池。通过该种电池适配器，能够使用两种类型的可再充电电池作为驱动AC驱动的电动工具的电源。电池适配器将实现充电/放大控制的微型计算机容纳于其中。

智能感温笔记本电源适配器

申请（专利）号：201210495306.X **公开日：**2013-03-13
申请人：沈阳信达信息科技有限公司
发明人：王春艳 封仕燕
摘要：

本发明属于工具技术领域，特别是涉及一种智能感温笔记本电源适配器。本发明的目的是提供一种让使用者了解适配器实时温度的对电脑及适配器有一定保护作用的智能感温笔记本电源适配器。技术解决方案包括进线、进线口、适配器本体、出线口、出线和感温变色带，所述的进线通过进线口与适配器本体一端相连接，适配器本体另一端设置有出线口和出线，所述的适配器本体上设置有感温变色带。

一种计算机电源

申请（专利）号：201210521100. X　**公开日：**2013-03-13

申请人：大连奥林匹克电子城腾飞办公设备商行

发明人：李富鹏　由芳

摘要：

本发明公开了一种计算机电源，包括：EMI 滤波单元；整流滤波单元；充电单元；超级电容；充电电压检测单元；充电电流检测单元；连接充电电压检测单元和充电电流检测单元，充电控制单元；开关单元；连接市电，市电检测单元；功率因数校正单元；Buck 降压单元；连接 Buck 降压单元，用于进行直流变换输出多路直流电压给计算机供电的 DC/DC 变换单元；连接市电检测单元，用于根据市电检测单元的市电供应中断信号控制计算机进行数据保存的控制单元；本发明能够在掉电时暂短运行并实时控制计算机完成数据保存，智能稳定、方便实用，同时能够节省电能，延长超级电容的使用寿命。

电源插排

申请（专利）号：201210521022. 3　**公开日：**2013-03-13

申请人：丰振中

发明人：丰振中

摘要：

本发明为一种电源插排。本发明包括壳体和壳体内的导电插片，其壳体正面设置有与导电插片对应的插孔，其技术方案为：壳体的一侧装有侧插头，另一侧装有与其相对一侧的插头对应的侧插孔，侧插孔内装有与其对应的导电插片，侧插头和各插座的导电插片的对应相电连接。本发明能够根据需要的插头数量依次插接，进一步地，还能设计为可旋转结构，适合不同方向的用户端。

用于显示驱动器的电源电路

申请（专利）号：201210321794. 2　**公开日：**2013-03-13

申请人：三星电子株式会社

发明人：韩秉勋　郑敬薰

摘要：

本发明公开了一种用于显示驱动器的电源电路，其包括正电压生成单元和负电压生成单元。正电压生成单元包括第一电容性 DC/DC 变换器和第一电感性 DC/DC 变换器，并选择性地使用第一电容性 DC/DC 变换器、第一电感性 DC/DC 变换器或者第一外部电源电压来生成正的源极电压。负电压生成单元包括第二电容性 DC/DC 变换器和第二电感性 DC/DC 变换器，并选择性地使用第二电容性 DC/DC 变换器、第二电感性 DC/DC 变换器或者第二外部电源电压来生成负的源极电压。

可控整流单元的变频电源装置

申请（专利）号：201110257078. 8　**公开日：**2013-03-13

申请人：上海电机系统节能工程技术研究中心有限公司
　　　　上海电科电机科技有限公司

发明人：冯东升　吴汉熙　王涛　陈叶荣

摘要：

一种可控整流单元的变频电源装置，包括主控单元、逆变单元、整流单元和储能电容，其特征在于整流单元为晶闸管整流器，整流单元的输出端连接有储能电容，整流单元经逆变单元与被试电机连接，主控单元分别与整流单元控制极、逆变单元控制极连接。本发明的优点是在电机叠频试验时，副频电源的施加导致被试电机端电压升高，主控单元在检测到电机端电压超过额定电压的信号时，会自动调整整流单元输出电压，使得变频电源输出电压降低，达到额定电压值，并保持稳定，同时直流母线电压峰值下降，保护储能电容免受冲击，能提升电源的试验能力，降低成本。

电源装置

申请（专利）号：201210315129. 2　**公开日：**2013-03-13

申请人：国产电机株式会社

发明人：胜间田昂　浅利真树　山口洋史　村松秀一　殿冈亮辅　小松真二

摘要：

一种电源装置，对发电线圈三相星形接线的交流发电机的输出进行整流并供给负载，包括：控制整流电路和控制部，该控制整流电路可以构成从交流发电机输出的三相交流电压进行全波整流的第一控制整流电路、对从交流发电机的三相的交流输出端子中选择的两相的交流输出端子各自与中性点端子之间得到的交流电压和在被选择的两相的交流输出端子之间得到的交流电压进行全波整流的第二控制整流电路，该控制部控制第一和第二控制整流电路以使得在交流发电机的转速为设定速度以下时，向负载供给第一控制整流电路的输出，在转速超过设定速度时向负载供给第二控制整流电路的输出。

高压脉冲电源的设计方法

申请（专利）号：201210474837. 0　**公开日：**2013-03-13

申请人：西安福安创意咨询有限责任公司

发明人：张世强

摘要：

本发明涉及高压脉冲电源的设计方法，尤其涉及一种脉冲中子测井仪用高压脉冲电源的设计方法，其特征是：至少包括脉冲产生控制电路（1）、第一级倍压电路（2）、两级保持电路（3）、第二级倍压电路（4），脉冲产生控制电路（1）通过两级保持电路（3）与第二级倍压电路（4）的控制端电连接，第一级倍压电路（2）输入端与低压电源电连接，第一级倍压电路（2）的输出端与第二级倍压电路（4）输入端电连接，经第二级倍压电路（4）将第一级倍压电路（2）的倍压输出电压进行再倍压，由第二级倍压电路（4）输出脉冲高压。它提供了一种耐高温、体积小、硬件简单、可靠性高的高压脉冲电源的设计方法。

电源装置和接收装置

申请（专利）号：201210302678. 6　**公开日：**2013-03-13

申请人： 索尼公司

发明人： 土田进

摘要：

一种电源装置，包括：电源单元，其通过电源线提供 LNB（低噪声块降频转换器）驱动电功率给符合 DiSEqC（数字卫星设备控制）标准的 LNB；发送单元，其通过电源线发送用于 DiSEqC 装置的控制命令；接收单元，其通过电源线接收对应于控制命令的、来自 DiSEqC 装置的响应；抑制单元，其抑制可能响应于切换单元的切换而出现的噪声的电平，该切换单元在发送控制命令的 TX 模式和接收响应的 RX 模式之间切换。

光伏电源箱

申请（专利）号： 201110262210.4　**公开日：** 2013-03-20

申请人： 扬州天华光电科技有限公司

发明人： 姜海林

摘要：

本发明涉及一种光伏电源箱。包括基座和箱体，基座下部设有滚轮，箱体内外壁均设有耐磨弹性膜皮，基座与箱体之间以及基座与滚轮之间均通过弹性机构连接。本发明设置了两层减震装置：一层为横向，其是通过耐磨弹性膜皮实现太阳电池板在横向上的减震；其二是纵向，其是通过弹性机构实现太阳电池板在纵向上的减震，且纵向分为两级：一是基座和箱体之间，二是基座和滚轮之间。故本发明的电源箱通过以上基层减震措施的实行，具有良好的减震效果，能很好地适应太阳电池板的野外运输需要。

具有电源电压控制的延迟的脉冲水准测量系统

申请（专利）号： 201110291337.9　**公开日：** 2013-03-20

申请人： 罗斯蒙特储罐雷达股份公司

发明人： 瓦尔特·尼尔森　法比安·文格尔　塞缪尔·贝奎斯特

摘要：

提供了具有电源电压控制的延迟的脉冲水准测量系统。一种水准测量系统包括：发射信号生成电路，用于生成发射脉冲序列形式的发射信号；传播设备，连接到发射信号生成电路并配置为向罐内产品的表面传播发射信号，并返回由于发射信号在该表面处的反射而得到的反射信号。该系统还包括被配置为提供基准脉冲序列形式的基准信号的基准信号提供电路。发射信号生成电路和基准信号提供电路中的至少一个包括延迟电路，用于提供发射信号和基准信号间的时变相位差。该延迟电路包括：至少一个电源电压控制的延迟单元，该延迟单元对通过其的脉冲展示出根据提供到其的电源电压而改变的传播延迟；电压控制电路，连接到延迟单元，用于提供可控电源电压到延迟单元。

电源滤波器电性能参数多功能测试装置及方法

申请（专利）号： 201210485928.4　**公开日：** 2013-03-20

申请人： 西安开容电子技术有限责任公司

发明人： 马佳宁　宋博

摘要：

本发明属于电子测试与测量技术领域，特别是一种对批量同类型电源滤波器电性能参数进行测试的电源滤波器电性能参数多功能测试装置及其方法，包括底座、绝缘支架、连接母线、接插部件、压紧装置；绝缘支架按长度方向平行固定在底座上；压紧装置下端固定被测滤波器，被测滤波器均匀分布；绝缘支架上固定接插部件，鳄鱼夹，正、负连接母线；接插部件的正、负两极分别与两根连接母线的正、负两极焊接；这种结构在提高测试速度和测试准确性的同时，节省了大量的成本和人力资源。

服务器机柜及其电源传输组件

申请（专利）号： 201110306414.3　**公开日：** 2013-03-20

申请人： 技嘉科技股份有限公司

发明人： 吕东珂　蔡金翰

摘要：

一种服务器机柜，用于装设复数个服务器，各服务器具有一供电电路板，服务器机柜包括一本体、一电源供应模块及一电源传输组件。本体具有相对的一第一面与一第二面，服务器自第一面的开口沿着一排列方向装设于本体内，电源供应模块设于第二面上。电源传输组件的汇电条设于第二面并电连接电源供应模块，汇电条的设置方向与服务器的排列方向相平行，而电源传输组件的多个电连接器分别与服务器相耦接。藉由电源传输组件以将电源供应模块的电能集中供电于服务器。

主动给电动车辆电源系统中的电容器放电的设备和方法

申请（专利）号： 201210287722.0　**公开日：** 2013-03-20

申请人： 马涅蒂-马瑞利公司

发明人： 里卡尔多·维安西诺　法比奥·贝尔纳迪　乔瓦尼·朱弗雷

摘要：

一种用于给在电力驱动车辆的电源系统（1）中的主电容器（C 滤波）主动放电的放电设备（11）和方法。放电支路（13）并联连接到所述主电容器（C 滤波）并且设置有放电晶体管（TD），其在需要给所述主电容器（C 滤波）放电时必须偏置到导通模式；控制设备（14）连接到所述放电晶体管（TD）的栅极/基极接头，当需求给所述主电容器（C 滤波）放电时通过将所述放电晶体管（TD）偏置到导通模式来控制所述放电晶体管（TD），并且具有控制晶体管（TC），当它处于导通模式时保持与所述放电晶体管（TD）的隔离并且必须被隔离以便所述放电晶体管（TD）导通。

给用在电动车辆电源系统中的电容器放电的设备和方法

申请（专利）号： 201210287677.9　**公开日：** 2013-03-20

申请人： 马涅蒂-马瑞利公司

发明人： 里卡尔多·维安西诺　法比奥·贝尔纳迪　乔瓦

尼·朱弗雷

摘要：

一种主动给主电容器（C 滤波）放电的放电设备（11）和方法。放电支路（13）并联连接到所述主电容器（C 滤波）并且设置有放电晶体管（TD）；控制设备（14）连接到所述放电晶体管（TD）的栅极/基极接头，当需要给所述主电容器（C 滤波）放电时通过将所述放电晶体管（TD）偏置到导通模式来控制所述放电晶体管（TD），并且具有安全电容器（C 安全），其安插在所述放电晶体管（TD）的栅极/基极接头与电源之间，该安全电容当所述放电晶体管（TD）偏置到导通模式时充电，从而保证在所述放电晶体管（TD）的栅极/基极接头处的电压/电流的逐渐下降，以在从所述放电晶体管（TD）导通立即开始起的时间间隔之后将所述晶体管（TD）偏置到隔离状态。

多波形低压输入型电源转换器

申请（专利）号：201210517118.2　**公开日：**2013-03-20

申请人：西安智海电力科技有限公司

发明人：胡家培　胡民海

摘要：

本发明提供一种多波形低压输入型电源转换器，该多波形低压输入型电源转换器的 VMOS 开关在触发信号作用下，能够根据所加电压极性实现正向或反向导通，基于此特性，在输入交流在波形负半周或输入直流为上负下正时，该多波形低压输入型电源转换器的工作过程与上述导通、续流过程原理相同，因此其具有无极性、多波形、宽频率电源输入等特性。

超高转换效率的电源转换电路

申请（专利）号：201210517278.7　**公开日：**2013-03-20

申请人：西安智海电力科技有限公司

发明人：胡家培　胡民海

摘要：

本发明提供一种超高转换效率的电源转换电路，该超高转换效率的电源转换电路具有优于现有电源转换电路的极佳的转换效率，其中反向隔离电路采用同步的 VMOS 开关电路，其触发信号与 PA 和 PB 的波形同步，可利用 VMOS 开关电路电阻小的特性进一步降低线路损耗，尤其在 Boost 输出较低时转换效率的提高更为显著。因此，本发明不但具有极佳的转换效率，还实现了较低的损耗。

强鲁棒性的低压电源 XC/DC 转换电路

申请（专利）号：201210517072.4　**公开日：**2013-03-20

申请人：西安智海电力科技有限公司

发明人：胡家培　胡民海

摘要：

本发明提供一种强鲁棒性的低压电源 XC/DC 转换电路。该强鲁棒性的低压电源 XC/DC 转换电路的主体为 Boost 电源电路，采用 PWM 控制器、驱动信号合成电路和 VMOS 开关电路，续流电感是设置在输入电源输出端正端上的差模对称电感；输入电源通过续流电感依次与两个 VMOS 管组在反向隔离电路输入端之前串联；所述驱动信号合成电路为标准两输入或门控制芯片，该控制芯片包括四对输入端和相应的四个输出端，输出端 Ao、Bo、Co、Do 连接至 VMOS 开关驱动电路的输入端；在负载之前，设置有输出保护电路，能够保证 Boost 输出在负载短路时自动调整，限流输出，同时仍保证低功耗，具有强鲁棒性的特点。

输入电源无差别输出自保护转换电路

申请（专利）号：201210517142.6　**公开日：**2013-03-20

申请人：西安智海电力科技有限公司

发明人：胡家培　胡民海

摘要：

本发明提供一种输入电源无差别输出自保护转换电路，主要解决了现有低压新能源电源转换器功耗高、效率低、可靠性差的问题。该转换电路中的控制电路采用电流型 PWM 控制器，PWM 控制器的两个输出端 Ao、Bo 分别接至驱动信号合成电路的一组输入端；所述输入电流采样电路包括电流传感器 CS1、电容 C13、电阻 R21、二极管 D4、电流传感器 CS1 与二极管 D4 串联构成一个支路，电容 C13、电阻 R21 分别与该支路并联；在负载之前，设置有输出保护电路。

输出安全型宽频无极性电源转换电路

申请（专利）号：201210517145.X　**公开日：**2013-03-20

申请人：西安智海电力科技有限公司

发明人：胡家培　胡民海

摘要：

本发明提供一种输出安全型宽频无极性电源转换电路，主要解决了现有低压新能源电源转换器功耗高、效率低、可靠性差的问题。电源转换电路基于 Boost 结构，采用 PWM 控制方式，通过 VMOS 管的导通作用以及反向隔离电路实现对输入电源的整流/导向。输入电流采样电路和输出电流采样电路的输出端均依次通过调宽式脉冲控制电路、驱动信号合成电路、VMOS 开关驱动电路与 VMOS 开关电路的输入端连接，VMOS 开关电路的输出端依次通过反向隔离电路、储能滤波电路、输出保护电路与负载连接。本发明能够对交、直流多种波形无差别稳定输出，且在负载短路时自动限流输出，同时仍保证低功耗。

带有输出保护的超高转换效率的电源转换电路

申请（专利）号：201210517228.9　**公开日：**2013-03-20

申请人：西安智海电力科技有限公司

发明人：胡家培　胡民海

摘要：

本发明提供一种带有输出保护的超高转换效率的电源转换电路。该电源转换电路的反向隔离电路的输出端通过储能滤波电路和输出保护电路与负载连接，反向隔离电路的输入端与 VMOS 开关电路的输出端连接，VMOS 开关电路的输入端通过续流电感与输入电源的输出端连接，输入电源的输出端通过输入电流采样电路与调宽式脉冲控制电路的输入端连接，储能滤波电路的输出端通过输出电流采样电路与调宽式脉冲控制电路的输入端连接，调宽式脉冲控制电路的输出端依次通过驱动信号合成电路、VMOS开关驱动电路与VMOS开关电路的输入端连接。本发明能够对交、直流多种波形无差别低功耗稳定Boost输出，且在负载短路时自动限流输出。

一种以单片机控制的开关电源

申请（专利）号：201110259978.6 **公开日：**2013-03-20

申请人：杨加珍

发明人：杨加珍

摘要：

一种以单片机控制的开关电源，它涉及开关电源技术领域。220V交流电分别与整流滤波电路（1）和辅助电源电路（2）连接，整流滤波电路（1）与PFC校正电路（3）连接，PFC校正电路（3）与DC变换电路（4）连接，辅助电源电路（2）与PWM控制电路（5）连接，且PWM控制电路（5）与DC变换电路（4）连接，DC变换电路（4）与单片机（6）连接，单片机（6）分别与PWM控制电路（5）和保护电路（7）连接。它采用单片机模块组成的控制电路，在检测与控制软件支持下，通过对开关电源输出电流、电压进行数据采样，与给定数据比较，从而调整和控制开关功率管的工作状态，同时监测输出电流大小，进行电流控制，具有可编程、功能强、控制简单、集成度高等特点。

用于反激电路的隔离电源

申请（专利）号：201110264305.X **公开日：**2013-03-20

申请人：欧司朗股份有限公司

发明人：米德尔·特加科 贾辉 戴雪维 张德召

摘要：

本发明涉及一种用于反激电路的隔离电源，具有：初级；通过隔离变压器与所述初级电隔离的主输出级；以及至少一个次输出级，其中，次输出级通过第一电容器（C31）和第二电容器（C32）与初级隔离，并且第一电容器（C31）和第二电容器（C32）将来自初级的能量传输给次输出级输出。

一种飞机调光系统直流电源慢开装置

申请（专利）号：201210458323.6 **公开日：**2013-03-20

申请人：上海航空电器有限公司

发明人：冉剑 曾庆兵 刘金鑫 季仁喜 李烜 万通 张俊

摘要：

本发明公开了一种飞机调光系统直流电源慢开装置，包括电源模块，其特征在于所述电源模块的输出使能控制端与慢开控制电路连接。根据本发明的具体实施例，所述电源模块为大功率可调电源模块，所述电源模块电压调节控制端接电压调节电路。本发明的有益效果是，在电源模块的控制端加入慢开控制电路，并可通过设置慢开控制电路内部参数，使电源模块的输出滞后于输入相应的设置时间，实现在上电瞬间，当系统工作稳定后再输出照明调光电压，保证照明发光设备亮度稳定，不出现闪亮现象，提高飞机驾驶舱整体照明效果。

电源控制电路、包括其的半导体器件

申请（专利）号：201210344606.8 **公开日：**2013-03-27

申请人：三星电子株式会社

发明人：金亨沃 全宰汉 崔晶然 元孝植 崔奎明

摘要：

一种电源控制电路，连接在电源电压与逻辑电路之间，以切换供应给逻辑电路的电源。该电源控制电路包括：多个第一电源选通单元（PGC），其并行接收外部模式改变信号；至少一个第二PGC，其与一个第一PGC连接；至少一个第三PGC，其与至少一个第二PGC连接；以及至少一个第四PGC，其与至少一个第三PGC连接。第二电源选通单元、第三PGC、和/或第四PGC可以包括多个电源选通单元。第二、第三、和第四多个PGC的至少之一具有串联连接的电源选通单元。第一到第四PGC的每一个切换响应于模式改变信号而切换供应的电源。

安控系统中防止电源扰动的净化电源并接供电设备

申请（专利）号：201210373638.0 **公开日：**2013-03-27

申请人：西安星云网络有限公司

发明人：吴新潮

摘要：

一种安控系统中防止电源扰动的净化电源并接供电设备，设置有安控系统中防止电源扰动的ARM嵌入式芯片控制器，所述的安控系统中防止电源扰动的ARM嵌入式芯片控制器朝电源扰动的所有带有净化电源并接供电器的安防系统线路冗余切换开关导通线路同保护性熔断器，所述的保护性熔断器设置带有净化电源并接供电器的安防系统线路的反馈信号发生器，并且安控系统中防止电源扰动的ARM嵌入式芯片控制器把熔断器带有净化电源并接供电器的安防系统线路。实现了方便快捷的方式解决这种由供电系统的电源不“洁净”引起的安防系统中经常会出现显示器上的波纹扰动的现象。

安控系统中防止电源扰动的净化电源并接供电方法

申请（专利）号：201210373639.5 **公开日：**2013-03-27

申请人：西安星云网络有限公司

发明人：吴新潮

摘要：

一种安控系统中防止电源扰动的净化电源并接供电方法，当由供电系统的电源不“洁净”引起的安防系统中经常会出现显示器上的波纹扰动时，启动安控系统中防止电源扰动的ARM嵌入式控制芯片，该安控系统中防止电源扰动的ARM嵌入式控制芯片操纵冗余切换开关导通线路同保护性熔断器和带有净化电源并接供电器的安防系统线路，并且接通反馈信号发生器回安控系统中防止电源扰动的ARM嵌入式控制芯片进行实时调控电源稳定。实现了方便快捷的方式进行解决这种由供电系统的电源不“洁净”引起的安防系统中经常会出现显示器上的波纹扰动的现象。

一种带卷线的电源线

申请（专利）号：201110277338.8 **公开日：**2013-03-27

申请人：沈兴财

发明人：沈兴财

摘要：

本发明公开了一种带卷线的电源线，包括插针式插头（1）、电线（2）和插孔式插头（4），插针式插头（1）和插孔式插头（4）通过电线（2）连接在一起，电线（2）设置为卷线。电线（2）与插针式插头（1）和插孔式插头（4）的连接处均设有保护管（3）。本发明由于使用了带卷线的电源线，在电器离电源插座很近时，插入电源线，卷线自动收缩，不会有大量散线自由散落；当电器离电源插座较远时，只需拽动卷线，电源线长度自动伸长便可满足使用条件，为人们使用减少了繁琐的步骤，带来了方便。

一种过电流保护电源电路

申请（专利）号：201110278464.5 **公开日：**2013-03-27

申请人：郑发明

发明人：郑发明

摘要：

本发明涉及电源电路技术领域，特别涉及一种过电流保护电源电路，能够对电流进行检测，电流过大时断开电源，本发明的目的是这样实现的，过电流保护电源电路，所述电源电路中串联有继电开关和电流检测装置，还设置有控制器，所述电流检测装置的输出端与控制器的输入端电连接，所述控制器的控制输出端与继电开关电连接。本发明有益效果是：能根据电流大小控制继电开关的通断，当电流大于阈值时断开电路，非常安全。

开关电源节能老化系统

申请（专利）号：201210343333.5 **公开日：**2013-03-27

申请人：孙扬

发明人：孙扬

摘要：

本发明公开了一种开关电源节能老化系统，包括被老化电源、节能电子负载，被老化电源的输入端连接电网，被老化电源的输出端连接节能电子负载的输入端，节能电子负载的输出端反馈连接回电网，节能电子负载向电网注入包含谐波含量的电流波形，用于补偿降低系统输入电流中的谐波含量，节能电子负载控制并网电流中含有同等含量的谐波，进行补偿，使得系统输入电流中仅含有基波成分，而不含谐波成分，达到治理系统谐波的效果，本发明一方面节约了老化用电，另一方面在基本不增加或者增加很小的成本的情况下治理了谐波，为电源厂省去了购买大量滤波器的成本。

使用DC电源的分布式功率收集系统

申请（专利）号：201210253614.1 **公开日：**2013-03-27

申请人：太阳能安吉科技有限公司

发明人：M·阿德斯特 L·汉德尔斯曼 Y·戈林 A·菲谢尔夫 G·塞拉

摘要：

本发明涉及使用DC电源的分布式功率收集系统，公开了一种用于维持分布式电力系统可靠性的方法，分布式电力系统包括具有输入端子和输出端子的功率变换器。输入功率在输入端子处被接收，输入功率变换为在输出端子处的输出功率，温度在功率变换器中或在功率变换器的环境中被测量，温度信号是响应于温度的输入。通过基于温度信号调节输入功率来控制功率变换，输入功率到输出功率的功率变换可被控制以根据预定标准通过在输入端子处设置输入电压或输入电流来最大化输入功率。预定标准之一被配置成基于响应于温度的温度信号来减小输入功率，输入功率的调节减小输入电压和/或输入电流，从而降低功率变换器的温度。

安控系统中防止电源扰动的UPS供电方法

申请（专利）号：201210373630.4 **公开日：**2013-03-27

申请人：西安星云网络有限公司

发明人：吴新潮

摘要：

一种安控系统中防止电源扰动的UPS供电方法，当由供电系统的电源不“洁净”引起的安防系统中经常会出现显示器上的波纹扰动时，启动安控系统中防止电源扰动的单片机，该安控系统中防止电源扰动的单片机操纵冗余切换开关导通线路同保护性熔断器和带有UPS供电器的安防系统线路，并且接通反馈信号发生器回安控系统中防止电源扰动的单片机进行实时调控电源稳定。实现了利用方便快捷的方式解决这种由供电系统的电源不“洁净”引起的安防系统中经常会出现显示器上的波纹扰动的现象。

安控系统中防止电源扰动的UPS供电设备

申请（专利）号：201210373641.2 **公开日：**2013-03-27

申请人：西安星云网络有限公司

发明人：吴新潮

摘要：

一种安控系统中防止电源扰动的UPS供电设备，设置有安控系统中防止电源扰动的单片机，所述的安控系统中防止电源扰动的单片机朝电源扰动的所有带有UPS供电器的安防系统线路冗余切换开关导通线路同保护性熔断器，所述的保护性熔断器设置带有UPS供电器的安防系统线路的反馈信号发生器，并且安控系统中防止电源扰动的单片机把熔断器带有UPS供电器的安防系统线路。实现了利用方便快捷的方式解决这种由供电系统的电源不“洁净”引起的安防系统中经常会出现显示器上的波纹扰动的现象。

一种电源切换电路

申请（专利）号： 201210572956. X　**公开日：** 2013-03-27

申请人： 上海斐讯数据通信技术有限公司

发明人： 王学民　曹淑玉　杭旭

摘要：

本发明涉及电子设备技术领域，尤其涉及一种电源切换电路，通过主电源电压的分压来控制场效应晶体管构成的开关，并采用稳压二极管设置为保护单元，低导通电压低损耗二极管隔离主电源和备用电源，在实现主/备电源之间快速切换的同时，还简化了电路，降低了工艺成本，同时由于保护单元的作用，在保护开关的同时，利用低导通电压低损耗二极管，有效地避免主电源和备用电源之间相互充电给电源设备带来的损伤。

一种用于设备供电电源的自动切换装置

申请（专利）号： 201210429551. 0　**公开日：** 2013-03-27

申请人： 芜湖国睿兆伏电子股份有限公司

发明人： 边成登　杜文韬　史中梁　程辉

摘要：

本发明公开了一种用于设备供电电源的自动切换装置，其特征在于：所述的切换装置为印制电路板上设有控制继电器；市电为控制继电器的动作条件，市电电源接入控制继电器的常开接点，备用电源接入控制继电器的常闭接点，控制继电器的中接点为设备电源输出端，由于采用上述电路结构，该切换装置具有以下优点：1、可以在市电停电和恢复时自动切换电源；2、结构简单、材料成本低；3、易生产、体积小、实用性强。

宽频无极性电源转换电路

申请（专利）号： 201210515944. 3　**公开日：** 2013-03-27

申请人： 西安智海电力科技有限公司

发明人： 胡家培　胡民海

摘要：

本发明提供一种宽频无极性电源转换电路，该电源转换电路实现了宽频率电源输入，其技术方案中选择了调宽式脉冲控制电路配合驱动信号合成电路、VMOS 开关驱动电路与 VMOS 开关电路，驱动信号合成电路对调宽式脉冲控制电路生成的 PWM 调宽式脉冲信号、电压采样电路输入的交直流信号、正负极信号或续流信号以及电源信号进行合成，生成合成信号，然后根据合成信号进行自动分配，区分为 VMOS 开关信号和 VMOS 续流信号，该电路的设计十分巧妙。

低压电源 XC/DC 适配器

申请（专利）号： 201210514774. 7　**公开日：** 2013-03-27

申请人： 西安智海电力科技有限公司

发明人： 胡家培　胡民海

摘要：

本发明提供一种低压电源 XC/DC 适配器，主要解决了现有低压新能源电源转换器无法进行自动极性识别定向、转换效率低、功率因数低、可靠性低、功率密度低等问题。该低压电源 XC/DC 适配器包括负载，负载的输入端依次通过储能滤波电路、反向隔离电路、VMOS 控制电路、续流电感与输入电源的输出端连接，其中驱动信号合成电路为标准两输入或门控制芯片。

带有输出保护的多波形输入自适应电源转换器

申请（专利）号： 201210514660. 2　**公开日：** 2013-03-27

申请人： 西安智海电力科技有限公司

发明人： 胡家培　胡民海

摘要：

本发明提供一种带有输出保护的多波形输入自适应电源转换器，主要解决了现有低压新能源电源转换器功耗高、效率低、可靠性差的问题。该电源转换器包括 VMOS 开关电路、调宽式脉冲控制电路，VMOS 开关电路的输入端通过续流电感与输入电源的输出端连接，VMOS 开关电路的输出端依次通过反向隔离电路、储能滤波电路和输出保护电路与负载连接；调宽式脉冲控制电路、驱动信号合成电路、VMOS 开关驱动电路和续流电压采样电路组成控制电路，在负载之前还设置有输出保护电路。该电源转换器能够对交、直流多种波形无差别稳定输出。

无差别输出电源转换电路

申请（专利）号： 201210515942. 4　**公开日：** 2013-03-27

申请人： 西安智海电力科技有限公司

发明人： 胡家培　胡民海

摘要：

本发明提供一种无差别输出电源转换电路，该电路主要针对现有电路低电压交流电源输入和大功率电源转换时，因为 AC/DC 整流电路的电压降较高，而产生很高的功耗，使电源转换器转换效率很低的问题，该无差别输出电源转换电路采用输入电流采样电路的输入端与输入电源的输出端连接，输出电流采样电路的输入端与负载的输入端连接，输入电流采样电路和输出电流采样电路的输出端均依次通过调宽式脉冲控制电路、驱动信号合成电路、VMOS 开关驱动电路与 VMOS 开关电路的输入端连接的方式，有效解决了上述问题。

可支持各种输入波形的恒流安全输出控制式电源转换电路

申请（专利）号： 201210514659. X　**公开日：** 2013-03-27

申请人： 西安智海电力科技有限公司

发明人： 胡家培　胡民海

摘要：

本发明提供一种可支持各种输入波形的恒流安全输出控制式电源转换电路，主要解决了现有低压新能源电源转换器功耗高、效率低、可靠性差的问题。该电源转换电路中的驱动信号合成电路为标准两输入或门控制芯片，该控制芯片包括四对输入端和相应的四个输出端，其中输入端 A1、B1、C1、D1 与调宽式脉冲控制电路的两个输出端连接，输入端 A2、B2、C2、D2 与续流电压采样电路的两个输出端连接，输出端 Ao、Bo、Co、Do 与 VMOS 开关驱动电路的输入端连接；所述调宽式脉冲控制电路为全桥式 PWM 控制器，PWM 控制器的两个输出端 Ao、Bo 分别接至驱动信号合成电路的一组输入端。

一种适用于继电器控制的模块电源电路

申请（专利）号： 201210580175.5 **公开日：** 2013-03-27

申请人： 邓玉琴

发明人： 邓玉琴

摘要：

本发明涉及一种适用于继电器控制的模块电源电路，由变压器耦合并联型开关电源电路构成，包括整流桥 Qb，市电滤波电容 Cb，开关变压器 Tb，功率开关管 Gb，高频整流二极管 Db，储能电容 C0 和继电器 J。经 Db 整流，从 Db 负极输出正电压端为 A 输出端，电源零参考电位负极为输出 D 端，变压器 Tb 的初级线圈 P1 的一端和功率开关管 Gb 的集电极 c 相连接，Tb 的另一端接整流桥 Q1 正电源输出端，开关管 Gb 的基、射极分别接有继电器 J 转换触头 J2 及其常开触点 J2－2，本发明继电器控制模块电源电路适用于各种智能用电设备，具有体积小、成本低、结构简单、工艺先进、安装使用方便等优点。

一种适用于光耦合器控制的模块电源电路

申请（专利）号： 201210580598.7 **公开日：** 2013-03-27

申请人： 邓玉琴

发明人： 邓玉琴

摘要：

本发明涉及一种适用于光耦合器控制的模块电源电路，由变压器耦合并联型开关电源电路构成，包括整流桥 Qb、市电滤波电容 Cb、开关变压器 Tb、功率开关管 Gb、高频整流二极管 Db、储能电容 C0 和光耦合器 ICb。经 Db 整流，从 Db 负极输出正电压端为 A 输出端，电源零参考电位负极为输出 D 端，变压器 Tb 的初级线圈 P1 的一端和功率开关管 Gb 的集电极 c 相连接，Tb 的另一端接整流桥 Q1 正电源输出端，光耦合器 ICb 的光耦晶体管集、射极分别与功率开关管 Gb 的基、射极或 G、S 极相接，本发明光耦合器控制模块电源电路适用于各种智能用电设备，具有体积小、成本低、结构简单、工艺先进、安装使用方便等优点。

一种基于逆变电源的控制系统

申请（专利）号： 201110272287.X **公开日：** 2013-03-27

申请人： 无锡市幅瑞自动化科技有限公司

发明人： 钱国东

摘要：

本发明公布了一种基于逆变电源的控制系统，包括主电路、控制电路、驱动电路和变压器等，其中控制电路由单片机及接口电路组成，三相交流电分别通过主电路、驱动电路和变压器输出所需交流电，控制电路对输出的交流电进行检测以此来控制驱动电路得到所需的交流电。其特点是，其内部有带静电屏蔽的光耦合器，可用来实现与输入部分的隔离，显著提高了其抗共模干扰的能力，同时可对信号进行脉冲功率放大，简化了系统结构，节省了时间，提高了快速性和实时性。

用于 LED 光照系统的多输入调光电源

申请（专利）号： 201110305317.2 **公开日：** 2013-03-27

申请人： 通用电气照明解决方案有限责任公司

发明人： 王鹏

摘要：

本发明名称为“用于 LED 光照系统的多输入调光电源”。一种 LED 照明组装件，包括向一个或多个 LED 供给功率的电源以及控制向一个或多个 LED 供给功率的调光单元。调光单元包括：用于通过接收的控制信号确定一个或多个 LED 的照度和亮度的控制器，以及与该控制器通信，用于控制向一个或多个 LED 供给的功率的量从而实现确定的照度和亮度的调光电路。

一种低电压 LED 驱动电源

申请（专利）号： 201110276185.5 **公开日：** 2013-03-27

申请人： 汤征宁

发明人： 汤乃申 汤征宁

摘要：

本发明涉及一种低电压 LED 驱动电源。包括基极电容（C），基极电阻（R），电源滤波电容（C1），晶体管（BG1）、（BG2），变压器（T），二极管（D1）、（D2），输出滤波电容（C2），限流电阻（R1），整个电路应用锗半导体晶体管组成的罗耶（Royer）电路进行 DC/DC 变换后驱动 LED 灯。由于锗半导体晶体管饱和压降小，开关电压低，因此可在低电压下工作，又因采用了锗半导体二极管，或肖特基管，作输出整流，正向压降小，加上用环形变压器漏感小，损耗就小，效率高，解决了低电压 LED 驱动问题。

电烹饪装置和电源插座及使用

申请（专利）号： 201210133638.3 **公开日：** 2013-04-03

申请人： 黄晓然

发明人： 黄晓然

摘要：

本发明涉及家用多功能的电烹饪装置，以及家用电烹饪装置的安全设置和使用。在电源插座上设置插头架，提高电烹饪装置的安全性，并且具有使用方便的特点。刷锅时，采用水容器，不需要将电热锅拿到水池刷洗。控制面板可以支起和放下，便于使用和运输。在电炒锅的锅沿处设置锅牙，使这种多功能电烹饪装置既具有电压力锅的功能，又具有电炒锅的功能。

双电源新能源汽车驱动装置及其控制方法

申请（专利）号： 201210575855.8 **公开日：** 2013-04-03

申请人： 天津市松正电动汽车技术股份有限公司

发明人： 张德星　赵雷　蒋平

摘要：

本发明涉及一种双电源驱动装置，包括电动机以及电源，所述电源通过一控制装置与所述电动机相连接，所述电源分为第一电源和第二电源，所述电动机为双绕组电动机。本系统可以将两种电源有效地结合起来，可以应用于混合动力和纯电动两种系统中，充分利用两种电源的优点，在保护电源的同时提供完整、持续的供电。

一种电源功率模块劣化状态在线判断方法

申请（专利）号： 201210516838.7　**公开日：** 2013-04-03

申请人： 首都师范大学

发明人： 吴立锋　关永　郑学艳　李晓娟　王国辉　潘巍　郑宇

摘要：

本发明公开了一种电源功率模块劣化状态在线判断方法，包括：在功率模块的驱动端加载或撤销驱动信号时，采集该功率模块的输出端的输出信号和驱动端的驱动信号；根据该驱动端的驱动信号建立输出端的输出信号的Volterra时域模型，并计算该Volterra时域模型的时域核值；将时域核值与预定的正常值进行比较，根据比较结果判断该功率模块100的劣化状态。由于，本发明方法不需要外加激励而是利用自身驱动信号作为激励输入信号，通过辨识Volterra级数的时域核值的大小来判断该功率模块的劣化状态，因此，本发明方法利用自身信号对功率模块的劣化状态进行判断，从而提高功率模块劣化状态判断的可靠性和准确性。

无人值守传感器电源系统

申请（专利）号： 201210483919.1　**公开日：** 2013-04-03

申请人： 国家电网公司　河南省电力公司安阳供电公司

发明人： 傅强　朱建新　高远　郝文杰　郭飞飞

摘要：

本发明涉及一种无人值守传感器电源系统，属于电力独立电源领域。该系统包括太阳能光伏发电组件和燃料电池堆，在系统中设置有蓄水沉淀池，蓄水沉淀池后设置有水纯化装置，水经过纯化后进入纯水箱，电解槽电解制氢用水来自纯水箱，电解槽后设置有供燃料电池堆工作的储氢罐，燃料电池堆上设置有排出水回收管连接输至纯水箱，系统设置有控制器，对太阳能光伏组件、燃料电池堆、水纯化装置和电解槽进行集中控制，系统配置安装相应检测和自动化控制器装置后可完全实现自动化，系统发电效率高，可方便的集成设置在偏远需要独立电源监控的区域。

平板电脑用可充电便携式电子产品的后备电源

申请（专利）号： 201310015476.8　**公开日：** 2013-04-03

申请人： 天宇通讯科技（昆山）有限公司

发明人： 吴祖榆

摘要：

本发明公开了一种平板电脑用可充电便携式电子产品的后备电源，包括与平板电脑外形匹配的方形壳体，在所述壳体内侧面内嵌设有第一可充电电池、第二可充电电池、充电/升压控制板和无线充电接收转换模组，所述无线充电接收转换模组能够经由所述充电/升压控制板上的控制电路控制所述第一可充电电池及第二可充电电池的工作。该后备电源可作为平板电脑外壳套使用，又可作为后备电源，消除使用者对电量不足的后顾之忧。

一种具有电源兼容性的XMC Mezzanine板卡

申请（专利）号： 201210465063.5　**公开日：** 2013-04-03

申请人： 浪潮电子信息产业股份有限公司

发明人： 叶丰华　王武军

摘要：

本发明提供一种具有电源兼容性的XMC Mezzanine板卡，是将intersilISL6341CRZ电源芯片应用于XMC Mezzanine板卡，使其既能在VPWR为5V的XMCcarrier主板正常使用，也能在VPWR为12V的XMCcarrier主板上正常使用。电源芯片的型号是ISL6341CRZ，该芯片是一个单相的PWM电源芯片，其VCC范围在－4.5～14.4V，Vin范围在1.5～12V，电源输出范围Vo在0.8V到Vin之间，XMC连接器通过carrier板卡引入VPWR（5V或12V），通过ISL6341电源芯片＋MOSFET输出板载芯片所需要的电源，单相PWM可以达到30A电流，此XMC Mezzanine板卡的电源兼容性设计，可在不影响系统性能的情况下，减少客户选择不同VPWR的carrier主板带来的风险，极大地提高设计板卡的兼容性和可用性。

一种插接风扇电源

申请（专利）号： 201210520571.9　**公开日：** 2013-04-03

申请人： 大连奥林匹克电子城文豪电子经销处

发明人： 张桂珍　吕文

摘要：

本发明公开了一种插接风扇电源，由插接风扇和电源主体组成；插接风扇后端设置有用于给风扇供电的插头；电源主体上端设置有用于放置插接风扇的风扇空腔，且上述风扇空腔后端设置有插孔；电源主体上端的风扇空腔两侧壁加工有滑动槽，且所述插接风扇通过与滑动槽配合实现插接定位；采用了上述技术方案的本发明当使用者要更换电源风扇时，只需要将插接风扇拉出，这样插接风扇与电源主体分离，然后安装同一型号的新插接风扇，只要将新的插接风扇沿着滑动槽，直到插接风扇的插头插入电源主体上的插孔内实现电路接通，安装完成即可使用。

过电流保护功能的笔记本电源

申请（专利）号： 201110280245.0　**公开日：** 2013-04-03

申请人： 严志

发明人： 严志

摘要：

本发明涉及电源电路技术领域，特别涉及一种具有过电流保护功能的笔记本电源，能够对电流进行检测，电流过大时断开电源，本发明的目的是这样实现的，具有过电流保护功能的笔记本电源，包括输入电路和输出电路以及串联于输入电路和输出电路之间的变压电路、稳压电路，所述输入电路和输出电路之间还串联有继电开关和电流检测装置，还设置有控制器，所述电流检测装置的输出端与控制器的输入端电连接，所述控制器的控制输出端与继电开关电连接。本发明有益效果是：能根据电流大小控制继电开关的通断，当电流大于阈值时断开电路，非常安全。

一种计算机智能电源

申请（专利）号：201210520838.4　**公开日：**2013-04-03

申请人：大连奥林匹克电子城腾飞办公设备商行

发明人：李富鹏　由芳

摘要：

本发明公开了一种计算机智能电源，包括：EMI滤波单元、整流滤波单元、超级电容、开关单元。连接市电，用于检测市电供应是否异常并当市电供应中断时控制开关单元闭合的市电检测单元；连接整流滤波单元，用于提高功率因数的功率因数校正单元；连接功率因数校正单元，用于进行直流降压变换的Buck降压单元；连接Buck降压单元，用于进行直流变换输出多路直流电压给计算机供电的DC/DC变换单元；连接市电检测单元，用于根据市电检测单元的市电供应中断信号控制计算机进行数据保存的控制单元；本发明能够在掉电时暂短运行并实时控制计算机完成数据保存，智能稳定、方便实用。

安全型笔记本电源

申请（专利）号：201110280199.4　**公开日：**2013-04-03

申请人：郑发明

发明人：郑发明

摘要：

本发明涉及电源电路技术领域，特别涉及一种安全型笔记本电源，提出一种安全型笔记本电源，能够对电流进行检测，电流过大时断开电源以及防止浪涌产生，包括依次电连接的输入电路、变压电路、防过电流电路、防浪涌电路和输出电路。所述防过电流电路包括串联于变压电路和防浪涌电路之间的继电开关和电流检测装置，还设置有控制器，所述电流检测装置的输出端与控制器的输入端电连接，所述控制器的控制输出端与继电开关电连接。所述防浪涌电路包括稳压装置、电感、限流电阻和压敏电阻。

一种台式机电源

申请（专利）号：201210521110.3　**公开日：**2013-04-03

申请人：大连奥林匹克电子城腾飞办公设备商行

发明人：李富鹏　由芳

摘要：

本发明公开了一种台式机电源，包括：EMI滤波单元、整流滤波单元。连接市电，用于检测市电供应是否异常并当市电供应中断时控制开关单元闭合的市电检测单元；功率因数校正单元；Buck降压单元；连接Buck降压单元，用于进行直流变换输出多路直流电压给计算机供电的DC/DC变换单元；连接Buck降压单元，用于储存电能的蓄电池；连接蓄电池和DC/DC变换单元，用于当市电供应中断时控制蓄电池储存电能释放的开关单元；连接市电检测单元，用于根据市电检测单元的市电供应中断信号控制计算机进行数据保存的控制单元；本发明能够在掉电时暂短运行并实时控制计算机完成数据保存，可靠实用，适用于计算机领域广泛推广。

一种新型的电源插座

申请（专利）号：201210483626.3　**公开日：**2013-04-03

申请人：余建根

发明人：余建根

摘要：

本发明公开了一种新型的电源插座，包括插座本体，所述的插座本体内安装有印制电路板，印制电路板上有导电铜箔；所述的导电铜片通过焊锡焊接在印制电路板上；所述的印制电路板上连接有电源线；所述的印制电路板与电源线之间安装有控制开关；所述的印制电路板上连接有电源指示灯；本发明的有益效果：实用，生产成本低，使用方便、安全，便于安装生产，提高了生产效率。

一种并联电源故障隔离方法

申请（专利）号：201210412735.6　**公开日：**2013-04-03

申请人：浪潮电子信息产业股份有限公司

发明人：吴安

摘要：

本发明提供一种并联电源故障隔离方法，该方法的具体实现过程为：在每一个电源模块的输出端连接MOS管及与MOS管连接的差分放大电路，将该电源模块、MOS管和差分放大电路组成电源模块组，将至少两个电源模块组并联在电路中。该并联电源故障隔离方法和现有技术相比，本发明在并联电源系统中，采用故障隔离设计，可以将故障电源从系统中及时隔离出来，避免故障电源导致整个电源系统停止工作。此故障隔离设计未采用专用芯片，利用运放等分立元件实现，成本低，实用性强。

开关电源及照明装置

申请（专利）号：201210315779.7　**公开日：**2013-04-03

申请人：东芝照明技术株式会社

发明人：高桥雄治　北村纪之　铃木浩史　高桥浩司

摘要：

本发明提供一种开关电源及照明装置。开关电源包括：开关元件、定电流元件、整流元件、第一电感器、第二电感器以及控制电路。开关元件导通时，供给电源电压至第一电感器，使电流流动。定电流元件串联地连接于开关元件，且当开关元件的电流超过规定的上限值时，断开开关元件。整流元件串联地连接于开关元件及定电流元件的任一个元件，且当开关元件断开时，使第一电感器的电流流动。第二电感器与第一电感器磁耦合，且当第一电感器的电流增加时，感应出使开关元件导通的电位，当开关元件的电流减少时，感应出使开关元件断开的电位，供给感应出的电位至开关元件的控制端子。控制电路输出电位至定电流元件的控制端子。

开关电源及照明装置

申请（专利）号：201210316823.6　**公开日：**2013-04-03

申请人：东芝照明技术株式会社

发明人：北村纪之　高桥雄治

摘要：

本发明提供一种开关电源及照明装置，开关电源有变压器、共振电容器、一对开关元件、电感器及整流元件。变压器有一次、二次及三次绕组线。共振电容器接于一次绕组线两端。各开关元件有第一主端子、第二主端子及控制端子。开关元件的第一主端子接于另一开关元件的第一主端子。开关元件的第二主端子接于一次绕组线的一端，另一开关元件的第二主端子接于一次绕组线另一端。开关元件的控制端子接于三次绕组线一端，另一开关元件的控制端子接于三次绕组线另一端。一对开关元件根据三次绕组线引起电压而交替地断开。电感器将直流电源电压供给至一次绕组线中点与开关元件的第一主端子及另一开关元件的第一主端子之间。整流元件整流二次绕组线引起的电压。

电源装置及照明装置

申请（专利）号：201210314309.9　**公开日：**2013-04-03

申请人：东芝照明技术株式会社

发明人：镰田征彦

摘要：

一种电源装置及照明装置，可一面利用简单的构成来使负载的输出保持固定，一面使噪声强度减小。电源装置包括：对交流电源进行整流的整流电路、电源电压转换部。该电源电压转换部包括多个电源电压转换电路，所述多个电源电压转换电路设置在整流电路与分别连接有发光二极管元件的多个输出部之间。在各电源电压转换电路中设置开关元件，该开关元件对经整流电路整流的电源电压进行转换，接着将转换之后的电源电压供给至各发光二极管元件。各电源电压转换电路的开关元件的开关频率为至少两个以上的不同的开关频率，并且使各个开关频率保持固定地使所述开关元件进行导通断开动作。

一种直线电源

申请（专利）号：201110303100.8　**公开日：**2013-04-03

申请人：赵文志　杜绍勇

发明人：赵文志　杜绍勇

摘要：

一种直线电源，利用N沟道结型场效应晶体管的特性，通过一个熔丝和取样电阻及整流桥将输入交流市电取样整流，再通过一个稳压电容器取得一个D漏极电压，此电压最小值大于夹断电压Vp的绝对值，栅极接地，场效应晶体管工作在恒流区，从源极再经一个稳压电容器稳压，即可得到一个直线一样的直流电压，与场效应晶体管并联的稳压二极管，是在场效应晶体管遇到大于或等于击穿电压前打开，输入端的电容器可以保证漏极电压的最小值大于夹端电压的绝对值，稳压二极管可以确保取样的D漏极电压大于或等于击穿电压时正常工作；该电路结构简单成本低，稳压效果好，可满足精密仪器的要求，广泛地适用于各种需整流的电路。

逐力恒动动力UPS电源系统

申请（专利）号：201210469658.8　**公开日：**2013-04-03

申请人：天长市中能国泰能源技术有限公司　万金林

发明人：万金林

摘要：

一种逐力恒动动力UPS电源系统，它是采用“逐级相互给力和循环补能恒动的逐力恒动动力原理”，实现了恒动运动作业。该逐力恒动动力UPS电源系统是一种不需要外接电能的、能自身产生持久机械能和电力的、永不停电的、最完善的UPS电源系统。同时能为任何机械和电器输送电力。它是由逐力恒动机舱、逐力恒动动力系统、减速控制动力机、发动机、发电机、超容蓄电池和风机组成。逐力恒动机舱由恒动动力装置内套、恒动机体外壳前板、法兰盘、恒动机体外壳后盖、逐力恒动连接轴杆、耐高温型轴向稀土强磁体、逐级磁向动力与多级若干组动力源装置盘、径向永磁高频磁体、空气交换透气罩、整体机座固定支架等构成。该UPS电源系统具有用之不完的新能源。

驱动电源与电子设备

申请（专利）号：201110283681.3　**公开日：**2013-04-03

申请人：鸿富锦精密工业（深圳）有限公司　鸿海精密工业股份有限公司

发明人：沈建设　李振森

摘要：

本发明提供一种驱动电源以及具有该驱动电源的电子设备。驱动电源包括电压输出端，为具有温度特性的负载提供驱动电压。该驱动电源能检测其负载的等效电阻值受温度影响的变化量，可以根据该负载的等效电阻值的变化量来相应调整输出驱动电压。

一种电源控制器

申请（专利）号：201110303252.8　**公开日：**2013-04-03

申请人：徐州天润棉纺有限公司

发明人：张晓阳

摘要：

本发明公开了一种改进的电源控制器，属于机械技术领域，包括安装孔，用一紧固件在表面上安装该托架，该安装托架包含偏置部分，由一安装基座偏置的啮合表面，其特征在于安装托架还包含一互锁部分、安装塞套，啮合表面的扇形延伸部分，每一延伸部分在其间界定一扇形间隙，附接至该啮合表面者是四锁固翼片，由啮合表面偏置的翼片及该表面的组合具有用于耦合器的一楔紧锁定件的作用。有益效果是可提供用于减少控制系统电子设备的暴露至该操作环境中所固有的传导加热效应。

高效稳定的磁心热处理加磁电源系统

申请（专利）号： 201210552948.9 **公开日：** 2013-04-10

申请人： 浙江工商职业技术学院

发明人： 黄仕彪

摘要：

本发明公开了高效稳定的磁心热处理加磁电源系统，包括电源输入端、与电源输入端连接的隔离电路模块、与隔离电路模块连接的整流电路模块、与整流电路模块连接的输出端，所述电源输入端与隔离电路模块之间设有移相变压电路模块，本发明提供高效稳定的磁心热处理加磁电源系统，设计合理、结构简单、工作稳定性好。

电源测试系统

申请（专利）号： 201110293216.8 **公开日：** 2013-04-10

申请人： 鸿富锦精密工业（深圳）有限公司 鸿海精密工业股份有限公司

发明人： 朱鸿儒

摘要：

本发明提供一种电源测试系统，其包括参考电压模块及比较模块；该比较模块包括一测试电压输入端用于输入被测电压；该参考电压模块根据该被测电压的额定值生成相对应的第一参考电压与第二参考电压，并将该第一参考电压与该第二参考电压输出至该比较模块；该比较模块将该被测电压与该第一、第二参考电压作比较，并显示表征该被测电压是否符合标准。利用本发明的电源测试系统可以简单直接的判断被测电压是否符合标准。

一种服务器电源保护系统的方法

申请（专利）号： 201210486153.2 **公开日：** 2013-04-10

申请人： 浪潮电子信息产业股份有限公司

发明人： 平原

摘要：

本发明提供一种服务器电源保护系统的方法，属于计算机服务器技术，包括服务器电源、CPU，在服务器电源内部设置电流检测电路和快速报警电路，所述服务器电源与CPU之间设置有缓冲电容，其具体的系统保护步骤为：通过对电源的电流检测及CPU调频机制提前判断，预防电源出现过载故障。该种服务器电源保护系统的方法和现有技术相比，有效提高服务器的可靠性，保障用户应用安全。

一种计算机电源故障诊断系统

申请（专利）号： 201210520383.6 **公开日：** 2013-04-10

申请人： 大连奥林匹克电子城腾飞办公设备商行

发明人： 李富鹏 由芳

摘要：

本发明公开了一种计算机电源故障诊断系统，包括：用于采集计算机电源运行状态参数的电源参数采集模块；用于存储计算机电源状态参数和对应的电源故障项目的存储模块；A-D转换器；分别连接A-D转换器和存储模块，用于根据储存的计算机电源状态参数和对应的电源故障项目以及采集到的计算机电源运行状态参数分析得出当前电源故障项目的单片机；连接单片机，用于对单片机的故障分析结果进行显示的显示模块；连接单片机，用于传输单片机的故障分析结果反馈给用户的通信模块。本发明实现了实时监控计算机电源运行状态并能够准确进行故障诊断，不仅保证了计算机的可靠性，同时也提高了计算机硬件的使用寿命。

对电源PWM控制器进行软件烧录的方法及烧录装置

申请（专利）号： 201110296376.8 **公开日：** 2013-04-10

申请人： 鸿富锦精密工业（深圳）有限公司 鸿海精密工业股份有限公司

发明人： 戴方达 孙任范 林承庠 林承毅

摘要：

一种烧录装置，用于对一主板上的至少一个电源PWM控制器进行烧录，不同机种的电源PWM控制器的烧录程序不相同，主板上的嵌入式控制器通过I^2C总线与该至少一个电源PWM控制器电连接，该嵌入式控制器包括一处理器和一存储器，不同机种的电源PWM控制器对应的不同烧录程序存储在该存储器中，该处理器用于通过I^2C总线判断该至少一个电源PWM控制器是否有被烧录，当该至少一个电源PWM控制器没有被烧录时控制通过I^2C总线对该电源PWM控制器进行烧录。本发明还涉及一种与该烧录装置对应的烧录方法。通过本发明的对电源PWM控制器进行软件烧录的烧录装置及方法，能够降低生产上的误操作及生产成本，提高生产效率。

电源装置、具备该电源装置的车辆和蓄电装置

申请（专利）号： 201210374365.1 **公开日：** 2013-04-10

申请人： 三洋电机株式会社

发明人： 喜多祥和 栗原俊武 板仓佑辅

摘要：

本发明提供电源装置、具备该电源装置的车辆和蓄电装置，能以更简单的构成容易地进行电池劣化原因的确定。电源装置具备：能充电的多个二次电池单元；用于检测串联或并联连接二次电池单元而成的电池块（9）的温度的温度检测单元（31）；用于检测电池块（9）的充放电电流的电流检测单元（32）；用于检测电池块（9）或二次电池单元的电压的电压检测单元（33）。电源装置还具备：在给定的定时取得由温度检测单元（31）检测出的温度、由电流检测单元（32）检测出的电流值、由电压检测单元（33）检测出的电压值的数据收集单元；和用于记录数据收集单元所取得的数据的存储单元（20）。

电源装置

申请（专利）号： 201210361900. X　**公开日：** 2013-04-10

申请人： 三洋电机株式会社

发明人： 山口昌男

摘要：

提供电源装置，消除用于均衡化的无谓的电力消耗，防止焦耳热产生的发热。能不使哪个电池模块过放电地进行有效的放电，从而有效率地输出全部电池模块中积蓄的电力。电源装置经由双向转换器（2）并联连接多个电池模块（1），将各个电池模块（1）的直流电力经由与其连接的各个双向转换器（2）而输出到输出侧。电源装置具备检测各个电池模块（1）的电压或剩余容量来控制双向转换器（2）的电流限制值的控制电路（3），控制电路（3）将与电压低或剩余容量小的电池模块（1）连接的双向转换器（2）的放电电流限制值限制得比与电压高或剩余容量大的电池模块（1）连接的双向转换器2的放电电流限制值要小，来均衡化各个电池模块（1）的电压或剩余容量。

用于不间断电源的电池装置和具有这种电池装置的电子装置

申请（专利）号： 201210195978. 9　**公开日：** 2013-04-10

申请人： 萨爽

发明人： 萨爽

摘要：

本发明中所描述的实施例提供了一种用于电子装置的电池解决方案，其解决了上述的一个或更多的缺陷。更具体地，提供了一种电池装置，该电池装置能够向电子装置不间断地提供能量，即使当该电子装置中的充电电池被移除后也是这样。根据本发明的各种实施例的电池装置可具有主电池和副电池，它们中的每一个能够独立地对电子装置提供电源，以便使该电子装置能正常运行。当副电池被从电子装置中移除时，所述主电池保持在电子装置中，并对该电子装置供电，从而使该电子装置能够继续正常地运行而不被中断，从而避免了切断电源和重新启动该电子装置。当所述副电池与所述电子装置连接时，该副电池能够在对该电子装置进行供电的同时对所述主电池充电。

针对光耦合器电流传输比变化来优化隔离式电源回路增益

申请（专利）号： 201110460358. 9　**公开日：** 2013-04-10

申请人： 雅达电子国际有限公司

发明人： 安东尼奥·雷梅蒂奥·索列诺　乔纳森·罗斯·贝尔纳多·福尼

摘要：

公开了针对光耦合器传输比变化来优化隔离式电源回路增益。一种优化用于隔离式开关模式电源中的数字控制器的增益调整值Kadj的方法。该电源包括光耦合器，该光耦合器具有在由最小电流传输比（CTRMIN）和最大电流传输比（CTRMAX）限定的范围内的电流传输比（CTRX）。该方法包括：确定光耦合器的CTRX；基于所确定的光耦合器的CTRX确定最优增益调整值KadjX；以及将该最优增益调整值KadjX存储在数字控制器中。该方法可以由数字控制器或者电源外部的编程装置来执行。

一种电源滤波电路

申请（专利）号： 201110303086. 1　**公开日：** 2013-04-10

申请人： 上海共联通信信息发展有限公司

发明人： 张孜侃

摘要：

本发明涉及一种电源滤波电路，包括晶体管、电阻、第一电容和第二电容，所述晶体管的集电极连接输入端，发射极连接输出端，所述的电阻连接晶体管的集电极与基极，所述的第一电容一端连接晶体管的基极，另一端接地，所述的第二电容的一端连接晶体管的发射极，另一端接地。与现有技术相比，本发明具有可有效减小电源纹波、降低电路噪声的优点。

集成化开关电源装置及电气设备

申请（专利）号： 201210316960. X　**公开日：** 2013-04-10

申请人： 东芝照明技术株式会社

发明人： 高桥雄治　北村纪之

摘要：

一种集成化开关电源装置及电气设备，能实现大于等于1MHz的高频开关，且能实现小型化。集成化开关电源装置包括：串联连接体，将开关元件、恒流元件及二极管串联连接；驱动控制元件，对恒流元件进行驱动控制；以及多个外部端子，包括：自位于串联连接体的一端侧的元件的主端子导出的第1外部端子、自位于串联连接体的另一端侧的元件的主端子导出的第2外部端子、自开关元件及所述恒流元件中任一方的主端子与二极管的主端子的连接点导出的第3外部端子、自开关元件的控制端子导出的第4外部端子、对驱动控制元件供给电源的第5外部端子、对驱动控制元件输入基准电位的第6外部端子以及自外部对驱动控制元件输入信号的第7外部端子。

一种不间断供电的手机及其自动切换电源的方法

申请（专利）号： 201110299088. 8　**公开日：** 2013-04-10

申请人： 上海景岩电子技术有限公司

发明人： 不公告发明人

摘要：

本发明公开了一种不间断供电的手机及其自动切换电源的方法，所述手机包括带有手机输入总线、手机工作总线、手机冗余总线和主电源的手机本体，还包括：一辅电源，所述主电源和辅电源的输入端均连接所述手机输入总线，输出端均连接手机工作总线；以及一个分别连接所述主电源和辅电源、测量所述主电源和辅电源电压值并控制所述主电源和辅电源的导通状态的电源管理控制模块。本发明克服了现有技术的困难，达到了在手机使用状态下，自动切换电源的目的。

数字电源电流校准装置

申请（专利）号：201110308156.2　**公开日：**2013-04-17

申请人：鸿富锦精密工业（深圳）有限公司　鸿海精密工业股份有限公司

发明人：白云　罗奇艳　童松林

摘要：

一种数字电源电流校准装置，一种数字电源电流校准装置，用于校准一数字电源的输出电流的测试值，所述数字电源包括用于检测并输出所述数字电源的输出电流的测试值的控制芯片，所述数字电源电流校准装置包括键盘电路、数字电位器及控制器，所述键盘电路用于输入所述数字电源的输出电流的实际值；数字电位器电性连接至控制芯片；控制器电性连接至所述控制芯片、键盘电路及数字电位器，用于接收数字电源的输出电流的测试值及实际值，判断所述输出电流的测试值与实际值是否相等，并调节所述数字电位器输出到控制芯片的有效阻值以调节控制芯片检测到的输出电流的测试值，直到所述输出电流的测试值与实际值相等，并输出所述数字电位器的有效阻值。

一种可自动切断电源的插头

申请（专利）号：201210543139.1　**公开日：**2013-04-17

申请人：徐州创亿电子科技发展有限公司

发明人：张强

摘要：

本发明公开了一种可自动切断电源的插头，包括插头，与插头连接的有一插头开关控制器和插头线，所述插头线上设置有温度传感器，温度传感器测得插头线上的温度后传递信号给插头开关控制器，开关控制器根据接收到的信号，来控制插头的断电和带电，该插头适用于大功率用电器上。该带有传感器的插头可以自动地切断插头上的电源，避免了因用电器使用过久或者短路以及插头质量而带来的一些安全隐患和经济损失。

一种带高电压入侵保护的不间断电源

申请（专利）号：201210514481.9　**公开日：**2013-04-17

申请人：青岛国华电子有限公司

发明人：王志华　闫志明　张跃侠　张海平　任传金　尹玉健　孟佳　王君

摘要：

本发明公开了一种带高电压入侵保护的不间断电源，产品构造以高电压感应控制系统为主体，集成有核能发电系统、柴油机自动发电系统、UPS 蓄电池供电系统、风力发电系统、光伏系统。本发明的有益效果是：1、主动式和被动式相结合，有效防止各种高电压的侵入。2、集成有各种备用电源，有效保障整个系统的持续运行。可以供通信基站、弹药库、医院、油库、机房、数据库、周界防范、电梯等使用。

电源控制电路及矿用气体检测装置

申请（专利）号：201210589475.X　**公开日：**2013-04-17

申请人：深圳市中兴昆腾有限公司

发明人：陆荣波

摘要：

本发明公开了一种电源控制电路及矿用气体检测装置。所述电源包括第一电源和第二电源，所述电源控制电路包括分压电路、比较器、晶体管、MOS 管、上拉电阻、第一二极管和第二二极管。根据本发明的电源控制电路，可以自动通过分压电路和比较器检测第一电源的输入端电压的阈值，第一电源的输入端电压高于规定值时采用第一电源供电，当第一电源的输入端电压低于或等于规定值时，采用第一电源和第二电源中电压较高者供电，由此实现第一电源和第二电源的自动切换。

电源供应器

申请（专利）号：201110311644.9　**公开日：**2013-04-17

申请人：鸿富锦精密工业（深圳）有限公司　鸿海精密工业股份有限公司

发明人：赖俊安

摘要：

一种电源供应器，包括输入接口、交流/直流转换器、若干电压转换模块及数量与该电压转换模块数量相应的输出接口，所述输入接口用以连接至一交流电源，以从所述交流电源接入一交流电压，所述交流/直流转换器用以将所述交流电压转换成一直流电压，每一电压转换模块的一端均连接至所述交流/直流转换器，另一端连接至相应的输出接口，所述电压转换模块用于将所述直流电压转换成若干预定的不同数值的电压，并分别通过相应的输出接口输出，以适应各种不同类型的电子设备。

电源延时供电装置、网络主板及网络主机

申请（专利）号：201110323722.7　**公开日：**2013-04-24

申请人：研祥智能科技股份有限公司

发明人：陈志列　薛英仪

摘要：

本发明公开一种电源延时供电装置，用于为旁路控制器提供断电时的延时供电，包括第一隔离电路、主储能电容、电源监控模块、延时供电模块、切换电路以及连接在主板电源电路和主要负载之间的开关电路；其中：为主板电源电路供电的主电源通过所述第一隔离电路为主储能电容充电；电源监控模块用于监控主电源电压，控制延时供电模块的启闭和开关电路的通断；所述延时供电模块用于将主储能电容的电压转换为旁路控制器工作电压；所述切换电路用于在延时供电模块启动时将主板电源电路输出的旁路控制器工作电压切换为延时供电模块输出的旁路控制器工作电压。上述延时供电装置能够在断电时为旁路控制器延时供电。

电源升级系统

申请（专利）号：201110322685.8　**公开日：**2013-04-24

申请人：鸿富锦精密工业（深圳）有限公司　鸿海精密工

业股份有限公司

发明人：蔡佑淇　侯贵智

摘要：

一种电源升级系统，包括一电源、一测试板及一升级设备，该电源上设有一主接口，该测试板上设有一用于与该主接口对应连接的从接口及一用于与升级设备连接的升级接口，该主接口及从接口分别包括四个预留引脚，该主接口及从接口的四个预留引脚分别对应连接，该从接口的四个预留引脚还通过该测试板的内部线路连接至升级接口，该升级设备的升级信号依次通过升级接口、主接口及从接口的四个预留引脚传输给电源。该电源升级系统降低了电源的生产成本。

多功能微型电源插座

申请（专利）号：201210543384.2　**公开日：**2013-04-24

申请人：新昌县冠阳技术开发有限公司

发明人：刘璐

摘要：

本发明公开了一种多功能微型电源插座，插头使用特殊的机械结构，通过伸缩变化节省了空间，还可以根据需要而转动，把插头变成两角插或者是三角插，甚至是三角的斜插，这样可以满足任何一种插孔；整体外观采用正六面体结构，在五个面上有不同的插孔满足不同的插头；内部使用微型单片微机控制各路开关状态。

一种具有过热保护功能的半导体激光器驱动电源

申请（专利）号：201310012191.9　**公开日：**2013-04-24

申请人：长春长理光学精密机械有限公司

发明人：王斌　王宪涛　王勇

摘要：

一种具有过热保护功能的半导体激光器驱动电源，其构成由精密基准源、温度检测、温度控制和恒流源驱动四部分组成，精密基准源为温度检测和恒流源驱动提供精密参考电压，温度检测用来检测半导体激光器的温度，将温度信号输入到温度控制系统产生温控信号，上述温控信号控制恒流源驱动输出电流，当检测到的温度大于等于T0时，减小半导体激光器的电流，从而降低半导体激光器的发热量和温度，有效的保护半导体激光器，当检测到的温度小于T0时，半导体激光器的驱动电流不变。

一种新型机载应急电源

申请（专利）号：201210572831.7　**公开日：**2013-04-24

申请人：上海航空电器有限公司

发明人：金正祥　郑俊　毛红光

摘要：

本发明涉及一种新型机载应急电源电路，包括：一电源输入端；一滤波/防浪涌电路，具有一输入端，其与所述电源输入端连接；一输出端；一DC/DC模块单元，具有一输入端，其与所述滤波/防浪涌电路的一输出端连接；一输出端；一充电反馈电路，具有一输入端，其与所述DC/DC模块单元的一输出端连接；一输出端；一蓄电池，具有一输入端，其与所述充电反馈电路的一输出端连接；一第一输出端；一第二输出端；一放电保护电路，具有一第一输入端，其与所述蓄电池的一第一输出端相连接；一第二输入端，其与放电控制电路的一输出端相连接；一输出端；一电池监测电路，具有一输入端，其与所述蓄电池的一第二输出端相连接；一输出端；一放电控制电路，具有一输入端，其与所述电池监测电路的一输出端相连接；一输出端；以及一电源输出端，其与所述放电保护电路的一输出端连接。本发明的优点在于：安装简单、故障少、易维护，可解决机组人员对应急电源的电量监控、实时电压电流监测、应急时间长、耐各种环境气候等。

手套式移动电源

申请（专利）号：201210550636.4　**公开日：**2013-04-24

申请人：冯志刚

发明人：冯志刚

摘要：

本发明公开了一种手套式移动电源。包括外壳、电源芯、输出电源线和手套，电源芯安装在外壳内部，输出电源线连接在外壳上，外壳连接在手套上。通过将外壳连接在手套上，将移动电源放置在非常靠近使用中的移动设备的位置上，符合人体工学，从而降低了移动电源对移动设备便携性和使用舒适性的影响。

电源装置

申请（专利）号：201110326350.3　**公开日：**2013-04-24

申请人：上海晨兴希姆通电子科技有限公司

发明人：张龚林

摘要：

本发明公开了一种电源装置，包括多个供电单元、一蓄电单元和一充电控制单元；当所述供电单元提供的电能均未达到供电阈值，所述充电控制单元控制所述供电单元均为所述蓄电单元提供电能，所述蓄电单元为所述外部设备提供电能；否则所述充电控制单元控制供电电能达到所述供电阈值的所述供电单元为所述外部设备提供电能，还控制供电电能未达到所述供电阈值的所述供电单元为所述蓄电单元提供电能，并停止所述蓄电单元为所述外部设备提供电能；当所述蓄电单元的电能充满，所述充电控制单元控制所述供电单元停止为所述蓄电单元提供电能。本发明通过将可再生能源等生成的电能直接提供给外部负载，从而进一步地提高了电能的利用率。

一种通过改变场效应晶体管的驱动电压提高电源效率的设计方法

申请（专利）号：201310028463.4　**公开日：**2013-04-24

申请人：浪潮电子信息产业股份有限公司

发明人：吴福宽　孔财　廖明超

摘要：

本发明提供一种通过改变场效应晶体管的驱动电压提高

电源效率的设计方法，通过针对不同的负载状况和工作频率，选择合适的驱动电压，让电源通过开关场效应晶体管的损耗始终达到最小，减小不必要的损耗，从而使电源的效率始终工作在一个高效率的状态。在同等的场效应晶体管不变的状况下，可以使电源的效率有2%以上的效率提升，系统增加一个电压跟随器装置，但因为这一组装置可以对应多组Power线路，特别是对应现在给CPU供电的一组电源的多项供电方式，这与用更换质量更好的场效应晶体管来提高效率，节省了很大的成本，从而提高了产品的竞争力。

单总线设备电源装置及耗材芯片

申请（专利）号： 201110325365.8　**公开日：** 2013-04-24

申请人： 珠海天威技术开发有限公司

发明人： 车诒桓

摘要：

本发明提供一种单总线设备电源装置及耗材芯片，该装置包括电容，还设有P型场效应晶体管，其源极连接至总线，P型场效应晶体管的漏极与电容连接，电源装置还设有非门，其输入端接收总线的电平信号，非门的输出端与P型场效应晶体管的栅极连接。该芯片包括基板，基板上设有电触点以及与电触点电连接的电子模块，电子模块设有储电单元，储电单元具有一电容，并且储电单元还设有P型场效应晶体管，其源极连接至打印机总线，P型场效应晶体管的漏极与电容连接，储电单元还设有非门，其输入端接收打印机总线的电平信号，非门的输出端与P型场效应晶体管的栅极连接。本发明能提高电源装置以及储电单元的储能效率，满足单总线设备的工作需要。

通信电源系统及其应用方法

申请（专利）号： 201110325799.8　**公开日：** 2013-04-24

申请人： 中兴通讯股份有限公司

发明人： 张伟　刘辉　万正海　王明金　李丹　周鹤

摘要：

本发明公开了一种通信电源系统及其应用方法。其中，该系统包括交流配电模块、多个整流器、直流配电模块以及监控模块，该监控模块包括：相线信息获取单元，用于获取多个整流器各自所在相线的相线信息；电网制式信息获取单元，用于获取交流配电模块连接的电网的电网制式信息；控制策略生成单元，用于根据电网制式信息获取单元获取的电网制式信息和相线信息获取单元获取的相线信息，生成控制策略；控制单元，用于根据控制策略生成单元生成的控制策略控制对应的整流器的工作状态。通过本发明，解决了相关技术中的通信电源系统设计使用范围窄、配置灵活性差的问题。

大功率开关电源功放

申请（专利）号： 201210562307.1　**公开日：** 2013-04-24

申请人： 广州飞达音响专业器材有限公司

发明人： 何欢潮　何伟峰

摘要：

大功率开关电源功放，包括：信号输入单元、滤波单元、音量控制单元、LED显示单元、电流分流单元、温度检测单元、循环增益反馈单元、限幅单元、正输出单元、负输出单元、正极加压单元、负极加压单元、信号输出单元，其循环增益反馈系统是当温度过高时会在温度显示器上显示相应的温度信息，把信息及时反馈给系统自动调节功放的音量。

电源装置和驱动装置

申请（专利）号： 201210397482.X　**公开日：** 2013-04-24

申请人： 三星电子株式会社

发明人： 崛野守　藤村芳夫　根井正美

摘要：

本发明涉及一种包括驱动装置的电源装置。所述电源装置向具有多个光源的光源单元提供直流电力。所述驱动装置确定在所述光源单元中流动的电流是否在预设电流范围之外。当在所述光源单元中流动的电流在所述预设电流范围之外时，所述驱动装置改变在所述光源单元中驱动的光源的数量。

一种能适配多种电源的电风扇

申请（专利）号： 201310056776.0　**公开日：** 2013-05-01

申请人： 钱宾

发明人： 钱宾

摘要：

一种适配多种电源的电风扇，主要包括电动机、风叶、电风扇框体或电风扇立杆架，其特征为：所述的电动机为直流电动机，电机连接有插口，电风扇框体或电风扇立杆架还设置有电池盒。本发明能使用交流电、蓄电池、干电池并利用太阳能进行工作，克服了目前电风扇广泛使用交流电来作为电源，只能使用在有交流电的地方，有时在野外或没有交流电时就不能使用的缺点。

一种提高电源反馈精度的布线方法

申请（专利）号： 201310017953.4　**公开日：** 2013-05-01

申请人： 浪潮电子信息产业股份有限公司

发明人： 王林　吴景霞　吕瑞倩　肖沙沙　张柱

摘要：

本发明提供一种提高电源反馈精度的布线方法，步骤如下：从电阻两个脚的内侧侦测出来的电阻值为R0，电压值为恒定的V；那得到的反馈回路电路$I0 = V/R0$；从电阻两个脚的外侧侦测的电阻值为R1，那得到的反馈回路电流$I1 = V/R1$；很明显$R1 > R0$，也就导致$I0 > I1$；故反馈的电流值要小于实际电流值，改进后，将两条侦测线从电阻的两端拉出，并保持两根线长度一致，将目前设计的电源反馈回路进行修改，此电路得到的反馈电流值即为理论上的真实值$I = V/R$。

能自动监测使用寿命的电源及电源使用寿命监测方法

申请（专利）号：201110327310.0　**公开日：**2013-05-01
申请人：鸿富锦精密工业（深圳）有限公司　鸿海精密工业股份有限公司
发明人：胡文森　潘亚军　葛婷
摘要：

一种能自动监测使用寿命的电源包括监测电源内部温度的温度监测单元、监测电源电解电容的纹波电压监测单元和处理单元。处理单元获取电源首次使用时初始温度下的纹波电压和工作温度下的纹波电压，将该初始纹波电压和工作温度下的纹波电压分别转换为在标准温度下的等效纹波电压，将该工作时的纹波电压对应的等效纹波电压与初始纹波电压对应的等效纹波电压进行比较，判断电源是否到达使用寿命。本发明还涉及一种电源使用寿命监测方法。通过本发明的能自动监测使用寿命的电源及电源使用寿命监测方法，能够方便地对运行中的电源进行准确的寿命监测与估算，从而在电源接近使用寿命时提示用户，以避免因意外断电而造成的损失。

一种安全的电源插座

申请（专利）号：201210597090.8　**公开日：**2013-05-01
申请人：袁毅
发明人：袁毅
摘要：

本发明的一种安全的电源插座，由电源插座、电源插头两部分组成，其特征是：电源插座的插座部分由普通插座的插孔和一个插座头形状的凹槽组成；电源插头则由外层的绝缘开孔、可推动的插针、复位弹簧、绝缘按钮、固定接线柱组成；本插座的插头部分通常是处于收起状态，将插头的插针隐藏在插头里，当盲人要使用该插座时，只需要对准插座的凹槽，插头的插针就对准插座的插孔，再按动插头外面的按钮，就可将插头里的插针按出进入插孔内，让电源接通；反之，要拔出插头只需要按下按钮即可。采用了本发明的方案，能有效对人体实施保护，防止触电事故的发生，以达到安全用电的目的。

一种基于WiFi的电源控制方法及WiFi电源插座

申请（专利）号：201110329404.1　**公开日：**2013-05-01
申请人：乐金电子（中国）研究开发中心有限公司
发明人：战岳祥
摘要：

本发明提供一种基于WiFi的电源控制方法及WiFi电源插座，该方法包括：利用电源插座内置的WiFi模块接收WiFi控制设备发送的控制命令；根据控制命令，利用继电器对电源插座的通断进行操作控制。该WiFi电源插座可以包括：一WiFi模块，内置于该WiFi电源插座内，用于接收WiFi控制设备发送的控制命令；并根据控制命令，利用继电器对WiFi电源插座的通断进行操作控制。本发明通过给已有家电配备WiFi电源插座，可以非常简单得实现以WiFi控制设备为中心的家电控制，且本技术方案WiFi电源插座和WiFi控制设备之间的互连接、互操作不需要AP外部设备，可以直接进行设备互连互通。

供应电源的方法以及电源供应器

申请（专利）号：201210417878.6　**公开日：**2013-05-01
申请人：约翰迪尔林业有限公司
发明人：奥利·汉卡马基
摘要：

已开发了一种工作机（26）电源系统的器件（1），用来供应电力给至少一个执行器（27a-27c）。器件（1）包含其底部（2b）的框架部件（2）。器件（1）包含冷却液体通道系统（9、10），且框架部件（2）包含凹部（16），其可被设置成与所述冷却液体通道系统（9、10）流体连通。可将器件结合形成用于工作机（26）电源系统的模块，用来供应电力给至少一个执行器（27a-27c），其中一模块（12）包含两个互相对置的器件（1a、1b）。工作机（26）电源系统可由所述模块组成。

一种电源转换器中的高压启动电路

申请（专利）号：201310009013.0　**公开日：**2013-05-01
申请人：无锡华润上华半导体有限公司
发明人：张楠
摘要：

本发明公开了一种高压启动电路，包括高压N型耗尽型晶体管，其漏端接HVDC端口；第一晶体管，其漏端连接耗尽型晶体管的源端；二极管，其正端连接变压器的线圈，负端连接第一晶体管的源端；变压器的线圈，其连接二极管的正端；储能电容，其一端连接二极管的负端；第二晶体管，其漏端连接第一晶体管的栅端和耗尽型晶体管的栅端，其栅端连接SD端口，接受SD端口信号的控制；电阻型器件，其一端连接耗尽型晶体管的源端，另一端连接耗尽型晶体管的栅端。本高压启动电路，避免了使用外置的启动电阻，系统集成度较高，且流经N型耗尽管电流较低，有效地降低了启动电路的电流损耗，降低了系统的待机功耗，且启动速度较快。

一种无源功率因数校正电源电路

申请（专利）号：201210581384.1　**公开日：**2013-05-01
申请人：天津铁路信号有限责任公司
发明人：张玉喜　姜海峡　成会芳　鞠宏伟
摘要：

本发明提供一种无源功率因数校正电源电路，包括交流电源、校正电感L、校正电容C2、校正电容C1、滤波电容C3、电阻RL和全桥整流电路D1，交流电源与校正电感L和校正电容C2串联成一回路，校正电感L的两端并联校正电容C1，校正电容C2的两端与全桥整流电路D1的输入端并联，全桥整流电路D1的输出端分别与滤波电容C3和电阻RL并联，所述电阻RL的两端为输出端。本发明的有益效果是：通过对校正电感L、校正电容C1、校正电容C2的适当选型和优化，实现交流电源输入的无源功率因数校正功能，在额定交流输入和额定直流负载情况下，功率因数可达0.96。具有电路简单、使用方便、校正电路可靠性高等优点。

一种双峰值电流模式控制的开关电源转换器

申请（专利）号：201210568175.3 **公开日：**2013-05-01

申请人：青岛联盟电子仪器有限公司

发明人：王玲

摘要：

本发明提出一种双峰值电流模式控制的开关电源转换器，解决了现有开关电源转换器成本高的问题。一种双峰值电流模式控制的开关电源转换器，包括：输入端口；输出端口；串联耦接在输入端口和参考地之间的第一开关和第二开关；输出电感器；输出电容器；第一电阻器；第二电阻器；第一运算放大器，耦接至第一电阻器产生第一电流采样信号；第二运算放大器，耦接至第二电阻器产生第二电流采样信号；第一比较器，接收第一电流采样信号和第一参考值，产生第一比较信号；第二比较器，接收第二电流采样信号和第二参考值，产生第二比较信号；逻辑电路，接收第一比较信号和第二比较信号，产生逻辑信号；驱动电路，接收逻辑信号，产生驱动第一和第二开关通断的驱动信号。本发明能够显著降低系统成本。

一种模块电源电路

申请（专利）号：201210580174.0 **公开日：**2013-05-01

申请人：邓玉琴

发明人：邓玉琴

摘要：

本发明涉及一种模块电源电路，由变压器耦合并联型开关电源电路构成，包括整流桥Qb、市电滤波电容Cb、开关变压器Tb、功率开关管Gb、高频整流二极管Db、储能电容C0。把经Db整流，从Db负极输出正电压端定义为A输出端，电源零参考电位负极为输出D端，变压器Tb的一次绕组P1的一端和功率开关管Gb的集电极c相连接，本发明的模块电源电路适用于各种智能用电设备，具有体积小、成本低，结构简单、工艺先进、安装使用方便。

一种反激式电源电路

申请（专利）号：201210508768.0 **公开日：**2013-05-01

申请人：天津市松正电动汽车技术股份有限公司

发明人：何斌

摘要：

本发明公布了一种反激式电源电路，包括直流电源、PWM控制芯片U1、变压器T1的一次侧A所对应的电压输入电路、变压器T1的第一副B边所对应的PWM控制芯片的供电电路、变压器T1的第二二次侧C所对应的第一路电压输出电路和隔离采集电压反馈电路、变压器T1的第三二次侧D所对应的第二路电压输出电路；通过PWM控制芯片和各分电路的相互配合，经过变压器T1的多二次侧的扩展从而实现反激式电源电路的多路输出。发明旨在克服现有技术中的不足，提供一种结构简单可靠、成本低、灵活性强且可实现多路输出的反激式电源的电路。

笔记本电源盒

申请（专利）号：201110331622.9 **公开日：**2013-05-08

申请人：吕玉兰

发明人：不公告发明人

摘要：

为了更方便的携带笔记本电源线，实现外出工作的便利性，我们特意设计一个合理存放笔记本电源线的盒子，轻便小巧，解决笔记本电源线携带麻烦和容易弄乱的问题。

自备电源的冷藏箱

申请（专利）号：201110345527.4 **公开日：**2013-05-08

申请人：吴锋

发明人：吴锋

摘要：

为了有效地解决冷藏箱的移动电源问题，使冷藏箱能够在野外等无外接电源的地方使用，我们特意将传统的冷藏箱配备了一组蓄电池，并将冷藏箱制冷电动机改造成可以发电的电动机，实现户外冷藏箱电源的自备功能，解决了传统冷藏箱无法自我供电的问题。

一种用于重合闸装置的电源电压检测电路

申请（专利）号：201210460255.7 **公开日：**2013-05-08

申请人：无锡智卓电气有限公司

发明人：王建忠　胡晓忠　戈浩

摘要：

本发明公开一种用于重合闸装置的电源电压检测电路，其包括三相四线供电电路、三相电压采样电路及电压信号放大电路。所述三相四线供电电路与交流电源连接，用于接收交流电源输出的三相电压信号，并输出给三相电压采妖电路。所述三相电压采样电路与三相四线供电电路连接，用于通过电压互感器对所述三相电压信号进行采样，并将采样结果输出给电压信号放大电路。所述电压信号放大电路与三相电压采样电路连接，用于对三相电压采样电路输出的三相电压信号进行放大，并输出给重合装置的单片机处理。本发明对交流电源输出的三相电压同时进行检测，并据此判断交流电源电压的波动性，提高了重合闸装置的可靠性。

一种既节能又简单的电源指示器

申请（专利）号：201310026286.6 **公开日：**2013-05-08

申请人：徐建民

发明人：徐建民　郇智达

摘要：

本发明公开了一种既节能又简单的电源指示器，该电源指示器电路由自复位轻触开关（1）、限流电阻（2）和发光二极管（3）组成，自复位轻触开关（1）、限流电阻（2）和发光二极管（3）串联连接构成电源指示电路，自复位轻触开关（1）上安装凸字形的塑料按钮（4），凸字形的塑料按钮（4）镶嵌在面板（5）上的孔洞内。本发明既节能又简单，从习惯上促使公众改变对节能降耗的轻视态度，在政策、厂家、用户三个层面协调一致后，必将取得“定一项新国标、省两座核电站”的效果，福泽后代，功德无量。

数字输入检测器和关联的自适应电源

申请（专利）号：201210211084.4　**公开日：**2013-05-08

申请人：LSI公司

发明人：J·H·费希尔

摘要：

存储装置或者其他类型的处理装置的接口电路，包括数字输入检测器和自适应电源。数字输入检测器包括输入晶体管。自适应电源提供可变供电电压到所述数字输入检测器，该可变供电电压随所述输入晶体管的阈值电压而变化。在一个实施例中，由所述自适应电源提供到所述数字输入检测器的可变供电电压随所述输入晶体管的阈值电压在如下选定点值附近变化，所述选定点值被确定为输入信号的期望逻辑电平的函数。例如，选定点值可以被确定为最小期望逻辑高输入信号电平的函数。在这样的配置中，输入晶体管对于具有最小期望逻辑高输入信号电平的输入信号在所述阈值电压处或者在接近于所述阈值电压偏置。

一种与电源无关的偏置电路

申请（专利）号：201210428231.3　**公开日：**2013-05-08

申请人：深圳先进技术研究院

发明人：马彪　于峰崎

摘要：

本发明属于集成电子电路领域，公开了一种与电源无关的偏置电路。所述偏置电路可应用于工作电压变化范围大，最低工作电压低的电路。所述偏置电路消耗很小的电流适合应用于低功耗电路。所述偏置电路在电源电压变化范围大的低功耗应用中，能保持输出偏置电流的稳定性。

电源供应装置及服务器机柜供电系统

申请（专利）号：201110337269.5　**公开日：**2013-05-08

申请人：鸿富锦精密工业（深圳）有限公司　鸿海精密工业股份有限公司

发明人：栗汉宇　张宁　何广栋

摘要：

一种电源供应装置，用于为服务器机柜供电，所述电源供应装置包括机壳，安装在机壳内的电源供应器，与电源供应器电连接的电路板，以及与电路板电连接的集中电源管理模块，所述电源供应器包括第一电源供应器组和第二电源供应器组，所述第一电源供应器组中的每个电源供应器具有第一输出端和第二输出端，所述第二电源供应器组中的每个电源供应器具有第三输出端和第四输出端，所述电路板上设置有第一至第四导电板，所述第一导电板和第二导电板分别与第一电源供应器组中的第一输出端和第二输出端电连接，所述第三导电板和第四导电板分别与第二电源供应器组中的第三输出端和第四输出端电连接，从而为服务器机柜供电。本发明还提供了一种服务器机柜供电系统。

电源供应装置及服务器机柜供电系统

申请（专利）号：201110337332.5　**公开日：**2013-05-08

申请人：鸿富锦精密工业（深圳）有限公司　鸿海精密工业股份有限公司

发明人：栗汉宇　张宁　解圣平　唐运泉

摘要：

一种电源供应装置，用于为服务器机柜供电，所述电源供应装置包括机壳，安装在机壳内的多个电源供应器，与所述多个电源供应器电连接的电路板，以及与电路板电连接的集中电源管理模块，所述电路板上设置有第一导电板和第二导电板，电源供应器具有第一输出端和第二输出端，所述第一输出端和第二输出端分别与第一导电板和第二导电板连接，从而为服务器机柜供电。上述结构避免了服务器机柜中的每个服务器单元都要设置相应的供电系统为其供电，精简了服务器单元的内部结构。

一种电源设计方法

申请（专利）号：201310028966.1　**公开日：**2013-05-08

申请人：浪潮电子信息产业股份有限公司

发明人：刘涛

摘要：

提供一种电源设计方法，所述电源采用两级控制传递，其具体设计步骤为：a、获取第一级数字目标电压：获取第一级数字目标电压初始值；调节PID控制参数，达到第一级的高效转换；b、获取第二级数字目标电压：通过控制导电沟道获取第二级目标电压；控制基极电压，达到目标电压的准确值；根据实际需求，调配第一、二级的电压；经过测试合格后，通过。该一种电源设计方法和现有技术相比，电源的输出效率与纹波无法达到兼顾的问题，保证了服务器主板电源的高效率、低纹波设计，实现服务器主板可靠性、稳定性。

一种带保护套的电源插头

申请（专利）号：201110346492.6　**公开日：**2013-05-08

申请人：黄体锐

发明人：黄体锐

摘要：

本发明公开了一种带保护套的电源插头，包括保护套（1）、金属触头（2）、插头座（3）、电源线（4），其特征在于：插头座（3）设置保护套（1），保护套（1）包围金属触头（2），保护套（1）保护金属触头（2）不外露。本发明的优点是：结构简单，使用安全，有效防止触电事故的发生。

功能件中具有电源开关结构的墙壁插座

申请（专利）号：201110234106.4　**公开日：**2013-05-08

申请人： 倪国森
发明人： 倪国森
摘要：

一种功能件中具有电源开关结构的墙壁插座，主要包括：一个或多个两孔功能件或三孔功能件；设置在功能件中的进线导电弹片和插孔导电弹片；循环开关模块；与循环开关模块相连接的金属触头；设置在循环开关模块上的开关按键。本发明的功能件中具有电源开关结构的墙壁插座，能独立便捷的接通或断开两孔或三孔功能件的电源，因而使用者不必从墙壁插座上拔下插头即可实现接通或断开电器的电源，轻松实现节能和保护电器的目的。因而本发明具有节能和保护电器的作用，并且设计简洁，成本低廉，易于厂家实施，适用于一切墙壁插座，具有较大的社会效益和实用价值。

激光电源装置

申请（专利）号： 201210105175. X **公开日：** 2013-05-08
申请人： 米亚基株式会社
发明人： 日下部和人
摘要：

本发明提供一种激光电源装置，其针对负载的变化或交流电源电压的变化，提前防止充电电流的异常增大（突入电流的发生），以提高安全性以及可靠性。监视电路（70）具有：用于测定充电电路（14）内的线圈（26）以及电阻（28）的电压降 VLR 或线圈（26）以及第 2 断续器（30）的电压降 VLS 的电压检测线（72）以及隔离放大器（74）；发生异常时停止用和充电完成用的两种监视值 MVM1、MVM2 的监视值发生电路（76）；用于选择监视值 MVM1、MVM2 的某一方的开关（78）；比较来自隔离放大器（74）的线圈电压降测定值 MVLR（MVLS）和监视值 MVM1（MVM2）的比较器（80）。控制器（20）根据比较器（80）的输出信号（比较结果信号）CO 控制第 1 以及第 2 断续器（24、30）的接通、断开。

一种双电源控制器

申请（专利）号： 201210460293. 2 **公开日：** 2013-05-08
申请人： 无锡智卓电气有限公司
发明人： 胡寅毅 戈浩 吴振锋
摘要：

本发明公开一种双电源控制器，其包括：常用电源、备用电源、微处理器、电压检测装置、切换装置、第一数码管及第二数码管。所述电压检测装置与常用电源、备用电源连接，用于检测常用电源的电压和备用电源的电压，并通过微处理器对应输出给第一数码管和第二数码管显示。所述微处理器与电压检测装置、切换装置连接，用于根据电压检测装置输入的所述常用电源的电压和备用电源的电压，向切换装置输出控制信号。所述切换装置与常用电源、备用电源连接，用于根据所述控制信号，控制所述常用电源和备用电源的导通状态。本发明缩短了常用电源的电压和备用电源的电压循环显示时间，用户可以直观的了解当前常用电源和备用电源的实时电压状况。

控制电压延迟装置、使用其的数字电源转换器及其驱动方法

申请（专利）号： 201210394103. 1 **公开日：** 2013-05-08
申请人： 快捷韩国半导体有限公司
发明人： 李圣播 赵健熙 权德起
摘要：

本发明涉及一种控制电压延迟装置、使用其的数字电源转换器及其驱动方法。示例性实施方式涉及控制电压延迟装置、数字电源转换器以及数字电源转换器的驱动方法。控制电压延迟装置产生用于控制数字电源转换器的输出电压的输出时钟信号和基准时钟信号。控制电压延迟装置根据输出电压产生具有相对于输入时钟信号的输出延迟的输出时钟信号，且根据基准电压产生具有相对于输入时钟信号的基准延迟的基准时钟信号。基准电压为输出电压的目标值。

一种自生电源

申请（专利）号： 201210461140. X **公开日：** 2013-05-08
申请人： 无锡智卓电气有限公司
发明人： 白建社 王建忠 戈浩
摘要：

本发明公开一种自生电源，其包括整流电路、缓冲电路、稳压电路、基准电压电路、运算放大器、电压检测电路、电源电路、泄流电路、反馈电路及采样电阻。所述运算放大器通过基准电压电路和电压检测电路实现对泄流电路中晶体管导通状态的控制，完成对电流的采样和自生电。与传统自生电源相比，本发明启动快，启动电流小，实现了对小电流的采样和自生电。

可缩减印制电路板面积的直流至直流电源转换控制器

申请（专利）号： 201110343713. 4 **公开日：** 2013-05-08
申请人： 总茂科技股份有限公司
发明人： 沙昌龄 吴俊材
摘要：

一种可缩减印制电路板面积的直流至直流电源转换控制器，其具有：一 PWM 集成电路；一屏蔽胶层，用以覆盖该 PWM 集成电路；以及一电感组件，位于该屏蔽胶层上方，其中该屏蔽胶层具有屏蔽电磁波的功能。

包括过载保护电路的开关型电源以及包括其的成像装置

申请（专利）号： 201210441148. X **公开日：** 2013-05-08
申请人： 三星电子株式会社
发明人： 宋永濬
摘要：

一种开关型电源（SMPS），包括过载保护单元，其连接到脉宽调制（PWM）控制器的保护管脚，用于当施加于

所述保护管脚的电压超出预定阈电压时切断所述SMPS的电力，其中所述过载保护单元阻断低于所述过载保护单元的过载保护容量的外部冲击电压，以便阻断从其外部输入的冲击电压，并且，当所述SMPS的输出电压不在预定范围内时，所述过载保护单元将一电压施加到所述保护管脚，该电压通过将从反馈单元输出的预定反馈电压减去所述过载保护单元的过载保护容量而得到，并且其中所述过载保护容量被设置为高于所述保护管脚的预定阈电压。

用于提供多输出电源的装置以及使用其的显示装置

申请（专利）号：201210414837.1 **公开日：**2013-05-08

申请人：三星电子株式会社

发明人：周成勇 郑圣范

摘要：

一种用于提供多输出电源的装置以及使用其的显示装置。提供了一种多输出电源。所述电源包括：输入电源单元，其使用DC电源来生成LLC谐振信号；初级输出电源单元，其基于响应于LLC谐振信号而感应的第一电压来输出第一输出电压；次级输出电源单元，其基于响应于LLC谐振信号而感应的第二电压来输出第二输出电压；以及电源控制单元，其控制输入电源单元来改变LLC谐振信号，以使得第一输出电压具有预置电平，并且控制次级输出电源单元，以使得第二输出电压具有预置电平，而与第一输出电压的电平的变化无关。

用于提供多输出电源的装置以及使用其的显示装置

申请（专利）号：201210414882.7 **公开日：**2013-05-08

申请人：三星电子株式会社

发明人：禹元命 李秦衡 郑圣范 周成勇

摘要：

提供了一种用于提供多输出电源的装置。用于提供多输出电源的装置包括：输入电源单元，其使用直流（DC）电源来生成LLC谐振信号；主输出电源单元，其输出通过LLC谐振信号感应的主电压；多个输出电源单元，其以不同的电压电平来输出通过LLC谐振信号感应的次级电压，并且使用从多个输出电源单元中的第二输出电源单元输出的次级电压中的不同的一个次级电压，多个输出电源单元的第一输出电源单元以预定电压电平来输出通过LLC谐振信号感应的次级电压中的相应的一个次级电压。

一种直流电源供电的二相交流变频电动机驱动电路

申请（专利）号：201110342061.2 **公开日：**2013-05-08

申请人：施少俊

发明人：施少俊

摘要：

本发明属于交流电动机变频驱动电路领域，涉及一种直流电源供电的二相交流变频电动机驱动电路，其包括：第一稳压电路，第二稳压及第一互补管静态基极电位固定电路，起动电阻R1以及第一互补管V1、V2和第二互补管V3、V4电路，一组全桥电路；其中由第一稳压电路和第二稳压及第一互补管静态基极电位固定电路向第一互补管的基极提供静态偏置电流，而起动电阻R1以及第一互补管V1、V2和第二互补管V3、V4电路则将输入信号放大然后再推动一组全桥电路并驱动负载电动机M。本电路结构简易，电路在静态时功率损耗小于1W，其有益效果是：能容易地实现用直流电源（安全电压范围以内）通过本电路来驱动交流电动机并可以变频调速。

照明用电源及照明装置

申请（专利）号：201210338573.6 **公开日：**2013-05-08

申请人：东芝照明技术株式会社

发明人：北村纪之 大武宽和 高桥雄治 辻俊雄

摘要：

本发明提供一种照明用电源及照明装置。本发明实施方式的照明用电源包括输出元件。所述输出元件连接在电源与照明负载之间，且能够切换为开关动作与继续导通动作，所述开关动作使导通状态与断开状态反复地出现，所述继续导通动作继续维持导通状态。

AC电源的照明装置

申请（专利）号：201210417167.9 **公开日：**2013-05-08

申请人：迪尔航空航天有限公司

发明人：T·特兰

摘要：

本发明涉及AC电源的照明装置。作为光源的LED对于能效来说具有显著优点。与诸如白炽灯泡等的热光源不同，例如，电能的更大比例部分被LED转换成可见光，使得效率显著大于热光源。作为改进，提出了AC电源的照明装置，所述照明装置包括至少两个照明组，其中每个照明组具有组输入部和组输出部以及至少一个LED，其中所述至少一个LED布置在组输入部和组输出部之间，其中照明组彼此串联连接，其中所述至少两个照明组中的每一个包括旁路布置，所述旁路布置包括可切换旁路，该可切换旁路和组输入部与组输出部之间的照明组中的所有LED并联布置，并且所述旁路布置被设计成在所施加的电压小于截止电压Vh时启用旁路，而在所施加电压大于截止电压Vh时停用旁路。

电源装置及照明装置

申请（专利）号：201210346565.6 **公开日：**2013-05-08

申请人：东芝照明技术株式会社

发明人：加藤刚 松本晋一郎 中岛启道 镰田征彦 神代真一 河野仁志 高桥浩司

摘要：

本发明提供一种电源装置及照明装置。本发明的电源装置中设置将电源电压转换为预定的输出电力来向负荷输出的电力转换电路，并且设置具有与电力转换电路的接地电位不同的接地电位且控制电力转换电路的控制电路。而且，设置将电源电压转换为相对于电力转换电路的接地电位绝缘的控制用电源来供给到控制电路的电源电路。

汽车连接电网电源

申请（专利）号： 201110369528.2　**公开日：** 2013-05-15

申请人： 戴尊寿

发明人： 戴尊寿

摘要：

本发明公开了一种汽车连接电网电源，其特征是汽车连接电网电源，汽车1连接电网电源接口2。服务器3下部连接器4连接电源牵引线5，电源牵引线5连接接触器6，接触器6连接电轨道11。服务器3是供人们成立服务区，由汽车用户刷卡租用，连接到汽车、电网电源上，供汽车使用大电网电源为动力。本发明为汽车提供了云动力大服务模式，节约电动汽车电池，节约汽车燃油，节约汽车用户今后更换电池的成本。

一种三相输入三相输出电脱盐电源

申请（专利）号： 201110371896.0　**公开日：** 2013-05-15

申请人： 长江（扬中）电脱盐设备有限公司

发明人： 肖根华　韦伟　王洪福　马直达

摘要：

一种三相输入三相输出电脱盐电源，它一次侧是三相输入，一次侧三相的回路中都窜接了100%的阻抗，二次侧是三相输出，在二次高压线圈上有不同的抽头，通过选择开关选择不同的输出高压，以适应不同原油，此外二次侧还有一组三相100V测量线圈，分别测量实际输出的三相电压。

一种LED灯管电源安装装置

申请（专利）号： 201110352593.4　**公开日：** 2013-05-15

申请人： 镇江乐可视光电科技有限公司

发明人： 郭芬阳　张玉林　戴建恒

摘要：

本发明提供一种LED灯管电源安装装置，其连接于LED灯管（1）的两端；该电源安装装置包括与LED灯管（1）连接的端头（4）；一端与所述端头（4）连接、另一端用灯管插针端头（5）封闭、用于收容LED驱动电源（2）的电源盒（3）；所述电源盒（3）一端设有若干接线插孔（31）；所述端头（4）内设有与该接线插孔（31）对应的快速插针（41），用于和该接线插孔（31）配合实现与LED驱动电源（2）的电连接。采用本发明可以解决LED灯管对于传统荧光灯管的替换问题，综合了内置及外置电源驱动的LED灯管的优点，在结构上对内置端头电源做到了革命性的创新，提高灯管光源部分的使用寿命和整灯可用性，解决了LED荧光灯管在推广中的难题。

测量物理量的系统及与其相关的电源设备和配置方法

申请（专利）号： 201210445991.5　**公开日：** 2013-05-15

申请人： 施耐德电器工业公司

发明人： E. 康蒂尼　P. 霍布里　F. 沃特洛特　A. 莫鲁克斯　M. 克莱门斯

摘要：

一种测量系统（1），包括处理块（2）和一组用于测量物理量的设备（3、4、5），所述处理块适配用于集中所述组传导的物理量的测量，并且包括用于接收用于该处理块的电力供应的第一装置，利用所述设备组测量的物理量来产生所述电力供应，并且进一步包括不同于第一装置的、用于接收用于该处理块的电力供应的第二装置，还包括用于容纳电力供应设备的外壳（17），该电力供应设备适配用于提供电力供应信号，该处理块适配用于在所述外壳中容纳电力供应设备之后，在由用于接收电力供应的第二装置供电的同时执行配置该系统的操作。

电源装置

申请（专利）号： 201110356863.9　**公开日：** 2013-05-15

申请人： 鸿富锦精密工业（深圳）有限公司　鸿海精密工业股份有限公司

发明人： 罗奇艳　陈鹏　童松林

摘要：

一种电源装置，用以对电子装置的核心处理器供电，所述电源装置包括供电模块、控制模块以及若干补偿回路，所述每一补偿回路均连接控制模块以及供电模块，所述核心处理器具有多个工作模式，所述供电模块对应该多个工作模式设置有多个供电模式，所述每一补偿回路的参数分别对应供电模块的一种供电模式设置，控制模块根据核心处理器的工作模式选取一对应的补偿回路连接至供电模块，并通过该选取的补偿回路对该供电模块提供补偿。

电源转接板及具有该电源转接板的内存供电系统

申请（专利）号： 201110356646.X　**公开日：** 2013-05-15

申请人： 鸿富锦精密工业（深圳）有限公司　鸿海精密工业股份有限公司

发明人： 吴亢

摘要：

本发明提供一种电源转接板，包括配合部、降压调节器及内存插槽，该配合部用于连接至一供电电源，所述供电电源用于提供一第一直流电压，该降压调节器连接至该配合部，用于将所述第一直流电压转换为第二直流电压，所述内存插槽与该降压调节器相连，用以插设一内存，并将所述降压调节器输出的第二直流电压传送至所述内存。上述电源转接板分别对应一个内存，使得该降压调节器均在满载条件下工作，由此提高每个降压调节器的电能转换效率，减少能量的损耗。本发明还提供一种具有该电源转接板的内存供电系统。

一种魔方电源插座

申请（专利）号： 201210530445.1　**公开日：** 2013-05-15

申请人： 谭柏桦

发明人： 谭柏桦

摘要：

本发明公开了一种魔方电源插座，包括插座本体、电源延长线、连接插头、防触电装置、固定底座。所述插座本体为多面体，插座本体包含电源电路、电源插孔、USB转换电路、USB插孔，电源插孔或USB插孔单独或组合设置在所述多面体的任意面上；所述连接插头为双面插头，用于插接在任意两个插座本体的电源插孔中完成组合；所述电源延长线可插接在插座本体的任意面的电源插孔中，为插座本体接入电源；所述防触电装置安装在插座本体内位于电源插孔处；插座本体的任意面均可用于安装在固定底座上；本发明产品可任意组合、固定在需要的位置，使用方便灵活、节能环保、不占据空间、美观、安全。

一种逆变式高压电源

申请（专利）号：201110354872.4　**公开日：**2013-05-15
申请人：高玉琴
发明人：高玉琴
摘要：

一种逆变式高压电源用于对柴油机汽车颗粒净化器中的颗粒打火，使颗粒起燃，该高压电源包括：蓄电池组、低压直流稳压电路、功率放大电路、升压变压器及其高压输出整流电路、高压信号采样电路。其特征是：在低压直流稳压电路与功率放大电路之间还有信号运算电路和信号调制电路，来自低压直流稳压电路的设定信号和来自高压信号采样电路的反馈信号经信号运算电路运算后，其运算结果信号再由信号调制电路调制成交流信号，该交流信号输入至功率放大电路；在高压电源装置的电源输入端与蓄电池组的输出端之间有保护电路。其有益效果是：1. 元器件少，装置的可靠性高；2. 装置的体积较小；3. 制造成本较低。

柴油机颗粒净化器用高压电源装置及其输出控制方法

申请（专利）号：201110354489.9　**公开日：**2013-05-15
申请人：高玉琴
发明人：高玉琴
摘要：

一种柴油机颗粒净化器用高压电源装置及其输出控制方法用于对柴油机汽车颗粒净化器中的颗粒打火，使颗粒起燃，该高压电源将蓄电池电压通过逆变转换成高压，它包括：蓄电池组、直流稳压电路、信号运算电路、信号调制电路、功率放大电路、升压变压器及其高压输出整流电路、高压信号采样电路、电流采样电路。其特征是：所述的高压电源还包括一单片机，单片机的I/O口的脚分别与所述的信号调制电路的输入端连接、与电流采样电路的输出端连接，与信号调制电路的输入端连接的脚可输出相位彼此相反的方波。在颗粒积累的时间段内，单片机可间断地输出方波使逆变间断地发生，当颗粒积累量达到再生点时，单片机连续输出方波使颗粒打火、起燃，从而使高压电源装置向蓄电池吸取的电能大大降低。

一种柴油机颗粒净化器用高压电源

申请（专利）号：201110354847.6　**公开日：**2013-05-15
申请人：高玉琴
发明人：高玉琴
摘要：

一种柴油机颗粒净化器用高压电源用于对柴油机汽车颗粒净化器中的颗粒打火，使颗粒起燃，该高压电源将蓄电池电压通过逆变转换成高压，它包括：蓄电池组、直流稳压电路、信号运算电路、信号调制电路、功率放大电路、升压变压器及其高压输出整流电路、高压信号采样电路、电流采样电路。其特征是：所述的高压电源还包括一单片机，单片机的I/O口的脚分别与所述的信号调制电路的输入端连接、与电流采样电路的输出端连接，与信号调制电路的输入端连接的脚可输出相位彼此相反的方波。在颗粒积累的时间段内，单片机可间断地输出方波使逆变间断地发生，从而使高压电源装置向蓄电池吸取电能大大降低。

高压输出电源模块

申请（专利）号：201110361775.8　**公开日：**2013-05-15
申请人：常州能动电子科技有限公司
发明人：吴伟
摘要：

本发明公开了一种高压输出电源模块，包括：整流滤波电路、检测电路、控制电路、驱动电路、保护电路和高压输出电路，所述高压输出电路和一负载相连接，所述整流滤波电路同时与驱动电路、检测电路和高压输出电路相连接，所述检测电路通过控制电路和驱动电路相连接，所述保护电路与驱动电路相连接。通过上述方式，本发明高压输出电源模块可靠性、稳定性以及安全性好。

AC/DC电源模块

申请（专利）号：201110361787.0　**公开日：**2013-05-15
申请人：常州能动电子科技有限公司
发明人：吴伟
摘要：

本发明公开了一种AC/DC电源模块，包括：输入电路、整流电路、保护电路、控制电路和输出电路。所述输入电路的输出端和整流电路输入端相接；所述整流电路的输出端和输出电路的输入端相接；所述保护电路连接在输出电路上；所述控制电路连接在输入电路的输出端和输出电路的输入端之间。通过上述方式，本发明AC/DC电源模块可靠性高、安全性高、输出效率高、使用寿命长。

线性滤波器、交流电源和制造线性滤波器的方法

申请（专利）号：201210461255.9　**公开日：**2013-05-15
申请人：LG伊诺特有限公司
发明人：金洞禧　朴钟准
摘要：

公开的是一种线性滤波器、交流电源和制造该线性滤波器的方法。该线性滤波器通过从交流电去除噪声来输出交流电。该线性滤波器包括绕线筒、第一线圈、第二线圈

和连接线，该绕线筒具有两个表面，围绕这两个表面缠绕有线圈，该第一线圈围绕绕线筒的第一表面缠绕并且连接到输入线，该第二线圈围绕绕线筒的第二表面缠绕并且连接到输出线，该连接线将第一线圈连接到第二线圈，并且对通过第一线圈提供的交流电进行滤波，以将该交流电传送给第二线圈。

控制提供给网络设备的电源的方法和装置

申请（专利）号：201210457159.7　**公开日：**2013-05-15

申请人：三星电子株式会社

发明人：全炳吉　张银湜

摘要：

一种控制电子设备的电源的装置，包括：局域网（LAN）控制器，用于控制电子设备的网络通信；通信接口，其连接到用于执行网络通信的外部软件狗；连接检测器，用于检测是否从外部软件狗接收到用于与 LAN 控制器连接的第一信号；和电源控制器，用于当检测到第一信号时将电源提供给 LAN 控制器，当未检测到第一信号时切断到 LAN 控制器的电源。

照明用电源及照明装置

申请（专利）号：201210328656.7　**公开日：**2013-05-15

申请人：东芝照明技术株式会社

发明人：北村纪之　大武宽和　高桥雄治

摘要：

本发明提供一种照明用电源及照明装置。本发明提供一种照明用电源，其包括：整流电路、平滑电容器、波形整形电路以及 DC/DC 转换器。所述整流电路对所输入的交流电压进行整流；所述波形整形电路连接在所述整流电路与所述平滑电容器之间，当从所述整流电路输出的电压相对高时，进行使接通的状态与断开的状态重复的开关动作，当从所述整流电路输出的电压相对低时，继续接通的状态而使电流流入至所述整流电路中；所述 DC/DC 转换器转换对所述平滑电容器进行了充电的电压。

照明用电源及照明装置

申请（专利）号：201210328728.8　**公开日：**2013-05-15

申请人：东芝照明技术株式会社

发明人：北村纪之　高桥雄治　大武宽和

摘要：

本发明提供一种照明用电源及照明装置，可利用调光器使输出电流连续地变化。照明用电源包括：整流电路、平滑电容器、基准电压生成电路以及 DC/DC 转换器。整流电路对所输入的交流电压进行整流；平滑电容器使整流电路的输出电压平滑化；基准电压生成电路基于整流电路的输出电压及平滑电容器的电压的至少一个而生成基准电压；DC/DC 转换器具有输出元件与恒定电流元件，并对平滑电容器的电压进行转换。输出元件被供给平滑电容器的电压，当基准电压相对高时，进行使接通的状态与断开的状态重复的开关动作而振荡，当基准电压相对低时，继续接通的状态。所述恒定电流元件串联连接于输出元件，并使由基准电压所控制的恒定电流流动。

带隙基准电路和电源电路

申请（专利）号：201210464837.2　**公开日：**2013-05-22

申请人：瑞萨电子株式会社

发明人：木内秀树

摘要：

本发明公开了一种带隙基准电路和电源电路。BGR 电路包括：连接在电源端子和接地端子之间的第一双极晶体管和第二双极晶体管，第一双极晶体管和第二双极晶体管的每个基极都连接至输出端子。第一电阻器连接在接地端子和第一双极晶体管之间。第二电阻器和第三电阻器串联在第一电阻器和第二双极晶体管之间。温度校正电路连接在接地端子和第二电阻器与第三电阻器之间的节点之间，且包括第一晶体管，第一晶体管的基极连接至第一电阻器在第一双极晶体管的一端。温度校正电路还包括串联至第一晶体管的第四电阻器。

电源启动断电自锁保护装置

申请（专利）号：201110361821.4　**公开日：**2013-05-22

申请人：国华

发明人：国华

摘要：

本发明设计了一种电器设备自锁保护装置，可针对性地应用于实验室全天候设备运行时的保护，能妥善解决电器断电再次来电后的自动保护问题。它由一个常开按键、中间继电器和交流接触器电连接而成。连接关系是：中间继电器和交流接触器动作线圈并联，并联后一端通过常开按键连接在两相交流电源的相线接点上，另一端连接在两相交流电源的零线接点上；中间断电器的两个触点并联在常开按键上；交流接触器的两个上触点分别与 UPS 断电保护器的相线输入点和常开按键的后接点接通，交流接触器的两个下触点分别与两相交流电源的零线接点和 UPS 断电保护器的零线输入点接通。

高压输入电源系统

申请（专利）号：201110366237.8　**公开日：**2013-05-22

申请人：常州能动电子科技有限公司

发明人：吴伟

摘要：

本发明公开了一种高压输入电源系统，包括：控制电路、变压器、第一次级整流滤波电路、第二次级整流滤波电路及反馈电路，变压器分别和第一次级整流滤波电路、第二次级整流滤波电路耦合，反馈电路电连接第二次级整流滤波电路，控制电路包括集成控制芯片，集成控制芯片包括第一引脚、第二引脚、第三引脚、第四引脚、第五引脚、第六引脚、第七引脚、第八引脚，通过上述方式，本发明所述高压输入电源系统具有输入电压范围宽、体积小便于封装、效率更高、功耗更小、节能环保的特点。

一种无电源端口的直流无刷电动机驱动芯片

申请（专利）号：201310013915.1　**公开日：**2013-05-22

申请人：上海腾怡半导体有限公司

发明人：程学国　闫海秋

摘要：

本发明的目的在于公开一种无电源端口的直流无刷电动机驱动芯片，它包括：磁场传感器、控制模块及稳压模块。所述控制模块的输出端口与电动机线圈相连接，所述控制模块的输出端通过二极管与所述稳压模块的输入端相连接；所述稳压模块的输出端分别依次连接所述磁场传感器和所述控制模块；与现有技术相比，采用霍尔效应器件作为磁场传感器，采用功率管来驱动直流电动机的线圈，具有限制输出电压电流波形的上升下降时间的作用，以此来降低电磁干扰的产生，采用无电源端口，直流电动机线圈的电感与电容可以提高ESD保护等级，且在粗心接入反向电源电压的时候可以限制瞬态电流，保护驱动芯片不被损坏，实现本发明的目的。

一种电源测试探针快速压接装置

申请（专利）号：201110367365.4　**公开日：**2013-05-29

申请人：西安博昱新能源有限公司

发明人：张晓哲　冯灵活

摘要：

一种电源测试探针快速压接装置，包括屈臂支撑架，安装在屈臂支撑架下端侧面的交流电源，安装在屈臂支撑架上端的升降把手支架，安装在屈臂支撑架上且位于升降把手支架下方的滑动导轨，安装在滑动导轨上的滑动杆，所述滑动杆和升降把手支架通过转动支架相连接，滑动杆下方安装探针支架，探针支架下方安装测试直流探针和测试交流探针，测试交流探针和交流电源通过交流线电连接。使用时将开关电源固定在探针支架的正下方，手压升降把手支架，使滑动杆在滑动导轨上向下滑动并将测试交流探针和测试直流探针压下并和开关电源连接，然后接通交流电源，通过测试电流值，能够快速的测试开关电源的使用效果，从而判定电源是否可以准确输出合适的电流。

一种电能回馈的电源老化装置

申请（专利）号：201110371361.3　**公开日：**2013-05-29

申请人：西安嘉乐世纪机电科技有限公司

发明人：蒲维新　韩小梅

摘要：

一种电能回馈的电源老化装置，包括有与市电相连的静态开关，静态开关的另一端与电源相连，电源的输出端与汇流器相连，汇流器的输出端与逆变器的输入端相连，逆变器的输出端分别与第一电源、第二电源、第三电源、第N电源n的输入端相连，第一电源、第二电源、第三电源、第N电源n的输出端再与汇流器的输入端相连，由于逆变器将电源输出的直流电转换成220V交流电，并作为其他电源的输入电能，同时省却了与市电同步的装置，从而实现了装置简化，电能的循环利用，本发明实际使用中可以多个电源同时老化，具有节能环保、成本低的特点。

一种基于电能回馈的电源老化节能系统

申请（专利）号：201110371362.8　**公开日：**2013-05-29

申请人：西安嘉乐世纪机电科技有限公司

发明人：宋安军　梁荷岩

摘要：

一种基于电能回馈的电源老化节能系统，包括有控制器面板设在控制箱上，控制器面板上设有温度设定界面、温控表和静态开关，控制箱与电源柜相连，电源柜内设电源，电源柜的顶部设有气流循环风扇与温度传感器，电源的输入端通过静态开关按钮与市电相连，控制箱的顶部、电源柜的顶部设有换气扇，电源柜的下部设有电源柜加热器，静态开关将市电引入老化回路，电流汇流器将电源输出的直流电进行汇合。逆变器作为老化回路负载的同时也将电源输出的直流电转换为交流电输出至其他电源，温度传感器能准确测定电源柜温度，当温度超过规定值时，换气扇起动，将电源柜内的热空气送出，有效解决了电源老化系统对电能的巨大浪费问题，降低了电源老化的成本。

电源连接器系统

申请（专利）号：201210597238.8　**公开日：**2013-05-29

申请人：泰科电子公司

发明人：W·赵

摘要：

本发明提供了一种电源连接器系统（100），包括头部组件（120），该头部组件包括导电插针（124）、包围导电插针的内罩（128）以及包围内罩的外罩（130），内罩具有穿过其的槽（154）。电源连接器系统（100）包括电源端子连接器（102），其具有带腔体的插头壳体和容纳在腔体中的插入件组件。该插入件组件具有端子主体，其端接至电源电缆（108）的导体的端部并且电连接至头部组件的导电插针。插入件组件具有用于保持端子主体的介电插入件。该插入件组件具有包围介电插入件并且为端子主体提供屏蔽的插入件屏蔽件。插头壳体具有容纳在对应槽中的可选肋部，用于相对于头部组件定向电源端子。

一种不间断电源系统

申请（专利）号：201110370662.4　**公开日：**2013-05-29

申请人：西安博昱新能源有限公司

发明人：张晓哲　刘赏

摘要：

本发明为一种不间断电源系统，包括稳压器、充电器、蓄电池和逆变器，市电输出接稳压器和充电器，充电器的输出接蓄电池，蓄电池的输出接逆变器，稳压器的输出和逆变器的输出都接市电供电线路为负载供电。稳压器在市电输入时，对输入较高或者较低的电压进行调整使其输出稳定电压，以减少对负载的损害；充电器起充电作用，它和稳压器并联接入，即在有市电输入的同时充电器也在工作；蓄电池把把市电输入的电能储存起来，在断电时利用；

逆变器把直流电转换成交流电供使负载正常工作。本发明达到了不间断电源的效果，也大大提高了电源的利用率，有效地解决了由于断电而给负载所造成的破坏性后果，使工作在断电时能正常进行。

一种电源老化系统

申请（专利）号： 201110371111. X **公开日：** 2013-05-29

申请人： 西安博昱新能源有限公司

发明人： 张晓哲 王丰飞

摘要：

本发明为一种电源老化系统，市电通过静态开关 K 输入到市电互补逆变器，市电互补逆变器的输出连接到被老化电源 U 的输入端，被老化电源 U 的输出端通过二极管 D 连接到市电互补逆变器，被老化电源 U 的数量为多个并联设置，相应的二极管 D 的数量也为多个，静态开关 K 由逻辑电路进行控制，市电互补逆变器 A 负责电流汇集、直流到交流的转换以及相位的调制，将电路中的电能加以回收并从市电吸收适当的电能进行供电，本发明解决了传统电源老化装置造成大量电能浪费的高成本问题。

用于加速风化测试设备中的氙灯的电源

申请（专利）号： 201210465113. X **公开日：** 2013-05-29

申请人： 阿特拉斯材料测试技术有限责任公司

发明人： G·米尔斯基 M·班德尔

摘要：

本发明公开了一种涉及用于加速风化测试设备中的氙灯的电源。这种用于加速风化测试设备的电源可以控制氙灯辐射谱及其强度，以便完全模拟太阳的日循环，提高紫外输出，降低红外输出，并补偿氙灯老化。

一种带有嵌入式电源密封结构的灌肠器

申请（专利）号： 201110372533. 9 **公开日：** 2013-06-05

申请人： 上海点明医疗科技有限公司

发明人： 沈挺

摘要：

本发明公开了一种带有嵌入式电源密封结构的灌肠器，其区别于现有技术在于，上装配盖处设电池盒装配槽，电池盒装配槽内设有电池盒，电池盒装配槽开口处设有电池盖，电池盖与电池盒装配槽之间设有电池槽密封圈，电池盖下表面设有膨胀弹性件，电池盖上表面设有开启槽，其电池仓具有密封结构，且完全嵌入式直立装配，方便取出，并可有效防止普通生活用水渗入，为灌肠器内部电器部分提供最可靠的安全保障，产品整体设计合理，具有很好的实用性，操作便捷，手感舒适，可单手操作，适合家庭使用，使用全自动便携式灌肠器，省去了便秘者去医院进行灌肠治疗的麻烦。

一种自给自足的独立电源供电系统

申请（专利）号： 201110376548. 2 **公开日：** 2013-06-05

申请人： 魏宇

发明人： 魏宇

摘要：

本发明公开了一种自给自足发电系统，目的是为了解决大风时对发动机的限速保护问题，其技术方案是，风力发电机及其风轮的确定包括以下步骤：根据出现的频率最大的有效风速来选取风力机和确定风力机的总功率；根据出现频率最高的有效风速，在有效风速内，选取最大 Cp 值对应的风力机；根据有效风速范围内选取的较大标幺值来取得风力机风轮，发动机的大风限速保护是利用了风轮与风力发电机的功率匹配特性。本发明实现了大风时对风力机的保护，使整个自给自足发电系统更加安全、可靠。

一种独立供应电源供电系统

申请（专利）号： 201110392136. 8 **公开日：** 2013-06-05

申请人： 魏宇

发明人： 魏宇

摘要：

本发明公开了一种独立供应电源供电系统，目的是为了解决大风时对发动机的限速保护问题，其技术方案是，风力发电机及其风轮的确定包括以下步骤：根据出现的频率最大的有效风速来选取风力机和确定风力机的总功率；根据出现频率最高的有效风速，在有效风速内，选取最大 Cp 值对应的风力机；根据有效风速范围内选取的较大标幺值来取得风力机风轮，发动机的大风限速保护是利用了风轮与风力发电机的功率匹配特性。本发明实现了大风时对风力机的保护，使整个独立供应电源供电系统更加安全、可靠。

荧光灯电源盒

申请（专利）号： 201310029072. 4 **公开日：** 2013-06-05

申请人： 大连路飞光电科技有限公司

发明人： 赵德喜 徐旭东

摘要：

本发明公开了一种荧光灯电源盒，包括电源盒上盖、绝缘片、电源、电源盒下底，所述绝缘片安装在电源盒下底上，所述电源安装在绝缘片以及电源盒下底上，所述电源盒上盖扣装在电源盒下底上。本发明的特点是：结构简单、便于散热、延长荧光灯的使用寿命。

一种电源老化箱

申请（专利）号： 201110373706. 9 **公开日：** 2013-06-05

申请人： 陕西同力电气有限公司

发明人： 安喜娃

摘要：

一种电源老化箱，包括有箱体，箱体上部设有散热风道，散热风道的一侧设有散热风道百叶窗安装口，箱体的下部左侧设有电控箱，箱体的下部右侧设有电源箱，电源箱的顶部设有暖风循环风扇孔，电源箱底部设有电源箱网状底板，电源箱网状底板下部为加热箱，电源箱内部设有电源箱隔板，电源箱两侧设有中空玻璃门封，当电源箱内温度低于要求温度时，加热箱可对电源箱底部提供热空气，暖风循环风扇通过电源箱暖风循环风扇孔使电源箱内空气循环，起到均衡箱内温度的作用；当电源箱温度高于要求温度时，高温空气通过散热风道排出箱外，具有箱内温度均匀、恒定的特点。

电源重启测试治具

申请（专利）号：201110396028.8 **公开日：**2013-06-05

申请人：宁波中嘉科贸有限公司 技嘉科技股份有限公司

发明人：杨波 彭其华

摘要：

一种电源重启测试治具，适用于一电子装置，电源重启测试治具包括电连接于电子装置的一电路板以及电性配置于电路板上的一第一重启电路、一第二重启电路与一时序控制单元。第一重启电路与第二重启电路通过电路板的一信号接收端接收电子装置的一控制信号，并且依据此控制信号调整电路板的一重启控制端的电压水平，而时序控制单元则依序控制第一重启电路，拉低电压水平以及控制第二重启电路回复电压水平。

一种电源恒温老化实验装置

申请（专利）号：201110373714.3 **公开日：**2013-06-05

申请人：陕西同力电气有限公司

发明人：贠锦库

摘要：

一种电源恒温老化实验装置，包括有柜体，柜体底部设有循环风机，柜体的顶部设有排风机，循环风机与排风机一前一后设置，在循环风机的上部设有加热器，柜体的前部设有双层中空玻璃前门，后部设有双层中空玻璃后门，在柜体顶部设有排风百叶窗，柜体1内侧设有聚氨脂保温层，电源安装板左右两侧与柜体贴实安装，上下两侧与柜体之间留有缝隙，当温度达到设定值时，排风机开始排风，低于设定值时，排风机自动关闭，从而保证柜体内恒温，达到老化实验要求，具有温度恒定、耐热性能好的特点。

一种电源老化系统的环境温度控制装置

申请（专利）号：201110373707.3 **公开日：**2013-06-05

申请人：陕西同力电气有限公司

发明人：李元

摘要：

一种电源老化系统的环境温度控制装置，包括有箱体，箱体的下部分为控制箱和电源箱，电源箱底部设有电热器，电源箱顶部设有气流循环风扇和温度传感器，箱体的顶部设有散热风扇，控制箱上设有电源开关、温度设定界面和温控表，温控表与温度传感器相连，散热风扇将热空气排出箱外，电源箱气流循环风扇使箱内空气循环流动，保持内部温度的均匀性，温度传感器准确测定电源箱温度，温控表同步显示电源箱温度，电热器在温度低于设定值时自动给电源箱加热，提供电源老化所需温度，具有温度均衡、使用寿命长的特点。

一种LED电源测试的温度测试系统

申请（专利）号：201110378523.6 **公开日：**2013-06-05

申请人：西安中科麦特电子技术设备有限公司

发明人：麻树波 梁荷岩

摘要：

一种LED电源测试的温度测试系统，温度控制器的电源温度测试端与第一A-D转换相连，第一A-D转换与第一温度采集相连，第一温度采集与第一温度传感器相连，第一温度传感器与电源内部相连；温度控制器壳体温度测试端与第二A-D转换相连，第二A-D转换与第二温度采集相连，第二温度采集与第二温度传感器相连，第二温度传感器与壳体相连；温度控制器还与显示器、报警系统相连，电源内部的温度测试是由温度传感器直接与电源内部相连测量LED电源内部的温度；温度采集模块与温度传感器相接，A-D转换器与温度采集模块相接，温度控制系统与A-D转换器相接，将A-D转换后的数据进行分析；可有效的测试LED电源的壳体与电源内部的温度，具有设计合理、结构简单的特点。

一种LED电源测试的输入电压调节系统

申请（专利）号：201110378531.0 **公开日：**2013-06-05

申请人：西安中科麦特电子技术设备有限公司

发明人：麻树波 梁荷岩

摘要：

一种LED电源测试的输入电压调节系统，包括有逻辑控制器，逻辑控制器通过电压调节器与稳压电源相连，逻辑控制器的图像输出端与显示器相连，输入端与人机操作界面相连，逻辑控制器的输出电压与被测试LED电压端相连，稳压电源为系统提供稳定的输入电压，逻辑控制器控制调节后的电压变化模式，通过人机操作界面可以选择电压变换模式，并且在人机操作界面上可以显示当前的工作电压，输出电压为LED电源测试提供输入电压，以满足LED电源测试过程中对电压变换的要求，具有设计合理、结构简单的特点。

一种LED开关电源测试系统

申请（专利）号：201110381300.5 **公开日：**2013-06-05

申请人：西安中科麦特电子技术设备有限公司

发明人：曹捷 梁荷岩

摘要：

一种LED开关电源测试系统，包括有市电、与市电相连的稳压电源，稳压电源与电压调节器相接，电压调节器与调压控制系统相接，调压控制系统与被测LED开关电源相连，调压控制系统还与人机操作界面相连，被测LED开关电源通过AC、DC电参数测试仪与人机操作界面相连，被测LED开关电源通过可变电子负载与人机操作界面相连，被测LED开关电源与温度传感器和温度测试系统相连，温度测试系统与人机操作界面相连，被测LED开关电源通过模式控制器与人机操作界面相连，本LED开关电源测试系统由程序控制LED电源的输入电参数和输出电参数，模拟LED电源的各种实际使用状态，快速在线测试LED电源的性能，并自动判断电源优劣，统计测试结果，出具测试报告。

一种LED灯电源测试系统

申请（专利）号：201110378536.3　**公开日：**2013-06-05

申请人：西安中科麦特电子技术设备有限公司

发明人：曹捷　梁荷岩

摘要：

一种LED灯电源测试系统，包括市电、与市电相连的稳压电源，稳压电源与电压调节器相接，电压调节器与调压控制系统相接，调压控制系统与被测LED灯电源相连，调压控制系统还与人机操作界面相连，被测LED灯电源分别通过AC、DC电参数测试仪和可变电子负载与人机操作界面相连，被测LED灯电源与温度传感器和温度测试系统相连，温度测试系统与人机操作界面相连，通过温度传感器对LED灯电源内部温度进行检测的温度采集模块、对被测试LED灯电源的输入AC电参数和输出DC的电参数进行同步检测的参数测试系统，通过人机操作界面可以根据需求选择工作模式，具有结构简单、布设方便、操作简单的特点。

太阳能移动储能电源的光跟踪器

申请（专利）号：201110381493.4　**公开日：**2013-06-05

申请人：陈晓容

发明人：陈晓容

摘要：

本发明涉及一种太阳能移动储能电源的光跟踪器，通过安装在太阳电池板旁的光敏二极管，获得太阳光源信号，并控制驱动电机带动涡杆减速器转动，使安装在涡杆减速器上的太阳电池板始终保持正对阳光，获得太阳电池板的最大效益。

一种太阳能移动电源的微型追踪器

申请（专利）号：201110381461.4　**公开日：**2013-06-05

申请人：陈晓容

发明人：陈晓容

摘要：

本发明涉及一种太阳能移动电源的微型追踪器，通过安装在机座上的跟踪电机，驱动固定在活动板上的太阳电池板，始终正对阳光，从而获得最大的太阳能发电效能。

电源开机控制方法及其系统

申请（专利）号：201110394277.3　**公开日：**2013-06-05

申请人：英业达股份有限公司

发明人：陈嘉祥

摘要：

一种电源开机控制方法及其电力供应系统，其系统包含一电源管理单元、一电压调变模块、一电源控制器。在启动一计算机系统后，电源控制器控制电源管理单元，使其执行每一阶段的电源顺序控制，以及检测是否有一中断点指令输入，以进一步储存中断点指令。电压调变模块根据电源管理单元的控制来调变系统电压，以完成系统初始化动作。其中，当某一阶段的电源顺序控制符合中断点指令，则执行中断电源顺序控制，以提高计算机系统电源监控的弹性。

一种锂电池、电池仓及电源装置

申请（专利）号：201110389818.3　**公开日：**2013-06-05

申请人：天津三星电子有限公司

发明人：胡霁雨

摘要：

本发明属于电池技术领域，公开一种锂电池，在锂电池电极表面包覆有一轴向长度大于所述电极长度的弹性绝缘套筒。本发明还公开一种电池仓，在电池仓触点外围设有一当锂电池放置于该电池仓后通过挤压弹性绝缘套筒使之轴向收缩而使被包覆的电极露出与触点接触的挤压装置。本发明还公开一种包括上述锂电池及电池仓的电源装置。本发明通过在锂电池电极表面包覆一弹性绝缘套筒，可使锂电池在闲置状态时实现自我短路保护，在配合使用的电池仓触点外围设有挤压该弹性绝缘套筒的挤压装置，在锂电池装入电池仓后，通过设在电池仓触点外围的挤压装置挤压弹性绝缘套筒，使弹性绝缘套筒形变而轴向收缩，这样锂电池电极与电池仓触点接触，锂电池即可正常工作。

电源安全插头

申请（专利）号：201110378457.2　**公开日：**2013-06-05

申请人：襄阳市高新技术开发区盛力电子科技经营部

发明人：赵峰

摘要：

本发明提供一种电源安全插头，所述插体在插片内端设置有绝缘套。通过绝缘套管可以让尾部裸露的插片全部封闭，解决了不安全的隐患问题。

新型家用多功能节电电源

申请（专利）号：201110389596.5　**公开日：**2013-06-05

申请人：江苏省兴化中学

发明人：邓蕾　郭金虎

摘要：

本发明公开了一种新型家用多功能节电电源，包括有单片机、总控制电路和插座，所述单片机的信号送至总控制电路，通过总控制电路控制插座通电或断电，所述插座上连接有电动车充电器或家用增氧泵。所述总控制电路包括开关电路、延时电路和红外传感器，所述总控制电路连接有红外传感器的测量信号，经单片机判断后决定是否延时动作，经延时电路将信号送至开关电路，控制插座的通电或断电。所述插座上连接有制冷、取暖设备或电风扇或电动车充电器或家用增氧泵。解决增氧泵增氧费电不节能问题和电动车充电时间可调，解决耗能多的家用电器（空调，取暖设备）需要人走关闭的问题。实用性强、达到了节约的目的。

一种电源插头

申请（专利）号：201110398309.7　**公开日：**2013-06-05

申请人：襄阳市高新技术开发区盛力电子科技经营部

发明人：赵峰

摘要：

本发明提供一种电源插头，所述插杆通过可转动底座安装在插头体上。使用时，可根据插座的实际状况，转动插杆就可方便插入插座，灵活方便，为使用提供了方便。

一种多电源电压调节电路

申请（专利）号：201110385211.8　**公开日：**2013-06-05

申请人：西安博昱新能源有限公司

发明人：梁荷岩　张正璞

摘要：

本发明为一种多电源电压调节电路，在控制部分中，硅二极管阵列与继电器阵列相接，继电器阵列与大功率驱动晶体管相连；在单片机系统中，通过采集入口进行采集太阳电池组电压、电流，合闸母线电压、电流和控制母线的电压、电流，把采集到的合闸母线电压和继电保护装置及信号回路所需电压值比较，使相应的继电器闭合或断开，来满足继电保护装置及信号所需控制母线的电压值；在采集部分各采集电压装置与电压变送器相连，电压变送器与A-D转换相连。本发明采用硅二极管降压方式的直流电压自动调节装置，硅二极管阵列与继电器阵列相接，各个采集装置采集到电压后经过转换送入单片机系统，单片机控制相应的继电器闭合或断开。

一种多电源汇流充电电路

申请（专利）号：201110385070.X　**公开日：**2013-06-05

申请人：西安博昱新能源有限公司

发明人：梁荷岩　张正璞

摘要：

本发明为一种多电源汇流充电电路，包括由太阳电池组成的电池阵列；电压采集装置采集电池阵列的电压，经继电器阵列后输入到直流断路器，电压采集装置和继电器阵列由DSP控制电路控制。上述采集的电压信号，经直流断路器后再经DC/DC变换输入到太阳电池电压采集模块，再传输到微处理器，微处理器通过输出驱动电路控制蓄电池，同时蓄电池电压采集模块采集蓄电池的当前电压，输入到微处理器中，与微处理器内部预设的脉冲值比较，当蓄电池的电压大于给定点的电压时，则根据功率管的占空比，充电进入慢充阶段的输出驱动模块。对太阳电池电压采集模块和蓄电池电压采集模块进行处理，完成电压数据的收集，控制蓄电池的充电脉冲宽度的微处理器。

多输出移动充电电源

申请（专利）号：201110386271.1　**公开日：**2013-06-05

申请人：张文

发明人：张文

摘要：

多输出移动充电电源，本发明创造为方便大家给手机、计算机、对讲机等移动电子设备充电，提出一种多输出移动充电机，采用由几组低压蓄电池串联成电压为100V以上的高压蓄电池组配接各种移动设备的开关电源电路结构，采用可以加锁保存移动电子设备的服务方式。本发明还特别提出可用220V电压直接充电的16×12、24×8、48×4的标称值为192V的电池组，并且可以通过开关进行串联、并联转换，得到不同输出电压，又提出温控器防止蓄电池温升的防护结构。具有极为经济可靠、全能、高效、方便、安全实用等特点，可以广泛运用在抢险救灾、公安、车站、客车、旅行及野外作业等场所，也特别适合家庭使用，直接给电视、计算机、手机、对讲机、照明灯等设备供电，也可以直接用来驱动电动自行车。

移动电源及其转换装置

申请（专利）号：201310051492.2　**公开日：**2013-06-05

申请人：蔡吕乾

发明人：吕可意

摘要：

本发明涉及一种结构简单、性能可靠、用途广泛、使用成本相对较低的移动电源和移动电源的转换装置。移动电源由转换装置和与之适配的电池包构成，转换装置的壳体内设有DC/DC变压电路板，电路板上设有输出电压为DC3.0～5.5V的输出接口，电池包上设置有包容在电池包壳体内的二次电池及电池包输入接口、输出接口，转换装置适配的电池包为额定电压≥6V的电池包，优选为锂二次电池的电池包，转换装置与电池包上设有相应的连接接口，可实现转换装置与电池包的接合和分离，转换装置内的DC/DC变压电路板为与适配的电池包相应的DC/DC降压电路板，优选为电感降压电路板。

电动直升机双电源供电电路

申请（专利）号：201110395562.7　**公开日：**2013-06-05

申请人：西安霍威电源有限公司

发明人：陈玉鹏　苏西安

摘要：

本发明涉及一种电动直升机双电源供电电路。电动直升机类的模型玩具，一般使用的是3V的小电动机，常采用双电源充电，比较麻烦，如果一个电源系统有问题，飞机模型就不能飞行，而往往几组电源参数不一致，影响电池的正常发挥。本发明设置有变压器B1，变压器B1与电容C1并联，电容C1与整流二极管D1～D4并联，整流二极管D1～D4与电容C2并联，电容C2与二极管D5串联后与电容C3并联，电容C3与电池组并联；二极管D6和D7串联后与所述的电容C3并联。本发明结构简单，可实现单电源充电、双电源输出，有效避免了双电源充电带来的麻烦，单个电源系统出问题后，飞机模型认可正常运行。

一种备用电源

申请（专利）号：201110378185.6　**公开日：**2013-06-05

申请人：成绵广

发明人：成绵广

摘要：

本发明实施例公开了一种备用电源，包括电源及电源开关，所述电源开关包括两个输入端及一个公共接口，所述公共接口连接与用电设备处理器的逻辑低电平接头上。用本发明，可以保障用电设备在遭遇电压下降及突发停电的时候保持短时间供电以供所述用电设备记录当前工作状态，避免数据流失。

矿用隔爆兼本质安全型不间断电源箱

申请（专利）号：201310088667.7　**公开日：**2013-06-05

申请人：上海埃意实业有限公司

发明人：朱根勇　陆敏捷　孟庆利

摘要：

本发明涉及矿用供电设备技术领域，具体地说是一种矿用隔爆兼本质安全型不间断电源箱，包括隔爆箱体和箱盖，所述箱体内分隔设有主腔和接线腔，所述箱体背面设有法兰安装面，所述法兰安装面与主腔贯通，所述法兰安装面上安装有双面导热散热器，所述双面导热散热器包括散热器盖板以及设置在散热器盖板正反面的散热齿，所述散热齿由若干散热气片构成，所述双面导热散热器通过散热器盖板安装在法兰安装面上；本发明解决了 UPS 设备在工作过程中产生的热量积累问题，能够使得隔爆箱体内部的空气产生流通，形成很好的通风散热通道，通过热交换使热量传导到箱体外侧，形成了一个很好的热能交换散热系统，有效保证了 UPS 的正常使用。

带有滤波功能的电源

申请（专利）号：201110394545.1　**公开日：**2013-06-05

申请人：西安霍威电源有限公司

发明人：陈玉鹏　苏西安

摘要：

本发明涉及一种带有滤波功能的电源。目前电子市场上的模块电源包括进口模块电源，一般没有滤波功能，需要外面增加辅助电路，在使用上不方便，给使用单位增加电路设计困难、使用困难及电路体积和复杂性。本发明包括电容 C1、电感 T1、电容 C2、电容 C3、模块电源、电容 C4、电容 C5、电感 T2、电容 C6，输入的初级电源经电容 C1 滤波后传输到电感 T1 进行抑制，抑制后的电源再通过并联的电容 C2、电容 C3 滤波后通过模块电源的输出端口输出到并联的电容 C4、电容 C5 滤波，滤波后的电源依次通过电感 T2、电容 C6 处理后经输出端口输出。本发明的电路滤波功能进一步增加、输出电压技术要求高、使用比较方便、成本低、技术指标高。

带有滤波功能的汽车电源

申请（专利）号：201110394533.9　**公开日：**2013-06-05

申请人：西安霍威电源有限公司

发明人：陈玉鹏　苏西安

摘要：

本发明涉及一种带有滤波功能的汽车电源。现在市场上比较好的电源产品都是 TDK 公司、VICOR 公司所生产的，存在着体积大、在汽车上应用不方便而且工作温度比较高等问题。本发明包括电容 C1、电感 T1、模块电源，输入的初级电源经电容 C1 滤波后传输到电感 T1 进行抑制，抑制后的电源再通过模块电源的输出端口输出。本发明可以提高设备的稳定性能、可靠性能、工作效率等，替代进口同类产品，同样功率产品，体积缩小，对汽车的安装使用更为方便。

12V、50W 的带有滤波功能的电源

申请（专利）号：201110394543.2　**公开日：**2013-06-05

申请人：西安霍威电源有限公司

发明人：陈玉鹏　苏西安

摘要：

本发明涉及一种 12V、50W 的带有滤波功能的电源。目前电子市场上的模块电源包括进口模块电源，一般没有滤波功能，需要外面增加辅助电路，在使用上不方便，给使用单位增加电路设计困难、使用困难及电路体积和复杂性。本发明包括电容 C1、电感 T1、模块电源、电感 T2、电容 C6，输入的初级电源经电容 C1 滤波后传输到电感 T1 进行抑制，抑制后的电源再通过模块电源的输出端口输出到电感 T2，再通过电容 C6 处理后经输出端口输出。本发明的电路功能增加、输出电压技术要求高、使用比较方便。

电源启动电路

申请（专利）号：201110392839.0　**公开日：**2013-06-05

申请人：鸿富锦精密工业（深圳）有限公司　鸿海精密工业股份有限公司

发明人：胡可友

摘要：

一种电源启动电路，包括一变压器、一整流电路和一脉宽调制控制器，所述变压器的输入端接收一第一交流电压，并在输出端输出一第二交流电压，所述整流电路接收来自变压器的第二交流电压，并将所述第二交流电压转换为一第一直流电压输出，所述变压器和脉宽调制控制器之间顺次串接一第一降压电路和一第二降压电路，所述第一降压电路接收来自整流电路的第一直流电压，并将所述第一直流电压经降压后输出，所述第二降压电路接收经第一降压电路降压后的第一直流电压，并将降压后的第一直流电压滤除杂波信号后输出给所述脉宽调制控制器，所述脉宽调制控制器将降压和滤波后的第一直流电压转换为若干第二直流电压输出。

具有散热功能的 DC/DC 电源模块

申请（专利）号：201110394675.5　**公开日：**2013-06-05

申请人：西安霍威机电技术有限公司

发明人：陈速卫　王新民　苏西安

摘要：

本发明涉及一种具有散热功能的 DC/DC 电源模块。目前市面上所能够买到的电源基本上是进口产品，存在着体积大、价格比较高等问题。本发明包括整形电路、开关电路、输出电路、散热器，整形电路、开关电路、输出电路，它们依次连接构成，开关电路与散热器连接。本发明的输入为 18～36V，工作温度为 -45～125℃，稳定性高。

一种用于电子水表老化的电源电路

申请（专利）号：201110374834.5　**公开日：**2013-06-05

申请人：陕西同力电气有限公司

发明人：邹武

摘要：

一种用于电子水表老化的电源电路，该电路主要为电子水表提供直流电压和控制信号，直流电压通过外部供电系统经直流转换电路输出水表的直流电压源，控制信号线通过 PLC 的输出脉冲对其进行程序控制，通过该电路为电子水表提供老化测试时需要的直流电源，具有节能降耗的特点。

DC/DC 电源模块

申请（专利）号：201110394698.6　**公开日：**2013-06-05

申请人：西安霍威机电技术有限公司

发明人：陈速卫　王新民　苏西安

摘要：

本发明涉及一种 DC/DC 电源模块。目前市面上所能够买到的电源基本上是进口产品，存在着体积大、价格比较高等问题。本发明包括输入过滤电路、开关电路、输出过滤电路，输入过滤电路、开关电路、输出过滤电路，它们依次连接构成。本发明的输入电压范围宽、输出电压 5V、效率 78%、短路恢复时间最大为 10ms。

电源电路及包括该电源电路的便携式超声检测装置

申请（专利）号：201110405491.4　**公开日：**2013-06-05

申请人：GE 医疗系统环球技术有限公司

发明人：吴峰

摘要：

本发明涉及电源电路及包括该电源电路的便携式超声检测装置。该电源电路包括输入端、DC/DC 转换模块、参数配置模块和输出端，其中：所述输入端用于接收直流输入；所述参数配置模块用于基于不同的直流输入将 DC/DC 转换模块的参数配置为与输入端所接收的直流输入相匹配；所述 DC/DC 直流转换模块用于在参数配置模块所配置的参数下工作，以将输入端所接收的直流输入转换成预定规格的一个或多个直流输出；以及所述输出端用于输出转换后的所述一个或多个直流输出。通过本发明，可以实现 DC/DC 转换模块的参数自动配置和调节。

车载低电压直流电源转换装置

申请（专利）号：201210289921.5　**公开日：**2013-06-05

申请人：现代摩比斯株式会社

发明人：金元坤

摘要：

本发明涉及一种车载低电压直流电源转换装置，其特征在于：利用事先设定的输出电压指令值和内置的 PWMS/W 计数模块，生成和输出 PWM 切换信号的 LDC 控制器；以及，通过从 LDC 控制器输入的 PWM 切换信号切换的复数个电源开关元件，将从外部输入的直流高电压转换为交流高电压的输入侧 MOSFET 部。因此，本发明利用 LDC 控制器以软件的方式实现 PWM 产生电路，其包括传统的生成输入侧 MOSFET 部切换信号的 FB-ZVS 信号发生专用 IC 等，不仅可以节省生产成本，还可以实现全面数字化。

开关电源

申请（专利）号：201210506685.8　**公开日：**2013-06-05

申请人：富士电机株式会社

发明人：樱井贤彦　西川幸广

摘要：

本发明提供了一种开关电源。一种回扫型开关电源包括在直流输出的 P 和 N 之间的骤加负载变化检测电路，该骤加负载变化检测电路一般没有功耗且仅检测直流输出电压的瞬时波动，并且该回扫型开关电源在没有负载或较轻负载时、甚至当半导体开关处于截止状态时启动一次侧半导体开关的开关动作，藉此实现三次绕组中的直流输出电压的检测，并抑制该直流输出电压的下降。

电源装置和电弧加工用电源装置

申请（专利）号：201210499075.X　**公开日：**2013-06-05

申请人：株式会社大亨

发明人：卫藤哲弥　真锅阳彦

摘要：

一种电源装置，其通过使用切换开关切换辅助开关电路的操作而适用于 200V 和 400V 系列输入电源。当要求较大的输出时，进行 PWM 控制以调整控制脉冲信号的接通脉冲宽度，所述控制脉冲信号被提供给逆变器电路以及与所述逆变器电路连动操作的辅助开关电路的开关元件。当要求较小的输出时，进行 PSM 控制以调整两个控制脉冲信号的相位差，所述两个控制脉冲信号被提供给在所述逆变器电路中的同一组开关元件。

一种用于漏电断路器的电源装置

申请（专利）号：201310047764.1　**公开日：**2013-06-05

申请人：陕西富集电力科技股份有限公司

发明人：赵冰冰　高晶　高少杰　王超　王建辉

摘要：

本发明提供一种用于漏电断路器的电源装置，其包括长方体形状的中空箱体，其中箱体的前端面为敞口，在中空箱体内部设有隔层，其将箱体内部分成两个空间，在两个空间内分别放置有 380V 变压器和 220V 变压器。中空箱体的后端面为封闭的，在后端面的上侧并排设有第一和第二分线长孔以及分线方孔。本发明通过采用双变压器为断路器漏电脱扣器提供工作电压，所以在主回路断相故障时，能可靠地提供断路器漏电脱扣器的工作电压，保证漏电断路器的漏电保护功能。此外，在箱体背面不同位置处设有分线孔，使双变压器一次侧、二次侧引线避免混乱，可方便与电路连接。

一种延时供电电源

申请（专利）号：201110383013.8 **公开日：**2013-06-05

申请人：西安金和光学科技有限公司

发明人：杜兵

摘要：

本发明公开了一种延时供电电源，包括将市电转化为低压直流电的整流模块，还包括PNP晶体管，其发射电极与直流电的正极连接，PNP晶体管的集电极与一电磁铁连接，电阻与PNP晶体管的基极连接，电阻的另一端与常闭继电器连接，常闭继电器连接在电容和直流电的正极之间，电容的另一端连接直流电的负极，电磁铁的另一端与直流电的负极连接，在直流电的导线上安装有常开双路继电器，电磁铁同时控制常闭继电器和常开双路继电器。该延时供电电源可以有效地防止冲击电流和防止反复开关电子设备带来的影响，具有成本低、简单实用的特点，具有推广价值。

一种仿真太阳的驱动电源

申请（专利）号：201110376580.0 **公开日：**2013-06-05

申请人：西安博昱新能源有限公司

发明人：许婷　张正璞

摘要：

一种仿真太阳的驱动电源，包括市电输入，市电输入依次通过防浪涌、滤波器、整流器和PFC交换器第一输入连接，PFC交换器的输出和DC/DC变换器的输入连接，DC/DC变换器的第一输出依次通过卤钨灯线路、第一控制器和PFC交换器的第二输入连接，DC/DC变换器的第二输出依次通过LED灯线路、第二控制器和PFC交换器的第三输入连接，采用整流器、滤波器、PFC变换器、DC/DC变换器进行组合，对市电进行滤波、降压、整流的处理，将LED灯线路及卤钨灯线路并联到经过处理的电路地输出端，从而实现多种灯具只需一组电源供电的目的，同时利用控制器对LED灯具进行采样监控，实现恒流限压控制，保护整个电路，使光源更安全，达到节约成本的目的。

一种驱动卤钨灯的电源电路

申请（专利）号：201110376542.5 **公开日：**2013-06-05

申请人：西安博昱新能源有限公司

发明人：张正璞　许婷

摘要：

一种驱动卤钨灯的电源电路，包括市网电路，市网电路依次通过滤波电路、整流电路、变换电路和脉冲调制电路的第一输入连接，脉冲调制电路的输出和卤钨灯负载连接电路连接，脉冲调制电路的输出同时通过保护电路和脉冲调制电路的第二输入连接，利用滤波电路和整流电路，通过低通滤波器对市电网滤除干扰波，整流器将220V交流电整流为直流电，利用全桥式变换器构成的变换电路将低频电压转换为高频电压，在经过脉冲调制电路实现稳定输出电压的目的，达到稳压保护，保证卤钨灯负载的正常驱动，保护电路用于对卤钨灯进行信号采集，反馈到脉冲调制电路，实现对驱动电路的控制，本发明具有高效率、高可靠性、易电路保护的优点。

一种试验电源控制箱

申请（专利）号：201210534556.X **公开日：**2013-06-12

申请人：宁阳县供电公司

发明人：施卫东

摘要：

本发明提供了一种试验电源控制箱，在箱盖下的箱体上安装一个压点，压点连接行程开关，本发明解决了工作人员在使用电源时的后顾之忧，使电源的使用更加方便、安全可靠，达到试验用电源的使用要求，并大大地提高了工作安全性。

一种测量电路模块及电源器件电压差的测量方法

申请（专利）号：201310034201.9 **公开日：**2013-06-12

申请人：北京信诺达泰思特科技股份有限公司

发明人：杨良春

摘要：

本发明公开了一种测量电路模块及电源器件电压差的测量方法，包括第一电阻R1、第二电阻R2、第三电阻R3、第四电阻R4和运算放大器，其中，待测量电源器件的输出电压Vo输出端，经第二电阻后与运算放大器的同相输入端连接；第一电阻的第一连接端与第二电阻和运算放大器的公共端连接，第一电阻的第二连接端接地；第三电阻的第一连接端为设备输入电压Vr输入端，第三电阻的第二连接端与运算放大器的反相输入端连接；第四电阻连接在第三电阻和运算放大器的公共端与运算放大器的误差放大电压Vm输出端之间。本发明所述测量电路模块及电源器件电压差的测量方法，可以克服现有技术中测量精度低和成本高等缺陷，以实现测量精度高和成本低的优点。

用一路精密电压源生成三路基准电源的电路

申请（专利）号：201110403258.2 **公开日：**2013-06-12

申请人：上海格立特电力电子有限公司

发明人：杨跃农

摘要：

本发明涉及一种用一路精密电压源生成三路基准电源的电路，其特征在于，由精密电压源、3个比例放大器与基准电源组成，精密电压源同时连接比例放大器1、比例放大器2和比例放大器3，比例放大器1、比例放大器2和比例放大器3分别与基准电源1、基准电源2和基准电源3连接。本发明应用器件少、成本低、易维护。

一种移动终端的外设电源管理方法和系统

申请（专利）号：201110401978.5　**公开日：**2013-06-12
申请人：广东新岸线计算机系统芯片有限公司
发明人：朱宇新
摘要：

本发明公开了一种移动终端的外设电源管理方法和系统，通过供电模块统一管理外设电源，通过硬件抽象层的框架接口函数获取供电模块的实例，通过供电模块的实例打开供电控制器，获取供电控制器中外设的实例，调用所述外设的实例给该外设上电。本发明通过供电外设的模块化管理，大大提高系统的可移植性，通过系统对硬件抽象层框架的统一管理，可以直接使用该规范封装供电模块，使供电芯片模块化，降低模块耦合度。

一种电源插头座

申请（专利）号：201110400691.0　**公开日：**2013-06-12
申请人：襄阳市高新技术开发区盛力电子科技经营部
发明人：赵峰
摘要：

本发明提供一种电源插头座，所述电源插头座在座体的一侧连接有一个翻盖。在电源插头座闲置时，可将翻盖合拢让座体封盖，由此可消除不安全的隐患。

自锁式电源插座

申请（专利）号：201310092980.8　**公开日：**2013-06-12
申请人：臧建虎
发明人：臧建虎
摘要：

本发明公开了一种自锁式电源插座，包括：插座本体、多个插孔组、多个安全开关和多个感应器，所述多个插孔组、多个安全开关和多个感应器均设置在插座本体上，所述插孔组和安全开关电性连接，所述感应器分别于插孔组和安全开关电性连接。通过上述方式，本发明自锁式电源插座，能够防止异物或者人的手指插入插座孔中，减少触电事故的发生。

冗余性能优化的电源供应系统

申请（专利）号：201110402848.3　**公开日：**2013-06-12
申请人：英业达科技有限公司　英业达股份有限公司
发明人：王莘
摘要：

本发明提出了一种冗余性能优化的电源供应系统，包含主电源输入端、主电源输出端以及多个电源供应模块。电源供应模块并联耦接于主电源输入端以及主电源输出端之间，每个电源供应模块包含电源供应单元以及至少一个二极管。电源供应单元包含输入端以及输出端，其输入端电性耦接主电源输入端。二极管具有阳极以及阴极，其阳极电性耦接电源供应单元的输出端，而其阴极电性耦接主电源输出端，其中二极管具有整流功能，用以防止逆向电流由主电源输出端回流给电源供应单元。应用本发明的优点在于只需添加具整流功能的二极管于电源供应单元的输出端，即可实现在电源系统运作时仍可任意插拔更换电源供应模块或电源供应单元，而不会影响并联运作的电源系统。

开关电源电路及其恒定功率输出方法

申请（专利）号：201310091627.8　**公开日：**2013-06-12
申请人：深圳TCL新技术有限公司
发明人：王坚
摘要：

本发明公开了一种开关电源电路及其恒定功率输出方法，所述开关电源电路包括反激式变压器、用于控制反激式变压器充放电的电子开关，以及用于控制所述电子开关处于固定开启/关闭频率的控制模块，且该控制模块控制反激式变压器在所述电子开关开启前，处于完全放电状态。本发明简化了电路结构，降低了实现恒定功率输出的难度。

开关电源设备

申请（专利）号：201210457642.5　**公开日：**2013-06-12
申请人：富士电机株式会社
发明人：樱井贤彦　西川幸广
摘要：

本发明公开了一种开关电源设备，该开关电源设备能增加采样频率、减少输出电压对于输入电压的依赖性并且改进并稳定输出电压的检测精度。根据本发明的实施例的开关电源设备包括输入电压生成单元、变压器、输出电压生成单元、MOS晶体管、输出电压检测单元、开关控制电路、和电源单元。该输出电压检测单元检测在变压器的三次绕组中产生的电压、将检出电压与第一基准值比较、将通过对检出电压求微分而获得的电压与第二基准值比较、并基于两次比较结果确定检测周期的开始与结束。此外，该输出电压检测单元在该检测周期内通过两个采样脉冲采样并保持检出电压，在该检测周期结束时选择两个所采样并保持的检出电压之一并输出所选择的检出电压。

ATCA系统以及ATCA的电源控制方法及装置

申请（专利）号：201310052712.3　**公开日：**2013-06-12
申请人：中兴通讯股份有限公司
发明人：姚海东　高娴
摘要：

本发明公开了一种ATCA系统以及ATCA的电源控制方法及装置，其中，该ATCA系统包括：IPMC，用于向对应的控制电路输出控制该IPMC对应单板的Standby电源关断信号；控制电路，与IPMC相连，并与Standby电源串联，用于在接收到信号的情况下，关断Standby电源的供电输出，并进行充电。在充电预设时长后，恢复Standby电源的供电输出，解决了相关技术中无法通过IPMC控制Standby电源的问题，为ATCA系统运行异常后的模拟完全断电自恢复，特别是在服务器单板固件升级过程中出现异常后进行远程恢复提供了技术上的支持，且极大提高了系统的可靠性。

具有创新架构的大功率 LED 智能电源驱动器

申请（专利）号：201110398544.4 **公开日：**2013-06-12

申请人：重庆瑞升康博电气有限公司

发明人：许祝

摘要：

本发明涉及一种采用具有创新架构的 LLC 串联谐振变换器芯片的大功率 LED 驱动电源。采用功率因数校正电路和 LLC 谐振变换电路为电路主体拓扑结构，结合单片机控制以实现对 LED 的数字调光控制。包括 EMI 滤波、整流、功率因数校正、LLC 谐振变换控制、整流滤波电路、电流采样反馈、过电压/欠电压保护、LED 模组及单片机 PWM 调光控制电路。该架构中省掉了昂贵的多串高压 DC/DC 降压器，改为多个变压器串联的 LLC 谐振电路，直接实现恒流，效率大幅提升至 95%，比传统架构提升 10% 左右；PFC 值则可达到 0.95 ~ 1.0；元器件数量也大幅减小，可靠性提升；EMI 设计更简单，特别适合于大功率 LED 驱动照明电源。

阴极保护的电源电路

申请（专利）号：201110418288.0 **公开日：**2013-06-19

申请人：西安广融电气有限公司

发明人：张弘

摘要：

本发明涉及一种阴极保护的电源电路。传统的管道防腐方法是在管道上涂上油漆或缠绕复合材料作为防腐绝缘层，采用这种方式防腐的管道因防腐层容易脱落和易受腐蚀，故其使用寿命短，施工繁琐，防腐效果差。本发明包括控制器、D-A 转换电路、A-D 转换电路、接口电路、显示和输入模块，D-A 转换电路、A-D 转换电路、接口电路分别和控制器连接，显示和输入模块与接口电路连接；所述的 A-D 转换电路连接有电压采样电路、电流采样电路，控制器连接有复位电路、时钟电路。本发明具有安全性好、可靠性高、不间断供电、少维护甚至免维护、智能化，适于远程集中控制的埋地管线防腐电源。

一种电源老化箱循环系统

申请（专利）号：201110432262.1 **公开日：**2013-06-19

申请人：西安中科麦特电子技术设备有限公司

发明人：张国琦 张雪银

摘要：

本发明公开了一种电源老化箱循环系统，设置于循环通道内的加热器，加热器一端设置有涡轮风机，加热器的另一端设置有循环管道阀门，所述加热器和循环管道阀门之间设置有出气管道阀门，所述循环管道阀门一端设置有进气管道阀门；涡轮风机通过进气口，风道，出气口实现气体的循环流动；阀门电机驱动齿轮组带动进气管道阀门、出气管道阀门、循环管道阀门实现箱内外空气的交换；加热器负责箱内温度调节，有效地保证了老化箱内温度的均匀性，并且施工简单，维护方便，成本低廉。

一种电源测试探针气动压接系统

申请（专利）号：201110411598.X **公开日：**2013-06-19

申请人：西安艾力特电子实业有限公司

发明人：常天妍 刘娟

摘要：

一种电源测试探针气动压接系统，包括测试电源，测试电源安装在底座上，测试直流探针、测试交流探针通过探针支架分别和直流线、交流线连接，探针支架通过伸缩杆和气缸的活塞连接，气缸配置有气缸控制器，气缸通过气缸固定架固定在屈臂支撑架上，测试直流探针、测试交流探针的移动过程通过气缸内气压的变化来带动伸缩杆的移动，继而带动探针的上下移动，使其与测试电源相连，使用时，启动气缸控制器开关，通过气缸内气压的变化来使测试探针压下至测试电源，接通交流电源，通过测试电流值，判断此电源的使用效果，直流线外接万用表，可以直接读出输出的电流，以判断此电源的正确与否，本发明具有使用安全的优点。

电源线传导电磁干扰检测系统

申请（专利）号：201110416143.7 **公开日：**2013-06-19

申请人：天津天维移动通讯终端检测有限公司

发明人：马强 李阳 田磊 李伟 朱长娥 董宝林 刘胜男 李树雯

摘要：

一种电源线传导电磁干扰检测系统，包括以下几个部分：EMI 接收器、线性阻抗稳定网络（LISN）、电流探头、电压探头、阻抗分析仪、示波器，它们依次连接成一个系统。小发明的电源线传导电磁干扰检测系统较简单，检测过程便利可靠，方便技术人员操作。

在线式测试电源定位固定系统

申请（专利）号：201110411649.9 **公开日：**2013-06-19

申请人：西安艾力特电子实业有限公司

发明人：蒲维新 刘娟

摘要：

在线式测试电源定位固定系统，其运动系统包括滑杆、滑行支承座、待测电源、丝杠、步进电机，滑行支承座通过穿过其底部的两根光滑的滑竿滑行，步进电机和丝杠连接，丝杠和滑行支承座连接，待测电源安装在滑行支承座上，运动系统固定在底座上，可调支腿能够调节整个装置的水平，本发明把待测电源每次都可以准确的传送到同一位置，以便测试系统连接电源的接线端子进行测量，为提高重复性测量的工作效率提供了一种具体可执行的装置，本发明装置结构简单，使用方便，定位准确。

电源回馈式节能老化柜的电脑控制系统

申请（专利）号：201110414598.5　**公开日：**2013-06-19
申请人：西安博昱新能源有限公司
发明人：张正璞　梁荷岩
摘要：

本发明为一种电源回馈式节能老化柜的电脑控制系统，电流汇流器将老化电源的电流全部或者部分选择的进行汇合，充电控制器控制汇流后的电流为蓄电池充电，逆变器将蓄电池电源输出的直流电转换成交流电输出，根据蓄电池的当前电量决定是否由市电供电或是蓄电池供电，本发明回馈式老化电源的过程中采用了回馈式节电技术，对老化回路中的耗能负载提出了以逆变器作为功耗原件的改进，所耗能量为逆变器的耗能，比传统用电阻负载节电 80% 以上。

一种电源测试探针自动压接装置

申请（专利）号：201110410887.8　**公开日：**2013-06-19
申请人：西安艾力特电子实业有限公司
发明人：常天妍　张翠
摘要：

一种电源测试探针自动压接装置，包括电源传送装置，电源检测装置包括测试电源，测试电源安装在传送带的上方，测试直流、交流探针通过探针支架分别和直流线、交流线连接，探针支架通过伸缩杆和气缸的活塞连接，气缸配置有气缸控制器，气缸通过气缸固定架固定在屈臂支撑架上，直流线外接万用表，交流线和交流电源连接，交流电源安装在底座上，传送带和驱动装置连接，采用流水线作业方式，测试电源在传送带上向前移动，到测试位置时，启动制动装置和气缸控制器开关，使测试探针压下至测试电源，接通交流电源并测试，测试完成后，传送带继续向前移动，继续下个电源的检测，本发明能够实现在线测试。

雷达天线电源故障检测电路

申请（专利）号：201110417794.8　**公开日：**2013-06-19
申请人：西安广融电气有限公司
发明人：张弘
摘要：

本发明涉及一种雷达天线电源故障检测电路。随着相控阵天线在雷达中的广泛运用，天线电源的故障检测变得越来越重要，相控阵天线的电源规模往往和收发（T/R）组件的多少成正比，当 T/R 组件多达上百个时，电源系统相对庞大，电源故障检测也较复杂，电源故障将直接导致 T/R 组件工作异常。本发明由依次串接的信号调理电路、多路复用器、模-数转换电路、单片机、RS-485 接口电路构成，多路复用器、模-数转换电路、单片机分别和 CPLD 内部逻辑电路连接。本发明能实时对电源实行监测，及时发觉故障，将故障定位到 LRU，指导维修人员实行换件维修，电路结构简单，成本低廉。

数字可调式高压直流稳压电源电路

申请（专利）号：201110418251.8　**公开日：**2013-06-19
申请人：西安广融电气有限公司
发明人：张弘
摘要：

本发明涉及一种数字可调式高压直流稳压电源电路。高压直流电源也广泛应用于各行各业，农业领域也有应用，例如农业环境静电除尘，静电喷雾杀虫，农业物料静电喷涂包裹，农产品加工中的静电植绒、农业生物静电效应研究、静电杀菌、农业种子静电处理等。本发明包括单片机、D-A 转换电路、显示及输入模块、电压控制电路、波形发生电路、倍压整流电路 6、取样电路、A-D 转换电路，单片机的一路依次连接 D-A 转换电路、电压控制电路、波形发生电路；另一路依次连接 A-D 转换电路、取样电路、倍压整流电路，单片机连接显示及输入模块。本发明智能控制，电路结构简单、调整简单，很快获得所需电压，读数精确。

电源装置、电源装置的控制方法及电子设备

申请（专利）号：201210521286.9　**公开日：**2013-06-19
申请人：拉碧斯半导体株式会社
发明人：四辻哲章　加集安行
摘要：

本发明的目的在于提供一种能生成低耗电且高精度的电源电压的电源装置、电源装置的控制方法及搭载该电源装置的电子设备。本发明在具有第 1 电源部和输出电流容量比第 1 电源部小的第 2 电源部的电源装置中，为了使第 1 电源部生成的第 1 电压与第 2 电源部生成的第 2 电压相等，调整第 2 电源部生成的第 2 电压的电压值。

电源装置及具有该电源装置的服务器

申请（专利）号：201110411570.6　**公开日：**2013-06-19
申请人：鸿富锦精密工业（深圳）有限公司　鸿海精密工业股份有限公司
发明人：柳志达　廖俊达
摘要：

一种电源装置，包括供电电路、驱动电路以及补偿元件，所述供电电路连接至现有的电源，以从电源获取电能，该供电电路连接驱动电路，并在驱动电路的控制下将接入的电能输出，所述补偿元件为一负温度系数元件，该补偿元件装设于供电电路内，用以补偿该供电电路的阻值变化，使该供电电路在外界温度变化的情况下仍然保持稳定的电阻值。本发明还提供一种具有上述电源装置的服务器。

一种用于笔记本电脑的太阳能移动电源的设计方法

申请（专利）号：201110423921.5　**公开日：**2013-06-19
申请人：西安鸿雅达电子有限公司
发明人：张达　冯建军　张军利
摘要：

本发明提供了一种用于笔记本电脑的太阳能移动电源的设计方法，包括壳体和设置在该壳体外表面上的太阳电池，该壳体外壁上设置有 LED 灯、LED 灯开关、LCD 显示器、电源开关、设置在壳体内的蓄电池、整流电路板和笔

记本电脑适配器单元，太阳电池板与蓄电池电连接，该蓄电池通过电源开关与整流电路板电连接，笔记本电脑适配器单元设置在该整流电路板上；该笔记本电脑适配器自壳体内延伸至该壳体外；LED 灯通过 LED 灯开关串接至所述蓄电池；LCD 显示器通过电源开关串接至蓄电池。解决了笔记本电脑在没有充电电源的情况下用电量不足的问题。具有结构简单、体积小巧，提供夜间照明、便于随身携带和使用方便的优点。

电源电路

申请（专利）号：201110426591.5 **公开日：**2013-06-19

申请人：鸿富锦精密工业（深圳）有限公司 鸿海精密工业股份有限公司

发明人：王进波 黄种棋

摘要：

一种电源电路，应用于一计算机，该电源电路包括一电源供应器、一控制电路及一指示电路，该电源供应器包括一电源引脚及一电源信号引脚，当该计算机开机时该电源引脚输出一电压，该电源信号引脚输出一高电平信号；当该计算机处于关机状态时，该电源引脚输出一电压，该电源信号引脚输出一低电平信号；该控制电路用于根据该电源引脚及电源信号引脚的电平来输出相应的控制信号；该指示电路用于接收该控制信号，并根据该控制信号来输出相应的指示信息。本发明电源电路可方便快捷地提醒用户在计算机关机时关闭外部交流电源。

一种智能卡电源控制系统及其实现方法

申请（专利）号：201110423397.1 **公开日：**2013-06-19

申请人：国民技术股份有限公司

发明人：阙滨城

摘要：

本发明涉及一种智能卡电源控制系统，包括电源检测模块，与智能卡处理器模块连接，用于检测输入电源的状态，自供电电源状态；电源稳压模块，与所述电源检测模块连接，且设有外接电源接口，用于稳定电压输出，为智能卡供电；自供电电路模块，包括谐振电路模块和倍压整流模块，所述谐振电路模块包括谐振开关与谐振电容，所述电源检测模块通过控制所述谐振开关的开闭来控制智能卡低频收发线圈是否与谐振电容并联谐振，所述倍压整流模块在所述电源检测模块的控制下用于整流所述谐振电容输出的谐振交变电压，并实现电压加倍。

电源故障期间磁盘驱动器使用电机供电电压为电容器充电

申请（专利）号：201210528040.4 **公开日：**2013-06-19

申请人：西部数据技术公司

发明人：T·A·福瑞斯 R·P·赖安

摘要：

公开了一种磁盘驱动器，其包括磁盘，可操作用于旋转磁盘的主轴电机，在磁盘上方制动的磁头，可操作用于接收主机供电电压的接口和电容器。主机供电电压被用以将电容器充电至高于主机供电电压的电容器电压。在电源故障期间，主机供电电压停止为电容器充电，并且电机供电电压由所述主轴电机生成。电容器电压被用以操作控制电路，并且当电容器电压衰减至电机供电电压以下时，电机供电电压为电容器充电。

电源开关及使用该电源开关的机箱

申请（专利）号：201110408569.8 **公开日：**2013-06-19

申请人：鸿富锦精密工业（深圳）有限公司 鸿海精密工业股份有限公司

发明人：谢泽亮

摘要：

一种电源开关，包括本体及金属引脚，该本体为绝缘体材质。该金属引脚设置在本体上并向外延伸。所述电源开关还包括由本体凸设的保护部，该保护部为绝缘材质并套设在金属引脚靠近本体的部分。另提供一种使用该电源开关的机箱。

移动电源

申请（专利）号：201110420429.2 **公开日：**2013-06-19

申请人：富泰华工业（深圳）有限公司 鸿海精密工业股份有限公司

发明人：余巍巍 周哲宇 黄群 朱泰山 江涛 蓝文智 石智军 张军亮 郭纪炳 王华勇 葛海欠 陈州

摘要：

一种移动电源包括插头与主体，插头可拆卸地固定于主体上。插头包括接脚及与接脚电连接的电连接件。插头通过电连接件实现与主体的电连接。插头还包括第一基体及第一连接部。第一基体包括第一侧面，第一连接部为设置于第一侧面上的凸起。凸起具有两端开口的收容腔。电连接件分设于收容腔的相对两侧。主体包括第三侧面及设置其上的第二连接部。第二连接部包括第三收容腔、分隔体及绝缘的二导电端子。第一连接部与第二连接部相互嵌套连接。凸起收容于第三收容腔内。分隔体与二导电端子收容于收容腔内，且二电连接件分别抵触二导电端子。上述结构为使用者提供一种插头与其主体可拆卸与组装的移动电源。

一种适用于电源连接器的自动化加锡装置

申请（专利）号：201310090882.0 **公开日：**2013-06-19

申请人：协讯电子（吉安）有限公司

发明人：曹静 程军

摘要：

一种适用于电源连接器的自动化加锡装置，它包括震动盘、传输带、气缸分料装置、底部送料装置、第一次加锡装置、翻转装置、第二次加锡装置、第三次加锡装置、第四次加锡装置、收料装置，其特征是震动盘连接传输带，传输带上依次连有气缸分料装置、底部送料装置、第一次加锡装置、翻转装置、第二次加锡装置、第三次加锡装置、第四次加锡装置和收料装置，本发明的技术效果是：节省加工人力，加工方式借助于机械设备达到高科技的目的、品质稳定、保证产品外观。

矿用本安电源的过电压保护电路

申请（专利）号：201110419316.0　**公开日：**2013-06-19

申请人：西安广融电气有限公司

发明人：张弘

摘要：

本发明涉及一种矿用本安电源的过电压保护电路。传统的矿用本安电源产品，大多采用 5V \ 12V \ 18V 三端稳压器进行变压，在电路中没有专用的过电压保护电路，当三端稳压器短路时，无法及时关闭电源，在这种情况下有可能造成用电器或产品的后续问题的发生，从而造成产品或用电器的最终失效。本发明电阻 R6 前端与晶体管 Q1 连接，电阻 R6 后端一路跟外部电路连接，另一路依次连接电阻 R5、晶体管 Q2、电阻 R4，电阻 R4 与晶体管 Q1 连接构成回路；晶体管 Q2 一路经过晶体管 Q3、稳压管 Z1 与晶体管 Q1 连接，另一路经电阻 R9、稳压管 Z1 与晶体管 Q1 连接。本发明采用较简单的电路实现了产品在产品输出电压过高时及时关断产品的输出，有效的保护用电器的安全。

三相电源保护器

申请（专利）号：201110432147.4　**公开日：**2013-06-19

申请人：陕西东显永益机电技术有限公司

发明人：任东红

摘要：

三相电源保护器，自动判断三相电源相序，具有相序正常或错误的发光指示，同时输出开关动作功能，线路元件少、成本低廉、体积小、使用方便，是一种简洁、可靠、实用的相序保护器。

三相电源缺相保护器

申请（专利）号：201110432148.9　**公开日：**2013-06-19

申请人：陕西东显永益机电技术有限公司

发明人：任东红

摘要：

三相电源缺相保护器，检测三相电压中性点对地电压的变化，用电压检测法实现缺相保护，具有故障指示功能，是实现一种简单、可靠、实用的缺相保护器。

通信电源模块的过热保护电路

申请（专利）号：201110423752.5　**公开日：**2013-06-19

申请人：西安恒飞电子科技有限公司

发明人：任炳旭　王有利

摘要：

本发明涉及一种电源模块，尤其涉及一种通信电源模块的过热保护电路。包括：交流滤波 1、桥式整流滤波电路 2、软启动电路 3、功率变换电路 4、二次输出整流滤波电路 5、PWM 控制电路 6；所述的功率变换电路 4 包括逆变变压器 T、开关调整管 V2，逆变变压器 T 包括第一输入绕组 L1 和第二输入绕组 L2 和第一输出绕组 L3 和第二输出绕组 L4，第二输入绕组 L2 的一端与开关调整管 V2 电连接，开关调整管 7 电连接有过热保护电路；过电流保护电路由晶体管 V2 和分压电阻 R13、R14 组成，电阻 R13 和 R14 串接在保护开关调整管 V1 的输入端与地之间，电阻 R13 和 R14 的连接点与晶体管 V2 基极电连接，晶体管 V2 的发射极与开关调整管 V1 的发射极电连接，晶体管 V2 的集电极通过电阻 R15 与开关调整管 V1 的集电极电连接。

矿用本安电源的短路保护电路

申请（专利）号：201110417786.3　**公开日：**2013-06-19

申请人：西安广融电气有限公司

发明人：张弘

摘要：

本发明涉及一种矿用本安电源的短路保护电路。现有的矿用本安电源产品，大多没有在电路中添加当用电器短路时产品的保护问题，以防止产品的用电器短路时不至于造成更大面积的损坏，或者产品的失效，部分拥有该功能的产品也往往采用各种复杂电路，但是由于元件使用量较大，造成整体产品的可靠性大幅下降，无法达到预期的可靠性。本发明包括采样电路和开关电路，电阻 R6 后端一路跟外部电路连接，另一路依次连接电阻 R5、晶体管 Q2、电阻 R4，电阻 R4 与晶体管 Q1 连接构成回路。本发明采用较简单的电路，实现了产品在用电器短路时及时关断产品的输出，既保护了用电器的安全，又保护了用电器产品的大面积损坏。

矿用本安电源的短路断电保护电路

申请（专利）号：201110419423.3　**公开日：**2013-06-19

申请人：西安广融电气有限公司

发明人：张弘

摘要：

本发明涉及一种矿用本安电源的短路断电保护电路。现有的矿用本安电源产品，大多没有在电路中添加当用电器短路时产品的保护问题，以防止产品的用电器短路时不至于造成更大面积的损坏，或者产品的失效。本发明电阻 R6 前端与晶体管 Q1 连接，电阻 R6 后端一路跟外部电路连接，另一路依次连接电阻 R5、晶体管 Q2、电阻 R4，电阻 R4 与晶体管 Q1 连接构成回路；晶体管 Q1 一路经电阻 R1 与光耦合器连接，另一路经电阻 R2、电阻 R3、三端稳压器 U5 与光耦合器连接，晶体管 Q2 经晶体管 Q4、三端稳压器 U5 与光耦合器连接。本发明彻底的保护用电器及产品的安全，避免了用电器产品的大面积损坏。

通信电源模块的输入过电压、欠电压保护电路

申请（专利）号：201110423753.X　**公开日：**2013-06-19

申请人：西安恒飞电子科技有限公司

发明人：王有利　任炳旭

摘要：

本发明涉及一种电源模块，尤其涉及一种通信电源模块的输入过电压、欠电压保护电路。包括：交流滤波电路1、桥式整流滤波电路2、软启动电路3、功率变换电路4、二次输出整流滤波电路5、PWM控制电路6。其特征是：桥式整流滤波电路2的输入端与PWM控制电路6之间有输入过电压、欠电压保护电路12。

通信电源模块的输入过电流保护电路

申请（专利）号： 201110423757.8　**公开日：** 2013-06-19
申请人： 西安恒飞电子科技有限公司
发明人： 任炳旭　王有利
摘要：

本发明涉及一种电源模块，尤其涉及一种通信电源模块的输入过电流保护电路。过电流保护电路由晶体管V2和分压电阻R13、R14组成，电阻R13和R14串接在保护开关调整管V1的输入端与地之间，电阻R13和R14的连接点与晶体管V2基极电连接，晶体管V2的发射极与开关调整管V1的发射极电连接，晶体管V2的集电极通过电阻R15与开关调整管V1的集电极电连接。

一种太阳能与风能互补的电动汽车充电站用电源系统

申请（专利）号： 201110411635.7　**公开日：** 2013-06-19
申请人： 西安大昱光电科技有限公司
发明人： 马延生　胡剑峰
摘要：

本发明公开了一种太阳能与风能互补的电动汽车充电站用电源系统，包括太阳电池板、风力发电机、将太阳电池板和风力发电机输出的交流电转换为直流电的整流器、与整流器相接的智能控制系统、与智能控制系统相接的充电站蓄电池组合、与充电站蓄电池组合相接且需要快速充电的负载一、与充电站蓄电池组合相接的逆变器以及与逆变器相接且只需普通充电的负载二。本发明结构简单，使用方便，采用太阳能与风能互补发电作为充电站的电源，既解决了偏远地区电源短缺问题，又不受电力部门的检修限电的制约，同时也节约了能源，降低了运营成本。

一种太阳能多功能移动电源的设计方法

申请（专利）号： 201110423922.X　**公开日：** 2013-06-19
申请人： 西安鸿雅达电子有限公司
发明人： 张达　冯建军　张军利
摘要：

本发明提供了一种太阳能多功能移动电源的设计方法，包括壳体和设置在该壳体外壁上的太阳电池板，该壳体外壁上设置有LED灯、LED灯开关和电源开关，该壳体内设置有蓄电池、整流电路板、电压调节装置、过充保护电路、过电流保护电路和电源输出线，太阳电池板与蓄电池电连接，该蓄电池通过电源开关与整流电路板电联接，电压调节装置、电源输出接线依次串接在该整流电路板上；该电源输出接线自壳体内延伸至该壳体外；该壳体由塑料制成；LED灯通过LED灯开关串接至蓄电池；过充保护电路串接在所述电压调节装置的电压输出端和地之间，过电流保护电路串接在电压调节装置的电压输出端和地之间。具有结构简单、小巧、照明、便于携带和使用方便的优点。

电源保护变换电路

申请（专利）号： 201110427002.5　**公开日：** 2013-06-19
申请人： 深圳市沃特玛电池有限公司
发明人： 李瑶
摘要：

本发明公开了一种电源保护变换电路，包括电流检测器CT1，电感L1，开关Q1、Q2，电容C1、C2、C3以及Relay开关，其中，所述电流检测器CT1、电感L1、开关Q1以及Relay开关以及电容C3串联，电容C3的另一端接地；开关Q2与C1并联后其一端连接至电感L1和开关Q1之间，另一端接地；电容C2的一端连接至开关Q1和Relay开关之间，另一端接地。与现有技术相比，本发明具有如下有益效果：1）将锂电池特性模拟出铅酸的特性，很好的兼容了电动自行车的原铅酸控制/驱动器，使锂电池取代铅酸改动小、成本低。2）通过升压满足最终端的电压，客户只需要改变控制器的设置即可输出符合要求的电压。3）C1并联于Q2与整个电路一起形成软开关工作模式，提高了电路的效率。

一种太阳能充电电源的设计方法

申请（专利）号： 201110423925.3　**公开日：** 2013-06-19
申请人： 西安鸿雅达电子有限公司
发明人： 张达　冯建军　张军利
摘要：

本发明提供了一种太阳能充电电源的设计方法，包括壳体，设置在该壳体外壁上的太阳电池板、设置在壳体内的蓄电池、整流电路板、电压调节装置、电源保护电路单元和电源输出接线，太阳电池板与蓄电池电连接，整流电路板、电压调节装置和电源输出接线依次串接在蓄电池输出端子上；该电源输出接线自壳体内延伸至该壳体外；电源保护电路单元包括过充保护电路、过放保护电路和过电流保护电路，过充保护电路串接在太阳电池板与蓄电池的节点和地之间，过放保护电路设置在蓄电池的电压输出端子与地之间。具有结构简单、便于随身携带、多种输出电压、适用性广的优点。

一种太阳能移动电源的设计方法

申请（专利）号： 201110423917.9　**公开日：** 2013-06-19
申请人： 西安鸿雅达电子有限公司
发明人： 张达　冯建军　张军利
摘要：

本发明提供了一种太阳能移动电源的设计方法，包括壳体，设置在该壳体外壁上的太阳电池板、设置在壳体内的蓄电池、整流电路板、电压调节装置和电源输出接线，太阳电池板与蓄电池电连接，整流电路板、电压调节装置和电源输出接线依次串接在所述蓄电池输出端子上；该电源输出接线自所述壳体内延伸至该壳体外。解决了便携式电器在没有充电电源的情况下用电量不足的问题。具有结构简单、体积小巧、便于随身携带、使用方便、多种输出电压、适用性广的优点。

一种即插式太阳能电源的设计方法

申请（专利）号： 201110423927.2　**公开日：** 2013-06-19

申请人： 西安鸿雅达电子有限公司

发明人： 张达　冯建军　张军利

摘要：

本发明提供了一种即插式太阳能电源的设计方法，包括壳体，设置在该壳体外壁上的太阳电池板、LED 灯、LED 灯开关、LCD 显示器、电源开关、设置在壳体内的蓄电池、整流电路板、电压调节装置和电源输出接线，太阳电池板与蓄电池电连接，该蓄电池通过电源开关与整流电路板电连接，电压调节装置、电源输出接线依次串接在该整流电路板上；该电源输出接线自壳体内延伸至该壳体外；该壳体由塑料制成；LED 灯通过 LED 灯开关串接至蓄电池；LCD 显示器通过电源开关串接至蓄电池。解决了便携式电器在没有充电电源的情况下用电量不足的问题。具有结构简单、体积小巧、提供夜间照明、便于随身携带和使用方便的优点。

UPS 电源装置

申请（专利）号： 201110422305.8　**公开日：** 2013-06-19

申请人： 希姆通信息技术（上海）有限公司

发明人： 周璟

摘要：

本发明涉及电源系统领域，尤其涉及一种 UPS 电源装置。所述 UPS 电源装置包括逆变器、电池组充电器、蓄电池组、电池巡检仪和无线通信模块；逆变器与蓄电池组连接；蓄电池组包括多个蓄电池，与电池组充电器连接，电池巡检仪分别与逆变器、电池组充电器、蓄电池组连接；无线通信模块与电池巡检仪通信，所述无线通信模块用于将 UPS 电源装置的状态以数据格式通过无线通信方式传输至外部的监控系统。本发明可以更方便、快捷地上报和处理 UPS 电源装置的情况，使得整个操作更加实时，同时也降低了 UPS 电源装置的不安全因素。

一种采用减速带动能发电的路灯电源

申请（专利）号： 201110405957.0　**公开日：** 2013-06-19

申请人： 西安龙德科技发展有限公司

发明人： 李振清

摘要：

一种采用减速带动能发电的路灯电源，包括有减速带，减速带的中央为受力体，受力体的下方设有机械发电装置，在减速带下方两侧设有安全支柱，安全支柱外设有弹簧，汽车车轮碾压过受力体，受力体向下运动，带动机械发电机发电，安全支柱支撑减速带，保护机械发电机不被压坏，机械发电装置与蓄电池相连，蓄电池通过导线与路灯相连，具有结构简单、成本低和节约能源的特点。

一种太阳能与市电互补的直流照明电源

申请（专利）号： 201110428859.9　**公开日：** 2013-06-19

申请人： 西安大昱光电科技有限公司

发明人： 李美川　张超

摘要：

本发明公开了一种太阳能与市电互补的直流照明电源，包括太阳电池板、太阳能蓄电池、蓄电池保护电路、开关电源、控制器、与控制器相接的驱动电路、对太阳能蓄电池和开关电源输出的电压进一步调整以满足负载需求的负载电源、对太阳能蓄电池的电压进行实时检测且当所述电压不足时通知控制器驱动转换开关将太阳能切换到市电的电压检测电路，以及与负载电源相接的照明负载；本发明结构简单，安装布设方便，采用太阳能与交流市电互补供电的方式，不仅可以有效地解决太阳能利用不稳定的问题，还可以适当减少太阳电池和蓄电池的容量，降低开发利用太阳能技术的成本，同时还可以延长太阳能蓄电池的寿命。

一种主备电源智能切换电路

申请（专利）号： 201110411632.3　**公开日：** 2013-06-19

申请人： 陕西亚泰电器科技有限公司

发明人： 张小奇

摘要：

本发明公开了一种主备电源智能切换电路，包括主电源、备电源、主电比较电路、备电欠电压自动关闭电路、电源自动切换电路和电源输出电路，主电源的输入端与市电相接，备电源的输入端通过备电源充电电路与市电相接，备电源充电电路的输出端接有充电指示电路，主电比较电路的一个输入端与主电源相接，主电比较电路的另一个输入端接有主电基准电压电路；备电欠电压自动关闭电路包括备电比较电路以及连接在备电比较电路和电源自动切换电路之间的通断控制电路，备电比较电路的一个输入端与备电源相接，备电比较电路的另一个输入端接有备电基准电压电路。本发明结构简单，设计合理，功能完备，工作可靠性高，实用性强，使用效果好，便于推广使用。

一种电源控制系统及其实现方法和智能卡

申请（专利）号： 201110417569.4　**公开日：** 2013-06-19

申请人： 国民技术股份有限公司

发明人： 阙滨城

摘要：

本发明涉及一种电源控制系统及其实现方法和智能卡，所述电源控制系统包括：第一电源检测模块，用于检测第一输入电源的状态；第二电源检测模块，用于检测第二输入电源的状态；电源控制模块，用于接收第一电源检测模块检测的状态和第二电源检测模块检测的状态，并根据第一电源检测模块检测的状态和第二电源检测模块检测的状态输出状态控制指示信息；电源切换模块，根据电源控制模块输出的状态控制指示信息进行第一输入电源或第二输入电源的切换。本发明提供的电源控制系统能够实现正常供电和备用供电工作模式的自切换，以弥补传统智能卡只能在终端正常工作的情况下刷卡的不足，从而最大程度地满足了用户在各类应用场景下的移动刷卡操作。

不间断电源系统

申请（专利）号： 201110420302.0 **公开日：** 2013-06-19

申请人： 鸿富锦精密工业（深圳）有限公司 鸿海精密工业股份有限公司

发明人： 薛小平 蔡佑淇

摘要：

一种不间断电源系统用于为服务器机柜的交流电源供应单元提供电压，该不间断电源系统包括整流器、直流转换器、电源分配单元、交流主电源、太阳电池模块、电池以及来自其他服务器机柜的直流电力。该交流主电源通过该整流器将交流电压转换为直流电压，再通过该直流转换器和该电源分配单元输出适合该交流电源供应单元工作的直流电压至该交流电源供应单元。当该交流主电源停止供电时，该太阳电池模块、该电池或该直流电力提供直流电压给该交流电源供应单元。上述不间断电源系统通过多个电源提供不间断直流电压给该交流电源供应单元，效率高且利于节能。

数控开关电源电路

申请（专利）号： 201110417456.4 **公开日：** 2013-06-19

申请人： 西安广融电气有限公司

发明人： 张弘

摘要：

本发明涉及一种数控开关电源电路。为了数控系统的批量生产需要数控开关电源电路保障数控开关电源的工作可靠性问题。本发明的整流滤波电路、辅助电源分别与EMI滤波模块连接，辅助电源一路与单片机连接，另一路经频率控制电路、驱动电路与不对称半桥功率变换器连接，频率控制电路与不对称半桥功率变换器之间连接过电流保护和稳压模块，频率控制电路、显示和输入模块与单片机连接，单片机经采样电阻电路与频率控制电路连接，整流滤波电路与不对称半桥功率变换器连接。本发明提高了电源的输出精度和效率，并且方便使用者操作，实现了基于单片机的数控开关电源。

一种 Vicor 模块开关电源标准化设计

申请（专利）号： 201110423443.8 **公开日：** 2013-06-19

申请人： 西安恒飞电子科技有限公司

发明人： 樊博 李朝辉

摘要：

本发明属于开关电源技术领域，涉及一种 Vicor 模块开关电源标准化设计。一种 Vicor 模块开关电源标准化设计，它至少包括电源壳体和电源本体，其特征是：电源壳体是带腔体的壳体和盖板，带腔体的壳体和盖板在两端有伸出的连接端，伸出的连接端通过锁拴连接。本发明的目的是提供一种可靠性高、散热性能好、稳定电源输出的 Vicor 模块开关电源标准化设计。

用在开关模式电源中的二极管

申请（专利）号： 201210540226.1 **公开日：** 2013-06-19

申请人： 德克萨斯仪器股份有限公司

发明人： T·D·哈根 M·科尔斯 D·L·弗里曼

摘要：

本发明涉及用在开关模式电源中的二极管。提供了一种可调耗尽二极管。在该耗尽二极管内，有耗尽模式晶体管，其栅极耦合到阳极端子，并且其漏极耦合到阴极端子。二极管耦合在耗尽模式晶体管的源极和阳极端子之间，并且可变电容器耦合在耗尽模式晶体管的源极和阳极端子之间，其中可变电容器的电容值控制可调耗尽二极管的反向恢复时间。

提升机电控工频输入型稳压电源装置

申请（专利）号： 201110421049.0 **公开日：** 2013-06-19

申请人： 洛阳智超机电科技有限公司

发明人： 任雪振 郭典伟 郭峰 江安强 段少宁 韩乾坤 苑团结

摘要：

本发明是关于一种提升机电控工频输入型稳压电源装置，包括：输入单元和输出单元，所述输入单元包括电压闭环控制电路；电压反馈变换电路，与所述电压闭环控制电路的输入端连接；以及多绕组变压器，输入端与所述电压闭环控制电路连接；所述输出单元的输入端与所述多绕组变压器的输出端连接，且所述输出单元的输出端输出的信号回馈至所述电压反馈变换电路的输入端；所述输出单元包括 DC24V 5A 输出模块、DC24V 10A 输出模块、AC110V 5A 输出模块以及 AC220 5A 输出模块。本发明有效提高了系统的安全性以及可靠性，延长矿井提升机电控系统的使用寿命，且节省了占地空间，非常实用。

提升机电控 UPS 输入型稳压电源装置

申请（专利）号： 201110421041.4 **公开日：** 2013-06-19

申请人： 洛阳智超机电科技有限公司

发明人： 任雪振 张海洋 侯杰 赵乐毅 王国栋 易文斌 杨志猛

摘要：

本发明是关于一种提升机电控 UPS 输入型稳压电源装置，包括：输入电压波形整理单元、电压闭环控制单元、多绕组变压器和电源输出单元；输入电压波形整理单元与 UPS 电源连接，输入电压波形整理单元的输出端与电压闭环控制单元的输入端连接，输入电压波形整理单元将来自 UPS 的三段方波电压调制为准正弦波，并为电压闭环控制单元提供该准正弦波；电压闭环控制单元的输入端与电源输出单元的输出端连接，电压闭环控制单元的输出端与多绕组变压器的输入端连接，电源闭环控制单元接收准正弦波，并输出恒压调节后的电压；多绕组变压器的输出端与电压输出单元连接。本发明提高了系统的安全性和可靠性，延长矿井提升机电控系统的使用寿命，节省了占地空间。

逆变电源中有源功率因数校正电路

申请（专利）号：201110419421.4　**公开日：**2013-06-19

申请人：西安广融电气有限公司

发明人：张弘

摘要：

本发明涉及一种逆变电源中有源功率因数校正电路。随着各行各业控制技术的发展和对操作性能要求的提高，许多行业的用电设备都不是直接使用通用交流电网提供的交流电作为电能源，而是通过各种形式对其进行变换，从而得到各自所需的电能形式。本发明包括整流电路、逆变电路，充电电源通过整流电路、逆变电路输出，整流电路连接有副主电路、控制电路、保护电路，逆变电路与控制电路连接，逆变电路的输出端与保护电路、控制电路连接。本发明承受更高的电压应力，有更多的功率损耗，避免影响变换器工作的可靠性和开关频率的进一步提高以及在大功率场合的应用。

开关电源电路

申请（专利）号：201110422974.5　**公开日：**2013-06-19

申请人：富泰华工业（深圳）有限公司　鸿海精密工业股份有限公司

发明人：黄仁文

摘要：

本发明提供一种开关电源电路，其经供电线为负载供电，其包括输入端用于接收输入电压，电压转换单元用于将该输入电压转换为负载所需标准电压，输出接口用于将该标准电压经供电线传输至负载。该开关电源电路还包括反馈单元及一控制单元，该反馈单元连接于该输出接口与该输入端之间，用于获取该供电线上的损耗电压并将该损耗电压加至一基准电压传输至该控制单元；该控制单元将该标准电压与该反馈单元的输出电压做比较并输出一控制信号至该电压转换单元，该电压转换单元根据该控制信号调整该标准电压的输出值。

一种高可靠性电源

申请（专利）号：201110423449.5　**公开日：**2013-06-19

申请人：西安恒飞电子科技有限公司

发明人：赵恺　李朝辉

摘要：

本发明涉及一种电源模块，特别是一种小体积高可靠性的电源模块。至少包括固定电源电路的电路板和电源电路，固定电源电路的电路板和电源电路封装在圆形壳体内，在圆形壳体与固定电源电路的电路板之间间隙有有机硅凝胶灌封，因此在输出端加共模滤波器；将单个磁珠或多个磁珠串联在干扰的线路上；在输出线上加穿心电容。而电源电路两路输出和一路输入引线分别进行绞合，电源电路输入端有瞬态电压抑制器，增加了可靠性高。在圆型壳体与固定电源电路的电路板之间间隙有有机硅凝胶灌封，使抗振强度大于30000g。

频率控制器和开关电源频率控制方法

申请（专利）号：201110417108.7　**公开日：**2013-06-19

申请人：上海北京大学微电子研究院　上海半导体照明工程技术研究中心

发明人：杨丰　李高林　程玉华

摘要：

本发明公开了一种随输出负载可变的频率控制器的新结构。该结构将输出负载的反馈电压转换为反馈电流，并将该电流镜像到电流转化为电压的电路，和另一固定电流一起对固定电容充电，根据充电电流的大小决定电容电压达到设定值的时间，从而决定比较器输出信号频率。由该比较器输出信号频率来决定开关电源系统的频率。该结构包括电压控制电流源部分，用来将反馈电压转换为反馈电流。同时还包括充电电流转化为电压和固定参考电压比较的比较器，比较器输出信号用来实现对开关电源系统频率的调制。

开关稳压电源电路

申请（专利）号：201110418256.0　**公开日：**2013-06-19

申请人：西安广融电气有限公司

发明人：张弘

摘要：

本发明涉及一种开关稳压电源电路。开关稳压电源由于内部器件工作在高频开关状态，因此本身消耗的能量极低，电源效率可以达到80%以上，比串联调整线性稳压电源的效率提高近一倍。本发明的交流电源通过整流滤波电路输入，整流滤波电路分两路输出：一路经电压稳压器、脉宽调制器、开关功率管输出到高频变压器；另一路经高频变压器、整流电路输出。本发明电路结构简单、成本低、体积小、易实现，并且可以克服电压型脉宽调制器开关稳压电源频响慢、电压调整率低和负载调整率低的缺点，具有广阔的应用前景。

矿用本安电源的高频变压电路

申请（专利）号：201110419347.6　**公开日：**2013-06-19

申请人：西安广融电气有限公司

发明人：张弘

摘要：

本发明涉及一种矿用本安电源的高频变压电路。现有的矿用本安电源产品，大多采用工频变压器的方式进行变压，而且对电源的利用效率极低。本发明的输入电压经过整流桥U1整流后经过电容C1，电容C2的储能滤波将60Hz的交流电变化称为电压较平稳的直流电，再通过电容C3分两路输出，一路经振荡模块U3、限幅电路二极管D1和二极管D2输出到隔离型变压器U2，另一路经振荡模块U4、二极管 D3 输出到隔离型变压器 U2，隔离型变压器 U2 经整流二极管 D4 一路与限流电阻 R1、光耦合器 U4 连接，另一路经采样电阻 R2 和采样电阻 R3 与光耦合器 U4 连接。本发明以高频变压器来提高产品的转换效率，转换效率高于90%，体积只有现在功率变压器体积的 1/3。

矿用本安电源的串联型储能电容电路

申请（专利）号：201110417788.2 **公开日：**2013-06-19

申请人：西安广融电气有限公司

发明人：张弘

摘要：

本发明涉及一种矿用本安电源的串联型储能电容电路。本安电源产品大部分工作在有易燃易爆气体的环境中，对电路中器件的选择就更加重要，尤其是电解电容，因为实际电压超过电解电容的耐压上限时，电解电容容易爆炸，而在可燃性气体中的这种爆炸无疑将带来严重的后果。本发明的输入电压经过整流桥 U1 整流后经过电容 C1，电容 C2 的储能滤波将 60Hz 的交流电变化称为电压较平稳的直流电，再通过电容 C3 分两路输出一路经振荡模块 U3、限幅电路二极管 D1 和二极管 D2 输出到隔离型变压器 U2，另一路经振荡模块 U4、二极管 D3 输出到隔离型变压器 U2。本发明保证了储能电容的耐压裕量设计的提高，从而保证了矿用产品的安全，提高了产品的可靠性和体积。

开关式稳定电源电路

申请（专利）号：201110417443.7 **公开日：**2013-06-19

申请人：西安广融电气有限公司

发明人：张弘

摘要：

本发明涉及一种开关式稳定电源电路。传统的线性稳压电源虽然电路结构简单、工作可靠，但它存在着效率低、体积大、铜铁消耗量大、工作温度高及调整范围小等缺点。本发明包括控制电路、整流滤波电路、高频交换电路、调宽方波整流滤波电路，所述的控制电路由依次串联的取样电路、比较电路、脉宽调制电路构成，脉宽调制电路串接有振荡电路，比较电路串接有基准电压电路；所述的控制电路的取样电路与调宽方波整流滤波电路连接，脉宽调制电路与高频交换电路连本发明的效率可达 85% 以上，稳压范围宽，除此之外，还具有稳压精度高、不使用电源变压器等特点。

三相异步电动机制动电源模块

申请（专利）号：201110433933.6 **公开日：**2013-06-19

申请人：陕西东显永益机电技术有限公司

发明人：任东红

摘要：

三相异步电动机制动电源模块，整流器输出侧增加电子线路，完成电机得电、断电时制动器快速动作，使用可靠的抑制回路，制动电源模块工作稳定安全。线路成本低廉、体积小，使用方便，能够实现制动电动机的快速刹车。

一种体积小、功率大、低纹波的直流电源

申请（专利）号：201110423457.X **公开日：**2013-06-19

申请人：西安世强电子科技有限公司

发明人：张世强

摘要：

本发明涉及一种电源，特别是一种体积小、功率大、低纹波的直流电源。这种体积小、功率大、低纹波的直流电源，其特征是：它至少包括开关电源 2、线性电源 4，开关电源 2 的输入端 1 与交流电原电连接，开关电源 2 的直流输出端 3 与线性电源 4 的输入端电连接。本发明的目的是提供一种体积小、功率大、低纹波的直流电源。

具有多种保护功能的通信电源

申请（专利）号：201110423755.9 **公开日：**2013-06-19

申请人：西安恒飞电子科技有限公司

发明人：王有利 任炳旭

摘要：

本发明涉及一种电源模块，尤其涉及一种具有多种保护功能的通信电源。包括：交流滤波电路 1、桥式整流滤波电路 2、软启动电路 3、功率变换电路 4、二次输出整流滤波电路 5、PWM 控制电路 6；交流电压经交流滤波 1 进行滤波后输出与桥式整流滤波电路 2 的输入端电连接，经桥式整流滤波电路进行输出，桥式整流滤波电路 2 的输出端经软启动电路 3 后与功率变换电路 4 电连接，功率变换电路 4 的受控端与 PWM 控制电路 6 的控制端电连接，PWM 控制电路 6 输入与二次输出整流滤波电路 5 输出端电连接，桥式整流滤波电路 2 的输入端与 PWM 控制电路 6 之间有输入过电压、欠电压保护电路 12。

电除尘器的高频开关电源电路

申请（专利）号：201110417441.8 **公开日：**2013-06-19

申请人：西安广融电气有限公司

发明人：张弘

摘要：

本发明涉及一种电除尘器的高频开关电源电路。在环保领域电除尘器所使用的高压供电电源基本上都是采用输入为两相的晶闸管工频相控电源，其间人们也对此做了不少改进。本发明由三相交流接触器、三相整流电路、斩波电路、滤波电路、IGBT 全桥逆变器、高频升压变压电路、高频整流电路依次串联而成，高频整流电路一路与电除尘器连接，另一路与 DSP 控制器连接；DSP 控制器的两份分别通过第一隔离驱动电路、第二隔离驱动电路与斩波电路、IGBT 全桥逆变器连接。本发明控制灵活，系统升级方便，扩大电源容量，满足大功率电除尘器的需求。

开关模式电源以及使用其来供电的图像形成装置和方法

申请（专利）号：201210547937.1 **公开日：**2013-06-19

申请人：三星电子株式会社

发明人：郑安植

摘要：

一种开关模式电源以及使用其来供电的方法。开关模式电源包括：转换单元，所述转换单元用于通过使用至少一个变压器，将输入到开关模式电源的交流（AC）电压转换为至少一个直流（DC）电压；以及电压控制器，所述电压控制器用于从所述至少一个DC电压中，控制要被输出到图像形成装置的系统控制器的输出电压的电压电平，其中，所述系统控制器控制所述图像形成装置的操作。电压控制器包括开关单元，用于当所述图像形成装置进入省电模式时，将输出电压的电压电平从第一电压电平切换到第二电压电平，其中，所述第二电压电平低于所述第一电压电平。

一种便携式太阳能电源的设计方法

申请（专利）号：201110423918.3 **公开日：**2013-06-19

申请人：西安鸿雅达电子有限公司

发明人：张达 冯建军 张军利

摘要：

本发明提供了一种便携式太阳能电源的设计方法，包括壳体，包括设置在该壳体外壁上的太阳电池板，设置在壳体内的蓄电池、整流电路板和电源输出接线，太阳电池板与蓄电池电连接，该蓄电池与所述整流电路板电连接，电源输出接线设置在该整流电路板上；该电源输出接线自壳体内延伸至该壳体外。解决了便携式电器在没有充电电源的情况下用电量不足的问题。具有结构简单、体积小巧，便于随身携带和使用方便的优点。

一种移动式太阳能电源的设计方法

申请（专利）号：201110423916.4 **公开日：**2013-06-19

申请人：西安鸿雅达电子有限公司

发明人：张达 冯建军 张军利

摘要：

本发明提供了一种移动式太阳能电源的设计方法，包括设置在该壳体外壁上的太阳电池板、LED灯、LED灯开关、LCD显示器、电源开关、设置在壳体内的蓄电池、整流电路板和电源输出接线，太阳电池板与蓄电池电连接，该蓄电池通过电源开关与整流电路板电连接，电源输出接线设置在该整流电路板上；该电源输出接线自壳体内延伸至该壳体外；LED灯通过LED灯开关串接至蓄电池；LCD显示器通过电源开关串接至蓄电池。解决了便携式电器在没有充电电源的情况下用电量不足的问题。具有结构简单、体积小巧、提供夜间照明、便于随身携带和使用方便的优点。

一种太阳能电源的设计方法

申请（专利）号：201110423923.4 **公开日：**2013-06-19

申请人：西安鸿雅达电子有限公司

发明人：张达 冯建军 张军利

摘要：

本发明提供了一种太阳能电源的设计方法，包括设置在该壳体外壁上的太阳电池板、LED灯、LED灯开关，设置在壳体内的蓄电池、整流电路板和电源输出接线，太阳电池板与蓄电池电连接，该蓄电池与整流电路板电连接，电源输出接线设置在该整流电路板上；该电源输出接线自所述壳体内延伸至该壳体外；LED灯通过LED灯开关串接至蓄电池。解决了便携式电器在没有充电电源的情况下用电量不足的问题。具有结构简单、体积小巧、提供夜间照明、便于随身携带和使用方便的优点。

远程供电源系统

申请（专利）号：201110412230.5 **公开日：**2013-06-19

申请人：洛阳天枢光电技术有限公司

发明人：刘伟 耿全领

摘要：

本发明是有关于一种远程供电源系统，包括AC/DC电源模块、数字配线架、DC/DC电源模块以及多个用电设备，AC/DC电源模块将从机房获取的AC220V交流电转换为DC±140V直流电对称输出，数字配线架用于传输DC±140V直流电，DC/DC电源模块将DC±140V直流电转换为DC±12V直流电或DC±5V直流电供多个用电设备使用。藉此，本发明通过增设2对双绞线，满足了“中国电信小灵通基站直流远供电源系统技术规范”中PHS远供电源的传输需求，又降低了原有网络的改造难度。更有利于电信公司在PSTN电话线路上开展增值业务。

一种高精度分段可调电源

申请（专利）号：201110425873.3 **公开日：**2013-06-19

申请人：上海航空电器有限公司

发明人：金守义 黄逸生

摘要：

本发明涉及一种高精度分段可调电源，由可调电源模块、运放、电位器、两个基准电源和开关组成。可调电源模块和运放组成电压反馈控制系统，运放的电压设定值决定可调电源模块输出电压，而运放的电压设定值通过调节电位器的滑动端进行改变。由于电位器的两端分别接至第一基准电源和第二基准电源，因此电位器的滑动电压能在两个基准电源的电压之间调节变化。通过开关是否闭合来选择两段调节范围的电压输出，而且两段调节各自独立可调。本发明主要用于日、夜光学环境下可分段调节的信号灯系统，特别是对调节精度要求高的信号灯系统。本发明的优点在于可日夜分段调节，且调节精度高。

无电源蜂王浆取浆器

申请（专利）号：201110440402.X **公开日：**2013-06-26

申请人：苏州市高展新机电科技有限公司

发明人：王楠 周慧珍 张欣

摘要：

一种无电源蜂王浆取浆器采用的是，把手摇取浆改为电动取浆，由于放蜂作业常年都在野外，没有固定的电源起动电机，采用电池为动力，使用方便，便于携带，使用该机器时，打开顶部密封盖，将蜂王苔放入，控制开关调到旋转刀具，将蜂王苔打碎，然后再调到分离上，利用强离心力把蜂王浆分离出来，内设过滤不锈钢网，阻挡蜂王苔碎碴进入分离出来的蜂王浆里，保证了蜂王浆的纯度和质量。可以在不同的地点使用蜂王浆取浆器，使用方便，离心力强，取浆干净，便于携带。

包括电源的晶片规格封装件

申请（专利）号： 201180051580.1 **公开日：** 2013-06-26

申请人： 美敦力公司

发明人： R·J·奥布莱恩 J·K·戴 P·F·格里什 M·F·马特斯 D·A·鲁本 M·K·格里夫

摘要：

一种医疗器械包括第一基片、第二基片、控制模块以及储能装置。第一基片包括第一半导体材料和第一绝缘材料中的至少一种。第二基片包括第二半导体材料和第二绝缘材料中的至少一种。第二基片接合至第一基片，使得第一和第二基片在该第一和第二基片之间形成封围空腔。控制模块设置在封围空腔中。控制模块构造成起到确定患者的生理学参数以及将电刺激输送至患者中的至少一种功能。储能装置设置在空腔内，并且构造成为控制模块供给电力。

功率间距型 LED 电源

申请（专利）号： 201110455630.4 **公开日：** 2013-06-26

申请人： 西安智海电力科技有限公司

发明人： 胡家培 胡民海

摘要：

本发明提供一种功率间距型 LED 电源，主要解决了现有功率管散热性能差、管脚应力大，现有功率间距型 LED 电源线路板设置不合理，安装维修不便的问题。本发明包括线路板、电源盒体和电源盒盖，线路板固定设置于电源盒体内，线路板固定设置于电源盒体底板上；功率管固定设置于电源盒体侧壁；线路板与电源盒体底板之间设置有小于 5mm 的间隙。本发明采用将功率管设置在电源盒体侧壁上，既解决了散热问题，又解决了管脚的应力问题；线路板与电源盒体底板之间设置有空隙，该空隙首先可以当做风道，利于形成气流，其次，安装和维护较为方便。

一体间距型 LED 电源

申请（专利）号： 201110454206.8 **公开日：** 2013-06-26

申请人： 西安智海电力科技有限公司

发明人： 胡家培 胡民海

摘要：

本发明提供一种一体间距型 LED 电源，主要解决了现有技术热传导性能和强度较差，现有一体间距型 LED 电源线路板设置不合理，安装维修不便的问题。本发明包括线路板、电源盒体和电源盒盖，电源盒体底板远离电路板一侧与被安装部位完全贴合，电源盒体底板与电源盒体侧壁为一体成型的绝缘导热盒；本发明提供的电源盒体为一体件，散热均匀，强度高；同时，对盒体背部进行处理，使其与被安装件之间接触紧密，利于热传导；线路板与电源盒体底板之间设置有空隙，该空隙首先可以当做风道，利于形成气流，其次，安装和维护较为方便。

电感快装型 LED 电源

申请（专利）号： 201110452933.0 **公开日：** 2013-06-26

申请人： 西安智海电力科技有限公司

发明人： 胡家培 胡民海

摘要：

本发明提供一种电感快装型 LED 电源，主要解决了现有电感发热量大，体积大；现有技术安装孔设置单一，导致安装方式单一，适应性差的问题。本发明包括线路板、电源盒体和电源盒盖，线路板固定设置于电源盒体内，线路板固定设置于电源盒体底板上；电源盒体侧壁上设置有电感，电感是通过直径小于 0.01mm 的细线绕制；电源盒体底板上设置有用于固定电源的至少三组连接孔，各组连接孔均由相同的一个条形孔和 U 形孔组成；条形孔与 U 形孔之间设置有用于防止条形孔与 U 形孔连通的限位块。本发明采用了直径小于 0.1mm 的细线，增大了有效面积，缩小了电感的体积，电源安装孔包括条形孔和 U 形孔，适用于多种不同的安装场合。

空置自控快装型 LED 电源

申请（专利）号： 201110453984.5 **公开日：** 2013-06-26

申请人： 西安智海电力科技有限公司

发明人： 胡家培 胡民海

摘要：

本发明提供一种空置自控快装型 LED 电源，主要解决了现有空置自控快装型 LED 电源散热性能差，无法再高温高湿环境中工作；现有技术无法对电源工作做适应于环境的调整，导致电源易损坏；现有技术安装孔设置单一，导致安装方式单一，适应性差的问题。本发明包括电路板、电源盒体和电源盒盖，空置单元独立垂直设置于电路板上，电路板上设置有控制装置，电源盒体底板上设置有至少三组连接孔。本发明采取将空置单元竖立在电路板上的安装方式，这样设置易散热，增设了控制装置，避免了电源的损坏，延长了电源的使用寿命。电源安装孔包括条形孔和 U 形孔，两种孔的设计增加了多种安装方式，适用于多种不同的安装场合。

功率空置型 LED 电源

申请（专利）号： 201110453520.4 **公开日：** 2013-06-26

申请人： 西安智海电力科技有限公司

发明人： 胡家培 胡民海

摘要：

本发明提供一种功率空置型 LED 电源，主要解决了现有功率管散热性能差、管脚应力大；现有功率空置型 LED 电源散热性能差，无法在高温高湿环境中工作的问题。一种功率空置型 LED 电源，包括电路板、电源盒体和电源盒盖，包括电源盒体侧壁和电源盒体底板，电路板固定设置于电源盒体底板上；功率管与电路板电连接，功率管固定设置于电源盒体侧壁上；所述空置单元独立垂直设置于线路板上，空置单元的工作温度为 -40 ~ 100℃。本发明采用将功率管设置在电源盒体侧壁上，即解决了散热问题，又解决了管脚的应力问题。可对空置单元进行独立更换，竖立设置可形成风道，利于气流流通带走热量，进一步提高了散热效果。

空置自控型 LED 电源

申请（专利）号：201110453626.4　**公开日：**2013-06-26

申请人：西安智海电力科技有限公司

发明人：胡家培　胡民海

摘要：

本发明提供一种空置自控型 LED 电源，主要解决了现有空置自控型 LED 电源散热性能差，无法在高温高湿环境中工作；现有技术无法对电源工作做适应于环境的调整，导致电源易损坏的问题。本发明包括电路板、电源盒体和电源盒盖，空置单元独立垂直设置于线路板上，电路板上设置有控制装置，控制装置与电路板电连接。本发明采取将空置单元竖立在电路板上的安装方式，可对空置单元进行独立更换，竖立设置可形成风道，利于气流流通带走热量，进一步提高了散热效果；增设了控制装置，避免了电源的损坏，延长了电源的使用寿命。

自控一体型 LED 电源

申请（专利）号：201110450747.3　**公开日：**2013-06-26

申请人：西安智海电力科技有限公司

发明人：胡家培　胡民海

摘要：

本发明提供一种自控一体型 LED 电源，主要解决了现有技术无法对电源工作做适应于环境的调整，导致电源易损坏；现有技术热传导性能和强度较差的问题。本发明包括电路板、电源盒体和电源盒盖，电路板上设置有控制装置，控制装置与电路板电连接；电源盒体底板远离电路板一侧与被安装部位完全贴合，电源盒体底板与电源盒体侧壁为一体成型的绝缘导热盒。本发明在自控一体型 LED 电源内增设了控制装置，避免了电源的损坏，延长了电源的使用寿命。电源盒体为一体件，散热均匀，强度高；同时，对盒体背部进行处理，使其与被安装件之间接触紧密，利于热传导。

快装间距型 LED 电源

申请（专利）号：201110453979.4　**公开日：**2013-06-26

申请人：西安智海电力科技有限公司

发明人：胡家培　胡民海

摘要：

本发明提供一种快装间距型 LED 电源，主要解决了现有技术安装孔设置单一，导致安装方式单一，适应性差；有快装间距型 LED 电源线路板设置不合理，安装维修不便的问题。本发明包括电路板、电源盒体和电源盒盖，电源盒体底板上设置有用于固定电源的至少三组连接孔，各组连接孔均由相同的一个条形孔和 U 形孔组成；本发明提供的电源安装孔包括条形孔和 U 形孔，两种孔的设计增加了多种安装方式，适用于多种不同的安装场合；路板与电源盒体底板之间设置有空隙，该空隙首先可以当做风道，利于形成气流，其次，安装和维护较为方便。

散热型 LED 电源

申请（专利）号：201110450688.X　**公开日：**2013-06-26

申请人：西安智海电力科技有限公司

发明人：胡家培　胡民海

摘要：

本发明提供一种散热型 LED 电源，主要解决了现有技术结构不合理的问题。本发明包括电路板、电源盒体和电源盒盖，上述电路板固定设置于电源盒体内，上述电源盒体为“U”形或“L”形，包括电源盒体侧壁和电源盒体底板，电路板固定设置于电源盒体底板上；上述电源盒盖为 U 形，包括电源盒盖顶盖和对称设置于顶盖两端的边盖，上述顶盖和边盖上均设置多个有用于散热的条形孔，边盖上还设置有用于引出电源线的插式槽孔；上述条形孔的宽度小于 3mm；上述条形孔总面积与电源盒盖占顶盖面积的 60% 以上。本发明提供的电源盒盖占空比设置合理，强度高，利于加工，成本低。

自控一体间距型 LED 电源

申请（专利）号：201110453980.7　**公开日：**2013-06-26

申请人：西安智海电力科技有限公司

发明人：胡家培　胡民海

摘要：

本发明提供一种自控一体间距型 LED 电源，主要解决了现有技术无法对电源工作做适应于环境的调整，导致电源易损坏；现有技术热传导性能和强度较差的问题。本发明包括电路板、电源盒体和电源盒盖，电路板上设置有控制装置，控制装置与电路板电连接；电源盒体底板远离电路板一侧与被安装部位完全贴合，电源盒体底板与电源盒体侧壁为一体成型的绝缘导热盒。本发明在自控一体间距型 LED 电源内增设了控制装置，避免了电源的损坏，延长了电源的使用寿命。电源盒体为一体件，散热均匀，强度高；同时，对盒体背部进行处理，使其与被安装件之间接触紧密，利于热传导。

电感功率空置型 LED 电源

申请（专利）号：201110452360.1　**公开日：**2013-06-26

申请人：西安智海电力科技有限公司

发明人：胡家培　胡民海

摘要：

本发明提供一种电感功率空置型 LED 电源，主要解决了现有电感发热量大，体积大；现有功率管散热性能差、管脚应力大；现有电感功率空置型 LED 电源散热性能差，无法再高温高湿环境中工作的问题。本发明包括电路板、电源盒体和电源盒盖，电感一侧与电源盒体侧壁之间设置有绝缘散热弹性垫片，电感另一侧依次设置有绝缘散热弹性垫片，功率管与电路板电连接，功率管固定设置于电源盒体侧壁上；空置单元独立垂直设置于电路板上。本发明采用了直径小于0.1mm的细线，增大了有效面积，缩小了电感的体积，既解决了散热问题，又解决了管脚的应力问题；竖立设置可形成风道，利于气流流通带走热量，进一步提高了散热效果。

电感型LED电源

申请（专利）号：201110453936.6 **公开日：**2013-06-26

申请人：西安智海电力科技有限公司

发明人：胡家培 胡民海

摘要：

本发明提供一种电感型LED电源，主要解决了现有电感发热量大，体积大的技术问题。本发明包括电路板、电源盒体和电源盒盖，电路板固定设置于电源盒体内，电源盒体为“U”形或“L”形，包括电源盒体侧壁和电源盒体底板，电路板固定设置于电源盒体底板上；电源盒体侧壁上设置有电感，电感与电路板电连接；电感是通过直径小于0.01mm的细线绕制。本发明采用了直径小于0.1mm的细线，同时采用了绝缘导热弹性垫加载在线圈两端，再用带有环状翻遍的固定压片对其进行固定，增大了有效面积，缩小了电感的体积，可将体积降至原有的1/5。

空置一体型LED电源

申请（专利）号：201110455188.5 **公开日：**2013-06-26

申请人：西安智海电力科技有限公司

发明人：胡家培 胡民海

摘要：

本发明提供一种空置一体型LED电源，主要解决了现有空置一体型LED电源散热性能差，无法在高温高湿环境中工作；现有技术热传导性能和强度较差的问题。本发明包括电路板、电源盒体和电源盒盖，空置单元独立垂直设置于电路板上，电源盒体底板远离电路板一侧与被安装部位完全贴合，电源盒体底板与电源盒体侧壁为一体成型的绝缘导热盒。本发明采取将空置单元竖立在电路板上的安装方式，可对空置单元进行独立更换，适用于高温高湿环境，竖立设置可形成风道，利于气流流通带走热量，进一步提高了散热效果。电源盒体为一体件，散热均匀，强度高；同时，对盒体背部进行处理，使其与被安装件之间接触紧密，利于热传导。

功率快装型LED电源

申请（专利）号：201110455627.2 **公开日：**2013-06-26

申请人：西安智海电力科技有限公司

发明人：胡家培 胡民海

摘要：

本发明提供一种功率快装型LED电源，主要解决了现有功率管散热性能差、管脚应力大；现有技术安装孔设置单一，导致安装方式单一，适应性差的问题。一种功率快装型LED电源，包括电路板、电源盒体和电源盒盖，所述功率管与电路板电连接，功率管固定设置于电源盒体侧壁上；所述电源盒体底板上设置有用于固定电源的至少三组连接孔，所述连接孔对称设置有四组。本发明采用将功率管设置在电源盒体侧壁上，既解决了散热问题，又解决了管脚的应力问题；本发明提供的电源安装孔包括条形孔和U形孔，两种孔的设计增加了多种安装方式，适用于多种不同的安装场合。

电感功率型LED电源

申请（专利）号：201110450687.5 **公开日：**2013-06-26

申请人：西安智海电力科技有限公司

发明人：胡家培 胡民海

摘要：

本发明提供一种电感功率型LED电源，主要解决了现有电感发热量大，体积大；功率管散热性能差、管脚应力大的问题。本发明包括电路板、电源盒体和电源盒盖，所述电路板固定设置于电源盒体内，电源盒体侧壁上设置有电感，电感与电路板电连接，电感是通过直径小于0.01mm的细线绕制；上述功率管与电路板电连接，功率管固定设置于电源盒体侧壁上。发明采用了直径小于0.1mm的细线，同时采用了绝缘导热弹性垫加载在线圈两端，增大了有效面积，缩小了电感的体积，解决了管脚的应力问题。

空置散热型LED电源

申请（专利）号：201110453940.2 **公开日：**2013-06-26

申请人：西安智海电力科技有限公司

发明人：胡家培 胡民海

摘要：

本发明提供一种空置散热型LED电源，主要解决了现有空置散热型LED电源散热性能差，无法在高温高湿环境中工作；现有技术结构不合理的问题。本发明包括电路板、电源盒体和电源盒盖，空置单元独立垂直设置于电路板上，电源盒盖为U形，包括电源盒盖顶盖和对称设置于顶盖两端的边盖，顶盖和边盖上均设置多个用于散热的条形孔，边盖上还设置有用于引出电源线的插式槽孔。本发明采取将空置单元竖立在电路板上的安装方式，这样设置易散热，可对空置单元进行独立更换，适用于高温高湿环境，竖立设置可形成风道，利于气流流通带走热量，进一步提高了散热效果。电源盒盖占空比设置合理，强度高，利于加工，成本低。

快装型LED电源

申请（专利）号：201110454321.5 **公开日：**2013-06-26

申请人：西安智海电力科技有限公司

发明人：胡家培 胡民海

摘要：

本发明提供一种快装型LED电源，主要解决了现有技术安装孔设置单一，导致安装方式单一，适应性差的问题。本发明包括电路板、电源盒体和电源盒盖，电路板固定设置于电源盒体内，电源盒体为“U”形或“L”形，电源盒体底板上设置有用于固定电源的至少三组连接孔，各组连接孔均由相同的一个条形孔和 U 形孔组成；条形孔与 U 形孔之间设置有用于防止条形孔与 U 形孔连通的限位块；上述连接孔对称设置有四组。本发明提供的电源安装孔包括条形孔和 U 形孔，两种孔的设计增加了多种安装方式，适用于多种不同的安装场合。

电感间距型 LED 电源

申请（专利）号：201110451353. X　**公开日：**2013-06-26

申请人：西安智海电力科技有限公司

发明人：胡家培　胡民海

摘要：

本发明提供一种电感间距型 LED 电源，主要解决了现有电感发热量大，体积大；现有 LED 电源电路板设置不合理，安装维修不便的问题。本发明包括电路板、电源盒体和电源盒盖，电路板固定设置于电源盒体内，电路板固定设置于电源盒体底板上；电源盒体侧壁上设置有电感，电感与线路板电连接；电感是通过直径小于 0. 01mm 的细线绕制；电路板与电源盒体底板之间设置有小于 5mm 的间隙。本发明采用了直径小于 0. 1mm 的细线，增大了有效面积，缩小了电感的体积，可将体积降至原有的 1/5；电路板与电源盒体底板之间设置有空隙，该空隙首先可以当做风道，利于形成气流，其次，安装和维护较为方便。

散热快装间距型 LED 电源

申请（专利）号：201110453983. 0　**公开日：**2013-06-26

申请人：西安智海电力科技有限公司

发明人：胡家培　胡民海

摘要：

本发明提供一种散热快装间距型 LED 电源，主要解决了现有技术结构不合理；现有技术安装孔设置单一，导致安装方式单一，适应性差；现有 LED 电源电路板设置不合理，安装维修不便的问题。本发明包括线路板、电源盒体和电源盒盖，电源盒盖为 U 形，顶盖和边盖上均设置多个有用于散热的条形孔，电源盒体底板上设置有用于固定电源的至少三组连接孔，电路板与电源盒体底板之间设置有小于 5mm 的间隙；电路板与电源盒体底板之间设置有至少三个垫柱。本发明的电源盒盖占空比设置合理，强度高，利于加工，成本低；电源安装孔的设计增加了多种安装方式；电路板与电源盒体底板之间设置有空隙，可以当做风道，利于形成气流，安装和维护较为方便。

功率散热型 LED 电源

申请（专利）号：201110451854. 8　**公开日：**2013-06-26

申请人：西安智海电力科技有限公司

发明人：胡家培　胡民海

摘要：

本发明提供一种功率散热型 LED 电源，主要解决了现有功率管散热性能差、管脚应力大；现有技术结构不合理的问题。本发明包括电路板、电源盒体和电源盒盖，电路板固定设置于电源盒体内，包括电源盒体侧壁和电源盒体底板，功率管与电路板电连接，功率管固定设置于电源盒体侧壁上；电源盒盖为 U 形，包括电源盒盖顶盖和对称设置于顶盖两端的边盖，顶盖和边盖上均设置多个有用于散热的条形孔，边盖上还设置有用于引出电源线的插式槽孔。本发明采用将功率管设置在电源盒体侧壁上，既解决了散热问题，又解决了管脚的应力问题；电源盒盖占空比设置合理，强度高，利于加工，成本低。

功率空置散热型 LED 电源

申请（专利）号：201110451392. X　**公开日：**2013-06-26

申请人：西安智海电力科技有限公司

发明人：胡家培　胡民海

摘要：

本发明提供一种功率空置散热型 LED 电源，主要解决了现有功率管散热性能差、管脚应力大；现有功率空置散热型 LED 电源散热性能差，无法在高温高湿环境中工作；现有技术结构不合理的问题。本发明包括电路板、电源盒体和电源盒盖，功率管固定设置于电源盒体侧壁上；空置单元独立垂直设置于电路板上，电源盒盖为 U 形，顶盖和边盖上均设置多个有用于散热的条形孔。本发明采用将功率管设置在电源盒体侧壁上，即解决了散热问题，又解决了管脚的应力问题；采取将空置单元竖立在电路板上的安装方式，这样设置易散热；本发明提供的电源盒盖占空比设置合理，强度高，利于加工，成本低。

电感功率快装型 LED 电源

申请（专利）号：201110454652. 9　**公开日：**2013-06-26

申请人：西安智海电力科技有限公司

发明人：胡家培　胡民海

摘要：

本发明提供一种电感功率快装型 LED 电源，主要解决了现有电感发热量大，体积大；现有功率管散热性能差、管脚应力大；现有技术安装孔设置单一，导致安装方式单一，适应性差的问题。本发明包括线路板、电源盒体和电源盒盖，电源盒体侧壁上设置有电感，电感是通过直径小于 0. 01mm 的细漆包线绕制；功率管固定设置于电源盒体侧壁上；电源盒体底板上设置有用于固定电源的至少三组连接孔。本发明采用了直径小于 0. 1mm 的细漆包线，增大了有效面积，缩小了电感的体积，采用将功率管设置在电源盒体侧壁上，既解决了散热问题，又解决了管脚的应力问题；电源安装孔包括条形孔和 U 形孔，增加了多种安装方式，适用于多种不同的安装场合。

功率空置间距型 LED 电源

申请（专利）号：201110454087. 6　**公开日：**2013-06-26

申请人：西安智海电力科技有限公司

发明人：胡家培　胡民海

摘要：

本发明提供一种功率空置间距型 LED 电源，主要解决了现有功率管散热性能差、管脚应力大；现有 LED 电源散热性能差，无法在高温高湿环境中工作；现有 LED 电源线路板设置不合理，安装维修不便的问题。本发明包括线路板、电源盒体和电源盒盖，功率管固定设置于电源盒体侧壁上；空置单元独立垂直设置于线路板上，电路板与电源盒体底板之间设置有小于 5mm 的间隙；电路板与电源盒体底板之间设置有至少三个垫柱。本发明既解决了散热问题，又解决了管脚的应力问题；空置单元竖立在线路板上的安装方式，这样设置易散热；电路板与电源盒体底板之间设置有空隙，安装和维护较为方便。

功率型 LED 电源

申请（专利）号： 201110451487.1 **公开日：** 2013-06-26

申请人： 西安智海电力科技有限公司

发明人： 胡家培 胡民海

摘要：

本发明提供一种功率型 LED 电源，主要解决了现有功率管散热性能差、管脚应力大的问题。本发明包括电路板、电源盒体和电源盒盖，上述电路板固定设置于电源盒体内，上述电源盒体为“U”形或“L”形，包括电源盒体侧壁和电源盒体底板，线路板固定设置于电源盒体底板上；上述功率管与电路板电连接，功率管固定设置于电源盒体侧壁上。本发明采用将功率管设置在电源盒体侧壁上，然后再将管脚与线路板连接，由于电源盒体侧壁为散热材料制成，而功率管完全固定并贴合在电源盒体侧壁上，既解决了散热问题，又解决了管脚的应力问题。

一体快装型 LED 电源

申请（专利）号： 201110455629.1 **公开日：** 2013-06-26

申请人： 西安智海电力科技有限公司

发明人： 胡家培 胡民海

摘要：

本发明提供一种一体快装型 LED 电源，主要解决了现有技术热传导性能和强度较差；现有技术安装孔设置单一，导致安装方式单一，适应性差的问题。本发明包括电路板、电源盒体和电源盒盖，电路板固定设置于电源盒体底板上；电源盒体底板远离电路板一侧与被安装部位完全贴合，电源盒体底板与电源盒体侧壁为一体成型的绝缘导热盒；电源盒体底板上设置有用于固定电源的至少三组连接孔，本发明提供的电源盒体为一体件，散热均匀，强度高；同时，对盒体背部进行处理，使其与被安装件之间接触紧密，利于热传导；电源安装孔包括条形孔和 U 形孔，两种孔的设计增加了多种安装方式，适用于多种不同的安装场合。

功率空置一体型 LED 电源

申请（专利）号： 201110450749.2 **公开日：** 2013-06-26

申请人： 西安智海电力科技有限公司

发明人： 胡家培 胡民海

摘要：

本发明提供一种功率空置一体型 LED 电源，主要解决了现有功率管散热性能差；管脚应力大；现有功率空置一体型 LED 电源散热性能差，无法在高温高湿环境中工作；现有技术热传导性能和强度较差的问题。本发明包括线路板、电源盒体和电源盒盖，功率管与电路板电连接，功率管固定设置于电源盒体侧壁上；空置单元独立垂直设置于电路板上，电源盒体底板远离电路板一侧与被安装部位完全贴合。本发明采用将功率管设置在电源盒体侧壁上，既解决了散热问题，又解决了管脚的应力问题；采取将空置单元竖立在线路板上的安装方式，这样设置易散热，电源盒体为一体件，散热均匀，强度高。

电感散热型 LED 电源

申请（专利）号： 201110453517.2 **公开日：** 2013-06-26

申请人： 西安智海电力科技有限公司

发明人： 胡家培 胡民海

摘要：

本发明提供一种电感散热型 LED 电源，主要解决了现有电感发热量大，体积大；现有技术结构不合理的问题。本发明包括线路板、电源盒体和电源盒盖，电路板固定设置于电源盒体内，电路板固定设置于电源盒体底板上；上述电源盒体侧壁上设置有电感，电感与电路板电连接；电感是通过直径小于 0.01mm 的细线绕制；电源盒盖为 U 形，包括电源盒盖顶盖和对称设置于顶盖两端的边盖，上述顶盖和边盖上均设置多个有用于散热的条形孔，边盖上还设置有用于引出电源线的插式槽孔。本发明采用了直径小于 0.1mm 的细线，增大了有效面积，缩小了电感的体积；电源盒盖占空比设置合理，强度高，利于加工，成本低。

一体散热间距型 LED 电源

申请（专利）号： 201110455190.2 **公开日：** 2013-06-26

申请人： 西安智海电力科技有限公司

发明人： 胡家培 胡民海

摘要：

本发明提供一种一体散热间距型 LED 电源，主要解决了现有技术热传导性能和强度较差；现有技术结构不合理；现有 LED 电源电路板设置不合理，安装维修不便的问题。本发明包括电路板、电源盒体和电源盒盖，电源盒体底板远离电路板一侧与被安装部位完全贴合，电源盒体底板与电源盒体侧壁为一体成型的绝缘导热盒；电源盒盖为 U 形，线路板与电源盒体底板之间设置有小于 5mm 的间隙；本发明提供的电源盒体为一体件，散热均匀，强度高；电源盒盖占空比设置合理，强度高，利于加工，成本低。本发明提供的 LED 电源中，电路板与电源盒体底板之间设置有空隙，可以当做风道，利于形成气流，安装和维护较为方便。

一体型 LED 电源

申请（专利）号： 201110451486.7 **公开日：** 2013-06-26

申请人： 西安智海电力科技有限公司

发明人： 胡家培 胡民海

摘要：

本发明提供一种一体型 LED 电源，主要解决了现有技术热传导性能和强度较差的问题。一种一体型 LED 电源，包括线路板、电源盒体和电源盒盖，上述电路板固定设置于电源盒体内，上述电源盒体为“U”形或“L”形，包括电源盒体侧壁和电源盒体底板，电路板固定设置于电源盒体底板上；上述电源盒体底板远离电路板一侧与被安装部位完全贴合，电源盒体底板与电源盒体侧壁为一体成型的绝缘导热盒。本发明提供的电源盒体为一体件，散热均匀，强度高；同时，对盒体背部进行处理，使其与被安装件之间接触紧密，利于热传导。

散热快装型 LED 电源

申请（专利）号：201110454088.0　**公开日：**2013-06-26

申请人：西安智海电力科技有限公司

发明人：胡家培　胡民海

摘要：

本发明提供一种散热快装型 LED 电源，主要解决了现有技术结构不合理；现有技术安装孔设置单一，导致安装方式单一，适应性差的问题。本发明包括电路板、电源盒体和电源盒盖，电路板固定设置于电源盒体内，电源盒盖为 U 形，包括电源盒盖顶盖和对称设置于顶盖两端的边盖，上述顶盖和边盖上均设置多个有用于散热的条形孔，边盖上还设置有用于引出电源线的插式槽孔；电源盒体底板上设置有用于固定电源的至少三组连接孔。本发明提供的电源盒盖占空比设置合理，强度高，利于加工，成本低。本发明提供的电源安装孔包括条形孔和 U 形孔，两种孔的设计增加了多种安装方式，适用于多种不同的安装场合。

电感空置型 LED 电源

申请（专利）号：201110451419.5　**公开日：**2013-06-26

申请人：西安智海电力科技有限公司

发明人：胡家培　胡民海

摘要：

本发明提供一种电感空置型 LED 电源，主要解决了现有电感发热量大，体积大；散热性能差，无法在高温、高湿环境中工作的问题。本发明包括电路板、电源盒体和电源盒盖，电源盒体为“U”形或“L”形，电源盒体侧壁上设置有电感，电感与电路板电连接；电感是通过直径小于 0.01mm 的细漆包线绕制；空置单元独立垂直设置于线路板上。本发明增大了有效面积，缩小了电感的体积，可将体积降至原有的 1/5；空置单元可独立更换，竖立设置可形成风道，利于气流流通带走热量，进一步提高了散热效果。

一体散热型 LED 电源

申请（专利）号：201110450748.8　**公开日：**2013-06-26

申请人：西安智海电力科技有限公司

发明人：胡家培　胡民海

摘要：

本发明提供一种一体散热型 LED 电源，主要解决了现有技术热传导性能和强度较差；现有技术结构不合理的问题。本发明包括电路板、电源盒体和电源盒盖，电路板固定设置于电源盒体内，电源盒体为“U”形或“L”形，顶盖和边盖上均设置多个有用于散热的条形孔，边盖上还设置有用于引出电源线的插式槽孔；本发明提供的电源盒体为一体件，散热均匀，强度高；同时，对盒体背部进行处理，使其与被安装件之间接触紧密，利于热传导；电源盒盖占空比设置合理，强度高，利于加工，成本低。

空置快装型 LED 电源

申请（专利）号：201110455626.8　**公开日：**2013-06-26

申请人：西安智海电力科技有限公司

发明人：胡家培　胡民海

摘要：

本发明提供一种空置快装型 LED 电源，主要解决了现有空置快装型 LED 电源散热性能差，无法在高温高湿环境中工作。现有技术安装孔设置单一，导致安装方式单一，适应性差的问题。本发明包括电路板、电源盒体和电源盒盖，空置单元独立垂直设置于电路板上，空置单元的工作温度为 -40 ~ 100℃；上述电源盒体底板上设置有用于固定电源的至少三组连接孔，各组连接孔均由相同的一个条形孔和 U 形孔组成。本发明采取将空置单元竖立在电路板上的安装方式，这可对空置单元进行独立更换，竖立设置可形成风道，进一步提高了散热效果；电源安装孔包括条形孔和 U 形孔，两种孔的设计增加了多种安装方式，适用于多种不同的安装场合。

散热间距型 LED 电源

申请（专利）号：201110454325.3　**公开日：**2013-06-26

申请人：西安智海电力科技有限公司

发明人：胡家培　胡民海

摘要：

本发明提供一种散热间距型 LED 电源，主要解决了现有技术结构不合理；现有散热间距型 LED 电源电路板设置不合理，安装维修不便的问题。本发明包括电路板、电源盒体和电源盒盖，电路板固定设置于电源盒体内，电源盒盖为 U 形，包括电源盒盖顶盖和对称设置于顶盖两端的边盖，顶盖和边盖上均设置多个有用于散热的条形孔，线路板与电源盒体底板之间设置有小于 5mm 的间隙；电路板与电源盒体底板之间设置有至少三个垫柱，垫柱的长度小于 5mm，与间隙相等。本发明提供的电源盒盖占空比设置合理，强度高，利于加工，成本低。电路板与电源盒体底板之间设置有空隙，该空隙首先可以当做风道，利于形成气流，其次，安装和维护较为方便。

功率一体型 LED 电源

申请（专利）号：201110452359.9　**公开日：**2013-06-26

申请人：西安智海电力科技有限公司

发明人：胡家培　胡民海

摘要：

本发明提供一种功率一体型 LED 电源，主要解决了现有功率管散热性能差、管脚应力大；现有技术热传导性能和强度较差的问题。一种功率一体型 LED 电源，包括电路板、电源盒体和电源盒盖，电路板固定设置于电源盒体内，电源盒体为“U”形或“L”形，包括电源盒体侧壁和电源盒体底板，电路板固定设置于电源盒体底板上；功率管与电路板电连接，功率管固定设置于电源盒体侧壁上；电源盒体底板远离电路板一侧与被安装部位完全贴合，电源盒体底板与电源盒体侧壁为一体成型的绝缘导热盒。本发明采用将功率管设置在电源盒体侧壁上，既解决了散热问题，又解决了管脚的应力问题；电源盒体为一体件，散热均匀，利于热传导。

电感功率一体型 LED 电源

申请（专利）号：201110452064.1　**公开日：**2013-06-26

申请人：西安智海电力科技有限公司

发明人：胡家培　胡民海

摘要：

本发明提供一种电感功率一体型 LED 电源，主要解决了现有电感发热量大，体积大；现有功率管散热性能差、管脚应力大；现有技术热传导性能和强度较差的问题。本发明包括电路板、电源盒体和电源盒盖，电源盒体侧壁上设置有电感，电感与电路板电连接；功率管与电路板电连接，电源盒体底板远离电路板一侧与被安装部位完全贴合，电源盒体底板与电源盒体侧壁为一体成型的绝缘导热盒。本发明采用了直径小于 0.1mm 的细线，增大了有效面积，缩小了电感的体积，本发明采用将功率管设置在电源盒体侧壁上，既解决了散热问题，又解决了管脚的应力问题。电源盒体为一体件，散热均匀，强度高。

空置型 LED 电源

申请（专利）号：201110453985.X　**公开日：**2013-06-26

申请人：西安智海电力科技有限公司

发明人：胡家培　胡民海

摘要：

本发明提供一种空置型 LED 电源，主要解决了现有 LED 电源散热性能差，无法再高温高湿环境中工作。空置型 LED 电源，包括线路板、电源盒体和电源盒盖，电路板固定设置于电源盒体内，电源盒体为“U”形或“L”形，包括电源盒体侧壁和电源盒体底板，电路板固定设置于电源盒体底板上；空置单元独立垂直设置于电路板上，空置单元的工作温度为 -40 ~ 100℃。本发明采取将空置单元竖立在电路板上的安装方式，可对空置单元进行独立更换，适用于高温高湿环境，竖立设置可形成风道，利于气流流通带走热量，进一步提高了散热效果。

电感功率间距型 LED 电源

申请（专利）号：201110454086.1　**公开日：**2013-06-26

申请人：西安智海电力科技有限公司

发明人：胡家培　胡民海

摘要：

本发明提供一种电感功率间距型 LED 电源，主要解决了现有电感发热量大，体积大；现有功率管散热性能差、管脚应力大；现有电感功率间距型 LED 电源线路板设置不合理，安装维修不便的问题。本发明包括电路板、电源盒体和电源盒盖，电源盒体侧壁上设置有电感，电源的垫柱为 4 个，各垫柱对称设置，电路板与电源盒体底板之间的距离为 3mm，垫柱的长度为 3mm。本发明采用了直径小于 0.1mm 的细线，增大了有效面积，缩小了电感的体积，本发明采用将功率管设置在电源盒体侧壁上的安装方式，既解决了散热问题，又解决了管脚的应力问题。电路板与电源盒体底板之间设置有空隙，该空隙首先可以当做风道，利于形成气流，安装和维护较为方便。

电感一体型 LED 电源

申请（专利）号：201110451490.3　**公开日：**2013-06-26

申请人：西安智海电力科技有限公司

发明人：胡家培　胡民海

摘要：

本发明提供一种电感一体型 LED 电源，主要解决了现有电感发热量大，体积大；热传导性能和强度较差的问题。本发明包括电路板、电源盒体和电源盒盖，上述电路板固定设置于电源盒体内，包括电源盒体侧壁和电源盒体底板，电路板固定设置于电源盒体底板上；电源盒体侧壁上设置有电感，电感是通过直径小于 0.01mm 的细线绕制；电源盒体底板远离电路板一侧与被安装部位完全贴合，电源盒体底板与电源盒体侧壁为一体成型的绝缘导热盒。本发明采用了直径小于 0.1mm 的细线，增大了有效面积，缩小了电感的体积，电源盒体为一体件，散热均匀，强度高。

功率自控型 LED 电源

申请（专利）号：201110450689.4　**公开日：**2013-06-26

申请人：西安智海电力科技有限公司

发明人：胡家培　胡民海

摘要：

本发明提供一种功率自控型 LED 电源，主要解决了现有功率管散热性能差、管脚应力大；现有技术无法对电源工作做适应于环境的调整，导致电源易损坏的问题。本发明包括电路板、电源盒体和电源盒盖，电路板固定设置于电源盒体内，电路板固定设置于电源盒体底板上；功率管与电路板电连接，功率管固定设置于电源盒体侧壁上；电路板上设置有控制装置，控制装置与电路板电连接。采用将功率管设置在电源盒体侧壁上的安装方式，然后再将管脚与电路板连接，既解决了散热问题，又解决了管脚的应力问题；功率自控型 LED 电源内增设了控制装置，避免了电源的损坏，延长了电源的使用寿命。

间距型 LED 电源

申请（专利）号：201110452932.6　**公开日：**2013-06-26

申请人：西安智海电力科技有限公司

发明人：胡家培 胡民海

摘要：

本发明提供一种间距型LED电源，主要解决了现有LED电源电路板设置不合理，安装维修不便的问题。本发明包括电路板、电源盒体和电源盒盖，电路板固定设置于电源盒体内，上述电源盒体为“U”形或“L”形，电路板与电源盒体底板之间设置有至少三个垫柱，垫柱的长度小于5mm，与间隙相等；本发明提供的间距型LED电源中，电路板与电源盒体底板之间设置有空隙，该空隙首先可以当做风道，利于形成气流，其次，安装和维护较为方便。

电感功率散热型LED电源

申请（专利）号：201110451416.1 **公开日：**2013-06-26

申请人：西安智海电力科技有限公司

发明人：胡家培 胡民海

摘要：

本发明提供一种电感功率散热型LED电源，主要解决了现有电感发热量大，体积大；现有功率管散热性能差、管脚应力大；现有技术结构不合理的问题。本发明包括电路板、电源盒体和电源盒盖，电源盒体侧壁上设置有电感，功率管固定设置于电源盒体侧壁上；电源盒盖为U形。本发明采用了直径小于0.1mm的细线，增大了有效面积，缩小了电感的体积，本发明采用将功率管设置在电源盒体侧壁上，即解决了散热问题，又解决了管脚的应力问题；电源盒盖占空比设置合理，强度高，利于加工，成本低。

一体散热快装型LED电源

申请（专利）号：201110454323.4 **公开日：**2013-06-26

申请人：西安智海电力科技有限公司

发明人：胡家培 胡民海

摘要：

本发明提供一种一体散热快装型LED电源，主要解决了现有技术热传导性能和强度较差；现有技术结构不合理；现有技术安装孔设置单一，导致安装方式单一，适应性差的问题。本发明包括电路板、电源盒体和电源盒盖，电源盒体底板远离电路板一侧与被安装部位完全贴合，电源盒盖为U形，顶盖和边盖上均设置多个有用于散热的条形孔，边盖上还设置有用于引出电源线的插式槽孔；电源盒体底板上设置有用于固定电源的至少三组连接孔。本发明提供的电源盒体为一体件，散热均匀，强度高；电源盒盖占空比设置合理，强度高，利于加工，成本低；电源安装孔包括条形孔和U型孔，增加了多种安装方式，适用于多种不同的安装场合。

空置间距型LED电源

申请（专利）号：201110454653.3 **公开日：**2013-06-26

申请人：西安智海电力科技有限公司

发明人：胡家培 胡民海

摘要：

本发明提供一种空置间距型LED电源，主要解决了现有空置间距型LED电源散热性能差，无法在高温高湿环境中工作；现有空置间距型LED电源电路板设置不合理，安装维修不便的问题。本发明包括电路板、电源盒体和电源盒盖，空置单元独立垂直设置于电路板上，电路板与电源盒体底板之间设置有小于5mm的间隙；电路板与电源盒体底板之间设置有至少三个垫柱。本发明采取将空置单元竖立在电路板上的安装方式，竖立设置可形成风道，利于气流流通带走热量，进一步提高了散热效果；电路板与电源盒体底板之间设置有空隙，该空隙首先可以当做风道，利于形成气流，其次，安装和维护较为方便。

电感自控型LED电源

申请（专利）号：201110451853.3 **公开日：**2013-06-26

申请人：西安智海电力科技有限公司

发明人：胡家培 胡民海

摘要：

本发明提供一种电感自控型LED电源，主要解决了现有技术由于现有电感发热量大，体积大；无法对电源工作做适应于环境的调整，导致电源易损坏的问题。本发明包括电路板、电源盒体和电源盒盖，电路板固定设置于电源盒体内，包括电源盒体侧壁和电源盒体底板，电路板固定设置于电源盒体底板上；电源盒体侧壁上设置有电感，电感与电路板电连接；电感是通过直径小于0.01mm的细线绕制；电路板上设置控制装置，控制装置包括温度传感器和控制器，或者包括温度传感器和开关控制器。本发明增大了有效面积，缩小了电感的体积；在电感自控型LED电源内增设了控制装置，避免了电源的损坏，延长了电源的使用寿命。

空置自控间距型LED电源

申请（专利）号：201110454324.9 **公开日：**2013-06-26

申请人：西安智海电力科技有限公司

发明人：胡家培 胡民海

摘要：

本发明提供一种空置自控间距型LED电源，主要解决了现有空置自控间距型LED电源散热性能差，无法在高温高湿环境中工作；现有技术无法对电源工作做适应于环境的调整，导致电源易损坏；现有空置自控间距型LED电源电路板设置不合理，安装维修不便的问题。本发明包括电路板、电源盒体和电源盒盖，空置单元独立垂直设置于电路板上，电路板上设置有控制装置，电源盒体底板上设置有至少三组连接孔。本发明采取将空置单元竖立在电路板上的安装方式，这样设置易散热，增设了控制装置，避免了电源的损坏，延长了电源的使用寿命。电路板与电源盒体底板之间设置有空隙，可以当做风道，利于形成气流，安装和维护较为方便。

自控散热型LED电源

申请（专利）号：201110450686.0 **公开日：**2013-06-26

申请人：西安智海电力科技有限公司

发明人：胡家培 胡民海

摘要：

本发明提供一种自控散热型LED电源，主要解决了现有技术无法对电源工作做适应于环境的调整，导致电源易损坏；现有技术安装孔设置单一，导致安装方式单一，适应性差的问题。本发明包括电路板、电源盒体和电源盒盖，电路板上设置有控制装置，控制装置与电路板电连接；电源盒盖为U形，包括电源盒盖顶盖和对称设置于顶盖两端的边盖，顶盖和边盖上均设置多个有用于散热的条形孔，边盖上还设置有用于引出电源线的插式槽孔；本发明在自控散热型LED电源内增设了控制装置，避免了电源的损坏，延长了电源的使用寿命；电源盒盖占空比设置合理，强度高，利于加工，成本低。

空置自控一体型LED电源

申请（专利）号：201110452931.1 **公开日：**2013-06-26

申请人：西安智海电力科技有限公司

发明人：胡家培 胡民海

摘要：

本发明提供一种空置自控一体型LED电源，主要解决了现有空置自控一体型LED电源散热性能差，无法在高温高湿环境中工作；现有技术无法对电源工作做适应于环境的调整，导致电源易损坏；现有技术热传导性能和强度较差的问题。本发明包括电路板、电源盒体和电源盒盖，空置单元独立垂直设置于电路板上，电路板上设置有控制装置，电源盒体底板远离电路板一侧与被安装部位完全贴合，电源盒体底板与电源盒体侧壁为一体成型的绝缘导热盒。本发明采取将空置单元竖立在电路板上的安装方式，这样设置易散热；增设了控制装置，避免了电源的损坏，延长了电源的使用寿命；电源盒体为一体件，散热均匀，强度高。

自控一体快装型LED电源

申请（专利）号：201110454654.8 **公开日：**2013-06-26

申请人：西安智海电力科技有限公司

发明人：胡家培 胡民海

摘要：

本发明提供一种自控一体快装型LED电源，主要解决了现有技术无法对电源工作做适应于环境的调整，导致电源易损坏；现有技术热传导性能和强度较差的问题。本发明包括电路板、电源盒体和电源盒盖，电路板上设置有控制装置，控制装置与电路板电连接；电源盒体底板远离电路板一侧与被安装部位完全贴合，电源盒体底板与电源盒体侧壁为一体成型的绝缘导热盒。本发明在自控一体快装型LED电源内增设了控制装置，避免了电源的损坏，延长了电源的使用寿命。电源盒体为一体件，散热均匀，强度高；同时，对盒体背部进行处理，使其与被安装件之间接触紧密，利于热传导。

自控快装型LED电源

申请（专利）号：201110455628.7 **公开日：**2013-06-26

申请人：西安智海电力科技有限公司

发明人：胡家培 胡民海

摘要：

本发明提供一种自控快装型LED电源，主要解决了现有技术无法对电源工作做适应于环境的调整，导致电源易损坏；现有技术安装孔设置单一，导致安装方式单一，适应性差的问题。本发明包括电路板、电源盒体和电源盒盖，电路板固定设置于电源盒体底板上；电路板上设置有控制装置；电源盒体底板上设置有用于固定电源的至少三组连接孔。本发明增设了控制装置，避免了电源的损坏，延长了电源的使用寿命；电源安装孔包括条形孔和U形孔，两种孔的设计增加了多种安装方式，适用于多种不同的安装场合。

自控型LED电源

申请（专利）号：201110450723.8 **公开日：**2013-06-26

申请人：西安智海电力科技有限公司

发明人：胡家培 胡民海

摘要：

本发明提供一种自控型LED电源，主要解决了现有技术无法对电源工作做适应于环境的调整，导致电源易损坏的问题。本发明包括电路板、电源盒体和电源盒盖，上述电路板固定设置于电源盒体内，上述电源盒体为“U”形或“L”形，包括电源盒体侧壁和电源盒体底板，电路板固定设置于电源盒体底板上，电路板上设置有用于当电源温度过高时，或电源所处环境湿度较高时用于切断电源或降低电源功率的控制装置。本发明在自控型LED电源内增设了控制装置，该控制装置用于在温度过高或湿度过高时，降低电源功率或对电源进行切断，避免了电源的损坏，延长了电源的使用寿命。

功率控制自控型LED电源

申请（专利）号：201110452063.7 **公开日：**2013-06-26

申请人：西安智海电力科技有限公司

发明人：胡家培 胡民海

摘要：

本发明提供一种功率控制自控型LED电源，主要解决了现有功率管散热性能差、管脚应力大；现有功率控制自控型LED电源散热性能差，无法在高温高湿环境中工作；现有技术无法对电源工作做适应于环境的调整，导致电源易损坏的问题。本发明包括电路板、电源盒体和电源盒盖，功率管与电路板电连接，功率管固定设置于电源盒体侧壁上；空置单元独立垂直设置于电路板上，电路板上设置有控制装置。本发明采用将功率管设置在电源盒体侧壁上，既解决了散热问题，又解决了管脚的应力问题。将空置单元竖立在电路板上的安装方式，易散热，增设了控制装置，避免了电源的损坏，延长了电源的使用寿命。

自控间距型 LED 电源

申请（专利）号： 201110454089.5　**公开日：** 2013-06-26
申请人： 西安智海电力科技有限公司
发明人： 胡家培　胡民海
摘要：

本发明提供一种自控间距型 LED 电源，主要解决了现有技术无法对电源工作做适应于环境的调整，导致电源易损坏；现有自控间距型 LED 电源电路板设置不合理，安装维修不便的问题。本发明包括电路板、电源盒体和电源盒盖，电路板上设置有控制装置，电路板与电源盒体底板之间设置有小于 5mm 的间隙；本发明增设了控制装置，该控制装置用于在温度过高或湿度过高时，降低电源功率或对电源进行切断，避免了电源的损坏，延长了电源的使用寿命；电路板与电源盒体底板之间设置有空隙，该空隙首先可以当做风道，利于形成气流，其次，安装和维护较为方便。

一种汽车视频产品老化测试用电源

申请（专利）号： 201110450619.9　**公开日：** 2013-06-26
申请人： 西安大昱光电科技有限公司
发明人： 李美川　张超
摘要：

本发明公开了一种汽车视频产品老化测试用电源，包括串接在三相电源进线上的 32A 断路器 QF0 和用于启动和停止的接触器 KM0、并联在接触器 KM0 常开触点两端的启动按钮 SB1、并联在接触器 KM0 线圈两端的工作状态指示灯 AL1、串联在启动按钮 SB1 与接触器 KM0 线圈之间的停止按钮 SB2 和开关 K1、串联在启动按钮 SB1 之前的熔断器 F1、串联在接触器 KM0 常开触点之后的熔断器 F2 以及串联在熔断器 F2 与三相电源零线之间的多个相互并联的控制电路。本发明结构简单，使用操作方便，投入成本低，可同时满足多个汽车视频产品出厂前的老化测试用电源。

一种电机电源老化试验及能量回馈系统

申请（专利）号： 201110454635.5　**公开日：** 2013-06-26
申请人： 西安大昱光电科技有限公司
发明人： 刘学　胡剑峰
摘要：

本发明公开了一种电机电源老化试验及能量回馈系统，包括老化电源、控制器、与老化电源相接的多个用于实现老化电源内部并联支路之间电流均衡的电流控制电压调节电路、检测老化电源的电压并将所述电压信号传送给控制器的电压检测电路、通过继电器与老化电源相接的被试验用负载逆变器、在控制器控制下驱动继电器闭合或断开的驱动电路、与控制器相接且当系统出现故障时用于报警的报警电路以及与所述负载逆变器相接的电网。本发明电路设计简单，成本低，运行可靠，不仅可以直接用于多种中小功率的电源老化，而且实现了能量的回收利用，利于推广。

一种便携式投影仪的电源管理系统

申请（专利）号： 201110438133.3　**公开日：** 2013-06-26
申请人： 闻泰通讯股份有限公司
发明人： 张义刚
摘要：

本发明公开了一种便携式投影仪的电源管理系统，其包括锂电池、充电模块、电源模块和上电控制模块，锂电池与充电模块、电源模块连接，电源模块还与上电控制模块连接，电源模块采用 DC/DC 转换器，与低压差线性稳压器配合供电，上电控制模块具有按键自动上电、智能检测控制和下载自动上电的功能。本发明便携式投影仪的电源管理系统可以降低便携式投影仪的功耗，延长使用时间，一次充电后使用时间在 1h 以上，用户无需随身携带电源适配器，使用方便。

电源管理系统及方法

申请（专利）号： 201110434998.2　**公开日：** 2013-06-26
申请人： 鸿富锦精密工业（深圳）有限公司　鸿海精密工业股份有限公司
发明人： 范朝宗
摘要：

一种电源管理系统，用于对一第一不间断电源及一第二不间断电源进行管理，其中该第二不间断电源用于为一服务器提供工作电压，该电源管理系统包括：一获取单元、一预警单元及一控制单元，该获取单元用于获取该第一不间断电源及第二不间断电源的工作状态；当该第一不间断电源停止工作而第二不间断电源工作时，该控制单元发送一预警信号至该预警单元，使得该预警单元发出警示信息。本发明电源管理系统可方便用户及时地获取该第一不间断电源及第二不间断电源的工作状态，还可提高该服务器的稳定性。此外，本发明还提供了一种电源管理方法。

可遥控的电源插排

申请（专利）号： 201310095943.2　**公开日：** 2013-06-26
申请人： 郃俊莹
发明人： 郃俊莹
摘要：

本发明公开了一种可遥控的电源插排，其特征是在插排的下方设有遥控信号接收装置，电源插头位于插排左上方的电源线末端，在插排上设有两孔插座和三孔插座，开关指示灯分别位于两孔插座和三孔插座的右侧和上方，在遥控器上设有两孔插座和三孔插座的开关按钮，遥控信号发射装置位于遥控器上方。通过以上设置，本发明实现了插座防触电和通过遥控器控制插座的功能，使用更加安全便捷。

一种直流远供电源的均流电路

申请（专利）号： 201310066581.4　**公开日：** 2013-06-26
申请人： 深圳市伟林锦龙通信技术有限公司
发明人： 王晓波
摘要：

本发明提供了一种直流远供电源的均流电路，通过软硬件双重控制，消除了电流的采样误差，通过软件的修正优化，从而提高了模块间的均流准确度，稳定了系统的输出电压。本发明所采用的技术方案是：增加CPU控制端，利用CPU计算得到的平均电流与采样电流进行比较放大，通过软硬件双重控制，消除了电流的采样误差，从而提高了模块间的均流准确度，稳定了系统的输出电压。与现有技术相比，本发明的有益效果是实现更高的均流准确度，稳定系统的输出电压，增强系统的稳定性以及使用寿命。

一种储能式低压直流电源老化系统

申请（专利）号：201110456716.9 **公开日：**2013-06-26

申请人：陕西银星科技有限公司

发明人：兰小意 牛军仓

摘要：

本发明公开了一种储能式低压直流电源老化系统，包括控制电路、由多个串联支路并联得到的被进行老化试验的老化电源、给老化电源供电的AC220V市电、对老化电源输出的电压进行稳压的DC/DC稳压模块、将老化试验中的电能集中回收的储能设备以及将所述储能设备输出的直流电转换为交流电并给老化电源供电的逆变器；本发明电路设计简单，成本低，运行可靠，利于推广，通过自动控制实现了老化试验中能量的集中储能及回馈利用。

一种多功能家用蓄电电源

申请（专利）号：201110450699.8 **公开日：**2013-06-26

申请人：陕西亚泰电器科技有限公司

发明人：鱼俊

摘要：

本发明公开了一种多功能家用蓄电电源，包括控制器、与220V电源相接的蓄电池充电电路、与蓄电池充电电路相接的蓄电池、与蓄电池相接的输出调整电路和蓄电池电量检测电路以及与输出调整电路相接的交流输出电路和直流输出电路，蓄电池电量检测电路与控制器的输入端相接，蓄电池充电电路、输出调整电路、交流输出电路和直流输出电路均与控制器的输出端相接并相应接受控制器的控制，控制器的输入端还接有参数设置电路，控制器的输出端还接有显示电路和报警电路；直流输出电路所输出的直流电压为12V、9V、6V、4.5V和3V。本发明结构简单，设计合理，成本低，使用操作便捷，稳定性好，效率高，准确度高，功能完备，使用效果好，便于推广使用。

具有优先网络选择的电源系统

申请（专利）号：201210568750.X **公开日：**2013-06-26

申请人：泰雷兹公司

发明人：克里斯托夫·托朗 阿诺·布瑞特兹

摘要：

涉及具有优先网络选择的电源系统。电源系统（10）可与N个电源网络（R1，…，RN）的输出端连接，N为大于或等于2的整数。电源系统包括均与电源网络（R1，…，RN）连接的N个可控能量传递元件（T1，…，TN）、通过命令与所选的电源网络（R1，…，RN）连接的所述可控元件（T1，…，TN）进入闭合位置从而选择一个电源网络（R1，…，RN）的控制装置（14）以及能够传送储存电压（Ve）的能量储存装置（18）。电源系统还包括与N个可控能量传递元件（T1，…，TN）的输出端连接的能量转换器（16），控制装置（14）能够根据N个输入电压（V1，…，VN）和所述储存电压（Ve），命令能量转换器（16）和N个可控能量传递元件（T1，…，TN）从N个电源网络（R1，…，RN）之间选择至多一个能源。

用于减小相电流失衡的单相冗余电源系统

申请（专利）号：201210404545.X **公开日：**2013-06-26

申请人：雅达电子国际有限公司

发明人：维贾伊·甘加达尔·帕德克

摘要：

本发明涉及用于减小相电流失衡的单相冗余电源系统。根据本发明的单相冗余电源系统可以包括：第一电源，其具有耦合到多相配电系统中的第一相电压的输入端和耦合到负载以便向负载供应DC电力量的输出端；以及第二电源，其具有耦合到所述多相配电系统中的第二相电压的输入端和耦合到负载以便向负载供应DC电力量的输出端。所述第一电源的输出端与所述第二电源的输出端并联耦合。至少所述第一电源配置成通过调整由所述第一电源供应到所述负载的DC电力量和由所述第二电源供应到所述负载的DC电力量来减小所述多相配电系统中的相电流失衡。还公开了多种其他的系统、电源、控制器和方法。

电源管理系统及方法

申请（专利）号：201110435113.0 **公开日：**2013-06-26

申请人：鸿富锦精密工业（深圳）有限公司 鸿海精密工业股份有限公司

发明人：侯贵智 谢月女

摘要：

一种电源管理系统，用于为一服务器提供工作电压，包括一电源供应器及一电池控制单元。该电源供应器包括一输入端及一输出端，该电源供应器用于将接入输入端的外部交流电源转换为直流电，还将转换的直流电通过输出端输出至该服务器。该电池控制单元包括一电池组、一充电电路、一变换电路及一控制模块。该充电电路连接于该电源供应器的输出端，用于对该电池组进行充电。当外部交流电源断电时，该控制模块控制该变换电路工作，以将该电池组的直流电转换为交流电，并将转换后的交流电输出至该电源供应器的输入端。本发明电源管理系统通过省去额外的整流器来减少服务器的成本，此外，本发明还提供了一种电源管理方法。

一种微分式调宽高温开关电源方法

申请（专利）号：201110428043.6 **公开日：**2013-06-26

申请人：西安世强电子科技有限公司

发明人：张世强

摘要：

本发明涉及一种电源，特别是一种微分式调宽高温开关电源方法，它至少包括开关电源电路（1）和金属壳体（2），其特征是：金属壳体（2）内有阻热介质（3），开关电源电路（1）封闭在金属壳体（2）的腔体内的阻热介质（3）中，阻热介质（3）在温度 200℃以上时能充满腔体；开关电源电路（1）通过引线（4）与壳体端的输出孔（5）引出；石腊在 80℃以上开始熔化，石蜡密度随熔点上升而增加，沸点 300～550℃不溶于水，熔化后温度上升体积增大，液体部分会保持在沸点度。

一种智能直流稳压电源

申请（专利）号：201110450640.9 **公开日：**2013-06-26

申请人：陕西亚泰电器科技有限公司

发明人：鱼俊

摘要：

本发明公开了一种智能直流稳压电源，包括交直流转换电路模块、与交直流转换电路模块相接的单片开关电源、与单片开关电源相接的电源输出电路模块、电压检测电路模块、电流检测电路模块、与电压检测电路模块和电流检测电路模块均相接的整流滤波电路模块、与整流滤波电路模块相接的信号分时复用电路模块、与信号分时复用电路模块相接的 A-D 转换电路模块、用于检测智能充电器内温度的温度传感器、与 A-D 转换电路模块和温度传感器均相接的控制器模块，以及与控制器模块相接的按键电路模块、显示电路模块和声光报警电路模块。本发明结构简单，设计合理，效率高，成本低，抗电磁干扰性能好，节能环保，实用性强，便于推广使用。

一种免电源电话计时器

申请（专利）号：201110450628.8 **公开日：**2013-06-26

申请人：陕西亚泰电器科技有限公司

发明人：张小奇

摘要：

本发明公开了一种免电源电话计时器，包括计时电路、显示电路、复位电路、处理器和脉冲电路，处理器的输入端与脉冲电路的输出端相接，处理器的输出端与计时电路的输入端相接，处理器的输出端与复位电路的输入端相接，处理器的输出端与显示电路的输入端相接，复位电路上连接有复位按键，显示电路上连接有用于提醒人们挂好电话的数码管，还包括直接取用电话线提供的电压为计时电路、显示电路、复位电路、脉冲电路和处理器提供电压的电源电路。该电话计时器既能够提醒通话时间，又能够在人们使用完电话没挂好时进行提醒，且其结构简单，设计合理，使用方便，便于推广使用。

TD-LTE 系统中的智能电源管理方法及系统

申请（专利）号：201110438855.9 **公开日：**2013-06-26

申请人：中兴通讯股份有限公司

发明人：曾召华 黄海旭

摘要：

本发明公开了一种 TD-LTE 系统中的智能电源管理方法及系统，在上述方法中，MAC 在确定当前物理资源块利用率小于第一阈值时，判断停止调度一个或多个下行子帧后的物理资源块利用率是否小于或等于第二阈值；如果是，MAC 通知 OAM 在下一个统计周期内仅执行重传处理操作；MAC 确定下一个统计周期结束时的物理资源块利用率小于或等于第二阈值；MAC 停止调度一个或多个下行子帧。根据本发明提供的技术方案，达到了有效实现基站的节电节能，同时又保证了网络中用户的正常调度的效果。

电源固定装置

申请（专利）号：201110447161.1 **公开日：**2013-07-03

申请人：鸿富锦精密工业（深圳）有限公司 鸿海精密工业股份有限公司

发明人：陆文虎 邱柏文 李占阳

摘要：

一种电源固定装置，包括一机壳及一安装架，所述机壳包括一侧壁，所述安装架用于安装一电源，所述侧壁包括一侧壁本体、一自所述侧壁本体延伸形成的卡扣凸缘及一自所述侧壁本体延伸形成的安装部，所述安装架包括一定位部及一卡扣片，所述卡扣片与所述卡扣凸缘卡合而限制所述安装架沿一平行所述侧壁本体的第一方向移动，所述定位部设有一收容所述安装部的容置空间，所述定位部用于沿一与第一方向相反的第二方向滑动而使所述安装部收容于所述容置空间，所述定位部收容所述安装部而限制所述安装架沿一垂直所述侧壁本体的第三方向移动。

电源保护电路

申请（专利）号：201110450137.3 **公开日：**2013-07-03

申请人：鸿富锦精密工业（深圳）有限公司 鸿海精密工业股份有限公司

发明人：葛婷 付迎宾

摘要：

一种电源保护电路，包括一控制器、一开关电路、一内存控制芯片及一延时电路；当一计算机处于开机模式时，该控制器输出高电平的控制信号；当计算机处于深度休眠或关机模式时，该控制器输出低电平的控制信号；当开关电路接收到高电平的控制信号时，该开关电路导通；当该开关电路接收到低电平的控制信号时，该开关电路断开；该内存控制芯片包括一电源引脚及一使能引脚，当接收到高电平的控制信号时，该延时电路输出高电平的使能信号；当接收到低电平的控制信号时，该延时电路延时一定的时间之后输出低电平的使能信号。本发明电源保护电路通过该开关电路及延时电路避免了该内存控制芯片从深度休眠或关机模式返回开机模式时发生工作错误的可能。

一种用于 UPS 电源的功率变压器

申请（专利）号：201110452242.0 **公开日：**2013-07-03

申请人： 天津新技术产业园区金维网络技术有限公司

发明人： 姜慧 罗贺琴

摘要：

本发明提供一种用于UPS电源的功率变压器，包括变压器本体，所述变压器本体外面设有一金属箔片，所述金属箔片外面还设有一屏蔽盒；所述金属箔片与所述屏蔽盒之间还设有硅钢片；所述屏蔽盒为纯铁材料制成。进一步，所述硅钢片为两个以上。本发明的有益效果是由于采用上述技术方案，金属箔片减少了沿圆周方向的漏磁，硅钢片和纯铁屏蔽盒进一步屏蔽了各方向漏磁形成的电磁辐射干扰，使得变压器本体几乎没有漏电磁波，从而避免了其对主机和显示器的影响，使用更加方便；具有结构简单，维修方便，加工成本低等优点。

电源装置

申请（专利）号： 201210598730.7 **公开日：** 2013-07-03

申请人： 株式会社杰士汤浅国际

发明人： 牛嶌修

摘要：

本发明提供一种电源装置，其具有单电池或电池组并提高生产率。在该电源装置（1）中，具备：具有电极端子（21a）的电池组（20）；固定部（10），其通过与配置有电极端子（21a）的上表面（21c1）的第一面不同的第二面固定在电池组（20）上；固定部（10）具有与电极端子（21a）和外部负载电连接的正极端子（11a）和负极端子（11b）。

一种电源分配装置安装系统

申请（专利）号： 201110459201.4 **公开日：** 2013-07-03

申请人： 伊顿制造（格拉斯哥）有限合伙莫尔日分支机构

发明人： 陈家智

摘要：

本发明涉及一种用于电源分配装置的安装系统，包括固定的滑架和压入安装于该滑架内的滑轨，所述滑轨设有电源分配装置并且沿该滑轨纵向设置有至少一条凹槽，凹槽具有相对的第一侧面和第二侧面，所述至少一条凹槽安装有阻止所述滑架和滑轨相对滑动的定位件，该定位件包括沿滑轨的横向延伸的本体，所述本体具有一个与滑架相抵的侧面并具有在所述的横向上相对的两端，其中一端设有卡榫部，该卡榫部与所述凹槽的第一侧面和第二侧面为挤压配合，本体的与卡榫部相对的一端为自由端，所述卡榫部上设有突部以用作通过自由端将卡榫部压入凹槽内或从凹槽内拔出的杠杆支点。

电源装置

申请（专利）号： 201110454560.0 **公开日：** 2013-07-03

申请人： 鸿富锦精密工业（深圳）有限公司 鸿海精密工业股份有限公司

发明人： 赖俊安

摘要：

一种电源装置，包括电池组、控制器、开关模组以及一输出端，所述电池组用以通过输出端输出一预设的供电电压至负载，所述电池组包括若干个电池，所述若干个电池通过开关模组选择串联以及选择连接至所述输出端，所述控制器连接至所述输出端以及开关模组，并检测所述电池组输出的电压，所述控制器首先依次控制每一个电池单独输出所述预设的供电电压，并于检测到所述每一个电池单独输出的电压均低于所述预设的供电电压时，该控制器依次控制两个或两个以上的电池相互串联以使该多个串联的电池输出的总电压达到所述预设的供电电压，直至所有电池依次串联后输出的总电压仍低于所述预设的供电电压。

电源和具有该电源的显示装置

申请（专利）号： 201210592833.2 **公开日：** 2013-07-03

申请人： 三星电子株式会社

发明人： 禹元命 李秦衡 张吉容

摘要：

一种电源包括：第一开关，安排在输入电力供应器和负载之间；驱动电力供应器，用于通过第一接收输入的电力，并且用于当负载的当前模式是正常模式时向负载提供输入的电力；以及省电电力供应器，连接到从输入电力供应器和第一开关之间分支出的电力线，当前模式是待机模式时该省电电力供应器生成待机电力，并且该省电电力供应器包括：连接到电力线的第二开关；通过第二开关发送的电力进行充电并输出充电的电力作为待机电力的充电器；电压检测器，用于检测充电的电力的电压；以及第一控制器，用于从充电器接收驱动电力并根据检测到的电压控制第二开关的操作。

具有异质多输入的电源系统

申请（专利）号： 201210587372.X **公开日：** 2013-07-03

申请人： 泰利斯公司

发明人： C·托朗 S·莫洛夫

摘要：

本发明涉及一种电源系统，该电源系统被适配成在输入处被连接至传递直流或交流输入电压（V1，…，VN）的N个不同的电网（R1，…，RN）且被适配成传递直流配电电压（V母线），N为大于或等于2的整数，该种类型的电源系统包括：在配电电压（V母线）下工作的配电母线（16）；能够在输入处分别被连接至给定的电网（R1，…，RN）的N个单向转换器（C1，…，CN）；以及能够控制单向转换器（C1，…，CN）的控制装置（20）。电源系统（10）还包括能量存储设备（18），该能量存储设备（18）被连接至配电母线（16）且具有大量能量（E），以及控制装置（20）被适配成同时控制单向转换器（C1，…，CN）以根据该大量能量（E）来调节由每个单向转换器（C1，…，CN）传递的电功率（P1，…，PN）。

不间断电源系统

申请（专利）号： 201110447328.4 **公开日：** 2013-07-03

申请人：鸿富锦精密工业（深圳）有限公司　鸿海精密工业股份有限公司

发明人：张国祥　蔡佑淇

摘要：

一种不间断电源系统，用于为一电子设备的交流电源供应单元提供电压，该不间断电源系统包括交流电源、桥式整流器、太阳电池模块、直流升压转换器。当该太阳电池模块所输出的电压低于一指定电压时，一控制器关闭该直流升压转换器，以便该交流电源通过该桥式整流器、一直流降压转换器和电源分配单元提供电压给该交流电源供应单元。当该太阳电池模块所输出的电压高于该指定电压时，该太阳电池模块所输出的电压通过该直流升压转换器转为一大于该交流电源的峰值电压的直流电压，并通过该直流降压转换器和该电源分配单元提供电压给该交流电源供应单元。上述不间断电源系统稳定性高。

功率因数改善电路及电源装置

申请（专利）号：201210332335.4　**公开日：**2013-07-03

申请人：东芝照明技术株式会社

发明人：北村纪之　高桥雄治　大武宽和

摘要：

本发明提供一种功率因数改善电路及电源装置，改善轻负载时的功率因数。功率因数改善电路包括：电感器、开关元件、定电流元件、反馈绕组线以及控制电路。所述开关元件串联连接于所述电感器的一端，当输入至所述电感器的另一端的输入电压相对高时，进行使接通的状态与断开的状态重复的开关动作，当所述输入电压相对低时，继续接通的状态，使输入电流流入所述电感器。所述定电流元件串联连接于所述开关元件，并限制所述开关元件的电流。所述反馈绕组与所述电感器进行磁耦合，并对所述开关元件的控制端子供给电压来控制所述开关元件。所述控制电路根据所述输入电压，控制所述定电流元件的定电流值。

一种电源转换装置及其在射频SIM卡中的应用

申请（专利）号：201110458420.0　**公开日：**2013-07-03

申请人：国民技术股份有限公司

发明人：潘文杰　周红星

摘要：

本发明提供了一种电源转换装置，该装置包括：开关电容转换电路，用于实现电压转换；输出电压控制电路，由第二PMOS管、第一电阻、第二电阻和放大器实现，所述放大器的一个输入端接参考电压，该电路用于通过反馈环路机制调节第二PMOS管的压降使输出电压稳定在一定的电压值；输入电流滤波电路，由所述第二PMOS管和输入电容实现，用来滤除输入电流纹波；输出电压滤波电路，由输出电容实现，用来滤除输出电压纹波。本发明还公开了将所述的电源转换装置在射频识别SIM中的应用。该电源转换装置提高了射频收发芯片的电源转换效率，有效地降低了射频收发芯片的功耗，使其更加易于应用在RFID-SIM卡中。

一种不间断电源的DC/DC电路

申请（专利）号：201110448727.2　**公开日：**2013-07-03

申请人：艾默生网络能源有限公司

发明人：倪同　宋淼　刘峰　刘春阳

摘要：

一种不间断电源的DC/DC电路，为双向DC/DC电路与电池和母线相连；在市电模式下，双向DC/DC电路由母线取电，给所述电池充电；在市电异常时，双向DC/DC电路工作在所述电池向母线供电状态；所述双向DC/DC电路包括隔离变压器，所述隔离变压器的一次侧连接推挽电路或半桥电路或全桥电路；在所述隔离变压器的二次侧连接推挽电路或半桥电路或全桥电路；所述隔离变压器具有多个可控抽头；所述双向DC/DC电路通过选择所述隔离变压器一次侧或者二次侧的抽头进行匝比切换，用于充电和放电电压调节。本发明提供一种用于不间断电源的DC/DC电路，使得UPS系统更为简化，同时降低系统成本。

密闭电子设备电源开关系统

申请（专利）号：201110452250.5　**公开日：**2013-07-03

申请人：清华大学　北京华清益康科技有限责任公司

发明人：姜汉钧　马腾　陈新凯　张春　王志华

摘要：

本发明公开了一种密闭电子设备电源开关系统，涉及电子设备电源技术领域，包括用于对密闭电子设备发出控制其电源通断的光信号的电源遥控发射装置，以及用于根据所述光信号控制密闭电子设备的电源通断的电源控制电路。本发明的密闭电子设备电源开关系统采用电源遥控发射装置与电源控制电路相配合对密闭电子设备的电源进行控制，在电源控制电路中采用能量恢复的方式，无需额外的消耗密闭电子设备中电池的能量，可使密闭电子设备在休眠状态时电池的电流消耗小于0.1μA；且本发明在光信号通信中加入了校验码，提高了系统的抗干扰能力，确保了本发明密闭电子设备电源开关系统的可靠性。

电视机辅助设备电源开关装置

申请（专利）号：201110447600.9　**公开日：**2013-07-03

申请人：洛阳瑞泽石化工程有限公司

发明人：林崇俭　靳洪

摘要：

本发明是关于一种电视机辅助设备电源开关装置，包括电源开关电路、电源切断装置、遥控回路及开关电源电路，另外还包括保护装置及机身插座，所述保护装置及机身插座分别设置于电视机内部。藉此，可免去开电视及关电视的麻烦操作，延长辅助设备电源开关的寿命，减轻插座（或插排）的任务量，优化美观，节省电能。

电脑系统备份电源供电电路和方法

申请（专利）号：201210004367.1　**公开日：**2013-07-10

申请人： 鸿富锦精密工业（深圳）有限公司 鸿海精密工业股份有限公司

发明人： 喻明

摘要：

一种电脑系统备份电源供电电路，包括一备份电源和一设置于所述电脑系统中的供电芯片，所述供电芯片连接到所述备份电源，所述电脑系统备份电源供电电路还包括一控制单元和一延时触发单元，所述控制单元连接到所述供电芯片，所述延时触发单元连接到所述控制单元，所述控制单元在所述延时触发单元计时满后控制所述供电芯片切换所述电脑系统的工作状态。本发明还包括一种电脑系统备份电源供电方法。

一种家用的太阳能光伏电源装置

申请（专利）号： 201310077745.3 **公开日：** 2013-07-10

申请人： 上思县东崇电子科技有限责任公司

发明人： 黄焕珠

摘要：

一种家用的太阳能光伏电源装置，由硅太阳电池组、蓄电池组、纯正弦波逆变器和家用电器组成。太阳能光伏电源装置的工作过程：太阳的辐射光照射硅太阳电池组，硅太阳电池组产生光伏直流电源，光伏直流电对蓄电池组充电，然后通过纯正弦波逆变器将直流电变为50Hz工频的交流电供给各种家用电器的工作电源。

偏压电源、电源和跨越隔离阻障传送数据的方法

申请（专利）号： 201310001189.1 **公开日：** 2013-07-10

申请人： 天堂电力公司

发明人： S. C. 古思里 S. 帕尔

摘要：

本发明提供一种偏压电源、跨越隔离阻障传送数据的方法和电源。在一个实施例中，偏压电源包括：（1）偏压电源变压器，具有跨越隔离阻障而电感耦合到二次绕组的一次绕组，（2）控制器，配置成指导偏压电源的操作，以及（3）偏压操纵电路，耦合到控制器的输入，配置成接收一次数据并且基于该一次数据，通过改变提供给控制器的电压，在规定的电压电平之间更改二次绕组的二次偏压输出电压，控制器和偏压操纵电路位于一次侧。

一种新型的大功率直流通信电源

申请（专利）号： 201210005218.7 **公开日：** 2013-07-10

申请人： 江苏北洋电子科技有限公司

发明人： 陈智 史小松

摘要：

本发明公开了一种新型的大功率直流通信电源，主要由主电路单元、电路控制单元、电路保护单元组成。所述主电路单元包括输入电路、功率变换电路及输出电路，为桥式拓扑结构。所述电路控制单元采用TL494芯片。所述电路保护单元包括防雷击、输入过电流、输出过电流、过电压保护、过载保护、输出电流限制调节及温度保护电路结构。本发明供电稳定、安全、可靠，其能量转换效率高，可达93%以上，工作频率达100kHz，输出功率可达1000W，完全可以满足发展中的通信设备的供电需求。

集成电路、电源和供电方法、电子设备以及集成电路制造方法

申请（专利）号： 201210585175.4 **公开日：** 2013-07-10

申请人： 三星电子株式会社

发明人： 元康营 韩制熙 孙太用

摘要：

实施例公开一种集成电路（IC），包括：电力输入单元，其从外部电源接收电力；核心，其由通过该电力输入单元输入的电力驱动；以及控制器，其确定该核心的特性，并且根据所确定的特性控制该外部电源供应电力。

焊接电源的保护控制方法

申请（专利）号： 201310004978.0 **公开日：** 2013-07-17

申请人： 株式会社大亨

发明人： 小野贡平

摘要：

本发明提供一种焊接电源的保护控制方法，通过使焊接电源的使用率保护控制进行动作，从而能够抑制焊接被中断而生产效率降低。该焊接电源的保护控制方法，时时刻刻地算出过去10min内的焊接电流的平方的平均值（Si），并基于该平均值（Si）来切断焊接电流的流通，在平均值（Si）达到了预先规定的第1基准值（St）时，推定将焊接继续到结束为止时的平均值（Si），并将该推定平均值（Ss）和值比第1基准值（St）大的第2基准值（Sh）进行比较，在 $Ss<Sh$ 时将焊接继续到结束为止，在 $Ss\geqslant Sh$ 时切断焊接电流的流通以停止焊接。由此，在推定出收敛于比即便将焊接继续到结束为止也不会给焊接电源造成不良影响的第2基准值（Sh）小时，因为继续进行焊接，所以能够抑制生产效率的降低。

一种HXD3型电力机车低压直流电源引车

申请（专利）号： 201210013311.2 **公开日：** 2013-07-17

申请人： 宁波市镇海国创机车配件有限公司

发明人： 邓进军 王文评

摘要：

本发明公开了一种HXD3型电力机车低压直流电源引车，特点是包括低压直流60V电源引车和用于将DC60V电压变换为DC600V的电源变换器，低压直流60V电源引车的60V直流电源通过牵车棒的电缆输入到电源变换器，电源变换器的输出600V直流电压通过库用电源插座接入HXD3型电力机车内的直流引车电路，电源变换器固定安装在HXD3型电力机车上；优点是在引车过程中电力机车与电源变换器输出的600V电源电缆相对固定，同步移动，避免了直流600V的电源电缆拖地，消除了人身触电伤害的隐患；而且其投资小，简便易行，使用安全。

用纽扣电池供电启动电脑的电源开关

申请（专利）号：201310041360. 1　**公开日：**2013-07-17

申请人：杨富志

发明人：杨富志

摘要：

本发明提供用纽扣电池供电启动电脑的电源开关，由控制电路（KZ）、晶闸管（TR）、电源（+5VSB、P. G.）和主板（PW）组成，目的是电脑启动由纽扣电池供电，工作由自身供电，关机后零功耗。控制电路（KZ）经隔离电路（D）与电源（+5VSB、P. G.）和与主板（PW）分别连接，让纽扣电池供电隔离过渡至电源+5VSB 供电；隔离传送电源 P. G. 开关机状态信号；开、关机启动信号隔离传送到主板（PW）。纽扣电池（E）经按钮（AN）、再经隔离二极管（De、Ds）分别向单稳延时电路（IC）电源脚和时间电路输入脚（Si）送去启动用电源和启动用触发脉冲，由输出脚 U1 经光耦合器驱动晶闸管（TR）导通或关断，由输出脚 U2 经隔离电路（D）启动主板（PW）开（电脑）机或关机。

一体式计算机及其电源管理方法

申请（专利）号：201210385061. 5　**公开日：**2013-07-17

申请人：技嘉科技股份有限公司

发明人：蔡东霖　汪木金　仇家旺　王传匀　林志豪

摘要：

本发明涉及一种一体式计算机及其电源管理方法，一体式计算器包含一显示模块与一主机，且主机设置于显示模块的一壳体内。主机包含一电源模块、一电池模块与一电路板，电路板分别电连接于电源模块、电池模块及显示模块的一显示面板。电路板上电性配置有一处理单元及一控制单元，处理单元选择性地接收电源模块的电源，而运作于一第一工作频率；或者是接收电池模块的电源，而运作于较低的一第二工作频率。控制单元依据电源模块的一电压电平关闭电源模块与致能电池模块，以及控制处理单元降频运作，以降低处理单元的功耗。

电源装置

申请（专利）号：201310010107. X　**公开日：**2013-07-17

申请人：锂能源日本有限公司

发明人：吉冈俊树　楠寿树

摘要：

提供一种可以保护电气设备、提高耐久性的电源装置。电源装置（1）具备：作为电池主体的组电池（470），其至少具有一个单电池（50）；作为电气设备的控制电路（6），其配置在组电池（470）上；壁体（622a～622c），其配置于构成控制电路（6）的零件即电路元件（631）的侧面。壁体（622a～622c）的高度比电路元件（631）的高度高。

电源装置

申请（专利）号：201310011085. 9　**公开日：**2013-07-17

申请人：锂能源日本有限公司

发明人：吉冈俊树　楠寿树

摘要：

提供一种可以提高耐冲击性以及耐热性的电源装置。电源装置（1）具备组电池（470）和收纳组电池（470）的收纳容器，组电池（470）具有由排列的多个单电池（50）构成的电池堆及紧固电池堆的紧固部件（440），在收纳容器的内壁上形成有与组电池（470）的表面对置并突起的作为突起部的肋（220a～220c），肋（220a～220c）的前端从紧固部件（440）隔离而配置。

组电池及电源装置

申请（专利）号：201310011004. 5　**公开日：**2013-07-17

申请人：锂能源日本有限公司

发明人：吉冈俊树　楠寿树

摘要：

本发明提供一种能够以简单的结构提高生产率的组电池。组电池（470）具备：由排列的多个单电池（50）构成的电池堆；夹入电池堆的两侧面的一对夹持板（411R、411L）；沿排列的多个单电池（50）的排列方向配置、被固定于一对夹持板（411R、411L）而紧固多个单电池（50）的紧固部件（440）；在紧固部件（440）和多个单电池（50）之间设置的作为绝缘部件的配线盘（450）。在配线盘（450）的表面形成有作为朝向紧固部件（440）突起的突起部的肋（452a、452b），该肋（452a、452b）与紧固部件（440）的至少一方的侧面相邻，并且沿该侧面配置。

一种电源插头防松脱结构

申请（专利）号：201210065236. 4　**公开日：**2013-07-17

申请人：中兴通讯股份有限公司

发明人：汤铭新　万钧

摘要：

本发明公开了一种电源插头防松脱结构，该电源插头防松脱结构包括可调式底座、钢丝连接件和线缆锁紧夹，该可调式底座安装在电源插头所连接的用电设备上，该可调式底座具有可伸缩的拉伸杆，该拉伸杆通过钢丝连接件与线缆锁紧夹相连接；通过调整拉伸杆，将线缆锁紧夹定位在电源插头与线缆的连接处。本发明能够应用在各种用电设备上，适用性和通用性强，能满足各种不同规格和尺寸的电源插头和不同直径的线缆，且防松脱性能可靠。

二氧化碳激光器电源

申请（专利）号：201310062610. X　**公开日：**2013-07-17

申请人：北京热刺激光技术有限责任公司

发明人：刘本洋　徐海军

摘要：

本发明提供一种二氧化碳激光器电源，包括：供电单元，其用于对工厂配电进行变换，以及对二氧化碳激光器进行供电；激光器故障检测单元，其用于检测二氧化碳激光器的故障；控制处理单元，当激光器故障检测单元检测到二氧化碳激光器的故障时，其根据激光器故障检测单元的检测结果关断二氧化碳激光器电源的输出。

一种小体积高温电源

申请（专利）号：201210547504.6 **公开日：**2013-07-17

申请人：张世强

发明人：张世强

摘要：

本发明涉及一种电源，特别是一种小体积高温电源。它至少包括开关电源电路和金属壳体，其特征是：包括开关电源电路和金属壳体，金属壳体包括一底板和上盖，底板尺寸是：长＝41.5mm，宽＝24mm，金属壳体整体高＝8.5mm，上盖尺寸是：长＝33.5mm，宽＝22.5mm，上盖宽度方向中间有直径4mm的过孔。

半桥式单级高功率因数电源

申请（专利）号：201210024350.2 **公开日：**2013-07-17

申请人：林福泳 林福祥

发明人：林福泳

摘要：

半桥式单级高功率因数电源。本发明是利用正激式变压器的线圈与主变压器的初级线圈串联，正激式变压器的线圈将串联电路的部分电能用于校正电流输入波形，主变压器的初级线圈将一次电能转换成二次电能。本发明最大优点是一次电压低于交流电的峰值电压，从而降低用于校正功率因数的电能，同时正激式变压器对开关管损耗影响小。

一种感应加热电源逆变器反馈方向自适应电路及方法

申请（专利）号：201310092159.6 **公开日：**2013-07-17

申请人：洛阳科诺工业设备有限公司

发明人：郭朋超 刘光辉 王传智

摘要：

本发明属电气感应加热电源逆变器技术领域，公开一种感应加热电源逆变器反馈方向自适应电路及方法，所述方法采用的电路包括：采样隔离处理电路和信号判断自动切换电路，所述采样隔离处理电路由电压采样隔离处理电路和电流采样隔离处理电路组成，所述电流采样隔离处理电路和电压采样隔离处理电路信号判断自动切换电路的输出端与逆变器的PWM端相连。本发明能够对Ip和Up的相位关系进行判断，输出PWM逆变驱动脉冲的移相角度，使感应加热电源逆变器负载输出线及反馈线可以任意连接，避免反馈线方向接反会导致电源停机甚至器件损坏的发生，具有自动切换逆变器输出方向，最终达到逆变器反馈线方向自适应的目的。

电动车防盗跟踪装置用压电电源

申请（专利）号：201310083027.7 **公开日：**2013-07-17

申请人：洛阳讯罗计算机技术有限公司

发明人：黄君佳 宋福建 赵超勇 黄君雄 唐思膑

摘要：

本发明涉及电动车防盗技术领域，公开一种电动车防盗跟踪装置用压电电源，位于防盗跟踪器内的压电电源由压电换能晶体、振荡放大升压电路、钮扣蓄能电池组成，其中，压电换能晶体设置在电动车车体的前端，压电换能晶体通过导线与振荡放大升压电路输入端相连，振荡放大升压电路输出端连接设置在防盗跟踪器内的钮扣蓄能电池。本发明能够始终为防盗跟踪器的GPS提供电源，无论盗贼将整车搬到何地。防盗跟踪器的GPS始终在工作，指示电动车所处的方位，为失主找出电动车辆提供信息，为警察提供盗贼窝藏电动车的方位。

一种无电阻耗能的LED驱动电源模块

申请（专利）号：201310077769.9 **公开日：**2013-07-17

申请人：上思县东崇电子科技有限责任公司

发明人：黄焕珠

摘要：

一种无电阻耗能的LED驱动电源模块，采用阻容降压电路、整流电路和LC复合滤波电路组成。电路结构简单，所用元件很少，而电路具有恒流特性。将无电阻耗能的LED驱动模块用在不同的灯种时，只要改变阻容降压电路中的电阻阻值和整流器的值，就能适应不同功率、不同灯种的LED灯所需的驱动电源模块。

一种感应加热电源相控自适应式控制电路及方法

申请（专利）号：201310092156.2 **公开日：**2013-07-17

申请人：洛阳科诺工业设备有限公司

发明人：刘光辉 郭朋超 王传智

摘要：

本发明属电磁感应加热技术领域，公开一种感应加热电源相控自适应式控制电路及方法，所述方法采用的控制电路，由RC滤波网络电路、6路光耦隔离器、6路方波信号、相序判别电路、缺相保护检测、相序调整电路、6路触发脉冲产生电路、6路隔离功率放大组成，所述RC滤波网络电路通过6路光耦隔离器的6路方波信号与相序判别电路、缺相保护检测、相序调整电路相连，相序调整电路的输出端通过6路触发脉冲产生电路、6路隔离功率放大电路与三相晶闸管整流桥的触发端相连。本发明能够自动匹配三相公用电网相序和感应加热电源本身相序，提高三相负载平衡度，减小负载对公用电网供电质量的影响；具有调试过程简单、不接触高压、安全的优点。

焊接用电源装置

申请（专利）号：201210576540.5 **公开日：**2013-07-24

申请人：株式会社大亨

发明人：波多晓 惠良哲生

摘要：

本发明提供一种焊接用电源装置，在基于电极前端电压进行焊接控制时，能够容易且适当地判断用于该前端电压的计算的电路参数是否处于适当范围。控制装置（31）（处理部32）根据二次侧内部电压（V0）、外部的电阻值及电感值以及内部的电阻值及电感值来计算用于逆运算的前端电压，并根据该计算出的前端电压来进行输出电压的逆运算。并且，对逆运算后的输出电压与检测出的输出电压（V1）进行比较，并进行存储器（32a）中保存的外部的电阻值及电感值是否处于容许范围的判断。

眼镜装置和电源装置

申请（专利）号： 201310019588.0 **公开日：** 2013-07-24

申请人： 三星电子株式会社

发明人： 禹元命 李秦衡

摘要：

提供了与3D显示设备同步的眼镜装置。眼镜装置包括：快门眼镜单元；同步信号接收单元，用于从所述3D显示设备接收同步信号；快门眼镜驱动单元，用于驱动所述快门眼镜单元；DC/DC转换器单元，用于对从电池提供的DC电压进行转换；以及控制单元，用于通过将PWM信号供应给所述DC/DC转换器单元来控制所述DC/DC转换器单元将经转换的DC电压施加到所述快门眼镜驱动单元，以及用于根据所述同步信号控制由所施加的DC电压驱动的所述快门眼镜驱动单元接通/关断所述快门眼镜单元。

一种能产生荧光的电源插头

申请（专利）号： 201310100093.0 **公开日：** 2013-07-24

申请人： 窦敏江

发明人： 窦敏江

摘要：

本发明公开了一种能产生荧光的电源插头，包括：插头主体、插针板、多个插针、多个螺钉、电线和荧光灯，所述插头主体与电线一体成型，所述电线设在插头主体的尾部，所述插针板通过螺钉连接在插头主体的表面，所述插针板表面安装有两个插针，所述插头主体的背部安装有荧光灯，所述荧光灯与电线连接。通过上述方式，本发明提供的一种能产生荧光的电源插头，能产生荧光，在晚上产生不错的视觉效果，并且能有照明效果，方便晚上能插拔插头。

电力采集设备用的多路输出式隔离电源，分立元件式隔离型电源电路以及电力采集设备

申请（专利）号： 201310094107.2 **公开日：** 2013-07-24

申请人： 华立仪表集团股份有限公司

发明人： 钱海波 郭峻峰 马庆国 陈凯 王小毅

摘要：

本发明的实施例提供一种适用于电测量设备的电源，在本发明的一个较佳实施例中，提供一种多路输出式隔离电源，在另一个较佳实施例中，提供一种分立元件式隔离型电源电路。本发明的实施例进一步提供一种采用这种电源的电测量设备及方法。

通信方法、无线通信系统及移动电源式无线终端

申请（专利）号： 201310088175.8 **公开日：** 2013-07-24

申请人： 深圳零距离通讯技术有限公司

发明人： 高军 杨小林 李东亚 王永刚 翁兵

摘要：

本发明提供了一种通信方法、无线通信系统及移动电源式无线终端。移动电源式无线终端，具有充电电池，包括：无线网络通信模块，用于与基站建立无线数据通信；无线电话处理器，处理与其连接的无线通信模块以及所述无线网络通信模块的无线数据，并反馈处理结果；和/或，控制与其连接的所述充电电池为外接设备充电；无线通信模块，用于与数据终端建立无线连接，交互所述数据终端与所述无线电话处理器之间的数据。实施例中的无线终端，可通过无线通信模块与数据终端建立的无线连接，作为数据终端的受控设备，按照数据终端的控制，通过无线网络通信模块与基站建立无线数据通信。另外，充电电池还可为数据终端充电，提高了数据终端的续航。

一种大功率LED开关电源

申请（专利）号： 201310165193.1 **公开日：** 2013-07-24

申请人： 四川创境科技有限公司

发明人： 李智 易显富

摘要：

本发明公开了一种大功率LED开关电源，该电源包括：PFC模块、LLC模块和恒流模块。PFC模块拥有接收交流市电进行功率因素校正输出恒定的直流电压。LLC模块用于稳压和隔离，输出恒定安全的低压电。恒流模块可输出恒定的电流供给LED光模块正常工作，且恒流模块可多路输出以驱动多路LED光模块。

焊接电源的保护控制方法

申请（专利）号： 201310015341.1 **公开日：** 2013-07-31

申请人： 株式会社大亨

发明人： 小野贡平

摘要：

本发明提供一种焊接电源的保护控制方法，使焊接电源的使用率保护控制运行来抑制焊接中断导致生产效率降低的情况。在每时每刻算出过去10min内的焊接电流的二次方的平均值Si，基于该平均值Si切断焊接电流的通电的焊接电源的保护控制方法中，当平均值Si达到了使用率基准值St时，推测继续进行焊接直到结束为止时在焊接电源内部设置的温度传感器的温度检测值Hd，比较该温度推测值Hs和温度基准值Ht，Hs<Ht时继续进行焊接直到结束焊接为止，当Hs≥Ht时切断所述焊接电流Iw的通电来停止焊接。由此，在推测为即使继续进行焊接直到结束为止温度传感器的温度检测值Hd也小于不会对焊接电源带来不良影响的温度基准值Ht时继续进行焊接，因此能够抑制生产效率降低。

焊接电源的保护控制方法

申请（专利）号： 201310011096.7 **公开日：** 2013-07-31
申请人： 株式会社大亨
发明人： 小野贡平
摘要：

本发明提供一种焊接电源的保护控制方法，通过焊接电源的使用率保护控制进行动作而抑制焊接被突然中断且生产效率降低的情况。每时每刻算出在过去10min内的焊接电流的二次方的平均值（Si），在该平均值（Si）达到了预定的基准值（St）时切断焊接电流（Iw）的通电，在上述这样的焊接电源的保护控制方法中，在推定为平均值（Si）在规定时间后达到基准值（St）时，发出"在后××秒中处于超过使用率"之类的声音所产生的警报（Ar）。焊接操作者接收该警报，通过实施一边继续焊接一边变更焊接条件等的对策，从而能够在处于超过使用率之前结束焊接。因此，能够抑制生产效率的降低。

带驱动电源和控制模块的光模组

申请（专利）号： 201210021102.2 **公开日：** 2013-07-31
申请人： 上海鼎晖科技有限公司
发明人： 李建胜
摘要：

本发明涉及一种带驱动电源和控制模块的光模组，包括以下步骤：将LED裸芯片（2）按照矩形阵列或其他任何形式固晶在经过镜面处理具有导热绝缘功能的小模块（1）上并在其表面涂上荧光粉，即COM封装工艺。在LED裸芯片（2）的电极上通过直接打金线（5）的方式将LED裸芯片串联或并联起来。将LED灯的供电线路引到小模块（1）的下方与驱动电源（3）相连。驱动电源（3）和控制模块（4）通过导热硅胶固定在小模块的下面并留出接口。在小模块（1）的两侧外壁上做一些凹槽工艺，增加散热面积或与其他散热块相连。以此即形成了一体化的光模组。

电源模块中的模拟

申请（专利）号： 201210318927.0 **公开日：** 2013-07-31
申请人： 英洛瓦（天津）物探装备有限责任公司
发明人： Z·巴卡纳克 T·D·赫拉迪克
摘要：

本发明涉及施行地震测量的方法和设备。设备包括都置于外壳内的模拟接口和电源，模拟接口被配置成从地震传感器接收模拟地震数据，设备包括下列各项中的一项或多项：（i）置于电源和模拟接口之间的隔离变压器，以及，（ii）被配置成与电源时钟同步的模拟接口时钟。该方法可包括降低输电损失和/或电源噪声对地震信号的影响。

一种耐磨损的车间电源开关把手

申请（专利）号： 201310100091.1 **公开日：** 2013-07-31
申请人： 窦敏江
发明人： 窦敏江
摘要：

本发明公开了一种耐磨损的车间电源开关把手，包括：把手主体、把手连接杆、连接套孔、螺纹杆、多个螺母和多个竖支架，所述两个竖支架通过焊接连接在把手主体的两侧，所述把手连接杆安装在两个竖支架的中间部位，所述把手连接杆中间开有连接套孔，所述连接套孔内部设有螺纹杆，所述螺纹杆两端安装有螺母。通过上述方式，本发明提供的一种耐磨损的车间电源开关把手，质量轻、硬度高、使用寿命长，能固定开关把手，防止把手发生位移，影响电源设备正常工作。

电源插座收纳盒

申请（专利）号： 201310120260.8 **公开日：** 2013-07-31
申请人： 卢思宇
发明人： 卢思宇
摘要：

本发明提供的电源插座收纳盒，涉及日常生活用品，尤其是收纳电源插座、电线的收纳盒。它包括盒体和与盒体适配的盒盖。盒体内设有用于区隔的隔板，以及用于固定各种线路的挂钩，盒体对应的两个侧面上分别开设有线路进出通孔。本发明的优点是能将处于使用状态的电源插座、各种电线、信号线进行合理整理和收纳。

形成具有断开模式的开关模式电源控制器的方法及其结构

申请（专利）号： 201310037337.5 **公开日：** 2013-07-31
申请人： 半导体元件工业有限责任公司
发明人： J-P·洛弗尔
摘要：

本发明涉及形成具有断开模式的开关模式电源控制器的方法及其结构。至少一种实施例针对半导体电压控制器，该半导体电压控制器包括：与启动模式相关联的启动模式电路；以及与断开模式相关联的断开模式电路，其中，电压控制器能够被配置为从单个输入端接收反馈信号和断开模式信号并提供输出电压，电压控制器能够被配置为当反馈信号小于跳过电平并且反馈信号小于HV控制电平时处于断开模式，并且，电压控制器能够被配置为当反馈信号大于HV控制电平并且Vcc低于Vcc-start时处于启动模式。

智能型数控开关电源

申请（专利）号： 201310126873.2 **公开日：** 2013-07-31
申请人： 王熙宁 黄镇球
发明人： 王熙宁 黄镇球
摘要：

本发明公开一种智能型数控开关电源，包括含有软件编程的MCU微控制器以及依次相连接的第一滤波保护模块、PFC校正模块、功率输出模块、第二滤波保护模块、电压/电流采集模块，该第一滤波保护模块、PFC校正模块、功率输出模块、第二滤波保护模块、电压/电流采集模块均连接于MCU微控制器，并且该MCU微控制器上还设有可实现与外部通信的I/O通信端口。籍此，本开关电源以软件编程的MCU微控制器为开关电源的控制核心，用数控方式取代原逻辑 IC 控制 PFC，将系统模拟成电阻性负载，MCU 微控制器同时驱动两组功率开关模块，智能地平衡 PFC 校正模块和功率输出模块的关系，达到高 PFC、高效率、微功耗待机的水平。

车载风力式供电电源

申请（专利）号：201310127560.9　**公开日：**2013-08-07

申请人：周彬

发明人：周子雯　杨丛键　徐嘉星

摘要：

本发明涉及一种车载风力式供电电源，包括无线电发射器和发电蓄电装置，其中发电蓄电装置包括强力双面胶、输出电源正负极、发电蓄电装置外壳和该外壳内的风力发电机、二极管、蓄电池、无线电接收器、微控制器芯片、功率放大器、步进电机和挡雨罩。发电蓄电装置外壳上开有进风口和出风口，且进风口和出风口连成的直线与汽车行驶方向平行，在进风口的上边沿设置有挡雨罩。无线电接收器接收无线电发射器发出的控制信号，驱动步进电机进行相应的动作，从而带动与步进电机相连接挡雨罩的上下移动，实现发电蓄电装置内的风力发电机工作或不工作。本发明结构简单，体积小，制造成本低，加装方便，使用安全可靠，可为汽车外装设备提供电源。

触控笔的电源检测方法

申请（专利）号：201310146213.0　**公开日：**2013-08-07

申请人：苏州瀚瑞微电子有限公司

发明人：孟得全　雷奥纳·波特曼

摘要：

本发明涉及一种触控笔的电源检测方法，所述触控笔由笔身和笔头组成，其中所述笔身内设有电源和电路系统，所述电路系统包括电源管理单元、信号处理单元、信号发送单元以及信号接收单元，当触控笔在触控屏上操作时，通过笔头把电源用电状态传输到触控屏，再通过触控屏传输到系统中；最后，由系统向使用者报告触控笔的电量使用状态。本发明所述触控笔的电源检测方法不但简单、省电，而且延长了触控笔的使用时间。

可控电源的监控系统及方法

申请（专利）号：201310135972.7　**公开日：**2013-08-07

申请人：深圳 TCL 新技术有限公司

发明人：张丹丹

摘要：

本发明提供了一种可控电源的监控方法。该方法通过在监控端与电源输出端之间设置电源控制装置，以控制电源输出端输往监控端的电源，在监控端处于断电状态时，利用电源控制装置侦测受控端的报警情况，在受控端发生报警情况时利用电源控制装置控制电源输出端为监控端输出电源，保证了在监控端断电关机的状态下对受控端监控的延续性和安全性，有效节省了监控端因监控所需的电能源。本发明还提供一种可控电源的监控系统。

一种宽范围电机保护器电源

申请（专利）号：201310137683.0　**公开日：**2013-08-07

申请人：江苏东歌电气有限公司

发明人：周建锋　张波　朱海鹏

摘要：

本发明涉及一种宽范围电机保护器电源，交流电相线经热敏电阻（RT1）后接入 EMI 滤波器的输入端，交流电零线接入 EMI 滤波器的另一输入端，且 EMI 滤波器的两个输入端之间串联有电容一（C1）和电容二（C2），有一压敏电阻（RV1）并联于电容一（C1）和电容二（C2）上，电容一（C1）和电容二（C2）的连接点经电阻和电容后接地，EMI 滤波器的输出端之间串联有电容四（C4），所述 EMI 滤波器的输出端经桥式整流电路（U1）输出直流电。本发明一种宽范围电机保护器电源，稳定性好、安全性高。

电源效率计算系统及计算方法

申请（专利）号：201210027314.1　**公开日：**2013-08-14

申请人：鸿富锦精密工业（深圳）有限公司　鸿海精密工业股份有限公司

发明人：黄宗胜　陈俊仁　何敦逸　周玮洁

摘要：

一种电源效率计算方法，用于包括存储模块的电源效率计算系统中，存储模块存储有多个电源类型的效率，该方法包括：提供一参数选择界面供用户选择当前级的电源参数以及传输线参数；确定用户选择完毕后，获取该用户选择的电源参数以及传输线参数；根据用户选择的电源类型，从该存储模块中确定该电源的效率，并根据该用户选择的传输线参数，计算传输线的损耗，并根据该电源效率以及传输线的损耗进一步计算得到用户当前选择的电源及其传输线的加总效率；在用户选择完电源系统的所有电源后，根据每一级电源及其传输线的加总效率计算该电源系统的总效率。本发明还揭露一种电源效率计算系统。本发明通过简单的计算即可准确地得出电源系统的总效率。

一种电源插头

申请（专利）号：201310192206.4　**公开日：**2013-08-14

申请人：刘建明

发明人：刘建明

摘要：

本发明公开一种电源插头，包括本体，安装在本体上的上导电插片，其特征在于：所述本体包括上插头和下插头，上插头和下插头之间插接，本发明通过采用上述技术方案，使电源插头可以较容易的实现三相变两相或两相变三相的目的，解决了生活中将电源插头由三相变为两相后不能再变回三相的问题，结构简单，使用方便。

一种新型汽车头枕电源引出线

申请（专利）号：201310123982.9　**公开日：**2013-08-14

申请人：窦敏江

发明人：窦敏江

摘要：

本发明公开了一种新型汽车头枕电源引出线，包括：电源插头主体、插孔、尾孔、2 个电导线和 2 个导线插头，所述电源插头主体的前端开有插孔，所述尾孔设置在电源插头主体的后端，所述第一电导线和第二电导线组合安装在尾孔内部，所述第一电导线和第二电导线的尾端分别连接有第一导线插头和第二导线插头。通过上述方式，本发明提供的一种新型汽车头枕电源引出线，防水性能强，结实耐磨损，使用寿命长。

一种用于通信电源的强电搭接保护装置

申请（专利）号：201210025174.4　**公开日：**2013-08-14

申请人：江苏北洋电子科技有限公司

发明人：陈智

摘要：

本发明公开了一种用于通信电源的强电搭接保护装置，主要由采样单元、光感应保护电路、主电路控制单元及报警单元组成。所述采样单元主要由 4 只二极管 D34、D35、D36、D37 和光耦集成模块 PC817 组成。所述光感应保护电路由光耦集成模块 PC817 和晶体管 Q1、Q21 及场效应晶体管 Q14 组成。所述电路控制单元采用 SG3525 芯片。所述报警单元设置为声光报警结构，主要由二极管 D38、D16、发光二极管 U12A 及蜂鸣器 BELL 组成。本发明电路结构设计合理、成本低、响应快，是一种有效防止通信电源强电搭接，确保移动基站供电系统安全可靠运行的强电搭接保护装置。

一种实现电源隔离的方法

申请（专利）号：201310150306.0　**公开日：**2013-08-14

申请人：山东超越数控电子有限公司

发明人：李玉明　朱书杉　牛玉峰　耿士华

摘要：

本发明提供一种实现电源隔离的方法，包括电源模块，该电源模块的输入端设置有源钳位正激变换器、输出端设置降压转换器，上述有源箝位正激变换器连接降压转换器，电源电压通过电源模块的输入端输入到有源钳位正激变换器，然后经过降压转换器降压转换成所需电压输出。该一种实现电源隔离的方法和现有技术相比，适用范围广泛，可用于给符合 CPCI 电源规范的设备供电，尤其适用于军工产品的供电，在恶劣环境中使用，易于推广。

开关模式电源模块和相关联的打嗝控制方法

申请（专利）号：201310049036.4　**公开日：**2013-08-14

申请人：汤姆森特许公司

发明人：P. 马钱德　G. 莫利兹特　P. 吉洛特

摘要：

一种用于控制开关模式电源模块中的开关操作的方法和装置，所述开关模式电源模块用于经由两根导线的媒介向一项设备提供电源，所述方法包括下列步骤：测量开关模式电源模块中的负载电流；比较测得的负载电流和预定义的负载电流阈值；以及在装置内测得的负载电流小于预定义的负载电流阈值的情况下周期性地中断开关操作。

一种三相输入单相输出电脱盐电源

申请（专利）号：201210032113.0　**公开日：**2013-08-14

申请人：长江（扬中）电脱盐设备有限公司

发明人：肖根华　韦伟　马直达

摘要：

本发明的目的是在于提供一种三相输入单相输出电脱盐电源，它一次侧是三相输入，一次侧三相的回路中都窜接了 100% 的阻抗。二次侧是三相输出，在二次高压线圈上有不同的抽头，通过选择开关 K1 选择不同的输出高压，以适应不同原油。将三相高压电分别送到三个倍压整流硅堆，三个倍压整流硅堆的正极相连，形成正极，三个倍压整流硅堆的负极相连，形成负极。此外二次侧还有一组三相 100V 测量线圈，分别测量实际输出的三相的电压。

一种智能化炼钢逆变电源

申请（专利）号：201310179314.8　**公开日：**2013-08-14

申请人：江苏翔盟精密铸造有限公司

发明人：陈冰海

摘要：

本发明涉及一种智能化炼钢逆变电源，其包括 4 * 4 矩阵键盘、单片机模块、PWM 驱动芯片、高频逆变模块、整流滤波模块、全桥斩波模块、电压滤波模块、交流电压输出模块、炼钢炉电源接口以及 LCD 模块；其中，所述 4 * 4 矩阵键盘、单片机模块、PWM 驱动芯片、高频逆变模块、整流滤波模块、全桥斩波模块、电压滤波模块、交流电压输出模块和炼钢炉电源接口依次连接；所述 LCD 模块连接至单片机模块上。本发明的智能化炼钢逆变电源以单片机控制 PWM 信号输出为核心，以整流、滤波、斩波电路为依托，具有稳定性好，成本低，且抗干扰能力强等诸多优点。

能适应多种电源的变压器电器柜

申请（专利）号：201310131953.7　**公开日：**2013-08-21

申请人：昆山德田机电有限公司

发明人：罗晓栋

摘要：

能适应多种电源的变压器电器柜，包括电器柜（1）和分裂式变压器（2），在电器柜（1）的顶板上成型有开口（3），在开口（3）处的电器柜（1）中固定有支撑架（4），分裂式变压器（2）固定在支撑架（4）上，开口（3）处通过螺钉固定有盖板（5）。打开盖板便可以将市电的电源连接导线接在分裂式变压器上的接线座上，与现有技术从侧面或打开电器柜门接线相比，它操作更为方便。接好线后，将盖板通过螺钉固定在电器柜的顶板上，防止工作人员意外触碰到分裂式变压器的接线座处，所以安全性能好。吊耳能方便运输过程中通过机械搬动变压器电器柜。

等离子体电源手动切换装置

申请（专利）号：201210036571.1　**公开日**：2013-08-21
申请人：吉富新能源科技（上海）有限公司
发明人：周文彬　刘幼海　刘吉人
摘要：

本发明系提供离子体电源手动切换装置，通过继电器电路及互锁电路实现手动切换不同的负载交流电磁接触器动作，进而达到电源切换不同的供应系统到不同的负载使用，同时使用者可透过人机界面上设置的启动按键来进行启动或关闭继电器电路，此装置结构简单，使用方便。

一种安全型电源线

申请（专利）号：201310219131.4　**公开日**：2013-08-21
申请人：林伟良
发明人：林伟良
摘要：

本发明公开了一种安全型电源线，涉及电缆技术领域，包括插针式插头、输电线和插孔式插头，所述插针式插头和插孔式插头设置在输电线两端，所述输电线上设有稳压器，所述稳压器上设有熔丝，所述稳压器上设有散热孔，当电源电压不稳定时，电流经过稳压器后，可使电流稳定平衡地输入用电器，若是电源电压与用户设置的工作电压不一致，且电源电压过高于工作电压时，熔丝就会断开，以此来保护电器，同时用电器长时间使用时，稳压器会发热，利用散热孔可以散发热量，保护装置，本发明充分考虑了电器工作时可能突发的状况，确保了用电器的安全，提升了使用效益。

减少迅变负载对电源影响的方法

申请（专利）号：201310200181.8　**公开日**：2013-08-21
申请人：盖志武
发明人：盖志武
摘要：

一种减少迅变负载对电源影响的方法，可有效避免对电源系统造成冲击，并巧妙规避了谐波问题。在负载变化之前，预先将负载要变化的信息发送给电源控制部分，使电源控制部分先做准备和调节，从而实现平稳过渡，避免负载突变对电源系统造成冲击，并巧妙规避了谐波问题。解决了现有电源系统经常受到迅变负载的冲击，影响电源寿命，造成谐波和辐射污染，甚至造成系统工作状态紊乱以及采用谐波抑制的措施代价高，设计复杂，往往效果不好等问题。

超高频高压自冷型数字除尘电源

申请（专利）号：201310194845.4　**公开日**：2013-08-21
申请人：江苏龙富能源科技有限公司
发明人：周绍爱
摘要：

本发明公开了一种结构合理的超高频高压自冷型数字除尘电源，包括：变压器和机箱控制柜，所述的机箱控制柜设置在变压器的上端，变压器通过其上端的固定板与机箱控制柜相连接，在所述的机箱控制柜内设置有超高频功率单元和控制线路板。优点是：变压器设置在控制柜下端，为一体式结构，结构合理，安装方便，使用的超高频功率单元，除尘效率高，能耗低，可以满足国家对节能减排的要求。

一种电源适配器电磁兼容的实现方法

申请（专利）号：201310177351.5　**公开日**：2013-08-21
申请人：山东超越数控电子有限公司
发明人：耿士华　李玉明
摘要：

本发明公开了一种电源适配器电磁兼容的实现方法，属于电磁兼容实现方法，电源适配器的电路板方面采取如下措施实现电磁兼容：（1）交流输入端滤波电路采用两级滤波电路，两级滤波电路均为 EMI 滤波电路；（2）低压输出端滤波电路采用 EMI 滤波电路；（3）变压器采用夹层绕制工艺的变压器；（4）电路板上的变压器上设置有屏蔽罩；（5）设计有箝位吸收电路。本发明的一种电源适配器电磁兼容的实现方法和现有技术相比，设计合理、使得电源适配器具有很好的电磁兼容性能。

电源装置

申请（专利）号：201210038107.6　**公开日**：2013-08-21
申请人：鸿富锦精密工业（深圳）有限公司　鸿海精密工业股份有限公司
发明人：蒋正隆
摘要：

一种电源装置，包括降压电路、电源供应单元（Power Supply Unit，PSU）、缓冲电路以及一连接至 PSU 以及缓冲电路的逻辑电路，所述 PSU 用以供应直流电至所述降压电路，该降压电路将所述直流电的电压转换成一预设的电压供应至一受电端，所述缓冲电路连接至降压电路，用以防止所述降压电路处于重载供电状态下工作时受损，所述缓冲电路通过逻辑电路选择连接至降压电路，所述 PSU 检测降压电路是否处于重载状态，并对应降压电路处于重载状态时触发逻辑电路将缓冲电路连接至降压电路；对应降压电路处于轻载状态时，该 PSU 触发逻辑电路断开缓冲电路与降压电路的连接，以消除所述缓冲电路产生的功率损耗。

开关控制器、开关控制方法和包括开关控制器的电源

申请（专利）号：201310019668.6　**公开日**：2013-08-21
申请人：快捷韩国半导体有限公司
发明人：梁承旭　朴仁琪　胄炷铉　严炫喆
摘要：

本发明的示例性实施方式涉及开关控制器、用于控制开关的方法和包括所述开关控制器的电源。根据本发明的示例性实施方式，通过调光器的 AC 输入被整流从而生成输入电压，以及输入电压被传输到电源开关。使用取决于输入电压的电压生成充电电流，使用从电流源输出的检测电

压来检测输入电压变为零电压的过零点，并且生成与检测的过零点同步的基准信号。

用于电子组件的壳体、电源以及壳体的制造方法

申请（专利）号：201210034242.3 **公开日：**2013-08-21

申请人：欧司朗股份有限公司

发明人：李皓 陈小棉 程彦刚 杨江辉

摘要：

本发明涉及一种用于电子组件（5）的壳体（10），其特征在于，所述壳体（10）包括第一腔体（1）以及至少位于第一腔体（1）一侧的第二腔体（2），所述第一腔体（1）和所述第二腔体（2）彼此分隔开，所述第一腔体（1）设置用于容纳有所述电子组件（5），所述第二腔体（2）设置用于容纳密封材料（6）。根据本发明的壳体（10）可以具有较高的IP等级、较低的成本、重量较轻、应力较小、具有重新维修的可能性等优点。

基于交流电源的测量忆阻器失电电阻值的装置及方法

申请（专利）号：201310162968.X **公开日：**2013-08-28

申请人：大连理工大学

发明人：李冠林 牟宪民 陈希有

摘要：

本发明属于测量技术领域，涉及一种基于交流电源的测量忆阻器失电电阻值的装置及方法。其特征是交流电压源，可变电阻和忆阻器是相互串联在测量电路中，交流电压源的幅度U越小，频率f的值越大，在测量中忆阻器电阻值的相对变化越小。本发明采用交流电压源替代传统的直流电源，可以减少测量过程对忆阻器阻值的影响。交流电压信号的幅度和频率可调，可以满足不同测量精度的要求。

一种多功能变频电机试验用变频电源及波形产生方法

申请（专利）号：201310132245.5 **公开日：**2013-08-28

申请人：上海电机系统节能工程技术研究中心有限公司 上海格立特电力电子有限公司 上海电器科学研究所（集团）有限公司

发明人：冯东升 徐静 徐燕

摘要：

本发明提供了一种多功能变频电机试验用变频电源，包括整流单元、储能单元、逆变单元及控制单元，控制单元分别控制整流单元及逆变单元，储能单元串接在整流单元与逆变单元之间，外部电源输入整流单元，逆变单元连接被试电机，其特征在于：在控制单元内集成有三种控制方式。本发明的另一个技术方案是提供了一种上述的多功能变频电机试验用变频电源的波形发生方法。采用本发明后，无需购买不同种类变频电源的变频器与电机相匹配，只需一台变频器就能达到与多种电机相匹配的效果，节省成本，提高效益，拓宽应用领域。

一种光电直流微网电源装置及控制方法

申请（专利）号：201310156966.X **公开日：**2013-08-28

申请人：嘉善明世电力科技有限公司

发明人：吴乐彬 彭乐乐 王玉玲 沈一华 潘月辉

摘要：

本发明涉及一种直流母线光电实时汇流系统及控制方法，属于分布式光伏直流微网电源领域，包括直流输入源，直流输入源与单向整流控制器相连，单向整流控制器的输出端和母线电容组相连。母线电容组的输入端与DC/DC变换器相连，DC/DC变换器用于实现对光伏电池板的输出功率的调节。母线电容组的两端和放电电路并联，同时母线电容组的输出端和直流负载相连。通过对母线电容组的电压多级滞环控制，确定系统的工作方式，从而实现直流稳压输出，保证负载供电正常；在保证输出电压稳定的前提下，将光伏电池板作为辅助能源，实现光伏能量与直流输入源的实时汇流，提高能源利用率、降低发电成本、减小环境污染，具有很好的通用性和实用价值。

高电源电压抑制比无电容低压差电压调节器

申请（专利）号：201310217394.1 **公开日：**2013-09-04

申请人：上海宏力半导体制造有限公司

发明人：徐光磊

摘要：

本发明公开一种高电源电压抑制比无电容低压差调节器，包括误差放大器、输出级PMOS管、第一补偿电容、第一电阻及第二电阻，在误差放大器的电源电压和输出级之间引入一个增益为-1的信号通路以抵消输出级的负面影响，从而获得高电源电压抑制比，通过本发明，获得了理想的高电源电压抑制比。

一种电源线

申请（专利）号：201310219202.0 **公开日：**2013-09-04

申请人：林伟良

发明人：林伟良

摘要：

本发明公开了一种电源线，涉及电子领域，包括线本体和电源插头，所述电源插头设有插片、插体和后盖，所述线本体与后盖连接，所述插体和后盖通过螺纹连接，所述插体内设有活动铜片，所述后盖内设有固定铜片，所述插体侧壁设有推钮，插体和后盖可以旋拧，插片烧坏时，无需技术即可完成更换插片和插体，简单易行，节约成本，活动铜片、固定铜片和推钮的设计，在手掌不处于干燥状态时，可以推动推钮，使活动铜片与固定铜片断开，起到断电的作用，即使手部潮湿也无需担心触电危险。

一种电脑周边电源接口装置

申请（专利）号：201310217830.5 **公开日：**2013-09-04

申请人：施郁峰

发明人：施郁峰

摘要：

本发明公开了一种电脑周边电源接口装置，它包括壳体和基座。所述壳体的背面设置有电源输入接口，所述壳体的正面设置有若干电源输出接口，所述电源输入接口和电源输入接口通过位于壳体内部的功能电路导通；所述基座设置于壳体的下方，所述基座和壳体采用一体式结构连接，所述基座的侧面为锥面。本发明的有益效果在于：通过将多种电源输出接头集成于同一个装置内，可广泛相容置于各式个人电脑的荧屏专用插头，其可使电脑周边设备的电源接头完全统一，而不会因使用国家规格的不同而必须使用转换接头或生产不同规格的接头，可广泛用于电脑周边设备。

一种便捷式电源线

申请（专利）号：201310219095.1　**公开日：**2013-09-04

申请人：林伟良

发明人：林伟良

摘要：

本发明公开了一种便捷式电源线，包括连机端口、线本体、插头，所述连机端口与线本体连接，所述线本体与插头连接，所述插头内设有电极插片和U盘，所述插头外壁设有电极插片推扭和U盘推扭，结构合理，使用方便，所述电极插片和U盘在插头内，推动电极插片推扭和U盘推扭，电极插片和U盘即可推出至插头外以便使用，这种设计不仅对插片和U盘起到保护作用，而且也节省空间，设计简便，功能齐全。

电源远程监控器

申请（专利）号：201310193188.1　**公开日：**2013-09-04

申请人：李本吉

发明人：李本吉

摘要：

一种用于通信机房的电源远程监控器，其特征是它的工作电路中，被监控蓄电池的电压变化信号经不同设定值的一、二级电压比较电路处理后分别输出至控制电路，控制电路输出控制信号分别控制降压电路工作、报警输出电路动作，降压电路输出直流电压至语音录放电路使其工作，报警输出电路动作将连接的电话置于摘机状态，通过电话的热线服务功能自动拨通值班电话，语音录放电路输出语音信号。既可监控市电停电故障，也可监控电源设备本身故障，即时发出故障语音报警、警鸣音，并通过电话远程报警告知，安装维护方便，延长蓄电池使用寿命。

直流应急过渡电源

申请（专利）号：201310240264.X　**公开日：**2013-09-04

申请人：国家电网公司　辽宁省电力有限公司鞍山供电公司

发明人：张朝龙　胡绍刚　刘君

摘要：

本发明涉及一种直流应急过渡电源，包括正负直流母线、蓄电池、多组负荷出线、监控器、交直流转换器，正负直流母线通过各直流断路器K和显示灯分别连接多组负荷出线，蓄电池与熔断器串联后并联到正负直流母线上，监控器并联到正负直流母线上，监控器设有通信接口，三相交流进线与交直流转换器连接，经交直流转换器转换成直流后并联到正负直流母线。本发明的优点是：用作临时顶替故障电源保障系统可靠供电，满足不断电更换电源系统，体积小运输方便，轻便灵活，组合方便、接线方便，可以应对各种突发情况。

超高频高压防水自冷型数字除尘电源

申请（专利）号：201310194844.X　**公开日：**2013-09-04

申请人：江苏龙富能源科技有限公司

发明人：周绍爱

摘要：

本发明公开了一种防水效果好的超高频高压防水自冷型数字除尘电源，包括：变压器和机箱控制柜，所述的机箱控制柜设置在变压器的上端，变压器通过其上端的固定板与机箱控制柜相连接，在所述的机箱控制柜内设置有超高频功率单元和控制线路板，在所述机箱控制柜的两侧分别设置有安装口和与安装口相互配合的机箱盖，在所述安装口上设置有挡水圈，在所述挡水圈上设置有橡胶密封圈，所述的挡水圈与机箱控制柜之间形成防水槽。优点是：防水效果好，可以在室外进行安装，变压器设置在控制柜下端，为一体式结构，结构合理，安装方便，使用的超高频功率单元，除尘效率高，能耗低，可以满足国家对节能减排的要求。

电源

申请（专利）号：201310211573.4　**公开日：**2013-09-04

申请人：钟国才　赖美婷　陶建勇　庄建琛

发明人：钟国才　赖美婷　陶建勇　庄建琛

摘要：

一种电源，包括：接口、电流表、电压表、滑动变阻器、数量相同且一一对应的多个开关、多个二极管和多个太阳电池，所述电压表两端与所述接口的两端并联，所述电流表一端连接所述接口的一端，另一端连接所述滑动变阻器的一端，所述滑动变阻器的另一端连接所述多个开关其中一个开关的第二端，该开关第一端连接另一开关的第二端，所述多个开关依次串联；所述多个二极管的负极分别连接对应所述开关的第一端，所述多个二极管的正极分别连接对应所述太阳电池的正极；所述太阳电池的负极均同时连接所述接口的另一端。上述电源可以方便快捷地根据不同需要调整输出电压及电流，且结构简单，体积较小，便于携带。

一种电源外置的LED灯杯

申请（专利）号：201210054896.2　**公开日：**2013-09-11

申请人：无锡来德电子有限公司

发明人：严丹柯　朱序　陈正清

摘要：

一种 LED 照明灯具，将原来的 AC12V 供电改为转换器供电，该转换器可以为电压源，也可以为电流源。将转换器移出塑料腔体以加大杯体的散热体积及其表面积。为了防止 LED 极性接反，在杯体与插针之间的塑料腔体内设计了一个偏离中心位置的顶针插孔，配置一个含顶针的专用转换器，并使顶针位置与顶针插孔对应，当顶针插入塑料腔体内的顶针插孔时才能接通转换器向 LED 供电从而点亮灯杯。

电源功率测试板

申请（专利）号： 201210054497. 6　**公开日：** 2013-09-11

申请人： 鸿富锦精密工业（深圳）有限公司　鸿海精密工业股份有限公司

发明人： 尹晓钢　陈国义

摘要：

本发明提供一种电源功率测试板，用于辅助检测一电源装置的功率，该电源功率测试板包括主板及负载调节电路，该主板连接于电源装置，为负载调节电路提供至少一驱动电压，该负载调节电路包括至少一个控制开关、多个选通电路、多个负载电阻，每一负载电阻均电连接于一个选通电路与驱动电压之间，该控制开关与选通电路电连接，用于控制选通电路导通或截止，进而控制负载电阻导通的数量以调节电源装置的负载总功耗。本发明的电源功率测试板测试方便，测试效率高。

智能电源开关

申请（专利）号： 201310255804. 1　**公开日：** 2013-09-11

申请人： 国家电网公司　河北省电力公司　邯郸供电公司　永年县供电公司

发明人： 刘自力　刘卫国　陈延杰　郝晓雨　吴龙

摘要：

智能电源开关，由电源电路和智能开关电路组成，电源电路由变压器 T1、全桥 D1、有极性电容 C1、C2、稳压块 IC3 构成，电源电路为整机提供 +5V、 +12V 电源；智能开关电路由单片机 IC1、光耦合器 IC2、晶体管 Q1、继电器 K1、二极管 D2 和人体红外探测传感器 RD 构成，当白天正常上班时，人体红外探测传感器 RD 探测到人体活动后输入到单片机 IC1，经过 IC1 内部延时程序运算后输出一控制信号再经光耦合器 IC2 使晶体管 Q1 导通进而继电器 K1 吸合接通办公室电源。晚上办公室无人，RD 探测不到人体活动而无信号输出，IC1 因检测不到输入信号，经内部程序运算后延时一个小时后切断其 18 脚的信号输出，Q1 因无激励信号而截止，继电器 K1 释放切断办公室电源。

电源装置

申请（专利）号： 201210049007. 3　**公开日：** 2013-09-11

申请人： 鸿富锦精密工业（深圳）有限公司　鸿海精密工业股份有限公司

发明人： 田波　陈国义

摘要：

一种电源装置，用于给多个服务器供电，其包括控制部、主板及连接部，该控制部、该主板及该连接部依次连接，且该多个服务器均与该连接部连接；该控制部包括多个与该多个服务器对应的开关，该主板包括电源与选通器，该多个开关及该连接部均连接到该电源与该选通器；当该多个开关中的任意一个开启时，该被开启的开关产生一开启信号，该开启信号传输到该电源而将该电源开启，且该开启信号同时传输到该选通器以控制该选通器产生一对应的选通信号，该选通信号传输到该连接部而控制该连接部将该电源连接到与该被开启的开关对应的服务器，从而向与该被开启的开关对应的服务器供电。

一种输入装置的电源管理方法

申请（专利）号： 201310219898. 7　**公开日：** 2013-09-11

申请人： 天津至勤投资咨询有限公司

发明人： 陈志强

摘要：

本发明提供一种输入装置的电源管理方法，包括下列步骤：在输入装置进入浅度休眠模式后开始计时并记录输入装置的一触发时间，并根据该触发时间更新深度休眠启动时间。当该输入装置闲置超过一段时间后则进入一浅度休眠模式，并借由在浅度休眠时记录输入装置由浅度休眠模式因使用者操作而回复至工作模式的触发时间。依此记录作为动态更新深度休眠启动时间的方式可达到更佳的节能效率。

一种电源冷却装置

申请（专利）号： 201210051129. 6　**公开日：** 2013-09-11

申请人： 杭州三花研究院有限公司

发明人： 不公告发明人

摘要：

本发明涉及一种电源冷却装置，包括至少两片层叠设置的板片：第一板片（1）和第二板片（2），板片的四周密封固定连接，相邻板片之间设有冷却液流道；相邻板片中的至少一个板片的中央换热区域上设有表面图案和阻隔段（6），所述阻隔段（6）的长度小于所述板片的长度，相邻板片密封固定连接后，相邻板片的阻隔段（6）之间相互压紧接触或者一个板片上的阻隔段（6）与另一板片之间相互压紧接触使得所述冷却液流道被所述阻隔段拦截成 U 形路线；所述表面图案为向所述冷却液流道内部凹陷的图案，所述表面图案大致沿所述冷却液的 U 形流动线路排布，最大化的延长了冷却液在冷却装置里的流动时间。

一种带有夹紧装置的电源插排

申请（专利）号： 201210053870. 6　**公开日：** 2013-09-11

申请人： 张建森　许恺

发明人： 许恺　张建森

摘要：

一种带有夹紧装置的电源插排由电插排主体和夹紧装置构成，方便电源插排在平板、管状物或棱柱等常规空间几何物体表面固定。夹紧装置与电源插排主体的连接有两种方案：①夹紧装置依附于电源插排主体，夹紧装置不可与电源插排主体分离；②夹紧装置通过电源插排主体上的滑槽连接，夹紧装置可与电源主体分离。使用时只需将电源插排上的夹紧装置夹在任何需要固定插排的位置即可。这种带有夹紧装置的电源插排具有使用简单，便于固定，易于制造的特点。

密封的电源馈通端子板组件

申请（专利）号：201210044615.5　**公开日：**2013-09-11

申请人：艾默生电气公司

发明人：迪特尔·佩特雷克

摘要：

本发明涉及一种密封的电源馈通端子板组件，其能够包括板、多个导电插头、第一密封件以及绝缘座。多个第一孔能够延伸穿过板，其中所述多个第一孔中的每一个中延伸穿过一个插头。第一密封件能够设置在所述多个第一孔中的每一个内并且在插头的外表面与限定第一孔中相应的一个的内壁之间延伸。第一密封件能够包括使插头与板电绝缘的密封的玻璃-金属密封。多个第二孔能够延伸穿过绝缘座。绝缘座能够定位成邻近板，使得绝缘座中的第二孔与板中的第一孔中相应的一个对齐并使插头延伸穿过第一孔和第二孔。

一种电机驱动系统的电源掉电保护装置

申请（专利）号：201310217215.4　**公开日：**2013-09-11

申请人：中国电子科技集团公司第四十五研究所

发明人：吴旭　张为强　罗嘉辉

摘要：

本发明公开了一种电机驱动系统的电源掉电保护装置。所述电源掉电保护装置通过采用大容量的串联蓄电池组作为储能元件，并通过充/放电电路单元连接至电机驱动器的直流母线上。在正常工作时，控制器可以监控直流母线电压及蓄电池组电压，并控制直流母线向蓄电池组充电，在电源掉电时，存储在蓄电池组中的能量通过快速恢复二极管向直流母线放电，维持直流母线上的负载持续工作。本发明实现了电机驱动系统的掉电保护，且可靠性高，成本很低，并且体积较小，重量较低，设备的安装方便，很容易集成于设备内部。

一种充电器、适配器、LED电源用节能老化架

申请（专利）号：201310235571.9　**公开日：**2013-09-11

申请人：江苏辰阳电子有限公司

发明人：何新友

摘要：

一种充电器、适配器、LED电源用节能老化架，包括老化产品组合模块、LCD-PC电源组合模块、均流模块、逆变电源模块和DSP控制模块，还包括监控单元、辅助电源、控制计算机和AC断路器，其特征：所述的老化产品组合模块含多组产品组合单元，每组产品组合单元由8个产品组成；产品前面接入有断路器保护的市电，每四组产品后面是一个均流模块，均流模块后是逆变电源模块，DSP控制模块和均流模块、逆变电源模块并行，控制计算机接通过控制单元接在DSP控制模块上，控制模块输出辅助电源。本发明将负载回馈到前端输入，从而将负载的能量重复利用，达到节省70%～80%用电的目的。

不间断电源系统

申请（专利）号：201210052215.9　**公开日：**2013-09-11

申请人：鸿富锦精密工业（深圳）有限公司　鸿海精密工业股份有限公司

发明人：张国祥　蔡佑淇

摘要：

一种不间断电源系统，用于为一服务器机柜的交流电源供应单元提供电压，该不间断电源系统包括交流电源、整流器、太阳电池模块、控制器、直流升压转换器、第一和第二二极管。该控制器通过设定占空比最大值的时钟信号及根据该太阳电池模块的输出电压自动调节该直流升压转换器的输出电压，以使得该第一和第二二极管截止或导通，从而使得该太阳电池模块和该交流电源可同时或交替地提供电压给电源分配单元。上述不间断电源系统稳定性高。

一种电源及其滤波器

申请（专利）号：201210047851.2　**公开日：**2013-09-11

申请人：研祥智能科技股份有限公司　北京市研祥兴业国际智能科技有限公司

发明人：陈志列　张绪坤　余灿强

摘要：

本发明适用于电力电子领域，提供了一种电源及其滤波器。电源滤波器包括：差模电压保护级，用于滤除电网电压中的差模干扰电压后输出；共模电压保护级，用于滤除差模电压保护级输出电压中的共模干扰电压后输出；残压泄放级，用于提供共模电压保护级输出的电压中干扰电压残压的泄放通路。该电源滤波器利用共模电压保护级和残压泄放级在施加介质强度电压时响应时间存在的时间差，将干扰电压的残压总量分散在共模电压保护级和残压泄放级上。在测试介质强度时，测试电压施加在共模电压保护级上，通过对压敏电阻和放电管的参数选定，使得压敏电阻和放电管的组合在满足介质强度要求的同时也能满足抗雷击和冲击电压的要求，进而提高了应用该电源滤波器的电气设备的运行安全性能。

开关电源电路

申请（专利）号：201280002954.5　**公开日：**2013-09-11

申请人：松下电器产业株式会社

发明人：田泽岳史

摘要：

本发明公开了一种开关电源电路。开关电源电路（101）包括第一整流电路（102）、开关动作部（20）、开

关变压器（103）、第二整流电路（30）以及控制电路（40）；该第一整流电路（102）将交流电转换为直流电；该开关变压器（103）具有被供给开关电流的初级线圈和感应产生出与该电流相应的电的次级线圈；该第二整流电路（30）对在次级线圈中感应产生的电进行整流；该控制电路（40）使在待机模式下流向光耦合器（107）的电流与来自第二整流电路（30）的输出电压的比率和在正常工作模式下的该比率互不相同，以抑制在待机模式和正常工作模式时开关变压器的噪声。

焊接电源的保护控制方法

申请（专利）号：201310052777.8　**公开日：**2013-09-18

申请人：株式会社大亨

发明人：小野贡平

摘要：

本发明提供焊接电源的保护控制方法，通过使焊接电源的温度传感器进行的温度保护控制进行动作来抑制焊接突然中断，从而抑制生产效率降低的情况。在焊接电源的保护方法中，在来自设于焊接电源的内部的温度传感器的温度检测值（Hd）达到预先确定的温度基准值（Ht）时，切断焊接电流（Iw）的通流，在所述方法中，在估计出温度检测值（Hd）在规定时间后到达温度基准值（Ht）时，发出“在××秒后将成为温度超过”这样的基于声音的告警（Ar）。接受该告警后，焊接作业者通过实施在继续焊接的同时变更焊接条件等的对策，能在成为温度超过之前结束焊接。由此，能抑制生产效率的降低。

焊接电源的保护控制方法

申请（专利）号：201310059665.5　**公开日：**2013-09-18

申请人：株式会社大亨

发明人：小野贡平　中俣利昭

摘要：

本发明提供一种焊接电源的保护控制方法，虽超过了额定使用率，但即使以温度传感器的温度检测值未达到温度基准值的中间性的状态进行焊接，也抑制焊接电源的耐久性下降。由温度传感器检测焊接电源内部的温度，并在该温度检测值（Hd）达到了预先规定的温度基准值（Ht）时，切断焊接电流（Iw）的通电，在该方法中，时时刻刻计算过去10min的焊接电流的平方的平均值（Si），在该平均值（Si）为预先规定的使用率基准值（St）以上、且温度检测值（Hd）小于温度基准值（Ht）时，使设置于焊接电源内部的风扇电动机的转速（Rw）比额定转速更快。由此，在中间性的状态下，风扇电动机的转速变快，风量增加，冷却作用变强，因此能抑制焊接电源的耐久性的下降。

存储芯片及其电源管理方法、耗材容器、成像设备

申请（专利）号：201210058177.8　**公开日：**2013-09-18

申请人：珠海天威技术开发有限公司

发明人：秦正南

摘要：

本发明提供一种存储芯片，包括主控制单元、与主控制单元连接的存储单元及电源控制单元，电源控制单元与主控制单元及存储单元连接，存储单元包括非易失性存储器，电源控制单元用于根据存储芯片的状态来调整存储芯片的输出电压，电源控制单元包括互相连接的控制单元和电压调整单元，控制单元用于识别电压类型，并据此发出调整命令，电压调整单元用于根据控制单元的调整命令来调整输出电压；本发明还提供了一种存储芯片电源管理方法、具有该存储芯片的耗材容器及成像设备，采用本发明能有效降低存储芯片静态的功耗、延长存储芯片使用寿命。

电源控制电路及电子设备

申请（专利）号：201210061076.6　**公开日：**2013-09-18

申请人：鸿富锦精密工业（深圳）有限公司　鸿海精密工业股份有限公司

发明人：孟路青

摘要：

一种电源控制电路，其包括开关单元及控制单元。该开关单元电连接于电源单元与接口电路之间，该接口电路与外部设备电连接，该控制单元用于响应外部控制信号以控制开关单元导通或断开电源单元与接口电路之间的电源供应。该电源控制电路还包括第一保护单元，该第一保护单元连接于开关单元与接口电路之间。该电源单元提供供电电压给第一保护单元。当外部设备产生的逆向电压经由该接口电路传递至第一保护单元且上述逆向电压大于供电电压时，该第一保护单元消除该逆向电压。还有必要提供一种带有该电源控制电路的电子设备。

电源使能控制电路及使用电源使能控制电路的电子装置

申请（专利）号：201210059394.9　**公开日：**2013-09-18

申请人：鸿富锦精密工业（深圳）有限公司　鸿海精密工业股份有限公司

发明人：程海龙　汪涛　邓雪冰

摘要：

一种电源使能控制电路，安装于电子装置内，该电子装置包括处理器、电源集成电路和MPEG芯片，电源使能控制电路的输入端用于与该电子装置的处理器和MPEG芯片连接，并用于接收该处理器或MPEG芯片输入的高电平，该电源使能控制电路的输出端用于与该电子装置的电源集成电路的电源使能端连接，并用于将输入的高电平输出至电源使能端，从而使得该电源集成电路在电源使能端处于高电平时为电子装置内部电路供电。本发明还提供一使用该电源使能控制电路的电子装置。通过本发明的电源使能控制电路及使用该电源使能控制电路的电子装置，能够使得电源使能电路结构简单，占用较少的电路板空间。

电源三端稳压器电路

申请（专利）号：201210069302.5　**公开日：**2013-09-18

申请人：鸿富锦精密工业（深圳）有限公司　鸿海精密工

业股份有限公司

发明人：施用松

摘要：

一种电源三端稳压器电路，包括三端稳压器、电源电压输入端、电源电压输出端、电压调节电路和充电/放电电路。电压调节电路的输入端与电源电压输入端连接，第一输出端与三端稳压器连接，第二输出端与充电/放电电路及三端稳压器共同连接至电源电压输出端。当接入电源时，电源电流流经电压调节电路及三端稳压器为充电/放电电路充电，三端稳压器侦测充电/放电电路的电压，并当电压值达到预设电压值时关闭三端稳压器，电压调节电路与充电/放电电路共同为电子设备供电。利用本发明，通过充电/放电电路的电压控制三端稳压器的开关从而控制电源为电子设备供电，提高电源转换效率。

电源装置

申请（专利）号：201210057642.6　**公开日：**2013-09-18

申请人：鸿富锦精密工业（深圳）有限公司　鸿海精密工业股份有限公司

发明人：田波

摘要：

一种电源装置，用于给一计算机系统的多个服务器供电，其包括电源、控制单元及开关电路，该电源及该开关电路均与该控制单元连接；所述多个服务器均连接到该控制单元，同时还均通过该开关电路连接到该电源；当所述多个服务器中的任意一个或多个向该控制单元发出选通信号时，该控制单元将该电源开启，并控制该开关电路将该一个或多个发出选通信号的服务器与该电源导通，从而向该一个或多个发出选通信号的服务器供电。

使用语音识别控制电源的电子装置和方法

申请（专利）号：201310082900.0　**公开日：**2013-09-18

申请人：三星电子株式会社

发明人：李智贤　郑昌柱

摘要：

提供了电子装置和电源控制方法。电子装置包括：语音输入单元，其在电子装置的待机模式下接收音频输入；语音感测单元，其确定接收到的音频输入是否是用户语音，而且如果输入了用户语音，则输出电源控制信号；以及电源控制语音识别单元，如果从语音感测单元接收到电源控制信号，则电源控制语音识别单元开启并执行与输入的用户语音有关的语音识别。

一种便携式电源适配器

申请（专利）号：201310217277.5　**公开日：**2013-09-18

申请人：周国清

发明人：周国清

摘要：

一种便携式电源适配器，包括有由上盖和下盖组成的箱体，上盖和下盖为活动连接，上盖和下盖之间设有锁紧装置，所述下盖在其底面上朝向箱体内部的一侧设有连接室和储存槽，连接室壁上设有能与电源线的公插头相匹配的凹槽，在所述凹槽下部设有导电柱，所述导电柱与设置在连接室内的PCB板电连接。本发明便于存放和携带，而且使用寿命长，主要应用于各种小型电子产品的电源中。

开关电源的保护电路

申请（专利）号：201210063853.0　**公开日：**2013-09-18

申请人：上海华虹集成电路有限责任公司

发明人：葛佳乐

摘要：

本发明公开了一种开关电源的保护电路，包括：一比较器，用于比较开关电源的输出电压反馈信号与基准电压的大小，根据比较结果输出高电平或者低电平；一与门，用于将所述比较器的输出和开关控制信号进行与运算，得到控制NMOS开关管导通与关断的信号。本发明能够避免开关电源芯片软启动过程中由于电流过大从而烧毁NMOS开关管的问题，提高开关电源芯片的可靠性。

开关电源的过电流保护电路

申请（专利）号：201210063968.X　**公开日：**2013-09-18

申请人：上海华虹集成电路有限责任公司

发明人：葛佳乐

摘要：

本发明公开了一种开关电源的过电流保护电路，包括：第一比较器，用于比较开关电源的电流检测电压与第一基准电压的大小，根据比较结果输出高电平或者低电平；第二比较器，用于比较开关电源的误差放大器输出电压与第二基准电压的大小，根据比较结果输出高电平或者低电平；一脉冲产生电路，用于将第二比较器输出信号的上升沿跳变为一个短脉冲信号；SR触发器，根据第一比较器和脉冲产生电路的输出控制频率选通开关选通相应的工作频率信号。本发明能够避免电流过大烧毁开关电源芯片，提高开关电源的可靠性，并且能得到稳定的电压输出。

一种直流双电源并列切换装置

申请（专利）号：201310239423.4　**公开日：**2013-09-18

申请人：国家电网公司　辽宁省电力有限公司鞍山供电公司

发明人：卜大鹏　梁凯　黄耀阳　卢学济　李松涛　庞明　张博　付振强

摘要：

本发明涉及一种直流双电源并列切换装置，包括二极管D1、二极管D2、二极管D3、二极管D4、电压表V1、电压表V2、直流断路器QK1、直流断路器QK2，二极管D1、直流断路器QK1、二极管D3依次串联形成直流系统一，电压表V1与直流断路器QK1并联；二极管D2、直流断路器QK2、二极管D4依次串联形成直流系统二，电压表V2与直流断路器QK2并联；直流系统一与直流系统二并联后与光电转换装置连接。优点是：当第一路电源输入出现故障或断电时，由本装置切换到另一路电源上，从而实现不间断电源输入，使设备可以实现连续运行，提高电网安全可靠性。

一种高效电光光电电源方法

申请（专利）号： 201310154739.3　**公开日：** 2013-09-18

申请人： 西安元亨科技有限公司

发明人： 刘珉恺

摘要：

本发明涉及一种高效电光光电电源方法，其特征是：包括二极管阵列（3）、硒光电池（4）和二极管阵列驱动电路（2），交流电源通过二极管阵列驱动电路（2）驱动二极管阵列（3），由二极管阵列（3）发出波长在555nm波长的绿光或590nm波长的黄光，通过辐射均匀照在硒光电池（4）表面上，由硒光电池（4）输出直流电压。本发明的方法具有抗干扰性能好、可以提高电光和光电转换效率等特点。

电源管理芯片以及包括所述电源管理芯片的电源管理器件

申请（专利）号： 201210321399.4　**公开日：** 2013-09-18

申请人： 三星电子株式会社

发明人： 金镐正　申在光　郑佑仁　崔贤植

摘要：

一种电源管理芯片和包括该电源管理芯片的电源管理器件。电源管理芯片包括：至少一个功率开关以及驱动器单元，其用于生成用于控制该功率开关的驱动信号，并包括在与该功率开关相同的衬底上形成的一个或多个电路单元。

电源开关电路

申请（专利）号： 201210069303.X　**公开日：** 2013-09-18

申请人： 鸿富锦精密工业（深圳）有限公司　鸿海精密工业股份有限公司

发明人： 高富利　高行嵩

摘要：

一种电源开关电路，包括脉宽调制信号控制电路、第一电阻、第二电阻、第一开关电路及第二开关电路。脉宽调制信号控制电路具有第一频率控制端和第二频率控制端，第一电阻连接在第一频率控制端和第一开关电路之间，第二电阻连接在第二频率控制端和第二开关电路之间。该电源开关电路还包括具有第三电阻和第一电容的第一滤波电路和具有第四电阻和第二电容的第二滤波电路，第一电容一端与第一开关电路连接，另一端通过第三电阻接地。第二电容一端与第二开关电路连接，另一端通过第四电阻接地。利用本发明，通过在输出端与开关电路之间增加滤波电路，从而有效抑制电磁干扰。

开关电源的PFM切换电路

申请（专利）号： 201210065579.0　**公开日：** 2013-09-18

申请人： 上海华虹集成电路有限责任公司

发明人： 葛佳乐

摘要：

本发明公开了一种开关电源的PFM切换电路，包括：比较器，用于比较开关电源的输出反馈电压与基准电压的大小，根据比较结果输出高电平或者低电平；计数器，用于计时，当所述比较器输出高电平超过一定时间以后，选通相应的频率选通开关；频率选通开关，用于选通相应的PFM工作频率。本发明能够适应负载的变化，提高极轻负载下PFM切换电路的工作效率。

电源管理电路及电子设备

申请（专利）号： 201210064645.2　**公开日：** 2013-09-18

申请人： 鸿富锦精密工业（深圳）有限公司　鸿海精密工业股份有限公司

发明人： 程海龙　汪涛　邓雪冰　马晓辉　李新平

摘要：

一种电源管理电路，其包括第一开关单元、脉宽调变单元、第一取样单元及储能单元，该脉宽调变单元包括电源端及输出端。该第一开关单元用于响应外部控制信号导通或断开电源单元与电源端之间的电连接；储能单元连接于电源端与输出端之间，该电源端用于在第一开关单元导通时接收电源单元的供电电压，使输出端产生脉冲电压。该储能单元还用于在脉冲电压处于第一电平时接收上述供电电压以储存能量，并在脉冲电压处于第二电平时释放能量以使得输出端输出工作电压给负载。该第一取样单元用于对上述工作电压进行取样以产生取样电压，该脉宽调变单元根据上述取样电压调节脉冲电压的占空比。本发明还提供一种电子设备。

一种大功率交流电源检测装置

申请（专利）号： 201310205948.6　**公开日：** 2013-09-25

申请人： 徐州泰发特钢科技有限公司

发明人： 刘成元

摘要：

本发明涉及一种大功率交流电源检测装置，其包括大功率交流电源输出模块、D-A模块、差分电路运算放大模块以及A-D模块；其中，所述大功率交流电源输出模块、D-A模块、差分电路运算放大模块和A-D模块依次连接。本发明的大功率交流电源检测装置通过A-D模块和D-A模块强大的转换功能，结合差分电路运算放大模块，具有检测数据传送率高、检测较方便等优点，可以迅速实现检测的精确度。

电源装置

申请（专利）号： 201210074136.8　**公开日：** 2013-09-25

申请人： 鸿富锦精密工业（深圳）有限公司　鸿海精密工业股份有限公司

发明人： 吴亢　陈国义　丛卫东

摘要：

本发明提供一种电源装置，包括第一电源及选通电路，所述选通电路包括多个非门、多个控制器及多个晶体管，所述多个非门的输入端分别连接至对应的服务器，所述非门的输出端分别连接至对应的控制器，每一晶体管的栅极连接至对应的控制器，漏极均连接至该第一电源，该多个晶体管的源极连接至对应的服务器，当任意一个或多个服务器需要开机时，该需要开机的服务器产生一开机信号，该开机信号分别经过相应的非门后传输至与需要开机的服务器对应的控制器，使得所述控制器产生对应的导通信号，进而控制与需要开机的服务器对应的晶体管导通，使得该需要开机的服务器通过导通的晶体管连接至第一电源，以从所述第一电源获得电能。

电源保护电路

申请（专利）号：201210079030.7　**公开日：**2013-09-25

申请人：鸿富锦精密工业（深圳）有限公司　鸿海精密工业股份有限公司

发明人：潘亚军　葛婷

摘要：

一种电源保护电路，包括一比较器、第一至第三电子开关及一 D 触发器。当所述电源供应器输出的电压大于参考电压时，第一电子开关导通，与所述第一电子开关的第一端相连的电子元件不接收来自电源供应器的电压，第二电子开关导通，第三电子开关不导通，D 触发器的输出端输出低电平信号以使得所述复杂可编程逻辑器件控制电源供应器停止输出电压。上述电源保护电路可以使得当电源供应器输出的电压过高时停止输出电压，以避免电子元件受到损坏。

直流电源短路、过载保护装置

申请（专利）号：201210070643.4　**公开日：**2013-09-25

申请人：襄樊学院

发明人：李国彪　贾巍

摘要：

本发明提供了一种直流电源短路、过载保护装置，在直流电源的一支导线的输入端与输出端之间接有双色发光管和继电器触点开关构成回路；双色发光管的另一端头连接有一个限流电阻 R1 与另一直流电源的导线相连；在两支导线之间接有继电器 J、晶体晶体管 BG2、限流电阻 R2、按键开关、电位器 W 和晶体管 BG1，在使用过程中，当输出端发生短路时，输入电压下拉，通过晶体管使继电器脱开，当负载过载时电压下跌，继电器即可脱开切断输出端，由此可实现短路和过载保护的目的。

一种开关电源的保护电路及方法

申请（专利）号：201310259467.3　**公开日：**2013-09-25

申请人：深圳奥特迅电力设备股份有限公司

发明人：张文勇　李楚楠

摘要：

本发明公开了一种开关电源的保护电路及方法，该保护电路包括：采样电路，用于对开关电源的至少一个需保护的信号进行采样以生成至少一个采样信号；判断电路，用于根据至少一个采样信号判断开关电源的状态，以生成至少一个状态控制信号；及动作电路，用于根据初始驱动信号和所述至少一个状态控制信号生成最终驱动信号，而且，在开关电源的故障状态时，所述最终驱动信号为低电平；在开关电源从故障状态转正常状态时，从初始驱动信号在故障结束后的第一个下降沿开始，将初始驱动信号作为最终驱动信号。实施本发明的技术方案，解决了开关管过高电气应力的问题，从而提高了开关电源整体运行的可靠性。

使用挪用的氢的工业装置备用电源的燃料电池

申请（专利）号：201310093667.6　**公开日：**2013-09-25

申请人：新绿能源有限公司

发明人：詹姆斯·胡　希德尼·夸恩

摘要：

本发明提供了使用挪用的氢的工业装置备用电源的燃料电池。在关键工艺中使用纯化的氢的工业装置的备用电源系统。使用在氢贮存器处的智能阀门来挪用氢并将氢分流到向关键工艺提供备用电源的燃料电池阵列。在燃料电池阵列上线之前，由电池阵列提供备用电源，且当氢供应被耗尽时该电池阵列也可提供备用电源。

一种直流电源功率校正的新拓扑结构

申请（专利）号：201210085073.6　**公开日：**2013-09-25

申请人：林福泳　林福祥

发明人：林福泳

摘要：

一种直流电源功率校正的新拓扑结构。本发明用正激式电源作为校正源，减小功率因数校正电路损耗。较反激式电源作为功率因数校正电路有两大优点：①没有浪涌电流；②校正电路损耗大大减小。

移动体检测装置、电源控制装置以及图像处理装置

申请（专利）号：201210380622.2　**公开日：**2013-09-25

申请人：富士施乐株式会社

发明人：尾形健太　马场基文　成岛和彦　小野真史　东恒一　山科晋　黑石健儿　白石惠子　堀江英宪

摘要：

本发明涉及移动体检测装置、电源控制装置和图像处理装置。一种移动体检测装置包括：检测装置主体及光学部件。检测装置主体包括：检测单元，其形成在覆盖装置内部的壳体中并被布置为与监视窗口相对应，监视窗口的至少开口面积或者开口尺寸受到限制，并且监视窗口监视接近装置的移动体；以及电路板单元，其控制从检测单元输出的信号，所述检测装置主体被布置为，在检测单元中包括的多个红外检测元件的具有检测面作为焦点的光轴中，一些光轴通过所述检测窗口，并且其他光轴被壳体阻挡。光学部件形成在壳体的内壁中并且偏转红外检测元件的其

他光轴以通过监视窗口。

一种畜牧养殖质量监测太阳能温差电源腰带形紧固胸圈

申请（专利）号：201310216982.3 **公开日：**2013-10-02

申请人：赵增友

发明人：赵恒 赵增友

摘要：

一种畜牧养殖质量监测太阳能温差电源腰带形紧固胸圈，整体结构主要由柔性防水密封胸圈匹配终端（3）、数据总线（61）、太阳能中继器/无线收发器 B3-4（63）、手机遥控质量鉴定读写器（40）、无线监护质量检测疫情预报显示器（41）、计算机数据库疾病分析诊断统一管理功能模块（66）以及上传网站总站指令（67）组成顺序电连接结构。技术特征：本系统户内户外常规使用，可随时监测牛只牧群体温超高、运动量超高、立桩爬跨发情等各种生理参数，数据显示一目了然，信息提示清晰可靠。本系统户内、户外常规使用，操作方便，支持封闭养殖创新理念。护理人员可在第一时间内，随时随地掌握了解每头奶牛生理状况，随时给予现场维护与治理，减少或避免不必要的经济损失。为可能潜在的“疫情隐患”提供可信可靠的参考依据。统一防范，集中管理，提高整体范围内第一紧急预报期的信息传递水平。

一种家庭电源自动门锁关闭装置

申请（专利）号：201310255441.1 **公开日：**2013-10-02

申请人：孙利

发明人：孙利

摘要：

本发明公开了一种家庭电源自动锁闭装置，包括 PLC 系统、感应灯、压力开关、总闸开关、光线传感器和电源，感应灯设置在大门背面，与压力开关电连接，压力开关设置在门锁中锁舌的下方，与 PLC 系统电连接，光线传感器位置与感应灯对应，与 PLC 系统电连接，总闸开关与 PLC 系统电连接，电源与 PLC 系统电连接。在本发明中，感应灯常灭，锁门时由于门锁中锁舌的下方设置了压力开关，锁舌触碰压力开关打开感应灯，同时光线传感器感应到光线，将信号传递到 PLC 系统，PLC 系统控制总闸开关关闭，确保了出门后家居电源及时的关闭，避免了事故的发生。

插墙式充电器、电源适配器 AC 插头与线路板的连接件

申请（专利）号：201310235061.1 **公开日：**2013-10-02

申请人：江苏辰阳电子有限公司

发明人：何新友

摘要：

插墙式充电器、电源适配器 AC 插头与线路板的连接件，包括插头 PIN（1）、连接弹片（2）、带插头底壳（3）、线路板 PCBA（4）、上壳（5）和插脚（7），线路板 PCBA（4）设置在上壳（5）内，连接弹片（2）固定在线路板 PCBA（4）上，插头 PIN（1）固定在带插头底壳（3）上，其特征在于：所述的插头 PIN（1）的尾端加长，尾部插入固定在线路板 PCBA（4）的连接弹片（2）后，连接弹片（2）插入插脚（7）内与线路板 PCBA（4）用过波峰焊固定。本发明结构，使用连接弹片连接插脚与线路板 PCBA，不使用焊锡，不用抽风，不用加温，装配时直接连接、减掉了焊接，降低成本，更环保。

一种电源线

申请（专利）号：201310217668.7 **公开日：**2013-10-02

申请人：周国清

发明人：周国清

摘要：

本发明公开了一种电源线，包括连接线，所述连接线连接有插头，所述连接线上设有电压设定装置，所述插头与电压设定装置之间设有开关，所述插头与开关之间设有熔丝，通过上述方式，本发明能够设置通电电压，并且可以随时切断通电，当负载超过设定电压时，自动断电，防止事故发生，结构合理，方便实用，适于推广使用。

一种用于高压 LED 驱动芯片的电源电路

申请（专利）号：201310155347.9 **公开日：**2013-10-02

申请人：上海芯地信息科技有限公司

发明人：肖国庆

摘要：

一种用于高压 LED 驱动芯片的电源电路，电阻和齐纳二极管组成的电源连接电压调整器输入端，并通过串接一个二极管后连接芯片引脚 Vout，该芯片引脚 Vout 连接引脚 V_{CC}，电压调整器输出端连接芯片引脚 VDD_ BGR，低压降线性稳压器另一个输入端连接带隙基准电路的输出端 Vref，低压降线性稳压器输出端连接芯片引脚 Vout，电阻和齐纳二极管组成的电源连接低压降线性稳压器电源输入端之间置有开关管，该开关管的控制极与比较器输出端连接，该比较器输入端连接由电阻 Res 和齐纳二极管组成的电源，另一输入端连接芯片引脚 V_{CC}。本发明有多种接入电源途径，用户可根据具体方案自己选择应用，从而增加了芯片的功能和应用的灵活性。

基于多微处理器的三相电源缺相判断和相序检测装置及其检测方法

申请（专利）号：201310286059.7 **公开日：**2013-10-09

申请人：扬州电力设备修造厂

发明人：唐涛 陈久松 费向军 张建祥 方超 罗兆荣 丁缪

摘要：

本发明涉及一种基于多微处理器的三相电源缺相判断和相序检测装置及其检测方法。该装置由三相电源缺相判断和相序检测电路、电源检测单片机和电动执行机构主单片机构成，输入电源通过三相电源缺相判断和相序检测电路完成三路电源信号的降压和信号转换，三路脉冲信号分

别接入电源检测单片机的 PCA 外设端口；电源检测单片机通过串口通信方式将电源缺相和相序检测结果传送至电动执行机构主单片机。本发明实现电动执行机构的缺相故障判断和相序自适应功能，提高了缺相判断和相序检测电路的抗干扰性能和适用性。

一种适用于电源快速切换装置的电气量测量方法

申请（专利）号：201310188998.8　**公开日：**2013-10-09

申请人：南京大全自动化科技有限公司

发明人：黄小波　陈栩　王俊峰　李进

摘要：

本发明公开了一种适用于电源快速切换装置的电气量测量方法，电源切换装置接入八路电压量：即母线 I、母线 II 各三相电压，进线 I、进线 II 各一路电压；六路电流量：进线 I 的 a、b、c 相电流，进线 II 的 a、b、c 相电流；三路开关位置信号：lDL、2DL、3DL 的常闭辅助接点；通过硬件滤波、调理电路，将八路正弦波电压规整为方波，并接入 CPLD 进行八路测频；方波上升沿、下降沿均测频，使得半个周波即可更新一次频率值。本发明主要适用于石化、冶金、煤炭等工业企业的供电电源切换，可以精准测量母线电压及进线电压的频率，并实时采样跟踪，保证电源切换所需电气量测量的准确性。

具有减小的开关节点振铃的三维电源模块

申请（专利）号：201280007839.7　**公开日：**2013-10-09

申请人：德克萨斯仪器股份有限公司

发明人：J·A·赫尔嵩末　O·J·洛佩斯　J·A·浓趣勒

摘要：

一种同步降压转换器的高频电源模块（800），其具有漏极向下直接焊接到引脚框架的焊盘（801）的控制管芯（810）；焊盘（801）连接到 VIN，并且到控制管芯（810）的 VIN 连接表现出消失的阻抗和电感，因此将开关节点电压振铃的幅值和持续时间减小多于 90%。因此，输入电流从焊盘垂直进入控制管芯端子。在控制管芯（810）顶部上的开关节点夹片（840）被设计为具有面积足够大，从而以漏极向下的方式将同步管芯（820）放置在控制管芯顶部上；电流继续垂直流过转换器堆叠。同步管芯的有效面积等于或大于控制管芯的有效面积；同步管芯的物理面积等于或大于控制管芯的物理面积。同步管芯（820）的源极端子由被设计为充当散热器的夹片（860）连接到地。

一种智能手机的外接电源套

申请（专利）号：201310246827.6　**公开日：**2013-10-09

申请人：张家港保税区润桐电子技术研发有限公司

发明人：黄家旺

摘要：

一种智能手机的外接电源套，其特征是：以一本体作为智能手机显示屏的保护套，在该本体内部设有一锂电池及充电电路，且该本体的内面构成一磨砂表面，另于背面覆被一层软塑料；又，该本体一端组合枢轴构造，用来结合一托卡端及一连接器，而另一端则设有一弹性的卡扣；前述的本体一侧设有电源开关，另一侧则设有充电插座以及一充电指示灯，当该电源开关为 ON 的状态时，对智能手机内部充电电池充电，也为对智能手机供电，且充电指示灯为亮的状态显示，该电源开关为 OFF 的状态时，不对智能手机内部充电电池充电，也不对智能手机供电。

一种电源转换器

申请（专利）号：201310281548.3　**公开日：**2013-10-09

申请人：杨小龙

发明人：杨小龙

摘要：

本发明公开了一种电源转换器，包括插头与电源线（1）和插座体（2），插座体包括开关（2.1）、指示灯（2.2）和插座（2.3），开关和指示灯设置在靠近电源线进入端的插座体上表面，插座依次向下排列，还包括抽拉锁紧装置（2.4）和复位按钮（2.5），插座之间设置有抽拉锁紧装置，抽拉锁紧装置内部设有弹簧和卡紧机构；插座侧面设有复位按钮。该电源转换器在插接非标准插头时可以根据需要拉出抽拉锁紧装置，不产生干涉现象且方便进行布线理线，节省空间。

一种带有蓄电池的多用电源插座

申请（专利）号：201310237525.2　**公开日：**2013-10-09

申请人：吴士银

发明人：吴士银

摘要：

本发明公开了一种带有蓄电池的多用电源插座，包括面板、插座体、两项插孔和三项插孔，面板与插座体是活动连接的，两项插孔分别设置于插座体的上端表面和下端表面，三项插孔位于插座体的前端表面，还包括蓄电池和 USB 插口，蓄电池与插座体连接，USB 插口分别位于插座体的左侧壁和右侧壁，面板上设置有弹性开关，弹性开关位于插座体的上方中心位置，面板上还设有充电指示灯。通过在电源插座后加装蓄电池，即使在停电的状态下，仍然可以将需要供电或充电的电器插在插孔或者 USB 插口中进行充电，特别是在突然断电的情况下，蓄电池可以继续为插在电源插座上的电器供电，不仅保护正在工作的电器，而且可以为使用者提供保存资料的时间。

一种 USB 电源转用插座

申请（专利）号：201310281519.7　**公开日：**2013-10-09

申请人：董磊

发明人：董磊

摘要：

本发明公开了一种 USB 电源转用插座，包括底座和座体，所述底座与座体之间通过转轴装置连接，所述底座内设置有电源模块，所述座体上设置有插头，且底座上设置有 USB 接口。该插座上设置有底座，可以将手机放在底座上，避免手机因直接放在地上而带来的一些不必要的损害，且插座上还设置有挡板可以防止手机从底座上滑落，并且插座带有 USB 接口，直接可以通过数据线进行充电，不用的时候收起该插座，十分方便。

一种用于光网络单元的储能电源设计和使用方法

申请（专利）号：201310218499.9 **公开日：**2013-10-09
申请人：杜和青
发明人：杜和青
摘要：

本发明涉及一种小型储能电源的设计和使用方法，包括：充电电池的设计、电源管理模块的设计要求、现场使用方法。在本发明以前，光纤入户的光网络单元设备（ONU）由于没有独立的供电装置，在市电停电的情况下就无法工作，也无法打通电话，这对光纤入户设备是一种缺陷，降低了广大用户使用光纤宽带的品质。本发明解决了光网络单元（ONU）在市电停电的情况下继续工作的问题，保证对 ONU 设备独立供电不少于 5h。

车用电器的电源及其转接器

申请（专利）号：201310243830.2 **公开日：**2013-10-09
申请人：蔡吕乾
发明人：吕镗　蔡吕乾
摘要：

本发明涉及提供一种小巧便携、结构简单、操作方便、使用成本相对较低的、便于回收和利用的、可扩大车载电器的使用场合的车用电器的电源及其转接器。车用电器的电源，它由转接器和与之适配的电池包接合而成，电池包为额定电压 DC9～16V/DC20～30V 的二次电池及电池包，电池包上设有包容在电池包壳体内的二次电池及电池包的输入/输出接口，转接器上设有与电池包相应的连接接口，可实现转接器与电池包的快速接合和分离，转接器上还设有包含至少一个车用电源插座的输出接口。

一种应用于汽车上的电源

申请（专利）号：201310332393.1 **公开日：**2013-10-09
申请人：合肥博微田村电气有限公司
发明人：姜啸　向伟炜　万静龙　陆学军　祝彬　徐杰　钱晓东
摘要：

本发明公开了一种应用于汽车上的电源，包括：电源、车载设备、充电器、电池电量检测与保护装置、不间断控制、蓄电池，本发明能够增加一种不间断供电的功能，电池或者 ACC 电瓶不能工作时车载设备仍然能够继续工作。本发明解决了现有汽车供电系统在异常情况下，不能持续供电问题。

双电源快速检测台

申请（专利）号：201310325077.1 **公开日：**2013-10-16
申请人：天津市鸿远电气设备有限公司
发明人：王颖
摘要：

本发明公开了一种双电源快速检测台，包括台板、设于台板上的开关固定架、设于固定架上的多个常用备用电源开关、常用备用电源开关接头，每一个所述双电源连接一个常用电源开关和一个备用用电源开关，所述多个常用备用电源开关使用电线连接成并联结构与外接电源构成回路。本发明提供了一种双电源快速检测台，通过设置可以同时进行多台双电源测试的装置，提高了工作效率。

用于磁控管电源引线的滤波器

申请（专利）号：201280008638.9 **公开日：**2013-10-16
申请人：E2V 技术（英国）有限公司
发明人：R·理查德森　卡尔·奥斯博恩
摘要：

一种用于磁控管电源引线（20）的感应滤波器（10）包括：电绝缘管（105）；部分位于所述电绝缘管内且在其中基本上同轴的电源引线（22，23），其用于将电力从磁控管电源提供至磁控管；同轴位于所述电绝缘管装置上的第一磁性材料的第一芯（101）和第二磁性材料的第二芯（102）；外径基本上与第一芯和第二芯相同且同轴位于第一芯与第二芯之间的电绝缘管上的绝缘盘（104）。感应滤波器基本上被设置为：滤除第一预定频带的噪声和不同于所述第一预定频带的第二预定频带的噪声，以免所述噪声沿所述电源引线装置传输；以及吸收预定瞬态电压，以防止该预定瞬态电压沿所述电源引线装置传输进而损坏所述第一芯装置和第二芯装置中的至少一个。在实施例中，第三磁性材料的第三芯（103）同轴安装在所述绝缘管上，使得第一芯滤除第一频带，第二芯滤除第二频带，而第三芯防止预定瞬态电压损坏第一芯和第二芯。

一种带夹子的电源插排

申请（专利）号：201310257995.5 **公开日：**2013-10-16
申请人：王宇辰
发明人：王宇辰
摘要：

本发明涉及生活用品，具体说是一种带夹子的电源插排。该带夹子的电源插排，包括电源插排本体和夹子，其特征是：所述电源插排本体的插口背面设置有支撑部，支撑部通过第一轴与夹子铰接在一起，第一轴上设置有弹簧，电源插排本体的插口面设置有护罩，护罩通过第二轴与电源插排本体铰接在一起，电源插排本体上设置有插头。本发明带夹子的电源插排的有益效果：可以将电源插排固定在安全的位置，使电源插排既具有活动性又具有固定性，并且通过护罩可以保护插口不受灰尘、水等的侵入。

电源供电的变频控制方法

申请（专利）号：201310228632.9 **公开日：**2013-10-16
申请人：宁波高新区大雅泰科科技发展有限公司
发明人：陈旭军　郭立群
摘要：

本发明属于电源控制技术领域，尤其涉及一种电源供电的变频控制方法，采用单片机和取样比较器组成单稳态电路，电源的输出端与单稳态电路电连接，负载与单稳态电路的输出端电连接；控制方法包括：（1）当电源的容量为80%～100%时，控制脉冲频率为50～60kHz，保证电源恒流输出；（2）当电源的容量为60%～80%时，单片机和取样比较器控制单稳态的关断时间进行脉冲调宽控制，保证电源恒流输出；（3）当电源的容量为60%以下时，单片机和取样比较器控制环断开，单稳态处于稳态工作，电源对负载供电处于直通状态。因此，电源采用本发明的控制方法后，使得电源的容量在不同的阶段均保持较高的能量转换效率，并且保持恒流输出，不但能延长电源的使用寿命，还能提高负载的使用寿命。

电子装置和电源控制方法

申请（专利）号：201310055349.0　**公开日：**2013-10-16

申请人：索尼公司

发明人：斎藤到　大塚纪孝

摘要：

本发明涉及电子装置和电源控制方法。所提供的电子装置包括：地址获取单元，其执行与接近的通信终端之间的通信，以获取通信终端的固有地址；以及电源控制单元，当地址获取单元获取的固有地址与注册地址一致时，电源控制单元将电子装置自身的电源状态从待机状态变成快速启动状态，在待机状态下只向必要的最少功能供电，在快速启动状态下向除了为用户进行呈现的功能之外的其他功能供电。

一种太阳能移动电源车

申请（专利）号：201310292141.0　**公开日：**2013-10-23

申请人：首帆动力设备制造（上海）有限公司

发明人：杜剑峰

摘要：

本发明公开了一太阳能移动电源车，所述电源车包括一车体和一供电装置，所述供电装置安装在所述车体上，所述供电装置包括一太阳能板箱和一蓄电池组，所述太阳能板箱与所述蓄电池组连接；该太阳能板箱包括一太阳电池组件和一支撑组件，所述太阳能支撑组件调节所述太阳电池组件的高度和角度；所述供电装置进一步包括一市电充电器和一发电机组，在应急情况下，所述电源车可直接用市电充电和利用发电机组自行发电，这样所述电源车在户外有阳光时，所述车体拖动所述供电装置移动，所述太阳能板箱将太阳能转换为电能，在没有太阳的紧急情况下利用市电充电或者发电机组发电，可在不同情况下供电，适用于各种不同环境，节约能源。

电源侦测电路及具有该电源侦测电路的电子装置

申请（专利）号：201210095713.1　**公开日：**2013-10-23

申请人：鸿富锦精密工业（深圳）有限公司　鸿海精密工业股份有限公司

发明人：唐兴华

摘要：

一种电源侦测电路，包括电压转换模块以及信号产生模块。该电压转换模块与一电源输入端连接，用于将电源输入端接入的电源的电源电压转换成侦测电压。该信号产生模块与该电压转换模块以及一处理单元连接，用于将该转换成的侦测电压与一参考电压进行比较，并在该侦测电压小于参考电压时，输出一高电平信号至该处理单元触发该处理单元控制显示电池电量信息；在该侦测电压大于参考电压时，输出一低电平信号至该处理单元，触发该处理单元控制停止显示电池电量信息。本发明还提供一种具有该电源侦测电路的电子装置，本发明的电源侦测电路以及电子装置，通过简单的结构即可侦测电源类型，从而控制是否显示电池电量。

转接板及具有该转接板的直流电源测试系统

申请（专利）号：201210102802.4　**公开日：**2013-10-23

申请人：鸿富锦精密工业（深圳）有限公司　鸿海精密工业股份有限公司

发明人：潘亚军　葛婷

摘要：

一种转接板，包括电路板、至少一第一连接器、至少一第二连接器及设于所述电路板一端并用于插设于一插槽的第一金手指，所述第一金手指包括第一接地引脚及至少一组电源引脚，所述第一接地引脚及每一组电源引脚电连接至所述插槽的对应的电源引脚及接地引脚；每一第一连接器包括负载连接引脚及第二接地引脚，所述负载连接引脚对应电性连接至所述金手指的其中一组电源引脚，所述第二接地引脚电性连接至所述第一接地引脚，所述第一连接器用于将与其相连的一组电源引脚电性连接至负载；所述第二电连接器包括电连接至所述负载连接引脚的输出引脚以及电连接至所述第二接地引脚的第三接地引脚，所述负载连接引脚及第三接地引脚用于连接示波器。本发明还涉及一种具有该转接板的直流电源测试系统。

电源老化试验机

申请（专利）号：201210083053.5　**公开日：**2013-10-23

申请人：核特电子（昆山）有限公司

发明人：练润兴

摘要：

本发明公开了一种电源老化试验机，测试室内侧壁和外侧壁上分别设有若干位置对应的框架结构，所述用于给被测电源供电的供电装置设于测试室内侧壁上的各个框架上，用于作为被测电源负载的电子负载设于相应的测试室外侧框架上，电压电流采集模块的输入端与电子负载的输出端电连接，电压电流采集模块的输出端与通信转换模块的输入端电连接，通信转换模块的输出端与监控主机的输入端电连接，温湿度控制装置设于测试室内，温湿度控制装置能够控制测试室内的温度和湿度，本发明的被测电源的测试环境与实际使用环境保持一致，提高了测试结果的准确性，并实现了多个被测电源同时监控测试，测试效率高，操作方便。

车载电子产品电源脉冲自动化测试系统

申请（专利）号：201310304236. X **公开日：**2013-10-23

申请人：延锋伟世通电子科技（上海）有限公司

发明人：崔力 蒋文君 张煜 张加猛 彭玮

摘要：

一种车载电子产品电源脉冲自动化测试系统，包括一个可编程电源、一个加载器、一个通用串行总线与控制器局域网总线通信器和一个计算机，通用串行总线与控制器局域网总线通信器与计算机连接和控制器局域网总线连接，加载器连接在控制器局域网总线上，可编程电源的电流输出端与加载器连接，可编程电源的控制端和反馈电流信号输出端与计算机连接，本发明利用计算机将测试脉冲一次加载到可编程电源并同步 CAN 通信，在任意一个测试脉冲运行完成后，判断反馈的静态电流是否在设定值范围内，静态电流满足设定值范围时，继续加载下一个测试脉冲。本发明实现了测试脉冲的自动加载和 CAN 通信的自动同步，提高了测试效率，节省了测试的工具和人力成本。

电子装置及其电源控制电路

申请（专利）号：201210084966. 9 **公开日：**2013-10-23

申请人：鸿富锦精密工业（深圳）有限公司 鸿海精密工业股份有限公司

发明人：唐兴华

摘要：

一种电子装置，包括电源控制电路、电压输入端及电源管理模块。电源控制电路包括第一、第二开关及 MCU，第一开关连接在电压输入端与 MCU 之间，并具有一控制端，第二开关连接在该控制端与 MCU 之间。当被置于第一档位时，第二开关控制第一开关导通，并给 MCU 传输一开机信号，电压输入端给 MCU 供电，MCU 在上电后输出一第一控制信号控制电源管理模块给系统供电；当被置于第二档位时，第二开关给 MCU 传输一关机信号，MCU 输出一第二控制信号控制电源管理模块停止给系统供电，同时该第二开关模块控制该第一开关模块在延迟预定时间后断开，使电压输入端停止给 MCU 供电。本发明节能效果显著，并解决了因 MCU 死机而无法关机的问题。

电源时序控制电路以及集成电路

申请（专利）号：201210081932. 4 **公开日：**2013-10-23

申请人：中兴通讯股份有限公司

发明人：易旭东 谭建 吴元锋

摘要：

本发明公开了一种电源时序控制电路以及集成电路，该电源时序控制电路包括：由在后时序电源的输入端（VCC2）、PMOS 管（VT2）和在后时序电源的输出端（VCC2-1）串联组成的电源输出回路；由在后时序电源的输入端（VCC2）、第一电容（C2）、第一电阻（R3）、第一 NPN 晶体管（VT1）的集电极和第一 NPN 晶体管（VT1）的发射极串联组成的电源时序控制回路，其中，第一 NPN 晶体管（VT1）的基极连接至在先时序电源的输入端（VCC1），PMOS 管（VT2）的栅极连接至第一电容（C2）和第一电阻（R3）之间。本发明通过简单的分立器件，实现了电源时序控制，电路简单，成本低，且消除了反灌电压。

电源固定装置

申请（专利）号：201210087169. 6 **公开日：**2013-10-23

申请人：鸿富锦精密工业（深圳）有限公司 鸿海精密工业股份有限公司

发明人：周海清

摘要：

一种电源固定装置，包括一底板、装设于该底板上的用以收容一电源的一固定架及一盖合于该固定架的锁扣件，该固定架包括两相对的侧板及一连接于该两侧板前端的一端板，每一侧板设有一弹片，每一弹片的外侧凸设有一卡块，该锁扣件包括两相对的侧壁、垂直连接于该两侧壁顶部之间的一顶壁及由该顶壁的后侧向下延伸的一挡止部，该两侧壁分别位于该两侧板的外侧，每一侧壁设有卡置对应侧板的卡块的一开口。该电源固定装置的锁扣件相对该固定架可方便地盖合与拆卸，从而可方便将电源安装与拆卸。

电源控制电路及电源控制方法

申请（专利）号：201210104914. 3 **公开日：**2013-10-23

申请人：国民技术股份有限公司

发明人：李玲

摘要：

本发明公开了一种电源控制电路及电源控制方法，包括电源选择电路、开关电路、至少两路电源输入电路以及开关控制电路和电压检测电路；电源选择电路根据第一预设规则从各电源输出电路中选择一路作为电源输出；开关电路的输出端为电源输出端，电源选择电路的输出端和各电源输入电路的输出端与开关电路的输入端连接；电压检测电路用于检测电源输出端电压和至少一路电源输入电路的输出端电压，开关控制电路根据电压检测结果控制开关电路从电源选择电路的输出端和各电源输入电路的输出端中选择一路与电源输出端连通，电路内部始终通过同一端口输出电压供电，避免出现多路供电直接相连产生的干扰以及漏电等问题。

用于电源管理模块的正常电压调节方法

申请（专利）号：201310317647. 2 **公开日：**2013-10-23

申请人：延锋伟世通电子科技（上海）有限公司

发明人：嵇胜龙

摘要：

一种用于电源管理模块的正常电压调节方法，包括一个采集汽车外部温度、电池温度、电池容量、电池电压和电池平均电流的过程，首先检查采集到的电池容量，通过对电池容量的比较，将电池状态分为三类：冰点模型、正常状态、省油模式。如果电池处于冰点模型，即亏电严重，那么本方法产生一个较大的充电电压；如果电池处于省油模式，即电量较充足时，那么本方法产生一个较小的恒定充电电压；如果在这两种状态之间，则根据当前的电池容量计算出理想充电电流，通过实际充电电流与理想充电电流的比较确定充电电压的值。本发明通过分阶段的充电电压设置，可以提高能量的利用效率，增加电池的使用寿命。

简易型电源插头

申请（专利）号：201210095555. X　**公开日：**2013-10-23

申请人：王仲杰

发明人：王仲杰

摘要：

简易型电源插头是一种便于安装导线和绝缘外壳的插头，它是将两片触头固定在外壳的上半部，触头中的固线螺钉平行向上。结构简单，实用。该技术方案要点是：将两片触片固定在防护盖的上半部，当与导线连接时，打开防护盖的下半部不需取出触头就可以与导线连接。触头的固线螺钉眼做了平行90°旋转改进，达到方便连接导线和安装防护盖的目的。

不间断电源系统的工作模式的切换方法及装置

申请（专利）号：201210086502. 1　**公开日：**2013-10-23

申请人：中兴通讯股份有限公司

发明人：杨进　李扬扬

摘要：

本发明提供了一种不间断电源系统的工作模式的切换方法及装置，其中，该方法包括：在不间断电源系统的工作模式为旁路模式时，接收不间断电源系统中的预定旁路模块发送的第一输出通断状态指示；根据第一输出通断状态指示，控制与预定旁路模块并联的所有旁路模块的输出状态为断开状态；将不间断电源系统的工作模式由旁路模式切换为逆变模式。本发明解决了相关技术中的由于并联的多个旁路模块的输出切换不同步，而导致不间断电源系统出现崩溃的问题，从而提高了不间断电源系统的安全性、稳定性。

电源电路

申请（专利）号：201210095715. 0　**公开日：**2013-10-23

申请人：鸿富锦精密工业（深圳）有限公司　鸿海精密工业股份有限公司

发明人：唐兴华

摘要：

一种电源电路，包括路径开关、反馈模块、脉宽调制器、负电压生成模块以及稳压模块。该路径开关位于电源接口与功率放大器之间。该反馈模块与功率放大器的正电压输入端连接，用于输出一反映正电压输入端电压的反馈信号。该脉宽调制器用于接收反馈模块的反馈信号，根据该反馈信号输出具有特定占空比的脉宽调制信号控制路径开关的导通或截止，从而使得电源电压经过该路径开关后转换成大小为功率放大器所需正电压的开关电源信号。该负电压生成模块，电连接于该路径开关以及该功率放大器的负电压输入端之间，用于产生负电压。该稳压模块用于将该负电压稳压成该功率放大器所需的负电压。本发明的电源电路，通过简单的结构，即可为功率放大器提供正负电压。

电源装置

申请（专利）号：201310192367. 3　**公开日：**2013-10-23

申请人：迪尔航空航天有限公司

发明人：T·特兰

摘要：

公开了一种电源装置。本发明的目的在于发明一个电源装置以保特供电网络上的低负载并同时易于实施。为了该目的，提出了电源装置1，其具有用于将该电源装置连接至主电源的输入端2，该主电源提供交流电压作为输入电压Uin；具有用于将该电源装置1连接至负载V的输出端3，其中该输出端提供DC电压Uout作为输出电压；具有整流该输入电压Uin以形成整流后的输入电压Upfc的整流器5；具有包括用于平滑整流后的输入电压Upfc的平滑设备8以及有源功率因数校正设备7的PFC模块6，其中该功率因数校正设备7被设计为根据时变电流形成信号9，以将PFC模块6中的时变输入电流Ipfc与该电流形成信号9相匹配的方式，形成用于该平滑设备8的时变电源电流，其中该电流形成信号由模拟电路产生。

开关电源装置及照明装置

申请（专利）号：201310106455. 7　**公开日：**2013-10-23

申请人：东芝照明技术株式会社

发明人：高桥雄治　北村纪之　大武宽和　辻俊雄

摘要：

本发明提供一种开关电源装置及照明装置，其即使在开关电源装置的电感器上设置辅助绕组的情况下也能够简化电感器的结构。本发明的开关电源装置具备输入端、与所述输入端连接的直流电源、与所述直流电源连接的斩波电路、与所述斩波电路连接并与负载连接的输出端，所述斩波电路具有：第一电感器；第二电感器；第三电感器；在开时从所述直流电源向所述第一及第三电感器流过增加电流的开关元件；与所述开关元件串联连接的恒流元件；在所述开关元件断开时，向所述第一及第三电感器流过减少电流的整流元件；将所述开关元件导通，在所述增加电流达到恒流元件的饱和状态时，对所述开关元件的栅极电压进行控制而断开的驱动电路。

自适应电压恒流供电电源

申请（专利）号：201310312374. 2　**公开日：**2013-10-23

申请人：无锡市永动电子科技有限公司

发明人：张丹东

摘要：

本发明公开了一种自适应电压恒流供电电源，输入的48V或者72V电压通过第一路经由电阻送到NPN晶体管的集电极，NPN晶体管和PNP晶体管为共基共射极，共基极由稳压二极管钳位为9.1V电压，共射极输出稳定的8.4V电压可作为单片机等的预备电源；第二路经高亮发光二极管组件；第三路经由两个电阻到输入电压负极，两个电阻的中点在电源电压为48V时低于8.4V，在电源电压为72V时高于8.4V。本发明能自动识别并切换48V和72V供电电源，自动限流并稳定输出背光源的使用电流，稳定输出单片机的供电电压和电流且不被背光电压和电流所影响，背光电流可以调节使背光亮度适合至最佳状态，能自适应环境光线的变化而自动调节液晶屏的背光强度。

一种直流电源电压切换电路

申请（专利）号： 201310315874.1 **公开日：** 2013-10-23

申请人： 上海航天测控通信研究所

发明人： 陈凯 侯建文 张亮 杜善亮 赵涛

摘要：

本发明公开了一种直流电源电压切换电路，包括DC/DC电压转换模块、继电器和电压调整电阻，该继电器两端分别连接DC/DC电压转换模块的电压调节端口以及第一调节端口和第二调节端口，第一调节端口和第二调节端口与继电器间分别设置有电压调整电阻，根据该电压调整电阻的大小调整DC/DC电压转换模块的两个不同的输出电压值，该继电器控制电压调节端口与第一调节端口或第二调节端口连接，所述DC/DC电压转换模块调节并输出一比额定输出电压较高或较低的输出电压值。本发明利用同一个DC/DC电压转换模块选择比额定输出电压高或低的输出电压值，使直流电源电压切换电路具有切换稳定、调试方便、所需空间小的特点。

一种灯具及其电源开关控制电路

申请（专利）号： 201210090509.0 **公开日：** 2013-10-23

申请人： 海洋王照明科技股份有限公司 深圳市海洋王照明工程有限公司

发明人： 周明杰 管伟芳

摘要：

本发明公开了一种灯具及电源开关控制电路，该电源开关控制电路包括：555定时器、开关模块、开关管和交流电源，其中，所述开关模块包括用于供用户触摸的开启金属片和关断金属片，所述555定时器的置位端接开启金属片，所述555定时器的复位端接关断金属片，所述555定时器的输出端接所述开关管的控制端，所述开关管的第一端连接所述负载的第一端，所述负载的第二端及所述开关管的第二端分别连接所述交流电源的两端。实施本发明的技术方案，该电源开关控制电路由于采用触摸式的开关取代传统的机械式开关，实现了用小信号来控制大电流，这样可避免机械式开关由于在开关动作时有较大的电流通过而产生的故障。

程控扫描式LED模组稳压电源

申请（专利）号： 201210101027.0 **公开日：** 2013-10-23

申请人： 泰州元升电子有限公司

发明人： 蒋富军

摘要：

程控扫描式LED模组稳压电源是与LED发光模组配合使用的电源，将程控扫描式LED模组稳压电源的12个连接口与40组LED发光模组连接，通过调节PWM方波每通道逐一输出，可实现LED发光模组逐一点亮以及亮度的调节，程控扫描式LED模组稳压电源设有环境温度检测功能，通过检测环境温度来判断是高温天气还是低温天气，高温天气时，要调节PWM方波，使得输出电流小一点，增加LED寿命，低温天气时可加大一点电流，形成互补。另外使用铝合金壳体有助于变压器散热。

电集尘机用电源的控制方式

申请（专利）号： 201310143086.9 **公开日：** 2013-10-30

申请人： 株式会社 统能克斯

发明人： 浦田浩作 笠原刚

摘要：

本发明的目的在于提供一种电集尘机用电源的控制方式，能够长期维持稳定的集尘效率，并在产生异常放电后也能重新开始形成正常电场从而继续发挥集尘作用，减少维护频度。其结构中，电集尘机包括离子化部、集尘部以及它们的电源，电集尘机中附加有：恒电流控制部，该恒电流控制部向离子化部提供固定电流；电压阶段控制部，该电压阶段控制部向集尘部施加规定电压，并基于来自检测部的信息，发出不会在集尘部中产生异常放电的规定电压的指令，其中，该检测部对异常放电进行检测；以及电压变更部，该电压变更部根据电压变更指令来变更规定电压。

充放电电源的校准装置、充放电试验装置、充放电试验系统及充放电电源的校准方法

申请（专利）号： 201310072119.5 **公开日：** 2013-10-30

申请人： 爱斯佩克株式会社

发明人： 岩出徹 大原裕司

摘要：

充放电试验装置是将多个充放电电源向充放电试验对象的二次电池进行充放电，以进行该二次电池的充放电试验的装置。校准装置是在所述充放电试验装置中的所述多个充放电电源之中，在成为校准对象的充放电电源的校准时，将校准对象之外的充放电电源作为直流电源或电阻负载来利用。

电源效率测量装置

申请（专利）号： 201210108052.1 **公开日：** 2013-10-30

申请人： 鸿富锦精密工业（深圳）有限公司 鸿海精密工业股份有限公司

发明人： 李辉

摘要：

一种电源效率测量装置，用于与一具有额定功率的负载配合，以测量一电源装置的工作效率。该电源效率测量装置包括功率表，该功率表包括电流表与电压表，该电流表与该电压表分别用于在该电源装置向该负载供电时测量供电电流与供电电压，且测得的供电电流、供电电压及该负载的额定功率用于计算该电源装置的工作效率；该电源效率测量装置还包括一转接器，该转接器将该负载转接到该功率表及该电源装置，且该转接器包括相线转接部及零线转接部，该相线转接部与该零线转接部分别将该负载转接到该电源装置的相线与零线；该电压表测量该相线转接部与该零线转接部之间的电压并将其作为电源装置向负载提供的供电电压。

电源门控的电子器件

申请（专利）号： 201310216812.5 **公开日：** 2013-10-30

申请人： 德克萨斯仪器股份有限公司

发明人： J·戈伯 F·多恩斯菲

摘要：

本发明涉及电源门控的电子器件。提供一种电源门控的电子器件及其操作方法。电源门控的电子器件包括低压差电源（LDO）、辅助电源以及具有电源门的至少一个电子域。LDO 提供供给电压给至少一个电子域，至少一个电子域经由用作电源门的开关耦合至 LDO 的供给轨。辅助电源包括至少一个电流源，其经由用作辅助电源门的辅助开关耦合至电子域。辅助电源被配置为根据参考电压和辅助供给电压之间的电压差来控制辅助开关。

电源管理方法

请（专利）号： 201210127277.1 **公开日：** 2013-10-30

请人： 鸿富锦精密工业（深圳）有限公司 鸿海精密工业股份有限公司

明人： 江仁宏 程敦洪 陈锦秀

：

一种电源管理方法，包括：主控端的控制芯片向受控
源背板发出若干电源控制信号，每一电源控制信号
控端的一个电源；电源背板将该若干电源控制信号
连接至该电源背板且与该若干电源控制信号对应的
；该若干电源接收到该若干电源控制信号后根据
源控制信号工作，并将工作状态报告给该电源背
源背板将该若干电源的工作状态存储于该电源背
中，并将该若干电源的工作状态报告给主控端
。

置及其电源管理方法

号： 201210126593.7 **公开日：** 2013-10-30

技术股份有限公司

了音频接口装置及其电源管理方法，音频接口装置的主控模块用于在上电后的初始化过程中将自身和音频接口模块以及业务处理模块中的至少一个设置为休眠状态，并只有在有任务请求时，才由休眠状态切换为工作状态以执行相关任务。本发明中音频接口装置工作功耗更小，可降低音频接口装置的使用成本，更利于减小音频接口装置的体积，提高音频接口装置的便携性。

电源模块、滤除浪涌电流的方法及智能卡

申请（专利）号： 201210112146.6 **公开日：** 2013-10-30

申请人： 国民技术股份有限公司

发明人： 阙滨城

摘要：

本发明公开了对智能卡供电的电源模块，包括可与电源输入端并联的、用于滤除智能卡工作电路中产生的浪涌电流的浪涌滤波电路；其通过在智能卡上电时控制对蓄能模块的充电电流以及在智能卡进入特定功能应用时通过蓄能模块进行滤波的方式实现；同时，本发明还公开了滤除浪涌电流的具体方法以及公开了包含有上述滤波电路的智能卡；通过滤波电路滤除浪涌电流，这样智能卡管理器不会检测到过大的浪涌电流而导致关断智能卡供电的情况，保证了智能卡能够正常工作。

用于行动装置应用的贝塔伏特电源

申请（专利）号： 201310144376.5 **公开日：** 2013-10-30

申请人： 超科技公司

发明人： A·W·泽弗洛普洛 A·M·霍利鲁克

摘要：

一种用于行动装置应用的贝塔伏特电源，包含一叠合配置的多个同位素层以及多个能量转换层。同位素层具有约 0.5 年至 5 年的半衰期，且产生能量约 15keV 至 200keV 范围间的辐射。贝塔伏特电源设置以提供足够的电力给行动装置，供其在其有效的寿期间工作的用。

一种电源模块结构

申请（专利）号： 201210109034.5 **公开日：** 2013-10-30

申请人： 万向电动汽车有限公司 万向集团公司

发明人： 高司利 何亚飞

摘要：

本发明涉及一种电源模块结构，包括两块压板及层叠设置在两块压板间的若干个第一电源单体和第二电源单体，第一电源单体和第二电源单体间隔排列并且层叠设置，且第一电源单体的正极、负极分别和第二电源单体的负极、正极相邻，层叠起来的第一电源单体和第二电源单体依次相串联，第一电源单体和第二电源单体均有 2N 个并联连接的电芯。本发明先将偶数个电芯并联构成电源单体，再将电源单体进行串联构成电源模块结构，减小电源模块内外温差及连接内阻的差异，使得电源模块温度保持一致及连接内阻保持一致，从而确保电源模块处于最佳性能，延长使用寿命。本发明装配及维护方便，电气连接安全可靠，易于实现自动化批量生产。

具多个并连电池芯的电池组及串接多电池组的电源组件

申请（专利）号：201210106728.3 **公开日：**2013-10-30
申请人：庄嘉明 蔡斌
发明人：庄嘉明 蔡斌
摘要：

一种具多个并连电池芯的电池组及串接多电池组的电源组件，其中电池组主要包括固定框装置、电池芯、顶端共同电极、底端共同电极及导接柱，固定框装置更包括多个容置槽，供电池芯设置于容置槽内，且预留至少一个容置槽供导接柱设置，再由顶端共同电极及底端共同电极分别导电接触至电池芯及两端，并锁固于固定框装置之上、下两侧面，使顶端共同电极形成一个电极，而底端共同电极则透过导接柱导接，且与顶端共同电极导隔绝，并形成另一个电极，因此，透过多个电池组的电极导接，共同串/并联成具高电量的电源组件。

一种电源插头配件

申请（专利）号：201210108232.X **公开日：**2013-10-30
申请人：徐佳
发明人：徐佳
摘要：

本发明公开了一种电源插头配件。所述电源插头配件包括：开放式圆管（2），所述开放式圆管（2）的开口处分别转动连接有压板（1）；所述压板（1）的外表面设有凸起（3），内表面设有卡扣。本发明卡在电源插头处的电线上，其上有各种形状的凸起，凸起的表面可贴标签，用于提醒，同时两片活动之间设有卡扣，可以卡紧，不易脱落。

具有时间控制功能的电源插头

申请（专利）号：201210108620.8 **公开日：**2013-10-30
申请人：袁子淇
发明人：袁子淇
摘要：

本发明公开一种具有时间控制功能的电源插头，包括壳体、插脚及电源导线，在所述的壳体上设置有按键及显示屏，按键通过设置在壳体内的单片机与显示屏；单片机的输出端与驱动电路相连，驱动电路和继电器相连。克服了现有电源插头的不足，具有时间控制、结构简单、操作方便、节能环保、安全可靠等优点。

电源适配器和电源适配器的电连接器

申请（专利）号：201210244251.5 **公开日：**2013-10-30
申请人：飞思卡尔半导体公司
发明人：施长浩 文宇 张建新
摘要：

一种电源适配器和电源适配器的电连接器，给诸如膝上型计算机的电子设备供电。该电源适配器包括开关和用于检测电连接器是否连接到电子设备的电路。如果适配器没有连接到电子设备，开关被打开，从而不从AC电源汲取功率。电连接器包括电连接到检测电路的第一和第二导体。当连接器插入电子设备时，检测电路检测电位的变化。

电源接地保护电路

申请（专利）号：201210112523.6 **公开日：**2013-10-30
申请人：鸿富锦精密工业（深圳）有限公司 鸿海精密工业股份有限公司
发明人：张万宏 朱鸿儒
摘要：

本发明提供一种电源接地保护电路，连接于一供电电源与一用电设备之间，所述电源接地保护电路包括第一插座、第二插座、第一控制单元、接地侦测电路及逻辑控制电路，所述第一插座上连接地线及相线，所述第二插座上连接地线及相线，所述第一控制单元包括第一继电器，所述第一继电器同时与第一插座上连接的相线和第二插座上连接的相线电连接，所述接地侦测电路与第一插座上连接的地线电连接，用于侦测第一插座上连接的地线是否接地正常，并依据侦测结果输出指示信号，所述逻辑控制电路电连接于接地侦测电路与第一控制单元之间，所述逻辑控制电路依据指示信号向第一控制单元输出控制信号。所述电源接地保护电路有效地保护了用电设备不受损坏。

移动电源

申请（专利）号：201210125711.2 **公开日：**2013-10-
申请人：富泰华工业（深圳）有限公司 鸿海精密
份有限公司
发明人：石智军 周哲宇 黄群 朱泰山 江涛
张军亮 葛海欠 余巍巍 王华勇
州
摘要：

一种移动电源，其包括插头与主体，
壳体、第二壳体、电连接件、控制件、锁
该第一壳体与第二壳体扣合形成收容空
件、部分控制件、锁件及转轴；该第二
该接脚固定于该转轴上并能够旋转地
的收容槽内的初始状态运动到伸出
作状态，该电连接件的一端分别用
一端分别与该接脚在工作状态下
均连接于该转轴上，当该转轴在
态运动到工作状态位置时，该
带动下调整位置，以令该锁
脚固定于工作状态的位置。

一种风力发电家用电

申请（专利）号：201
申请人：蔡瑾玨
发明人：张鹏
摘要：

本发明公开

智能充放电控制器、储能蓄电池、逆变器，所述风力发电机通过导线连接至智能充放电控制器，所述智能充放电控制器通过导线分别连接至储能蓄电池和逆变器。本发明的一种风力发电家用电源，完全采用风能发电，而风能可谓取之不尽、用之不竭，本发明能够在任何地区使用，具有寿命长、节约能源、环保等优点。

电源切换电路及具有该电源切换电路的电源切换系统

申请（专利）号：201210126801.3　**公开日：**2013-10-30

申请人：鸿富锦精密工业（深圳）有限公司　鸿海精密工业股份有限公司

发明人：冯文考

摘要：

一种电源切换电路，包括一第一接触器、一第二接触器及一第一、第二、第三继电器，第一接触器的一常开主触点用于连接在一主电源及一负载之间，第二接触器的一常开主触点用于连接在一备用电源及负载之间，第一、第二、第三继电器用于连接主电源的相线端及零线端之间，串联的第一、第二、第三继电器的常开触点连接主电源的相线端及第二接触器的常闭辅助触点之间，第二接触器的常闭辅助触点用于连接主电源的零线端，并联的第一、第二、第三继电器的常闭触点连接第一接触器的常闭辅助触点及备用电源的相线端之间。

电源装置以及照明装置

申请（专利）号：201310100282.8　**公开日：**2013-10-30

申请人：东芝照明技术株式会社

发明人：岩井直子　甲佐清辉　石北彻　小和田贵勇　菅飞吕也　斋藤阳介

摘要：

一种电源装置及照明装置，在进行反馈控制时，能够降低因多个开关元件的导通断开造成的噪声的影响，从而确保负载的输出为固定。功率因数改善电路具有对电源电压进行升压的功率因数改善用开关元件。在多个输出部上分别连接发光二极管元件。在功率因数改善电路与多个输出部之间设置多个电源电压转换电路。电源电压转换电路具有转换用开关元件，所述转换用开关元件对从功率因数改善电路输出的电源电压进行转换并供给至发光二极管元件。控制电路对经转换用开关元件转换的电源电压进行检测，并对转换用开关元件进行反馈控制，并且对于功率因数改善用开关元件以及转换用开关元件全部以不同的开关频率来进行开关控制。

半导体集成电路器件、电源设备以及控制电源设备的方法

申请（专利）号：201310159723.1　**公开日：**2013-10-30

申请人：瑞萨电子株式会社

发明人：刘鸣　中川树生　长田健一

摘要：

常规电源设备具有小型化方面的问题。电源设备根据第一和第二误差信号生成误差信号的预测值，并且控制输出电压使得预测值位于第一和第二阈值之间。通过在第一时序处转换基于输出电压和基准电压之间的差值的误差电压来获得第一误差信号。通过在第二时序处转换基于输出电压和基准电压之间的差值的误差电压来获得第二误差信号。

LED灯驱动电源

申请（专利）号：201210105541.1　**公开日：**2013-10-30

申请人：宜昌蓝本科技发展有限公司

发明人：向培

摘要：

LED灯驱动电源，包括AC电源输入端、整流模块、控制电路模块、输出模块、AC电源输入端连接整流模块、整流模块连接控制电路模块、控制电路模块连接输出模块。所述整流模块连接填谷式PFC电路模块，填谷式PFC电路模块连接控制电路模块，控制电路模块连接输出模块。本发明一种LED灯驱动电源，采用了PWM/PFM技术，具有功率因数高、电磁干扰少、效率高的特点。

采用单极性电源电压生成写电流的磁盘驱动器

申请（专利）号：201310154061.9　**公开日：**2013-11-06

申请人：西部数据技术公司

发明人：W·D·休伯

摘要：

本发明公开了一种磁盘驱动器，其包括磁盘、包括悬臂的制动器臂以及耦合到悬臂的远端的磁头，其中所述磁头包括写线圈。该磁盘驱动器进一步包括前置放大器，其响应于可以是正的或负的单极性电源电压可操作地生成施加到写线圈上的写电流。在一个实施例中，将写线圈耦合到悬臂的传输线包括相应的平行平板段，其形成使得能够用单极性电源电压驱动前置放大器的电容。

用于在多个电源之间进行选择的DC电站控制器和方法

申请（专利）号：201310192873.2　**公开日：**2013-11-06

申请人：通用电气公司

发明人：R·J·戴维斯　A·贾戈塔　V·J·索图维利尔

摘要：

本发明题为用于在多个电源之间进行选择的DC电站控制器和方法。本发明提供在多个电源之间进行选择的DC电站控制器和方法的各个实施例。在一个实施例中，该DC电站控制器包括：（1）源识别器，配置成识别可耦合到公共DC母线的电源；（2）源优先级排序器，耦合到源识别器，并且配置成基于至少一个标准对电源进行优先级排序；（3）输出特性指配器，耦合到源优先级排序器，并且配置成基于所计算的电池维持时间将一些电源置于备用。

交直流电源转换供电器

申请（专利）号：201210134581.9 **公开日：**2013-11-06
申请人：张立洁
发明人：张立洁
摘要：

交直流电源转换供电器属于移动通信技术领域，尤其涉及一种用于直放站供电的交直流电源转换供电器。本发明提供一种结构简单、成本低的交直流电源转换供电器。本发明包括交直流电源转换模块和蓄电池；所述交直流电源转换模块端口分别与市电端口、蓄电池端口和终端直放站端口相连。所述交直流电源转换模块包括整流电路、稳压电源模块、AC 掉电检测控制器、推挽变换器和充电电路；所述稳压电源模块将整流后的电压升压后输出至终端直放站；所述 AC 掉电检测控制器通过检测市电信号控制电路是否切换至推挽变换器工作；所述推挽变换器可将蓄电池电压升压后输出至终端直放站；所述充电电路端口分别与整流电路端口和蓄电池端口相连。

一种可应用于自动焊锡的双管直流电源端口

申请（专利）号：201310290873.6 **公开日：**2013-11-13
申请人：协讯电子（吉安）有限公司
发明人：陈朝晖 杨江 刘华忠
摘要：

一种可应用于自动焊锡的双管直流电源端口，其结构特点是主体胶体的一侧固定连有电源管装置，另一侧连有电源短接环装置，电源短接环装置和电源管装置相连，位于电源短接环装置之间的主体胶体一侧内设有中心导体装置，与中心导体装置相对的主体胶体另一侧内还设有接地短接环装置，靠近电源管装置的主体胶体一侧外周还连有接地管装置，接地管装置与接地短接环装置相连；所述的心导体装置的焊锡区改为扁平状结构；发明通过并行端口的重新设计，提供一种可应用于自动焊接装置，以替代纯手工焊锡作业。通过设计的改良实现端口焊锡区域改良、自动焊锡以及焊锡区焊盘成一字型，从而可进行自动焊接。

控制家用电器输入电源的智能开关及系统

申请（专利）号：201310320366.2 **公开日：**2013-11-13
申请人：TCL 空调器（中山）有限公司
发明人：黄育夫 李书彬
摘要：

本发明提供了一种控制家用电器输入电源的智能开关及系统。本发明通过在市电电源与家用电器输电线路之间设置智能开关，通过所述智能开关接收智能终端发送的导通或者断开所述家用电器的输入电源的无线数字信号，并控制所述智能开关响应从所述智能终端发送来的无线数字信号，导通或者断开所述市电电源输往所述家用电器的电源，保证了在不使用家用电器的情况下，完全切断家用电器的电源，有效防止了功率损耗，有效节省了电能源。

电热毯、垫及理疗带用无极调温电源控制器

申请（专利）号：201210145621.X **公开日：**2013-11-13
申请人：扬州市香山电器有限公司
发明人：孟峻 王学军
摘要：

本发明涉及一种电热毯、垫及理疗带用无极调温电源控制器。包括低压交流无极调温变压器模块，以及与之相连的晶闸管无极调温控制器模块。本发明采用 0～36V 可调交流电压的供电装置，通过国家认证的符合 EMC 标准的低压电源供电，本控制装置具有短路、断路、过载、过热保护使电热毯的安全性得到进一步提高，避免电热毯在使用过程中出现漏电、过热等现象。由于采用无极调温，可以使发热丝温度保持稳定，解决了以往低压电热毯、垫及理疗带温度难以控制的问题，电热毯、垫及理疗带采用低于 36V 的低压供电也增加了电热毯的安全系数。

一种医用多功能电源设备集中模块

申请（专利）号：201310317187.3 **公开日：**2013-11-13
申请人：安徽泓瑞医用设备工程有限公司
发明人：钱小龙 仇长龙 汤新 姚斌 章雪丰 韩新华 迟青 朱济民 储雪飞
摘要：

一种医用多功能电源设备集中模块，涉及医用设备技术领域，包括集中面板、电源开关、电源插座、触摸屏开关和控制按钮，所述集中面板上开设有 U 型腔体，在 U 型腔体的两边上设置有卡槽，所述电源开关、电源插座和触摸屏开关通过 U 型腔体上的卡槽依次嵌合在集中面板上，所述集中面板的一端安装有控制按钮，所述集中面板的下部设置有线槽防护盖。本发明结构简单，设计合理，安装方便，可以降低维修烦恼，方便医护人员及病人使用。

一种灯具电源输出过电压保护电路及灯具

申请（专利）号：201210137644.6 **公开日：**2013-11-13
申请人：海洋王照明科技股份有限公司 深圳市海洋王照明技术有限公司
发明人：周明杰 屈煜
摘要：

本发明适用于照明电路领域，尤其涉及一种灯具电源输出过电压保护电路及灯具。在本发明实施例中，灯具电源输出过电压保护电路分别接电压检测电路和电源输出控制电路，通过接收电压检测电路发出的检测信号，灯具电源输出过电压保护电路判断电源输出是否过电压，并且控制电源输出控制电路，使其控制电源的输出。

光纤熔接机用外接电源装置

申请（专利）号：201310340228.0 **公开日：**2013-11-13
申请人：国网山东昌邑市供电公司
发明人：韩维信 刘庆庆 彭雪占 明晓霞 宿宗 季勇 满光涛 郭文涛
摘要：

本发明公开了一种光纤熔接机用外接电源装置，包括电池壳体，电池壳体上设有正极接线座和负极接线座，正

极接线座和负极接线座通过导线电连接有电能转接装置，且电能转接装置设置在电池壳体内，电能转接装置的正极电连接正极接线座，电能转接装置的负极电连接负极接线座，电能转接装置电连接有设置在电池壳体外部的电源适配器；将电能转接装置放置于光纤熔接机原有的电池壳体内，通过外接的电源适配器为电能转接装置提供工作电源，间接为光线熔接机提供工作电压，经过电源适配器的功能扩展，实现了多种电源类型的输入，极大地提高了光纤熔接机的野外适应性强，电源取材方便，由于不受电源电压的制约，工作效率显著提高。

具有网络功能的电源装置

申请（专利）号：201210146527.6　**公开日：**2013-11-13

申请人：爱国者电子科技有限公司

发明人：王延海　孙晓东　陈磊　肖斌

摘要：

本发明公开一种具有网络功能的电源装置，包括装置本体，设置于装置本体内的充电电池和电源控制模块以及连接电源控制模块的网络模块，所述网络模块包括有线的网络适配器和无线网络模块，有线的网络适配器连接因特网络并传输网络数据至无线网络模块转换为无线网络信号发射，无线网络模块还连接网络电源控制模块并发射无线网络信号。本发明通过连接电源控制模块的网络模块可以在提供连接的电子产品的工作电源或充电的同时，方便电子产品通过网络模块连接至因特网络，增加了现有技术的电源装置的网络连接的便捷性。

不间断电源自适应输出电压控制系统

申请（专利）号：201210564593.5　**公开日：**2013-11-13

申请人：力博特公司

发明人：小鲁塞尔·E·谢特勒　大卫·松纳

摘要：

本发明提供了一种不间断电源以及不间断电源自适应输出电压控制系统，该不间断电源包括：整流器，其耦接至不间断电源的输入并且将具有第一交流电压的第一交流转换为直流；逆变器，其耦接至不间断电源的输出并且将该直流转换为具有第二交流电压的第二交流。旁路开关在旁路状态下时将整流器和逆变器旁路并且将旁路电力从输入提供至输出。控制模块在旁路模式下时将旁路开关切换到旁路状态，而在 UPS 模式下时将旁路开关切换到非旁路状态。在从旁路模式切换到 UPS 模式之后，控制模块在自适应电压控制模式下时，在第一电压水平与第二电压水平之间调节第二交流电压。

防止电源骤停造成的非易失性存储器的误动作的半导体器件

申请（专利）号：201180068920.1　**公开日：**2013-11-20

申请人：瑞萨电子株式会社

发明人：鹤田环　加藤多实结

摘要：

在内部寄存器（41）中保存用来控制闪存（11）的动作的值。电源切断检测用寄存器（47）在发生电源切断时所保持的值变化，并写入存储在特定的存储器单元（36）中的数据。然后，EX-OR 电路（48）比较存储在特定的存储器单元（36）中的数据和电源切断检测用寄存器（47）的值来检测电源切断。在检测到电源切断时，再次设定内部寄存器（41）的值。由此，可以防止在发生电源切断时闪存（11）进行误动作。

以最大化的功率效率控制开关模式电源

申请（专利）号：201180068930.5　**公开日：**2013-11-20

申请人：瑞典爱立信有限公司

发明人：M·卡尔松　H·博根格伦　A·库尔曼　J·马尔姆贝里　O·佩尔松　F·瓦尔多

摘要：

为生成控制开关模式电源（SMPS）的工作周期的控制信号，提供了一种控制电路，该控制电路有利的允许依据 SMPS 的输入电压和依据 SMPS 的输出电压，改变工作周期。这允许更准确地控制工作周期以在补偿电压瞬变的同时保持最大功率效率。具体而言，控制电路具有布置成接收指示 SMPS 的输入电压的信号的输入电压参考电压生成器，并且布置成生成取决于输入电压的参考信号。控制电路的误差信号生成器布置成接收指示 SMPS 的输出电压的信号，并且布置成基于输入参考电压生成器生成的参考信号和基于 SMPS 的输出电压，生成误差信号。控制电路的工作周期控制信号生成器布置成依据误差信号，生成控制信号以控制 SMPS 的工作周期。

预付费电表专用断路器电源电路

申请（专利）号：201310295728.7　**公开日：**2013-11-20

申请人：长城电器集团有限公司

发明人：余存泰　赵东杰　彭昆明　李其利　杨晓红　黎永胜

摘要：

本发明涉及一种预付费电表专用断路器电源电路，所述电源电路包括：电源输入选择模块、整流模块、稳压模块、滤波模块，其中，所述的电源输入选择模块、整流模块、稳压模块、滤波模块串联连接。所述电源输入选择模块用于市电 AC220V、380V 选择。本发明提供的预付费电表专用断路器电源电路，性能可靠稳定，电源选择灵活，装配灵活，更加符合预付费电表专用断路器的实际需求及生产和管理。

无损不间断备用 DC12V 电源

申请（专利）号：201310312375.7　**公开日：**2013-11-20

申请人：无锡市永动电子科技有限公司

发明人：张丹东

摘要：

本发明公开了一种无损不间断备用 DC12V 电源，电流流过变压器的一次侧线圈，变压器的二次侧线圈经电磁、磁电转换升压输出电压，再经过二极管整流后输出DC直流电压，此电压随负载的变化有一定的高低不同，但经过NPN晶体管调整及二极管输出的电压只能是12V，此电压给12V蓄电池充电，蓄电池将永远不断的保存和补充着12V电压。本发明利用电流互感、线圈升压的原理实现电生磁、磁转电，小电压变大电压后再进行稳压处理、蓄电池储能、输出12VDC电压来服务人们的日常生活。

一种多路输出电源加权反馈设计方法

申请（专利）号：201310348549.5 **公开日：**2013-11-27

申请人：浪潮电子信息产业股份有限公司

发明人：吴安

摘要：

本发明提供一种多路输出电源加权反馈设计方法，包括输出共用控制芯片和反馈系统，输出共用控制芯片将多路输出电压加权后通过反馈系统进行反馈，只需一套输出共用控制芯片和反馈系统即可实现多路电源设计，在多路输出电源的设计中，对于每路输出的稳压准确度要求有所不同，通过输出共用控制芯片调整每路输出电压在反馈系统中的权重，对输出稳压准确度要求高的，增加权重，对输出稳压准确度要求低的，降低权重，实现每路输出的权衡设计。这种设计方法使用器件少、成本低，同时可以根据对输出电压的不同需求，灵活调整设计，避免过设计，在PC、服务器等对系统电源要求多路输出的产品中会有很好的应用前景。

电源系统及电源系统的识别信息设定方法

申请（专利）号：201180069155.5 **公开日：**2013-11-27

申请人：三洋电机株式会社

发明人：原田贵功 古贺哲平 笹山胜弘 山口昌男

摘要：

能够以低廉的结构实现识别信息的自动赋予。位于端部的终端电池单元（1Z）的一个连接器（4）与终端电阻（3）连接，多点连接的多个电池单元1）中的位于另一个端部的第一电池单元（1A）的一个连接器（4）与主单元（2）连接，终端电池单元（1Z）的单元控制部（13）在主单元（2）起动时检测出连接有终端电阻（3），能够对终端电池单元（1Z）设定初始值作为用于与其他电池单元（1）区别的识别信息，与终端电池单元（1Z）连接的第二终端电池单元（1Y）的单元控制部（13）将对终端电池单元（1Z）设定了识别信息作为契机，对其他电池单元（1）询问是否赋予了识别信息，根据该询问的响应，设定尚未分配的识别信息。

一种太阳能备用电源

申请（专利）号：201310314635.4 **公开日：**2013-11-27

申请人：苏州萃智新技术开发有限公司

发明人：孟繁茂

摘要：

本发明提供了一种便携性好，太阳电池板面积大，功能多样的太阳能备用电源，包括有电源本体，在电源本体表面设置有太阳电池板，内部设有蓄电池，在电源本体的一侧面还设置有两个LED灯、USB接口和电源接口，电源接口可以接交流电给蓄电池充电，太阳电池板可以沿电源本体的一个表面依次展开。该太阳能备用电源的太阳电池板的受光面积大，设有电源接口，可以通过交流电充电，功能多样。

一种峰值电流模式控制的开关电源的斜波补偿电路

申请（专利）号：201310383404.9 **公开日：**2013-11-27

申请人：上海斐讯数据通信技术有限公司

发明人：吉文安 杨锦辉

摘要：

本发明提供一种峰值电流控制模式的开关电源的斜波补偿电路，所述斜波补偿电路至少包括：晶体管Q1、电流型PWM控制IC、电阻R1、电阻R2、电阻R3、电容C1、电容C2、电容C3和一次电流检测电阻Rsense，开关电源变压器一次侧的峰值电流Ip接入所述一次电流检测电阻Rsense。本发明的峰值电流控制模式的开关电源的斜波补偿电路在峰值电流控制模式且驱动信号在任意占空比下，使得扰动电流引起的电流误差逐渐变小而收敛，开关电源能正常稳定的工作；同时该斜波补偿电路结构简单、便于实现、成本低。

低压交直流电源输出装置

申请（专利）号：201310322070.4 **公开日：**2013-11-27

申请人：国家电网公司 郑州华力信息技术有限公司 河南省电力公司郑州供电公司

发明人：赵全胜 刘新海 宋建辉 王国亮 苏海涛 林慧 詹铸 王坤 连经斌 魏滢峰 胡鹏涛 郭勇 王洪峰 李峰 闫志勇 陈磊 汪洋 牛青川

摘要：

本发明公开了一种低压交直流电源输出装置，它含有变压器、整流器和选择开关，变压器的低压端一侧边分别与整流桥的一个输入引脚和交流电压的一个输出端口相连，变压器的低压端另一侧边通过选择开关分别与整流桥的一个输入引脚和交流电压的另一个输出端口相连，整流桥的两个输出引脚分别连接直流电压输出正负端口；所述交流电压的两个输出端口和/或所述直流电压的输出正负端口设置有测试表笔。本发明输出电压档位可切换、调节使用十分方便。还具有自动保护和输出显示功能，简单实用、操作简便且工作效率高。

电源设备和具有该电源设备的图像形成装置

申请（专利）号：201310110223.9 **公开日：**2013-12-04

申请人：三星电子株式会社

发明人：郑安植

摘要：

提供电源设备和具有该电源设备的图像形成装置。电源设备包括：输入单元、转换器和传感器，所述输入单元输入交流（AC）电力，所述转换器将输入的 AC 电力转换为具有预设电平的直流（DC）电力并且输出该 DC 电力，所述传感器并联连接至输入单元并且感测 AC 电力是否已被输入。传感器包括变压器和电阻器单元，所述变压器接收 AC 电力并且输出具有与 AC 电力的电平相比降低很多的电平的感测信号，所述电阻器单元串联连接至变压器以使得输入至变压器的 AC 电力的电流小于或等于预设电流。

开关电源精密检测功率计

申请（专利）号：201210161980.4　**公开日：**2013-12-04

申请人：路华科技（深圳）有限公司

发明人：胡开盛　张大鹏

摘要：

一种开关电源精密检测功率计包括外壳（10）、检测电路（20）以及显示装置（30），检测电路（20）包括信号采集模块（21）、连接该信号采集模块（21）的电压检测模块（22）以及电流检测模块（23）、连接所述电压检测模块（22）和电流检测模块（23）的电能计算芯片 U1、连接该电能计算芯片 U1 的控制单元（25）以及连接该控制单元（25）的显示驱动模组（26）。本发明的功率计结构比较简单，成本很低，且能够达到高精度测试，可以大大节约设备资金投入。

一种耐高温电源电缆

申请（专利）号：201210152237.2　**公开日：**2013-12-04

申请人：安徽猎塔电缆集团有限公司

发明人：张晓飞　缪启明　刘东兵　缪鹏生

摘要：

本发明公开了一种耐高温电源电缆是由导体、绝缘体、填充绳、无防布层以及护套组成。所述的导体外组包有所述绝缘体构成两组缆芯，两组缆芯之间绕包有所述填充绳，所述填充绳外绕包有所述无防布层，所述无防布层外挤包有所述护套。本发明专利具有阻燃性能优越、柔软性好、耐水性好和耐湿性好、耐高温、抗干扰能力强的特点。

高频开关电源变压器用的 PQ3510 软磁铁氧体磁心

申请（专利）号：201210152844.9　**公开日：**2013-12-04

申请人：上海康顺磁性元件厂有限公司

发明人：陈俊　熊小东　陈魏魏

摘要：

本发明涉及高频开关电源变压器用的 PQ3510 软磁铁氧体磁心，侧面为 E 型结构，正面对称相接的两个等腰梯形的形状，磁心的上下两端以及中部均设有凸出段，上下两端的凸出段为拱门形结构，中部的凸出段为圆柱形结构，上下两端的凸出段的宽度大于中部凸出段的宽度。与现有技术相比，本发明具有磁屏蔽好的优点，减小了电磁干扰（EMI）的传播，特别适用于开关电源变压器，在 50 ~ 1000W 范围内的效果较好。

高频电源变压器用的 EFD3444 软磁铁氧体磁心

申请（专利）号：201210152869.9　**公开日：**2013-12-04

申请人：上海康顺磁性元件厂有限公司

发明人：陈俊　熊小东　陈魏魏

摘要：

本发明涉及高频电源变压器用的 EFD3444 软磁铁氧体磁心，该磁心为 E 形结构，长度为 21.8 ~ 22.2mm，宽度为 5.15 ~ 5.65mm，高度为 33.1 ~ 34.3mm。与现有技术相比，本发明适用于各类 LED&LCD 液晶显示器高频电源变压器上，具有稳定的高频特性，较高的磁通密度，高居里温度，损耗低，功率特性具有负温度特性等优点，使用此磁心制作的变压器更节能，无噪声，同时体积大大减小，重量减轻，使用寿命增长，功率因数高，成本大幅降低。

高频电源变压器用的 EE3215 软磁铁氧体磁心

申请（专利）号：201210152858.0　**公开日：**2013-12-04

申请人：上海康顺磁性元件厂有限公司

发明人：陈俊　熊小东　陈魏魏

摘要：

本发明涉及一种高频电源变压器用的 EE3215 软磁铁氧体磁心，为 E 形结构，上下两端及中部均设有长方体结构的凸出段上述凸出段的长度相司。与现有技术相比，本发明体积小，绕线匝数大大少于传统的变压器，结构更紧凑，磁耦合大大优于传统的变压器，漏抗小于 0.2%，所以它可以在更高的频率下工作，有利于电源转换效率的提高。紧密的磁心的几何形状限制了热点的产生，降低了热耗，因此允许更高的能量密度，本身的散热条件大大优于传统的变压器磁心。

一种交流电源安装装置

申请（专利）号：201210156230.8　**公开日：**2013-12-04

申请人：张兰珍

发明人：张兰珍

摘要：

一种交流电源安装装置，其特征在于：所述的交流电源安装装置，包括底座（1）、散热缝（2）、电源插座（3）、接线端子（4）。其中：底座（1）上带有散热缝（2），接线端子（4）位于电源插座（3）的内部。按照权利要求 1 所述交流电源安装装置，其特征是：所述的底座（1）的结构为凹陷结构。按照权利要求 1 所述交流电源安装装置，其特征是：所述的散热缝（2）为椭圆形缝隙。本发明所述的交流电源安装装置相对于现有技术而言，加工工艺性好，成品结构简单，制造和使用方便，强度高，传动精度高。

一种挤出式电源插头

申请（专利）号：201210150659.6　**公开日：**2013-12-04

申请人：雷勋学

发明人：雷勋学

摘要：

本发明涉及电器配件，是一种挤出式电源插头，它具有绝缘头，绝缘头的底面上插装有2~3个导电插脚，其改进方案一是：在绝缘头左右侧壁上开设两个对称布置的斜面滑槽，每个斜面滑槽中配装一个斜面滑块；改进方案二是：在绝缘头左右侧壁上开设两个对称布置的杠杆安装槽，在每个杠杆安装槽中通过轴销安装有一个L型杠杆。本发明克服了现有普通电源插头拔起困难，容易引起插座松脱以及造成插座内部的电线松脱或折断出现接触不良或短路事故并存在安全隐患等问题，可用于各种电器与电源的连接。

用于电动车供电和/或再充电的电源输出口组件

申请（专利）号：201310301303.2　**公开日：**2013-12-04

申请人：哥维斯股份公司

发明人：D·伯萨特里

摘要：

一种用于电动车供电和/或再充电的电源输出口组件，包括壳体，所述壳体容纳至少一个电源插座和与所述电源插座电连接的至少一个自动保护断路器；其特征是：所述电源输出口组件包括：适配器，所述至少一个电源插座固定到该适配器上；以及支撑件，所述至少一个自动保护断路器连接到该支撑件上；所述输出口组件还包括自动重新接通装置，所述自动重新接通装置与所述自动保护断路器相关联；以及制动装置，所述制动装置与所述插座相关联并且适于制动所述自动重新接通装置。

直流交换式电源供应器

申请（专利）号：201210157957.8　**公开日：**2013-12-04

申请人：鸿富锦精密工业（深圳）有限公司　鸿海精密工业股份有限公司

发明人：黄扬轩

摘要：

一种直流交换式电源供应器，包括用于连接一电源的电源适配器、第一开关、第二开关、第三开关及脉冲调制芯片，直流交换式电源供应器还包括一检测控制电路，第二开关连接一节点，节点连接第三开关，节点连接电压输出端，第三开关接地，检测控制电路连接于节点及第一开关的第一控制端之间，脉冲调制芯片连接第二开关的第二控制端及第三开关的第三控制端，脉冲调制芯片用于发送一脉冲信号而控制第二开关及第三开关的通断，检测控制电路用于检测节点的电压为低电平且持续一段时间后发送一控制信号给第一开关的第一控制端来控制第一开关断开。

开关电源装置的控制电路

申请（专利）号：201210150462.2　**公开日：**2013-12-04

申请人：三垦电气株式会社

发明人：小池宪吾

摘要：

本发明涉及一种开关电源装置的控制电路，该控制电流用于反馈控制的反馈端子，还具有限制流向开关单元的电流的过电流保护电路；当控制电路的电源电压为第1规定电压以上时，控制电路启动；当电源电压为第2规定电压以下时，控制电路停止；在电源电压为第2规定电压以上的情况下，检测出过电流，在由控制电路使开关单元的开关动作停止后，在控制电路的反馈端子的电压变为第3规定电压以下时，控制电路再次开始动作。通过本发明的控制电路，在过载时或者负载短路时，延长了启动电路的关闭时间，从而抑制了开关电源装置部件的发热。

用于运载工具上的能源或存储设备以及特别用于超级电容器存储单元的电源电路

申请（专利）号：201310191580.2　**公开日：**2013-12-04

申请人：阿尔斯通交通设备有限公司

发明人：马西莫·里戈斯利　达维德·麦纳迪　达维德·科隆博

摘要：

一种用于运载工具上的能源或存储设备并且特别用于超级电容器存储单元的电源电路，所述超级电容器存储单元在于一个接另一个互连的多个超级电容器并具有第一端子和第二端子，所述电路包括正总线和负总线，负总线在某接地点处被连接到地，根据本发明所述电路，还包括用于响应由于所述超级电容器存储单元接地的绝缘损失而导致的故障电流循环的检测来断开超级电容器存储单元与高压馈电源的连接的装置，并且在电源电路中，用于断开超级电容器存储单元与高压馈电源的连接的所述装置在于沿着负总线在所述第二端子与所述接地点之间串联连接的高速断路器和差动继电器，差动继电器能够响应于故障电流循环来生成高速断路器的激活信号。

无线电源系统

申请（专利）号：201310165397.5　**公开日：**2013-12-04

申请人：捷通国际有限公司

发明人：K·J·布拉德　J·B·泰勒　M·J·诺尔康克　C·J·摩尔　B·C·梅斯　J·J·罗尔德

摘要：

一种无线电源系统，用于从在一定距离范围的无线电源无线地传输电力到远程设备。各种实施例被考虑，其中来自远程设备的反射阻抗可以通过降低所需无线电力传输路径外部的耦合而被降低，允许在一定距离范围内输送无线电力。例如，一种包括屏蔽、间隔和偏移中的一个或多个的系统可以被用来降低来自远程设备的反射阻抗。一种适配器也可以被使用来延伸无线电力传输的范围。

用于无线电源系统中通信的系统和方法

申请（专利）号：201310310721.8　**公开日：**2013-12-04

申请人：捷通国际有限公司

发明人：J·B·泰勒　M·J·诺尔康克　C·J·摩尔　B·C·梅斯　M·韦塞　D·R·利夫　M·A·布拉哈　J·L·阿米斯塔迪

摘要：

用于无线电源系统中通信的系统和方法。本发明涉及一种适于供给功率和与一个或多个远程设备通信的无线电源。本发明的系统和方法一般地涉及通信定时系统，其可保证被传送的信息不与另一设备的信息相交迭，防止了数据冲突以及信息未被检测到。利用在多设备系统中解决或避免潜在通信问题的方式来传送的信息，该无线电源可控制操作可以有效地供给无线功率。

单回路供电应急电源柜

申请（专利）号：201210165839.1　**公开日：**2013-12-04

申请人：成都振中电气有限公司

发明人：李富常　聂海涛　黄永富　刘承范　张仁友　张仁明　李盛钰　郝芳

摘要：

本发明公开了一种单回路供电应急电源柜，包括柜体（1）和设置在柜体（1）内的充电器（2）、电池组（3）、逆变器（4）和控制器（5），柜体（1）还设置有分别用来输入、输出的输入端子（6）和输出端子（7），所述的充电器（2）的输入端连接到输入端子（6），其输出连接电池组（3）的输入，电池组（3）的输出连接到逆变器（4）的输入，逆变器（4）的输出连接接触器（8）的其中一个输入上，接触器（8）的另一个输入连接到输入端子（6），其输出端连接输出端子（7），其控制端连接到控制器（5）。本发明的有益效果是：采用一种具有独立回路的应急供电系统，完全能够代替原有的发电机或UPS不间断电源，而且还具有结构简单、成本低、性能稳定、寿命长等优点。

用于多个电源中选择的DC站

申请（专利）号：201310202220.8　**公开日：**2013-12-04

申请人：通用电气公司

发明人：R·J·戴维斯　A·贾戈塔　V·J·索图维利尔

摘要：

本发明名称为“用于多个电源中选择的DC站”，是一种DC站的多种实施例。在一个实施例中，该DC站包括（1）可耦合到公用DC总线的电源，（2）与电源关联的整流器和DC/DC转换器以及（3）DC站控制器。DC站控制器包括：配置成标识电源的源标识器，耦合到源标识器并且配置成基于至少一个准则来对电源划分优先级的源优先级划分器，以及耦合到源优先级划分器的输出特征指配器。

三相变频输出供电应急电源柜

申请（专利）号：201210165861.6　**公开日：**2013-12-04

申请人：成都振中电气有限公司

发明人：李富常　聂海涛　黄永富　刘承范　张仁友　张仁明　李盛钰　郝芳

摘要：

本发明公开了一种三相变频输出供电应急电源柜，包括柜体（1）和设置在柜体（1）内的充电器（2）、电池组（3）、逆变器（4）、控制器（5）和整流器（8），壳体（1）还设置有分别用来输入、输出的输入端子（6）和输出端子（7），所述的输入端子（6）依次经过整流器（8）、逆变器（4）连接输出端子（7），所述的充电器（2）的输入端连接输入端子（6），其输出端连接到电池组（3），所述的电池组（3）通过一个电容器连接逆变器（4）的输入端。本发明的有益效果是：能够输出三相变频电流，适应于各种混合用电负载，添加了报警单元，能够检测电路运行状态，并在电路运行出错时进行报警提示，提高了电源柜的安全系数。

开关电源的平均电流自动均流电路

申请（专利）号：201310383402.X　**公开日：**2013-12-04

申请人：上海斐讯数据通信技术有限公司

发明人：吉文安　杨锦辉

摘要：

本发明提供一种开关电源的平均电流自动均流电路，其至少包括：输出电流检测单元、均流调节单元、输出电压调节单元、微程序控制器、均流开关和均流母线。其中，输出电流检测单元、均流调节单元和输出电压调节单元依次连接，微程序控制器、均流开关和均流母线依次环形连接，输出电流检测单元再与微程序控制器连接，均流调节单元再与均流开关连接。本发明的开关电源的平均电流自动均流电路具有负载电流检测放大功能、均流功能、输出电压调节功能和母线控制功能，能完全切除故障整流模块对系统的影响。

一种舰载电源

申请（专利）号：201310353239.2　**公开日：**2013-12-04

申请人：西安睿诺新能源有限公司

发明人：龚丽君

摘要：

本发明涉及一种舰载电源，它至少包括：由输入滤波、DC/DC变换电路、整流滤波电路、检测回路、PWM控制电路和辅助电源构成的前级DC/DC单元和DC/AC单元，交流输入经过输入滤波后分成两路，一路输入到DC/DC变换电路、整流滤波电路后输出到负载；另外一路输入到辅助电源输入端，由辅助电源产生PWM控制电路需要的工作电压，并向PWM控制电路提供电压，整流滤波电路的直流输出电连接有电压和电流检测回路，电压和电流检测回路输出端与PWM控制电路电连接，由PWM控制电路控制DC/DC变换电路输出恒定的电压或恒定的电流输出，DC/DC变换电路输出经整流滤波电路后向DC/AC单元输入DC340V的直流电压。该舰载电源具有安全、可靠性高等特点。

一种高性能静变电中频电源

申请（专利）号：201310352999.1　**公开日：**2013-12-04

申请人：西安睿诺新能源有限公司

发明人：龚丽君

摘要：

本发明涉及一种高性能静变电中频电源，其特征是：

至少包括整流单元、逆变单元、输出滤波单元、检测单元和控制单元，交流输入经过整流单元、逆变单元、输出滤波单元后，由输出滤波单元输出三相三线制或三相四线制输出交流电压；输出滤波单元的交流输出通过检测单元和控制单元形成了一个反馈控制回路，控制单元通过两组 I/O 端口分别与整流单元和逆变单元电连接，一路输出到晶闸管整流桥的控制端，另一路输出到逆变电路的控制端。整个系统采用静变电中频设计，使得整个系统的工作效率大幅度提高，输入整流器由三相晶闸管/整流桥组成，可以抑制共模干扰的作用。具有可靠性高，性能稳定的特点。

一种高性能航空电源

申请（专利）号：201310353211.9 **公开日：**2013-12-04

申请人：西安睿诺新能源有限公司

发明人：龚丽君

摘要：

本发明涉及一种高性能航空电源，其特征是：至少包括延时 EMC 滤波器、电压逆变模块、输出、电流反馈电路、电压反馈电路、控制电路、驱动电路及电源板，交流输入输出分成两路，一路经过延时启动单元输入到电压逆变模块输入端，电压逆变模块输出端与输出模块通过第一变压器耦合连接；另一路通过第二变压器与电源板耦合连接，电源板与控制电路电连接，控制电路两路，一路与输出模块的输出端电连接；另一路通过驱动电路与电压逆变模块电连接。它具有输出过电压保护、内部过热保护和输出过载保护，是一种安全、可靠性高的航空电源。

一种正弦波输出的逆变电源

申请（专利）号：201310353180.7 **公开日：**2013-12-04

申请人：西安睿诺新能源有限公司

发明人：龚丽君

摘要：

本发明涉及一种正弦波输出的逆变电源，其特征是它至少包括：直流电压端、H 桥逆变电路和控制电路，H 桥逆变电路包括四个功率管 Q1 ~ Q4 和四个二极管 D1 ~ D4，四个功率管 Q1 ~ Q4 采用 IGBT 管，其中 Q1 和 Q2 作为上半桥电路，Q3 和 Q4 作为下半桥电路，上半桥电路的两只 IGBT 管集电极接电源正极，上半桥电路的 IGBT 管 Q1 和 Q2 发射极分别与下半桥电路的 IGBT 管 Q3 和 Q4 集电极分别电连接，Q1 和 Q3 的电连接点与 Q2 和 Q3 的电连接点分别与变压器 T 初极端电连接，下半桥电路的 IGBT 管 Q3 和 Q4 发射极接电源地。本发明是一种安全、可靠性高的正弦波输出的逆变电源。

一种 LED 可调光开关电源装置

申请（专利）号：201210161836.0 **公开日：**2013-12-04

申请人：张小科

发明人：张小科

摘要：

一种 LED 可调光开关电源装置，包括晶闸管调光器和与所述晶闸管调光器连接的开关电源。所述的开关电源设置有亮度调节采样电路，所述的亮度调节采样电路使得该开关电源装置能够近似线性地调整 LED 灯的亮度。本发明可近似线性地调节 LED 灯的亮度并可解决在调光时出现的闪烁问题，同时具有性价比高、可靠性强等优点。

一种 LED 可调光开光电源系统

申请（专利）号：201210161835.6 **公开日：**2013-12-04

申请人：张小科

发明人：张小科

摘要：

一种 LED 可调光开光电源系统，包括晶闸管调光器和与所述晶闸管调光器连接的开关电源。所述的开关电源设置有输出保护电路，所述的输出保护电路用于当开关电源的输出电压或者输出电流异常时，使开关电源停止输出电压信号以保护 LED 负载。本发明可近似线性地调节 LED 灯的亮度并可解决在调光时出现的闪烁问题，同时具有性价比高、可靠性强等优点。

电源装置以及照明装置

申请（专利）号：201310099747.2 **公开日：**2013-12-04

申请人：东芝照明技术株式会社

发明人：高桥浩司 佐藤和彦 坂井健治 寺坂博志 岩井直子 中岛启道

摘要：

本发明提供一种在负载发生异常时能够确实地进行保护动作的电源装置及照明装置。电源装置（10）具备：电源电压转换电路（17），其对电源电压进行转换并供给至 LED 元件（11）。通过异常检测单元（30）来检测 LED 元件（11）的异常。通过第一控制部（21），来控制电源电压转换电路（17），并且根据异常检测单元（30）检测 LED 元件（11）的异常，而将电源电压转换电路（17）的输出控制为停止及降低中的任一种。通过第二控制部（22），对第一控制部（21）给予指令，并且根据异常检测单元（30）检测 LED 元件（11）的异常，而将第一控制部（21）控制为电源电压转换电路（17）的输出的停止及降低中的任一种。

一种 LED 驱动电源电路

申请（专利）号：201210161832.2 **公开日：**2013-12-04

申请人：张小科

发明人：张小科

摘要：

一种 LED 驱动电源电路，包括依次相互连接的浪涌保护电路、输入整流滤波电路、功率变换电路以及整流输出电路。所述 LED 驱动电源电路还包括与功率变换电路连接的 PWM 控制电路，与整流滤波电路以及 PWM 控制电路连接的反馈电路，与输入整流滤波电路以及 PWM 控制电路的 PFC 电路，所述 LED 驱动电源电路还包括输入过电压/欠电压保护电路以及输出保护电路。本发明具有效率高、PF 值高，同时本发明在输出端还增加了短路保护电路、过电流保护电路以及过电压保护电路，安全性好，能很好地保护与之连接使用的 LED 灯具。

一种 LED 恒流电源电路

申请（专利）号：201210161837.5 **公开日：**2013-12-04

申请人：张小科

发明人：张小科

摘要：

一种 LED 恒流电源电路，包括输入保护电路模块、EMI 滤波电路模块、整流滤波电路模块，功率变换电路模块、直流输出电路、稳压恒流电路模块、反馈电路模块、PWM 控制电路模块、PFC 电路模块以及取样电路模块。所述的电流取样电路模块与反馈电路模块以及 PWM 控制电路模块结合在一起，具有过电压/过电流保护以及输出短路保护的功能，当检测到输出端的电压或电流异常时，通过反馈电路模块把信号反馈到 PWM 控制电路模块，PWM 控制电路模块中的 IC 便会输出相关信号，使电源电路停止输出工作，以保护与之连接使用的 LED 灯具，同时本发明还具有恒流精度高，可靠性高且电路结构简单、成本低等优点。

一种外给电源式机柜锁

申请（专利）号：201310371575.X **公开日：**2013-12-11

申请人：阜阳万瑞斯电子锁业有限公司

发明人：林卫中

摘要：

本发明一种外给电源式机柜锁，包括：锁体、手持设备，锁体和手持设备可以进行短距离无线通信，锁体内设有第一电磁阀，锁体的下方设有天线窗口，锁体上还设有充电接口，本发明通过手持设备给第一电磁阀供电，来实现箱体锁开启或关闭。通过外接电源实现机柜门的开启与关闭，解决了现有技术中电控锁具存在着供电困难，难以防护的问题，而且本发明与现有技术最大的不同之处在于：将具有读卡器功能的手持管理器作为传统的“钥匙”感应锁体内设有的 IC 卡，来实现柜门的开启，与现有技术中用一个 IC 卡去刷多个箱体内设置的读卡器相比，只需一个手持管理器去感应设置在不同箱体内的 IC 卡，大大节约了成本。

一种可充电式带备用电源的 LED 遥控筒灯

申请（专利）号：201310331651.4 **公开日：**2013-12-11

申请人：张小荣 斯蒂芬·兰德尔 马吕斯·范·范维伦撒迦利亚皮纳尔

发明人：张小荣 斯蒂芬·兰德尔 马吕斯·范·范维伦撒迦利亚皮纳尔

摘要：

本发明提供了一种可充电式带备用电源的 LED 遥控筒灯，包括备用电源、ACGU10 线、DCMR16 线、LED 灯照明装置，所述备用电源一端与所述 LED 灯照明装置相连接，所述备用电源另一端分别连有 ACGU10 线、DCMR16 线，本发明的有益效果在于：结构简单、省电节能、安装维修方便，配有可更换的备用电源；停电或断电后用遥控器开启可达到 4～7h 的照明时间，同时可以用遥控器调节 LED 灯的亮度来节能，配有不同的连接器，适用性广；无需更换原有的灯架，适用于多种老款原有的灯具支架，方便不同的灯具连接头，非常方便用于经常停电的区域。

一种通过电源智能监控多种用电设备工作状态的方法

申请（专利）号：201310419239.8 **公开日：**2013-12-11

申请人：笔笔发信息技术（上海）有限公司

发明人：王视听

摘要：

本发明公开了一种通过电源智能监控多种用电设备工作状态的方法，利用电源电流、电压、有功功率、无功功率等电气参数采集芯片，对用电设备的电源工作状态进行实时监控，并实时把监控的数据发送到指定地方。在出现异常状态时，第一时间把异常数据发送到指定的地方（如监控人员处），同时可以发出警报，来通知监控人员对电器和电子设备的异常情况做出及时有效的处理。并且通过采集的数据，可以对异常情况进行分析，协助技术人员对异常原因进行排查。还可以通过本地或者远程设置电源智能监控产品的报警预定值和控制电源智能监控产品的用电设备电源开关。此技术广泛适用于物联网、云计算、移动互联网等电器和电子产品，涉及工业、医疗、军事、航空航天、民用等多个行业。

一种手表式移动电源

申请（专利）号：201310434934.1 **公开日：**2013-12-11

申请人：张浩宇

发明人：张浩宇

摘要：

本发明涉及移动电源设备技术领域，提供了一种手表式移动电源，该手表式移动电源设有表盘本体和腕带，表盘本体包括表盘壳体和设置在壳体内部的各组件，表盘壳体内设有主板、单片机、充电电路、摆锤发电装置、蓄电池、放电电路以及电子表单元，其中设置在主板上的单片机控制充电电路为蓄电池充电，放电电路根据用户的需求将蓄电池的电量变压输出，为数码产品供电充电，同时，电子表单元控制在显示模组上的电子表时刻显示区域对当前时间信息进行显示，提示用户当前的时间信息，从而实现了手表式移动电源的蓄电、充电电源功能和手表功能集合。

一种多功能汽车应急启动电源

申请（专利）号：201310349605.7 **公开日：**2013-12-11

申请人：天长市天新电子实业有限公司

发明人：郑儒武 郑修林

摘要：

本发明公开了一种多功能汽车应急启动电源，包括：

电源主体；所述电源主体包括控制板；所述控制板连接保护板、输入口、输出口；所述保护板连接锂电池；所述锂电池连接汽车启动电源线。本发明的电源功能齐全，不仅可以作为常用的移动电源给手机、笔记本等数码产品充电，而且最大的功能是帮汽车应急启动，经过检测，在－10℃情况下依然可以正常为汽车启动。

无极性电池盒装置的移动电源万能充电器

申请（专利）号：201310397746.6 **公开日：**2013-12-11

申请人：深圳市倍音美电子科技有限公司

发明人：罗开勋 李友健 林永干

摘要：

本发明申请提供一种无极性电池盒装置的移动电源万能充电器，包括外壳和设置在外壳内的电路板，其中，所述外壳包括相互扣合的面壳和后壳，后壳的底面还设有凹陷的电池仓，电池放入电池仓内，电池仓设有电池仓后盖，所述面壳上开有纵向的滑槽，滑槽内设有可上下滑动的滑位，滑位与电池挡板连接，电池挡板可沿滑槽上下滑动，面板的顶部设有一凸台，凸台和电池挡板之间容纳电池，所述凸台上开有横向的空槽，空槽内设有与电路板接触的两个可在空槽内左右滑动的电极触点。所述的无极性电池盒装置的移动电源万能充电器，是对现有移动电源的主要功能局限性进行深开发，将移动电源的移动便携的和万能充电的功能最大化地发挥出来。

一种网关设备的直流电源缓启动电路

申请（专利）号：201310072182.9 **公开日：**2013-12-11

申请人：上海斐讯数据通信技术有限公司

发明人：唐姝旻

摘要：

本发明公开了一种网关设备的直流电源缓启动电路，属于一种电源控制电路，其中，包括防抖模块，导通控制管。防抖模块分别连接一电源适配器和导通控制管，导通控制管连接网关设备，导通控制管为PMOS管；防抖模块连接分别连接PMOS管的栅极和源极，PMOS管的漏极连接网关设备。防抖模块包括第一电阻、第二电阻、第一电容和第二电容；第一分压电阻、第一电容和第二电容并联，并联端的一端分别连接电源适配器和PMOS管的源极，另一端通过第二分压电阻接地。本发明的有益效果是：提供了一种通过离散被动器件搭建的低成本、可恢复、可多次作用，并且延时保护时间更为有效的直流电压缓启动电路，能够承受家庭网关设备负载更大的瞬间冲击电流。

一种煤矿局扇备用电源的失电报警装置

申请（专利）号：201210178091.9 **公开日：**2013-12-18

申请人：安徽恒源煤电股份有限公司

发明人：解波 罗昆 许远 王飞 徐伍义 陈晓伟 戴成杰 王斌

摘要：

本发明提供一种煤矿局扇备用电源的失电报警装置，包括备用风机、供备备用风机工工作电源的备用电源与变压器组成的备用电路，还包括常闭触点作为报警电路常开接点的继电器，所述继电器串接于所述变压器的输出端，由继电器、报警电源、报警器串联组成的报警电路与备用电路并联。本发明结构简单、便于维护，在备用电源失电时，能在远离噪声大的局扇工作场所，能及时报警、排除安全隐患。

外流式电磁流量计励磁电源

申请（专利）号：201310367889.2 **公开日：**2013-12-18

申请人：哈尔滨理大晟源科技开发有限公司

发明人：吕实诚 刘涛

摘要：

本发明涉及一种外流式电磁流量计励磁电源。外流式电磁流量计在使用中对噪声的干扰要求特别高，所以需要有专门的电源为外流式电磁流量计提供电源。本发明组成包括：频率源电路，所述的频率源电路通过导线连接到滤波电路，所述的滤波电路通过导线连接到功率放大电路，所述的频率源电路连接有晶振EX03和计数器4060；所述的滤波电路连接有运算放大器U7和U8；所述的功率放大电路连接有运算放大器U9和互补晶体管9013、9012。本发明用于外流式电磁流量计的供电。

高精度电源的生产方法

申请（专利）号：201210176483.1 **公开日：**2013-12-18

申请人：深圳市盛泰伟业科技有限公司

发明人：刘贞彬

摘要：

本发明公开了一种高精度电源的生产方法，包括以下步骤：将高精度数字电源加载于V＋与V－和3.7V与GND之间。单片机程序开始判断是否学习过基准参数，进行步骤选择。电源连接单片机，采样电路采取输入或输出参数值，并把该输入或输出参数值存储到存储器中，作为电源输出的基准值。电源的输出电压与存储器中的基准值做比较，如果电压一致，则判断此电源电压输出准确，如果不一致，则电源的自动学习电路使电源进入自动学习模式，将电源的输出值调节到存储器的基准值。本发明具有以下优点：1. 无需使用大量高精度电子元件，从而生产成本大大降低；2. 输入输出参数灵活，可适应不同型号的电源。

USB电源控制电路

申请（专利）号：201210170692.5 **公开日：**2013-12-18

申请人：鸿富锦精密工业（深圳）有限公司 鸿佰科技股份有限公司

发明人：侯全才

摘要：

一种USB电源控制电路，连接于一USB控制芯片及一USB连接器之间。USB电源控制电路包括第一电子开关。当USB设备未插入USB连接器时，USB连接器的接地引脚悬空，第一电子开关不导通；当USB设备插入USB连接器时，USB 连接器的接地引脚接地，第一电子开关导通，第一电压通过第一电子开关输出至 USB 连接器的电压引脚。上述 USB 电源控制电路可在 USB 设备未插入 USB 连接器时不为 USB 连接器提供工作电压。

机架型的电源装置及具备拆装连接器的电池封装体

申请（专利）号：201180069630.9　**公开日：**2013-12-18

申请人：三洋电机株式会社

发明人：上原雄司　山口昌男　原田贵功

摘要：

本发明提供一种机架型的电源装置及具备拆装连接器的电池封装体。所述机架型的电源装置通过将多个电池封装体（1）拆装自如地装配于机架主体（2）而成。电池封装体（1）中，由多个单电池（11）构成的蓄电池（10）收纳于外装壳体（12），在外装壳体（12）的背面露出设置正负的输出端子（13）。机架主体（2）具备收纳各电池封装体（1）的多个收纳空间（20），在各收纳空间（20）的内表面、即与输出端子（13）对置的对置面（22）上，设置与输出端子（13）以嵌接状态电连接的输入端子（23）。机架主体（2）在对置面（22）的背面侧将输入端子（23）布线成规定的连接状态。机架型的电源装置中，在电池封装体（1）被引导进机架主体（2）的收纳空间（20）且输出端子（13）与输入端子（23）连接的状态下，将多个电池封装体（1）连接成规定的连接状态。由此，将多个电池封装体收纳在机架主体的固定位置，并且高效率且安全地进行多个电池封装体的连接。

能放置物品的电源插座

申请（专利）号：201210218724.4　**公开日：**2013-12-18

申请人：黄晓然

发明人：黄晓然

摘要：

能放置物品的电源插座。本发明涉及在桌面上使用的电源插座，以及这种电源插座的设置和使用方法。本发明是在板式电源插座上设置一个搁物罩，搁物罩的上部设有搁物层，用于放置路由器、笔记本电脑的电源、相框、艺术品、表、充电手机等物品。搁物罩的下部是一个罩体，罩体将电源插座罩在下面。这种设置使桌面上的电源插座位于罩体内，桌面显得整齐美观。在立式电源插座的下部设置抽屉，将存在的上壳体设置成一个搁物层，用于放置物品。通过将常用电器名称和印有各种电器名称的标签设置在电源插座的开关旁，方便了使用者。

超小型立式可换电源插头适配器

申请（专利）号：201310437881.9　**公开日：**2013-12-18

申请人：诸葛劲松

发明人：诸葛劲松

摘要：

本发明公开一种超小型立式可换电源插头适配器，适配器包括配合安装的主体和电源插头，所述的主体包括主体外壳和设置在外壳内的电源转换电路，外壳上左、右两面对应开设有通孔，通孔处安装有独立的按钮，按钮露于通孔处，外壳内对应于按钮位置处设置有能使按钮自动复位的弹性装置。本发明采用特殊的结构设计，通过一个弹性装置推动按钮复位，可使其牢牢地锁紧各种不同的电源插头，按钮采用左右外壳配合方式进行安装，有效简化其安装及安装工艺。本发明中的接触弹片通过特殊的弹片安装板，从外壳内侧面插入固定在外壳内，简化了安装步骤，同时提高了接触弹片安装的牢固性及安全性。

一种改良型电源插座固定插片

申请（专利）号：201310387319.X　**公开日：**2013-12-18

申请人：徐州华夏电子有限公司

发明人：窦月涛　李磊

摘要：

本发明公开了一种改良型电源插座固定插片，所述的固定插片（3）为片状，立于电源插座（1）上安置有插针（4）的那面的两端；固定插片（3）的顶面设有一向下凹进的凹口，其一侧面上设有向外突出的插片凸点（31），其位于插片凸点（31）以上的部位还设有插片扭角（32）；固定插片（3）的顶面与底面在水平方向上成10°~45°夹角；插片扭角（32）部位的高度为2~5mm。本发明将电源插座改为扭脚的方式固定在主板上，可以完全避免电源插座与主板连接后整体出现歪斜、接头对接不准、过锡工艺时焊接不牢靠等问题，有效地提高了产品优良率及生产效率。

通过激光电源电压闭环控制的平均功率控制环路及方法

申请（专利）号：201310202836.5　**公开日：**2013-12-18

申请人：马克西姆综合产品公司

发明人：J·C·阮

摘要：

本发明公开了一种通过激光电源电压闭环控制的平均功率控制环路及方法。根据所述方法之一，将开关变换器耦合以向激光二极管的第一端子提供功率，将可编程电流源耦合以控制通过激光二极管的平均电流，将平均功率控制电路耦合至监控二极管，以监控激光二极管的平均功率输出，并且控制可编程电流源来维持激光二极管的期望的平均功率输出，并且响应于可编程电流源的动态余量来调整所述开关变换器的输出以将开关变换器的输出限制为仍将保证电流源的充分操作的电压。本发明公开了各种实施例。

一种电源防反接电路及灯具

申请（专利）号：201210175997.5　**公开日：**2013-12-18

申请人：海洋王（东莞）照明科技有限公司　海洋王照明科技股份有限公司　深圳市海洋王照明工程有限公司

发明人：周明杰　管伟芳

摘要：

本发明涉及照明灯具领域，本发明提供的电源防反接电路简单可靠，通过设置第一开关管和第二开关管使得当电源反接时，提供给第一开关管和第二开关管的栅源极的偏执电压与第一开关管和第二开关管导通时所需的偏执电压的极性相反，致使第一开关管和第二开关管处于截止状态，则连接至第二开关管的源极的负载无电流通过，则电源无电压输出，达到防反接目的。本发明提供的电路结构简单，稳定性高，功耗较小。

散热性能高的单回路供电应急电源柜

申请（专利）号：201210168456. X **公开日：**2013-12-18

申请人：成都振中电气有限公司

发明人：李富常 聂海涛 黄永富 刘承范 张仁友 张仁明 李盛钰 郝芳

摘要：

本发明公开了一种散热性能高的单回路供电应急电源柜，包括柜体（1）和设置在柜体（1）内的充电器（2）、电池组（3）、逆变器（4）和控制器（5），所述的柜体（1）内还设置有一个电风扇（12），电风扇（12）的控制端连接控制器（5）上。本发明的有益效果是：在柜体内设置一个电风扇，可以对柜体内部进行降温，并且通过一个温度传感器对电风扇进行控制，节省了电能。

电源装置和电源切换方法

申请（专利）号：201310192684. 5 **公开日：**2013-12-18

申请人：索尼公司

发明人：熊谷英治

摘要：

本文提供了一种电源装置和电源切换方法，其中，电源装置包括：并联连接的多个蓄电模块，以及与多个蓄电模块并联连接的备用蓄电模块。当蓄电模块中至少一个无法充电或放电时，其他蓄电模块的充电被禁止，允许备用蓄电模块的放电，备用蓄电模块和其他蓄电模块的充电状态被检测，并且根据所检测到的充电状态来允许备用蓄电模块和其他蓄电模块的充电。

一种电源系统及其电源冗余控制电路

申请（专利）号：201210178999. X **公开日：**2013-12-18

申请人：研祥智能科技股份有限公司

发明人：陈志列 万小伟 王志远

摘要：

本发明适用于电源电路领域，提供了一种电源系统及其电源冗余控制电路。在本发明中，通过采用包括第一开关单元、第一欠电压检测与驱动单元、第一过电压检测与驱动单元、第二开关单元、第二欠电压检测与驱动单元、第二过电压检测与驱动单元、第一功率切换与浪涌防护单元以及第二功率切换与浪涌防护单元的电源冗余控制电路，对两路电源进行实时的欠电压、过电压检测及输出级进行工作状态监控，进而根据两路电源的工作状态实现无缝供电切换以保证负载获得稳定的供电电压并正常工作，从而解决了现有技术所存在的对负载供电不稳定，易造成负载故障，且在负载短路时容易出现多路电源失效的问题。

一种开关电源及其控制电路

申请（专利）号：201310366787. 9 **公开日：**2013-12-18

申请人：梁德新 向敢平

发明人：梁德新

摘要：

本发明提供一种开关电源及其控制电路，该控制电路包括电源系统和相应周边电路，该周边电路包括：晶闸管、晶闸管驱动器、运算放大器、晶体管、电池、电阻连接而成。本发明提供的开关电源及其控制电路，采用晶闸管或继电器等开关管来关断开关电源的交流输入，电源停止工作，当输出端接通负载时开关管接通 AC 电源，电源系统恢复工作，达到没有负载时电源的待机功耗完全降低为 0。

散热型 DC/DC 模块电源

申请（专利）号：201310387180. 9 **公开日：**2013-12-18

申请人：常州能动电子科技有限公司

发明人：吴伟

摘要：

本发明公开了一种散热型 DC/DC 模块电源，包括：电源壳体、电路板和电连接部，所述电路板配合设置在电源壳体内部，所述电连接部配合安装在电源壳体上并且与电路板电连接，所述电源壳体内部设置有散热贴片，所述电源壳体外部配合安装有散热体。通过上述方式，本发明散热型 DC/DC 模块电源，能够提高散热效果，使用安全稳定，结构简单，成本低。

基于开关电源的限流电路

申请（专利）号：201210173610. 2 **公开日：**2013-12-18

申请人：海洋王照明科技股份有限公司 深圳市海洋王照明工程有限公司

发明人：周明杰 管伟芳

摘要：

一种基于开关电源的限流电路，包括输出直流电源的开关电源模块，还包括与开关电源模块连接并根据开关电源的输出电流发送反馈控制信号的反馈控制模块。所述反馈控制模块包括光耦控制模块和用于控制所述输出电流大小的电流控制模块；所述光耦控制模块的受光部分接入所述开关电源模块；所述光耦控制模块的发光部分接入所述电流控制模块且发光部分的电流受所述电流控制模块的控制。上述基于开关电源的限流电路中仅由晶体管、电阻、光耦控制模块和开关电源模块构成，因此，在实现限流的同时，电路的结构简单，易于实现。

防爆稳压电源

申请（专利）号：201310357780. 0 **公开日：**2013-12-18

申请人：国家电网公司 江苏省电力公司 江苏省电力公

司响水县供电公司

发明人：张伟峰　林锐　赵长生

摘要：

本发明提供一种防爆稳压电源，包括主电路，所述主电路包括DC/DC变换器、芯片LT1247、为芯片LT1247提供工作电压的自馈电路，所述DC/DC变换器包括电感L1、电感L2、高频变压器T1、二极管D13、电容C9、电阻R13和开关管VT，所述自馈电路包括电感L3、二极管D12和电容C4。该种防爆稳压电源能够大大减小电源的体积与重量，实现小型化。选择合适的开关电源拓扑结构和开关工作频率，可降低电感、电容等储能元件的存储能量，并可提高电源的输出功率。该种防爆稳压电源采用的开关管一般功耗小、散热少，从而所需的散热片也小，且该种防爆稳压电源功率损耗和温升几乎不随电压的波动而变化。

使用简化启动电源的开关模式电源

申请（专利）号：201180070138.3　**公开日：**2013-12-18

申请人：瑞典爱立信有限公司

发明人：O·佩斯森　M·阿佩伯格　M·勒斯科维

摘要：

公开了一种开关模式电源（SMPS），其中，简单的二次侧控制器用于将能量的单个脉冲发送到二次侧以开启输出电压控制器。脉冲跨主传动系统发送，并且滤波布置在二次侧上提供以最小化在SMPS的输出端处的能量，同时最大化供应到输出电压控制器的能量。有利的是，SMPS的配置使得在启动操作期间从一次侧传送到二次侧的能量的最大的量受到固有限制。因此，提供了防止短路条件和故障的保护而不要求复杂的电路。

一种开关电源及使用该开关电源的灯具

申请（专利）号：201210175018.6　**公开日：**2013-12-18

申请人：海洋王照明科技股份有限公司　深圳市海洋王照明工程有限公司

发明人：周明杰　黎晶

摘要：

本发明实施例公开了一种开关电源及使用该开关电源的灯具，包括变压器、开关器件、滤波电路、输出电路和输出反馈电路，滤波电路包括滤波电容，变压器的一次侧线圈和开关器件依次串联后与滤波电容并联，输出电路与变压器的二次侧线圈并联，输出反馈电路连接在输出电路与开关器件的控制端之间，开关电源还包括过冲保护电路，过冲保护电路包括限流电阻、短路控制电路和电压检测电路，限流电阻和滤波电容依次串联后连接在电源正极与电源负极之间，限流电阻、一次侧线圈和开关器件依次串联后连接在电源正极和电源负极之间，短路控制电路与限流电阻并联，短路控制电路的控制端与电压检测电路连接。采用本发明可避免浪涌电流，延长使用寿命。

基于反激式拓扑的小功率直流电源系统

申请（专利）号：201210182730.9　**公开日：**2013-12-18

申请人：林桂

发明人：林桂　傅洋　任治全　郑耀

摘要：

一种基于反激式拓扑的小功率直流电源系统，其特征在于系统由主控UC3846控制模块、开关模块、输入整流模块、变压器功率变换模块、滤波模块、保护模块、功率因数矫正模块、自举式控制芯片电源模块、直流输出模块等组成。本发明的优越性在于：1. 本发明采用UC3846为主要控制芯片应用广泛，可靠性高。处理速度快；2. 本发明中保护模块采用多种保护方式，包括过电压保护，欠电压保护，过热保护，软启动防浪涌保护，过载保护等，大大提高了电源系统的可靠性；3. 整体系统可塑性强；4. 体积小，集成度高，调试方便。

微型储能式AC/DC电源模块

申请（专利）号：201310387229.0　**公开日：**2013-12-18

申请人：常州能动电子科技有限公司

发明人：吴伟

摘要：

本发明公开了一种微型储能式AC/DC电源模块，包括：包括依次电性连接的AC端、启动电路、转换电路和DC端，所述转换电路和DC端之间电性连接有第一储能电路和第二储能电路，所述第一储能电路和DC端之间电连接有第一放电电路，所述第二储能电路和DC端之间电连接有第二放电电路。通过上述方式，本发明微型储能式AC/DC电源模块能够提高电源的稳定性，结构简单，使用寿命长。

开关模式电源系统及其供电电路

申请（专利）号：201310442911.5　**公开日：**2013-12-18

申请人：无锡莱士电子科技有限公司

发明人：李振华

摘要：

本发明涉及一种开关模式电源系统及其供电电路。该供电电路用于为一电源控制器供电，包括一变压器、一储能电容器及一缓冲吸收及供电回路。该变压器包含一次侧绕组，该一次侧绕组具有第一端口和第二端口，该第一端口连接该电源控制器的地电位参考脚。该储能电容器，连接于该电源控制器的供电脚和地电位参考脚之间。该缓冲吸收及供电回路的一端连接该一次侧绕组的第二端口，另一端连接该电源控制器的供电脚，从而将该侧绕组串联在该电源控制器的供电脚和地电位参考脚之间。该缓冲吸收及供电回路用来吸收变压器在开关过程中由于漏感产生的能量，并且利用漏感能量对该储能电容器充电。

电源极性转换电路及灯具

申请（专利）号：201210177648.7　**公开日：**2013-12-18

申请人：海洋王（东莞）照明科技有限公司　海洋王照明科技股份有限公司　深圳市海洋王照明工程有限公司

发明人：周明杰　管伟芳

摘要：

本发明公开了一种电源极性转换电路及灯具，电源极性转换电路包括分别与直流电源的两极连接的第一输入端和第二输入端、分别与电子设备的正极和负极连接的正极和负极输出端。包括第一N型MOS管、第二N型MOS管、第一P型MOS管和第二P型MOS管；第一N型MOS管的栅极、源极和漏极分别与第二输入端、负极输出端以及第一输入端连接；第二N型MOS管的栅极、源极和漏极分别与第一输入端、负极输出端以及第二输入端连接；第一P型MOS管的栅极、源极和漏极分别与第二输入端、正极输出端以及第一输入端连接；以及第二P型MOS管的栅极、源极和漏极分别与第一输入端、正极输出端以及第二输入端连接。因MOS管的体二极管的内阻小，因此导通后损耗小，电压降也很小。

一种用于UV灯管的直流UV开关电源

申请（专利）号：201310271788.5　**公开日：**2013-12-18

申请人：易智勇

发明人：易智勇

摘要：

本产品发明为一种用于UV灯管的直流UV开关电源，属于UV灯专用开关电源领域，包括一个降压斩波电路和升压斩波电路，两个电路共用一个电感，通过空气接触器来进行电路的转换。其工作原理和工作过程是：启机时，Q1工作，Q2、Q3不工作，K1断开，高频高压电路产生的高压点燃UV灯管后不再工作，整个电路等效于一个降压斩波电路；当UV灯管管压上升到接近三相电（或两相电）整流后的电压时，闭合K1，然后再关闭Q1，让Q2、Q3在PWM脉冲的控制下工作，整个电路等效于一个升压斩波电路，Q2、Q3工作在全软开关状态。该开关电源具有功率因数高，转换效率高，发热量小，成本低廉的特点。

电源分配单元及具有该电源分配单元的机柜

申请（专利）号：201210168279.5　**公开日：**2013-12-18

申请人：鸿富锦精密工业（深圳）有限公司　鸿海精密工业股份有限公司

发明人：彭文堂　李小政

摘要：

一种机柜，包括一柜体和一电源分配单元，该柜体包括一顶板及一底板，该底板及顶板对应的分别设有一列第一插孔及一列第二插孔，该电源分配单元包括一本体、一弹性件、一顶座和一动作件，该本体的底部设有两插入其中两第一插孔的第一插柱，该顶座固定于该本体的顶部，该顶座的顶部设有两穿孔，该顶座的一侧设有一开口，该动作件收容于顶座内，该弹性件设置在该动作件与该本体之间，该动作件设有两可分别自该两穿孔伸出该顶座并插入对应的两第二插孔的第二插柱，一把手穿过该开口而装设于该动作件。该电源分配单元通过操作把手上下移动动作件即可使第二插柱插入或退出第二插孔，进而实现电源分配单元的安装和拆卸，十分方便。

新能源汽车智能化电源系统

申请（专利）号：201310355189.1　**公开日：**2013-12-25

申请人：毛振刚

发明人：毛振刚　毛媛媛　毛芳芳

摘要：

本发明公开了一种新能源汽车智能化电源系统，包括动力电池、超级电容、DC/DC功率变换器和电动机，所述动力电池连接DC/DC功率变换器，所述DC/DC功率变换器连接电动机，所述电池连接DC/DC功率变换器，所述电动机采用双绕组电动机。本发明中采用上述技术方案的两种电源相结合的方式，充分利用两种电源的优点，应用于纯电动汽车电源系统中，在保护电源的同时提供完整、持续的供电。

适用于单相电源的平衡装置

申请（专利）号：201310438463.1　**公开日：**2013-12-25

申请人：天津滨海新区滨泽能源科技有限公司

发明人：朱汉斌

摘要：

本发明提供一种适用于单相电源的平衡装置，包括压缩机，压缩机依次连接冷凝器、节流装置、蒸发器构成一个制冷循环；压缩机内设有交流接触器，交流接触器的常闭触头还连接一电磁阀。压缩机运行时，所述电磁阀断开，压缩机断开时，所述电磁阀瞬间接通，使得系统内高压侧旁通低压侧，系统中压力快速平衡，使得机组二次开机能够顺利启动，提高系统的稳定性、安全性，保护压缩机，提高机组寿命。

一种用于航空行业的电源分析仪器

申请（专利）号：201310422865.2　**公开日：**2013-12-25

申请人：天津瑞洁环保科技有限公司

发明人：梁小龙

摘要：

本发明为一种用于航空行业的电源分析仪器，作为电网运行情况的必备检测设备，具体包括以下功能结构：不仅需要实时分析并显示各电能质量参数，还应该具备“电能质量记录黑匣子”功能；硬件系统采用以ARM7为内核的LPC2214单片机作为整个系统的主机，负责完成系统的控制、算法、通信等功能；配备数据采样、数据存储、通信等功能模块。

电源供应器测试电路

申请（专利）号：201210187437.1　**公开日：**2013-12-25

申请人：鸿富锦精密工业（深圳）有限公司　鸿海精密工业股份有限公司

发明人：田波

摘要：

一种电源供应器测试电路，包括测试单元及转换单元，测试单元包括第一及第二连接器、感应电阻、控制器及电子开关，转换单元包括转换芯片及第三连接器，电子开关的第一端经感应电阻连接第一连接器，第二端连接控制器的控制引脚，第三端连接第二连接器，控制器的两输入引脚连接感应电阻的两端，转换器的两输入引脚连接控制器的两输出引脚，两输出引脚连接第三连接器，控制器获得感应电阻上的电压值并转换为电流值后提供给转换芯片，转换芯片将电流值转换为 SMBUS 信号后通过第三连接器输出给监控设备进行显示及通过控制引脚输出控制信号控制电子开关导通以将电源供应器的输出电压提供给主板，从而通过调整主板上的负载以使主板与电源供应器匹配。

用于冗余和键接电源解决方案的系统和方法

申请（专利）号： 201280016868. X　**公开日：** 2013-12-25

申请人： 戴尔产品有限公司

发明人： Z · A · 克雷文斯　J · M · 刘

摘要：

根据本发明提出用于电力输送的系统和方法。电力输送系统包括至少两个电源，具有连接所述至少两个电源的每一电源输出的桥接器。所述桥接器可由母线制成，每一母线包括一体式的附接点。每一附接点可对应于已专门键接附接点形状的接线柱。接线柱可附接到导线电缆，其将来自电源的电力提供给信息处理系统内的组件。在一些实施例中，导线电缆的每一端可包括具有相同形状的接线柱，以确保给信息处理系统的组件供应适当的电压。

一种电源热管理系统

申请（专利）号： 201210186786. 1　**公开日：** 2013-12-25

申请人： 中国人民解放军 63971 部队

发明人： 邱景义　余仲宝　李萌　王维坤　苑克国　王安邦　杨裕生

摘要：

本发明属于电器装置领域，特别涉及一种电源热管理系统。该热管理系统由控制器、热交换器、泵、温度传感器和电源箱体组成。电池成组后，直接放入电源箱体中，箱体中流动有热交换液，可与电池组之间进行热交换。根据温度传感器上传的温度数据，控制器可实时调节泵的流量和热交换器的功率，以控制电池组的温度。整个系统结构简单、温度控制精确、自动化程度高，特别适用于高功率电池应用领域。

笔记本组装机电源插座保护座

申请（专利）号： 201310399377. 4　**公开日：** 2013-12-25

申请人： 昆山地博光电材料有限公司

发明人： 吴小珍

摘要：

本发明公开了一种笔记本组装机电源插座保护座，由前盖和后盖组成，其特征在于：所述前盖包括相互连接的上挡板和下挡板，所述上挡板和所述下挡板由连接板连接，所述上挡板和所述下挡板上开设有两个安装孔。本发明体积小、结构简单，同时使用寿命较长、使用成本较低。

一种电源线防松脱装置

申请（专利）号： 201310429637. 8　**公开日：** 2013-12-25

申请人： 杭州华三通信技术有限公司

发明人： 丁建明　张利波　王玉斌　王宏勤　白尤新

摘要：

本发明提供一种电源线防松脱装置，应用于通信设备上防止电源线松脱。所述装置包括有粘扣带和挡块，其中粘扣带用于捆扎通信设备电源线，由长臂和短臂组成，所述短臂穿过电源把手并借由挡块厚度与电源插头可靠接触，长臂则将电源线、短臂和挡块紧固在一起，从而对电源线六个自由度进行限位。

开关电源输出过电压保护电路

申请（专利）号： 201310419368. 7　**公开日：** 2013-12-25

申请人： 上海斐讯数据通信技术有限公司

发明人： 吉文安　杨锦辉

摘要：

本发明提供一种开关电源输出过电压保护电路，所述开关电源输出过电压保护电路包括：第一电阻、稳压管、光耦合器。所述第一电阻一端接入所述开关电源的输出端采样电压；所述稳压管的一端与所述第一电阻的另一端相连，在所述采样电压超出预设值时导通；所述光耦合器的输入端与所述稳压管的另一端相连，输出端与所述开关电源的输入开关控制器相连，控制所述输入开关控制器在所述采样电压超出预设值时切断所述开关电源的供电。本发明所述的电路不但能够实现输出端过电压保护，而且结构简单，成本低，易于实现，相对于现有技术中的比较器/运放 + 光耦方案，省略了一个电压基准源，而且稳压管比比较器/运放成本低。

车载太阳能辅助电源模块

申请（专利）号： 201310387256. 8　**公开日：** 2013-12-25

申请人： 常州能动电子科技有限公司

发明人： 吴伟

摘要：

本发明公开了一种车载太阳能辅助电源模块，包括：太阳电池、辅助储能电源、车载电池、充电电路和输出端，所述太阳电池和充电电路电连接，所述充电电路分别于辅助储能电源和车载电池电连接，所述输出端分别与辅助储能电源和车载电池电连接，所述辅助储能电源和输出端之间电连接有驱动电路。通过上述方式，本发明车载太阳能辅助电源模块，能够提高供电稳定性，结构简单，使用安全，输出稳定。

高压带电检测设备的辅助电源装置

申请（专利）号： 201310378153. 5　**公开日：** 2013-12-25

申请人： 国家电网公司　郑州华力信息技术有限公司　河南省电力公司郑州供电公司

发明人： 宋彬　行明涛　张海鹏　吴华芹

摘要：

本发明公开了一种高压带电检测设备的辅助电源装置，它包括MCU模块、锂电池检测模块、锂电池充电模块、锂电池、直流升压供电模块、显示及报警模块、系统保护模块，其中，所述MCU模块共分五路，分别与显示及报警模块、系统保护模块、锂电池充电模块、直流升压供电模块、锂电池检测模块连接，所述锂电池共分为三路，分别与锂电池充电模块、直流升压供电模块、锂电池检测模块通过单向串行口连接，本发明采用单片机检测控制技术，使用工业级的单片机，监控充电和供电的全过程，抗电磁干扰能力强、性能稳定、功耗低，同时还可以检测自身电能，并由发光二极管和蜂鸣器作为提示装置，在自身电能不足的情况下，提醒工作人员为其充电。

一种应急电源车大功率直流启动系统

申请（专利）号：201310423899.3 **公开日：**2013-12-25

申请人：龙岩市海德馨汽车有限公司

发明人：徐润忠

摘要：

本发明公开一种应急电源车大功率直流启动系统，并联设置在UPS不间断电源车的蓄电池组上，该UPS不间断电源车具有UPS不间断电源系统；该大功率直流启动系统包括整流器和变压器，该整流器的输入端与UPS不间断电源系统相连，该整流器的输出端与变压器的输入端相连，该变压器的输出端与应急电源车发动机相连。本发明从根本上解决应急电源车不能迅速启动的问题，结合应急电源车发动机配套的启动蓄电池组增加设计一个应急电源车大功率直流启动系统作为应急电源车蓄电池的保障，当蓄电池组出现故障的时候可以快速投入保障应急电源车的快速启动并发出电能，实现UPS不间断电源车电源不间断供应使命。

一种磁悬浮飞轮储能不间断电源车

申请（专利）号：201310423708.3 **公开日：**2013-12-25

申请人：龙岩市海德馨汽车有限公司

发明人：陈建周 李钦龙

摘要：

本发明公开一种磁悬浮飞轮储能不间断电源车，包括汽车底盘、保温车厢、防水防尘进风百叶窗、空调、磁悬浮储能柜、控制柜、输入/输出柜、电缆绞盘和防水防尘排风百叶窗，该保温车厢设置在汽车底盘上，该防水防尘进风百叶窗和防水防尘排风百叶窗均设置在保温车厢上，该空调、磁悬浮储能柜、控制柜以及电缆绞盘均设置在保温车厢内，通过控制柜和输入/输出柜把磁悬浮储能柜中存储的机械能转换成电能而与市电进行转换。本发明可以使得传统车载UPS电源系统的体积大大减小，在可靠性和安全性上大大提高，同时还可以在一种电源断电的情况下零秒切换到另一种电源，保证负载不间断工作。

一种开关电源控制电路

申请（专利）号：201310411127.8 **公开日：**2013-12-25

申请人：上海斐讯数据通信技术有限公司

发明人：孙军 董粮

摘要：

本发明公开了一种开关电源控制电路，属于开关电源过电流保护技术领域；包括稳压电路、延时电路、调节电路和检测电路。延时电路分别连接稳压电路和调节电路；调节电路连接检测电路；稳压电路连接开关电源的电压输出端；稳压电路用于将开关电源的输出电压箝制在一预设的电压值；延时电路通过调整电压来控制调节电路的通断；调节电路通过自身通断来使检测电路工作在高阻值状态或低阻值状态；检测电路包括电流产生部件；电流产生部件根据开关电源的输出电流产生相应的检测电流；检测电路输出检测电压。上述技术方案的有益效果是：使得开关电源在满足提高带容性负载能力的同时，不降低过电流保护能力。上述技术方案实现简单，实现成本较低。

开关电源系统及用于开关电源的线压补偿装置

申请（专利）号：201210184670.4 **公开日：**2013-12-25

申请人：比亚迪股份有限公司

发明人：王文情 张海泉 叶文辉 杨小华

摘要：

本发明提出一种用于开关电源的线压补偿装置，包括：电压采样模块，用于采样开关电源的电压输出的反馈信号；误差放大模块，用于得到误差放大的电压反馈信号；消磁时间采样模块，用于采样开关电源的变压器二次侧二极管的消磁时间；控制模块，用于输出开关电源的功率开关管的基准电压信号并输出开关信号以控制功率开关管的导通时间和工作频率；线压补偿模块分别与消磁时间采样模块和控制模块相连，根据消磁时间和基准电压信号生成补偿电流，并叠加到开关电源的输出反馈电路以补偿负载电路导线产生的压降；启动模块，控制线压补偿装置的开启和关闭。该装置能够实现对线上压降的精确补偿，完善开关电源的输出负载调整率。本发明还提出一种开关电源系统。

一种电源开关控制电路

申请（专利）号：201210187257.3 **公开日：**2013-12-25

申请人：海洋王（东莞）照明科技有限公司 海洋王照明科技股份有限公司 深圳市海洋王照明技术有限公司

发明人：周明杰 王永清

摘要：

一种电源开关控制电路，连接于电源和下级电路之间，包括：一开关；一D触发器，其CP引脚与开关连接，其引脚与D引脚连接，其引脚还连接一开关管；该D触发器用于检测开关的动作，并输出开或关的控制信号至开关管；开关管，其控制端连接D触发器的引脚，其输入端与电源连接，其输出端与下级电路连接；该开关管用于根据来自D触发器的开或关的控制信号，对电源和下级电路的导通或者断开进行控制。本发明能够减小设备的体积，保护下游的IC电路，延长设备的寿命。

电源插座和连接装置

申请（专利）号： 201280018073.2　**公开日：** 2013-12-25
申请人： 松下电器产业株式会社
发明人： 国吉贤治　田边充　前田充　山本泰子
摘要：

提供一种在没有连接通信装置的状态下的通信质量的劣化最小的情况下使用简单结构能够实现的电源插座和连接装置。该电源插座（1）具有：终端电路（14），用于针对通信信号的频带进行阻抗匹配，其中该终端电路插入在连接端子（11，11）和阴接触件（12，12）之间；以及旁路电路（15），其在连接端子（11）和阴接触件（12）之间与终端电路（14）并联连接。旁路电路（15）具有配备有插入在连接端子（11）和阴接触件（12）之间的机械触点（61，62）的开关（60），从而在开关（60）接通时形成使通信信号绕过终端电路（14）而通过的路径。可动件（63）工作，并且机械触点（61，62）开闭，由此使开关（60）接通或断开。可动件伴随着用作操作主体的插头的插入和拔出而工作。

无线电源、照明和自动化控制

申请（专利）号： 201180069990.9　**公开日：** 2013-12-25
申请人： 科泰克工业有限公司
发明人： 巴里·戴维斯 本杰明·戴维斯 马修·戴维斯
摘要：

一种电源控制装置及其使用方法，用来通过使用控制器和电源控制装置之间的点对点无线通信链路来改变电器设备的电源。所述通信链路可采用Wi-Fi或蓝牙通信技术来建立。

一种开关式变换输出及可变电流的LED驱动电源电路

申请（专利）号： 201310474626.1　**公开日：** 2013-12-25
申请人： 中山市迈得照明有限公司
发明人： 陈锦敏
摘要：

本发明公开一种开关式变换输出及可变电流的LED驱动电源电路，包括开关电源电路、输出切换电路和控制电路，控制电路包括分段控制集成电路、光耦反馈电路和电流调节集成电路，输出切换电路用于对每路LED负载进行切换，分段控制集成电路控制输出切换电路，实现对两路或以上LED负载进行切换控制；光耦反馈电路的输入端与至少两个开关控制输出端连接，光耦反馈电路的输出端与电流调节集成电路的触发输入端连接，在每路开关电路同时导通时，光耦反馈电路会将电流切换信号反馈给电流调节集成电路，从而实现对输出电流的调节，使输出电流增大，给LED负载提供充足的工作电流，实现分段电路的单电源供电，降低产品成本。

第七篇 电源标准

2013 年终止标准（24）

2013 年新实施标准（69）

电工

电子元器件与信息技术

通信、广播

车辆

能源、核技术

轻工、文化与生活用品

铁路

公路、水路运输

冶金

土木、建筑

机械

综合

船舶

延续实施标准（363）

电工

- 输变电设备
- 电气照明
- 其他

通信、广播

电子元器件与信息技术

能源、核技术

铁路

石油

电子

仪器、仪表

工程建设

矿业

车辆

轻工、文化与生活用品

其他

2013 年终止标准（24）

水声设备用低压直流稳压电源技术条件
标准编号： CB/T 957-1995
实施日期： 1996-08-01 **作废日期：** 2013-12-01
发布部门： 中国船舶工业总公司
替代情况： CB 957-80

气体激光器电源系列
标准编号： GB 12083-1989
实施日期： 1990-08-01 **作废日期：** 2013-02-15
发布部门： 国家技术监督局
替代情况： 被 GB/T 12083-2012 代替

电力变压器、电源装置和类似产品的安全 第 14 部分：一般用途自耦变压器的特殊要求
标准编号： GB 19212. 14-2007
实施日期： 2008-04-01 **作废日期：** 2013-05-01
发布部门： 中华人民共和国国家质量监督检验检疫总局 中国国家标准化管理委员会
替代情况： 被 GB 19212. 14-2012 代替

电力变压器、电源装置和类似产品的安全 第 2 部分：一般用途分离变压器的特殊要求
标准编号： GB 19212. 2-2006
实施日期： 2007-03-01 **作废日期：** 2013-05-01
发布部门： 中华人民共和国国家质量监督检验检疫总局 中国国家标准化管理委员会
替代情况： 被 GB 19212. 2-2012 代替

电力变压器、电源装置和类似产品的安全 第 3 部分：控制变压器的特殊要求
标准编号： GB 19212. 3-2006
实施日期： 2007-03-01 **作废日期：** 2013-05-01
发布部门： 中华人民共和国国家质量监督检验检疫总局 中国国家标准化管理委员会
替代情况： 被 GB 19212. 3-2012 代替

电力变压器、电源装置和类似产品的安全 第 7 部分：一般用途安全隔离变压器的特殊要求
标准编号： GB 19212. 7-2006
实施日期： 2007-03-01 **作废日期：** 2013-05-01
发布部门： 中华人民共和国国家质量监督检验检疫总局 中国国家标准化管理委员会
替代情况： 被 GB 19212. 7-2012 代替

电力变压器、电源装置和类似产品的安全 第 8 部分：玩具用变压器的特殊要求
标准编号： GB 19212. 8-2006
实施日期： 2007-03-01 **作废日期：** 2013-05-01
发布部门： 中华人民共和国国家质量监督检验检疫总局 中国国家标准化管理委员会
替代情况： 被 GB 19212. 8-2012 代替

电气附件 家用和类似用途的不带过电流保护的移动式剩余电流装置（PRCD）
标准编号： GB 20044-2005
实施日期： 2006-08-01 **作废日期：** 2013-12-01
发布部门： 中华人民共和国国家质量监督检验检疫总局 中国国家标准化管理委员会
替代情况： 被 GB 20044-2012 代替

电子测量仪器 电源频率与电压试验
标准编号： GB 6587. 8-1986
实施日期： 1987-07-01 **作废日期：** 2013-06-01
发布部门： 国家标准局
替代情况： 被 GB/T 6587-2012 代替

半导体电力变流器电气试验方法
标准编号： GB/T 13422-1992
实施日期： 1992-12-01 **作废日期：** 2013-12-02
发布部门： 国家技术监督局
替代情况： 被 GB/T 13422-2013

按能力批准评定质量的电子设备用电源变压器分规范
标准编号： GB/T 15183-1994
实施日期： 1995-03-01 **作废日期：** 2013-06-01
发布部门： 国家技术监督局
替代情况： 被 GB/T 14860. 3-2012 代替

按能力批准评定质量的电子设备用开关电源变压器分规范
标准编号： GB/T 15184-1994
实施日期： 1995-03-01 **作废日期：** 2013-06-01
发布部门： 国家技术监督局
替代情况： 被 GB/T 14860. 4-2012 代替

电子设备用电源变压器和滤波扼流圈总技术条件
标准编号： GB/T 15290-1994
实施日期： 1995-07-01 **作废日期：** 2013-02-15
发布部门： 国家技术监督局
替代情况： 被 GB/T 15290-2012 代替

电力变压器、电源装置、电抗器和类似产品 电磁兼容（EMC）要求
标准编号： GB/T 21419-2008
实施日期： 2008-09-01 **作废日期：** 2013-12-02
发布部门： 中华人民共和国国家质量监督检验检疫总局 中国国家标准化管理委员会
替代情况： 被 GB/T 21419-2013 代替

半导体变流器基本要求的规定
标准编号： GB/T 3859. 1-1993

实施日期： 1994-09-01 作废日期：2013-12-02
发布部门： 国家技术监督局
替代情况： GB 3859-1983

半导体变流器 应用导则
标准编号： GB/T 3859. 2-1993
实施日期： 1994-09-01 作废日期：2013-12-02
发布部门： 国家技术监督局
替代情况： GB 3859-1983

半导体变流器 变压器和电抗器
标准编号： GB/T 3859. 3-1993
实施日期： 1994-09-01 作废日期：2013-12-02
发布部门： 国家技术监督局
替代情况： GB 3859-1983

电力变流器用纯水冷却装置
标准编号： JB/T 5833-1991
实施日期： 1992-10-01 作废日期：2013-09-01
发布部门： 中华人民共和国机械电子工业部
替代情况： 被 JB/T 5833-2013 代替

汽车用电源总开关技术条件
标准编号： QC/T 427-1999
实施日期： 1999-03-15 作废日期：2013-09-01
发布部门：
替代情况： 被 QC/T 427-2013 代替

电源用磁性氧化物磁心（EC-磁心）的尺寸
标准编号： SJ 2743-1987
实施日期： 1987-10-01 作废日期：2013-12-01
发布部门： 中华人民共和国电子工业部
替代情况： 被 SJ/T 2743-2013 代替

电源用磁性氧化物 ETD 磁心的尺寸
标准编号： SJ/T 10282-1991
实施日期： 1992-01-01 作废日期：2013-12-01
发布部门：
替代情况： 被 SJ/T 3172. 6-2013 代替

进出口电源变压器、供电单和类似装置检验规程
第 1 部分：通用要求
标准编号： SN/T 0811. 1-2005
实施日期： 2005-12-01 作废日期：2013-05-01
发布部门： 中华人民共和国国家质量监督检验检疫总局
替代情况： 替代 SN/T 0811-1999

直流 110V 机车控制电源柜技术条件
标准编号： TB/T 1395-2003
实施日期： 2003-09-01 作废日期：2013-01-01
发布部门： 中华人民共和国铁道部
替代情况： TB/T 1395-1981

通信电源设备电磁兼容性限值及测量方法
标准编号： YD/T 983-1998
实施日期： 1999-04-01 作废日期：2013-06-01
发布部门： 中华人民共和国信息产业部
替代情况： 被 YD/T 983-2013 代替

2013 年新实施标准（69）

电工

发电用动力设备

电能质量监测装置技术规范
标准编号： DL/T 1227-2013
实施日期： 2013-08-01
发布部门： 国家能源局
标准简介：

本标准规定了电能质量监测装置的基本技术要求、试验方法、检验规则及对标志、包装、运输、储存的要求。本标准适用于固定安装在现场的电能质量监测装置（以下简称监测装置），其他具有类似功能的装置可参照本标准执行。

往复式内燃机驱动的交流发电机组
第 11 部分：旋转不间断电源 性能要求和试验方法
标准编号： GB/T 2820. 11-2012
实施日期： 2013-02-01
发布部门： 中华人民共和国国家质量监督检验检疫总局
中国国家标准化管理委员会
标准简介：

GB/T 2820 的本部分规定了由机械和电气旋转设备组合而成的旋转不间断电源（UPS）的性能要求和试验方法。本部分适用的电源，主要为用户提供不间断交流电。当无市电输入运行时，输入能量由储存的能量或者往复式内燃机提供，由一台或多台旋转电机输出电能。本部分适用的交流电源，主要为固定陆用和船用设施提供不间断电能。不包括为航空、陆上车辆和机车供电的电源。也不包括通过静态变换产生输出电能的电源。本部分对使用旋转 UPS 改善交流供电品质、实现电压和/或电流变换及削减峰值等情况进行了描述。对于某些特殊用途（例如医院、近海岸、非固定应用、高层建筑及核设施等），可能需要附加一些其他的要求，本部分的规定应作为基础。

电能质量监测装置运行规程
标准编号： DL/T 1228-2013
实施日期： 2013-08-01
发布部门： 国家能源局
标准简介：

本标准规定了电能质量监测装置的安装、投运、使用、维护、检定、巡检、通信和异常处理的基本要求。本标准适用于各级电网中发、供电单位及电力用户的电能质量监测装置（以下简称监测装置）。

起重及冶金用变频调速三相异步电动机技术条件
第2部分：YZP系列起重及冶金用变频调速三相异步电动机（轴流风机冷却）
标准编号： GB/T 21972. 2-2012
实施日期： 2013-06-01
发布部门： 中华人民共和国国家质量监督检验检疫总局 中国国家标准化管理委员会
标准简介：

本部分规定了YZP系列起重及冶金用变频调速三相异步电动机（轴流风机冷却）的型式、基本参数与尺寸、技术要求、检验规则、试验方法以及标志、包装及保用期的要求。本部分适用于变频器供电的各种起重机械及冶金辅助设备电力传动用轴流风机冷却型三相异步电动机（以下简称电动机）。

铁氧体磁心的尺寸
第13部分：电源用PQ型磁心
标准编号： SJ/T 3172. 13-2013
实施日期： 2013-12-01
发布部门： 中华人民共和国工业和信息化部
标准简介：

本标准规定了用铁氧体制成的PQ磁心及低矮型PQI磁心在机械互换性方面的主要尺寸，以及在间距为2. 54 mm印制电路板网格上与磁心底部轮廓有关的线圈骨架末端插针位置。

电源用磁性氧化物磁心（EC磁心）**的尺寸**
标准编号： SJ/T 2743-2013
实施日期： 2013-12-01
发布部门： 中华人民共和国工业和信息化部
标准简介：

本标准规定了磁性氧化物制成的适用于高磁通密度的优选系列EC型磁心在机械互换性方面的主要尺寸和用于该类磁心的线圈骨架的基本尺寸以及计算这类磁心所用的有效参数值。这个系列的磁心明确规定用于电源变压器。

反射型自镇流LED灯性能测试方法
标准编号： GB/T 29295-2012
实施日期： 2013-09-01
发布部门： 中华人民共和国国家质量监督检验检疫总局 中国国家标准化管理委员会
标准简介：

本标准规定了反射型自镇流LED灯性能参数的测试方法，其中包括适用工作条件测试、光电参数测试、老炼和寿命试验相关指标测试等测试方法。本标准适用于外形类似反射型卤钨灯的，在家庭、商业和类似场合作为普通照明、局部照明或定位照明用的，把稳定燃点部件集成为一体的LED灯。适用范围如下：额定电压AC220V频率50Hz；符合GU10、B22、E14或E27灯头要求；PAR16、PAR20、PAR30、PAR38系列LED灯。注1：PAR××（PAR××代表PAR16、PAR20、PAR30、PAR38）系列灯对应直径尺寸为××/8in1）。注2：在本标准中出现的“灯”代表“反射型自镇流LED灯”，除非有特别指明是其他类型的灯。

进出口照明器具检验规程
第1部分：LED光源
标准编号： SN/T 3325. 1-2012
实施日期： 2013-07-01
发布部门： 中华人民共和国国家质量监督检验检疫总局
标准简介：

SN/T 3325的本部分规定了进出口LED光源的抽样、检验及结果判定。本部分适用于普通照明用LED光源的进出口检验。LED光源包括以下产品：a）单一的LED灯泡；b）封装于PCB板的LED阵列；c）除了以一个或多个LED作为光源发光外还包括光学、机械、电子、散热等其他元件的LED模块。

LED路灯
标准编号： CJ/T 420-2013
实施日期： 2013-06-01
发布部门： 中华人民共和国住房和城乡建设部
标准简介：

本标准规定了LED路灯的要求、试验方法、检验规则、标志、包装、运输和贮存等。本标准适用于道路和街路照明的LED灯具。

反射型自镇流LED灯性能要求
标准编号： GB/T 29296-2012
实施日期： 2013-09-01
发布部门： 中华人民共和国国家质量监督检验检疫总局 中国国家标准化管理委员会
标准简介：

本标准规定了反射型自镇流LED灯的术语和定义、产品分类和命名、技术要求、试验方法、检验规则、标志、包装、运输和贮存。本标准适用于外形类似反射型卤钨灯的、在家庭、商业和类似场合作为普通照明、局部照明或定位照明用的、把稳定燃点部件集成为一体的LED灯。适用范围如下：额定电压AC220V频率50Hz；符合GU10、B22、E14或E27灯头要求；PAR16、PAR20、PAR30、PAR38系列LED灯。注1：PARxx系列灯对应直径尺寸为xx/8in1）。

LED筒灯性能测量方法
标准编号： GB/T 29293-2012
实施日期： 2013-09-01
发布部门： 中华人民共和国国家质量监督检验检疫总局 中国国家标准化管理委员会

标准简介：

本标准规定了以LED为光源、电源电压不超过250V的一般照明用LED筒灯性能的测量方法。本标准适用于使用一体化LED模块、半一体化LED模块、非一体化LED模块、半一体化LED灯或非一体化LED灯的筒灯。本标准不适用于使用一体化LED灯的筒灯。本标准与GB/T29294—2012一起使用。

LED筒灯性能要求

标准编号： GB/T 29294-2012

实施日期： 2013-09-01

发布部门： 中华人民共和国国家质量监督检验检疫总局 中国国家标准化管理委员会

标准简介：

本标准规定了以LED为光源、电源电压不超过250V的一般照明用LED筒灯的性能要求。本标准不包括使用一体化LED灯的筒灯。

电热装置基本技术条件

第32部分：电压型变频多台中频无心感应炉成套装置

标准编号： GB/T 10067. 32-2013

实施日期： 2013-12-02

发布部门： 中华人民共和国国家质量监督检验检疫总局 中国国家标准化管理委员会

标准简介：

GB/T 10067的本部分规定了电压型变频多台中频无心感应炉成套装置的产品分类、技术要求、试验方法、检验规则、标志、包装、运输、贮存以及订购和供货。本部分适用于由电压型多路输出半导体变频装置供电的，由工作频率高于工频50Hz，低于或等于10000Hz，额定容量范围为0.1～120t的多台相同的中频无心感应熔炼炉组成的，用于熔炼黑色和有色金属及其合金的成套装置。本部分也适用于由不同中频无心感应熔炼炉组成的上述成套装置。

进出口信息技术设备检验技术要求

第3部分：外部电源的能效

标准编号： SN/T 3324. 3-2012

实施日期： 2013-07-01

发布部门： 中华人民共和国国家质量监督检验检疫总局

标准简介：

SN/T 3324的本部分规定了进出口外部电源的能效的要求、检验及结果判定的方法。本部分适用于进出口或出口到欧盟、美国或其他国家（地区）的外部电源。

电除尘用三相高压整流电源

标准编号： JB/T 11395-2013

实施日期： 2013-09-01

发布部门： 中华人民共和国工业和信息化部

标准简介：

本标准规定了电除尘用工频、晶闸管移相调压控制三相高压整流电源的产品型号、性能参数、技术要求、试验分类及项目、试验方法、标志、包装、运输及贮存。本标准适用于电除尘用三相高压整流电源。

可充电电池用镀镍壳

标准编号： YS/T 877-2013

实施日期： 2013-09-01

发布部门： 中华人民共和国工业和信息化部

标准简介：

本标准规定了可充电电池用镀镍壳的要求、试验方法、检验规则、标志、包装、运输、贮存、质量证明书和合同（或订货单）内容。本标准适用于各种镍-氢（镍-镉）、碱性锌-锰、锂离子电池的圆柱形后镀镍钢壳的生产、检验和验收。

电力变流器用水冷却设备

标准编号： JB/T 5833-2013

实施日期： 2013-09-01

发布部门： 中华人民共和国工业和信息化部

标准简介：

本标准规定了电力变流器用水冷却设备的术语和定义、产品型号及分类、技术要求、试验方法、检验规则以及标志、包装、运输、贮存要求。本标准适用于热转移媒质为去离子水的电力变流器冷却设备，也适用于对热转移媒质为去离子水的其他电气设备的冷却设备。用于直流输电工程的冷却设备也可参照使用。

半导体变流器　通用要求和电网换相变流器

第1-1部分：基本要求规范

标准编号： GB/T 3859. 1-2013

实施日期： 2013-12-02

发布部门： 中华人民共和国国家质量监督检验检疫总局 中国国家标准化管理委员会

标准简介：

GB/T 3859的本部分规定了使用可控和（或）不可控电子阀器件的所有半导体电力变流器和半导体电力开关的性能。电子阀器件主要有半导体器件，包括不可控器件（即整流二极管）和可控器件（即各种晶闸管和功率晶体管）。可控器件可反向阻断或反向导通，可借助电流、电压或光控制。假设非双稳器件在开关状态下工作。本部分主要从总体上规定对变流器的基本要求，以及适用于把交流电变换为直流电或把直流电变换为交流电的电网换相变流器的要求。假如其他类型的电力电子变流器尚无产品标准，本部分的内容也适用。这些特定的要求适用于进行功率变换、换相（例如：半导体自换相变流器）或特殊用途（例如：直流电动机传动用半导体变流器）的半导体电力变流器，或已知特性的组合（例如：电传动机车车辆用直接直流变流器）。本部分适用于未被专用产品标准涵盖或特殊性能未被专用产品标准涵盖的所有电力变流器。电力变流器的专用产品标准应参考本部分。注1：本部分不试图定义EMC要求。本部分涵盖了所有现象，因而给出在其范围适用的专用标准。注2：有关变流变压器的规定见GB/T

3859.3 或 GB/T 18494.1。

海上永磁风力发电机变流器

标准编号： NB/T 31042-2012

实施日期： 2013-03-01

发布部门： 国家能源局

标准简介：

本标准规定了海上永磁风力发电机变流器的术语和定义、技术要求、试验方法、检验规则及其产品的相关信息等。本标准适用于安装在海上风电场连接永磁风力发电机定子绕组的电压源型变流器。

半导体变流器 通用要求和电网换相变流器
第1-2部分：应用导则

标准编号： GB/T 3859.2-2013

实施日期： 2013-12-02

发布部门： 中华人民共和国国家质量监督检验检疫总局 中国国家标准化管理委员会

标准简介：

本部分给出 GB/T 3859.1 涵盖的基本要求规范在不同情况下的应用导则，以使 GB/T 3859.1 中的规定以可控的形态适应于特殊应用。为便于使用 GB/T 3859.1，在技术关键点处给出了背景信息。本部分主要涵盖电网换相变流器。就现行标准不可能提供必要的资料而言，本部分本身不是规范（除非涉及某些辅助部件）。

海上双馈风力发电机变流器

标准编号： NB/T 31041-2012

实施日期： 2013-03-01

发布部门： 国家能源局

标准简介：

本标准适用于安装在海上风场连接双馈风力发电机转子绕组的电压源型变流器。

电源电压为1100V及以下的变压器、电抗器、电源装置和类似产品的安全
第14部分：自耦变压器和内装自耦变压器的电源装置的特殊要求和试验

标准编号： GB 19212.14-2012

实施日期： 2013-05-01

发布部门： 中华人民共和国国家质量监督检验检疫总局 中国国家标准化管理委员会

标准简介：

GB 19212.1—2008 的该章用下列内容代替：本部分规定了一般用途自耦变压器和内装一般用途自耦变压器的电源装置的安全方面的要求。带有电子电路的变压器也包括在本部分中。除非另有规定，以下“变压器”包括一般用途自耦变压器和内装一般用途自耦变压器的电源装置。本部分适用于驻立式或移动式、单相或多相、空气冷却（自冷却或风冷）独立用和配套用的干式变压器。绕组可以是包封式的或非包封式的。

半导体变流器 通用要求和电网换相变流器
第1-3部分：变压器和电抗器

标准编号： GB/T 3859.3-2013

实施日期： 2013-12-02

发布部门： 中华人民共和国国家质量监督检验检疫总局 中国国家标准化管理委员会

标准简介：

GB/T 3859 的本部分规定了变流变压器不同于通用电力变压器的特性。应注意到，整流变压器运行时，通常流通着非正弦波电流。在单拍联结中，每个阀侧绕组的电流均含有直流分量，在设计和试验时应特别注意。在某些情况下，外部短路和元件故障会产生异常的应力，因而有必要进行特殊设计。一些类型的变压器正常运行时的电压波形是非正弦波。其铁心损耗以具有与运行时的电压半周期算术平均值和基波频率相等的正弦波电压确定。本部分适用于与 GB/T 3859.1 中规定的电力变流设备配套使用的变流变压器和电抗器。在其他各方面，如果国家标准《电力变压器》与本部分不矛盾，其规定的规则也适用于变流变压器。

电力变压器、电源、电抗器和类似产品的安全
第2部分：一般用途分离变压器和内装分离变压器的电源的特殊要求和试验

标准编号： GB 19212.2-2012

实施日期： 2013-05-01

发布部门： 中华人民共和国国家质量监督检验检疫总局 中国国家标准化管理委员会

标准简介：

GB 19212.1—2008 的该章用下列内容代替：GB19212 的本部分规定了一般用途分离变压器和内装分离变压器的电源的安全规定，例如关于电气、温度和机械方面的安全规定。本部分适用于分离变压器和内装分离变压器及电子线路的电源。本部分不适用于预定要与变压器和电源的输入和输出端子或输出插座连接的外部电路及其元器件。本部分不适用于 IEC60076-11 所包括的变压器。本部分适用于驻立式或移动式、单相或多相、空气冷却（自冷或风冷）、独立或配套用分离变压器和内装分离变压器的电源，其额定电源电压不超过交流 1000V，额定电源频率和内部运行频率不超过 500Hz。额定输出不超过：对单相分离变压器和内装分离变压器的单相电源，为 1kVA；对多相分离变压器和内装分离变压器的多相电源，为 5kVA。如果采购方和制造方另有协议时，则本部分也适用于对额定输出不限制的分离变压器和内装分离变压器的电源。本部分适用于干式变压器，其绕组可以是包封式或非包封式。空载输出电压或额定输出电压不超过交流 1000V 或无纹波直流 1415V。对独立的分离变压器和内装分离变压器的独立的电源，其空载输出电压和/或额定输出电压不低于交流 50V 或无纹波直流 120V。

变压器、电抗器、电源装置及其组合的安全 电磁兼容（EMC）要求

标准编号： GB/T 21419-2013

实施日期： 2013-12-02

发布部门： 中华人民共和国国家质量监督检验检疫总局 中国国家标准化管理委员会

标准简介：

本标准规定了频率范围为 0～400GHz 的发射与抗扰度的电磁兼容要求。没有规定限值的频段无需进行测试。本标准适用于 GB19212 系列标准所包括的变压器、电抗器、电源装置及其组合。对于做成随同电器或电气设备一起供给的或者与电器或电气设备配套使用的变压器、电抗器、电源装置及其组合，应满足适用于该电器或电气设备的相关 EMC 标准要求。但是对于这些配套用变压器、电抗器、电源装置及其组合，在其装入电器或电气设备之前的单独试验，本标准可作为导则使用。本标准仅涉及性能。变压器、电抗器及电源装置的其他运行情况（例如，为了试验目的，在电路中模拟故障或由于电磁现象对功能安全性的影响，或对暴露在电磁场中人的评估）不在本标准中考虑。

电力变压器、电源、电抗器和类似产品的安全
第 8 部分：玩具用变压器和电源的特殊要求和试验

标准编号： GB 19212. 8-2012

实施日期： 2013-05-01

发布部门： 中华人民共和国国家质量监督检验检疫总局 中国国家标准化管理委员会

标准简介：

GB 19212 的本部分规定了玩具用变压器和电源的安全规定，例如关于电气、温度和机械方面的安全规定。本部分适用于玩具用变压器和内装玩具用变压器及电子线路的电源。本部分不适用于预定要与变压器和电源的输入和输出端子或输出插座连接的外部电路及其元器件。本部分适用于驻立式或移动式、单相、空气冷却（自冷或风冷）玩具用变压器和内装玩具用变压器的电源，其额定电源电压不超过交流 250V，额定电源频率和内部运行频率不超过 500Hz，额定输出不超过 200 VA，额定输出电流不超过 10 A。本部分适用于独立变压器和特殊用途变压器。本部分适用于干式玩具用变压器，其绕组可以是包封式或非包封式。本部分通常不考虑儿童摆弄玩具用变压器和内装玩具用变压器的电源时的专门安全问题。

电源电压为 1100V 及以下的变压器、电抗器、电源装置和类似产品的安全
第 7 部分：安全隔离变压器和内装安全隔离变压器的电源装置的特殊要求和试验

标准编号： GB 19212. 7-2012

实施日期： 2013-05-01

发布部门： 中华人民共和国国家质量监督检验检疫总局 中国国家标准化管理委员会

标准简介：

GB19212 的本部分规定了一般用途安全隔离变压器和内装一般用途安全隔离变压器的电源装置的安全方面的要求。带有电子电路的变压器也包括在本部分中。本部分适用于驻立式或移动式、单相或多相、空气冷却（自冷或风冷），独立用和配套用的干式变压器。其绕组可以是包封式或非包封式。

永磁风力发电机-变流器组技术规范

标准编号： NB/T 31044-2012

实施日期： 2013-03-01

发布部门： 国家能源局

标准简介：

本标准规定了水磁姚力发电机（以下简称发电机）一变流器组的相关术谱及定义、技术要求、试验方法等。本标准适用于水磁风力发电机一变流器组（以下简称发变组）对特殊要求，可由用户与制造厂协商。

电力变压器、电源、电抗器和类似产品的安全
第 3 部分：控制变压器和内装控制变压器的电源的特殊要求和试验

标准编号： GB 19212. 3-2012

实施日期： 2013-05-01

发布部门： 中华人民共和国国家质量监督检验检疫总局 中国国家标准化管理委员会

标准简介：

GB 19212 的本部分规定了控制变压器和内装控制变压器的电源的安全规定，例如关于电气、温度和机械方面的安全规定。本部分适用于控制变压器和内装控制变压器及电子线路的电源。本部分不适用于预定要与变压器和电源的输入和输出端子或输出插座连接的外部电路及其元器件。本部分不适用于 IEC60076-11 所包括的变压器。本部分适用于驻立式或移动式、单相或多相、空气冷却（自冷或风冷）、独立或配套用控制变压器和内装控制变压器的电源，其额定电源电压不超过交流 1000V，额定电源频率和内部运行频率不超过 500Hz。

空气压缩机用低压变频器

标准编号： JB/T 11420-2013

实施日期： 2013-09-01

发布部门： 中华人民共和国工业和信息化部

标准简介：

本标准规定了空气压缩机用低压变频器的技术特性、制造、安全要求、试验方法、检验规则及标志、包装、运输和贮存等。本标准适用于驱动功率为 2. 2～315kW 的空气压缩机用低压变频器。

进出口电力变压器、电源、电抗器和类似产品检验规程 通用要求

标准编号： SN/T 0811-2012

实施日期： 2013-05-01

发布部门： 国家质量监督检验检疫总局

标准简介：

本标准规定了进出口电力变压器、电源、电抗器和类似产品。本标准包括了下列类型的干式变压器、电源（包括开关型电源）和电抗器，其绕组可以是包封式或非包封式。

电子元器件与信息技术

光电子器件

气体激光器电源系列
标准编号： GB/T 12083-2012
实施日期： 2013-02-15
发布部门： 中华人民共和国国家质量监督检验检疫总局 中国国家标准化管理委员会
标准简介：

本标准规定了连续工作状态的气体激光器电源输出电压和输出电流值的系列、调节范围和允许的波动范围，同时规定了输出电压和输出电流之间的允许配伍。本标准适用于连续工作状态的气体激光器的固定的和可调节的直流电流源和直流电压。

液晶显示背光组件用 LED 性能规范
标准编号： SJ/T 11458-2013
实施日期： 2013-12-01
发布部门： 中华人民共和国工业和信息化部
标准简介：

本标准规定了液晶显示背光组件用 LED（发光二极管）的术语和定义、分类、性能要求、检验方法和检验规则的相关内容。

液晶显示用背光组件
第 3-2 部分：显示器用 LED 背光组件空白详细规范
标准编号： SJ/T 11460. 3. 2-2013
实施日期： 2013-12-01
发布部门： 中华人民共和国工业和信息化部
标准简介：

本部分规定了显示器用 LED 背光组件的技术要求，以及质量评定程序、检验和试验方法、包装、运输和储存的空白详细要求。

短消息 LED 屏气象信息显示规范
标准编号： QX/T 171-2012
实施日期： 2013-03-01
发布部门： 中国气象局
标准简介：

本标准适用于气象台站（含院校、科研等单位），在气象观测场内放置测量气温、湿度仪器用的木制百叶箱。

电子和通信设备用变压器和电感器
第 4 部分：按能力批准程序评定质量的开关电源变压器分规范
标准编号： GB/T 14860. 4-2012
实施日期： 2013-06-01
发布部门： 中华人民共和国国家质量监督检验检疫总局 中国国家标准化管理委员会
标准简介：

GB/T 14860 的本部分规定了按 GB/T 14860. 1—2012 规定的能力批准程序放行的开关电源变压器详细规范编制方法。本部分包括空白详细规范（BDS），空白详细规范规定了格式并指出了适合于这类元件的试验；而最终选择列入检查一览表的试验是由该规范的编写者决定。此规范还规定了相应的额定值和特性。本部分规定的元件与工作在开关状态的半导体器件连在一起用以传输功率，其输入波形为正弦或非正弦、对称或非对称的波形。

STZ3 型电子测量仪器用电源连接器
标准编号： GB/T 9393-2012
实施日期： 2013-06-01
发布部门： 中华人民共和国国家质量监督检验检疫总局 中国国家标准化管理委员会
标准简介：

本标准规定了 STZ3 型电子测量仪器用单相两极带接地电源连接器（以下简称连接器）的技术要求、试验方法和包装、标志、运输、贮存要求等。本标准适用于电子测量仪器及类似用途的计算机、办公电器所使用的电源连接器。

电子和通信设备用变压器和电感器
第 3 部分：按能力批准程序评定质量的电源变压器分规范
标准编号： GB/T 14860. 3-2012
实施日期： 2013-06-01
发布部门： 中华人民共和国国家质量监督检验检疫总局 中国国家标准化管理委员会
标准简介：

GB/T 14860 的本部分规定了按 GB/T 14860. 1—2012 规定的能力批准程序放行的电源变压器详细规范编制方法。本部分包括空白详细规范（BDS）。空白详细规范规定了格式并指出了适合于这类元件的试验；而最终选择列入检查一览表的试验是由该规范的编写者决定的。此规范还规定了相应的额定值和特性。本部分规定的元器件与基频基本对称波形下的最大传输功率有关。

电子设备用电源变压器和滤波扼流圈总技术条件
标准编号： GB/T 15290-2012
实施日期： 2013-02-15
发布部门： 中华人民共和国国家质量监督检验检疫总局 中国国家标准化管理委员会
标准简介：

本标准规定了电子设备用电源变压器、滤波扼流圈的技术要求、试验方法、检验规则及标志、包装、运输、贮存。本标准适用于工作电压不高于 5000V、电源频率不高于 1050Hz、重量不大于 70kg 的电子设备用干式电源变压器、滤波扼流圈。

电磁兼容 试验和测量技术　电能质量测量方法
标准编号： GB/T 17626. 30-2012
实施日期： 2013-02-01

发布部门： 中华人民共和国国家质量监督检验检疫总局 中国国家标准化管理委员会

标准简介：

GB/T 17626 的本部分规定了 50Hz 交流供电系统中电能质量参数测量方法及测量结果的解释。各有关参数的测量方法均采用能提供可靠的、可重复结果的术语描述，但不涉及测量方法的实现手段。本部分涉及的是现场测量方法。本部分适用于所指的参数测量仅限电力系统中能处理的电压现象。本部分涉及的电能质量参数是指电网频率、供电电压幅值、闪烁、供电电压暂降和暂升、电压中断、瞬态电压、供电电压不平衡、电压谐波和间谐波、供电电压中的载波信号以及快速电压变化。根据测量目的的不同，可能需要对上述全部参数或部分参数进行测量。注 1：有关电流的参数信息见 A. 3 和 A. 6。本部分仅提供测量方法以及相应的性能要求，并不设置阈值。供电系统和仪器之间传感器的作用众所周知，因此在本部分中没有详细叙述，仅对带电电路安装监测器的注意事项作出规定。注 2：可在 IEC61557-12 中查询关于传感器作用的说明。

通信、广播

通信设备

卫星通信地球站设备　高功率变频放大器技术要求

标准编号： YD/T 2476-2013

实施日期： 2013-06-01

发布部门： 中华人民共和国工业和信息化部

标准简介：

本标准规定了卫星通信地球站设备高功率变频放大器技术要求，包括环境条件、电气性能、机械结构、安全要求、电磁兼容等内容。本标准适用于工作在 C 波段、Ku 波段及 Ka 波段的高功率变频放大器。

通信电源和机房环境节能技术指南

第 1 部分：总则

标准编号： YD/T 2435. 1-2012

实施日期： 2013-03-01

发布部门： 中华人民共和国工业和信息化部

标准简介：

本标准规定了通信电源和机房环境节能总体要求。本标准适用于通信电源和机房环境的节能。

通信电源和机房环境节能技术指南

第 3 部分：电源设备能效分级

标准编号： YD/T 2435. 3-2012

实施日期： 2013-03-01

发布部门： 中华人民共和国工业和信息化部

标准简介：

本标准规定了通信电源设备的能效分级和试验方法。本标准适用于通信电源设备。

通信电源和机房环境节能技术指南

第 4 部分：空调能效分级

标准编号： YD/T 2435. 4-2012

实施日期： 2013-03-01

发布部门： 中华人民共和国工业和信息化部

标准简介：

本标准规定了通信用空调设备的能效分级原则、空调设备的能效比限值、能效等级指标、试验方法、检验规则、能效等级标志等。本标准适用于通信用空调设备。不适用于各类变频空调机。

通信电源设备电磁兼容性要求及测量方法

标准编号： YD/T 983-2013

实施日期： 2013-06-01

发布部门： 中华人民共和国工业和信息化部

标准简介：

本标准规定了通信电源设备（简称 TPE，不包括发电机和电池）的电磁兼容性要求，包括限值、性能判据和测量方法等。本标准适用于电信交换设备、电信传输设备、电信终端设备及无线通信设备的供电电源设备。

电信终端设备用电源适配器的节能分级

标准编号： YDB 126-2013

实施日期： 2013-03-06

发布部门： 中国通信标准化协会

标准简介：

本标准规定了电信终端设备用的外接电源适配器的节能限值和节能分级的要求以及测试方法。该类电源适配器主要针对将交流电网转为固定的、单路低压直流或低压交流的外部电源适配器。本标准适用于额定输出功率不大于 250W 的电源适配器。本标准不适用于直流-直流转换的电源适配器。

卫星通信地球站设备 上下变频器技术要求

标准编号： YD/T 2474-2013

实施日期： 2013-06-01

发布部门： 中华人民共和国工业和信息化部

标准简介：

本标准规定了卫星通信地球站设备上下变频器的技术要求，包括环境条件、电气性能、机械结构、安全要求、电磁兼容等内容。本标准适用于工作在 C 波段、Ku 波段及 Ka 波段的上下变频器。

车辆

汽车

电源车

标准编号： QC/T 911-2013

实施日期： 2013-09-01

发布部门： 中华人民共和国工业和信息化部

标准简介：

本标准规定了电源车的术语和定义、技术要求、试验方法、检验规则、标志、包装、运输和贮存。本标准适用于采用定型汽车底盘改装的，装备有8～1250kW、额定电压为400V的工频三相交流柴油发电机组的电源车。其他燃料发电机组以及中频或双频的柴油发电机组式电源车可以参考此标准。

电动汽车非车载充电机电能计量

标准编号： GB/T 29318-2012

实施日期： 2013-06-01

发布部门： 中华人民共和国国家质量监督检验检疫总局 中国国家标准化管理委员会

标准简介：

本标准规定了电动汽车非车载充电机（以下简称充电机）计量用直流电能计量装置的配置安装要求、技术要求、试验方法和检验规则，规定了充电机计量技术要求。本标准适用于充电机的电能计量。

汽车用电源总开关技术条件

标准编号： QC/T 427-2013

实施日期： 2013-09-01

发布部门： 中华人民共和国工业和信息化部

标准简介：

本标准规定了汽车用电源总开关的定义、要求、试验方法、检验规则、标志、包装、运输及贮存。本标准适用于额定电压12V、24V的汽车用机械式、电磁式电源总开关。

道路车辆 由传导和耦合引起的电骚扰

标准编号： GB/T 21437.3-2012

实施日期： 2013-06-01

发布部门： 中华人民共和国国家质量监督检验检疫总局 中国国家标准化管理委员会

标准简介：

GB/T 21437的本部分建立了一种台架试验方法，用以评价被测装置（DUTs）对耦合到非电源线路的电瞬态发射的抗干扰性能。试验瞬态脉冲模拟快速电瞬态骚扰和慢速电瞬态骚扰，例如感性负载切换、继电器触点跳起等引起的瞬态骚扰。本部分提供了三种试验方法：容性耦合钳（CCC）方法；直接电容器耦合（DCC）方法；感性耦合钳（ICC）方法。注：三种试验方法的适用性如表1所示。慢速电瞬态试验和快速电瞬态试验仅需选择一种方法。本部分适用于标称电压12V、24V或42V电气系统的道路车辆。对于瞬态抗扰性，附录B提供了推荐的试验严酷等级，与在GB/T 21437.1中描述的功能特性状态分类（FPSC1）原理相一致。

电动汽车充换电设施电能质量技术要求

标准编号： GB/T 29316-2012

实施日期： 2013-06-01

发布部门： 中华人民共和国国家质量监督检验检疫总局 中国国家标准化管理委员会

标准简介：

本标准规定了电动汽车充换电设施电能质量相关标准及检测的要求。本标准适用于电动汽车充换电设施，包括交流充电桩，充、换电站。

能源、核技术

核仪器与核探测器

核电厂安全级充电器鉴定规程

标准编号： NB/T 20210-2013

实施日期： 2013-10-01

发布部门： 国家能源局

标准简介：

暂无。

电能质量评估技术导则 供电电压偏差

标准编号： DL/T 1208-2013

实施日期： 2013-08-01

发布部门： 国家能源局

标准简介：

本标准规定了电能质量评估中对供电电压偏差的评估方法。

重要电力用户供电电源及自备应急电源配置技术规范

标准编号： GB/Z 29328-2012

实施日期： 2013-06-01

发布部门： 中华人民共和国国家质量监督检验检疫总局 中国国家标准化管理委员会

标准简介：

本指导性技术文件规定了重要电力用户的界定和分级、供电电源和自备应急电源的配置原则和主要技术条件。本指导性技术文件适用于重要电力用户的供电电源及自备应急电源的配置。其他电力用户的供电电源和自备应急电源配置可参照执行。

光伏发电并网逆变器技术规范

标准编号： NB/T 32004-2013

实施日期： 2013-08-01

发布部门： 国家能源局

标准简介：

本标准规定了光伏（PV）并网系统所使用逆变器的产品类型、技术要求及试验方法。本标准适用于连接到PV源电路电压不超过直流1500V，交流输出电压不超过1000V的并网逆变器。本标准按照GB/T 1.1-2009《标准化工作准则 第1部分：标准的结构和编写》给出的规则起草。本标准由国家能源局提出。本标准由中国电器工业协会归口。

单端无极荧光灯用交流电子镇流器能效限定值及能效等级

标准编号： GB 29143-2012

实施日期： 2013-06-01

发布部门： 中华人民共和国国家质量监督检验检疫总局 中

国国家标准化管理委员会

标准简介：

本标准规定了单端无极荧光灯用交流电子镇流器的能效等级、能效限定值、节能评价值和试验方法。本标准适用于220V，50Hz交流电源供电，额定功率在30～400W的外耦合无极荧光灯用电子镇流器。

轻工、文化与生活用品

家用电器、日用机具

家用和类似用途变频控制器 术语

标准编号： GB/T 29486-2013

实施日期： 2013-07-01

发布部门： 中华人民共和国国家质量监督检验检疫总局 中国国家标准化管理委员会

标准简介：

本标准界定了家用和类似用途变频控制器的术语和定义。本标准适用于额定电压不超过690V、额定电流不超过63A的家用和类似用途变频控制器。一般来说，本标准适用于家用和类似用途的电器中的或随这些电器一起使用的变频控制器，变频控制器可以是独立的组件，亦可以是独立控制系统的一部分，但变频控制器本身必须通过逆变单元来实现电机调速功能。

体育场馆LED显示屏使用要求及检验方法

标准编号： GB/T 29458-2012

实施日期： 2013-05-01

发布部门： 中华人民共和国国家质量监督检验检疫总局 中国国家标准化管理委员会

标准简介：

本标准按照GB/T 1.1—2009给出的规则起草。本标准主要参考了国际游泳运动联合会、国际田径运动联合会和国际篮球运动联合会等国际单项运动组织的竞赛规则、相关技术文件对显示屏的要求。

电鸣乐器电源适配器通用技术条件

标准编号： QB/T 4491-2013

实施日期： 2013-12-01

发布部门： 工业和信息化部

标准简介：

本标准规定了电鸣乐器电源适配器的术语和定义、分类、要求、测试方法、检验规则及标志、包装、运输、贮存。本标准适用于电鸣乐器用电源适配器。

轮椅车
第21部分：电动轮椅车、电动代步车和电池充电器的电磁兼容性要求和测试方法

标准编号： GB/T 18029.21-2012

实施日期： 2013-02-01

发布部门： 中华人民共和国国家质量监督检验检疫总局 中国国家标准化管理委员会

标准简介：

GB/T 18029的本部分规定了最大速度不超过15km/h残疾人用室内和（或）室外型电动轮椅车和电动代步车电磁辐射和电磁抗扰度的要求和测试方法。GB/T 18029的本部分也适用于外接电驱动助力套件的手动轮椅车，不适用于能乘载1人以上的交通工具。GB/T 18029的本部分也规定了与电动轮椅车和电动代步车一起使用的电池充电器的电磁兼容性要求和测试方法。为便于通过试验结果进行性能比较，对于可调轮椅车和代步车，给出了参考配置。

铁路

机车车辆通用标准

机车用直流开关电源柜

标准编号： TB/T 1395-2011

实施日期： 2013-01-01

发布部门： 中华人民共和国铁道部

标准简介：

本标准规定了机车用直流开关电源柜的技术条件、试验方法及验收规则等。本标准适用于机车用直流开关电源柜，也可作为客车和动车组直流开关电源柜的参考。

机车车辆电气设备供电地面电源

标准编号： TB/T 3331-2013

实施日期： 2013-09-01

发布部门： 中华人民共和国铁道部

标准简介：

暂无。

公路、水路运输

交通管理

LED发光强度测试仪

标准编号： JT/T 832-2012

实施日期： 2013-02-01

发布部门： 交通运输部

标准简介：

本标准规定了LED发光强度测试仪的术语和定义、结构与定义、技术要求、试验方法、检验规则以及标志、包装、运输和储存。本标准适用于单管LED器件发光强度测试仪产品。

冶金

钢铁产品

压水堆核电厂用合金钢
第16部分：稳压器支承构件用锰-镍-钼钢厚钢板

标准编号： NB/T 20006.16-2013

实施日期： 2013-10-01

发布部门： 国家能源局

标准简介：

暂无。

土木、建筑

电力、核工业工程

电力系统电能质量技术管理规定
标准编号：DL/T 1198-2013
实施日期：2013-08-01
发布部门：国家能源局
标准简介：

本标准规定了电力系统电能质量技术管理的流程、内容和方法。本标准适用于交流额定频率为50Hz，标称电压1000kV及以下电力系统。

机械

通用加工机械与设备

弧焊电源 防触电装置
标准编号：GB 10235-2012
实施日期：2013-12-01
发布部门：中华人民共和国国家质量监督检验检疫总局 中国国家标准化管理委员会
标准简介：

本标准规定了弧焊电源防触电装置的产品型式、基本参数、结构及安全要求、检验方法、检验规则和铭牌信息等。本标准适用于GB 15579.1所规定的各种类型的弧焊电源用的防触电装置（以下简称装置）。

综合

社会公共安全

警用电源车
标准编号：GA 1042-2013
实施日期：2013-04-01
发布部门：中华人民共和国公安部
标准简介：

本标准规定了警用电源车的术语和定义、分类和代号、技术要求、试验方法、检验规则、标志、运输与贮存。本标准适用于汽车整车或二类底盘改装的输出工频（50Hz）三相交流电的警用电源车。

船舶

船舶电气、观通、导航设备

水声设备用低压直流稳压电源
标准编号：CB/T 4320-2013
实施日期：2013-12-01
发布部门：工业和信息化部
标准简介：

本标准规定了水声设备用低压直流稳压电源的要求、检验方法、检验规则及包装、运输和贮存。本标准适用于船用水声设备低压直流稳压电源的设计、生产、试验和验收。

延续实施标准（363）

电工

输变电设备

变流变压器
第1部分：工业用变流变压器
标准编号：GB/T 18494.1-2001
实施日期：2002-06-01
发布部门：中华人民共和国国家质量监督检验检疫总局
标准简介：

本标准规定了组装在半导体变流设备内的电力变压器和电抗器的技术要求、设计和试验，本标准不适用于一般交流配电变压器。

变流变压器
第2部分：高压直流输电用换流变压器
标准编号：GB/T 18494.2-2007
实施日期：2007-08-01
发布部门：中华人民共和国国家质量监督检验检疫总局 中国国家标准化管理委员会
标准简介：

GB/T 18494的本部分适用于具有两个、三个或多个绕组的高压直流输电用三相和单相油浸式换流变压器。

电力变压器、电源装置和类似产品的安全
标准编号：GB 19212.6-2006
实施日期：2007-03-01
发布部门：中华人民共和国国家质量监督检验检疫总局 中国国家标准化管理委员会
标准简介：

本部分适用于装有一个或多个输出插座，单相、空气冷却隔离变压器的剃须刀用电源装置，其额定电源电压不超过交流250V，额定输出不小于20VA和不大于50VA，额定频率不超过500Hz。

电力变压器、电源、电抗器和类似产品的安全
第1部分：通用要求和试验
标准编号：GB 19212.1-2008
实施日期：2009-06-01
发布部门：中华人民共和国国家质量监督检验检疫总局 中国国家标准化管理委员会
标准简介：

GB 19212的本部分规定了电力变压器、电源、电抗器和类似产品的安全方面的要求，如电气、温度和机械等方面的安全要求。

电力变压器、电源装置和类似产品的安全

第 4 部分：燃气和燃油燃烧器点火变压器的特殊要求
标准编号： GB 19212. 4-2005
实施日期： 2006-08-01
发布部门： 中华人民共和国国家质量监督检验检疫总局 中国国家标准化管理委员会
标准简介：

GB 19212. 1-2003 的该章用下列内容来代替：本部分规定了变压器各个方面（例如：_ 电气、温度和机械方面）的安全要求。本部分适用于同定式、单相、空气冷却（自然冷却或强制冷却）、配套用（内装式或非内装式）燃气和燃油燃烧器点火系统用的变压器，其额定电源电压不超过交流 1000V、额定频率不超过 500Hz、额定输出电流不超过交流 500mA。空载输出电压和额定输出电压不应超过交流 15000V。本部分适用于按安装规程或设备规范，不要求电路之间采用双重绝缘或加强绝缘的变压器。本部分适用于干式变压器。其绕组可以是密封或非密封的。本部分适用于包含有电子电路的变压器。本部分不适用于拟接到变压器输入端子和输出端子或插座的外部电路及其器件。

电力变压器、电源装置和类似产品的安全
第 9 部分：电铃和电钟变压器的特殊要求
标准编号： GB 19212. 9-2007
实施日期： 2008-04-01
发布部门： 中华人民共和国国家质量监督检验检疫总局 中国国家标准化管理委员会
标准简介：

本部分规定了变压器各个方面的安全要求。本部分适用于固定式、单相、空气冷却、独立或配套用供电铃和电钟用的安全隔离变压器。

电力变压器、电源装置和类似产品的安全
第 10 部分：Ⅲ类手提钨丝灯用变压器的特殊要求
标准编号： GB 19212. 10-2007
实施日期： 2008-04-01
发布部门： 中华人民共和国国家质量监督检验检疫总局 中国国家标准化管理委员会
标准简介：

本部分规定了变压器各个方面的安全要求，本部分适用于驻立式或移动式、单相、空气冷却、配套用 III 类手提钨丝灯用的安全隔离变压器。

电力变压器、电源装置和类似产品的安全
第 13 部分：恒压变压器的特殊要求
标准编号： GB 19212. 13-2005
实施日期： 2006-08-01
发布部门： 中华人民共和国国家质量监督检验检疫总局 中国国家标准化管理委员会
标准简介：

GB 19212. 1-2003 的该章用下列内容来代替：本部分规定了变压器各个方面（例如：电气、温度和机械方面）的安全要求。本部分适用于驻立式或移动式、单相或多相、空气冷却（自然冷却或强制冷却）、配套用或独立的：恒压白耦变压器；恒压分离变压器；恒压隔离变压器；恒压安全隔离变压器。

电力变压器、电源装置和类似产品的安全
第 16 部分：医疗场所供电用隔离变压器的特殊要求
标准编号： GB 19212. 16-2005
实施日期： 2006-08-01
发布部门： 中华人民共和国国家质量监督检验检疫总局 中国国家标准化管理委员会
标准简介：

GB 19212. 1-2003 的该章用下列内容代替：本部分规定了变压器各个方面（例如：电气、温度和机械方面）的安全要求。本部分适用于驻立式、单相或多相、空气冷却（自然冷却或强制冷却）的组别Ⅱ医疗场所供电用隔离变压器。它与 IT 电源系统固定导线呈永久性连接，其额定电源电压不超过交流 1000V、额定频率不超过 500Hz，额定输出不应小于 3kVA 且不应超过 10kVA。

电力变压器、电源装置和类似产品的安全
第 18 部分：开关型电源用变压器的特殊要求
标准编号： GB 19212. 18-2006
实施日期： 2007-03-01
发布部门： 中华人民共和国国家质量监督检验检疫总局 中国国家标准化管理委员会
标准简介：

本部分适用于开关型电源用、单相或三相、空气冷却的配套用（分离变压器、隔离变压器、安全隔离变压器）电力变压器。其额定电源电压不超过交流 1000V，额定频率 500Hz 至 1MHz，额定输出不超过：单相变压器 10kVA，多相变压器 16kVA；空载输出电压或额定输出电压不超过：分离变压器交流 1000V 或无纹波直流 1415V，隔离变压器交流 500V 或无纹波直流 708V，安全隔离变压器交流 50V 方均根值（和）或无纹波直流 120V。

电力变压器、电源装置和类似产品的安全
第 20 部分：干扰衰减变压器的特殊要求
标准编号： GB 19212. 20-2008
实施日期： 2009-01-01
发布部门： 中华人民共和国国家质量监督检验检疫总局 中国国家标准化管理委员会
标准简介：

GB 19212 的本部分的全部技术内容为强制性。GB 19212《电力变压器、电源装置和类似产品的安全》目前拟分为 24 个部分，本部分为 GB 19212 的第 20 部分。本部分是在 GB 19212. 1—2003 的基础上制定的，需与 GB 19212. 1—2003 配合使用。本部分根据 IEC61558-2-19：2000 重新起草。本部分规定了各个方面的安全要求。本部分适用于驻立式或移动式、单相或多相、空气冷却、独立或配套用的隔离或安全隔离变压器，其额定电源电压不超过交流 1000V，额定频率不超过 500Hz，额定输出不超过

10kVA。

电力变压器、电源装置和类似产品的安全
第 21 部分：小型电抗器的特殊要求
标准编号： GB 19212. 21-2007
实施日期： 2008-04-01
发布部门： 中华人民共和国国家质量监督检验检疫总局 中国国家标准化管理委员会
标准简介：

本部分适用于驻立式或移动式、单相或多相、空气冷却、独立或配套用的通用小型电抗器，包括交流、预励磁和电流补偿电抗器，也适用于无额定容量限制的小型电抗器。

电力变压器、电源装置和类似产品的安全
第 24 部分：建筑工地用变压器的特殊要求
标准编号： GB 19212. 24-2005
实施日期： 2006-08-01
发布部门： 中华人民共和国国家质量监督检验检疫总局 中国国家标准化管理委员会
标准简介：

GB 19212. 1-2003 的该章用下列内容来代替：本部分规定了变压器各个方面（例如：电气、温度和机械方面）的安全要求。本部分适用于驻立式或移动式、单相或多相、空气冷却（自然冷却或强制冷却）、配套或独立、建筑工地用的隔离或安全隔离变压器，其额定电源电压不超过交流1000V、额定频率不超过 500Hz。额定输出不应超过：25kVA，对单相变压器；40kVA，对多相变压器。建筑工地用隔离变压器的空载输出电压和额定输出电压超过交流50V 但不超过交流 250V。建筑工地用安全隔离变压器的空载输出电压和额定输出电压不超过交流 50V。按安装规程或设备规范，建筑工地用变压器用于要求保护的场合。当变压器装入如 GB 7251. 4-1998 规定的建筑工地用低压成套开关设备和控制设备中时，GB 7251. 4-1998 中的附加要求也适用于成套设备。本部分适用于干式变压器。其绕组可以是密封或非密封的。本部分适用于包含有电子电路的变压器。本部分不适用于拟接到变压器输入端子和输出端子或插座的外部电路及其器件。

阀器件堆、装置和电力变流设备的端子标记
标准编号： GB/T 16859-1997
实施日期： 1998-03-01
发布部门： 国家技术监督局
标准简介：

本标准适用于阀器件堆、装置及由工厂组装的整体变流设备的主电路的端子标记。端子标记是针对由半导体阀器件构成的堆、装置及设备的。

量度继电器和保护装置
第 11 部分：辅助电源端口电压暂降、短时中断、电压变化和纹波
标准编号： GB/T 14598. 11-2011
实施日期： 2011-12-01
发布部门： 中华人民共和国国家质量监督检验检疫总局 中国国家标准化管理委员会
标准简介：

本部分规定了对电力系统保护所用的量度继电器和保护装置，包括与这些装置一起使用的控制、监视和过程接口设备的交流和直流电源的一般要求。本部分基于：IEC61000-4-11 交流电压暂降、短时中断、电压变化；IEC61000-4-17 电压纹波；IEC61000-4-29 直流电压暂降、短时中断、电压变化。试验的目的是验证被试装置在被激励并受到由诸如电压暂降、短时中断、电压变化和纹波时能否正确工作。本部分的各项要求适用于新的量度继电器和保护装置，所规定的所有试验仅为型式试验。本部分的目的是规定：所用术语的定义；试验严酷等级；试验设备；试验配置；试验程序；验收准则；试验报告。

半导体变流器变流联结的标识代号
标准编号： GB/T 21226-2007
实施日期： 2008-05-20
发布部门： 中华人民共和国国家质量监督检验检疫总局 中国国家标准化管理委员会
标准简介：

本标准规定的仅仅是最主要和最常用的、由阀器件构成的变流联结，并可用于作为堆和装置整个额定值代号的一部分。适用于 GB/T 3859 所包括的变流器设备的二极管、变流器装置的变流联结。

半导体变流器包括直接直流变流器的半导体自换相变流器
标准编号： GB/T 3859. 4-2004
实施日期： 2004-12-02
发布部门： 中华人民共和国国家质量监督检验检疫总局 中国国家标准化管理委员会
标准简介：

本部分适用于电力变流器中至少有一部分是自换相型的所有类型半导体自换相变流器。例如：交流变流器，间接直流变流器，直接直流变流器。GB/T 3859. 1 中的要求，只要不与本部分相矛盾，也同样适用于自换相变流器。对于某些特殊应用，如不间断电源设备（UPS），交、直流调速传动和电气牵引设备，可使用另外的标准。

半导体变流器与供电系统的兼容及干扰防护导则
标准编号： GB/T 10236-2006
实施日期： 2007-04-01
发布部门： 中华人民共和国国家质量监督检验检疫总局 中国国家标准化管理委员会
标准简介：

本标准规定了半导体变流器与供电系统兼容问题，并提供相互干扰的处理原则和方法。本标准是 GB/T 3859 在半导体变流器与供电系统兼容方面的补充。本标准适用于电网换相半导体变流器，其他类型的半导体变流器可以参考使用。

半导体变流器

第 6 部分：使用熔断器保护半导体变流器防止过电流的应用导则

标准编号： GB/T 17950-2000

实施日期： 2000-08-01

发布部门： 中华人民共和国国家质量监督检验检疫总局

标准简介：

本标准作为应用导则，适用于带有熔断器的半导体变流器，熔断器用来保护构成变流器主臂的半导体。本标准限于单拍或双拍联结的电网换相变流器，也适用于满足 GB/T 13539.1 和 GB 13539.4 要求的熔断器。适当时，本标准的通用条款也对第 2 章引用标准 GB/T 3859 和 IEC1287-1 所包括的变流器给出了指导。

半导体变流器变压器和电抗器

标准编号： GB/T 3859.3-1993

实施日期： 1994-9-1

发布部门： 国家技术监督局

标准简介：

本标准规定的仅是关于变流变压器的特殊性能要求。

船用半导体变流器通用技术条件

标准编号： GB/T 14548-1993

实施日期： 2005-10-1

发布部门： 中华人民共和国国家质量监督检验检疫总局 中国国家标准化管理委员会

标准简介：

本标准规定了船用半导体变流器的技术要求、试验方法和检验规则等。本标准适用于半导体整流二极管、各种类型的晶闸管以及其他电力电子器件所构件的船用静止变流器。

半导体器件分立器件

第 6 部分：晶闸管

第三篇 电流大于 100A、环境和管壳额定的反向阻断三极晶闸管空白详细规范

标准编号： GB/T 13151-2005

实施日期： 2005-10-01

发布部门： 中华人民共和国国家质量监督检验检疫总局 中国国家标准化管理委员会

标准简介：

GB/T 13151-2005 半导体器件 分立器件 第 6 部分：晶闸管 第三篇 电流大于 100A、环境和管壳额定的反向阻断三极晶闸管空白详细规范。

基于 DL/T 860 的变电站低压电源设备通信接口

标准编号： DL/T 329-2010

实施日期： 2011-05-01

发布部门： 国家能源局

标准简介：

本标准适用于变电站低压电源设备之间及与变电站其他部分进行通信的智能电子设备的设计、制造和试验要求。变电站用各种电源设备的技术要求已在 DL/T 5044、DL/T 1074、DL/T 459 和 DL/T 856 等标准中明确，这些标准加上本标准所增补的技术要求广泛适用。

静态继电保护装置逆变电源技术条件

标准编号： DL/T 527-2002

实施日期： 2002-12-01

发布部门： 中华人民共和国国家发展和改革委员会

标准简介：

本标准规定了静态继电保护装置逆变电源的技术要求、试验方法、检验规则及包装、运输、贮存的要求。本标准适用于静态继电保护装置（设备）使用的逆变电源，作为产品设计、制造、试验和选用的依据。

火电厂风机水泵用高压变频器

标准编号： DL/T 994-2006

实施日期： 2006-10-01

标准简介：

本标准根据《国家发展改革委办公厅关于下达 2004 年行业标准项目补充计划的通知》（发改办公业［2003］873 号文）的要求制定的。风机水泵类等采用变频率调速技术实现节能运行是我国节能的一项重点推广技术。火电厂风机水泵用电动机多为 6kV 及以上高压大功率电机，国内外厂家生产的高压变频器已在我国火电厂开始投入运行。由于火电厂生产流程、操作规则以及环境要求均具有一定的特殊性，有必要对电力行业用高压变频器的生产、技术要求和试验内容等进行相应的规定。

中频感应加热用半导体变频装置

标准编号： JB/T 8669-1997

实施日期： 1998-02-01

发布部门： 湘潭牵引电气设备研究所

标准简介：

JB/T 8699-1997 本标准是对 ZB K46 001-87 进行的修订。本标准规定了感应加热用半导体变频装置的技术要求，检验，标志、包装、运输与贮存。本标准适用于以半导体器件（晶闸管或功率晶体管）所构成的感应加热用半导体变频装置。其频率范围从 50Hz 以上至 10000Hz。对 10000Hz 以上的感应加热用半导体变频装置亦可参照采用。

工业电池用充电设备

标准编号： JB/T 10095-2010

实施日期： 2010-07-01

发布部门： 中华人民共和国工业和信息化部

标准简介：

本标准规定了工业电池用充电设备的术语、定义、基本参数、技术要求、检验和试验、标志、包装、运输和贮存等内容。本标准适用于直流功率 1kW 以上、直流电压等级1000V以下，被充电电池可以是铅酸蓄电池，也可以是锂电池或者其他具有相同特性的蓄电池，为电动搬运车、电动汽车、蓄电池化成和类似设备提供动力的电池充电的设备。电力工程及邮电、通信用电池的充电、浮充电用整流设备也可参照使用。合适时，该设备也可作为一般工业用直流电源。本标准不适用于码头、船坞和其他海上用途的电池充电，家用电器和应急照明用电池充电，也不适用于消防泵和消防车的电池充电。本标准中的快速充电设备不适用于铅酸贫液蓄电池的充电。

补偿式交流稳压器

标准编号：JB/T 7620-1994

实施日期：1995-06-01

发布部门：中华人民共和国机械工业部

标准简介：

本标准规定了补偿式交流稳压器（以下简称稳压器）的型号、基本参数、技术要求、试验方法和检验规则。本标准适用于山补偿变压器和调压变压器及其控制电路构成的干式交流稳压器。

小功率电流电压变换器通用技术条件

标准编号：JB/T 10635-2006

实施日期：2007-04-01

发布部门：国家发展和改革委员会

标准简介：

本标准规定了小功率电流电压变换器的技术要求、试验方法、检验规则、标志、包装、运输、贮存、供货的成套性及质量保证等。本标准适用于电力系统继电保护及自动化装置中使用的小功率电流电压变换器。本标准适用于感应式的电流-电流、电流-电压及电压-电压变换器，其他类型的小功率电流电压变换器可参考采用。

半导体电力变流器型号编制方法

标准编号：JB/T 1505-1975

实施日期：1975-07-01

发布部门：中华人民共和国机械工业部

标准简介：

本标准适用于符合JB 1500-75《半导体电力变流器通用技术条件》的各种电力变流器产品。

旋转整流器

标准编号：JB/T 9686-1999

实施日期：2000-01-01

发布部门：国家机械工业局

标准简介：

本标准规定了旋转整流管的型式尺寸、额定值、特性、检验要求和模拟应用试验方法。本标准适用于按管壳额定正向平均电流在16～500A的螺栓形旋转整流二极管（以下简称整流管）。本标准的整流管适合在有离心加速度（恒加速度）力作用的场合下使用。

KE型50A至500A电焊机用晶闸管

标准编号：JB/T 6324-1992

实施日期：1993-01-01

发布部门：中华人民共和国机械工业部

标准简介：

本标准规定了工频电阻焊机和电弧焊机的主电路用晶闸管的型式、尺寸、参数、检验和标志等技术要求。本标准适用于电阻焊机和电弧焊机用按管壳额定的KE型50A反向阻断三级晶闸管（以下简称晶闸管）。

电力变流变压器

标准编号：JB/T 8636-1997

实施日期：1998-01-01

发布部门：沈阳变压器研究所

标准简介：

本标准是对JB 2530-79《电力变流变压器》的修订。其技术性能参数有如下变化：1. 有关型谱和技术要求详细内容均引自相应标准，不重复叙述；2. 删除了“型式容量”章节；3. 增加了额定参数一章；4. 提出基波电压、基波电流等新概念；5. 对温升试验提出了限值和要求，规定了试验等效电流计算公式，规定了试验方法。本标准规定了网侧系统标称电压220kV及以下的油浸式、干式电力变流变压器（以下简称变压器）的参数，试验和试验方法，标志、包装等通用技术要求。本标准适用于半导体电力变流器中的变压器，包括内附的平衡电抗器、饱和电抗器等。本标准不适用于高压直流输变电用的变压器和单相牵引变压器。本标准只对变压器的通用部分提出要求，各类型的变压器应根据其自身的特点，在本标准的基础上编制相应标准籍以对特殊部分作出补充规定。注：对采用其他冷却介质的变压器，可参照采用本标准。本标准于1997年9月5日首次发布。

牵引变电站用整流器

标准编号：JB/T 9689-1999

实施日期：2000-01-01

发布部门：国家机械工业局

标准简介：

本标准适用于工矿企业电气化运输、城市公共交通、市郊电气化铁道、井下电机车等牵引变电所作直流电源川整流器。本标准仅对该整流器的特殊性提出要求，而与其他半导体电力整流器相同的共性部分，应符合GB/T 3859.1～3859.2《半份体变流器》的有关规定。

电化学用整流器

标准编号：JB/T 8740-1998

实施日期：1998-11-01

发布部门：全国电力电子学标准化技术委员会

标准简介：

JB/T 8740—1998本标准是根据我国目前电化学工业的现状以及GB/T 3859.1～3859.3-93《半导体变流器》，对ZB K46 006-88《电化学用整流器》进行修订。本标准规定了电化学用整流器的有关定义、基本参数、技术要求、检验及试验方法。本标准适用于电化学工业作为电解直流电源使用的大功率电力半导体二极管整流管和晶闸管整流器。对于类似负载特性的石墨化、碳化硅等大功率电炉用整流器，本标准可参照使用。

电泳涂漆用整流器

标准编号： JB/T 8675-1997

实施日期： 1998-02-01

发布部门： 全国电力电子学标准化技术委员会

标准简介：

JB/T 8675-1997 电泳涂漆用整流器系半导体电力变流器的一种。本标准系参照 GB/T 3859-1993《半导体变流器》编制的，并引用了该标准的部分内容。本标准规定了电泳涂漆整流器的技术要求，试验方法和检验规则等。本标准适用于电泳涂漆用各型整流器，也可部分或全部用于类似用途或对电源有相同要求的整流器。

分布式电源接入配电网测试技术规范

标准编号： Q/GDW 666-2011

实施日期： 2011-11-14

发布部门： 国家电网公司

标准简介：

本标准适用于国家电网公司经营区域以内同步电机、感应电机、交流器形式接入 10KV 及以下电压等级配电网的分布式电源。

单相 R 型铁心电源变压器

标准编号： SJ/T 11245-2001

实施日期： 2002-05-01

标准简介：

本标准规定了 R 型铁心电源变压器的技术要求、检验规则及标志、包装、运输贮存等要求。本标准适用于工作电压不高于 500V、电源频率为 1000Hz 以下、重量不大于 12kg 的电子设备用干式 R 型铁心电源变压器。

电工

电气照明

灯具

第 2-12 部分：特殊要求电源插座安装的夜灯

标准编号： GB 7000. 212-2008

实施日期： 2010-02-01

发布部门： 中华人民共和国国家质量监督检验检疫总局 中国国家标准化管理委员会

标准简介：

GB 7000 的本部分规定了使用电光源、电源电压不超过交流 250V 50/60Hz 电源插座安装的夜灯的要求。本部分应与 GB 7000. 1 一起使用。

杂类灯座

第 2-2 部分：LED 模块用连接器的特殊要求

标准编号： GB 19651. 3-2008

实施日期： 2010-04-01

发布部门： 中华人民共和国国家质量监督检验检疫总局 中国国家标准化管理委员会

标准简介：

GB 19651 的本部分适用于杂类内置式连接件（包括 LED 模块内部连接用连接件），该连接件和基于 LED 模块的 PCB（印制电路板）一起使用。

灯的控制装置

第 4 部分：荧光灯用交流电子镇流器的特殊要求

标准编号： GB 19510. 4-2009

实施日期： 2010-12-01

发布部门： 中华人民共和国国家质量监督检验检疫总局 中国国家标准化管理委员会

标准简介：

本部分规定了供 IEC60081 和 IEC60901 所述荧光灯以及其他高频荧光灯使用的电子镇流器的特殊要求，这种电子镇流器使用 50Hz 或 60Hz、1000V 以下交流电源，但其工作频率不同于电源的频率。

灯的控制装置

第 5 部分：普通照明用直流电子镇流器的特殊要求

标准编号： GB 19510. 5-2005

实施日期： 2005-08-01

发布部门： 中华人民共和国国家质量监督检验检疫总局 中国国家标准化管理委员会

标准简介：

本部分规定了采用无瞬态浪涌电源进行工作的直流电子镇流器的特殊安全要求，此种镇流器用于休闲设备，例如大篷车，并直接使用不带充电器的电池进行工作。性能要求在 GB/T 19656 中给出。

灯的控制装置

第 6 部分：公共交通运输工具照明用直流电子镇流器的特殊要求

标准编号： GB 19510. 6-2005

实施日期： 2005-08-01

发布部门： 中华人民共和国国家质量监督检验检疫总局 中国国家标准化管理委员会

标准简介：

本部分规定了用于汽车、火车、电车和船舶等公共运输工具的直流电子镇流器的特殊安全要求，这种镇流器的工作电源有可能出现瞬态变化及浪涌现象。性能要求在 GB/T 19656 中给出。

灯的控制装置

第 7 部分：航空器照明用直流电子镇流器的特殊要求

标准编号： GB 19510. 7-2005

实施日期： 2005-08-01

发布部门：中华人民共和国国家质量监督检验检疫总局 中国国家标准化管理委员会

标准简介：

本部分规定了航空器照明用直流电子镇流器的特殊安全要求，其工作电源有可能出现伴随的瞬态变化和浪涌电流。性能要求在 GB/T 19656 中给出。

灯的控制装置

第 8 部分：应急照明用直流电子镇流器的特殊要求

标准编号： GB 19510. 8-2009

实施日期： 2010-12-01

发布部门： 中华人民共和国国家质量监督检验检疫总局 中国国家标准化管理委员会

标准简介：

本部分规定了持续应急照明和非持续应急照明用直流电子镇流器的特殊安全要求。本部分包括了对 IEC60598 所述应急照明灯具用的镇流器和控制装置的特定要求。应急照明用直流电子镇流器可以装有也可以不装电池。本部分还包括其他直流电子镇流器性能要求的所有工作条件要求。这是因为不工作的应急照明设备将会对安全造成危害。

灯的控制装置

第 9 部分：荧光灯用镇流器的特殊要求

标准编号： GB 19510. 9-2009

实施日期： 2010-12-01

发布部门： 中华人民共和国国家质量监督检验检疫总局 中国国家标准化管理委员会

标准简介：

GB 19510 的本部分规定了用于 1000V 以下 50Hz 或 60Hz 交流电源的荧光灯用镇流器的特殊要求（不包括电阻型镇流器）。与其配套的荧光灯可以带预热阴极，也可以不带预热阴极，可以带启动器工作，也可以不带启动器工作，这些灯的额定功率、尺寸及特性应符合 IEC 60081 和 IEC 60901 中的规定。本部分适用于完整的镇流器及其组成部件，例如：电抗器、变压器和电容器。热保护式镇流器的特殊要求在附录 B 中给出。本部分涉及的是在电网频率下正常工作的灯所用的镇流器，不包括高频工作的交流电子镇流器，该镇流器的要求见 GB 19510. 4。

灯的控制装置

第 10 部分：放电灯（荧光灯除外）用镇流器的特殊要求

标准编号： GB 19510. 10-2009

实施日期： 2010-12-01

发布部门： 中华人民共和国国家质量监督检验检疫总局 中国国家标准化管理委员会

标准简介：

GB 19510 的本部分规定了高压汞灯、低压钠灯、高压钠灯和金属卤化物灯用的镇流器的特殊要求。本部分适用于采用 50Hz 或 60Hz 1000V 以下交流电的镇流器，与其配套的放电灯的额定功率、尺寸及特性应符合 IEC60188、IEC60192、IEC60662 和 IEC61167 的规定。本部分适用于完整的镇流器及其组成部件，例如：电抗器、变压器和电容器。

灯的控制装置

第 13 部分：放电灯（荧光灯除外）用直流或交流电子镇流器的特殊要求

标准编号： GB 19510. 13-2007

实施日期： 2009-01-01

发布部门： 中华人民共和国国家质量监督检验检疫总局 中国国家标准化管理委员会

标准简介：

本部分首次发布。GB 19510《灯的控制装置》现有 13 个部分，本部分为 GB 19510 的第 13 部分。本部分应与 GB 19510. 1-2004 一起使用，它是在对 GB 19510. 1-2004 的相应条款进行补充或修改之后制定而成的。本部分规定了直流或交流电子镇流器的一般要求和安全要求。

灯的控制装置

第 14 部分：LED 模块用直流或交流电子控制装置的特殊要求

标准编号： GB 19510. 14-2009

实施日期： 2010-12-01

发布部门： 中华人民共和国国家质量监督检验检疫总局 中国国家标准化管理委员会

标准简介：

GB 19510 的本部分规定了使用 250V 以下直流电源和 1000V 以下、50Hz 或 60Hz 交流电源的 LED 模块用电子控制装置的特殊安全要求，该电子控制装置的输出频率不同于电源频率。本部分中规定的 LED 模块控制装置是设计在安全特低电压或等效安全特低电压或更高的电压下能够为 LED 模块提供恒定的电压或电流的控制装置。非纯电压源和电流源类型控制装置也包括在本部分之内。适用于本部分的 GB 19510. 1-2009 的附录和所使用的名词灯也理解为包含 LED 模块。

普通照明用 LED 模块安全要求

标准编号： GB 24819-2009

实施日期： 2010-11-01

发布部门： 中华人民共和国国家质量监督检验检疫总局 中国国家标准化管理委员会

标准简介：

本标准规定了普通照明用发光二极管（LED）模块的一般要求和安全要求：在恒定电压、恒定电流或恒定功率下工作的不带整体式控制装置的 LED 模块；采用 250V 以下直流或 1000V 以下 50Hz 或 60Hz 交流电源的自镇流 LED 模块。

普通照明用 50V 以上自镇流 LED 灯安全要求

标准编号： GB 24906-2010

实施日期： 2011-02-01

发布部门： 中华人民共和国国家质量监督检验检疫总局 中

国国家标准化管理委员会

标准简介：

本标准规定了在家庭和类似场合作为普通照明用的、把稳定燃点部件集成为一体的 LED 灯（自镇流 LED 灯）。本标准对该种灯规定了安全和互换性要求，以及试验方法和检验其是否合格的条件。本标准适用于如下范围：额定功率 60W 以下；额定电压大于 50V 且小于或等于 250V；灯头符合表 1 要求。本标准的要求只涉及型式试验。关于全部产品的检验和批量产品的检验方法将在 GB 24819-2009 的附录 C 中定义。

普通照明用 LED 和 LED 模块术语和定义

标准编号： GB/T 24826-2009

实施日期： 2010-05-01

发布部门： 中华人民共和国国家质量监督检验检疫总局 中国国家标准化管理委员会

标准简介：

本标准规定了普通照明用 LED 和 LED 模块及相关的术语和定义。本标准适用于编写有关普通照明用 LED 的各类标准及其有关的技术文献。

灯用附件 钨丝灯用直流/交流电子降压转换器性能要求

标准编号： GB/T 19654—2005

实施日期： 2005-08-01

发布部门： 中华人民共和国国家质量监督检验检疫总局 中国国家标准化管理委员会

标准简介：

本标准规定了使用 250V 以下直流电源和 50Hz 或 60Hz，1000V 以下交流电源，其工作频率不同于电源频率的电子降压转换器的性能要求，此种转换器应与 IEC 30657 所规定的卤钨灯及其他钨丝灯一起使用。

道路照明用 LED 灯性能要求

标准编号： GB/T 24907—2010

实施日期： 2011-02-01

发布部门： 中华人民共和国国家质量监督检验检疫总局 中国国家标准化管理委员会

标准简介：

本标准规定了道路照明用 LED 灯的术语和定义、分类与命名、技术要求、试验方法、检验规则、标志、包装、运输和贮存。本标准适用于集 LED 器件及其控制驱动电路和灯具于一体、采用交流 220V/50Hz 电源供电的道路照明用 LED 灯。符合本标准的灯，在额定电源电压的 92% ~ 106% 以及 -30 ~ 45℃ 范围内，应能正常启动和燃点。

灯用附件放电灯（管形荧光灯除外）用镇流器性能要求

标准编号： GB/T 15042-2008

实施日期： 2009-09-01

发布部门： 中华人民共和国国家质量监督检验检疫总局 中国国家标准化管理委员会

标准简介：

本标准规定了高压汞灯、低压钠灯、高压钠灯和金属卤化物灯等放电灯用镇流器的性能要求。第 12 ~ 15 章对特定类型的镇流器均规定了具体要求。本标准所论述的是使用 50Hz 或 60Hz、1000V 以下交流电源的电感式放电灯用镇流器，灯的额定功率、尺寸及特性均应符合相应 IEC 的灯标准的规定。

普通照明用自镇流 LED 灯性能要求

标准编号： GB/T 24908-2010

实施日期： 2011-02-01

发布部门： 中华人民共和国国家质量监督检验检疫总局 中国国家标准化管理委员会

标准简介：

本标准规定了普通照明用自镇流 LED 灯的性能要求、试验方法、检验规则及标志、包装、运输、贮存等。本标准适用于在家庭和类似场合作为普通照明用的、把稳定燃点部件集成为一体的 LED 灯（自镇流 LED 灯）。

普通照明用 LED 模块性能要求

标准编号： GB/T 24823-2009

实施日期： 2010-05-01

发布部门： 中华人民共和国国家质量监督检验检疫总局 中国国家标准化管理委员会

标准简介：

本标准规定了普通照明用 LED 模块的分类、技术要求、试验方法、检验规则、标志、包装、运输、贮存等。其模块形式有各种发光单件方式（例如对称、非对称、矩形、椭圆）及组合方式。其 LED 可安装在平面上，也可安装在曲面上。本标准适用于在恒定电压、恒定电流或恒定功率下工作的、不带整体式控制装置的 LED 模块及采用 250V 以下直流或 1000V 以下 50Hz 或 60Hz 交流电源的自镇流 LED 模块。注 1：不带整体式控制装置的 LED 模块简称为“LED 模块”，不带整体式控制装置的 LED 模块及自镇流 LED 模块 统称为“模块”。注 2：本标准中的“镇流”术语泛指变压、限流或稳流，这与气体放电光源正常工作所需的“镇流”含义有所不同。

管形荧光灯用交流电子镇流器性能要求

标准编号： GB/T 15144-2009

实施日期： 2010-03-01

发布部门： 中华人民共和国国家质量监督检验检疫总局 中国国家标准化管理委员会

标准简介：

本标准规定了管形荧光灯及其他高频工作的管形荧光灯用电子镇流器的性能要求，此种镇流器使用频率为 50Hz 或 60Hz，电压在 1000V 以下的电源，其工作频率不同于电源的频率，与其匹配使用的管形荧光灯应符合 GB/T10682 和 GB/T17262 的要求。

普通照明用 LED 模块测试方法

标准编号： GB/T 24824-2009

实施日期： 2010-05-01

发布部门： 中华人民共和国国家质量监督检验检疫总局 中国国家标准化管理委员会

标准简介：

本标准规定了普通照明用LED模块的基本性能的测量方法。本标准适用于功率大于或等于1 W，在恒定电压、恒定电流或恒定功率下稳定工作的、外置控制的LED模块；以及采用直流250V以下或交流50Hz或60Hz、1000V以下电源供电的稳定工作的自镇流LED模块。非本标准范围内的LED产品，如有需要，也可以参考本标准。

金卤灯用低频方波电子镇流器

标准编号： GB/T 26697-2011

实施日期： 2011-12-01

发布部门： 中华人民共和国国家质量监督检验检疫总局 中国国家标准化管理委员会

标准简介：

本标准提供了金卤灯用低频方波电子镇流器的性能要求和工作特性。电子镇流器工作电源频率为50Hz，最大电源电压为250V。电子镇流器的输出频率可以是50Hz之外的某些频率。本标准覆盖的灯的工作电流频率从50~400Hz（适用于某些单独的频率范围），与其匹配使用的金卤灯应符合GB/T 18661和IEC61167的要求。方波电子镇流器定义为灯工作电流波形基本为方波，并符合本标准5.4.4.1中要求的上升/跌落时间的电子镇流器。

装饰照明用LED灯

标准编号： GB/T 24909-2010

实施日期： 2011-02-01

发布部门： 中华人民共和国国家质量监督检验检疫总局 中国国家标准化管理委员会

标准简介：

本标准规定了额定电源电压250V以下频率为50 Hz交流或直流的装饰照明用LED灯的产品分类、技术要求、检验规则、标志、包装运输和贮存的要求。本标准适用于由LED及相关附件组成的灯。该产品适用于室内或室外装饰照明。

管形荧光灯用镇流器性能要求

标准编号： GB/T 14044-2008

实施日期： 2009-09-01

发布部门： 中华人民共和国国家质量监督检验检疫总局 中国国家标准化管理委员会

标准简介：

本标准规定了使用50Hz或60Hz、1000V以下交流电源，与管形预热阴极荧光灯一起工作的（非电阻型）镇流器的性能要求，其所用荧光灯可以带或不带启动器或启动装置工作，灯的额定功率、尺寸和特性均应符合IEC 60081和IEC 60901的规定。本标准适用于完整的镇流器及其零部件，例如，电阻、变压器和电容。本标准不包括GB 19510.4所规定的高频工作的管形荧光灯用交流电子镇流器。

管形荧光灯用直流电子镇流器性能要求

标准编号： GB/T 19656-2005

实施日期： 2005-08-01

发布部门： 中华人民共和国国家质量监督检验检疫总局 中国国家标准化管理委员会

标准简介：

本标准规定了额定电压不超过250V并与符合IEC 60081的荧光灯匹配使用的直流电子镇流器的一般性能要求。本标准应和GB 19510.5、GB 19510.6、GB 19510.7、GB 19510.8一起使用。本标准规定了通用性能要求、普通照明、公共交流运输工具照明和航空器照明用电子镇流器的性能要求。

管形荧光灯用无频闪电子镇流器性能要求

标准编号： GB/T 26692-2011

实施日期： 2011-12-01

发布部门： 中华人民共和国国家质量监督检验检疫总局 中国国家标准化管理委员会

标准简介：

本标准规定了高频工作的管形荧光灯用无频闪电子镇流器的性能要求。本标准适用于使用频率为50Hz、60Hz的交流电源或直流电源，电压在1000V以下，其工作频率不同于电源的频率，与其匹配使用的管形荧光灯应符合GB/T 10682和GB/T 17262的要求。

LED模块用直流或交流电子控制装置性能要求

标准编号： GB/T 24825-2009

实施日期： 2010-05-01

发布部门： 中华人民共和国国家质量监督检验检疫总局 中国国家标准化管理委员会

标准简介：

本标准规定了使用250V以下直流电源和50Hz或60Hz、1000V以下交流电压，其工作频率不同于电源频率的电子控制装置的性能要求，此控制装置与GB 24819所规定的LED模块一起工作。本标准规定的LED控制装置设计提供恒定电压和电流。不符合纯电压和电流类型不被排除本标准之外。

环境标志产品技术要求管型荧光灯镇流器

标准编号： HJ/T 232-2006

实施日期： 2006-03-01

标准简介：

本标准规定了管型荧光灯镇流器类环境标志产品的定义、基本要求、技术内容和检验方法。本标准适用于220V、50Hz交流电源供电，标称功率在18~40W的管形荧光灯所用独立式电感镇流器和电子镇流器（以下简称镇流器）。本标准不适用于非预热启动的电子镇流器。

矿灯用LED及LED光源组技术条件

标准编号： MT/T 1092-2008

实施日期： 2010-07-01

发布部门： 国家安全生产监督管理总局

标准简介：

本标准规定了矿灯用 LED 及 LED 光源组的术语和定义、符号、要求、试验方法、检验规则及标志、运输和贮存。本标准适用于矿灯用 LED 及 LED 光源组。

灯用附件高频冷启动管形放电灯（霓虹灯）用电子换流器和变频器性能要求

标准编号： QB/T 2986-2008

实施日期： 2008-12-01

发布部门： 中华人民共和国国家发展和改革委员会

标准简介：

本标准规定了高频冷启动管形放电灯（霓虹灯）用电子换流器和变频器的性能要求。电源包括 50Hz/60Hz、1000V 以下的交流电源或者 1000V 以下的直流电源。此类换流器和变频器是一种装有触发和稳定部件的转换器，这种转换器能在直流与电源频率不同的频率下使霓虹灯工作。与转换器匹配的霓虹灯是辉光放电灯管，本标准不包括弧光放电的低气压荧光灯用电子镇流器。

单端金属卤化物灯用 LC 顶峰超前式镇流器性能要求

标准编号： QB/T 2511-2001

实施日期： 2001-11-01

发布部门： 中国轻工业联合会

标准简介：

本标准规定了 1000V 以下，50Hz 交流供电的单端金属卤化物灯用 LC 顶峰超前式镇流器的分类、技术要求、试验方法、检验规则和标志、包装、运输、贮存。本标准适用于 175 ~ 1500W 单端金属卤化物灯用 LC 顶峰超前式镇流器（以下简称“镇流器”）。本标准与 GB14045 共同使用。

电源插座安装的夜灯

标准编号： QB 2908-2007

实施日期： 2008-06-01

发布部门： 中华人民共和国国家发展和改革委员会

标准简介：

本标准规定了使用电光源、电源电压不超过交流 250V、50/60Hz 的电源插座安装的夜灯的要求。本标准应与 GB 7000.1 一起使用。

灯用附件放电灯（荧光灯除外）用直流或交流电子镇流器性能要求

标准编号： QB/T 2878-2007

实施日期： 2008-01-01

发布部门： 中华人民共和国国家发展和改革委员会

标准简介：

本标准规定了直流或交流电子镇流器的性能要求。电源包括 50Hz/60Hz、1000V 以下的交流电源。此类镇流器是一种装有触发和稳定部件的转换器，这种转换器能在直流或与电源频率不同的频率下使用放电灯工作。与镇流器匹配的放电灯包括高压汞灯、高压钠灯和金属卤化物灯。本标准不包括荧光灯和低压钠灯用镇流器以及如剧院和机动车辆用特种灯用镇流器。

单端无极荧光灯用交流电子镇流器

标准编号： QB/T 2871-2007

实施日期： 2007-08-01

发布部门： 中华人民共和国国家发展和改革委员会

标准简介：

本标准规定了 1000V 以下，50Hz 交流电源供电，工作频率超过电源频率的单端无极荧光灯用交流电子镇流器的术语和定义、一般要求和安全要求、性能要求以及试验方法。本标准适用于单端无极荧光灯。

镇流器型号命名方法

标准编号： QB/T 2275-2008

实施日期： 2008-07-01

发布部门： 中华人民共和国国家发展和改革委员会

标准简介：

本标准规定了各种气体放电灯用的电感式和电子式镇流器的型号命名方法。本标准适用于各种气体放电灯的电感式和电子式镇流器。

高压钠灯用预置功率电感镇流器

标准编号： QB/T 2941-2008

实施日期： 2008-07-01

发布部门： 中华人民共和国国家发展和改革委员会

标准简介：

本标准适用于不更换高压钠灯来改变灯功率用预置功率电感式镇流器，这些镇流器使用 50Hz、1000V 以下交流电源。上述这类镇流器在额定输出功率时应首先满足 GB/T 15042-2005 的要求。本标准应与 GB 19510.10-2004 和 GB/T 15042-2005 一起使用，本标准镇流器适用的高压钠灯应符合 GB/T 13259 的要求。

进出口灯具检验规程

第 8 部分：管形荧光灯用镇流器

标准编号： SN/T 1588.8-2007

实施日期： 2008-03-01

标准简介：

本部分规定了进出口管形荧光灯用镇流器的要求、检验及判定。

电工

其他

不间断电源设备

第 1-1 部分：操作人员触及区使用的 UPS 的一般规定和安全要求

标准编号： GB 7260.1-2008

实施日期： 2009-04-01

发布部门： 中华人民共和国国家质量监督检验检疫总局 中国国家标准化管理委员会

标准简介：

GB 7260《不间断电源设备（UPS）》分为3个部分，本部分为GB 7260的第1-1部分。本部分是首次发布。本部分适用于直流环节具有储能装置的电子式不间断电源设备。本部分包括的不间断电源设备（UPS）的主要功能是保证交流电源输出的连续性。UPS也可使电源保持规定的特性，从而提高电源质量。本部分适用于预定安装在操作人员触及区内、用于低压配电系统的移动式、驻立式、固定式或嵌装式的UPS。本部分规定了保证操作人员和可能触及设备的外行人员安全的要求。当特别说明时，也适用于维修人员。

不间断电源设备

第1-2部分：限制触及区使用的UPS的一般规定和安全要求

标准编号： GB 7260.4-2008

实施日期： 2009-04-01

发布部门： 中华人民共和国国家质量监督检验检疫总局 中国国家标准化管理委员会

标准简介：

GB 7260《不间断电源设备（UPS）》分为3个部分，本部分为GB 7260的第1-2部分。本部分的全部技术内容为强制性。本部分是首次发布。本部分适用于直流环节具有储能装置的电子式不间断电源设备。本部分包括的不间断电源设备（UPS）的主要功能是保证交流电源输出的连续性。UPS也可使电源保持规定的特性，从而提高电源质量。本部分适用于预定安装在限制触及区内、用于低压配电系统的移动式、驻立式、固定式或嵌装式UPS。本部分规定了保证维修人员安全的要求。

不间断电源设备（UPS）

第2部分：电磁兼容性（EMC）要求

标准编号： GB 7260.2-2009

实施日期： 2010-02-01

发布部门： 中华人民共和国国家质量监督检验检疫总局 中国国家标准化管理委员会

标准简介：

《不间断电源设备（UPS）》的本部分适用于安装在下述场所的UPS：单台UPS或由数台UPS互连与相关控制器/开关装置构成单一电源组成的UPS系统；连接至工业、住宅、商业和轻工业的低压供电系统的任何操作者可触及区或独立电气场所。本部分拟作为下述定义的C1类、C2类和C3类产品在投放市场前进行EMC合格评定的产品标准。本部分考虑了UPS的物理尺寸和功率额定值范围涉及的不同的试验条件。本部分不覆盖特殊安装环境，也未考虑UPS故障情况。本部分不覆盖直流供电的电子镇流器或基于旋转式机组的UPS。本部分规定了：EMC要求；试验方法；最低性能的电平。

半导体变流串级调速装置总技术条件

标准编号： GB 12669-1990

实施日期： 1991-10-01

发布部门： 国家技术监督局

标准简介：

本标准规定了半导体变流串级调速装置的技术要求和试验方法。本标准适用于利用半导体电力变流器调节交流绕线转子感应电动机速度的串级调速装置（以下简称装置）。本标准侧重于低于电动机同步转速的串级调速装置。对超同步串级调速装置尚需附加规定。

家用和类似用途电自动控制器管形荧光灯镇流器热保护器的特殊要求

标准编号： GB 14536.4-2008

实施日期： 2010-02-01

发布部门： 中华人民共和国国家质量监督检验检疫总局 中国国家标准化管理委员会

标准简介：

GB 14536.1中的该章，除下述内容外均适用。代替：本部分适用于对管形荧光灯镇流器热保护器作出评定。本部分适用于使用PTC和NTC热敏电阻的热保护器，其额外的要求见附录J。

低压直流电源设备的性能特性

标准编号： GB/T 17478-2004

实施日期： 2005-02-01

发布部门： 中华人民共和国国家质量监督检验检疫总局 中国国家标准化管理委员会

标准简介：

本标准规定了输出直流电压在250V以下，功率小于30kW，由600V以下交流或直流源电压供电的低压电源设备（包括开关型）确定技术要求的方法。该电源在Ⅰ类设备中使用，或者在有足够电气、机械保护条件下独立运行。本标准适用于有任何输出路数，由交流或直流供电的所有类型的电源以及为其他未知应用定制的产品。对于那些作为已有专门产品标准的设备的一部分而开发的电源，这些专门产品标准同样适用于这类电源；尤其当产品标准不足以覆盖这些电源的某些性能特性时，补充采用本标准可作为一种有用的选择。本标准允许规定满足特定用途的电源设备所需的性能水平的技术参数，建立与该类设备有关的基本定义，并确定具体的技术要求。这些使制造商及用户能够根据规定的技术要求，选择和确定其电源设备的适用范围。

起重及冶金用变频调速三相异步电动机技术条件

第1部分：YZP系列起重及冶金用变频调速三相异步电动机

标准编号： GB/T 21972.1-2008

实施日期： 2009-03-01

发布部门： 中华人民共和国国家质量监督检验检疫总局 中国国家标准化管理委员会

标准简介：

GB/T 21972 的本部分规定了 YZP 系列起重及冶金用变频调速三相异步电动机的型式、基本参数与尺寸、技术要求、检验规则、试验方法以及标志、包装及保用期的要求。本部分适用于变频器供电的各种起重机械及冶金辅助设备电力传动用三相异步电动机，凡属本系列电动机所派生的各种系列电动机均可参照执行。

电工名词术语电焊机

标准编号： GB/T 2900. 22-2005

实施日期： 2006-04-01

发布部门： 中华人民共和国国家质量监督检验检疫总局 中国家标准化管理委员会

标准简介：

本部分规定了电焊机的专用名词，包括一般术语、产品名称、结构及附件等。本部分适用于电焊机产品及其标准制订、编制技术文件、编写和翻译专业手册、教材及书刊等。与电焊机有关的各类标准中使用的名词术语必须符合本部分和有关的专业名词术语标准。本部分中未作规定的名词术语，需要时可在有关的标准和技术文件中给予规定。

变频调速专用三相异步电动机绝缘规范

标准编号： GB/T 21707-2008

实施日期： 2008-12-01

发布部门： 中华人民共和国国家质量监督检验检疫总局 中国国家标准化管理委员会

标准简介：

本标准为首次制订。本标准的制定参照了 IEC62068-1. Ed. 1、IEC60034-25 和 IEC60034-18-41。本标准中规定了由变频调速专用三相异步电动机的绝缘结构规范。本标准适用于电压等级为 1140V 及以下采用散绕组的变频调速专用三相异步电动机。

变频电机用 G 系列冷却风机技术规范

标准编号： GB/T 22712-2008

实施日期： 2009-10-01

发布部门： 中华人民共和国国家质量监督检验检疫总局 中国国家标准化管理委员会

标准简介：

随着变频电机应用的日益广泛，冷却风机作为变频电机的配件，市场也日趋增大，且规格品种繁多，迫切需要制定一个《变频电机用 G 系列冷却风机技术规范》规范市场，以利于国民经济的发展。由于目前市场上变频电机品种繁多，性能指标和安装尺寸有较大的不同，在本标准中难以统一，所以本标准以 YVF2（IP54）变频调速专用变频电机三相异步电动机所配用的 G 系列冷却风机作为基本系列。其他的变频调速专用三相异步电动机可参照本标准选用冷风机。凡属该风机所派生的各种风机也可参照执行。本标准为首次发布。本标准规定了变频器供电的 YVF2（IP54）变频调速专用三相异步电动机用 G 系列冷却风机的型式、基本参数与尺寸，技术要求，检验规则，标志、包装及保用期的要求。本标准适用于变频器供电的 YVF2（IP54）变频调速专用三相异步电动机用 G 系列冷却风机（轴流式），由变频器供电的其他系列的变频调速专用三相异步电动机也可参照此标准选用风机。凡属该风机所派生的各种风机也可参照执行。

变频器供电同步电动机设计与应用指南

标准编号： GB/T 24625-2009

实施日期： 2010-04-01

发布部门： 中华人民共和国国家质量监督检验检疫总局 中国国家标准化管理委员会

标准简介：

本标准规定了变频器供电的三相或多相同步电动机定额，结构型式，性能要求，冷却方式，试验方法及验收规则，同时包含对变频器的要求。本标准适用于变频电源驱动的同步电动机。本标准未规定者，均应符合 GB 755 中的有关规定。

变频器供电三相笼型感应电动机试验方法

标准编号： GB/T 22670-2008

实施日期： 2009-11-01

发布部门： 中华人民共和国国家质量监督检验检疫总局 中国国家标准化管理委员会

标准简介：

本标准规定了变频器供电三相笼型感应电动机试验方法。本标准适用于变频器供电的三相笼型感应电动机。本标准不适用于牵引电机。

低压直流电源

第 3 部分：电磁兼容性（EMC）

标准编号： GB/T 21560. 3-2008

实施日期： 2008-11-01

发布部门： 中华人民共和国国家质量监督检验检疫总局 中国国家标准化管理委员会

标准简介：

本部分为首次发布。GB21560《低压直流电源》分为 7 个部分，本部分为 GB21560 的第 3 部分。本部分规定了功率等级不超过 30kW、交流输入或直流输入电压不超过 660V、直流输出电压不超过 250V 的各种电源装置的电磁兼容性要求。本部分适用于作为具有直接功能的单元而开发的电源装置。本部分与 IEC612040-3：2000 相比，存在如下技术性差异：根据我国标准，本部分第 1 章将输入电源电压范围上限从 IEC61204-3 规定的不超过 600V 改为不超过 660V，输出电压范围上限则从 IEC61204-3 规定的不超过 200V 改为不超过 250V。

电能质量三相电压不平衡

标准编号： GB/T 15543-2008

实施日期： 2009-05-01

发布部门： 中华人民共和国国家质量监督检验检疫总局

中国国家标准化管理委员会

标准简介：

本标准规定了三相电压不平衡的限值、计算、测量和取值方法。本标准适用于标称频率为50Hz的交流电力系统正常运行方式下由于负序基波分量引起的公共连接点的电压不平衡及低压系统由于零序基波分量而引起的公共连接点的电压不平衡。瞬时和暂时的不平衡问题不适用于本标准。

旋转电机电压型变频器供电的旋转电机 Ⅰ型电气绝缘结构的鉴别和型式试验

标准编号： GB/T 22720.1-2008

实施日期： 2009-10-01

发布部门： 中华人民共和国国家质量监督检验检疫总局 中国国家标准化管理委员会

标准简介：

《电压型变频器供电的旋转电机电气绝缘结构》分为2个部分，本部分为GB/T 22720的第1部分。本部分为首次发布。GB/T 22720的本部分规定脉宽调制变频器供电的定子/转子绕组绝缘结构的评估标准。本部分适用于变频器供电的单相或多相交流电机定子/转子绕组绝缘结构。本部分阐述了用典型试样或完整电机进行的鉴别或/型式试验，以验证与电压型变频器的匹配程度。本部分不适用于：仅由变频器起动的旋转电机；额定电压有效值≤300V的旋转电机；牵引电气设备和结构。

不间断电源设备（UPS）

第3部分：确定性能的方法和试验要求

标准编号： GB/T 7260.3-2003

实施日期： 2003-08-01

发布部门： 中华人民共和国国家质量监督检验检疫总局

标准简介：

本标准修改采用IEC 62040-3：1999，本标准规定了确定不间断电源设备（UPS）性能的方法和试验要求。本标准为UPS的基础标准，所有UPS产品符合其规定，其他UPS相关标准亦应以本标准的规定为准。

低压直流电源

第6部分：评定低压直流电源性能的要求

标准编号： GB/T 21560.6-2008

实施日期： 2008-11-01

发布部门： 中华人民共和国国家质量监督检验检疫总局 中国国家标准化管理委员会

标准简介：

本部分为首次发布。GB/T 21560《低压直流电源》分为7个部分，本部分为GB/T 21560的第6部分。本部分适用于一般用途电源。这些电源进行交流到直流或直流到直流的变换。输入特性，本部分适用于额定值660V及以下的所有交流或直流电源。输出特性，本部分仅适用于直流电压低于250V，且功率2.5kW及以下的电源。本部分与IEC612040-6：2000相比，存在如下技术性差异：根据我国标准，本部分第1章将输入电源电压范围上限从IEC61204-6规定的不超过600V改为不超过660V，输出电压范围上限则从IEC61204-6规定的不超过200V改为不超过250V。

额定电压450/750V及以下橡皮绝缘电缆

第6部分：电焊机电缆

标准编号： GB/T 5013.6-2008

实施日期： 2008-09-01

发布部门： 中华人民共和国国家质量监督检验检疫总局、中国国家标准化管理委员会

标准简介：

GB/T 5013的本部分给出了橡皮绝缘电焊机电缆的技术要求。每种电缆均应符合GB/T 5013.1规定的要求和本部分的特殊要求。

普通电源或整流电源供电直流电机的特殊试验方法

标准编号： GB/T 20114-2006

实施日期： 2006-06-01

发布部门： 中华人民共和国国家质量监督检验检疫总局 中国国家标准化管理委员会

标准简介：

本标准适用于额定输出1kW及以上的普通电源或整流电源供电的直流电机，但其他IEC标准所涵盖的电机除外，如IEC 60349。本标准的目的是制定用于测试普通电源或整流电源供电的直流电机特性参量的试验方法。本标准所描述的任一项或全部试验项目都不应理解为对任何指定电机都要求执行。特定试验应依据制造商和用户之间的协议进行。

YGP系列辊道用变频调速三相异步电动机技术条件

标准编号： GB/T 21969-2008

实施日期： 2009-03-01

发布部门： 中华人民共和国国家质量监督检验检疫总局 中国国家标准化管理委员会

标准简介：

本标准规定了YGP系列辊道用变频调速三相异步电动机的型式、基本参数与尺寸、技术要求、检验规则、试验方法以及标志、包装及保用期的要求。本标准适用于各种辊道用变频调速三相异步电动机。凡属本系列电动机所派生的各种系列电动机均可参照执行。

电能质量公用电网间谐波

标准编号： GB/T 24337-2009

实施日期： 2010-06-01

发布部门： 中华人民共和国国家质量监督检验检疫总局 中国国家标准化管理委员会

标准简介：

本标准规定了公用电网谐波电压的允许阻值及测量取值方法。本标准适用于交流额定频率为50Hz，标称电压220kV及以下的公用电网。

电能质量供电电压偏差
标准编号：GB/T 12325-2008
实施日期：2009-05-01
发布部门：中华人民共和国国家质量监督检验检疫总局 中国国家标准化管理委员会
标准简介：

本标准代替GB/T 12325-2003《电能质量　供电电压允许偏差》。本标准规定了电网供电电压偏差的限值、测量和合格率统计。本标准适用于交流50Hz电力系统在正常运行条件下供电电压对系统标称电压的偏差。本标准与GB/T 12325-2003相比主要变化如下：标准名称改为《电能质量　供电电压偏差》；为便于理解和实施，前三个术语与GB 156协调一致（见3.1～3.3），修改了“电压偏差”的定义（见3.4），增加了“电压合格率”术语（见3.5）增加20kV电压等级的电压偏差限值（见4.2），正文增加“供电电压偏差的测量”，以增强标准的可操作性；增加了“附录A　电压合格率统计”、“附录B　电网电压监测及地区电网电压合格率的统计”。

低压交流电源（不高于1000V）中的浪涌特性
标准编号：GB/Z 21713-2008
实施日期：2008-11-01
发布部门：中华人民共和国国家质量监督检验检疫总局 中国国家标准化管理委员会
标准简介：

本指导性技术文件为首次发布。本指导性技术文件描述低压交流电源中的浪涌电压、浪涌电流环境，不包括其他的电能质量问题。标准中所考虑的浪涌持续时间不超过半个工频周期，这些浪涌可以是周期性的，也可以是随机事件，可以出现在相线、零线以及地线之间。

逆变应急电源
标准编号：GB/T 21225-2007
实施日期：2008-05-20
发布部门：中华人民共和国国家质量监督检验检疫总局 中国国家标准化管理委员会
标准简介：

本标准规定了逆变应急电源的定义，产品分类和特征参数，技术要求，试验方法，检验规则及标志、包装、运输和贮存。本标准适用于一般工业、民用等场所在应急状态向照明、动力等及其混合负载提供交流电能的EPS。

发电厂、变电站电子信息系统220/380V电源电涌保护配置、安装及验收规程
标准编号：DL/T 5408-2009
实施日期：2009-12-01
发布部门：国家能源局
标准简介：

本规程规定了发电厂、变电站（含箱式变电站）电子信息系统220/380V电源电涌保护器的选择、配置原则。本规程适用于发电厂、变电站（含箱式变电站）电子信息系统220/380V电源电涌保护器的选择、配置、安装及验收。

低压变频调速装置技术条件
标准编号：DL/T 339-2010
实施日期：2011-05-01
发布部门：国家能源局
标准简介：

本标准适用于660kV及以下电压，50Hz/60Hz三相交流电源供电的变频调速装置。于2011年5月1日实施。

环境标志产品技术要求充电电池
标准编号：HJ/T 238-2006
实施日期：2006-03-01
标准简介：

本标准规定了充电电池类环境标志产品的基本要求、技术内容和检验方法。本标准适用于除镍铬电池外的各类充电电池。

感应加热用变频机组电控设备
标准编号：JB/T 4086-1997
实施日期：1998-02-01
发布部门：湘潭牵引电气设备研究所
标准简介：

本标准是根据中频电热行业研究、设计、制造和使用的实际需要，对JB 4086-85进行的修订。本标准规定了变频机组供电的中频感应加热用电控设备的要求，试验方法，抽样与检验，标志、包装、运输与贮存。本标准适用于变频机组供电的中频感应熔炼、透热、淬火、烧结、焊接等工况的电控设备。其频率范围为高于工频50（60）Hz，低于或等于10000Hz。

电动工具电源线护套
标准编号：JB/T 9605-1999
实施日期：2000-01-01
发布部门：国家机械工业局
标准简介：

本标准适用于电动工具电源线进线处保护用的护套（以下简称护套）。

YVF2系列（IP54）变频调速专用三相异步电动机技术条件（机座号80～315）
标准编号：JB/T 7118-2004
实施日期：2004-06-01
发布部门：中华人民共和国国家发展和改革委员会
标准简介：

本标准规定了YVF2系列电动机的型式、基本参数与尺寸、技术要求、检验规则、试验方法、标志、包装及保用期的要求。本标准适用于YVF2系列变频调速专用三相异步电动机。凡属本系列电动机所派生的各种系列电动机也可参照执行。

电热器具用电源开关
标准编号： JB/T 8440-1996
实施日期： 1997-01-01
发布部门： 中华人民共和国机械工业部
标准简介：

本标准规定了电热器具用电源开关的分类、基本要求、试验方法、检验规则、包装、贮存等技术规范。本标准适用于供家用和类似用途电阻性发热源的电热器具使用的由手、脚或其他人体动作驱动的电源开关，开关额定电压不超过440V，额定电流不超过63A。本标准不适用于与电自动控制器结合成一体的组合开关。

电控设备用低压直流电源
标准编号： JB/T 8948-1999
实施日期： 2000-01-01
发布部门： 国家机械工业局
标准简介：

本标准规定了电控设备用低压直流电源的产品型号、技术要求、试验方法、检验规则、产品包装、运输及贮存的要求等。本标准适用于额定频率为50Hz或60Hz、400Hz。额定电压不超过1000V及额定电压为直流不超过400V供电的、输出额定直流电压不超过400V。额定功率不大于30kW的低压开关成套设备及电气传动控制设备用的低压直流电源（以下简称电控用直流电源）。本标准适用于自成一体的组件（单元）。本标准不适用于充电、浮充电整流器（直流电源）。

船用充电发电装置技术条件
标准编号： JB/T 7596-2010
实施日期： 2010-07-01
发布部门： 中华人民共和国工业和信息化部
标准简介：

本标准规定了船用充电发电装置的分类、型式和基本参数、试验方法、检验规则、标志及包装储运等。本标准适用于额定功率为1.2～18kW，由柴油机驱动，对蓄电池充电及其他电阻性负荷供电的船用充电发电装置。

真空管式高频感应加热电源装置
标准编号： JB/T 5267-1991
实施日期： 1992-07-01
发布部门： 全国工业电热设备标准化技术委员会
标准简介：

本标准规定了对真空管式高频感应加热电源装置的各项要求，包括产品分类、技术要求、试验方法、检验规则、等级划分、标志、包装、运输、贮存、订购和供货等。本标准适用于真空管式高频感应加热电源装置，该装置可作为表面与局部加热淬火、透热、熔炼和焊接等高频感应加热设备的电源。

煤矿蓄电池式电机车用防爆特殊型电源装置
标准编号： JB/T 7568-1994
实施日期： 1995-06-01
发布部门： 中华人民共和国机械工业部
标准简介：

本标准规定了煤矿蓄电池式电机车用防爆特殊型电源装置（以下简称电源装置）的规格参数、技术要求、试验方法、检验规则等。本标准适用于有沼气或煤尘爆炸危险的井下煤矿铅酸蓄电池式电机车用电源装置。

煤矿防爆特殊型电源装置用铅酸蓄电池
标准编号： JB/T 8200-2010
实施日期： 2010-07-01
发布部门： 中华人民共和国工业和信息化部
标准简介：

本标准规定了防爆特殊型电源装置用铅酸蓄电池的产品品种和规格、技术要求、试验方法、检验规则、标志、包装、运输和贮存。本标准适用于煤矿蓄电池式电力机车用防爆特殊型电源装置中的铅酸蓄电池的检验之用。

电动工具用变频机组
标准编号： JB/T 9607-1999
实施日期： 2000-01-01
发布部门： 国家机械工业局
标准简介：

本标准规定了电动工具用同轴旋转式变频机组的基本技术要求和试验方法。本标准适用于将三相50Hz交流电能转换为三相150、200、300、400Hz交流电能的同轴旋转式变频机组。

矿灯充电架
标准编号： MT 68-2002
实施日期： 2002-09-01
发布部门： 国家经济贸易委员会
标准简介：

本标准第4章第4.3.8条、第4.4.2条、第4.4.5条为强制性的，其余为推荐性的。本标准是根据矿灯制造技术、矿灯充电控制技术的不断发展，对MT/T 68-1992《自动电压控制型 酸性矿灯充电架通用技术条件》和MT 129-1985《碱性矿灯充电架通用技术条件》进行修订的。本标准将各类矿灯（酸性、碱性）充电架归人，标准名称相应改为《矿灯充电架》，提高了标准的适用性。在MT/T 68-1992和MT 129-1985的基础上增加了产品型号编制方法、湿热性能试验、充电指示器的防尘抗静电试验。

煤矿电机车电源装置用隔爆型插销连接器
标准编号： MT/T 875-2000
实施日期： 2001-05-01
发布部门： 国家煤炭工业局
标准简介：

本标准规定了煤矿电机车电源装置用隔爆插销连接器的产品分类与基本参数、技术要求、试验方法、检验规则、标志、包装、运输和贮存。本标准适用于煤矿电机车电源装置用隔爆插销连接器（以下简称插销连接器）。

军用装备直流供电电源总规范
标准编号： SJ 20825-2002
实施日期： 2003-03-01
标准简介：

本规范规定了军用装备直流供电电源总规范的技术要求、质量保证规定和交货准备等，对特殊电源的详细要求应在产品规范中规定。本规范适用于军用装备常用的直流供电电源，是该类电源产品研制、设计、生产和验收的主要技术依据，也是制定相关电源产品规定和其他技术文件应遵循的原则和基础。

刷镀电源完好要求和检查评定方法
标准编号： SJ/T 31056-1994
实施日期： 1997-01-01
标准简介：

本标准规定了刷镀（涂镀）电源的完好要求和检测评定方法。本标准适用于 TD 类刷镀（涂镀）电源，其他类型刷镀电源亦可参照本标准执行。

军用电子设备电源模块灌封工艺规程
标准编号： SJ 20596-1996
实施日期： 1997-01-01
标准简介：

本规程规定了军用抗恶劣环境电子设备中，电源模块绝缘，导热灌封工艺的材料、工艺、设备、环境要求等内容。本规程适用于军用电子设备电源模块，也适用于电子设备中高发热部件、器件的绝缘导热灌封和整机绝缘导热灌封。

进出口电力系统直流电源设备检验规程
标准编号： SN/T 1412-2004
实施日期： 2004-12-01
发布部门： 中华人民共和国国家质量监督检验检疫总局
标准简介：

本标准规定了进出口电力系统直流电源设备的抽样、检验及检验结果的判定。本标准适用于电力系统中直流电源设备。该设备用于电力系统发电厂、变电站等电气设备、安全自动监控装置和通信电路中的直流电源系统，是作为控制、信号、通信、保护及直流事故照明、动力装置等的直流电源设备。本标准也适用于其他行业，如冶金、化工、铁路等系统中厂内变电站等的直流电源设备。

电气化铁道用中倍率镉镍蓄电池直流电源装置
标准编号： TB/T 2892-1998
实施日期： 1998-09-01
发布部门： 中华人民共和国铁道部
标准简介：

本标准规定了电气化铁道用中倍率镉镍蓄电磁直流电源装置的使用环境条件，技术要求、结构、试验方法及检验规则，及铭牌标字、包装、运输、贮存的要求。本标准适用于电气化铁道的牵引变电所、开闭所、电力系统 110kV 以下的变电站、工矿企业配电装置和其他自动化铁道的牵引变电所、开闭所。电力系统 110kV 以下的变电站、工矿企业配电装置和其他自动化装置的户内式直流电源装置。

移动通信手持机锂电池充电器的安全要求和试验方法
标准编号： YD 1268. 2-2003
实施日期： 2003-06-05
发布部门： 中华人民共和国信息产业部
标准简介：

本部分规定了移动通信手持机锂电池充电器的安全特性的技术要求，并规定了相应的试验方法。本部分适用于移动通信手持机锂电池充电器（以下简称充电器）。

通信、广播

接入网设备与远端模块电源系统的综合再利用
标准编号： GB/T 26260-2010
实施日期： 2011-06-01
发布部门： 中华人民共和国国家质量监督检验检疫总局 中国国家标准化管理委员会
标准简介：

本标准规定了接入网设备与远端模块电源系统进行综合再利用的技术要求、试验方法及判定与原则。本标准适用于接入网设备与远端模块等配套电源系统的综合再利用。

移动通信电源技术要求和试验方法
标准编号： GB/T 13722-1992
实施日期： 1993-06-01
发布部门： 国家技术监督局
标准简介：

本标准规定了移动通信电源的技术要求和试验方法。本标准适用于供地面、内河或沿海作移动业务使用的，其额定输出电压为 48V 以下的直流稳压电源。

通信用太阳能电源系统
标准编号： GB/T 26264-2010
实施日期： 2011-06-01
发布部门： 中华人民共和国国家质量监督检验检疫总局 中国国家标准化管理委员会
标准简介：

本标准规定了通信用太阳能电源系统的定义、组成、要求、试验方法、检验规则和包装储运。本标准适用于向通信设备供电的离网型光伏发电系统或混合发电系统，不适用于向电网送电的光伏发电系统和柴油发电机组等发电装置。

移动通信手持机用锂离子电源充电器
标准编号： GB/T 21544-2008
实施日期： 2008-11-01

发布部门：中华人民共和国国家质量监督检验检疫总局、国家标准化管理委员会

标准简介：

本标准规定了移动通信手持用锂离子电源充电器的要求、试验方法、检验规则和标志、包装、储存、运输。本标准适用于移动通信手持机用锂离子电源的充电器。

视听设备和系统标牌——电源标志

标准编号：GB/T 18122-2000

实施日期：2000-10-01

发布部门：中华人民共和国国家质量监督检验检疫总局

标准简介：

本标准适用于音频、视频、电视和视听工程领域的电子设备及系统，特别是对使用人员无需进行技术培训的设备。本标准仅适用于使用不超过单相250V交流电压或不超过50V的直流电压、通过插头和插座连接电源的设备。

卫星通信地球站无线电设备测量方法

第二部分：分系统测量

第四节：上变频器和下变频器

标准编号：GB/T 11299.8-1989

实施日期：1990-01-01

发布部门：中华人民共和国电子工业部

标准简介：

本标准规定了卫星通信地球站发射机和接收机内上、下变频器电性能的测量，适用于本系列标准GB 11299.1《卫星通信地球站无线电设备测量方法》“总则”的分系统。

通信用风能电源系统

标准编号：GB/T 26263-2010

实施日期：2011-06-01

发布部门：中华人民共和国国家质量监督检验检疫总局 中国国家标准化管理委员会

标准简介：

本标准规定了通信用风能电源系统的定义、组成、要求、试验方法、检验规则和包装储运。本标准适用于向通信设备供电的风能发电系统或混合发电系统，不适用于向电网送电的风能发电系统和柴油发电机组等发电装置。

通信建设工程预算定额

第一册　通信电源设备安装工程

标准编号：GXG 75-4.1-2008

实施日期：

标准简介：

《通信电源设备安装工程》预算定额覆盖了通信设备安装工程中所需的全部供电系统配置的安装项目，内容包括10kV以下的变、配电设备，电力缆线布放、接地装置及供电系统配套附属设施的安装与调试。本册定额不包括10kV以上电气设备安装；不包括电气设备的联合试运转工作。

多路微波分配系统（MMDS）下变频器技术要求和测量方法

标准编号：GY/T 173-2001

实施日期：2001-10-01

发布部门：国家广播电影电视总局

标准简介：

本标准规定了采用多路微波分配方式、工作在2500～2700MHz频率范围内的广播电视系统用MMDS下变频器的技术要求和测量方法。对于能够确保同样测量不确定度的任何等效测量方法也可以采用。有争议时，应以本标准为准。

卫星直播系统一体化下变频器技术要求和测量方法

标准编号：GY/T 232-2008

实施日期：2008-03-15

发布部门：国家广播电影电视总局

标准简介：

本标准规定了卫星直播系统一体化下变频器的技术要求和测量方法。对于能够确保同样测量不确定度的任何等效测量方法也可采用。有争议时，应以本标准为准。本标准适用于广播电视卫星直播系统一体化下变频器的开发、生产、使用和运行维护。

有线电视系统接收机变换器入网技术条件和测量方法

标准编号：GY/T 125-1995

实施日期：1996-01-01

发布部门：广播电影电视部

标准简介：

本标准规定了有线电视接收机变换器（以下简称变换器）的性能参数要求和测量方法，对于能够确保同样测量准确度的任何等效测量方法也可以应用。有争议时，应以本标准为准。本标准适用于入网的有线电视接收机变换器电性能参数的检测，并作为入网评价的技术依据。

数据通信用电源系统

标准编号：YD/T 1818-2008

实施日期：2008-11-01

发布部门：工业和信息化部

标准简介：

本标准规定了数据通信用电源系统的定义、分类、系统组成、技术及系统配置要求。本标准适用于数据通信机房电源系统及进入数据通信机房的各类数据通信设备的电源系统。

通信用模块化不间断电源

标准编号：YD/T 2165-2010

实施日期：2011-01-01

发布部门：工业和信息化部

标准简介：

本标准规定了通信用模块化不间断电源的术语和定义、要求、试验方法、检验规则和标志、包装、运输、贮存等。

通信局（站）电源系统维护技术要求
第1部分：总则
标准编号：YD/T 1970.1-2009
实施日期：2009-09-01
发布部门：工业和信息化部
标准简介：

本部分规定了通信局（站）电源系统结构组成、维护原则、维护技术目标、主要设备的有效使用年限和能用检测方法。本部分适用于通信局（站）中的高、低压变配电系统、直流系统、交流不间断电源UPS系统、逆变系统、发电机组系统、接地系统、动力环境监控系统、光伏与风力发电系统、蓄电池等系统设备。

数据设备用交流电源分配列柜
标准编号：YD/T 2322-2011
实施日期：2011-06-01
发布部门：中华人民共和国工业和信息化部
标准简介：

本标准规定了数据设备用交流电源分配列柜的系统结构、电源配置、监控测量、防雷与接地等方面的性能要求和技术指标，以及定义、分类、命名、试验方法、检验规则和标志、包装、运输和贮存。本标准适用于数据设备用网络机柜配套使用的交流电源分配列柜，与其他设备配套使用的电源配电柜、交流电源列柜以及直流电源列柜也可参照执行。

接入网电源技术要求
标准编号：YD/T 1184-2002
实施日期：2002-02-01
发布部门：中华人民共和国信息产业部
标准简介：

本标准规定了接入网电源的技术要求。本标准适用于接入网用户端网络单元及以下的交换和业务终端设备的电源设备和系统。

微波无人值守电源技术要求
标准编号：YD/T 501-2000
实施日期：2000-03-31
发布部门：中华人民共和国信息产业部
标准简介：

本标准规定了微波无人值守站电源系统及设备的技术要求。本标准适用于无人值守站电源系统设计、设备选型等。

通信电源用阻燃耐火软电缆
标准编号：YD/T 1173-2010
实施日期：2011-01-01
发布部门：工业和信息化部
标准简介：

本标准规定了通信电源用阻燃耐火软电缆的分类与命名、要求、试验方法、检验规则、标志、包装、运输及贮存。

移动通信手持机用锂离子电源及充电器
标准编号：YD/T 998-1999
实施日期：1999-07-01
发布部门：中华人民共和国信息产业部
标准简介：

本标准规定了移动通信手持机用锂离子电源的技术要求、试验方法、检验规则及包装、标志、贮存、运输。本标准适用于移动通信手持机用锂离子电源，用于其他用途的锂离子电源也可参考使用。

通信设备用直流远供电源系统
标准编号：YD/T 1817-2008
实施日期：2008-11-01
发布部门：工业和信息化部
标准简介：

本标准规定了通信设备用直流远供电源系统的定义、分类、要求、测试方法，及设备的标志、包装、运输和存储。本标准适用于通过通信线缆进行直流电能远距离传送和接收的供电系统。本标准不适用于TNV电路的远供系统。

通信用铜包铝电源线
标准编号：YD/T 2320-2011
实施日期：2011-06-01
发布部门：中华人民共和国工业和信息化部
标准简介：

本标准规定了交流额定电压600/1000V及以下通信用铜包铝电源线的分类与命名、要求、试验方法、检验规则、标志、包装、运输和贮存。本标准适用于通信局（站）、建筑物等电源输、配电系统中的通信用铜包铝电源线。

无线射频拉远单元（RRU）用线缆
第2部分：电源线
标准编号：YD/T 2289.2-2011
实施日期：2011-06-01
发布部门：中华人民共和国工业和信息化部
标准简介：

本部分规定了无线射频拉远单元（RRU）用电源线的分类与命名、要求、试验方法、检验规则、标志、包装、运输及贮存。本部分适用于交流额定电压为600/1000V的通信局（站）无线射频拉远单元（RRU）用电源线。

通信用逆变设备
标准编号：YD/T 777-2006
实施日期：2006-10-01
发布部门：中华人民共和国信息产业部
标准简介：

本标准规定了通信用直流—交流正弦波逆变设备（以下简称逆变设备）为适应通信设备的特殊要求所必须具备的技术条件，试验方法和检验规则。本标准适用于向通信设备供电的正弦波逆变设备。

无触点补偿式交流稳压器

标准编号： YD/T 1270-2003

实施日期： 2003-06-05

发布部门： 中华人民共和国信息产业部

标准简介：

本标准规定了无触点补偿式交流稳压器的技术要求、试验方法、检验规则和标志、包装、运输、贮存。本标准适用于采用低压电器及电子器件组成的无触点补偿式交流稳压器。

室外型通信电源系统

标准编号： YD/T 1436-2006

实施日期： 2006-10-01

发布部门： 中华人民共和国信息产业部

标准简介：

本标准规定了室外型通信电源系统（以下简称系统）的定义、分类、技术要求、结构要求、环境适应性要求、试验方法、检验规则以及标志、包装、运输和贮存。本标准适用于放置在室外固定地点的，由不间断电源或逆变器、高频开关电源、蓄电池及相应配电设施组合的通信电源系统。本标准不适用于室外型柴油发电机组、车船载移动电源系统及利用自然环境能量发电的电源系统。

移动通信手持机用锂离子电源及充电器　充电器

标准编号： YD/T 998. 2-1999

实施日期： 1999-06-01

发布部门： 中华人民共和国信息产业部

标准简介：

本标准规定了移动通信手持机用锂离子电源充电器的技术要求、试验方法、检验规则和标志、包装、贮存、运输。本标准适用于移动通信手持机用锂离子电源的专用充电器。其他对锂离子电源充电的充电器也可参照使用。

移动通信手持机用锂离子电源及充电器　锂离子电源

标准编号： YD/T 998. 1-1999

实施日期： 1999-06-01

发布部门： 中华人民共和国信息产业部

标准简介：

本标准规定了移动通信手持机用锂离子电源的技术要求、试验方法、检验规则及包装、标志、贮存、运输。本标准适用于移动通信手持机用锂离子电源，用于其他用途的锂离子电源也可参考使用。

移动通信手持机锂电池及充电器的安全要求和试验方法

标准编号： YD 1268-2003

实施日期： 2003-06-05

发布部门： 中华人民共和国信息产业部

标准简介：

本标准规定了移动通信手持机锂电池的安全性能要求，包括正常使用及可能发生误操作时的安全性要求和试验方法。本标准适用于移动通信手持机锂电池（以下简称电池）和锂电池芯（以下简称电池芯）。本部分规定了移动通信手持机锂电池充电器的安全特性的技术要求，并规定了相应的试验方法。本部分适用于移动通信手持机锂电池充电器（以下简称充电器）。

移动通信终端电源适配器及充电/数据接口技术要求和测试方法

标准编号： YD/T 1591-2009

实施日期： 2010-01-01

发布部门： 工业和信息化部

标准简介：

本标准规定了移动通信终端充电/数据接口、交流电源适配器及线缆的技术要求和测试方法，包括所涉及的物理特性、电气特性、安全特性、电磁兼容性、环境适应性和识别标识等。本标准适用于采用有线供电方式的终端、交流电源适配器及其连接线缆；不适用于需要特殊供电和应用的移动终端，如仅用于企业、行业的特殊移动设备等。其他便携式或家用小型电子设备的供电或充电也可以参照使用。

移动通信终端车载直流电源适配器及接口技术要求和测试方法

标准编号： YD/T 2306-2011

实施日期： 2011-06-01

发布部门： 中华人民共和国工业和信息化部

标准简介：

本标准规定了移动通信终端车载直流电源适配器及接口的技术要求和测试方法，包括车载直流电源适配器及其接口的物理特性、电气特性、安全特性、电磁兼容性、环境适应性等。本标准适用于在供电系统为直流12V或24V，具有点烟器接口的车辆环境内使用的为移动通信终端供电的电源适配器。

通信局（站）电源、空调及环境集中监控管理系统

第1部分：系统技术要求

标准编号： YD/T 1363. 1-2005

实施日期： 2005-11-01

发布部门： 中华人民共和国信息产业部

标准简介：

本部分规定了通信局（站）电源、空调及环境集中监控管理系统的系统组成、监控内容、系统管理、硬件配置、软件功能和系统维护等要求。本部分适用于各类通信局（站）单独设置的通信电源、空调及环境集中监控管理系统以及以此为基础构成的不同规模的监控系统网络。

通信局（站）电源、空调及环境集中监控管理系统

第2部分：互联协议

标准编号： YD/T 1363. 2-2005

实施日期： 2005-11-01

发布部门： 中华人民共和国信息产业部

标准简介：

本部分规定了通信局（站）电源、空调及环境集中监控管理系统的互联通信协议接口。本部分适用于各类通信局（站）单独设置的通信电源、空调及环境集中监控管理系统以及以此为基础构成的不同规模的监控系统网络。

通信局（站）电源、空调及环境集中监控管理系统
第4部分：测试方法
标准编号： YD/T 1363.4-2005
实施日期： 2005-11-01
发布部门： 中华人民共和国信息产业部
标准简介：

YD/T 1363 的本部分规定了通信局（站）电源、空调及环境集中监控管理系统的测试方法。本部分适用于各类通信局（站）单独设置的通信电源、空调及环境集中监控管理系统以及以此为基础而构成的不同规模的监控系统的测试。

通信局（站）电源系统维护技术要求
第2部分：高低压变配电系统
标准编号： YD/T 1970.2-2010
实施日期： 2011-01-01
发布部门： 工业和信息化部
标准简介：

本部分规定了通信局（站）高低压变配电系统的使用条件、维护项目、周期、指标要求和检测方法。

通信局（站）电源系统总技术要求
标准编号： YD/T 1051-2010
实施日期： 2011-01-01
发布部门： 工业和信息化部
标准简介：

本标准规定了通信局（站）电源系统的结构形式、交流供电系统、直流供电系统、防雷接地、主要电源设备技术性能要求和电源系统的监控、环境条件等要求。

通信局（站）电源系统维护技术要求
第10部分：阀控式密封铅酸蓄电池
标准编号： YD/T 1970.10-2009
实施日期： 2009-09-01
发布部门： 工业和信息化部
标准简介：

本部分规定了通信局（站）用阀控式密封蓄电池使用条件、维护项目、周期、指标要求和检测方法。本部分规定了通信局（站）中直流系统、交流不间断电源 UPS 系统、逆变系统、发电机组系统、光伏与风力发电系统等供电系统所配置的铅酸蓄电池。

无触点感应式交流稳压器
标准编号： YD/T 1325-2004
实施日期： 2005-03-01
发布部门： 中华人民共和国信息产业部
标准简介：

本标准规定了无触点感应式交流稳压器（以下简称稳压器）的定义、分类与命名、技术要求、试验方法、检验规则、标志、包装、运输和贮存。本标准适用于交流电压为 500V 以下稳压器。

通信局（站）电源、空调及环境集中监控管理系统
第3部分：前端智能设备协议
标准编号： YD/T 1363.3-2005
实施日期： 2005-11-01
发布部门： 中华人民共和国信息产业部
标准简介：

本部分规定了通信局（站）内为实现集中监控而使用的电源设备在设计、制造中应遵循的通信协议，同时规定了通信局（站）电源、空调及环境集中监控管理系统中监控模块和监控单元之间的通信协议。本部分适用于各类通信局（站）电源、空调及环境集中监控系统和在此基础上构成的不同规模的监控系统。

通信用高频开关整流器
标准编号： YD/T 731-2008
实施日期： 2008-11-01
发布部门： 中华人民共和国工业和信息化部
标准简介：

本标准规定了通信用高频开关整流器的要求、试验方法、检验规则和包装储运。本标准适用于通信用高频开关整流器。

通信用开关电源系统监控技术要求和试验方法
标准编号： YD/T 1104-2001
实施日期： 2001-03-21
发布部门： 中华人民共和国信息产业部
标准简介：

本标准规定了通信用开关电源系统监控模块的监控内容、技术要求、通信协议、试验方法等。本标准适用于各类通信局（站）单独设置的通信用开关电源系统监控模块及以此为基础构成的不同规模的监控系统网络。微波、光缆、移动通信等通信局（站）中纳入通信设备监控系统的通信智能电源监控可参照本标准有关部分执行。

通信用半导体整流设备
标准编号： YD/T 576-1992
实施日期：
标准简介：

原 GB 10292-88 调整为 YD 标准。

通信设备用电源分配单元（PDU）
标准编号： YD/T 2063-2009
实施日期： 2010-01-01
发布部门： 工业和信息化部
标准简介：

本标准规定了通信设备机柜内部使用的交流电源分配单元的定义、分类和规格、要求、试验方法、检验规则及标志、包装、运输、贮存等。本标准适用于局站通信设备用电源分配单元（简称 PDU）。

通信用直流—直流模块电源
标准编号： YD/T 1376-2005
实施日期： 2005-12-01
发布部门： 中华人民共和国信息产业部
标准简介：

本标准规定了通信用直流—直流模块电源（以下简称模块电源）的要求、试验方法、检验规则和包装贮存。本标准适用于非独立使用、板上安装的通信用直流—直流模块电源。

通信用高频开关电源系统
标准编号： YD/T 1058-2007
实施日期： 2007-12-01
发布部门： 中华人民共和国共和国信息产业部
标准简介：

本标准规定了通信用高频开关电源系统（以下简称系统）的组成、系列、要求、试验方法、检验规则、标志、包装、运输和贮存。本标准适用于直流输出电压为 －48V（24V）的通信用高频开关电源系统。

通信用变换稳压型太阳能电源控制器技术要求和试验方法
标准编号： YD/T 2321-2011
实施日期： 2011-06-01
发布部门： 中华人民共和国工业和信息化部
标准简介：

本标准规定了通信用变换稳压型太阳能电源控制器的定义、分类、要求、试验方法、检验规则、标志、包装、运输、贮存等。本标准适用于采用 DC/DC 变换稳压控制技术的太阳能电源控制器，不适用于并网太阳能电源控制器。

通信用应急电源（EPS）
标准编号： YD/T 2062-2009
实施日期： 2010-01-01
发布部门： 工业和信息化部
标准简介：

本标准规定了通信用应急电源（EPS）（以下简称 EPS 设备）的定义、分类、要求、试验方法、检验规则及标志、包装、运输、贮存。本标准适用于输出容量为 0.5～10kVA，应用于微机站、直放站等场所的 EPS 设备。

通信用交流稳压器
标准编号： YD/T 1074-2000
实施日期： 2000-09-01
发布部门： 中华人民共和国信息产业部
标准简介：

本标准规定了通信用交流稳压器（以下简称稳压器）的要求、试验方法、检验规则和标志、包装、运输、贮存。本标准适用于由补偿变压器和接触调压器以及低压电器和电子器件组成的向通信设备供电的干式交流稳压器。

通信用太阳能供电组合电源
标准编号： YD/T 1073-2000
实施日期： 2000-09-01
发布部门： 中华人民共和国信息产业部
标准简介：

本标准规定了通信用太阳能供电组合电源（以下简称组合电源）的要求、试验方法、检验规则和标志、包装、运输、贮存。本标准适用于以太阳能光伏电池做主供电源，由交流配电单元、直流配电单元、整流器、监控器和太阳能光伏电池电压稳定装置等构成的向通信设备供电的组合电源设备。本标准不包含对太阳能光伏电池的要求。

通信电源设备安装工程设计规范
标准编号： YD/T 5040-2005
实施日期： 2006-10-01
发布部门： 中华人民共和国信息产业部
标准简介：

本规范适用于新建通信电源设备安装工程。扩建和改建工程可参照执行。

通信局（站）电源系统维护技术要求
第 6 部分：发电机组系统
标准编号： YD/T 1970. 6-2009
实施日期： 2009-09-01
发布部门： 工业和信息化部
标准简介：

本部分规定了通信局（站）发电机组系统的使用条件、维护项目、周期、指标要求和检测方法。本部分适用于通信局（站）发电机组系统中的发电机设备、机组控制屏、转换设备、配电设备、启动系统、通风排烟系统、燃油系统等设备。

通信局（站）电源系统维护技术要求
第 4 部分：不间断电源（UPS）系统
标准编号： YD/T 1970. 4-2009
实施日期： 2009-09-01
发布部门： 工业和信息化部
标准简介：

本部分规定了不间断电源 UPS 系统的使用条件、维护和现场验收项目、周期、指标要求及检测方法。本部分适用于通信局（站）中 UPS 系统。

通信局（站）电源系统维护技术要求
第 3 部分：直流系统
标准编号： YD/T 1970. 3-2010
实施日期： 2011-01-01
发布部门： 工业和信息化部

标准简介：

本部分规定了通信局（站）直流系统的使用条件、维护项目、周期、指标要求和检测方法。

通信用不间断电源（UPS）

标准编号： YD/T 1095-2008

实施日期： 2008-11-01

发布部门： 工业和信息化部

标准简介：

本标准规定了通信用在线式、互动式与后备式静止型不间断电源（UPS）的技术要求、试验方法、检验规则和标志、包装、运输、贮存。本标准适用通信用在线式、互动式与后备式输出电压为正弦波的静止型不间断电源。

电子元器件与信息技术

通信用电感器和变压器磁心

第四部分：分规范

电源变压器和扼流圈用磁性氧化物磁心

标准编号： GB 9628-1988

实施日期： 1989-02-01

发布部门： 中华人民共和国电子工业部

标准简介：

本分规范规定了有质量评定的磁性氧化物磁心的性能、额定值及检验要求。

通信用电感器和变压器磁心

第四部分：空白详细规范

标准编号： GB 9629-1988

实施日期： 1989-02-01

发布部门： 中华人民共和国电子工业部

标准简介：

本规范规定了评定水平为 A 的电源变压器和扼流圈用磁性氧化物磁心的额定值、性能、检验要求和补充资料。

电磁兼容试验和测量技术直流电源输入端口纹波抗扰度试验

标准编号： GB/T 17626. 17-2005

实施日期： 2005-12-01

发布部门： 中华人民共和国国家质量监督检验检疫总局
中国国家标准化管理委员会

标准简介：

本部分规定了电气和电子设备的直流电源输入端口的纹波抗扰度试验方法。本部分适用于由外部整流系统或正在充电的蓄电池供电的设备的低压直流电源端口。本部分的目的是建立一个通用的和可重现的基准，以在试验室条件下对电力和电子设备进行来自于如整流系统和/或蓄电池充电时叠加在直流电源上的纹波电压的抗扰度试验。本部分规定了：试验电压的波形；试验等级范围；试验发生器；试验配置；试验程序。

电子设备用固定电容器

第 14 部分：分规范

抑制电源电磁干扰用固定电容器

标准编号： GB/T 14472-1998

实施日期： 1998-09-01

发布部门： 国家技术监督局

标准简介：

本标准适用于抑制电磁干扰用固定电容器和电阻器-电容器的组件，这些电容器和电阻器-电容器组件将用于电气和电子设备，并跨接到电源线，且电源线之间的电压不超过 500V 直流或交流有效值，或任一电源线与地之间的电压不超过 250V 直流或交流有效值，频率不超过 100Hz。本标准规定了适用于连接电源的抑制干扰电容器的各项试验。有关设备规范也可以规定应使用符合本规范要求电容器的其他电路位置。本标准也适用于在一个外壳内装有两个或多个电容器的组合电容器。本标准也适用于电阻器-电容器的串联组件，但组合件的等效串联电阻应不超过 1kΩ。本标准也适用于电阻器-电容器的并阻组件，但此电阻器是作为电容器的放电电阻。

电磁兼容试验和测量技术直流电源输入端口电压暂降、短时中断和电压变化的抗扰度试验

标准编号： GB/T 17626. 29-2006

实施日期： 2007-09-01

发布部门： 中华人民共和国国家质量监督检验检疫总局
中国国家标准化管理委员会

标准简介：

GB/T 17626 的本部分规定了在电气和电子设备的直流电源输入端口对电压暂降、短时中断和电压变化的抗扰度试验方法。

电磁兼容试验和测量技术交流电源端口谐波、谐间波及电网信号的低频抗扰度试验

标准编号： GB/T 17626. 13-2006

实施日期： 2007-07-01

发布部门： 中华人民共和国国家质量监督检验检疫总局 中国国家标准化管理委员会

标准简介：

GB/T 17626 的本部分规定了低压电网中每相额定电流小于等于 16A 的电气和电子设备对骚扰频率高至 2kHz 的谐波、谐间波的抗扰度试验方法，并提出了基本试验等级的范围。

电子设备用固定电容器

第 14 部分：空白详细规范

抑制电源电磁干扰用固定电容器评定水平 D

标准编号： GB/T 14473-1998

实施日期： 1998-09-01

发布部门： 国家技术监督局

标准简介：

空白详细规范是分规范的一种补充文件。

微小型计算机系统设备用开关电源通用规范

标准编号：GB/T 14714-2008

实施日期：2008-12-01

发布部门：国家标准化管理委员会

标准简介：

本标准规定了微小型计算机系统设备用开关电源的技术要求、试验方法、检验规则、标志、包装、运输、贮存等。本标准适用于微小型计算机系统设备用开关电源，是制定产品标准的依据。本标准代替 GB/T 14714-1993《微小型计算机系统设备用开关电源通用技术条件》。本标准与 GB/T 14714-1993 的主要区别如下：标准名称修改为“微小型计算机系统设备用开关电源通用规范”；表 1 中关于电压分类，电压分类增加 3.3V 和负电压，取消 24V，将大于 60V 的电压并入“其他”；将“最小调节范围”修改为“稳压范围”；其他各项指标也作了部分修订；增加电源适应能力的要求；电磁兼容增加抗扰度限值和谐波电流限值的要求；可靠性要求由 3000h 更改为 4000h；主要性能试验增加测试电流计算方法，确定了额定负载的计算方法，并在相关的试验中作了修订。

信息技术设备用不间断电源通用技术条件

标准编号：GB/T 14715-1993

实施日期：1994-06-01

发布部门：国家技术监督局

标准简介：

本标准规定了信息技术设备用不间断电源通用技术条件。本标准适用于信息技术设备用不间断电源，其他场合使用的不间断电源可参照本标准，本标准是制定型号产品标准的依据。

单端和双端荧光灯用电子镇流器的电磁发射试验方法

标准编号：GB/T 22148-2008

实施日期：2009-07-01

发布部门：中华人民共和国国家质量监督检验检疫总局 中国国家标准化管理委员会

标准简介：

与 GB 17743 的要求相对应，本标准在使用基准灯具的基础上，详细描述了Ⅰ类荧光灯具用电子镇流器的无线电骚扰特性的独立测量方法。本标准覆盖了使用 G5 或 G13 灯头的双端荧光灯和 2G7、2G11、G24q、GX24q 灯头的单端荧光灯用电子镇流器。

电磁兼容环境工业设备电源低频传导骚扰发射水平的评估

标准编号：GB/Z 18039.2-2000

实施日期：2000-12-01

发布部门：中华人民共和国国家质量监督检验检疫总局

标准简介：

本指导性技术文件推荐了评估工业环境中安装在非公用电网中的装置、设备和系统发射所产生的骚扰水平的程序，并只限于供电电源中的低频传导骚扰。

普通照明用 LED 灯具（固定式、可移式、嵌入式）

标准编号：DB35/T 810-2008

实施日期：2008-07-10

发布部门：福建省质量技术监督局

标准简介：

本标准规定了普通照明用 LED 灯具的型号与代号、技术要求、试验方法、检验规则、标志、包装、使用说明、贮存和运输。

本标准适用于以 LED 为光源的工作电压不超过 250V 的普通照明灯具，如吸顶灯、吊灯、壁灯、台灯、落地灯、筒灯、射灯等。

变频调速节能改造技术规范

标准编号：DB37/T 1107-2008

实施日期：2009-01-15

发布部门：山东省质量技术监督局

标准简介：

地方标准，发布单位：山东省质量技术监督局。

变频变压电源通用技术条件

标准编号：DB37/T 727-2007

实施日期：2007-12-01

标准简介：

替代标准：DB37/T 727-2007 变频变压电源通用技术条件。

道路照明用 LED 灯具

标准编号：DB35/T 813-2008

实施日期：2008-07-10

发布部门：福建省质量技术监督局

标准简介：

地方标准，主管部门：福建省质量技术监督局。

LED 路灯

标准编号：DB44/T 609-2009

实施日期：2009-07-01

发布部门：广东省质量技术监督局

标准简介：

本标准规定了 LED（发光二极管）路灯的定义、产品分类、型号和命名、技术要求、试验方法、检测规则以及标志、使用说明书、包装、运输和储要求等。本标准适用于 250V 以下直流电源及 1000V 以下交流供电的道路、街路、隧道照明和其他室外公共场所 LED（发光二极管）路灯。本标准与 GB 7000.1 等相关标准的有关章节一起阅读。

混合集成电路 HDCD2812D15 型 DC/DC 变换器详细规范

标准编号：SJ 52438.9-2001

实施日期：2002-01-01

发布部门：中华人民共和国信息产业部

标准简介：

本规范规定了混合集成电路 HDA2812D15 型 DC/DC 变

换器（以下简称电路）的详细要求。该电路的质量保证等级为 H 和 HI 级。本规范适用于电路的研制、生产和采购。

LC410-9005-E-E-1E-B-3、LC410-9007-H-E-1E-B-3 型电源滤波器详细规范

标准编号： SJ 51518/1-2004

实施日期： 2004-12-01

标准简介：

本规范规定了 LC410-9005-E-E-1E-B-3、LC410-9007-H-E-1E-B-3 型电源滤波器（以下简称“产品”）的详细要求。

400Hz 静止变频电源通用规范

标准编号： SJ 20915-2004

实施日期： 2004-12-30

标准简介：

本规范适用于电子装备所使用的各种静止变频电源，是产品研制、生产和验收的主要技术依据，也是制定相关产品规范和其他技术文件应遵循的原则和基础。

进出口信息技术设备检验规程
第 6 部分：信息技术设备用电源适配器

标准编号： SN/T 1429. 6-2007

实施日期： 2008-03-01

标准简介：

本部分规定了对进出口信息技术设备用电源适配器的要求、检验及判定。

电子电源术语及定义

标准编号： SJ/T 1670-2001

实施日期： 2002-01-01

标准简介：

本标准规定了电子电源常用名词术语的定义。本标准适用于电子电源专业范围内制定各种标准、编制各类技术文件，也适用于科研、科学等方面。

混合集成电路 HMSF-600 型电源滤波器详细规范

标准编号： SJ 52438. 10-2001

实施日期： 2002-01-01

发布部门： 中华人民共和国信息产业部

标准简介：

本规范规定了混合集成电路 HMSF-600 型电源滤波器（以下简称电路）的详细要求。该电路的质量保证等级为 H 级和 H1 级。本规范适用于电路的研制、生产和采购。

发光二极管（LED）显示屏测试方法

标准编号： SJ/T 11281-2007

实施日期： 2008-01-20

发布部门： 中华人民共和国信息产业部

标准简介：

本标准规定了发光二极管（LED）显示屏的机械、光学、电学等主要技术性能指标的分级和测试方法。本标准适用于各类发光二极管（LED）显示屏（以下简称显示屏）的测试。

交流电容器老化电源完好要求和检查评定方法

标准编号： SJ/T 31381-1994

实施日期： 1994-06-01

发布部门： 中华人民共和国电子工业部

标准简介：

本标准规定了交流电容器老化电源的完好要求和检查、评定方法。本标准适用于 P80-1/ HM 型和 P80-4/HM 型交流电容器老化电源，类似型式的交流电容器老化电源亦可参照执行。

VYJ9S 系列野战电源电缆规范

标准编号： SJ 20988-2008

实施日期：

标准简介：

本规范规定了 VYJ9S 系列野战电源电缆的要求、质量保证规定和交货准备等。本规范适用于 VYJ9S 系列野战电源电缆（以下简称电缆）的研制、生产、订货和验收。

CS42 型电源用矩形电连接器规范

标准编号： SJ/T 11323-2006

实施日期： 2006-02-01

标准简介：

本规范规定了 CS42 型电源用矩形电连接器的型号命名、技术要求、质量评定程序、标志、包装、运输和贮存等要求。本规范适用于 CS42 型电源用矩形电连接器。

LED 显示屏通用规范

标准编号： SJ/T 11141-2003

实施日期： 2003-10-01

发布部门： 中华人民共和国信息产业部

标准简介：

本标准规定了 LED 显示屏的定义、分类、技术要求、检验方法、检验规则以及标志、包装、运输、贮存要求。本规范适用于 LED 显示屏产品。它是 LED 显示屏产品设计、制造、测试、安装、验收、使用、质量检验和制订各种技术标准、技术文件的主要技术依据。

能源、核技术

高压钠灯用镇流器能效限定值及节能评价值

标准编号： GB 19574-2004

实施日期： 2004-12-02

发布部门： 中华人民共和国国家质量监督检验检疫总局 中国国家标准化管理委员会

标准简介：

本标准规定了高压钠灯用镇流器能效限定值、节能评价值、目标能效限定值、检验与计算方法和检验规则。本标准适用于额定电压 220V、频率 50Hz 交流电源，额定功率为 70 ~ 1000W 高压钠灯用的独立式和内装式电感镇流器。

金属卤化物灯用镇流器能效限定值及能效等级

标准编号：GB 20053-2006

实施日期：2006-07-01

发布部门：中华人民共和国国家质量监督检验检疫总局 中国国家标准化管理委员会

标准简介：

本标准规定了金属卤化物灯用镇流器能效限定值、节能评价值、能效等级、检验与计算方法和检验规则。本标准适用范围为额定电压220V、频率50Hz交流电源，额定功率为175～1500W单端金属卤化物灯用LC顶峰超前式的独立式和内装式电感镇流器。

单路输出式交流-直流和交流-交流外部电源能效限定值及节能评价值

标准编号：GB 20943-2007

实施日期：2007-12-01

发布部门：中华人民共和国国家质量监督检验检疫总局 中国国家标准化管理委员会

标准简介：

本标准适用于额定输出功率不大于250W的电源。

《金属卤化物灯用镇流器能效限定值及能效等级》第1号修改单

标准编号：GB 20053-2006/XG1-2007

实施日期：2007-09-01

发布部门：中华人民共和国国家质量监督检验检疫总局 中国国家标准化管理委员会

标准简介：

本标准规定了金属卤化物灯用镇流器能效限定值、节能评价值、能效等级、检验与计算方法和检验规则。本标准适用范围为额定电压220V、频率50Hz交流电源，额定功率为175～1500W单端金属卤化物灯用LC顶峰超前式的独立式和内装式电感镇流器。

离网型风能、太阳能发电系统用逆变器

第2部分：试验方法

标准编号：GB/T 20321.2-2006

实施日期：2007-01-01

发布部门：中国国家标准化管理委员会

标准简介：

本部分规定了离网型风能、太阳能发电系统用逆变器工作性能的试验条件、试验内容和试验方法。本标准适用于离网型风能、太阳能发电系统用逆变器（以下简称逆变器）的工作性能试验。

离网型风能、太阳能发电系统用逆变器

第1部分：技术条件

标准编号：GB/T 20321.1-2006

实施日期：2007-01-01

发布部门：中国国家标准化管理委员会

标准简介：

本部分规定了离网型风能、太阳能发电系统用逆变器的术语、基本参数及型号编制、技术要求、试验方法、检验规则和标志、包装、运输及贮存等内容。

核电厂优先电源

标准编号：GB/T 13177-2008

实施日期：2009-08-01

发布部门：中华人民共和国国家质量监督检验检疫总局 中国国家标准化管理委员会

标准简介：

本标准代替GB/T 13177—2000《核电厂优先电源》。本标准规定了核电厂优先电源（PPS）和优先电源与安全级（1E级）电力系统、开关站、输电系统以及替代交流电源（AAC）接口的设计准则。本标准适用于核电厂优先电源。本标准与GB/T 13177—2000相比主要有以下变化：修改了4.4、5.1.2、5.1.4.1、5.3.3.3、5.3.4.4、6.3.2、7.2的部分内容。

家用太阳能光伏电源系统技术条件和试验方法

标准编号：GB/T 19064-2003

实施日期：2003-09-01

发布部门：中华人民共和国国家质量监督检验检疫总局

标准简介：

本标准规定了定义、分类与命名、技术要求、文件要求、试验方法、检验规则以及标志、包装。本标准适用于太阳电池方阵、蓄电池组、充放电控制器、逆变器及用电器等组成的家用太阳能光伏电源系统。

风力发电机组　全功率变流器

第1部分：技术条件

标准编号：GB/T 25387.1-2010

实施日期：2011-03-01

发布部门：中华人民共和国国家质量监督检验检疫总局 中国国家标准化管理委员会

标准简介：

本部分规定了风力发电机组全功率交直交电压型变流器的相关术语和定义、通用要求、试验方法、检验规则等。本部分适用于风力发电机组全功率交直交电压型变流器。

远动设备及系统

第2部分：工作条件

第1篇：电源和电磁兼容性

标准编号：GB/T 15153.1-1998

实施日期：1999-06-01

发布部门：国家质量技术监督局

标准简介：

本标准适用于对地理上广布的生产过程进行监视和控制，并以串行编码方式进行数据传输的远动设备及系统。本标准也可供远方保护设备及系统，以及支持配电自动化系统的配电线载波系统参考采用。

核辐射探测器用直流稳压电源

标准编号： GB/T 10261-2008

实施日期： 2009-04-01

发布部门： 中华人民共和国国家质量监督检验检疫总局 中国国家标准化管理委员会

标准简介：

本标准于 1988 年 12 月第一次发布。本标准代替 GB/T 10261-1988《核仪器用高、低压直流稳压电源测试方法》。本标准规定了核辐射探测器用直流高压稳压电源的产品分类、要求、试验方法、检验规则以及标志、包装、运输和贮存。本标准适用于由交流或直流供电的室内核辐射探测器用直流高压稳压电源。本标准与 GB/T 10261-1988 相比主要变化如下：增加前言；引用新的规范性文件；增加“遥控控制率”等术语；增加技术要求、检验规则等产品标准的内容；增加资料性附录 A，内容是核仪器用直流稳压电源的特定测试方法。

风力发电机组全功率变流器

第 2 部分：试验方法

标准编号： GB/T 25387. 2-2010

实施日期： 2011-03-01

发布部门： 中华人民共和国国家质量监督检验检疫总局 中国国家标准化管理委员会

标准简介：

本部分规定了风力发电机组全功率交直交电压型变流器的试验条件和试验方法。本部分适用于风力发电机组用全功率交直交电压型变流器的试验和检验。

风力发电机组双馈式变流器

第 1 部分：技术条件

标准编号： GB/T 25388. 1-2010

实施日期： 2011-03-01

发布部门： 中华人民共和国国家质量监督检验检疫总局 中国国家标准化管理委员会

标准简介：

GB/T 25388 的本部分规定了双馈式变速恒频风力发电机组交直交电压型变流器的相关术语和定义、通用技术要求、试验方法、检验规则及其产品的相关信息等。本部分适用于双馈式变速恒频风力发电机组交直交电压型变流器，即双馈式变流器。

风力发电机组双馈式变流器

第 2 部分：试验方法

标准编号： GB/T 25388. 2-2010

实施日期： 2011-03-01

发布部门： 中华人民共和国国家质量监督检验检疫总局 中国国家标准化管理委员会

标准简介：

GB/T 25388 的本部分规定了双馈式风力发电机组交直交电压型变流器工作性能的试验条件、试验内容和试验方法。本部分适用于双馈式风力发电机组交直交电压型变流器性能试验。

风力发电机组电能质量测量和评估方法

标准编号： GB/T 20320-2006

实施日期： 2007-01-01

发布部门： 中国国家标准化管理委员会

标准简介：

本标准规定了风力发电机组电能质量特性参数、测量程序和功率质量的评估。本标准适用于风轮扫掠面积大于或等于 40 平方米的并网型风力发电机组。

电力整流设备运行效率的在线测量

标准编号： GB/T 18293-2001

实施日期： 2001-7-1

发布部门： 国家质量技术监督局

标准简介：

本标准规定了实际负载条件下在线测量电力整流设备运行效率的测试条件、方法、程序，包括直流电流测量变换器的在线校验方法和交、直流功率或电能测量综合误差的测试、计算及其修正方法。本标准适用于电冶金、电化学等行业使用的脉波数为 6 及以上的电力整流设备；发、供电系统和其他用电企业需要进行交、直流功率或电能测量综合误差分析与修正时，可参照执行。逆变设备运行效率的在线测量，也可参照执行。

电力系统用蓄电池直流电源装置运行与维护技术规程

标准编号： DL/T 724-2000

实施日期： 2001-01-01

发布部门： 中华人民共和国国家经济贸易委员会

标准简介：

本标准规定了电力系统用蓄电池直流电源装置（包括蓄电池、充电装置、微机监控器）运行与维护的技术要求和技术参数，适用于电力系统各部门直流电源的运行和维护。

电力用直流电源监控装置

标准编号： DL/T 856-2004

实施日期： 2004-06-01

发布部门： 中华人民共和国国家发展和改革委员会

标准简介：

本标准规定了电力用直流电源监控装置的使用条件、术语和定义、基本功能要求、电气与安全性能要求、设计和结构、检验规则和试验方法、标志、包装和贮运。本标准适用于电力用直流电源监控装置（以下简称监控装置）的设计、生产、选择、订货和试验。

发电厂、变电所蓄电池用整流逆变设备技术条件

标准编号： DL/T 857-2004

实施日期： 2004-06-01

发布部门：中华人民共和国国家发展和改革委员会
标准简介：

本标准规定了发电厂、变电所蓄电池用整流逆变设备（以下简称整流逆变设备）的技术要求、试验方法、包装及贮运条件。本标准适用于直流电源系统中的蓄电池用整流逆变设备的试验、选择和订货。

永磁风力发电机变流器制造技术规范
标准编号：NB/T 31015-2011
实施日期：2011-11-01
发布部门：国家能源局
标准简介：

本标准按照 GB/T 1.1-2009 给出的规则起草。本标准由能源行业风电标准化技术委员会（NEA/TCI）归口。

电动汽车交流充电桩技术条件
标准编号：NB/T 33002-2010
实施日期：2010-10-01
发布部门：国家能源局
标准简介：

本标准规定了电动汽车交流充电桩基本构成、功能要求、技术要求、试验项目、产品资料等方面的要求。本标准适用于采用传导式充电方式的充电桩选型、配置和检验。

电动汽车非车载传导式充电机技术条件
标准编号：NB/T 33001-2010
实施日期：2010-10-01
发布部门：国家能源局
标准简介：

本标准规定了电动汽车用非车载传导式充电机（以下简称充电机）的基本构成、功能要求、技术要求、实验方法、检验规则及标识。本标准适用于采用传导式充电方式的电动汽车用非车载充电机。

风电场电能质量测试方法
标准编号：NB/T 31005-2011
实施日期：2011-11-01
发布部门：国家能源局
标准简介：

本标准适用于通过 110（66）kV 及以上电压等级线路接入电网的装机容量大于 40MW 的风电场。于 2011 年 11 月 1 日实施。

双馈风力发电机变流器制造技术规范
标准编号：NB/T 31014-2011
实施日期：2011-11-01
发布部门：国家能源局
标准简介：

本标准按照 GB/T 1.1-2009 给出的规则起草。本标准由能源行业风电标准化技术委员会（NEA/TC1）归口。

电动汽车非车载充电机监控单元与电池管理系统通信协议
标准编号：NB/T 33003-2010
实施日期：2010-10-01
发布部门：国家能源局
标准简介：

本规范规定了电动汽车非车载充电机监控单元与电池管理系统（Battery Managememt System，简称 BMS）之间的通信协议。本规范适用于采用传导式充电方式的电动汽车用非车载充电机。

反向阻断型普通半导体闸流管（普通可控整流器）
标准编号：SJ 1102-76
实施日期：1977-10-01
标准简介：

本标准适用于额定通态平均电流为 1～50A 的反向阻断型普通半导体闸流管（以下简称产品）。该产品主要用于整流，逆变，电机调速、无触点开关及自动控制等方面。产品除应符合本标准外，还应符合 SJ 1101—76《半导体闸流管（可控整流器）二类总技术条件》的规定。

低压直流电源通用规范
标准编号：SJ 20365-1993
实施日期：1993-07-01
发布部门：中华人民共和国电子工业部
标准简介：

本规范规定了低压直流电源的通用技术要求、质量保证规定以及交货准备要求。本规范适用于军用电子设备的低压直流稳压电源（以下简称电源）。本规范是制定各种特定电源产品规范的依据。

铁路

电力机车、电力动车组主变流器用水散热器
标准编号：GB/T 25331-2010
实施日期：2011-03-01
发布部门：中华人民共和国国家质量监督检验检疫总局 中国国家标准化管理委员会
标准简介：

本标准规定了电力机车、电力动车组主变流器用水散热器的技术要求、试验方法、检验规则以及标志、包装、贮存等要求。本标准适用于电力机车、电力动车组主变流器用新造水散热器的设计、制造和验收。

轨道交通机车车辆用电力变流器
第 1 部分：特性和试验方法
标准编号：GB/T 25122.1-2010
实施日期：2011-02-01
发布部门：中华人民共和国国家质量监督检验检疫总局 中国国家标准化管理委员会
标准简介：

GB/T 25122 的本部分规定了机车车辆用电力电子变流

器的术语和定义、使用条件、一般特性和试验方法。本部分适用于为机车车辆（电力机车、内燃机车、动车、客车及拖车等）牵引电路与辅助电路供电的电力电子变流器。本部分也适用于其他牵引机车车辆（例如有轨电车、地铁、城市轨道交通车辆）的电力电子变流器。本部分适用于完整的变流器机组及其配置，包括：半导体器件组件；集成冷却系统；中间直流环节的部件，包括与直流环节相连的滤波器；半导体驱动单元（SDU）及有关传感器；保护电路。本部分不适用于为半导体驱动单元（SDU）提供电气控制电源和变流器工作有关的其他设备（如传感器）供电的变流器。

轨道交通机车车辆用电力变流器
第 2 部分：补充技术资料
标准编号：GB/T 25122.2-2010
实施日期：2011-02-01
发布部门：中华人民共和国国家质量监督检验检疫总局 中国国家标准化管理委员会
标准简介：

GB/T 25122 的本部分说明了机车车辆电力电子变流器（例如外部换相整流器、自换相整流器、斩波器和逆变器）的基本电路结构、控制方法、工作方式和性能。本部分列出了典型的图表和例子进行论述，但并没有论述变流器的所有方面。本部分是 GB/T 25122.1—2010 的补充技术资料。

轨道交通机车车辆组合试验
第 3 部分：间接变流器供电的交流电动机及其控制系统的组合试验
标准编号：GB/T 25117.3-2010
实施日期：2011-02-01
发布部门：中华人民共和国国家质量监督检验检疫总局 中国国家标准化管理委员会
标准简介：

GB/T 25117 的本部分适用于机车车辆上电动机、间接变流器及其控制系统所构成的组合系统，其目的是规定：机车车辆变流器、交流电动机及其控制系统所构成的电传动系统的性能特性；验证这些性能特性的试验方法。

铁路 450MHz 车站电台电源技术要求和试验方法
标准编号：TB/T 2678-1995
实施日期：1996-10-01
标准简介：

本标准规定了铁路 450MHz 车站电台电源的适用范围、基本性能、技术要求及试验方法。本标准适用于铁路 450MHz 列车无线调度通信设备车站电台电源的产品设计、生产及检验。

交-直传动电力机车电力变流器动态负荷试验台技术条件
标准编号：TB/T 3186-2007
实施日期：2008-05-01
标准简介：

本标准规定了交-直传动电力机车电力变流器动态负荷试验台的技术要求、试验方法、检验规则、包装、标志及贮存等。本标准适用于交-直传动电力机车电力变流器试验用动态负荷试验台。

铁路信号电源屏
第 3 部分：继电联锁信号电源屏
标准编号：TB/T 1528.3-2002
实施日期：2003-02-01
发布部门：中华人民共和国铁道部
标准简介：

本部分规定了继电联锁电源的术语和定义、产品分类、技术要求、检验规则、标志、包装、运输、贮存等。本部分适用于继电联锁信号设备的供电电源设备。

电力机车控制电源柜试验台
标准编号：TB/T 3214-2009
实施日期：2010-05-01
发布部门：中华人民共和国铁道部
标准简介：

本标准规定了电力机车控制电源柜试验台的技术要求、试验方法、检验规则、标志、包装、运输和贮存等。本标准适用于直流 110V 机车控制电源柜试验用试验台。

电力机车辅助变流器
标准编号：TB/T 3215-2009
实施日期：2010-05-01
发布部门：中华人民共和国铁道部
标准简介：

本标准规定了交-直传动电力机车辅助变流器的使用条件、特性、技术要求、试验项目、试验方法及检验规则等。本标准适用于交-直传动电力机车上使用的辅助变流器。

铁路 450MHz 机车电台电源技术要求和试验方法
标准编号：TB/T 2677-1995
实施日期：1996-10-01
标准简介：

本标准规定了铁路 450MHz 机车电台电源的适用范围、基本性能、技术要求及试验方法。本标准适用于铁路 450MHz 机车电台电源的产品设计、生产及检验。

LED 铁路信号机构通用技术条件
标准编号：TB/T 3242-2010
实施日期：2011-04-01
发布部门：中华人民共和国铁道部
标准简介：

本标准规定了 LED 铁路信号机构（以下简称机构）的产品型号、产品分类、技术要求、试验方法、检验规则及标志、包装、运输、贮存。本标准适用于机构的设计、制造、检验和维修。

机车空调电源
标准编号：TB/T 3141-2006
实施日期：2007-05-01
标准简介：

本标准规定了电力机车和内燃机车用空调电源的技术要求、试验方法及验收规则等。本标准适用于电力机车和内燃机车上的机车空调电源。

铁路信号电源屏
第4部分：计算机联锁信号电源屏
标准编号：TB/T 1528.4-2002
实施日期：2003-02-01
发布部门：中华人民共和国铁道部
标准简介：

本部分规定了计算机联锁信号电源屏的术语和定义、产品分类、技术要求、检验规则、标志、包装、运输、贮存等。本标准适用于计算机联锁信号设备的供电电源设备。

铁路中间站通信电源设备技术条件
标准编号：TB/T 2169-2002
实施日期：2002-07-01
发布部门：中华人民共和国铁道部
标准简介：

本标准规定了铁路中间站用通信电源设备及铁路通信站用组合电源设备的通用技术要求。本标准适用于交流标称电压为220V/3800V、标准频率为50Hz，交流输出电流不大于100A，直流额定电压为－48V、直流输出电流不大于200A，以低压电器和电子器件组成的铁路中间站电源柜。本标准可作为“铁路中间站电源柜”及“铁路通信站组合电源柜”产品设计、制造、采购、使用及质量检验的依据。

铁路信号电源屏
第6部分：区间信号电源屏
标准编号：TB/T 1528.6-2002
实施日期：2003-02-01
发布部门：中华人民共和国铁道部
标准简介：

本部分规定了区间信号电源屏的术语和定义、产品分类、技术要求、检验规则、标志、包装、运输、贮存等。本部分适用于区间信号设备的供电电源设备。

铁道客车双端荧光灯用直流电子镇流器
标准编号：TB/T 2219-2005
实施日期：2006-01-01
发布部门：中华人民共和国铁道部
标准简介：

本标准规定了由直流电源供电的铁道客车双端荧光灯（以下简称荧光灯）用直流电子镇流器（以下简称镇流器）的技术要求、试验方法、检验规则、标志、包装、运输、贮存等。本标准适用于由直流电源供电的铁道客车双端荧光灯用直流电子镇流器。

铁路信号电源屏
第5部分：驼峰信号电源屏
标准编号：TB/T 1528.5-2005
实施日期：2005-12-01
标准简介：

本部分规定了驼峰信号电源屏（以下简称电源屏）的术语和定义、产品分类、技术要求、检验规则、标志、包装、运输、贮存等。本部分适用于驼峰信号设备的供电电源设备。

铁路信号用变压器继电器硅整流器雷电冲击试验
标准编号：TB/T 2313-1992
实施日期：1992-12-31
发布部门：中华人民共和国铁道部
标准简介：

本标准规定了铁路信号用变压器、继电器、硅整流器雷电冲击试验的术语、试验波形、冲击波发生器电路、试验的环境条件、试验程序、试验记录以及变压器、继电器、硅整流器雷电冲击试验耐压值。本标准适用于和外线及轨道连接的铁路信号用部分变压器、部分继电器、部分硅整流器雷电冲击试验。

铁路信号电源屏
第2部分：试验方法
标准编号：TB/T 1528.2-2005
实施日期：2005-12-01
标准简介：

本部分规定了铁路信号电源屏（以下简称受试设备）的术语和定义、试验要求和试验方法等。本部分适用于铁路继电联锁信号电源屏、计算机联锁信号电源屏、驼峰信号电源屏、区间信号电源屏、25Hz信号电源屏等受试设备。但各类受试设备需要进行的试验项目和技术指标应在各自技术标准的检验规则中作出规定。

铁路信号电源屏
第7部分：25Hz信号电源屏
标准编号：TB/T 1528.7-2002
实施日期：2003-02-01
发布部门：中华人民共和国铁道部
标准简介：

本标准规定了25Hz信号电源屏的术语和定义、产品分类、技术要求、检验规则、标志、包装、运输、贮存等。本标准适用于25Hz信号设备的供电电源设备。

铁路应用机车车辆逆变器供电的交流电动机及其控制系统的综合试验
标准编号：TB/T 3117-2005
实施日期：2005-12-01
发布部门：中华人民共和国铁道部
标准简介：

本标准规定了机车车辆逆变器、交流电动机和相关控制系统所组成的电传动系统的性能、特性和用试验来检验其性能、特性的方法。本标准适用于机车车辆上电动机、逆变器及其控制的组合系统。

铁路信号电源屏
第1部分：总则
标准编号： TB/T 1528.1-2002
实施日期： 2003-02-01
发布部门： 中华人民共和国铁道部
标准简介：

本部分规定了铁路信号电源屏（以下简称电源屏）的术语和定义、产品分类、技术要求、检验规则、标志、包装、运输、贮存等。本部分适用于铁路信号继电联锁、计算机联锁、驼峰信号、25Hz相敏轨道电路、区间自动闭塞等设备的供电电源设备。

铁道客车用交流电子镇流器
标准编号： TB/T 2918-2003
实施日期： 2004-04-01
发布部门： 中华人民共和国铁道部
标准简介：

本标准规定了由220V交流电源供电的铁道客车管形荧光灯用交流电子镇流器技术要求、试验方法、检验规则、标志、包装、运输、贮存等，本标准适用于有220V交流电源供电的铁道客车管形荧光灯用交流子镇流器。

铁道客车车厢用灯
第2部分：卧铺车厢用LED床头阅读灯
标准编号： TB/T 3085.2-2003
实施日期： 2004-04-01
发布部门： 中华人民共和国铁道部
标准简介：

本部分规定了LED系列床头阅读灯（以下简称"阅读灯"）的技术要求、试验方法、检验规则、标志、包装、运输、贮存等。本部分适用于铁道客车卧铺车厢用LED系列床头阅读灯。

石油

彩色电视广播接收机用KDC-A02型按钮式电源开关详细规范
标准编号： SJ 3132-1988
实施日期： 1988-10-01
发布部门： 中华人民共和国电子工业部
标准简介：

适用于本规范的电源开关的全部要求由本详细规范和SJ 3129《彩色电视广播接收机用电源开关总规范》组成。

抗干扰型交流稳压电源通用技术条件
标准编号： SJ/T 10541-1994
实施日期： 1994-12-01
发布部门： 中华人民共和国电子工业部
标准简介：

本标准规定了具有抗干扰功能的交流稳压电源的术语、技术要求、试验方法、检验规则以及标志、包装、运输、贮存等。本标准是抗干扰型交流稳压电源设计、生产、质量检验和使用的共同技术依据，也是制定本类产品标准的依据。本标准适用于单相或多相工频输入、单相或多相工频输出的抗干扰型交流稳压电源（以上简称电源）。本标准不适用于测量用交流校准仪。

半导体集成电路JW117、JW117M、JW117L型三端可调正输出稳压器详细规范
标准编号： SJ 20297-1993
实施日期： 1993-07-01
发布部门： 中华人民共和国电子工业部
标准简介：

本规范规定了半导体集成电路JW117、JW117M、JW117L型三端可调正输出稳压器（以下简称器件）的详细要求。本规范适用于器件的研制生产和采购。

变频变压电源通用规范
标准编号： SJ/T 10691-1996
实施日期： 1996-11-01
发布部门： 中华人民共和国电子工业部
标准简介：

本规范规定了变频变压电源（以下简称电源）的要求、试验方法、检验规则和标志、包装、运输、贮存要求。本规范适用于电子设备进行电源频率与电压试验用的变频变压电源；亦适用于进行电磁兼容性试验的各种专用和通用的变频变压电源。

半导体集成电路JW1930-12、JW1930-15、JW1932-5型三端低压差固定正输出稳压器详细规范
标准编号： SJ 20302-1993
实施日期： 1993-07-01
发布部门： 中华人民共和国电子工业部
标准简介：

本规范规定了半导体集成电路JW1930-12、JW1930-15、JW132-5型三端低压差固定正输出稳压器（以下简称器件）的详细要求。本规范适用于器件的研制生产和采购。

半导体集成电路JW723型多端可调精密稳压器详细规范
标准编号： SJ 20305-1993
实施日期： 1993-07-01
发布部门： 中华人民共和国电子工业部
标准简介：

本规范规定了硅单片JW723型多端可调精度稳压器（以下简称器件）的详细要求。本规范适用于器件的研制生产和采购。

抗干扰型交流稳压电源测试方法
标准编号： SJ/T 10542-1994

实施日期：1994-12-01
发布部门：中华人民共和国电子工业部
标准简介：

本标准规定了抗干扰型交流稳压电源的稳态性能、动态性能、抗干扰性能的测试方法。本标准适用于单相或多相工频输入、单相或多相工频输出的抗干扰型交流稳压电源的性能测试。

彩色电视广播接收机用 KDC-A03 型按钮式电源开关详细规范
标准编号：SJ 3133-1988
实施日期：1988-10-01
发布部门：中华人民共和国电子工业部
标准简介：

适用于本规范的电源开关的全部要求同本详细规范和 SJ 3129《彩色电视广播接收机用电源开关总规范》组成。

电子设备用低压直流稳压电源系列
标准编号：SJ 1500-79
实施日期：1979-10-01
标准简介：

本标准规定了电子设备用 48V 以下的低压直流稳压电源系列。

测量用稳定电源装置
标准编号：SJ/Z 9035-1987
实施日期：1987-10-19
发布部门：中华人民共和国电子工业部
标准简介：

本推荐标准适用于以下装置：稳定的电源装置，提供电气测量用的电压与电流的校准值。与该装置连用的附件。

彩色电视广播接收机用 KDC-A04 型按钮式电源开关详细规范
标准编号：SJ 3134-1988
实施日期：1988-10-01
发布部门：中华人民共和国电子工业部
标准简介：

适用于本规范的电源开关的全部要求由本详细规范和 SJ 3129《彩色电视广播接收机用电源开关总规范》组成。

半导体集成电路 JW7905、JW79M05 等型三端固定负输出稳压器详细规范
标准编号：SJ 20304-1993
实施日期：1993-07-01
发布部门：中华人民共和国信息产业部
标准简介：

本规范规定了硅单片 JW7905、JW7906、JW7909、JW7912、JW7915、JW7918、JW7924、JW79M05、JW79M06、JW79M12、JW79M15、JW79M18、JW79M24 型三端固定负输出稳压器（以下简称器件）的详细要求。本规范适用于器件的研制生产和采购。

电子

混合集成电路 HDC28S5/1000 型 DC/DC 变换器详细规范
标准编号：SJ 52438/2-1997
实施日期：1997-10-01
发布部门：中华人民共和国电子工业部
标准简介：

本标准规定了混合集成电路 HDC28S5/1000 型 DC/DC 变换器（以下简称电路）的详细要求。本标准适用于电路的研制、生产和采购。

镉镍密封碱性蓄电池充电器总规范
标准编号：SJ/T 10289-1991
实施日期：1992-01-01
发布部门：国家机械电子工业部
标准简介：

本标准规定了各种镉镍密封碱性蓄电池用充电器的一般技术要求、试验方法、检验规则和标志、包装、运输、贮存。本标准适用于交流电源供电的各种镉镍密封碱性蓄电池用充电器。本标准不适用于作为一个部件安装在其他设备内的充电器。

舰船扩声系统电源通用规范
标准编号：SJ 20576-1996
实施日期：1997-01-01
标准简介：

本规范规定了舰船扩声系统电源要求，质量保证规定和交货准备等，本规范适用于舰船扩声系统用低压直流稳压电源，本规范是制定电源产品规范的依据。

半导体桥式整流器热阻测试方法
标准编号：SJ 20787-2000
实施日期：2000-10-20
发布部门：中华人民共和国信息产业部
标准简介：

本标准规定了半导体桥式整流器稳态热阻的测试方法本标准适用于单相和三相半导体桥式整流器稳态热阻的测试。

混合集成电路 DC/DC 变换器测试方法
标准编号：SJ 20646-1997
实施日期：1997-10-01
标准简介：

本标准规定了混合集成电路 DC/DC（直流/直流）变换器主要性能参数的测试方法，本标准适用于各种军用电子设备的混合集成电路 DC/DC 变换器参数测试。

混合集成电路 HDCD2815S15 型 DC/DC 变换器详细规范
标准编号：SJ 52438/6-2000
实施日期：2000-10-20

发布部门：中华人民共和国信息产业部

标准简介：

本标准规定了混合集成电路 HDCD2815S15 型 DC/DC 变换器（以下简称电路）的详细要求。本标准适用于电路的研制、生产和采购。

混合集成电路 HDC28D15/1000 型 DC/DC 变换器详细规范

标准编号：SJ 52438/1-1997

实施日期：1997-10-01

发布部门：中华人民共和国电子工业部

标准简介：

本标准规定了混合集成电路 HDC28D15/1000 型 DC/DC 变换器（以下简称电路）的详细要求。本标准适用于电路的研制、生产和采购。

方形密封镉镍可充电单体蓄电池

标准编号：SJ/T 10621-1995

实施日期：1995-10-01

发布部门：中华人民共和国电子工业部

标准简介：

本标准规定了方形密封镉镍可充电单体蓄电池的试验和要求。

混合集成电路系列与品种 DC/DC 变换器系列的品种

标准编号：SJ 20759-1999

实施日期：1999-12-01

发布部门：中华人民共和国信息产业部

标准简介：

本标准规定了输入电压为 28V 的脉宽调制式厚膜混合集成 DC/DC 变换器系列及其品种，并给出了每一品种的主要电参数、外形图、引出端系列的主要方式以及选择和应用导则。本指南适用于 DC/DC 变换器生产、研制、开发时系列和品种的选择，也适用于电子设备在设计和制造时对 DC/DC 变换器的选型。

舰船电子设备直流稳压电源通用规范

标准编号：SJ 20736-1999

实施日期：1999-12-01

发布部门：中华人民共和国信息产业部

标准简介：

本规范规定了直流稳压电源的要求、质量保证规定和交货准备等。本规范适用于舰船电子设备用直流稳压电源（以下简称电源），本规范是制定电源产品规范的依据。

舰船电子设备不间断电源通用规范

标准编号：SJ 20735-1999

实施日期：1999-12-01

发布部门：中华人民共和国信息产业部

标准简介：

本规范规定了舰船电子设备不间断电源的要求、质量保证规定和交货准备等。本规范适用于舰船电子设备用各类不间断电源。本规范是制定不间断电源（以下简称电源）产品规范的依据。

仪器、仪表

直热式稳压型负温度系数热敏电阻器

标准编号：JB/T 9477.3-1999

实施日期：2000-01-01

发布部门：国家机械工业局

标准简介：

本标准规定了直热式稳压型负温度系数热敏电阻器（以下简称电阻器）的产品分类、技术要求、试验方法、检验规则、标志、包装、运输、贮存。本标准适用于稳压型直热式负温度系数热敏电阻器。该电阻器用于频率在 150Hz 以下的交流和直流电路中。作稳压或稳幅的自动调节元件。

磁放大式电子交流稳压器可靠性要求与考核方法

标准编号：JB/T 5409-1991

实施日期：1992-07-01

发布部门：中华人民共和国机械电子工业部

标准简介：

本标准规定了单相工频输入和输出的电子控制磁放大调整形式电子交流稳压器的可靠性要求与考核方法。本标准适用于 ZBN 25001《磁放大式电子交流稳压器》的规定范围，并假设相邻失效间时间的统计分布规律。

锂离子蓄电池充电设备通用要求

标准编号：JB/T 11142-2011

实施日期：2011-08-01

发布部门：中华人民共和国工业和信息化部

标准简介：

本标准规定了锂离子蓄电池充电设备的术语和定义、型号和基本参数、技术要求、试验、标志、包装、运输和贮存。本标准适用于由大于或等于 6A.h 的锂离子蓄电池组成的锂离子蓄电池模块或锂离子蓄电池总成的充电设备，也可用于镍基蓄电池及铅酸蓄电池模块和总成的充电设备，以及采用电缆与蓄电池模块或总成连接，交流额定电压不超过 660V、直流额定电压不超过 1000V 的充电设备。

工业自动化仪表用电源电压

标准编号：JB/T 8207-1999

实施日期：2000-01-01

发布部门：国家机械工业局

标准简介：

本标准规定了由外界供电的工业自动化仪表的交流电源电压、频率和直流电源电压的公称值。本标准适用于工业自动化仪表。电源电压和频率的允差由 JB/T 9237.2-1999《工业自动化仪表工作条件动力》规定。

交流输出稳定电源

标准编号：JB/T 7397-1994

实施日期：1995-05-01
发布部门：中华人民共和国机械工业部
标准简介：

本标准规定了交流输出稳定电源的术语、技术性能和试验方法等。

测量用交流稳压电源装置
标准编号：JB/T 6786-1993
实施日期：1994-01-01
发布部门：中华人民共和国机械电子工业部
标准简介：

本标准规定了测量用交流稳压电源装置（以下简称装置）的技术要求、试验方法、检验规则及包装等。本标准适用于在电测量时能提供交流电压校准值的装置。也适用于这些装置的附件。

磁放大式电子交流稳压器
标准编号：JB/T 9299-1999
实施日期：2000-01-01
发布部门：国家机械工业局
标准简介：

本标准适用于单相工频输入和输出的电子控制磁放大调整形式的电子交流稳压器。本标准不包括测量用交流稳压电源（校准源）。本标准是属电源设计、生产、质量检验和使用的共同技术依据，也是制订符合本标准范围的产品企业标准的依据，相应产品企业标准的规定要求不应低于标准的要求。

锂离子蓄电池充电设备接口和通信协议
标准编号：JB/T 11143-2011
实施日期：2011-08-01
发布部门：中华人民共和国工业和信息化部
标准简介：

本标准规定了锂离子蓄电池充电设备接口和通信协议的术语和定义、拓扑结构和接口、通信协议、数据格式和状态转换。本标准适用于由大于或等于6Ah的锂离子蓄电池组成的锂离子蓄电池模块或锂离子蓄电池总成的充电设备，也可用于镍基蓄电池及铅酸蓄电池模块和总成的充电设备以及采用电缆与蓄电池模块或总成连接，交流额定电压不超过660V、直流额定电压不超过1000V的充电设备。

单相C型铁心电源变压器和滤波阻流圈典型计算
标准编号：SJ/Z 2165-1982
实施日期：1983-01-01
标准简介：

中标分类：仪器、仪表＞＞仪器、仪表综合＞＞N01技术管理，发布日期：1982-09-15，实施日期：1983-01-01，页数：98页。

无线双工移动通信系统中心台发射机电源通用规范
标准编号：SJ 20504-1995
实施日期：1995-12-01
发布部门：中华人民共和国电子工业部
标准简介：

本规范规定了无线双工移动通信系统中心台发射机电源（以下简称中心台发射机电源）的要求、质量保证规定、交货准备和说明事项。本规范适用无线双工移动通信系统中心台发射机电源。

体育场馆用LED显示屏规范
标准编号：SJ/T 11406-2009
实施日期：2010-01-01
发布部门：中华人民共和国工业和信息化部
标准简介：

主要规定了体育场馆用LED显示屏的定义、分类与分档、技术要求、试验方法、检验规则以及标志、包装、运输、贮存要求等内容。适用于体育场馆用LED显示屏的设计、制造、质量检验、安装和验收。

工程建设

电气装置安装工程电力变流设备施工及验收规范
标准编号：GB 50255-1996
实施日期：1996-12-01
发布部门：国家技术监督局、中华人民共和国建设部
标准简介：

本规范适用于电力电子器件及变流变压器等组成的电力变流设备安装工程的施工、调试及验收。

微机控制变频调速给水设备
标准编号：CJ/T 352-2010
实施日期：2011-05-01
发布部门：中华人民共和国住房和城乡建设部
标准简介：

本标准规定了微机控制变频调速给水设备的术语和定义、分类和型号、工作条件、要求、试验方法、检验规则、标志、包装、运输和贮存。本标准适用于工作压力不大于2.5MPa、水温不大于80℃的生活、生产给水系统用微机控制变频调速给水设备。本标准不适用于采用变频电机或水泵集成变频器及消防给水设备。

电能质量测试分析仪检定规程
标准编号：DL/T 1028-2006
实施日期：2007-05-01
发布部门：中华人民共和国国家发展和改革委员会
标准简介：

本标准规定了电能质量测试分析仪的技术要求及检定方法等。本标准适用于新生产和使用中的电能质量测试分析仪和多功能测量仪器的电能质量测量功能部分的检定。本标准也适用于电压检测仪测量误差的检定。本标准不适用于暂态谐波的检定。

电气装置安装工程　质量检验及评定规程

第 13 部分：电力变流设备施工质量检验
标准编号： DL/T 5161. 13-2002
实施日期： 2002-12-01
发布部门： 中华人民共和国国家经济贸易委员会
标准简介：

本章适用于需要安装基础的整流逆变类盘、蓄电池柜、稳压器柜、隔离变压器等的基础安装。

LED 车道控制标志
标准编号： JT/T 597-2004
实施日期： 2005-02-01
发布部门： 中华人民共和国交通部
标准简介：

本标准规定了 LED 车道控制标志产品（以下简称标志）的组成与分类、技术要求、试验方法、检验规则以及标识、包装、运输与贮存等内容。本标准适用于公路上 LED 车道控制标志，其他道路可参照使用。

高速公路监控设施通信规程
第 3 部分：LED 可变信息标志
标准编号： JT/T 606. 3-2004
实施日期： 2005-02-01
发布部门： 中华人民共和国交通部
标准简介：

JT/T 606 的本部分规定了 LED 可变信息标志的通信规程，并给出了通信过程中采用的数据格式。本部分适用于高速公路监控系统中的上位机与安装于路侧的 LED 可变信息标志之间的数据通信过程。

铁路通信电源设计规范（附条文说明）
标准编号： TB 10072-2000
实施日期： 2001-04-01
发布部门： 中华人民共和国铁道部
标准简介：

本规范适用于铁路通信站、中间站通信机械室等固定站的新建、改建铁路通信电源设计。

体育场馆设备使用要求及检验方法
第 1 部分：LED 显示屏
标准编号： TY/T 1001. 1-2005
实施日期： 2005-12-01
发布部门： 中华人民共和国国家体育总局
标准简介：

TY/T 1001 的本部分规定了体育场馆用 LED 显示屏的定义、分类、使用要求、检验方法及合格判定规则。本部分适用于田径场综合体育馆、游泳馆、跳水馆的 LET 显示屏。共他体育场馆可参考执行。本部分不包括计时记分系统内的显示屏和场馆内引导方向的显示屏。

通信电源集中监控系统工程设计规范
标准编号： YD/T 5027-2005
实施日期： 2006-10-01
发布部门： 中华人民共和国信息产业部
标准简介：

本规范适用于新建的通信电源集中监控系统（以下简称监控系统）的工程设计。改扩建工程可参照执行。

通信电源集中监控系统工程验收规范
标准编号： YD/T 5058-2005
实施日期： 2006-10-01
发布部门： 中华人民共和国信息产业部
标准简介：

本规范是通信电源集中监控系统工程施工质量检查、工程初验、工程试运行和工程终验的依据。本规范适用于新建的通信电源集中监控系统工程，对于改建、扩建工程验收可参照本规范执行。

矿业

煤矿铅酸蓄电池防爆特殊型电源装置
标准编号： MT/T 334-2008
实施日期： 2009-01-01
发布部门： 国家安全生产监督管理总局
标准简介：

本标准规定了煤矿铅酸蓄电池防爆特殊型电源装置的产品分类、要求、试验、方法、检验规则、标志、包装、运输和贮存。本标准适用于在具有甲烷或煤尘爆炸危险的煤矿井下使用的电源装置。

矿用直流电源变换器
标准编号： MT/T 863-2000
实施日期： 2000-05-01
发布部门： 国家煤炭工业局
标准简介：

本标准规定了煤矿架线电机车车灯，电笛及通信信号用直接电源变换器的分类与型号、技术要求、试验方法、检验规则、标志、包装、运输和贮存。

煤矿用直流稳压电源
标准编号： MT/T 408-1995
实施日期： 1995-10-01
发布部门： 中华人民共和国煤炭工业部
标准简介：

本标准规定了煤矿用直流稳压电源的产品分类、技术要求、试验方法、检验规则、标志、包装、运输和贮存。本标准适用于单相交流供电，额定输出电压 60V 以下的煤矿用直流稳压电源（以下简称稳压电源）。

矿用本质安全输出直流电源
标准编号： MT/T 1078-2008
实施日期： 2010-01-01
发布部门： 国家安全生产监督管理总局
标准简介：

本标准规定了矿用本质安全输出直流电源的产品分类、技术要求、试验方法、检验规则、标志、包装、运输和贮存。本标准适用于矿用安全输出直流电源。

矿用变频调速装置
标准编号： MT 1099-2009
实施日期： 2010-07-01
发布部门： 国家安全生产监督管理总局
标准简介：

本标准规定了煤矿具有爆炸性危险气体环境用变频调速装置（以下简称变频调速装置）的型式、规格、试验方法、检验规则、标志、包装、和储运。本标准适用于1140V及以下煤矿用变频调速装置。

煤矿蓄电池电机车用隔爆型充电机
标准编号： MT 1093-2008
实施日期： 2010-07-01
发布部门： 国家安全生产监督管理总局
标准简介：

本标准规定了煤矿蓄电池电机车用隔爆型充电机的产品分类、要求、试验方法、检验规则、标志、包装、运输和贮存。本标准适用于煤矿蓄电池电机车用隔爆型充电机（以下简称充电机）。

矿灯充电架型号编制方法
标准编号： MT/T 455-2006
实施日期： 2006-12-01
发布部门： 中华人民共和国国家发展改革委员会
标准简介：

本标准规定了矿灯充电架型号的编制原则、型号的组成和排列方式、编制方法和管理及申报办法。本标准适用于煤矿地面室内用的充电架，不适用于单个矿灯充电器。

采煤机电气调速装置技术条件
第2部分：变频调速装置
标准编号： MT/T 1041.2-2008
实施日期： 2009-01-01
发布部门： 国家安全生产监督管理总局
标准简介：

MT/T 1041的本部分规定了采煤机行走部变频调速装置的要求、试验方法、检验规则、标志。本部分适用于采煤机行走部变频调速装置（以下简称变频调速装置）。

电源中减小电磁干扰的设计指南
标准编号： SJ 20156-1992
实施日期： 1993-05-01
发布部门： 中国电子工业总公司
标准简介：

本指导性技术文件规定了抑制电源传导干扰和辐射干扰的方法。本指导性技术文件适用于电源的电磁兼容性设计，旨在降低电源的传导和辐射干扰。

车辆

汽车用LED前照灯
标准编号： GB 25991-2010
实施日期： 2012-01-01
发布部门： 国家质量监督检验检疫总局 国家标准化管理委员会
标准简介：

本标准规定了汽车用LED光源/模块或含有LED光源/模块的前照灯配光性能、光色、温度循环等试验方法和检验规则等。本标准适用于M、N类汽车使用的LED前照灯、或主要由LED光源或LED模块形成远光或近光的LED前照灯。

电动车辆传导充电系统　电动车辆交流/直流充电机（站）
标准编号： GB/T 18487.3-2001
实施日期： 2002-05-01
发布部门： 中华人民共和国 国家质量监督检验检疫总局
标准简介：

本标准与GB/T 18487.1结合，给出传导连接到电动车辆的交流/直流充电机（站）的具体要求。对于交流充电站，本标准不包括不具有充电控制功能的盒式装置，它配有给电动车辆提供能源的插座。

电动车辆传导充电系统一般要求
标准编号： GB/T 18487.1-2001
实施日期： 2002-05-01
发布部门： 中华人民共和国国家质量监督检验检疫总局
标准简介：

本标准适用于交流标称电压最大值为660V，直流标称电压最大值1000V（根据GB 156—1993）的电动车辆充电设备。本标准适用于电动道路车辆充电的设备。本标准不适用于发动机起动、照明和点火装置或类似用途的，家用或其他类似的蓄电池充电系统的充电设备。本标准也不适用于轮椅、室内电动汽车、有轨电车、无轨电车、铁路交通工具以及工业用载重车（如叉式起重车）等非道路用蓄电池充电系统的充电设备。本标准不涉及Ⅱ类车辆。本标准规定了对充电设备的基本结构要求，即对供电装置和车辆连接的特性及操作环境的要求；对充电设备的技术要求及针对此要求电动车应有的特性；对供电电压和电流的要求；对充电模式功能的要求；对电动车辆连接及对其接口的要求；对专用的插孔、连接器、插头、插座和充电电缆等的要求。本标准还规定了防电击保护等安全要求，但不包括与维护有关的其他安全要求。

道路车辆由传导和耦合引起的电骚扰
第2部分：沿电源线的电瞬态传导
标准编号： GB/T 21437.2-2008
实施日期： 2008-09-01
发布部门： 中华人民共和国国家质量监督检验检疫总局、中国国家标准化管理委员会

标准简介：

本部分规定了安装在乘用车及12V电气系统的轻型商用车或24V电气系统的商用车上设备的传导电瞬态电磁兼容性测试的台架试验，包括瞬态注入和测量。本部分还规定了瞬态抗扰性失效模式严重程度分类。本部分适用于各种动力系统（例如火花点火发动机或柴油发动机，或电动机）的道路车辆。

电动汽车DC/DC变换器

标准编号： GB/T 24347-2009

实施日期： 2010-02-01

发布部门： 中华人民共和国国家质量监督检验检疫总局 中国国家标准化管理委员会

标准简介：

本标准规定了电动汽车DC/DC变换器的要求、试验方法、检验规则、标志、包装、运输、贮存等。本标准适用于电动汽车动力电源系统用DC/DC变换器。附件和控制系统低压（12V、24V）电源系统使用的DC/DC变换器可参照本标准相关内容。本标准中涉及的DC/DC变换器的功率等级为千瓦级（1~200kW）；不包括模块式小功率DC/DC变换器。

电动车辆传导充电系统电动车辆与交流/直流电源的连接要求

标准编号： GB/T 18487.2-2001

实施日期： 2002-05-01

发布部门： 中华人民共和国国家质量监督检验检疫总局

标准简介：

本标准连同GB/T 18487.1给出了电动车辆与交流或直流电源的连接要求。当电动车辆与供电电网连接时，根据GB 156-1993，交流电压最大值为660V，直流电压最大值为1000V。本标准不涉及Ⅱ类车辆。本标准不覆盖保养维修方面的所有安全事项。本标准不适用于无轨电车、铁路机车、工业卡车和原设计为非道路用的车辆。

电动汽车传导式充电接口

标准编号： QC/T 841-2010

实施日期： 2011-03-01

发布部门： 中华人民共和国工业和信息化部

标准简介：

本标准规定了电动汽车传导式充电接口的术语与定义、技术参数、充电模式、分类及功能定义、结构尺寸、性能要求、试验方法和检验规则。该标准规定了两种充电接口，一种是为车载充电机提供交流电能的接口，另一种是为电动汽车提供直流电能的接口。本标准适用于交流额定电压为220V和直流额定电压不超过750V的电动汽车用传导式充电接口。

电动汽车电池管理系统与非车载充电机之间的通信协议

标准编号： QC/T 842-2010

实施日期： 2011-03-01

发布部门： 中华人民共和国工业和信息化部

标准简介：

本标准规定了电动汽车电池管理系统（简称BMS）与非车载充电机（简称充电机）之间的通信协议。本标准适用于电动汽车非车载充电。该标准的CAN标识符为29位，通信波特率为250kbps，但该标准不限于29位标识符和250kbps通信波特率，如使用其他格式，可参照该标准制定其CAN标识符。标准数据传输采用低位先发送的格式。

轻工、文化与生活用品

家用和类似用途电器的安全电池充电器的特殊要求

标准编号： GB 4706.18-2005

实施日期： 2006-09-01

发布部门： 中华人民共和国国家质量监督检验检疫总局 中国国家标准化管理委员会

标准简介：

本部分全部技术内容为强制性。GB 4706是家用和类似用途电器的安全的系列标准，分为以下几部分：第一部分：通用要求；第二部分：特殊要求。本部分是电池充电器的特殊要求部分。

教学电源

标准编号： JY 0361-1999

实施日期： 2000-06-01

发布部门： 中华人民共和国教育部

标准简介：

本标准适用于中学教学中分组和演示实验用的电源。

实验室设备　电源系统

标准编号： JY/T 0374-2004

实施日期： 2005-04-01

发布部门： 中华人民共和国教育部

标准简介：

本标准规定了学校实验室设备电源系统（简称电源系统）的分类与命名、要求、试验方法、检验规则、标志、标签、使用证明书、包装、运输、贮存。本标准适用于小学实验室中固定在实验台（桌）上教师可控制的电源系统，不适用于中小学实验室中独立使用的电源。

电动自行车用蓄电池及充电器
第1部分：密封铅酸蓄电池及充电器

标准编号： QB/T 2947.1-2008

实施日期： 2008-07-01

发布部门： 中华人民共和国国家发展和改革委员会

标准简介：

本部分规定了电动自行车用蓄电池及充电器的术语、代号、要求、试验方法、检验规则及标志、包装、运输和贮存。本部分适用于GB 17761《电动自行车通用技术条件》中规定的电动自行车用蓄电池以及其用充电器。

电动自行车用蓄电池及充电器

第2部分：金属氢化物镍蓄电池及充电器
标准编号： QB/T 2947.2-2008
实施日期： 2008-07-01
发布部门： 中华人民共和国国家发展和改革委员会
标准简介：

本部分规定了电动自行车用金属氢化物镍蓄电池及充电器的术语和定义、型号命名、要求、试验方法、检验规则及标志、包装、运输和贮存。本部分适用于 GB 17761《电动自行车通用技术条件》中规定的电动自行车用金属氢化物镍蓄电池组以及其所用充电器。

电动自行车用蓄电池及充电器
第3部分：锂离子蓄电池及充电器
标准编号： QB/T 2947.3-2008
实施日期： 2008-07-01
发布部门： 中华人民共和国国家发展和改革委员会
标准简介：

本部分规定了电动自行车用锂离子蓄电池及充电器的术语和定义、型号命名、要求、试验方法、检验规则及标志、包装、运输和贮存。本部分适用于 GB 17761《电动自行车通用技术条件》中规定的电动自行车用锂离子蓄电池组及其所用充电器。

风光互补供电的 LED 道路和街路照明装置
标准编号： QB/T 4146-2010
实施日期： 2011-04-01
发布部门： 工业和信息化部
标准简介：

本标准规定了采用风能和太阳能互补发电、蓄电池储能供电、以 LED 为光源的道路和街路照明装置的安全和性能要求。本标准适用于离网型、以风光互补供电的照明装置。

其他

弧焊设备
第1部分：焊接电源
标准编号： GB 15579.1-2004
实施日期： 2004-08-01
发布部门： 中华人民共和国国家质量监督检验检疫总局 中国国家标准化管理委员会
标准简介：

本部分适用于为工业和专业用途而设计的由不超过 GB 156—1993 标准中表1规定的电压供电或由机械设备驱动的弧焊和类似工艺所用的电源。本部分不适用于为非专业人员使用的限制负载的手工电弧焊电源。本部分对弧焊电源以及等离子切割系统在结构和性能方面的安全要求作出了规定。

高速公路 LED 可变限速标志
标准编号： GB 23826-2009
实施日期： 2009-12-21
发布部门： 中华人民共和国国家质量监督检验检疫总局 中国国家标准化管理委员会
标准简介：

本标准规定了发光二极管（LED）可变限速标志的分类与组成、技术要求、试验方法、检验规则和标识、包装、运输、贮存。本标准适用于高速公路以 LED 为发光单元的可变限速标志，其他道路可参照使用。

船用半导体变流器通用技术条件
标准编号： GB/T 14548-1993
实施日期： 1994-02-01
发布部门： 国家技术监督局
标准简介：

本标准规定了船用半导体变流器的技术要求、试验方法和检验规则等。本标准适用于半导体整流二极管、各种类型的晶闸管以及其他电力电子器件所构件的船用静止变流器。

电能质量暂时过电压和瞬态过电压
标准编号： GB/T 18481-2001
实施日期： 2002-04-01
发布部门： 中华人民共和国国家质量监督检验检疫总局
标准简介：

本标准规定了交流电力系统中作用于电气设备的暂时过电压和瞬态过电压要求、电气设备的绝缘水平，以及过电压保护方法。当涉及过电压方面电能质量问题时，应根据本标准的规定，结合电网、设备特点和使用环境参照相关的专业标准执行。本标准不适用于因静电、触及高压系统以及稳态波形畸变（谐波）引起的过电压。

电力工程直流电源设备通用技术条件及安全要求
标准编号： GB/T 19826-2005
实施日期： 2006-07-01
发布部门： 中华人民共和国国家质量监督检验检验总局 中国国家标准化管理委员会
标准简介：

本标准规定了电力工程直流电源设备的通用技术条件和安全要求，以及检验方法、检验规则、标识、包装、运输和贮存等方面的要求。本标准适用于电力系统发电厂、变电站及其他电力工程中，为直流控制负荷、直流动力负荷等供电的直流电源设备。并作为产品设计、制造、检验和使用的依据。本标准也适用于冶金、石化、铁路等行业电力工程所使用的直流电源设备。对于未涵盖的其他直流电源设备可参照使用。

可充电电池用冲孔镀镍钢带
标准编号： GB/T 20253-2006
实施日期： 2006-10-01
发布部门： 中华人民共和国国家质量监督检验检疫总局、中国国家标准化管理委员会
标准简介：

本标准规定了可充电电池用冲孔镀镍钢带的要求，实验方法，检验规则，标志，包装，运输，储存及合同内容。本标准适用于金属氢化物-镍、镉-镍、锌-镍碱性可充电电池正极、负极骨架材料所使用的冲孔镀镍钢带。

船舶电气设备设备半导体变流器

标准编号： GB/T 22193-2008

实施日期： 2009-04-01

发布部门： 中华人民共和国国家质量监督检验检疫总局 中国国家标准化管理委员会

标准简介：

本标准适用于使用如二极管、反向阻塞三端晶闸管等半导体整流件的船用静止变流器。变流可以是交流变直流、直流变交流、直流变直流以及交流变交流。

高速公路 LED 可变信息标志

标准编号： GB/T 23828-2009

实施日期： 2009-07-01

发布部门： 中华人民共和国国家质量监督检验检疫总局 中国国家标准化管理委员会

标准简介：

本标准规定了发光二极管（LED）可变信息标志的分类与组成、技术要求、试验方法、检验规则和标识、包装、运输、贮存。本标准适用于高速公路以 LED 为发光单元的可变信息标志，其他道路可参照使用。

渔船电子设备电源的技术要求

标准编号： GB/T 3594-2007

实施日期： 2008-03-01

发布部门： 农业部

标准简介：

本标准规定了渔船电子设备电源设计的基本技术要求。本标准适用于各种作业方式渔船上安装的电子设备，如各种无线电通信设备、无线电导航设备、电子助渔仪器、船内通信及报警系统、自动控制设备及电源变换装置等。

电能质量电力系统频率偏差

标准编号： GB/T 15945-2008

实施日期： 2009-05-01

发布部门： 中华人民共和国国家质量监督检验检疫总局 中国国家标准化管理委员会

标准简介：

本标准规定了标称频率为 50Hz 的电力系统频率偏差限值、测量及合格率的统计方法。本标准不适用于电气设备的频率偏差限值。

电能质量监测设备通用要求

标准编号： GB/T 19862-2005

实施日期： 2006-04-01

发布部门： 中华人民共和国国家质量监督检验检疫总局 中国国家标准化管理委员会

标准简介：

本标准规定了电能质量监测设备的通用要求。本标准适用于户内使用的、对交流电力系统及其设备进行电能质量监视测量的下述设备：固定式监测设备；便携式监测设备。

电能质量公用电网谐波

标准编号： GB/T 14549-1993

实施日期： 1994-03-01

发布部门： 国家技术监督局

标准简介：

本标准规定了公用电网谐波的允许值及其测试方法。本标准适用于交流额定频率为 50Hz，标称电压 110kV 及以下的公用电网。本标准不适用于暂态现象和短时间谐波。

电焊机型号编制方法

标准编号： GB/T 10249-2010

实施日期： 2010-11-10

发布部门： 中华人民共和国国家质量监督检验检疫总局 中国国家标准化管理委员会

标准简介：

本标准规定了电焊机型号的编制方法。本标准适用于一般使用条件下的电焊机产品。

太阳能 LED 灯具通用技术条件

标准编号： DB37/T 1181-2009

实施日期： 2009-03-01

发布部门： 山东省质量技术监督局

标准简介： 地方标准

发布部门： 山东省质量技术监督局。

景观装饰用 LED 灯具

标准编号： DB35/T 811-2008

实施日期： 2008-07-10

发布部门： 福建省质量技术监督局

标准简介： 地方标准

发布单位： 福建省质量技术监督局。

投光照明用 LED 灯具

标准编号： DB35/T 812-2008

实施日期： 2008-07-10

发布部门： 福建省质量技术监督局

标准简介：

标准类别： 地方标准

主管部门： 福建省质量技术监督局。

LED 道路交通诱导可变信息标志

标准编号： GA/T 484-2010

实施日期： 2011-03-01

发布部门： 中华人民共和国公安部

标准简介：

本标准规定了 LED 道路交通诱导可变信息标志的分类、命名、技术要求、试验方法、检验规则、标识、包装、运输与贮存。本标准适用于道路交通诱导可变标志的设计、制造和验收。

环境保护产品技术要求电除尘器高压整流电源

标准编号： HJ/T 320-2006

实施日期： 2007-02-01

发布部门： 国家保护总局

标准简介：

本标准适用于高压静电除尘器的整流电源（以下简称整流电源），也适用于除雾、除焦油及其他环境保护用途的高压整流电源。

环境保护产品技术要求电除尘器低压控制电源

标准编号： HJ/T 321-2006

实施日期： 2007-02-01

发布部门： 国家环境保护总局

标准简介：

本标准适用于电除尘器所配套的低压控制电流。

电火花加工机床可靠性试验规范

第 1 部分：脉冲电源

标准编号： JB/T 6559.1-2006

实施日期： 2007-05-01

发布部门： 国家发展和改革委员会

标准简介：

本部分适用于电火花加工机床脉冲电源的可靠性测定试验。

磁耦合直流电流测量变换器校准规范

标准编号： JJF 1047-1994

实施日期： 1994-08-01

发布部门： 国家技术监督局

标准简介：

本规范为推荐指导性校准技术文件，适用于新制造、使用中和修理后的测量用磁耦合直流电流测量变换器的校准。控制用磁耦合直流电流测量变换器的校准可参照使用。

直流稳压电源检定规程

标准编号： JJG（航天）6-1999

实施日期： 1999-08-31

发布部门： 中国航天工业总公司

标准简介：

本检定规程规定了直流稳压电源的技术要求、检定条件、检定项目、检定方法、检定结果的处理和检定周期。

船用通信导航设备的安装、使用、维护、修理技术要求

第 11 部分：蓄电池与充电设备

标准编号： JT/T 680.11-2007

实施日期： 2007-08-01

标准简介：

本部分规定了船舶电台的蓄电池和充电设备的安装、使用、维护、修理技术要求。本部分适用于 JT/T 680.11—2007 所规定的范围。

电除尘用晶闸管控制高压电源

标准编号： JB/T 9688-2007

实施日期： 2007-09-01

发布部门： 中华人民共和国国家发展和改革委员会

标准简介：

本标准规定了电除尘用工频、晶闸管移相调压控制高压电源的型谱、技术要求。本标准适用于电除尘用工频、晶闸管移相调压控制高压电源，不适用于其他半导体电力变流器。

电焊机专用转换开关

标准编号： JB/T 10498-2005

实施日期： 2005-09-01

发布部门： 中华人民共和国国家发展和改革委员会

标准简介：

本标准规定了电焊机或类似电焊机的专用转换开关的安全要求及性能要求、试验方法、检验规则等。

电焊机用冷却风机的安全要求

标准编号： JB/T 8588-1997

实施日期： 1997-07-25

发布部门： 中华人民共和国机械工业部

标准简介：

本标准规定了电焊机用冷却风机的安全要求及其试验方法和检验规则。本标准适用于在各类电焊机内使用的由电容运转异步电动机驱动的各种轴流式或离心式电焊机用冷却风机（以下简称风机）。由罩极式异步电动机驱动的风机应参照执行本标准。本标准推荐的风机型号编制方法，见附录 B（提示的附录）。本标准推荐的风机的外形尺寸及安装尺寸，见附录 C（提示的附录）。

等离子喷焊电源

标准编号： JB/T 9192-1999

实施日期： 2000-01-01

标准简介：

本标准是对 ZB J64 015—89 进行的修订。本标准规定了等离子喷焊电源的技术性能要求及使用条件。本标准适用于与等离子喷焊设备配套的专用硅整流弧焊电源，也适用于将整流弧焊机经改制后用作等离子喷焊的电源。其他类型的整流弧焊机，凡用于等离子喷焊的，亦应参照使用。

电影放映用整流器

标准编号： JB/T 11090-2011

实施日期： 2012-4-1

发布部门： 中华人民共和国工业和信息化部

标准简介：

本标准规定了电影放映用整流器的术语和定义、型号规格与基本参数、技术要求、试验方法、检验规则及标志、包装、运输、贮存。本标准适用于晶闸管整流式和开关电源式的负载为高压短弧氙灯的电影放映用整流器。

弧焊整流器
标准编号：JB/T 7835-1995
实施日期：1996-6-1
发布部门：中华人民共和国机械工业部
标准简介：

本标准规定了弧焊整流器的产品型式和基本参数、安全要求、技术条件、检验规则以及标志、包装、运输、贮存等。本标准适用于一般使用条件下的各种类型的弧焊整流器（以下简称电源）。对于某些特殊要求，可以本标准的基础上由用户与制造厂协商，在专用技术条件或企业标准中予以规定。

整体式 LED 路灯的测量方法
标准编号：LB/T 001-2009
实施日期：2009-09-01
发布部门：国家半导体照明工程研发及产业联盟
标准简介：

本推荐技术规范规定了整体式 LED 路灯基本性能的测量方法。本推荐性技术规范适用于交流 50Hz/220V 电源供电的并在内置控制器（自镇流）或外置控制器驱动下稳定工作的用于道路和街路照明的整体式 LED 路灯。超出本推荐性技术规范范围的 LED 路灯或类似产品的测量可参考本推荐性技术规范。

民用航空器维修标准地面维修设施
第 7 部分：电瓶充电修理作业场所
标准编号：MH/T 3012. 7-2008
实施日期：2009-02-01
发布部门：中国民用航空局
标准简介：

代替标准号：MH 3145. 77-2001 民用航空器维修标准。

飞机地面电源机组
标准编号：MH/T 6019-1999
实施日期：2000-03-01
标准简介：

本标准规定了飞机地面电源机组技术要求、试验方法、检测规程及包装、标志、储运。本标准适用于由内燃机驱动发动机，向飞机供给检查和启动电能的交流 400Hz、115/200V（三相）、115V（单相）和直流 28. 5V 地面电源机组，包括固定式、汽车式、挂车式电源机组。

程控电话交换机电源通用技术条件
标准编号：SJ/T 10693-1996
实施日期：1996-11-01
发布部门：中华人民共和国电子工业部
标准简介：

本标准规定了程控电话交换机电源系统的技术要求、试验方法、检验规则及标志、包装、运输、贮存等。本标准适用于各类程控电话交换机的基础电源系统和设备（以下简称电源设备）。

电源装置维护检修规程
标准编号：SHS 06006-2004
实施日期：2004-06-21
标准简介：

本规程规定了直流电源装置，电解用大功率晶闸管整流器、UPS 装置及酸（碱）性蓄电池维护检修周期、项目、质量标准、定期检查项目要求、常见故障与处理方法、交接程序与验收要求。

机载雷达用栅控行波管组合高压电源通用规范
标准编号：SJ 20396-1994
实施日期：1994-12-01
标准简介：

本规范规定了机载雷达用栅控行波管组合高压电源通用要求、质量保证规定以及交货准备要求。本规范适用于机载雷达用栅控行波管组合高压电源，其他机载电子设备的组合高压电源也可参照采用。本规范是制定高压电源产品规范的基本依据。

机载电源变换设备通用规范
标准编号：SJ 20799-2001
实施日期：2002-01-01
标准简介：

本规范规定了机载电源变换设备的要求、质量保证规定和交货准备等要求。本规范适用于机载电子设备用 AC-DC、DC-DC 和 DC-AC 电源变换设备。

彩色电视机广播接收机用电源开关空白详细规范
标准编号：SJ 3130-1988
实施日期：1988-10-01
发布部门：中华人民共和国机械电子工业部
标准简介：

适用于本规范规定的彩色电视广播接收机用电源开关的全部要求由本规范和 SJ 3129《彩色电视广播接收机用电源开关总规范》组成。

彩色电视广播接收机用 KDC-A01 型按钮式电源开关详细规范
标准编号：SJ 3131-1988
实施日期：1988-10-01
发布部门：中华人民共和国电子工业部
标准简介：

适用于本规范的开关的全部要求由本详细规范和 SJ 3129《彩色电视广播接收机用电源开关总规范》组成。

LG2 型行电源滤波电感器详细规范

标准编号： SJ 20096-1992

实施日期： 1993-05-01

发布部门： 中国电子工业总公司

标准简介：

本规范规定的 LG2 型行电源滤波电感器，其全部要求由本规范和 SJ 20037-92《射频固定和可变电感器总规范》作出规定。本规范适用于机敏雷达光栅显示器及同类显示器行电源滤波用 LG2 型电感器。

通道级电源控制接口

标准编号： SJ 20153-1992

实施日期： 1993-05-01

发布部门： 中国电子工业总公司

标准简介：

本标准规定了设计生产的设备在电源时序和控制方面能兼容的电源控制接口，其中包括电源控制接 n 线和可选的紧急断电特俭的定义和描述。本标准适用于军用计算机与外围设备。

半导体分立器件 QL71 型硅单相桥式整流器详细规范

标准编号： SJ 20064-1992

实施日期： 1992-11-19

发布部门： 中国电子工业总公司

标准简介：

本规范规定了电源设备用的 QL71 型硅单相桥式整流器（以下简称器件）的详细要求。该种器件按 GJB33《半导体分立器件总规范》的规定，提供产品保证的两个等级（GP 和 GT 级）。

半导体分立器件 QL72 型硅三相桥式整流器详细规范

标准编号： SJ 20065-1992

实施日期： 1993-05-01

发布部门： 中国电子工业总公司

标准简介：

本规范规定了电源设备用的 QL72 型硅三相桥式整流器（以下简称器件）的详细要求。该种器件按 GD33《半导体分立器件总规范》的规定，提供产品保证的两个等级（GP 和 GT 级）。

出口电焊机检验规程

标准编号： SN/T 0233-1993

实施日期： 1994-05-01

发布部门： 中华人民共和国国家进出口商品检验局

标准简介：

本标准规定了出口电阻焊机、电弧焊机的抽祥、检验及检验结果的判定规则。本标准适用于出口电阻焊机和电弧焊机的检验。

半导体分立器件 QL73 型硅三相桥式整流器详细规范

标准编号： SJ 50033. 50-1994

实施日期： 1994-12-01

发布部门： 中华人民共和国电子工业部

标准简介：

本规范规定了 QL73 型硅三相桥式整流器（以下简称器件）的详细要求。本规范适用于器件的研制、生产和采购。

第八篇　与电源相关高等院校和科研机构简介

（按单位名称汉语拼音字母顺序排列）

1. 北方工业大学
2. 北京航空航天大学
3. 重庆大学
4. 电子科技大学
5. 东南大学
6. 福州大学
7. 复旦大学
8. 广东工业大学
9. 广西大学
10. 哈尔滨工业大学
11. 合肥工业大学
12. 湖南工程学院
13. 华南理工大学
14. 华中科技大学
15. 辽宁工业大学
16. 南京工程学院
17. 南京航空航天大学
18. 清华大学
19. 山东大学
20. 山东劳动职业技术学院
21. 上海大学
22. 上海电力学院
23. 上海海事大学
24. 上海应用技术学院
25. 深圳航天科技创新研究院
26. 四川大学
27. 苏州市职业大学
28. 天津大学
29. 同济大学
30. 武汉大学
31. 西安交通大学
32. 西安理工大学
33. 西北工业大学
34. 燕山大学
35. 漳州职业技术学院
36. 浙江大学
37. 中国兵器工业集团第二〇六研究所
38. 中国兵器装备集团兵器装备研究所
39. 中国科学院等离子体物理研究所
40. 中国矿业大学（北京）

1. 北方工业大学

高校介绍：

北方工业大学坐落在北京风景秀丽的西山脚下，是一所以工为主，理、工、文、经、管、法相结合的综合性大学。校园占地32.05万平方米，环境优美，交通便利，是一所花园式的文明校园。

信息工程学院

北方工业大学信息工程学院设有计算机科学与技术、电子信息工程、通信工程、微电子学和数字媒体艺术5个本科专业，计算机应用技术、信号与信息处理、计算机软件与理论和电路与系统等4个硕士学位授予点，现有全日制在校学生近1900人。

学院具有一支优秀的师资队伍，教学科研能力强。学院的实验中心设备先进，已具备了开设大型实验、综合性实验的能力。学院重视学生的创新能力、自学能力和工程素质能力的培养，注重学生良好学习习惯和优良学风的培养，管理严格，教学严谨，每年都有几十名毕业生考取全国著名大学的研究生。

学院现有计算机科学与技术、电子信息工程、通信工程、微电子学四个系，北京市重点建设学科1个，北京市人才十大培养基地1个，北京市品牌建设专业2个。学院积极开展科研活动，近年来承担国家自然科学基金等国家纵向课题及横向课题几十项，并在模糊控制、集成电路设计、计算机应用、绿色电源、信号处理等方面取得重大科研成果，多次获得国家科技进步奖和省、部级科技进步一、二、三等奖，多项成果处于国内领先水平。

学院重视国际交流和合作，与英国、德国、日本、美国等多所大学开展了联合办学和学术交流，建立了良好的合作关系。

地址：北京市石景山区晋元庄路5号北方工业大学信息工程学院

邮编：100041

电话：010-88803797

邮箱：xinxi@ ncut. edu. cn

网　址： http：//cie. ncut. edu. cn/xueyuan/chinese/index. asp

2. 北京航空航天大学

高校介绍：

北京航空航天大学（简称北航）成立于1952年，是一所具有航空航天特色和工程技术优势的多科性、开放式、研究型大学。学校现隶属于工业和信息化部，是国家“211工程”和“985工程”建设的重点高校。

学校现有院系26个，本科专业52个，硕士学位授权点144个，一级学科博士学位授权点14个，二级学科博士学位授权点49个。学科涵盖理、工、文、法、经济、管理、教育、哲学等8个门类，在航空、航天、动力、信息、材料、制造、交通、仪器和管理等领域形成明显的比较优势。北京航空航天大学原有的11个国家重点学科，9个进入全国前5名，2个名列全国第7名。2007年新一轮国家重点学科评审和增补，有8个一级学科被评为国家重点学科，位于全国高校第7名，国家重点二级学科由11个增加到28个。

学校现有教职工3803人，其中专任教师2230人，1640人具有高级职称。院士17人，中组部“千人计划”10名，长江学者35人，国务院学科评议组成员11人，博士生导师583人，国家杰出青年基金获得者30人，“973”计划首席科学家18名，跨世纪优秀人才13人，新世纪优秀人才112人；国家级教学名师3人，国家自然科学基金委创新研究群体4个，教育部创新团队9个，国家级教学团队1个，国防科技创新团队6个。

建校以来，北京航空航天大学共培养11万余名毕业生。目前，全日制在校生总数为22856人，其中本科生12616人，硕士研究生6808人，博士研究生3432人，研究生和本科生的比例为1：1.23。在校攻读学位的外国留学生534人，是国内接收外国工科研究生最多的高校之一。

学校科研实力雄厚。2006年，获批筹建航空科学与技术国家实验室，成为我校航空航天特色和研究型大学的重要标志。同时，学校还拥有航空发动机气动热力实验室、软件开发环境实验室、虚拟现实技术与系统重点实验室、飞行器控制一体化技术实验室、可靠性与环境工程实验室、国家计算流体力学实验室和国家空管新航行系统技术重点实验室等7个国家级重点实验室，25个省部级重点实验室，3个国家级工程中心以及3个省部级工程中心。

自动化学院

北京航空航天大学自动化科学与电气工程学院（简称自动化学院）的前身是北京航空学院飞机设备系，始建于1954年8月。在50多年的发展过程中，自动化学院教师秉承了学院奠基者敢为人先的开拓精神、百折不挠的顽强意志、求真务实的工作作风、钩深驭远的师者风范，在教学和科学研究方面均取得了优异的成绩。学院作为主要完成单位曾先后研制成功我国第一架轻型旅客机“北京一号”、第一架高空高速无人侦察机、靶机、蜜蜂系列轻型飞机和第一架共轴式双旋翼直升机、我国第一台歼击机飞行模拟器和第一台民用飞机飞行模拟器等，创造了多项全国第一。获得国家科技进步一等奖1项、二等奖5项、三等奖1项，国家技术发明一等奖1项、二等奖1项，省部级一等奖13项，其他各种奖励百余项。

学院现有教师161人，其中，教授39人，副教授77人，院士1人，千人计划1人，国家级突出贡献专家1人，教育部长江学者创新团队1支，长江学者特聘教授3人，讲座教授1人，国家杰出青年基金获得者2人，新世纪百千万人才工程人选2人，北京市教学名师1人，享受政府特殊津贴人员4人，新（跨）世纪优秀人才6人。学院承载3个一级学科和9个二级学科，其中2个国家重点一级学科，5个国家重点二级学科，拥有7个博士点，9个硕士点和一个工程硕士专业学位点。在教学方面，获国家教学成果一等奖2项、二等奖1项，北京市教学成果一等奖4项，二等奖4项。

学院师资雄厚，教学设备精良，拥有北京市教学示范中心1个，北京市优秀教学团队2个，国家级精品课1门，北京市精品课3门，国家级双语示范课程1门，北京航空航天大学“十佳”优秀教师6人。学院为学生进行科学研究与创新实践提供条件完善和设备先进的基地。

北京航空航天大学自动化学院已经成为我国重要的航空航天自动化领域高素质人才培养基地和科研基地。学院以学科建设为主线、以创新人才引育为核心、以科研创新为引领、以教学创新为根本、以创新基地建设为基础、以机制创新为驱动、以国际合作交流为参照、以加强党的建设与思想政治工作为保证，努力打造空天信融合特色的国际知名自动化学院。

学院坐落在北京航空航天大学新主楼E座，院机关位于8层，学院教职员工将竭诚为校友、同学和朋友提供优良的服务，为打造国内一流国际知名的自动化学院而努力！

地址：北京市海淀区学院路丁11号

网址：http：//dept3. buaa. edu. cn：81/templates/T_ index/index. aspx？ nodeid = 1

3. 重庆大学

高校介绍：

重庆大学是教育部直属的全国重点大学，是国家“211工程”和“985工程”重点建设的高水平研究型综合大学。

重庆大学创办于1929年，早在20世纪40年代就成为拥有文、理、工、商、法、医等6个学院的国立综合性大学。马寅初、李四光、何鲁、冯简、柯召、吴宓、吴冠中等大批著名学者曾在学校执教。经过1952年全国院系调整，重庆大学成为国家教育部直属的、以工科为主的多科性大学，1960年被确定为全国重点大学。改革开放以来，学校大力发展人文、经管、艺术、教育等学科专业，促进了多学科协调发展。2000年5月，原重庆大学、重庆建筑大学、重庆建筑高等专科学校三校合并组建成新的重庆大学，使得一直以机电、能源、材料、信息、生物、经管等学科优势而著称的重庆大学，在建筑、土木、环保等学科方面也处于全国较高水平，奠定了高水平大学建设的坚实基础。

电气工程学院

重庆大学电气工程学院（原电机系）创建于1936年。1940年电机系分为电机、机械两系。1953年学校将电机系更名为电信系。1955年电信系全体学生和大部分专业课教师调往北京，与天津大学无线电系合并组建北京邮电学院；重庆大学又恢复电机系，除发电、电力网及电力系统专业外，增设电机及电器专业。

在历届系主任税西恒、冯简、闵启杰、吴大榕、刘宜伦、王际强、江泽佳等一大批著名学者的引领下，奠定了今天电气工程学院坚实的学术基础，形成了严谨的治学传统。在电气工程领域享有很高声誉的江泽佳先生，自1951~1982年一直担任电机系主任。他的教育思想和治学态度对历届电机系的师生有重大而深远的影响。

改革开放后，电机系先后更名为电气工程系、电气工程学院，并增设高电压与绝缘技术、电工理论与新技术、电力电子与电力传动3个专业方向。2000年，学院与原重庆建筑大学电气工程系合并组建成新的电气工程学院，增设建筑电气与智能化专业方向。徐国禹、杨顺昌、曾祥仁、孙才新、舒立春、周雒维先后任系主任、院长，为学院的发展做出了重要贡献。

学院现有教职工180余人，其中，中国工程院院士1名、外聘院士7名，国务院学位委员会学科评议组召集人1人、国家自然科学基金工程与材料学部专家咨询委员会成员及专家评审成员1人、教育部科技委学科组成员1人、教育部教学指导委员会成员2人、国家创新研究团队1个、长江学者特聘教授4人、国家杰出青年基金获得者1人、全国百篇优秀博士学位论文获得者3人、教育部跨（新）世纪优秀人才6人，博士生导师28人、教授38人、副高职称教师40人。学院在读博士生、硕士生、本科生共3200余人。

学院拥有电气工程国家一级重点学科、输配电装备及系统安全与新技术国家重点实验室、电气工程一级学科博士学位授权点和博士后流动站、国家工科电工电子基础课程教学基地和国家级示范中心。在2006年学科评估中电气工程一级学科名列全国前5名。

学院下设建筑电气与智能化、电机与电器、电力系统及其自动化、高电压与绝缘技术、电力电子与电力传动、电工理论与新技术6个系及建筑电气与楼宇智能化、电工技术、电力系统、高电压技术及系统信息监测、电机与电器、电力电子与电力传动6个研究所。

近年来，学院荣获国家级科技进步奖、教学成果奖5项，省部级科技、教学成果奖40余项；承担国家级研究项目50余项，省部级研究项目100余项；发表高水平论文1300余篇；获专利20余项；出版学术著作40余本。

重庆大学电气工程学院已经成为国家“211工程”、“985工程”重点建设单位。

电力电子与电力传动系

电力电子与电力传动系是依托电气工程二级学科电力电子与电力传动组建的。本系拥有1个博士点，1个硕士点。目前有教授6人，副教授3人，讲师3人，高级工程师、工程师各1人，其中博士生导师4人。与国际著名公司建立了3个联合实验室：重庆大学-美国TI公司DSP实验室、重庆大学-日本OMRON-PLC实验室以及重庆大学-美国MicroChip的PIC单片机实验室。此外，在“211”二期建设中将建成电能质量监控实验中心和电气传动综合测试实验中心，配备有试验台和各种测试分析仪器。

主要研究方向有：现代输变电系统电力电子装置及其智能控制技术，电力电子电路的拓扑变换与应用；电力电子装置与系统；电力系统谐波治理；电气传动与智能控制技术，交流传动及控制技术；电动汽车驱动控制技术等。

地址：重庆市沙坪坝区沙正街174号

邮编：400030

电话：023-65102434

传真：023-65102434

邮箱：zhangbin4288@ cqu. edu. cn
网址：http：//www. cee. cqu. edu. cn

4. 电子科技大学

高校介绍：

电子科技大学是教育部直属全国重点大学，坐落在四川的省会，西南经济、文化、交通中心——成都市。

学校占地4000余亩，设有研究生院和15个学院（部），另有示范性软件学院、继续教育学院、职业技术学院和网络教育学院以及电子科技大学成都学院、电子科技大学中山学院两个独立学院。全校教职工3400余人，其中专任教师2000余人，教授343人，中国科学院、中国工程院院士7人，国家“千人计划”入选者3人，国务院学位委员会学科组委员3人，长江学者特聘教授、讲座教授20人，国家杰出青年科技基金获得者12人，国家级教学名师奖获得者2人，全国优秀教师4人，全国师德先进个人2人，国家自然科学基金委创新群体1个，教育部创新团队2个，国防科技创新团队1个。全校现有各类全日制在读学生25000余人，其中博士、硕士研究生9000余人。

学校现有一级学科国家重点学科2个（含6个二级学科国家重点学科），国家重点（培育）学科2个，一级学科省级重点学科12个，二级学科省级重点学科3个；国家级重点实验室5个，部省级重点实验室36个。学校现有一级学科博士学位授权点8个，二级学科博士学位授权点36个，硕士学位授权点62个，MBA、MPA和工程硕士（含13个工程领域）等3种专业学位授权点；博士后流动站10个；本科专业44个，其中国家级特色专业建设点10个，省级特色专业19个。学校承担了国家科技攻关、国家自然科学基金以及国务院有关部委、四川省和国内大中型企业委托的各级各类科研项目，“十五”期间年度科技经费以年均26%的速度递增，2008年达到5.5亿元。50多年来，学校科技成果获国家级奖励50项、部省级奖励600余项，发表论文（专著）3.3万余篇（部），申请专利1000余项。

随着全球经济信息化以及我国电子信息产业的蓬勃发展，电子科技大学的建设和发展跨入新的历史阶段。学校将秉承“求实、求真，大气、大为”的精神，毫不动摇地以人才培养为根本，坚定不移地走内涵式发展道路，以服务国家、地方经济建设和国防建设为己任，锐意创新，携手奋进，努力把电子科技大学建设成为在电子信息学科领域具有世界先进水平的一流大学。

物理电子学院

电子科技大学物理电子学院成立于2001年10月，现设有应用物理系、电子信息科学与技术系、真空电子技术系、高能电子学研究所、应用物理研究所和现代物理研究所。学院现有教职工198人，拥有一支以中科院院士刘盛纲教授为学术带头人，3位“千人计划”入选者、1位长江学者讲座教授、1位国家杰出青年基金获得者、33位博士生导师、40位教授、55位副高级专业技术职称人员为核心，在国内外具有一定影响的师资队伍。拥有教育部新世纪优秀人才支持计划入选者6位，四川省“百人计划”入选者1位，四川省学术和技术带头人6位，78%的教师具有博士学位。

学院在“电子科学与技术”、“物理学”两个一级学科博士学位授予权点中设有博士后流动站，还设有“物理电子学”（国家重点学科）、“无线电物理”、“光学”、“等离子体物理”、“凝聚态物理”、“理论物理”6个二级学科点。学院目前在7个学科点招收硕士和博士研究生。现有在校博士研究生169人，硕士研究生521人。

学院在“应用物理学”（四川省特色专业）、“电子信息科学与技术”（四川省特色专业）、“真空电子技术”（国防特色紧缺专业）等3个本科专业有在校学生1116人。2008年，新增“核工程与核技术”本科专业。学院实施了学生工作指导委员会、班导师制等学生管理机制，学生工作的各项指标（英语四六级、毕业率、就业率等）一直名列学校前茅。多年来，学院为国家培养了一大批优秀人才，深受用人单位欢迎。

学院拥有微波电真空器件国家级重点实验室、国家“863计划”强辐射重点实验室、太赫兹科学技术四川省重点实验室、中国科学院太赫兹科学与技术发展战略研究基地、激光与毫米波系统实验室等多个国家和省部级研究室，拥有国内高校中唯一能进行大功率微波、毫米波器件的理论研究、计算模拟、制管到测试的系统研制基地。微波电真空器件国家级重点实验室进入了国家的“拓展提高序列”。

学院在太赫兹研究、微波电真空器件、等离子体电子学、新型受激辐射器件、毫米波理论与技术、计算电磁学及应用、固体光学和热学、空间光学等研究领域具有明显的特色优势，承担了国家重大专项、国家973计划、国家863计划、ITER计划、国家支撑计划、国家自然科学基金、国家重点基础研究和攻关项目以及对外引进等大量高水平科研项目。“十一·五”期间，承担了我国第一个太赫兹技术的“973”项目，独立承担国家重大专项1项，多学科参与国家重大专项5项，参与国家支撑计划2项，参与国际ITER计划，科研项目类型多样化，在国内已具有较好的影响力。学院科研总经费近2亿元，获得省部级科技奖励10项，申请和授权专利74项，发表科技论文1354篇，其中3大检索收录论文966篇。2003年，刘盛纲院士获得了毫米波、红外线领域的国际最高奖K. J. Button大奖，成为我国第一位获此殊荣的科学家。学院还获批教育部创新团队1个。研制出了国内第一支220GHz太赫兹回旋管、ϕ8mm高功率回旋行波管、ϕ3mm二次谐波渐变复合腔回旋管和ϕ8mm高功率回旋速调管，研制的微波管CAD软件已成为我国微波管CAD设计的首选软件。

学院重视校企合作，建有“电子科技大学·美的微波管技术及微波能应用联合实验室”、“电子科技大学·宇光电子器件工程中心”、“电子科技大学·宝通天宇超宽带电子学联合实验室”、“电子科技大学·雷奥风电传感器新能源技术应用联合实验室”、“电子科技大学CST培训中心”等校企联合实验室。

学院十分重视与国内外相关机构的交流与合作，举办了中国-英国/欧洲毫米波与太赫兹技术学术研讨会（2008

年)、首届 IEEEMTT-S（微波理论与技术协会）国际微波研讨会（2008 年)、国际微波毫米波技术会议（ICMMT)（2010 年）等国际会议。2010 年，举办了由 16 位院士、国内众多科研院所的学者以及企业界人士等参加的中国太赫兹科学技术及应用发展研讨会。派出骨干教师出国进修、合作研究、考察访问达 100 余人次，参加国内外大型学术会议 500 余人次，邀请美国、俄罗斯、德国、英国、日本等国家及国内相关专家来短期讲学、交流 100 余人次。

沧桑巨变，风雨彩虹。物理电子学院将继承和发扬“求真、求实，大气、大为”的“成电精神”，把握机遇，开拓进取，为把学院建成为国内一流、国际知名的高水平研究型二级学院而努力奋斗。

地址：四川省成都市建设北路二段四号

邮编：610054

电话：028-83202590

传真：028-83202009

网址：http：//202. 115. 12. 8/default. aspx

5. 东南大学

高校介绍：

东南大学是中央直管、教育部直属的全国重点大学，是“985 工程”和“211 工程”重点建设的大学之一。学校坐落于历史文化名城南京，占地面积 5880 亩，建有四牌楼、九龙湖、丁家桥等校区。东南大学前身是创建于 1902 年的三江师范学堂，1921 年经近代著名教育家郭秉文先生竭力倡导，以南京高等师范学校为基础正式建立国立东南大学，成为当时国内仅有的两所国立综合性大学之一。1928 年学校改名为国立中央大学，设理、工、医、农、文、法、教育 7 个学院，学科之全和规模之大为全国高校之冠。1952 年全国院系调整，学校文理等学科迁出，以原中央大学工学院为主体，先后并入复旦大学、交通大学、浙江大学、金陵大学等校的有关系科，在中央大学本部原址建立了南京工学院。1988 年 5 月，学校复更名为东南大学，校庆日为每年 6 月 6 日。2000 年 4 月，原东南大学、南京铁道医学院、南京交通高等专科学校、南京地质学校并入，组建了新的东南大学。

目前，学校设有 29 个院（系），拥有 75 个本科专业，29 个博士学位一级学科授权点，49 个硕士学位一级学科授权点，5 个国家一级重点学科（涵盖 15 个二级学科），5 个国家二级重点学科，1 个国家重点（培育）学科，11 个江苏高校优势学科建设工程一期项目立项学科（群），14 个江苏省一级学科重点学科，28 个博士后科研流动站。有 3 个国家重点实验室，3 个国家工程研究中心，2 个国家工程技术研究中心，1 个国家专业实验室，11 个教育部重点实验室，5 个教育部工程研究中心。

电气工程学院

东南大学电气工程学院历史悠久，其办学历史可追溯到 1923 年成立的国立东南大学电机系。从中央大学、南京工学院到今天的东南大学都一直设有电气工程相关学科和专业。曾经有大批国内外学术界知名的专家、学者在学院工作，如吴玉麟、陈章、吴大榕、程式、杨简初、严一士、闵华、周鹗、陈珩等。电气工程学院现设有电气工程一级学科博士学位授权点，含电机与电器、电力系统及其自动化、电力电子与电力传动、高电压与绝缘技术、电工理论与新技术、应用电子与运动控制、电气信息技术和新能源技术等二级学科，其中，电机与电器、电力系统及其自动化两个二级学科为江苏省重点学科。设有电气工程博士后流动站和电气工程及其自动化本科专业。电气工程学院是国家“211 工程”、“985 工程”一期、二期的重点建设单位，是教育部电气工程及其自动化专业教学指导分委员副主任单位。电气工程及其自动化本科专业是江苏省高等学校品牌专业，2006 年 6 月又首批通过教育部工程教育专业认证。

学院拥有 Rockwell 自动化实验室、电力电子实验室、电机实验室、微特电机实验室、电力系统仿真实验室、计算机实验室等设备先进的实验室。近年新建了伺服控制技术教育部工程研究中心、南京市电气设备与自动化工程技术中心、东南大学-香港德昌电机联合研究中心、东南大学电力需求侧管理研究所、东大-中电联合研发中心、东大-金智联合研发中心、东大-南自通华电力电子研究中心、东南大学风力发电研究中心等，强化了科研与经济建设的结合。

目前，电气工程学院有专任教师 50 余人，其中教授 22 人（含博士生导师 19 人)，副教授和高级工程师 20 人。专任教师中有博士学位的教师占 70%，另有在职攻读博士学位的教师 8 人。博士后流动站博士后研究人员 10 人。有兼职院士 1 名、长江学者 1 名、国家杰出青年基金获得者 2 名、省级优秀骨干教师 4 名，省 333 工程培养对象 2 名，省六大人才高峰学术带头人 2 人，省青蓝工程学术带头人 2 名，国家教育部优秀骨干教师 1 名，享受国务院政府特殊津贴的 12 名。

科研团队或重点实验室介绍

东南大学电气工程学院可追溯至 1923 年成立的国立东南大学电机系。学院拥有的电气工程学科现为国家“211 工程”和“985 工程”重点建设学科，江苏省一级重点学科和江苏省的国家一级重点学科培育建设点，自主设立的“新能源发电和利用”学科为江苏省优势学科。该学科是教育部电气工程及其自动化专业教学指导分委员副主任单位，在 2003 年和 2006 年的全国一级学科评估中，电气工程学科的综合排名均位列全国前十。

近 3 年来，承担了国家“863”高技术项目、国家科技支撑项目、国家自然科学基金重点项目、国家海洋局重大项目专项等省部级以上项目 100 余项，取得了一批达到国内外领先水平的重要研究成果，科研经费每年以 30% 的速度增长，近三年科研经费总量达到 7355 万元。申请发明专利近 180 项，获发明专利授权 50 余项。2001 年以来，获得国家级教学成果奖 3 项、省部级教学成果奖 3 项，发表 SCI 论文 65 篇，EI 论文 398 篇，出版“十一五”国家规划教材 6 部，出版专著 6 部，译著两部。近三年全国优秀博士学位论文提名 2 人，江苏省优秀博士学位论文 5 篇，2012 年江苏省优秀硕士学位论文 4 篇。此外，还有省级优秀骨干教师3名、省"333工程培养对象"3名、省"六大人才高峰"学术带头人6名、省"青蓝工程学术带头人"6名、教育部优秀青年教师资助获得者2名，先后有25人次人选长江学者、国家杰出青年基金（B类）等各项国家级和省部级人才工程。建设有伺服控制技术教育部工程研究中心、江苏省智能电网技术与装备重点实验室、国家级工程实践教育中心、电力工程江苏省实验中心及一批企业联合研究中心，强化了教学、科研与经济建设的结合。

地址：江苏省南京市四牌楼2号

邮编：210096

电话：025-83792260

传真：025-83791696

网址：www. seu. edu. cn

6. 福州大学

高校介绍：

福州大学是福建省和教育部共建的国家"211工程"重点大学。现有国家级重点学科和重点（培育）学科各1个，国家"211工程"重点学科7个，省级特色重点学科和省级重点学科近30个；博士后流动站8个，一级学科博士点9个、二级学科博士点54个。现有教职工3000多人，其中院士5人（含双聘院士3人），国家千人计划特聘教授、国家科技三大奖获得者、长江学者、国家杰出青年基金获得者、新世纪百千万人才工程国家级人选、闽江学者等领军人才近40人。学校正朝着建设我国东南强校的奋斗目标迈进，努力为国家和海峡西岸经济区建设作出更大的贡献。

电力电子与电力传动研究所

福州大学电力电子与电力传动研究所，主要从事电力电子变流技术、电力电子高频磁技术、电力传动系统、新能源发电技术、航空航天电源系统等本学科领域的创新性研究。福州大学电力电子与电力传动学科是该校省特色电气工程重点学科、一级学科博士点和博士后流动站中研究力量最为强大的二级学科，培养本学科博士后、博士生、硕士生和本科生等各层次的高级专门人才。该所是福建省电源学会的支撑单位，现任所长是陈道炼教授。

电力电子与电力传动学科是电力技术、电子技术、电机技术和控制技术四者结合的新兴交叉学科。一方面电力电子与电力传动学科的发展与高效节能、新能源发电、电机控制、电网谐波治理、智能电网等密切相关，对民用工业和国防工业（如飞机、导弹和舰艇）的发展具有十分重要意义；另一方面电力电子与电力传动学科的发展对电气工程其他二级学科的发展起到了重要的推动作用。

科研团队或重点实验室介绍

福州大学电力电子与电力传动研究所的师资力量雄厚，已经形成一支强年龄结构和知识结构合理的研究团队。该研究团队由10多名具有博士学位的研究人员组成，其中教授3人、副教授4人。主要从事电力电子变流技术、电力电子高频磁技术、电力传动系统、新能源发电技术、航空航天电源系统等本学科领域的创新性研究。

陈道炼教授担任该所团队负责人。陈道炼教授，1964年8月生，曾在南京航空航天大学电力电子与电力传动专业获学士、硕士、博士学位和博士后，曾任南京航空航天大学电力电子与电力传动学科教授（博导），自2005年10月任福州大学闽江学者特聘教授（博导）。主持国家和省部级科技项目20余项和一批科技成果转化项目，培养博士和硕士生50余人，发表学术论文100余篇，以第一成果完成人获国家技术发明二等奖1项、省部级科学技术一等奖2项、二等奖1项，获授权发明专利14项，出版专著3部。兼任国家和省部级科技项目评委，任国内外权威期刊特约审稿人和多种期刊编委。现为IEEE高级会员、新世纪百千万人才工程国家级人选、福建省高校领军人才，兼任中国电源学会常务理事及其专家委员会副主席、中国电工技术学会电力电子学会常务理事和福建省电源学会理事长，获全国优秀科技工作者、享受国务院政府特贴专家、"卢嘉锡优秀导师奖"和"江苏省优秀博士后"等荣誉称号。

福州大学电力电子与电力传动研究所的科研成果颇丰。先后承担了国家自然科学基金4项、教育部高校博士点基金2项、省自然科学重点基金1项、省科技计划重大项目和重点项目3项、省自然科学基金和省高新技术项目近20项、科技开发项目30余项，获国家技术发明二等奖1项、省部级技术发明一等奖1项和其他省、部级科技进步奖多项，获国家发明、实用新型专利30余项，在国内外重要期刊发表学术论文200余篇，出版学术专著与教材近10部。

依托国家"211工程"、省特色重点学科建设项目、中央财政支持地方高校发展专项资金电力电子与电力传动研究生教育创新创业实践公共平台，福州大学电力电子与电力传动研究所具备了充分的软硬件研究条件。现拥有多种通用电路仿真和绘图软件、单相与三相功率分析仪、高频数字示波器、多频率RLC测试仪、频谱分析仪、动态信号分析仪、线性阻抗稳定网络、宽频带大功率放大器、雷击浪涌模拟发生器、多功能信号发生器、可编程电子负载、精密阻抗分析仪、电力质量分析仪、智能电量测量仪、三相干式隔离变压器、工频磁场发生器、周波跌落发生器、信号发生器、变频电源、绝缘测试仪、电工仪表等一批先进的科研仪器设备。

地址：福建省福州市大学新区学园路2号

邮编：350108

电话：0591-22866597

传真：0591-22866581

邮箱：chendaolian@ sina. com

网址：http：//dqxy. fzu. edu. cn/dq/

7. 复旦大学

高校介绍：

复旦大学是中央部属高校，首批全国重点大学，国家"985工程"和"211工程"首批重点建设高校，是国家"111计划"和"珠峰计划"首批大学，东亚研究型大学协会、环太平洋大学联盟、九校联盟（c9）、21世纪国际大学联盟的成员。学校综合实力在亚洲名列前茅，在全球也享有较高声誉。设有直属院（系）30个，设有本科专业70

个，一级学科博士学位授权点 29 个，博士学位授权学科、专业点 154 个（其中自设 30 个，专业学位 1 个），硕士学位授权学科、专业点 229 个（其中自设 51 个，专业学位 10 个），并设有 29 个博士后科研流动站；设有 11 个一级学科国家重点学科、19 个二级学科国家重点学科，3 个国家重点（培育）学科、上海市重点学科 20 个，有国家重点实验室 5 个，教育部工程研究中心 4 个，教育部重点实验室 12 个，卫生部重点实验室 9 个，总后卫生部重点实验室 1 个，上海市重点实验室 7 个，“985 工程”科技创新平台 5 个，“985 工程”哲学社会科学创新基地 7 个。复旦专利申请情况如下：外观设计 13 项，实用新型 413 项，发明专利 4793 项；专利授权情况如下：外观设计 7 项，实用新型 331 项，发明专利 1421 项；软件著作权或集成电路布图设计版权申请 148 项，版权登记 9 项。

信息科学与工程学院光源与照明工程系

复旦大学光源与照明工程系是国内外知名的从事光源与照明教学科研的专门机构，同时在光伏发电并网接入领域也享有显著的声誉，与国内外学术界有着广泛的交流和合作。

目前，主要从事光源、光源光学、光源电子学、照明与视觉及光伏发电并网等研究。“八五”、“九五”、“十五”期间，该系承担的照明电器领域的开发任务一直处于国内同行领先地位，先后完成了几十项重大项目，获得包括国家科技进步一等奖、二等奖在内的国家级、省部级的发明奖和科技进步奖 15 项。近年来开展光伏发电前沿技术及产业化、LED 的驱动电路设计、光源测试方法等工作，取得多项专利，并发表多篇国内外优秀论文。

在光伏发电并网接入领域，目前光源与照明工程系已经设计出 10kW 逆变器、250kW 逆变器、500kW 逆变器，三相逆变器产品通过 TUV 认证和德国电网入网许可，2kW 逆变器通过了奥地利奥森纳国际权威试验室 7 国入网标准的认证检测，其设计满足 IEC 62109、VDE 0126、EN 50178 等多项国际标准和欧洲低电压指令认证要求，入选国家教委重大项目成果，各项指标达到国际先进水平，并且已经通过了国家工信部的国家级检测和德国 TUV/VDE 等国际认证。目前拥有 1500m^2 的光伏并网逆变器实验室。同时与中国电科院新能源所、国家太阳能光伏产品质量监督检验中心合作，在系统优化与控制技术上展开了深入的合作。

科研团队或重点实验室介绍

科研带头人为孙耀杰博士和林燕丹博士两位。

孙耀杰，博士，教授，毕业于西安交通大学机械电子工程系，现任复旦大学信息学院电光源系副主任，复旦大学电光源所副所长，曾任日本 MywayLabs 电力电子实验室高级研究员。中国电源学会理事、中国电源学会学术委员会委员、国家光伏发电及产业化标准推进组成员，江苏省创新团队领军人才，江苏省高层次创新创业人才。长期从事电力电子与自动控制技术方面研究和工程实践，是国内较早从事新能源并网发电控制技术与系统检测技术研发工作的研究人员。研究方向：光伏发电与风力发电的智能控制，电气系统功能安全评估与系统检测，智能电网中新能源接入与传感网多尺度数据融合技术等。

林燕丹，女，博士，副教授，2005 年获复旦大学与德国达姆斯塔特技术大学（TU-Darmstadt）联合培养博士学位。现任职于复旦大学信息科学与工程学院，主要从事新型光源的应用、评估和优化设计的研究，智能照明控制和驱动电路的视觉理论基础研究。发表论文 70 余篇，其中 SCI、EI 收录 19 篇。获得发明专利 1 项，实用新型专利 6 项。

邱婧婧，女，硕士，科研助理，研究方向为 LED 照明人体工效学中照明环境的评估与评价，心理学。

马磊，男，硕士，科研助理，研究方向为光伏并网逆变器新技术、接入电网安全技术等。

主要学术成果：

1）利用大功率电力电子技术和光伏发电并网逆变控制技术的研究成果，成功地研制出兆瓦级大功率并网装置，获江苏省科技进步二等奖；中、小功率分布式并网逆变器在国际权威机构德国 PHOTON 的测评中，排名亚洲第一，全球第 11，最重要的两项指标：电能转换效率和最大功率跟踪精度，获“双 A”最高等级评价。上述两项成果均达到了国际一流技术水平，创造经济效益 9 亿元人民币，形成了一系列核心专利技术和学术论文，部分成果和研究结论也成为国家标准/行业标准制定的依据。

2）客舱 LED 情景照明智能控制技术研究，已经成功应用到 ARJ21 和 C919 的工程样机中，成为中国商飞宣传的四项重要技术特点之一，增强了复旦大学在该领域的影响力。

3）入选国家“光伏发电及产业化标准推进工作组”，主编/参与 4 项国家/行业标准的编写，多项标准的审定，推动了行业的技术进步和规范化。

在研项目：

1）半导体照明与智能照明控制系统获国家“973”和“863”等多个基金项目的支持；

2）用户侧智能用电与分布式发电系统的研究，获国家专项基金、上海市和江苏省多项基金的支持；

3）联合中国电科院，企业开展智能电网研究，相关传感技术、设备技术、控制技术及决策支持系统技术的研究与应用，与光伏发电、风电、用户直流用电的整合研究与应用等。

科研条件：

团队长期从事电力电子与自动控制技术方面研究和工程实践，是国内较早从事新能源综合利用与分布式发电控制技术研发工作的研究人员，研究方向涉及光伏发电与风力发电的智能控制技术，智能电网中新能源接入与传感网多尺度数据融合技术，通过项目的积累建立了光伏系统并网控制与能量变换实验室、智能电网接入控制实验室、PV 电弧检测实验室和太阳电池表面涂层实验室。

与国际上知名企业——英飞凌科技公司在光伏并网逆变器的功率 IGBT 器件、控制芯片等基础项目研究等方面的合作，建立复旦大学英飞凌新能源联合实验室，现有 TASKING 公司的 Safety Function 专用软件内部安全评估系统 5 套，各类专用软件若干。

实验室设备如下：实验室建有大功率光伏发电并网电

气测试系统，照明电器与控制综合测试系统，包括：

1）IGBT 短路与瞬态特征测试台；

2）直流电弧实验系统；

3）30kW 微网模拟用可编程 DC 源，电网模拟 AC 源；

4）横河功率计与数字录波仪；

5）多台深存储数字示波器、信号发生器、专用高压探头等常用仪器；

6）半物理仿真软件开发平台；

7）视觉疲劳与照明工效测试半物理仿真系统；

8）500W 线性化光源电器功率信号发生系统。

地址：上海市杨浦区邯郸路220号兴业光学楼323室

邮编：200433

电话：021-55665508

传真：021-55664542

邮箱：yjsun@ fudan. edu. cn

8. 广东工业大学

高校介绍：

广东工业大学是一所以工为主，工、理、经、管、文、法结合协调发展的省属重点大学。学校坐落在广州，校园占地面积3348亩；有19个学院，5个博士后科研流动站，5个一级学科博士学位授权点，21个二级学科博士学位授权点，17个一级学科硕士学位授权点，3个省攀峰重点学科一级学科，7个省优势重点学科一级学科；部分学科为广东省“211工程”三期重点建设学科。在校生约为47000人。

学校有1个国家级工程中心，1个教育部重点实验室，6个省级重点实验室，2个省级工程中心，组建省部院产学研创新联盟19个，1个省发改委工程实验室，1个省经信委工程中心。学校还与地方政府和工业界联合建立了“广州国家现代服务业集成电路设计产业化基地”、“华南工业设计创新园”等多个跨学科创新平台，每年到校科研经费约为3亿元。

学校现有7个国家级特色专业，16个省级特色专业，13个广东省名牌专业，1门国家级精品课程，21门省级精品课程，1门国家级双语教学示范课程，1个国家级实验教学示范中心，10个省级实验教学示范中心，1个国家级教学团队。

学生在科技创新、文化体育活动取得了较好成绩，2011年，获省“挑战杯”竞赛桂冠；第十二届“挑战杯”全国大学生课外学术科技作品竞赛中，获一等奖2项，二等奖2项，在全国500多所参赛高校中排名第28名。学校篮球队连续三年获全国大超联赛总冠军，2011年获第八届亚洲大学篮球锦标赛冠军等；舞蹈节目获全国大学生艺术展演一等奖等。

自动化学院

广东工业大学自动化学院现有教职工128人，专任教师99人，全国优秀教师1人，获国家杰出青年科学基金1人，教育部跨世纪优秀人才培育对象1人，全国高校优秀骨干教师1人，教育部创新团队1个，新世纪优秀人才支持计划1人。博士生导师13人，硕士生导师53人，教授26人，副教授52人，有博士学位的教师62人。学院全日制在校生3600多人，其中，本科生3170多人，硕士研究生390多人，博士研究生40多人。

学院拥有“控制科学与工程”博士后科研流动站；“控制科学与工程”一级学科博士学位授权点；“控制科学与工程”和“电气工程”2个一级学科硕士学位授权点；广东省首批名牌、特色专业2个。

学院拥有省特色重点学科1个；省级重点学科1个；省级重点课程4门；省级精品课程5门，并被列入广东省“211工程”三期重点建设学科。

学院拥有教育部重点实验室“机械装备制造与控制技术实验室”，广东省重点实验室“广东省物联网信息技术重点实验室”、广东省高等学校重点实验室自动化装备与集成、广东省高等学校重点实验室电力节能与新能源、广东省高等学校教学重点实验室先进控制技术，以及广东省高等学校实验教学示范中心电气与控制。

学院承担大量国家、省部级科研项目，每年到校科研经费逾2000万元。近3年获得教育部自然科学奖一等奖1项、广东省科学技术奖一等奖2项、二、三等奖各2项、广州市科学技术奖一等奖1项，以及东莞市科学技术奖特等奖1项。

科研团队或重点实验室介绍

电力电子技术研究团队在科研带头人章云、张淼等教授的带领下，现有核心研究成员6人，其中教授3人、副教授2人，讲师1人，博士学位6人。主要从事电力电子技术的研究工作。

近5年来团队成员主持和参与国家级自然科学基金重点项目和国家“863”计划项目、国家自然科学基金等国家级项目8项，广东省重大科技专项、省部产学研、广东省自然科学基金、广东省科技攻关项目和粤港招标等一批省部级项目，完成多项企业委托项目的研发，部分已产生经济效益逾2000万。在国内外权威期刊发表论文100多篇，其中30余篇被三大索引收录，获广东省科技进步二等奖1项。

目前，团队拥有科研实验室300多平方米，教学、科研仪器设备200余万元，同时团队承建了拥有广东省高等学校电力节能与新能源重点实验室，在实验室构建了多台套电力电子设备，可开展控制理论、电力电子与电力拖动、新能源发电控制技术、电力节能新技术等的研究工作。

地址：广东省广州市番禺区大学城外环西路100号

邮编：510006

电话：020-39322552

邮箱：dgx@ gdut. edu. cn

网址：http：//automation. gdut. edu. cn/

9. 广西大学

高校介绍：

广西大学创办于1928年。1939年广西大学成为国立大学，是国内有较大影响的综合性大学。1952年，毛泽东主席亲笔为广西大学题写了校名。1953年，在全国高校院系调整中广西大学被停办，师生以及设备和图书资料被调整到中南和华南地区的19所大学。1958年，广西大学恢复重建。1997年，广西大学与广西农学院合并，组建新的广西大学。新的广西大学在1999年成为国家“211工程”学校。

现在的广西大学已发展成为一所区域特色研究型大学，设有30个学院，学科涵盖哲、经、法、文、理、工、农、管、教、艺等10大学科门类，有97个本科专业，36个一级学科硕士点，186个二级学科硕士点，8个一级学科博士点，58个二级学科博士点和9个博士后科研流动站。全校现有在职教职工3596人，其中专任教师2064人。全校有全日制在校生29680人，其中博士研究生434人，硕士研究生6523人，本科生22723人。有来自30多个国家的留学生1022人，成人教育学历生20000人。

学校坚持以学科建设为核心，以“211工程”建设为载体，不断加大学科建设的力度。学校现有2个国家重点学科，1个国家重点（培育）学科，7个国家“211工程”重点建设学科群，21个自治区重点学科；有1个国家重点实验室和1个省部共建国家重点实验室培育基地，15个省部级重点实验室、工程研究中心和研究基地，20个自治区高校重点实验室和研究基地。

电气工程学院

广西大学电气工程学院成立于1997年4月，其前身可追溯到1938年广西大学理工学院创建的电机工程学系。经过多年的建设，学院得到了很大的发展，目前设有2个系（电气工程系和自动化系）和4个本科专业（电力系统及其自动化（1938）、农业电气化与自动化（2000）、电力工程与管理（2003）、自动化（1971））；1个区级电气工程实验中心，1个区级电力系统优化与节能技术重点实验室；1个自动化研究所；1个电气工程博士后流动站。2011年教育部批准设立电气工程一级学科博士点和控制科学与工程一级学科硕士点。

电气工程学院现有教职工105人，专任教师74人，其中教授16人，副教授、高工和副研究员共25人，讲师33人；教师中具有博士学位的21人、具有硕士学位的35人；博士生导师9人，硕士生导师28人。

学院针对电气工程和自动化领域的新趋势、新问题，紧密结合西部大开发和广西地方经济建设与社会发展的实际，进行深入的理论研究和技术辐射与支撑，取得了丰硕的成果。在电力系统最优化理论、电力系统广域保护、电力系统自动化技术、工业企业智能控制技术、现代防雷接地技术等方面，已经成为学院科学研究和技术开发的重点和特色，学院正在成为广西电气工程与自动化领域的技术难题研究中心和学术与资料交流中心。

科研团队或重点实验室介绍

1. 团队简介

广西大学电气工程学院“电力电子系统分析与控制”研究团队共有4名教师，其中教授2人、副教授1人、讲师1人，团队负责人陆益民教授。本研究团队一直致力于电力电子系统基础理论及其应用技术的研究。近年来围绕电力电子系统的拓扑结构、控制方法、电气检测技术等方面开展了大量的研究工作，并取得了一系列的研究成果。

2. 主要研究方向

电力电子变换器拓扑分析及控制；工业特种电源开发；电气精密测量技术。

3. 已完成成果

本团队已完成1项国家自然基金项目、1项国家科技型中小企业技术创新基金项目、3项广西自然科学基金项目、1项广西区科技攻关项目、1项广西高校优秀人才资助计划项目、1项南宁市科学研究与技术开发计划项目、1项广西教育厅科研项目以及多项企业横向项目。研制了医用X射线机电源、通信电源、焊接电源、冲击接地电阻、电气设备介质损耗测量装置、无功补偿装置快速复合继电器等电力电子装置。获得国家专利多项，团队负责人为广西青年科技奖获得者。在《中国电机工程学报》、《电工技术学报》、《控制理论与应用》、《机械工程学报》等学术刊物和IEEE等重要国际会议发表论文50余篇。

4. 在研项目

1）国家自然科学基金项目：忆阻器的动力学特性及其在电力电子软开关中的应用，2012. 1—2015. 12。

2）教育部留学回国人员科研启动基金：自由活塞能量转换器的运动控制与优化，2010. 5—2013. 5。

3）南宁市科技攻关与新产品试制项目：5kW单相高功率因数医用X射线机的研制。

5. 科研条件（实验设备等）：与伟创力深圳有限公司共建电力电子与电力传动实验室。

地址：广西省南宁市大学路100号
邮编：530004
电话：0771-3232264
网址：http：//www. ee. gxu. edu. cn/

10. 哈尔滨工业大学

高校介绍：

哈尔滨工业大学隶属于工业和信息化部，是由工信部、教育部、黑龙江省共建的国家重点大学，是首批进入国家“211工程”和“985工程”建设的大学之一。

1920年，中东铁路管理局为培养工程技术人员创办了哈尔滨中俄工业学校——即哈尔滨工业大学的前身，学校成为中国近代培养工业技术人才的摇篮。2000年，同根同源的哈尔滨工业大学、哈尔滨建筑大学合并组建新的哈尔滨工业大学。同时在威海市和深圳市分别设有哈尔滨工业大学（威海）和哈尔滨工业大学（深圳）研究生院，形成了“一校三区”的办学格局。

学校以“规格严格，功夫到家”为校训，以朴实严谨的学风培养了大批优秀人才，以追求卓越的创新精神创造了丰硕的科研成果。学校以适应国家需要、服务国家建设为己任，形成了以航天特色为主，拓宽通用性为准则，充分发挥学科交叉、融合的优势，形成了由重点学科、新兴学科和支撑学科构成的较为完善的学科体系，涵盖了哲学、经济学、法学、教育学、文学、历史学、理学、工学、管理学等9个门类。学校坚持“面向国家重大需求，面向国际学术前沿”，为工业化、信息化和国防现代化服务，为地方经济社会发展服务，突出国防、航天优势，紧密结合工业、信息、机电、能源、材料、资源环境、土木建筑等领域国民经济和社会发展的重大国家需求，不断提高学术研究水平、科研创新能力和科研竞争力，解决了国内外相关领域内一系列创新性好、探索性强的前沿基础科学问题，取得了一批具有世界领先水平的原创性科研成果。

电气工程及自动化学院电气工程系/电力电子与电力传动研究室

哈尔滨工业大学电气工程及自动化学院设有2个系（自动化测试与控制系、电气工程系）；9个研究所，7个研究室，4个面向全校开课的技术基础课教研室，5个实验中心，11个与国际和国内著名公司建立的联合实验室或实验中心，1个图书资料室。现有教职工282人，其中国家工程院院士2人、博士导师50人、基础教学带头人6人。45周岁以下获得博士学位的教师占全院教师的53.8%。

学院有2个博士后流动站、2个一级学科博士点、5个二级学科博士点、6个硕士点、3个本科专业。有学生2000余人，其中博士研究生200余人、硕士研究生400余人、本科生2000余人，另有工程硕士200余人。

学院重视培养学生的全面素质，提高学生的动手能力。为学生创造了多学科交叉的学习条件和环境。逐步淡化专业界限，拓宽学生视野使毕业生适应社会发展需要。达到基础知识扎实、知识面宽广、综合素质高、创新能力强。因此，毕业生倍受各行业青睐，学院为鼓励学生努力学习还设置了多项奖学金。

学院同国内外有广泛的交流与合作。已与美、英、法、俄、日、中国香港、中国台湾等10多个国家和地区的几十所著名大学或公司建立了密切的学术交流与长期的合作关系。

学院具有很强的科研实力，5年来累计科研经费达3亿多元，获科研成果奖120余项，发表学术论文3000余篇，其中被SCI、EI、ISTP检索300余篇，出版学术专著、教材60余部。获教学成果奖50余项，资料室藏书26000余册。

科研团队或重点实验室介绍

科研条件：研究室在国家“211工程”和“985工程”及学校和学院的支持下，建设了“电气节能新技术科技创新研究平台”、“超精密测试科技创新平台”“高性能伺服数字控制技术科技创新研究平台”。在这些平台建设的基础上，研究室分别在如下几个方向上建立了试验模拟测试系统。

照明电源方向：组建了光电色综合测试系统，并添置了高档数字示波器DSO7104A、DPO4104、FLUKE190C，TPS2024、TDS3032C，功率分析仪HIOKI3193，HID电子镇流器测试仪、多台数字电参数测试仪、RCL参数测试仪PM6304、可编程交流电源供应器61705、可编程电子负载63202、温度巡检仪JK8/16，红外成像仪T360等设备。

现代变频控制方向：组建了感应电动机控制试验平台，并添置了高档示波器DL850、DPO4104、DL2054、TPS2024、TDS3034，数字功率计WT1600，dSpace实时快速原型及硬件在回路仿真一体化系统等，同时还自制了多台同步电动机变频调速实验平台。

新能源方向：组建了双馈风力发电系统模拟试验平台和永磁直驱风力发电模拟试验系统，并添置了高档示波器DL2054、DPO4104A、TDS3034C、TPS2024、DL1640，示波记录仪DL850，多通道功率分析仪WT1800，可编程交流电源供应器61512，可编程之流电源供应器62150H-600S，可编程直流负载63210，多台单相光伏发电并网逆变器Sunny boy5000TL，防孤岛检测装置ACLT-3803M，风电主控装置开发系统等。

高效伺服系统方向：组建了交流伺服系统先进控制策略研发平台，添置了高档示波器DPO4104、TDS3032B、TPS2024，高精度功率分析仪NORMA5000，频率响应分析仪FRA5022，脉冲/函数/信号发生器81150A，功率分析仪WT3000，马达测试系统HD-815-8NA等。

电能质量管理方向：自制了电压跌落发生器、SVG、APF试验系统，购置了高档示波器DPO4104、TDS3032B、TPS2024，功率分析仪HIOKI3194、3196，发电机在线线圈电阻温度测试仪，专家型功率分析仪F1760，示波记录仪DL750。

运动控制和微网研究方向：组建了小型风光互补发电试验系统，添置了高档示波器DPO4104、TDS3034C、TPS2024，可程控直流电源供应器62150H-600S，可编程直流电源62120-100-50，手持式数字示波表F199C，示波记录仪DL850，数字功率计（多通道功率分析仪）WT1800，台式频谱仪ESL3，超级电容储能装置SP-2R5-J3070Y，太阳电池板BP3160，太阳电池板BP3160，太阳电池板BP3160，任意波形发生器AFG3022B，任意波形发生器AFG3022B等。

网络与控制技术方向：组建了电力线载波通信试验系统，添置了高档示波器MSO7104A、DL1640、DPO4104、TDS3032、TPS2024，网络/频谱/阻抗分析仪4396B，AFDX网络分析仪HWA-ATAP-4，航电交换机CAV-AFOXSW-24P-C，航电接口卡CNIL-A2PX等。

电磁兼容实验室：构建了由TRA2000为主体的EMS测试系统和以ER55C为主体的射频传导及辐射骚扰测量系统，为了更好地测试和分析噪声，还添置了由EMI分析仪EA-2100和人工电源网络LN2-16组成的共差、模分离测试系统，该实验室还将继续进行建设。

地址： 黑龙江省哈尔滨市南岗区西大直街92号哈尔滨工业大学电机楼10032室

邮编： 150001

电话： 0451-86413420

传真： 0451-86413420

邮箱： 哈尔滨工业大学354信箱

11. 合肥工业大学

高校介绍：

合肥工业大学是教育部直属的全国重点大学，是国家“211工程”重点建设高校和“985工程”优势学科创新平台建设高校。创建于1945年，1960年批准为全国重点大学。学校设有19个学院、3个联合共建的国家级科研基地、1个国家技术转移示范中心、40多个省部级重点科研基地、1个国家甲级综合建筑设计研究院。学校有3个国家重点学科、27个省级重点学科；有10个博士后科研流动站、40个博士学位授权点、139个硕士学位授权点。

电气与自动化工程学院

合肥工业大学电气与自动化工程学院设有电力电子与电力传动国家级重点学科、电气工程一级学科博士点和博士后流动站。设有5个二级学科博士点，6个硕士专业和2个工程硕士专业；设有自动化、电气工程及其自动化2个本科专业。拥有国家"111引智项目工程"可再生能源并网发电科学与技术创新基地、教育部光伏系统工程研究中心、安徽省工业自动化工程研究中心、安徽省新能源与节能重点实验室、安徽省飞机雷电防护重点实验室等国家和省部级科研基地。目前，全院有教职工147人，其中专任教师105人。教师中教授21人，副教授71人，长江学者1人，国家杰出青年科学基金获得者1人，国家"百千万人才工程"人选1人，教育部新世纪优秀人才3人；另现已聘任长江学者讲座教授1名，兼职教授24名。在科学研究方面，学院形成了基础研究的高水平和科研成果的高转化率的明显特色。依托国家重点学科建设的可再生能源并网发电创新引智基地和教育部光伏系统工程中心。以光伏利用、风力发电、基于可再生能源的分布式发电技术、柔性输配电技术、特种电源、新型电气传动为主要研究方向，在太阳能和风能并网发电技术、基于可再生能源的分布式发电技术、高低压变流与特种电源技术、特种永磁电机设计、新型电力传动、等离子体的电磁场约束技术、电能质量控制等方面已经形成明显优势和特色。自2006年以来，学院教师共承担科研项目500多项，其中国家和省部级项目88项；获省部级科学技术一等奖2项，二等奖4项，三等奖5项；完成科研纵向项目合同经费3000余万元，横向项目合同经费约1.2亿元；发表学术论文1100余篇，被EI/SCI收录350余篇，出版著作30部，获发明专利14项。

科研团队或重点实验室介绍

教育部光伏系统工程研究中心，国家可再生能源并网发电科学与技术创新引智基地（"111"基地），安徽省新能源与节能重点实验室，安徽省飞机雷电防护重点实验室（与企业共建），安徽省工业自动化工程研究中心

地址：安徽省合肥市包河区屯溪路193号

邮编：230009

电话：0551-62901408

12. 湖南工程学院

高校介绍：

湖南工程学院初创于1951年，坐落在一代伟人毛泽东的故乡湘潭市。2000年6月，经教育部批准，由湘潭机电高等专科学校与湖南纺织高等专科学校合并组建而成。学校实行中央与湖南省共建，以湖南省管理为主的管理体制。2011年10月，经国务院学位委员会批准，学校成为硕士专业学位研究生授权单位。

学校工程应用型人才培养特色鲜明，已形成了电气、机械、化工、管理、纺织等优势专业群，是教育部确定的首批"卓越工程师教育培养计划"实施单位。学校现有1个国家级特色专业、7个省级特色专业、11门省级精品课程，6个省级示范实验室（中心），9个省级优秀实习基地，1个国家大学生文化素质教育基地（联合），3个省级教学团队。金工实习基地是教育部确定的全国高校金工实习教学指导人员培训与考试中心。

学校以"锲而不舍，敢为人先"为校训，贯彻落实科学发展观，坚持质量立校、人才强校、特色兴校。全校师生员工在"三步走"战略目标和"十二五"规划蓝图的指引下，积极进取，开拓创新，努力把学校建设成为位居全国同类院校先进行列的特色鲜明的高水平工程应用型大学。

电气信息学院电气工程教研室

电气信息学院已有近60年的专业办学历史，其前身是创办于1951年的隶属于中央机械工业部的湘潭电器工程学校，当时就设有电机制造、电器制造、电瓷等专业。学校曾相继更名为湘潭电机学院（本科）、湘潭电机制造学校（简称湘潭电校）、湘潭机电高等专科学校（专科），2000年湘潭机电高等专科学校和湖南纺织高等专科学校合并为湖南工程学院，组建电气信息学院。近60年来，电气信息学院为社会输送了1万多名毕业生，他们中的大多数成为企业的技术骨干和中、高层管理人员，在电气行业中享有盛誉。

电气信息学院设有自动化、电气工程及其自动化、电子信息工程、电子科学与技术、测控技术与仪器5个本科专业和电机与电器等专科专业。其中自动化专业、电气工程及其自动化2个专业为湖南省重点专业。控制理论与控制工程学科为湖南省"十一五"重点建设学科。

电气信息学院拥有较为完备的实验设备和优良的实验实习条件，拥有中央与地方共建的"电气与信息基础实验中心"，此外还包括电机原理与电机控制实验室、电力电子技术室、新能源实验室、电器原理实验室、继电保护实验室、电器智能化实验室、电机电器型式试验室、高压电器与电气绝缘实验室、PLC及控制网络实验室、自控原理实验室、过程控制实验室、通信原理与高频电路实验室、集成电路CAD实验室、光电检测实验室以及自动化工程实训中心等10多个专业实验室。实验设备总值3000多万元。电气与信息基础实验中心为"十一五"湖南省高等学校基础课示范实验室。

科研团队或重点实验室介绍

带头人：颜渐德，本科研团队有2位博士、4位硕士研究生。电力电子变换技术、新能源控制、并网等。

已完成成果：大功率隔爆型矿用变频器、新型EPS电源。

在研项目：分布式微网、并网技术。科研条件：投入400万元的新能源实验室，配有FLUKE系列电能质量、电参数表，Agilent的万用表、示波器等，系列智能电子负载

等。

地址： 湖南省湘潭市书院路17号

邮编： 411101

电话： 0731-58688935

传真： 0731-58688935

邮箱： Xianglai0502@163.com

网址： www.hnie.edu.cn

13. 华南理工大学

高校介绍：

华南理工大学是直属教育部的全国重点大学，坐落在南方名城广州，占地面积294多万平方米。校园分为两个校区，北校区位于广州市天河区石牌高校区，校园内湖光山色、绿树繁花，民族式建筑与现代化楼群错落有致，文化底蕴深厚，是教育部命名的“文明校园”。南校区位于广州市番禺区广州大学城内，是一个环境优美、设施先进、管理完善、制度创新的现代化校园。南北校区交相辉映，是莘莘学子求学的理想之地。

电力学院

华南理工大学电力学院前身为中山大学工学院电机系，1952年划归华南理工大学，1994年华南理工大学开始与当时的广东省电力工业局联合共建。学院设有电力工程系、电力电子工程系、动力工程系等3个系，设有电工理论新技术中心、广东省电力工程技术研究开发中心、新能源中心、电力实验中心、电力系统工程研究所、能源洁净利用研究所、电力经济与电力市场研究所等7个中心（研究所）。现有1个广东省重点学科，1个博士后科研流动站，1个一级学科博士点，6个博士点和10个硕士点。在校学生共有3260人，其中博士后10多人，博士研究生102人，硕士研究生387人，工程硕士479人，本科生1117人，成人教育学生1165人。

学院现拥有一支学术水平较高、结构合理、力量雄厚的师资队伍，现有教职工110人，其中专任教师87人（教授26人，博士生导师20人，副高职称36人，高级职称占教师总数的67%），拥有博士学位的67人，占教师总人数的76%；45岁以下的中青年教师约占62%。教师队伍中有中国工程院院士1人，双聘院士5人，国家“千人计划”特聘教授1人，“长江学者奖励计划”特聘教授1人，享受国务院政府特殊津贴专家6人，霍英东青年教师基金获得者2人。多名中青年教授是教育部“新世纪优秀人才支持计划”资助对象、广东省“千百十工程”培养人选。

近年来，学院共获得国家自然科学基金重点项目及面上项目、973国家重点基础研究子项目、863计划课题及广东省自然科学基金重点及面上项目等几十个纵向项目，并获得南方电网公司、广东电网公司和粤电集团公司的几百个横向科技项目。近3年，实到科研经费1.2亿元，在核心期刊发表论文近600篇，被三大索引收录近300篇次，申请专利200多项，专利授权100多项，出版专著20多部。

学院以九号楼、电力实验楼和热工实验楼作为办公、科研和实验基地，用房面积约有5600平方米。现有3个创新学科平台（电力系统交直流混合实验研究基地、广东省电力电子重点实验室、高效低污染燃烧实验室）；4个特色实验室（雅达电源实验室、新能源中心、HyperSim交直流数字仿真系统、高效低污染燃烧实验室）；7个校外实习基地（葛洲坝水电厂、沙角发电总厂、广州黄埔发电厂、韶关发电厂、广州科琳电源设备有限公司、云浮火力发电厂、广州微型电机厂）；这些给学院的教学实践活动带来了极大的便利，学生的实践教学效果明显提高。

学院坚持育人为本、质量第一的办学指导思想，将人才培养、专业改革和学科建设紧密结合，努力推进课程建设和教材建设，重视教学改革与教学研究。长期以来，学院形成了严格管理、从严治院的优良传统，积极实践优良学风和教风建设，获得了社会的高度评价，毕业生以其专业基础扎实、动手能力强、综合素质高而受到社会及用人单位的厚爱，供需比约为1:6，毕业生一次就业率一直排在学校前列。

地址： 广州市天河区五山路381号/广州市番禺区广州大学城

邮编： 510640

电话： 020-87110613

传真： 020-87110613

电子邮箱： service@scut.edu.cn

网址： http://202.38.194.204/

14. 华中科技大学

高校介绍：

华中科技大学是国家教育部直属的全国重点大学，由原华中理工大学、同济医科大学、武汉城市建设学院于2000年5月26日合并成立，是首批列入国家“211工程”重点建设和国家“985工程”建设高校之一。

学校学科齐全、结构合理，基本构建起研究型大学的学科体系。拥有哲学、经济学、法学、教育学、文学、历史学、理学、工学、农学、医学、管理学等11大学科门类；设有93个本科专业，291个硕士学位授权点，238个博士学位授权点，31个博士后科研流动站；现有一级国家重点学科7个，二级国家重点学科15个（内科学、外科学按三级），国家重点（培育）学科7个。

电气与电子工程学院

华中科技大学电气与电子工程学院是国内电气工程学科领域实力最雄厚的教学科研单位之一，其源于原武汉大学、湖南大学、中山大学、南昌大学、广西大学等南方主要大学的电机学科，于1952年全国院系调整时合并组成华中工学院电机系，1988年改称华中理工大学电力工程系，2001年建立华中科技大学电气与电子工程学院。2007年，学院获得人事部、教育部授予的“全国教育系统先进集体”称号。

学院师资力量雄厚，有中国工程院院士2人、中国科学院院士1人、国家海外高层次人才引进计划（千人计划）学者5人、长江学者5人、博士生导师43人、教授52人、副教授61人。学院设有电机及控制工程系、电力工程系、高电压工程系、应用电子技术系、电工理论与新技术系、电磁新技术系、电气测量技术系和国家级电工电子实验教学示范中心（电工）、国家电工电子工科基础课程教学基地（电工）。目前，在校本科生1900余人、研究生1000余人。2009年以来，学院获得国家科技进步二等奖1项，省部级科技奖励6项，全国百篇优秀博士学位论文1项、提名1项，年到校科研经费过亿元。

学院是国内首批硕士点、博士点、博士后流动站和一级学科博士学位授权单位，所属的"电气工程"一级学科为国家首批一级学科重点学科，电机与电器、电力系统及其自动化和电工理论与新技术等3个学科为国家二级学科重点学科，电力电子与电力传动为湖北省重点学科。本科生招生和培养专业为电气工程及其自动化；研究生招生和培养学科覆盖了国务院学位办在电气工程一级学科下设立的所有5个二级学科，即电机与电器、电力系统及其自动化、高电压与绝缘技术、电力电子与电力传动、电工理论与新技术，并在国内率先获准设立了脉冲功率与等离子体和电气信息检测技术2个二级学科。学院主要研究方向覆盖了电能生产、传输、应用、变换、检测、控制和调度、管理等的全过程。

学院拥有强电磁工程与新技术国家重点实验室（筹），国家脉冲强磁场科学中心（筹），新型电机国家专业实验室，聚变与电磁新技术等教育部重点实验室，电力安全与高效湖北省重点实验室，电力安全与高效教育部工程研究中心，新型电机与特种电磁装置教育部工程中心等多个国家及省部级研究基地。学院正在牵头建设的国家重大科技基础设施项目——脉冲强磁场实验装置，建成后将成为世界四大脉冲强磁场科学中心之一。学院拥有国内高校唯一的J-TEXT托克马克磁约束聚变实验装置，也是"磁约束核聚变教育部研究中心"的挂靠单位。

学院每年招收计划内博士研究生50余名，硕士研究生200余名，本科生400余名。学院以"一流教学、一流本科"为目标，坚持把人才培养的质量放在第一位，努力办人民满意的、尽可能好的教育，大力培养具有创新精神与合作意识、具有国际视野与国际意识的国际型人才。学院拥有"电工电子系列课程"和"电机系列课程"两个国家级教学团队，《电机学》《电力电子学》《电气工程基础》3门国家级精品课程和《电路理论》国家级网络精品课程，建设了电工电子首批国家级实验教学示范中心、"电气工程及其自动化"国家第一类特色专业建设点、"具有国际竞争力的电气学科创新人才培养实验班"国家级人才培养模式创新实验区。据不完全统计，50多年来，学院已累计培养各类高级专门人才逾万人，获国家科技进步奖及省部级以上科研奖励200余项，出版学术著作200多部，为我国电气科学技术与教育事业的发展做出了重大贡献。

学院全体师生员工以建设国际一流的电气工程学科为目标，以发展电工高新技术和电力技术为主导，凝炼学科方向，汇聚学术队伍，构筑学科基地，醇化学术氛围，团结务实，求真创新，共创电气工程学科更美好的未来。

地址：湖北省武汉市珞瑜路1037号　华中科技大学主校区西九楼

邮编：430074

电话：027-87543228

传真：027-87545438

邮箱：ceee@mail.hust.edu.cn

网址：http://ceee.hust.edu.cn

15. 辽宁工业大学

高校介绍：

辽宁工业大学坐落在依山傍海、交通发达的辽宁西部中心城市——锦州。校园占地面积1000余亩，建筑面积36万余平方米，各类在校学生18000余人，是一所以工为主，理、工、经、管、文协调发展的省属全日制多科性大学。

学校现有21个教学院、部、中心，一级学科硕士学位授权点7个，二级学科硕士学位授权点35个，工程硕士授权领域9个，47个本科专业。形成了以本科教育为主，兼有研究生教育、留学生教育等多层次的办学格局。

学校拥有省重点实验室5个，省高校重点实验室3个，中央与地方共建高校特色优势学科实验室5个，省级工程技术研究中心2个。"材料物理与化学"是辽宁省特色学科项目；"控制理论与控制工程"是辽宁省培育学科项目；思想政治教育是辽宁省哲学社会科学重点建设学科。车辆工程、材料科学与工程、机械设计制造及其自动化为国家高校特色专业建设点，同时也是辽宁省示范专业；艺术设计、电气工程及其自动化为辽宁省特色专业。材料科学与工程学院为辽宁省高等学校重点学科领域研究生培养基地；汽车与交通工程学院是辽宁省汽车制造紧缺人才培养基地；"光伏材料工程研究中心"是辽宁省高等学校对接产业集群协同创新基地。

电子与信息工程学院

辽宁工业大学电子与信息工程学院现有3个本科专业：电子信息工程、通信工程、计算机科学与技术；3个留学生专业：电子信息工程、通信工程、计算机科学与技术；3个硕士研究生专业：电力电子与电力传动、通信与信息系统、计算机科学与技术（一级学科）。

科研团队或重点实验室介绍

主要研究方向：高效率功率变换、高效能电子照明、电力半导体器件及应用、电力电子电容器及应用、感应加热、光伏逆变及风电逆变等。

参加国家"863"计划电动汽车重大专项"解放牌混合动力城市客车用超级电容器"（项目编号：2003AA501234、2005AA1560），承担两项子课题。国家自然科学基金3项。辽宁省自然科学基金10余项。出版学术专著16部。

近年来在国内外学术期刊发表学术论文200余篇。

地址：辽宁省锦州市士英街169号

邮编：121001

电话：0416-4198700

邮箱：13841685729@163.com

网址：http://www.lnit.edu.cn

16. 南京工程学院

高校介绍：

南京工程学院前身是始建于1946年的南京电力高等专科学校，学校具有鲜明的电力行业特色。办学以来，学校电力系统、继电保护、电网监控等专业已为江苏、浙江、安徽、河南、山东、福建等电力公司培养电力专门人才5万余名。同时，学校电气工程与继电保护专业的毕业生广泛分布于南京南瑞继保有限公司、国电南京自动化有限公司、许继集团、四方继保有限公司等行业知名企业，校友中涌现出了中国工程院院士沈国荣（现南瑞继有限公司保董事长）以及一大批省、市级电力公司高管和骨干技术人员。

学校十分强调应用型人才的培养，电气工程及其自动化是国家特色专业建设点，也是江苏省特色专业，电网保护与监控工程中心由江苏省重点建设资助。另外，学校联合国内7所电气龙头企业和科研院校共同成立的"配电网智能技术与装备协同创新中心"是江苏省首批高校2011协同创新工程培育资助项目。

电力工程学院/江苏省配电网智能技术与装备协同创新中心/新型电力控制技术研究室

团队专注于电力电子技术在电力系统中的应用研究，围绕飞轮储能、风力发电、光伏发电并网、海上直流汇聚、电能质量补偿控制、微电网保护等方面开展研究。

科研团队或重点实验室介绍

1）孙玉坤，教授，研究方向：特种电力传动及应用、功率变换与电能质量。主持完成和正在研究的国家自然科学基金、国家"863"项目5项，省部级项目10余项。获得国家技术发明奖二等奖1项，国家教学成果二等奖1项。获得省部级科技进步奖一、二等奖5项，省部级教学成果特等奖3项。授权和受理发明专利8项。发表研究论文120余篇，其中SCI、EI收录70余篇。

2）张亮，博士，讲师，研究方向：大功率电力电子在电力系统中的应用。参与863计划、国基自然科学基金等课题5项；主持在研纵向、横向课题3项，发表论文15篇，其中EI收录10篇。

地址：南京市江宁科学园弘景大道1号

邮编：211167

电话：025-86118400

传真：025-86118400

邮箱：zhldream@126.com

网址：www.njit.edu.cn

17. 南京航空航天大学

高校介绍：

南京航空航天大学创建于1952年10月，是新中国自己创办的第一批航空高等院校之一。1978年被国务院确定为全国重点大学，1981年经国务院批准成为全国首批具有博士学位授予权的高校，1996年进入国家"211工程"建设大学，2000年经教育部批准设立研究生院。现隶属于工业和信息化部。

经过50多年的建设，学校已基本形成以工为主，理工结合，工、管、理、经、文、法、哲、教等多学科协调发展，具有航空、航天、民航特色的研究型大学学科体系。学校现设有航空宇航学院、能源与动力学院、机电学院、民航学院等14个学院；设有无人机研究院、直升机技术研究所等112个科研机构，其中国家重点实验室1个、国防科技重点实验室1个、国防科技工业技术研究应用中心1个、省部级重点实验室8个、省部级研究中心和科研基地9个；建有教学机构16个，其中国家工科基础课程教学基地2个、国家级实验教学示范中心3个、省级实验教学示范中心11个。现有本科专业50个，硕士学科点127个，博士学科点52个（其中一级学科博士学位授权点10个），博士后流动站12个。有飞行器设计、工程力学、机械制造及其自动化等9个国家级重点学科，导航制导与控制、电力电子与电力传动2个国家重点（培育）学科，以及15个国防特色学科和14个江苏省重点学科。

自动化学院电气工程系

南京航空航天大学自动化学院的前身——航空仪表制造、飞机电气设备安装与测试两个专科成立于1952年，发展至今已成为一个在控制科学与工程、电气工程、仪器科学与技术、生物医学工程、武器系统与运用工程等领域具有广泛影响、多学科的教学、科研群体。2000年10月20日新成立的自动化学院是全院教职工经过艰苦奋斗和开拓发展的一个新的里程碑。学院下属四系一所两中心：自动控制系、电气工程系、测试工程系、生物医学工程系，飞行控制研究所以及电子教学中心、电工教学中心。中国工程院院士冯培德教授为我院名誉院长。

经过多年的建设和发展，学院现拥有3个博士后流动站，3个一级博士学位授予权学科（含11个二级博士学位点），13个硕士学位授予权学科，5个本科专业。2个国家重点（培育）学科，2个江苏省一级重点学科，2个国防重点学科。拥有1个国家级高等学校优秀教学团队，1个国防科工局国防科技创新团队，1个江苏省高等学校优秀科技创新团队。现建有1个部级航空科技重点实验室，2个教育部工程研究中心，1个江苏省高校重点实验室，1个江苏省实验教学示范中心，联合建设了1个国家级教学基地和1个国家级实验教学示范中心。

自动化学院师资力量雄厚，已经形成一支结构合理、团结奋进、富于开拓创新精神的高水平学术梯队。近年来，教学和科研硕果累累，每年承担国家"863计划"、"973计划"项目、国家自然科学基金、国防预研项目、航空基金、博士点基金以及省部委下达项目、横向合作项目和各类攻关项目几十项，近两年的年科研经费到款超过6000万元。目前，已形成若干有特色、处于国内领先地位或具有国际水平的研究领域，多次获得国家级、省部级教学成果和科研成果奖，在国内航空航天界同行中获得很好的声望。

学院十分重视学术交流和国际合作。1981年以来，陆续向国外派出访问学者或留学人员160余人，许多留学人员已学成回国，成为科研教学的骨干力量。学院主办过多次国际和国内学术会议，邀请外国专家、教授来校讲学，并且与多所国外大学建立了富有成效的合作关系。

学院现有在校学生3200多人。50多年来，学院已培养一万多名本科生和数千名研究生，他们中有的已经成为院士、学科带头人、国内外知名专家，有的成为企业或科研院所的技术骨干，为我国的国民经济与国防建设做出了重要的贡献。

电气工程系建设有航空电源航空科技重点实验室、教育部航空航天电源技术工程研究中心、江苏省新能源发电与电能变换重点实验室、南京市模块电源工程中心等省部级重点实验室和工程中心，在航空电源研究方面处于国内领先水平。

电气工程学科为江苏省重点一级学科；电力电子与电力传动学科1994年、2001年和2006年三次被评为江苏重点学科；2002年被评为国防科工委国防重点学科，是我国电气工程领域仅有的两个国防重点建设学科之一；2007年被评为国家重点（培育）学科。学科团队评为“国防科技创新团队”以及“江苏省高校优秀科技创新团队”。

近年来电气工程系承担了国家“973计划”项目、“863计划”项目，国家自然科学基金重点项目、国防863子专题、总装备部项目、国家高新工程项目等重要国家及省部级项目。获得国家技术发明二等奖1项，省部级科技进步一等奖2项，二等奖15项，三等奖多项。获得国家授权发明专利100余项，申请发明专利220多项。

地址：南京市御道街29号南京航空航天大学自动化学院

邮编：210016

电话：025-84893500

传真：025-84893500

邮箱：nhcaedw@ nuaa. edu. cn

网址：http：//cae. nuaa. edu. cn/ee

18. 清华大学

清华大学是中国最高学府，是中国综合实力最强的大学之一。工学、理学、经济学、管理学、法学、医学、文学、艺术学、历史学等都是它的强项。清华大学是国家重点支持建设的两所大学之一，是国家首批“211工程”和“985工程”系列的重点大学、九校联盟（C9）的成员。清华大学设有建筑学院、土木水利学院、机械工程学院、航天航空学院、信息科学技术学院、理学院、生命科学学院、医学院、地球科学学院（筹）、人文社会科学学院、新闻与传播学院、法学院、马克思主义学院、经济管理学院、公共管理学院、美术学院、应用技术学院等，以及生物信息与系统生物学、医学系统生物学研究中心等院系。清华大学已成为一所具有理、工、文、法、医学、经济、管理、艺术等学科的综合性大学。

自动化系

早在20世纪50年代，清华大学就设置了与自动化学科有关的一批专业。1970年5月，学校将有关的专业联合归并，组建了国内第一个自动化系。经过30多年的发展，自动化系在教学和科研上取得了丰硕的成果，为我国培养了大批的学士、硕士和博士，成为我国自动化科学与技术的重要研究和开发基地、培养自动化领域各层次高级专门人才的摇篮，在我国现代化建设中发挥了重要作用。

自动化系的一级学科为“控制科学与工程”，在2001年全国重点学科评审中，“控制理论与控制工程”和“模式识别与智能系统”两个二级学科均排名第一。在2006年全国一级学科的评估中，我系“控制科学与工程”一级学科名列全国第一。目前，该一级学科下设“控制理论与控制工程”、“模式识别与智能系统”、“系统工程”、“检测技术与自动装置”、“导航、制导与控制”、“企业信息化系统与工程”、“生物信息学”7个二级学科。研究生按二级学科招生，按一级学科培养。高年级本科生可根据需要自主选修相关学科方向的专业课程。

自动化系有多位教师从事电源相关的教学与科研，开设《电力电子技术基础》、《电力拖动与运动控制》、《电力电子电路的微机控制》等相关课程，近年相关的科研项目有：大型风电场并网与传输的关键技术、风电场微观选址、智能型电储能装置电能的高效利用与节电、智能决策支持系统中的多技术集成框架、变电站综合自动化系统、双馈式和直驱式风力发电机组用电源的研制、大功率直流压缩机驱动系统。

地址：北京市海淀区清华园1号

邮编：100084

电话：010-62770559

传真：010-62786911

19. 山东大学

高校介绍：

山东大学是一所历史悠久、学科齐全、学术实力雄厚、办学特色鲜明，在国内外具有重要影响的教育部直属重点综合性大学，是国家“211工程”和“985工程”重点建设的高水平大学之一。

山东大学是中国近代高等教育的起源性大学。其医学学科起源于1864年，为近代中国高等教育历史之最。其主体是1901年创办的山东大学堂，是继京师大学堂之后中国创办的第二所国立大学，也是中国第一所按章程办学的大学。从诞生起，学校先后历经了山东大学堂、国立青岛大学、国立山东大学、山东大学以及由原山东大学、山东医科大学、山东工业大学三校合并组建的新山东大学等几个历史发展时期。百余年间，山东大学秉承“为天下储人才”、“为国家图富强”的办学宗旨，踔厉奋发，薪火相传，为国家和社会培养了40余万各类人才，为国家和区域经济社会发展做出了重要贡献。

控制科学与工程学院

控制科学与工程学院前身是创建于1949年的原山东工学院电机工程系，是山东大学工科类创建最早的学院之一，至今已有60多年的历史。1989年电机工程系更名为自动化工程系，新山东大学成立后，2001年1月更名为控制科学与工程学院。

控制科学与工程学院跨仪器仪表类和电气信息类两大

学科，拥有控制科学与工程、生物医学工程2个一级学科博士学位授权点和控制理论与控制工程、电力电子与电力传动、检测技术与自动化装置、模式识别与智能系统、系统工程、生物医学工程、物流工程等7个二级工学博士与硕士学位授权点，并有控制工程、仪器仪表工程、生物医学工程和物流工程等4个工程硕士学位授权点和控制理论与控制工程教育硕士学位授予权。“控制理论与控制工程”二级学科是国家重点学科，另外学院还建有“电力电子节能技术与装备”教育部工程研究中心、2个省级重点学科、2个省级重点实验室和1个国家特色专业、2个省级品牌专业。

控制科学与工程学院建有学士-硕士-博士完整的人才培养体系；建立了教学-科研-产业协调发展的工作体系；建立了一支高水平、高质量、结构合理、力量雄厚的师资队伍，在人才培养、科学研究、学科建设、科技成果转化等方面都得到很大发展。学院目前有教职工152人，其中教授42人、博士生导师28人、教育部长江学者特聘教授2人、国家杰出青年基金获得者1人、“新世纪百千万人才工程”国家级人选1人、泰山学者岗位2个、有一年以上海外经历的教师占30%以上。近年来，学院教师承担国家重大专项，国家“863”、“973”计划项目，国家自然科学基金重点项目等40余项，获国家级科技进步奖4项、省部级科技进步奖30余项。在国内外著名学术期刊上发表学术论文1300余篇，出版学术著作、教材40余部。

学院下设自动化、测控技术与仪器、生物医学工程和物流工程4个本科教学系，并有设备先进的计算中心和实验中心。拥有自动控制、电力电子与电力传动、过程控制等8个研究所。还设有物流工程研究中心、机器人研究中心、控制论研究中心以及集产、学、研于一体的高技术产业——山东山大奥太电气技术有限公司。目前，控制科学与工程学院有在校本科生1500余人，硕士、博士生500余人。

学院按自动化类和生物医学工程专业招收本科生。自动化类包括自动化、测控技术与仪器、物流工程3个专业。

地址：山东省济南市经十路17923号
邮编：250061
电话：0531-88395114
传真：0531-88565167
邮箱：webmaster@ sdu. edu. cn
网址：http：//control. sdu. edu. cn/default. aspx

20. 山东劳动职业技术学院

高校介绍：

山东劳动职业技术学院（山东劳动技师学院）是山东省人力资源和社会保障厅直属的全日制普通高等院校，也是全省办学历史悠久、实力雄厚、底蕴深厚、规模较大、特色鲜明的高职院校。2012年，被人力资源和社会保障部等十部委授予“国家技能人才培育突出贡献奖”。

学院位于省会济南市。现有槐荫和长清两个校区，总占地面积1050亩，总建筑面积28万平方米；拥有实习工厂，机械制造、数控技术、电气技术、焊接技术、计算机应用、汽车工程、经济管理等实训中心（场地），各类实习、实训和生产设备3000余台（套）；资产总值4.5亿元。学院设有机械工程系、机制工艺系、电气及自动化系、汽车工程系、信息工程与艺术设计系、经济管理系和基础部等7个教学系部。

学院现有一支高素质的教师队伍，“双师型”教师达60%以上。有一批在教学、科研等方面成果显著，在职业教育界有一定影响的专业和学科带头人，有“全国技术能手”2名，有“山东省技术能手”24名。国家批准高职教育办学规模为1.2万人，技工教育办学规模为8000人。学院现有在校学生1.8万名。

学院是“全国职业教育先进单位”、“国家高技能人才培养示范基地”、“山东省高校首批技能型特色名校”、“国家重点技工院校”、“国家职业技能鉴定所”、“国家级数控技术实训基地”、“全国技工院校骨干师资培训基地”、“国家级高等职业教育机电类实训基地”、“山东省骨干示范性职业技术学院建设单位”、“山东省职业教育先进集体”、“山东省技师培训基地”、“山东省高校文明校园”、“山东省高校平安校园”、“山东省德育工作优秀高校”、“山东省大学生创业教育示范院校”、“山东省高校毕业生就业工作先进集体”。

电气及自动化系

全系现有教职员工63人，目前有全日制在校生2600余人，设有三年制大专、三年制技师、两年制高技和三年制中级4个层次。

三年制大专层次：设置电气自动化技术、应用电子技术、楼宇智能化工程技术、机电一体化技术、生产过程自动化技术等5个专业。电气自动化技术专业2004年被确立为山东省教育厅示范专业；楼宇智能化工程技术和生产过程自动化技术两个专业是教育部2009年和2010年公布的薪资、就业率持续走高的需求增长型专业；应用电子技术被评为校级特色专业。

三年制技师层次：设置电气自动化技术、机电一体化技术、楼宇自动控制设备安装与维修、农业电气化及自动化4个专业。

两年制高技层次：电气自动化设备安装与维修专业2009年被评为山东省技工院校名牌重点专业。农业电气化及自动化专业是山东省技能扶贫专业之一。

科研团队或重点实验室介绍

1. 师资队伍

全系现有教职员工63人，其中高级职称8人，博士2人，硕士19人，具有技师和高级技师职业资格证书35人，国家职业资格技能鉴定高级考评员5人。3人获得“山东省技术能手”，1人获得“济南市技术能手”，1人获得“济南市技工院校优秀教师”，1人获“山东省省直机关优秀青年岗位能手”，2人获得“山东省高校十佳百优辅导员”。教师先后承担完成省、部级科研项目十余项，出版教材40余部。电气自动化一体化教学团队被评为校级优秀教学团队。

2. 实训科研条件

电气及自动化系现有济南和长清两处实训中心，长清实训中心由专业教学团队和校外专家共同设计建成的，实验、实训场所的建设融入了现代职业教育教学理念，兼顾了“行动导向”教学方法的运用，主要实验实训设备为行业企业广泛应用的真实设备。在“理论实习技术一体化”的专业建设框架下，采用德国最新职教理念——“教学环境一体化”，使实训培养环节构建成为生产过程导向的实训环境。同时电气实训中心也是企业培训、师资培训和技能鉴定的场所。

3. 服务社会

2005年至今，完成7届金蓝领维修电工技师、高级技师培训，完成山东省技工院校骨干师资培训、中国重汽员工技能提升培训等社会培训工作，并多次承担山东省乃至全国技能竞赛裁判工作。

4. 就业与社会声誉

毕业生就业率达95%以上，在各大装备制造企业从事设备维护修理、售后服务等工作。我系与齐鲁电机制造有限公司、山东安迪斯电梯工程公司等多家单位开展订向培养。

2004年山东省技工院校维修电工技能大赛中，3名教师分别获得教师组1、2、8名。4名学生获得学生组1、2、3、4名。

2004年“广州数控杯”全国技工院校维修电工技能大赛高级组3名学生选手分别获得全国第2、3、7名，中级组选手获得第9名。

2009年我系学生选手获省职业院校技能大赛电子产品设计与制作一等奖。

2010年我系学生选手获省职业院校技能大赛嵌入式电子产品开发三等奖。

2011年我系学生选手获得省职业院校技能大赛电子产品设计与制作二等奖；获得山东省机电产品创新设计竞赛中2个二等奖，1个三等奖。

2012年4月我系学生选手在山东职业院校技能竞赛电气产品设备安装与调试项目中获二等奖；在山东职业院校技能竞赛电子产品设计与制作项目中获三等奖。

地址： 山东省济南市经十路23266号

邮编： 250022

网址： http://www.sdlvtc.cn/

21. 上海大学

高校介绍：

上海大学是上海市属、国家“211工程”重点建设的综合性大学。现设有27个学院和2个校管系；设有71个本科专业、42个硕士学位一级学科授权点、166个硕士学位二级学科授权点、20个博士学位一级学科授权点、72个博士学位二级学科授权点、19个自主设置二级学科博士点、13个博士后科研流动站；拥有4个国家重点学科、9个上海市重点学科；拥有2个科技部与上海市共建的国家重点实验室培育基地，1个国家体育总局体育社会科学重点研究基地，1个教育部重点实验室，1个教育部省部共建重点实验室，1个教育部工程研究中心，并拥有多个上海市重点实验室及国家级实验教学示范中心等。上海大学积极实施人才强校战略，初步形成了由名师领衔、层次清晰、结构合理的国际化、高素质、基本满足学校发展需要的师资队伍，并已在多数学科领域中形成了若干有特色、有影响、有潜力的学科团队。

机电工程与自动化学院

上海大学机电工程与自动化学院是一个机、电、测、控多学科交叉的学院，下设精密机械工程系、机械自动化工程系、自动化系和工程技术训练中心。

学院的教学科研涵盖机械工程、控制科学与工程、仪器科学与技术、电气工程4个一级学科，并在以上大多数学科领域内实现了博士后、博士、硕士、本科各级各类人才培养的全覆盖。拥有7个本科专业，3个一级学科硕士点（涵盖多个二级学科硕士点）以及3个二级学科硕士点，2个一级学科博士点（涵盖多个二级学科博士点）以及2个二级学科博士点；3个博士后科研流动站。学院现有在校本科生近3000名，硕士研究生、博士研究生1000余名。

学院拥有教育部新型显示技术与系统集成重点实验室、上海市机械自动化及机器人重点实验室、上海市电站自动化重点实验室、上海市教委自动化制造装备及驱动技术工程研究中心、上海机器人研究所、上海大学计算机集成制造与机器人中心、上海大学精密机械研究所、上海电机与控制工程研究所、上海大学-华中科技大学联合快速制造中心、上海大学机电工程设计院、上海大学微电子研究与开发中心、上海大学中瑞微系统集成技术中心、上海大学警用装备与公共安全工程研究中心，以及教育部、上海市教委工程训练实验教育示范中心等基地。学院先后建成了机械基础实验平台、数字化设计制造教学实验平台和机电一体化产品综合实验平台等5个本科教学专业实验平台、1个自动化信息与网络控制实验中心和1个大学生创新中心。

20世纪80年代以来，学院所属的多个学科先后得到了国家及上海市政府的支持。“十五”期间，机械电子工程被列入第一期上海市重点学科，先进机器人技术与现代制造系统、仪电自动化分别被列入第二期上海市重点优势学科和重点特色学科。1998年起，先进制造及自动化学科连续三期被列入国家“211工程”重点建设学科。“十一五”期间，学院所属的能源工程优化调控技术被列入国家“211工程”重点学科“能源工程与新技术”学科三大方向之一。2001年机械电子工程学科被列为国家重点学科。

重点实验室介绍：

上海市电站自动化技术重点实验室是由上海大学、上海电力学院、上海自动化仪表股份有限公司和上海外高桥电厂联合成立的产学研一体的综合实验室。实验室通过上海大学自动化系提供应用基础研究、人才培养及对外开放平台，通过上海电力学院提供应用研究支撑平台，通过上海自动化仪表股份有限公司提供产业化研发支撑平台，通过上海外高桥电厂提供产业应用技术需求平台。实验室通过特色鲜明的“四位一体”的模式搭建了以社会应用需求和产业化为导向，以高校基础研究和技术开发为主要形式，以对外平台开放交流为辅助方法的产学研平台。

地址：上海市延长路149号
邮编：200072
电话：021-56331562
传真：021-56331183
邮箱：yraun@ mail. shu. edu. cn
网址：http：//www. auto. shu. edu. cn/

22. 上海电力学院

高校介绍：

上海电力学院是中央与上海市共建，以上海市管理为主的全日制普通高等院校。学校分设两个校区，其中，杨浦校区位于上海市区东部长阳路，浦东校区位于浦东新区学海路。学校全日制在校生规模10000余人。学校现有教职工1000余人，专任教师700余人。

学校创建于1951年，目前已经发展成为以工为主，兼有管、理、经、文等学科，主干学科电力特色明显的高等学校。学校设有能源与机械工程学院、环境与化学工程学院、电气工程学院、自动化工程学院、计算机科学与技术学院、电子与信息工程学院、经济与管理学院、数理学院等共12个二级学院，以及两个直属学部。

学校现有热能与动力工程、电气工程及其自动化、电子信息工程、计算机科学与技术、工商管理、信息与计算科学、英语等29个本科专业以及电气自动化技术高职专业。学校目前在动力工程及工程热物理、电气工程、化学工程与技术3个一级学科共8个硕士点独立招收和培养硕士研究生。

电气工程学院/电力电子技术研究中心

上海电力学院电气工程学院电子工程系，也冠名为电力电子技术研究中心。该中心拥有先进的实验设备，优良的学术环境，是上海电力学院办学的重要成果之一。其电力电子与电力传动学科是上海市教委重点学科，自2011年开始招收电力电子与电力传动专业硕士研究生，研究目标立足于先进的电能变换技术，主要研究方向有新型电力电子器件及应用、新型电能变换技术，电力传动系统、可再生能源利用中的电力电子技术等电力生产、传输及应用中的电能变换技术。

科研团队或重点实验室介绍

1. 科研带头人

赵晋斌，男，1972年出生，博士、教授。1999年赴日本国立大分大学工学研究科电力电子与电力传动专业留学，师从中野忠夫教授和锅岛隆教授，从事开关电源控制策略和拓扑结构的研究。2005年3月获得博士学位后，以研究员身份进入日本三大通信电源公司之一的欧利生电气公司研究开发本部研究开发室工作，从事分布式并网发电系统、数据中心用直流开关电源和混合动力车载电源的研究。在13年的海外学习和工作中，和瑞萨科技、丰田汽车、日本电信电话公司NTT、东京电力公司等世界著名公司及日本新能源·产业技术开发机构NEDO等国家研究机构一起合作开展了多项重大研究项目，积累了丰富的经验。此外，与大分大学、长崎大学、大阪大学、NTT设施公司研究开发本部、富士电机等建立了长期、密切的合作关系。

现为IEEE会员、日本电气学会会员和日本电子情报通信学会会员，电源学会高级会员。IEEE Transactions on Industry Applications、IEEE Industrial Electronics Magazine、IEEE ECCE和IEEE APEC等国际杂志和会议审稿人。2011年9月作为上海市东方学者特聘教授被上海电力学院引进。

主要研究方向为电力电子电路、装置与系统，电力电子电路的智能化及模块化控制技术，现代电力电子技术在电力系统中的应用，新能源发电技术。

2. 团队简介

2011年9月由赵晋斌教授牵头，带领以米阳教授，屈克庆副教授，李芬老师和硕士研究生为主的团队，建立了电力电子研究中心。主要师资队伍如下：

1）赵晋斌，男，1973年生，博士、教授、硕士生导师、上海市东方学者；

2）米阳，女，1972年生，博士、教授、硕士生导师、新加坡访问学者；

3）屈克庆，男，1970年生，博士、副教授、硕士生导师，德国访问学者；

4）李芬，女，1985年生，博士、讲师。

3. 主要研究方向

1）开关电源及其拓扑研究；

2）新能源发电及并网逆变技术；

3）电能与电能质量；

4）微电网稳定与控制。

4. 科研概况

迄今为止，在IEICE TRANS、IEICE EXPRESS ELECTRONICS、IEEE ECCE、IEEE APEC、PESC、INTELEC、EPE和PEDS等杂志以及会议上发表学术论文40篇（SCI收录4篇、EI收录20篇）。申请日本发明专利12项（4项授权）、美国发明专利3项、欧洲发明专利2项和中国发明专利14项。主持了上海市教委东方学者课题资助，上海市科委重点科技攻关，上海市科委浦江计划，上海市教委科研创新，上海市人才发展资金等重大项目和参与了上海空间电源研究所等相关项目，并取得相应成果。

5. 实验室建设

在学校和相关合作企业的大量经费的支持下，已基本建成电力电子研发实验室，购置了一批包括NFES2000模拟交流电网，WT1804数字功率分析仪和DLM2024数字示波器等电力电子试验及测试设备和专用仪器。目前，本学科已初步形成具有优势和特色的稳定研究方向和一只具有良好发展潜力的高水平学术梯队，具备良好的学术氛围和研究条件，未来的发展道路会越远越好。

地址：上海市杨浦区长阳路2588号
邮编：200090
电话：021-35305346
传真：021-35305346

23. 上海海事大学

高校介绍：

上海海事大学是一所以航运技术、经济与管理为特色，具有工学、管理学、经济学、法学、文学和理学等学科门类的多科性大学。

中国高等航海教育发轫于上海，1909 年晚清邮传部上海高等实业学堂（南洋公学）船政科开创了我国高等航海教育的先河。1912 年成立吴淞商船学校，1928 年更名为吴淞商船专科学校。1959 年交通部在沪组建上海海运学院。2004 年经教育部批准更名为上海海事大学。

院系介绍

自 1995 年起，电力电子与电力传动学科通过 10 余年上海市教委重点学科建设，建立了重点学科的主要研究基地，1999 年建立了“航运技术与控制工程”交通部重点实验室，2001 年获得“电力电子与电力传动”博士点，2007 年建立了“电气工程”博士后流动站，为学科的进一步发展提供良好的研究环境和开发平台，形成了将电力电子与电力传动技术应用于港口、船舶和航运系统的鲜明特色，使本学科在目前国内港口和船舶电力传动与控制领域处于领先水平，在国际船舶电工界也有一定影响和知名度。

现该学科目前是上海市教委“港航电力传动与控制工程”重点学科，拥有电气工程及其自动化、自动化、检测技术 3 个本科专业；电气工程一级学科硕士点，控制理论与控制工程、检测技术与自动化装置 2 个二级学科硕士点，以及中法联合硕士项目；1 个博士点和博士后流动站。

在科学研究方面，建立了电力传动与控制研究所。已逐步形成了电力拖动与控制系统研究以港航运输设备的传动控制为主线，计算机仿真技术研究以港航模拟器的开发为主线，智能信息与智能控制研究以港航系统状态监测、故障诊断与容错控制为主线的研究特色。自主研发了船舶电力推进模拟器，构建了船舶电力推进研究的先进平台。研制成功了国内第一条燃料电池试验船“天翔 1 号”，于 2005 年 11 月在上海市第 6 届国际工业博览会上正式亮相，宣告中国第一条燃料电池电力推进船的诞生，填补了国内空白，并达到国际先进水平，为未来中国新能源在船舶中的应用和“全电船”的研究引领新的方向。上海市登山计划项目“临港新城可再生能源发展应用研究”的研究成果分别在上海国际工业博览会和北京国际节能减排和新能源科技博览会成功展出。

在研究基地建设方面，2001 年建成电工、电子实验中心；2005 年建成“电气传动控制系统实验室”、“微机网络型自动化电站实验中心”、“电力电子装置与仿真实验研究室”等一批研究性实验室；2008 年与施耐德电气公司（Schneider Electric）建立了“船舶电站”联合实验室。目前，正在建设上海市教委重点学科研究基地“海上清洁能源综合发电系统”。

学校与上海振华港机（集团）公司、上海国际港务（集团）股份有限公司、施耐德电气公司等国内外著名企业建立了战略联盟，为产、学、研相结合承接重大项目搭建了广阔的舞台。与施耐德电气公司联合研发智能化的船舶电能管理（PMS）系统，具有自主知识产权的船舶 PMS 装置已于 2005 年 12 月在中国国际海事展览会成功展出，并列入施耐德电气 2006 年的新产品目录，成为产、学、研相结合成功的范例。学科始终如一地坚持港口机械和电气设备的研究方向，为企业的产品更新和技术进步提供强有力的前期预研和技术支持，形成了港口机电设备设计、研发与运行监测和管理一体化的研究体系和人才队伍，为上海建设国际航运中心服务。

学科具有广泛的国际联系和合作关系，多年来，中法国际合作项目研究卓有成效，与法国中央理工大学、法国海军学院、布莱斯特海洋科技园区等建立了中法国际合作关系，建立了中法联合伽利略系统与海上安全智能交通研究所，开展科学研究和学术交流，与波兰和法国联合培养博士和硕士研究生。连续 6 届主办国际电工学术会议（IMEDCE），具有国际影响力。

本学科目前设有 3 个研究方向：

1）新能源电力电子装置与船舶电力系统研究方向：本研究方向主要从事电力电子变流技术在可再生能源电能变换以及电能质量控制等方面的研究与开发。本研究方向以应用基础研究为特征，以海上清洁能源发电为主要领域，建立了一个起点高、特色明、研究开发能力强的教学科研基地，在应用基础理论研究、应用技术开发、学术交流和产学研联合、人才培养等方面发挥引领性和关键性的作用。根据国家科技发展方针和上海市科技发展战略，面向科技前沿，海上清洁能源及船舶电力传动的重大科技问题，开展创新性研究，获取原创新成果，取得自主知识产权，在海洋新能源开发、电力电子变流新拓扑，混合可再生电源并网技术等方面形成了特色和优势。

2）港航传动控制技术及应用研究方向：具有鲜明的港航特色，在港口与船舶大型机电设备技术改造方面具有良好的研究基础和发展前景，特别是近年来在港口设备节能技术，比如开展了多电机共直流母线交流传动系统建模、节能控制与能量管理方面的研究。目前与施耐德电气建立了“国际海事效能管理及安全系统设计与研究中心”进一步开展港航系统节能及安全控制的联合研究。

3）信息处理与港航系统仿真技术研究方向：主要是运用计算机技术、控制技术，仿真技术、局域网技术和多媒体技术推进船舶、港口与航运技术的信息化、自动化和智能化发展。目前，已在复杂系统的状态监测、集成智能故障诊断与容错控制技术研究方面取得了多项创新性研究结果。上述研究成果与方法可以推广应用于解决当前可再生能源分布式发电与智能电网问题。

本学科将进一步完善师资队伍的学术梯队结构，提高教育水平，培养各类人才，特别是港、航企业急需的电气工程高级技术人才；提升科研实力和学术水平，促进产、学、研相结合，为国家建设提供技术支撑作用，特别是更好的为上海市建设国际航运中心服务。

地址：上海市浦东大道 1550 号
邮编：200135
电话：021-58855200
网址：http：//www. shmtu. edu. cn/

24. 上海应用技术学院

高校介绍：

上海应用技术学院是由全国示范性高工专——上海轻工业高等专科学校、上海冶金高等专科学校、上海化工高等专科学校以及原国家轻工业部所属上海香料研究所合并组建而成，是一所具有近60年办学历史的以工为主、特色鲜明的多科性全日制普通本科高等学校。在多年的办学实践中，学校坚持以“应用技术”为本，强化内涵建设，走出了一条应用技术型本科院校的特色发展之路。2007年，学校顺利通过了教育部本科教学工作水平评估；2010年10月，占地面积近1500亩的奉贤校区正式落成，学校主体搬迁至新校区。近年来，学校的内涵建设和外延拓展均实现了跨越式发展。学校已连续6次获得上海市“文明单位”称号。

学校现有奉贤新校区和市区老校区两个校区，占地面积共1106870.2平方米，校舍建筑面积649309.25平方米，徐汇老校区位于上海漕河泾新兴技术开发区内，奉贤新校区坐落于奉贤海湾地区。学校实行校、院两级管理体制，现设有材料科学与工程学院、机械工程学院、电气与电子工程学院、计算机科学与信息工程学院、城市建设与安全工程学院、化学与环境工程学院、香料香精技术与工程学院、艺术与设计学院、经济与管理学院、外国语学院、人文学院、思想政治学院、生态技术与工程学院、理学院、轨道交通学院、工程创新学院、高等职业学院、继续教育学院、体育教学部等19个二级学院（部）。学校以全日制本科教育为主，积极发展技术型、工程型研究生教育和留学生教育，现有全日制学生18148人，其中本科生15640人，研究生861人。学校现有教学科研仪器设备总值2.59亿元；图书馆纸质藏书146.06万册，电子图书67.39万册，中外文网络数据库37个；拥有完善的计算机网络服务体系，建成了“万兆主干、千兆汇聚、百兆桌面”的三层校园网络架构，提供视频课程点播570个。

工程创新学院

为了实践学校的办学理念——“培养具有创新精神和实践能力的、具有国际视野的、以一线工程师为主的高层次应用技术人才”，拟在实现学校办学定位和人才培养规格的前提基础上，依照国际上合作开发的最新工程教育模式和教学大纲，通过较完整的4年工程专业教育体系的培养，以使学生达到：富有理想，具有较强的事业心、责任感、充满活力；具有较强的项目开发、设计和构造能力；具有较强的团队精神和领导能力；具有较强的中、英语语言表达和沟通能力；具有较强的创新和创业能力；在校期间获得国际国内职业资格认证证书的目标。在学校领导支持和关心下创建了工程创新学院。

上海应用技术学院副校长刘宇陆教授兼任工程创新学院首任院长，现任院长由副校长陈东辉教授兼任，教务处长周小理教授兼任副院长。常务副院长由电气与电子工程学院常务副院长、工程实训中心主任、电气工程学科带头人钱平教授出任。教师及教学管理人员92%以上为硕士、博士研究生。

工程创新学院创办以来，开办了电气工程及其自动化专业和自动化（机电一体化），被学校确定为工程创新实验班。首两届共招生160名，从2009年和2010年各专业入学新生中择优录取。

2009年加入教育部CDIO工程教育模式改革试点学校，2011年学校成为教育部卓越工程师培养计划试点学校。工程创新学院成为实施这两项试点工作的主要平台，参与试点的专业扩大到电气工程及自动化、化学工程与工艺、轻化工程、软件工程，从2011年开始招收4个专业的卓越班。学校为此制定了一系列的配套政策，为卓越班学生的成长、成才创造最好的条件。

在学校领导的重视和各兄弟二级学院的支持配合下，工程创新学院卓越班均配备教学水平高、教学能力强、教学经验丰富的教师。学校将不断地在师资配置、教学资源、实践环境投入大量人力、物力，搭建宽松、和谐、有利于个性发展的人才成长平台，努力培养高层次应用技术工程人才。

科研团队或重点实验室介绍

科研带头人：叶银忠，工学博士，教授。团队主要成员：钱平教授，吴梦初高工等。

主要研究领域：故障诊断与容错控制，电力电子与电力传动，工程系统测量与控制，电源。

课题组负责人对电力电子技术、电源技术、故障诊断与容错控制技术作出了长期的研究。1985年以论文《线性系统参数故障检测与诊断的两级Kalman滤波算法》获工学硕士学位，同年发表的论文《动态系统的故障检测与诊断技术综述》得到了广泛引用；1989年以论文《关于容错控制技术的研究》获工学博士学位。已在控制理论与控制工程、电力电子与电力传动、工程系统测量与控制等领域主持或作为主要参加者完成了10多项国家级和部市级科研项目，发表论文90余篇、出版著作2部。专著《现代故障诊断与容错控制》（周东华、叶银忠著）2002年获国家新闻出版总署全国优秀科技图书三等奖，科研成果“生产过程的故障检测与容错控制”1995年获国家教委科技进步三等奖，“网络型集装箱船舶轮机模拟器”2001年获上海市科技进步二等奖，“散货港口自动化运输系统容错控制”2004年获上海市科技进步奖三等奖。现为上海应用技术学院副院长、教授、硕士生导师，上海海事大学电力电子与电力传动学科博士生导师，自2001年以来担任中国自动化学会技术过程的故障诊断与安全性专业委员会副主任委员。

在故障诊断领域的主要学术成果包括：提出了多种基于模型的动态系统故障诊断方法、以小波分析为主体的基于信号处理的故障诊断方法和以神经网络为主体的智能化诊断方法，并研究开发了船舶拖轮舵桨装置控制系统、船舶柴油主机、水下机器人、动车组NPC逆变器等工程系统的故障诊断技术。

科研条件：本课题组所在院系已经建立了分布式电源实验室和现代供配电综合控制实验室，拥有一套微电网实验装置。具备了风光互补LED照明控制系统、2kW太阳能自动跟踪电源系统、10kW 太阳能发电系统、1kAh 蓄电池储能系统、供配电技术综合实训系统。

地址：上海市海泉路 100 号

邮编：201418

电话：021-60873226

传真：021-60873226

邮箱：qping@ sit. edu. cn

网址：www. sit. edu. cn

25. 深圳航天科技创新研究院

研究院介绍：

深圳航天科技创新研究院为中国航天科技集团公司直属研究院，由集团公司、深圳市人民政府和哈尔滨工业大学共同出资组成。拥有哈尔滨工业大学的人才优势，依靠深圳电力电子类产品成熟的加工、制造、物流体系以及完善的科研及管理机制，服务于航天电源类产品的开发，并向普通军用及民用产业拓展。所研发的产品覆盖了分布式电源系统的各个组成部分，具备研究分布式电源系统稳定性所需的软硬件条件。已成功完成基于 S3R 和 S4R 的航天一次电源、数字 DC/DC 变换器、包络跟踪电源、行波管电源、光伏逆变器、卫星电源地面仿真评测系统等一系列研发，部分产品正在走向航天应用阶段。

深航院致力于电力电子领域前沿技术的研究，与中国空间技术研究院总体部成立“航天器供配电系统技术评测联合实验室”，与中国空间技术研究院通信卫星事业部成立“空间电源系统技术创新联合实验室”。已建成的 5 个市级重点实验室和 1 个市级公共技术平台的基础上，继续拓展和提升其发展。在建好现有市级重点实验室的基础上加强规范管理制度，注重后续提升发展，使得所支持的重点实验室更好地服务于技术创新和发展。

电力电子与电力传动中心

DC/DC 项目组产品有数字 DC/DC 电源模块、模拟 DC/DC 电源模块、高压输出电源模块、高压配电器等。其中数字 DC/DC 电源模块具有自主知识产权的数字 DC/DC 核心控制芯片已成功流片，应用该芯片，研制高功率密度星载数字 DC/DC 电源模块，有利于替代进口，实现航天产业自主可持续发展。目前已通过国军标鉴定试验和空间环境考核，以及搭载验证。模拟 DC/DC 电源模块有 100V、42V、28V 多种输入母线，单路、双路、多路输出模式，集成了输入滤波器，型谱化、定制化，采用自主研发的高可靠磁反馈控制技术，各路输出纹波小，具有上电时序控制功能。高压输出电源模块有离子泵高压电源和电子倍增器高压电源两种。其中离子泵高压电源 28V 输入母线，输出电压 0 ~6000V 连续可调，对负载电流检测准确度高，具有过电流保护自恢复功能。电子倍增器高压电源 28V 输入母线，输出电压 -3000 ~0V 连续可调，输出电压纹波小，具有高压开关放电功能，迅速放电。高压配电器实现 8 路高压输出，3 个电压等级，最高为 -2400V，交叉备份，并能通过 RS-422 协议对各路工作状态进行控制和读取。

科研团队或重点实验室介绍

深航院致力于电力电子领域前沿技术的研究，与中国空间技术研究院通信卫星事业部成立“空间电源系统技术创新联合实验室”，与中国空间技术研究院总体部成立“航天器供配电系统技术评测联合实验室”。与哈尔滨工业大学深圳研究生院的电力电子学科密切合作，积极开展前沿性科研工作，拥有一批博士后以及博士、硕士研究生组成的科研骨干力量。深航院拥有深圳市电力电子重点实验室，占地约 1000 平方米，共有员工 65 人，其中具博士学位人员 11 人，具硕士学位人员 27 人。研究所学术带头人张东来教授，为总装 863 专家组专家。外聘合作教授包括加拿大工程院院士、IEEE 院士吴斌教授，丹麦奥尔堡大学陈哲教授等，拥有哈尔滨工业大学的人才优势，依靠深圳电力电子类产品成熟的加工、制造、物流体系以及完善的科研及管理机制，服务于航天电源类产品的开发，并向工业及民用产业拓展。

地址：广东省深圳市南山区科技园科技南十路深圳航天科技创新研究院

电话：0755-26727059

传真：0755-26727199

网址：http：//www. chinasaat. com/

26. 四川大学

高校介绍：

四川大学是教育部直属全国重点大学，是“985 工程”和“211 工程”重点建设的高水平研究型综合大学。四川大学地处中国历史文化名城——“天府之国”的成都，有望江、华西和江安三个校区，占地面积 7050 亩，校舍建筑面积 254. 6 万平方米。四川大学由原四川大学、原成都科技大学、原华西医科大学三所全国重点大学合并而成。四川大学学科门类齐全，覆盖了文、理、工、医、经、管、法、史、哲、农、教、艺等 12 个门类，有 30 个学科型学院及研究生院、海外教育学院等学院。现有博士学位授权一级学科 44 个，博士学位授权点 277 个，硕士学位授权点 361 个，是国家首批工程博士培养单位。截至 2012 年年底，有专任教师 4292 人，具有正高级职称的 1188 人，有中国科学院和中国工程院院士 12 人。现有全日制普通本科生 4 万余人，硕博士研究生 2 万余人，外国留学生及港澳台学生 2000 余人。

电气信息学院

四川大学电气信息学院由原成都科技大学电力工程系、自动化系、应用电子技术系合并组建而成，其核心实体已有 60 多年的办学历程。学院设有 6 个教学研究单位：电气工程系、自动化系、通信工程系、医学信息工程系、电工电子基础教学实验中心和电气信息工程专业实验中心；拥有智能电网四川省重点实验室。已形成本科、硕士、博士等多层次的办学体系。现有教职工 143 人，其中博士生导师 7 人，教授 18 人。

科研团队或重点实验室介绍

张代润教授研究团队长期保持在 10 ~ 12 名研发人员，主要研究方向有：交流调压技术、电能质量控制技术、高频开关电源技术、电机传动控制理论和技术、非线性电路功率理论及其应用等。研究项目包括：有源电力滤波器（APF）；静止无功补偿器（SVC——TCR&TSC），静止无功发生器（SVG）；晶闸管控制串联补偿器（TCSC）；动态电压恢复器（DVR）；统一电能质量调节器（UPQC）；特种电源及其控制技术；特种电机及其控制技术；非线性电路功率理论等。研究团队在电力电子技术、电力传动技术方向的研究与开发工作，特别是在电能质量控制技术和交流调压技术方面有自己的特色。获建设部"中联重科杯"2004年华夏建设科学技术二等奖；获发明专利2项，新型实用专利1项，另已申请发明专利5项；参编"电力电子技术"和"电机学学习指导"教材。研究团队拥有从事电力电子与电力传动研究的基本软件和硬件条件，同时依托四川大学智能电网四川省重点实验室、四川大学电能质量与电磁环境学四川省重点实验室、四川大学电力电子技术实验室、四川大学电机及拖动实验室，拥有大容量可编程电源、大容量可编程负载、大容量电机、大容量负载等各种测试设备。研究团队有电机设计方面的工作经验，熟悉电机制造工艺，有电力电子装置和系统的分析、设计、调试和实验方面的工作经验，熟悉电力电子技术的相关工艺。

地址：四川省成都市一环路南一段24号

邮编：610065

电话：028-85469866

传真：028-85400976

邮箱：zhgdr@126.com

27. 苏州市职业大学

高校介绍：

苏州市职业大学成立于1981年5月，经教育部批准，由苏州市人民政府主办的一所公办全日制普通高等专科学校。作为江苏省办学历史最悠久的职业大学之一，学校的办学历史可追溯到创办于1911年的苏州工业专科学校。

电子信息工程学院

苏州市职业大学电子信息工程学院现有普通全日制学生2000余人，教职工80余人，其中有江苏省教学名师1人，教授5人，硕士生导师2人，副高职称教师30多人，省优秀教学团队1个。江苏省电子信息与智能控制技术实验实训基地、江苏省光伏发电工程技术研究开发中心建在我院。

电子信息工程学院设有应用电子技术、电气自动化技术、电子信息技术、通信技术、微电子技术5个专业。应用电子技术专业为国家级教学改革试点专业、省级品牌专业；电气自动化技术专业为省级品牌专业；应用电子、微电子和电子信息专业为省"十二五"高等学校重点建设专业群。近三年教师发表论文近400余篇，被三大检索收录90多篇。学生在全国和省、市级技能比赛中频频获奖，获得全国大学生电子设计大赛、智能机器人大赛一等奖。

科研团队或重点实验室介绍

"江苏省光伏发电工程技术研究开发中心"于2010年9月经江苏省教育厅批准，以苏州市职业大学为依托单位，以苏州汉达工业自动化有限公司为合作单位，以浙江大学为技术支持单位设立的省级光伏工程中心。

光伏工程中心以高效硅薄膜电池及其生产工艺、大容量光伏并网逆变器、分布式太阳能光伏并网系统及BIPV电站、光伏发电配套产品生产工艺及其检测装置技术等为研究方向，结合国家和江苏省在光伏发电方面的重大需求，建立以"学产研一体化"为基本特征的太阳能光伏发电利用和光伏产品公共服务平台，为促进光伏产业的发展和相关企业的迅速成长，解决光伏发电相关企业在开发生产过程中遇到的技术难题和困难，建立完善的太阳能光伏发电利用和光伏产品公共服务平台体系，向企业提供技术研究信息、产品的技术认证、科技成果的转换、技术交流、技术培训、人才培养、市场对接等，为光伏发电产业的发展提供优质高效的服务。

光伏工程中心有光伏薄膜电池研究团队和光伏逆变系统研究团队，团队研究人员近20人，其中教授2人，副教授5人，博士2人，硕士17人。光伏工程中心拥有600多平方米的实验室，15kW光伏电池阵列。经过几年的建设，已购置了较完备的光伏发电研究所需的仪器设备，如多功能数字示波器、智能电子式负载、大功率模拟电源、DSP控制系统、光伏发电实验平台、电能质量分析仪、光伏逆变器自动测试仪、防孤岛试验台等。还有镀膜、光刻、测试等薄膜电池开发设备，具有良好的软硬件条件。

中心负责人曹丰文，现任苏州市职业大学电子信息工程学院教授、高级工程师，苏州大学硕士生导师，江苏省级教学名师，省级优秀教学团队带头人，江苏省高等职业教育实训基地"电子信息与智能控制实验实训基地"负责人，江苏省光伏发电工程技术研究中心负责人，省级品牌专业"应用电子技术专业"负责人，省级品牌专业"电气自动化专业"负责人。兼任苏州市电子学会副理事长、中国电源学会电力传动专委会理事。曾获省级优秀教学成果一、二等奖4项。获教育部高职高专电子信息教指委精品课程1项，省级精品课程（排名第二）1项，省级精品教材1部。在本项目中负责总体规划、设计与实施。

曹丰文教授，2000年2月—2001年1月，作为国内高级访问学者在浙江大学电气工程学院师从IEEE Fellow、IET Fellow何湘宁教授进行光伏发电领域关键技术的研究。2007年4月—2007年10月，在美国Ohio State University进行访问研究，在IEEE Fellow Longya Xu教授的指导下，进行High Efficiency Photovoltaic Systems的项目研究。曾参加过国家自然科学基金和省自然基金项目研究，主持完成了江苏省教育厅自然科学基金项目以及多个市级、校级和横向课题研究。获市级科技进步奖1项、双杯奖2项。共发表论文60余篇，其中SCI、EI收录20余篇。

地址：苏州市致能大道106号

邮编：215104

电话：0512-66503386

传真：0512-66506691

网址：http：//www.jssvc.edu.cn/

28. 天津大学

高校介绍：

天津大学是教育部直属国家重点大学，其前身为北洋大学，始建于1895年10月2日，是中国第一所现代大学，素以“实事求是”的校训、“严谨治学”的校风和“爱国奉献”的传统享誉海内外。1951年经国家院系调整定名为天津大学，是1959年中共中央首批确定的16所国家重点大学之一，是“211工程”、“985工程”首批重点建设的大学。

电气与自动化工程学院

天津大学电气与自动化工程学院素以严谨治学、务实求真而闻名，先后培养出以原清华大学校长高景德院士、北京邮电大学名誉校长叶培大院士、著名华人企业家荣智健先生等为代表的一大批各类杰出人才。

学院现设2个系、5个中心、2个研究所。学院2个一级学科电气工程和控制科学与工程均具有博士学位授予权和设有博士后流动站。学院的8个二级学科（电力系统及其自动化、电机与电器、高电压与绝缘技术、电力电子与电力传动、电工理论与新技术、控制理论与控制工程、检测技术与自动化装置和模式识别与智能系统）均具有博士和硕士学位授予权，其中电力系统及其自动化和检测技术与自动化装置为国家重点建设学科。学院设有电气工程及其自动化、自动化2个宽口径的本科生专业和1个高等职业技术教育专业楼宇自动化技术。

学院有一支高效、精干、勇于开拓的师资队伍，现有中国工程院院士1人，俄罗斯工程院院士1人，长江学者特聘教授2人，长江学者讲座教授2人。

在实验教学方面，学院具有各类专业实验室近50个，各类实验仪器设备约2500台套，设备总值2529万元人民币，实验室总面积5500m^2。其中与国内外各大公司企业合作建立的专业实验室4个，国家211工程项目资助建设与改造实验室8个，如EDA、CAI、CAD、电工电子等实验室。另外，学院还设立了开放实验室，以培养学生的创新能力。

学院具有雄厚的科研实力，近5年来，共完成科研项目300余项，获国家级和省（部）级科学技术进步奖30余项，发表科技论文1000多篇，取得了丰硕的科技开发成果。2009年全院承担的科研项目经费已超过2600万元，在天津大学名列前茅。而且已形成多个在国内很有影响、具有自己特色的研究方向，如电力系统规划、运行与控制理论，电力系统微机保护与变电站综合自动化，新型电机及其控制技术，交、直流传动及调速技术，两相/多相流检测技术，计算机工业控制技术等。所完成的科研项目，已在全国多个相关生产技术领域推广应用，受到实际应用部门的高度评价。

学院坚持走产学研相结合、多种渠道办学的道路，先后同大庆油田、天津电力局、华北电力集团公司、大港电厂、海尔集团、渤海石油集团公司、华北油田、山西电力局、西安仪表厂、天津高频设备厂、胜利油田、建设部人事劳动教育司、河南电力局、美国霍尼韦尔公司以及香港理工大学、中国台湾中原大学、英国曼彻斯特大学、美国康奈尔大学、彼得堡工业大学、莫斯科大学、日本九州工业大学等几十家中外企业和高校建立了长期合作伙伴和学术交流关系。尤其是同美国霍尼韦尔公司合作，由公司投资130万美元建立的楼宇自动化中心，其实验室规模和软硬件装备水平达到同行业国际领先、亚太地区第一。同天津电力局、河南电力局、天津大港电厂合作，筹措资金400万元人民币建立的电力研究与培训中心，内设教室、学生宿舍、教师公寓等配套设施，总面积达3300m^2。所有这些都为学院的学科建设、教学与科研的发展奠定了良好基础。

地址：天津市南开区卫津路92号天津大学电气与自动化工程学院

邮编：300072

电话：022-27405477

传真：022-27406272

邮箱：autju@163. com

网址：http：//www2. tju. edu. cn/colleges/automate/

29. 同济大学

高校介绍：

同济大学创建于1907年，是教育部直属全国重点大学，国家“211工程”和“985工程”重点建设高校，也是首批经国务院批准成立研究生院的高校。在百余年的办学历程中，同济大学始终注重“人才培养、科学研究、社会服务、国际交往”四大功能均衡发展，综合实力位居国内高校前列。

目前，同济大学已基本构建起了综合性、研究型、国际化知名高水平大学的整体框架，学科设置涵盖工学、理学、管理学、医学、经济学、文学、法学、哲学、艺术、教育学等10大门类。

学校拥有3个国家重点实验室、1个国家工程实验室、3个国家工程（技术）研究中心以及24个省部级重点实验室和工程（技术）研究中心。承担了一系列国家重大科研专项、重大工程，取得了大跨度桥梁关键技术、燃料电池轿车研发、耦合式城市污水处理、城市交通智能诱导、结构抗震防灾技术、软土盾构隧道设计等一大批标志性科研成果。

在日常教学实践中，同济大学始终坚持“通识教育与专业教育结合，理论教学与实践教学”并重，努力使每一位进到同济的学生，经过大学阶段的学习、熏陶以后，具有鲜明的“同济特色”，即具有“工程基础、科学精神、人文素养、国际视野”4个方面的综合特质。

2010年，作为国内首批试点高校，同济大学开始实施“卓越人才培养计划”，积极致力于“卓越工程师”、“卓越医师”、“卓越律师”等培养模式的实践与探索。担任“中欧工程教育平台”中方秘书处，并作为主要单位发起成立了“卓越人才培养合作高校”联盟。

电子与信息工程学院

同济大学电子与信息工程学院电气工程系是由上海交通大学原机车车辆工程系电力机车专业发展而来。电气工程系包括“电气工程”一级学科硕士点和“电机与电器”、“电力系统及其自动化”、“电力电子与电力传动”3个二级学科硕士学位授权点、“电气工程”工程硕士学位授权点。

并在“控制科学与工程”（一级学科）、“载运工具运用工程”（二级学科）博士点，培养博士生。拥有一批优秀的研究生导师队伍，具有较完善的科研、实验条件。

本学科为适应智能电网、清洁能源、新能源汽车、轨道交通等领域的需求，在新能源利用及电气装备、电气绝缘与电力设备诊断、电力系统保护与监控、电力电子与牵引自动化、传动控制与系统仿真、智能配电网与微网等方向开展了研究，取得了一批具有国际、国内先进水平的研究成果。目前承担国家级和省部级项目近20项，包括国家自然科学基金、国家863计划电动汽车重大专项、国家科技支撑计划、国际合作项目、国家火炬计划、上海市科委科技项目、上海市经委科技项目、上海市教委科技项目、铁道部科技发展计划、国家电网公司科技项目、浙江省科技计划项目、上海市轨道交通科研专项等。

近年来在IEEE Transactions on Power Delivery、Journal of Electrical Engineering and Technology、中国电机工程学报、电工技术学报、铁道学报、电力系统自动化等国内外重要学术刊物上发表学术论文300余篇，其中被SCI、EI、ISTP检索100余篇；出版学术专著和教材10余部；申请国家发明专利近20项。

学院的主要研究方向为：新能源利用与新型电气装备、电气绝缘与电力设备诊断、电气设备检测与控制、电器智能化、电力系统保护与监控、分布式发电与微网、智能配电网、牵引供电与仿真、电能质量分析与控制、新能源控制技术、电力电子与牵引自动化、电力电子与电源技术、新能源变换与系统集成技术、电气系统的智能控制与应用技术、传动控制与系统仿真、列车网络与牵引控制、计算机仿真与控制等。

科研团队或重点实验室介绍

团队带头人康劲松，男，2003年获得同济大学博士学位。同济大学教授，博士生导师。2007年作为国家公派访问学者在加拿大Ryerson University的LEADER学习一年，现一直保持着密切的合作关系。科研团队现有教师3人，研究生13名。

长期从事电力电子与电力传动学科的教学和科研工作。研究方向：电力牵引与传动控制，新能源变换与控制，现代电源技术。研究领域有轨道车辆、电动汽车的电力牵引与传动控制技术，风能、太阳能等高效能量变换与控制技术，新型高效大功率电源技术，系统监控与节能技术等。

康劲松教授现作为电气工程系学科委员会成员负责电力电子与电力传动学科发展与规划等相关工作。现为中国电源学会变频专委会委员，上海电源学会理事。作为期刊审稿人，期刊包括《Journal of Engineering and Computer Innovation》、《Vehicle Technology》、《电机工程技术学报》、《电工技术学报》、《同济大学学报》、《华中科技大学学报》等。

作为主编完成了普通高等教育“十一五”国家级规划教材《电力电子技术》。

作为骨干技术人员完成了国家“八五”、“九五”铁道车辆领域重大专项项目。

作为第二负责人完成了国家“十五”、“十一五”863电动汽车重大专项子项目科技攻关项目。作为项目合作单位负责人，完成了国家自然基金项目。

作为项目负责人，完成了教育部、军工合作、山东省高速集团重大项目等科研攻关项目。

作为项目负责人，目前正承担“十二五”863电动汽车重大专项子项目、国际合作项目、铁道部重点课题等科研攻关项目。

在国内外学术期刊和学术会议上发表50余篇论文，其中SCI/EI/ISTP检索30篇，获得国家实用新型专利2项，正申请国家发明专利3项，软件著作权1项。研究成果曾获上海市科技进步奖三等奖，已培养硕士20余人。

在科学研究与合作方面，研究室特别注重理论与工程实际相结合的研究理念，先后与中国铁道科学研究院机车车辆所、同济大学铁道与轨道交通研究院、株洲南车时代电气股份有限公司、汇川技术有限公司、上海燃料电池汽车动力系统有限公司、上海电驱动有限公司等建立了良好的合作关系，共同承担科研项目，为研究室学生实习和就业奠定了良好的基础。

在实验设备方面，实验室拥有电气工程学科试验研究平台、新能源利用与新型电气装备研究平台、电力系统保护与监控研究平台、车辆电力电子与传动系统研究平台、轨道涡流制动试验研究平台、轨道交通仿真驾驶与控制研究平台、基于RT-LAB仿真器的牵引供电系统-列车牵引传动系统-列车运行控制系统综合仿真平台等学科支撑平台。

在学术交流与合作方面，研究室鼓励参加国内、国际学术会议与交流，先后在电工技术前沿问题学术论坛、中国高校电力电子年会、中国控制会议等国内会议，以及IEEE协会的PEAM、IPEMC等国际会议上发表论文。

地址：上海市嘉定区曹安公路4800号电信楼352

邮编：201804

电话：021-69589870

邮箱：jinsongkang@ 163. com

网址：http：//blog. sina. com. cn/u/2239276440

30. 武汉大学

高校介绍：

武汉大学是国家教育部直属重点综合性大学，是国家“985工程”和“211工程”重点建设高校。学校占地面积5166亩，建筑面积256万平方米。

武汉大学学科门类齐全、综合性强、特色明显，涵盖了哲、经、法、教育、文、史、理、工、农、医、管理等11个学科门类。学校设有人文科学、社会科学、理学、工学、信息科学和医学六大学部37个学院（系）。有114个本科专业。5个一级学科被认定为国家重点学科，共覆盖了29个二级学科，另有17个二级学科被认定为国家重点学科。6个学科为国家重点（培育）学科。36个一级学科具有博士学位授予权。250个二级学科专业具有博士学位授予权，347个学科专业具有硕士学位授予权。有32个博士后流动站。设有3所三级甲等附属医院。

武汉大学名师荟萃，英才云集。学校现有专任教师3600余人，其中正副教授2400余人，有7位中国科学院院士、9位中国工程院院士、3位欧亚科学院院士、8位人文社科资深教授、15位“973项目”首席科学家（含国家重大基础研究计划）、4位“863项目”计划领域专家、4个国家创新研究群体、37位国家杰出青年科学基金获得者、15位国家级教学名师。

武汉大学科研实力雄厚，成就卓著。学校有5个国家重点实验室、2个国家工程技术研究中心、2个国家野外科学观测研究站、12个教育部重点实验室和5个教育部工程研究中心；还拥有7个教育部人文社会科学重点研究基地、10个国家基础科学研究与人才培养基地、8个国家级实验教学示范中心和1个国家大学生文化素质教育基地。

电气工程学院

武汉大学电气工程学院源于1934年成立的武汉大学电机工程系。学院前身为1959年武汉水利电力学院成立的电力工程系，是我国电力工业高级人才培养的摇篮，在国内外电气工程领域一直享有很高的知名度。

学院目前已建成较为完整的学科体系，包括电气工程博士后流动站，电气工程一级学科博士学位授权点，高电压与绝缘技术、电力系统及其自动化、脉冲功率与等离子体技术、电力电子与电力传动、汽车电子工程、电力建设与运营和电工理论与新技术7个博士学位授权点，高电压及绝缘技术、电力系统及其自动化、电力电子与电力传动、电工理论及新技术、测试计量技术及仪器、脉冲功率与等离子体技术6个硕士学位授权点，电气工程专业学位工程硕士点，教育部第一类特色专业电气工程与自动化本科专业。现有“高电压与绝缘技术”、“电力系统及其自动化”及“电力电子与电力传动”3个省部级重点学科和湖北省电气工程一级重点学科，“国家电工电子实验教学示范中心”、“国家工科基础课程电工电子教学基地”等教学平台以及“雷电防护与接地技术教育部工程研究中心”、“高电压与绝缘技术重点实验室（部级）”、“武汉雷电防护设备质量监督检验中心（省级）”“高电压大容量开关电器研究开发平台”和“武汉大学智能电网研究院”等科研平台。

学院下设高电压技术研究中心、电力系统研究中心、电机与电力电子研究中心、基础教学与实验研究中心。现有在岗教职工146人，其中教授31人，副教授43人，讲师25人。学院有双聘院士3人，长江学者特聘教授1人，国家杰出青年获得者1人，国务院学位委员会学科评议组成员1人，教育部高等学校教学指导委员会委员2名，有9名教授享受政府特殊津贴，80%的在职教师具有博士学位。此外，另有一大批国内外知名学者被聘为学院客座教授或兼职教授。学院每年招收计划内博士研究生40余名，硕士研究生220余名，本科生340余名。

2007～2011年，主持国家自然科学基金重大项目1项，主持和参与“973”课题5项，主持和参与支撑计划课题2项，参与“863”重大专项2项，主持面上基金项目26项，国防“973”、“863”、预研基金和其他国防项目10余项；承担了科研和服务项目1000余个，科研经费2.15亿元。获省部级及以上科技进步奖18项，发明专利24项。出版教材和专著18本，发表论文2000余篇，其中三大检索收录719篇。100多项科研成果被转换为现实生产力，一大批研究成果在国内占据于领先地位，有些科研成果已达到国际领先水平。

近80年来，学院在科学研究方面为国家的科技进步作出了自己的贡献，累计为国家培养了各类、各层次毕业生3万余名，他们大都成为电力行业技术骨干、领导者、实业家或成为高校及科研院所学术带头人，包括有被誉为“中国计算机之父”的张孝祥院士、我国第一个自行设计建造的核电站——秦山核电站的总设计师欧阳予院士、我国核武器引爆控制系统和遥测系统的开拓者之一俞大光院士，以及我国核聚变电磁工程和大型脉冲电源技术的主要开拓者潘垣院士等。

科研团队或重点实验室介绍

武汉大学电气工程学院大功率电力电子技术课题组是电气工程学院重点培养的科研团队，团队包括有教授1名、副教授2名，讲师2名，博士后2名，博士研究生10名、硕士研究生19名。团队学术带头人查晓明是武汉大学电气工程学院教授、博士生导师，电气工程学院副院长，电机与电力电子中心主任，武汉大学“卓越工程师教育培养计划”专家委员会委员，IEEE会员，中国电源学会理事，武汉市电源学会副理事长，《电源学报》、《电力电子》期刊编委会委员，中国电力电子与电力传动学科高校学术年会组织委员，全国变频调速设备标准化技术委员会委员，电力行业电能质量与柔性输电标准化委员会委员，IPEMC2009等多个国际学术会议技术程序委员会委员，国家自然科学基金、教育部科技奖励等评议专家。

课题组主要研究方向有：电力系统中大功率电力电子控制技术；高压大功率电机的变频调速技术。近年来，团队发表论文50余篇，其中被SCI等3大检索收录10余篇。获得湖北省技术进步二等奖1项、军队科技进步一等奖1项、科技部“十一五”科技计划执行优秀团队奖1项、申请国家发明专利10余项。目前，课题组承担的主要科研任务有：国家自然科学基金面上项目2项，国家自然科学基金青年基金2项，国家自然科学基金重大基金子课题一项，国家科技部973子课题一项，湖北省科技攻关计划项目一项。

地址：武汉市武昌区珞珈山
邮编：430072
电话：027-68775879
传真：027-86651507
邮箱：xmzha@ whu. edu. cn
网址：http：//dqgcxy. whu. edu. cn/

31. 西安交通大学

高校介绍：

西安交通大学是国家教育部直属重点大学，为我国最早兴办的高等学府之一。其前身是1896年创建于上海的南洋公学，1921年改称交通大学，1956年国务院决定交通大学内迁西安，1959年定名为西安交通大学，并被列为全国重点大学。西安交通大学是“七五”、“八五”首批重点建设项目学校，是首批进入国家“211”和“985”工程建设，被国家确定为以建设世界知名高水平大学为目标的学校。2000年4月，国务院决定，将原西安医科大学、原陕西财经学院并入原西安交通大学组建新的西安交通大学。

电气工程学院

西安交通大学电气工程学院其前身创建于1908年邮传部上海高等实业学堂（交通大学前身）电机专科，是中国高等教育创办最早的电工学科，是全国电工二级学科设置齐全、师资力量雄厚、实验设备先进的电气工程学院之一。历经百年沧桑，经过几代人的努力，今天已成为我国电气工程领域人才培养和研究创新重要基地。

学院目前主体学科为电气工程一级国家重点学科，并涵盖控制科学与工程、仪器科学与技术2个一级学科。拥有电力设备电气绝缘国家重点实验室、国家工科基础课程电工电子教学基地、陕西省智能电器及CAD工程研究中心。现有教职工190人，其中院士2名，国家教学名师1名，“长江学者”4名，“国家杰出青年”2名，陕西省教学名师3名，教育部新世纪人才15名，教授51名（其中博士生导师34名），研究员2名，副教授及高级工程师75名；拥有教育部创新团队1个，国家级教学团队2个，陕西省优秀教学团队1个。另聘有双聘院士3名，海外兼职教授4名。

学院设有电气工程与自动化、测控技术与仪器2个本科专业，其中电气工程与自动化专业在全国排名第一，在国际上享有盛誉。目前在校本科生1679名，各类研究生1688名，其中博士生209名、工学硕士生770名。

百年来，学院本着兴学强国，尚实严谨的精神，以育人为本，历经几代电气人的传承与创新，形成了“起点高、基础厚、要求严、重实践”的办学特色。迄今，已为国家培养本专科生18000余名，硕士研究生2909名，博士研究生398名。其中包括钱学森、邱爱慈等30位两院院士和邹韬奋、江泽民、陆定一、蒋正华、王安等众多著名的专家和杰出人物。

学院教学改革成绩显著。10余年来编写出版各类教材、科研专著、译著150余种，建成国家级电工电子教学示范中心，获国家精品课程5门、国家教学成果奖8项、优秀教材4部；陕西省精品课程3门、陕西省教学成果奖29项、省部级优秀教材11部。学院是教育部全国高校电气工程及其自动化专业教学指导分委员会主任单位，也是电气工程领域工程硕士教育协作组的组长单位。

电气工程学科紧紧围绕国家重大需求和学科创新开展科学研究，2003年以来电气工程学科承担国家级科研项目79项、国家电网公司和国家南方电网公司有关特高压输电项目15项。制定了国家电网公司750kV系统用主设备技术规范Q/GDW103—2003至Q/GDW108—2003等6项标准，为世界第一套高海拔750kV输变电主设备技术规范；制定了国家电网公司1000kV交流特高压输变电设备试验规范，为国际首创。2009年我校被评为“特高压交流试验示范工程”建设特殊贡献单位，邱爱慈院士和彭宗仁、马志瀛、李盛涛、郭洁4位教授被评为特殊贡献专家。

2005年以来，电气工程学科获国家科学技术进步奖二等奖4项，省部级奖20项；授权发明专利181项。在国内核心期刊发表学术论文1800余篇，其中SCI收录论文385篇、EI收录论文910余篇。在电工学科领域主办的国际学术会议共3次，在国际上产生了重大的影响。本学科已与美国、日本、加拿大、法国、德国、英国、瑞典、荷兰、波兰、韩国、新加坡等14个国家近60所大学和研究机构建立了长期科技协作关系，在国际上已有较高的学术地位。

地址：陕西省西安市咸宁西路28号
邮编：710049
电话：029-82668621
邮箱：xueping@ mail. xjtu. edu. cn
网址：http：//ee. xjtu. edu. cn/new_ ee/index. php

32. 西安理工大学

高校介绍：

西安理工大学属中央和陕西省共建、以陕西省管理为主的高校。学校建校于1949年5月1日，前身是北京机械学院和陕西工业大学于1972年合并组建的陕西机械学院，1994年1月经批准更名为西安理工大学。

学校现设材料科学与工程学院、机械与精密仪器工程学院、印刷包装工程学院、自动化与信息工程学院、计算机科学与工程学院、水利水电学院、经济与管理学院、艺术与设计学院、理学院、人文与外国语学院、土木建筑工程学院、高等技术学院、继续教育学院、国防生教育学院等15个学院和体育教学部、思想政治理论课教学科研部。设有23个实验教学中心，其中有1个国家实验教学示范中心，5个陕西省高等学校实验教学示范中心；有1个国家技术推广中心、1个国家地方联合工程研究中心、1个省部共建国家重点实验室培育基地，2个教育部重点实验室，7个陕西省重点实验室、7个陕西省工程研究中心。

电气工程系

西安理工大学有关电源技术的科研与教学主要设置在自动化与信息工程学院的电气工程系。

电气工程系现设有电气工程博士后流动站（2000年1月设立）、电力电子与电力传动博士点（1993年4月设立）电气工程一级学科硕士点（2011年1月设立，其中最早的二级学科硕士点1983年设立）。已培养博士50余名（其中获全国优秀博士论文1人、陕西省优秀博士论文5人），培养硕士300余名，培养学士3000余名。

电力电子与电力传动学科是陕西省重点学科，电气工程及其自动化专业是国家级特色专业。

电气工程学科现有教授（或相当专业技术职务）16人，副教授（或相当专业技术职务）11人，讲师（或相当专业技术职务）15人。近5年来发表学术论文450篇，被SCI、EI、ISTP等三大检索收录150余篇，出版学术专著6部，获国家级科技奖1项，省部级奖5项，发明专利合计15项。

学科近年来完成了一批高水平的科研项目，目前在研科研项目56项，其中国家及国务院各部门项目1项，国家自然科学基金6项，省部级项目10项，目前承担的科研经费合计1000余万元。

科研团队或重点实验室介绍

学科与电源技术相关的研究方向及研究内容如下：

1. 交流电机变频调速技术

我校在交流变频技术研究尤其是交流变频调速装置国产化方面，是工作开展最早、走在全国技术前沿的院校之一。科研成果已技术转让国内外10余个厂家，所培养的研究生在多家知名企业担任交流变频调速器的研发负责人，在全国具有较大影响力。目前，与企业合作开发新一代工业用变频调速器，也在进行矩阵变频器等新型变频器的开发。

2. 用于材料大面积特种功能表面改性的特种电源

1）"镁铝合金微弧氧化系列设备的研究开发"获2005年国家科技进步二等奖，现已有30余条生产线正式投入产业化应用；

2）大功率液态等离子复合脉冲抛光工业电源的技术性能处于国内领先地位，已获多项省部级工业攻关项目资助；

3）高性能闭合场非平衡磁控溅射特种高频开关电源已通过中试，将投入产业化应用；

4）新型复合电镀特种电源进入中试阶段。

3. 静止型无功功率补偿装置

这个研究方向是我校20年来一贯的研究方向之一，始终结合电力电子技术的最新发展和电力系统的工程实际应用，开展了SVC、STATCOM和MCR等新型无功补偿技术和装置的研究。开发的SVC全数字控制系统已在国内多家钢厂应用并出口。

4. 电力谐波滤波器的研究

针对电力电子设备的非线性特性给电力系统造成的谐波污染，开展了电网谐波的测试分析和治理工作，完成了国家"产业化前期关键技术与成套装置研制开发项目"中的子项目《交流连续可调滤波器的研究》，在有源调谐型混合滤波器方面开展了一定的开创性工作。

5. 新能源发电与储能技术

主要研究内容有光伏发电与风力发电并网技术、超级电容器储能技术、超导储能技术、微电网中的微源控制技术等。

与企业合作开发的三相光伏并网逆变器已通过金太阳认证，并已在甘肃、陕西等省市并网发电。

6. 谐振型电力电子变换器

围绕高频软开关技术、PWM优化技术、IGBT串并联技术和电磁兼容技术等展开研究，完成了陕西省自然科学基金"高频链软开关逆变器的研究"、省级重点工程配套项目60kW/20kHz中频电源、10kW/80kHz感应加热电源等多个项目。

西安理工大学电气工程系在办学上注重学生综合素质的培养，特别是工程实践和创新能力的培养，鼓励和支持学生积极参加全国、市省和知名企业举办的科技竞赛。近年来，在电源行业知名的"英飞凌杯"全国大学生科技竞赛中，电气系学生都取得了第一、第二名的好成绩。

西安理工大学电气工程系愿与电源行业的朋友在人才培养和技术开发各方面广泛合作，共同推动我国电源技术进步和产业发展。

地址：西安市金花南路5号110信箱

邮编：710048

电话：029-82312461转各分机　82312223（直拨）

传真：029-82312650

邮箱：duanjd@ xaut. edu. cn

网址：http：//zdh. xaut. edu. cn/

33. 西北工业大学

高校介绍：

西北工业大学坐落于古都西安，是我国唯一一所以同时发展航空、航天、航海工程教育和科学研究为特色，以工理为主，管、文、经、法协调发展的研究型、多科性和开放式的科学技术大学，隶属工业和信息化部。

学校占地面积5100亩，其中友谊校区1200亩，长安校区3900亩。设有15个专业学院，58个本科专业，101个硕士点，57个博士点和14个博士后流动站。现有2个一级国家重点学科，7个二级国家重点学科，2个国家重点培育学科，20个博士学位一级授权学科。建有7个国家重点实验室，27个省部级重点实验室和19个省部级工程技术研究中心。到2011年3月，学校共有研究生10861人，其中全日制博士研究生2782人，硕士研究生6018人，专业学位研究生2061人，本科生14183人，留学生178人。

现有教职工3600余人，其中教授、副教授等高级职称人员1500余人，博士生导师478人，中国科学院、中国工程院院士15人，"千人计划"入选者5人，"长江学者"重大成就奖、特聘教授、讲座教授17人，国家级突出贡献专家7人，全国模范教师、优秀教师5人，国家教学名师奖获得者3人，国家杰出青年基金获得者10人，"中国青年科技奖"获得者10人，入选国家"百千万人才工程"18人、"新世纪优秀人才"64人。学校现有7个国家级教学团队，4个教育部创新团队，1个国家自然科学基金委创新研究群体，8个国防创新团队和1个国防优秀创新团队。

电子信息学院

西北工业大学电子信息学院的前身是创建于1958年的电子工程系，1970年哈尔滨军事工程学院空军工程系航空武器控制、航空武器设计专业并入该系。2003年更名为电子信息学院。

学院现有136名教职工中，专任教师108人，其中教授32人（含博士生导师25人）、副教授36人，实验技术人员19人，其中高级工程师11人。教师博士率达到61.5%。

教职工中获国家政府特殊津贴4人，全国高等学校优秀骨干教师1人，部级"突出贡献专家"1人，国防科工委"511人才工程"1人，教育部新世纪优秀人才支持计划4人，教育部教学指导委员会分委员会委员2人，陕西省师德标兵1人，陕西省教学名师2人，陕西省高校优秀青年教师标兵1人，中国教育工会陕西省委员会“先进女职工”1人，陕西省先进工作者1人，陕西高等学校优秀党员2人。另外，聘有22名海内外著名专家学者为兼职、客座教授。

目前在院学生2150余人，其中本科生1260余人，硕士、博士生863人、留学生近30人。建院6年来，培养航空航天等领域和国民经济主战场各层次优秀电子信息技术人才8500余名。研究生就业率始终为100%，本科生就业率稳定在98%以上。

目前设有5个本科专业、10个硕士点、7个博士点以及3个博士后流动站。拥有“电路与系统”国家重点学科；“电子科学与技术”、“信息与通信工程”博士授予权一级学科；1个陕西省名牌专业，1个教育部一类特色专业；1门国家精品课程，4门陕西省精品课程。建设有“航空火力与指挥控制系统”航空科技重点实验室和“信息获取与处理”陕西省重点实验室以及中俄、中法等5个国际合作实验室和陕西省电子实验教学示范中心。

近5年，承担国家自然科学基金、“863计划”、“973计划”等各类科研项目70余项，科研经费总额近亿元。有30余项教学、科研成果获国家、省部级优秀成果奖，共计发表学术论文950余篇，被SCI、EI、ISTP收录的论文达330余篇。

地址：西安市友谊西路127号

邮编：710072

34. 燕山大学

高校介绍：

燕山大学位于河北省秦皇岛市，其前身为1958年哈尔滨工业大学重型机械系及相关专业成建制迁至齐齐哈尔市的东北重型机械学院，1978年被确定为全国重点高等院校。1985～1997年学校整体南迁秦皇岛市，1997年1月经原国家教委批准，更名为燕山大学。学校占地面积4000亩，建筑面积100万平方米。现有教职工3000人，其中专职教师2000人，教师中教授367人（含博士生导师171人），副教授509人，其中，国务院政府特殊津贴专家88人，长江学者奖励计划特聘教授4人，国家杰出青年基金获得者8人，国家有突出贡献专家1人，国家“百千万人才工程”人选9人，国家973计划项目首席科学家1人。现有普通高等教育本硕博在校生39000人。

学校现设有研究生院和20个学院，学校现设有11个博士后流动站，11个博士学位授权一级学科；有27个硕士学位授权一级学科，18个工程硕士专业学位授权领域和工商管理硕士、公共管理硕士等专业硕士学位授予权；有62个本科专业，已呈现出以工为主，文、理、经、管、法、教等多学科共同发展的学科格局。

学校拥有5个国家重点学科、4个国防重点学科和13个省级重点学科；建有“亚稳材料制备技术与科学”国家重点实验室、“冷轧板带装备及工艺”国家工程技术研究中心、“先进制造成型技术及装备”国家地方联合工程研究中心、国家大学科技园、24个省部级重点实验室和工程技术研究中心。1996年以来，学校连续获得国家科技奖励20项，其中国家科技进步一等奖3项、二等奖11项、三等奖2项、国家技术发明二等奖2项、国家自然科学二等奖2项。承担“973计划”、“863计划”、国家自然科学基金和国家社会科学基金项目500余项。

电气工程学院

燕山大学电气工程学院源于1960年成立的东北重型机械学院自动控制系。现有教职工227人（教师166人，实验员38人，行政和辅导员23人），其中教授57人（含博士生导师32人，长江学者特聘教授1人，国家杰出青年基金获得者2人，教育部新世纪人才3人，德国洪堡学者3人），副教授53人。现有学生3858人，其中博士研究生110人，硕士研究生948人，本科生2800人。

电气工程学院现有“控制科学与工程”、“仪器科学与技术”和“电气工程”三个博士后科研流动站，3个博士学位授权一级学科（16个博士学位授权二级学科），4个硕士学位授权一级学科（14个硕士学位授权二级学科），4个工程硕士专业学位授予权领域，4个本科专业。1个河北省强势学科，2个河北省重点学科，3个河北省重点实验室，1个河北省实验教学示范中心，1个国家级特色专业，1个国防主干学科，1个河北省本科教育创新高地，1个河北省教学团队。

科研团队或重点实验室介绍

燕山大学电力电子与电力传动学科是国内最早开展该领域研究的院校之一。本学科具有电气工程一级学科博士学位授予权和硕士学位授权，设有电气工程博士后科研流动站。该学科是河北省重点学科，建有“电力电子节能与传动控制”河北省重点实验室。曾承担国家“八五”、“九五”科技攻关项目、国家自然科学基金重点项目及面上项目、省部级项目40多项，其中承担的2项国家自然科学基金重点项目为“新型中小功率高频逆变电源的控制技术和拓扑技术研究”和“基于可再生能源的分布式发电系统能量变换、控制与并网运行研究”。近30年来，在高频功率变换及控制、交直流传动控制、逆变电源及其控制、可再生能源发电及应用技术、开关电源、电能质量控制、电气节能技术、电力电子系统故障诊断与可靠性等方面研究成果丰富。尤其在大功率变换拓扑及控制、逆变电源及其控制、可再生能源发电及应用技术方面形成了特色。

地址：河北省秦皇岛市河北大街西段438号

邮编：066004

电话：033-58057041

传真：033-58072979

网址：http：//ysu. edu. cn

35. 漳州职业技术学院

高校介绍：

漳州职业技术学院前身为创办于1984年的漳州职业大学，是由漳州市人民政府创办的一所全日制公办普通高职院校。2002年4月，经福建省人民政府批准，更名为漳州职业技术学院。学院坐落于漳州市区风景秀丽的马鞍山麓，是漳州市高校园区的主体学校。近年来，学院找准培养一线高技能人才的办学定位，适时抓住福建省建设海峡西岸经济区、漳州市实施“工业强市”发展战略的良机，确立了“规模适度，夯实基础，强化特色，争创一流”的办学思路，办学质量和办学水平不断提高，各方面成效显著。学院占地1250亩，建筑面积33万平方米。现有全日制在校生14000多人；专兼职教师900多人，其中高级职称教师210多人，“双师”素质教师350多人。学院设置了10个系和公共教学部、成教部等教学单位；开设了电子应用技术、计算机网络技术、食品加工技术、物流管理、数控技术、建筑工程技术等66个以工科为主，农、文、经、管应用科类协调发展，紧密对接经济发展的高职专业；有国家示范性高等职业院校建设计划项目重点专业8个，省级精品专业7个，省级精品课程29门，省级高职教学改革综合试验项目2个，中央财政支持的实训基地1个，高等职业学校骨干教师国家级培训基地2个，省级实训基地3个，省级教育改革试点项目6个，省级教学团队7个。构建了基于工作过程的系统化课程体系，建有以生产性实践教学为主线的CAD设计实训室、CAI仿真实训室、数控实训中心、机械实训鉴定中心、汽车实训鉴定中心等功能齐全的实验实训室及校外实习实训基地280多个，配置图书资料113万册，教学仪器设备总值1.07亿元。拥有福建省规模最大、鉴定工种最全、鉴定人数最多，并具有高级技师鉴定资格的国家职业技能鉴定站，鉴定项目和鉴定工种分别达34个和73个，涵盖了学院所有专业领域。

目前，学院正以国家支持海峡西岸经济发展和建设百所示范高职为契机，进一步推进人才培养模式改革，致力于校企紧密合作，服务区域经济，力争把学院建成东南沿海高职名校。

电子工程系

电子工程系设有应用电子技术、电子信息工程技术、电气自动化技术、计算机控制技术、液晶显示与光电技术5个专业，其中应用电子技术专业是国家示范性高等职业院校重点建设专业和福建省重点专业、精品专业，拥有一支稳定的“双师”素质教师队伍。成立了电子产品研发生产部，建有实验实训室14个、校内实训基地5个、电子产品生产线5条、校外实训基地41个。目前已形成万利达班、科能班等“订单”式人才培养模式，学生在全国电子设计大赛中多次获一、二等奖。多年来毕业生一次就业率均达95%以上，其中很多已成为企业的技术骨干。

科研团队或重点实验室介绍

电子信息工程技术专业是培养具备电子技术和信息系统的基础知识，具备设计、开发、应用和集成电子设备和信息系统的基本能力，能从事各类电子设备和信息系统的研究、设计、制造、应用和开发的高等技术应用人才。可面向高新技术企业中的电子信息类、电子与计算机类生产企业，流通领域中的电子信息类产品的销售与售后服务部门、各企事业单位中电子信息类产品的使用和维护等部门。

本专业教学团队现有专任教师13人，其中副教授（高级工程师）6人，讲师（工程师）2人，硕士（含在读）及以上学位教师7人，教学名师2人。聘请15位高级工程技术人员及能工巧匠作为本专业的兼职教师，教师队伍中具备“双师”素质的占专业课教师总数的80%。

本专业教学团队教师具有较强的教研和科研能力，结合教学实践，开展教研和科研活动。近五年来，教学团队承担了国家教研子课题2项、省级教研课题2项、省级科研课题2项、院级科研课题6项，在国家级、省、市级的学术刊物上发表论文20多篇，出版教材10多部。

本专业拥有电子电工实验实训室、高频电子线路实验实训室、电气实验实训室、单片机实训室、电子工艺实训室、移动通信实训室、程控交换实训室、光纤通信实训室等近10个实训室，其中电子电工实验室在2000年通过了省教育厅组织的专家评估，程控交换实训室和移动通信实训室、单片机实训室是在示范性建设期间建立的。现有实验室总面积800m^2，仪器设备总值400万元。本专业所有教师均参加了各种技能培训，有80%的教师具有双师素质。

电子实训基地拥有一个800平方米的校内实训车间，车间的布局仿造工厂实际生产环境布置，用于给学生提供校内进行工厂实训的场所，实训期间学生分别扮演流水线操作工、质检、调试、维修、仓管等角色，采用企业的管理制度进行管理，让学生在校内就能体验真实的工作环境。此外，电子实训基地还有26间实训室，这些实训室可以为应用电子、电子信息、自动化等专业的学生开设30多门专业课和基础课的实训。除了校内实训场所以外，还与漳州周边的众多相关企业建立了良好的合作关系，为学生提供实训和工厂见习、顶岗实习等机会。灿坤电子有限公司每年为我系学生安排了十几个班级的企业实习岗位。

科研带头人张建国副教授，于西北工业大学航天系自动控制专业本科毕业，任漳州市政协委员，中国农工民主党漳州市委委员，参政议政专委会副主任，漳州职业技术学院支部主任委员，漳州市电子协会常务理事、秘书长、学术工作委员会主任。现任漳州职业技术学院电子工程系副主任，专业领域是电子信息技术、自动化技术及计算机应用的教学和科研。在国内专业刊物发表教学和科研论文30多篇，主编出版高职高专教材3部，主持完成省级科研项目3项。获得江西省五小成果先进个人、南昌飞机制造公司革新能手、新长征突击手，福建省青年科技博览会金奖、福建省自然科学优秀论文奖2项，漳州市青年科技博览会金奖，漳州市自然科学优秀论文奖4项，漳州市“漳州市优秀教师”及漳州职业技术学院“名师”称号。

地址：福建省漳州市马鞍山路1号
邮编：363000
电话：0596-2660203
传真：0596-2660262
网址：http://new.fjzzy.org

36. 浙江大学

高校介绍：

浙江大学是教育部直属、省部共建的普通高等学校，是首批进入国家“211 工程”和“985 工程”建设的若干所重点大学之一。浙江大学前身求是书院成立于 1897 年，为中国人自己最早创办的新式高等学府之一。1952 年，在全国高等院校调整时，曾被分为多所单科性学校，部分系科并入兄弟高校。1998 年，同根同源的浙江大学、杭州大学、浙江农业大学、浙江医科大学合并组建新的浙江大学。经过一百多年的建设与发展，学校已成为一所基础坚实、实力雄厚，特色鲜明，居于国内一流水平，在国际上有较大影响的研究型、综合型大学。

电气工程学院

浙江大学电气工程学院（简称电气学院）由原浙江大学电机工程学系发展而来。该系历史悠久，始建于 1920 年，是我国创建最早的电机系之一。

电气学院位于浙江大学玉泉校区，设置有电机工程学、系统科学与工程学、应用电子学 3 个系和电工电子基础教学中心，3 个系下属有电气工程及其自动化、自动化、电子信息工程、系统科学与工程 4 个本科专业。学院所属专业学科主要领域涉及电气工程、控制科学与工程、系统科学、电子科学与技术 4 个一级学科。学院设有“电气工程”、“控制科学与工程（共享）”、“电子科学与技术（共享）”3 个学科博士后科研流动站，具有“电气工程”一级学科博士学位授予权，拥有 10 个二级学科，其中 9 个博士点、10 个硕士点。学院拥有电气工程一级学科国家重点学科，覆盖电机与电器，电力系统及其自动化、电力电子与电力传动、电工理论与新技术、高电压与绝缘技术、电力工程管理与信息化、航天电气技术等 7 个二级学科，另有系统分析与集成为省重点学科，电工理论与新技术为省重点扶植学科。电气工程学科先后被列入国家“211”和“985”工程重点建设项目。

历年来，学院为社会培养了大批基础扎实、知识面广、适应能力强的人才，本科毕业生 16699 名，授予硕士学位 2591 名，授予博士学位 522 名，出站博士后 98 名，毕业外国留学生 91 名。在学院学习或工作过的两院院士共 21 名。目前在校本科生 1280 名，硕士研究生 1843 名（其中工程硕士研究生 1190 名），博士研究生 313 名，在站博士后 41 名。

学院师资力量雄厚，既有资深博学的知名教授，如首批中国工程院院士汪槱生教授，中国科学院院士、原浙江大学校长韩祯祥教授，也有一批朝气蓬勃的中青年学术骨干。学院现有教职工 179 名，其中教授 43 名（含博士生导师 37 名）、副教授（副研究员）65 人、高级工程师（高级实验师）14 人、讲师 24 人。教学科研岗位人数 121 人，其中具有博士学位的比例为 76.9%。

浙江大学电力电子与电力传动学科是全国首批设立的国家重点学科，设有首批博士学位（1981 年）和硕士学位（1981 年）授予点和电气工程一级学科博士后流动站，建有电力电子技术国家专业实验室和电力电子应用技术国家工程研究中心，并连续被列为国家“九五”、“十五”、“十一五”“211”工程重点建设学科。三十几年来，研究成果丰硕，尤其在大功率中、高频谐振变换器、感应加热及其成套技术、高频开关功率变换电路拓扑和软开关技术、谐波治理及电磁兼容方面的研究水平已接近或达到国际水平，在国际同行中已具有较高的学术声誉。主要研究方向有高压高功率电力电子器件、感应加热电源及其成套系统、电力电子先进控制技术与网络化技术、高频功率变换拓扑与特种电源系统、电力电子系统集成与模块化技术、电力电子在电力系统中的应用及电力电子传动技术等。在新能源电力电子技术方面，已建成燃料电池发电系统、光伏发电系统、风力发电系统、新能源发电微网等多个试验平台。

地址：浙江大学玉泉校区电气工程学院
邮编：310027
电话：0571-87952707
传真：0571-87951625
邮箱：party@ zju. edu. cn
网址：http：//ee. zju. edu. cn/index. php

37. 中国兵器工业集团第二〇六研究所

研究所介绍：

中国兵器工业集团第二〇六研究所是中国兵器工业集团公司所属的国家重点电子工程技术开发、研制及批量生产的整机研究所。主要从事电子工程、通信、微波、毫米波、自动控制、信号处理、计算机、无线电计量、电子结构、高精度传动结构等高新技术领域的开发应用研究工作。

特种电源部

特种电源部主要为本所电子工程、通信、微波、毫米波、自动控制、信号处理、计算机、无线电计量等产品配套研发生产所用的特种电源。

特种电源部也为国家相关部门、科研院所配套研发生产特种电源。开发生产的产品已广泛应用于雷达、导航、加速器、电子束焊机、试验基地、军工科研院所以及其他企事业单位的电子系统中，并在国家大科学系列工程中开发提供了国内稀缺的相关特种电源设备，为国家填补了空白，也为相关系统安全稳定运转提供了良好的保障。

科研团队或重点实验室介绍

特种电源部的科研带头人为史平君，本部共有职工 63 人，其中高级工程师以上职称 17 人，工程师 24 人。设有低压特种电源组、高压电源组、脉冲电源组、特种变压器设计组、电源结构组和系统控制组，还附设一个有 20 多人的特种变压器生产车间。供特种电源研发的各种仪器仪表配套，各种实验配套设施齐备完好。

已研发并生产的产品有：

1. Kicker 电源

输出电压：5～100kV。

脉冲高压稳定性：1‰。

2. －150kV 电子束焊机高压电源及高电位灯丝电源

输出电压：直流电压 0～－150kV 连续可调。

输出电流：直流电流 0～200mA 随负载自动变化。

输出电压纹波：≤0.1%。

电压稳定度：≤0.1%。

3. 导航雷达发射机高压电源级及高电位灯丝电源

脉冲电压：6～11kV。

稳定度：≤0.1%。

4. 雷达发射机电源及高电位灯丝电源

输出电压：0～－32kV。

最大输出功率：66kW。

5. 磁刺激充放电装置

输出电压：DC 2～3kV，3A，输出电压可调，最大输出功率应达到10000W以上。

磁场强度：线圈表面处测量峰值1～2T。

6. 脉冲功率源

高压电压：0～30kV（连续可调）。

脉冲宽度：600～1100μs（连续可调）。

工作频率：10Hz/100Hz两档可选。

脉冲前后沿：≤500ns。

7. 四相等离子电源

输出电压：Upp＝64kV。

输出频率：0～50kHz，四相。

8. 切束高压脉冲电源

输出电压：0～6kV。

上升、下降沿：＜10ns。

脉冲形式：慢频率25Hz（脉宽约为600μs），快频率约为1MHz（脉宽约为530ns）。

9. 50kV、30kW低温等离子电源

输出电压：DC 10～50kV连续可调。

输出电流：≤600mA。

10. 医用加速器二极枪老练系统

灯丝电源输出：交流，灯丝端最大容量11V/4.5A。

真空电源输出：＋4.5kV条件下，负载短路带载能力不小于8mA。

11. CSNS离子源脉冲电源

CSNS离子源脉冲电源用于离子源引出负氢离子，该电源可采用固态开关充放电方式产生脉冲高压，容性负载。由于离子源工作的需要，整个电源电路悬浮在－50kV高压上工作。

1）输出脉冲高压25kV，脉冲电流600mA，脉冲上升时间≤5μs，脉宽10～900μs。

2）脉宽、重复频率连续调。

3）具备充电电源过电流、过电压保护功能。出现过电流、过电压或真空度不好时，切断充电电源。

4）具备本地和远程两种控制方式。

12. 微波机电源及高电位灯丝电源

1）工作方式：高压电源有直流和脉冲两种工作方式，可切换使用。

2）主高压电源技术参数。

脉冲高压：－8.0kV连续可调。

工作电压：－5.0kV连续可调。

脉冲电流：10～500mA连续可调。

脉冲后沿：≤1μs。

3）灯丝电源技术参数：

灯丝电压：AC 5.5V范围内微调。

灯丝电流：启动时12A，工作时≤10A。

隔离度：20kV。

灯丝电压及电流在灯丝变压器后级测量。

地址：西安市132信箱（长安区凤栖东路）

邮编：710100

电话：029-85616213

传真：029-85616213

邮箱：Sw5880@126，com

网址：www.bq206.com.cn

38. 中国兵器装备集团兵器装备研究所

研究所介绍：

中国兵器装备集团兵器装备研究所位于北京市昌平区，是以军工研究为主的科研单位，已有40多年的历史。改革开放以来，逐渐发展成为以军为主、军民结合的综合科研部门。我院具有雄厚的科研、生产、检测实力，建立了先进、完善的质量管理体系，1996年就通过了GJB/Z9001—1996质量体系认证。我院响应装备集团“军品立位，民品兴业”的方针，发展民用产品，服务经济发展。

兵装系列电源是众多军转民产品中的主要产品之一，已有10多年的科研生产历史。我院研制、生产的系列电源有激光电源、大功率电源、医疗电源、矿山电源近百多余个品种，广泛应用于军工产品、工业控制、通信、医疗设备、电子仪器等领域，中国电源学会团体会员单位（中源团字817号），是全国具有开发和规模生产开关电源产品实力的少数单位之一。由研高工带队的技术部全部具有本科以上学历，瞄准国外领先水平，全力打造中国的电源精品，可为用户提供全面合理的电源解决方案。

我所质量保证体系对研制、生产的开关电源产品进行严格质量控制，质量方针是：应用先进技术，精心设计、精心生产，质量第一、信誉第一，用户至上、服务周到。以管理求效益，以质量求生存。产品性能稳定、质量可靠，具有完善的售后服务保障能力，典型产品通过了北京市电子产品质量监督站的检验，产品远销全国及世界各地，深受广大客户信赖。

地址：北京市昌平区南口镇马坊1号（102202）

电话：010-69785164 69773296

传真：010-80190320

邮箱：shf26@sina.com.cn

网址：http：//www.coapower.cn

39. 中国科学院等离子体物理研究所

研究所介绍：

中国科学院等离子体物理研究所从事核聚变装置研制。总职工人数650人左右，硕博研究生350人左右。现正在承担的项目主要有国家“十二五”大科学工程1项、国家大科学装置实验研究1项、国家973项目7项、国家973项目课题9项，科技部国际合作项目3项，平均科研经费每年5～6亿元左右。

电源及控制研究室

电源及控制研究室：主要从事各种大功率电源的研制和直流设备相关测试。可以研制大功率晶闸管变流器、基于IGBT的大功率中性束电源和微波电源，以及相关的大功率特种电源和实时控制系统。大功率直流测试包括各种直流开关、大功率变流电源。

科研团队或重点实验室介绍

电源研究室是由中国科学院电工所20世纪70年代在合肥基地的相关人员组建，现有职工60人，在读硕博研究生40人。

成功研制出亚洲最大的电感线圈，基于IGBT技术的100kV/100A高压微波电源，基于晶闸管技术的210MW四象限变流电源，15kA/2.4kV双向直流晶闸管开关，以及获得中科院科技进步一等奖的国防项目303电磁轨道炮和503电磁轨道炮。

主要科研试验平台有：4台500V/50kA直流飞轮发电机，120MW交流飞轮发电机组，我国最大的直流测试平台（最大直流电流400kA，最高电压2000V，稳态直流120kA/500V），以及200MW/110kV，66kV高压变电站。

现主要承担了国家大科学工程中性注入电源和微波电源研制（30MW），“973”项目、国际合作项目ITER变流电源系统（1312MW）。现有总经费11.5亿元。

地址：合肥市1126信箱，合肥市蜀山湖路350号

邮编：230031

40. 中国矿业大学（北京）

高校介绍：

中国矿业大学是教育部直属的全国重点大学，由地处北京和徐州的两个办学实体组成。中国矿业大学（北京）是在原北京矿业学院基础上发展起来的一所研究型大学。1978年，经国务院批准，中国矿业学院北京研究生部成立，恢复招收和培养研究生；1997年7月，经原国家教委和北京市批准，成立了中国矿业大学（北京），1998年恢复招收本科生。学校位于北京市高校云集的海淀区学院路，东眺国家奥林匹克公园，西望颐和园、圆明园与香山，学校占地面积24万平方米，总建筑面积34万平方米，图书馆藏书60余万册，电子图书40万册。

中国矿业大学是一所具有矿业和安全特色，以工为主，理、工、文、管、法、经相结合的全国重点大学，是列入国家“211工程”、“985工程”“优势学科创新平台”建设以及全国首批具有博士和硕士授予权的高校之一，是全国首批产业技术创新战略联盟高校。学校的前身是创办于1909年的焦作路矿学堂；1950年学校由焦作迁至天津，更名为中国矿业学院；1952年全国高校院系调整时，清华大学、原北洋大学和唐山铁道学院的相关科系调整到中国矿业学院，为学校的发展奠定了良好的基础；1953年学校迁至北京，更名为北京矿业学院；“文革”期间学校搬迁、更名，形成异地办学格局；1978年经国务院批准，学校恢复中国矿业学院校名，成立中国矿业学院北京研究生部；1988年更名为中国矿业大学。1960年和1978年，学校先后两次被确定为全国重点高校。2000年2月，学校整体成建制划归教育部管理，成为教育部直属高校。

信电系

机电与信息工程学院下设有4个系和1个研究所，即机械电子工程系、信息与电气工程系、计算机科学与技术系、材料科学与工程系、信息工程研究所。现有2个国家重点学科（电力电子与电力传动、机械设计与理论），3个博士后流动站（电气工程、机械工程、控制科学与工程），1个一级博士学科点（机械工程），9个二级博士学科点（机械制造及自动化、机械工程电子、机械设计与理论、车辆工程、电力电子与电力传动、通信与信息系统、控制理论与控制工程，检测技术自动化装置、计算机应用技术），19个硕士点（流体机械制造及自动化、机械工程电子、机械设计与理论、车辆工程、测试计量技术及仪器、材料物理与化学、材料学、材料加工工程、电机与电器、电力系统与自动化、电力电子与电力传动、电路与系统、通信与信息系统、信号与信息处理、控制理论与控制工程、检测技术与自动化装置、计算机系统结构、计算机软件与理论、计算机应用技术）。本科专业目前设有机械工程及自动化、测控技术与仪器、材料科学与工程、电气工程及其自动化、计算机科学与技术、信息工程、工业设计7个本科专业。其中机械工程及其自动化专业为国家级特色专业，电气工程及其自动化专业为北京市市级特色专业，电气工程实验室为北京市实验教学示范中心。我院与中煤集团北京煤机制造有限责任公司合作申报成功了北京市高等学校市级校外人才基地。

机电与信息工程学院具有一批学术造诣较高、教学经验丰富的老教师和富有朝气、学历较高的中青年教师。现有在职教职工共计79人，其中教授15人（博导12人），副教授22人，高级工程师7人。中青年教师中有近70%拥有博士学位。长期以来学院在机械、自动控制、电气与电子、通信、计算机和材料等领域为国家培养大批高级技术人才，完成了国家“十五”科技攻关、国家863重点及一般项目、国家自然科学基金项目、“973”等较高级别的科研课题若干项，取得了很多较高水平的研究成果，获得国家级和省部级科技进步奖多项，机械工程及其自动化专业教学团队获得北京市优秀教学团队。

学院目前拥有在校研究生、本科生近1700名。学生中近年来先后有个人和集体获省部级以上奖项多次，其中获得“北京市三好学生”称号4人，北京市大学生数学竞赛三等奖以上20人，全国大学生英语竞赛三等奖以上7人，北京市物理竞赛三等奖以上8人，全国大学生数学建模大赛二等奖以上6人，全国大学生电子设计大赛三等奖6人，全国ITAT教育工程就业技能大赛三等奖4人，首都大学生“挑战杯”系列竞赛三等奖以上15人，1人获首都高校英语风采大赛网络翻译第一名，全国周培源大学生力学竞赛优胜奖1人，全国大学生“飞思卡尔”杯智能汽车竞赛3人，首都高校第四届“亿维讯-CAI杯”机械创新设计大赛10人，有4个团体获得北京市先进班集体、优秀团支部等团体奖项，20余人次还获得校董事会、IET、邝寿堃奖学

金，在校各类文体比赛活动中更是夺得多项冠军。学院还积极配合建立国外联系，每年培养本科留学交换生2~3名，公派出国留学博士生若干名。

10年来学院毕业生就业状况良好，如2009届本科生274人，一次性就业率达到97.45%，本科生读研102人，其中推荐免试研究生42人，包括清华大学2人、北京大学3人、中科院电工所1人、北京航空航天大学2人、北京理工大学1人、北京科技大学1人、本校32人，考上研究生60人，包括清华大学2人、中科院5人、上海交通大学1人、东南大学1人、海军工程大学1人、北京航空航天大学4人、北京邮电大学2人、北京科技大学3人、北京理工大学1人、北京有色金属研究总院1人、吉林大学1人、西南交通大学1人、中北大学1人、本校36人。部分学生就业于国家安监局、广东出入境检验检疫局、中国神华神东公司、中煤华宇公司、太原煤科院、西安煤科院、中铁工程设计咨询集团公司、新浪公司、三一重装、京东方、各大矿业集团等。

学院将以科学发展观为指导，坚持以学科建设为龙头，以人才培养为根本，加强教学和科研工作，为学校以跨越式发展做出应有的贡献。

地址：北京市海淀区学院路丁11号

邮编：100083

电话：010-62331257-8344

传真：025-83791696

邮箱：jdxy@ cumtb. edu. cn

网址：http：//jdxy. cumtb. edu. cn/

第九篇　会员企业简介

（按单位名称汉语拼音字母顺序排列）

副理事长单位

常务理事单位

理事单位

会员单位

广东省

上海市

江苏省

北京市

浙江省

山东省

天津市

四川省

湖北省

安徽省

福建省

湖南省

河北省

贵州省

陕西省

甘肃省

其他

副理事长单位

1. 艾默生网络能源有限公司

EMERSON
Network Power

地址：广东省深圳市南山区学苑大道 1001 号南山智园 B2 栋

邮编：518057

电话：400-8876510

传真：0755-86010112

网址：www.emersonnetwork.com.cn

简介：

总部位于美国圣路易斯市的 EMERSON（纽约证券交易所股票代码：EMR），是一家全球领先的公司，该公司将技术与工程相结合，通过网络能源、过程管理、工业自动化、环境优化技术及商住解决方案五大业务为全球工业、商业及消费者市场客户提供创新性的解决方案。公司 2013 财年的销售额达 247 亿美元。艾默生网络能源是 EMERSON 所属业务品牌，为数据中心关键基础设施、通信网络设施、医疗和工业设施提供保护和优化。艾默生网络能源在交直流电源和可再生能源、精密制冷、基础设施管理、嵌入式计算和电源、一体化机架和机柜、电源开关与控制，以及连接等领域为客户提供全球领先的解决方案以及专业的技术和灵活的创新。

作为在智能基础设施技术领域可信赖的行业领导者，艾默生网络能源所提供的创新数据中心基础设施管理解决方案，消除了 IT 和设施管理之间的断层，能够在所有容量需求的情况下提升效率并确保可用性。

所有的解决方案在全球范围内均能得到本地的艾默生网络能源专业服务人员的全面支持。如欲了解艾默生网络能源的产品和服务详情，请访问 www. emersonnetwork. com. cn。

主要产品介绍：

艾默生网络能源有限公司，全球主流 AC UPS 供应商，提供功率等级从 1kVA 到 800kVA 的全系列 UPS。掌握业界领先的 DSP 数字控制、数字并联、网络监控、电池管理、功率保护等技术。在全球范围内有超过 110 001 000 套 UPS 系统高效可靠地运行在通信及网络领域，艾默生的 UPS 在工业、医疗、金融等领域也有广泛的应用，提供实现数据中心、医疗和工业设施的可用性、容量和效率最大化的软件、硬件和服务。

2. 佛山市禅城区华南电源创新科技园投资管理有限公司

S.C.P.C.S.
华南电源
现代电源主题园

地址：广东省佛山市禅城区张槎三路 35 号德晖花园 3 号楼首层

邮编：528000

电话：0757-82108418

传真：0757-82209103

邮箱：hndyscpcs@163. com

网址：www.hndy.gd.cn

简介：

佛山市禅城区华南电源创新科技园于 2012 年 10 月成立，位于佛山市禅城区张槎街道，企业经营范围：对工业项目及园区建设的投资、开发；物业租赁、销售、展览、策划、组织；投资咨询，科技服务。本公司全面负责华南电源创新科技园项目的推进、管理、服务工作。全力打造集产品研发、生产、检测、展示、交易、人才培训、孵化中心等为一体的电源产业基地，大力推动 UPS、通信开关电源、逆变器、EPS 等电源产业发展，建设成为绿色电源及节能技术科技园区的标杆。园区建成后总建筑面积约 41 万 m^2（含地下室面积约 1 万 m^2），其中都市型厂房 23 栋，面积约 31.7 万 m^2；商业办公 7 栋，面积约 6.5 万 m^2；生活配套约 1.8 万 m^2；车位约 1500 个。

园区情况简介

华南电源创新科技园——“国家现代电源高新技术产业化基地培育单位”、“中国电源学会现代电源产业基地”、“佛山中德工业服务区生产基地”，大力发展开关电源、逆变器、UPS、EPS等电源电子产业，打造现代电源及节能技术科技园区的标杆，建设集产品研发、生产、检测、展示、交易、人才培训、企业孵化等为一体的电源产业创新基地。园区位于佛山市（国家）高新区禅城园内，占地约330亩，总建筑面积约41万m^2，园区已引入科技服务、金融服务、人才服务、招商服务、园区合作五大平台，为入园企业提供技术升级、人才培养、金融支持、政策引导扶持、合作交流等专业服务。员工公寓、饭堂、图书馆、超市等配套设施齐备。园区内建筑物可租、可售、可按揭。

3. 广东易事特电源股份有限公司

EAST®易事特

地址：广东省东莞市松山湖科技产业园区工业北路6号

邮编：523808

电话：0769-22897777

传真：0769-87882853

邮箱：info@eastups.com

网址：www.eastups.com

简介：

广东易事特电源股份有限公司（下简称“易事特”）创立于1989年，是国家火炬计划重点高新技术企业、全球电能质量解决方案供应商和绿色能源制造商，长期致力于UPS电源、EPS电源、通信电源、数据中心集成系统、光伏逆变器、分布式光伏发电电气设备与系统、智能微电网等高科技产品的研发、制造、销售和服务。历经25年的艰苦创业和睿智经营，易事特已发展成为中国电源行业龙头企业，于2014年1月27日在深圳证券交易所成功上市（股票代码：300376）。

易事特长期着力开展科技创新平台建设和领军人才引进及培育工作，先后组建起博士后科研工作站、广东省院士专家企业工作站、广东省现代电能变换与控制工程研究院、广东省省级企业技术中心、教育部光伏系统工程研究中心产业化基地等科学研究及技术开发机构，组建起由全球著名轨道交通电气专家钱清泉院士、全球著名新能源专家张榴晨院士率领的教授、专家、博士、博士后及高级工程师组成的强大科技攻关团队，与清华大学、浙江大学、华中科技大学、合肥工业大学、西南交通大学、华南理工大学、暨南大学等全国20多所高校建立起长期的战略合作关系，参与起草及制订13项国家及行业技术标准，构筑起易事特在业界领先的强大技术优势、人才优势、品牌优势和综合资源优势。

易事特建立起独具特色的强壮市场网络、完善客户服务体系，在国内组建起196个客户中心、七大区域服务中心，在海外建立起五大营销中心，产品远销全球100多个国家及地区。

国家副主席李源潮、国务院副总理汪洋，北京市委书记郭金龙、广东省委书记胡春华、前党和国家领导人贾庆林、李长春，全国人大常委会副委员长成思危、陈昌智，全国政协副主席马培华，新疆建设兵团党委书记车俊、青海省委书记骆惠宁、江西省委书记强卫、甘肃省委书记王三运等党政领导先后莅临易事特考察和指导，亲切勉励易事特继续发奋践行科学发展观，争创世界知名品牌。

面向未来，易事特坚定秉承“国家、荣誉、诚信、创新”企业核心价值观和“技术创新、自主品牌”发展理念，胸怀“百年东方，百年品牌”愿景，持续强化科技创新和自主品牌建设力度，力争成为优秀上市公司典范，为国际国内新能源产业发展及民族品牌建设做出突出贡献。

主要产品介绍：

EA660（20-500kVA）高频模块化UPS电源

EA660系列是易事特推出第三代三进三出高频模块化UPS电源，产品采用全数字化控制技术，单机柜最大可扩容到500kVA/400kW。整机采用模块化设计，包含功率模块、充电模块以及监控模块，所有模块均支持热插拔操作。整机各模块均采用模组化设计，既保证了布局的紧凑性，又增加了整机的可靠性；并且功率模块和充电模块内部均实现易损元器件和风道的完全隔离，进一步提升整机的可靠性；另外，整机还采用了先进的“N+X”无线并联冗余技术，最大程度降低了UPS单点故障的概率，使整机的可靠性设计趋于完美。

4. 广东志成冠军集团有限公司

CHESHING CHAMPION

地址：广东省东莞市塘厦镇田心工业区

邮编：523718

电话：0769-87725486

传真：0769-87927259

邮箱： tc60-sc3@zhicheng-champion.com

网址： www.zhicheng-champion.com

简介：

广东志成冠军集团有限公司始创于1992年，经历了从“东莞市塘厦志成电子器材厂”（1992～1999年）、“广东志成冠军电子实业有限公司”（2000～2001年）到“广东志成冠军集团有限公司”（2002～）的发展沿革，注册资金依次从28万元、1000万元、5000万元增至1亿元。占地15万 m^2 的总部和研发、生产基地，坐落在毗邻深圳的东莞市塘厦镇田心工业区，现有员工1000余人。被认定为国家“高新技术企业”和“国家火炬计划重点高新技术企业”、“国家创新型试点企业”和“广东省装备制造业50骨干企业”、“广东省战略性新兴产业骨干企业”、“广东省软件和集成电路设计产业百强培育企业”。公司现有总资产5亿多元，无不良资产和长期负债，流动负债率保持在20%左右的良好状态。公司通过了ISO9000质量管理体系认证和ISO14001环境管理体系认证，以及欧盟的CE、美国的UL和FCC、德国的TUV、澳洲的AS/NZS等国际认证，并推行了“企业资源计划系统（ERP）”信息化管理。

公司从事高端的不间断电源、逆变电源、应急电源、静止式岸电电源、新型阀控型全密封免维护铅酸蓄电池、非晶硅太阳能薄膜电池、光伏并网发电系统、网络视频监控系统平台的投资、研发、生产和销售服务，用户遍布国内各省、直辖市、自治区和国外70多个国家与地区，拥有41项专利和22项计算机软件著作权。其中，大容量不间断电源的发明专利获中国专利奖金奖，不间断电源、应急电源和蓄电池被评为“广东省名牌产品”，注册商标被评为“广东省著名商标”和“中国驰名商标”。同时，公司2008年被国家标准化管理委员会批准为“中国电力电子学标准化技术委员会不间断电源分技术委员会”秘书处承担单位，负责组织不间断电源国家标准的制修订工作，现已主持了3项、参与了2项国家标准和1项行业标准的制订。

公司坚持自主创新，设有研究所，并与华中科技大学、武汉大学、中山大学、北京航空航天大学、广东省机械研究所分别共建的电源研究院、太阳能研究院、广东志成冠军大容量绿色电源产业技术研究院、网络多媒体技术研究院、国家数字家庭工程中心联合实验室、电动汽车先进技术研究院、广东省电力电子变流技术企业重点实验室7个联合研发机构和博士后科研工作站，拥有各类专业技术人员570余人和原值达8000多万元研发仪器设备，构建了以企业为主体、市场为导向、产学研相结合的技术创新体系，先后以产品整体技术处于国内领先水平，并达到国际同类产品技术先进水平的技术创新成果，填补了国家10项空白，分别被列入国家火炬计划或者国家重点新产品等国家科技计划。2011年11月11日，中共中央政治局常委李长春在中共中央政治局委员、广东省委书记汪洋和其他省、市领导的陪同下，考察调研我公司通过自主创新优化产业结构，转变发展方式的做法与成效，给予了肯定性的评价。

公司坚持物质文明、政治文明和精神文明同步抓，率先在属地非公经济组织中建立了党组织和工会组织、团组织。2003年9月14日，时任中共中央政治局常委、书记处书记、国家副主席曾庆红，在中共中央政治局委员、时任广东省委书记（现任国务院副总理）张德江和广东省省长黄华华陪同下，亲临公司考察，对公司党支部开展的“非公经济组织保持共产党员先进性学习教育活动”试点工作和公司的技术创新成果给予了充分肯定。去年以来，公司党总支相继被评为“东莞市五星级党组织”和“广东省‘两新’百强党组织”。

主要产品介绍：

高压直流电源

高压直流电源是我公司根据新型通信电源系统规划的要求，自行研制的高技术、高可靠、节能、环保的新一代通信电源系统。产品特点如下：

（1）技术先进

APFC侧：采用交流三相三线制输入，三相三电平有源PFC电路，32位全数字三相解耦控制技术。该技术：提高了APFC电路的性能，降低了器件应力，提高了功率密度，确保APFC电路的可靠性、环保性、先进性。

DCDC侧：采用半桥LLC软开关DC—DC变换电路，32位全数字软开关控制技术。该技术优点是变换效率高、器件应力小、功率密度高、无滤波电感、工作可靠、电磁兼容良好。

智能化监控：模块之间、模块与监控之间、各分监控单元与监控模块之间采用CANBUS连接。实现数字均流、智能控制、智能化调度、遥控、遥信、遥调、遥测、智能化电池管理。真正实现无人职守、远程网络化的管理。CANBUS远优于RS-485等其他总线。保证了各节点之间通信的可靠性。

（2）性能优越

输入功率因数0.99以上，电流谐波小于3%，电压谐波小于3%；

电磁兼容满足CLASS A级要求；

整机效率高达96%；

电压调整率低于0.3%，负载调整率低于0.3%。

模块均流性能高于5%。

MTBF大于100000h。

电磁兼容性能满足 EN55022 要求。

功率密度高、冗余度高、智能化程度高。

模块化、便于维护、便于扩容。

（3）节能、环保

由于采用目前最新的电源技术，使整机性能有大幅度的提高。高效率降低了系统损耗，符合低碳经济要求。高可靠性降低了维护费用。高智能化降低了运营人力费用。良好的电磁兼容性能降低了对电网的干扰、对周边设备的干扰、对电磁空间的影响。所以本电源系统完全满足节能、环保、低成本的要求。

应用前景：

本系统可用于中国移动、中国电信、中国联通等通信系统。替代一次电源系统、UPS 系统。优化通信供电系统，减少系统级数，降低能耗，提高可靠性，降低投资及运营成本；本系统还可以应用于电动汽车充电系统、充电站等。促进电动汽车业的发展。

5. 茂硕电源科技股份有限公司

MOSO® 茂硕电源

股票代码：002660

地址：广东省深圳市南山区科技园科发路 8 号金融基地 2 栋 9-10 楼

邮编：518057

电话：0755-27657000

传真：0755-27657908

网址：www.mosopower.com

简介：

茂硕电源科技股份有限公司（简称“茂硕电源”，股票代码：002660）是国家级高新技术企业；是国家“十二五”规划鼓励发展的节能减排新能源企业；也是国内有相当影响力的电源制造企业。公司 2006 年成立以来，经过几年的快速发展，得到多家世界 500 强公司的认可，并与其结成战略合作伙伴关系。

技术和品质是茂硕电源的核心优势。茂硕电源与全国多所重点高校进行多项产学研合作，投入大量研发资金，建立了具有超强研发能力的茂硕电源技术研究院；同时还拥有行业内先进的可靠性安规试验室，采用全自动电脑测试仪等先进生产和检验设备，已开发出多款具世界领先水平的高效率开关电源和 LED 智能驱动。短短几年间，茂硕电源已取得近两百项国家专利。

茂硕电源集产品研发、制造、销售及服务于一体，已在美国、日本、韩国、新加坡、欧洲、中国香港、中国台湾等国家或地区设有分公司或办事处，能够为国内外客户提供迅捷的专业服务。优秀的人才，先进的技术，科学的管理，以及务实、进取的创业精神使得茂硕电源能够持续处于行业领先地位，是茂硕电源真正的核心竞争力。茂硕电源产品已涵盖机顶盒、ADSL、手机、平板电脑、医疗设备、电动工具、电梯及 LED 室内、外照明产品驱动等多种领域。公司愿与各界客商携手共进、互利共赢、共同发展，为全球的节能减排事业出一份绵薄之力！

主要产品介绍：

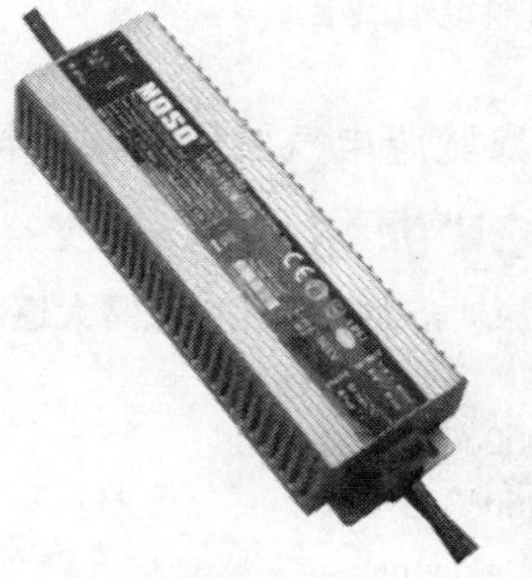

第五代恒流源 35～200W 二合一调光系列

（1）安全低电压输出（$U_o \leqslant 60U_{dc}$）；

（2）二合一调光（兼容 0～10V 和 PWM 两种调光信号）；

（3）可工作于恒压（CV）或恒流（CC）两种驱动模式；

（4）高功率密度设计（体积小型化）；

注：U_o 为额定输出电压

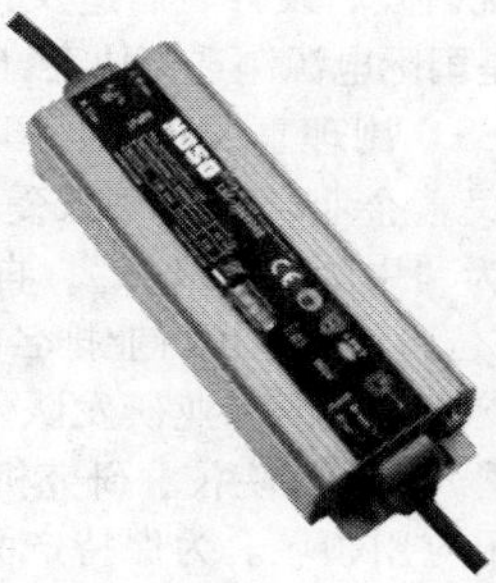

第五代恒流源 35～200W 电压、电流可调系列

（1）安全低电压输出（$U_o \leqslant 60U_{dc}$）；

（2）输出电压、电流可调；

（3）可工作于恒压（CV）或恒流（CC）两种驱动模式；

（4）高精度（±3%）；

注：U_o 为额定输出电压。

第五代恒流源 35～200W 智能时控系列

（1）安全低电压输出（$U_o \leqslant 60U_{dc}$）；

（2）智能时控（通过程序实现电流调节及定时调光）；

（3）程序可离线烧录，可根据需要随时修改；

（4）工作时段及亮度可自定义；

（5）PWM 数字调光；

注：U_o 为额定输出电压。

6. 深圳市航嘉驰源电气股份有限公司

Huntkey 航嘉

地址： 广东省深圳市龙岗区坂田坂雪大道航嘉工业园

邮编： 518129

电话： 0755-89606666

传真： 0755-89606333

邮箱： secy@huntkey.net

网址： www.huntkey.com

简介：

航嘉企业机构（Huntkey）总部位于深圳，设有深圳市航嘉驰源电气股份有限公司、航嘉电器（合肥）有限公司、嘉源锐信软件公司等主导企业，产品服务涉及电源、电脑、家电、通信、消费电子、LED、管理软件等多个领域。

航嘉电气股份创立于 1995 年，是从事 IT 、家电产品及电力、电子系统研发、设计、制造及销售一体化的专业服务机构。公司是国际电源制造商协会（PSMA）会员、中国电源学会（CPSS）副理事长单位、国家高新技术企业、深圳市首届优秀民营企业、全国“双爱双赢”优秀企业。“Huntkey 航嘉”为“中国驰名商标”，自 2000 年起蝉联中国 PC 电源行业首位，世界电源行业排名前列。

公司拥有一支高水平的专业研发队伍和与国际接轨的研发体系，并与国内外高等院校、研究机构拥有多项合作，共同拓展电力电子应用领域。为保持产品技术研发上的领先优势，不断加大研发投入力度，建立了先进的研发和实验平台，先后设立了 EMC、MTBF、环境可靠性、安规、静音、风洞、电网环境模拟等专业实验室，具备 TUV/CE、UL 认证及泰尔认证的能力。

“Huntkey 航嘉”获“中国驰名商标”，是电源行业最具竞争力的品牌之一，自 2000 年起连续十年蝉联中国 PC 电源行业首位，明星产品冷静王系列、多核系列在 IT 媒体业界口碑优秀，多次获得媒体颁发的“编辑推荐奖”、“消费者喜爱的品牌”等多项大奖。2013 年推出的 PC 电源明星产品 MVP500，一经上市，就获得了广大消费者的青睐和好评。

此外，“Huntkey 航嘉”品牌旗下电工产品，以国际化品质高标准为基础，致力打造智能插座领导品牌。近年来，有多款智能插座产品面世，销往全球多个国家。电视机专用、电脑专用、家居专用、巧管家、防雷等系列产品满足广大消费者不同需求和个性化需求。航嘉在其他用电产品领域也都有产品涉及，包括充电器、车载用电设备、笔记本适配器、移动电源产品等等。以上产品均远销海内外多个国家和地区，受到全球消费者的一致好评。

航嘉多年来服务于联想、华为、海尔、方正、同方、中兴、DELL、BESTBUY 等海内外知名企业，得到客户高度认同，2009 年获联想全球“Perfect Quality Award”品质大奖和华为“优秀合作供应商”奖。

主要产品介绍：

WD500 电源

航嘉电源旨在为最广泛的电脑 DIY 爱好者提供合适满意的产品，一直以来通过不断的感悟发现需求、创造产品，成功地为用户提供了例如冷静王系列、WD 系列、磐石系列等众多的经典产品，今后也将继续探索如何进一步贴近用户，了解需求，铸造更多的经典。

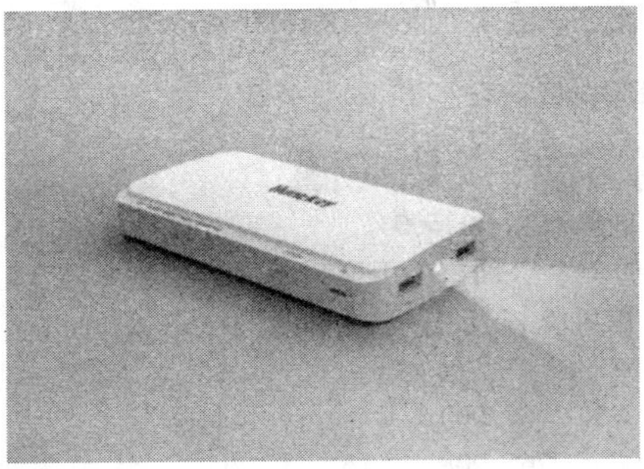

移动电源 HPBA1200mah

航嘉移动电源使用 A 品聚合物电芯，安全、耐用、稳定！其外壳是航空航天级环保聚碳酸脂材质，防火阻燃。产品符合 EMC 安规要求，平均间隔故障时间大于 50000 小时。而且拥有六重保护系统，防止移动电源受到过电流、过电压、短路、过热、过充、过放等因素造成损害。

45W MINI 适配器电源

航嘉适配器电源之中包括笔记本、POS 机电源等，系列有迷你系列 、时尚型系列、超薄型系列、X-MAN 系列，其中一些功率还配有多个型号的转接端子，可以兼容目前市场上超过 96% 以上的笔记本型号（苹果系列除外），而且还有部分型号可以支持 USB 接口进行充电。

7. 台达电子企业管理（上海）有限公司

DELTA 台达

地址： 上海市浦东新区民雨路 182 号

邮编： 201209

电话： 021-58635678
传真： 021-68723996
邮箱： sophia. zhou@deltaww. com. cn
网址： www. deltaww. com

简介：

台达集团创立于1971年，为电源管理与散热管理解决方案的领导厂商，并在多项产品领域居世界级重要地位。面对日益严重的气候变迁议题，台达秉持“环保、节能、爱地球”的经营使命，运用电源设计与管理的基础，整合全球资源与创新研发，深耕三大业务范畴，包含“电源及元器件”、“能源管理”与“智能绿生活”。

基于对环境保护的承诺，台达不断提高电源产品的转换效率，并成为全球电源及可再生能源整合方案的领导者。目前产品转换效率都已达90%以上，其中先进的通信电源效率超过97%，光伏逆变器效率高达98.7%。我们坚信，发展环保节能产品，对台达的业务成长与环境保护的实践均具有正面助益。

2010～2013年四年间，台达在高效节能产品与解决方案的整体节能成果卓著，共为客户节省了119亿kW·h，相当于638万吨二氧化碳排放量。在众多的节能产品中，台达亦研发出全球首款符合“80 PLUS”钛金级服务器电源，效率高达96%。提供环保、洁净与更具能源效率的解决方案，是台达企业发展的愿景，台达期待藉由世界级的电力电子核心技术与能力，让未来更美好。

台达持续通过多元方式应对不断变化的世界，并积极落实品牌承诺：“Smarter、Greener、Together”、这不只象征了台达对自身的要求，也代表对股东、客户与员工的承诺。“Smarter”代表台达在电源效率与可再生能源的核心技术能力，“Greener”则是台达创立以来所坚持的“环保、节能、爱地球”的企业经营使命，“Together”是台达的经营哲学，与客户建立长期伙伴关系。我们深信技术与合作的重要性，藉由领先的技术与客户合作，持续创造高效率、可靠的电源及元器件产品、工业自动化、能源管理系统以及消费性商品，为工业客户与消费者提供多元的产品与服务。

台达集团的运营网点遍布全球，在中国（包括台湾）、美国、泰国、新加坡、日本、墨西哥、印度、巴西以及欧洲等地设有研发中心和生产基地。

近年来，台达陆续荣获多项国际荣耀与肯定。自2011年起，台达连续三年入选为道琼斯可持续发展指数（Dow Jones Sustainability Indexes）之世界指数；2011～2013连续三年入选“中国台湾二十大国际品牌”；2010～2013连续四年荣登“中国绿色公司”百强榜民营企业五十强；2012～2013蝉联《第一财经》中国企业社会责任榜“杰出企业奖”；入选中国社科院“2013企业社会责任”外企百强前十强等。

台达电子企业管理（上海）有限公司是台达集团的全资子公司，主要从事电能有效利用，和计算机、信息、通信、网络、机电、光电、汽车电子领域，以及太阳能、风能等绿色能源的研究开发和技术支持，配合集团整体策略，运用电源设计与管理的基础，结合相关领域创新技术及软硬件开发，深耕三大业务范畴，使台达逐步从产品制造商转型成为整体节能解决方案的提供商。

主要产品介绍：

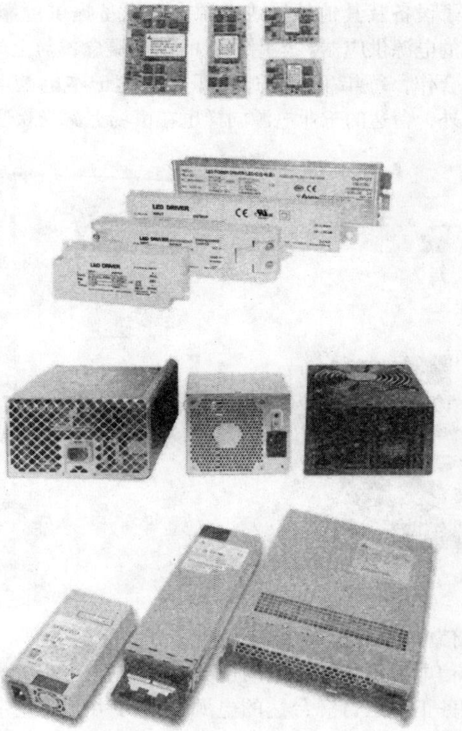

嵌入式电源供应器

台达于20世纪80年代初期，推出第一款开关电源，到2002年，台达已经成为世界最大的商用开关电源供应商之一，高端服务器电源市场的份额超过50%。台达将节能技术导入产品设计，持续致力于提升电源产品能效，包括LED照明电源、电子式镇流器、直流电源转换器，以及用于电视机背光源的LED驱动器。

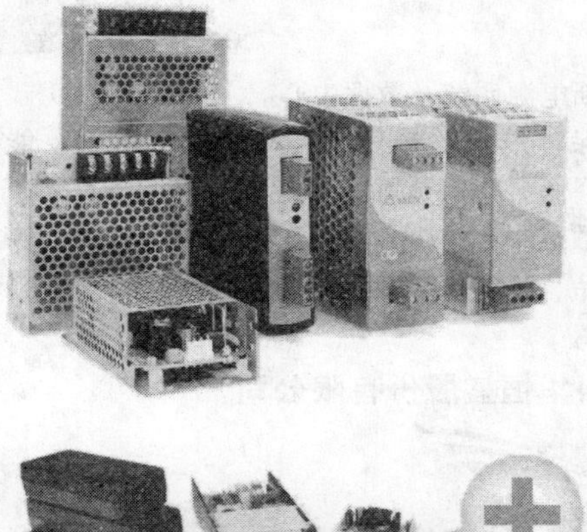

移动电源

台达是移动电源的世界级领导厂商，为笔记本电脑、便携式电子设备及其他外接式电源电器设备提供可靠、精巧、高效能的电源供应器。运用环保的设计概念，与全球各大知名品牌合作，每年生产超过八千万个笔记本电脑电源适配器。另外，台达的工业电源同样也在市场上深受欢迎。

通信电源系统

通信电源系统能在电网电力中断或波动的情况下确保通信服务正常运行。台达的电源系统可用无线宽带和固网接入，也可用于骨干网和数据中心。我们提供高可靠、高效节能的通信电源解决方案，帮助电信运营商降低运营成本及碳足迹。台达所开发的交流/直流电源模块转换效率高达97.2%，为业界领先。

不间断电源系统及数据中心

为确保客户的关键任务（Mission Critical）能持续运作，同时降低总持有成本，台达提供从UPS（不间断电源系统）到数据中心解决方案InfraSuite等各种高可靠度、高效率的产品、解决方案，以及多元化服务。

8. 厦门科华恒盛股份有限公司

KELONG 科华技术

地址： 福建省厦门火炬高新区火炬园马垄路457号

邮编： 361006

电话： 0592-5160516

传真： 0592-5162166

邮箱： kehuamedia@kehua.com

网址： www.kehua.com.cn

简介：

厦门科华恒盛股份有限公司（以下简称“科华恒盛”）创立于1988年，于2010年在深圳A股上市（股票代码002335）。现拥有26年电源研发制造经验，服务于全球80多个国家和地区，是智慧电能领导者。

公司现拥有员工2000多人，并于厦门、漳州、深圳、北京、佛山等地设立了7家全资子公司、1家中外合资公司，2家控股子公司，3个电源研究中心、4个现代化电源生产基地、1个业界最先进的UPS及EMC检测中心之一。

科华恒盛坚持“自主创新、自有品牌”的发展理念，始终专注UPS研发生产，相继在漳州、厦门、深圳设立了国内最大的UPS电源机构，组建了以自主培养的三名享受国务院特殊津贴专家为核心200人研发团队。公司先后承担国家级、省部级火炬计划项目，国家重点新产品计划，863计划等项目30余项，参与了40多项国家和行业标准的制定，获得国家专利、软件著作权等知识产权140余项。旗下拥有高端电源解决方案、新能源产品方案、数据中心解决方案三大产品体系。

公司销售额连续十六年位居国产UPS品牌首位，并保持每年50%的业绩增长。产品广泛应用于工业、交通、金融、通信、政府、新能源、数据中心等领域，奥运鸟巢、上海世博、三峡枢纽、金税工程、首都机场、广电总局、广州亚运等一系列重点工程都选择KELONG。

科华恒盛在全国建立9大技术服务中心、近50个直属服务网点，300余位技术工程师组成专业服务团队。新型的3A服务，从传统的应急维修转变为以预防为主的本地化主动服务模式。

主要产品介绍：

高端电源产品与解决方案

作为中国领先的高端电源解决方案提供商，在UPS电源领域，科华恒盛拥有从低端到高端的电源产品数十个系列，功率覆盖0.5～1200kVA行业领先的电源产品构筑绿色高效的电源解决方案，可为工业、交通、金融、通信、政府等领域提供可靠电源保障。

云动力数据中心产品与解决方案

科华恒盛“云动力”生态节能型数据中心解决方案，采用国内领先的环保节能技术，实现辅助设施充分利用自然能源。配套设施用电以太阳能发电幕墙和蓄能系统实现自给，冬季供暖全部由机房余热提供，达到冬季供暖零能耗、零排放。并以绿色节能和智能控制两个方面为突破口，从初期数据中心规划设计阶段的仿真“智能化设计”，中期提供自主研发的模块化“端到端”智能精密配电系统等“智能化产品”，后期三维综合运维监控软件系统的“智能化管理”。通过循序渐进的实施过程，专业为您构建生态节能型数据中心机房。

新能源产品与解决方案

科华恒盛自主研发并推出了光伏逆变器、风电变流器（风冷双馈）、小型风力发电系统和风光互补发电系统等一系列技术领先的新能源产品及方案。新能源产品通过 CE、金太阳、TUV、低电压穿越测试及高电压穿越测试等认证，太阳能光伏发电系统获得国家火炬计划项目证书。

9. 阳光电源股份有限公司

SUNGROW 阳光电源

地址：安徽省合肥市高新区习友路 1699 号

邮编：230088

电话：0551-65327878

网址：www.sungrowpower.com

简介：

阳光电源股份有限公司（股票代码：300274）是一家专注于太阳能、风能等新能源电源的研发、生产、销售和服务的国家重点高新技术企业。主要产品有光伏逆变器、风能变流器、储能电源等，并致力于提供全球一流的光伏电站解决方案。

自 1997 年成立以来，公司始终专注于新能源发电领域，坚持以市场需求为导向、以技术创新作为企业发展的动力源，培育了一支研发经验丰富、自主创新能力较强的专业研发队伍；先后承担了 10 余项国家重大科技计划项目，主持起草了多项国家标准，是行业内为数极少的掌握多项自主核心技术的企业之一。

近年来，公司先后荣获“国家重点新产品”、“中国驰名商标”、中国新能源企业 30 强、全球新能源企业 500 强、安徽“最佳雇主”等荣誉，是国家级博士后科研工作站设站企业、国家高技术产业化示范基地、国家认定企业技术中心、《福布斯》2010～2012 年“中国潜力企业榜”上榜企业等，综合实力跻身全球新能源发电行业第一方阵。

未来，阳光电源将秉承“致力于清洁高效，让更多人享用绿色电力”的发展使命，立足光伏、风电业务，创新拓展新能源发电与电力电子技术紧密结合的新业务，积极参与全球竞争，持续提升客户满意度，努力将公司打造成为受人尊敬的全球一流企业。

主要产品介绍：

SG500MX

SG1000TS

SG30KTL

WG2000KFP

公司主要产品——光伏逆变器，符合各国电网接入标准，具有高转换效率、便于安装维护、适应高海拔、低温、盐雾风沙等各种自然环境，主要产品型号包括SG30KTL、SG500MX、SG1000TS等。SG30KTL获得权威检测机构Photon“双A”评价，具备重量轻可人工安装、双MPPT转换效率高等特点；SG500MX是唯一通过新国标GB/T 19964-2012《光伏发电站接入电力系统技术规定》测试的光伏逆变器，是第一个通过国网高电压穿越检测的光伏逆变器，达到高电压耐受最高标准要求；SG1000TS是兆瓦级系统解决方案，占地面积仅7平方米，可用叉车转运，更灵活节省；四面开门设计，安装维护更方便。WG2000KFP风能变流器，低风速下保持较高的能量转换效率，额定功率时能量转换效率>97%，适应较宽温度范围。

产品先后成功应用于北京奥运鸟巢、上海世博会、西部大型光伏电站、国家“送电到乡”工程、南疆铁路、福建沿海风电场、陕西榆林风电场等众多重大的光伏和风力发电项目，开发建设了甘肃酒泉、合肥国家分布式光伏发电示范等诸多优质的光伏电站项目。光伏逆变器市场占有率连续多年位居国内第一，并先后通过TÜV、CE、Enel-GUIDA、AS4777、CEC、CSA、BDEW等多项国际权威的认证测试，已批量销往德国、意大利、法国、比利时、澳大利亚、美国、加拿大等30多个国家。

常务理事单位

10. 安泰科技股份有限公司非晶金属事业部

AT&M 安泰科技

地址：北京市海淀区学院南路76号

邮编：100081

电话：010-62182423

传真：010-62182220

邮箱：duyu@atmcn.com

网址：www.atmcn.com www.atm-amorphous.com

简介：

非晶金属事业部隶属于安泰科技股份有限公司，从事非晶金属材料及制品的产业化及研究开发。非晶金属事业部依托于国家非晶微晶合金工程技术研究中心（国家科委1995年12月批准建立的国家级非晶中心），是国内非晶、纳米晶软磁材料研发先驱。国家非晶微晶合金工程技术研究中心拥有专业全面、结构合理的研发团队，立足于自主研发，突破非晶纳米晶材料制备核心技术，共取得50余项科技成果，荣获国际科技进步二等奖两项，授权专利31项。

非晶金属事业部包含安泰南瑞非晶科技有限责任公司、非晶制品分公司、上海安泰至高非晶金属有限公司以及非晶材料研究所，分别在北京、河北、天津、上海建有生产基地，是世界三大非晶、纳米晶软磁材料供应商之一。

非晶金属事业部主要产品为非晶、纳米晶带材及制品。铁心制品及磁性元件，广泛应用于输配电、电力电气、工业电源、新能源、消费电子、航空航天、交通等领域，为客户提供先进的节能材料及解决方案。

主要产品介绍：

Antaimo® 非晶带材

Antainano® 功率变压器铁心

Antainano® 共模电感及铁心

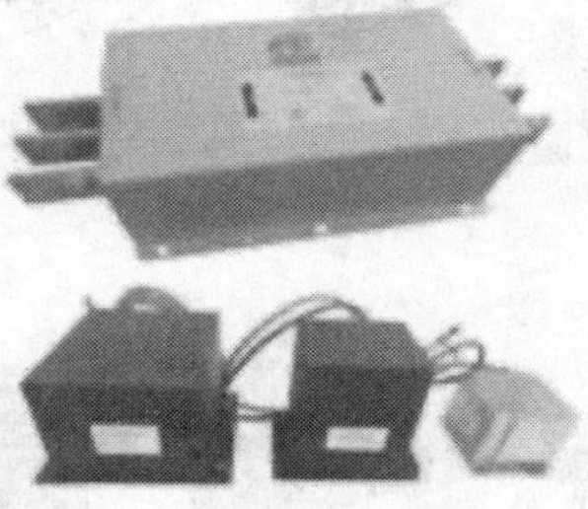

Antaimo® 电抗器及 natainano® 滤波器

非晶、纳米晶制品

非晶、纳米晶带材及制品具有高饱和磁感应强度，可有效缩小变压器体积；具有高磁导率、低矫顽力，可提高变压器效率、减小励磁功率、降低铜损；具有低损耗，可降低变压器的温升；具有优良的温度稳定性，可在 -55 ~ 130℃长期工作；具有优异的性能价格比。

非晶、纳米晶制品广泛应用于输配电、电力电气、工业电源、新能源、消费电子、交通、医疗等领域。

11. 北京动力源科技股份有限公司

动力源

地址：北京丰台科技园区星火路 8 号

邮编：100070

电话：010-83682266

网址：www.dpc.com

简介：

北京动力源科技股份有限公司是一家致力于电力电子技术及其相关产品的研发、制造、销售和服务的高科技上市公司（股票代码：600405）。是国内电源行业首家上市企业，是国家人力资源和社会保障部授权的能源审计师和能源管理培训单位；也是国家发改委批准并第一批公布、面向全社会的节能服务公司之一。

公司总部坐落于北京中关村科技园丰台园区，旗下拥有全资子公司北京迪赛奇正科技有限公司、安徽动力源科技有限公司、深圳动力聚能科技有限公司及控股子公司北京科耐特科技有限公司。

动力源获得科技部、中科院、北京市政府联合颁发的“百强创新企业”称号；国家五部委联合颁发的“国家重点新产品”称号；北京市“诚信纳税企业”“守信企业”称号；中关村企业信用促进会优秀会员称号；中国技术监督情报协会通信电源类“全国用户产品质量满意、售后服务满意十佳企业”；中国电源行业“诚信企业”“中国电信行业通信工程优秀服务商”等称号。

动力源是中国电源产业技术创新联盟会员单位；中国电源学会常务理事单位；全国高科技健康产业空气净化专业委员会会员；中国电子学会洁净技术分会、中国制冷空调工业协会洁净技术委员会会员；中国节能协会节能服务产业委员会会员。北京市工业促进局授予的“北京市技术中心”的称号。

动力源目前拥有三处生产基地和多条生产流水线，在 30 个省市设有办事处，形成了遍布全国的营销和服务网络，及时、全面地为客户提供技术支持和培训、远程技术诊断、物流配送、现场技术服务和工程建设等。公司在全国建立了一个一级备件储备库和 30 余个二级备件储备库，24 小时的服务热线保障了公司与客户的信息沟通。

经过十几年的发展，动力源已经形成直流电源、交流电源、高效模块电源、低压配电产品、逆变电源、应急电源、动力环境监控系统、机房新风及热交换系统、高压变频器、空气净化机、新能源储能设备、农村饮用水处理及粮储设备、太阳能光伏逆变系统等近百种产品，拥有全部产品的知识产权；公司的各类产品遍布全国 30 多个省、市、自治区和欧美及东南亚市场，产品广泛应用在中国移动、中国电信、中国联通等国家公网以及石油石化、军队、公安、铁路、交通、地铁、水利电力、冶金矿山、建材水泥、石油石化、等行业专网上。同时，动力源每年投入超过年营业额 5% 的资金，对研发项目给予全方位的支持，一批电力电子业界精英的技术骨干保障了强大的电力电子技术及其相关产品的研发实力。

主要产品介绍：

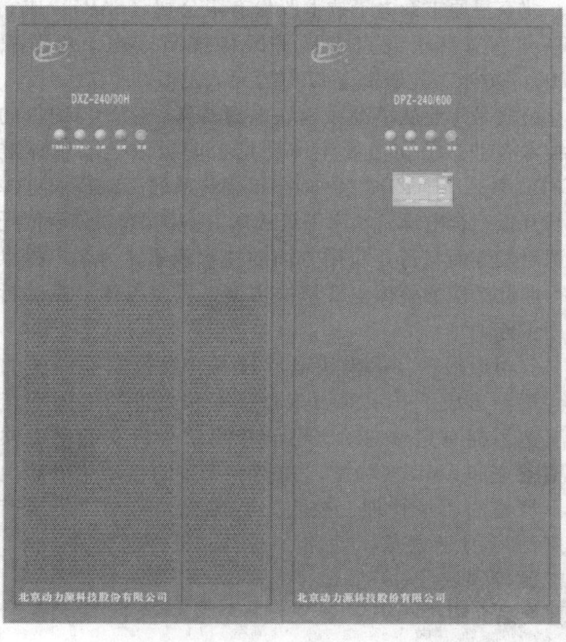

动力源已经形成直流电源、交流电源、高效模块电源、低压配电产品、逆变电源、应急电源、动力环境监控系统、机房新风及热交换系统、高压变频器、空气净化机、新能源储能设备、农村饮用水处理及粮储设备、太阳能光伏逆变系统等近百种产品，拥有全部产品的知识产权，是国内通信电源行业主流供应商；其中通信电源通过工业和信息化部检测中心的“泰尔认证”；应急电源系列产品通过了国家消防电子产品质量监督检验中心的检测，获得公安部消防产品评定中心颁发的“产品型式认可证书”和 CE 认证，并获得多项国家专利；HINV 系列高压变频器产品通过了国家电控配电设备质量监督检验中心的型式实验，成为“中国电器工业协会变频器分会理事单位”。

12. 北京星原丰泰电子技术股份有限公司

地址： 北京市昌平区沙河镇豆各庄工业园 9 号彩易达科技园

邮编： 102206

电话： 010-80733900-8242

传真： 010-80733900-8001

邮箱： qizhiyuan@saps.cn

网址： www.saps.cn

简介：

北京星原丰泰电子技术股份有限公司（SAPS）成立于 2004 年，坐落于北京市昌平区科技园区内，总面积为 10000 平方米，注册资金 1700 万元人民币。

公司是专业从事高频模块电源研发、生产与销售的高新技术企业。公司主要生产满足工业级以上应用标准的 AC/DC 系列、DC/DC 系列及 DC/AC 系列高频模块电源产品与开板组合电源，功率等级从 0.1 ~ 1000W。公司依托在电源研发方面与行业应用方面的技术积累，为客户提供具有行业针对性的整体电源解决方案，以及电源产品的行业应用服务。

公司通过多年的模块电源技术开发及制造经验的积累，逐渐形成了一系列的核心技术和先进的电源生产检测工艺。拥有完整的动态小信号测试分析实验室、软开关实验室和 EMC 实验室，并拥有完整的自动化电源生产线及严格的质量管理、控制工艺流程。目前，公司产品已广泛应用于通信、铁路、电力、工控、公路、军工、新能源等领域。

主要产品介绍：

AC/DC

DC/DC

DC-DC 全新二代机模块电源

产品说明：

现有 1in × 1in ×（25.4cm × 25.4cm）的 10 ~ 15W，1in × 2in ×（25.4cm × 50.8cm）20 ~ 30W，2in × 2in ×（50.8cm × 50.8cm）40 ~ 50W，3in × 3in ×（76.2cm × 76.2cm）75 ~ 100W 的 DC/DC 模块电源，以及国际标准尺寸的四分之一砖（100W），半砖（200W）等高功率密度砖类电源。

DC/DC 全新二代机模块电源功能特点：

体积小、功率密度高、加装散热器可提高整体输出功率；

工作温度范围 -40 ~ +85℃，适应恶劣的物理环境；

输入欠电压、输出过电流、过电压、短保四大保护功能；

输入、输出无过冲，六面金属屏蔽，对外无干扰；

输入、电压范围等级可选 1∶2 和 1∶4 宽输入电压；

标称满载状态下，最高效率可达 91%；

可靠性高，隔离耐压高达 DC 2200V；

输出电压可遥控，可上下调 ±10%；

五年质保，全系列符合 RoHS 指令；

产品均可通过 CE\UL 等认证；

执行标准：

GB/T4208—1993《外壳防护等级》；

GB4943—2001《信息技术设备的安全》；

GB/T2423—2001《电工电子产品环境试验》；

GB/T2828—2003《逐批检查技术抽样程序及抽样表》；

GB4859—1984　《电子设备的抗干扰特性基本测量方法》；

YD/T1376—2005《通信用直流-直流模块电源》；

产品适合适应多种行业，在通信、电力、铁路、工业控制、新能源等行业广泛应用。

13. 北京中大科慧科技发展有限公司

北京中大科慧科技发展有限公司
ZDKH Technology Development Co., Ltd

地址：北京市海淀区上地三街金隅嘉华大厦 F904
邮编：100085
电话：010-82484848
传真：010-82484848-8006
邮箱：zdkh@zdkh.net
网址：www.zdkh.net

简介：

北京中大科慧科技发展有限公司成立于2000年，是专注从事数据中心领域技术研究的国家高新技术企业，为中国电子工程协会会员、中国电源学会常务理事单位、国家“十二五”规划型研发单位，是国内数据中心领域电能质量管理设备供应商，信息安全服务商以及IT运维管理解决方案提供商，是IDP数据中心管控系统开拓者。

技术研发中心：国内为中科北邮，河北科技师范学院，为公司产品技术创建了良好的技术平台和保障。

公司在10余年的发展中，一直关注金融行业的技术安全，致力于数据中心的综合安全运营。在发展过程中，全面研发并成功应用的技术与设备有：

IDP数据中心动力管控系统——Internet Date Power，是一款为保障数据中心动力安全管理为核心技术的设备，通过对支撑数据中心运行的动力电源的全面监控与治理，在运用数据挖掘分析等技术上，实现从多因素监控、全程控制，转化为及时的触发信号，实现及时、全范围的动态的治理，营造动力源的安全、稳定环境，确保关键线路、关键设备以及系统的可靠运行。

数据中心动力系统安全检测技术，是中大科慧公司独有的技术创新。根据动力环境的运行特征和数据，实现对数据中心系统运行的实时情况的评估，以确诊数据中心系统运行的现状，并提供专业的检测报告，确保数据中心能有效保障其系统的持续平衡运行。

移动数据中心、移动银行、移动电源车、数据中心机房验收、分析、评估、检测服务是公司集目前公司的核心技术和力量，全面系统设计，服务于金融行业的技术空白缺项产品，以全方位实现银行服务社会经济的无所不在、无所不能的服务标准。

公司产品及方案已通过中国科学院、中国科学技术研究院、中国计量科学研究院、中国电力科学研究院等多家权威机构检验认证，拥有多项国家专利技术和软件著作权，为各行业的数据中心安全与运行发挥着重要的作用。为金融、政府、通信、能源、医疗等行业客户合作奠定了坚实的基础。拥有四个唯一：资质唯一；方案唯一；产品唯一；成功案例唯一。

目前，公司在行业内拥有着极高的口碑，且是中国电源学会、国家质量协会的常务理事单位，也获得中关村管委会“信誉双百企业”等多项荣誉称号。继往开来，公司将在国家相关政策的指引下，在国家相关部门的领导下，为金融系统乃至所有的数据中心提供更加优质、全面的服务。

主要产品介绍：

IDP数据中心动力管控系统

IDP数据中心动力管控系统是对数据机房动力系统进行在线预警、在线评估、在线治理、在线管理四大模块全面管理数据中心的用电环境，评估数据中心的运营风险，真正做到数据中心动力系统的智能管理，从根本上改变了数据中心供电环境深层数据不可视的现状。IDP全方位、多层次地保护数据中心的动力安全；深层次地数据挖掘及分析预警、治理和管理功能、多角度和多层次的人机互动管理，有效地实现了智能化动力管理的目标。

14. 东莞市石龙富华电子有限公司

UE Electronic

地址：广东省东莞市石龙镇新城区黄洲祥龙路富华电子工业园
电话：0769-86022222
传真：0769-86023333
邮箱：fuhua@fuhua-cn.com
网址：www.fuhua-cn.com

简介：

东莞市石龙富华电子有限公司（UE ELECTRONIC），创立于1989年，坐落于东莞市石龙镇新城区黄洲祥龙路富华电子工业园内，园区占地面积超过60000m^2，建筑面积约50000m^2，为现代化的智能型花园式工业园区。UE ELECTRONIC致力于LED电源、医疗电源和ITE电源的研发、生产和销售，UE ELECTRONIC为大型民营高新科技企业。UE ELECTRONIC 现有 2000 人左右，其中研发人员有 160 人。

UE ELECTRONIC 1999 年已通过了 ISO9001 体系认证，于 2008 年取得了 ISO14001 体系认证，严格按照 ISO 质量体系进行管理；2013 年取得了职业健康体系 OHSAS 18001：2007 认证。在全球电源行业享有较高的声誉，并以领先同行的高新技术和卓越品质创出了“UE”优质名牌。UE ELECTRONIC 是中国首家获得 LED 路灯电源 CQC 认证厂家，产品已获得 cULus，cCSAus、TUV-GS、CE、BEAB、C-TICK、PSE-JET、K-MARK、TLC、CCC、IRAM、CB、EMC 及 FCC 等各种认证。

UE ELECTRONIC 有大批优秀的各类专业技术研发人员，并长期与华南理工大学等专业学科研究机构合作，并与之建立良好的伙伴关系，为我公司提供强有力的技术支持，公司先后获得了工程中心专利培育单位、中国电源十大品牌、中国电子行业知名品牌、中国行业质量优秀产品、广东省高新科技企业、广东省电子行业协会会员单位、东莞市先进民营企业、广东省名牌产品、东莞市科技进步一等奖等荣誉称号，更以领先于同行的先进技术和苛刻的品质管理措施，赢得了包括华为、中兴、西门子、富士康、欧司朗、飞利浦、奥的亮、雷士照明、德豪润达、JVC、比亚迪、伟易达等国内外著名企业的青睐，目前，它们均与 UE ELECTRONIC 建立了长期的战略合作伙伴关系。

UE ELECTRONIC 的愿景：成为世界最具竞争力的电源供应商！

UE ELECTRONIC 的使命：为客户提供更多的增值服务！UE ELECTRONIC 因你而变！

主要产品介绍：

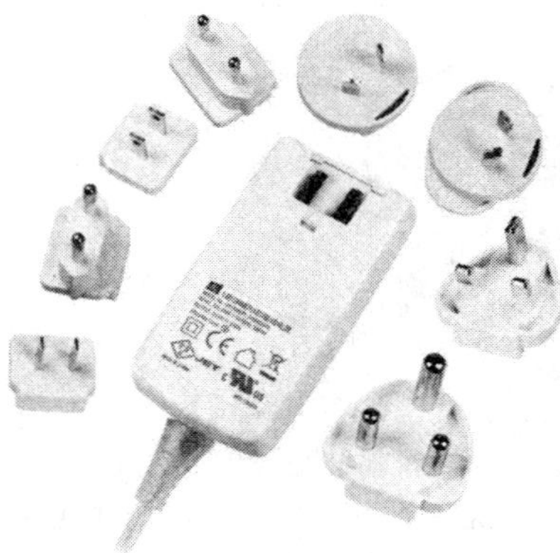

UE15WCP1

输出 3～24V，0.01～2.00A 适用于台灯，各种 LED 灯具。获得 CQC、TUV、CE、C-Tick、IRAM 等认证。

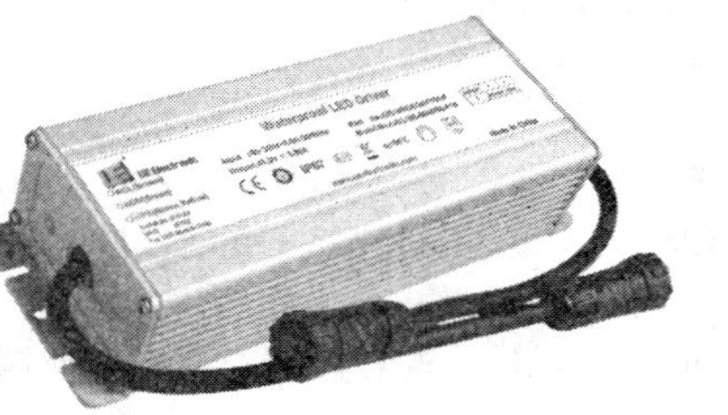

UEL185-A1Z

输出 20～490V，0.37～6.85A 适用于 LED 路灯、工矿灯、隧道灯、投光灯、景观灯，获得 CE 认证。

UE120-SPA1/SPA2/SPA3

输出 12～48V，0.01～8.33A 适用于医疗、资讯、信息设备类电源适配器。获得 UL、TUV、GS、CE、CCC 认证。

15. 佛山市柏克新能科技股份有限公司

BAYKEE® 柏克

地址： 广东省佛山市禅城区张槎一路 119 号华南电源创新科技产业园

邮编： 528051

电话： 0757-82207158

传真： 0757-82207159

邮箱： lxd@baykee.net

网址： www.baykee.net

简介：

佛山市柏克新能科技股份有限公司（以下简称“柏克”）初创于 2007 年，每年以不低于 50% 的速度发展，是中国电源行业内最具成长性的公司之一。柏克于 2011 年完成了股份制改造，注册资本 1000 万元人民币，是中国民族品牌中数家具有大功率电源研发与制造能力的国家高新技术企业、广东省民营科技企业之一。

自主创新能力是柏克在市场竞争中长盛不衰的不竭动力，也是柏克作为一个高端技术品牌的核心竞争力。柏克技术团队自成立以来，在技术开发及产业化领域实现了非凡的突破。柏克拥有 10 项发明创造专利和 36 项实用新型专利，参与了住房与城乡建设部《集中式 EPS 应急电源》行业标准的制定。柏克还与中国科学院广州能源研究所、东南大学、中山大学等建立了长期合作关系，有望实现柏克在新能源领域多项关键技术的重大突破及产业化发展的战略目标。2013 柏克荣获了广东省专利奖。

柏克的生产基地导入了先进的管理体系，五个大区服务中心和覆盖全国主要市县的完善服务网络全天候检测用户信息，并即时提供优质服务。柏克凭借自主创新技术、优异品质及优质服务，成功服务于武广高铁全线、京沪高铁全线、广州亚运会 80% 场馆、上海世博会法国馆、广州电视塔、阳江核电站、广州白云机场、海南文昌卫星发射基地、粤赣高速、中国大飞机项目、歼 20 飞机研发项目及国内其他诸多重大工程。柏克始终力求为客户提供高效、可靠、安全的先进技术和产品，产品广泛应用于钢铁、机械、冶金、石化、港口、石油和天然气、电力、银行等诸多领域，应对诸多能源与环境挑战。

柏克非常重视人力资源的科学化管理，建立了完善的、以培训为导向的人才队伍建设机制，是中国 UPS 行业为数不多的将培训导入公司日常管理的企业之一。柏克建立了“宽容、坚忍、进取、严谨、善学、感恩”的企业文化，并开创了电源行业第一本高端企业文化杂志——《大格局》，现已发行 21 期。稳定的团队结构、具有超强凝聚力的团队、开放的学习精神是柏克缔造卓越品质的基石。

主要产品介绍：

PEPS

高频在线式 UPS

CHP3000系列智能数字化UPS-800kVA
CHP3000系列智能数字化UPS-120kVA
Alphacoolt系列机房专用空调系统
BKH系列模块化UPS-200kVA
FEPS系列智能数字化EPS-100kVA

中大功率 UPS、EPS

柏克拥有 800kVA 以上大功率 UPS/EPS 生产能力，数字化控制技术及并机技术均居于行业领先水平。公司开发的节能型多功能 UPS 为行业首创，整机效率高达 98% 以上。柏克在全国自建营销网 65 家分（子）公司，致力于向用户提供最优品质的不间断电源、应急电源、稳压电源、变频电源、逆变电源、蓄电池、精密空调系统、智能配电、动力环境监控系统、光伏逆变器系统、移动基站电源等电源一体化产品及各种解决方案。柏克全线产品均严格按照国际标准生产，通过了 ISO9001、ISO14001、OHSAS18000、节能认证、泰尔认证等系列认证，品质优异。

16. 佛山市新光宏锐电源设备有限公司

金武士 KINGCHEVALIER

地址：广东省佛山市国家高新技术开发区禅城园区张槎街道塱沙路塱宝工业园西区三路 8 号 3 楼

邮编：528000

电话：0757-82236302

传真：0757-82305809

邮箱：sun@sunshineups.com

网址：www.sunshineups.cm

简介：

佛山市新光宏锐电源设备有限公司成立于 2002 年，制造基地设于广东省佛山市高新区禅城园区，系国家高新技术企业。新光宏锐一直致力于电源产品的设计、制造、销售和服务，为用户提供全面的电源解决方案。

10 多年来，新光宏锐生产的“金武士”电源系列产品为国内众多行业和用户提供了优质服务，产品线齐全。新光宏锐还着力打造核心供应链：变压器、电池等关键部件自行研发和生产，为“金武士”产品量身定做，确保产品质量精益求精。同时新光宏锐还招贤纳士，打造高效的管理团队、销售团队和研发团队，为公司的健康运营保驾护航。努力跻身于电源行业的第一方队，为客户提供最佳服务，是新光宏锐孜孜以求的企业梦。

新光宏锐秉承“有品质才有市场，有创新才有永续经营”的品质政策，赢得了客户的认可，公司已通过 ISO9001、ISO14001 认证，并引入先进的信息化管理系统，达到高效管理的目的。

新光宏锐坚信只有不断地创新，才能使企业持续健康地发展，才能长久地服务客户，实现共赢。公司研发团队实力雄厚，每年都会投入大量经费用于新产品的开发，2009 年“佛山市 UPS 电源与新能源工程技术研究开发中心”在新光宏锐成立。在不断充实自己研发实力的同时，新光宏锐也与国内外院校及科研机构开展了行业前沿的技术开发与合作。

新光宏锐研发成果丰硕，先后取得多项国家授权专利：计算机软件著作权、广东省自主创新产品以及广东省高新技术产品认定，顺利地完成了产品技术研究成果的转型。“REINFORCEMENT”技术作为新光宏锐的技术核心，应用于新光宏锐的自主研发产品，以其独特性和差异性在业界独树一帜。产品逐步通过中国节能认证、CE认证、TUV认证、泰尔认证等专业认证。

2009年公司被认定为国家高新科技企业、广东省民营科技企业；2012年公司当选为佛山市电源行业协会会长单位、佛山市禅城区高新区商会会长单位、中国电源学会常务理事单位。

主要产品介绍：

金武士ST系列高频在线式UPS

应用先进的DSP数字控制技术，装载了有源输入功率因数校正（PFC）技术、供电模式零切换、频率自适应等智能保护系统，有力确保关键设备电源的持续与稳定性，体积小巧，使用方便。

金武士TD系列工频在线式UPS

采用先进的全DSP数字化控制技术，实现了从模拟到数字化的跨越。严苛环境下经常出现的电网断电或电压过高或过低、电压瞬时低落或减幅振荡、高压脉冲、浪涌电压、谐波失真、杂波干扰、频率波动等状况可提供安全可靠的电源保障，结合高频机的成熟技术，进一步提升产品性能，同时提高了UPS的可靠性和稳定性，即使面对恶劣环境也能稳定运行。

17. 广东新昇电业科技股份有限公司

地址：广东省佛山市三水区乐平镇创新大道东5号

邮编：528137

电话：0757-87362222

传真：0757-87362828

邮箱：2668495124@qq.com

网址：www.fsnre.net

简介：

广东新昇电业科技股份有限公司创建于1994年11月8日，现坐落于佛山市三水工业园。公司厂房面积82700m^2，现有员工1000多人。公司主要产品有各类变压器、逆变器、电子变压器、LED驱动及灯饰灯具等。

2006年公司被评为广东省优秀企业；2008年又被评为广东省民营科技企业；2009年12月，公司获得“高新技术企业”称号，2012年通过复审；2010年5月，公司的测试中心获得了中国合格评定国家认可委员会颁发的实验室认可证书；2010年6月，公司获广东省科技厅、发改委、经信委等政府部门批准组建广东省绿色电子照明工程技术研究开发中心。为了全面提升企业管理水平，适应市场的需要，促进公司生产经营全面与国际接轨，公司先后通过了ISO9001：2008质量管理体系、ISO14001：2004环境管理体系认证以及GB/T28001：2001职业健康安全管理体系；产品通过了CQC、3C、TUV、VDE、UL、SGS、CE等国内外权威机构的安全认证。公司品牌“NRE”在国内外业界享有很高的声誉，已经申请欧盟、美国等国际商标注册。

2008～2013年，公司连续6年成为佛山市超1000万元的纳税企业。未来，公司将继续追求提高技术与注重细节的品质管理原则，保持并扩大在业界的领先地位，为国家和社会做出应有的贡献。

主要产品介绍：

公司通过自主创新，成功开发出环形变压器、EI变压器、电子变压器、LED驱动器、逆变变压器、LED灯饰等

六大类几十款产品，主要用于家用电器、专业舞台灯光音响、稳压电源及新能源领域等。公司的太阳能逆变变压器、直流电子变压器、新型节能灯产品获得了广东省高新技术产品认定。

18. 广州金升阳科技有限公司

MORNSUN®

地址： 广东省广州市萝岗区科学城科学大道中科汇发展中心科汇一街5号

邮编： 510000

电话： 020-38601850

传真： 020-38601272

邮箱： mornsun@mornsun.cn

网址： www.mornsun.cn

简介：

广州金升阳科技有限公司，成立于1998年7月。作为首批国家级高新技术企业，本着敢为人先的精神，历经15年的发展，公司注册资金达到6000万元，厂房面积24000平方米，申请200余项专利，员工1500余人。成为国内集生产、研发和销售为一体的规模最大、品种最全的工业模块电源的制造商之一。

金升阳人以稳健和踏实的经营作风，坚韧不拔、不屈不挠的开拓精神，图创百年企业之大策。矢志于磁电隔离技术和产品的研究与应用，创造了高品质的AC-DC及DC-DC模式电源、隔离变送器、IGBT驱动器、LED驱动器等系列产品，其中多个产品系列已经顺利通过了UL、CE、EN60601-1、UL60601-1、［Exia］IIC等认证。与此同时，金升阳公司在行业内率先通过了ISO9001：2008质量管理体系认证、TS16949汽车行业质量管理体系认证、ISO14001环境管理体系认证、OHSAS18001职业健康安全管理体系认证。

广州金升阳科技有限公司先后获得广州市“市级企业技术中心”认定，并通过“市级工程技术研发中心”立项，上榜福布斯2012中国最具潜力非上市公司100强榜单，AC/DC电源模块获自主创新奖和TOP-10电源产品奖（国内唯一），于2013年获得中国电源学会科学技术奖及2013中国好雇主。

主要产品介绍：

LI120 AC-DC模块电源

LI120是金升阳公司为客户最新提供的高性价比、标准导轨式安装、高效节能的AC-DC电源。产品的主要特点包括：

①宽输入电压范围：AC85～264V；

②低待机功耗、高效率、AC3kV安全隔离；

③低纹波、噪声；

④输入欠电压保护、输出短路、过电流、过电压保护，过温保护；

⑤优越的EMC特性，抗浪涌脉冲群可达4级；

⑥符合IEC61000、UL60950和IEC60950认证标准。

19. 合肥华耀电子工业有限公司

地址： 安徽省合肥市高新区天智路41号华电大厦

邮编： 230088

电话： 400-665-9997

传真： 0551-65324417-0

邮箱： sales@ecu.com.cn

网址： www.ecu.com.cn

简介：

合肥华耀电子工业有限公司（ECU ELECTRONICS INDUSTRIAL CO.，LTD.）成立于1992年，由中国电子科技集团公司第三十八研究所全资创办。合肥华耀（ECU）专注于电源类产品的研发、生产和销售，为国内知名国企电源品牌。

以国家节能低碳产业政策为引导，凭借多年的电源关键技术积累和勇于创新进取的高效团队，合肥华耀（ECU）已形成三大事业部、六大主营产品线、千余种规格电源产品的运营规模。依托38所资源平台及西安交大、南京航空航天大学的科研支持，合肥华耀（ECU）构建了业内领先的研发能力，公司已建成院士工作站、博士后工作站、省级企业技术中心等科研平台，已获得安徽省科技进步奖2项、9项省级新产品、10项高新技术产品，累计申请专利67项（其中发明类21项）。

合肥华耀（ECU）已通过ISO9001、ISO14001、OHSAS18001、GJB9001等多项体系认证和CQC、CB、UL、CSA、CE、TUV、KEMA等国内国际标准产品认证。成立20年以来，产品应用领域遍布电力通信、公共安全、新能源、医疗电子、航空航天、高能物理等行业。公司已与很多世界500强企业结成了良好的合作伙伴关系，将继续秉承“制造安全产品，驱动绿色世界”的企业使命，为全球客户提供全方位系统解决方案。

主要产品介绍：

导轨开关电源-EDA 系列

●高效率：效率高达 94%；

●高可靠：内置主动式抑制浪涌电流功能，时刻保护电源；

●高功率密度：超窄设计，实现小体积（最高功率密度达 5.8W/in^3），节省控制柜空间；

●高功率因数控制：减少对电网的干扰及输电过程中的无功损耗；

●高可用性：可实现并联冗余功能；

●三年质保。

PFC 开关电源-ESF 系列

●主动式 PFC 功能，自然散热；

●高功率密度：提高集成化设计，只相当于同规格通用产品 3/4 的体积；

●效率高达 92%；

●节能设计：待机功耗≤0.5W；

●人性化设计——内置遥控 ON/OFF 功能；

●三年质保。

LED 驱动电源-EWH 系列

●高效率；

●三合一调光、定时控制、电流可调功能可选；

●双极 PFC；

● IP67 或 IP65；

●五年质保。

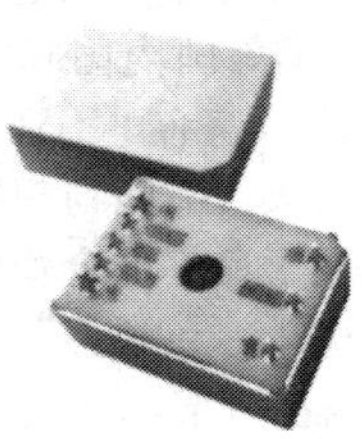

DC-DC 模块电源-1/16

●功率密度达到 110W/in^{3}ch；

●高效率；良好的热性能；

●电压调节范围：80% ~110% 标准输出电压；

●预偏置电压启动/输入过欠电压保护/输出过电流保护/输出过电压保护/过热保护；

●遥控开关机；

●隔离电压 DC2250V；尺寸：1.3in × 0.9in × 0.40in。

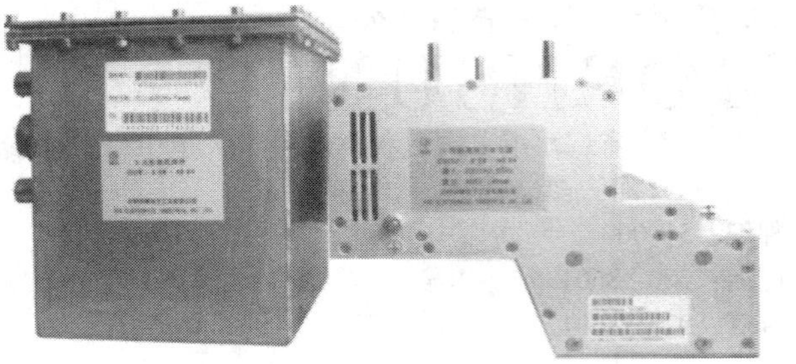

特种电源及元件-X 光机高压电源

●功率：4kW；电压：20 ~ 40kV；

●频率：40kHz；

●再现性变异系数：< 0.5%；输出纹波：≤4%；

●输出过冲值：≤4%；电流输出范围：0 ~ 140mA；

●最大曝光：600mAs，准确性：< 10%；曝光时间范围：最大 10s，准确性：< 10% ，再现性：< 5%；输入：220（1 ± 10%）V，单相 50/60Hz。满足 IEC60601-1，IEC60601-1-2 等级 B，IEC60601-1-2-45，GB9706.1-2007 等法规要求。

20. 河北先控捷联电源设备有限公司

先控电源

SICON EMI

地址：河北省石家庄高新区湘江道 319 号第 14、15 幢

邮编：050035

电话：0311-85903698

传真：0311-85903718

邮箱：dongmei. li@sicon.com.cn

网址：www.scupower.com www.sicon.com.cn

简介：

先控捷联电源设备有限公司是全球领先的数据中心供电系统设计和制造公司之一，目前公司销售中心设立在北京、研发中心位于深圳、生产中心建于石家庄，致力于协助客户建设安全、节能、美观和便于维护的数据中心供电系统。先控电源拥有一支一流的研究、设计、生产技术人员和服务团队，拥有世界前沿的电子技术、生产技术和完善的服务体系，能根据客户需求设计制造各类供电系统。公司是中国通信标准化协会全权会员；是中国核心数据机房供电系统产品最主要的设计者之一；是机房建设向模块化、集成化、环保化方向发展的主要推动者之一。

我们不断研究、开发新的产品，使产品不但在技术上始终领先，而且能不断满足客户新的需求，现已拥有全部产品的完整知识产权，具备 15 项专利证书。公司已全面通过了英国劳氏 ISO9001（国际标准化委员会）-2008 质量体系认证和 ISO14000 环境体系认证，产品从设计、生产、质量和售后服务已获该委员会认可。先控生产的模块化 UPS

还得到泰尔认证机构的认证证书、CE 认证证书及 CQC 节能认证证书，并且已通过 7、8、9 烈度抗震检验，产品的先进性、可靠性和适应性居于世界前列。

作为行业的领导者，先控始终关注、引导产品的发展方向，率先提出了产品"绿色、节能、环保"的新理念，即重视产品的"高效、节能、无污染"，并率先推出了新一代的模块化 UPS 电源系统。先控模块化 UPS 电源系统，采用业内领先的"模块休眠技术"及"内置分配技术"，大大提高了产品的节能环保效果，居同行业领先水平。

先控电源数十年来，为全球军事机构和特殊需求用户研制和生产了大量的电源设备，丰富的实践经验使其开发的系列产品在国际上久负盛名。本着为用户提供全面解决方案的宗旨，随时将最新科技用于设备制造，以满足用户不断变化的需求。为用户提供详细、周到、及时的专业咨询、方案设计、设备安装、售后服务等全方位的支持。先控电源为政府机关、军队、通信、电力、交通、广电、金融、税务、医院、石化、工矿等行业提供了大量的产品服务，为用户提供了安全可靠的电力保障和全面的技术支持。

先控捷联电源设备有限公司的产品不仅满足中国市场的需求，还出口到世界其他国家和地区，同时，我们也为世界其他知名厂商提供模块化 UPS 系统的特定设计和 OEM 服务。

"绿色、节能、环保"是先控电源追求的永恒目标，创新是公司发展的强大动力。先控电源将秉承可持续发展的科学理念，携手社会，共创人类"绿色、节能、环保"的美好家园。

主要产品介绍：

2014 最新 CMS 机组组合

ECMS36kVA-2. 177 模块化 UPS

IMS-120 模块化 UPS

先控模块化 UPS 产品的主要优势：

●产品种类最多、品种最全

有隔离型和非隔离型两大系列产品，单台模块容量有 3kVA、5kVA、6kVA、10kVA、15kVA、20kVA、40kVA 多种品种，系统容量从 3kVA ~ 640kVA 多种产品一应俱全。

●推广使用范围最广

现已成功应用于通信、电力、IT 行业、石油化工、公安国防、工商税务、交通、医疗、广播电视、工厂自动化控制等各个行业的领域。

●运行使用年限最长

2002 年即在行内率先推出了隔离型模块化 UPS 电源，2005 年又推出了非隔离型模块化 UPS 电源，2007 年成功研制出业内体积最小、效率最高、功率密度最大的 CMS 系列产品，并成功地推向市场。

●完善的服务体系

已在全国 27 个省市设立了办事处或维护中心，可及时向用户提供优质的产品售前、售后服务。

●国际优秀品牌

先控是一家专业制造 UPS 的公司，20 余年来，在中大功率 UPS 领域有许多成功案例，深受用户青睐，确立了先控国际品牌的地位，并在北京奥运会的比赛场馆、首都机场等多个项目中广泛应用。

21. 鸿宝电气集团股份有限公司

HOSSONI 鸿宝®

地址：浙江省乐清市柳市镇车站路 198 号

邮编：325604

电话： 0577-62762615
传真： 0577-62777738
邮箱： hongbaohui@163.com
网址： www.hossoni.com

简介：

鸿宝电气集团股份有限公司是电源领域专业从事研发、制造、销售、信息及服务为一体化的大型高新技术企业。公司拥有十六大专业分公司，300 多家专业协作厂，并在全国各地设有 500 余家销售公司和特约经销处。在国外设有 10 多家分公司和 50 多家销售代理。主要生产的产品有稳压电源、EPS 电源、UPS 电源、风力发电机、风光互补并网逆变系统、光伏供电系统、光伏控制器、LED 路灯、蓄电池、变频器、软起动器、充电器、逆变器、变压器、断路器、建筑电气等 50 多个系列，3000 多个品种的电源产品。是中国电源行业“龙头”企业之一。

鸿宝电气集团股份有限公司是中国电源学会常务理事单位，公司在同行业中率先通过 ISO9001 质量管理体系、ISO14001 环境管理体系认证、OHSAS18001 职业健康安全管理体系认证。所生产的产品先后获得国际 CE、CB、SEMKO、SASO 质量认证以及国内 CCC、CQC、信息产业部 TLC 等质量认证。产品连续被省、市评为“质量连续稳定产品”、“质量信得过产品”，“鸿宝”牌商标被评为“中国驰名商标”、“浙江出口名牌产品”，“鸿宝”牌 UPS 不间断电源荣获“产品质量国家免检”等多项荣誉。成为品质保证和优质服务体系的象征，在国内外赢得广泛的信誉和褒奖。多年来，公司连续被省、市人民政府评定为明星企业、出口创汇十强企业、重合同守信用企业、银行 AAA 信用业、百强纳税大户和质量管理先进企业。

一个对电源技术富有前瞻性理解，以完善的工艺和对产品质量的孜孜追求，不断推出各种优质产品的电源企业；一个致力于满足用户不断变化的需求，致力于服务用户、社会、员工，创造共赢价值，享有国内、国际市场良好形象的电源企业；始终坚持“以科技求发展，以质量求效益”，技术、制度、管理创新体系日臻完善的高科技数字化新鸿宝，正在跨越式发展的道路上向世界名牌挺进，逐步成为一个管理科学、技术先进、规模宏大、高效益的现代化名牌企业。

主要产品介绍：

PNS 光伏控制器

PNS 光伏控制器是我公司开发的一种绿色能源控制器，应用在太阳能光伏系统中，协调光伏板、蓄电池和负载的工作。采用微电脑和无触点控制，其具有完善的保护功能。在无电地区的光伏系统和道路绿色照明中得到广泛应用。

系统电压：12/24V（自适应），36/48V（自适应）；

控制电流：10/15/20/30/40/50A（最大值）；

电池类型：液体/胶体（内设置）；

负载控制：光感控制。

22. 华东微电子技术研究所

地址： 安徽省合肥市蜀山区高新合欢路 19 号
邮编： 230088
电话： 0551-65743712
传真： 0551-63637579
邮箱： info@cetc43.com.cn
网址： www.cetc43.com.cn

简介：

华东微电子技术研究所创建于 1968 年，是我国最早从事微电子技术研究的国家一类研究所，也是我国唯一定位于混合微电子的专业研究所。该所数十年如一日，致力于混合集成电路（HIC）及相关产品的研制与生产，为电子信息系统提供小型化解决方案，先后主持制定了《混合集成电路通用规范》等 30 余项国家及行业通用规范和标准，已成为我国高端混合集成电路领域的领军者，为推动国内混合集成电路行业的发展做出了贡献。

该所坐落于合肥市，下辖东、西两区，占地 170 亩，固定资产 5 亿元。在册员工 1250 人，本、硕学历以上人员超过 50%。5 名国家级专家，67 名集团公司级专家，160 余名高级技术人员引领着我国高端混合集成电路领域。

2002 年，华东微电子技术研究所的研发制造体系同时通过了 ISO9001-2000 及 GJB9001A-2001 认证。近年来，该所不仅建成了国内唯一一条宇航混合集成电路研制线，还拥有国内领先的多芯片组件（MCM）、厚膜混合集成电路、薄膜混合集成电路以及金属封装外壳研制等 4 条生产线，并设有 EDA 设计、可靠性研究与检测、技术情报和标准化 4 个中心。其中，厚膜、薄膜及金属外壳生产线均通过国军标认证；可靠性研究与检测中心也于 2010 年通过国家认可，作为“军用混合集成电路及电子元器件检测实验室”正式成为国家注册认证实验室。

多年来，华东微电子技术研究所始终牢记“国家利益高于一切”这一使命，以提高产品质量和技术水平为己任，为国家提供了大量高可靠精品：功率电路（DC-DC、AC-DC、DC-AC、EMI 滤波器、脉宽调制放大器）、转换器电路（SDC-RDC、DRC-DSC、F-V 变换）、精密电路（电压基准源、精密恒流源）、信号处理电路、放大器电路、专用混合集成电路和多芯片组件等，已广泛应用于航空、航天、船舶、电子、通信、雷达、兵器等高可靠电子设备及工业领域。在“长征”系列火箭、“神舟”系列飞船、“天宫”

飞行器、“飞天”宇航服等百余项国家重点工程研制生产任务中，部分产品和技术已接近或达到国际先进水平，并荣获百余项省部级以上科技奖项。

该研究所除了5个事业部外，还拥有3个全资子公司——合肥恒力/合肥圣达/深圳华微元能，在新材料、新能源、LED绿色照明、光电通信、新能源汽车等领域开拓进取，获得国内外市场认可，产品出口欧美日韩等20多个国家和地区。

“十二五”期间，我所将秉承“创新发展、开放发展、和谐发展”理念，加强科技创新步伐，培育发展新型产业，实现“强人才、强科技、强产业、强经济”目标，为我国高新技术持续发展做出贡献。

主要产品介绍：

DC-DC电源模块

华东微电子技术研究所是我国唯一定位于混合集成微电子的国家一类研究所，目前拥有年产20万只DC-DC电源模块的H级国军标生产线，国内唯一的宇航混合集成电路研制线，和正在建设中的全球领先的混合集成电路自动化生产线。电源产品的类别包括四大主导方向，具体产品系列及特点包括：

空间电源系列：总剂量指标：≥200krad（si）；

单粒子指标：≥75Mev. cm^2/mg；

抗浪涌电源系列：满足80V，1s的浪涌电压要求，80V/50ms、8V/50ms浪涌电压维持模块；

常规电源系列：2～200W全系列产品覆盖；

可以与国外对标公司产品实现插拔式互换；

自主大功率电源系列：100～150W大功率输出、高功率密度；

数字化控制及并联使用功能。

23. 深圳华德电子有限公司

WATT

地址： 广东省深圳市南山区南海大道兴华大厦五栋A座6楼

邮编： 518066

电话： 0755-26693168

传真： 0755-26693918

邮箱： wangg@watt.com.cn

网址： www.watt.com.cn

简介：

深圳华德电子有限公司建立于1987年，是随经济特区共同发展成长的专业电源技术公司。

公司注重高端电源产品及技术的开发研究，已成规模的电源产品涵盖了数据通信、医疗设备、工业设备、测量仪器、汽车及工程机械动力控制系统、高端计算机及服务器、民用航空飞行器等领域。

在不断发展和完善产品研发及销售平台的基础上，公司积极地引进国内外先进技术和专利技术，采取自主设计、定制、合作开发等灵活的方式，为全球的客户提供最佳的解决方案、高可靠产品及优质服务。

公司不断强化企业的现代化管理水准和体系建设，重视人才，重视质量。以自动化的生产能力和先进的生产工艺使产品品质得到有效的保证。

主要产品介绍：

2in×4in160W系列电源模块

WP2162R系列PCB敞开型单通道电源模块

尺寸：2in×4in×1.3in（51cm×101cm×33cm）；
输入电压：90～264V/47～64Hz；
额定输出功率：160W；
直流输出电压：12V，24V，48V可选；
另附12V/1A风扇通道；整机效率大于90%；具有输出过电流和过电压保护；
安规符合IEC60601/IEC60950；
EMC传导符合EN55022ClassB。

3in×5in360W系列 电源模块

WP3362R系列PCB敞开型单通道电源模块
尺寸：3in×5in×1.3in（76cm×127cm×33cm）；
输入电压：90～264V/47～64Hz；
额定输出功率：360W；
直流输出电压：12V、24V、48V可选；
另附12V/1A风扇通道；整机效率大于90%；具有输出过电流和过电压保护；
安规符合IEC60601/IEC60950；
EMC传导符合EN55022 ClassB。

24. 深圳科士达科技股份有限公司

KSTAR科士达

地址：广东省深圳市南山区高新中区科技中二路软件园1栋4楼
邮编：518057
电话：0755-86169858
传真：0755-86168482
邮箱：yanhu@kstar.com.cn
网址：www.kstar.com.cn

简介：

【综合介绍】

深圳科士达科技股份有限公司（股票代码：002518）成立于1993年，国家火炬计划重点高新技术企业，中国大陆本土UPS产业领导者、数据中心关键基础设施整体解决方案提供商、中国领先的太阳能光伏逆变器系统解决方案提供商，致力于数据中心关键基础设施产品线（UPS、精密空调、精密配电、蓄电池、网络服务器机柜、动力环境监控等）和太阳能光伏发电系统产品（光伏逆变器、智能汇流箱、防逆流箱、直流配电柜、太阳能深循环蓄电池、监控等）的研发、制造及一体化解决方案应用，为包括中国在内的全球90多个国家和地区提供优质产品及全方位服务，以创新动力不断引领行业发展。

【市场业绩】

根据中国电子信息产业发展研究院赛迪顾问（CCID）统计，2000年起科士达国内UPS销量市场占有率稳居国产品牌第一位。

根据国家商务部研究院快睿咨询（ChinaQuery）《中国UPS配套铅酸电池产品市场报告》统计，科士达在中国UPS配套阀控式密封铅酸蓄电池市场上，市场占有率居本土品牌第一。

科士达是中央国家机关、国家教育部、国家税务总局、国家气象总局、国家广电总局、国家海关总署、解放军总参、中国电信、中国移动、中国联通、中国石化、中国石油、中国银行、中国工商银行、中国农业银行、中国建设银行、中国人寿等众多大型行业机构产品选型入围供应商。为国家三峡工程、青藏铁路、西气东输工程、2008北京奥运会、2010年上海世博会等在内的一大批国家重点工程提供高可靠电力保护，全力护航中国信息化建设事业。

【资质认证】

科士达公司通过ISO9001国际质量体系认证、ISO14001国际环境体系认证、OHSAS18001职业健康安全管理体系认证、IECQ QC080000有害物质过程管理体系认证。产品取得泰尔认证、CCC认证、节能认证、生产许可证、欧洲CE认证、美国UL认证、TUV认证、澳洲SAA认证、意大利ENEL、英国G83/1、法国BV认证、金太阳认证、国家电网零地电压穿越认证等多项国内外产品质量/安规认证，是业内认证最为齐全的全线产品供应商之一。

【服务体系】

科士达在业内率先建立起“全国客户服务中心—大区技术支持中心—省区服务中心—地市服务站”为架构的覆盖广泛、布局合理、贴近用户的多级服务体系，可为用户提供基于快速响应特性的全方位现场和远程技术服务，在全国性区域分布的行业系统大型重点工程服务方面，拥有丰富成熟经验、确保用户关键应用系统可靠运行。

【研发与创新】

科士达公司自成立以来，始终坚持“市场导向+技术驱动”的技术开发方向，于2000年在原有技术开发部基础上组建了科士达研发中心，目前研发中心有300余位专业研发技术工程师，拥有业界领先的专业试验室，已取得100多项国家专利（其中核心技术发明专利30余项），参与20多项国家和行业标准起草/参与修订，是国内电源和数据中心关键基础设施行业标杆性企业级研发中心。

【发展规划】

自2005年起，科士达开始在全球92个主要国家和地区注册KSTAR商标，不断加大海外营销服务网络建设力度，加速布局全球营销网络体系，致力通过技术创新和品牌全球化运营，迈进全球领先的数据中心关键基础设施和新能源电力转换领域产业链领先供应商之列，成长为电力电子行业领域具有全球产业影响力的世界级企业。

主要产品介绍：

科士达光伏逆变器产品线

科士达数据中心关键基础设施产品线

25. 深圳索瑞德电子有限公司

地址：深圳市宝安区松岗潭头西部工业区 B22 栋
邮编：518105
电话：0755-81495850
传真：0755-81495855
邮箱：15818635356@139.com
网址：www.soroups.com

简介：

索瑞德是高新技术企业，公司总部设在深圳，在南宁、北京、新疆、长沙、西安、上海、成都成立办事处/省区售后服务中心。公司内部机构包括：总经理办公室、技术开发部、原料采供部、品质保证部、工程部、产品部、售前技术部、客户服务部、国内销售部、市场部、财务部、人力资源部、国际业务部。

公司共计员工 310 人，厂房面积达 15408.66 平方米，注册资金 5010 万元。深圳索瑞德电子有限公司在国内电源产品及技术解决方案等领域占据领先地位，公司产品已达到国内、国际同类产品的领先水平。公司率先通过了 ISO9001、ISO14001、OHSM18000 体系认证，并且建立了完整的质量监控体系，从产品的来料、加工、组装到测试等重要环节严格监控。产品均通过泰尔认证、节能认证、CE 认证，UL 认证。公司产品应用于全国各地的政府部门、并应用到金融、通信、交通、电力、工业控制、军事、医疗等重要领域，同时出口到欧洲、北美、南美、非洲、中东、西亚、东南亚、澳洲等市场区域。

深圳索瑞德电子有限公司作为通信行业的设备供应商，消化吸收国内先进的通信电子信息技术，投入大量的研发经费并对产品的应用技术领域进行不断优化，完全贴近通信用电的需求，并可进行个性化设备设计生产，满足通信用电不同场合对 UPS 系统的要求。另外索瑞德公司一系列的对源材料来料的管控及生产制成过程中的管控及相对完善的售后服务措施保障索瑞德出厂的设备质量可靠稳定，用户无后顾之忧。

索瑞德室外 UPS 系统均通过第三方权威质量监督检测中心的检验。至今已广泛应用在广东移动、河北移动、济南联通、青岛联通、西安联通以及其他行业用户，深受用户的赞誉。

经过多年的积累，索瑞德拥有一支经验丰富、不断创新的高素质科研开发队伍和勇于拼搏、开拓进取的营销队伍以及专业、成熟、高效的技术支持工程师服务队伍，不断在电源领域刷新成绩。今后，索瑞德将一如既往地坚持“技术领先、品质优良、服务到位”的经营理念，努力实现“电源领域世界级企业”的长远目标！

主要产品介绍：

HP9115

第五代新户外机 S

索瑞德室外一体化通信电源是专门为无线通信系统的户外微蜂窝基站而设计的高性能综合型户外在线式不间断电源系统，具有很高的技术先进性和实用性。

特点与优点：

提供纯净的不间断的交流正弦波电源；

双转换在线设计、耐高温、抗严寒、密封等级为 IP55；

具有宽输入电压范围、输入频率窗口；

具有智能型无人值守功能；

环境适应性强。

26. 石家庄通合电子科技股份有限公司

TonHe

地址： 河北省石家庄市高新区湘江道 319 号天山科技工业园 12 号楼

邮编： 050035

电话： 0311-86967416

传真： 0311-86080936

邮箱： thdz@sjzthdz.com

网址： www.sjzthdz.com

简介：

石家庄通合电子科技股份有限公司是一家致力于电力电子功率变换技术创新，以高频功率变换及相关电子产品研发、生产、销售、服务于一体，为客户提供系统能源解决方案的国家级高新技术企业。公司成立于 1998 年，历经 10 多年的发展，公司已开发出了多个系列百余种产品，涉及电力、高速列车、通信、广播电视、消防及火灾报警、电动汽车充电厂站、风能、太阳能发电并网技术、船舶、军工等多个领域。销售网络遍及全国 30 多个省市自治区，拥有合作客户 600 余家，部分产品远销海外。领先的技术优势，可靠的质量保证和卓越的服务品质得到了国内外客户的一致好评。

作为一家秉持“技术立企”的创新型企业，我公司一直专注于前沿技术发展平台，在功率变换技术领域拥有多项国家专利技术，特别是“谐振电压控制型功率变换器”技术被专家评为国际先进水平，是国内率先实现功率变换全程软开关的电力电子企业。

我公司注重将现代科技融入企业技术生产经营全过程，把市场、设计、制造、管理等整个生产经营过程视为整体，推行数字化管理，利用计算机信息技术改造生产、销售、管理各环节，引进 ERP 管理系统实现信息集成，优化决策管理能力，提高企业的市场应变能力和竞争力。

随着绿色能源和低碳经济的兴起，我公司已在新能源领域上取得了重大突破，电动汽车充换电系统、车载充电设备等领域已经投产并取得不错的经济效益，在国家支持的光伏逆变上网系统的研发已进入投产阶段，为公司开辟了新的利润增长点。

主要产品介绍：

高频开关电源

我公司自主研发的 TH 系列智能型高频开关电源，具有“四遥”功能的高频开关电源，模块采用世界领先的“谐振电压型双环控制的谐振开关电源技术”，具有体积小、重量轻、效率高、可靠性高等优点。产品包括 220V 和 110V 两大系列，十几个品种，配有标准 RS-485 接口，易于与自动化系统对接。

THJK004G－3S

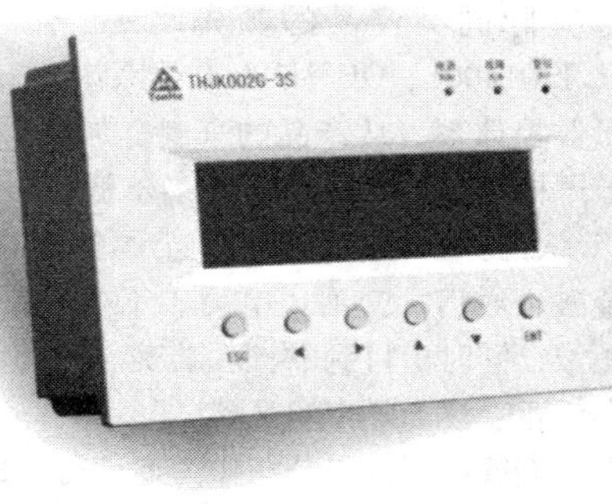

监控类产品

我公司开发的电力监控系统充分考虑到了电力系统应用的多样性，监控主机与底层数据采集单元采用了模块化设计思想，主机与底层模块可以自由组合。所有底层模块外形尺寸一致，便于安装。监控主机包括THJK001G-3S、THJK002G-3S、THJK004G-3S。底层模块包括综合测量模块、电池巡检模块、开关量模块、绝缘检测模块。

27. 温州现代集团有限公司

MODERN

电能质量优化专家

地址： 浙江省温州市鹿城区金丝桥路20号

邮编： 325000

电话： 0577-88823874

传真： 0577-88838732

邮箱： modern@wz. zj. cn

网址： www.wzmodern.com

简介：

温州现代集团有限公司坐落于中国民营经济发源地——温州，是由原创办于1979年的温州市精密电子仪器厂经公司化改制，于1994年组建成立了温州现代集团有限公司，下辖温州现代电力成套设备有限公司、温州现代电器制造有限公司、上海华陶电器有限公司、苏州现代电工仪器有限公司等几个全资分公司。

我公司是电能质量产品（谐波治理/滤波补偿装置、稳压（节电）电源/变频电源、干式变压器/电抗器等电能质量综合治理产品）的开发、设计和生产制造专业厂家，JB/T7620-1994标准起草单位，ISO9001：2008质量体系认证，信息产业部通信设备进网许可认证，美国通用电气（GE）公司中国地区稳压电源唯一供应商，美国EMERSON公司稳压电源OEM商，航天科技集团环境试验认证，军用抗干扰电源定点生产厂家，是浙江省区外高新技术企业。

公司产品已广泛应用于冶金、通信、国防军工、医疗设备、大型数据中心、精密仪器、实验室、广播电视、楼宇电梯、数控机床、生产流水线、交通设施、金融、教育、工矿企业等国民经济各个领域。所提供的优质设备和完善的售后服务得到了用户的一致好评。如为中央电视发射台进口全固态发射机和405米的高层电梯配套的专用稳压电源及为国防部潜水艇、导弹发射系统配套的CVT抗干扰电源都是由我公司设计制造的。

公司的销售网络覆盖全国，并出口美国、欧洲、非洲、中东、东南亚等国家与地区。“以质量求生存，以创新求发展，提高管理水平，满足顾客需求”是公司的质量方针，我公司愿诚交国内外客商，互利互惠共创辉煌业绩。

主要产品介绍：

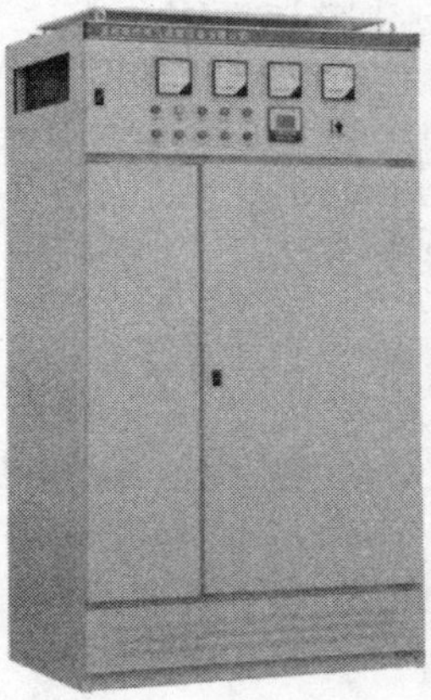

LBF滤波节电柜

主要针对直流轧机主要由6脉整流或12脉整流，产生的特征谐波次数为6K±1或12K±1，主要为5、7、11、13、17次等谐波。本公司LBF滤波节电柜 既可提高功率因数，又能抑制谐波，使系统运行稳定，节能效果明显。

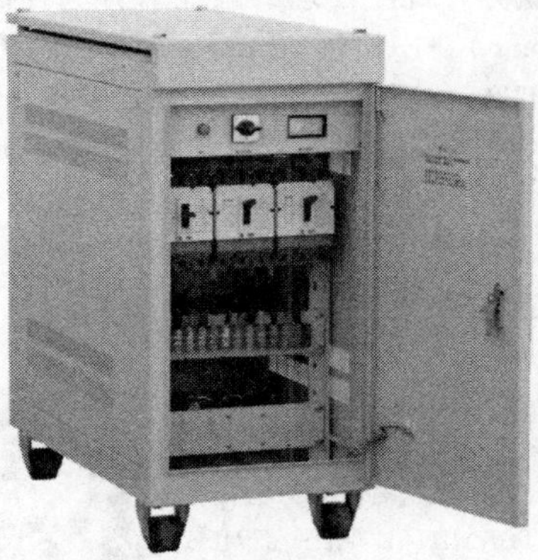

DFC-CW零线电流消除器

大型场所由于大量使用节能照明灯具、计算机、变频空调、UPS、EPS等负载，在节能的同时会产生大量的三次谐波，本公司开发生产的零线电流消除器是解决各行业电气设备在零线电流过大引起的设备故障和安全隐患的高科技产品。

SJD-Z 智能化照明稳压节电柜

本公司开发生产的新型智能化照明稳压节电柜是根据照明的特性而设计的理想节电产品，大大地减少了照明系统的维护费用。节电率均达 15% ~25% 以上，节电效果显著，一次投资长期受益。

28. 厦门信和达新能源有限公司

HOLDER

地址： 福建省厦门市思明区台东路 155 号 8 层 802C 单元

邮编： 361008

电话： 0592-5901860

传真： 0592-5996716

网址： www.xmholder.com

简介：

厦门信和达新能源有限公司，从事电子元器件的专业代理与销售业务。目前代理的产品有：电容器（KEMET、AVX、Panasonic）、连接器（Amphenol）、保护器件（DEHN、SCHALTBAU）等。信和达新能源专注于风电、太阳能、电动车、轨道交通、工业自动化控制等领域，提供专业的技术支持及产品配套能力，致力成为客户可以信赖的合作伙伴。

主要产品介绍：

BHC

适合 PCB 安装，低 ESR 和 ESL，纹波电流高。

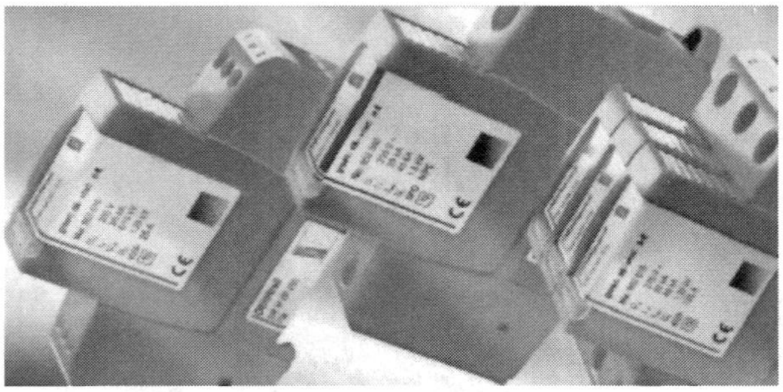

DEHN

1. 沿面放电火花间隙，高泄放能力；
2. RADAXFLOW 续流抑制能力，保证系统可靠；
3. 使用模块释放按钮，无需工具更换保护模块；
4. 红/绿色视窗，实时指示工作状态/故障状态；
5. 动态热脱扣 SPD 监测装置，安全性高；
6. 通过冲击和震动测试，依据 EN60068-2。

RTHP系列
RTHP SERIES

安费诺

1. 参考美军标 MIL-C-24682 系列 I 型设计，卡扣式锁紧方式；
2. 全金属外壳以及金属夹线式尾部附件达到良好的屏蔽能力；
3. 防护等级为 IP67；
4. 5 种不同的防呆键位；
5. 采用 Amphenol RADSOKOR® 技术的端子；
6. 4 种不同的电流等级产品。

29. 浙江科达磁电有限公司

KDM®
MAGNETIC POWDER CORES

地址： 浙江省德清县武康镇曲园北路 525 号

邮编： 313200

电话： 0572-8085881 8085882

传真： 0572-8085880

邮箱： kda@kda. com. cn

网址： www.kdm-mag.com

简介：

浙江科达磁电有限公司（KDM）成立于 2000 年 9 月，位于杭州北郊，离上海 150 公里，占地面积 40000 平方米，是中国最具规模的软磁金属磁粉心制造商，也是国家高新技术企业。

公司通过了 ISO9001：2008 和 ISO14001：2004 体系认证，所有产品均符合欧盟 RoHS 规范。目前公司年产能 5 亿只金属磁粉心，主要产品有：铁硅铝磁粉心（Sendust Cores）、硅铁磁粉心（Si-Fe Cores）、铁硅镍磁粉心（Neu Flux Cores）、铁镍磁粉心（High Flux Cores）、铁镍钼磁粉心（MPP Cores）、铁粉心（Iron Powder Cores）及纳米晶磁粉心（Nanodust Cores）等。产品主要应用于高效率电源、太阳能、风能、新能源汽车等领域。

主要产品介绍：

铁硅铝磁粉心

铁硅铝磁粉心是由 6% Al，9% Si，85% Fe 构成，是目前应用最广泛，产品性价比最高的金属磁粉芯产品。产品具有较高的饱和磁通密度，且磁致伸缩接近零，在不同的频率下工作时无噪声产生，主要应用于交流电感，输出电感，功率因数电感等。

硅铁磁心

硅铁磁心是由 6% Si 和 94% Fe 合金粉末制成。饱和磁感应强度在 16000Gs 左右，磁导率 14～90；硅铁磁心是一种名副其实的高温材料，不存在热老化问题，具有优异的直流偏置性能；硅铁磁心拥有很好的温度稳定性和高能量储存能力。主要应用于大电流电抗器，PFC 电路等。

理 事 单 位

30. 北京泛华恒兴科技有限公司

泛华测控 PANSINO　泛华恒兴 PANSINO SOLUTIONS

地址：北京市海淀区西小口路 66 号东升科技园 A4 楼

邮编：100192

电话：010-82156688

传真：010-82156006

网址：www.pansino-solutions.com

简介：

北京泛华恒兴科技有限公司（以下简称“泛华恒兴”）在 2010 年 9 月成立于北京，以“柔性测试”技术为支撑，致力于测试测量领域，专业为用户提供生产过程的测试测量解决方案和成套检测设备。泛华恒兴是通过认定的“高新技术企业”，拥有多项自主知识产权（包括：发明专利、实用新型专利、外观设计专利、计算机软件著作权、注册商标权等），围绕着帮助用户完成更精准、更高要求的测试测量任务，泛华恒兴提供专业和完善的测控产品开发、销售、集成、校准和培训服务，为客户提供本地化支持。

主要产品介绍：

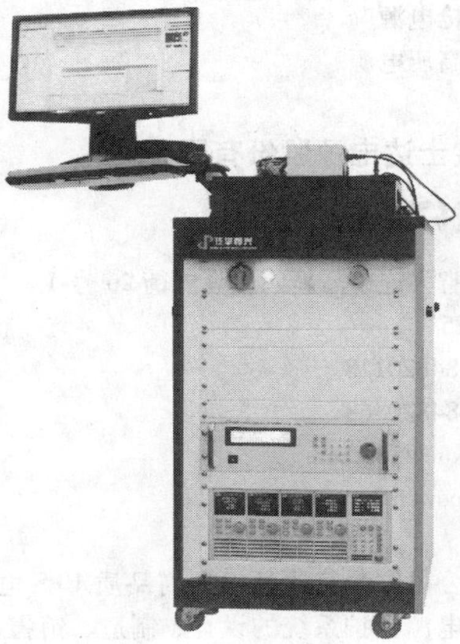

电源自动化测试台

模块化的硬件架构能够提供灵活多变的硬件组合，平台化软件结合专业工具包，适用于研究开发人员产品设计优化、质量部门质量验证、生产线大量终检测试等多个领域。

31. 北京新创四方电子有限公司

CSF® TransFar　BingZi®

地址：北京市朝阳区酒仙桥北路甲 10 号 201 号楼 C3

邮编：100015

电话：010-57589018

传真：010-80115555-405362

邮箱：bingzi@bingzi.com

网址：www.bingzi.com

简介：

北京新创四方电子有限公司是一家专业致力于各类小型精密电磁器件、精密电压、电流传感器以及新能源电抗器和特种变压器的高新技术企业，公司位于北京市朝阳区中关村电子城 IT 产业园，集开发、生产和销售及配套为一体，拥有“BingZi 兵字”和“TransFar 创四方”两大自有品牌，产品覆盖全国并远销海外。公司自从 1992 年诞生中国第一款全封闭式变压器以来，产品品种和业务规模得到快速的发展，今天“BingZi 兵字”已成为业界知名品牌。公司投资兴建的占地面积 60 余亩（40000 平方米），建筑面积 12000 平方米的福建生产基地一期工程已建成投产，二期工程 4000 平方米的厂房已落成竣工，公司将以崭新的风貌展现在广大客户面前。公司系中国电源学会理事单位，中国电子商会电源专业委员会暨北京电源行业协会常务理事单位，北京福建企业总商会常务副会长单位，ISO9001-2008 质量体系认证单位，中国电子行业用户满意企业、用户满意产品单位。

经过多年的发展，公司汇聚了一批高素质的专业技术人才，在各类产品上都能实现有针对性的专业性设计和高品质制造。所有产品都具有结构布局合理、隔离耐压高、散热好、环境适应能力强等显著优点，可广泛应用于工业控制系统、电力电子装置、智能仪器仪表、通用电器设备以及光伏、铁路、电力等不同行业复杂的使用环境中。

我公司的设计将以市场需求为导向，不断创新，关注客户并努力为客户创造价值，与业界同仁携手并进，共同为电子元器件市场和电力电子行业的繁荣与发展做出应有的贡献。

主要产品介绍：

BingZi 兵字灌封变压器

BingZi 兵字灌封变压器最大特点是电磁特性指标好，输入过电压能力高（高至 +25% 即可达 275V），环境适应范围宽，安全性能好，绕组间抗电强度承受 50Hz 3750V 有效值/1 分钟，内部安装有温度保护器，即使在变压器负载出现短路的恶劣情况下，也能有效切断电源，防止设备烧坏，是生产工业级设备和军用级产品客户的最佳配套选择。

32. 成都金创立科技有限责任公司

地址：四川省成都市新都区斑竹园镇鸦雀口社区
邮编：610506
电话：028-83988111 13658068539
传真：028-83989066
邮箱：jcl. cdjcl@163.com
网址：www.cdjcl.com

简介：

成都金创立科技有限责任公司是一家以等离子技术产业化推广为目标的高科技公司。公司依托大型科研院校和控股企业、科研开发能力强、技术积累深厚。通过几年的努力，全面掌握了“等离子体发生器技术”及大功率脉冲电源技术。在环保领域实施“电弧等离子体技术应用开发”为专项的高科技项目、高压静电除尘专用电源及控制技术：在材料表面改性领域实施真空镀膜电源技术、等离子表面处理专用电源技术、形成了一定的研发能力和生产能力。

公司现有环保、物理、材料、机械、真空、电气、电子等学科各类技术人员多人。专业从事低温等离子体技术应用、材料表面改性处理技术设备、大功率开关电源和专用脉冲电源研究生产型高科技企业。

公司成功开发生产大功率开关电源和专用脉冲电源、高压电源、工业生产用微弧氧化设备、等离子抛光技术和成套表面处理设备。可根据用户对材料表面处理的需求，提供整套解决方案或研制非标设备。

公司遵从平等互利、友好合作、坚持服务至上、信誉第一的宗旨，竭诚为科技界、实业界提供技术产品和各种形式的技术服务和合作。

主要产品介绍：

镀膜电源系列及等离子体系列产品

1. 镀膜电源系列

● 直流磁控溅射电源
● 单极脉冲磁控溅射电源
● 双极脉冲磁控溅射电源
● 非对称双极脉冲磁控溅射电源
● 全数字大功率中频溅射电源
● 直流偏压电源
● 单极脉冲偏压电源
● 双极脉冲偏压电源
● 直流叠加脉冲偏压电源
● 高功率镀膜电源

2. 等离子体系列

● 等离子体发生器（电弧炬）电源
● 微弧氧化电源
● 等离子体电浆抛光电源
● 电子枪电源
● 直流高压电源

33. 大连宝士达电源股份有限公司

地址：辽宁省大连市高新园区高能街 26 号-1
邮编：116025
电话：0411-84820118
传真：0411-84820868
邮箱：dlyaoxue@163.com
网址：www.powerstarups.com

简介：

宝士达公司作为行业领先的高品质 UPS 电源生产商，长期致力于电源保护系统的设计、制造、销售及服务，为客户提供可靠的电源系统解决方案。

宝士达公司坚持高技术与高可靠并重的原则，始终倡导引入绿色节能环保理念来开发未来的UPS产品，宝士达公司生产的UPS电源容量从500VA～1200kVA，分别为FREE、HR、GP、HPOWER、EPOWER、SPOWER、MP等多种系列，可实现单机运行、冗余并联、多机并联、模块化系统等。宝士达公司的产品已广泛应用于军事、宇航、电信、医疗、金融、证券、科研、制造业、商业、传播等领域。

宝士达公司始终把为用户提供优质、迅速的服务作为一种不懈的追求，并以其完善的技术服务网络系统，为用户提升价值！

34. 佛山市众盈电子有限公司

地址：广东省佛山市张槎一路华南电源创新科技园北区2座
邮编：528000
电话：0757-82962331
传真：0757-82021699
网址：www.svcpower.com.cn

简介：

佛山市众盈电子有限公司建立于2002年，现有生产场地16000平方米，企业员工规模400多人，配置3套全自动贴片线；10多套自动插件设备；ICT线路板测试设备；ATE整机自动测试中心；老化车间等为所有产品保驾护航，我们力求出品精良，精益求精。

非凡十年，专注研发，高效生产。众盈公司已经从一间专业生产后备式UPS的工厂蜕变成一家集中、小功率后备式UPS，中、大功率在线式UPS以及家用逆变器、太阳能逆变器、稳压器等多样化电源产品的企业，并逐步向生活类电源产品方向迈进。打造节能环保产品是众盈公司的发展方向。我们在积极推广自身产品的同时，也为全球客人提供优质的OEM服务。我们为客人提供高质量的产品和极具竞争力的价格。因此，我们赢得了客人的信任和持续的订单。

“诚信、负责”是我们获得持续良好口碑的基石，我们欢迎各界朋友加入众盈的行列，共同推动民族品牌的建设，为我们的幸福生活添砖加瓦，无论是合作还是意见，我们需要您们！

主要产品介绍：

GP33系列UPS电源

GP33系列采用了在线双向转换结构，逆变基于IGBT，输出为由高频PWM逆变器产生的正弦波。本产品适用于中小型数据中心、网络管理中心、企业服务器机房等，对电压瞬时跌落或减幅震荡，高压脉冲、电压波动、浪涌电压、谐波失真、频率波动等状况可提供良好的解决方案；可扩展电源/与另一相同容量及品牌的UPS并联/强制通风冗余/免疫相旋转输入/双输入型输入（可选择），为用户的负载提供安全可靠的电源保障。

35. 广东创电科技有限公司

地址：广东省佛山市南海区桂城街道瀚天科技城A7
邮编：528200
电话：0757-86766266 82766288
传真：0757-86766800
邮箱：sales@chadi.com.cn
网址：www.ups-chadi.com

简介：

广东创电科技有限公司成立于1997年，位于佛山市南海区现代都市型产业基地瀚天科技城，是国内较早从事电源系统设备研制和工程服务的专业厂家。公司现有员工200余人，其中技术人员70余名（高级职称6人，中级职称近40人），生产一线具有熟练技工近130名。公司于2000年全面通过了德国泰尔认证和ISO 9001质量管理体系认证，2005年被认定为广东省“高新技术企业”，2010被认定为国家级“高新技术企业”。2006年认定为“广东省民营科技企业”；2008年被认定为南海区“雄鹰计划重点扶持企业”。2011年公司进入南海区企业上市后备企业库，同年，公司被批准设立“南海区逆变电源工程技术研究开发中心”，2013年公司被核准组建“佛山市智能控制电源工程技术研究开发中心”。2012年3月，公司被认定为南海区“选种育苗行动重点扶持企业”，2013年5月被认定为“佛山市南海区2012年度科技型企业”。公司目前拥有发明及实用新型专利10余项，公司的“基于先进控制技术的大功率UPS及并机系统”项目获得2012年佛山市科技进步二等奖。

公司主营为1～500kVA不间断电源（UPS）、应急电源（EPS）、地铁信号交通直流系统、LED灯具、LED驱动电源以及电源监控相关产品。公司为华南理工大学电子与信息学院研究生培养基地，在大功率UPS电源和LED驱动电源关键技术上研发投入大，产品拥有自主知识产权，技术含量较高。在全国有6个销售服务中心（或分公司），主要客户群有军队、公安、社保、银行、地铁、油田、医院、市政工程以及大型商场或超市等。

主要产品介绍：

CDD60KL/32 电源柜

公司的主要产品系列如下：

1. 1～15kVA CDP 系列单进单出不间断电源；
2. 7.5～40kVA CDT 系列三进单出不间断电源；
3. 10～500kVA CDD 系列三进三出不间断电源；
4. 2～15kVA WMP 系列电力专用不间断电源；
5. 20～500kVA CDM 系列 EPS 应急电源；
6. 1～20kVA CDH 系列高频不间断电源；
7. 1～300VA LED 驱动电源；
8. 全系列 LED 灯管、路灯、筒灯、球泡灯、投光灯及工矿灯等。

36. 广东意壳电子科技有限公司

EACO

地址： 广东省佛山市顺德区容桂容里天富来国际工业城三期四座 401

邮编： 528305

电话： 0757-22301650

传真： 0757-22301658

邮箱： ren. tong@eaco.com

网址： www.eaco.com

简介：

EACO 专注于电力电子电容，一直走在工业应用的金属化薄膜电容器领域的最前沿，专注于电力电子电容器的设计与制造。2007 年起，中国大陆市场已是 EACO 定位的主要市场，在中国大陆投资开设了工厂，投入更多的技术和销售支持，与中国的电力电子行业共同进步。

EACO 电容的标准品涵盖了广泛的系列。强大的开发设计能力、快速的交货方式、具有竞争力的价格，为电力电子行业的产品设计工程师提供灵活、多方面的薄膜电容解决方案 。主要应用领域有：智能电网、新能源行业（太阳能/风力发电并网变流器）、新能源汽车（纯电动汽车/混合动力汽车控制器）、高频开关电源、变频器、UPS/EPS、感应加热电源、逆变电源等等。

主要产品介绍：

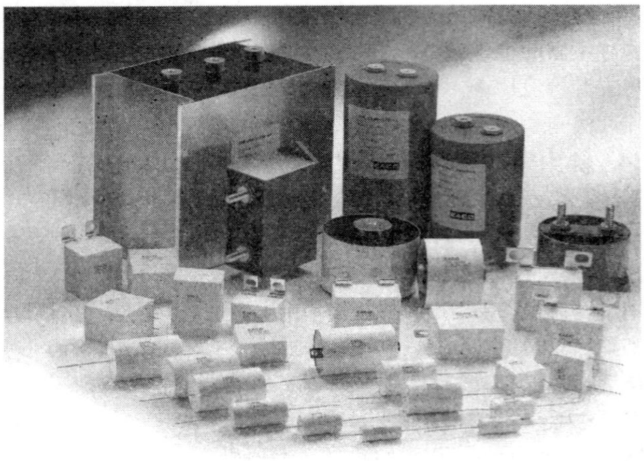

EACO 的整个产品系列分为四大类：DC-LINK 电容、IGBT 保护电容（Snubber）、交流滤波电容（AC_Filter）和其他场合使用的电容（General Application Series）。EACO 电容具有同容量体积小、稳定性强、寿命长的特点，能适合各种 DC/AC 滤波、DC-Link（直流链支撑）、功率开关器件的缓冲线路、电压箝位、大电流耦合隔直、高频谐振、纹波吸收、高脉冲，储能等线路。

37. 广州成启半导体有限公司

HOMSEMI SEMICONDUCTOR

地址： 广东省广州市高新技术产业开发区科学城彩频路 7 号之一 D 栋 102B

邮编： 510000

电话： 020-32069463

传真： 020-32069465

邮箱： tanzhenxing@homosemi. com

网址： www.homsemi.com

简介：

HOMSEMI 半导体创立于 2006 年，是研发、生产功率场效应晶体管和 IGBT 的高新科技企业。公司在成立之初，从国外引进国际最先进的 MOSFET 工艺制程技术，成为国内最先进的 MOSFET 厂商之一。得益于政府对半导体产业的关怀和支持，我公司发展迅速，目前已通过合资或合作的形式在中国大陆、台湾设有多个封装测试基地和芯片制造基地，并在广州科学城设立了应用实验室和物流中心。

在发展的过程中，我们建立了高素质的晶圆设计、工艺开发、封装测试、品质控制技术团队，封测基地拥有先进的生产设备和生产管理体系，并率先通过了 ISO9001 质量管理体系、TS16949 质量管理体系和 ISO14001 环境管理体系认证。公司崇尚：创新、平等、诚信、互助，并导入学习型组织企业文化建设，建立了高质、高效的管理运作团队。

2008 年，为适应中国对功率半导体不断增长的需求，HOMSEMI 半导体与广州成启半导体有限公司结成合作联盟，在广州市科学城成立了应用实验室和物流中心，建立了完备的电源产品实验环境，为客户提供完整的产品应用方案、产品可靠性测试及产品失效分析。处于第一线的应用工程师能把客户的需求直接反映到芯片的设计工作上，使我们能生产出其他公司难以模仿的，真正为客户创造价值的产品。

2010 年，HOMSEMI TRENCH（沟槽工艺）MOSFET 工艺制程投入使用，技术达到国际领先水平。

2011 年，HOMSEMI 1200V 系列 IGBT 投产，成为大中华区最先投产 IGBT 的厂商之一。

2013 年，HOMSEMI 通过锐意创新、不断进取，共取得 10 项国家专利。

今天，HOMSEMI 的 MOSFET 和 IGBT 产品已经在电源、汽车照明、UPS、马达驱动等领域广泛应用，HOMSEMI 良好的信誉和稳定的质量得到客户的广泛认同。

我们的使命：深入了解客户的应用需求，提供最适合的产品。做最贴近客户应用需求的功率半导体供应商，与客户双赢互惠，共同发展。

主要产品介绍：

功率场效应晶体管（POWER MOSFET）

30～200V 中压系列：采用 8in 0.18μm TRENCH 工艺，实现低 Rds（on），低 Qg。

250～900V 高压系列：采用 6in 0.35μm PLANNER 工艺，实现高耐压，高 Eas。

38. 杭州池阳电子有限公司

地址： 浙江省杭州市萧山经济开发区高新十路 118 号
邮编： 311231
电话： 0571-22868392
邮箱： amberwang@acepower. com. cn
网址： www.link-power.cn

简介：

杭州池阳电子是一家专业从事电源适配器、LED 驱动及照明产品研发、生产、销售及提供技术服务的整体方案供应商。公司于 2013 年创建 LED 照明产品品牌——“菜鸟”。

公司 LED 照明产品，坚持自主创新，力求通过新技术的成熟应用，推动高效节能、绿色环保照明产品的快速发展；以向客户提供节能、环保、经济、安全、便捷的综合照明解决方案，为用户提供全方位专业服务。公司高亮度半导体照明产品已涵盖专业 LED 工厂照明、办公照明及户外照明等应用领域。

公司拥有一支配备精良的高素质研发队伍，研发人员由专业电源适配器设计师、LED 驱动研发工程师、光学设计工程师及工业设计工程师组成。研发队伍具备快速开发优质、性价比高的电源驱动、LED 照明产品的能力。

公司视产品品质为企业的生命，产品从原材料、制作过程至最终产品的检验均经过严格的监控和检测，以确保提供给客户高品质、高性能的产品。

主要产品介绍：

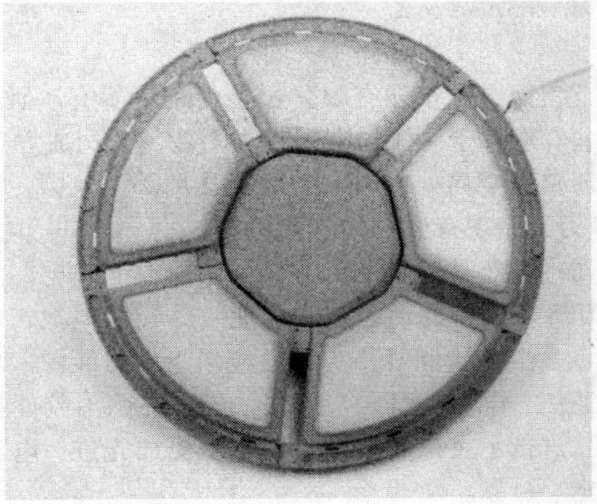

150W 工矿灯

LED 驱动

1. 额定输入：AC100～240V，瞬态输入：85～305V；
2. 安全保护机能：OVP、OCP、OTP、SCP；
3. 采用软开关电源技术：100～240W，效率可高达 94%，60～100W，效率可高达 92%；
4. 安全标准：遵循全球照明法规；

5. 调节控制：支持输出电流、电压调整；支持 PWM、0～10V、电阻外部信号调光。

LED 灯具

特征：

1. 长寿命：LED 工矿灯寿命长达 50000h，为金属卤素灯、汞灯的 4 倍，减少维护次数及费用。

2. 色温可选：2800K、3500K、4000K、6000K。

3. 高灯具效率：采用高品质 LED 光源，灯具效率高于 80lm/W，远高于高压汞灯的灯具效率。采用光源类型：SMD5630LED。

4. 发光角度可选。

5. 节约能源：90WLED 工矿灯与 250W 高压汞灯相比，节能及 CO_2 排放量均减少约 60%。节能及环保效果显著。

6. 减少害虫损害：LED 工矿灯热量低，同时光谱在紫外线和红外线功率分布几率小，减少了害虫损害。

7. 软能启动：设置单片机，控制驱动器，使灯光缓慢启动，对用户心理无刺激，实现“软启动”功能。

8. 智能调光：LED 照明易实现调光控制。

9. 模组化设计，可随意拆卸：采用模组化设计，方便拆卸与安装，重量轻，安装的操作性及安全性增强。此外灯具高度仅为 100mm，结构更紧凑。

10. 电源内置，具有防水功能。

39. 河北奥冠电源有限责任公司

地址：河北省衡水市故城县夏庄开发区

邮编：253000

电话：400-807-8811

传真：0534-2469588

邮箱：aoguan1987@163. com

网址：www.aoguan.com

简介：

河北奥冠电源责任有限公司是一家集蓄电池研发、生产、销售、服务于一体的高新技术企业，公司成立于 1987 年，位于冀鲁交界处的河北省故城县衡德工业园，注册资本 5280 万元，现有员工 500 余人。

公司主打产品为电动汽车、太阳能风能发电、电动助力车、UPS 等用途的动力型和储能胶体铅蓄电池，包括四大类一百多个品种和规格。广泛应用于动力能源、新能源储能、通信、电力、UPS 等领域。在引进德国胶体技术的基础上，进行了突破和创新，使技术更加先进，电池性能更加稳定、可靠。

公司为中国电源学会长期会员、中国电源学会会员、中国电器工业协会会员、中国化学与物理电源行业协会会员。先后通过了 ISO9001：2008 质量管理体系、ISO14001：2004 环境管理体系和 GB/T28001-2001 职业健康安全管理体系认证，产品获得了欧盟 CE 认证、泰尔认证、金太阳认证、北方车辆研究所权威认证。

公司始终坚持“科技兴企，人才强企”发展战略，与德国艾诺斯电池公司、华南师范大学化学与环境学院、山东大学化学与化工学院以及多家科研院所建立了长期的产学研合作关系，通过共建平台、进行项目研发和人才培养等形式，大大提高了公司技术研发实力。先后获得“国家高新技术企业”、“河北省著名商标”、“中国知名企业•知名品牌”、“省消费者满意单位”等荣誉称号。获得省市级科技成果鉴定 5 项、国家专利 8 项。公司销售网络覆盖全国，并出口美国、韩国、东南亚国家。

未来我们将继续秉承“技术创新，产品制胜”的发展理念，加强技术研发，提高产品科技含量，以更加优质的产品满足市场需求和客户需要。致力于成为中国最优秀的胶体电池供应商而不懈努力。

主要产品介绍：

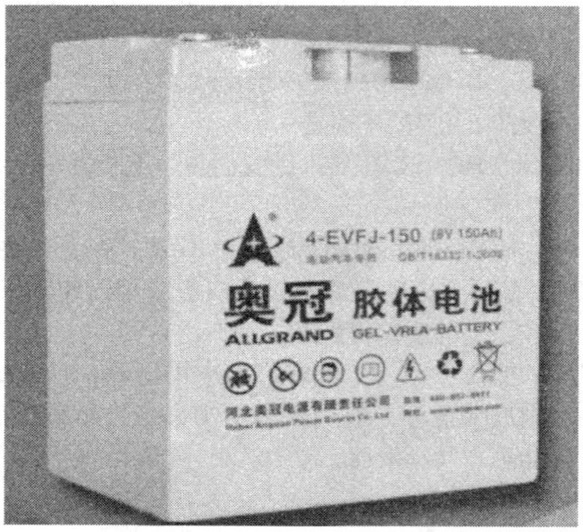

胶体铅蓄电池

公司主打产品为电动汽车、电动助力车、UPS 备用电源和光伏储能胶体铅蓄电池，包括四大类一百多个品种和规格。广泛应用于动力能源、新能源储能、通信、电力、UPS 等领域。在引进德国胶体技术的基础上，进行了突破和创新，使技术更加先进，电池性能更加稳定、可靠。

40. 基美电子（苏州）有限公司

地址：江苏省苏州市工业园区阳浦路 99 号

邮编：215024

电话：0512-88163388

传真：0512-88163188

邮箱：josephcui@kemet.com

网址：www.kemet.com

简介：

KEMET 是全球最知名的电容器生产商之一，在无源电子技术领域占有全球领导地位。公司总部坐落于美国南卡罗纳州格林维尔市，并在美国、中国、墨西哥、德国、保加利亚等 10 个国家拥有 23 个生产工厂，并拥有遍布全球的销售和分销网络。

KEMET公司拥有完善的电容器产品线，产品涵盖二氧化锰钽、有机钽、陶瓷、铝电解、有机铝、薄膜、纸介质等各种类型电容，年产量达数百亿颗。KEMET电容被广泛运用于各种电子产品领域，包括计算机、电信、汽车、军事、航空航天、医疗、照明、工业/仪表和各消费类产品。无论是第一颗通信卫星，海盗号探测器，阿波罗登月飞船，爱国者导弹，和平号空间站，还是火星探路者号探头，旅居者号火星车中都能见到KEMET高可靠性电容的身影。

主要产品介绍：

41. 济南诺顿科技有限公司

地址：山东省济南市历城区145-17号

邮编：250100

电话：0531-88979950

传真：0531-88979986

邮箱：jnnodon@163.com

网址：www.jnnuodun.com

简介：

济南诺顿科技有限公司于1999年创立于“齐鲁大地，孔孟之乡”的山东省会济南市，依托于山东大学、济南大学、中国海洋大学等高校，开发研制充放电设备，小型风机离网逆变器等产品，于2002年进行股份改制，为济南市、山东省高新技术企业，专注于设计研发、生产销售高性能电源产品及电力电子系统集成设备，是国内外一流的电源行业系统解决方案提供商。

公司将高校丰富的研发资源与企业追求创新的理念结合起来，不断探索电源领域的新技术、新产品，并拥有一批专业从事电力电子技术开发的高级技术人才，优秀的企业管理及营销人才，凭借雄厚的技术研发实力、丰富的生产和市场经验，建立健全了完善的营销及售后服务体系，确立了公司在电源领域的竞争优势。

面对经济全球化的浪潮，诺顿科技将一如既往地以用户信任为己任，严格执行“科技创新、技术领先、质量可靠、服务满意”的经营理念，通过十几年对电源产品和电子应用技术不断地研究、积累、创新，努力打造“安全、高效、节能、环保”的电源产品，为用户提供最佳的电源系统解决方案及可靠性高、稳定性优的电源产品。坚持“科技诺顿、电源专家”，坚定地朝着成为“全球知名电源品牌”的目标迈进。

主要产品介绍：

公司主要产品：交流变频电源，船用岸电电源，稳压稳频电源，航空航天军事400Hz中频电源，28V直流电源，36V/1000Hz中频电源，电力、通信、机车系统专用逆变电源，电力专用UPS，工业UPS，风力光伏发电系统逆变器等。产品广泛应用于飞机船舶制造与维修、电力通信、家电电机、铁路电力、新能源、医疗电子、低压配电、航空航天、国防军工等领域，以及计量、质检等国家机构和科研院所。

42. 江苏宏微科技股份有限公司

地址：江苏省常州市新北区华山中路18号三晶科技园

邮编：213022

电话：0519-85166088

传真：0519-85162291

网址：www.macmicst.com

简介：

江苏宏微科技股份有限公司是由一批长期在国内外从事电力电子产品研发和生产，具有多种专项技术的科技专家组建的高科技企业，企业的宗旨是自主创新，设计、研发、生产国际一流的 IGBT、FRD、VDMOS 分立器件及其模块，打造民族品牌，成为提供绿色高效节能电子产品和电力电子系统解决方案的专家。

公司被认定为国家高新技术企业、国家高新技术产业化基地，企业院士工作站、国家 IGBT 和 FRD 标准起草单位之一，承担多项国家项目、2 项省级项目，已获得 8 项国家发明专利、6 项实用新型专利。

公司自主研发生产的 FRED、VDMOS、IGBT 等电力半导体器件及模块多项填补国内空白，广泛应用于电焊机、变频器、UPS、逆变电源、电动汽车等行业，并出口欧洲、美国、韩国和东南亚等国家；公司自主研制的具有国内首创、国际领先的动态节能电源在广东、广西、江苏和上海等地的城市道路、超市、工厂和办公楼宇照明中应用，节电率均达到 30% 以上。由于在新型电力电子技术方面取得的卓越成绩，公司获得了温家宝总理的殷切寄语“大胆创新、不怕失败、超越前进”。

43. 洛阳隆盛科技有限责任公司

隆盛科技
ROSEN
ROSEN TECHNOLOGY

地址：河南省洛阳市西Ⅰ区凯旋西路 25 号
邮编：471009
电话：400-037-9613
传真：0379-63917137
邮箱：rosen. rosen@163.com
网址：www.rosen-tech.com

简介：

洛阳隆盛科技有限责任公司成立于 1996 年，直属于中航工业洛阳电光设备研究所，主要从事电源产品的设计、开发、生产和服务，并代理销售 VICOR 等世界著名品牌的电源模块。

公司自主设计开发的“Rosen”军用模块化电源和“Vcan”工业用模块化电源系列品牌，性能卓越，稳定可靠，技术处于行业领先地位，并能满足各种行业标准。目前，面向航空航天、舰船雷达、指挥通信、军用车载及地面控制等军用领域和高端的工控、铁路、电力、通信等工业领域，公司已向国内 200 多家用户提供了数万余台套电源产品，承担并完成多项国防及民生重点工程型号的电源研发生产任务，被誉为“身边的模块化电源专家”。

公司拥有大型的生产、研发基地和试验检验中心；集聚了设计经验丰富的电源专家和专业技术高超和工程技术人员；配备了包括全自动电源测试系统在内的精良先进的测试仪器；配备了全套的电源加工生产和各种环境筛选试验设备。公司通过了 GJB9001B 质量管理体系认证，被中国电源学会评为“理事单位”，被中国电子商会评为“中国电源行业诚信单位”。

作为美国 Vicor 公司授予的“中国地区经销商”和“产品应用开发中心”，公司还为用户提供着最优秀的电源解决方案和强大的技术支援。在北京、上海、南京、西安、成都、武汉等地，公司都设有专门的销售和服务机构，建立了完整的服务保障体系。

主要产品介绍：

隆盛模块化电源

1. 模块化设计，可靠性高；
2. 体积小，重量轻，功率密度大；
3. 输入电压满足各种供电标准；
4. 输出电压 DC1 ~ 400V 任意选择；
5. 输出功率单路高至 7000W；
6. 转换效率高，电源效率 80% ~ 90%；
7. 纹波电压最低可达 $U_{p\text{-}p} \leqslant 10mV$；
8. 可带功率因数校正（PFC）功能；
9. E、C、I、H、M 五种温度等级可供选择；
10. 各种保护功能；
11. 可满足各种工业标准和军用标准。

44. 南通新三能电子有限公司

THREECON
新三能电子 SUNION ELECTRONIC

地址：江苏省南通市通州区兴仁工业园区
邮编：226371
电话：0513-86562925
传真：0513-86561788
邮箱：yb@sunion.cc
网址：www.sunion.cc

简介：

南通新三能电子有限公司成立于 1995 年，是专业从事铝电解电容器研发、制造和销售的国家级高新技术企业，“Threecon”、“Sunion”品牌产品已形成引线、焊针和螺栓型等三大系列，重点为节能灯、LED 照明、消费类电子、工业变频器、UPS电源、通信电源、逆变器等配套服务，得到飞利浦、欧司朗、GE等知名公司的认可，成为其全球采购合格供应商之一。螺栓及焊针式产品已成为中国电器协会认定的铝电解电容器“质量可信产品”，深受广大工业控制类用户好评。

主要产品介绍：

引线、焊针、螺栓式铝电解电容器

我公司产品分引线、焊针、螺栓三大门类：

1. 引线式铝电解电容器系列齐全，根据客户不同的应用场合已形成24个系列产品供客户选用，满足所有消费类电子、工业电子设备等领域对电解电容器的技术要求。

2. 焊针（Snap-in/Lug）基板自立型铝电解电容器系列齐全，满足不同应用场合工业电子设备耐大纹波电流、过电压冲击、长寿命的技术要求，最长高温负荷寿命达到105℃、7000小时，使用寿命超过10年以上。目前以形成十大系列供客户选用。

3. 螺栓型（SCREW Terminal）铝电解电容器系列齐全，根据客户不同的应用要求已形成八大系列产品供客户选用，高温负荷最长寿命时间达85℃、20000小时。

45. 宁波赛耐比光电有限公司

Snappy

地址：浙江省宁波市高新区科达路56号
邮编：315000
电话：0574-26266222
传真：0574-27902805
邮箱：tuciyi@snappy.cn
网址：www.snappy.cn

简介：

SNAPPY，一个平均年龄只有35岁的管理团队，积极的、向上的、团结的、合作的，这就是我们！

我们拥有一支创新型的技术团队，LED驱动和LED灯具设计是我们的技术核心竞争力。我们企业的核心竞争力是拥有完整的现代管理经验，和不断推出的新产品，所以我们的合作伙伴都是GE、OSRAM等知名企业。

我们企业的精神口号是：为美好生活而快乐工作着：为绿色光明而努力奋斗着！

主要产品介绍：

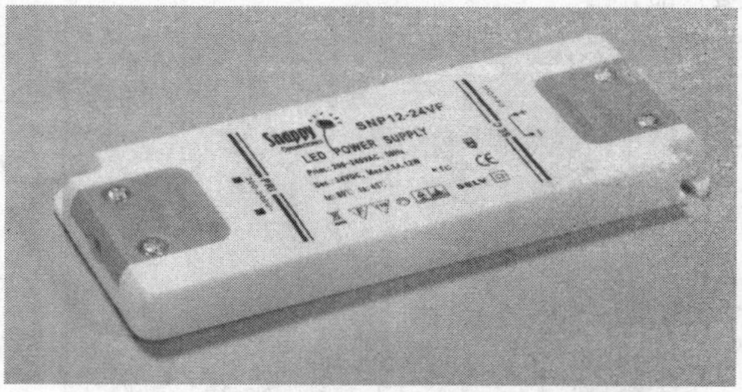

LED驱动电源

我公司专业生产LED驱动电源，该产品涵盖6～200W、室内以及室外，同时还拥有IP67、IP44等防水电源。产品广泛应用于商业、家居等领域。现阶段我公司通过了TUV、CUL、SAA、PSE、KC等认证。产品远销欧美市场，销售近十年来受到广大用户的肯定和赞赏。

46. 宁夏银利电器制造有限公司

银利 Yinli

地址：宁夏回族自治区银川（国家级）经济开发区光明路45号
邮编：750021
电话：0951-5045200 5041081
传真：0951-5019240
邮箱：sales@yinli.com.cn
网址：www.yinli.com.cn

简介：

宁夏银利电器制造有限公司成立于1992年，现位于银川国家级经济开发区，注册资本2000万元，占地面积2万多平方米，员工人数226人，是国家级高新技术企业。公司已全面建立健全了科学完善的综合管理QES体系，并于2012年取得了轨道交通国际质量IRIS认证。

公司拥有国家专利16项；拥有多台全套先进的变压器、电感的生产和检测设备；拥有线绕、箔绕和VPI真空压力浸漆等先进的专业生产设备，拥有雄厚的技术研发基础及强大的科学生产能力，拥有具备国家级权威检验认可资质的“国家联合地方工程实验室”。

公司自主研发设计生产的产品品种丰富、系列健全，涵盖面广。自1999年起，公司先后涉足于轨道交通、新能源、电能质量、航天航空、船电等行业，并在技术条件要求苛刻的新兴工业环境中不断地取得经验、获得成果、赢得声誉。为国内外诸多客户提供有质量保障的产品，及时完善的售后服务。

银利公司始终坚持以市场为导向，以客户为中心，2008年全资注册深圳银利电器制造有限公司，并于2012年在北京、上海、武汉、深圳等地分别成立华北、华东、华中、华南办事处。在全国范围内围绕着有价值的客户群，建立并发展着互惠互利的良好合作关系。

主要产品介绍：

我公司加工的产品频率段宽，功率段广，广泛应用于大功率不间断电源、变频器、光伏逆变器、风电变流器、滤波器、谐波抑制和补偿功率、充电站等工业技术领域。公司主要产品包含干式变压器、干式电抗器、空心电抗器，应用于可再生能源领域的大电流水冷式电抗器，以及高效率的变压器。

47. 赛尔康技术（深圳）有限公司

Salcomp
POWERING THE MOBILE WORLD

地址：广东省深圳市宝安区沙井镇新桥芙蓉工业区赛尔康大道赛尔康技术（深圳）有限公司

邮编：518125

电话：0755-27255111

传真：0755-27255255

邮箱：east. cao@salcomp.com

网址：www.salcomp.com

简介：

赛尔康技术（深圳）有限公司是一家芬兰独资企业。赛尔康成立于1975年，公司总部位于芬兰。赛尔康在全球各地设有销售中心，在芬兰、深圳和台北设有研发中心，在中国、巴西和印度设有生产基地。

赛尔康致力于开发和提供最具创新和绿色环保的手机电源适配器产品及其他电源方案。赛尔康在全球手机电源适配器行业处于世界领先地位，公司年度总业绩达到6.8亿美元，主要客户涵盖了排名世界前列的手机制造商。赛尔康自主研发的电源产品适用于各类手机（包括智能手机）、无绳电话、蓝牙耳机、平板电脑、数码相框、路由器、机顶盒、POS机、笔记本电脑等。

赛尔康技术（深圳）有限公司位于深圳市宝安区沙井芙蓉工业区，是国家评定的“高新技术企业”，同时赛尔康深圳的研发中心是深圳市评定的“企业技术中心”。赛尔康深圳现有6000多名员工，主要从事销售、研发和制造工作。

主要产品介绍：

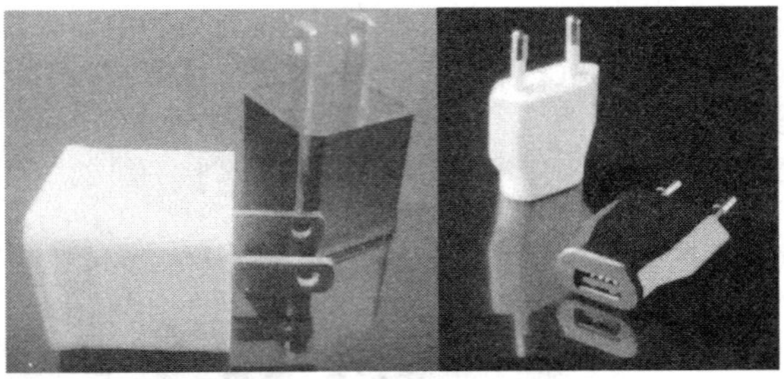

各功率范围手机电源适配器和充电器

赛尔康的产品主要包括各功率范围的手机电源适配器和充电器，适用于各种移动式和家用的消费类产品。产品主要特征包括节能、高效率、低待机功耗、产品体积小、质量优良、可靠性高、符合各国目前有效和即将生效的能源规范。

以下为赛尔康主要产品类别和功率等级：

—手机充电器：5V/500mA ~ 5V/850mA，5V/1A，5V/1.2A

—平板电脑充电器：5V/2A，5V/2.4A，5V/3A

—路由器、机顶盒适配器：12V/1A，12V/1.5A，12V/2A，12V/2.5A，12V/3A，12V/4A，12V/5A

—笔记本电脑适配器：19V/2.1A（40W），19V/3.42A（65W），19V/4.74A（90W）

48. 三科电器集团有限公司

SAKO三科®

地址：浙江省乐清市经济开发区纬十一路258号三科科技园

邮编：325600

电话：0577-62666888
传真：0577-62666022
邮箱：sako@sako.cn
网址：www.sako.cn

简介：

三科集团是一家现代化的专业电源制造商，创办于1997年。目前已拥有深圳、杭州、温州三大制造基地，专业研发、制造、销售、服务UPS、EPS、开关电源、变频器、LED驱动电源、稳压电源、光伏发电系统等系列电源产品，销售网点遍及全国100多个城市、全球30多个国家和地区，是高新技术企业、中国电源学会理事单位、浙江省电源学会理事单位。

三科集团先后通过了ISO9001质量管理体系、ISO14001环境管理体系、OHSMS28001职业健康安全管理体系等国际标准管理体系认证，主要产品取得了3C产品认证、CQC产品认证、CE认证、ROHS认证等，公司始终坚持自主研发的创新之路，目前已荣获60多项国家专利。

三科集团坚持“诚信待人、踏实做事、追求卓越、共同成长”的精神，以“致广大而尽精微”作为经营理念，确立“为投资者创造回报，为用户创造价值，为员工创造利益，为社会创造文明”的使命观。在保持企业健康快速发展的同时，为保护民族的传统文化，集团斥巨资兴建了首家企业“三科非物质文化博物馆”，收藏并展示了首批国家非物质文化遗产——黄杨木雕、细纹刻纸等优秀作品，这即是三科以“传承中华文化，致力科技创新，共建活力和谐”企业核心文化完美体现。

面对经济全球化的浪潮，三科集团正紧紧围绕着“专业营销、专业研发、专业制造”的经营战略，坚定地朝着“打造全球知名电源品牌”的宏伟目标迈进。

主要产品介绍：

三科数字EPS

三科数字EPS主要部件包括：蓄电池组、IGBT、充电器、主控板、液晶（LCD）显示屏、电流/电压/温度等检测电路、投掷切换电路、报警电路等。

三科数字EPS可为人防通道、地下设施、医院、手术室、政府机关、大型超市、商场、学校、广场、车站、公园、体育场馆、会展中心证券交易大厅等公共场所提供消防应急照明电源，及为电梯、喷淋泵、卷帘门、水泵、风机、监控装置、军用雷达、车载移动电话、金融机构的系统设备等提供应急动力电源。

49. 陕西柯蓝电子有限公司

CRiANE 柯蓝电子

地址：陕西省西安市高新区草堂科技产业基地秦岭大道西2号科技企业加速器11号楼3C
邮编：710304
电话：029-65659350
传真：029-65659354
邮箱：criane@criane.com
网址：www.criane.com

简介：

陕西柯蓝电子有限公司成立于2004年，是一家集产品开发，生产，销售及技术支持服务为一体，专注于电子测试测量领域的专业化公司。公司的产品功能涉及蓄电池的充电、放电、检测、活化以及UPS，接地电阻的测试与维护，交直流负载等仪器仪表。

公司已通过了ISO9001-2008质量体系认证，是经西安市科学技术委员会认定的高新技术企业，并荣获陕西省信息产业厅颁发的“软件企业认证证书”及“软件产品认证证书”，并已获得中国人民解放军物资供应商资格。

公司倡导专业选择，秉承“合适的，才是最好的”产品设计理念，不仅为用户提供性价比优良的专业仪器仪表和解决方案，更为用户提供了完善的售前、售中、售后全方位服务。

相信通过我们的创新和努力，将更好地为客户提供优质的产品，先进的技术和全面服务。

主要产品介绍：

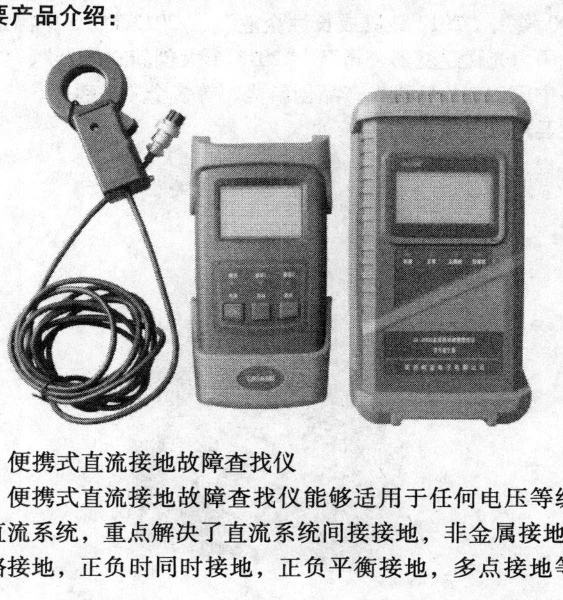

便携式直流接地故障查找仪

便携式直流接地故障查找仪能够适用于任何电压等级的直流系统，重点解决了直流系统间接接地，非金属接地，环路接地，正负时同时接地，正负平衡接地，多点接地等疑难故障的准确检测，并且还能准确地显示系统电压、对地电压、接地阻值。

50. 深圳古瑞瓦特新能源股份有限公司

地址： 广东省深圳市宝安区石岩街道办龙腾社区光明路28号

邮编： 518108

电话： 0755-29515888

传真： 0755-27471406

网址： www.growatt.com

简介：

古瑞瓦特新能源成立于2010年5月，是一家专注于光伏逆变器事业且充满活力的新能源公司。自成立至今，古瑞瓦特已累计安装在全球近20个国家及地区，是以高转换率和高性价比著称的世界领先逆变系统供应商。

我们的研发及售后团队

古瑞瓦特拥有一支100多人组成的研发团队，占到全部员工数的40%以上。这支团队在光伏逆变器研发领域浸润十年之久，他们以增加逆变器的可用性和高效率为自己的使命，通过不断的技术创新使Growatt光伏逆变器变得更加高效，更加便于安装和操作，更加符合光伏电站建设的成本效益。

除研发团队外，打造精英的售后团队也是古瑞瓦特一直努力的方向。在古瑞瓦特，服务不仅是程序和制度，而是融入员工心中、体现在员工行动的文化。并且古瑞瓦特已先后成立法兰克福、悉尼、休斯敦、深圳、香港、北京等六家分公司，建立自己在世界范围内的售后体系。

我们的成绩

2012年初，古瑞瓦特战略性引入红杉资本及招商局集团投资，为其高速稳定的发展奠定了基础。依托国内外市场的优异表现，2012年古瑞瓦特获得了权威机构颁发的"中国逆变器10大品牌供应商"、"2012中国创新成长企业100强"、"2012最具成长性企业"、"2013 TOP5中国最具竞争力光伏逆变器公司"、"2013十大创新逆变器"、"装备中国创新先锋榜·产品创新奖"等多个荣誉称号。

主要产品介绍：

Growatt10000-20000UE

古瑞瓦特自主研发的1kW～1MW的全系列逆变器机型，配合其智能监控系统，完全适用于家用屋顶、商业屋顶及地面电站等各类光伏项目。其中Growatt5000TL是首款获得Photon A+评定的亚洲逆变器；Growatt5000MTL在2012年12月的Photon测试中也一举斩获双A评定。

作为高效率逆变器的代表，Growatt逆变器符合了欧、美、澳、亚等四大洲近20个国家在安全、功率等级、电网法规等方面的要求。2012年古瑞瓦特全球销售额近3亿人民币，位列中国逆变器厂商前茅，并连续两年盘踞中国同行业出口第一的位置。

51. 深圳可立克科技股份有限公司

地址： 广东省深圳市宝安区福永街道桥头社区正中工业厂区7栋1-5层厂房、8栋2层

邮编： 518103

电话： 0755-29918540

传真： 0755-29918005

邮箱： licheng@clicktec.net

网址： www.clickele.com

简介：

深圳可立克科技股份有限公司是一家从事绿色电源及磁性元件研发、生产、销售的专业企业，公司主要产品包括开关电源适配器、动力电池充电器、LED照明电源、工业电源、通信电源、特种定制电源、高低频变压器、通信变压器、电感及滤波器等，广泛应用于工业控制、通信、电力、信息科技、半导体照明、民用电子电器产品及电动工具等领域。公司产品通过世界各国安规认证和能效标准要求，行销全球。

可立克成立于1995年，现有在职员工2000多人，其公司总部、研发中心及电源生产基地位于深圳宝安福永，在江西信丰建立磁性器件制造基地。到2010年末，可立克已成为中国电子元器件行业百强企业，排名第49名，可立克是深圳市高新企业、中国电源学会理事单位、深圳市电子行业协会理事单位及深圳市电子商会理事单位，深圳市认定的"清洁生产工厂"，公司研发中心是深圳市认定的"企业技术中心"。

主要产品介绍：

可立克公司现有功率涵盖 1 ~ 90W 共八大系列适配器，其中五个系列通过世界多个国家的安全与 EMC 认证，能效指标满足美国能源之星最新的能效 VI 级要求及欧洲最新 ERP 环保指令的要求，处于同行业领先水平。动力电池充电器具有安全、快速、高效充电技术，公司自主开发的多个平衡充电管理方案分别适用于动力镍氢电池、动力锂离子电池的快速充电系统。LED 照明电源电路简单可靠，发挥半导体照明长寿命（50000 小时以上）的优点，主要包括 30 ~ 300W 户外防水型恒压、恒流 LED 电源系列及智能可控光电源系列；户内 3 ~ 30W 紧凑型高能效 LED 电源系列；200 ~ 300W 超薄高效高功率密度的 LED 显示屏电源；15 ~ 30W 高效紧凑型 T8 管驱动电源系列，其核心技术获得专利保护，22WT8 管电源通过世界照明巨头的认证。通信电源的工作电压范围广，可靠性高，在电压不稳定地区、操作温度 -30 ~ 65℃、5000 米海拔的高原地区都能正常工作；而且强防雷击技术已获得专利保护。

52. 深圳桑达国际电源科技有限公司

地址： 广东省深圳市南山区科技园桑达科技大厦 11 层
邮编： 518057
电话： 0755-86316420
传真： 0755-86316446
邮箱： sales@sed-ipd.com
网址： www.sed-ipd.com
简介：

深圳桑达国际电源科技有限公司是专业从事可靠、优质环保 LED 驱动电源、客户定制电源、BMS 及锂电池后备电源、BMS 检测仪、光伏控制器、便携式发电系统、家用光伏发电系统、光伏并网逆变器等产品的研发、制造、技术服务的高新技术企业、全国外商投资双优企业、深圳市高新技术产业协会会员单位及中国电源学会理事单位。公司研发、测试设备在国内同行处于领先地位，研发流程管理与项目管理水平与跨国公司全面接轨，现已发展成为可再生能源行业内颇具影响力的企业之一，拥有中国新能源电力电子技术专家、教授、博士及资深工程师 20 多人，还与清华大学深圳研究院、天津大学、华南理工大学、东南大学、西安理工大学等国内各著名高等院校开展深度合作。与华南理工大学和西安理工大学结成“产学研”战略联盟，共同组建可再生能源联合实验室及研究生实习基地，实现优势互补，促进企业技术创新及产业升级。

53. 深圳市铂科磁材有限公司

地址： 广东省深圳市南山高新产业园北区 2 栋三楼
邮编： 518052
电话： 0755-26654881
传真： 0755-29574277
邮箱： sales@pocomagnetic.com
网址： www.pocomagnetic.com
简介：

深圳市铂科磁材专业从事金属软磁磁心的研发与生产，拥有先进的设备、雄厚的资金，强大的技术研发与销售团队。我们主要开发金属软磁高端磁心，产品广泛应用在电感器、变压器、滤波器中。

铂科磁材公司经过在金属磁粉芯行业多年的研发、应用、磨砺，现已成为知名磁性材料解决方案供应商，目前已构架完成海外基础研发，中国深圳应用方案，销售，惠东制造的完善产业布局。

我们基于客户的需求，在通信电源、太阳能、风能、逆变电源、电动车充电电源、UPS 等不同领域持续创新，深圳市铂科磁材有限公司均有不同系列的特性产品满足客户的应用需求，协助客户找到更优的磁心材料解决方案。

主要产品介绍：

金属软磁粉心

金属软磁粉心是一种软磁材料，它是用金属或合金软磁材料制成的粉末，通过特殊的工艺生产出来的一种磁心。

铂科磁材生产的金属粉心具有良好的温度特性，高饱和磁通密度以及良好的直流偏置，损耗小。

54. 深圳市汇川技术股份有限公司

地址： 广东省深圳市宝安区宝城 70 区留仙二路鸿威工业区 E 栋
邮编： 518101
电话： 0755-29799595
传真： 0755-29619897
网址： www.inovance.cn
简介：

深圳市汇川技术股份有限公司（300124）专注于工业自动化驱动与控制产品的研发、生产和销售，定位服务于中高端设备制造商，以拥有自主知识产权的工业自动化控制技术为基础，以快速为客户提供个性化的解决方案为主要经营模式，实现企业价值与客户价值共同成长。

主要产品有中低压通用型变频器、中低压工程型变频器、高压变频器、一体化及专机、伺服系统、PLC、HMI、永磁同步电机、新能源汽车电机控制器等。公司在中低压变频器市场的占有率在国产品牌厂商中名列前茅，其中一体化及专机产品在多个细分行业处于业内首创或领先地位。

公司是国家高新技术企业，截至 2013 年 12 月 31 日，公司及控股子公司拥有已获证书的专利 213 项，其中发明专利 16 项，实用新型专利 154 项，外观专利 43 项，共取得 80 项软件著作权。公司掌握了高性能矢量变频技术、PLC 技术、伺服技术和永磁同步电机等核心平台技术，拥有一支人数众多、技术领先的研发团队，专门从事核心平台技术的研究、应用技术的研究和产品的开发。公司于 2010 年 9 月在深交所创业板上市，股票代码：300124。

主要产品介绍：

公司的变频器、伺服驱动器、PLC、HMI、伺服/直驱电机、传感器、一体化控制器及专机等产品属于传统的工业自动化控制领域产品（简称工控产品），其所服务的下游市场为 OEM（设备制造业）和 EU（最终用户，也称为项目型市场）两大类市场。OEM 市场包括纺织机械、起重设备、电梯、机床、包装机械、暖通设备、塑料机械、电子生产、空压机等设备制造行业；EU 市场包括化工、冶金、石油、市政、石化、电力、建材等行业。

55. 深圳市金宏威技术股份有限公司

金宏威 GOLDEN HIGHWAY

地址：广东省深圳南山高新南九号威新软件园 8 号楼

邮编：518000

电话：0755-21506655 400-888-0018

传真：0755-26955898

邮箱：jhw@jhw.com.cn

网址：www.jhw.com.cn

简介：

深圳市金宏威技术股份有限公司成立于 2001 年，注册资金 14763.6 万元人民币，公司运营总部位于深圳，常驻销售机构遍布全国，是集研发、生产、销售与服务为一体的国家火炬计划重点高新技术企业。

公司致力于电网智能化、信息系统集成、电子电源三大业务领域，主要为电力行业提供电网信息化建设解决方案、配电自动化系统解决方案、用电信息采集系统、变电站辅助监控系统、10kV 智能化开关设备等电网智能化产品，金宏威还提供应用于变电站、发电厂、机房的直流电源系统及动力环境综合解决方案；同时，金宏威亦为广播电视、石油石化等行业客户提供信息系统集成服务。

56. 深圳市京泉华科技股份有限公司

JQH

地址：广东省深圳市龙华新区观澜街道陂头吓社区新圩龙工业区 1 号京泉华工业园

邮编：518110

电话：0755-27040111

传真：0755-27040555

邮箱：everrise@everrise.net

网址：www.jqh.cc

简介：

深圳市京泉华科技股份有限公司成立于 1996 年 6 月，注册资金：6000 万元 RMB。是国家和深圳市高新技术企业。公司为客户提供自行研制的电源、磁性器件、特种变压器等产品，同时，还为客户提供上述产品的 ODM 服务和专用产品的开发、研制及配套服务。产品广泛应用于商业和个人电子设备上，客户包括 APC、施耐德、伟创力、GE、SONY 等国际知名企业。

公司技术研发中心具有行业内领先的独立 EMI 实验室、传导实验室等，同时拥有如 Chroma 的电子负载仪、变频器、功率分析仪等，美国安捷伦的示波器、数据采集器、EMI 测试仪、3C test 的自动群脉冲发生器、自动周波跌落测试仪器、ESD 静电测试仪器等先进的可靠性测试设备，完整的实验设施及高素质高技术的研发团队保证了能为顾客提供物超所值的一流产品。

十多年来，公司以“开拓进取，诚信务实，树品牌”的经营理念，秉承“公平、公正、合理、竞争”的原则，以满足用户需求为宗旨，先后荣获“国家高新技术企业”、“第 24 届中国电子元件百强企业”、“广东省著名商标”、“深圳市知名品牌”、“深圳市高新技术企业”、“深圳市企业技术研究中心”、“深圳市自主创新百强民营中小企业”、“深圳市鹏城减废行动先进企业”等荣誉称号。

主要产品介绍：

公司主要产品分为三大类别：

1. 电源类：包括 LED Driver、SMPS Series、Battery Charger、Adaptor Series 以及超薄 LED 驱动 Max120W、无线充电器、动力电池管理、微型逆变器等新产品；

2. 磁性器件类：包括高频变压器、低频变压器、电感、滤波器、互感器以及立绕共模电感、三相立绕共模电感、非晶类电抗器等新产品；

3. 特种变压器类：包括三相变压器、三相电抗器、立绕电抗器以及硅钢、铁硅混合电抗器、铝线立绕电抗器、方形立绕电抗器等新产品。

57. 深圳市晶福源电子技术有限公司

JFY 晶福源

地址：广东省深圳市南山区西丽镇松白路南岗第二工业区12栋

邮编：518360

电话：0755-26632536

传真：0755-26505986

邮箱：support@jfy-tech.com

网址：www.jfy-tech.com

简介：

深圳市晶福源电子技术有限公司创建于2003年，总部坐落于深圳特区，拥有16000平方米的标准生产厂房和先进的研发实验室，是国家认定的高新技术企业，ISO9001：2008国际质量体系认证通过企业。晶福源以十年的专业电源产品设计、生产经验向客户提供中高端电源产品与一体化电源系统解决方案，产品包括系列齐全的太阳能并网逆变器、UPS不间断电源、通信电源、太阳能离网混合动力电源等；产品出口到包括北美和欧盟在内五十多个国家和地区。其稳定的表现和优异的性能得到用户的普遍认可。

主要产品介绍：

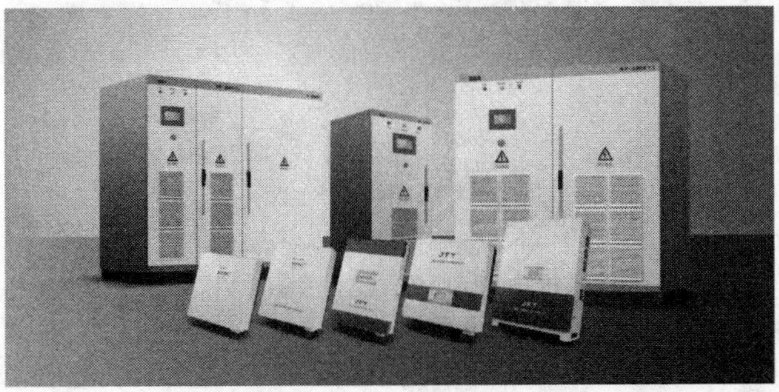

晶福源产品主要包括：光伏并网逆变器、光伏配套设备、太阳能离网控制逆变电源、UPS电源、EPS应急电源、通信电源和模块电源6大类100多个产品。

产品种类齐全、性能优异、稳定可靠，并通过多项国际权威的认证测试，已批量销往德国、意大利、法国、比利时、澳大利亚、美国、加拿大等30多个国家。

58. 深圳市智胜新电子技术有限公司

ZEASSET

地址：广东省深圳市宝安区西乡固戍航城大道安乐工业区B1栋

邮编：518000

电话：0755-83526100

传真：0755-83526199

邮箱：zste@zste.com

网址：www.zste.com

简介：

深圳市智胜新电子技术有限公司系专业从事大型铝电解电容器及超级电容的研发、生产和销售为一体的高技术含量的科技企业，并荣获"深圳市高新技术企业"称号，在不断进行技术改进和突破的基础上，已拥有多项"实用新型专利"和"软件著作权"，为企业的发展和进步不断续写着新的篇章。

企业先后引进欧美、日本等国家和我国台湾地区的先进生产设备，具有自动化程度高和精密度高等一系列优点；同时企业设有理化室、例行试验室，配备齐全与精准的检测、试验设备，为产品提供了优质化的保障。

企业已通过ISO9001质量管理体系和ISO14001环境管理体系的权威认证，并在企业内部实施执行，同时结合企业的7S工作落实，使管理环节、制造环节、服务环节等诸多方面实现了标准化、数据化、制度化，确保产品品质的保障。

企业在以国内为主要销售市场外，已先后与欧美、亚洲很多厂商保持着长期与良好的合作关系，并获得了客商的一致好评。

主要产品介绍：

铝电解电容器及超级电容器

铝电解电容器（螺栓式、焊针式）：

产品主要应用于：通信电源、变频器、UPS电源、电梯设备、电焊机、变频家电，以及电动汽车、电力机车及新能源（风能和太阳能）等众多领域，并广泛用于开关电源等工业及民用产品。

超级电容器（螺栓式、焊针式）：

产品主要应用于：新能源设备（太阳能和风能等）、电动车（电动汽车及混合动力汽车等）、电力机车、变频器、通信电源与军工设备。

59. 深圳市中电熊猫展盛科技有限公司

展盛科技 JENSIN TECHNOLOGY www.jensin.cn

地址：广东省深圳市南山区西丽镇红花岭工业西区3栋3楼

邮编：518055

电话：0755-86238746
传真：0755-86238829
邮箱：webmaster@jensin.cn
网址：www.jensin.cn

简介：

深圳市中电熊猫展盛科技有限公司集研发、生产、销售为一体的高新技术企业，经过十几年来的积淀升腾，始终致力于提供办公类电源、金融设备类电源、动力电池智能充电电源以及 LED 照明与电视电源四大领域的优质产品。尤其是大功率锂电池智能充电技术和高性能、高可靠性、高稳定性金融机电源产品，成为公司得以快速发展的基石。凭借在设备、管理、创新等环节的综合竞争优势，展盛科技现已成为办公设备和金融类产品开关电源领域的领跑者。

多年来，展盛科技充分利用丰富资源，积极开拓国内、外市场，产品 70% 以上销往日本、欧美等国家。依托强大的研发实力、过硬的产品质量和完善的售后服务，赢得了广大客户的一致认可。

立足更高，追求更好，展盛科技将秉承“持续改进，品质再超越；关注顾客，满意常在心”的宗旨，为客户创造价值和成功，做您身边最坚实有力的合作伙伴。

主要产品介绍：

金融 ATM 设备一体化供电电源

金融 ATM 设备一体化供电电源，集 AC-DC 转换技术、DC-DC 转换技术、智能化电池充放电管理、高功率 PFC 技术及 MCU 程序管理功能，满足设备各种使用环境条件要求的高可靠、长寿命、24 小时不间断供电的要求。功率模组输出达 DC1000～1200W。

AC（90～264V）输入时，DC $24V_{io}$ 18.6A、5V 3.5A 、12V 10A、－12V 0.3A、3.3V 3.5A、5VS 2A、24V CAB-CPOW-1P；

电池（14～22V）供电时，5V 3.5A、12V 10A、－12V 0.3A、3.3V 3.5A、5VS 2A、24V CRWOUT 1A。

60. 四川长虹欣锐科技有限公司

CHANGHONG长虹

地址：四川省绵阳市高新区绵兴东路 35 号
邮编：621000
电话：0816-2416807
传真：0816-2417198
网址：www.changhong-sinew.com

简介：

四川长虹欣锐科技有限公司始建于 2007 年 6 月，注册资本 1 亿元人民币，属四川长虹电子集团旗下控股子公司。公司主要从事平板电视电源、冰箱电控板、冰箱变频板及一体板、空调电控板、适配器、工业电源、LED 驱动/照明电源、定制电源、光伏逆变器等电源产品的研发、生产、销售和服务。

公司位于广元市经济技术开发区长虹工业园内，园区占地 20 万平方米，按照分期推进的建设规划，目前拥有电源生产线 16 条，年生产能力 600 万台（套）。

传承长虹五十年军工品质、用户至上的优良传统，公司通过内引外联，先后与日本 Sanken、Renesas，美国 Fairchild、Onsemi、TI、O2、Microsemi 和四川大学等企业和高校建立了长期技术合作关系，并与美国 Fairchild、Onsemi 和日本 Sanken 公司建立了联合实验室。同时，按照“全面质保，客户信赖”的要求，公司从市场规划、设计开发、生产制造、品质检测到售后服务都建立了完善的质量管理体系。截至目前，公司拥有国家发明专利 12 项。凭借强大的综合实力，公司通过了 ISO9001、ISO14001 体系认证，被授予国家高新技术企业和四川省知识产权试点企业等称号。

主要产品介绍：

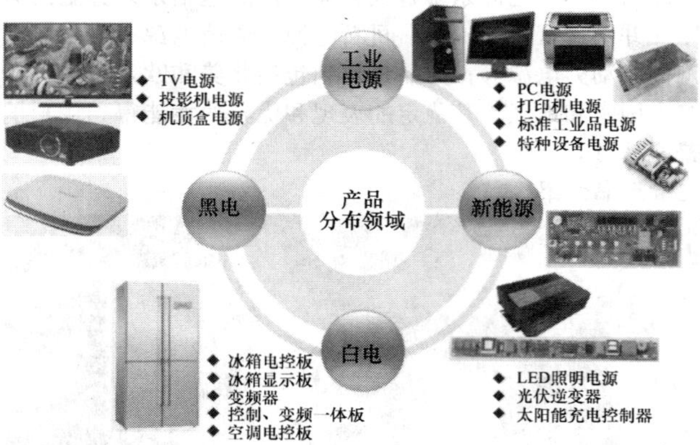

公司现有平板电视电源产品涵盖 CCFL 和 LED 背光等各主流尺寸的二合一及单体电源，是至今唯一一家实现 PDP 模组电源批量生产的中国电源公司。此外，长虹欣锐在白电电控、变频领域和工业新能源领域也已经建立起完整的产品体系，实现了对终端企业的完美配套。

61. 苏州东山精密制造股份有限公司

DSBJ

地址：江苏省苏州市吴中区东山镇石鹤山路 8 号
邮编：215107
电话：0512-66302057
传真：0512-66307223
邮箱：Jacky.zou@sz-dsbj.com
网址：www.sz-dsbj.com

简介：

公司成立于1998年，位于苏州市吴中区，注册资本19200万元。2011年总资产194986万元、销售收入117944万元、入库税收总额3800万元、净利润6347万元。公司为高新技术企业，拥有市级企业技术中心，已获得专利2项，已受理的专利申请12项。2011年，公司对研发的投入经费占销售的比例为3.72%。

公司主营业务目前为通信与LED背光及LED照明项目，其中通信项目客户是华为、爱立信等国际知名公司；LED直下式背光是国内最大的直下式LED背光制造商。LED照明品牌为东山照明。

公司连续多年获得资信等级AA级，被苏州银行业协会被为信贷诚信企业，先后荣获江苏省技术改造先进企业、江苏省十佳民营企业、苏州市科技创新示范企业，优秀民营创新型企业、苏州市吴中区劳动关系和谐企业等称号，2010年6月获得江苏省《高新技术企业》证书，近年来有3项自主创新产品被认定为江苏省高新技术产品。2010年4月公司股票在深交所挂牌上市，股票代码：002384。

主要产品介绍：

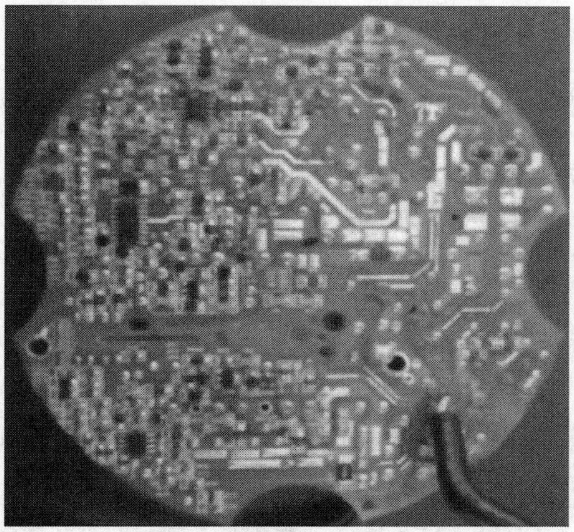

LED工矿灯

该产品用于100~200W工矿灯（LED），其特点为：全电压、高效率、高可靠性，并通过了CCC、UL、TUV认证。

62. 宿州市博远新能源电子科技有限公司

博远电子
BOYUAN ELECTRONIC

地址：安徽省宿州市高新科技产业园

邮编：234000

电话：0557-2283399

传真：0557-2283290

网址：www.ahszby.com

简介：

宿州市博远新能源电子科技有限公司是一家专业于LED电源、LED驱动电源、LED控制器产品的研发、生产、销售为一体的综合型高科技民营企业。公司注册资金800万元，坐落于安徽省宿州市高新科技产业园，总投资规模1.8亿元，建筑总面积79135平方米。

为了适应市场发展的需要，公司率先成立了研究所，配置了先进的实验设备仪器，建立了能力强、经验丰富的研发团队。至今为止，研究所已经取得了骄人的成果，成功地研发出了系列的LED路灯电源、无线监控风光电互补LED照明控制器、LED荧光灯电源、LED工矿灯电源、LED射灯电源以及其他各种LED照明电源，获得专利10多项。

公司拥有先进的生产设备和自动化组装流水线，具有规模化生产的条件和能力，开发的无线监控风光电互补LED照明灯，利用风能、光能互补发电、蓄电池储存和供电、LED发光，采用单片机控制技术，实现智能化照明；基于ZigBee技术、GPRS通信技术、Internet技术，实现灯况的后台实时显示和控制。同时声控电源、晶闸管调光电源、0~10V调光电源等智能化电源已广泛应用到各个照明领域。产品的市场以安徽为中心辐射全国各地，并通过了ISO9001的质量认证体系，公司产品通过了CE、FCC认证。

主要产品介绍：

博远新能源 LED驱动电源

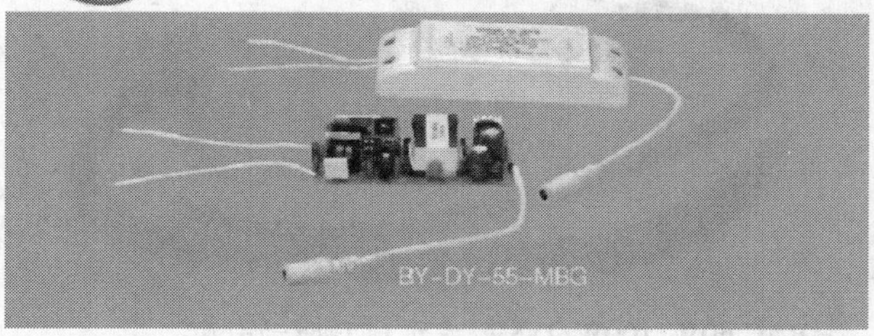

LED驱动电源

本产品采用进口电解电容和高磁导率的进口磁心：

●完善的保护功能，开路、短路、过载、过温保护等，保证了产品的安全性；

●优质元器件的选用、100%老化，为产品的品质和寿命提供了可靠的保证；

●采用高效、低耗、稳定的控制芯片，使产品达到节能、环保的目的；

●高精度恒定的输出电流、低噪声，保证LED使用的安全性、稳定性，减少了光衰；

●输入与输出完全隔离，确保使用安全。

63. 太仓电威光电有限公司

EPE
電威光電有限公司
ETHER POWER
ELECTRONICS TECHNOLOGY CO.,LTD.

地址：江苏省太仓市城厢镇新毛管理区新港西路66号

邮编：215400

电话：0512-82775558

传真：0512-82776898

邮箱：epe@powerepe.com

网址：www.powerepe.com

简介：

太仓电威光电有限公司于 1999 年在台北成立，专业从事各类电子式安定器的研发与生产，应市场需求，于 2000 年在江苏太仓设立工厂，本着“专业研发、专业生产、共享市场、创造双赢”的发展策略全方位满足客户需求，提供客户最可靠的品质与服务。

太仓电威光电有限公司是第一家完成数字电路超薄化安定器的华人企业，拥有专用芯片，产品畅销全球。

太仓电威光电有限公司于 2004 年通过 ISO/TS16949 品质保证系统的认证，确保产品通过 FCC、CE/CB、TUV、UL、CQC 等权威国际认证，符合 RoHS 法规中产品有害物质使用禁令限制，保护环境。

公司主要产品：

1）LED 驱动电源：室内、室外照明；

2）CDM 陶瓷金卤灯电子式安定器：路灯、商业空间照明，民用照明；

3）HID 石英金卤灯电子式安定器：舞台演出灯具，摄影棚灯具，船舶照明，汽车头灯。

主要产品介绍：

RAC 60W/100W/185W 系列 LED 驱动电源

RAC 60W/100W/185W 系列驱动电源，是太仓电威光电有限公司自主研发的具有高可靠性、高效、高功率因数的专用 LED 驱动电源；整机采用全数字智能控制，超薄、长寿命和高可靠设计，完全能够满足适配 LED 负载的要求。

国际通用交流输入（高达 305VAC）；

具有主动式 PFC 功能；

效率可高达 94%；

保护种类：短路/过电流/过电压/过温度；

自然风冷；

可通过输入线和控制线调整参数；

IP67 防护等级，户内户外安装均可；

可选调光功能（DC1 ~ 10V 或 PWM 信号或电阻或数字控制）；

适合于 LED 照明和电子字幕屏等应用；

符合世界照明设备安全规范；

可应用于干燥/潮湿/淋雨环境下。

64. 天津福海银洋能源科技开发有限公司

福海银洋

天津福海银洋能源科技有限公司

地址： 天津市南开区咸阳路 60 号

邮编： 300111

电话： 022-27686848

传真： 022-27645666

网址： www.tjhyb.com

简介：

我公司应铁路建设的急需，研发生产了 20 余种铁路专用电源，包括：车辆 5T 设备配套电源和车号识别电源、通信站电源、中间站电源、列车专用逆变电源、交直流稳压电源、裂相器电源等，受到了各级领导和用户的认可。产品多次获得北京铁路局和铁道部科技成果奖；荣获了国家科委等五部委批准的“国家重点新产品”证书。其中，车辆 5T 设备配套电源自 2002 年起就参与了（TFDS、THDS、TPDS、TADS）主机厂家的开发研制工作，积极努力配合达到铁道部对各项指标的要求，出色地完成了 5T 设备从定型到 TFDS 的Ⅰ代机鉴定、TFDS 的 2 代机推广的工作。并按照运装管验【2010】2567 号电报安排，铁道部运输局于 2010 年 8 月 6 日在北京召开规范 TFDS 设备制造标准工作研讨会，为进一步规范 TFDS 设备制造标准，实现全路 TFDS 设备完全统一，确保设备运行稳定和持续发展，经研究决定成立 TFDS-2 统型项目组。不间断电源设备负责单位：天津福海银洋能源科技开发有限公司（原国家海洋技术中心银河电源开发中心）。

主要产品介绍：

我公司开发、生产的电源包括：HYB 型系列 UPS 电源、逆变电源、机车电源、直流稳压电源、交流净化稳压电源、充电器和各种行业专用电源。产品以一流的品质、完善的服务及合理的价格赢得了市场，产品广泛应用于铁路、部队、海岛、金融、邮电、石油、化工、医疗等众多领域。尤其对铁路沿线恶劣的使用环境（如：常年工作在高温、高寒、高海拔、供电环境较差，易遇强电流冲击等）有较强的适应性，特别是在青藏线、大秦线等全国各条铁路线上的运用都得到各级领导的好评。

65. 田村（中国）企业管理有限公司

TAMURA

地址： 上海市淮海中路 527 号锦江国际购物中心 A 座 13 楼

邮编: 200020
电话: 021-63879388
传真: 021-63879268
邮箱: sales.shanghai@tamura-ss.co.jp tech.support@tamura-ss.co.jp
网址: tamurash.com
简介:

田村（中国）企业管理有限公司成立于2003年【原"田村电子（上海）有限公司"】，是日本田村集团海外最重要的产品研发和市场营销基地，现有员工近百名，其中研发中心员工占人数一半以上。

田村（中国）企业管理有限公司研发中心成立于2006年，主要从事高频开关电源、电感变压器等电子元器件的研发及市场开拓。主要客户遍及全球国际性知名企业，如三菱电机、Sony、丰田、欧姆龙、施耐德、牧田、FANUC、珠海格力等。根据田村集团的战略定位，上海研发中心与日本技术总部具有同等技术研发资质，是日系公司在中国展开高水平技术研发的少数公司之一；特别是通过不断的技术创新，上海技术研发中心正逐步成为国际新能源电源磁元件技术领域研发的开创者和领导者。

公司具有完善的职业培训制度，坚持严谨、规范、高效的技术研发作风，通过严格的OJT开发实战训练，给本地员工提供与国际著名企业的世界一流研发队伍进行定期交流的技术平台。

田村集团的母公司——日本田村制作所是一家拥有90年历史，早于70年代在东京证券交易所上市的机电制造业国际性公司，田村集团在中国主要从事电子材料、电子元件、电路板焊接设备等业务，目前在台湾、香港、深圳、惠州、东莞、上海、苏州、常熟、合肥、北京等地方分别设立了大型生产基地、营业部、办事处及上海和台北两个研发机构。

主要产品介绍:

主要产品覆盖全部功率等级的PV光伏逆变器、变频空调、UPS、服务器电源等各种Boost电感、PFC电感、逆变滤波电感、EMC共模扼流圈等。通过对磁材料、磁元件技术的不断创新、形成了领先世界的独特的磁集成技术、混合磁路技术、L-I Trimming技术、电磁静音技术、Spike Blocker®技术等一系列磁元件设计技术。

66. 无锡新洁能股份有限公司

地址: 江苏省无锡市高浪东路999号（与华清路交叉口）无锡（滨湖）国家信息传感中心B1号楼东侧2楼
邮编: 214131
电话: 0510-85629718
传真: 0510-85627839
邮箱: zhuyz@ncepower.com
网址: www.ncepower.com
简介:

无锡新洁能股份有限公司（NCE Power）是中国现代大功率半导体器件的领航设计与销售企业，专业从事各种大功率半导体器件与功率集成器件设计、生产和销售。

公司是中国第一家研发成功并上量销售大功率-超结-MOSFET（SJ-MOSFET）的设计公司。公司紧密结合自身器件与工艺设计技术领先的优势，与国际一流的芯片代工厂、封装、测试代工厂保持密切配合与合作，严格控制产品质量，保证产品的持续优质和稳定供货。

目前专注于超结大功率MOS器件（Super Junction MOSFET）、NPT-IGBT、沟槽型大功率MOS器件以及射频（微波）RF-LDMOS器件的研发设计、生产、测试、质量考核、销售与服务。公司立足于自主创新，拥有自主知识产权和致力于"新功率""NCE Power"自主产品品牌，在全球已取得几十项发明专利。公司在中国大陆、香港分别建立了设计与运营中心、销售公司以及外包芯片流片基地、成品封装基地、成品测试基地。

公司技术特点是：精通器件的研发设计；精通8英寸先进芯片制程工艺；精通器件电参数的稳定性控制；精通产品应用中的可靠性控制。公司产品特点是：性能与可靠性超越同行，应用偏向高端。注重品牌和信誉。

公司以诚信对待、忠诚服务一路相伴走来的客户和合作者为理念，致力于建立合作共赢的长期协作关系。

主要产品介绍:

新洁能全系列MOSFET

无锡新洁能致力于推广性能卓越、质量稳定、极具价格竞争力的全系列 MOSFET 产品。产品击穿电压覆盖 -200 ~200V，电流覆盖 100mA ~400A。产品广泛应用于各类锂电池保护模块、手机、平板电脑等便携式数码产品电源管理、电动交通工具控制器、不间断电源，逆变器和各类电力电源，以及 LED 照明中。

无锡新洁能的第二代超结 MOSFET 系列产品，电流密度、导通电阻、开关损耗和总能效均有大幅优化，为客户提供 600 ~900V，4 ~20A 的多样选择。产品适用于电脑和服务器电源、适配器、照明和电视等消费电子产品。

无锡新洁能最新推出的新一代 1350V IGBT，器件功率损耗大幅降低，配合搭载独立的等电压快速恢复二极管（FRD），适宜于电磁加热等各类软开关应用。

67. 西安爱科赛博电气股份有限公司

爱科赛博 ACTIONPOWER

地址：陕西省西安市高新区信息大道 12 号
邮编：710119
电话：029-88887953
传真：029-85692080
邮箱：sales@cnaction.com
网址：www.cnaction.com

简介：

西安爱科赛博电气股份有限公司是由原西安爱科电子有限责任公司、西安赛博电气有限责任公司业务整合，于 2012 年 4 月改制成立的股份制公司，位于西安高新区，占地面积 20 亩，厂房面积 18000 平方米，员工人数 380 人。旗下有全资子公司苏州爱科博瑞电源技术有限责任公司。

公司创业成立于 1996 年，是陕西省第一批国家高新技术企业、国家火炬计划和重点新产品支持企业、陕西省电能质量工程技术研究中心、陕西省企业技术中心和西安市电力电子产业联盟核心成员。具有国军标质量体系、三级保密资格单位、武器装备科研生产许可证、装备承制单位资格等军品科研生产全部资质。

公司专注于电力电子电能变换和控制领域，为用户提供电源、电能质量控制、新能源并网变流产品和解决方案，覆盖发电、供配电、用电环节，涉及新能源、电力、交通、航空军事、工业、科学研究诸多领域。公司从事特种电源和先进工业电源业务近 20 年，为航空军工、加速器、特种工业领域提供先进可靠的大功率电源设备和定制化解决方案，已形成系列产品和通用共享产品平台，参与过多项国家大科学工程和军工重点型号工程，是相关领域的领先企业。公司在国内最早推出工业应用的有源电力滤波器（APF）产品，已经形成有源电力滤波器和中低压静止无功发生器系列产品，成功应用于电力、石油、冶金、交通等数十个行业，是先进电能质量控制设备领域的领先企业。依托成熟的技术和产品平台，公司向新能源和智能微电网领域拓展，为用户提供大功率光伏并网逆变器、储能双向变流器、微网控制设备和控制系统等电力电子变流设备和应用解决方案，成为该领域专业、稳定、持续的设备制造商和解决方案提供者。

主要产品介绍：

爱科赛博全系列电能质量控制产品

爱科赛博为客户提供采用电力电子技术的全系列先进电能质量控制产品，包括有源电力滤波器、中/低压静止无功发生器产品，通过贴身式现场服务充分了解客户需求，应用领先的系统仿真分析和设计能力，为客户提供最佳电能质量控制解决方案。

68. 西安龙腾新能源科技发展有限公司

Power the Future LONTEN 龙腾

地址：陕西省西安市凤城十二路 1 号出口加工区
邮编：710021
电话：029-86658666
传真：029-86658666-5555
邮箱：info@lonten.cc
网址：www.lonten.cc

简介：

西安龙腾新能源科技发展有限公司是一家致力于新型功率半导体器件、光伏逆变器与高性能电源的研发、生产、销售及服务的高新技术企业。

公司位于西安出口加工区，由一批在太阳能光伏、电力电子、半导体等相关行业的资深从业人员创立。管理团队由具备国际化视野及上市公司管理背景的专业化人员组成。公司将技术创新视为企业发展的核心竞争力，建有国内一流水准的研发中心及试验室。

公司推出的光伏逆变器产品具有多项核心技术专利，先进的功率变换及数字控制技术，简约现代的工业造型设计，人性化的操作界面，严格的质控体系，使得系列产品具有强大的市场竞争实力。公司推出的高压超结场效应晶体管（Super Junction MOSFET）系列产品具有高能效、高可靠性及高性价比的优点，已在 PC 及服务器电源、LED 照明系统、HID 照明系统、充电器等多个领域得到应用。

公司的长期发展目标是成为全球光伏并网逆变器市场主要厂商及功率半导体器件重要供应商。

主要产品介绍：

LONTEN™超结 MOSFET

LONTEN™超结 MOSFET 基于先进的沟槽工艺，是新一代高压超结 MOSFET 产品。与传统 MOSFET 相比较，产品的特征导通电阻大大降低，兼具低 $R_{DS(on)}$ 和低总栅极电荷。通过利用先进的制造技术以及精确的工艺控制，LONTEN™超结 MOSFET 产品具有优越的开关特性和可靠性，具有更好的品质因数（Figure of Merit，FOM），产品 100% 经过 UIS 雪崩能力测试，符合绿色环保产品相关规定。

69. 西安伟京电子制造有限公司

Weiking 伟京

地址：陕西省西安市高新区草堂科技产业基地秦岭大道西 2 号科技企业加速器 9 号楼 1C

邮编：710304

电话：029-65660060

传真：029-65660061

邮箱：sales@weiking.com

网址：www.weiking.com

简介：

西安伟京电子制造有限公司于 2004 年成立，是一家集电源模块和厚膜混合集成电路类产品研发、生产、销售和服务为一体的高新技术企业。

公司产品主要依据 GJB2438A-2002 和 SJ20668-98 等军用标准研制和生产，现已形成了 DC-DC 电源模块、开关放大器及无刷马达驱动器等上百种产品，为客户提供小功率军用直流变换的全套解决方案和小功率直流无刷电机驱动解决方案，产品广泛应用于地面车载、航空、航天、船舶和高可靠用途的工业领域。

公司建有 SMT 电装和厚膜混合集成电路封装生产线，配有全自动贴片机、金丝键合机、平行缝焊机等先进设备，以及全自动电源测试系统等行业先进的测试和试验设备，满足批量生产及测试、试验的要求。

公司已获得 ISO9001 质量管理体系认证、GJB9001 军工产品质量体系认证、军工三级保密资格认证和 AS9100C 国际航空、航天和国防组织的质量管理体系认证，通过了武器装备科研生产许可认证现场审核。

公司坚持“为顾客创造价值，为员工提供舞台”的企业使命，为客户提供品质一流的小功率电源和驱动解决方案，力争成为国内外知名的军用功率电子提供商。

主要产品介绍：

WKI28 *** -5H 系列 DC-DC 电源模块

WKI28 *** -5H 系列 DC-DC 电源模块采用混合集成工艺、浅腔式双列直插式金属全密封结构，是航空、航天、军用电子等高可靠应用领域的理想选择。本系列包含单路输出：5V、5.2V、12V、15V；双路输出：±5V、±12V、±15V；共计 7 个型号，输出功率均为 5W。输入电压范围为 16～40VDC，工作频率约为 430kHz。有禁止、输出过电流/短路保护等功能。

产品的设计与制造符合 SJ 20668-1998《微电路模块总规范》和 Q/WK 20119-2012《微电路模块 WKI2805S-5H、WKI285R2S-5H、WKI2812S-5H、WKI2815S-5H 型电源模块详细规范》、Q/WK 20120-2012《微电路模块 WKI2805D-5H、WKI2812D-5H、WKI2815D-5H 型电源模块详细规范》的要求。

70. 厦门埃尔华进出口有限公司

ALMAR
中国一级代理商
埃尔华企业

地址：福建省厦门市湖滨南路 51 号名官大厦 20 楼 B 座

邮编：361004

电话：0592-2237175

传真：0592-2237170

邮箱：kschoi@almar.com.cn

网址：www.almar.com.cn

简介：

埃尔华企业有限公司成立于 1987 年，在 1990 年埃尔华企业有限公司被日本 RUBYCON 公司任命为中国（包括香港特别行政区）一级代理商。专业代理日本 RUBYCON 公司生产的红宝石铝电解电容器，塑料薄膜电容，PC-CON 固体电容等。

埃尔华企业有限公司有二十多年扎根在电源行业经历，积累了宝贵的经验。

“以客为本，成就客户”是我们的关键成功要素之一。从产品技术咨询及售后服务，我们能实时提交优化评估方案，帮助客户第一时间了解产品特性，让客户收益最大化。

主要产品介绍：

1. 导电性高分子铝固体电解电容器。
2. 铝电解电容器。
3. 塑料薄膜电容器。
4. 薄膜高分子积层电容器。
5. 双电层电容器（超级电容）。

71. 厦门市爱维达电子有限公司

绿色电源专家 EVADA

地址： 福建省厦门市海沧区新阳工业区霞阳路 39 号
邮编： 361026
电话： 0592-8105999
传真： 0592-5746808
邮箱： xmevada@evadaups.com
网址： www.evadaups.com

简介：

厦门市爱维达电子有限公司（以下简称爱维达）是一家总部位于中国福建省厦门市的提供全面电源解决方案及电源保护产品的设计、开发、生产和销售的高科技公司，是国家认定的高新技术企业和厦门市重合同守信用单位。爱维达于 1998 年 1 月创立于汕头，1999 年 8 月总部迁至厦门市，成立了厦门市爱维达电子有限公司。爱维达的产品主要涉及 UPS 电源、太阳能、风能逆变器、LED 驱动电源、通信电源、氢燃料电池逆变器等。产品功率容量从 0.5 ~ 6400kVA，已获得“厦门市著名商标”、“福建省著名商标”、“中国 UPS 电源十强企业”、“中国通信市场最有影响力行业品牌”、“2010 年中国行业信息化值得信赖品牌”等称号并且已连续 6 年被评为厦门市成长型中小企业和纳税大户。

爱维达是中国电源学会会员单位、福建省电源学会常务理事单位等。承担过多项厦门市科技计划和国家重点新产品计划，拥有 2 项国家发明专利和 10 多项实用新型专利。

爱维达非常注重全面质量管理工作，先后通过了 ISO9001 国际标准要求的质量保证体系认证和国家环境管理体系 ISO14001：2004 认证和国家职业健康安全管理体系 GB/T28001-2001 认证。公司凭借雄厚的技术实力，优秀的产品为用户提供完整的电源解决方案，产品已广泛应用于通信、金融、电力、铁路、政府、企业等系统，用户遍及全国各地。

公司在北京、天津、沈阳等二十五个地方设有驻外分公司或办事处，组成了全国营销、服务网络，部分产品已远销欧洲、俄罗斯、亚太地区等。爱维达公司将以“通过技术创新和品牌运营，成长为电源行业一流的品牌，一流的企业”，向国际型企业迈进。

主要产品介绍：

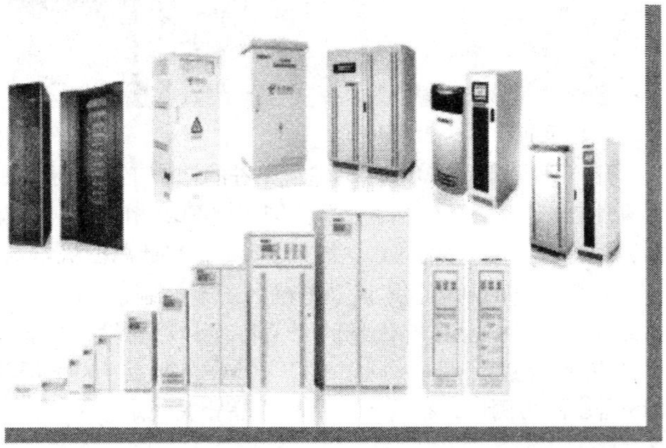

产品包括：LED 驱动电源；直流远供电源；电力专用电源 XMI-D 系列：1 ~ 30kVA；后备式 HI 系列：500VA、1000VA；在线互动式 HT 系列：1kVA、2kVA；在线式 HQ-G 系列：1 ~ 160kVA（高频）；在线式 HQ 系列：3 ~ 30kVA（工频）；大功率 HP 系列：10 ~ 800kVA；通信专用电源 XMI 系列：1 ~ 20kVA；通信基站户外专用电源 HW 系列：1 ~ 6kVA；室分专用电源：1kVA；其他定制电源。

72. 英飞凌科技（中国）有限公司

infineon

英飞凌

地址： 上海市浦东新区松涛路 647 弄 7-8 号
邮编： 201203
电话： 021-61019100
传真： 021-61649802
网址： www.infineon.com

简介：

关于英飞凌

总部位于德国纽必堡的英飞凌科技股份公司，为现代社会的三大科技挑战领域——高能效、移动性和安全性提供半导体和系统解决方案。2012 财年（截止到 9 月 30 日），公司实现销售额 39 亿欧元，在全球拥有约 26700 名雇员。英飞凌科技公司的业务遍及全球，在美国苗必达、亚太地区的新加坡和日本东京等地拥有分支机构。英飞凌公司目前在法兰克福股票交易所（股票代码：IFX）和美国柜台交易市场（OTCQX）International Premier（股票代码：IFNNY）挂牌上市。更多信息可在以下网站找到：www. infineon. com。

英飞凌在中国

英飞凌科技股份公司于 1995 年正式进入中国市场。自

1996 年在无锡建立第一家企业以来，英飞凌的业务取得非常迅速的增长，在中国拥有 1300 多名员工，已经成为英飞凌亚太乃至全球业务发展的重要推动力。英飞凌在中国建立了涵盖研发、生产、销售、市场、技术支持等在内的完整的产业链，并在销售、技术研发、人才培养等方面与国内领先的企业、高等院校开展了深入的合作。

73. 英飞特电子（杭州）股份有限公司

INVENTRONICS

英飞特电子

地址：浙江省杭州市滨江区六和路 368 号海创基地

邮编：310053

电话：0571-56565800

传真：0571-86601139

网址：www.inventronics-co.com

简介：

英飞特电子（杭州）有限公司是一家致力于高效、高可靠性 LED 驱动器的研发、生产、销售和技术服务的国家级高新技术企业，现已成为全球领先的 LED 驱动器供应商。

公司汇聚众多世界一流的研发人才和管理人才，建立了一支富于创新、核心稳定的领导队伍。在极富创新精神的管理与研发团队的不断探索下，英飞特已具备了 LED 驱动器全球领航的研发实力。公司成立五年来，以平均每周申请一项专利技术的速度开发和保护核心技术，并相继承担国家科技支撑计划、国家 863 计划、国家创新基金、浙江省重大专项、杭州市重大专项等 10 余项各级科技项目。在科技创新战略和知识产权战略的保驾护航下，公司设立了世界一流的安规实验室、省级企业研发中心以及博士后工作站，并与美国弗吉尼亚理工大学、浙江大学等国内外科研院所开展产学研合作，形成了多位一体的创新体系。

凭借自身卓越的创新意识及业内领先的技术能力，公司相继获得人社部最具成长潜力的留学人员创业企业、国侨办创新团队、浙江省专利示范企业、浙江省著名商标、杭州市行业龙头企业、杭州市名牌产品等 30 多项荣誉称号。英飞特 LED 驱动器已成功应用于温哥华冬奥会、上海世博会、胶州湾跨海大桥等全球知名工程，点亮了麦德龙、银泰百货、娃哈哈等国内外著名企业。

随着英飞特电子品牌的知名度和美誉度不断提升，公司吸引了来自国内外的优质客户 2200 余家，并与全球众多 LED 照明巨头和国内 LED 照明知名企业结成了战略合作伙伴关系。

主要产品介绍：

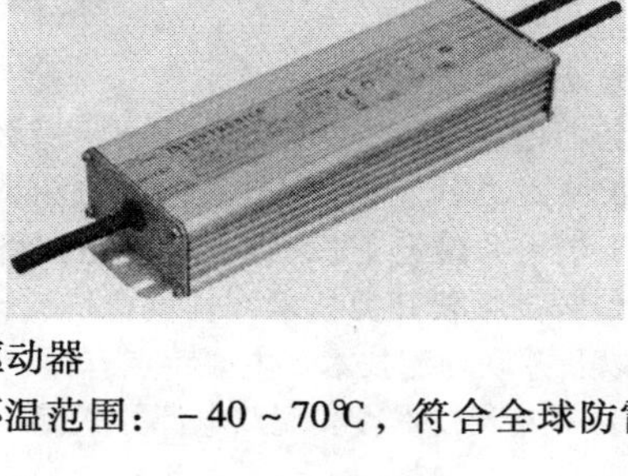

LED 驱动器

工作环温范围：－40～70℃，符合全球防雷、安规及电磁兼容标准；

效率：高达 93.5%；

功率因数：高达 0.99；

超长寿命：60℃壳温下超过 5 万小时；

高可靠：平均无故障时间（MTBF）大于 20 万小时；

防水等级：IP67；

输入：全球电网电压范围（AC90～305V、AC249～528V）。

74. 浙江矛牌电子科技有限公司

spearpower

地址：浙江省丽水市水阁工业区成大街 10 号

邮编：323000

电话：0578-2553355

传真：0578-2553355

邮箱：jmli@spearpower.com

网址：www.spearpower.com

简介：

浙江矛牌电子科技有限公司是一家集电源/智能控制产品研发设计、生产制造和产品销售为一体的新兴节能产业型高新技术规范企业。公司不仅拥有一支对充电器、适配器、开关电源、LED 驱动电源、工业和医疗电源、健身控制板等有多年设计和管理经验的资深团队，还拥有全自动插件流水线、进口全自动贴片机、波峰焊、回流焊、智能电子老化负载及训练有素的一线员工，生产能力强，技术开发力量雄厚。

本公司严格贯彻 ISO9001/ISO14000 国际管理体系，全面导入 6S 管理理念及先进的可靠性智能测试系统，使公司的品牌知名度和产品品质均得到了客户的高度评价及业界的充分肯定。产品广泛应用于健身器材、民用、工业、医疗、通信、安防、监控、照明、电力电子等领域。

本公司生产的开关电源及各类智能控制板具有价格低、性能稳定、转换效率高、安全可靠、使用寿命长等特点，是取代传统控制型线性电源等的理想升级换代产品。

公司的所有产品均已通过中国质量认证中心的 CQC、CCC 国内系列认证，还通过了 GS/VDE、UL、CUL、CE、CB、PSE、SAA、KC、BSMI、PSB、巴西等国际安规认证及能效认证。本公司所有产品均符合 ROSH、REACH、PAHS 等国际环保指令，产品远销国内外多个国家和地区。

主要产品介绍：

产品类别包括：医疗电源；开关电源适配器、充电器；

LED 电源；工控电源；通信类开关电源；控制板类等。

75. 浙江特雷斯电子科技有限公司

地址：浙江省温州市乐清柳市镇排岩头工业区
邮编：325604
电话：0577-61677775
传真：0577-62715225
邮箱：tresstech@tresstech.cn
网址：www.tress-power.com

简介：

“特雷斯”专业从事新能源、电源领域科研、开发、生产、信息及服务一体化的高新技术企业。公司经过不懈努力，以品种全、质量高、服务优为广大客户所认可，多次获得市政府“优秀企业”、“先进企业”、“诚信民营企业”等光荣称号。

目前公司研发的产品基本涵盖了国内外最优秀的产品，它们代表了当今世界电源制造的最高水平。公司拥有海归博士后、博士领衔的研发团队组成的产品研发中心，并坚持以科技为先导，与各大高校保持长期、良好的研发合作，以引进吸收国际先进技术，建立严格的质量控制体系。在上海、湖北分别建立研发设计中心。

公司以代理分销的经营方式，以多层次、多方式开展“决战终端”的战略。“特雷斯”以优良的产品品质、完善的服务体系、高效的广告策划、快捷的物流保障，赢得了越来越多的用户对“特雷斯”产品的友好、支持和信赖。

主要产品介绍：

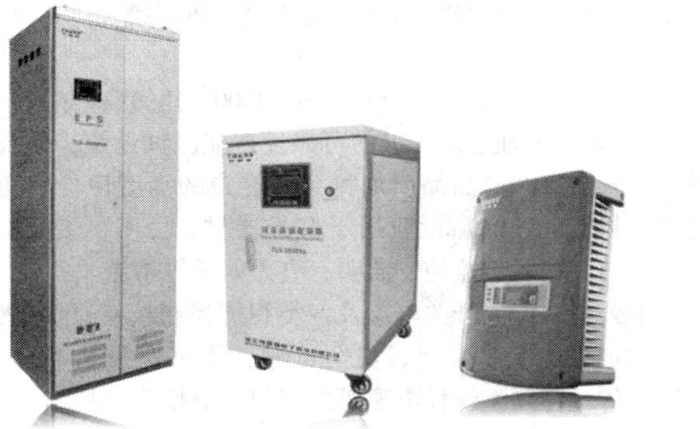

EPS消防应急电源　纯正弦波逆变器　太阳能/风能并网逆变器

EPS专用逆变机芯　EPS专用变压器

公司主要产品：EPS 应急电源、EPS 专用逆变器芯、EPS 专用变压器、太阳能/风能并网逆变器、纯正弦波逆变器等。

76. 中国长城计算机深圳股份有限公司

中国航天事业合作伙伴
A COOPERATIVE PARTNER OF CHINA SPACE

地址：广东省深圳市南山区科技园长城计算机大厦
邮编：518058
电话：0755-26639997-8637
传真：0755-29519395
邮箱：yaokw@greatwall.com.cn
网址：www.greatwall.cn

简介：

中国长城计算机深圳股份有限公司成立于 1986 年，注册资本 13.2 亿元，1997 年在深交所上市（股票简称长城电脑；代码 000066），是中国电子信息产业集团有限公司通过长城科技股份有限公司控股的骨干企业。公司在深圳市南山区、宝安区、龙岗区、广西北海市建有自己的研发、生产基地，总面积达 128 万平方米，拥有员工达 3 万余人。

公司业务涵盖“计算机整机及关键零部件、信息安全与自主可控产品、云计算及数据存储系统、新兴能源”等，目前是全球最大的显示器研发制造商、全球第三大液晶电视研发制造商、国内最大的计算机电源研发制造商、国内领先的云计算解决方案提供商和服务商。

在电源领域，公司自 1989 年开始从事开关电源的生产制造。经过 20 余年的积累沉淀，目前全系列产品通过 CCC 认证，并在国内电源行业中率先通过了 ISO9001 质量体系认证，荣获首张节能证书，同时长城电源也是中国电源国家标准的主要起草单位。长城电源凭借优良的产品质量、贴心的服务深受广大消费者的青睐，牢牢占据国内近 35% 的市场份额，多年来一直稳居国内电源第一品牌。其产品已被方正、清华同方、清华紫光、海尔、神舟、浪潮、曙光、联想等国内外著名品牌计算机所选用，产品远销欧美、日韩等国家和地区。

主要产品介绍：

刀片服务器电源（3kW）

3kW 服务器电源成功为“天河二号”超级计算机配套，标志着长城大功率、高效率电源达到了国际先进水平。

3kW 服务器电源融汇了长城众多独创的专利技术，采用 ZVS 全桥恒频高频软开关技术 + 长城自行设计及开模订制变压器，以及并联均流技术。主要特点有：

1. 采用独有专利技术，实现双电源并联满载启机性能。

2. 电源转换效率高，达到 80plus 铂金等级，以目前客户整套大系统一万二千台电源计算，使用长城 3kW 电源，输入功率保守估计要节约 67.52 万 W，长城电源极大地降低了客户系统配电需求及系统长年工作时的电力损失。

3. 软件支持 PMBUS1.0 和 PMBUS1.2 功能，如系统可实时地查询电源的各种工作参数（输入电压、电流、功率、温度、风扇转速等）与状态（过电流、过电压、过温、风扇故障等），能进行远程电源开、关机，OCP 点设置，故障保护，故障恢复，风机转速设置等智能控制。

会 员 单 位

广东省

77. TÜV 南德意志集团

地址： 广东省深圳市南山区南头关口二路智恒战略新兴产业园 12&13 栋

邮编： 518052

电话： 0755-33323274

传真： 0755-88285299

邮箱： esther.yao@tuv-sud.cn

网址： www.tuv-sud.cn

简介：

150 多年前诞生于德国，TÜV 南德意志集团是业内领先的技术服务公司，为您提供资讯、检验、测试、专家指导、认证和培训服务。19 000 多名员工遍及全球 800 多个办事处，着力为您提供技术、体系和实际运作中的优化服务。

TÜV 南德意志集团大中华区的总部设在上海，其主要分公司分布在北京、广州、香港和台北，以及超过 40 个贯穿整个区域的分支机构及办事处。2012 年，TÜV 南德意志集团大中华区拥有约 3 000 名专注于各个领域的专家和训练有素的工作人员。截至目前为止，TÜV 南德意志集团大中华区已与约 20000 家公司有过合作，包括政府机构、中小型企业和跨国公司。

78. 东莞宏强电子有限公司

地址： 广东省东莞市南城区宏远路 22 号

邮编： 523087

电话： 0769-22414096

传真： 0769-22414097

邮箱： sj_ zhang@decon.com.cn

网址： www.decon.com.cn

简介：

自 1989 年创业以来，集团的核心业务是铝电解电容器和其配套原材料的销售。集团总部位于中国香港，于 1995 年在广东东莞设立了东莞宏强电子有限公司，主要经营业务是研发、制造和销售高品质铝电解电容器。其后集团又在江苏高邮设立了另一铝电解电容器生产基地，至今集团拥有月产 1 亿只各种类型铝电解电容器的生产能力。理想的材料是开发理想产品所必不可少的，我们的产品开发都从电容器所需材料的基础研究开始，在决定电容器性能的主要材料中，即铝电极箔的生产方面，集团位于江苏和新疆的铝箔生产公司产量位居我国前列，其产品也供应其他电容器生产商，电容器材料的研发能力实现了产品的高品质与高可信，是我们的一大优势。

随着电子产业迎来崭新的数字化时代，集团不断对自身进行改革，以便构筑起极富机动性的灵活运转经营体制，成为顺应时代潮流的企业。我们认为，一直保持与客户同样的观点来凝视时代、分析下一个时代，尽快开发出符合时代要求的产品，才是时代赋予我们的重要使命。环保世纪的到来要求企业不断研制出以人为本的环保型产品，以促进全球性的环保进程。运用长期积累下来的技术，我们有决心一定会开发出创造时代潮流的新产品，为创造丰富多彩的未来继续作出不懈努力！

79. 东莞华兴电器有限公司

地址： 广东省东莞市清溪镇三中金龙工业区

邮编： 523651

电话： 0769-82995698

传真： 0769-82995693

邮箱： info@wahhing.com.hk

网址： www.wahhing.com.hk

简介：

东莞华兴电器有限公司创建于 1997 年，位于中国最发达的制造业基地——广东省东莞市清溪镇，占地面积 110 000平方米，现有员工 1 500 余人。

本公司是一家专业从事电源变压器、电源转换器、环型变压器、灌注型变压器、开关电源和充电器等产品，自主研发、制造和销售的大型港资企业。公司在东莞、深圳、厦门和香港建有多家生产和销售基地，奉行国际化的品牌战略，客户均为世界著名电器制造商，如：CASIO、PHILIPS、SONY、iRobot、THOMSON、PANASONIC、OMRON、SAMSUNG 等。

80. 东莞立德电子有限公司

地址：广东省东莞市塘厦镇第一工业区
邮编：523710
电话：0769-87727748
传真：0769-87922625
邮箱：Hoverhu@l-e-i.com
网址：www.lei.com.tw
简介：

东莞立德电子有限公司位于东莞市塘厦镇第一工业区，公司注册资本：HKD8000万，员工总人数近4000人。总公司于2002年12月于台北交易所正式公开上市，全球事业处分布在10个不同的地点遍及6个国家和地区。东莞立德电子有限公司主要生产和销售变压器、整流器、充电器、电源供应器、半导体、元器件专用材料（多层线路板）、新型电子元器件（电力电子器件：电子安定器，不间断电源）、锂离子电池、数字放声设备（激光唱机）、宽带接入网通信系统设备（网络卡）、交换设备（交换机）、高端路由器（路由器）、数字音/视频编译码设备、电子专用设备（电源供应器，电磁锁）等各类电子元器件系列产品。

81. 东莞市港龙电源设备有限公司

地址：广东省东莞市常平镇横江厦工业二路
邮编：523516
电话：0769-81188878
传真：0769-81188978
邮箱：gl_516@126.com
网址：www.glbyq.com.cn
简介：

东莞市港龙电源设备有限公司是变压器、稳压器、调压器、UPS \ EPS不间断、变频电源等电源产品集设计、销售和生产为一体的公司，是广东地区最具诚信和实力的电源产品供应商。公司成立于2002年，是中国电源学会会员单位，总部坐落在广东省东莞市常平镇横江厦工业二路，占地面积7000余平方米。公司创办以来，坚持“以质量求生存，以技术求发展，以个性化服务于客户”的发展纲领，不断引进和吸收国内外先进技术、新工艺、新器件，使产品品质不断提高，功能不断完善，性能更加可靠，港龙人本着“追求永无止境”的理念，不断创新、努力开拓，经过多年拼搏奋斗，公司现已取得多项国内领先技术，建设了以高科技为基础的初具规模的电源生产基地。

作为中国电源行业崭露头角的新兴企业，经过近10年的积累，本公司已发展为国内规模最大、稳压器自制率最高的制造商之一，公司从硅钢片选材、裁制到铁心绕制、热处理，与线圈的绕制及平面处理，均采用行业内先进的技术，保证每一台产品的质量及成本优势。公司拥有各种先进的生产检测设备以及遍布全国的售后服务网络，严格的质量管理标准及完善的售后服务体系，在同行业中率先以通过ISO9001质量管理体系为目标，并已获得多项质量认证。但质量认证只是我们对产品质量的基本要求，在实际生产过程中，我们精益求精，力争产品在质量、功能、价格、交货期上均能领先于业内。

本公司承诺：凡是从我公司购买的每一件产品，从收到产品开始均实行一年免费保修，终生维护。

82. 东莞市金河田实业有限公司

地址：广东省东莞市厚街镇科技工业城
邮编：523943
电话：0769-85585691-8012
传真：0769-85587456-8012
邮箱：iso@goldenfield.com.cn
网址：www.goldenfield.com.cn
简介：

东莞市金河田实业有限公司成立于1993年，是一家集研发、生产、销售、服务于一体的民营高新技术企业。主要产品有电脑机箱、开关电源、多媒体有源音箱、键盘、鼠标等，是国内主要的“电脑周边设备专业制造商”之一。

金河田是国家高新技术企业，是中国优秀民营科技企业、广东省民营科技企业、广东省知识产权优势企业、广东省创新型试点企业和东莞市工业龙头企业等。金河田公司自主品牌“金河田”商标是中国驰名商标和广东省著名商标；金河田主导产品电脑机箱、开关电源、多媒体有源音箱均为广东省名牌产品。

金河田产品销售和服务网点已覆盖全国各大中城市，并进入了韩国、印度、俄罗斯、阿联酋、德国、巴西、澳大利亚等40多个国家和地区。

83. 东莞市乐科电子有限公司

地址：广东省东莞市塘厦镇科苑城鹿苑路168号乐科工业园
邮编：523718
电话：0769-87289666
传真：0769-87288518
邮箱：yzy@dgleke.com.cn
网址：www.leke.com.cn
简介：

东莞市乐科电子有限公司成立于1997年10月，位于毗邻深圳特区的东莞市塘厦镇科苑城信息产业园，厂房占地面积2万余平方米，由电源事业部、线材事业部组成。拥有高素质员工队伍1800多人，各种专业人才300余人。乐科电子是一家专业从事EPS应急电源、UPS不间断电源、模块化光伏并网系统，逆变电源、空气净化器及客户定制LCD/LED-TV电源、PC电源和各种线材、端子线、连接器及等研发、生产、销售与服务为一体的民营高新技术企业。

84. 东莞市锐源仪器股份有限公司

FRIENDS INSTRUMENT

地址： 广东省东莞松山湖高新技术产业开发区松科院9号楼216室
邮编： 523808
电话： 0769-22761001
传真： 0769-22761006
邮箱： sales@dectech.cn
网址： http：//www.dectech.cn

简介：

东莞市锐源仪器股份有限公司成立于2000年，多年以来以“厚德创新，自强不息”为宗旨，以强大的技术力量为依托，专业从事FRIENDS/DECTECH品牌测试系统与电子仪器的研发、设计、生产、销售、服务、钣金的设计生产［仪器机箱、标准机柜（19in）］，以及世界品牌仪器的代理与服务。公司自成立以来，已向国内企业客户提供了大量的测试解决方案。服务代表性企业客户有：台达电子、光宝集团、康舒电子、三星电子、比亚迪、TCL集团、康佳电子、LG电子、中兴通讯等。公司的合作伙伴遍布全球，与世界著名品牌仪器厂商如：泰克、华仪、太平洋、日置、安捷伦等有着长期战略合作伙伴关系。公司不仅有电子测量仪器的销售与服务上的长期优势，同时公司的自动测试系统在电源行业的测试领域中，还为用户提供了比较完善的测试解决方案。

85. 东莞市友美电源设备有限公司

友美电源设备有限公司 WOOMI POWER TECH CO.,LTD.

地址： 广东省东莞市寮步镇凫山村长富工业区兴山路27号
邮编： 523401
电话： 0769-88953166
传真： 0769-83239410
邮箱： hsk@woomijn.com
网址： www.woomijn.com

简介：

东莞市友美电源设备有限公司是专业从事电源及节能设备研发、制造、销售的综合型高科技企业。公司已通过ISO9001：2000国际质量体系认证，是中国电源学会会员单位、中国节能协会理事单位。公司系列产品在国内、国际上获得了多项专利和中国节能产品认证（CSC认证）。公司自主研发的数控式路灯节能控制系统荣获广东省科技进步一等奖，并被授予“广东省高新技术企业”称号。

在ISO9001：2000国际质量体系认证的保障下，本公司凭借丰富的经验及精湛的技术制造的：AVR数控式稳压器、智慧型SBW稳压器、变压器、全数字化UPS不间断电源、DC直流开关电源、线性电源、调压器等特种电源产品一直深受广大客户的青睐。

友美电源产品已被国防科研单位指定为供应厂家。在市政、金融、医疗、铁路、邮电、广播电视等需要高品质电源的领域都有相当好的口碑，并多次获到政府部门颁发的嘉奖和荣誉。

友美人的奋斗目标：制造中国电源、节能行业第一品牌！

友美人的企业宗旨：诚信、创新、服务、共赢。

86. 佛山市宝星科技发展有限公司

地址： 广东省佛山市南海区罗村联和工业西二区石碣朗大道1号
邮编： 528000
电话： 0757-81285481
传真： 0757-81285480
邮箱： info@prostar-cn.com
网址： www.prostar-cn.com

简介：

佛山市宝星科技发展有限公司主要从事不间断电源（UPS）、消防应急电源（EPS）、专用逆变器、蓄电池等电源产品以及太阳能光伏发电系统，风力发电系统等可再生能源发电产品的专业设计、研发、制造公司，自主运营并全权负责Prostar全球业务的推广和服务。经过十多年的市场开拓，宝星公司业务迅速发展，销售、物流、服务等机构日益完善。凭借雄厚的技术研发实力，可靠的产品品质，完备、快捷、高效的售后服务，得到了国内各行业用户的一致肯定和好评，产品广泛应用在中国的政府、金融、电信、电力、财税、制造等系统，尤其是2008年北京奥运会的竞赛场馆项目，Prostar UPS系统相继中标北京老山自行车场馆、五棵松篮球场馆、奥林匹克公园网球中心等奥运场馆项目，以优质、可靠的电力安全保护系统为北京奥运会保驾护航。宝星公司本着“以专业诚恳的态度，造世界一流品质”目标为己任，坚持不断学习和勇于创新的精神，勇攀事业新高峰。

87. 佛山市迪智电源有限公司

迪智电源 DIZHI POWER

地址： 广东省佛山市顺德区容桂容里天富来国际工业城二期4座702
邮编： 528306
电话： 0757-26123605
传真： 0757-22905246
邮箱： dss@dss-power.com
网址： www.dss-power.com

简介：

佛山市迪智电源有限公司是一家专业从事 AC/DC、DC/DC 系列开关电源研究、开发和制造的高新技术企业，公司位于广东省佛山市顺德区，公司面积 3000 多平方米，拥有专业的研发队伍，多年的设计、研发、生产、销售经验，可以灵活高效地根据客户的要求为客户提供全面的电源解决方案，公司产品类型包括：电源适配器、各种电池充电器、标准化工业电源、RO 纯水机变压器，LED 防水、防雨、LED 灯条电源，裸版型电源灯等，所有产品经过全电脑测试，100% 满负载老化，广泛应用于显示屏、净水器、RO 纯水机、空气净化器、空气雾化器，香薰机、邮电、通信、电力、仪器仪表、半导体制冷制热、医疗设备、监控系统及铁路信号等领域。

公司推行“8S”管理，以“质量求生存、效率求发展”为宗旨，“科技领先、品质至上”为方针，率先通过了 ISO9001 国际质量认证体系，八大系列产品通过 3C、CE、CB、GS、TUV、PS、SAE 等认证，部分产品正在申请 UL 的认证。

公司在北京、上海、杭州等全国各大中城市建立了几十个销售网点，建立了完善的质量跟踪与售后服务体系，能快捷、周到地为客户提供全方位的服务。公司总部以及各销售网点保持一定量的标准产品库存，能及时满足您的需要。如果您不能找到合适的型号，我们的工程师在了解您的需求后，能够迅速提出相应的电源解决方案，为您定制出特殊规格的电源。希望我们能够成为长期的合作伙伴。

88. 佛山市富士川电业有限公司

地址： 广东省佛山市南海区狮山工业园 C 区恒丰路
邮编： 528225
电话： 0757-86696021
传真： 0757-86696022
邮箱： ad@fsc8.com
网址： www.fsc8.com

简介：

佛山市富士川电业有限公司是一家设计、制造、销售环型变压器、方型变压器、高频变压器、特种变压器、开关电源的专业制造商。公司拥有生产厂房面积近 6000 平方米，员工近 300 人，并拥有先进的生产设备及检测设备，已具备年产 1000 万台各类变压器的生产能力，相关产品安规认证（CE、CQC 等）和管理体系认证（ISO9001 等）均已获得通过。

公司管理制度完善，工作流程规范，企业文化良好，企业机制科学，技术力量雄厚。从成立至今公司申报并先后获得通过多项专利，其中包括 EI 变压器和环型变压器大幅度降低空载功耗设计专利，受生产风能、太阳能逆变器和 UPS 厂家的好评，欢迎广大变压器用户来电、来访、询价打样、洽谈合作。

89. 佛山市哥迪电子有限公司

地址： 广东省佛山市禅城区江湾二路 34 号
邮编： 528000
电话： 0757-82724179
传真： 0757-82721428
邮箱： market02@gedi-lighting.com
网址： www.gedi-lighting.com

简介：

佛山市哥迪电子有限公司是一家专门从事照明产品研发、生产、销售的综合性合资企业。公司创办于 1987 年，是最早进入照明行业的企业之一。

公司一直信奉“以质量求生存，以信誉求发展，以管理求效益”的管理理念。在充分引进吸收国内外先进技术的基础上，哥迪电子不断与国内多个科研机构交流合作，使技术更成熟，产品更稳定。产品全部采用高品质原辅材料，采用先进的生产设备、检测设备及仪器，保证了前期研发的准确性和先进性。以严格的生产管理体系为保障，使产品质量达到了国际先进水平。

公司质量管理体系顺利通过了 TUV 德国莱茵公司的 ISO9000：2001 认证，关键产品取得了 VDE、UL、CUL、GS、SAA、TUV、CE、EMC 等各种认证。

二十年风雨兼程，哥迪一路走来，以诚立商，在竞争日益激烈的电子市场立于不败之地。今后，哥迪将以更高的效率研发新品，以更大的诚意谋求与海内外客户的合作。

90. 佛山市汉毅电脑设备有限公司

地址： 广东省佛山市禅城区汾江南路里水大道 11 号综合楼
邮编： 528000
电话： 0757-83835908
传真： 0757-83835018
邮箱： hanny@hanny.com.cn
网址： www.hanny.com.cn

简介：

开关电源专业生产厂家，年产开关电源 1000 万件。

1. 企业通过 ISO9001：2008 质量管理体系认证。

2. 已有六大系列近百种规格开关电源分别通过 UL、CUL、TUV、CE、S-MARK、SAA、KTL、CB 产品安全认证。

3. 中国电源学会会员单位，广东省电源学会常务理事单位，具有中华人民共和国进出口企业资格。

4. 专业配套生产开关电源，配套范围：饮水机、电子冰箱、雾化器、LED 广告灯、照明节能灯、数字功放、液晶显示器等。

5. 拥有多项技术专利和独特工艺，质量可靠，性价比高。

6. 产品深受客户的信赖，从1999年起，一直是美的集团的“优秀供应商”。被广东省轻工协会授予“质量信得过企业”称号。

7. 美的集团、海尔冰箱、科龙集团、星星集团、新世纪安吉尔等多家大型知名企业和品牌都是我们稳定的客户。

8. 产品出口美国、意大利、英国、德国、日本、韩国、澳大利亚等世界国家。

91. 佛山市凯拓电源设备有限公司

Kaitop

地址：广东省佛山市禅城区江湾一路弼唐东二街23号之三2楼

邮编：528000

电话：0757-82662728

传真：0757-82662727

邮箱：info@kaitop.com

网址：www.kaitop.com

简介：

佛山市凯拓电源设备有限公司是美国、中国大陆、中国台湾地区三方合作的专业设计、制造不间断电源（UPS）和全密封免维护电池的公司，全权负责中国大陆地区的业务推广和服务。公司主要产品：在线式UPS、电力/通信专用逆变电源、应急电源EPS、开关电源、蓄电池，功率容量2～400kVA。采用当今世界最先进的IGBT和DSP技术，更有高性能CPU芯片与智慧型、远程监控管理软件完善的结合，为广大客户提供了高品质的电力保障，满足了不同顾客的需求。

佛山市凯拓电源设备有限公司拥有众多的经验丰富的工程技术人员，全员经过专业技术培训和考核。公司通过国际ISO9001国际认证联盟Iqnet（世界三十多个成员国）认证，严格、细致的品质管理，给予客户极大的信心。多年来，产品不断出口到欧美、中东、东南亚等地区。凯拓UPS电源已广泛应用于机关、公安、交警、广电、税务、医院、金融、证券、邮政、电信、移动、电力、石化、机场、铁路、高速公路及其他大型工矿企业。

“技术巩固、技术创新、服务至上、价格合理”是我们与客户合作的基础，也是我们对客户的郑重承诺。我们将不断通过技术创新，给更多的用户创造高科技带来的效益，为电源事业做出应有的贡献。

92. 佛山市力迅电子有限公司

Netion®

地址：广东省佛山市三水区范湖工业园

邮编：528138

电话：0757-87360282

传真：0757-87360189

网址：www.netion.com.cn

简介：

力迅电子有限公司成立于2001年，公司位于佛山市三水区乐平镇范湖工业区，总资产5500多万元。是专注于电源、电子电力及新能源电力转换领域的高新技术企业。主营业务是为全球用户提供高端的电源、电力电子产品和全套电源及电力转换系统集成解决方案，产品涵盖全系列不间断电源（UPS），各种逆变电源、专用电源、蓄电池、机房监控系统、机房温控系统、机房配电系统等。

力迅企业至今已经通过ISO9001国际质量体系认证，ISO14001国际环境体系认证，OHSAS18001职业健康安全管理体系认证，多个系列产品荣获中国泰尔认证，欧洲CE认证，ROHS认证，美国UL认证，FCC认证，也取得了国内多个行业入围进网许可。

力迅拥有覆盖全国的营销网络和专业团队，力迅产品至今已在以下政府机构和大型行业成功中标、入围或采用。力迅同时承接着某些国际知名品牌的OEM/ODM指定任务，产品畅销欧洲、美洲、东南亚、中东、非洲等世界各地。

力迅秉承“领先的技术，钻石的品质，心级的服务”的一贯理念，以“创新不断，动力无限”的专业精神，致力成为全球用户心目中最可信赖的“世界领先的电源专家”。

93. 佛山市南海区平洲广日电子机械有限公司

GRJGRXJ

廣日電子機械

地址：广东省佛山市南海区平洲夏西工业区一路3号

邮编：528251

电话：0757-87691200

传真：0757-86791244

邮箱：windingchina@126.com

网址：www.windingchina.com

简介：

广日电子机械有限公司是中国最大的环形绕线机械制造商之一。专业生产环形变压器绕线机，环形电感线圈绕线机，稳压器，调压器专用绕线机，矩形绕线机/包带机，环形小孔包带机，电力变压器绕线机，EI型变压器绕线机，环形包绝缘胶带机以及环形线圈匝数/匝比测量仪等产品。

本公司已通过德国TUV9001（2000）国际质量体系认证，良好的品质和完善的售后服务已赢得了众多客户的青睐和支持，产品远销东南亚及欧美等国家和地区。

94. 佛山市南海区泰琪丰电子有限公司

Techfine

地址：广东省佛山市南海区罗村佛罗路6号一之3号厂房

邮编：528226

电话：13923179435

传真：0757-81809896

邮箱：995991210@qq. com

简介：

佛山市南海区泰琪丰电子有限公司位于经济发达、交通便利、美丽的珠江三角洲——佛山市南海区罗村，是一家专业生产、加工、产销不间断电源的企业。公司创建于2003年，拥有各类专业人才职工200余人，厂房面积3000多平方米，产品远销海内外。

为进一步提供产品质量和本公司质量管理水平，本公司依据GB/T19001-2008 IDT ISO9001：2008标准要求制定《质量手册》，建立高效的质量保证体系。自该质量保证体系建立运行以来，本公司的产品质量比往年明显提升。

95. 佛山市南海赛威科技技术有限公司

SF SiFirst®

地址： 广东省佛山市南海区桂城深海路17号瀚天科技城A区7号楼6楼

邮编： 528200

电话： 021-55820281 0757-81068581

传真： 021-33817832 0757-81220912

邮箱： vivian@sifirsttech.com

网址： www.sifirsttech.com

简介：

佛山市南海赛威科技技术有限公司成立于2009年，是由佛山市南海区高技术产业投资有限公司投资的佛山市首家集成电路设计企业。

公司总部位于佛山市南海瀚天科技城。在上海设有50人团队的研发中心。在深圳设有30人团队的商务中心，在台湾设有办事处。业务覆盖全国，辐射全球。

赛威科技拥有一支由留美博士、硕士及国内顶尖半导体设计公司的资深专家组成的创新型精英团队，他们曾在国内外著名半导体公司工作十年以上，具有广泛的理论基础和丰富的实践经验，在模拟与数字混合电路芯片设计领域里领导开发出多款世界一流的芯片产品。

赛威科技致力于高性能高品质绿色电源、数字电源、照明电源三大领域芯片的开发、销售、服务！

赛威科技始终坚持自主创新，致力于全面打造卓越的绿色节能技术平台，在技术、品质和服务上追求至善至美，引领绿色节能"芯"时代。

96. 佛山市上驰电源科技有限公司

SCPOWER

地址： 广东省佛山市南海区桂城街道简平路1号天安数码新城B座603

邮编： 528000

电话： 0757-81230549

传真： 0757-81230548

邮箱： scpower@126.com

网址： www.scpower.cn

简介：

佛山市上驰电源科技有限公司是一家专业生产UPS控制板及UPS不间断电源、EPS消防应急电源、逆变器、太阳能并网机等电源产品的企业。公司拥有一批高素质专业人才，经过多年的电源产品自主研发、设计、实践和经验积累，掌握着电源控制的核心技术。

"铸上品、驰天下"是上驰人的创业精神和目标。公司秉承致力成为行业领先、受人尊敬的电源供应商，不断创造价值，造福社会的宗旨。遵守"客户至上、信誉第一"的服务承诺，坚持严谨、务实、创新、高效的工作态度，不断研发生产高技术、高质量、适应市场需求的产品，为客户提供优质的服务。

放眼未来，在全球经济一体化的形势下，机遇与挑战并举，竞争与发展共存，上驰人将不懈努力，与国内外各界新老朋友携手共进，共创美好明天。

97. 佛山市顺德区冠宇达电源有限公司

GVE®

地址： 广东省佛山市顺德区伦教熹涌工业区

邮编： 528308

电话： 0757-27736306

传真： 0757-27725706

邮箱： ouzhixiong@126.com

网址： www.gve-cn.com

简介：

佛山市顺德区冠宇达电源有限公司是专业多年生产开关电源的中型厂商，工厂面积12000平方米，员工500多人，月产量80万台，品种多（5大系列：电源适配器5～250W、充电器5～250W、LED电源、工业内置电源、大功率电源500～5000W），产品通过UL、FCC、CCC、CE、GS、CB、PSE、KETI、SAA等各国认证，产品三年质保，年返修率小于0.1%，长期供货于美的、格力、海尔等各大企业客户。

98. 佛山市顺德区扬洋电子有限公司

扬洋®

地址： 广东省佛山市顺德区陈村工业园西区广隆中路8号

邮编： 528313

电话： 0757-23303066

传真： 0757-23303063

邮箱： sales@umgz.com

网址： www.umgz.com

简介：

佛山市顺德区扬洋电子有限公司成立于2002年，经过10年的努力奋斗，取得了辉煌的业绩。公司设有电源事业部和电感元器件事业部。

电源事业部致力于LED驱动电源方案的提供及LED驱动电源的生产与销售。电感元器件事业部专注于生产高频变压器，滤波器及电感类等产品。

公司一直坚持“务实进取，学习创新，团队合作，注重分享，诚实守信，互相尊重”的经营理念和“客户至上，精益求精”的质量方针，充分发挥产业链的优势，以专心、专业、专注的精神，致力于向社会各界提供环保、安全的LED驱动电源及电感类产品。

公司拥有精干的技术团队，先进的自动化仪器设备，完善的生产和检测设备，并配备了可靠性试验设备，为产品的质量保证提供了坚实的基础。目前已通过了ISO9001：2008质量管理体系认证及UL绝缘系统认证，全部产品承诺符合欧盟ROHS指令和REACH要求，部分产品通过了CQC、CE等认证。我们密切与各大高校及研究院合作，以获得最大的技术支持。

我们坚持质量第一，信誉第一，服务第一。我们孜孜不倦地努力，期待着与广大客户一道追求卓越，共创辉煌。请关注我们的产品，关注我们的品牌。

99. 广东大比特资讯广告发展有限公司

Big-Bit 大比特资讯 Big-Bit Information

地址：广东省广州市天河区黄埔大道西翠园街36号2楼
邮编：510630
电话：020-37880700
传真：020-37880701
邮箱：isc@big-bit.com
网址：www.big-bit.com　www.globalsca.com

简介：

历经12的创业发展，大比特资讯已成长为中国电子制造业优秀的资讯提供商。

业务范围涉及行业门户网站、平面媒体宣传、市场调查、行业专题研讨会策划、展览展示、人力资源服务等一系列围绕中国电子制造业提升竞争力的服务举措。

大比特资讯旗下拥有以下成熟媒体：

- 大比特商务网　http://www.big-bit.com/
- 磁性元件与电源网　http://mag.big-bit.com/
- 半导体器件应用网　http://ic.big-bit.com/
- 电源供应器网　http://power.big-bit.com/
- 传感器应用网　http://sensor.big-bit.com/
- 微电机世界网　http://emotor.big-bit.com/
- 连接器世界网　http://conn.big-bit.com/
- 中国电子制造人才网　www.emjob.com
- 《磁性元件与电源》杂志（月刊）

100. 广东恩亿梯电源有限公司

NET® 恩亿梯

地址：广东省惠州市惠阳区永湖镇麻溪工业区
邮编：516267
电话：0752-3710088
传真：0752-3710622
邮箱：netups@netups.cn
网址：www.netups.cn

简介：

广东恩亿梯电源有限公司是美国NET集团在中国大陆的合作企业。成立于2002年，以惠州生产基地为中心，在全国各大、中城市均设有分公司及办事处，为广大用户提供全面的售前、售中及售后服务支持。

公司具有先进齐全的生产检测设备，优秀的研发技术人才。主要从事以UPS电源、EPS电源、稳压电源、节电柜等电源产品的研发、生产、销售为一体的高科技企业。公司均严格按照国际标准生产，通过了ISO9001质量管理体系认证、ISO14001环境管理体系认证、泰尔认证、国防入网许可证、电信设备进网许可证、广电设备进网许可证和出口许可证、CE认证、中国节能产品认证等系列认证。面对日益激烈的电源市场，公司针对我国电力不足、波动大、传输干扰强、频率稳压性差等现象，研发出适应我国用电环境、品质优良、性能稳定的电源产品。

公司坚持以人为本，以科技为依托，以用户为中心，以发展专业电源产品为已任，用优良的产品和诚挚的服务换您真心笑容。欢迎选购、代理。

101. 广东丰明电子科技有限公司

BM

地址：广东省佛山市顺德区北滘镇工业园环镇东路1号
邮编：528311
电话：0757-26601282 18928664200
传真：0757-23608828
邮箱：bmsales@fm-cap.com
网址：www.bm-cap.com

简介：

广东丰明电子科技有限公司是一家2004年成立的港资企业，位于经济发达的珠江三角洲黄金腹地——顺德北滘工业园。公司拥有现代化的工业生产基地，占地面积三万多平方米，设备原值近9000万元，总投资规模过亿元，员工共有一千多名，电容器年生产产能约7亿只，公司后续还将不断投资完善生产设备的自动化、技术更新及提升，力争公司人均产能再上新台阶。

公司目前主要生产电力电子电容、交直流滤波电容、高频高压谐振电容、IGBT吸收电容、CBB60、CBB61、CBB65、CBB20、CBB21、CBB80、MKP-X2型金属化薄膜电容器，产品广泛应用于各类电子设备、变频器、电源、光伏风电新能源行业、工业感应加热设备、照明灯具、空调器、电冰箱、洗衣机、电磁炉等家用电器及电力系统中。其中，风扇用电容器、空调风机用电容器、电磁炉专用电容器三大主导产品的产销量连续领先业界多年，稳居全国第一。

为了增强客户对公司产品的信心，我们已经获得了CQC、UL、CUL、TUV、VDE、CB 等多项国内外产品认证，通过丰明人倾力打造的“BM”商标电容器现正销往全国各地电机、电器制造商，远销东南亚、非洲及欧美等国。后续公司还计划专项增资实验室检测硬件的扩充与完善，建立起行业内具有先进水平的产品实验室。

公司以“科技、品质、环保”为核心，秉承“研发的产品市场满意、制造的产品我们满意、交付的产品顾客满意”的质量方针，以“顾客满意”为宗旨，坚持严格的质量管理，全面建立和执行 ISO9001 国际质量管理体系和 ISO14001 国际环境管理体系，现已发展成为品种齐全、质量可靠、绿色环保、技术先进、配套能力强的规模性企业，赢得了众多合作伙伴的一致好评，并被多家客户评为优秀供应商。

公司全体丰明人竭诚欢迎广大用户的来电垂询和莅临，我们一定向您提供最优质的产品、最合理的价格、最佳的合作方式、最热情的服务，为我们共同的利益而真诚合作！

102. 广东和昌电业集团有限公司

地址： 广东省广州市黄埔区黄埔东路 1401 号亚纲大厦 1410 室
邮编： 510530
电话： 020-62958188
传真： 020-62958882
邮箱： it@hichain.com.cn
网址： www.hichain.com.cn
简介：

广东和昌电业集团有限公司（简称：和昌集团）是一家集环保 PVC、低烟无卤电缆料、铜导体、电线电缆、成套电缆及电气控制设备研发、制造、销售、服务为一体的现代化企业集团，总部设在广州黄埔区，生产基地位于肇庆高新区。2012 年先后被评为广州市著名商标、肇庆高新区高新技术企业等荣誉称号。

产品通过中国 3C、德国 VDE、美国 UL、CE 安规认证，严格按 ISO9001：2008、ISO/TS16949：2001 质量管理体系生产，取得 ISO14001 环保认证，符合欧盟 ROHS、REACH 环保标准，广泛运用于电梯、通信系统、轨道交通、后备电源、数控机床、医疗设备等行业，同时为客户提供全方位的低压弱电类线缆整体解决方案。凭借着雄厚的资金，精锐的管理与营销团队，坚强的技术后盾，完善的服务体系以及良好的用户信誉，和昌立足于国内，同时不失时机的深入拓展国际市场，倾力打造行业领先品牌。今后，和昌将全力推进企业文化建设，进一步完善企业管理，深挖内部潜力，促进企业与员工的共同发展，树百年和昌以回馈社会。

集团成员：广州市和昌线缆有限公司、肇庆市和昌线缆有限公司、肇庆中乔电气实业有限公司。

103. 广东金华达电子有限公司

地址： 广东省广州市天河区棠下涌东路大地工业区 C 栋 5 楼
邮编： 510665
电话： 020-61031498
传真： 020-61031481
邮箱： 13922298699@139.com
网址： www.020k.net
简介：

广东金华达电子有限公司成立于 1995 年 7 月，总部设于中国广州市，是一家中外技术合作高新科技企业，主要从事通信电源、电力电源、汽车照明等电源，防雷配电设备的研发、生产、销售、工程设计施工等业务。公司自成立以来致力于打造“金华达”品牌，严格执行“技术领先、质量可靠、服务满意，客户至上”的经营方针，经过近年来的努力，金华达通信、电力电源产品广泛应用于通信、电力、铁路、军队等行业。并以优良的品质和服务，赢得了广大客户信赖。

2003 年金华达与欧州企业合作共同开发了高级时尚车灯系列——金华达 HID 高压氙气车灯系列。主要用于奔弛、宝马、奥迪等高级汽车前车灯。目前金华达 HID 高压氙气车灯系列的各项技术指标及品质达国际中高、国内领先地位，并符合 ECE R98 的近光配光性能要求。为国内车灯的革命注入了新的活力。产品热销海内外，并已在全国大部分地区拥有销售、服务网络。

104. 广东省佛山科星电子有限公司

地址： 广东省佛山市南海区平洲工业园环胜路 2 号
邮编： 528251
电话： 0757-81285150
邮箱： gfy@kestar.com.cn
网址： www.kestar.com.cn
简介：

广东省佛山科星电子有限公司是一家大型开发、生产全系列氧化锌压敏电阻器（Varistor）、SPD 浪涌抑制防护器和防雷产品等保护元器件的专业企业。公司通过了 ISO9001 质量管理体系和 ISO14000 环境管理体系认证。全系列产品通过 UL、CE、VDE 等多项国际安全认证。公司产品类型丰富、应用广泛，主要产品有 MYG 通用型压敏电阻、MYL 防雷型压敏电阻、MYE 高负荷型压敏电阻、MYP 高能压敏电阻银片、TMOV、MYN 以及拥有独立知识产权的各种 SPD 防雷装置器件等。公司技术力量雄厚，拥有本科以上文化程度的技术人员数十人，其中有从事本行业研究工作数年到几十年的多名高级职称人员及硕士以上研究人员。企业的品牌在市场上有着良好的美誉度，国内外有较为完善的市场网络和客户群体。

105. 广东顺德三扬科技股份有限公司

Samyang 三扬股份

地址：广东省佛山市顺德区勒流街道富安工业区 30-3 号
邮编：528322
电话：0757-25563570
传真：0757-25566961
邮箱：sales@kingsunny.com
网址：www.samyang.cc　www.kingsunny.com
简介：

广东顺德三扬科技股份有限公司（原广东金顺怡科技有限公司），经过多年的市场砥砺，如今，其三大类型产品——电源设备、电镀生产线和拉链机械设备涵盖电力电子整流、电镀行业和金属拉链行业，在业内树起品牌，形成口碑。

通信电源产品凭借过硬的品质长期服务于公安、三防、消防、远洋通信等领域，市场覆盖全国各地，电镀电源产品在表面处理行业享有高效、节能、质量稳定的赞誉。全自动电镀生产线广泛应用于五金、塑胶、线路板、电子电镀等行业；全自动电镀生产线、半自动电镀生产线、手动电镀线、废气处理系统等产品均可根据客户要求设计、制造，并提供整机交付服务。拉链机械设备应用在金属拉链生产的企业，下游配套服装业、箱包业和体育用品业的产品，产品较国外进口设备具有极强的价格优势，是同类进口设备的首选替代品。

三大产品，三箭齐发，源于强大的创新能力。公司历来重视产品信息化、自动化和智能化的研发，在微电子技术与精密机械制造领域具有多年行业经验，设立有工程技术研发中心，并获得多项国家专利。优良的品质，精湛的工艺，全面的售后服务，优惠的价格，现代化的管理是三扬股份公司对您的保证。

106. 广西吉光电子科技股份有限公司

JICON 吉光电子 | ELECTRONICS TECHNOLOGY

地址：广东省贺州市平安东路吉光工业园
邮编：542899
电话：0774-5132000
传真：0774-5132111
邮箱：jicon@jicon.net
网址：www.jicon.net
简介：

广西吉光电子科技股份有限公司前身是原深圳吉光电子有限公司，创建于1985 年，于2006 年10 月在贺州市注册成立，注册资金5500 万元。2013 年1 月8 日贺州投资集团有限公司转让了特发信息持有吉光电子的股份，标志着吉光电子正式列入到铝电子产业链中。公司主要生产高品质铝电解电容器，产品可广泛用于通信、空调、彩电、计算机、UPS、变频器、焊机、节能灯等各种电器设备，经过20 多年的努力，先后从日本、意大利、中国台湾等地引进了先进的生产线、试验设备，在引进吸收国外先进技术的同时，发展自己的优势技术，目前已形成专业从事各种高品质铝电解电容器的研制、开发和生产企业，在国内电容器行业中排名居前，公司秉承"诚信、执着、创新、卓越"的企业精神和倡导为"顾客创造价值"的经营理念。

公司位于贺州市平安东路贺州市吉光工业园内，占地102 亩，项目总投资1.35 亿。公司在行业中有良好的口碑，在客户中有很高的信誉，在国内电容器行业中排位居前。其产品被康佳、创维、TCL、长虹、长城、美的、海信、三洋、同州电子等国内外大型著名企业所采用，是国内铝电解电容器的主要生产厂家。

107. 广州安的电子技术有限公司

SAFTTY OVERHEAT UNDER CONTROL　SAFTTY ELECTRONIC TECHNOLOGY 安的電子

地址：广东省广州市番禺区新造镇海景路石角咀街 4 号 2 楼
邮编：511436
电话：020-34826856
传真：020-62351066-807
邮箱：2850173608@qq. com
网址：www.saftty.com
简介：

1999 年安的成立于香港港岛北角，2004 年在广州设立办事处，2008 年成立广州安的电子技术有限公司，同年在扬州投资设立工厂，2011 年在番禺新造设立新工厂，2013 年在扬州建立生产二厂。安的电子是中国家用自动控制器标准技术委员会委员企业，拥有十多项国家专利。

安的主要研发生产销售各类热保护器，温控开关，产品广泛应用于电机、水泵、风机、散热风扇、电源、电焊机、电机、变压器、照明设备、家用电器、电加热产品的过电流过热保护领域。

安的在广州设有研发试验室，拥有多名有着十多年研发生产经验的工程师和管理技术人才。

安的旨在提供安全可靠的产品，严格按照 ISO9001 质量体系进行品质管理，产品通过 CQC、UL、TUV、VDE 认证。

安的为客户提供高效、专业的服务，当天之内必须发样，定制样品 3～5 天内发出；销售部配有技术支持人员，能及时为客户提供选型、使用、测试等方面的技术支持。不设最小订单量，提供定制化服务，切实满足客户要求。

108. 广州东芝白云菱机电力电子有限公司

GTMBU

地址：广东省广州市白云区江高镇神山管理区大岭南路 18 号
邮编：510460
电话：020-26261623
传真：020-26261285
邮箱：gtmbusg@126. com
网址：www.gtmbu.com.cn

简介：

广州东芝白云菱机电力电子有限公司成立于2004年2月，是由广州白云电器设备股份有限公司和东芝三菱电机产业系统株式会社共同出资组建的中外合资公司，公司注册资金3510万元，位于广东省广州市白云区江高镇神山管理区大岭南路18号。主要设计、制造不间断电源系统、传动装置及变频器、直流电源柜等电源产品。

公司被认定为广东省高新技术企业，2013年获广东省自主创新示范企业，广州市安全生产标准化达标企业。

荣获广州市白云区2010年度促进专利授权奖二等奖、2011、2012年度促进专利授权奖三等奖。高压IGBT变频器被评为2013年中国质量评价协会科技创新奖——科技创新产品优秀奖。高压IGBT变频器被认定为广东省自主创新产品、广东省高新技术产品。

先后承担了广东省教育部“变电站交直流一体化电源”产学研结合项目；广州市“6.6kV高压IGBT变频器”科技攻关计划项目，“广州市高低压电源工程技术研究开发中心”市工程技术研究开发中心专项，广州市“高效节能型高压变频器”专利技术产业化示范项目；白云区“10kV大容量高压IGBT变频器产业化”科技支撑项目。

109. 广州广日电气设备有限公司

EFG 广州广日电气设备有限公司 Electricity Facilities Guangri Guangzhou Co.,Ltd.

地址：广东省广州市番禺区石楼镇国贸大道南636号之五

邮编：511447

电话：020-84654222

传真：020-84654898

邮箱：te@efg.cn

网址：www.efg.cn

简介：

广州广日电气设备有限公司成立于1998年10月，是广州广日股份旗下一家台港澳与境内合资的国有控股企业。公司作为广东省高新技术企业，拥有总面积约6万平方米的现代化厂房和花园式的工业园区。此外，公司还在上海青浦、天津北辰、广州大石、广州东圃、成都郫县、广州从化设立了分公司和生产基地。

公司建有先进的自动化生产线、SMT防尘防静电生产车间、国内一流的大型配光实验室、完善的产品质量检测体系和一系列先进的试验设备。公司全面实行无纸化绿色办公和ERP系统管理以及制度化、规范化与人性化管理。

公司集研发、生产于一体，主要产品包括：电梯配件类产品，LED照明类产品、矿用类产品以及电子类产品，其中电源类产品作为电子类产品的重要组成部分，在我司有一个专业的、高素质的开发团队。我司开发的电源产品包括LED驱动电源、工业电源以及其他各类客户定制电源。

公司以“顾客至上，精益求精；诚信企业，服务百年”作为质量方针，一直保持着良好的市场信誉和行业领先地位，并连续数年被选为日立电梯、奥的斯电梯、广日电梯及约克空调等知名企业的主要供应商和长期合作伙伴。通过了德国莱茵TUV认证审核，并获得ISO9001、ISO14001、OHSAS18001国际质量认证体系证书，优质的产品和良好的售后服务得到社会各界的一致认可和好评，公司也因此获得了国家高新技术企业，全国用户满意企业、中国质量过硬知名品牌、社会突出贡献奖、广东省工程技术研究开发中心、AAAA级标准化良好行为企业等荣誉。

“诚信企业、服务百年”是我们的宗旨，我们将以优质的产品，良好的服务来回馈广大客户的信赖和支持，迈向更广阔的市场。

110. 广州华工科技开发有限公司

地址：广东省广州市五山华南理工大学28号楼西侧二楼

邮编：510641

电话：020-85511281

传真：020-85511287

邮箱：gqgong@32163.com

网址：www.32163.com

简介：

广州华工科技开发有限公司是直属华南理工大学的全民所有制企业，承办学校的科研成果项目转让，技术服务等对外业务，是对外进行技术开发和成果转化的重要窗口，实行科、工、贸结合，具有法人资格。公司自1986年以来，率先引进国外先进的电力电子器件。特别自1992年3月以来，本公司作为日本富士电机公司功率半导体器件中国代理，多次与日本富士电机公司的工程技术人员组织应用技术交流会，为各单位提供了大量的技术资料和应用技术，并为各生产厂家和科研单位提供了大量的富士电机电力电子器件，对促进电力电子技术的发展作出积极的贡献。

本公司是日本富士电机电子设备技术株式会社功率半导体器件中国代理、日本日立AIC有限公司电容器中国代理、日本三社电机株式会社整流模块代理。本公司引进、开发、经营日本等国外的先进电力电子元器件和节电装置，积极向国内高等院校、研究院及国内变频器生产企业推介上述公司最新器件和技术。本公司实力雄厚，重守信誉，每种元件皆为原厂定购，质量保证。始终保持“库存最多、交货最快、价格最低”的宗旨为广大用户提供优质服务。欢迎各界人士前来选购和洽谈业务、开展联营业务。

111. 广州凯盛电子科技有限公司

Kaisen 凯盛科技 —创造节能环保新生活—

地址：广东省广州市黄浦区浦南路沧联工业园C、D栋

邮编：510760

电话：020-62958818 62958815

传真：020-62958809

邮箱：gzkaisen@gzkaisen.com

网址：www.gzkaisen.com

简介：

广州凯盛电子科技有限公司成立于2000年，前身是广州市黄埔威格电器设备厂，于2006年更名为广州凯盛电子科技有限公司。公司坐落在环境优美、名企云集的广州市

黄埔区埔南路沧联工业园内，拥有 800 多名员工。公司坚持严格的质量管控，为世界各地客户提供多种规格的电源，树立以人为本的企业文化。

公司一直专注于 PC 电源、LED 电源以及特殊规格电源的开发、生产、销售与服务。产品广泛应用于诸多著名的电脑公司、家具、建筑、商业照明、户外发光广告字、显示屏等 IT 行业。

公司目前不仅具有标准的无尘车间、先进的生产技术、进口自动化生产设备、检测仪器，还拥有从事研发设计、产品验证、生产管理、品质控制、专业维护等各类高级专业人才 120 余名，在产品研发、生产制造和品质管理等方面有雄厚的实力。公司通过了 ISO9001 质量管理体系和 ISO14001 环境管理体系认证，产品通过了 UL、CE、ROSH、SEMKO、CCC 认证。

目前公司已建立了完善的营销网络和服务平台，通过提升产品品质和服务水平，强化服务意识，不断满足客户的各类产品需求。广州凯盛电子科技有限公司正处于飞速发展的阶段，相信通过我们的不懈努力，能向世界各地的朋友提供节能环保的绿色电源产品，成为世界一流水准的电源企业！

112. 广州科欣仪器有限公司

FALCON®

地址：广东省广州市海珠区艺景路 234 号振华商务中心十楼 1001 室
邮编：510310
电话：020-38695149
传真：020-34395932
网址：gzkexin.com.cn
简介：

广州科欣仪器有限公司，总部坐落于环境优美的广州市海珠区艺景路 234 号。与电子业界著名企业中国电子科技集团第七研究所毗邻而居，交通便利、电子科技氛围浓郁。下设深圳、东莞、中山三个分公司及惠州、南宁两个办事处，注册资金 1000 万元，2012 年被广州市国家税务局、广州市地方税务局联合评定为 2010 ~ 2011 年度 A 级纳税人纳税信用等级。

广州科欣仪器有限公司，是全球测量领域的领导者美国安捷伦（Agilent）科技公司华南区最大授权代理商。从 1993 年至今，我司已成为 Agilent 公司最为重要的合作伙伴，是安捷伦科技“年度优秀业绩分销商”。

经过多年的发展，近年来我司也成为日本 HIOKI、日本 NF、瑞典红外热成像仪 FLIR、北京普源、TDK、台湾巨浮、台湾骅仪、深圳稳科、广州致远等仪器授权代理商。

德国 R&S、上海蓝菲、上海创远、快克锡焊、埃德克斯、罗斯伯格。

113. 广州市白云化工实业有限公司

BAIYUN

地址：广东省广州市白云区广州民营科技园云安路 1 号
邮编：510540
电话：020-36703113
传真：020-36703110
邮箱：huangshaoyuan@china-baiyun.com
网址：www.china-baiyun.com
简介：

广州市白云化工实业有限公司（原广州白云粘胶厂，以下简称白云化工）主要从事各类建筑密封胶和高分子新材料的研究开发及生产经营。公司成立于 1985 年，位于广州市高新技术产业开发区民营科技园内，占地面积 4 万多平方米。现有员工 186 人，其中博士后 3 人、博士 5 人、硕士 17 人，具有高中级职称的有 30 多人，大专以上学历的员工占 65%。

白云化工是国内同行业中唯一通过英国 BSI 公司 ISO9001/ISO14001/OHSAS18001 质量环境安全健康管理体系国际认证的企业，是建设部唯一的建筑密封胶技术产业化示范建设基地、人事部授予的博士后科研工作站、广东省工程技术研究开发中心、广东省技术创新优势企业、广州市高新技术及科技示范型企业。2002 年，建成我国第一条达到世界先进水平的硅酮密封胶连续化生产线。公司产品检测中心设备先进完善，能按中国、美国、欧洲、日本等标准进行产品的性能检测。公司是 GB/T14683-2003《硅酮建筑密封胶》、GB/T16776-2005《建筑硅酮结构胶》、JCT486-2001《中空玻璃用弹性密封胶》等国家和行业标准主要起草单位。

公司奉行“科技兴企、以人为本”的方针，立足“国内第一，国际领先”。遍布全国三十多个城市的服务网点，是我们“质量第一，服务领先”的有力保证！展望未来，我们将一如既往地服务社会，把最好的产品贡献给人类！

114. 广州市宝力达电气材料有限公司

Bothleader®

地址：广东省广州市花都区花山镇南村
邮编：510880
电话：020-86947862
传真：020-86947863
邮箱：info@gzbld.com
网址：www.gzbld.com
简介：

广州市宝力达电气材料有限公司是电气绝缘漆的专业研发和制造厂家，是中国电器工业协会绝缘材料分会及中国电源学会会员单位，是全国绝缘材料标准化技术委员会成员，是我国绝缘漆行业国家标准和行业标准的主要起草单位。

本公司具有丰富的生产制造经验及各类中高级技术人才，拥有强大的研制开发能力，通过精心的设计，先进的生产工艺及完善的检测手段，确保产品性能优异，质量稳定，完全能满足用户的特殊要求。

本公司注重产品质量及职业健康安全管理，先后取得了ISO9001：2008质量管理体系认证证书、危险化学品生产企业安全生产许可证、危险化学品从业单位安全标准化二级企业证书、广东省环保慈善单位称号。

广州市宝力达电气材料有限公司是广州市守合同重信用企业，以"专业、诚信"为宗旨，以顾客要求为最高标准，以用户满意为最终目的，以严格管理创最佳产品，竭诚为国内外用户提供优质产品和服务。

115. 广州市昌菱电气有限公司

SHORYO

地址：广东省广州市天河北路900号高科大厦A410房
邮编：510630
电话：020-22233181
传真：020-22233183
邮箱：lee@cl-ele.com
网址：www.cl-ele.com
简介：

广州市昌菱电气有限公司是一家以供应UPS电源为核心的电源综合解决方案供应商。是日本三菱UPS中国总代理，东芝三菱TMEIC品牌UPS中国全国代理，日本共立（KYORITSU）双电源转换开关中国代理。

广州市昌菱电气有限公司的主要成员由三菱电机（香港）有限公司原三菱UPS中国事业部人员组成。公司拥有包括多名留学生在内的博士、硕士等高级人才，公司董事长原在三菱UPS的基干工厂——神户工厂从事技术工作，后调任三菱电机（香港）有限公司三菱UPS中国事业部经理，统管三菱UPS在中国的销售和服务工作。其他工程技术人员也在日本三菱UPS神户工厂接受过严格的专业训练，多年来一直负责三菱UPS在中国的技术支持工作，在三菱UPS中国事业的发展过程中发挥了重要作用。

2008年5月，广州市昌菱电气有限公司获得ISO认证机构颁发的ISO9001：2008质量管理体系认证证书（证号：11408Q10251R0S），成为UPS销售与服务行业少有的通过ISO认证的企业。引入国际标准的ISO质量管理体系，使昌菱电气的管理水平迈上了一个新台阶，为企业提高核心竞争力和进入国际竞争创造了有利的条件。

公司非常重视可持续发展。在提供销售和技术服务的同时，非常重视技术研发工作，目前已在UPS技术、LED照明和其他电源技术领域取得了多项国家专利。

116. 广州市华德电子电器设备有限公司

Wate®华德 广州市华德电子电器设备有限公司 Guangzhou Wate Electron and Wiring Equipment Co.,Ltd.

地址：广东省广州市白云区石井镇横沙村黄丽路18号
邮编：510180
电话：020-81970003 81799770
传真：020-81970003
邮箱：cgz@huadedianzi.com
网址：www.wate.com.cn
简介：

广州市华德电子电器设备有限公司，前身是国有大型计算机公司开关电源厂，建立于1985年。具有十几年开关电源的设计和生产经验。

本公司是集开发、设计、生产、销售、服务为一体的企业。工艺精湛，并通过ISO9001体系认证，CE、CCEE（长城）、CCC认证。我公司的产品有AC/DC、DC/DC、DC/AC开关电源。包括工业电源、通信电源、电脑电源。本公司有设计生产15～2000W电源的能力，现成标准产品15～1500W的电源。也可根据用户特殊要求，设计、生产各类开关电源。

本公司凭先进的技术，多年的开发生产经验，先进的检测设备，完善的品质管理体制及完善的售后服务，在国内同类产品中处于领先地位，赢得了广大客户的信赖与支持。我们真诚地感谢各客户对我公司的帮助和支持，欢迎各行各业与我们合作，让我们共同创造优质产品。

117. 广州市锦路电气设备有限公司

KINGROAD 锦路电气

地址：广东省广州市天河区中山大道89号C211房
邮编：510665
电话：020-85566613
传真：020-85565253
邮箱：cici@gzkingroad.com
网址：www.gzkingroad.com
简介：

广州市锦路电气设备有限公司努力融合创新，不断开拓进取，永续稳健运营，自2004年成立以来，长期致力于UPS电源、EPS电源、机房通信产品及机房节能产品的研发、生产、销售及服务，是国内领先的绿色电源系统集成供应商之一，同时还和国际著名品牌：美国3M公司、美国PROTEK公司、法国SOCOMEC公司等展开了深入、密切的合作。

公司产品品质卓越，性能稳定，优质服务于广州亚运会主会场、亚运场馆、广州塔、广州地铁、武汉地铁等标志性行业客户，并荣获客户的一致好评。

公司坚持于"大行业、大客户、大项目、大团队"的营销理念，秉承"开拓、进取、创新"的创业精神，保证产品从研发到售后服务整个环节的高质高效地运转，最大限度地满足客户发展与改进的需求，以"科技创新"的观念不断提升客户的竞争力和赢利能力。

118. 广州市力索能电子有限公司

地址：广东省广州市番禺区桥南街陈涌村兴业大道东五横路7号101
电话：020-34730284
传真：020-34730284
网址：resonant-pws.com

简介：

广州市力索能电子有限公司，是一家专注研究、开发高功率因数、高效率、高低压大功率电源及其他特殊专用电源的厂家，生产、进口、销售电源、电子产品、环境污染防治专用设备。

119. 广州市凝智科技有限公司

RICHCOMM 凝智科技

地址：广东省广州市萝岗区科学城科学大道中 99 号科汇金谷科汇三街 10 号 C1-8 楼

邮编：510660

电话：400-606-9106

传真：020-82306916

邮箱：service@richcomm.com.cn

网址：www.richcomm.com.cn

简介：

广州市凝智科技有限公司——机房与 UPS 动力系统安全管理产品专家。自 1999 年创立以来一直致力于智能 UPS 监控管理产品及机房动力环境与设备监控管理的软硬件系统的研制和开发。经过多年的努力和专注发展，公司已成为国内领先的智能 UPS 监控管理产品及机房监控管理解决方案产品的开发商和提供商。

120. 广州市维能达软件科技有限公司

VNATA 维能达科技

地址：广东省广州市萝岗区科学城香山路 17 号办公楼 4 层

邮编：510000

电话：400-6689533

传真：020-87589980

邮箱：sale@vnata.com

网址：www.vnata.com

简介：

广州市维能达软件科技有限公司从 2009 年成立以来，一直专注于 UPS 监控、机房环境监控等软件服务，重视产品质量和技术含量，目前可为用户定制从硬件设计到软件开发的整体解决方案，产品通过了 ISO9001 国际质量认证以及中国强制性产品认证（3C 认证）；其中部分产品于 2013 年获得外观设计专利证书。

维能达争做 UPS 管理领航者，深入了解广大用户的实际需求，为不同行业的用户量身定做合适的 UPS 监控解决方案，利用客户现有的设备资源、网络资源等，做出具有成本低、技术成熟、远程集中监控、可扩展性强、安全性高、人性化、智能化等特点的优秀监控系统。

产品基于机房现场数据采集、分析、管理，极大地提高 UPS 电源的使用效率，为用户节约大量资源提供了良好的解决途径。主打产品已经兼容 APC、MGE、Emerson、Eaton、Powerware、Delta、Santak 等国外品牌，Kstar、East、Kelong 等国内品牌。

公司倡导以客户为本，把“客户需求就是我们努力方向”作为公司服务宗旨。公司拥有一批管理经验丰富，技术水平精湛的工程队伍，为提供专业、先进、高可靠性的产品和优质、高效、全方位的服务提供了保证，深受广大客户的赞誉和好评，与众多知名公司保持了良好合作关系。维能达的 UPS 监控产品被广泛用于政府、金融、电力、交通、电信、广电，医疗、军事等国家重点工程。

121. 广州市先锋电镀设备制造有限公司

地址：广东省广州市番禺区沙湾镇福涌村沙渡公路工业区 5 街 7 号

邮编：511466

电话：020-84961566 84873354

传真：020-84961455

邮箱：xianfeng@pyxianfeng.com　Xianfeng.8hy@126.com

网址：www.pyxianfeng.com

简介：

广州市先锋电镀设备制造有限公司（原番禺先锋电镀设备二厂）位于珠江三角洲中心地带的广东省广州市番禺区。本公司成立于 1986 年，是早期引进国外先进技术，集设计、开发、制造于一体的专业生产各种电源及其配套设备的生产厂家，为多个行业开发生产行业所需的特种电源及设备，1986 年开始用大功率晶闸管在整流设备，表面处理行业推广，代替直流发电机及硒整流设备，取代价格较贵的进口设备，使表面处理行业生产质量及效率得到大大提高；与稀土电解行业的专家一同了解稀土电解特性，为稀土行业研制出加热及电解一体的稀土电解电源；后开发了大功率的开关电源，当时在国内处于领先的地位，使电镀表面处理及其他大功率电解行业得到推广应用，促进了行业的节能减排。产品提供给多个行业并销往全国各地及东南亚、南美等国家。

122. 广州市昱诚电子技术有限公司

昱诚电子 YUCHENG

地址：广东省广州市白云区机场路棠景街 6 号寓景大厦 505

邮编：510403

电话：020-37157272 36137270

传真：020-86311921

邮箱：scg7201@163.com

网址：www.yuchengnet.com

简介：

广州市昱诚电子技术有限公司成立于 2000 年，运营总部设于广州，是专门从事民航空管专网通信设备、导航系统的集中监控设备及动力机房一体化解决方案的研究、开发与销售的高科技企业。公司注册资金 1010 万元，现有员工 35 人。经营产品涵盖光传输网络、程控电话交换机网络、多媒体通信网路、呼叫中心网络、数据网络、动力机房一体化产品等众多领域，是一家在民航行业经验丰富、实力雄厚、信誉卓著的信息网络解决方案提供商。

昱诚公司一直致力于主要为民航提供最优良的网络信息化系统建设方案，不断整合公司产品优势、技术优势及服务优势，还与华为、艾默生、H3C、IBM、DELL、SUN 等多家行业领航者保持长期紧密的合作关系，成为华为公司民航行业授权代理商及系列产品工程资格，艾默生公司民航行业高级授权代理商及系列产品工程资格，H3C 公司银牌代理商及在民航行业的唯一合作伙伴。从 2005 年 8 月起，历时两年时间我公司与 H3C 公司共同成功开发了适合民航业务传输的 FA36 设备，解决了雷达信号及甚高频电台信号的 IP 网络传输问题，实现了雷达信号在 FA36 传输网内广播，获得了中国民用航空总局空中交通管理局颁发的《使用许可证》，还得到了民航总局、民航中南空管局等各级领导的一致好评。

经过数年的飞速发展，昱诚已经拥有超前的设计理念、高超的技术能力和丰富的务实经验，能为客户提供多样化、个性化、多层次的服务，量身定制的解决方案。作为专业的信息网络系统集成公司，昱诚秉诚“以质为根，以诚为本，以德为先，以信为生”的理念，高质量地满足客户的需求。昱诚以强大的企业凝聚力，以客户为中心的服务宗旨以及开放合作、自主创新的企业文化，推动着公司在激烈的市场竞争中持续高速发展。今后，昱诚继续以高品质的技术、产品、解决方案和服务推动中国民航网络信息化的建设，并致力于成为通信行业一流的信息网络解决方案提供商。

123. 海丰县中联电子厂有限公司

地址： 广东省海丰县金园工业区 A 六座
邮编： 516411
电话： 0660-6400997
传真： 0660-6405708
邮箱： eee@zldyc.com
网址： www.zldyc.com
简介：

公司成立于 1991 年，位于海丰县城金园工业区。拥有自己的工业园区，占地面积为 14600 平方米。自建厂房建筑面积为 4 千多平方米；拥有现代化生产流水线 4 条，具有完善的生产、研发和检测设备。公司目前有员工一百多人，其中科研、工程技术人员 30 多名。

公司为国内电源行业知名高新技术企业及国内最早进入开关电源领域的专业研发生产厂家之一。专业从事各类开关电源、充电机等电源设备的研发、生产、销售，可为客户度身定制各种开关直流稳压电源和充电机等系列产品（电压 1000V 内，电流 6000A 内）。公司推出的系列开关电源和系列充电机已在 UPS/EPS、电力自动化、广播电视、仪器仪表、通信系统和工业控制、电镀氧化、元器件老化、部队等领域广泛应用，用户遍及全国各地。

公司的产品品种多、种类全，产品详情请登录公司的网站查看。

124. 华为技术有限公司

地址： 广东省深圳市龙岗区坂田华为基地
邮编： 518129
电话： 0755-28780808
传真： 0755-89550100
邮箱： fumoli@huawei.com
网址： www.huawei.com
简介：

华为是全球领先的信息与通信解决方案供应商。华为于 1987 年成立于中国深圳，发展到 2011 年已经将近 12 万员工。华为围绕客户的需求持续创新，与合作伙伴开放合作，在电信网络、终端和云计算等领域构筑了端到端的解决方案优势。华为致力于为电信运营商、企业和消费者等提供有竞争力的综合解决方案和服务，持续提升客户体验，为客户创造最大价值。目前，华为的产品和解决方案已经应用于 140 多个国家，服务全球 1/3 的人。

华为以丰富人们的沟通和生活为愿景，运用信息与通信领域专业经验，消除数字鸿沟，让人人享有宽带。为应对全球气候变化挑战，华为通过领先的绿色解决方案，帮助客户及其他行业降低能源消耗和二氧化碳排放，创造最佳的社会、经济和环境效益。

125. 惠州 TCL 王牌高频电子有限公司

地址： 广东省惠州市仲恺高新技术开发区 75 号小区
邮编： 516006
电话： 0752-2096506
传真： 0752-2096615
邮箱： xxl@tcl.com
网址： www.tclrf.com
简介：

惠州 TCL 王牌高频电子有限公司是一家从事开关电源产品研发、生产、销售一体的高科技现代化企业，综合实力位于全国同类企业前列，公司位于广东省惠州市仲恺高新技术开发区，工厂面积约 4 万平方米，现有员工 1500 余人，其中科研技术人员 200 多名。

公司有着十几年的电子产品生产经验，拥有 8 条电源产品自动化装调生产线和 15 条高速 SMT 生产线。生产工艺完善，电源的年生产能力达 1000 多万只。公司已通过 ISO9001 和 ISO14001、QC080000 等认证，被评为“广东省高新技术企业”。公司拥有两个独立的研发中心，配备完善的高端实验仪器，以规范的开发流程和完备的实验手段，确保为客户提供满意的电源产品及配套服务。

公司作为TCL集团股份有限公司、泰科立（产业）集团旗下一员，依托集团资源与品牌优势，做客户值得信赖的伙伴和雄厚实力的方案提供商，是我们不懈追求的奋斗目标！

126. 江门市安利电源工程有限公司

地址：广东省江门市新会区东候路62号3楼办公室
邮编：529141
电话：0750-6192880
传真：0750-6192881
邮箱：7506192880@163.com
网址：www.jmanli.com
简介：

江门市安利电源工程有限公司是专业从事大功率变频电源设备的研发设计、生产制造、销售、安装调试一条龙服务的电源设备工程公司。公司本着“专业、专心、专注、专一”的工作态度，提供技术先进、性能可靠的大功率变频电源设备系列产品及提供最完整的端到端一体化整体大功率变频电源解决方案及服务。

我公司的变频电源设备产品广泛应用在各大工业制造工厂、码头、修造船厂、浮船坞、海洋钻井平台及外国轮船上。目前已生产出单台功率容量由50～3000kVA大功率变频电源设备系列产品，并采用我公司自主研发具有世界最高水平的大功率变频电源同步并联运行技术——模块驱动信号主从同步并联技术，实现最多达4台大功率变频电源无环流可靠并联运行，总功率容量达12MW。是我国目前单台功率容量以及并联总功率容量最大的变频电源设备。

127. 理士国际技术有限公司

地址：广东省肇庆国家高新开发区理士电池工业园
邮编：526238
电话：0758-3103299
传真：0758-3103300
邮箱：domestic@leoch.com
网址：www.leoch.com
简介：

理士国际技术有限公司始于1999年，是专门从事LEOCH（理士）牌全系列铅酸蓄电池的研发、制造和销售的国际化新型高科技企业，于2010年11月16日在香港联交所主板上市（股票代码：00842. HK），是中国最大的铅酸蓄电池制造商及出口商之一。

现已建立深圳、东莞、肇庆、江苏、安徽五个国内生产基地和马来西亚、斯里兰卡生产基地，占地面积920 000平方米。在美国、欧洲、中国香港及新加坡建立了销售公司及仓库，拥有国内外30多个销售公司及办事处，产品销往全球100多个国家和地区。建有肇庆、安徽、江苏三个专门的蓄电池研究开发中心和博士后研究工作站。

目前共拥有职工10000余人，国内外技术研发人员400余人，生产全系列铅酸蓄电池，包括：AGM阀控式密封铅酸蓄电池，胶体（GEL）电池，纯铅电池，OPzV、OPzS、PzS、PzV、PzB管式极板电池，汽车用蓄电池，摩托车用蓄电池，高尔夫球车用蓄电池，电动助力车用蓄电池等系列产品，年生产能力总和超过1500万千伏安时。

128. 深圳安固电子科技有限公司

地址：广东省深圳市龙岗区坂田街道东村十四巷一号
邮编：518129
电话：0755-28896787
传真：0755-28894255
邮箱：andgood@188.com
网址：www.andgood.cn
简介：

深圳市安固电子科技有限公司（注册商标：ANDGOOD）成立于2005年6月，是一家集LED照明、LED驱动电源、安防监控电源、车载电源等产品研发、制造、销售及服务于一体的高科技企业。公司拥有一批在节能高效开关电源领域有丰富经验和技术专长的专业技术人才。为适应LED照明事业的发展需要，公司注资3300万元人民币在福建购买了近50亩土地投建工业园，并于2011年6月成立安上（漳州）科技有限公司，工业园投产后将成为现代化的后方生产基地。

公司主要产品：LED照明灯具、LED驱动电源、安防监控系统后备专用电源、城市公交IC卡车载读卡机专用电源。

公司产品种类齐全，LED照明系列主要有：路灯、隧道灯、荧光灯、射灯、洗墙灯等；生产的LED驱动恒流恒压电源具有高效率、高功率因数、高可靠性等特点。安防监控后备电源是最早在国内考勤门禁系统及监控报警系统中推广应用开关电源的成功案例，其高效节能的特性，合理的结构稳定可靠的品质，得到客户的广泛赞誉，产品92%以出口为主；公司开发生产的城市公交IC卡车载读卡机专用电源系列在北京公交、北京地铁、深圳公交及澳门公交等全国各大城市中得到了广泛的应用。

本公司所有电源产品符合CE、UL安规认证及电磁兼容要求，我们不但有自己研发的众多通用型优良产品，更可以为客户量身定做多款物美价廉的产品，为客户赢得更多利润空间。

我们本着“优良的产品品质、合理的价格、迅速的交期及完善的售后服务”为宗旨。重质量、重人才、重研发、重管理、重服务，力争在本行业中创出优秀品牌和佳绩。

129. 深圳奥特迅电力设备股份有限公司

地址：广东省深圳市南山区高新技术产业园南区南一道29号南座
邮编：518057
电话：0755-26520500
传真：0755-26615880
邮箱：atcsz@163.net
网址：www.atc-a.com

简介：

深圳奥特迅电力设备股份有限公司，是大功率直流设备整体方案解决商，是直流操作电源细分行业的龙头企业。公司成立于1998年，位于深圳高新技术产业园区，是国家级高新技术企业，于2008年在深圳证券交易所成功上市，公司销售额连续九年位居同业榜首并负责起草或参与制定了多项国家及电力行业标准。

奥特迅秉持“拥有自主知识产权，独创行业换代产品”之理念，致力于新型安全、节能电源技术的研发，创新新型电源技术在多领域的应用，研究开发的多项技术填补国内空白，产品有直流操作电源系列，核电安全电源系列，电动汽车充电站完整解决方案，通信高压直流电源系列。主要应用在电动汽车、通信、核电、智能电网、太阳能储能、水电、风能等新能源领域，如在举世瞩目的长江三峡工程、西电东送工程、南水北调工程、岭澳核电站、大亚湾核电站以及全国最大规模的深圳大运中心充电站均有奥特迅的产品在运行。

130. 深圳博科源科技有限公司

地址：广东省深圳市宝安区沙井街道万安路马鞍山工业区C2栋3楼
邮编：518104
电话：0755-27438239
传真：0755-27438229
邮箱：bkypower@163.com
网址：www.bky-power.com

简介：

深圳博科源科技有限公司是一家集开发、生产、销售服务于一体的高科技企业，主要专业生产大、中、小功率（300W～500kW）可调直流稳压恒流开关电源，DC/DC电源、充电机，稳压电源、线性电源、应急电源、UPS及变压器等产品。深圳博科源科技有限公司还是中国电源学会和中国电子学会的会员。

公司本着“科技为本、质量至上、精益求精、优质服务”的质量方针与经营理念，严谨的工作态度、严格执行ISO9001-2000质量管理体系，建立并完善了质量保证体系，为产品的销售奠定了坚实的基础。

公司拥有一批先进的生产设备，现有员工100多名，40余名是具有从事多年电源行业经验的研发工程师、生产管理、销售人员。产品主要应用于：通信、电台、国防、科研、电力电子、电镀电解、蓄电池充电、器件老化、工控设备及工具电源等。

公司急顾客之所急、忧顾客之所忧，在不断提高产品质量的同时并以最实惠的价格、完善的售后服务、准时的交货承诺服务于广大客户。我司可根据客户要求快速定制各类特殊规格用于不同功能用途的大功率电源及充电机等产品。（电压0～3000V，电流0～3000A内可定制）。

本公司为了充分发挥其在各方面的优势并考虑满足广大用户的最大实际需要，现在各主要省市自治区诚征经销商，在您了解我们公司情况后，如有意向成为我们的合作伙伴，欢迎来电来函洽谈具体事宜。深圳博科源科技有限公司是您值得信赖的合作伙伴！

131. 深圳华天启科技有限公司

地址：广东省深圳市松岗镇罗田井山路14号
邮编：518105
电话：0755-27103658
传真：0755-81732210
邮箱：szhuaqi@163.com
网址：www.huatianqi.com

简介：

深圳市华天启科技有限公司是一家民营高新科技企业，专业从事有机胶粘剂产品的开发、生产和销售。公司坐落在美丽的鹏城——深圳。公司产品类型有：粘接密封类胶粘剂、敷形类胶粘剂、灌封类胶粘剂、导热类胶粘剂等。产品囊括了单组分室温硫化硅橡胶、双组分室温硫化硅橡胶、双组分加成型硅橡胶、导热硅脂（散热膏、传温油）、有机硅树脂、环氧树脂灌封胶等胶粘剂。主要应用于电子、电器、通信、IT、灯饰、汽车、航空等领域。随着全球电子电器及IT电路高集成、高精密的发展，对其相应配套的化工材料提出了更高的要求。为满足其要求，我公司在原材料采购，产品测试，产品批量生产，产品销售以及售后服务都严格按照ISO9001质量管理体系执行，确保了产品的稳定性和可靠性。在产品研发方面不断加强同国内多家知名的研究所及大学开展合作，拥有独立的3个实验室和检测中心。雄厚的技术实力，完善的生产销售管理，先进的生产工艺，齐全的检测手段使我厂产品有了坚固的质量保证，并不断扩展产品应用领域。

一直以来，“华天启”都怀着一颗感恩的心，怀着冷静的思考，怀着一种深刻的行业责任，并以这种专业而锐意进取的精神创造出优质、安全、高效的产品回报给社会。我们固执地坚信：我们完全能为阁下提供尽善尽美安全高效的产品及服务。

132. 深圳华意隆电气股份有限公司

地址：广东省深圳市南山区西丽镇红花岭工业南区五区三栋
邮编：518055
电话：0755-86000398 86007952
传真：0755-86000571
邮箱：sz@szhuayilong.com
网址：www.szhuayilong.com
简介：

深圳华意隆电气股份有限公司是一家集研发、生产、销售、服务为一体的专业从事逆变焊割设备制造的高新技术企业，拥有自营进出口权。

经过多年的技术创新和品牌经营，公司先后被授予“中国名优品牌”、“质量、服务、信誉AAA级企业”。

目前公司在职员工近1000名，具有雄厚的自主研发、设计和生产制造能力。拥有的和正在申请的国家专利共计90余项。并荣获多种奖项。

公司主要产品有：全数字化多功能逆变焊机、逆变直流手工弧焊机系列、逆变手工/氩弧焊机系列、逆变等离子切割机系列、逆变二氧化碳气体保护焊机系列、逆变埋弧焊机系列、数字化脉冲氩弧焊机、数字化单管逆变气体保护焊机系列等26大系列，共计200余种产品。涵盖了民用型、工业型、数字化、经济型焊机四大类，广泛应用于建筑、桥梁、钢筋架构、火电厂、汽车、造船以及五金加工等各大行业。工程案例遍及全国各地，同时建立物流配送、售后服务中心，及时有效地为客户提供服务与技术保障。

133. 深圳蓝信电气有限公司

地址：广东省深圳市宝安区沙井街道东环路438号工业园综合楼3层
邮编：518104
电话：0755-23311001
传真：0755-23068500
邮箱：Lxpower809@163.com
网址：www.lxpower.com.cn
简介：

深圳蓝信电气有限公司是一家专业从事电力系统操作电源及电力自动化设备研发、生产、销售和服务的创新型高新技术企业。公司的主要产品有：交直流一体化电源、小容量直流电源、多功能直流电源、电力专用UPS、蓄电池在线监测系统及变电站综合自动化设备，可应用于各级变电站、开闭所、环网柜、柱上开关和箱式变电站等场合。

公司秉承“诚信、创新、专业、共赢”的理念，始终坚持“质量立企，塑造精品，为顾客创造价值”的经营战略。经过多年的积累和发展，公司拥有一批电源及电力自动化领域的技术精英，在国内电源和电力自动化产品等领域占据领先地位，公司产品已达到国内、国际同类产品的领先水平。

公司拥有完整的产品系列，能满足从小容量客户终端到大容量变电站、发电厂的需求。公司自主研发生产的小容量直流电源、多功能直流电源、电力专用UPS等产品，具有节约资源、小型化、智能化和高可靠性等特点，获得了广大客户的欢迎和认可，已广泛应用于全国各大电力、铁路、钢铁、煤炭、化工、石油、矿山、交通运输等行业，用户遍及全国各地并出口到海外。

公司在科研和开发方面的投资占年营业额的10%以上，拥有先进的研发，测试，生产仪器设备，集中了电源和电力自动化领域最优秀的行业专家，并与国内多家科研单位和高等院校建立了良好的合作关系，产品不断创新，目前在智能电网相关领域进行了大量科研并取得了丰硕的成果。

我们诚邀合作伙伴，共同为广大用户提供优质的产品和服务。

134. 深圳麦格米特电气股份有限公司

MEGMEET

地址：广东省深圳市南山区科技园北区朗山路紫光信息港5楼
邮编：518057
电话：0755-86600500
传真：0755-86600999
邮箱：frank. dai@megmeet.com
网址：www.megmeet.com
简介：

深圳麦格米特电气股份有限公司成立于2003年，注册资本1.33亿，是中国定制电源、电机驱动变频器和PLC的领导品牌制造商之一。麦格米特致力于电力电子技术及相关控制技术平台的建立，为客户提供核心部件及全面解决方案。

麦格米特全球分支机构：
中国深圳：深圳麦格米特电气股份有限公司
深圳市麦格米特驱动技术有限公司
深圳市麦格米特控制技术有限公司
株洲：株洲麦格米特电气有限责任公司
美国加州硅谷：MEGMEET USA INC.
中国香港：Fesicu Hong Kong Limited
同时在中国深圳建有以下资源：

◆国际一流公司的管理团队；

◆业界最高水平的300多位工程师的研发团队；

◆50 000多平方米先进制造中心，月产100余万件产品的产能；

◆投资四千多万建立的完整电力电子产品测试及技术评估平台；

◆超过200项电力电子技术专利；

◆在全球拥有600多家客户，有1500多万件产品被不同用户使用，应用领域涵盖铁道、交通、电力、风能、通信、计算机、医疗、军工、汽车、工业自动化及平板显示技术。

135. 深圳欧陆通电子有限公司

欧陆通®
HONOTO
www.honoto.com

地址： 广东省深圳市宝安区西乡街道洲石路 111 号富源工业城 C7、C8 栋
邮编： 518126
电话： 0755-33857166（20 线）
传真： 0755-81453115
邮箱： honor@honor-cn.com
网址： www.honor-cn.com　　www.honoto.com
简介：

深圳欧陆通电子有限公司（HONOR）由香港达信（Maxjade）投资创办于 1995 年，是中国南部最大电源供应器生产商之一。已在美国、韩国、中国台湾、中国北京及欧洲设立分公司或办事处。

总公司坐落于深圳，深圳工业园成产占地 25000 平方米，员工 2500 人，月产量达 350 万台。赣州工业园占地 40000 平方米，员工 1500 人，月产量 150 万台。

公司产业结构及定位：

1. 基础产业：欧陆通品牌（HONOTO）——消费类电子设备电源供应器，19 年沉淀的研发技术和生产技术已达到行业领先水平。

2. 技术升级产业：ASPOWER 品牌——云计算领域服务器存储器冗余电源及智能家居集中供电系统。

3. 商业模式升级产业：M-iPAL 猫派品牌——无线 3G 路由器、移动电源及智能家居产品，开发市场终端需求的时尚且高档的数码产品，建立新时代 B2C、O2O 商业模式。

136. 深圳市爱维达新能源科技有限公司

地址： 广东省深圳市宝安区沙井街道新玉路北侧圣佐治科技工业园 A3 栋 4 楼
邮编： 518104
电话： 0755-23123688
传真： 0755-23123698
邮箱： cyf@evadups.com
网址： www.evadaups.com
简介：

深圳市爱维达新能源科技有限公司为厦门市爱维达电子有限公司控股子公司，爱维达是一家致力于提供全面电源解决方案及电源保护产品的设计、开发、生产和销售的高科技公司，是科技部认定的高新技术企业和市重合同守信用单位。是福建省电源学会常务理事单位，厦门电力电器产业联盟理事单位，厦门光电协会理事单位。承担过八项市科技计划和三项国家重点新产品计划。

作为爱维达在深圳的子公司，是从事新能源产品的研发、销售、服务为一体的高新技术企业，生产产品有太阳能光伏控制器、风能控制器、LED 驱动电源、各种通信订制电源，覆盖全国各地的 28 个办事处，为用户提供全方位的售前、售后服务体系。

注重客户利益和满足客户的需要是爱维达公司的一贯宗旨，爱维达人将以“敬业，诚信，合作，创新”经营理念，一如既往地向广大用户奉献出优质的产品和服务。爱维达公司将以“成为行业规模化、专业化的制造企业，新技术、新产品的研发中心”为目标，向国际型企业迈进。

137. 深圳市安科讯实业有限公司

地址： 广东省深圳市盐田区北山大道北山工业区 5 号楼
邮编： 518083
电话： 0755-25552808
传真： 0755-25558229
邮箱： info@szaction.com
网址： www.szaction.com
简介：

深圳市安科讯实业有限公司成立于 1999 年，是一家集产品研发、生产和销售为一体的高新技术企业。依靠多年积累的行业技术经验和自身强大的研发创新能力，在彩色平板显示领域不断取得突破，现有产品包括：数字电视、数码相框、手机、笔记本、电源等。产品主要销往欧美、澳大利亚、亚洲等 20 多个国家和地区。

通过 ISO9001：2008、TS16949：2002 及 ISO14001：2004 体系认证，建立了一套从产品研发、生产、到出货的全过程品质管理体系，产品取得了 CCC、CE、FCC、UL 等产品认证证书。

138. 深圳市安托山技术有限公司

地址： 广东省深圳市宝安区沙井镇新沙路安托山高科技工业园 6 栋
邮编： 518104
电话： 0755-33842888
传真： 0755-33923833
邮箱： market@atstek.com.cn
网址： www.atstek.com.cn
简介：

深圳市安托山技术有限公司是深圳市安托山投资发展有限公司下属的一家致力于逆变器、光伏发电系统、电子电控产品的开发、生产、销售的高科技企业，产品辐射新能源、通信、电力、工业控制及其他高科技领域，属国家高新技术企业和深圳市高新技术企业。公司已通过 ISO9001：2008 质量体系认证和 ISO14001：2004 环境体系认证。

公司位于深圳市沙井安托山高科技工业园内。安托山集团投资 10 多亿元人民币建造的安托山沙井高科技工业园，占地 28 万平方米，总建筑面积 86 万平方米，有商住楼 4 栋 13 单元，高标准工业厂房 21 栋，是集工业、研发、商住、商务酒店为一体的大型综合性高科技工业园区。

公司拥有数位享受国务院津贴的专家，聚集了电力电子、热学、结构、硬件、软件等多学科的一支梯次配置合

理的技术骨干队伍，整个团队具有强大的新产品开发和快速响应能力。

公司在设计、工艺和设备等方面均达到国际先进水平，生产工艺机械化、自动化程度高；并配备有一级实验室，引进国际先进检测设备，建立完备的试验、检测系统，确保产品保持国际国内领先水平。产品选用经过长期验证的、高可靠性的元器件，以精细的工艺流程，100%的受控过程，经过严格完备的测试与评审，制造出高品质和高可靠性的 ATSTEK 精品。

我们本着精益求精的原则，顺应产品绿色潮流，响应人类社会与自然环境的和谐发展，走可持续性发展之道路，在规范的管理体系运行下，以良好的质量，合理的价格来满足专业用户的需求。根据客户提出的产品性能指标，我们会以最快、最好、最到位的解决方案，为客户提供优质的服务。

139. 深圳市比亚迪锂电池有限公司

地址：广东省深圳市龙岗区宝龙工业城宝坪路1号
邮编：518116
电话：0755-89888888
传真：0755-89643262
邮箱：rita. he@byd.com
网址：www.byd.com.cn
简介：

深圳市比亚迪锂电池有限公司（以下简称比亚迪锂电池公司或公司）成立于1998年，是比亚迪股份有限公司（以下简称比亚迪股份）的全资子公司。2001年，比亚迪股份启用事业部制管理，遂将比亚迪锂电池公司内部命名定为第二事业部。目前，第二事业部拥有深圳、上海、惠州、商洛四大生产基地，下设深圳锂电工厂、上海锂电工厂、网络能源工厂、太阳能电源工厂、工具电池工厂、储能电池及汽车电池厂、设备与工程厂等9个生产部门及人力资源部、财务部、项目管理部等10个职能部门，拥有员工2万余人。

公司产品规划由生产单一的锂离子电池，逐渐转向为客户提供全套能源解决方案。现有产品主要包括铁电池、锂离子电芯、电池 Pack、聚合物电池，以及新兴产品电动自行车电池、EV/HEV 电池、硅铁模块、UPS、DPS、太阳电池片、太阳电池模组等，主要应用于手机、无绳电话、笔记本、数码产品、电动工具、后备电源、通信设备备电、太阳能路灯及照明设备、电动车船、各类储能电站等领域。

140. 深圳市长运通光电技术有限公司

地址：广东省深圳市南山区科技中二路深圳软件园4栋201
邮编：518057
电话：0755-86168222
传真：0755-86168622
邮箱：cyt@szcyt.cn
网址：www.szcyt.com
简介：

深圳市长运通光电技术有限公司（CYT）于2003年诞生于深圳，是一家集研发、生产和销售为一体的国家高新技术企业，国家集成电路设计深圳产业化基地重点企业，深圳市自主创新行业的龙头企业和广东省半导体照明产业联合创新中心发起企业。

公司坚持以“核心技术，劲显价值；开拓创新，引领潮流”为技术发展理念，以电源管理IC和LED照明解决方案为核心，充分发挥电源管理IC的技术优势，把电源管理技术与LED技术完美结合，开发具有自主知识产权、国际先进水平的LED照明光电解决方案——“双核三高”核心技术，即以去电源化驱动和高压LED芯片为核心技术，以高光效、高寿命、高性价比为产品标准。

公司坚持以“市场导向、质量第一”为产品制造理念，先后通过了 ISO9001：2008、ISO14001 等质量体系认证。公司自主品牌“Doton”LED 系列照明产品，通过了 CCC、CQC、UL、CE、SAA、ROHS 等认证。公司以客户需求为导向，为客户提供差异化的产品和解决方案。市场营销网络覆盖国内及港澳台、欧美、大洋洲、东南亚等100多个国家和地区。

公司坚持以“专业、专心、专注、诚信赢未来”为经营理念，实施以技术创新和客户需求为导向的双轮驱动战略。公司拥有完整的研发体系架构，以专业创造价值。2012年5月28日，广东省省长朱小丹在全省推广应用LED照明产品工作会议上指出：“去电源化高压LED芯片等关键核心技术攻关取得阶段性进展，为全面降低LED生产成本提供坚实支撑”。

141. 深圳市东辰科技有限公司

地址：广东省深圳市宝安区宝城68区留仙二路鸿辉工业区2号厂房
邮编：518101
电话：0755-26632038
传真：0755-26633000
邮箱：market@dctec.com.cn
网址：www.dctec.com.cn
简介：

公司成立于2004年，注册资本3068万元，是专注于 Dctec 品牌高频开关电源的研发、生产与销售的高科技企业。东辰科技坚持以服务客户为己任，立足于自主研发，专业从事高频开关电源的定制服务。

东辰聚集和培养了大量电源行业的精英，组成了强大的研发、生产、品控和管理队伍。拥有10000多平方米的研发与生产基地，员工近300人。于2005年3月顺利通过

ISO9001 质量体系认证，从 2006 年 3 月开始导入 ROHS 管理体系，多数产品通过了 UL、TUV、CE 、CSA、CCC、PCT、EK、IRAM、NOM 等多项认证，并获得了数十项产品发明专利。

现有 600 余种 AC/DC、DC/DC、DC/AC 客户定制产品的种类和系列，功率覆盖 2～10000W 等级，广泛应用于移动通信、网络通信、服务器、金融 ATM、工业控制、医疗设备、高速铁路、新能源以及其他高科技领域。欢迎广大客户来电咨询，我们将为您提供专业的参考建议和解决方案。

稳定压倒一切！深圳市东辰科技有限公司！

142. 深圳市富凌控制技术有限公司

B&B B&B Power Drive the Future

地址： 广东省深圳市南山区中山园路 9 号君翔达大厦 B 栋
邮编： 518000
电话： 0755-86567103
传真： 0755-86567102
邮箱： cso@bbpower.cn
网址： www.bbpower.cn
简介：

深圳市富凌控制技术有限公司（简称深圳富凌）是一家致力于高端光伏逆变器研发、生产和销售的高新技术企业，是 LED 驱动电源行业唯一一家上市企业——茂硕电源科技股份有限公司（简称“茂硕电源”，股票代码：002660）的控股子公司。公司在深圳拥有销售与研发中心，服务网点遍及 20 多个国家和地区。主营业务包括三大光伏逆变器领域：并网系统，纯离网系统和并离网系统。另外，我们还提供专业的项目咨询服务、系统设计、技术支持等。

深圳富凌研发中心拥有中国最优的光伏逆变器拓扑结构全球专利及其他光伏逆变器专利多项。不断的技术创新和潜心专注的科研，被我们视为基业长青的源泉。同时，在生产质量方面，富凌领导层同样坚信科学。一方面完善了公司整体运作，生产流程等，通过了 ISO9001：2008，涵盖了从进料管理，PCBA 组装，成品组装，到产品包装，售后服务等各个环节；另一方面在强化科研创新和质量保证的前提下，从供应链的源头出发，步步为营降低成本，提高了光伏逆变器的性价比。多年来，雄厚的科研实力和完善的质量管理体系一直是富凌产品优异的质量和性能的保障。

未来，我们将继续坚定“致力于改善地球环境”，持续创新，继续保持国内领先、加大海外市场的拓展步伐，大力推进技术进步，不断提高管理水平，认真履行社会责任，竭诚为用户提供一流的服务和产品，努力将公司发展成为国际一流的新能源企业，为人类可再生能源的开发利用不断做出新的贡献！

143. 深圳市港泰电子有限公司

KNT

地址： 广东省深圳市宝安区松岗街道东方大道田洋二路金石 B 栋
邮编： 518052
电话： 0755-27139706/9708/9136
传真： 0755-27139137
邮箱： 13923890887@139.com
网址： www.kntecn.com
简介：

深圳市港泰电子有限公司成立于 2000 年，多年来致力于研发和生产各种类型的工频、高频变压器及电抗器。是一家技术实力雄厚的专业生产企业。公司拥有一支专业、稳定、高素质的研发队伍；主要核心技术人员和管理者都具备多年的变压器行业工作经验。公司一贯坚持：“质量第一，顾客至上”的方针，以满足用户需求为宗旨，积极开拓国内、国际市场。产品严格执行中国 CQC、美国 UL、欧洲 CE 等认证要求，建立了完善的品质保证体系。并获得 ISO9001：2008 国际质量体系认证。

公司主要产品有：逆变电源变压器、自耦变压器、隔离变压器、控制变压器、电抗器以及高频电子变压器、开关电源变压器、驱动变压器、通信器材变压器、PFC 功率因数变压器、SMD 贴片变压器、电源滤波器、电感线圈等。

144. 深圳市港特科技有限公司

港特科技 KTRANSFORMERS

地址： 广东省深圳市宝安区松岗街道楼岗工业区厂房 C 栋一至四层
邮编： 518105
电话： 0755-29095011 29095012 29095055
传真： 0755-29095058
邮箱： ktt@kttchina.com
网址： www.kttchina.com
简介：

港特公司具有十余年丰富的变压器研发、生产经验的积累，已成为电源行业知名的优质供应商，公司始终坚持“诚信是企业的生命，创新是公司的灵魂”的企业发展理念。本公司引进了先进的生产与检测设备，以完善的品质管理，严格的生产工艺要求以及优质的售后服务，更以专业的技术研发使之不断地创新突破。

145. 深圳市好科星电子有限公司

HKX 开关电源

地址： 广东省深圳市宝安区福永和平村和秀西路 68 号
邮编： 518103
电话： 0755-33813990 33813991
传真： 0755-33813989
邮箱： hkxdz@hkxdz.com
网址： www.hkxdz.com
简介：

深圳市好科星电子有限公司是专业研发，制造大、中、小功率（150W ~ 100kW）开关直流稳压，恒流电源及全自动充电机的生产厂家。集设计、开发、生产、销售为一体的企业。公司本着“科技为本，质量至上，精准求精，优质服务”的质量方针与经营理念，严谨的工作态度，建立并完善了质量保证体系，为产品的销售奠定了坚实的基础。公司拥有先进的生产设备和现代化的生产流水线。公司的每一个产品从研发、元器件筛选、生产调试、整机测试老化、质量检测等各环节均有专门的流程规则，并执行严格把关，绝不让有质量隐患的产品出厂。产品主要应用于：通信、电台、国防、科研、电力电子、电镀电解、蓄电池充电、器件老化工控设备及工具电源等。公司急顾客之所急，忧顾客之所忧，在不断提高产品质量的同时并以最实惠的价格，完善的售后服务，准时的交货承诺服务于广大客户。我们可以根据您的要求度身定做各种规格的开关电源及充电机。好科星电源将是您值得信赖的合作伙伴。DC/DC 电源，广泛应用于电力直流屏系统、工控、通信、科研、蓄电池充电等设备。

146. 深圳市核达中远通电源技术有限公司

VAPEL

地址：广东省深圳市南山区桃源街道留仙大道 1268 号众冠红花岭工业北区 1 栋
邮编：518055
电话：0755-26515709
传真：0755-26515601
邮箱：wangyong@vapel.com
网址：www.vapel.com
简介：

深圳市核达中远通电源技术有限公司隶属广东核电集团，是国家核准认定的高新技术企业，专业致力于 VAPEL 品牌高频开关电源的研发、生产和销售。公司已通过 ISO9001 国际质量体系认证和 ISO14001 国际环境体系认证，是诺基亚、西门子、爱立信、摩托罗拉、华为、中兴等国内外知名企业的优秀供应商。

总部设在深圳，现有员工 1500 余人，拥有 50000 多平方米的开发和生产基地。公司拥有 400 多名的研发人员，具有强大的新产品开发和快速响应能力。电源通过 UL，TUV，CE，CSA，CCC，TLC 等国内外的产品安规认证。现有 6000 余种 AC/DC、DC/DC、DC/AC 标准产品、非标准产品、客户定制产品的种类和系列，单电源功率覆盖 2W ~ 15000W 等级，广泛应用于通信、电力、工业控制、仪器仪表、医疗、铁路、军工及其他高科技领域。

147. 深圳市华之美半导体有限公司

H&M SEMI 华之美半导体 www.hmsemi.com

地址：广东省深圳市福田区福虹路世贸广场 A 座 3408/3306
邮编：518033
电话：0755-83674428 83679702/3/5/9
传真：0755-83679711
邮箱：manager@hmsemi.com
网址：www.hmsemi.com
简介：

深圳市华之美半导体有限公司（H&M Semiconductor）是国内电源管理 IC 和功率半导体器件领先的设计与销售企业，专业从事各种电源管理 IC 和功率半导体器件的设计、生产和销售。

公司成立以来，产品已涵盖了电源管理 IC（锂电充电/LDO/DC-DC/电压基准源/稳压 IC 等）、MOSFET（场效应晶体管）、EEPROM、音频、时钟、数码管显示驱动 IC 等诸多种类上百个型号。

公司目标成为国内最具价值的电源管理 IC 和功率半导体器件的供应商之一。

公司是深圳半导体协会成员，中国电源学会会员。

公司立足于自主创新，拥有和致力于“H&M SEMI”自主品牌产品的推广。

148. 深圳市汇业达通讯技术有限公司

HUIYEDA

地址：广东省深圳市宝安区观澜环观南路高新技术产业开发区泰豪科技园
邮编：518110
电话：0755-89800910
传真：0755-27521017
邮箱：huiyeda0239@163.com
网址：www.huiyeda.com
简介：

深圳市汇业达通讯技术有限公司专业从事高频模块化交直流电源系统与模块的研发、生产及销售为一体的高科技企业。

公司成立于 1996 年，严格按照 ISO9001：2008 及现代企业模式管理，有一支经验丰富且高素质的研发团队：70% 以上具有本科以上学历，由博士、硕士及重点大学优秀本科生组成。在国内率先研发出具有自主知识产权以 DSP 为主控芯片的数字模块化电源技术，已拥有智能高频开关直流电源系统、模块化 UPS 和 EPS、模块化逆变电源、一体化数字电源、轨道交通专用电源、通信电源、新能源汽车充电站电源以及其他多种功率等级的工业电源产品，所有产品均通过了国家权威部门的检测和电磁兼容 EMC 测试。

公司通过多年来的努力，产品广泛应用于电力、电厂、轨道交通、石化、冶金、新能源等领域，同时还出口到南美、东南亚、中东、东欧以及非洲等国家和地区，赢得了良好的声誉，得到用户的一致好评。

149. 深圳市坚力坚实业有限公司

CHNKONGFU

地址： 广东省深圳市宝安区沙井街道沙中路 24 号
邮编： 518104
电话： 0755-27722489
传真： 0755-27722739
邮箱： sz27727887@126.com
网址： www.china-jlj.com
简介：

自主研发系列高效开关电源厚膜集成电路。自置半导体封装设备，产能为每月 28 万片。涵盖 PFC、BUCK、BOOST、RD、PP、BTL、SR 等拓扑，供电源整机选配。

150. 深圳市捷益达电子有限公司

Jeidar UPS systems

地址： 广东省深圳市宝安区固戍东方建富愉盛工业园 12 栋 2 楼
邮编： 518126
电话： 0755-26696338
传真： 0755-26811099
邮箱： jeidar@163.com
网址： www.jeidar.com
简介：

成立时间：1993 年 7 月。

公司性质：研发、生产、销售、服务为一体的电源专业制造商。

项目经营：产品涵括了商用及电力不间断电源（UPS）、逆变电源（INV）、EPS 应急照明电源、蓄电池及相关的设备管理软件，以及为不间断电源提供的专业技术咨询与支持服务。

市场地位：中国电源行业的领先者。

发展目标：实现 UPS 产业化，成为具有国际竞争力的中国电源专业企业。

发展战略：追求名品牌战略，持续推动品牌建设；

确保公司在市场价值链中的地位，建立和不断调整适合市场竞争的经营组合体制。以建立终端用户为基础，依托渠道经销商为节点的营销模式；

立足拥有自主知识产权和拥有核心技术；按照国际、国家标准建立规范的制造业体制。推行适合公司发展的管理模式。

151. 深圳市金顺怡电子有限公司

地址： 广东省深圳市南山区西丽镇官龙工业区东区 A15 号
邮编： 518055
电话： 0755-26749900
传真： 0755-26749903
邮箱： plan@szjsy.com.cn
网址： www.szjsy.com.cn
简介：

深圳金顺怡电子有限公司创立于 1995 年 8 月。专业化生产各类型的电子变压器、电源变压器、电抗器、电感等，应用于光伏逆变器、UPS、EPS、逆变电焊机、电力操作电源、高频智能开关电源等电子产品。

本公司具有丰富的制造特种变压器的经验和完善的生产工艺为保证。能够完全达到欧盟的 ROHS 要求。测试手段齐全。技术力量雄厚，产品质量可靠。深得广大客户的信赖！每年给世界五百强企业艾默生提供大量的变压器、电感、电抗，凭借可靠的品质和工艺手段，已成为艾默生、华为、山特、科华等最忠实的供应商。

152. 深圳市金威源科技股份有限公司

Goldpower

地址： 广东省深圳市宝安区新安街道 68 区留仙二路
邮编： 518101
电话： 0755-83433146
传真： 0755-29799837
邮箱： cehua@gold-power.com
网址： www.gold-power.com
简介：

金威源是全球领先的电源解决方案服务商。具有高度自主知识产权的高科技信息核心骨干企业，集产品研发生产及销售为一体，拥有世界领先的产品研发平台、可靠性测试平台和现代化自动生产制造平台。针对通信、太阳能绿色环保、汽车应用电子和新能源领域形成了六大核心产品系列，标准通信电源，远供电源，高压直流电源，太阳能光伏，LED 电源，汽车充电控制电源，产品广泛应用于通信、电力电子、自动化控制、铁路、军工、医疗、LED、太阳能发电和汽车充电控制系统。客户已遍布欧美、日本、印度、中东、巴西、非洲等国家和地区。

凭着快捷、创新、卓越，为用户增值的经营理念，为全球用户提供完善的电源解决方案。已成为：中国移动、中国电信、中国联通、Indonesia PT. TELKOM、India Reliance、华为、中兴、京瓷、阿朗、大唐电信等国内外著名企业的优选服务商。

我们为客户在特定领域或行业提供创新性、个性化的解决方案和产品服务，快速、准确地为您提供产品技术支持，提供全方位、多元化的解决方案，高效全面地解决用户需求。

153. 深圳市金元电子技术有限公司

U-CON

地址： 广东省深圳市宝安区松岗街道罗田第三工业区象山大道 462 号浦京华茂工业园
电话： 0755-88210315-823

传真：0755-88210211
邮箱：Lyxj. 888@163.com
网址：www.ucon100.com
简介：

深圳市金元电子技术有限公司成立于2003年9月，经过8年艰苦卓绝的研发与不断创新，在长期从事军用铝电解电容研发与生产的不断总结的基础上，对从德国、日本、意大利、韩国引进的先进设备与一流技术进行了充分吸收、消化和革新，于2011年在中国深圳建成投产了国内一流、世界先进的年产量2000万颗新能源、变频节能专用的螺栓型、焊针（片）型铝电解电容器生产线。产品性能与质量达到世界一流同行的先进水平，完全可以全部替代进口。金元在对新能源、变频节能专用螺栓型铝电解电容器进行全面开发与研究的基础上，我们对其专用材料也进行了开发与研究，并且成功开发出新能源、变频节能专用螺栓型铝电解电容器专用的高压化成铝箔与高压长寿命耐大纹波电流的电解液专用电解质，为在新能源、变频节能专用的螺栓型铝电解电容器领域全面赶超世界一流水平打下了坚实基础。掌握核心技术，造世界一流的节能原件，为节能减排多做贡献，是金元公司的企业价值，也是金元人不断奋斗的目标。

金元公司自2003年9月成立以来，U-CON品牌的高品质螺栓型铝电解电容器在各个领域得到广泛应用，并为中国的国防建设做出了自己的努力。U-CON品牌的高品质螺栓型铝电解电容器主要应用于新能源领域（风能发电系统、光伏发电系统等新能源发电系统）、清洁能源应用领域（高铁、混合动力汽车、纯电动汽车等清洁能源运输系统）、节能设备等工业应用领域（变频器、频闪器、储能焊机、激光焊机、UPS和EPS等工业储能设备）、医疗领域（X光机、MRI机、美容仪、生命监护系统和医疗检查系统），U-CON品牌的高品质螺栓型铝电解电容器得到市场一致好评与钟爱，正在完全替代进口品牌。

金元以创新求发展、以诚信谋天下，金元热诚欢迎各位新老朋友、各兄弟单位、业界同仁、商界精英亲临金元参观指导、洽谈合作，共创幸福美好的未来！

154. 深圳市巨鼎电子有限公司

深圳市巨鼎电子有限公司
SHENZHEN JUDING ELECTRONICS CO.,LTD.

地址：广东省深圳市宝安区西乡镇凤凰岗第三工业区B5栋5楼
邮编：518000
电话：0755-26974799
传真：0755-26974522
邮箱：sales@judingpower.com
网址：www.judingpower.com
简介：

我司是一家专业的高频开关电源制造商，成立于1998年，一直专注于开关电源的研发、生产、销售与服务，致力于为客户提供高品质的、高可靠的电源产品和完美的电源解决方案。

我们的产品包括AC/DC一次电源、DC/DC二次电源、ADAPTER适配器电源、DC/AC逆变电源、PFC功率因数校正电源及UPS不间断电源等六大系列，一千多种标准与非标电源产品，单机电源功率涵盖0.5～5000W。

我司产品目前在国内电子检测设备和银行监控等应用领域处于领先地位，其中集中供电电源成为唯一一家入围多家银行监控工程的产品。

“高质求生存，低价赢客户，优服促发展”是我公司的经营宗旨。制造高品质、高可靠性的电源产品仅仅是我们迈出的第一步，为每一个客户提供最完美的电源解决方案才是我们的最终目标

“创新源于专业制造，放心自在‘巨鼎电源’”！

每一个产品，我们巨鼎人都将为您精诚打造！

155. 深圳市科陆电源技术有限公司

CLOU 科陆

地址：广东省深圳市南山区科技园北区宝深路科陆大厦21楼电源公司
邮编：518055
电话：0755-36901166
传真：0755-26632050
邮箱：wangwencheng@szclou.com
网址：www.szclou-power.com
简介：

深圳市科陆电源技术有限公司（以下简称科陆电源），是一家专业从事电力电源产品（直流操作电源设备、不间断UPS电源设备、电力用直流和交流一体化不间断电源设备、电力专用电源设备等）的研发、生产、销售与服务的公司。成立于2005年，其前身是深圳市科陆电子科技股份有限公司的电源事业部。

科陆电源自成立以来，紧密依托高新技术，以发展民族工业为己任，以创造国际品牌、永居电力行业高峰为目标，得以持续快速发展；其产品先后在1000MW及以下的发电行业、750kV及以下等级的变电站行业，以及在轨道交通、石油化工、水利行业都得以广泛使用。产品具备先进性、安全可靠性、易操作性、抗干扰性、可扩展性、开放性，适用性的特点，得到广大的用户一致好评。

目前，公司拥有几十项国家专利及软件著作权，其电力电源产品全部具有自主知识产权，使用“科陆”商标。

科陆电源是中国电源学会、全国电力系统直流电源委员会委员单位，也是广东省电机工程学会交直流电源专业委员会常务委员会委员。

科陆电源的愿景：“打造世界级能源服务商”。

156. 深圳市科瑞爱特科技开发有限公司

CREATE 科瑞爱特

地址：广东省深圳市宝安区西乡镇固戍二路南昌健裕第二

工业区B栋7F

邮编： 518102

电话： 0755-26521348

传真： 0755-26522816

邮箱： 631045164@qq.com

网址： www.szcreate.com/cn

简介：

深圳科瑞爱特公司成立于2003年，是一家集开发、研制、生产、销售通信智能高频开关电源、逆变器、逆变电源、直流电源系统及通信电源系统的高新技术企业。已经通过高新技术企业认定证书ISO9001：2000质量管理体系认证，信息产业部进网检验报告，拥有多项新开发的产品申请专利。

产品已经广泛用于大中型电厂、变电站、冶金、石化、纺织、铁路、交通、金融、移动、联通等各个领域，并深受客户、专家、学者的一致好评。低碳环保，节能减排，开创新能源新局面，给我国民族信息产业的发展贡献了应有的力量！

157. 深圳市库马克新技术股份有限公司

地址： 广东省深圳市宝安区石岩镇宏发工业园三栋二楼

邮编： 518108

电话： 0755-81785111

传真： 0755-81785108

邮箱： business@cumark.com.cn

网址： www.cumark.com.cn

简介：

深圳市库马克新技术股份有限公司（CUMARK）是一家在电力电子传动和自动化及其相关领域的国家级高新技术企业，主要在电力电子电源与传动、过程自动化、智能电网等领域，为有色金属、钢铁、石油、化工、煤炭、电力、环保、制药、食品、烟草、机械、市政等大中型工矿企业和市政工程提供涵盖工艺控制、节能控制咨询、系统设计、系统设备采购、系统设计集成和现场安装调试一体化服务。

公司成立于2001年3月19日，在公司全体员工的共同努力下，公司实现了快速发展，现已成为在复杂电力电子传动和自动化领域拥有多项核心专利技术和产品，拥有国家级高新技术企业、调速电气传动系统国家标准起草单位、国家发改委备案的节能服务公司、中国节能协会节能服务产业委员会常务理事单位、深圳市知名品牌等资质荣誉，是步入腾飞的未来新星！

库马克总部位于深圳市福田中心区，研发生产基地位于深圳市宝安区石岩镇宏发工业园。现已在全国各大省市均设有办事处和售后维修服务中心，可为各地客户提供优质、快捷的本地化服务。

158. 深圳市联德合微电子有限公司

地址： 广东省深圳市南山区艺园路马家龙田厦IC产业园2-008号

邮编： 518052

电话： 0755-26982076

传真： 0755-26983407

邮箱： service@lpme.com

网址： www.lpme.com

简介：

深圳市联德合微电子有限公司（以下简称公司）于2002年4月5日由几位技术、销售、管理方面的专业人士共同发起成立，注册资本555万元人民币。专业从事民用电源芯片、高压器件的研发与销售，是经认定的国家级高新技术企业、集成电路设计企业与软件企业，是工信部组织的“中国半导体照明技术标准工作组”成员单位。目前公司分别在深圳和成都设立了研发中心，共拥有员工55人，其中从事IC、软件等高新技术产品开发的技术人员占56%以上。

作为以芯片研发、销售为主的高科技企业，我们拥有一支强大的高素质的研发队伍，聚集了众多从业多年并积累了丰富经验的IC设计、工艺工程师，拥有先进的设计工具和测试手段。已授权的各类型知识产权35项，其中PCT国际申请3项，国内发明专利10项。

公司采用无工厂化模式，专注于特殊BICMOS、BCD高压工艺及IC的开发与应用，并与国内知名的晶圆代工生产企业建立了研发合作伙伴关系。公司已研发并投入量产的IC产品共9个系列50余种，主要包括：高压AC/DC电源管理芯片、LED驱动芯片、PFC、大功率高压MOS管、PDP驱动芯片等。已广泛应用于电源管理、LED照明、电力计量、汽车电子、工业自动化、多媒体、通信、安防等领域。

159. 深圳市南方默顿电子有限公司

地址： 广东省深圳市宝安区松岗街道东方社区大田洋工业区东方华丰工业园（华美路段）D栋4楼1号

邮编： 518105

电话： 0755-27143393

传真： 0755-27143830

邮箱： merdn@merdn.com

网址： www.merdn.com

简介：

深圳市南方默顿电子有限公司是一家自研发、生产、销售到售后服务一体化的专业UPS生产制造公司。公司一贯秉承“品质第一，客户至上，追求卓越”的经营理念与奋斗目标，长期致力于科技研发与技术创新，以给消费者提供更合适的产品；完整的系统技术，优异的产品品质，以给客户提供完整的电力解决方案。

南方默顿生产基地坐落于经济优越、科技领先的广东深圳。公司品牌与OEM并行，在印度、泰国、日本等地都有极佳的品牌知名度与市场占有率，并为各国知名度品牌

OEM 生产。

南方默顿生产通过了 ISO9001 国际质量管理体系认证以及 ISO14001 国际环境体系认证，所生产的 UPS 产品也通过了 CE、CQC 等产品品质认证，未来的南方默顿公司更会致力于技术的创新与服务的提升，援引学术高端科技与力量，奔向国际电源行业新标航。

160. 深圳市帕瓦科技有限公司

地址：广东省深圳市龙岗区龙岗街道龙东社区爱南路 78 号利好工业园 5 栋 5 楼
邮编：518116
电话：4008636588
传真：0755-28968689
邮箱：root@szpower-tech.cn
网址：www.szpower-tech.cn
简介：

深圳市 Power 科技有限公司是专业从事电源及节能设备研发、制造、销售的综合性高科技企业。Power 产品已在市政、金融、医疗、广播电视等需要高品质电源的领域都有相当好的口碑，深受广大客户的青睐，自 2006 年成立以来，先后获得“电源学会会员单位”，“高新技术企业”等荣誉称号。

Power 科技运用丰富的电能效率管理经验及现代化的电能损耗诊断分析手段，从低压电网侧入手，对客户的电效和降耗的管理结构、配电系统、动力设备、照明系统以及产品流程等方面，进行系统的综合性分析和诊断，为客户提供系统的电能损耗现场诊断和分析评估，从而帮助客户有效地降低电能消耗和设备故障率，提高产品品质和设备利用效益，降低直接和间接运作成本，提升企业的盈利能力和市场竞争能力。

我们的企业目标：“提升电能质量”和“降低用电成本”。

我们的服务承诺：“让我们尽心尽力，让客户称心如意”。

161. 深圳市鹏源电子有限公司

地址：广东省深圳市福田区新闻路侨福大厦 4F
邮编：518034
电话：0755-82947272
传真：0755-82947262
邮箱：sales@szapl.com
网址：www.szapl.com
简介：

鹏源电子是一家专业为新型能源产品提供核心电子零件的代理商，既提供包括各类 IGBT、MOSFET、快速二极管、整流桥、晶闸管、碳化硅二极管和场效应晶体管和控制 IC 等关键的半导体器件，也提供薄膜电容器、铝电解电容器和滤波器等产品，能为功率变换的各个环节提供关键的元器件。

我们拥有专业的销售工程师团队，能为客户提供准确、高效和经济的元器件方案，让客户的设计处于业界前沿。在通信电源、UPS、电力电源、变频器、电焊机、风能、太阳能、SVG 等领域，我们都有成熟和领先的元器件方案，能有效减少工程师挑选元器件的时间，缩短产品开发的周期。

产品众多、现货充足是我们的优势之一，无论是跨国企业还是国内厂家，都能得到我们迅速、可靠和专业的服务。

我们代理的产品包括 IXYS、Westcode、CREE、Icel、Panjit、CET、NEM、Wavefront、擎力科技等，服务的客户包括 Emerson、Siemens、GE、Philips、中兴通讯、中国南车等。我们致力于为客户提供一站式的服务，是电力电子行业首选的供应商。

162. 深圳市普德新星电源技术有限公司

地址：广东省深圳市南山区前海路 4 号能源工业区 1 栋 3 楼
邮编：518054
电话：0755-26483257-826
传真：0755-86051389
邮箱：hsg@kondawei.com
网址：www.powerld.com
简介：

深圳市普德新星电源技术有限公司是一家专业从事开关电源开发设计、生产、销售与服务的公司，是中国电源学会（CPSS）会员，德国 TUV ISO9001 质量管理体系认证企业。1991 年在中国硅谷中心中关村成立北京新星普德电源技术有限责任公司，首创公司品牌——新星开关电源。1998 年在深圳南山高新技术开发区成立深圳市康达炜电子技术有限公司。公司由最初的十几人规模发展到现有员工 1200 多人，生产面积 20000 平方米，可月产各类电源 100 万台。

公司产品涵盖了整机型 AC/DC 电源、基板型 AC/DC 电源、多路隔离输出电源、DC/DC 电源、AC/DC 模块、DC/DC 模块、适配器电源等七大系列二千余种，目前公司开发、生产的新星开关电源已经遍及全国各地，产品远销欧美与东南亚国家。现与创维、PHILIPS、Lenovo、ZTE、TCL、华三通信等著名品牌公司合作。

公司自成立以来，秉承“顾客至上，真诚合作，勤奋创新，追求卓越”的经营理念和“顾客至上、群策群力、持续改善、争创一流”的质量方针；提倡“尊重知识，尊重人才，实事求是”的科学原则；坚持“以人为本，唯才是举”的人才理念。公司落实决策民主化，管理权威化的原则，制度因人而设，决不因人而废，做到管理有效，是公司的管理政策。创造利润回馈顾客和员工，为振兴民族产业贡献自己一份力量，是公司的使命。

当今世界工业的高速发展，为新星电源提供了广阔平台。我司将以此为契机在电源领域勇于开拓，不断创新，立志成为世界级开关电源供应商！

163. 深圳市瑞必达科技有限公司

RITAR®

地址：广东省深圳市宝安区福永桥头富桥二区北 A3 栋
邮编：518057
电话：0755-33981668 33981458
传真：0755-83475180
邮箱：sales@ritarpower.com
网址：www.rbdpower.com

简介：

深圳市瑞必达电源有限公司是成立于 2006 年，是瑞达国际全资子公司，专业从事各类开关电源、充电器等相关产品研发、生产、销售及服务于一体的公司。拥有一流的生产、检测、试验设备及仪器：采用全自动开关电源测试系统、AT 插件机、贴片机、波峰焊、回流焊、AOI、RoHS 光谱分析仪、EMC 测试系统、环境试验箱、高温老化房、数据采集等先进生产和检验设备。为产品的优良品质提供了有效保证，公司生产的系列电源，以广泛地应用于航空航天、电信、电动车、医疗、多功能家具、体育娱乐设备、工厂设备及 LED、电动工具等领域。工厂已通过了 TUV ISO19001-2000 质量体系认证，产品通过了 TUV、CB、CE、UL、FCC、PSE、C-Tick、Gost、CCC、能源之星等质量安全认证，产品销往欧洲、美洲、大洋洲等 40 多个国家和地区。

164. 深圳市瑞晶实业有限公司

RJ 深圳市瑞晶实业有限公司

地址：广东省深圳市南山区西丽镇丽山路民企科技园 3 栋 6 楼
邮编：518055
电话：0755-88860609
传真：0755-26515068
邮箱：zhen.xiuping@rjsz.net
网址：www.rjsz.net

简介：

公司成立于 1997 年，是一家集科、工、贸于一体的民营股份制企业，坐落于深圳市内著名的大型工业区——西丽红花岭工业区，毗邻深圳著名学府——深圳大学城，以及西部风景旅游点：西丽湖度假村、动物园等。工业区内配套完善，交通十分便利。

公司目前主要从事开关电源类产品的研制、开发、生产。现公司拥有 10000 平方米生产平台，1000 名员工和一批专业技术骨干，生产装配线 20 条及 4 台 SMT 自动贴片机，各种专业电子测试仪器，信赖性测试设备，及可同时 BURN—IN 7200pcs 的老化室。日平均产能 35kPcs，峰值产能可达到 50kPcs。2005 年的年产值已超过亿元大关。

1999 年开始为国外内主流通讯设备及相关厂商提供各类规格的开关电源、工业电源、LED 驱动电源。主要客户包括了深圳中兴通讯股份有限公司、福建星网锐捷通讯股份有限公司、德赛电子（惠州）有限公司，韩国 LG 等大型厂商。

2006 年中国电子科技集团公司（CETC）第九研究所（原信息产业部电子九所）与我公司合资合作，资产整合后注册资本为 959 万元，现今公司是国有控股的军转民形式的股份制科技企业，依托于九所这一强大技术后盾，致力于发展成为国内一流的电源产品研制、生产、销售一体化的专业公司。

2009 年，深圳市瑞晶实业有限公司成为深圳市 LED 产业标准联盟核心会员单位（该联盟是深圳市计量院与标准局牵头创建），积极参加深圳市 LED 产业标准的制定工作，并已成为深圳市有关 LED 产业中电源产品核心生产厂家。

165. 深圳市思凡贝特科技有限公司

贝特科技

地址：广东省深圳市光明新区公明汉海达高新科技园 C 栋 8 楼
邮编：518106
电话：0755-27639970
传真：0755-27639971
邮箱：307241364@qq.com
网址：www.safebata.com

简介：

德国贝特国际集团是一家致力于 UPS 不间断电源、逆变电源、清洁能源、阀控免维护电池等技术领域，集研发、生产、销售、服务于一体的全球电源领导厂商。其卓越的产品品质、创新的技术以及完善的售后服务体系都已成为业界的标准。

德国贝特国际集团在全球拥有国际先进的生产、检测设备和完整的销量网络和售后服务体系。其产品销售及服务网络遍布全球，广泛应用于通信系统、电力系统、金融系统、紧急供电系统以及安全系统等。德国贝特 UPS 不间断电源是最值得依赖的国际知名品牌产品，在国际上被誉为“全球电源解决之道”的专业电源解决方案专家。

深圳思凡贝特科技有限公司依托德国贝特国际集团的先进技术、品牌销售和服务网络，其设计生产的贝特品牌产品采用国际上更为先进的设计理念，具有更长的使用寿命及稳定可靠的卓越品质，是保护网络设备稳定运行的首选品牌。其研发和生产的所有产品都有严格的质量保证，符合 ISO9001 国际标准。

思凡贝特科技凭借20多年的专业经验和对行业发展的敏感预测，不断投入在新技术、新应用和新概念的研发，不仅提高了产品的可靠性，而且随着新技术的应用同时降低了产品的成本，大大提升了产品的性价比，得到更为广泛的市场认可。

思凡贝特科技还致力于为客户提供全方位的专业电源管理服务，以及一体化的动力系统解决方案。贝特科技不仅注重硬件的研发，其设计开发的专业管理软件更具有强大的兼容性，可以应用于多种操作平台，使系统管理更为简捷及时，令管理人员真正体会到“运筹帷幄，决胜千里”之感。

166. 深圳市威日科技有限公司

地址： 广东省深圳市龙华新区民治街道松仔园二区57栋二楼（办公场所）
邮编： 518109
电话： 0755-28132066 29787232
传真： 0755-29787235
邮箱： vr2008@126.com
网址： www.weiri.net.cn

简介：

深圳市威日科技有限公司/深圳市兆伟科技开发有限公司位于深圳宝安区龙华二线拓展区内，是以开发生产电子元件检测仪器和元件数控自动生产设备为主的高科技型公司。现公司有九大类别30余种型号产品：精密LCR测试仪、精密直流电阻测试仪、变压器综合参数测试仪、直流叠加程控恒流源、磁性材料功耗测试仪、绝缘耐压安规测试仪器、无刷电机程控绕线机、CNC自动排线式绕线机、无刷电机数控驱动器，威日公司还正在研制开发电容纹波测试仪、精密电解电容测试仪、高频功率计、开关电源综合参数测试仪等新产品。公司所投产的所有产品都要收集国内外最新的相关产品进行详细研究，综合各家之所长，并加上本公司独创的电路及根据从广大用户收集来的意见改进的电路。形成既有先进性又符合用户需求的独创产品。

167. 深圳市威泰隆电源电气有限公司

地址： 广东省深圳市宝安区龙华镇大浪浪口工业园10栋2楼
邮编： 518109
电话： 0755-28177558
传真： 0755-28177548
邮箱： szwtl@126.com
网址： www.weitailong.cn

简介：

深圳市威泰隆电源电气有限公司始建于1996年，是中国电源学会会员单位，国家行业标准《家电家流自动调压器》（SB/T10266—1996）起草组专业成员单位。公司自创办以来，坚持以质量为本，以科技为先导，不断引进国内外先进技术，研究开发以电力电子为核心技术的高精度稳压器，补偿式电力稳压器、变压器、配电箱、配电柜、低压开关柜等产品。产品以其卓越的品质、完善的性能而畅销国内外。公司于2003年通过ISO9001：2000国际质量体系认证。

公司继续秉持“客户至上、质量第一”的经营理念，“知识加胆量、求实加创新、团结加拼搏”的企业精神，“以品质求生存、以信誉求发展”的经营方针，始终不断地追求“优质产品、优质服务、顾客满意”创造威泰隆品牌为宗旨。面对新经济的挑战，公司全体员工正满怀信心、积极开拓、全面推进以战略人力资源管理为重点，从传统产业向高新技术产业转移，以国内外市场为主逐步向国内与国际市场并重转移的战略指导思想，以实现公司集团化、实体化、规范化的目标而不断努力。

公司主营生产定制：DG/SG自耦变压器、DGG/SGG隔离变压器、BK控制变压器、DG单相变压器、SG三相变压器、干式变压器、油浸式变压器、印刷机变压器、贴片机变压器、机床变压器、单相稳压器、三相稳压器、交流稳压器、全自动稳压器、家用稳压器、380V稳压器、TND/TNS小功率稳压器、SBW大功率稳压器、补偿式稳压器、智能稳压器AVR、环保补偿式稳压器CUS、定制稳压器、电抗器、进线电抗器、出线电抗器、滤波电抗器、串联电抗器、限流电抗器、启动电抗器、UPS、配电箱等产品。

168. 深圳市西格玛泰变压器有限公司

地址： 广东省深圳市宝安区石岩街道办光明路36号西格玛泰工业大厦（石岩汽车站后侧，泉宝工业区）
邮编： 518108
电话： 0755-29827108
传真： 0755-29827008
邮箱： cgsb1@szxgmt.com
网址： www.szxgmt.com

简介：

深圳市西格玛泰变压器有限公司成立于2003年6月28日，专业从事高低压空芯电抗器、高低压铁心电抗器、各类干式变压器的研发、设计、制造、营销和技术服务。

现有员工100余人，厂房4300平方米，经营管理和工程技术人员全部具备大专以上学历或中级以上职称，部分人员从事本行业超过十九年。

与华中科技大学、厦门大学、沈阳变压器研究所长期进行技术合作。

空芯电抗器的研发、制造处于国内行业前列。

产品已销京、津、沪、渝、港、澳、台等20多个省、市、自治区和加拿大、澳大利亚、西班牙、阿联酋、意大利、新加坡等国家与地区。

成交客户超过400户，已为艾默生电气、清华紫光、科陆电子、骆驼股份等多家上市公司供应各类电抗器、变压器30余万台套。

自行设计、制造的变压器，配套客户产品安装在人民大会堂和钓鱼台国宾馆，已安全、高效运行9年。

169. 深圳市希顺有机硅科技有限公司

SISUN® 希顺 硅胶技术专家 希顺有机硅科技有限公司 SISUN Silicone Technology CO., LTD 做中国最好的硅胶厂

地址：广东省深圳市光明新区塘家社区塘家南路A28号
邮编：518000
电话：0755-29596265
传真：0755-29596296
邮箱：zhangronghui@sisun.cn
网址：www.sisun.cn
简介：

深圳市希顺有机硅科技有限公司是一家高科技股份制企业，公司成立于1999年，致力于工业电子胶粘剂的研发、生产和销售，产品以无毒、无腐蚀、环保的有机硅胶粘剂为主导，配套有环氧胶、塑料胶、快干胶、UV胶、厌氧胶及多种特殊胶粘剂，构成多元化的产品体系，产品广泛应用于电子、电器、灯饰，机械、太阳能、传感器等多个工业制造领域。公司立足于为客户提供成套的粘接、灌封、散热、密封等解决方案，通过十多年的高速发展，现已成为胶粘行业知名企业，公司经营的最终目标是成为中国顶尖的胶粘剂制造商和服务商，成为中国最好的硅胶厂。

公司总部设在深圳，在成都、上海、浙江等全国多地设置分公司或分支机构，业务范围遍布全球；公司拥有雄厚的研发实力，先后与中国国家有机硅工程中心、中国氟硅协会及国内多家科研院所建立合作关系并保持着紧密的联系和合作，为公司的持续发展提供了有力的技术保障，公司研发中心下设成型有机硅实验室、缩合型有机硅实验室、环氧实验室，分析、检测设备齐全，本着“为客户量身定做，解决胶粘难题”的宗旨，精心为客户开发出放心的产品，公司产品目前处于可以完全替代国外同类进口产品的状态，在满足客户需求的情况下，大幅度为客户降低成本，为有机硅产品的国产化作出了卓越的贡献；公司产品品质保证，公司通过了ISO9001认证，ISO/TS16949：2009技术规范认证，SGS环保无毒测试认证及UL94-V0安全测试认证、FDA食品级无毒认证，在国内市场享有卓越的声誉。

公司目前与康佳、TCL、JVC、三星、伟创力、富士康、华龙、九洲、阿特斯、长城电源、珈伟、湖南兴业、冠德、南玻集团等国内外知名企业建立了长期合作伙伴关系，是中国电子电器、照明、太阳能、汽车制造业用胶粘剂最大供应商之一。

公司非常重视企业文化建设，在成长的历程中逐步沉淀了有希顺特色的希顺文化。肩负整合各种社会资源，为中国建最好的硅胶厂的使命，本着相互尊重、正直坦诚、诚信守法、团结合作、追求卓越五项基本原则，努力把希顺建成一家拥有一流人才，承载中国最高硅胶技术，广受社会尊重，最具竞争力的国际化企业。

170. 深圳市新能力科技有限公司

新能力SINOLY

地址：广东省深圳市宝安区留仙二路润恒电子厂区2号4楼
邮编：518000
电话：0755-83409828
传真：0755-83417632
邮箱：sinoly@sinoly.com
网址：www.sinoly.com
简介：

深圳市新能力科技有限公司成立于1999年5月，一直以来致力于大功率高频开关变流技术及计算机控制技术的研究、开发和生产。是国家科技部、财政部、深圳市科技局、财政局重点扶持的高科技企业。

公司产品现包括电力高频开关电源模块，微机高频开关电源监控器，智能电力参数仪表，智能电度表，电能质量谐波分析仪表，电力操作电源小系统，BZW系列壁挂电源，GZDW微机控制高频开关直流系统。并分别通过了电力工业部电力设备及仪表检测中心和国家继电器检测中心的严格检验。

公司秉承“创新、合作、服务、双赢”的经营理念，坚持“全员参与，制造优质产品，持续改进，满足客户需求”的方针，坚持“求实创新，质量第一；用户至上，服务社会”的服务宗旨，以可靠的质量，优良的性能，互惠的价格，殷实的服务，与社会各界广大用户同发展、共进步！

171. 深圳市新未来电源技术有限公司

新未来 NEW FUTURE

地址：广东省深圳市南山区西丽镇珠光村第二工业区4栋1楼115室
邮编：518055
电话：0755-26589529
传真：0755-26951925
邮箱：nfcsw2008@vip.163.com
网址：www.nfcszb.com
简介：

深圳新未来电源技术有限公司是广西新未来信息产业股份有限公司的全资子公司，2001年迁至深圳，2006年改制后成立深圳新未来电源技术有限公司，公司注册资本为1000万元。公司成立伊始，即以“科技创造新未来”的理

念，立足于高端电源产品的研发。逐渐形成了模块化并联技术为主的系列电源产品，其中又以并联模块化逆变电源和模块化 UPS 翘楚同业，并被国家科技部认定为“2004 年国家级火炬计划产品”、“2005 年国家级重点新产品”等。公司通过了 ISO9001：2000 质量体系认证，建立了完善的质量管理体系。电源产品已通过泰尔认证，电力、铁路等电源产品也通过了相关国家级检测。所有指标均已达到并超过国家标准和相关行业标准。

广西新未来信息产业股份有限公司成立于 1997 年，是一家集模块化电源、软件开发、安防智能化、GPS 监控及压敏电阻等于一体的大型集团公司，公司注册资本为 4558 万元，经政府认定为高新技术企业，是国家“863”计划信息技术领域课题的承担单位。

深圳新未来电源技术有限公司本着打造一流产品，追求产品的新技术、高质量，不断研究开发高可靠性的电源产品，始终与世界最先进的技术保持同步。公司从 2002 年开始销售并联电源，有 16 年的电力电源和铁路信号电源研发生产销售经历。电源产品已经系列化，涵盖电力、铁路等并联交流电源/并联 UPS 电源等，在铁路和电力行业有超过五万台以上的电源模块在线运行，为电力、铁路系统提供最可靠的整套电源应用解决方案，为客户创建竞争优势。

172. 深圳市新亚电子制程股份有限公司

地址：广东省深圳市福田中心区益田路 6003 号荣超商务中心 A 栋 9 楼
电话：0755-23818505
传真：0755-23818501
网址：www.sunyes.cn
简介：

深圳市新亚电子制程股份有限公司成立于 2003 年，总部位于深圳市福田区，专业从事电子制程方案研发推广和电子制程产品系统供应服务。公司承接了控股股东新力达集团自 1989 年以来在电子制程相关行业的积累，20 多年来，新亚与众多国际著名企业建立起战略合作伙伴关系，形成了高保障、低成本的产品供应链，已成功为近万家国际知名企业导入电子制程方案的应用技术支持及配套服务。

2012 年度，公司将继续围绕核心行业、核心客户，在优化制程产品线的基础上，提升公司的盈利能力，实现主营业务收入及净利润的增长。一方面，公司将延续传统服务模式，配套传统代理产品及自有电子工具、防静电系列产品，与核心客户建立长期稳定的战略合作关系；另一方面，公司已拥有电子硅橡胶、电子胶粘剂、工业胶粘剂等具有一定竞争力的自有产品，公司将沿用成熟的电子制程服务模式进行业务拓展。同时，公司希望通过整合上游资源，不断提高自有产品比重，进而持续提高公司核心竞争力。公司也将继续发挥规模优势，提升制程服务网点对周边电子制造区域辐射的能力，重点围绕核心客户推广电子制程解决方案。

公司也将继续加大制程技术与制程产品的研发投入。随着电子制程技术中心项目的实施，相应的技术、产品研发工作将有序进行，针对重点行业，引进相关专业人才，应用现代化设备，实现制程技术与产品的不断优化与创新，确保公司在技术与产品上的竞争优势。

173. 深圳市兴龙辉科技有限公司

地址：广东省深圳市龙岗区横岗镇西坑村西湖工业区 19 栋
邮编：518002
电话：0755-89737829 89737228
传真：0755-89737108 89737118
邮箱：admin@unitefortune.com
网址：www.gd-battery.com
简介：

兴龙辉科技有限公司成立于 1998 年，是一家专门从事设计，制造镍氢电池、锂电池、聚合物电池的生产企业。产品广泛应用于数码/摄像机、PDA、手机、无绳电话等。

自公司成立以来，我们始终坚持“技术第一，品质卓越，顾客至上”的原则。其先进的品质检测设备及严格的质量管理体系确保金龙电池在生产过程中品质更完善，性能更稳定。

经过多年的研究与发展，凭借良好的产品品质与不断的技术创新，我们金龙品牌电池已逐渐成为国内电池业最畅销产品。其产品同时远销美国、欧洲、东南亚、中东等国家与地区。

我们热烈欢迎新老客户拜访我司参观与指导，并期待着与您进一步的合作！

174. 深圳市雄韬电源科技股份有限公司

地址：广东省深圳市大鹏镇同富工业区雄韬科技园
邮编：518120
电话：0755-84318700
传真：0755-84318700
邮箱：sales@vision-batt.com
网址：www.vision-batt.com
简介：

雄韬电源是全球最大的蓄电池生产企业之一，成立于 1994 年。现有员工 3500 人，两大生产基地——深圳雄韬科技园及越南雄韬，总占地面积 260 000m^2。在中国（包括香港特别行政区），越南、欧洲、美国、印度拥有制造基地或销售中心，分销网络遍布全球 100 多个国家和地区。

公司产品涵盖密封铅酸、锂电子电池两大品类：密封铅酸蓄电池包括 AGM、深循环、胶体、纯铅四大系列；锂电子电池包括钴酸锂、锰酸锂、磷酸铁锂。

公司在全球 100 多个国家和地区的通信、电动交通工具、光伏、风能、电力、UPS、电子及数码设备等领域为客户提供完善的产品应用与服务。目前，在全球的主要合作伙伴有艾默生（EMERSON）、沃达丰（VODAFONE）、APC-MGE、伊顿（EATON）、中国移动、中兴、南方电网等。

175. 深圳市英可瑞科技开发有限公司

INCREASE

地址：广东省深圳市南山区马家龙工业区77栋
邮编：518052
电话：0755-26586000
传真：0755-26545384
邮箱：increase@increase-cn.com
网址：www.increase-cn.com
简介：

深圳市英可瑞科技开发有限公司成立于2002年，是一家总部设立在深圳市的民营国家级高新技术企业。公司从成立之初就立足于电力电子领域，走自主研发、技术创新的道路，专业从事于电力电子产品的研发、生产、销售。公司业务范围包括电力电源、通信电源、大功率可并联逆变电源、汽车充电站用电源、电力UPS、EPS及其他特殊工业电源等。

自公司成立以来，在全体员工的共同努力下，英可瑞公司在技术研发能力、产品品质和市场占有率几方面在电源行业内已经占有一定的地位。合作的国内企业已经多达数百家，生产的电源产品已经大量运行在国内及世界各地，广泛地应用于电力、铁路、城市交通、冶金、能源等多种行业。生产的产品先后参与保障了青藏铁路、北京奥运会、上海世博会、广州亚运会相应电源设备的顺利平稳运行。

公司有着一支高素质的研发队伍，这使我们成为技术和革新的先锋，在公司各部门人员的配合下，我们不仅为客户提供我们现有的产品和经验，同时我们也能提供解决问题的新产品和新方案。

176. 深圳市英威腾电源有限公司

invt

地址：广东省深圳市南山区北环路猫头山高发工业区高发1号厂房5层东
邮编：518055
电话：0755-26783941
传真：0755-26782664
邮箱：chinasales@invt.com.cn
网址：www.invt-power.com.cn
简介：

深圳市英威腾电源有限公司是英威腾电气股份有限公司（股票代码：002334）的全资子公司，是国内领先的高端电源解决方案供应商。公司致力于向全球客户提供高性能、高品质的产品与全方位的服务。公司凭借研发、产品、服务、产能规模等方面的综合优势，始终处于业界的领先地位。

产品包括UPS、EPS、逆变电源等，广泛应用于政府、金融、通信、教育、交通、国防、广播电视、医疗卫生、能源电力等行业领域。公司掌握核心技术，拥有自主知识产权，产品以高可靠性，高性价比，赢得了广大客户的一致赞誉。

快速为客户提供全方位、个性化的完整解决方案是公司的经营宗旨，持续创新是公司追求的目标。不断推出的具有竞争力的电源完整解决方案满足了各行各业用户对于供电系统高可靠性和高智能化的需求。我们将致力于通过技术创新和品牌全球化运营，成长为电源及电力电子相关领域令国人骄傲的世界级企业。

177. 深圳市正能实业有限公司

ZhengNeng

地址：广东省深圳市南山区西丽留仙洞工业区顺和达厂区2栋2楼西
邮编：518067
电话：0755-26698797
传真：0755-26698765
邮箱：zhengneng@zhengneng.com
网址：www.zhengneng.com
简介：

深圳市正能实业有限公司成立于1999年，是一家民营高新技术企业。公司总部员工80余人，其中研发人员40余人，生产基地800余人。多年来主要从事功率电子学、电气控制及相关成套设备的研究、开发和生产，尤其擅长于高频开关电源微机控制技术；从而在电力和通信高频开关电源以及智能监控领域，有很强的市场竞争能力，其主要产品有：分布式电源、电力操作电源、通信直流电源、电力充电模块、通信智能高频开关充电模块、小系统监控模块、直流变换器、工频高频逆变器、UPS、EPS等。2008年，公司成立新能源事业部，以实力雄厚的专业技术人员，结合高等院校的专家、教授，共同研制、开发。主要产品都通过微处理控制，采用智能化、数字化、PWM调制、SPWM调制及无触点静态控制等技术，达到国内技术领先水平。其主要产品有：太阳能系列离网/并网逆变器、太阳能充放电控制器，风光互补控制器，太阳能控制一体机，风光互补系统（路灯、家庭用电），太阳电池及组件、太阳能光伏系统集成等。

178. 深圳市中兴昆腾有限公司

地址：广东省深圳市宝安区 67 区留芳路 6 号庭威工业区二期厂房 8 楼
邮编：518000
电话：0755-86296585
传真：0755-86296063
邮箱：quantumservice@zte.com.cn
网址：www.ztequantum.com
简介：

深圳市中兴昆腾有限公司成立于 2011 年 9 月 8 日，总部设在深圳，产品覆盖新能源光伏产品、矿山避险和通信产品、自助机类产品等多个领域。

公司前身为中兴新通讯设备有限公司（ZTEHoldings）机械事业部。中兴新通讯设备有限公司是国务院确定的 520 家全国重点国有企业之一，是高科技上市公司中兴通讯（SZ000063）的控股母公司。

中兴昆腾现有员工 300 人，拥有一批经验丰富的产品研发和生产管理队伍。同国内一流院校、研究所建立联合实验室，注重产品研发和创新。目前公司已累计获得专利 45 项，其中申报发明专利 11 项、取得实用新型专利 27 项、外观专利 7 项，软件著作权 8 项。

承载着中兴集团 28 年的研发、生产制造经验。公司成立后第一年，2012 年即实现产品的批量销售，实现收入 1.5 亿。

公司全面通过了 ISO9001 质量管理体系认证，相关产品取得日本 JET 认证、欧洲 TUV 认证、中国金太阳认证、中国煤矿产品安标认证等。

中兴昆腾以诚信经营、回报社会为理念，不断追求卓越，为客户提供最优的产品和服务。

179. 深圳市卓越至高电子有限公司

地址：广东省深圳市龙岗区坂田街道雪象社区在茂工业厂 2 号厂房
邮编：518129
电话：0755-89395358
传真：0755-22640117
邮箱：ad@excellenttop.com.cn
网址：www.etopower.com
简介：

深圳市卓越至高电子有限公司是一家优秀的电源解决方案供应商，拥有十余年的电源研发、制造经验，我们致力于以最优的价格，最准时的交货时间为客户提供最优质的产品与服务。经国家对外贸易经济合作部批准，拥有对外经营权。公司电源产品系列包括：标准通信系统电源产品、标准嵌入式系统电源产品、定制电源产品、标准模块电源产品、标准工业电源产品、标准仪器电源系统产品、交直流配电系统产品等，产品广泛用于通信、电力电子、自动化控制、铁路、军工、医疗等行业，并大量销往欧美、日本、印度、中东等国家和地区；公司重视技术、重视人才，不断强化内部管理，狠抓产品质量。我们的产品 100% 经过高温老化，符合 CCC、CE、UL 多个国家权威机构的安全认证的标准。公司以“卓越质量，高效服务”为宗旨，竭诚为您提供最优质的服务。

为了保证及时交货，我们一直保持标准品库存，为您解决燃眉之急。如果您不能从我们的产品展示上找到合适的机型，或者您无法在市场上找到合适您规格的产品，请联系我们，我们强大的研发队伍一定能按您的需求为您开发定制出您满意的产品。

奉行“诚信、严谨、创新、高效”的理念，坚持以顾客满意为中心、以环境友好为己任、以安全健康为基点、以品牌形象为先导的价值观，一如既往地为国内外顾客提供优质的技术服务和工程产品。

180. 深圳唐微科技发展有限公司

地址：广东省深圳市南山区高新南区粤兴三道中国地质大学产学研基地 B701-709
邮编：518057
电话：0755-86147770
传真：0755-86147707
网址：www.tomwell.cn
简介：

深圳唐微科技发展有限公司是一家自主型专业电源转换、智能控制、科技创新的设计研发企业。作为一家具有高度责任感的企业，唐微公司坚持以“踏实、进取、创新、敬业”为创业原则，以“节能减排，绿色照明”为发展方向，致力于为世界各地的人们带来优秀的产品和服务，以及全新的生活方式。

凭借着“可靠、节能、精确控制、智能、易于维护”的产品品质，深圳唐微公司得到了众多灯具厂商的青睐，同时吸引了来自世界各地相关领域领先者的关注，并且得到了全球智能网络控制系统的领导者、LonWorks 网络技术平台的创立者——美国埃施朗（Echelon）公司和欧洲最专业的智能控制系统应用软件开发咨询公司 Streetlight. Vision（SLV）的技术支持，在三方强强联手通力合作下推出了物联网智能照明控制方案，能够满足各类的复杂照明节能需求，同时还能扩展环境监测、实时监控等“智慧城市”信息化管理功能。

181. 拓哲（广州）电子科技有限公司

地址：广东省广州市广州经济开发区东区宏明路 271 号 1 栋 4 楼
邮编：510530
电话：020-82068466

传真： 020-82021435
邮箱： sales@tozerpower.com
网址： tozerpower.com
简介：

拓哲（广州）电子科技有限公司是专业设计、生产及销售电能转换设备和变频系统的科技公司。历史可以追溯到世界上第一家提供 IC 封装微功率 DC/DC 转换器系列的 Newport Components Ltd（建立于 20 世纪 80 年代初期）。经多年的努力经营，拓哲（广州）电子科技有限公司已经成功延续了 Newport 时代的电源技术创新优势并逐步成为电源行业领先的制造服务公司。

拓哲（广州）电子科技有限公司［Tozer（Guangzhou）Electronics Technologies Ltd.］是 Tozer Technologies 在中国投资的全资子公司。

Tozer 产品范围涵盖了 DC/DC 转换器、AC/DC 电源器、定制磁性器件和 LED 驱动器等电源相关设备。

182. 协丰万佳科技（深圳）有限公司

协丰万佳科技（深圳）有限公司
Hip Fung Technology(Shenzhen) Ltd.

地址： 广东省深圳市龙岗区平湖镇良安田村良白路 179 号
邮编： 518111
电话： 0755-84687559
传真： 0755-84688817
邮箱： carlxiao@hipfung.com.cn
网址： www.hipfung.com.hk
简介：

本公司是香港协丰公司在内地投资兴建的企业，本公司在中国的加工生产基地主要向客户提供各种电子产品加工生产服务，完全有能力满足各种 OEM 客户的需求和各种复杂产品的加工要求。

本公司于 2002 年 5 月积极地引进无铅焊接技术，现今完全有能力生产无铅产品，目前公司的生产设备可以满足欧洲市场。

此外，本公司还加强了环境管理体系，参与了一些客户的“绿色伙伴”计划，并根据 ROHS 指示减少、逐渐停止或随后禁止采购和使用破坏环境的物质。

本公司在亚洲和美国都设有采购办事处，在澳门设立了一个办事处以满足一些特别客户的需求，具有稳定的人力资源、国际最新和专门的生产设备、良好的质量控制、准时交货，与相关方保持互利的合作与信任，使公司与来自日本、美国、欧洲及澳大利亚等大型电子公司客户保持着良好的商业合作关系。

183. 伊戈尔电气股份有限公司

EAGLERISE
伊戈尔电气股份有限公司
EAGLERISE ELECTRIC & ELECTRONIC (CHINA) CO.,LTD.

地址： 广东省佛山市南海区简平路桂城科技园 A3 号
邮编： 528200
电话： 0757-86256888
传真： 0757-86256886
邮箱： riyun. liao@eaglerise. com
网址： www.eaglerise.com
简介：

伊戈尔电气股份有限公司（原日升电业）始创于 20 世纪 90 年代，现有标准厂房 9 万平方米，员工约 2100 余人，是一家致力于向全球市场提供变压器产品、成套电源产品及变压器铁心组件的专业供应商，主要产品系列有电感模式电源产品、电子模式电源产品、特种变压器、电力变压器及变压器铁心组件等五大类，三百余个品种，广泛应用于照明、电力、新能源、工控等行业。伊戈尔电气坚持以市场为导向，以客户为中心，在中国北京、上海及日本、美国、德国、孟加拉、巴基斯坦分别设有驻外机构，在全球范围内围绕着有价值的客户群，建立并发展着互惠互利的良好合作关系。

184. 中山市浩成自动化设备有限公司

Hocen 浩成

地址： 广东省中山市火炬开发区高科技创业路 23 栋 7 楼
邮编： 528437
电话： 0760-85311915
传真： 0760-85312506
邮箱： zs. hcpower@163.com
网址： www.hcpower.cn
简介：

中山市浩成自动化设备有限公司是一家高技术民营企业，公司位于广东省中山市国家级高新技术产业开发区内，交通便利，资讯发达。公司拥有一支专业的研发、生产、营销队伍，是一家专业致力于工业电器装备的开发，制造及服务的企业。HC 系列高频开关电源是在原 CS 系列高频开关电源的技术基础上，吸收引进国内外最新技术，扬长避短，不断完善，开发而成。HC 系列高频开关电源已广泛应用于电动车充电、电力系统、印制板生产线、活塞环电镀生产线等诸多领域。产品覆盖全国各地。诚信、务实、拼搏，浩成人竭诚为客户提供优质产品与服务。

中山市浩成自动化设备有限公司根据电力电子的最新成果、推出 GGDF 系列高频开关电源。它采用了具有国际先进水平的 IGBT 模块全桥逆变电源技术。用纳米晶软磁材料的变压器体积小，重量轻，耦合紧密，电流分布均匀，组装方便。有效地解决了电网对电源的干扰及电源对电网谐波的影响。提高了电源的可靠性，增加了电源的平均无故障时间。该产品可广泛应用于电镀、电解、充电、表面氧化处理等行业。该产品完全符合国家对该类型产品的安全性要求。整机控制过程完全由高精度的微电脑 CPU 控制，准确度高、运行快、多功能、高稳定性、自动报警、系统完善。便于随时升级，使电源技术不断推陈出新，跟踪世界电源技术的最前端。

根据市场的需求，公司正在加快新产品的研发和生产。其中 UV 固化电源和电动充电机已经面世。并将批量生产。

185. 中山市横栏镇阿瑞斯电子厂

地址： 广东省中山市横栏镇贴边村西边路 30 号
邮编： 528400
电话： 0760-87615167 86906235
传真： 0760-87615167
邮箱： ktj7210@yahoo. com. cn
简介：

阿瑞斯电子厂位于珠江三角腹地，中山市横栏镇紧邻中国灯饰之都—古镇，地理位置优越，交通运输便捷，是一家专业从事开发设计及制造各类灯饰配套电器的企业，主营电子变压器、LED 变压器、电子镇流器、数码遥控分段开关等产品。

自创办至今，经过多年的积累，阿瑞斯已拥有科学的设计理念、先进的生产工艺、资深的工程技术人员和优秀的管理人员，确保了产品的品质。优质的产品、合理的价格、热忱的服务使阿瑞斯的产品深受客户的信任和青睐，不仅销往全国各地，还远销至欧洲、中东、我国台湾及香港等地。

“质量至上，信誉第一”是阿瑞斯不变的理念，“诚信经营，优质服务”是阿瑞斯的经营原则，您的满意、我们的好“芯”是阿瑞斯永远的承诺!

186. 中山市万科电子有限公司

地址： 广东省中山市东区白沙湾工业区
邮编： 528403
电话： 0760-88280321
传真： 0760-88280320
邮箱： ming@wanko.cn
网址： www.wanko.cn
简介：

万科电子有限公司创建于 1997 年，位于伟人孙中山的故乡中山市。公司创建至今，始终坚持“以科技开拓未来，用质量创造价值”为经营理念，严格按照 ISO9001 标准体系，对所有产品进行质量管理与控制。在全体员工团结一致不断努力下，经过十年的稳步发展，已跃居为国内著名的铝电解电容器专业生产厂，公司占地面积 15000 平方米，拥有现代化的标准厂房，先进的生产线，整套的生产技术及专业技术管理人才和完善的生活配套设施。

公司生产的产品主要是为开关电源、显示器、电脑、音响、灯饰等工业和家用电器提供电子元件和附件的配套服务。产品的工作电压范围为 4 ~ 500V 、容量范围为 0.1 ~ 100000μF、外型尺寸为 $\phi 3mm \times 5mm \sim \phi 72mm \times 120mm$ 产品类型有无极性、导针式、焊针式、焊片式、螺栓式等 20 余种型号规格，可以满足所有电子电路和整机的使用要求。公司年产能量高达 15 亿只，产品超过 1000 多种，产品远销海内外，客户数量多达 200 多个。各种不同类型的整机产品，均得到了广大用户的一致好评。

新世纪、新阶段、新征程，务实、创新、奋进的万科人愿意与海内外客商一道，携手开创美好的未来。

187. 中山市卓锋电子有限公司

地址： 广东省中山市东凤镇东凤翔大道 31 号
邮编： 528425
电话： 0760-22782795
传真： 0760-22611689
邮箱： ycc8813329@163.com
网址： www.zhuo-feng.com.cn
简介：

中山市卓锋电子有限公司是一家专业从事开关电源研发生产和销售的现代化企业，得到香港国华五金集团投资，成功收购具有开关电源设计、生产、销售 20 年历史的武汉天龙电源有限公司及天龙电源商标。产品有工业级开关电源系列、大功率 LED 防水驱动电源系列、大功率 LED 商业照明驱动电源系列、大功率开关电源智能充电机等，所有产品 100% 满载老化。

特别推出大功率 LED 路灯电源。采用软开关技术，两级 PFC 电路，输入电压范围宽 AC 85 ~ 265V，分单路及多路独立恒流输出，恒流准确度高达 ±1%，输出超低的纹波，纹波电压≤0.5%，PF≥0.99（最高达 1.0），整机效率最高可达 92%。具有强大的保护功能：短路保护/过载保护/过电压保护/过温保护，同时采用大功率智能充电机，智能温度恒流控制技术，可控范围宽：5% ~ 50%，整机温升≤30℃。本产品开机及工作中无跳、闪、抖等不良现象，提高 LED 灯珠的长期稳定的工作可靠性。经过我们的市场调查，该产品各项技术和功能指标达到行业的领先地位。

188. 中兴通讯股份有限公司

地址： 广东省深圳市南山区高新技术产业园科技南路 55 号中兴通讯大厦
邮编： 518057
电话： 0755-26770000
传真： 0755-26771999
邮箱： info@mail. zte. com. cn

网址： www.zte.com.cn

简介：

中兴通讯是全球领先的综合通信解决方案提供商。公司通过为全球160多个国家和地区的电信运营商和企业网客户提供创新技术与产品解决方案，让全世界用户享有语音、数据、多媒体、无线宽带等全方位沟通。公司成立于1985年，在香港和深圳两地上市，是中国最大的通信设备上市公司。

中兴通讯拥有通信业界最完整的、端到端的产品线和融合解决方案，通过全系列的无线、有线、业务、终端产品和专业通信服务，灵活满足全球不同运营商和企业网客户的差异化需求以及快速创新的追求。

中兴通讯能源产品部已成为通信能源全球市场最为成功的中国企业和具有全球服务能力的综合动力解决方案提供商。中兴通讯能源产品部以“网络配套专家，能源最佳伙伴”为目标，持续围绕市场与客户需求进行创新，为客户提供具有竞争力的能源解决方案。目前，中兴通讯能源及其配套产品已服务于全球160多个国家和地区的电信运营商及行业市场客户，并在中国移动、中国电信、中国联通、Telefonica、Telenor、AM、MTN、Bharti、Teliasonera、UCELL、T-Mobile（USA）等大公司中有广泛大量的应用；可再生能源，在超过50个国家的70多个运营商及其他行业市场客户中使用。

2013年，中兴通讯能源及POWER类产品继续以超过30%的累计市场份额连续第五年稳居中国通信能源市场占有率第一，并在国内电力、铁路、交通、金融等领域，国际铁路、安全网、农网、教育、医疗等领域广泛应用。在保持市场份额的同时，中兴通讯电源产品也致力于拓展盈利空间，保证项目带给公司的持续盈利。

189. 珠海金电电源工业有限公司

地址： 广东省珠海市港昌路256号

邮编： 519020

电话： 0756-3883366

传真： 0756-3883366-8012

网址： www.gep-power.com

简介：

珠海金电电源工业有限公司是一家专业从事高频开关电源的研发、生产、销售和技术服务的具有独立法人资格的高科技企业。自1992年公司创立时起，我们就一直致力于高频开关电源的开发、研制与生产。公司创始人曾先后为清华大学物理系、北京迪赛通用技术研究所、山东烟台计算机公司、珠海通用电源厂、深圳华为技术有限公司等单位主持电源产品设计，其电源技术对中国电源产业的发展产生过巨大的影响。

公司具有现代化企业创新经营意识，采用硅谷高科技创新机制，以人为本，注重人才。目前已经发展成为拥有员工260余名，其中技术人员占60%以上，11000多平方米生产厂地和成套的生产和科研设备，具有年生产电源能力达2700余套的现代生产型科技企业。长期以来公司坚持“以技术为先导，以质量、服务为保证”的经营方针，采用国际上先进的电源工作模式，结合我国国情，独具匠心，设计、开发出性能卓越、功能完备的高频开关电源系统，在我国高频开关电源工业发展中占据着重要地位。

如今，公司产品已被广泛应用于电力、电信、移动、联通、国防、水利、石化、银行、铁路、广播电视等领域。经过多年的不断发展与稳步成长，产品遍布全国各省、市、自治区，并以性能优良、运行可靠赢得了广大用户的信任和认同。

190. 珠海科达信电子科技有限公司

地址： 广东省珠海市香洲区梅华西路1089号2栋601

邮编： 519070

电话： 0756-8658523

传真： 0756-8620978

邮箱： marinasun@qq.com

网址： www.zhcodasun.com

简介：

珠海科达信电子科技有限公司是专业致力于交流稳压器及相关动力设备的研制、生产和销售的高新技术企业，拥有着一大批多年从事电源开发的专业技术人员，不断创新，为用户提供最符合国情电网环境的优质电源产品，提供动力系统的全方位技术解决方案。

秉承“科技为先，诚信为本”的企业理念，以满足用户的需求为己任。1997年自主研制开发出国内第一台“晶闸管步进调压式无触点电力稳压器”，先后获得八项国家专利。该产品一经推出，其卓越的技术性能即受到广大用户的认可和欢迎，并得以迅速推广使用。几年来，它倡导了“无触点”稳压技术新概念，在信息产业部及各省份的选型检测中连续名列榜首，一度成为替代传统机械稳压器的最佳产品。

多年来，我公司不仅重视产品的质量，更看重对用户的服务，为用户提供技术咨询、产品配套、精心选型及完善的售前、售中、售后全方位的服务。用优异的产品质量和完善的售后服务来赢得各方用户的信赖。

目前我公司生产的稳压器在全国二十几个省、市、自治区应用于国防、广电、通信、金融、民航、医疗、厂矿等不同行业。

191. 珠海山特电子有限公司

地址： 广东省珠海市唐家湾镇哈工大路1号-1-C102

邮编： 519000

电话：0756-3388866
传真：0756-3388877
邮箱：ata@ataups.com
网址：www.ataups.com
简介：

珠海山特电子有限公司是目前国内具有较完整产品系列的不间断电源（UPS）和免维护蓄电池生产制造企业之一。

ATA 是珠海山特电子有限公司的自主品牌。

公司的产品主要有不间断电源（UPS）、逆变器、稳压电源以及免维护蓄电池。其中不间断电源有后备式、高频在线式、工频在线式、在线互动式等几大系列 100 余种规格；免维护蓄电池有世界各种型号汽车电池以及广泛用于通信、电力、消防等各个行业用的 2～24V 电池。以上产品能够满足世界不同用户的要求，并可根据客户要求设计生产，接受 OEM 订单。

公司采用先进的设备进行生产，产品质量的管理体系通过 ISO 9001 国际质量管理体系认证，并大力引进世界著名企业的管理理念，以确保满足用户对高品质产品的要求。

ATA 品牌的系列产品广泛用于金融证券、医疗、通信、教育、交通等各个领域，并大量出口至东南亚、中东、南非和欧美等世界各个地区。

192. 珠海泰坦科技股份有限公司

TITANS®

地址：广东省珠海市石花西路 60 号泰坦科技园
邮编：519015
电话：0756-3325899
传真：0756-3325889
邮箱：titans@titans.com.cn
网址：www.titans.com.cn
简介：

泰坦全称为“中国泰坦能源技术集团有限公司”，为香港联交所主板上市企业（股票代码 2188），包括珠海泰坦科技股份有限公司、珠海泰坦自动化技术有限公司、珠海泰坦新能源系统有限公司、北京优科利尔能源设备公司等企业，公司以电力电子为主要行业定位，集科研、制造、营销一体化，围绕发电、供电、用电的各类用户，运用先进的电力电子和自动控制技术，解决电能的转换、监测、控制和节能的需求，通过技术创新和新技术新产品的推广应用取得企业的发展。公司成立于 1992 年 9 月，总部设在风景优雅的珠海市石花西路泰坦科技园。公司拥有专业化、高素质的员工团队和雄厚的研发实力，以及覆盖全国的营销和技术服务网络。

公司研制和营运的主要产品有：电力直流产品系列、电动汽车充电设备、电网监测及治理设备、风能太阳能发电系统等产品。

193. 专顺电机（惠州）有限公司

CSE power

地址：广东省惠州市博罗县石湾镇科技产业园科技大道一号
邮编：516127
电话：0752-6928301
传真：0752-6928311
邮箱：csc@csepower.com
网址：www.csepower.com
简介：

专顺电机在台湾成立于 1978 年，是一家致力于变压器设计和制造的专业厂商并在变压器行业取得了骄人的成绩。2002 年成立了专顺电机（惠州）有限公司，工厂位于中国惠州市石湾镇，占地面积 60000 多平方米，现有员工 1500 多人。为更好地服务客户需求，还在苏州、菲律宾、印度设立生产服务据点。我们的主要产品包括：电源变压器，UPS 变压器，环形变压器，自耦变压器，三相变压器，高频变压器，线圈，非晶电抗器等。经过多年的努力，我们已成为许多全球知名品牌客户的一级供货商。

我们始终以质量和创新的理念来经营管理。通过了 UL 认证（Class B. F. H. N. R）及 TUV ISO9001 质量认证，我们全面执行 RoHS 标准。我们的欧洲研发团队，及我们有经验丰富的管理人员，高效熟练的员工，公司现代化设备，使我们成为变压器行业的先驱，并为客户提供物美价廉的产品。

完善的质量体系，严格的原材料和生产质量检测以及优质的售后服务，树立了客户对公司产品的信心，在国际及国内市场享有较好信誉，期待与您的真诚合作！

上海市

194. 安森美半导体 ON Semiconductor

安森美半导体 ON Semiconductor® ON

地址：上海市张江高科技园区碧波路 690 号微电子港 8 号楼 202 室
邮编：201203
电话：021-61238798
传真：021-50801987
邮箱：hui.yu@onsemi.com
网址：www.onsemi.cn
简介：

安森美半导体（ON Semiconductor，美国纳斯达克上市代号：ONNN）致力于推动高能效电子的创新，使工程师能够减少全球的能源使用。公司全面的高能效电源和信号管理、逻辑、分立及定制方案阵容，帮助客户解决他们在汽车、通信、计算机、消费电子、工业、LED 照明、医疗及军事/航空应用的独特设计挑战。公司运营敏锐、可靠、世界一流的供应链及品质项目，在北美、欧洲和亚太地区之关键市场运营，包括制造厂、销售办事处及设计中心在内的业务网络等。更多信息请访问 http：//www. onsemi. cn。

请在新浪微博上关注@安森美半导体。

195. 昂宝电子（上海）有限公司

昂宝电子（上海）有限公司

地址： 上海市张江高科技园区华佗路 168 号商业中心 3 号楼

邮编： 201203

电话： 021-50271718

传真： 021-50271680

网址： www.on-bright.com

简介：

昂宝电子（上海）有限公司坐落在中国国家级信息技术产业基地——上海浦东张江高科技园区，是一家从事高性能模拟及数模混合集成电路设计的企业。

公司专注于设计、开发、测试和销售基于先进的亚微米 CMOS、BIPOLAR、BICMOS、BCD 等工艺技术的模拟及数字模拟混合集成电路产品，以通信、消费类电子、计算机及计算机接口设备为市场目标，致力成为世界一流的模拟及混合集成电路设计公司。

昂宝电子拥有一批来自国内外顶尖半导体设计公司的资深专家组成核心技术团队，既有在模拟及混合集成电路领域多款成功产品的开发经验，也带来了鲜活的创新思维。核心技术团队的数位成员来自美国的著名半导体公司，拥有超过 40 项美国专利。通过将这支资深的技术专家队伍与本地优秀的设计人才相结合，昂宝电子为客户提供高品质、具有成本竞争力的半导体精品芯片、解决方案以及优良的服务。在这竞争日益激烈的市场，昂宝电子坚持以创新、务实、高效、共赢为经营理念，为您提供最适合的半导体解决方案，是您最佳的策略合作伙伴。

主要产品涵盖：

—电源管理 I_c

—高速、高精度数模/模数转换器

—无线射频 I_c

—混合信号的系统级芯片（SOC）

196. 美尔森电气保护系统（上海）有限公司

Eldre | Ferraz Shawmut | m.schneider | R-Theta

地址： 上海市松江区书山路 55 弄 6、7、8 号

邮编： 201611

电话： 021-67602388

传真： 021-67760722

邮箱： liuxiong. mao@mersen.com

网址： www.ep-cn.mersen.com

简介：

美尔森作为世界领先的电气保护专家，为市场提供高品质的、安全可靠且不断创新的产品和符合客户需求的解决方案，从而帮助客户优化他们的电力效率，满足不同客户的需求。美尔森拥有世界上最全面的中低压熔断器产品及熔断器底座、浪涌保护器、散热冷却产品、大电流隔离开关、低压接触器以及叠层母排等，广泛应用于电力控制、输配电、大功率低压配电和电力电子等领域。

197. 美国国家仪器有限公司（简称“NI”）

地址： 上海市浦东新区张东路 1387 号张江集电港二期 45 栋

邮编： 201203

电话： 021-50509800

传真： 021-68795615

邮箱： china.info@ni.com

网址： www.ni.com/china

简介：

自 1976 年以来，美国国家仪器一直致力于为工程师和科学家提供各种工具来提高效率、加速创新和探索，为现代测试、测量、控制和设计提供最先进的技术。NI 的平台被广泛用于智能电网和新能源领域核心关键设备的设计、研发以及现场应用，为电力电子、数字化变电站、分布式电源接入和智能用电等领域提供技术基础。

如今，对于电力尤其是智能电网领域，NI 图形化系统设计平台被国内外的著名厂商及研究机构在多个研究方向广泛使用：包括电力电子控制、逆变器控制、电力系统的实时仿真、微网主控及监测系统、输变电设备状态监测、远程智能终端、储能系统监控以及数字化变电站的监控等。

NI 中国在能源电力领域已经涵盖市场、销售、技术支持和售后全方位业务，并在全国各地相继开设培训教室或派驻技术咨询工程师，更好地为能源电力行业客户提供服务。

198. 上海百纳德电子信息有限公司

地址： 上海市普陀区祁连山南路 2891 弄 100 号鑫盛科技园 2 号楼 4 楼

邮编： 200331

电话： 021-66166126-815

传真： 021-66166126-822

邮箱： 976377277@qq.com

网址： www.bnd-ups.com

简介：

上海百纳德电子信息有限公司是德国百纳德（国际公司）在中国的合作公司。在中国有 30 多个分公司（办事处）及五大片区用户服务中心。上海百纳德是致力于电子、电源事业发展的高新科技企业，主要从事 UPS、EPS 不间

断电源、稳压电源及电源相关产品、电气设备的生产和销售，通信设备、通信器材、电子产品、仪器仪表、机电设备、计算机软硬件的生产和销售，计算机软件的开发等。

经过多年的发展，百纳德荟萃了一批行业顶尖的人才，为更好地服务市场需求，2008 年在扬州首期投资人民币3000 万元建立了工业园区。实现国际化的一流企业。正凭着我们的热情、我们的努力，使得百纳德在业界树立起了良好的企业形象，成为受人尊重，值得信赖的品牌。

上海百纳德是一个具备人才、资金及现代化管理模式的多元化发展公司。本着以“勤奋、务实、创新、坚持”为精神，以“海纳百川、以德为先”为企业文化，以“重视人才、培养人才、追求高效团队”为管理理念，以“诚信服务”为宗旨，以“客户的满意是我们追求的目标”为产品营销理念，重视科学管理和对优秀人才的任用，对员工实行长期能力开发和培训。为顺应社会的需求，上海百纳德引进德国先进电源科技产品及生产技术，致力于投入大量资金精细研发高效节能的模块化产品、绿色环保的太阳能产品，制造出满足不同客户需求的多规格品种，为客户关键设备提供稳定可靠的动力保障。

199. 上海超群无损检测设备有限责任公司

地址：上海市松江区九亭镇洋河浜路 188 号
邮编：201615
电话：021-37633088
传真：021-37633078
邮箱：sales@sandt.com.cn
网址：www.sandt.com.cn

简介：

上海超群无损检测设备有限责任公司是在国内外具有领先地位的专业 X 光设备制造商，在 X 光领域已有超过 50年的经验。本公司与电源相关的技术产品为高压电源（30 ~450kV）。本公司专业设计、制造的主要产品包括 X 光实时成像系统、X 光实时线扫描系统、高精度高稳度高频 X 射线源、专用中高频 X 射线源、X 射线管、气绝缘便携式 X 射线探伤机、油绝缘移动式 X 射线探伤机、移动式金属陶瓷管 X 射线探伤机、工业用电子源等。产品应用和销售的领域涵盖航空航天、兵器工业、安全检查、汽车摩托车、铸件、医疗卫生、印刷、压力容器、管道、耐火材料等行业。本公司多数产品远销欧美市场，并在某些领域领先欧美竞争对手，获得广大用户的好评。

200. 上海福沪电源技术有限公司

地址：上海市漕宝路 103 号 2301B 室
邮编：200233
电话：021-64820004
传真：021-64820224
邮箱：lei_ geng@fookee.hk
网址：www.fookee.com

简介：

上海福沪电源技术有限公司，成立于 2003 年 9 月，隶属于香港福基电子有限公司，是一个开关电源的技术开发及技术服务部门，主要帮助客户了解 VICOR、GAIA、COSEL、CINCON、TESLA、PST、AUTRONIC、ANALYTIC 等电源模块的使用方法，解决一些客户在使用过程中的问题，同时，根据客户要求，帮助客户设计电源方案，且制作成电源产品。

最近，公司又充实了一些技术力量，引进了一些年轻有为的技术干部，更新了一些设备，为公司的技术发展提供了良好的操作平台。

201. 上海复华控制系统有限公司

地址：上海市杨浦区国权路 525 号 2 楼
邮编：200433
电话：021-59900676
传真：021-65107233-201
邮箱：shengli@forwardgroup.com
网址：www.forward-ups.com

简介：

上海复旦复华科技股份有限公司是由复旦大学科技开发总公司改制而成的一家科技型企业，于 1992 年在上海证交所成功上市，成为中国第一家高科技股份制上市公司。

复旦复华在电源电器（UPS、Battery）产业、软件信息技术、现代生物制药、园区房产开发等领域形成较大的企业规模，公司总员工数达到 2000 人，拥有 3 个制造基地、2 个研发中心、1 个软件出口基地，实现公司产业化创新发展。

复旦复华自 20 世纪 80 年代中期涉足电源行业以来，背靠复旦大学，并依托上市企业背景，凭借特有的人才、科技、资本优势，在不间断电源（UPS）和阀控式密封蓄电池（VRLA 蓄电池）产品的研制开发、规模生产和市场拓展上取得了长足的发展，是国内起步最早、规模最大的专业电源生产商之一。

当前上海复华控制系统有限公司在上海嘉定复华高新技术园区内建立了 2 万平方米的现代化生产基地，形成年产 UPS 4 万 kVA、蓄电池 15 万 kVAH 的能力，其 POWERSON（保护神）品牌和 FORWARD（复华）品牌得到业界和用户的广泛认同。

同时上海复华控制系统有限公司是意大利 Riello（雷乐士）的国内代理商。

202. 上海钢研精密合金器材有限公司

地址：上海市泰和路 1015 号
邮编：200940

电话： 021-33791597
传真： 021-33791597
邮箱： gyjmhj@163.com
网址： www.gyjmhj.com
简介：

上海钢研精密合金器材有限公司的前身为宝钢集团上海钢铁研究所铁心分厂的全部以及材料研究二部和磁性研究室的部分在2006年合并转制而来，地址在上海宝山泰和路1015号。公司成立于2006年4月。公司目前拥有金属软磁、非晶超微晶铁心及器件生产线，磁粉芯生产线以及半永磁簿带生产线三大类生产线，并拥有强大的检测能力。具体有：

1. 金属软磁铁心及器件，包含坡莫合金类铁心及磁屏蔽器件（材料牌号有1J50、1J79、1J85等）；非晶超微晶铁心；接收和发射类天线棒和磁心。年产该铁心和器件250万只～400万只。

2. 磁粉心含铁粉心、铁硅铝粉芯和坡莫合金磁粉心。年产量在80万只左右。

3. 半永磁簿带是我公司近两年来新研发的产品。目前年产50吨该类产品，主要用途为磁滞电机的芯片，磁传感器件用直流偏置材料。

203. 上海光泰电气有限公司

GTDQ

地址： 上海市黄浦区西藏南路1200弄8号楼1502室
邮编： 200011
电话： 021-63455204 63458359
传真： 021-63450312 63698155
邮箱： sales@cnguangtai.com
网址： www.cnguangtai.com
简介：

上海光泰电气有限公司是专门从事电源领域产品（变压器、稳压器等）的科研、开发、生产、销售及技术服务于一体的外向型企业。公司现有员工1300多人，其中科技人员300多人，拥有资产1.8亿元，生产厂房38000多平方米，2000年实现产值2.7亿多元。多年来连续荣获市人民政府评为明星企业、出口创汇优胜企业、创税大户、银行黄金客户和重合同守信用企业等荣誉称号。

本公司是中国电源学会会员单位，是1996年参与国内贸易部起草制定国家《家用稳压电源》标准的单位。1998年取得了ISO9001国际质量体系认证、中国电工产品认证和CE、UL等国际质量认证（我们的变压器，稳压器及其他所有产品均通过上述认证）。

产品创新是本公司孜孜以求的长期目标，公司电源研究所一直注重新产品（尤其在稳压器，变压器方面）的开发研制，取得了153项产品专利，涉及电力应用的各个领域，大规模集成电路、微处理器、单片机，在生产中得到广泛的应用，在产品研发和生产中运用了计算机辅助设计技术，智能化电源监控技术处于国内领先地位。同时，与中科院电子学研究所、上海复旦大学、浙江大学、福州大学分别建立了长期研发合作的关系。

公司生产的产品有：交流稳压电源、直流稳压电源、逆变电源、免维护电池、净化电源、抗干扰电源、UPS不间断电源、微电脑无触点补偿式稳压电源、充电器、调压器、变压器、稳压器、变频器、开关电源、GE智能节电王等30多个系列，800多个品种，所有产品均由中国人民保险公司承保。

近年来，公司决策层调整思路，将敏锐的目光投注于国际市场，为最终实现公司经营的国际化迈出了坚实的一步。稳压器，变压器及多种其他产品现已远销到北美、西欧、中东和北非等50多个国家和地区，取得了国际贸易占总销售三分之一的骄人业绩。

面对未来，我们决心不负众望，不懈努力，不断应用高新技术开发出更多的新品种，站在行业最前列，一步一个脚印，为提高中国的电网质量作出更大的贡献。在不断开拓创新中使公司发展成为高科技与高经济效益相结合的现代化企业。

204. 上海豪远电子有限公司

地址： 上海市宝山区呼兰路515弄3号A区
邮编： 200431
电话： 021-66213593
传真： 021-66213591
邮箱： hy1288@126.com
网址： www.haoyuandianzi.com
简介：

豪远电子有限公司是一家致力于各类电源变压器、稳压电源、逆变电源、开关电源等产品的开发、设计、制造、销售、服务于一体的民营高科技企业。公司自1997年成立至今，一直秉承以客户为中心，以产品质量为根本的指导思想，在激烈的市场竞争中站稳了脚跟，取得了骄人的成绩。公司先后通过了ISO9001：2000国际质量管理体系认证、中国质量认证中心CQC认证、欧盟CE认证、环保认证、部分产品已通过UL认证，并荣获国家“3·15诚信承诺单位”、“2006年全国产品质量稳定合格企业”、“百家知名品牌企业”等，经过公司员工的辛勤努力，公司赢得了海内外客商的一致赞誉和好评，产品出口世界各地。

根据公司发展需要，2003年10月公司投资一千多万元在安徽马鞍山建成了占地22亩规模庞大的马鞍山豪远电子工业园，形成了以上海总公司为窗口，以马鞍山为生产基地的集团化发展模式。

我们不仅仅是生产产品，更着重于品质与信誉，“以客户为中心，以品质为先驱”是我们的宗旨，希望我们能成为您信赖的合作伙伴。

205. 上海厚国电气有限公司

厚國科技
Technology to create products

地址： 上海市闵行区竹园路518号德宏大厦8208室
邮编： 201112
电话： 021-34718986 34798185
传真： 021-51685595
邮箱： hggchina@126.com
网址： www.shhgdq.com
简介：

上海厚国电气有限公司系电力电源领域产品生产、销售的高新技术企业，具独立的法人资格及生产资质。专业从事于各系列稳压器、变压器、变频电源、UPS电源及电气自动化系列设备的生产、研发与销售。公司拥有业内大型生产基地及先进生产设备，深入研发、精良制作、严谨质控、完善售后，力求为用户提供最为优质的电力电源产品及高标准化的服务。

目前，厚国公司产品销售及服务至国内近一百多个城市，已荣誉成为中国移动、三一重工、长城汽车、东方明珠、群升集团、日升集团、中兴通讯、ABB中国、上海虹桥机场、长虹集团、日立电梯、东芝医疗等企业的合格供应商。并在全球市场上有广泛的配套应用，已配套出口至北美洲古巴、非洲尼日利亚、埃塞俄比亚、坦桑尼亚、乌干达、肯尼亚等国家和地区。

「发展理念」厚积薄发、追求卓越、思索创新、持续发展、打造高端产品品质。

「服务宗旨」真诚的用户沟通，完善的售后保障，建立高效、标准服务体系。

「团队精神」理解、沟通、支持、配合、共同学习、共同成长。

206. 上海吉电电子技术有限公司

Jidian Electronics

地址： 上海市纪展路288号
邮编： 201107
电话： 021-52964208
传真： 021-52964207
邮箱： samson_au@shanghai-jidian.com
网址： www.shanghai-jidian.com
简介：

上海吉电电子技术有限公司成立于2001年。是全球十数家著名半导体企业在亚太地区的重要代理商，同时也是众多知名电子制造和研发企业的重要合作伙伴，供应产品广泛应用于电力电子、仪表仪器、新能源、汽车电子、工业自动化、通信工程集成配套、电梯制造等领域。

“吉电电子”拥有与国际接轨的服务系统、强大的销售与专业技术支持团队及优秀的研发设计人员，集代理、科研、开发、制造为一体。为客户需求“量身定制”提供多种方案选择，支持供应商库存管理服务。还与科技机构及大学建立了长期的战略发展合作关系。

“吉电电子”坚持“品质第一、诚信服务”的经营方针，获得ISO9001认证。在北京、深圳、沈阳、南京、株洲、武汉、成都等主要城市，以及我国香港特别行政区、新加坡等地都设有分公司。创造了销售额连续多年递增的业绩。多次被评为上海民营百强企业、上海市先进企业。

207. 上海尖诺电子科技有限公司

地址： 上海市嘉定区曹安公路1877号9-09
邮编： 201824
电话： 021-69106141
传真： 021-69106140
邮箱： guanyf021@126.com
网址： www.jndz021.com
简介：

上海尖诺电子科技有限公司位于嘉定工业区，主要从事军用电源和民用电源的研发、生产、销售和技术服务。尖诺电子凭借出众的技术优势和可靠的质量管理体系，出品包括AC/DC、DC/DC、DC/AC三大类八百多个品种，已广泛用于航空航天、军工、通信、医疗、电力、铁路、仪器仪表、工业控制等领域。“尖诺”品牌模块电源覆盖全国市场，部分产品出口到北美、南美、欧盟、东亚、中亚等国家。

上海尖诺电子科技有限公司以求新、求实、求精的企业精神重点开发军品级电源，主要面向中高端用户。公司以“做精品电源，创一流品牌”为宗旨，严把产品质量关，每一个产品从内在品质到外观工艺都要做到精益求精。

上海尖诺电子科技有限公司以客户需求为关注焦点，把为客户提供高标准、高质量、高可靠性电源产品作为我们的目标。公司除了生产标准电源外，还为客户定制非标电源产品，切实满足客户的需求。

公司于2009年成为中国电源学会会员单位，2011年通过ISO9001质量体系认证，部分产品有CE认证。2012年尖诺品牌通过国家商标总局审核。

208. 上海津盛电器设备制造有限公司

津盛电器

地址： 上海市嘉定区朱戴路2200号
邮编： 201101
电话： 021-54795860
传真： 021-54795833
邮箱： 4006251897@b.qq.com
网址： www.jinshengdq.com

简介：

上海津盛电器设备制造有限公司坐落于中国大都市上海，成立于2009年，是一家集专业生产销售、技术服务、产品研发以及保养为一体的综合性企业。主要生产与销售的产品有：变压器、稳压器、调压器。本公司拥有雄厚的技术力量，先进的生产设备，精湛的工艺技术，检测设备齐全，高效的管理理念，产品质量可靠。公司生产的变压器、稳压器，严格按照国家标准执行，每台产品均经过严格检测，保证产品100%合格，在激烈的市场中崛起，赢得了广大顾客的信任。

209. 上海科泰电源股份有限公司

地址：上海市青浦区天辰路1633号
邮编：201712
电话：021-59758500
传真：021-69758500
邮箱：gaowenjuan@cooltechsh.com
网址：www.cooltechsh.com
简介：

上海科泰电源股份有限公司于2002年在上海市青浦工业园区成立，是一家专业从事智能环保电源设备的开发、设计、生产和销售，并为客户提供技术咨询、培训、安装、维修等售前、售后服务的高新技术企业。公司下辖全资子公司三家，分公司两家，拥有总资产10亿余元，员工300多人，年生产各类智能环保集成电站5000多台套。公司于2010年12月29日在深圳交易所上市，股票代码为300153。公司募集资金建设的新工厂已于2013年年底正式投入使用。

公司主要产品为智能环保集成电站，包括标准型机组、静音型电站、车载电站、挂车电站、方舱电站以及电源一体化解决方案。

目前，公司拥有8项发明专利，16项实用新型和外观设计专利，2项计算机软件著作权。通信基站电源一体化系统、核安全级柴油发电机组、低噪声车载电站3项发明专利是公司集成创新的重要成果，并且公司是国内制造企业中首个对核安全级电站系统进行独立设计、制造的企业。

公司目前拥有国内最先进的柴油发电机组性能实验室，拥有高压机组（10.5kV）测试房，极高温与极低温测试方舱，可模拟 -30℃ ~70℃环境温度。公司参与GB/T2820等多项国家柴油发电机组行业有关标准的制定，并先后获得英国劳氏（LRQA）ISO9001质量体系认证、ISO14001环境体系认证，OHASA18001职业健康和安全体系认证，比利时安普（APRAGAZ）CE认证等。

210. 上海雷诺尔科技股份有限公司

地址：上海市嘉定区城北路3988号
邮编：201807
电话：021-39538087 13761222202
传真：021-39538104
邮箱：renle-power@163.com
网址：www.renle.com
简介：

上海雷诺尔科技股份有限公司成立于2008年，坐落在上海市嘉定区国家级高新技术产业园区内，占地面积100000平方米，厂房85000平方米，总投资2.5亿元。公司专业生产高中低压电机软启动器、高中低压变频调速器、EPS消防应急电源、UPS不间断电源、直流屏、智能化电气和高低压输变电成套设备，是集贸易、科研、生产为一体的高科技企业，是国内智能化电气传动行业之龙头企业。具有颇具实力的新产品开发研究机构，产品技术一直处于国内领先地位。建立健全了质量管理体系和CAD、CAM技术中心，行业内率先通过了ISO9001质量管理体系认证、ISO14001环境体系认证，公司所有产品均获得国家质检总局颁发的生产许可证，并全部通过“CCC”认证。

公司EPS消防应急电源先后为上海世博会配套项目、北京奥运会配套项目、上海虹桥机场、石家庄机场、厦门机场、哈尔滨西客站、贵广高铁、甘肃卫星发射中心等国家重点项目配套，在化工、钢铁、医药、石油、民用建筑等领域都有良好业绩，优质的服务和售后技术赢得了一致的好评。用品质征服世界，立志成为享誉全球的智能电气专业供应商。

211. 上海临港经济发展（集团）有限公司

地址：上海市浦东新区临港新城新元南路555号
邮编：201306
电话：021-38298000
传真：021-68284168
网址：www.shlingang.com
简介：

上海临港经济发展（集团）有限公司成立于2003年9月，2011年注册资本达到63.7亿元，直属上海市委、市政府领导，是承担上海临港产业区开发建设任务的大型国有多元投资企业，主要负责上海临港产业区241平方公里范围内的土地开发、基础建设、招商引资、产业发展和功能配套等工作。其负责开发的上海临港产业区作为上海市政府的发展重点，已经集聚形成了新能源装备、大型船用关键件、海洋工程装备、汽车整车及零部件、大型物流装备和工程机械、航空装备制造、战略性新兴产业等七大装备产业集群。近期正着重打造航空制造、LED、再制造三大产业园区。

上海临港集团先后荣获“2008上海企业500强（第83名）”、“2009上海企业100强（第83名）”、“2010上海企业100强（第46名）”、“全国机械工业先进集体”等荣誉称号。2010年2月上海临港产业区被国家工业和信息化部授牌为“国家新型工业化产业示范基地”，也是国内唯一同时获得“装备制造”和“航空产业”两块牌子的工业园区，被认定为“上海市品牌园区”。目前，国务院已正式批复临港产业区口岸开放，这是我国“十二五”期间第一个获批的开放口岸。国家质检总局、环保部、工信部也先后批复临港产业区建设全国入境再利用产业检验检疫示范区、国家进口废汽车压件集中拆解利用示范园区、国家机电产品再制造产业示范园。

212. 上海诺易电器有限公司

Nooyi®诺易

地址： 上海市宝山区城银路555号12栋1705
邮编： 200444
电话： 021-69173140 69173141
传真： 021-36385001
邮箱： sales@shnuoyi.com
网址： www.shnuoyi.com
简介：

上海诺易电器有限公司是专业从事电源和工业控制领域产品的科研、开发、生产、销售及技术服务于一体的生产型实体企业。公司拥有一个销售、研发和服务总部位于上海宝山城市工业园，两个生产基地坐落于风景秀丽的江南历史文化古镇——上海南翔和江苏昆山。

诺易的产品规格多达八大类五百三十几种规格，产品被广泛地用于国防、医疗、机械加工、交通、通信、科研、新能源等各个领域。主要产品有交流稳压电源、变频电源、直流电源、UPS、EPS电源、并网逆变器、智能照明稳压节电系统等产品。取得欧盟CE认证、非盟SONCAP认证、广电入网许可证等。Nooyi诺易公司的产品在国内拥有高端客户群体，并批量出口国外，优越的性能、可靠的质量、贴心的服务博得用户的一致好评。

诺易本着“一诺千金，知难行易”的行销与创新理念，使得Nooyi诺易品牌逐步走向世界，Nooyi诺易产品独树一帜。

诺易的宗旨：质量是企业的生命！ISO9001质量管理体系的规范化管理保证了黄金般的产品质量；科技是企业的动力！优秀杰出的科研人才使我们的产品独树一帜；信誉是企业的基石！高素质的服务团队使您无后顾无忧。管理是企业的根本！数字化的管理使我们的团体高效廉洁。

质量是企业的生命！科技是企业的动力！信誉是企业的基石！管理是企业的根本！

我们的行销宗旨：“一诺千金，使命必达”，为您提供优质高效的服务，让您买得放心，用得顺心。

我们的创新理念：“知难行易”。

不断探索，勇于创新，知难行易，乐观向上的创新理念，使Nooyi的产品独树一帜、永葆青春。

213. 上海潘登新电源有限公司

PANDIAN

地址： 上海市长寿路285号恒达广场23楼
邮编： 200060
电话： 021-62766276
传真： 021-62773534
邮箱： sbw562996588@126.com
网址： www.pandeng.com
简介：

上海潘登新电源是电源稳压、调压产品研发、制造、销售为一体的专业公司。20多年岁月的发展中，生产的无触点稳压器、照明稳压节电柜、稳压调压电源柜与变压器等产品畅销国内外，为各行业用电设备的安全使用及电能节约带来最直观的经济效益。

公司系上海市高新技术企业，是守合同、重信誉的AAA级企业，节能产品生产企业。拥有教授级高工及大批有经验的电气工程人员，曾多次参与无触点稳压器和浪涌防护器的部标与国标的制定。拥有多项电源稳压调压的专利技术，可为用户制造各类电源稳压、调压、变压器等设备。公司实力雄厚，多项产品在行业中一直处于领先地位。公司专利技术生产的无触点稳压器。采用电力电子技术调压，产品无机械、无电刷、无噪声、无触点调压，响应速度极快，容量高达2000kVA，补偿范围可达±50%。是传统机械电刷稳压器的更新换代产品。现已在各行业应用十几年，效果良好。经中科院情报中心确认，该产品多项技术属国内外首创，其整体技术达到了国际同类产品的先进水平，率先填补了国内无触点稳压器的空白。被上海市科委确定为“高新技术成果转化项目”。

根据“中国绿色照明工程”的要求，公司综合路灯与各种照明的供电方式与照明灯具的发光特点。研发生产的GGDZ照明稳压节电柜，具智能稳压调压、时间控制、提高功率因素等优点。多种专利节电技术相结合的，高效安全的照明节电产品，大大提高电源使用效率，降低电能损耗。节电率普遍可达25%以上，同时灯具寿命延长2倍以上。上海宝钢、国际博览中心等均已采用，效益可观。被上海市科委确定为“高新技术成果转化项目”。

公司系ISO9001国际质量体系认证企业。我们遵照“求精创新，勇于攀登，务实稳发，永无止境”的经营理念，质量尽善尽美！服务至诚至周！相信我们的真诚会使您成为潘登永远的朋友。

214. 上海全力电器有限公司

全力电源

地址： 上海市静安区新闸路568弄445号
邮编： 200041
电话： 021-62535836
传真： 021-62558838
邮箱： querli@querli.com
网址： www.querli.com
简介：

上海全力电器有限公司坐落于上海市嘉定区南翔蓝天开发区，占地面积2万平方米，建筑面积1.2万平方米，属中国电源学会会员单位。是一家专业从事各种交直流电源研究、开发、生产、销售于一体的综合性企业。

公司创办以来，一贯坚持“以质量求生存，以科技求发展”的发展纲领，不断引进和吸收国内外新技术、新工艺、新器件，产品品质不断提高，功能不断完善，性能更加可靠。全力人本着“追求永无止境”的理念，不断创新、努力开拓，先后取得中国电工产品安全认证（长城认证）、ISO9001 国际质量体系认证，并由中国人民保险公司承担质量责任保险。经过十年拼搏、奋斗，现已发展成为具有多项国内领先技术，以高科技为基础的初具规模的电源生产基地。目前公司生产的产品主要有精密净化交流稳压器、直流稳压电源、逆变电源、充电机、调压器、变压器等十大系列三百多种规格的产品，年产各种产品达十万台（套），产品畅销全国近一百个城市，部分产品远销国际市场，深受国内外用户的好评。

215. 上海日意电子科技有限公司

地址：上海市闵行区莘福路 388 号 1 号楼 722 室

邮编：201199

电话：021-51083590

传真：021-51686652

邮箱：shanghai@riyipower.com

网址：www.riyipower.com

简介：

上海日意电子科技有限公司成立于 2005 年，主营工业级大功率直流电源。历经多年的磨砺，我们的研发队伍陆续开发出可以用于多种行业的直流电源以及相关技术产品，产品销售到全国 20 多个省、直辖市以及美国、新加坡等国外市场。

我们专注于更新设计、提高品质、改善服务，经过长时间的积累，已经在工业自动化、直流电机、工业加热、电子测量、汽车电子、新能源汽车、表面处理、电极箔腐蚀化成、铝氧化、电阻焊接、真空镀膜、稀土冶炼等行业拥有丰富的经验以及大批认可我们产品的客户。

上海日意电子将秉承“团结、创新、求精、务实”的理念，继续为用户提供更加“经济、专业、环保”的产品，并致力于成为国内一流的电源企业。

216. 上海赛特康新能源科技有限公司

地址：上海市松江区三浜路 469 号赛特康工业园区

邮编：201611

电话：021-57600066

传真：021-57802306

网址：www.stgcon.com.cn

简介：

上海赛特康新能源科技有限公司始终致力于工业用高端铝电解电容器、薄膜电容以及超级电容的研发及制造企业。在使用的新材料铝箔、电解液和化学材料及工艺制造方面都有全球领先的技术和专利，利用我们在电力电子领域及能源行业的资源积累和在全球高端工业客户的大量使用，我们的产品已被大量电源行业、工业变频以及新能源等领域的高端客户所认可。公司永远秉承“创新、超越、睿智”的发展信念！

217. 上海松丰电源设备有限公司

地址：上海市普陀区胶州路 941 号 1703 室

邮编：200060

电话：021-62271666

传真：021-62669111

邮箱：fyl@shsongfeng.com

网址：www.shsongfeng.com

简介：

上海松丰电源设备有限公司是国内知名的稳压电源，UPS 不间断电源，变压器，变频电源，配电柜等制造商和供应商，是集科研、生产、销售、服务于一体的现代化经济实体。我司生产稳压器及 UPS 不间断电源均获得国家广播电影电视总局入网许可证（编号：031130809996-8）。公司质量管理体系已通过 ISO9001（2012）国际标准，并获得认证证书；是中国电源学会会员单位、中国电源行业诚信企业、上海市价格诚信企业、2008 年荣获上海青浦区百强企业、2008 年荣获广电行业“十大创新品牌”30 强企业；在中央广播电视无线覆盖工程中被山西省广播电视局评为优秀供货商，2010 年松丰牌稳压器荣获“中国著名品牌”称号，2011 年松丰牌稳压器被推介为“绿色环保首选品牌”，2011 年荣获广电行业“十大传输民族品牌”20 强企业，2010～2011 年度被评为上海市合同信用等级 AAA 级企业，2012 年荣获上海市“重合同，守信用”企业称号，2012 年、2013 年均荣获广电行业十大优秀企业品牌。公司秉承“以一流的产品，满意的服务，持续提升的质量水准，满足客户的要求”的质量方针，赢得了客户，创造了显著的业绩。

松丰公司产品远销菲律宾、古巴、朝鲜、日本、加拿大、塔吉克斯坦、泰国、老挝、巴基斯坦、西班牙、苏丹、马绍尔、利比亚、越南、埃塞俄比亚等国家。

218. 上海伟浩机电设备有限公司

地址：上海市松江工业区松胜路 355 号 2 号楼

邮编：201600

电话：021-57715555

传真：021-37831846

邮箱： weho@chinaweho.com
网址： www.chinaweho.com
简介：

上海伟浩机电设备有限公司专业从事电源领域科研、开发、生产、销售、信息及产品保养为一体的电源制造企业。公司拥有一支现代化的管理队伍和科研人员，在同行业中公司率先通过 ISO9001：2000 质量管理体系认证、欧盟 CE 认证，具备雄厚的技术力量和完善的质量管理体系。严格按照国家标准和国际标准组织生产。公司形成以科技研发中心为主体的集科研、教育、培训、创新于一体的科技开发网络。公司在吸收和利用国内外先进技术基础上，充分开发具有本公司特色的工艺和工装，通过不断优化创新，主要经济、技术指标均居国内领先水平，达到国际领先水平。公司不断加强对原材料质量和工艺过程的控制，保证产品质量的稳定性。

公司生产的隔离变压器、进出口设备专用变压器、机床控制变压器、照明变压器、电抗器、交流稳压器、直流电源、净化交流电源、抗干扰交流参数电源。不间断电源、微电脑无触点补偿式电力稳压器、感应调压器、接触式调压器等十多个系列，一百多种产品。产品远销国内外八十多个国家和地区。得到了广大用户的信赖和好评。

面对新的市场竞争势态和全球经济一体化的格局。伟浩将始终站在用户的角度来考虑用户的问题，不断地完善和研发用户满意且价格实惠的产品。

219. 上海稳利达科技股份有限公司

WENLIDA

地址： 上海市嘉定区高石公路 2439 号
邮编： 201816
电话： 021-63534701 63534702
传真： 021-63533418
邮箱： sales@wenlida.com
网址： www.wenlida.com
简介：

上海稳利达科技股份有限公司（以下简称“稳利达”）成立于 1995 年，是专业生产稳压器、变压器、节电器、无源（有源）谐波滤除装置、太阳能逆变器等系列产品的大型生产基地及电源系统服务供应商。目前公司正致力于发展绿色、环保、节能、安全等新能源产品的开发。以“行业专用稳压器”、“变压器”、“谐波滤除装置”、“节能产品”为基础，努力将公司创建为国内新能源产品制造现代企业。多年来，公司以先进技术、优异产品、稳定质量和一流的服务在市场上赢得了良好的美誉度。产品远销欧美、东南亚、南美洲、中东、非洲等世界各地。

公司现有：上海嘉定和浙江嘉善二处标准型生产基地和研发中心。

先后成立：北京、广州、青岛、济南、长春、沈阳、西安、重庆、成都、苏州、新疆分公司与办事处。公司荣获：《泰尔产品认证证书》、《国家广播入网认定证书》、《CCC 认证》《ISO14001 环境认证》、《ISO9001 体系认证》、《太阳能产品认证证书》、《高新成果转化证书》、《CE 证书》、《SGS 认证供应商》、《SONCAP 认证》等一系列认证。

我们客户：华为、中兴、海尔、海信、中国移动、中国石油、百超、斗山、三菱重工、海德堡、梅兰日兰、上海明珠、娃哈哈、胜利油田、中国英利、时风集团、临工机械、正泰集团、朝阳轮胎等多家知名企业指定供应商。

企业资质：国家信息产业部“稳压器”行业标准起草单位。

220. 上海稳压器厂

上稳　上海稳压器厂 SHANGHAI VOLTAGE REGULATOR PLANT

地址： 上海市松江区文翔东路 58 号 2 号楼
邮编： 200023
电话： 021-64108585
传真： 021-64543587
邮箱： sales@csvrp.com
网址： www.csvrp.com
简介：

上海稳压器厂是国家稳压器定点生产厂家，长期从事电力稳压器等电源产品的生产和研究。凭借多年的生产研发经验，独具前瞻的技术观念和功能设计，为各行业提供高品质的电源产品。多年来承担了国家军用、民用、重大工程项目所需稳压电源的研制和生产任务，为各行业的发展提供强劲的推动力。

从单一的订单式设备制造，到为客户提供个性化系统解决方案，上海稳压器厂实现了打造中国稳定电源专家的这一核心理念。

今后，上海稳压器厂仍会坚持以专业成就高品质的理念，致力于新产品、新技术、新工艺的不断创新和开拓！

中国第一台 SBW 型自动补偿式稳压器的诞生地。

经过部级鉴定的稳压器生产厂家。

中国科委发文推荐的稳压器生产厂家。

国家电力电子产品质量监督检验中心检验产品。

ISO9001 国际质量管理体系标准认证企业。

221. 上海熙顺电气有限公司

熙顺电源 Xi Shun Power

地址： 上海市嘉定区外冈工业一区西冈身路 118 号
邮编： 201806
电话： 021-56380780 56382226
传真： 021-56380811
邮箱： 021power@021power.com
网址： www.021power.com
简介：

上海熙顺电气有限公司是一家专业从事各类稳压器、稳压电源、变频电源、变压器、调压器、UPS 不间断电源、逆变电源、净化电源、充电器、直流电源及相关行业电气的开发、销售服务于一体的综合性企业，系中国电源学会会员单位，并由中国人民保险公司承保，并通过了 ISO9001 质量管理体系认证。

公司始终坚持理论与实践相结合的科学发展观，先后从全国各大高校、社会引进大量工程技术人员及多种高新检测和实验设备。从而确保熙顺每种产品具有领先的设计，稳定的性能及卓越的品质。随着我国加入 WTO，企业的发展空间日益扩大，公司始终坚持以振兴民族工业为己任，以铸造世界品牌为目标。公司已建立了健全的营销管理中心和庞大的网络体系。其产品销往全国各大省市，定期销往东南亚市场，且与中东、南非、欧美国家和地区建立了稳固的贸易往来，而深受用户一致好评。这为熙顺的发展打下了坚实的基础，值此熙顺人深知科技创新是熙顺的动力，可靠的品质是熙顺的保障，诚信服务是熙顺的责任。

222. 上海新康电器制造有限公司

XINKANG

地址：上海市青浦区沪青平公路 2933 弄 17 幢
邮编：201703
电话：021-69755111 69755193 69755333
传真：021-69755116
邮箱：xinkang@online.sh.ch
网址：www.xinkang.com

简介：

上海新康电器制造有限公司，是我国从事电力稳压器制造的专业生产企业，是中国电源学会的会员单位。随着现代科技的发展，工矿企业、科研、邮电、医院及国防等部门对电网供电质量的要求愈来愈高。为确保工业生产的正常进行，科研工作的顺利开展，迫切需要容量大、损耗低、波形失真小及稳压精度高的优质稳压电源。

公司现在生产场地 13000 余平方米，从事生产稳压器生产的员工 218 人，其中科研及工程技术人员占 35%；齐全的工装设备，使新康公司的产品一直处于行业领先地位，并多次在国际上获得金奖；为使新康的产品让用户更加放心，我们除免费对设备安装督导，负责设备的开通调试，免费保修一年及实行终身维修之外，并在全国各地分布有 16 个办事机构，以确保我们的售后服务工作能及时到位，充分满足对用户的承诺。

1999 年，上海新康电器制造有限公司通过了 ISO9001 质量体系国际认证，同时新康的稳压器还获得中华人民共和国信息产业部电信设备进网许可，为新康电器提高市场竞争力及同国际接轨打下了坚实的基础。集新康电器十余年丰富的生产经验和雄厚的科研力量，新康的电力稳压器销量已逾 80000 台，安全可靠地运行于全国各地的不同行业，深受用户的赞誉。新康电器不仅遍销全国各地，而且也有销往印度尼西亚、马来西亚等国家。

总之，新康公司本着“以质量求生存，靠管理降成本”这一宗旨，让新康的产品更好地服务于社会，新康愿与您共创新世纪的辉煌。

223. 上海阳顿电气制造有限公司

PREPARE by Yutton Electric 普瑞派

地址：上海市嘉定区江桥镇曹丰路 618 号
邮编：201824
电话：021-33519445 33519446 33519447
传真：021-33519449
邮箱：576025192@qq.com
网址：www.yutton.com

简介：

上海阳顿电气制造有限公司注册资本 505 万元，是一家专业从事于电力能源领域产品研发、生产和销售的高新技术企业。创业初期，阳顿电气代理国际知名品牌的不间断电源和蓄电池，是美国施耐德电气、美国伊顿电气在大中华区的合作伙伴。通过多年的积累与发展，依靠众多优质客户的支持，阳顿电气现成功转型成为一家专业生产不间断电源的工厂，已成为国内电源行业的领军型高科技企业之一。

当前，国内不间断电源行业蓬勃发展，百花齐放，各厂商的品质良莠不齐。阳顿电气后来居上，研发生产的金刚系列大型 UPS，单机最大容量 400kVA，可实现多台 UPS 冗余并机。首次将高可靠性、高效、节能、环保、低碳的设计理念集于一体，实现了用户效益最大化，填补了国内大型高端 UPS 的空缺，改变了由洋品牌在国内大功率 UPS 市场的垄断状况。

阳顿电气在努力拓展市场的同时，坚持“专业营销，精品研发，专注制造，完善售后”的总体战略，恪守“优质产品，完善服务，以客为尊，合作双赢”的质量方针，履行“全年无休，及时响应，快速维护，保障有力”的服务承诺。公司注重开发，在科研和开发方面的投资占年营业额的 8% 以上，公司拥有国际先进的研发、测试、生产仪器设备，集中了国内最优秀的电源界技术精英，并与国内多家科研单位和高等院校建立了良好的合作关系，巩固了公司在国内电源行业的领先地位。

公司注重质量管理，建立了完整的质量管理体系，率先通过了由英国优卡斯公司认证的 ISO9001 国际质量体系认证，产品均通过了电源行业最权威的泰尔认证。公司产品应用于全国各地的电力、通信、交通、医疗、教育、工业控制等重要领域。

公司立足于素有“东方明珠”之称的世界大都市——上海，在华东地区及全国的主要城市均设有服务网点。被业界誉为华东地区的一枝“电源新秀”。

224. 上海鹰峰电子科技有限公司

EAGTOP

地址：上海市松江区石湖荡工业园唐明路 258 号
邮编：201617
电话：021-57842298
传真：021-57847517
邮箱：zhaozhanglong@eagtop.com
网址：www.eagtop.com

简介：

上海鹰峰电子科技有限公司是以专业研发、生产电力电子无源器件为发展方向的高新技术企业，是国内领先的无源器件解决方案供应商。主要产品包括电抗器、叠层母线、薄膜电容器、水冷散热器、功率电阻器、制动单元、电力滤波器等。公司先后通过了 SQC ISO9001：2008 质量管理认证体系和 ISO/TS16949-2009 质量管理认证体系。

鹰峰科技不断致力于产品的开拓与创新，为工业传动、新能源、轨道交通、电能质量等行业客户提供极具竞争力的无源器件综合解决方案和服务，持续了解客户需求，配合客户共同研发，提升用户体验，为用户创造最大价值。

225. 上海宇帆电气有限公司

地址：上海市南翔蕴北路 1755 弄 26 号楼
邮编：201802
电话：021-63638888
传真：021-39125597
邮箱：yifine@yifine.com
网址：www.yifine.com
简介：

上海宇帆电气有限公司是中国电源学会会员单位，十几年来专业制造电力电子控制设备及各种工业配套电源，主要产品有微控智能充电机、风光能充电控制器、直流电源、大功率开关电源、纯正弦波逆变器、风光能离网逆变器、并网逆变器、变频电源、交流稳压稳频电源等。公司拥有雄厚的技术实力，严格的质量控制方式和先进的生产检测设备，已通过 ISO9001 国际质量体系认证。我公司本着“质量、科技、真诚、拼搏”的企业精神，竭力向市场提供各种高品质的电源产品。

226. 上海正泰电源系统有限公司

地址：上海市松江区思贤路 3255 号 4 号楼
邮编：201614
电话：021-37791222
传真：021-37791222-6003
邮箱：chenshang@chint.com
网址：www.chintpower.com
简介：

上海正泰电源系统有限公司是一家致力于新能源功率转换、变频器等电力电子产品的研发、生产和销售的高新技术企业。公司具有一支国际化的管理和研发团队。依托正泰集团强大的资源背景，传承其 27 年专业制造经验，专注于新能源领域，为客户提供光伏系统解决方案的设计及技术服务。

目前推出的 CPS SC 系统光伏逆变器产品采用全数字化 DSP 控制、先进的功率转换与控制技术、高效的变压器设计等领先技术、使得光伏逆变器产品的转换效率高达 98.5%，达到世界先进水平；逐步形成多项核心专利技术；专业的外观工业设计，人性化的安装方式与人机界面，严格的产品可靠性设计，使整个产品系列具备国际市场竞争的实力。

227. 上海灼日精细化工有限公司

地址：上海市松江区长塔路 85 号
邮编：201617
电话：021-51872995
传真：021-51872995-802
邮箱：jorle@jorle.net
网址：www.jorle.net
简介：

上海灼日精细化工有限公司致力于环氧树脂、有机硅、聚氨酯新材料的研发、生产和销售，一直以电子封装材料为主要研发方向，着重开发电子、电气、电力、太阳能及其他行业所需要的各类特殊封装材料。

“科技，点燃灼日的魅力”，灼日化工是勇于追求、不断超越、积极创新的企业，我们将始终不渝地以诚信为纽带，建构信任的桥梁，与您携手，同步世界。

228. 晟朗（上海）电力电子有限公司

地址：上海市钦州北路 1089 号 53 幢 4F
邮编：200233
电话：021-64857422
传真：021-64857433
邮箱：infor@slpower.com
网址：www.slpower.com
简介：

SLPE 隶属美国上市公司 SL 实业集团公司（AMEX：SLI）。SL 公司是全球最大的独立医用电源提供者之一，也是产品线覆盖最广的世界一流电源供应商之一。凭借高超的设计制造能力及完善的售后服务体系，我们不仅能为客户提供优质可靠的高端产品，而且能提供整体的系统集成解决方案。良好的客户服务使公司在医疗和工业客户群中享有极高的声誉。公司的电源产品涉及的领域包括医疗仪器、工业设备、军用电源、网端电源（POE）、通信产品以及其他市场。

公司的产品包括各种内/外置开关电源、线性电源、充电器等，电源功率从 1～6000W 以满足不同的客户需求。

229. 时冠电气（上海）有限公司

地址：上海市松江区南乐路 8 号
邮编：201611
电话：021-57609501
传真：021-37601484
邮箱：sgbyq@sgbyq.com.cn
网址：www.sgbyq.com
简介：

时冠电气（上海）有限公司是集科研、制造、销售及产品保养为一体的综合性电源公司。公司拥有雄厚的技术开发力量和一流的检测试验设备。公司在吸收和利用国内外先进技术基础上，充分开发具有本公司特色的工艺和工装，通过不断优化创新，主要经济、技术指标均居国内领先水平，达到国际领先水平。公司不断加强对原材料质量和工艺过程的控制，保证产品质量的稳定性。

公司所生产的变压器、稳压器、调压器、电抗器、逆变电源、变频电源、EPS、UPS 不间断电源以及配电箱等十多个系列，一百多种产品，产品已远销北美、西欧、中东、北非等五十多个国家和地区，得到了广大用户的一致好评。

公司始终贯彻“技术创新，品质求精，诚信为本，追求卓越”的质量方针，力求使出厂的每一台产品都成为精品。2005 年公司率先在全国同行业中通过 ISO9001：2000 质量体系认证，全面提高企业综合管理水平。

230. 中达电通股份有限公司

DELTA 台达
中达电通股份有限公司

地址：上海市浦东新区民夏路 238 号
邮编：201209
电话：021-58635678
传真：021-58630003
邮箱：li. qi@delta.com.cn
网址：www.deltagreentech.com.cn
简介：

1992 年中达电通成立于上海，自营业以来，保持着年均增长 35.5% 的高速发展，为工业级用户提供高效可靠的动力、视讯、自动化及能源管理解决方案。在通信电源的市场占有率位居全国第一，同时也是视讯显示及工业自动化方案的领导厂商。

中达电通整合母公司台达集团优异的电力电子及控制技术，持续引进国内外性能领先的产品，在深入了解中国客户营运环境下，依据各行各业工艺需求，提出完整解决方案，为客户创建竞争优势。秉持“环保、节能、爱地球”的经营使命，成为中国移动的绿色行动战略伙伴，在节能减排、楼宇节能的技术上，陆续开展多项新应用。

为满足客户对不间断运营的需求，中达电通在全国设立了 41 个分支机构、64 个技术服务网点与 12 个维修网点。依靠训练有素的技术服务团队，中达得以为客户提供个性化、全方位的售前、售中服务和最可靠的售后保障。

二十年深耕，在近 2000 名员工的努力下，中达电通 2011 年的营业额超过三十六亿人民币。未来，中达将不断推陈出新，藉由与客户的紧密合作，共同开创更智能、更环保的未来。

中达电通——可靠的工业伙伴!

江苏省

231. 艾普斯电源（苏州）有限公司

apc AC POWER

地址：江苏省苏州市新区科技工业园火炬路 39 号
邮编：215009
电话：0512-68098868
传真：0512-68083816
邮箱：service@acpower.net
网址：www.acpower.cn
简介：

艾普斯电源 1989 年创立于台北，现已发展成为拥有完备的研发、制造、销售、技术支持服务体系的著名专业电源企业。除掌握优良的交流与直流产品技术之外，更具备技术整合能力，创造产品的多样化与独特性。目前设有台北、天津、苏州三个制造工厂及研发中心，拥有雄厚的技术实力，现有员工总数 500 余人，其中工程技术人员占员工总数的 40% 以上。公司在销售及服务领域积累了丰富的经验，在亚太、北美等地区逾 20 个中心城市设有销售及服务分支机构，更好地满足各地顾客的需求，全方位为客户提供各类电源项目的设计方案、安装、调试、维护及培训等专业服务。

艾普斯电源在中国（包括台湾省）、欧美等国家和地区拥有数十项专利，曾先后获得外经贸部“外商投资先进技术企业”、省级“高新技术企业”等称号，并在业内率先通过 ISO-9001 国际质量体系认证，以及 CE、EMC、信息产业部电信设备进网许可证、中国民用航空总局航空静变电源生产许可证等多项认证。

232. 安伏（苏州）电子有限公司

EFORE ENERGY FOR ELECTRONICS

地址：江苏省苏州市工业园区星龙街 428 号 21 幢
邮编：215126
电话：0512-67671500
传真：0512-62833080
邮箱：vivian. liu@efore.com.cn
网址：www.efore.com
简介：

安伏（苏州）是Efore集团在中国的全资子公司，总部位于芬兰Espoo，是专业设计，制造和销售电源相关产品的国际化公司。创立于1975年，在欧洲，亚洲设有工厂，在芬兰、瑞典、中国设有技术研发中心。安伏集团利用先进的全球物料系统，优秀的设计，制造能力为通信、工业、电子行业客户提供产品设计及制造服务。

安伏专注于一流设计的一体化定制电源解决方案、直流电源系统以及产品维护，密切配合客户需求，为客户提供有效的电源产品以及电子产品。

安伏在产品的研发中致力于减少能耗，提高效率，以及环境友好。

多年的专注经营与管理，如今，安伏已成为众多知名企业的合作伙伴。

233. 苏州能讯高能半导体有限公司

Dynax Semiconductor Inc. 能讯半导体

地址：江苏省昆山市玉山镇晨丰路18号
邮编：215300
电话：0512-36886888
传真：0512-36835030
邮箱：xinyue.wang@dynax-semi.com
网址：www.dynax-semi.com
简介：

苏州能讯高能半导体有限公司是由获得中国第一批“千人计划”支持的海外归国人员创办的高新技术企业。公司创立于2007年，目前注册资本为2.79亿元，公司总部位于江苏省苏州市昆山国家高新区晨丰路18号，并在西安、南京设立了研发中心。

能讯半导体致力于高能效的氮化镓功率半导体材料和器件产业化，其产品应用涵括了射频电子和电力电子两大领域。公司的微波器件具有高电压、高功率、耐高温、宽频及高增益特点，在无线通讯、雷达和宽频带通信等领域有着巨大的应用前景。公司的电力电子器件产品具有高效率、高速度、高结温的特点，在工业控制、电源、电动汽车以及太阳能逆变器领域应用广泛，能够有效降低电能转换系统损耗50%以上，同时成倍地减小设备体积，减少铜等贵重原材料消耗，其耐高温的特性也为节约重量、减少体积，特别适用于环境恶劣的场合。

能讯半导体自主开发了氮化镓材料生长、器件设计、制造工艺、封装与可靠性技术，已拥有39项中国发明专利和10项国际发明专利，其技术水平和产品指标均已达到国际先进水平。能讯的核心团队有着丰富的海外从业经验，目前还保持着众多氮化镓技术的世界纪录。公司有员工150余人，50%以上拥有本科学历，其中包括海外归国博士8名、硕士40余名。公司先后承担了国家“核高基”重大科技专项、科技部863重大项目及科技部中小企业创新基金以及省、市级重大科技产业项目。

公司率先在苏州市昆山高新区建设了中国第一家氮化镓电子材料与器件工厂，其技术水准与规模在国际上也首屈一指。该工厂占地55亩，第一期投资为3.8亿元，建筑面积1.3万平方米，设计产能为年产3寸/4寸氮化镓晶圆6000片。

在保持技术领先的同时，能讯半导体还将利用本土优势，建立及时响应、深度协助、提升竞争力的客户服务标准，竭诚服务客户。

能讯以成为领先的高能半导体供应商为使命。

234. 北京博旺天成科技发展有限公司

PTT® Technology development

地址：江苏省常州市常武中路41号瑞普大厦5楼
邮编：213161
电话：0519-68860959
传真：0519-68860959
邮箱：duanjian@qq.com
网址：www.ptt-cn.com
简介：

北京博旺天成科技发展有限公司创立于2006年，是集研发、生产、销售为一体的高新技术企业，公司总部设在北京中关村科技园区通州环保园区，在上海、深圳设有分支机构，同时公司为了充分利用长三角地区在电力电子人才和电力自动化技术上的区域优势，在江苏常州也设有研发中心和相关生产配套基地。

公司自创立以来，注重产品和技术的自主创新和研发，致力于柔性交流输配电技术（FACTS）、定制电力技术（CP）和电力节能技术等电力电子技术的研发和推广，建立了以博士、硕士研究生和高级工程师为主体的研发团队，相继成功开发了具有自主知识产权的节能型大功率快速稳压装置（HCVC）、低压同步（有源）无功补偿装置SVG（DSTATCOM）、动态电压恢复器（DVR）、有源滤波装置（APF）等高科技产品，并为客户提供电力节能及电能质量综合治理的解决方案。

未来公司将更加注重国家智能电网的开发和建设，顺应节能减排和绿色能源的产业政策和发展形势，在电能质量和电力自动化领域成为技术和产品双重领先的公司，为客户和社会做出更多的贡献。

235. 常州诚联电源制造有限公司

诚联电源

地址：江苏省常州市新北区百丈工业园创业东路15号
邮编：213000
电话：0519-88802588
传真：0519-88256951
邮箱：office@czchenglian.com
网址：www.czchenglian.com
简介：

常州诚联电源制造有限公司，位于江苏省常州市百丈工业园，是专业从事 AC/DC、DC/DC 系列开关电源、适配器、防水电源、防雨电源研究、开发和制造的高新技术企业，是中国电源学会成员单位。

公司产品广泛应用于 LED 显示屏、邮电、通信、电力、仪器仪表、半导体制冷制热、医疗设备、监控系统自动控制及铁路信号等领域。

公司重视人才培养与引进，拥有一批高素质的专业人才，并专门聘请上海交大教授定期上门对公司的技术人员进行指导与培训。

公司推行“5S”管理，以“质量求生存、效率求发展”为宗旨，率先通过了 ISO9001 国际质量认证体系，系列产品通过 3C、CE、GS、SGS、PSE 及 SAA 认证。

公司产品均经 100% 高温满载老化，产品老化一次合格率大于 99%，年返修率小于 3%。

我公司产品远销德国、新加坡、澳大利亚、南非等国，并且在北京、上海等全国各大中城市建立了几十个销售网点，拥有完善的质量跟踪与售后服务体系，能快捷、周到地为客户提供全方位服务。公司总部以及销售网点保持一定量的标准产品库存，能及时满足您的需要。如果您不能找到合适的型号，我们的工程师在了解您的需求后，能够迅速提出对应的电源解决方案，为您定制出特殊规格的电源。希望我们能够成为长期的合作伙伴。

236. 江苏坚力电子科技有限公司

地址： 江苏省常州市钟楼区香樟路 52 号
邮编： 213032
电话： 0519-86972136
传真： 0519-86960580
邮箱： cyi@cnfilter.com
网址： www.czjianli.com
简介：

江苏坚力电子科技有限公司（原常州坚力电子有限公司）创立于 1993 年，坐落于江苏省常州高新技术开发区，地理位置优越，处于长三角经济圈内，物流发达。

常州坚力电子有限公司是中国规模和研发实力并举的 EMI/EMC 电源滤波器制造商。自二十世纪六十年代生产滤波器以来，积累了五十多年的专业制造经验。在国内同行业中率先通过了 ISO9001 质量体系认证，先进的测试设备和严格的品质管理形成了我们的独特优势。历年来坚力电源滤波器主要品种已先后通过了 UL、CSA、VDE 等安规认证。

本公司电源滤波器广泛用于各种仪器仪表、医疗设备、电力设备、通信电源、UPS、变频空调及电梯设备等。产品曾多次为国家重点工程——洲际火箭、电子方舱、运载火箭、考察船以及飞船系列等配套。本公司产品畅销海内外，拥有国内外各领域优秀客户。本公司能在 4 ~ 6 周内为您提供 0.5 ~ 1600A 的各种规格的单相、三相交流电源滤波器和直流电源滤波器。专业的研发团队，可以为有特殊要求的客户设计和制造各种特规滤波器，以帮助您的设备有效抑制沿电源线传输的电磁干扰，满足电磁兼容（EMC）规范的要求。

237. 常州瑞华电力电子器件有限公司

地址： 江苏省金坛市社头工业园区 8 号
邮编： 213231
电话： 0519-82711101 68080102 68080103
传真： 0519-82711121
邮箱： sales@ruihuaelec.com
网址： www.ruihuaelec.com
简介：

常州瑞华电力电子器件有限公司始建于 1984 年 3 月，注册资金 2000 万元，属国内最早也是最具实力的专业化、规模化电力半导体模块制造企业之一，是一家拥有自主知识产权的国家级高新技术企业，江苏省著名商标，常州市电力半导体模块工程技术研究中心的独家依托单位，同行业中首批通过了 ISO9000 质量管理体系认证及 ISO14000 环境体系认证。

目前畅销国内外市场的产品主要有：晶闸管、快速晶闸管、整流管和超快恢复二极管等各种桥臂模块、单（三）相整流桥模块、单（三）相交流开关模块、绝缘型降压硅堆模块以及三相整流桥与晶闸管集成的模块、NBC 焊机及充电机专用硅整流组件、IGBT 单管、MDST 组合模块以及 IPM 智能功率模块等，产品均通过了国家电力电子产品质量监督检验中心的测试，部分产品通过了 UL 认证和 CE 认证。

公司与西安电力电子技术研究所、清华大学、燕山大学等知名院校签署了长期产学研合作协议，成立了浙江大学汪槱生院士工作站以及燕山大学研究生工作站，与国外专家团签订了长期的技术合作协议，全面引进国外知名公司的封装工艺、设计理念以及品质管理等相关技术。拥有一支由教授、高工、硕士等高级专业技术人员组成的研发团队。

238. 常州市超顺电子技术有限公司

地址： 江苏省常州市新北区春江镇百丈工业区港口大道 10 号
邮编： 213034
电话： 0519-85914838
传真： 0519-85911248
邮箱： sjl@csdztech.com
网址： www.csdztech.com
简介：

本公司是一家专业从事研发、生产金属基覆铜箔层压板（铝基、铁基、铜基）的民营科技企业。公司位于常州市新北区百丈工业区，公司面积 18000 平方米，员工 280 人，年生产能力 800000 平方米，产品具有高散热、低热阻的特点，广泛应用于大功率 LED 景观照明，各种模块电源。电机及电机驱动器，太阳能电站和军工产品等。

239. 常州市创联电源有限公司

地址：江苏省常州市钟楼区童子河西路 8 号
邮编：213023
电话：0519-85215050 400-111-2099
传真：0519-85215252
邮箱：Chen.yj@cl-power.com
网址：www.cl-power.com
简介：

创联电源成立于 2000 年 3 月，专业从事开关电源的研发与制造，是国内最具规模的著名品牌电源制造商之一。产品系列从 5W 到 2000W，有 2000 余种规格供您选择，远销欧、美、日、韩、及我国香港地区等多个国家地区。

公司在行业内率先通过权威认证机构英国 NQA 公司的 ISO9001 国际质量体系认证，部分产品通过了 UL、TUV、CB、CE、CCC 认证，并通过了欧盟 SGS 环保检测，符合 ROHS 认证。

公司拥有自动插件机、SMT 贴片机、全自动波峰焊机、自动电源测试系统、ROHS 光谱分析仪等先进的生产设备与检测设备。关键元器件均采用世界一流品牌，以确保电源性能的高可靠性，100% 满负载高温老化确保年故障率低于千分之二。

综合实验室配备了一整套国际先进的进口测试仪器与设备。创联电源在行业内率先建立了自己的 EMC 实验室，可以完成 EMC 传导、辐射等一系列测试指标，我们可以根据客户的需求，开发定制出特殊规格的电源。

240. 常州市武进红光无线电有限公司

地址：江苏省常州市武进区礼嘉镇蒲岸村
邮编：213165
电话：0519-86732495
传真：0519-86731270
邮箱：ww@hgpower.com
网址：www.hgpower.com
简介：

常州市红光无线电有限公司成立于 1998 年，一直致力于交换式电源产品的开发及生产。

目前公司已成为国内知名的开关电源生产基地，拥有先进的生产工艺和完善的品质保证体系，主要产品全部通过 CCC、UL、CE、GS、FCC 认证，并通过国际 ISO9001 质量体系认证。

目前公司产品广泛应用于通信、家电、计算机、通信网络、工业设备等领域，公司现有固定资产 8000 万元，厂房及宿舍面积达 50000 平方米，月生产开关电源 82 万台。

公司拥有一支作风严谨、高素质的研发队伍，可以灵活高效地为客户提供全面的电源解决方案。

创一流品质，持续不断推出高效、节能、绿色电源产品，打造中国电源品牌是我们的宗旨。

241. 江苏禾力清能电气有限公司

地址：江苏省宜兴市经济开发区创业园二期 C2
电话：0510-87868659
传真：0510-87868609
邮箱：seanjiang@126.com
网址：www.holly-electric.com
简介：

江苏禾力清能电气有限公司成立于 2011 年，地处太湖之滨江苏宜兴，为江浙沪三大都市圈的中心区域，地理位置优越，周边交通发达。公司一期注册资金 1000 万元，办公与生产面积共计 6000 平方米。2012 年公司入选无锡市引进领军型海外留学归国创业人才 "530" 企业，江苏省可再生能源行业协会理事单位，并通过国家太阳能产品认证，属无锡市重点高新技术企业。

公司长期致力于太阳能发电、光伏并网逆变系统、稳压系统、不间断 UPS 及光伏并网发电相关电气产品的研发、制造、销售与技术服务，并提供一体化的整体解决方案。

公司现有行业专家十多名，行业领先的研发实力。公司拥有光伏并网逆变器、UPS、EPS 的自主开发平台和中试基地，华东地区最具现代化的电力电子专业实验室，及多项相关发明专利。公司自主研发生产的 500kW 大功率逆变器、模块化 UPS 不间断电源产品获得市场一致好评。

242. 江苏上能新特变压器有限公司

地址：江苏省常州市天宁经济开发区北塘河东路 9 号
邮编：213022
电话：0519-81080505
传真：0519-81080509
邮箱：xufeng5529@sina.com
网址：www.sunel.com.cn
简介：

江苏上能新特变压器有限公司，主导产品覆盖 330kV 及以下电压等级的油浸式电力变压器和特种变压器、35kV 以下电压等级的干式电力变压器和特种变压器。

公司前身为江苏上能变压器有限公司，始建于 1999 年，在 2005 年被评定为 "江苏省高新技术企业"。"特种变压器" 作为企业差异化发展战略的 "上能"，以专而强的技术、及时快速的交付，在中国变压器行业中独树一帜，成为中国特种变压器的重要门户，被中国特种变压器门户网、中国工业电器品牌网联合命名为中国特种变压器制造基地，成为“中国蓝海战略”的一个标杆。

2009年9月26日，超高压新厂房开工典礼在常州北塘河东路的新厂址举行。在常州这块全球最大变压器制造基地的热土上，江苏上能即日起正式进入超高压电力变压器和特种变压器制造领域！

未来，上能新特将为国电南自的“智能一次设备产业”发展竭尽己能！

243. 江苏英尔特光电科技有限公司

地址：江苏省阜宁县经济开发区泰山路1号
邮编：224400
电话：0515-87202302
传真：0515-87202336
邮箱：yingerte2012@163.com
网址：www.yingerte.com
简介：

我公司是专业生产LED驱动电源与LED灯具的企业。目前拥有自动化插件线3条，波峰焊3台，高速贴片机2台，自动电子老化车与老化房，以及各种检测设备与仪器，月生产能力为160万台LED驱动电源。

研发团队大专以上为12人，本科以上为6人，生产员工为240人。

244. 昆山渝科电子科技有限公司

地址：江苏省昆山市千灯镇曼氏路200号
邮编：215341
电话：0512-81861622
传真：0512-57477375
邮箱：kaiview_power@yeah.net
网址：www.kaiview.cn
简介：

昆山渝科电子科技有限公司位于中国苏州著名的历史文化古镇-千灯镇，依靠沪宁和苏沪高速公路，交通便捷。公司成立于2009年，专业研发生产高频逆变电源、开关电源、非标电源模块，并参与光伏发电等新能源应用领域。公司系列产品通过相关国家机构检验并获得认证，满足出口条件。电源产品广泛应用于通信电力、光伏发电、航空航天、军工、车载船舶、监控医疗、自动化控制等领域，在国内发展建立了区域销售网络，能快捷方便地为客户提供安装、售后服务。公司自成立以来不断改进优化产品性能，提高产品质量，完善售后服务体系，得到了广大新老客户的高度认可。

245. 雷诺士（常州）电子有限公司

地址：江苏省常州市新北区华山中路38号
邮编：213022
电话：0519-85190886
传真：0519-88220368
邮箱：reros@rerosups.com
网址：www.rerosups.com
简介：

雷诺士（常州）电子有限公司是外商独资企业，创建于2003年，是大型专业研发、制造、销售、服务不间断电源（UPS）的高科技企业。工厂占地面积13000平方米，建筑面积10000平方米，新建有现代化的4条电源生产流水线及1条线路板生产流水线，主导产品雷诺士牌UPS。功率容量覆盖1～720kVA，拥有百余种型号和规格。

我司生产的UPS产品采用当今世界最先进的DSP（全数字信息处理）技术处理器芯片与智慧型电源管理软件的完美结合，使用IGBT及高频PWM技术，并且具备功能强大、友好的液显式人机界面。产品体积轻巧，外观美观，轻松实现全数字化、智能化、网络化控制和管理。广泛应用于国外与国内金融、财税、邮政、电信、交通、医疗、保险、国防等国民经济领域，在各个行业发挥着电力保护神的重要作用。产品已在全球使用。

在新的一年，公司将继续秉承“专注、沉稳、可靠、至善”的理念和“质量第一、用户至上、开拓创新、永不间断”的质量方针，竭诚为广大客户和合作伙伴提供优质的产品和专业服务。

246. 溧阳市华元电源设备厂

地址：江苏省溧阳市经济开发区民营路3号
邮编：213300
电话：0519-87383088
传真：0519-88306606
邮箱：lyhydy_hj400@163.com
网址：www.huayuan-power.com.cn
简介：

我厂专业从事高频开关电源的新技术研发及新产品的生产，拥有高频开关电源的自主发明专利和多项专有技术，是省级科技型民营企业。

本厂研发生产的氙灯、汞氙灯、金卤灯等多种大功率电光源电源，高可靠，节能环保效果明显高于目前市售的国内外同类产品，而且价格比进口同类产品低。该类产品已被国内许多内资、外资、中外合资光学及光学应用企业采用，有的运用于军事；研发生产的电动汽车智能化充电机，2005年起配套国内锂电池生产厂商的电池远销欧美、日本、东欧、中东及东南亚许多国家和地区，从未有质量性的返修。

本厂应用自主专利技术研发生产的特大功率高频开关

电源（单台350kW、4台并联1400kW），具有高效率、高可靠、均流好等特色，并还可根据需要做得更大，这在国内电源领域开创了先河，可应用于太阳能、风能、谷电等的特大功率的充电储能，还可应用于高能物理、化工冶炼、航天航海、军事等领域。

247. 南京冠亚电源设备有限公司

地址：江苏省南京市高新技术开发区裕西路2号
邮编：210031
电话：025-66607770
传真：025-58842492
邮箱：gy@guanyapower.com
网址：www.guanyapower.com
简介：

冠亚电源成立于2001，是中国最早独立研发、生产、销售并网逆变器、离网型逆变电源、控制器、户用电源等新能源产品的企业之一。经过13年的发展，已成为国内技术水平最高、品种最齐全、单机功率最大、客户最信赖的电源生产企业之一。目前公司成功申请国家专利20多项，研制出各种光伏逆变器39类、各种光伏控制器37类，主持起草国家光伏行业标准4部，是国家首部强制标准《并网光伏系统安全要求》第一起草人。

公司技术力量雄厚，具有很强的新产品开发能力。积极运用产、学、研结合的模式开展技术研发，目前已与南京航空航天大学、东南大学、南京工业大学等高校建立了战略合作伙伴关系，曾先后承担了国家科技部科技创新项目、国家863计划项目、国家发改委CGF项目、江苏省科技厅重大科技成果转化等重大科研项目，产品广泛应用于珠穆朗玛峰、上海世博会、国家“金太阳”示范工程、光明工程、三江源工程、青藏铁路、中国移动、中国联通、中国电信等项目中，目前运行稳定，得到客户好评。

未来，冠亚电源将快速夯实产业基础，扩大产业规模，充分发挥公司在光伏行业发展经验、技术积累、经营业绩及品牌优势，运用现代的企业经营管理模式、先进的技术，依靠高效可靠的产品质量，确保公司在光伏行业的优势地位，同时为提高中国产品在国际上的竞争力，为中国及世界的环境改善及低碳经济的建立做出更多贡献。

248. 南京金宁星拓电源设备研究所

地址：江苏省南京市栖霞区和燕路371号东大科技园C304
邮编：210000
电话：025-85382010
传真：025-85614916-808
邮箱：liuh8767@126.com
网址：www.njxtdy.com
简介：

我公司位于古都南京。前身是国营898厂的研究所，从1987年开始研究、生产开关电源。是专业生产交、直流稳压电源，逆变器，防水电源等型号为XT系列的开关电源；本产品广泛应用于通信、广播电视、仪器仪表、自动控制、电力、煤矿、安全防范监控系统、军工及各种医疗设备等领域。本产品远销国内、外，深受用户好评，有着良好的信誉。为更好地为客户服务，我公司在北京、上海、深圳等设立销售网点，确保产品质量跟踪和售后服务，更能方便快捷地满足各地客户的需求。

我公司设有产品研发部、调试检验部、标准的生产组装车间、老化车间、产品质检部。以质量为生命、以市场为方向，重信誉、守合同，中国电源学会会员单位，并荣获了ISO9001：2000质量体系认证，被评为中国（江苏）质量诚信AAA企业。

为满足各种客户的需求，利用现有资源，开展了各类特种规格开关的研发和定制项目。

249. 南京时恒电子科技有限公司

地址：江苏省南京市江宁区湖熟镇金阳路18号
邮编：211121
电话：025-52121868
传真：025-52122373
邮箱：export@shiheng.com.cn
网址：www.shiheng.com.cn
简介：

南京时恒电子科技有限公司（SHIHENG）为国家高新技术企业，专业生产全系列NTC热敏电阻器、NTC温度传感器、PTC热敏电阻器和氧化锌压敏电阻器等敏感元器件，是国内最大的敏感元器件专业生产企业之一。公司通过了ISO9001质量管理体系认证、ISO14001环境管理体系认证，并先后被认定为“南京市民营科技企业”、“南京市高新技术企业”、“江苏省民营科技企业”、“国家高新技术企业”。公司还是中国电子元件协会（CECA）会员单位和中国电源学会会员单位。

公司不断研发出具有国际先进水平的新产品，多项科技项目获得包括国家火炬计划、国家科技部创新基金在内的各级政府的立项和资助。

主要产品均通过了CQC标志认证、美国UL、C-UL安全认证和德国TUV认证，产品广泛应用于工业电子设备、通信、电力、交通、医疗设备、汽车电子、家用电器、测试仪器、电源设备等领域。

250. 南京亿源科技有限公司

地址： 江苏省南京市秦淮区大校场路 26 号
邮编： 210007
电话： 025-52611803
传真： 025-52611803-808
邮箱： wyj999@126.com
简介：

我公司成立于 1993 年，是从事高频电源研究、开发、生产的专业性高科技企业，有一支高素质的致力于电力电源和通信电源研究开发的队伍。公司秉承“务实、创新、高效、优质”的宗旨，针对各类用户对电源的不同要求，研制出多种具有特色的电源产品，主要包括工业标准开关电源、电力系统自动化专用开关电源、模块电源、高压开关电源、通信电源和其他按客户要求特别定制的非标、特标开关电源及电源应用产品。其中电力系统自动化专用开关电源已在国内各主要电力自动化设备制造单位的多种监控、保护等设备上得到长期使用，性能稳定可靠。主要产品均通过国网公司质量检测中心，电磁兼容实验室检测。我公司电源产品已成功运用在 75 万伏超高压、100 万伏特高压输变电装置及智能电网设备中。

251. 启东市华泰电源制造厂

斯 坦

地址： 江苏省启东市紫薇中路 778 号
邮编： 226200
电话： 0513-82758222
传真： 0513-82759222
邮箱： qdsimaite@yahoo.com.cn
网址： www.ayfl.com.cn
简介：

启东市华泰电源制造厂是一家专业研究、开发、生产、定做、销售各种开关电源的专业工厂，本厂生产的爱因牌、斯坦牌开关电源具有输入电压范围广、输出功率保护、过热保护、过电流保护等优点。产品老化一次合格率大于 99%，年返修小于 1%。并以科技为先导，诚信为本，质量与服务并存为宗旨，坚持服务第一、信誉至上、真诚合作、互惠互利的原则，坚持走开拓和发展的道路，为用户提供性能优良的产品，合理公道的价格，更为满意的服务。

252. 苏州市电通电力电子有限公司

地址： 江苏省苏州市高新区竹园路 209 号
邮编： 215001
电话： 0512-68410244
传真： 0512-68410338
邮箱： sales@szdt.com.cn
网址： www.szdt.com.cn
简介：

一直以来，电通人本着“求实、求新、求精”的精神，着力开创电子材料科学新愿景。在压敏陶瓷材料制造、过电压测试、产品设计和技术应用等方面取得了一系列开创性的成果，由此获得国家多项发明和实用新型专利，2009 年“纳米掺杂高能氧化锌压敏电阻阀片及其专用添加剂的制造”项目又被列入苏州高新区创新领军人才计划。

截至目前广泛应用于冶金、化工、能源、交通、航空航天等领域的公司产品有：SVP 系列吸能型过电压保护器、保护箱；DSP 差模电涌保护器、CSP 共模电涌保护器、DCP 复合式电涌保护器、SVP 电压限制型电涌保护箱、SEID 系列对地绝缘在监控仪、多功能防雷器、灭磁单元等。其中 SVP 系列吸能型过电压保护器，继成为我国自行研制的韶九型电力机车整流电源过电压保护定型装置后，又被中科院托科马克项目、国防科大磁悬浮工程中心自行研制的磁悬浮列车、胜利油田海上钻井、西康卫星发射中心风洞实验装置、西门子传动系统、ABB 传动系统、西门子风电系统等项目领域过电压保护的首选配套产品。

253. 苏州市申浦电源设备厂

SPDY 申浦电源

地址： 江苏省苏州市吴中区角直镇凌港村角胜路（胜浦大桥南 100 米）
邮编： 215126
电话： 0512-65043983
传真： 0512-65044693
邮箱： webmaster@sz-spdy.com
网址： www.sz-spdy.com
简介：

公司坐落于美丽富饶的长江三角洲，南临苏沪机场路，北靠 312 国道，交通便利，环境优美，本厂技术先进，实力雄厚，是集科研生产一体化的专业企业。

本厂专业生产 BT-33 型多功能大功率晶闸管触发板、BT-1 型多功能恒流压调节板、整流器、晶闸管调压器、直流调速器、电子负载、充电机、恒流源及各种规格晶闸管调压变流设备。普通硅整流设备，大功率高频开关电源，贵金属电镀用脉冲电源，铝氧化用大功率脉冲电源，蓄电池生产测试用大功率充放电电源，大功率直流电机调速装置及其他蓄电池生产测试用相关设备。

公司的市场营销策略是：优质低价，服务快捷，相同档次的产品我们的价格达到最低。

我们将以一流的创业精神、全新的质量观念、优质的服务态度和精诚的团结信念广结中外朋友，共谋事业发展。

254. 苏州台智源电子有限公司

Taizhiyuan electronic

地址： 江苏省苏州市昆山市花桥镇华安路 2001 号
邮编： 215300
电话： 0512-57691662
传真： 0512-57691602
邮箱： taizhiyuanzd@126.com
网址： www.cectzy.com
简介：

台智源电子有限公司是经政府注册和中国电源工业协会及多家行业协会认可，并通过 ISO9001：2008 质量管理体系认证的高新、智能、环保电子科技企业。

公司坐落在江苏省昆山市花桥国际城商务城。下设：昆山天恩达自动化设备有限公司、台智源电子宁波分公司和重庆台智源自动化设备有限公司及地区服务处。公司特聘科研院校教授、国内外高级工程师为技术顾问和专业的研发团队共同研发、生产：高新、节能环保的智能电源设备、高频电源、电解电源和机器人远程控制通信系统设备。服务于：航空设备、兵器制造、PCB 电路板、汽车配件、电子元器件、灯具卫浴、五金配件、稀土冶炼、环境治理等行业。

我们承诺秉承科技、环保和创新作为企业经营理念，坚信在精益求精及严格科学之管理下，用心制造出优质产品和完善的管理服务为客户事业发展竭尽全力。

255. 无锡东电化兰达电子有限公司

地址： 江苏省无锡市行创二路 6 号
邮编： 214028
电话： 0510-85281029
传真： 0510-85282585
邮箱： david.wei@cn.tdk-lambda.com
网址： www.cn.tdk-lambda.com
简介：

1993 年 11 月，成立了"上海联美兰达电子有限公司"，专门从事开关稳压电源的研发、生产和销售业务。

1995 年 5 月，随着生产量销售业绩的扩大，在江苏省无锡市成立了"无锡联美兰达电子有限公司"。

2008 年 10 月，公司名称正式变更为"无锡东电化兰达电子有限公司"。向着继续保持中国工业电源行业先锋和进一步的发展前进！

公司在上海设有研发中心，实力雄厚。同时把市场和销售总部设在上海，并且在北京、上海、大连、无锡、深圳、成都、香港、台北设有销售分公司或据点，销售网点遍布全国。

我们通过针对中国市场的深入调研活动，规划性价比适合中国市场的新产品，在中国开发、生产，进而在全国范围内销售。同时为了加强对客户和市场的服务，在无锡和上海成立了售后服务中心和技术支持团队，配备了资深的技术人员以及先进的设备，实现了在中国国内可以对所有 TDK-Lambda 品牌的电源产品进行维护。

我们将继续专注基础设施相关市场，进一步加强于交通、能源、环境、医疗等与百姓生活直接相关行业的电源产品和服务的提供。

此外，TDK-Lambda 集团作为 TDK 集团的一员，在日本、美国、欧洲、以色列、新加坡、马来西亚、印度等有完善的研发、生产、销售、售后服务网络，可以对客户就地提供全方位的电源解决方案，使顾客可以长期安全和放心地使用我们的产品。

今后，我们将更加努力，作为工业电源的先锋保持提供高可靠性，高质量，革新性技术的产品和服务以满足顾客的需求。

欢迎登录公司中文网站 http：//www.cn.tdk-lambda.com/，一定能找到您所需要的电源产品和解决方案。

256. 无锡海德电子有限公司

地址： 江苏省宜兴市丁蜀镇工业园区
邮编： 214221
电话： 0510-87408878
传真： 0510-87418078
邮箱： haider@haider.net.cn
网址： www.haider.net.cn
简介：

无锡海德电子有限公司系香港海达电子有限公司与宜兴市海德电子有限公司合资成立的集研发、生产、销售的专业电源企业。

公司自 2000 年成立以来，产品结构及客户结构不断优化。产品有电源供应器、锂电池充电器等。产品应用领域：液晶电视、数字机顶盒、POS 机、金融终端锂电池电动工具、园林工具、电动自行车、微型电动小汽车、LED 照明等。

公司自有厂房 20000 平方米。现有 ISO9001 质量保证体系认证、产品多国系列安规认证。

公司致力于持续改善研发创新和质量保证体系，追求高品质、适宜价格和优质服务为顾客创造价值。

257. 无锡市迈杰电子有限公司

地址： 江苏省无锡市新区菱湖大道 228 号天安智慧城 A1-702
邮编： 214028
电话： 0510-85362001
传真： 0510-85363001-818
邮箱： michaelxjliu@163.com
网址： wxmjdz.cn alibaba.com
简介：

无锡迈杰电子有限公司是专业开关电源研发和制造商。公司主要产品：各种功率和电压输出的通用工业恒压电源，LED 恒流驱动电源等。产品主要用于 LED 发光字牌、LED 数码管（护栏管）、LED 电子显示屏、LED 路灯、LED 照明设备及其他工业应用场合。所生产的电源以内销为主，已经广泛应用于国内各个领域的数十家客户。部分产品已经通过 UL 认证和 CE 认证，并为出口企业和欧美客户长期提供贴牌和 OEM 服务。

公司技术力量雄厚，拥有一支包括专家、硕士、高级工程师在内的研发队伍。公司严格按照 ISO9000 质量管理体系运营，多年的生产经验和先进的管理体系使我们建立了一整套确保产品质量的方法和措施。所生产电源产品 100% 经过满负荷老化，出厂检验严格按照国标和行标进行，以确保出厂产品的合格率。

迈杰电子始终坚持塑造以人为本，打造精品的企业形象。产品开发以市场为导向，以降低客户使用成本为宗旨。为提高企业市场竞争力，致力于开发实用、低成本和高性价比的产品。打造一流的质量，最大限度降低客户使用成本是我们的奋斗目标。公司注重培养员工的服务意识，奉行客户为上帝的服务原则，不断提高自身修养，努力以一流的服务做到让客户满意！

258. 无锡市星火电器有限公司

Mingjie 明杰

地址：江苏省无锡市杨市镇镇北工业园
邮编：214154
电话：0510-83551406
传真：0510-83556447
邮箱：wxxh@wxxh.com
网址：www.wxxh.com

简介：

无锡市星火电器有限公司位于无锡城西，近有沪宁高速、锡宜高速、沿江高速、312 国道、342 省道，交通便利；拥有自建厂房 5000 多平方米。本公司是生产电力半导体器件的专业企业，主要生产直流屏用电力半导体模块、2CWL 系列降压硅链、DJ 系列电压调节器、闪光继电器、绝缘监察仪等，创建于 1988 年，多年来与全国直流屏行业及电源厂家合作、配套，如许继电源（OEM 合作）、杭州中恒电气、南京南瑞集团、合肥阳光集团、深圳艾默生等，我们有着丰富的经验、良好的服务和稳定的产品品质。

259. 兴化市东方电器有限公司

地址：江苏省兴化市安丰镇宁盐路
邮编：225766
电话：0523-83541045 83547188
传真：0523-83541045
邮箱：cgt@dfdq.com.cn
网址：www.dfdq.com.cn

简介：

兴化市东方电器有限公司是生产电子零件的专业生产单位，1995 年建厂。主要产品有中周、线圈、电感、电源变压器等。本公司技术力量雄厚，生产设备先进，配有半自动绕线及先进的全自动绕线机，能够满足客户的不同层次需求及各种特殊需求。公司现有职工 200 多人，厂房占地面积 10000 多平方米，地处江苏省兴化市安丰镇宁盐路西侧，交通十分便利。

本公司坚持质量第一，信誉至上的宗旨，是您理想的合作伙伴，热诚欢迎广大客户前来洽谈业务，携手共同发展。

260. 徐州市恒源电器有限公司

HOYOA®

地址：江苏省徐州市铜山经济开发区珠江路北
邮编：221116
电话：0516-83318500
传真：0516-83530388
邮箱：lee@hoyoa.com.cn
网址：www.hoyoa.com.cn

简介：

徐州市恒源电器有限公司创建于 1999 年，注册资金 500 万元，位于江苏省徐州市国家高新技术产业开发区内，厂房面积 32000 平方米。公司是国家级高新技术企业、江苏省创新型企业、研发中心为省级江苏省节能开关电源工程技术研究中心。主要生产小型电源适配器、锂电池充电器、LED 照明驱动电源、汽车电子电源等中小功率电源产品。

公司技术力量雄厚，拥有一支包括博士、硕士、高级工程师在内的研发队伍，致力于为客户提供从研发到制造的全过程产品服务。特别是在锂电池充电器的研发制造上，公司居于国内市场前列。本公司具备 ISO9001：2000 质量体系认证，产品具有中国、美国、欧洲、日本、韩国等全球范围的安规认证。

261. 扬州凯普电子有限公司

KPR

地址：江苏省高邮市高邮镇工业园
邮编：225600
电话：0514-84540882/1/0
传真：0514-84540883
邮箱：service@yzkprdz.com.cn
网址：www.yzkprdz.com.cn

简介：

扬州凯普电子有限公司是一家专业从事薄膜电容器制造和研发的公司，通过引进国内外最先进的制造和试验设备，研发生产各类介质的薄膜电容器，并可以根据客户需求定制个性化产品，满足消费类电子及工业类客户的需求。

公司完全按照 ISO9001：2008、TS16949：2009 等标准体系构建并有效运行，采用自主知识产权的国家发明专利技术（5 项）与高校科研合作，创新研发高可靠性的电力电子薄膜电容器，获省高新技术产品（3项）进步奖等多项，系列产品均通过专业机构的认证。凯普电子将以市场需求与科技发展为导向，以稳定的品质、高可靠性和一流的服务为依托继续努力，力争成为一流企业的主力供应商。

262. 扬州奇盛电力设备有限公司

地址：江苏省扬州市荷叶西路98号
邮编：225500
电话：0514-87790118
传真：0514-87728030
邮箱：yz.701205@163.com
网址：www.yzqsdl.com
简介：

扬州奇盛电力设备有限公司坐落于扬州市高新技术产业开发区内，专业研制、生产、销售低压装置、高频开关模块化智能型电源屏、高频开关模块化通信电源屏、继电保护试验电源柜、一体化UPS电源屏、EPS（应急电源）、通信电源分配屏、电力通信专用DC/DC变换器、电力、通信专用正弦波逆变电源（DC/AC）、UPS电源设备等高新技术产品。公司产品适用于电力供电部门、变电站、发电厂及10kV开闭所的操作电源、程控交换机、光端机、电力载波机的通信电源，亦适用于程控交换中心局、模块局、移动通信交换局基站以及接入网、数字微波和专用通信网使用，在电力、冶金、建筑、交通、石油、化工、铁路、通信、金融、移动、联通等企业得到了广泛应用，深受用户的好评，产品畅销全国。

263. 扬州双鸿电子有限公司

地址：江苏省扬州市维扬经济开发区小官桥路20号
邮编：225008
电话：0514-87639993
传真：0514-87638829
邮箱：sales@shek.cn
网址：www.shek.cn
简介：

扬州双鸿电子有限公司成立于1999年，集设计、开发、生产、销售于一体，是国家级高新技术企业。主要产品为特种大功率直流稳定电源、各种变频电源以及用于航空航天原子能试验、新型汽车制造、LED产业配套等领域的专用电源和测试仪器等，主要用于科研单位、大专院校、工厂企业、星空探测、航空舰艇、国防、污水处理等单位。在同行业率先通过ISO9001：2000国际质量体系认证，WWL全系列直流电源已通过国际知名检测机构SGS的严格检测，获得欧盟CE认证证书，是中国直流电源市场的主要供应商之一，并已成功进入欧美市场。

技术进步和高素质的人才是双鸿始终坚持的发展之路，我们每年将不少于销售收入的10%投入研发，并注重自主知识产权的积累和保护，拥有10项实用新型专利，2项发明专利，3项计算机软件著作权，1项国家重点新产品，5项江苏省高新科技产品。

264. 扬州裕红电源制造厂

地址：江苏省扬州市经济开发区施桥镇
邮编：225100
电话：0514-87586586
传真：0514-87584618
邮箱：664222884@qq.com
网址：www.yzyuhong.com
简介：

扬州开发区裕红电源制造厂，位于扬州经济开发重镇施桥，与风景秀丽的历史文化名城扬州紧紧相连，美丽的长江孕育了勤劳的扬州人。多年来，我们一直致力于各种电源的研制、开发和生产，对产品的提高投入巨大的人力物力，不断引进新技术、新产品，吸收大量优秀人才加入，取得了骄人的业绩，并通过ISO9001国家质量体系认证。

本厂产品广泛应用于工业、交通、科研、军事、航空、邮电、通信等各个领域。特别在电容器、直流电机、继电器、电镀、氧化、电泳、电解、腐蚀、赋能、水处理以及其他仪器、仪表生产厂家得到了极为广泛的推广，在各大专院校、科研院所也赢得了众多好评。

质优价廉是我们的经营宗旨，欢迎来电咨询。

265. 越峰电子（昆山）有限公司

地址：江苏省昆山市黄浦江北路533号
邮编：215337
电话：0512-57932888
传真：0512-57664667
邮箱：arthurhsu@acme-ks.com.cn
网址：www.acme-ferite.com.tw
简介：

越峰电子（昆山）有限公司成立于2000年，为台聚关系企业。本公司主要业务为锰锌和镍锌软性铁氧磁铁心的制造及销售，产品属于电感类被动电子组件，为功率变压器、负载线圈、抗流圈、消磁线圈、感应天线棒/平板等之原材料，应用于交换式电源供应器、电脑显示器、笔记型电脑、宽频网络系统、车用电力电子、车用天线棒/感应钥匙、无线充电器、电话交换机、中继站、行动电话、PDA、液晶电视、数位相机、数位摄影机、掌上型电玩以及扫描器等3C产品。

266. 张家港市电源设备厂

地址： 江苏省张家港市长安中路599号
邮编： 215600
电话： 0512-58683869
传真： 0512-58674019
邮箱： zjgpower@hotmail.com

简介：

江苏省张家港市电源设备厂位于风景秀丽、美丽富饶的长江三角洲畔的新兴城市-张家港市，这里紧靠苏锡常沪等发达地区，交通便捷。

我厂始创于1983年，主要生产通信电源、高频开关稳压电源、直流稳压恒流电源、逆变电源、变频电源、交流稳压电源、UPS不间断电源和中频电源等，是集各种电源的开发、生产、销售、工程设计施工等多种业务于一体的专业工厂。我们的产品以体积小、重量轻、效率高、智能化程度高、维护操作方便等诸多优点赢得了用户的一致好评。

本厂通过了ISO9001质量体系认证，形成了完备的质量管理体系（原材料采购、物料管理、产品制造与质量控制、生产技术工艺与设备管理、产品储运等）。我们将紧随国际电力电子技术的发展步伐，不断研发更高性能的电源系列产品，以高标准、高品质、高性价比来满足广大用户的要求，同时我们也为客户量身定做电源产品来满足用户的特殊需求。

267. 中国船舶重工集团公司第七二四研究所

地址： 江苏省南京市江宁区长青街30号
邮编： 210003
电话： 025-87176145
传真： 025-87176137

简介：

中国船舶重工集团公司第七二四研究所于1970年经中央军委和国防科委批准正式成立，是从事大型电子系统工程研制生产的国家重点研究所，地处风景秀丽的六朝古都南京，包括研究员、高级工程师等各类工程技术人员近千人，具有完善的质量保证体系，具有大批先进的科研测试设备、先进的CAD/CAM手段和配套的试验及制造能力。

建所以来，七二四所为国防建设作出了突出贡献，荣获100多项国家、部、省级以上重大科研成果，达到国内领先或国际先进水平。

近几年来，七二四所加快了军转民和科技产业化的步伐，利用专业优势，积极开拓民品市场，形成了自动化与电子系统等有较大规模和发展潜力的科技产业化和高新技术产品，取得了较好的经济效益和社会效益，具有很好的影响。

七二四所还与世界上许多先进国家和科研机构建立了广泛的经济和技术合作关系，促进了对外交流和技术发展。

七二四所坚持改革发展的方针，着力创建面向市场的科技创新体系、竞争激励机制，努力为各级各类人才提供良好的发展环境。

七二四所将继续发扬“忠诚、团结、拼搏、奉献”的七二四所精神，坚决贯彻“质量第一，信誉第一，市场第一，一流水平，一流管理，一流服务”的七二四所质量方针，为国防建设和国民经济发展做出更大贡献，创造新的辉煌。

北京市

268. 北京承力电源有限公司

地址： 北京市昌平区昌平科技园区中兴路10号
邮编： 102200
电话： 010-69478591/8592
传真： 010-69476385
邮箱： office@chengli.com.cn
网址： www.chengli.com.cn

简介：

北京承力电源有限公司注册于中关村科技园昌平园，生产科研技术基地毗邻北京首都国际机场，是经北京市科委认证的中关村高新技术企业。承力公司凭借出众的技术优势和可靠的质量管理体系，“CL”品牌的模块电源产品已覆盖全国市场，广泛应用于通信、自控、仪器仪表、航空航天、医疗、车载设备、铁路、船舶和电力等领域。

北京承力早在1997年即开始批量生产军品模块电源，现产品已广泛应用于中国人民解放军海、陆、空及防化、装甲、通信等各军、兵种的列装装备中。多年来，承力电源秉承求新、求实、求精的经营理念，以生产5～5000W、多路输出、低纹波、高可靠模块开关电源产品为主营业务。

北京承力拥有一支理论基础扎实、实践经验丰富的高素质研发队伍，并具有数条装备精良的生产线（其中一条军品生产线）及经过培训操作熟练的技术工人。力争在复杂的市场环境对客户的需求做出最满意的答复。

北京承力电源有限公司早在1995年就通过邮电部工业产品质量监督检验中心的YD/T 733标准的检验，并制定了高于此标准的企业标准。

2000年北京承力率先通过2000版的GB/T 19001—2000

质量体系认证。

2001年11月，北京承力通过信息产业部电信设备进网许可证。2004年3月~2011年12月，北京承力获得GJB9001A-2001军工产品质量体系认证证书。

2012年1月，北京承力获得GJB9001B-2009武器装备质量体系认证证书。

承力电源多年的制造经验及配合市场需求的研发团队，通过不断的努力，不仅能生产各类型、定制特殊模块开关电源，在行业内保持产品技术、质量、可靠性、广适性优势地位。在北京、上海、南京、成都、西安、深圳等多个地区城市设有分支机构，以其卓越的技术为客户提供完善的售前，售中和售后服务。

产品特点：宽输入范围；超低纹波；多路输出；软开关技术；低温抗震，并符合国军标及行业电磁兼容标准。

269. 北京创德科技有限公司

地址：北京市昌平区科技园区富康路18号413室

邮编：102200

电话：010-89746455

传真：010-89746456

邮箱：chuangde@bjchuangde.com

网址：www.bjchuangde.com

简介：

公司从事电子产品的研发，在智能充电器 、逆变电源、稳压电源、LED驱动器、自动化控制和承接太阳能光伏发电系统EPC工程等方面有自身的独特之处。一直以来为多家单位提供配套产品，与业内知名企业建立了长期的合作关系。

在太阳能光电转换和LED导体照明科技方面拥有多项完全自主知识产权的核心技术。现有本科及以上学历人员多名，硕士及高级技工多名，LED高级封装技术人员多名。

拥有先进的生产设备以及完善的质量管理体系，已通过ISO9001质量体系认证，CE、TUV、CUL认证。

“品质第一、客户至上、理念创新、服务一流”是公司既定方针，旨在引领新能源理念，力求创新“质优价廉”的太阳能光电产品。

270. 北京大华无线电仪器厂

地址：北京市海淀区学院路5号

邮编：100083

电话：010-62937102 62937111

传真：010-62921303

邮箱：dhelec@dhelec.net

网址：www.dhelec.com.cn

简介：

北京大华无线电仪器厂（768厂）建于1958年，是我国最早建成的微波测量仪器大型军工骨干企业，企业通过了GJB9001、ISO9001质量管理体系认证，武器装备科研生产许可证、军工电子装备科研生产许可证和装备承制单位认证，近年来，企业主持或参与编写了多个行业标准。

企业主要产品有铷原子频率标准、雷达综合测试仪、微波信号源、噪声发生器、选频放大器、卫星云图接收机、大气物理探测系统、微波（光磁、顺磁、铁磁）共振实验系统、微波分光仪、微波胶乳测试仪、测控天线、微波组件、波导同轴器件、交直流稳压稳流电源、开关电源、电子负载等，广泛应用于各军兵种、科研院所、高等院校及各类工业企业，为提高企业生产率提供了高稳定度、高可靠性的优秀产品。

271. 北京航天拓扑高科技有限责任公司

地址：北京市经济技术开发区永昌南路21号

邮编：100176

电话：010-58080808 58080702

传真：010-58080802 58080880

邮箱：tenglin168@163.com

网址：www.aerotop.com.cn

简介：

北京航天拓扑高科技有限责任公司是中国运载火箭技术研究院北京航天万源科技公司控股的高新技术企业。公司致力于烟机、燃气、热力、供水、配电等领域的监控管理系统集成和军用测控电源、干扰机和战略、战术导弹弹头、弹体部分配套的机电产品的设计、开发、生产和服务，是中国电源学会和城市燃气协会会员。

公司多年来为国家重点的导弹武器型号及载人航天工程研制、生产了大量的军用测控电源和战术、战略导弹弹上配套产品和地面配套产品。特别是军用测控电源，被广泛地应用到战略、战术导弹遥测和发控系统，运载火箭的控制系统、动力系统、测量系统和低温加注系统，载人飞船发射故障检测系统以及宇航员逃逸系统等关键部位，产品经历了多次严酷飞行试验的考核和验证，圆满地完成了载人航天工程等国家重点工程及各种导弹的飞行任务共百余次。

公司将凭借人才、技术和产品的优势，积极开拓军品、民品两大领域市场，为祖国的军事装备现代化做出卓越贡献。

272. 北京航天星瑞电子科技有限公司

地址：北京市经济技术开发区万源街18号四层425室

邮编：100176

电话：010-67878915

传真：010-67888906

邮箱：sale@xrpower.com

网址： www.xrpower.com

简介：

北京航天星瑞电子科技有限公司是一家高新技术企业，位于北京经济技术开发区。公司致力于航空航天及各种军用领域测控电源设备以及民用测控电源的设计、开发、生产、服务，是中国电源学会会员单位。

公司主要产品包括程控直流电源系列、程控交流电源系列、大功率直流电源系列、军品定制电源系列，还可以根据用户需求设计专用电源，提供军用测控系统供配电解决方案。

公司通过了 GJB 9001B-2009 国军标质量管理体系认证和国家三级保密资格单位认证，具有丰富的军用电源研制经验，产品涉及海军、陆军、空军及二炮的多种武器系统。

273. 北京航星力源科技有限公司

HISOON
航星电源

地址： 北京市昌平区白浮泉路 10 号兴业大厦七层

邮编： 102200

电话： 010-69700498

传真： 010-69700196

邮箱： hangxingliyuan@163.com

网址： www.hisoon.com

简介：

北京航星力源科技有限公司位于北京市中关村科技园昌平园区，是一家专业从事大功率高频开关电源模块、高精度恒流源、智能化电源系统、UPS、逆变电源、太阳能并网设备等系列产品的研发、生产、销售和服务的高科技工业企业。作为电源行业的大型龙头企业，正处于引领国内市场，步入国际化发展阶段。

公司拥有自己的现代化标准工业厂房、先进的研发和生产设备，通过了 ISO9001：2008 国际管理体系认证。公司拥有产品的全部自主知识产权和十余项专利技术，技术水平处于国际前沿水平。“航星电源”为绿色节能产品，在业界以“八高一低”而著称，即高可靠性、高性价比、高适应性、高合格率、高转换效率、高负载率、高功率因数、高功率密度及低返修率。

公司为“北京市高新技术企业”，“航星电源”至今已具有 18 年的历史，为电源行业的知名品牌，“航星电源”广泛应用于军工、航空、航天、广电、铁路、电力、医疗、通信、科研等领域，并出口到日本、德国和第三世界国家。

274. 北京恒电电源设备有限公司

恒电
HENDAN

地址： 北京市海淀区温泉路 26 号

邮编： 100086

电话： 010-62451119

传真： 010-62451121

邮箱： wuchao@hendan.com.cn

网址： www.hendan.com.cn

简介：

北京恒电电源设备有限公司成立于 1990 年。公司总部坐落在风景秀丽的北京高科技园区内。本着“质量第一、用户至上、造国货之精品、创国货之名牌”的宗旨，凭借着高品质的产品、领先的理念和敏锐的市场意识，在竞争中脱颖而出，主要产品为 UPS 电源、逆变器、新能源控制器、新能源逆变器以及特种电源。

公司本着“人才是企业的第一资源”的方针，投资拥有一支属于自己的专业研究队伍，这是恒电发展的“动力之源”。恒电公司依托这雄厚的技术实力，自行研制、开发和制造了 UPS 电源、新能源控制器、逆变器，产品的外观形态已取得了国家专利。系列产品通过国家信息产业部产品质量检测中心的检测，同时还获得中华人民共和国发改委“新能源项目”合格供应商和世界银行新能源产品合格供应商。产品广泛应用于银行、证券、通信、国防、医疗、铁路、交通、电力、水力等国家重点行业领域里。

275. 北京汇众电源设备厂

地址： 北京市海淀区上地七街一号

邮编： 100085

电话： 010-62974051

传真： 010-62974057

邮箱： huizhong_gyj@163.com

网址： www.huizhong.com.cn

简介：

北京汇众电源设备厂始建于 1986 年，26 年来一直以民用和特种电源的研制、生产和销售为主。

北京汇众电源设备厂位于北京市海淀区上地七街 1 号，员工 200 多人，资产规模 1 亿多元，办公和厂房面积 2 万多平方米，现已形成了 DC/DC、AC/DC、DC/AC 三大系列一千多个型号的产品。

北京汇众电源设备厂服务的行业涉及通信、电力、铁路、兵器、航空、船舶等领域，产品类型包括：模块电源、高压交流输入电源、逆变电源、车载电源、军用微电路电源和高精度定制电源等。

汇众在国内率先掌握和应用了下面几项电源方面的关键技术：

资质：

1）武器装备质量管理体系认证证书

2）质量管理体系认证证书

3）军工保密资格证书

4）武器装备科研生产许可证

5）信息安全管理体系认证证书

6）武器装备承制资格单位证书（已于 2011 年 12 月通过现场审核）

7）系列模块电源获国际 TUV 认证

获奖证书：

荣获国家科技进步特等奖

被北京质量协会授予质量标杆企业

被中国电子商会授予"中国电源行业诚信企业"

276. 北京机械设备研究所

地址：北京市海淀区永定路 50 号（142 信箱 208 分箱）

邮编：100854

电话：010-88527004

传真：010-68386215

邮箱：m15027842488@163.com

简介：

航天科研系统是我国最大的科研系统之一。中国航天科工集团（即原中国航天工业总公司）第二研究院是航天科研系统中的一个重要的、多学科及专业的综合性科研单位，有两弹一星功勋奖章获得者黄纬禄、有 6 名中国工程院院士、两千多名高级科研人员和四千多名中级科研人员。其中既有我国电子界、宇航界的老前辈，又有实践经验十分丰富的中、青年科技专家。

我院不仅承担多种类型飞行器系统的总体、控制、制导、探测、跟踪、动力及地面系统的设计与生产，还承担空间高科技产品的研制；不仅承担国内的重大科研项目，还承担着外贸出口任务。研究院采用现代科学的系统工程管理方法，把众多的研究所与生产厂有机地组成一体。近年来，共获国家与国防科工委各种发明奖以及重大科技成果奖数千项。

我院拥有现代化的科学研究设备，尤其是电子和光学仪器设备大都是全国第一流的；拥有世界先进水平的计算机系统与控制系统仿真实验室；有 863 高科技技术等多个国家重点实验室，可为从事科研工作提供先进的研究与测试手段。

277. 北京京仪椿树整流器有限责任公司

地址：北京市丰台区三顷地甲 3 号

邮编：100040

电话：010-88680221

传真：010-88681899

网址：www.chunshu.com

简介：

北京京仪椿树整流器有限责任公司始创于 1960 年，总部位于北京市丰台区，隶属于北京控股集团有限公司，注册资金 7284 万元，资产总额超过 2.2 亿元，是中国最早生产电力电子器件和电力电子变流装置的高新技术企业。

公司目前拥有市级企业技术中心、博士后科研工作站以及北京市优秀创新工作室，与清华大学、北京交通大学联合研制开发产品，与西安理工大学联合开展工程硕士培养。拥有国内一流的半导体器件生产超净车间及防静电电源生产车间。2000 年通过 ISO9001 质量体系认证，2008 年通过 GJB/Z 9001A-2001 军工质量管理体系认证。

公司产品秉承"优质环保、高效节能"的发展方向，电源产品主要有电解电镀电源、LED 用蓝宝石炉电源、电弧炉电源、中频感应加热电源、多晶硅还原炉电源、氢化炉电源、单晶炉电源、铸锭炉电源等系列装置。近年来，致力于开关电源、APF、PWM 整流器、直流斩波电源等产品领域的研究与开发。

公司为航天科技集团提供了世界最大的单套电源系统；在国内首创实现了 MW 级开关电源在多晶制备直流系统的应用，并推广到多个行业；多个产品获得德国、英国、美国等装备厂家认可，近几年出口额增幅巨大；拥有自主知识产权十余项；连续两年获得北京市科学技术奖。

278. 北京纽绅埔科技有限公司

地址：北京市海淀区白塔庵 5 号汉荣家园 1 号楼 507 号

邮编：100098

电话：010-82822323 68400199

传真：010-68400198

邮箱：info@ncpups.com

网址：www.ncpups.com

简介：

北京纽绅埔科技有限公司位于北京中关村科技园区，成立于 1999 年 1 月 6 日，本公司具有多年电源设备及蓄电池的设计、研发和市场推广的历史，以及拥有一大批年轻化、高科技、高素质的专业技术人才。它是一家高新技术企业；中关村创新企业发展促进会副理事会员；中国电源学会会员单位；本公司已通过 ISO9001：2008 国际质量管理体系认证。

公司针对中国电力发展现状及需求以 ODM 的生产方式，采用先进的技术，自 2000 年纽绅埔电源及蓄电池系列产品先后进入了各行业所需的特异 UPS 电源及蓄电池领域，如：铁道部户外轨道衡系统、全国第一条大秦线 GSM-R 铁路通信基站、直放站及一体化基站系统、国家地震局地震监测系统、公安部系统、中国人民解放军及中国航天部系统等。由于公司经营水平的不断提高和行业市场的不断扩大，公司在产品的生产和研发方面投入了更大的力度，并且在产品的发展方向上最大限度地满足行业用户对特殊行业、特殊环境、特殊条件的不同要求。

公司将继续坚持服务于用户的原则，以行业为依托，充分利用公司的整体优势，生产出技术先进、工艺精湛、安全可靠的高品质新品，以满足广大行业用户的需求。当前公司在中国设有多家营销总部及技服中心，纽绅埔系列产品已逐步进入国际市场。公司高品质的产品以及优质及时到位的售后服务已赢得了广大用户的一致认可与好评。

279. 北京普罗斯托国际电气有限公司

地址：北京市通州区马驹桥联东 U 谷工业园 15 号 9D

邮编： 101102
电话： 010-88861981
传真： 010-88861976
邮箱： market@prostarele.com
网址： www.prostarele.com

简介：

普罗斯托国际电气有限公司坐落于日新月异的国家级开发区，亦庄开发区（联东 U 谷）。是一家专业致力于研发设计、制造太阳能逆变器、太阳能离网发电系统、太阳能控制器、UPS 不间断电源、隔离变压器、稳压电源产品的国际化集团公司。以其享誉全球的电源产品和尖端技术，为世界工业和电力等行业客户提供完善全面的电力解决方案。

作为电源领域的专家，普罗斯托国际电气拥有强大的产品研发及制造能力。普罗斯托除了提供标准配置的电源产品，其主要竞争优势还在于能够根据用户的不同要求，提供满足客户要求的“非标”特殊产品。

普罗斯托国际电气率先通过 ISO9001 国际质量体系认证，产品通过严格的欧盟 CE、ROHS 产品质量认证。其产品具有高可靠性、稳定性、耐用性及适用性。普罗斯托建立了完整的销售及售后服务网，产品已出口世界 50 多个国家并拥有多个服务机构，为所有普罗斯托产品提供快速方便的服务。

280. 北京七星飞行电子有限公司

地址： 北京市朝阳区酒仙桥路 4 号
邮编： 100015
电话： 010-64325909
传真： 010-64377792
邮箱： cm@798.com.cn
网址： www.798.com.cn

简介：

北京七星飞行电子有限公司是一家大型综合类电子产品制造企业，其前身——国营第七九八厂，为国家“一五”期间引进的重点项目之一。1957 年建成投产，为我国最早且最具规模的磁性材料和陶瓷材料科研生产基地之一。公司拥有国家承认的检测计量中心和众多取得国家认证资格的专业测试和仪表计量人员，检测中心试验设备齐全，技术手段先进，可进行不同质量等级的可靠性试验。

公司主营产品：软磁材料：金属磁粉芯、软磁铁氧体、非晶纳米晶磁心，以及各种变压器、电感器等感性器件；各种陶瓷材料以及陶瓷板型阵列滤波电容器和各种陶瓷电容器等。

其中金属磁粉芯产品（铁硅铝产品、高磁通产品、铁镍钼产品、铁硅产品），尤其铁硅铝产品和高磁通产品已经达到国际先进水平。

281. 北京群菱能源科技有限公司

地址： 北京市经济技术开发区科创十四街 99 号汇龙森科技园 33 号楼 B 座 6 层
邮编： 101111
电话： 010-56290111
传真： 010-56532088
邮箱： innet@china.com
网址： www.qunling.cc

简介：

北京群菱能源科技有限公司专业致力于新能源检测及系统集成、电动汽车充电站检测及系统集成、电源测试设备研发与制造的高科技生产型企业，公司注册资金 5760 万。其前身是台湾群菱工业股份有限公司北京代表处。得益于多年能源检测领域不断地研究与探索，公司在光伏逆变器检测等相关行业拥有核心竞争力。产品与服务为用户提供了优质的检测系统集成解决方案。

群菱公司是中国从事新能源检测的先导者之一，拥有自主知识产权，可提供 10kW ~ 3MW 光伏并网逆变器的出厂检测、车载电站验收等相关的设备。主线产品有：光伏方阵测试仪、并网逆变器防孤岛检测设备、电动汽车充电站检测平台、后备电源检测设备、微网及储能检测设备等。公司产品先后获得金太阳、CQC 等认证，并成功应用于国内各逆变器生产型企业、科研机构和实验室等。

群菱公司具备高效、卓越的系统集成能力，承接并已经顺利通过验收的项目有：国网电力科学研究院防孤岛车载移动检测平台、国家风电研究检测中心试验基地 1MW 检测平台、中国电力科学院兆瓦级并网逆变器测试系统、微网逆变器检测系统、储能逆变器检测系统、北京理工大学（2011 年）充电站检测实验室、上海电力储能并网检测设备实验检测平台等。

282. 北京韶光科技有限公司

地址： 北京市海淀区知春路 108 号豪景大厦 B 座 2002 室
邮编： 100086
电话： 010-62105512
传真： 010-62101976
邮箱： xuyp@shaoguang.com.cn
网址： www.shaoguang.com.cn

简介：

北京韶光科技有限公司成立于 1998 年，是国内最早从事代理仙童功率器件产品的公司，公司主要致力于半导体器件的推广 MOSFET，IGBT 单管及模块，超快恢复二极管。同时公司还代理韩国半导体大卫、美格纳的功率模块并向客户提供一流的服务。

公司的产品主要应用于开关电源 AC/DC、逆变电源、UPS/EPS 电源、通信电源、车载电源、电焊机、特种电源、电动机控制器、高频感应加热、纺织机械、仪器仪表等。

本公司备有大量的现货库存，价格具有竞争性，并且可为客户配套服务。

公司在北京、深圳、南京、上海、佛山、成都设有办事处。

以质量和诚信占有市场是我们公司始终坚持的宗旨。以创新和共赢求发展。光阴如织，时间似箭，世界在变，商海也在剧变，唯一不变的是我们对事业永恒的追求。挑战与机遇同在，我们时刻充满自信。

283. 北京世科伟业电气有限公司

GODPOWER

地址：北京市通州区聚富苑工业区

邮编：101105

电话：010-80529083

传真：010-80529083

邮箱：Skwy010@126.com

网址：www.skwy.cn

简介：

北京世科伟业电气有限公司是国内大型专业研究、开发、生产、经销 UPS 不间断电源，全自动交直流稳压电源，EPS 消防应急电源，密封免维护蓄电池，电力专用 UPS 逆变器、变压器、LED 照明等新型绿色节能产品的高科技企业。本公司以卓越的产品、先进的技术和优良的服务赢得用户的广泛赞誉。

北京世科伟业电气有限公司创建于 2000 年，坐落在美丽的首都北京，以国际先进的设计理念和生产技术为指导，精益求精专业生产新型环保节能电子及电气产品，品种全、规格多样化，并能够根据客户的要求设计生产，接收国内、国际 OEM 订单。公司自有品牌 GODPOWER 神力现已广泛运用于金融、通信、邮电、电力、广播电视、交通、航天、石化、军工、医疗、工矿、新能源、教育等各个领域。产品远销俄罗斯、蒙古、朝鲜、印度、阿富汗等几十国家和地区。

北京世科伟业电气有限公司是一家充满生机与活力，具备凝聚力和竞争意识的企业，本着“严谨、务实、拼搏、创新”的工作精神，创建了“客户至上、质量为本、求精创新、遵信守约”的经营理念。以满足客户需求为己任，为其提供完整且全方位的电源解决方案。注重品牌价值，与时俱进、全力以赴发展绿色能源事业！公司全体员工愿与国内外各界朋友精诚合作，共创美好未来。

为世界奉献绿色能源是我们的最高目标，北京世科伟业电气有限公司欢迎您的光临指导。

284. 北京世特美测控技术有限公司

STM

地址：北京市顺义区空港工业区 B 区裕华路 28 号 5 号楼

邮编：101318

电话：010-80482583

传真：010-80483860

邮箱：bjstm@163.com

网址：www.bjstmck.com

简介：

北京世特美测控技术有限公司专注于研发、生产、销售各类拥有自主产权的电量传感器、变送器。产品目前已广泛应用于电源、工业自动化、汽车、船舶、铁路、军工等行业和领域。

公司坚持“为员工、客户及社会创造最大价值”的核心价值观，“满足客户应用需求、及时提供专业解决方案”的服务理念，“创新、严谨、高效、快乐”的工作态度。贯彻“以人为本、诚信严谨、合作共赢、执着创新”的企业文化。

公司全面引进 ERP 及 CRM 办公自动化管理系统，实现了企业信息化管理，并通过了 ISO9001：2008 质量管理体系认证、部分产品通过 UL、CE 认证。

我们是注重社会责任的企业，着力推行精准测量和客户服务意识，不断努力减小能耗和环境负荷，提供客户符合最新环保要求的绿色优质产品。

我们拥有领先的信号采集技术和强有力的研发团队，将满足您不断增长的新需求，为您的新一代产品提供全面的技术支持和服务。

285. 北京索英电气技术有限公司

索英电气 SOARING

地址：北京市海淀区永丰产业基地永捷北路 3 号永丰科技企业加速器（一区）A 座

邮编：100094

电话：010-58937318

传真：010-58937315

邮箱：soaring@soaring.com.cn

网址：www.soaring.com.cn

简介：

北京索英电气技术有限公司创立于 2002 年，位于国家级高新技术园区：中关村创新示范区，是国内最早专注于节能和新能源发电综合利用的国家级高新技术企业。

公司主要业务涵盖分布式发电系统、储能系统、电池测试及电源老化测试等领域，并在相关领域为客户提供专业的整体解决方案。

公司具有丰富的研发、工程实施经验和强大的自主创新能力，先后承担了国家风光储输示范工程、中国第一个 MW 级集装箱式可移动储能电站、目前中国最大的青海杂多 3 兆瓦大型光储微电网系统等数十个大型项目的设计、承建工作。参与起草了多项行业及地方标准，取得了多项行业第一，并获得了多项重要成果和专利。

未来，公司将继续秉承“专业、价值、服务、创新”的精神，致力于为客户提供更节能、更专业、更便捷的服务。

286. 北京通力盛达节能设备股份有限公司

TONLIER

地址：北京市经济技术开发区科创14街9号
邮编：101111
电话：010-81508899
传真：010-81508855
邮箱：sales@tonlier.com
网址：www.tonlier.com

简介：

北京通力盛达节能设备股份有限公司集节能产品研发、生产、销售及服务为一体的综合型高新技术企业，是中国最早研制智能通信电源、最早参加起草技术标准和最具专业实力的企业。公司以节能减排、保护环境理念为核心，努力成为中国节能环保产业的领军企业。

公司主营产品有通信用高频开关电源系统（包括室内型、室外一体化型、室内外壁挂型、嵌入型）、机房智能换热空调、LED路灯、LED驱动电源等，是北京市认定的质量AAA级单位。

公司先后通过了ISO9001质量管理体系认证、ISO14001环境管理体系认证和GB/T28001职业安全管理体系认证，不断引进先进的ERP（企业资源管理系统）和CRM（客户管理系统）管理系统，使企业运营管理效率和市场竞争力不断提升。

公司技术一直瞄准国际先进水平，奉行生产一代、研制一代的产品创新策略，确立市场化的设计思想，组建了一支敬业、团结、奋进的研发队伍。公司现拥有专利几十项、多项软件著作权证书，是北京市专利工作试点单位，被评为国家级高新技术企业。

287. 北京新雷能科技股份有限公司

SUPLET®

地址：北京市西三旗东路新雷能大厦
邮编：100096
电话：010-82912892
传真：010-82912862
邮箱：webmaster@suplet.com
网址：www.suplet.com

简介：

北京新雷能科技股份有限公司是北京市“高新技术企业”，创立于1997年，专业从事高可靠性电源产品研制、生产和销售，是中国电源产业“十大知名品牌企业”。公司员工总数合计900余人，厂房及办公面积24000余平方米。

公司电源产品涵盖DC/DC、AC/DC、DC/AC三大系列，产品输出功率1W~100kW。包括微功率电源、模块电源、厚膜混合集成DC/DC变换器、特种定制电源、铁路专用电源、电力专用电源、LED电源、电力操作电源、光伏变换器、整流器、嵌入式电源及系统等。产品广泛应用于航空、航天、车载、船舶、通信、铁路、电力、工控及新能源等领域。

公司通过了ISO9001质量管理体系、TL9000电信行业质量管理体系、ISO14001环境管理体系、OHSAS18001职业健康安全管理体系、GJB9001B-2009军工产品质量管理体系的认证，通过保密资质认证。

288. 北京亚澳博信通信技术有限公司

北京亚澳博信通信技术有限公司
Beijing ASAU BoXin Communication Technologies Co.,Ltd.

地址：北京市顺义区林河工业开发区林河大街21号
邮编：101300
电话：010-89496341
传真：010-89496346
网址：www.bjasau.com

简介：

北京亚澳博信通信技术有限公司是由河北亚澳通讯电源有限公司与北京顺义林河开发区合资组建的股份制软件科技型高新技术企业，是一家集研发、制造、销售为一体的开关电源生产厂家，拥有业界领先的电源技术、研发、产品制造及服务平台。主营业务为通信用开关电源系统、开关电源模块、直流远供系统、机房监控产品、新能源汽车、节能节电产品（高效电源）及其他电子产品。公司产品广泛应用于联通、移动、电信、原网通、铁通、军网、电力、广电、石油和金融等行业领域，并出口至法国、俄罗斯、印度、南非、古巴、孟加拉、中东等国家和地区。

289. 北京一峰电子制作中心

一峰电子

地址：北京市海淀区西北旺镇小牛坊456号
邮编：100094
电话：010-82824615 57158331
传真：010-82824617
邮箱：yifengfy@yahoo.com.cn
网址：www.yfdianzi.com

简介：

北京一峰电子制作中心是一家专业设计生产各类高频变压器、电感器的企业，生产全程贯彻GB/T 19001—2000i，ISO9001：2000质量管理要求，建立质量保证体系。本公司已经形成一个完善的研发、生产、销售系统，拥有了一只熟悉军用标准、行业标准的工程技术队伍。

目前主要产品有：

高频变压器系列：开关电源变压器、脉冲变压器等；

电感器系列：APFC电感器、谐振电感器、共模/差模电感器、开关电源输出电感器等以及各种滤波用电感器及磁珠。

军用产品广泛应用于航空、航天、船舶、兵器等军工领域；民用产品广泛应用于各种电子线路中，传统型变压器电感器产品主要应用在一次通信电源、充电器等大功率电源中，SMD 类产品和新型平面变压器电感器主要应用于二次电源模块和网络产品中；设计生产的大功率（工作频率 20kHz 左右，10～50kW）充电器、逆变器用变压器、电感器产品受到用户的一致好评。月生产 3～5 万只。

全体员工秉承质量和诚信就是持续发展的命脉！

引以顾客满意是中心的出发点和归宿、持续改进是全体员工永恒的追求！

290. 北京银星通达科技开发有限责任公司

地址： 北京市西城区北三环中路甲 29 号华尊大厦 A 座 403 室

邮编： 100029

电话： 010-82021883

传真： 010-62034689

邮箱： silverst_1@163.com

网址： www.silverst.com

简介：

北京银星通达科技开发有限责任公司是专业从事各行业数据中心机房建设、UPS 电源供配电系统、制冷系统的方案和产品供应商，并为用户提供监控系统、机柜、蓄电等整体解决方案。本公司自成立以来，始终致力于国际知名品牌产品在国内市场的推广和引介工作。多年来，在广大用户的支持与帮助下，公司同仁不断开拓进取，凭借良好的敬业精神、过硬的专业技术及竭诚服务于用户的意识，现已成为国内知名的电源、空调及外设产品代理商。公司现已通过 ISO9000 质量管理体系认证，并被北京市工商行政管理局评为“守信企业”、被中国电子商会电源专业委员会评为“中国电源行业诚信企业”。

本公司为施耐德旗下的 APC 高级认证合作伙伴（金牌代理），代理其全系列产品，同时是中达电通（台达）、美国艾默生克劳瑞德 UPS、伊顿旗下的 Powerware 系列及山特电子、广东易事特、厦门科华、美国力登、深圳科士达等品牌的代理商，在业内享有极高的企业信誉度。

本公司自成立以来，以优质的售前售后服务和精湛的专业技术为保障客户的网络畅通创造了良好的环境和无限的商机，至今在全国各地已拥有上千家客户，售出上万台 UPS 电源，工程师的足迹遍布祖国的大江南北，公司力争实现客户满意度达到百分之百。

291. 北京宇翔电子有限公司

地址： 北京市朝阳区东直门外西八间房万红西街 2 号

邮编： 100015

电话： 010-64320432-2076

传真： 010-64320432-8082

邮箱： anhuali789@163.com

简介：

北京宇翔电子有限公司是一家专业从事半导体集成电路和分立器件设计制造的企业。该公司于 2012 年由宇翔公司（原北器三厂）、北器五厂、北器六厂以及莎威公司（原国营八七八厂）等几家企业整合重组而成，具有 40 余年研发、生产半导体器件的悠久历史。

公司建有一条 4 英寸铝栅 CMOS 集成电路制造线和一条 6 英寸双极集成电路制造线；具备军（民）用集成电路和分立器件三大类数百种型号上千种规格产品的设计、研发、生产和服务的能力。

公司产品包括：数字集成电路：CC4000 系列、C000 系列、54HC 系列、BH 系列专用集成电路等；电源管理电路：CW7800/CW7900 固定正/负压电压调整器系列、CW117/CW137 可调正/负压电压调整器系列、LDO 低压差电压调整器系列、PWM 脉冲宽度调制器、精密电压基准电路等；半导体分立器件：PN 硅单结晶体管、开关/稳压/恒流二极管、SBD-SiC 二极管、TVS 瞬态电压抑制二极管、JFET、MOSFET 等及 SOT/SOD/DFN/QFN 等多种封装形式产品。

公司执行 GB/T19001 质量管理体系和 IECQ-HSTM QC080000 控制要求，产品质量安全可靠。

顾客的想法就是我们的目标，本公司将一如既往地为新老客户提供高品质的产品和优质的服务。

292. 北京中天汇科电子技术有限责任公司

地址： 北京市昌平区沙河镇七里渠育荣教育园区（北门）

邮编： 102206

电话： 010-80707609

传真： 010-80707609-8009

邮箱： sun-zthk@sohu.com

网址： www.zthk.com.cn

简介：

北京中天汇科电子技术有限责任公司系一家专业的电力电子制造企业，具有 18 年生产开关电源的历史。产品累计生产达数万余台，广泛应用于通信设备、广播发射、电力自动化、EPS 应急电源等多个行业。

中天汇科公司注册于北京中关村昌平科技园区，是中国电源学会的团体会员，并取得了高新技术企业认证。本公司下设开发部、生产部、销售部、质管部等职能部门，并拥有一批高新技术人才，其中具有大专学历以上的人员（含高级职称）占员工的 60%。

我公司自创业以来以诚为本，坚持以科技为先导。与中国矿业大学紧密合作采取校企协作，以知名教授及高级工程师为技术后盾，不断地研制出各种新型的电力、电子产品。

我公司已通过 IS09001：2000 质量体系认证，产品安全及电气性能完全符合信息产业部“YD/T731-2000 高频开关整流器标准”，并通过了“北京市产品质量监督检验所”

及“国家电力科学院”等权威部门的检测。

293. 伊顿电源（上海）有限公司

EATON
Powering Business Worldwide

地址：北京市朝阳区建国门外大街甲 8 号 IFC 大厦 9 层
邮编：100022
电话：010-59259331
传真：010-59259211
邮箱：lynnewei@eaton.com
网址：www.eaton.com.cn

简介：

伊顿公司是一家超过百年历史的多元化动力管理公司，致力于提供高效节能的解决方案，帮助客户更有效地管理电力、液压和机械动力。2011 年公司销售额达 160 亿美元。伊顿在许多工业领域都是全球技术领导者，包括电能质量、输配电及控制系统；工业设备和移动工程机械所需的液压动力元件、系统和服务；商用和军用航空航天所需的燃油、液压和气动系统；以及帮助卡车和汽车提升性能、燃油经济性和安全性的动力及传动系统。伊顿公司现有约 7.3 万名员工，产品销往 150 多个国家和地区。

294. 中国兵器装备集团兵器装备研究所

中国兵器工业第二〇八研究所
No.208 Research Institute of China Ordnance Industries

地址：北京市昌平区南口镇马坊 1 号（昌平区 1023 信箱）
邮编：102202
电话：010-80190222 80190200
传真：010-80190320
邮箱：shf26@sina.com.cn
网址：www.coapower.cn

简介：

二〇八所是我国唯一的轻武器专业研究所，1960 年 10 月成立，现已发展成为集轻武器论证、设计、试制、试验、检测于一体的专业研究所。研究所肩负着为军队、公安、武警研发轻武器装备，实现轻武器装备现代化的重要使命。

二〇八所是我国轻武器行业科研开发的牵头和总体设计单位，目前我军的主要轻武器装备均由我所牵头研制。

二〇八所由 7 个研究室、反恐防暴武器制造部、电子产品中心、轻武器试验靶场、北方射击场、长城宾馆及有关管理机关等组成。研究所集中了全国主要的轻武器研究人才。在职职工 595 人，科研人员占 80% 以上，培养了工程院院士 1 名，享受国务院政府特殊津贴 31 人，获国防科工委“有突出贡献的中青年专家”称号 6 人，全国五一劳动奖章获得者 2 人。

50 年来，研究所共完成科研项目 600 余项，获科研成果 260 余项，其中获国家、省部级奖达 150 余项。

研究所发展目标：建成世界一流的轻武器研究所。

295. 中科航达科技发展（北京）有限公司

地址：北京市海淀区安宁庄路上第 MOMA19-1-101
邮编：100085
电话：010-82758895
传真：010-82758895-8002
邮箱：xy@bjzkhd.com wzz@bjzkhd.com
网址：www.bjzkhd.com

简介：

中科航达科技发展（北京）有限公司（以下简称中科航达）注册于北京市海淀区中关村科技园北区，依托于中科院以及中关村科技园强大的科研平台，以及多年积淀的雄厚技术背景，专注于铁路、电力、军工以及公网、专网等高端通信设备所需要的整体化电源提供方案的设计、研发、生产以及产品销售。为信息产业及国防电力以及铁路系统提供全方位、高品质的电源方案。

主要产品包括：研制应用满足于通信交换、基站、电源系统、监控传输设备、铁路信号、铁路通信、工业自动化控制、电力监控以及传输系统的自动化控制、航空、航天和军工等领域特殊要求的高功率密度模块电源以及模块拼装化多输出系统电源产品。

一体化、智能化、低能耗是中科航达电源产品发展的终极目标，通过为铁路电力以及军工行业服务所积累的近二十年的设计经验，目前已为国内主流设备厂家提供了全面、系统、智能化的电源解决方案。凭借强大的技术创新以及强大的市场开发能力，树立 GJB9001B-2009 质量体系思想作为管理核心，以完备的市场体系作为技术支持和服务保障，为客户提供全面、迅捷、智能化的电源解决方案。

浙江省

296. 杭州奥能电力设备制造有限公司

地址：浙江省杭州市拱墅区康桥工业园康政路 30 号
邮编：310015
电话：0571-88182145
传真：0571-88090507
邮箱：aoneng2008@163.com
网址：www.aoneng.cc

简介：

杭州奥能电力设备制造有限公司居于高新技术开发区，

是一家高科技股份制集团企业。公司成立至今，经过奥能人的艰苦创业、奋发图强，经营规模不断扩大，经济实力不断增强，逐步形成了一个日益完善的经营服务体系，目前奥能公司已在南京、鞍山、成都、武汉、长春、乌鲁木齐等省会城市设立办事机构，是集科研、生产、销售、服务为一体的集团公司。公司承接各种自动化成套设备的制造、安装、调试以及软件开发、技术培训和新产品开发等项目，技术力量雄厚，生产设备齐全，制造工艺先进、测试手段和检测设备均符合国家标准要求。公司已获得ISO9001 国际质量体系认证证书。

297. 杭州奥能电源设备股份有限公司

地址：浙江省杭州市西湖区科技经济园区振中路 202 号 1 号楼
邮编：310030
电话：0571-88966622
传真：0571-88966986
邮箱：on@on-eps.com
网址：www.on-eps.com
简介：

杭州奥能电源设备股份有限公司位于有着天堂硅谷之称的杭州高新技术开发区，是一家专业制造逆变电源、开关电源的高新技术企业。公司创建以来秉持研究开发为导向，不断地创新与坚持品质，以建立自我品牌立足于国内电源领域。如今凭借着强大的研发阵容，高品质的制造能力及严格的品质掌控，我们自行研发的产品已广泛应用于各种领域（如电力、邮电、铁路、航运、油田、金融等），在与国内外众多著名企业的合作中，我们的产品受到一致的好评与信赖。

“质量第一，客户至上”是公司的经营理念，我们奉献给用户的不仅是品质优良的产品，同时也是我们优质、可靠、及时的服务。随着企业的不断发展，公司已全面贯彻实施 ISO9001 质量管理体系并顺利通过认证。

客户的满意是我们永远的追求！

创一流企业是我们最终的目标！

298. 杭州易泰达科技有限公司

地址：浙江省杭州市上城区钱江路 58 号太和广场 3 号 15 楼
邮编：310008
电话：0571-85464125
传真：0571-85464128
邮箱：sales@easi-tech.com
网址：www.easi-tech.com
简介：

杭州易泰达科技有限公司是一家为国防军工、航空航天、铁道船舶、汽车、电机电器、电气传动、天线雷达等机电行业提供产品设计分析、仿真验证软硬件解决方案以及咨询服务的专业技术公司。我们坚持以电磁场、温度场、结构应力场多场耦合技术为核心，以系统建模与仿真技术为纽带，以员工和公司的持续学习能力为保障，以切实解决用户难题并不断改进用户体验为目标，通过专业的技术知识和服务流程，为客户提供经济、高效、可靠的解决方案和专业的咨询服务，以帮助客户实现技术创新、提高效益和增强竞争力。

299. 杭州远方仪器有限公司

地址：浙江省杭州市滨江区滨康路 669 号
邮编：310053
电话：0571-86699998
传真：0571-86673318
邮箱：emc@emfine.cn
网址：www.emfine.cn
简介：

杭州远方仪器有限公司创建于 1994 年，是国家认定的高新技术企业，ISO9001 认证企业，CMC 计量许可证获得企业，国家“双软”企业。远方仪器公司自创立以来主营电源、功率计、电磁兼容测试仪器等电学类通用电子设备的研究、开发、生产、销售和技术服务，应用于半导体照明、医疗器械、汽车电子、电力电子、家电音视频、信息技术设备等电力电子等相关行业。

远方公司是国内最早自主研发全系列 EMC 抗扰度测试仪器的制造商，更是业内唯一一家具备 EMC 全系列抗干扰仪器研发能力的电源制造商，通过自主创新，开发出一系列具有世界先进水平的电源产品和 EMC 仪器，产品多次获得国家重点新产品证书、科技进步奖等荣誉，并拥有多项专利和软件著作权等自主知识产权。

无论是电源还是 EMC 仪器，远方公司均把安全和可靠性技术放在首位，远方公司的座右铭是“安全和可靠是我们的事业”。

300. 杭州中恒电气股份有限公司

地址：浙江省杭州市国家高新技术产业开发区东信大道 69 号
邮编：310053
电话：0571-86698999
传真：0571-86698777
邮箱：hzzh@hzzh.com
网址：www.hzzh.com
简介：

杭州中恒电气股份有限公司（股票代码：002364，简称“中恒电气”），坐落于素有“天堂硅谷”之称的杭州国家高新技术产业开发区内。成立于1996年，是一家集科研开发、生产经营、技术服务为一体的民营股份制高新技术企业，也是中国智能高频开关电源行业的龙头企业。成立十多年来，公司一直秉承“至诚至精，中正恒久”的价值观，始终处于稳健发展态势。2010年3月中恒电气在深圳证券交易所公开上市。

中恒电气专注于电力电子领域，是专业从事通信电源系统、高压直流电源（HVDC）系统、电力操作电源系统、新能源电动汽车充电系统及充换电站完整解决方案、新能源储能系统等系列产品研发、生产销售和服务的高新技术企业。是国内48V通信电源、240V数据机房直流电源、电力操作电源产品的主流供应商。也是国内少数几家能满足客户个性化定制需求，提供成套电源系统产品及综合解决方案的企业之一。2012年，随着北京中恒博瑞数字电力科技有限公司重组成为中恒电气的全资子公司，公司业务涉及面延伸到电力系统软件产品和智能电网建设等领域。

经过十几年的潜心发展，中恒电气业务涉及通信网络、电网电厂、冶金、石油化工、IT、金融、新能源等行业和领域，拥有中国移动集团、中国电信集团、中国联合通信集团、国家电网公司、南方电网公司、中国国电集团、腾讯等长期稳定的核心客户。公司产品已畅销国内30多个省、市、自治区和直辖市以及海外地区，售后服务网络遍布全国。

做行业内最受尊敬的科技企业是中恒电气的愿景目标。公司始终坚持技术驱动，做精做强，赢得客户尊敬；关爱员工，共享成长，赢得员工尊敬；中恒电气积极践行企业公民责任，赢得社会尊敬。

301. 康舒电子（东莞）有限公司杭州分公司

地址： 浙江省杭州市西湖科技园区西园八路11号数字信息产业园E302室

邮编： 310013

电话： 0571-87997535

传真： 0571-87963179

邮箱： hr_hz@apitech.com.tw

网址： www.acbel.com

简介：

康舒科技创立于1981年，一直谨守创新、和谐、超越的经营理念，以客户满意为目的。经过持续不断的技术创新及客户开拓，以电源管理技术为核心的康舒科技已成为众多世界一级大厂的主要合作伙伴，并进入全球电源供应器产业的领导厂商之列。

康舒科技目前以我国台湾为全球研发总部，在中国、美国及马来西亚等地亦设有专业研发团队。近年来，康舒科技有感于地球暖化情形日益显著，除了积极改进产品设计以提高电源供应器产品的电力转换效率，协助客户的终端系统节能减碳外，也积极投入照明、能源及电力通信等新触角，以电源管理的核心技术为基础，发展出整体解决方案。

杭州分公司作为康舒科技的车用电子事业处，主要围绕电动汽车用各类电源开展应用：客户遍及整车厂、动力电池厂及国家电网等，产品包括车载产品、非车载产品和动力电池的管理与均衡系统等。公司为优秀人才搭建了良好的发展平台，在这里，您将接触到业界领先的技术和富有激情的工作团队。

302. 乐清市潘登电源有限公司

地址： 浙江省温州市北白象镇小港北路48-2号

邮编： 325603

电话： 0577-62857333

传真： 0577-62856787

邮箱： cnpade@sina.com

网址： www.shpade.com

简介：

本公司是一家专业从事各类稳压电源、变压器、调压器、UPS不间断电源、逆变电源、净化电源、充电器、直流电源及相关行业电气的开发、生产、销售服务于一体的综合性企业，系中国电源学会会员单位。

公司始终坚持理论与实践相结合的科学发展观，先后从全国各大高校、社会引进大量工程技术人员及多种高新检测和实验设备。从而确保潘登的每种产品具有领先的设计，稳定的性能及卓越的品质。随着我国加入WTO，企业的发展空间日益扩大，公司始终坚持以振兴民族工业为己任，以铸造世界品牌为目标。公司已建立了健全的营销管理中心和庞大的网络体系。其产品销往全国各大省市，定期销往东南亚市场，且与中东、南非、欧美及国家和地区建立了稳固的贸易往来，而深受用户一致好评。这为潘登的发展打下了坚实的基础，潘登人深知科技创新是“潘登”的动力，可靠的品质是“潘登”的保障，诚信服务是“潘登”的责任。

企业宗旨：团结务实，科技创新，诚信服务！

科技理念：以科技为本！

质量理念：品质与用户同驻！

服务理念：顾客站在售前、售中、售后的服务平台中，满意是潘登不懈的追求！

303. 乐清市永茂电源有限公司

地址： 浙江省乐清市大林工业园区

邮编： 325609

电话： 0577-62216128

传真： 0577-62122938

邮箱： yongmaoinverter@163.com

网址：www.power-ok.com

简介：

乐清市永茂电源有限公司创建于2010年，坐落在依山傍水、交通便利的中国海鲜名城——蒲岐镇，紧靠风景秀丽的国家级旅游胜地——雁荡山，与开放中的港口城市——温州隔江相望。公司生产的产品被广泛应用于电力、电信、航空航天、国防、交通、科研机构及大中型厂矿企业等领域。

本公司是专业从事正弦波逆变电源、UPS不间断电源等产品的研发、生产、销售及服务于一体的创新型科技企业。在电源产品的技术研究、设计、制造工艺、质量管理、售前售后服务等方面都有丰富的经验，是国内外电源产品生产的重要基地，享有很高的声誉和知名度。

公司一直坚持"以人为本"的人才战略，吸纳了具有经验丰富的工程技术人员和专业管理人才，严管理、高技术、先进的生产设备及完善的检测手段，生产高品质的产品，提供优质的售后服务。产品配套国内知名企业，并成为国外著名品牌OEM合作伙伴，畅销全国、远扬海外。

公司本着：以更高品质的产品和服务，赢得客户最大的满意为宗旨，依靠先进的现代企业管理不断深化企业内部改革，全面推行质量保证体系。提高产品质量，发扬"求实、创新、团结、进取"的精神，秉着"不断为顾客创造价值，为社会承担 责任"的经营理念，期待着与社会各界携手共进，共同谱写电源事业的新篇章。

304. 宁波金源电气有限公司

地址：浙江省宁波余姚市新建北路485号

电话：0574-62533257 62537292 62534287

传真：0574-62533688

邮箱：jyb@jinyuan.com

网址：www.jinyuan.com

简介：

金源电气有限公司是一家专业从事电源领域，融产品开发、生产销售及技术服务于一体的规模化、实业化企业。公司的前身是余姚市调压器厂，创办于1989年10月。公司创办20年来，始终坚持"一诺千金、源于品质"的企业宗旨，以雄厚的经济实力、灵活的经营体制，实现了规模经营、以质取胜和市场多元化的战略目标。良好的企业文化、精湛的生产工艺、创新的管理制度保证了企业长期高速、稳健发展。公司先后被授予农业部中型一档企业、全国出口创汇先进企业、浙江省诚信民营企业、宁波市三星级企业、余姚市一级工业规模企业、余姚市十佳现代管理示范企业、余姚市二十强企业等荣誉。

公司生产的主要产品有稳压电源、调压器、变压器、开关电源、逆变电源、转换电源、UPS不间断电源、国际通用插座、功放、发电机、电动车辆、卫星接收无线等20大类、50多个系列、300多种产品。其中调压器产品是宁波市名牌产品、浙江省地方名牌产品。ST型升降变压器、DF型直流稳压电源等多个产品还先后被授予国家专利。

305. 衢州三源汇能电子有限公司

地址：浙江省衢州市东港工业园区东港八路20号

邮编：324000

电话：0570-3666078

传真：0570-3666096

邮箱：syhn@syhn.com.cn

网址：www.syhn.com.cn

简介：

衢州三源汇能电子有限公司，是一家专业从事电源产品研究、开发、生产制造的股份制企业。工厂坐落于四省通衢的浙江省衢州市东港开发区，是中国电源学会会员单位。

经过十余年的不懈努力，奋发向上的三源汇能员工在ISO9001：2000质量管理体系模式的引领下，"001"系列、"HY"系列、"Byuan"系列电源产品以其可靠的质量，完善周到的售后服务取得了用户的信赖，产品畅销全国并远销世界多个国家。

公司拥有团结敬业，业务精湛的研发团队，建有防潮、防震、耐高压低温等一整套的专业实验室，率先装备拥有自主知识产权行业领先的稳压电源自动检测、老化生产线，稳压电源产品的主要核心部件均实现自给；用真空工艺实现变压器铁心部件的无氧退火，自行研发的铁心参数分析设备和完善的变压器绝缘处理设备，为每一个电源产品的完美品质打下了坚实的基础。

以严谨铸品质；用质量求发展。三源汇能三百余名员工竭诚期待您的光临。

306. 上海弘乐电气有限公司

地址：浙江省乐清市柳市镇象阳产业功能区

邮编：325604

电话：0577-61762777

传真：0577-61755177

邮箱：linfor@honle.com

网址：www.honle.com

简介：

上海弘乐电气有限公司是国内知名的电源供应商，是中国电源学会会员。公司自创立以来，一贯坚持"科技是第一生产力"的理论导向，以品牌战略为先导，凭着对电源技术前瞻性理解，以完善的工艺和对品质的孜孜追求，为各行各业的精密设备提供安全稳定的电力供给保障，在国内外市场上树立了美好形象。

公司以"弘扬和谐，乐享世界"的企业精神为核心，先后推出稳压电源，精密净化电源，直流电源，逆变电源，调压器等系列多种电源产品，实行供、销一体化。公司在电源的品种、质量、规模和管理模式等方面已得到了完善，使公司产品质量达到先进技术水平，畅销全国，部分出口国外，深受广大客户的好评。

本公司产品由中国人民保险公司承保。公司始终以“质量求生存，创新求发展”的方针，通过了ISO9001质量体系认证。

307. 温州东驰电力科技有限公司

DONGCHI

地址：浙江省乐清市柳市镇东风工业区腾飞路30号
邮编：325600
电话：0577-62607676
传真：0577-62619886
邮箱：dongchina@dongchina.com
网址：www.dongchina.com

简介：

温州东驰电力科技有限公司是一家致力于电力电子技术创新，集电力操作电源设备（直流电源系统）、UPS、EPS电源设备、电力综合保护监控设备、电力谐波治理装置及电力无功补偿装置等相关产品的研发、生产、销售、服务于一体，主要产品有：直流屏、电力操作电源、分布式操作电源、GZDW等，为客户提供系统能源解决方案。

公司秉承“以诚信为基石、以质量求生存、以科技谋发展、以人才图进步”的经营理念，不断推出性价比更优的高科技产品，以实现东驰人永远的追求，为广大客户提供精良的产品和完善的服务。让我们携手合作，致力于中国民族工业的美好未来。

308. 温州华高电气有限公司

地址：浙江省温州市龙湾区状元街道横街工业区1幢18号
邮编：325011
电话：0577-86509098
传真：0577-86509068
邮箱：hagoe@163.com
网址：www.wz-hago.com

简介：

华高电气有限公司是集科研、设计、开发为一体的高新技术企业。公司下设华高电源、华高自动化。华高电源是一家专业从事电力操作电源（直流屏）、直流通信电源、高频整流模块、模块化逆变器、模块化EPS及工业定制电源研究、开发、生产的公司。并被中国电源学会纳为会员单位。产品通过了国家权威部门的检测检验。

企业借助不断创新所带来的管理、技术整合优势，以“高技术求发展、高质量求信誉”作为经营理念，努力进取，以一片至诚服务于客户，以高质量的产品奉献给社会。

“创新科技，服务社会，立足中华，高瞻全球”为公司发展方针。公司一直致力于研发力量的建设，现已组成由硕士及国家重点大学优秀本科生组成的研发队伍，凭借高素质研发队伍、丰富的现场使用经验，开发出电源领域新产品、污水处理、微机控制；公司管理严格按照ISO9001：2000及现代化管理模式，从元器件的采购、生产、调试、销售及售后等已形成严格、严谨、规范化的管理程序，从而保证了公司的产品品质的优异性，得到了广大客户的一致好评。

对于客户在使用产品的过程中，公司有完整的解决方案，售前的答疑、售中的指导及售后的技术支持与服务，均有专业工程技术人员负责，解决了客户的后顾之忧，使客户能放心使用。

华高人以智慧的眼光注视着未来，并以科技创新、发展高新技术为原动力，走向企业今后发展的成功之路。华高人的目光投向世界，华高人正朝着美好的未来奋进……

309. 温州市创力电子有限公司

Makepower

地址：浙江省温州市龙湾区高新技术产业园区F幢2楼
邮编：325013
电话：0577-86557922
传真：0577-86557923
邮箱：gulitao@makepower.cc
网址：www.makepower.cc

简介：

作为行业领先的通信应用系统支持服务供应商，温州市创力电子有限公司自1996年成立以来，长期专注于各类数据测量、传输、设备自控、信息技术等产品的设计、开发、生产及系统整合。目前，创力电子是一家集科、工、贸为一体的国家高新技术企业。创业十余载，创力不断开拓、努力拼搏，企业茁壮成长，产品涵盖全国20多个省市。

我公司生产的主要产品涵盖了一个物联网综合监控管理平台和四个系列产品，包括用电量管理系统、智能门禁及动力环境监测系统、综合节能系统和E卡通系统等产品。实现了“工业化”、“信息化”的融合，为节能减排提供了有力保障。我公司产品广泛应用于通信机房、基站、广电、电力、码头、企业、校园等等。

公司拥有核心研发、设备生产线，现有近500多名员工，属于国家高新技术企业、国家信息产业部计算机信息系统集成三级资质以及ISO9001质量管理体系认证企业。创力坚持以一流的技术，最佳的产品质量，完善的售后服务来满足用户日益增高的要求，坚持以高水平的科技产品为载体，以优质的售前、售后为纽带，与用户实现“双赢”局面。

310. 温州松特电器有限公司

SOTER 松特

地址：浙江省乐清市柳市镇西兴路182号
邮编：325604

电话：0577-62760666
传真：0577-62760665
邮箱：1846093846@qq.com
网址：www.soter.com.cn
简介：

松特电器有限公司是生产各种稳压电源，UPS 不间断电源、净化电源、逆变器、充电器、通信电源、交直流稳压器、开关电源、仪器仪表、电焊机、机电一体化产品的专业性生产公司，系中国电源学会的会员单位。

本公司始终坚持“科技创新、以人为本”的宗旨，以雄厚的科技力量为基础，应用领先的科学技术，不断研发适应市场的新产品，提高产品档次，并采用先进的检测设备，旨在拓宽国内市场的同时，把目光瞄准国际市场，其产品销往全国各省、市，并远销西欧、中东、南非、东南亚等国家和地区，取得了可喜的成果。公司现有员工 300 多人，生产用房 5000 多平方米。公司已通过 ISO9001 质量体系认证，成为跨地区，创品牌的电源专业制造公司。

311. 浙江海利普电子科技有限公司

HOLIP Member of the Danfoss Group 丹佛斯成员企业

地址：浙江省海盐县武原镇新桥北路 339 号
邮编：314300
电话：0573-86169999
传真：0573-86158001
邮箱：xuliqun@danfoss.com
网址：www.holip.com
简介：

浙江海利普电子科技有限公司成立于 2001 年，于 2005 年被 Danfoss 纳入旗下，成为其全资子公司，丹佛斯是丹麦最大的跨国工业制造公司，创立于 1933 年，丹佛斯以推广应用先进的制造技术，并关注节能环保而闻名于世，是制冷和空调控制，供热和水控制，以及传动控制等领域处于世界领先地位的产品制造商和服务供应商。

海利普共有员工 600 余人，是一家集研发、生产、销售于一体的国家级高新技术企业，同时也是国内唯一一家拥有省级变频研发中心的企业，其核心产品 HLP 系列变频器，广泛应用于纺织、化工、机床、塑料等行业，先后被列入“国家重点新产品”、“国家火炬计划项目”，并于 2004 年被授于“浙江省名牌产品”、“国内最具有竞争力的产品”，同时海利普也是国内最大的变频器生产厂家之一。

为迎合丹佛斯在中国建立第二家乡市场的战略，海利普依靠丹佛斯的强大支持，寻求高速发展。更加巩固海利普在国产变频器领域的领先地位，同时逐渐成为丹佛斯旗下的传动控制部在亚太地区的制造和物流中心。

312. 浙江宏胜光电科技有限公司

OSGD 宏胜光电

地址：浙江省乐清市柳市镇柳黄路 2285 号 5 楼
邮编：325604
电话：0577-61676211
传真：0577-61676212
邮箱：9029226@qq.com
网址：http：//hosgd.1688.com
简介：

浙江宏胜光电科技有限公司创立于 2010 年 3 月，是一家集开发、设计、生产、销售、服务于一体的高科技专业化电源制造企业。

公司重视人才的培养与引进，以人为本的理念，拥有一批高素质专业人才。公司员工 200 余人，其中高级技术人员 10 多人，专业管理人员 20 余人，质检人员 10 余人。年产量达 200 多万台电源，厂房面积 5000 余平方米，公司注册资金 1020 万元，是国内最具规模的开关电源专业制造企业。

本公司以产品质量为方针，注重产品的研发，技术的更新；同时公司引进全自动插件机、自动化生产流水线，采用精确完善的检测设备，筛选优质的进口电子元件；产品经过 100% 烧机老化、耐压检测，合格率高达 99% 以上，通过先进的管理和流程，铸就高品质的电源产品。

公司主要产品：防水电源、防雨电源、AC/DC 单组、多组开关电源、超薄型、小体积、导轨型、大功率开关电源、DC/DC 开关电源、充电开关电源、适配器开关电源、逆变器开关电源等上千种电源规格产品。另外，公司可快速开发各种非标电源及特殊定做规格电源产品，来满足客户对不同产品的需要。产品广泛应用于 LED 亮化工程、LED 显示屏、监控设备、医疗设备、工控自动化、电力通信等领域。

企业宗旨：服务员工、服务顾客、服务社会。

企业方针：技术创新、质量创新、服务创新。

企业口号：全力打造中国电源第一品牌。

本公司竭诚欢迎各界朋友前来考察、洽谈、合作、共图发展！

313. 浙江省东阳市仪表仪器有限公司

Dong hui ®

地址：浙江省东阳市东江镇工业区
邮编：322119
电话：0579-26181027
传真：0579-86181009
邮箱：transformerinfo@yahoo.com.cn
网址：www.dyyyb.com
简介：

本公司系专业从事设计生产各种规格型号（EI 型，R

型以及环型）电源变压器，已有 30 多年的生产历史，具有一支高技术，高水平的专业设计队伍。特别在变压器的防漏磁方面有独特设计理念及经验。

公司拥有资产总额 628 万元，占地 13808 平方米，1996 年初从日本引进全电脑自动“R”型变压器生产流水线 2 条，到目前已拥有年产“E”型，“R”型以及环型系列电源变压器 120 万台，并出口欧洲，美国。

公司在 2000 年初通过 ISO9002 质量体系认证，部分产品已通过 CQC 认证以及 CE 认证。

公司竭诚欢迎各界朋友惠顾合作，携手并肩共同创造。我们的市场前景会越来越美好！

314. 浙江省海宁市海整整流器有限公司

地址： 浙江省海宁市庆云庆建路 9 号
邮编： 314416
电话： 0573-87788141
传真： 0573-87788695
简介：

本公司前身是创办于 1976 年 6 月的浙江省海宁市整流器厂。近四十年来取得了浙大、上海电科所等大专院校、科研究院所辅育实现校企联盟，目前高频开关电源、可控电源、脉冲电源，都已实现了标准化、微机化、系列化。设计创造的系列直流电源最大输出额定电流 50000A，最高输出额定电压 600V。实现 PC 控制换向时间、电流、电压等有关参数。并记录打印。系列脉冲电源最高额定电压 400V，最大额定电流 1000A。分单脉冲、双脉冲两种。

本公司资信等级 AAA。购买直流或脉冲电源，请认证“海整”商标。

315. 浙江腾腾电气有限公司

地址： 浙江省温州市鹿城轻工产业园区创达路 28 号
邮编： 325019
电话： 0577-56968888
传真： 0577-56556999
邮箱： hr@ttnpower.com
网址： www.tinglang.cn　www.ttnpower.com
简介：

浙江腾腾电气有限公司系国家高新技术企业、浙江省科技型中小型企业、浙江省级企业技术研究开发中心、温州市专利示范企业，是中国电源学会会员单位、中国电器工业协会会员单位。公司成立于 1994 年，是一家集研发、生产、销售各种规格光伏离网发电系统、智能交直流稳压电源、UPS、EPS、电脑万年历等产品为一体的现代化电气行业翘楚。在公司 100 多类 1000 余种研发产品中，共覆盖家庭、工业、农业、消防、通信、医疗等诸多领域，销售网点 500 多处遍及全国各地，办事机构延伸到莫斯科、法兰克福、洛杉矶、迪拜、拉各斯等国际大都市，产品畅销全球 50 多个国家和地区。目前，新研发的 3D 打印设备即将投产，产品系列包含从单头单色打印到多头多色打印，材质包含打印塑料及打印金属；GPRS 智能路灯控制系统，通过网络控制调节，为现在普遍使用的路灯系统节省 40%以上的电能；IGBT 智能高频电子式稳压电源产品为各领域高、精、尖设备的必备配套产品，此项科技产品的研发成功将是国际上高端电源产品中的一次革命；之外，公司正在与西北工业大学合作研发的大功率激光电源、伺服电动机等高科技系列产品。

316. 浙江西奥根电气有限公司

地址： 浙江省乐清市柳市镇新光大道 26-28 号
邮编： 325604
电话： 0577-62798358
传真： 0577-62790118
邮箱： chinasiga@chinasiga.com
网址： www.chinasiga.com
简介：

浙江西奥根电气有限公司，创建于 1994 年 9 月，坐落于乐清市柳市镇新光工业园区新光大道 28 号，注册资金 800 万元，现有员工 120 多人，其中科技人员 20 多人，厂房面积 6000 平方米，2010 年创产值近 2000 万元，出口创汇 40.31 万美元。

公司以生产稳压器（交流稳压器、精密净化稳压器、大功率稳压器、微电脑无触点大功率稳压器）、变压器（控制变压器、干式变压器、油浸变压器）、自耦式启动器、充电机、逆变器、UPS 不间断电源、EPS 消防应急电源等电源类产品为主，其他电器产品为辅，集产品设计、开发、生产贸易为一体的国内先进企业，公司为“中国电源学会会员”、国内贸易部批准《家用交流自动调压器》专业委员会成员单位。

公司管理制度健全，2004 年 7 月顺利通过了 ISO9001 国际质量体系认证，2006 年 6 月通过了国家公安消防“CCC”质量体系认证。公司技术力量雄厚，积极创新，质量一流，拥有多项国家专利证书，国家电力电子检测中心合格证书，电工产品安全认证，SIGA 西奥根列产品已经成为电源行业知名品牌。

公司拥有自营进出口权，积极开展国际化经营，组建了国际营销网络，产品远销欧美、中东、东南亚、非洲等十几个国家和地区。公司知名度不断提高，国际市场占有率不断扩大，每年参加“广交会”和上海举办的“华东交易会”等。产品质量深受国内外用户和客商的好评。

公司所取得的成绩也得到了上级政府的肯定，先后被乐清市政府和部门授予“文明私营企业、先进私营企业、明星企业、诚信民营企业、重合同守信用单位、稳压电源专家、中国 EPS 应急电源十强企业、今年 9 月荣获中国产品质量协会产品质量“AAA”级证书等光荣称号。连续多年被中国农业银行浙江省分行评为“AAA”级信用企业。

公司坚持以科技为先导、以客户需求为重点、不断改进，努力提高产品质量。以人力资源为第一要素，先后与浙江大学、重庆大学建立了长期研发合作关系。面对经济全球化、市场信息化的挑战，西奥根人将以“改善电源，追求无止境”为目标而努力奋斗！

317. 浙江正泰电源电器有限公司

CHNT

地址： 浙江省乐清市柳市镇大桥路 171 号
邮编： 325604
电话： 0577-62785196
传真： 0577-62785196
邮箱： wwb@chint.com
网址： www.chint-e.com
简介：

浙江正泰电源电器有限公司专业从事低压变压器、调压器、稳压电源、互感器、起动器、电力保护继电器和限流电抗器的研发和生产，产品达 70 多个系列，7000 多种规格。公司属“浙江省高新技术企业”，是国内最大的电源电器生产供应商之一。

公司通过自主研发等途径，不断加快现有产品的更新换代及新技术、新材料、新工艺的研究和运用，共获得各类专利 40 多项。正泰牌变压器获浙江省名牌产品，正泰牌互感器获温州市名牌产品。

公司在行业内率先通过了 ISO9001 质量管理体系认证、ISO14001 环境管理体系认证、OHSAS18001 职业健康安全管理体系认证。需强制性认证产品全部通过 3C 认证，部分产品通过了国内 CQC、欧共体 CE、凯码（KEMA）、俄罗斯 PCT 等认证，产品远销亚洲、非洲、美洲、欧洲、中东等 30 多个国家和地区。

318. 中川电气科技有限公司

JONCHN®

地址： 浙江省乐清市经济开发区纬六路 219 号
邮编： 325600
电话： 0577-61117777
传真： 0577-61662707
邮箱： 13587787679@163.com
网址： www.jonchan.com
简介：

中川电气科技有限公司成立于 1997 年，前身为创立于 1988 年的乐清市振华稳压器厂，下属企业有温州中川电子科技有限公司、新加坡中川电子科技有限公司。专业从事 EPS 消防应急电源、消防应急灯具、电气火灾监控系统、UPS 不间断电源、交直流稳压电源等相关产品的研发、生产、销售和服务。经过二十几年的发展，现已成为国内电源行业的龙头企业之一。

自 2004 年以来公司先后荣获“浙江省著名商标”、“浙江省名牌产品”、“国家火炬计划项目”、“浙江省高新技术企业”、“浙江省科技进步三等奖”等荣誉称号，2012 年被评为“国家高新技术企业”。企业通过自主研发等途径，不断加快现有产品的更新换代及新产品、新材料、新工艺的研究和运用，共获得各类专利 20 多项。

山东省

319. 海尔集团技术研发中心

Haier

地址： 山东省青岛市崂山区海尔路 1 号海尔工业园 I 座
邮编： 266103
电话： 0532-88938138
传真： 0532-88938555
邮箱： loubingbing.ct@haier.com
网址： www.haier.com
简介：

海尔集团技术中心是海尔集团下属的专业研发机构，主要以 2002 年成立的海尔中央研究院为依托，是海尔集团共性技术、核心技术和超前技术的研究中心。目前拥有 1.2 万平方米的研发大楼和 1.6 万平方米的中试基地，配备了国际先进水平的软、硬件设施，并利用全球科技资源的优势在国内外建立了 48 个科研开发实体。海尔集团技术研发中心具有本科以上专业人才 280 人，其中博士 32 人，硕士 45 人，高级工程师 76 人。技术中心以突出技术整合、开发超前技术及新领域技术为主要任务。海尔主要通过该机构的工作实现跟踪、分析和研究与集团发展密切相关的超前 5 ~10 年的技术，同时搞好这些技术的商品化工作，使得各类超前技术在技术中心得到二次开发和技术重组，形成高新技术产业。技术中心目前着重于在无线电能传输技术、智能家居集成技术、网络家电技术、数字化、芯片、电子、新材料、生物工程、环保、节能技术等领域的研发和技术整合工作。

320. 海湾电子（山东）有限公司

GULF SEMI

地址： 山东省济南市高新技术开发区孙村片区科远路 1659 号
邮编： 250104
电话： 0531-83130301
传真： 0531-83130303
邮箱： mk_ king@gulfsemi.com
网址： www.gulfsemi.com
简介：

海湾电子（GULF）是以专业玻璃钝化及玻球封装技

术，提供电子照明、LED 照明、LCD 电源供应器、工业类电源、仪器仪表等业界广泛使用的整流器件；10 多年来直接服务于各领域的国际知名公司（Samsung、Philips、GE、Emerson、Delta、Panasonic、Sharp 等）。

长期以来，海湾电子依托二极管最先进的玻璃球钝化工艺技术，已完整开发了 PHILIPS 原 BYV、BYM、BYT 等系列产品，满足业界对高性能、高可靠性产品的需求；海湾电子近年来又相继引进了外延、玻璃钝化技术，已替代原 SANKEN、ON SEMI、TOSHIBA、IR 等知名公司的系列产品，满足业界对高频率、低 VF、高效整流的需求；海湾电子还大量开发了肖特基、高性能桥堆等系列产品，满足各个领域的整流方案。

321. 济南芯驰能源科技有限公司

地址： 山东省济南市历城区开源路 189 号
邮编： 250100
电话： 0531-81901565
传真： 0531-81901527
邮箱： sinchip@163.com
网址： www.sinchip.com
简介：

济南芯驰能源科技有限公司，地处山东省济南市高新技术产业开发区，是一家专业研制、生产及销售电力电子产品的股份制企业，公司致力于节能新技术和能源治理技术的开发与应用，经过我们的努力，业已发展成为交流稳压稳频电源、25Hz ~ 1kHz 不间断电源（UPS）、应急电源（EPS）、变频电源、航空/军事专用中频静变电源、直流电源、逆变电源、能馈式电子负载、无功补偿电源及开关电源（SMPS）等产品范围广泛的综合性电源厂商。公司拥有一批专业从事电力电子产品的高素质科技人员及领导管理人才和强大的研发投入使得新产品不断推出，以满足用户的不同需求，做国际领导品牌是芯驰人坚持不懈的奋斗目标。

322. 临沂昱通新能源科技有限公司

地址： 山东省临沂市高新区新华路中断
邮编： 276000
电话： 0539-7109391
传真： 0539-7109391
邮箱： wsc76821@163.com
网址： www.ytxny.cn
简介：

临沂昱通新能源科技有限公司是以生产电子变压器、滤波器、电感、锰锌软磁铁氧体为主的高新技术企业。产品主要应用于家电、通信、绿色照明、汽车电子、太阳能等领域。

323. 青岛航天半导体研究所有限公司

地址： 山东省青岛市福州北路 10 号
邮编： 266071
电话： 0532-85718548
传真： 0532-85718548
邮箱： qsi@qdsri.com
网址： www.qdsri.com
简介：

青岛航天半导体研究所有限公司，原为创建于 1965 年的青岛半导体研究所，2011 年年底，青岛市国资委与中国航天科工集团对其进行了重组，性质为全资国有。

公司现有职工 327 人，占地面积 9550 平方米，拥有 11000 平方米的工业厂房（含净化厂房 2000 平方米）和 3600 平方米的科研办公综合楼。公司是我国高可靠军用电子元器件研究与生产定点单位，为国家重点工程承担配套研制生产任务已有四十多年的历史，产品主要用于航空、航天、兵器、船舶、电子、石油和工业控制等领域。

公司通过了 GJB9001A-2001 质量管理体系认证，取得了《国家二级保密资格》、《武器装备科研生产许可证》等。厚膜混合集成电路生产线通过了国军标 GJB2438A-2002 H 级认证，年生产能力为 5 万只；微电路模块（SMT）生产线年生产能力为 5 万只；电力电子器件生产线年生产能力为 30 万只。

（1）信号变换类混合集成电路产品：（V/F、I/F、F/V、V/I、C/V）转换器、滤波器、加速度计伺服电路、陀螺解调电路、单片集成电路、运算放大器等。

（2）电源功率类产品：中小功率 DC/DC、DC/AC、高低压电源模块，Interpoint、Victor 兼容产品，二、三相陀螺电源，功率模块，尖峰浪涌抑制器等。

（3）电力电子类产品：中小功率整流器件、晶闸管、MOSFET 功率器件、晶体管、IGBT 模块、固态继电器等。

（4）压力、振动、温度传感器等。

324. 青岛晶鑫伟业高磁材料科技有限公司

地址： 山东省青岛市李沧区金水路 1057 号
邮编： 266000
电话： 0532-80930595
传真： 0532-87658828
邮箱： 1664729055@qq.com
网址： www.jingxinweiye.com
简介：

创立于 2009 年的青岛晶鑫伟业高磁材料科技有限公司坐落于美丽的滨海城市——青岛，是一家集科研、开发、销售、服务为一体的高科技企业。从最初非晶带材剪切和直喷带材，发展到现在的各类非晶磁心、非晶电感器、非晶电抗器、变压器、逆变电源、UPS不间断电源的生产，已达到质的飞跃。

公司拥有雄厚的技术力量、先进的检测设备、专业的研发队伍。公司的非晶、纳米晶材料及其衍生品广泛服务于航空航天、信息通信、电力电子、冶金机械、能源交通等领域。非晶产品具有损耗低，寿命长，性价比高的优点，可取代传统硅钢片、铁氧体等材料，性能大大提高，是国家大力扶持的高科技技术产品。

企业的宗旨是科技先导、产品创新、信誉至上、质量保障。

325. 青岛云路新能源科技有限公司

QDYL

地址： 山东省青岛市即墨兰村火车站西
邮编： 266232
电话： 0532-82599910
传真： 0532-82593000
邮箱： kaifa-ht@yunlu.com.cn
网址： www.yunlu.com.cn
简介：

青岛云路新能源科技有限公司成立于1996年，前身是青岛云路电气有限公司，自2008年起成为中航黎明与云路电气合作的央企控股企业。是专业生产微波炉用高压电源变压器，变频空调电抗器、PFC电感及共模电感，医疗器械专用变压器，电梯专用变压器，工业微波炉专用变压器，UPS电源专用线性变压器，风力发电机专用变压器和电抗器等产品。微波炉变压器产量世界前三名、占份额20%、变频空调电抗器产量连续8年排名世界第一、占份额40%。为了把企业做大做强，公司从2008年开始研制高科技产品非晶带材，依托中航工业技术和品牌优势，已形成了千吨级生产能力，非晶磁粉芯也已验证合格，实现量产。

326. 山东山大华天科技集团股份有限公司

HOTEAM山大华天

地址： 山东省济南市千佛山路5号华天大厦
邮编： 250061
电话： 0531-82959900 82670000
传真： 0531-82952200
邮箱： huatianwth@126.com
网址： www.huatian.com.cn
简介：

华天公司创立于1991年，2000年改制为由山东大学产业集团控股的股份制企业，注册资本6000万元，正式职工500余人。

华天公司依托山东大学的人才和技术优势，致力于电力电子产品的开发、制造、销售与服务，主导产品包括有源电力滤波器、静止同步补偿器、高速动态消谐无功补偿器、应急电源、稳压电源等，华天公司是国家级重点高新技术企业，并拥有省级企业技术中心、山东省电能质量控制工程中心以及山东省电能质量控制工程实验室，公司承担多项国家级、省市级科技项目，拥有数十项国家专利，多次荣获国家科技进步奖和山东省科技进步奖，公司产品获国家重点新产品、山东名牌等荣誉，公司被评为山东省创新型企业、山东省质量管理先进企业、山东省管理创新优秀企业等，“山大华天”被认定为山东省著名商标。

327. 山东圣阳电源股份有限公司

圣阳电源 SACRED SUN

地址： 山东省曲阜市圣阳路1号
邮编： 273100
电话： 0537-4435321
传真： 0537-4411980
邮箱： gongjianbo@sacredsun.cn
网址： www.sacredsun.cn
简介：

山东圣阳电源股份有限公司（简称圣阳股份，股票代码：002580）创建于1991年，2011年5月6日在深交所中小板成功上市，是国内最早研发、制造铅酸蓄电池的企业之一，是国家高新技术企业，中国铅酸蓄电池行业首家通过出口免验企业，中国首家电源系统定制方案供应商，绿色能源的倡导者。产品门类涵盖铅酸蓄电池和锂电池以及新能源系统集成系列产品，公司目前拥有50项AGM和GEL铅酸蓄电池专利技术，现有5大类21个系列400多种规格产品，是通信、电力、UPS、EPS、光伏和风力发电储能等领域的主要供应商，产品出口近30个国家和地区。公司先后通过了ISO9001质量管理体系、ISO14001环境管理体系、OHSAS18001职业健康安全体系的认证。圣阳品牌先后荣获“山东省名牌”、“山东省著名商标”、“中国驰名商标”等多项荣誉。

328. 山东新风光电子科技发展有限公司

FGI XIN FENG GUANG

地址： 山东省汶上县经济开发区
邮编： 272500
电话： 0537-7220735
传真： 0537-7222900
邮箱： info@fengguang.com
网址： www.fengguang.com
简介：

山东新风光电子科技发展有限公司是从事电力电子技术相关的产品研发、生产与经营的国家高新技术企业，拥有具有自主知识产权的变频器、变流器、静止同步无功发生器三大类几十个品种的产品，其中变频器为中国名牌产品，是国内变频行业三个名牌产品之一。公司拥有国家发明专利15项，产品先后获得了5项国家重点新产品称号，1项国家火炬计划项目，参与了2项国家“863”计划产品研制和1项国家大科学工程装备的研制，建有山东省院士工作站及山东省电力电子研发中心。

公司的创立，以“节约能源，服务社会，打造中国节能产品制造基地”为己任，成功研发1.5～3MW直驱式风力发电变流器，已通过国家电网中国电力科学研究院的型式试验，2008年荣获国家重点新产品，山东省科技进步奖，获科技型中小企业技术创新基金重点项目资助。产品性能居国内领先水平，完全可替代进口产品，已成功应用于多个风力发电场并网发电，并批量生产。

公司开发的轨道交通并网变流器，已通过铁道部产品质量监督检验中心机车车辆检验中心检测，高压动态无功功率补偿装置——STATCOM，已通过天津发配电及电控设备检测所型式试验，均达到国内领先水平。

公司拥有国内一流的整机检测，试验设备及单元老化和5条单元装配生产线。拥有严格的质量管理体系，2002年通过ISO9001：2000质量体系认证，2008年通过升级版认证；2007年通过ISO14000环境管理体系认证和OHSAS18000职业健康安全管理体系认证。

为了提升公司的发展平台，我们积极引进博士等高层次人才进入高管层，加大管理、研发新产品的力度，使公司实现跨越式发展！

面对未来，公司秉承“创新、品质、服务”的理念，并将其融入企业经营的血脉之中，不断追求成长与突破，努力实现“节约能源，服务社会，打造中国节能产品制造基地”的长远目标。

329. 威海东兴电子有限公司

地址： 山东省威海市高区科技路212号
邮编： 264209
电话： 0631-3658305
传真： 0631-3658555
邮箱： zxj@bddsea.com
网址： www.e-dongxing.com
简介：

东兴电子1996年成立于威海市高技术产业开发区。公司专注于工矿企业照明产品的研发、制造与销售，现有员工500多名，是山东省重点电子企业，无极灯、LED灯、LED电源是公司的主要产品。公司产品研究所拥有技术开发人员50多名，拥有照明方面专利65项，其中发明专利34项。拥有省级无极灯技术研发中心和市级LED电源技术研发中心，是高新技术企业。公司拥有ROHS产品检测室、产品信赖性实验室、电磁传导检测室、光源检测实验室、光强分布曲线检测室。公司客户遍及欧、美、亚、澳及南美洲。公司是无极灯中国国家标准起草单位，致力于为工矿企业提供整套最佳工矿照明方案和优质工矿照明产品。其中无极灯、LED照明已注册BDD商标，现面向海内外诚招代理商。生产的无极灯是中国唯一能做到不附加任何外在条件在－50～70°C之间随意瞬间开启正常使用的无极灯。

330. 威海广泰空港设备股份有限公司

地址： 山东省威海市古寨南路160号
邮编： 264200
电话： 0631-3953037
传真： 0631-3953824
邮箱： guangtai@guangtai.com.cn
网址： www.guangtai.com.cn
简介：

威海广泰空港设备股份有限公司（简称“威海广泰”）由李光太先生创办于1991年，位于美丽的海滨城市威海，是从事空港地面设备研发与制造的专业公司。

2007年，威海广泰于深圳证券交易所上市，至2012年底，注册资本30727万元，总资产18.09亿元，固定资产3.24亿元，2012年销售收入8亿元。

威海广泰占地57万平方米，下属控股子公司及合营公司：北京中卓时代消防装备科技有限公司、威海广泰空港电源设备有限公司、威海广泰特种车辆有限公司、威海广泰科技开发有限公司、威海广泰房地产开发有限公司、广泰空港设备香港有限公司、广泰空港国际融资租赁有限公司及深圳广泰空港设备维修有限公司等。

331. 威海文隆电池有限公司

地址： 山东省文登市葛家镇大英村北
邮编： 264423
电话： 0631-8846896 8842368
传真： 0631-8842068
邮箱： wldc@wenlong.cc
网址： www.wenlong.cc
简介：

威海文隆电池有限公司成立于1991年10月，是集研究开发、生产、销售阀控式密封铅酸蓄电池、高容量有机高分子聚苯胺新能源环保电池、高速动车组电气控制柜、微机监控高频开关直流电源柜、EPS电源、UPS电源并提供相关服务，是我国起步最早、规模最大、技术力量最雄厚、设备最先进、检测手段最齐全的专业公司之一。

公司设有省级山东特种电源工程技术研究中心和省级企业技术中心，通过了ISO9001、ISO14001、OHSAS职业健康安全管理体系认证和泰尔产品认证，铁路产品认证以及美国UL、欧洲CE标志认证。公司研发生产的“固定型阀控式密封铅酸蓄电池”、“CA型储能用铅酸蓄电池”、“GZDW型微机监控高频开关直流电源柜”三种主要产品先后皆被列为“国家重点新产品”，获得了产品生产许可证和出口产品质量许可证，畅销全国各地并出口十多个国家和地区，创造了很好的经济和社会效益。2012年实现销售收入22636万元，利税2980万元，已连续十七年各项经济技术指标居全国同行业前茅。

332. 烟台东方电子玉麟电气有限公司

地址： 山东省烟台市莱山区福达路 11 号
邮编： 264003
电话： 0535-2108778
传真： 0535-2106925
邮箱： yulinhr@163.com
网址： www.dongfang-power.com
简介：

烟台东方电子玉麟电气有限公司始建于 1995 年，由东方电子集团有限公司、玉麟公司骨干员工投资组建。注册资本 3000 万元，总资产 15000 万元，是集产品研发、生产、销售、技术服务为一体的高新技术企业。

公司主要产品：一体化电源系统、直流电源系统、通信电源系统、DC/DC 电源变换器、动力设备及环境监控系统、网络数字安防监控系统、数字化智能小区、军用锂离子电池组充放电管理设备、舰艇用蓄电池放电车、大容量锂离子电池模块（组）、大容量锂离子电池模块（组）管理系统、光伏并网储能系统、电动汽车整车充电系统、电动汽车地面充电系统、电动汽车车载充电器及直流馈线接地选检装置、蓄电池检测模块、无功补偿及监测装置、电力专用 UPS 等。

公司主要客户：国家电网公司、南方电网公司以及其下属各个省电力公司；五大发电公司（华能集团、大唐集团、国电集团、华电集团和中国电能投资集团）及华润集团；轨道交通；铁路系统；联通公司、电信公司、移动公司；石化冶金及大型厂矿企事业单位；军工集团；海外市场等。

天津市

333. 东文高压电源（天津）有限公司

地址： 天津市河东区十一经路 47 号蓝海大厦 8F
邮编： 300171
电话： 022-24311577
传真： 022-24311577
邮箱： sales@tjindw.com
网址： www.tjindw.com
简介：

东文高压电源（天津）有限公司坐落于天津市河东区十一经路 47 号蓝海大厦，公司成立于 1998 年，注册资金 300 万人民币，在职员工百余人，是天津市最早成立的高压电源研发、生产公司。

我们为国内重点科研院所、大专院校以及军工、国防、通信、医疗、电力、铁路、化工、仪器仪表、工业控制、光学、光谱、高能物理等科技行业开发出数百种高压模块、高压电源产品。

我们秉承“对客户有敬畏心，对员工有感恩心，对社会有责任心”的真诚企业理念对待每一位客户、每一位员工以及每一件产品。

我们拥有一支活力四射、积极向上并富有创新精神的专业团队，其中专科及以上学历的员工占员工总数的 60% 以上，他们是我公司研发团队的中流砥柱，技术从业人员达到公司总员工的 30%，为公司的技术研发提供了保证。

我们始终把研发、设计、制作高精度高水平的高压电源作为我们第一目标，把拓展国内市场占有率，开辟国际市场作为发展方向。我们遵循以人为本、以客户为中心、以市场为导向、以创新为手段的经营思想，依托于科技，以先进、科学、严谨、务实的管理为基础，以规范化、标准化、合理化、高效率为原则、努力建造现代企业制度，力求早日跻身世界先进科技企业的行列。

334. 天津华云自控股份有限公司

地址： 天津市北辰区北辰科技园区景丽路 18 号
邮编： 300402
电话： 18622107290
传真： 022-26521302
邮箱： huayunzikong@163.com
网址： www.china-huayun.net
简介：

天津华云自控股份有限公司以电气控制产品 EPS 应急电源和变频调速装置为主的高新技术企业，经整体改制，于 2000 年 9 月正式成立，注册资本 2208 万元。

公司以能源市场为基点，以电力、电子技术产品为主导，广泛应用于电力、石化、城市建设等多个领域。

公司以“纳社会贤才，服务于社会”为企业宗旨，有员工 80 名，其中大学以上学历 70%，是一支具高学历、高专业技能的科技团队，公司与天津电传所和清华大学建立产学研机制，在国内外电气行业领域具有很大影响力。

公司严格按照现代企业管理方式运作，通过了 ISO9000 质量管理体系和电源产品型式认证。

公司已形成快捷、优质的售后服务网络，根据用户的特殊需要提供咨询设计、制造、安装、调试。培训一条龙服务。公司已进入快速发展期，本着发展电气事业为己任，愿和各界携手共创新辉煌。

335. 天津市环瑞金属材料技术有限公司

地址： 天津市西青区芥园西道 46 号

邮编： 300112
电话： 022-27534293
传真： 022-27534245
邮箱： jianzhong.dong@huan-rui.com
网址： www.huan-rui.com

简介：

天津市环瑞金属材料技术有限公司是国内生产制造铝合金散热器的专业厂家，铝合金散热器产品主要用于电力电子、通信、开关电源、国防和车辆等诸多电源控制行业，我公司拥有先进的生产设备和技术人员，可根据客户需求进行设计、制作，具备较强的加工实力，为客户提供全方位的服务。

我公司将不负各界同人的众望，不断提高技术做到精益求精！

336. 天津市津铝工贸有限公司

地址： 天津市河北区南口西路 4 号（天动工业园内）
邮编： 300230
电话： 022-26263152 13352072696
传真： 022-26262903
邮箱： tjjinlv@126.com
网址： www.tjjinlv.cn

简介：

天津市津铝工贸有限公司是国内有色金属生产制造铝合金电力电子散热器的专业厂家、是电动汽车冷却器及控制器壳体生产研发基地。我公司集中了很多专业水平的研究人员。构思、设计符合厂家要求的各种工业用和民用铝合金型材散热器，所生产的 JLD、DXC 电力、电子用铝合金散热器型材断面近千种。广泛应用于诸多行业。其中电动汽车冷却器、控制器底盖配合式壳体、大截面粘片、镶片、焊接超大截面散热器是我公司的拳头产品，达到了国际先进水平。

我公司 2007 年通过 ISO9001：2008 质量体系认证。并将此质量体系贯穿生产经营等各项工作的全过程。我公司为用户提供全方位的服务，满足用户各种不同加工要求。我们将不负各界同仁的众望，不断提高技术，做到精益求精。以“真诚才能永远，诚信才能永久”的经营理念和科学的管理、先进的技术、可靠的质量、周到的服务，一如既往地为广大用户提供更好的服务。

全国免费服务热线：400-090-8618

337. 天津市九荣鑫电源技术有限公司

荣鑫 POWER

地址： 天津市华苑物华道 8 号增 2-301
邮编： 300384
电话： 022-83714416 83714416
传真： 022-83714446
邮箱： yaorong69@163.com
网址： www.tj9r.com

简介：

企业主要生产开关电源、变频电源、大功率恒压、恒流源、军品电源、等离子体电源、微弧氧化电源及各种非标电源。

338. 天津市鲲鹏电子有限公司

地址： 天津市静海经济开发区金海道 18 号
邮编： 301600
电话： 022-68687673
传真： 022-68680568
邮箱： sunjinmei6@163.com
网址： www.tj-kp.cn

简介：

天津市鲲鹏电子有限公司创建于 1984 年，厂区面积 23000 余平方米，建筑面积 15000 余平方米，毗邻京沪高速，环境优美，交通便利。

公司现有资深设计人员 12 人，其中高级人才 6 名。具有国内、国外同行业先进生产设备 100 余台套，其中电脑自动绕线机 28 台，R 型绕线机 6 台，大型自动箔式绕线设备 5 套，真空浸漆流水线 2 条，全自动真空环氧浇注设备、干燥设备 2 套及与生产配套机械冲压设备 18 台套，各种检测仪器 55 台套。

公司主要产品有 EPS，UPS，变频电源，专用单相、三相变压器，电抗器。其中 SB 三相隔离变压器最大可做到 25000kVA，单相、三相电源变压器，R 型变压器，环型变压器，单相、三相 C 型变压器，各种高频开关变压器和电感器，及按客户要求加工定制各种特殊变压器。

公司生产电力系统配电变压器已获得国家认证。生产 SB10、S11、S13、S15 等系列油浸变压器、干式变压器、非晶合金变压器和配套电抗器。功率 30 ~ 25000kVA。在 2012 年国家质检总局的质量抽查中，产品质量全部达标，获得好评。

公司年产各类变压器、电源模块、稳压电源 55 万台套以上，铁路智能综合信号电源系统 1200 台套，产品行销全国。广泛应用于科研、电子、能源、交通、医疗、安防，家用电器、节能产品、光伏风能发电等领域。

企业通过 ISO9000：2008 质量管理体系认证和 ISO14000：环境管理体系认证。产品通过 CQC 认证和 CE 认证，及国家大型企业优秀供应商认证。

2011 年公司获得科技型企业称号，2013 年获得国家高新技术企业称号承接国家科技研发项目，已获得专利 11 项。多次为国家重点工程和出口项目配套，在国内同行业中居领先地位。

鲲鹏人愿与您携手共进，创造美好未来！

服务 QQ：1439368570

339. 天津市蓝丝莱电子科技有限公司

地址：天津市南开区科研西路12号
邮编：300192
电话：022-87891548
传真：022-87890535
邮箱：hyn@lslai.com
网址：www.lslai.com

简介：

天津市蓝丝莱电子科技有限公司是从事特种高压电源、高压电源模块以及相关仪器设备开发、制造的高科技企业。专为工业、科研、国防提供安全可靠、精确的高压电源产品。蓝丝莱是高压电源的专业生产企业，倡导先进工艺、模块化的设计。通过辛勤耕耘，蓝丝莱高压电源拥有小型化、高精度、抗干扰、高质量、高可靠性的众多优点。

蓝丝莱以大学和科研所为依托，拥有一批经验丰富的研发工程师，具有设计、生产各种高压电源的雄厚实力。多年来，为国内科研院所、大专院校以及军工、国防、通信、医疗、电力、铁路、化工、仪器仪表、工业控制、光学、光谱、高能物理、科研等行业开发出数百种高压模块、高压电源产品。

340. 天津市鑫利维铝业有限公司

地址：天津市西青区中北工业园区梁鸿路7号增1号
邮编：300112
电话：022-27984968
传真：022-27984969
邮箱：richardlych@sina.com
网址：www.sunnywayalu.com

简介：

天津市鑫利维铝业有限公司是一家专注于铝合金电力电子散热器、工业铝合金型材以及其他有色金属产品的研发、设计和深、精加工以及销售、服务融为一体的技术型生产企业。主要产品均可以采用各种牌号的铝合金作为原材料，服务于各个行业领域。严格符合并执行所涉及行业的国家标准，始终以本公司通过的ISO9001：2008质量管理体系认证作为质量管理的标准。

鑫利维铝业自成立以来始终以客户至上、倾听顾客的心声、与客户共同成功作为企业经营的纵贯线。以保证质量、提高效率作为企业生存的坐标点。以生产加工的技术创新作为企业发展的动力源。以对人才的培养、公平、关怀和信赖作为企业管理的思维图。

未来，鑫利维铝业将继续秉承“时刻为您，与您共赢”！的企业经营服务理念，积极探索、持续创新，不断提升客户满意度，服务于客户、服务于社会。坚持不懈地在生存、发展、经营和管理的各个环节寻求更大的突破性的进步。

四川省

341. 成都普斯特电气有限责任公司

地址：四川省成都市双流航空港经济开发区西航港大道二段219号
邮编：610207
电话：028-82820918
传真：028-82820920
邮箱：huangyu@pulsetech.com.cn
网址：www.pulsetech.com.cn

简介：

成都普斯特电气有限责任公司是由核工业西南物理研究院成都同创材料表面新技术工程中心、香港进科研发有限公司、成都鑫创源电气有限责任公司共同出资组建的合资企业。公司成立的宗旨是凭借先进的开关电源、脉冲电源、自动控制技术，以长期研究的等离子体应用领域为突破口，集研发、生产、销售、服务于一体，专业生产销售大功率开关电源和专用脉冲电源、专用自动控制系统等设备。本公司以诚信为本，视提高中国特种电源及相关控制系统技术水平为己任，锐意进取、力求技术创新，以具有自主知识产权的高价值、高效率、小体积特种开关电源为主要产品，凭借不断创新的技术形成核心竞争力，以完善的产品质量和售后服务立足于市场并发展壮大。公司发展的战略目标是主要力争成为国内有特色的特种电源和专用控制系统的主要供应商。

342. 成都顺通电气有限公司

地址：四川省成都市龙泉驿区界牌工业园区
邮编：610100
电话：028-84854598
传真：028-84859059
邮箱：cdstdq@vip. 163. com

简介：

顺通公司坐落在国家级成都经济技术开发区内，是一家通过了ISO9001质量管理体系认证，并专业致力于直流电源系统、低压成套开关设备、消防应急电源系统的研究、开发、生产和销售的高新技术企业。本公司与电子科大、佛山大学等高校紧密长期合作，成立了“电子科大顺通电气技术研发中心”。现拥有了成熟的产品研发、生产组织、市场营销和服务的能力，并能根据顾客的要求提供个性化的成熟的产品解决方案。

顺通公司自行研发的具有自主知识产权的消防应急电源系统已一次性通过了国家消防电子产品质量监督检验中心（沈阳）的型式检验，并取得了国家公安部消防评定中心（北京）颁发的产品型式认可证书；公司生产低压成套开关设备（SP 系列产品）已通过了中国质量认证中心的型式检验，并取得了中国国家强制性产品认证证书（CCC 产品认证）；公司生产的 GZDW 微机型高频开关直流电源系统也已一次性通过了国家继电器质量监督检验中心的型式检验，并取得了 GZDW 微机型高频开关直流电源系统产品型号使用证书及四川省经委颁发的产品鉴定证书及已取得国家知识产权局的专利证书，同时被艾默生网络能源有限公司认证为电力电源合作厂等，使顺通公司的电源产品具备了推向市场，服务社会的良好条件。

343. 四川厚天电气股份有限公司

厚德能电气
HOU DE NENG ELECTRIC

地址： 四川省天府新区仁寿视高经济开发区
邮编： 610200
电话： 028-85186517
传真： 028-85186517
邮箱： hdn@sc-hdn.com
网址： www.sc-hdn.com

简介：

四川厚天电气股份有限公司致力于电力电子技术研究，专注于电能质量治理领域和新能源领域，公司聚集了一批国内电力系统及自动化、计算机和自动控制领域的专家和研究人员。

公司立足于自主开发，积极跟踪和掌握电力电子科技技术的发展，与国内相关高校和研发机构、团体有良好的合作关系。公司是高新技术企业，研发团队由研发经验丰富的教授、博士、硕士、专业研发人员等组成。在大功率电力电子应用和供配电成套设备领域不断创造佳绩，并不断成长和壮大。产品涉及电力、石油、煤炭、机械、冶金等行业的电能质量服务和供配电成套设备等。

公司产品涉及 35kV 及以下配电、电能质量、优化控制与节能降耗整体解决方案；柔性交流输配电装置技术；输配电系统稳定性分析、电能质量咨询、治理服务；电动汽车的整体充电方案和太阳能逆变设备的研发和制造。

公司有较强的成套配套能力，有先进的调试、测试仪器、高压试验设备和数控冲、剪、切等机床，可以完整地完成从研发、设计、生产、调试、测试、成套等所有的产品制作流程。

344. 四川省科学城帝威电气有限公司

科学城帝威

地址： 四川省绵阳市科创园区国家科技城创新服务中心 C309
邮编： 621000
电话： 0816-2545193 2276372 2276872
传真： 0816-2543937
邮箱： dwpower@126.com
网址： www.dwpower.cn

简介：

四川省科学城帝威电气有限公司属国家高新技术企业，是依托中物院（核九院）的国家重点创新型企业，公司位于中国科技城的科学城内。

公司专业从事 GZP-Y1 系列智能交直流一体化电源系统、GZGW 智能直流电源系统、GZGW 智能交流配电系统、GT 特种电源、PLC 控制系统和进口弧光保护设备及其软硬件配套产品的研发、生产、销售、安装和服务。

公司已通过 GJB 国军标体系认证、ISO 质量体系认证、中国工程物理研究院测试报告、国家继电器检测中心型式实验、产品型号使用证书、银行资信、电源学会、高企认证、3C 认证及国家项目立项等认证，公司获得国家专利及软件著作版权二十余项。

公司聚集了一批科技精英，博士 3 名，硕士 6 名，学士 10 名，其余人员都是大专以上的学历，同时，公司与科研院所紧密结合，外聘专家教授 10 名，已形成产、学、研一体的高科技企业。

公司始终以满足客户的需要为宗旨，为客户量身定制有创造力的、高品质的优质产品和服务，产品广泛应用于国内外。帝威员工将创新视为连接未来的桥梁，并积极主动不断地发展我们的团体。公司致力于在所进入的领域中取得技术和市场领先地位，因此，帝威人精诚团结，勇于开拓，敢于创新，同时致力于与科研院校的全面合作，使公司迅速成长为人才荟萃、技术领先、市场知名度较高的创新科技企业。

公司的质量方针：“零缺陷”是我们永恒的追求，“万无一失”是必达的目标。

公司的理念：诚信、品质、服务、创新。

企业愿景：做智能电源领域的“零缺陷”供应商。

企业追求：更安全、更可靠、更智能、更高效。

视用户为上帝，树立品牌之威。公司愿意与社会各界人士真诚合作，为共创美好未来贡献自己的一份力量。

345. 四川斯维奇电气科技有限公司

四川斯维奇电气科技有限公司LOGO

地址： 四川省成都市郫县成都现代工业港北片区港通北四路 810 号
邮编： 610073
电话： 028-87607788
传真： 028-87627788
网址： switch.com

简介：

四川斯维奇电气科技有限公司是一家以制度创新、优化组合，产学研相结合组建的专业从事消防电气行业的高新技术企业。

公司组建实力强大的研发团队，以电力电子技术、通信技术、微处理技术为基础，构建业界领先的消防电气技术研发、软件开发、产品制造和服务平台，致力于将消防电气控制科技与应用工程技术完美结合，为客户提供优质的消防电气产品及消防智能控制的一体化解决方案。

公司在ISO9001质量保证体系的基础上结合自身实际，采用先进科学的内部管理，以市场为导向，以品质作保障，以创新促发展，整合资源，强化服务，不断提高企业的核心竞争力，努力打造行业领军品牌。

公司生产的EPS消防应急电源、数字智能消防巡检控制设备、电气火灾监控系统、智能开关配电箱系统、网络智能电力仪表，以独到的设计理念、外观造型及过硬的品质在业界颇受推崇。

斯维奇公司将立志“技术创新，制度创新”的经营理念；树立“人才为支柱、质量拓市场”的指导思想；坚持“科技创新、专业生产、优质服务”的理念；秉承“成功源于进取、创新成就辉煌”的创业精神，阔步在市场经济的海洋里乘风破浪、昂首前行！

346. 四川欣三威光电科技有限公司

XSW 欣三威 XINSANWEI

地址： 四川省成都市郫县现代工业港北区港通北四路
邮编： 610036
电话： 028-69926451 69926452
传真： 028-69926451
网址： www.scxsw.cn
简介：

四川欣三威光电科技有限公司是集制造、贸易、科研、信息、服务于一体的综合型企业，专业从事生产、销售EPS消防应急电源柜、消防应急灯具和智能化电力直流屏产品，并成功获取公安部的CCCF型式认证、CQC中国质量认证和电力直流屏产品型号使用证书，成为公安部消防产品认定生产企业，中国电源学会会员单位，信用等级为AAA级企业。公司完善的质量保证体系，雄厚的生产技术、检测能力和科学、严谨的管理，能为用户提供最完美的产品和最佳的服务，公司通过全体员工的艰苦奋斗和开拓进取，在激烈的市场竞争中不断地发展壮大，已拥有年产值上亿的生产能力，其中产品有：消防应急标志灯具系列，消防应急照明灯具系列，单相220V交流输出照明型（EPS）消防应急电源柜系列，三相380V交流输出动力型（EPS）消防应急电源柜系列，220V/380V输出混合型（EPS）消防应急电源柜系列，电力智能化直流屏系列，LED节能灯系列，工业电气自动化系统设计、制作、集成，各种产品品质卓越、性能稳定，极大地满足了不同用户的各种需求，取得了良好的信誉，公司社会效益和经济效益迅速增长，公司产值每年以40%的增长率递增，赢得了用户的一致好评。

347. 四川依米康环境科技股份有限公司

SUNRISE 依米康环境科技

地址： 四川省成都市高新区科园南二路2号
邮编： 610041
电话： 028-82001888
传真： 028-82001888-1
邮箱： yimikang@sunrisegroup.com.cn
网址： www.sunrisegroup.com.cn
简介：

依米康创立于2002年，一直恪守“创建世界级品牌”信念，坚持“开创和创新”精神，经过十年锲而不舍的努力，从默默无闻到2011年在深交所创业板上市，已经成为了行业最具竞争力公司。

依米康致力于成为行业引领者。目前，依米康拥有专利超过20多项，居国内精密环境行业领先水平，拥有系列化核心产品、高效节能技术、专业项目管理和最佳项目实践，能够为客户提供从产品、项目实施、运营管理、基础设施外包服务、专业培训等全面服务，已经完成从提供产品到提供服务的转型。

依米康致力于开创和创新。依米康构建了“技术研发、产品制造、营销服务、工程服务、外包服务”五位一体服务模式，满足信息化时代客户化服务需求，同时，通过五位一体的差异化服务模式，构建依米康核心技术体系和竞争优势，创建世界级一流品牌。

依米康致力于成为国内第一竞争力服务商。依米康质量标准是“客户满意”，服务标准是“零距离”本地化服务。依米康已经建立了覆盖全国的营销网络、服务中心网络和物流网络，能够确保服务承诺，依米康已经成为广大客户值得信赖和托付的服务商。

依米康致力于技术和产品领先战略。依米康在成都建立了“企业技术中心”和“产品制造基地，以技术和产品领先为核心价值，关注未来客户的需求，坚持开创和创新，不断开发新技术和新产品，成为行业领先者，并引领行业发展。

在中国，依米康能够同时为不同行业提供全方位精密环境整体解决方案服务商，服务内容包括规划、设计咨询、系统方案、项目管理、工程技术与实施、运维、节能科技、精密空调与净化设备等。

348. 四川英杰电气股份有限公司

INJET® 英杰电气

地址： 四川省德阳市金沙江西路686号
邮编： 618000
电话： 0838-2900586
传真： 0838-2900985
邮箱： injet@injet.cn

网址：www.injet.cn

简介：

四川英杰电气股份有限公司是一家专业从事电子、微电子及电力电子等控制设备研发、生产与销售的国家认定的高新技术企业，2002年通过ISO9001质量管理体系认证，2011年公司技术中心被认定为省级企业技术中心。2012年“英杰”牌功率控制器荣获四川省名牌产品称号。

公司主要产品有：多晶硅还原电源及控制系统（还原电源、高压启动电源、氢化炉电源等）、多晶铸锭炉电源、单晶炉电源、宝石炉电源、系列功率控制器及控制系统、系列有源电力滤波器、电机控制器及控制系统、核电功率控制系统等。产品广泛应用于太阳能光伏、玻璃玻纤、钢铁冶金、石油化工、机械制造、核电等多个行业。经过多年的努力，公司已发展成为国内功率控制、工业电源设备的强势品牌和优秀供应商。

公司产品已覆盖了全国（包括台湾地区），并且出口到美国、日本、韩国、俄罗斯等多个国家。

目前，公司员工350余人，拥有各类专业技术人员150余名。公司建立了完整的科技创新体系，至今已取得49项专利。

公司坐落于四川省德阳市经济技术开发区，占地面积46000多平方米。

公司处于中国重大技术装备制造业基地，我们以基地为依托，把产品质量摆在首位，持续开展管理优化，提升公司综合实力和核心竞争力，将努力把英杰电气建成管理和技术领先的国际化、现代化、专业化的一流设备制造企业！

湖北省

349. 空军预警学院电子技术研究所

地址：湖北省武汉市黄浦大街288号（空军预警学院内）

邮编：430010

电话：027-85990787

传真：027-85990787

简介：

空军预警学院电子技术研究所是国内最早研制与生产静止变频电源及大功率直流稳压电源的专业厂家。产品电气性能指标达到或超过国家军用标准（GJB181-86）、航标（HB5962-86）和美军标（MIL-STD-704E）的要求，可与飞机、舰船、雷达、火炮和计算机等需要400Hz电源或大功率直流稳压电源供电的设备配套使用。工厂开发的第四代SFC型静止变频电源，采用了正弦脉宽调制（SPWM）的控制方式、最新型的IPM智能模块以及集成电感变压器和微处理器。产品技术指标不断提高，性能不断完善，赢得了广大用户的信赖和赞誉，并多次获得国家颁发的荣誉证书及表彰。

350. 武汉能创技术有限公司

地址：湖北省武汉市东西湖区九通路中小企业城六栋

邮编：430000

电话：027-83391680

传真：027-83391680

邮箱：info@nentron.com

网址：www.nentron.com

简介：

武汉能创技术有限公司是一家具有世界先进水平的集研发、制造、销售和服务于一体的电源专业厂商，为中国电源学会会员、武汉市电源学会常务理事单位。

公司主要产品包括逆变器、整流器、DC/DC变换器、CATV电源、充电机及其他交直流电源变换设备。产品广泛应用于通信、电力、交通、军工等领域。公司于2003年9月通过ISO9001质量体系认证。

公司技术力量雄厚，有多名资深的电源专家和高级工程师。其中有4人曾获得邮电部科技一等奖，多人次获得其他奖项。

351. 武汉瑞源电力设备有限公司

地址：湖北省武汉市东西湖区高桥经济开发区台中大道特1号（神州通物流园内）

邮编：430040

电话：027-83266481

传真：027-83266481

邮箱：whruiy@163.com

网址：www.whruiy.com

简介：

武汉瑞源电力设备有限公司是湖北省一家专门生产直流电源屏的厂家。公司产品主要销售在煤炭、化工、机电设备等行业。产品质量优良，运行稳定可靠，深受用户好评。

352. 武汉新瑞科电气技术有限公司

地址：湖北省武汉市东湖高新技术开发区东二产业园财富一路8号

邮编：430205

电话：027-87166123

传真：027-87166933

邮箱：Bob_wang@126.com

网址：www.newrock.com.cn

简介：

武汉新瑞科电气技术有限公司成立于2000年，位于武汉市东湖开发区东二产业园内，是集研发、生产、销售为一体的高新技术企业。公司占地十三亩，拥有现代化的生产厂房和专业的生产及检验设备，现有员工70余人，是中国电源学会会员单位，武汉电源学会秘书处挂靠单位，拥有ISO9001-2000质量管理体系认证，是多家军工企业的合格分承制方。公司设有三个事业部：电子元器件事业部、特种变压器事业部及电源事业部。公司在温州、深圳等地设立办事处，并在香港成立子公司，服务遍及全球客户。

电子元器件事业部一直致力于功率半导体及其配套的电力电子元器件的代理销售，包括IGBT模块、晶闸管、整流桥、LEM传感器、台湾SUNON风扇、铃木电解电容等；特种变压器事业部长期为广大科研院所及电源设备厂家设计、生产多种特殊用途和特殊要求的变压器和电感产品；电源事业部主要生产特种用途的逆变电源、充电机等电源产品。

353. 武汉永力科技股份有限公司

地址：湖北省武汉市东湖新技术开发区武大园一路9-2号
邮编：430223
电话：027-87927990 87927991 87927992
传真：027-87927916
邮箱：yl@ylpower.com
网址：www.ylpower.com
简介：

武汉永力科技股份有限公司成立于2000年9月，位于武汉·中国光谷，是一家专业从事电源技术的研究和应用的高新技术企业。公司拥有移相式全桥软开关变换技术、三相有源功率因数校正技术、大功率恒流并联均流技术、射频环境的抗干扰技术、计算机控制技术等多项核心技术及专利，可为客户量身定制AC/DC、DC/DC、DC/AC系列电源产品。

公司产品具有体积小、重量轻、效率高、可靠性强、绿色环保等显著特点，特别是大功率通信发射机电源、干扰发射机电源、雷达发射机电源、船舶压载水环保处理设备配套电源等产品，其电磁兼容性、抗干扰能力和环境适应性方面，多项指标优于国内同类产品，获得了用户的广泛好评，被重点应用于军队武器装备系统、重大国防科研项目及中央预算内投资项目。

公司拥有“武器装备质量体系认证”、“二级保密单位”、“装备承制单位”、“武器装备科研生产许可”等资质，是多家科研院所及企业的军用装备、民用设备配套物资合格供方。公司致力于将科技与应用工程完美结合，为客户提供最有竞争力的产品技术解决方案。

354. 武汉中磁浩源科技有限公司

地址：湖北省武汉市新技术开发区光谷大道黄龙山南路5号科锐工业园
邮编：430074
电话：027-83820662
传真：027-84812691
邮箱：cmgscm@163.com
网址：www.cmgs-inc.com
简介：

中磁浩源科技有限公司是以软磁材料的研发、生产、销售、应用服务为一体的科技企业，是国内为数不多的能全系列生产合金软磁粉芯的企业。公司前身是我国冶金工业部为国防重点工程唯一定点研制金属软磁材料的冶金研究所软磁材料研究室，自20世纪70年代起就开始了金属软磁粉芯的研究工作，主要为我国重点国防工程、军工项目配套，当时研发的产品主要是用于航天、航空、军事等国家重点项目，如东风、巨浪等，公司创始人陈一平先生因109课题曾获国家科技进步特等奖。公司能批量生产的软磁材料包括：铁硅铝磁粉芯（Sendust core）、高通量磁粉芯（H-Flux core）、钼坡莫磁粉芯（Mpp core），准备量产的新材料有非晶磁粉芯（Amorphous core），其他基于电源产品小型化、提升转换效率等要求的新型高品质材料亦在研发中。

中磁浩源公司愿以技术为核心，为您提供材料选择、样品、应用设计等全程优质服务，分享专业知识，创造共赢空间。

安徽省

355. 安徽首文高新材料有限公司

地址：安徽省宿州市经济开发区金泰二路
邮编：234000
电话：0557-3250935
传真：0557-3256788
邮箱：sales@swmagnetic.com
网址：www.swmagnetic.com
简介：

安徽首文高新材料有限公司是一家专业从事金属磁粉芯系列产品研发、生产和销售的高新技术企业。首文公司由中国首钢国际贸易工程公司（简称中首）和安徽博文集团共同出资成立，并由中首公司控股。公司成立于2010年6月，项目整体规划占地面积约240亩，其中包括一期厂房7000平方米、办公楼6000平方米、科研楼等。公司位于安徽省宿州市经济技术开发区，公司配备了一流的生产、研发和检测设备，并拥有一支经验丰富、技术实力雄厚的科研队伍，核心技术人员均在磁性材料领域工作多年。公司采用现代化的管理体系，按照国际化标准进行生产过程中的管控，从而保证了产品的稳定性和先进性，并先后通过了 RoHS 认证以及 ISO9001 认证。同时，首文公司与宿州市人民政府、合肥工业大学于 2011 年 6 月合作成立了“磁性材料工程技术研究院”。

我司所有产品均符合国际质量标准，并始终致力于为用户提供高性能的产品以及优质的服务，满足用户的不同需求。我们期待与您携手，共创未来。

356. 合肥科威尔电源系统有限公司

Kewell

地址： 安徽省合肥市高新区红枫路 9 号中瑞大厦 A 座 21F
邮编： 230088
电话： 0551-65837951
传真： 0551-65837953-6006
邮箱： sales@kewell.com.cn
网址： www.kewell.com.cn

简介：

合肥科威尔电源系统有限公司是专业从事于交直流电源和仪器开发的科技创新型公司。公司拥有一支由博导、博士、硕士为主的研发团队，团队主要成员长期从事电力电子专业工作并拥有多年在外资电源企业的工作背景。公司和合肥工业大学能源研究所（教育部光伏系统工程研究中心）长期合作，是“产、学、研”合作的典范。

公司的主要产品有：可编程交流电源、双向可编程交流电源（10～2000kVA）；可编程直流电源（高频开关式单机 10～40kW）、大功率 IGBT 式可编程直流电源（100kW～1.5MW）、双向直流电源（100～630kW）等电源产品。

面向新能源行业（光伏、电动汽车等），公司推出 IVS 系列光伏阵列 IV 模拟器、双向交流模拟电网电源、双向直流电源（电池模拟器）以及专业光伏阵列测试仪器——光伏阵列 IV 测试仪。面对军工行业公司推出了 400Hz/800Hz 系列交流电源及 28V/270V 系的直流电源。

公司的多款产品，成功在多家国家重点实验室运用，推出的产品填补了国内空白。2013 年 5 月光伏阵列 IV 模拟器及光伏阵列 IV 曲线测试仪产品参加 SNEC（2013）国际太阳能产业及工程展会，在 2000 多家的展商产品评比中获得了“十大亮点”荣誉。2013 年公司和中科院电工研究所就新能源行业的相关测试达成战略合作。

“专业、价值、服务”是公司核心的文化，科威尔公司将以专业的产品和服务为客户、公司和员工创造更广阔的发展空间。

357. 合肥联信电源有限公司

地址： 安徽省合肥市高新区玉兰大道 61 号
邮编： 230088
电话： 0551-65317588 65323322
传真： 0551-65313339
邮箱： hflx88@163.com
网址： www.lianxin.net

简介：

合肥联信电源有限公司，安徽省高新技术企业，成立于 1997 年 9 月，注册资金为 2100 万元人民币，实际资产达 7600 万元人民币。联信电源通过 ISO9001 \ ISO14001 \ OHSAS18001 质量、环境、安全三体系认证，为“中国电源学会”和“中国消防协会”会员单位。

联信电源公司始终坚持走自主研发与科技创新的道路，一直致力于应急电源（EPS）、不间断电源（UPS）、交直流电源屏、并网回馈电源等功率电子学产品的专业研发、制造与服务。16 年来，联信电源不断用优秀的产品和高质的服务，为客户提供技术咨询、现场安装及调试、产品保修及维护、培训等全方位管家服务。公司集结了众多科技人才，储备了多项核心技术，获得了多项国家专利，先后应用于国家非典实验室、首都体育馆、合肥奥体中心、南昌大学、上海游泳馆、广州地铁、上海地铁、南京机场，杭瑞高速、延长煤化等地铁、机场、高校、医疗、高速、场馆、煤化行业国家重点项目。

联信人秉承“以人为本，规范管理，质量第一，顾客至上”的企业宗旨，积极推行现代企业管理制度，不断推陈出新，竭诚为广大客户提供不间断电源产品和永不间断的服务，为做电源行业引领者一路奋进！

358. 合肥通用电子技术研究所

地址： 安徽省合肥市高新区玉兰大道机电产业园
邮编： 230088
电话： 0551-65842896
传真： 0551-65317880
邮箱： api_power@126.com
网址： www.apii.com.cn

简介：

合肥通用下辖通用电子技术研究所和通用电源设备有限公司，位于合肥市高新区机电产业园内，本公司采用科研和生产相结合的方式，科技研发有效地保证了产品技术的领先地位，专业化的生产及时高效地将研发成果转化为电源产品。

我公司坚持走“专业定制”之道，秉承“造电源精品，创世界品牌”的企业目标，致力于解决系统设备的馈电问题，为广大客户提供性能稳定的开关电源。从研发生产到服务一次性通过了 GJB9001A-2001 标准的认证，目前电源在业内以性能稳定而著称，并受到广大客户的青睐和好评，通用电源已广泛应用到自动控制、军工兵器、智能办公、医疗设备以及科研实验等领域，并累计向业界提供了 120 多万台高品质电源。

通用电源拥有两条生产线、两条装配线、两条产品老化线、一条产品测试线和高低温老化房等，引进国外先进的测试仪、频谱分析仪、多功能电子负载、存储示波器等检测仪器。本着“效益源于质量，质量源于专注”的企业宗旨，严把质量关，强化细化过程管理，精雕细琢，成就完美。

359. 中国科学院等离子体物理研究所

地址： 安徽省合肥市蜀山区蜀山湖路350号（合肥市1126信箱）
邮编： 230031
电话： 0551-65591322
传真： 0551-65591310
邮箱： lxy@ipp.ac.cn
网址： www.ipp.ac.cn
简介：

中科院等离子体物理研究所电源及控制研究室主要从事脉冲电源的研究、开发、运行和维护工作，并为托克马克核聚变装置的运行提供电源。

近年来，本研究室致力于高功率脉冲电源技术、超导储能技术、二次换流技术、大功率直流发电机励磁控制等方面的研究，并取得了较为成熟的研究成果和实践经验。本室主要承担了EAST、HT-7、HT-6B、HT-6M等托卡马克装置的磁体电源及辅助加热电源的设计、运行和维护等课题。

目前，本研究拥有一套自主设计的直流断路器型式试验设备，该试验系统主要由四台脉冲发电机组成，该电机单台额定输出电流50kA，额定电压500V。多年来，我们已依据国家标准、欧洲标准和IEC标准，多次为众多国内及外企断路器厂家进行型式试验。

本研究室拥有一支非常专业的科研团队，主要从事大功率变流技术、电力电子技术、高压绝缘技术、自动控制、电磁兼容和接地技术等方面的研究。截至目前，本室曾先后获得46次国家科技奖，22项国家技术专利。此外，本室还招收相关专业的硕士和博士研究生，至今已培养出51位硕士、博士毕业生，他们大都在国内外高新技术领域的科研院校和企业表现出色。本室现有在读研究生24名。

同时，本研究室还与众多企业、国际科研院所和组织保持着紧密的交流和合作，如，ABB变流器公司、中日核心大学项目，美中磁约束装置研讨组，德国马普学会，通用原子能公司核聚变工作组等。

福建省

360. 福建联晟捷电子科技有限公司

地址： 福建省福州市华林路338号锦绣福城2座25层1913室
邮编： 350013
电话： 0591-87516665
传真： 0591-87515299
网址： www.lsjie.com
简介：

福建联晟捷电子科技有限公司是一家以机房动力一体化设备、机房建设、暖通空调、视频会议系统、工业照明为主营业务，集设计、销售、安装、维护于一体的综合性公司。公司自2004年3月30日成立以来，相继成为法国梅兰日兰、伊顿爱克赛、法国CHLORIDE、法国索克曼、美国海志、日本大金、美国库柏电气、美的、中达电通等国内外知名企业在国内的合作伙伴。

我们秉承着“依靠科学管理，创建一流工程，提供优质服务”的质量方针，承接了众多项目，使我们的业务在政府、金融、能源、电力、化工、电信、交通、公安、工矿企业等多个领域取得了良好的发展。

面对未来，福建联晟捷电子科技有限公司的奋斗目标：本着“坚持不懈，将科技与应用完美结合，为用户提供最有利的应用解决方案，为客户创建竞争优势”的理念，为用户提供全线高科技产品和专业化服务。

361. 福建省瑞盛电力科技有限公司

地址： 福建省闽侯县上街镇科技东路8号高新区海西高新技术产业园创业大厦B区14层
邮编： 350100
电话： 0591-87667370
传真： 0591-87538390
邮箱： razens@163.com
网址： www.razens.com
简介：

福建省瑞盛电力科技有限公司成立于2006年，是一家集科研、设计、生产、维修、销售和系统集成为一体的技术型生产企业。目前公司业务领域涉及功率电子、在线监测、电力仪表和现代输变电技术产品开发、制造和营销。在充分引进吸收国内外先进技术的基础上，本公司已成功开发出智能交直流一体化电源、高频开关直流电源、继电保护试验电源、通信电源、分布式智能配网直流小电源、UPS、高压直流电源、微机保护装置、用户分界负荷开关控制器、35kV及以下高压元件（含真空断路器、隔离开关、高压熔断器）、高低压成套开关设备、机柜加工及各类仪器仪表等一系列电力生产、维护、检测设备，广泛应用于电力、通信、金融等重要领域。

公司通过了ISO9001：2008质量管理体系认证，并正式导入企业资源计划系统，对各项工作集中管理，全面提升公司综合实力。本公司还与国内多所科研机构、高等院校保持交流合作，研发、设计、制造能力得到迅速提高，生产规模不断扩大。目前，已成长为综合型的技术实体，形成了研发、设计、生产、工程维护、贸易等多个专业团队。

本公司重视加强企业技术创新与技术改造。迄今为止，公司获得9项国家实用新型专利、1项发明专利、1项外观专利及14项软件著作权。

公司拥有福州市软件园E区14号楼3~4层2000余平方米的生产场所和海西高新区创业楼14楼全层1500平方米的经营办公场所。公司在武夷新区购地50余亩，建设厂房面积超30000平方米的瑞盛科技园，为瑞盛公司集团化打下坚实的基础。

362. 福州福光电子有限公司

福光电子 Fuguang Electronics

地址：福建省福州市台江区广达路68号金源大广场东区24层
邮编：350005
电话：0591-83305858
传真：0591-83375868
邮箱：cailei@fuguang.com
网址：www.fuguang.com

简介：

福光电子成立于1993年，注册资本1000万元，是一家专注于仪器仪表和测试维护解决方案的研究、开发、生产和销售的高新技术企业。产品涉及电源、传输、无线、数据、交换等各个专业，销售服务网络覆盖全国各个省份和地市，客户遍及移动、电信、联通、电力、部队、广电、铁路、石化及各企业专网等，自主研发产品还出口到欧美及东南亚等国际市场。十几年来，福光电子秉承贴近客户，服务客户的原则，专注于为行业客户导入或研发出更加安全、便捷、经济的仪器仪表和测试维护解决方案，并大力在行业内推广应用。不断挖掘和提升企业核心竞争力，不断坚持创新以超越竞争对手，从而赢得了广大客户的认可与良好口碑，并逐渐在行业内树立起标杆地位。目前在中国电源维护测试仪器仪表和测试维护解决方案领域，福光电子已成为行业客户首选的供应商。

363. 厦门蓝溪科技有限公司

厦门蓝溪科技有限公司 LANXI XIAMEN LANXI TECHNOLOGY CO., LTD

地址：福建省厦门市火炬高新区创业园创业大厦221
邮编：361006
电话：0592-5730682
传真：0592-5734682
网址：www.xmlanxi.com

简介：

厦门蓝溪科技有限公司坐落于厦门火炬高新区创业园，是一家专业从事电力系统直流操作电源及变电站综合自动化设备的研发、生产、销售和服务的创新型高新技术企业。公司旗下拥有LXUP、UP5、XCD3-FB、WXH-8B（P）、AST、PMC-600、LX-web2000、DVV939等产品系列。

公司自主研发生产的LXUP系列智能微型直流电源装置（屏）、WXH-8BP/PMC-600系列微机保护（测控）装置、LX-web2000电力自动化系统（后台）等产品，具有小型化、智能化和可靠性等特点，获得了广大客户的欢迎和认可，广泛应用于全国各地的变电站、开闭所、环网柜和箱式变电站等场所。自2001年至今在市场有超过十年的运行经验，产品广泛应用于全国各大电力、钢铁、化工、石化、矿山等系统，用户数达10000多个。

公司秉承“诚信、专业、创新”的原则，始终如一地走“质量立企，科技兴业”的发展道路。公司所有产品均通过了国家权威机构的验证和鉴定，并被列入“全国电网建设与改造所需产品选型选厂推介企业”。公司坚持把好研发关、采购关，并配合严格的质量检测手段和完善的售后服务，所销售的产品无一出现重大质量事故，深受用户好评。

364. 厦门兴厦控恒昌自动化有限公司

地址：福建省厦门市集美区汽车工业城（三期）灌口南路598号
邮编：361023
电话：0592-6368300
传真：0592-6368308
邮箱：liping-feng@hcxec.com
网址：www.hcxec.com

简介：

厦门兴厦控恒昌自动化有限公司是一家致力电力系统配网自动化设备研发、生产、销售和服务的高新技术企业。公司汇聚了各类专业人才，吸收消化国内外先进技术，将专注于在智能电网、节能减排等绿色能源建设方面提供更先进、更环保、更可靠完善的全套智能电气解决方案。自公司成立以来，致力于持续自主研发创新，先后开发了拥有自主知识产权并获得多项国家专利的各类产品，如户外柱上智能断路器、户外智能分界负荷开关；智能交直流一体化电源系统、新型插框式直流电源屏、小微分布式电源装置、基于总线布置方案的电动机保护装置等。目前广泛应用在各类发电厂、冶金、石化和矿山、国家电网、南方电网、城镇建设等领域。公司严格按照ISO9001质量管理体系和ISO14000环境管理体系要求运作，良好的企业信誉、产品质量和售后服务深得用户信赖，赢得了许多中外客商的好评。厦门兴厦控恒昌自动化有限公司将秉承“科技创新，顾客满意”的理念，以新技术、高质量的产品和服务为客户创造价值。

湖南省

365. 湖南长沙阳环科技实业有限公司

地址： 湖南省长沙市芙蓉中路2段200号新世纪花苑红龙居1405
邮编： 410015
电话： 0731-85179118
传真： 0731-85179118
邮箱： pyk4956@163.com
网址： www.yangwhuan.com
简介：

湖南长沙阳环科技实业有限公司是湖南省专业研发、生产及销售各类稳压电源、UPS电源的骨干企业，公司于2001年在湖南省同行业中率先通过ISO9001国际质量管理体系认证。公司生产的SH1791-15kVA、20kVA精密净化交流稳压电源系目前国内唯一通过国家质量中心3C（CQC）认证的净化电源；并且公司还是净化电源专利的持有者。公司自2003年以来连续五年是“教育部农村中小学现代远程教育项目工程”的入围企业，而且公司还是“教育部农村党员干部现代远程教育项目工程”的入围企业。产品遍布全国各地，广泛应用于教育、电力、通信、高速公路、银行、医院等高要求领域。

366. 湖南东方万象科技有限公司

地址： 湖南省长沙市芙蓉区万家丽北路569号银港水晶城E4栋304房
邮编： 410015
电话： 0736-88156696
传真： 0736-88156697
邮箱： 470798290@qq. com
简介：

湖南东方万象科技有限公司是一家面向湖南、湖北、广西、江西、贵州、广东等省市专门从事机房设备代维及维护的专业公司。

从成立至今，公司不断发展壮大，现有专业维护人员21名，全部为大专以上学历，既有理论知识丰富的研究生、本科生，又有长期从事电气维护的专家。涉足的领域包括电信、移动、邮政、联通、银行、电力、公安、机场、证券及钢铁和石化等行业。公司代维的精密空调包括力博特、海洛斯、佳丽图、梅兰日兰、阿尔西、爱斯威尔及丹科等产品；UPS电源包括力博特、梅兰日兰、爱克塞、Best、APC等产品；开关电源包含对整流模块及监控模块的应急维修及代维服务，所包含的品牌有珠江电源、艾默生、华为、东方电子、顺达、亚澳、中兴、洲际、动力源、斯威特克、中达等。

通过十几年的不懈努力，公司赢得了客户的信任，每年的续保率在98%以上。公司的服务宗旨永远是客户第一。

367. 湖南丰日电源电气股份有限公司

地址： 湖南省浏阳市工业园
邮编： 410331
电话： 0731-83281148
传真： 0731-83281113
网址： www.fengri.com
简介：

湖南丰日电源电气股份有限公司是国内最早生产蓄电池和直流电源、电气成套设备的专业企业之一。产品注册“丰日”牌，为中国驰名商标。

公司是国家高新技术企业，成立了化学电源研发中心，并与中南大学等高等大专院校长期合作，共同进行电池、电源新产品的开发创新。拥有56项国家级专利，3项国际专利。

丰日产品经全国二十余省市通信、电力、铁路、广电、部队、工矿企业等行业数千家单位的多年使用，并与德国西门子、日本东芝公司、美国GE公司、法国阿尔斯通、美国EMD公司、加拿大庞巴迪等大公司长期合作配套，以其质量稳定、价格合理、服务周到赢得了用户的一致好评和信赖。

公司坚持贯彻“诚信服务顾客、产品件件质优、管理持续改进、铸造丰日品牌”的质量方针，致力于不断革新产品技术，优化生产工艺，严格产品的过程控制。公司通过了ISO9001质量体系和ISO14001环境体系、GB/T28001-2001职业健康安全管理体系认证。

368. 湖南科明电源有限公司

地址： 湖南省长沙市麓谷工业园桐梓坡西路183号
邮编： 410205
电话： 0731-88996378
传真： 0731-88996468
邮箱： keming@sina.com
网址： www.hnkmdy.com
简介：

湖南科明电源有限公司是以国家大型企业湖南仪器仪表总厂为中方在1994年11月在长沙高新开发区成立的高新技术企业，是从事各种交、直流电源装置的专业厂家。产品获得国家级新产品证书及国家新技术新产品金奖。本公司全部产品均通过了国家权威检测机构的型式试验和省（部）级鉴定。

公司主要产品有通信电源屏，电力用交直流电源屏

（高频开关电源、晶闸管全控桥整流电源），电力、通信用高频开关直流电源及高频模块，晶闸管全控桥智能充电机，直流系统微机监控系统，蓄电池自动巡检装置，蓄电池综合测试系统（恒流放电、容量及内阻检测），微机绝缘在线监测装置，绝缘、电压、闪光多功能继电器，低压配电成套设备等，是国内配套最为齐全的直流电源生产专业厂家之一。

本公司1999年就通过了ISO9001国际质量体系认证，拥有先进的设备和检测仪器及雄厚的技术力量，并有专门的训练有素的技术服务队伍。本公司生产的直流电源屏及低压配电成套设备已广泛用于全国各省市铁路、电力、冶金化工等系统，享有良好声誉。在铁路近年的国家重点工程高铁、客专、货运专线建设中多次中标，设备运行良好。

本公司的交直流电源产品曾多次在国际招标和国内重大项目招标中中标，并有部分产品销往白俄罗斯、越南、印度、巴基斯坦、巴西等国外市场。

本公司为中国直流电源十佳企业。

369. 湖南省湘潭市华鑫电子科技有限公司

鑫威达®电源

地址：湖南省湘潭市雨湖区二环线工贸学校实训大楼
邮编：411100
电话：0731-52338368 52338338
传真：0731-52328738
邮箱：272750400@qq.com
网址：www.hnhxdz.com

简介：

华鑫公司坐落在风景秀丽的湘江河畔，位于伟人毛泽东的故乡湖南湘潭大学科技园内，是一家集电子产品研究、开发、生产、销售于一体的科技实体。公司拥有一支年轻精干、极富战斗力和拼搏精神的骨干团队。华鑫人奉行着诚信、敬业、拼搏创新的经营理念，在短短几年时间内迅速崛起，现已拥有知名度非常高的“湘大华鑫”、“鑫威达”两大注册品牌，旗下产品有“开关电源适配器系列”、“开关电源模块系列”、“全瓷、塑料管座系列”，公司充分利用丰富、雄厚的技术力量，专业致力于开关电源的研究与生产，现拥有一套完善的“品质保证”管理体系和生产队伍及设备；拥有遍布全国的营销网络体系。

公司坚持以“诚信开拓市场、品质巩固市场”的发展方针，与您真诚携手，共创未来。

河北省

370. 保定科诺沃机械有限公司

地址：河北省保定市高阳县庞口农机市场中区14栋10号
邮编：071504
电话：0312-6854777 6856777
传真：0312-6853699
邮箱：pangdun_pd@163.com
网址：www.pdnjpj.cn

简介：

保定科诺沃机械有限公司是专业生产充电机、蓄电池、起动机的企业，公司已通过ISO9001：2008国际质量体系认证，由清华电力系教授指导研究，拥有先进的检测和生产设备，和国内众多电动三轮车厂配套，产品行销国内27个省市及中东、东南亚等国家和地区。我们以优异的质量、合理的价格、良好的服务赢得了海内外广大客户的青睐。

多年来公司被评为中国电源学会会员单位，省、市、消费者信得过单位。省、市守合同、重信用单位等众多荣誉称号。

大鹏一日同风起，扶摇直上九万里！跨入新世纪，我公司全体员工以不断创新、赶超一流的气势，奋力开拓、积极进取，为您创造更满意的产品，提供更优质的服务。我们愿与广大新老朋友携手发展、共创辉煌！

371. 河北远大电子有限公司

启能

地址：河北省沧县薛官屯乡工业园
邮编：061037
电话：0317-4888136
传真：0317-4889185
邮箱：ydgs8@163.com
网址：www.czyuanda.com

简介：

河北远大电子有限公司始建于1996年，位于河北省沧州市薛官屯乡工业园区，是生产各种非标准电源、电子变压器、电源变压器、煤矿防爆变压器、变频变压器、电抗器、交流电源、交流稳压电源的专业公司。厂区面积23300平方米，厂房建筑面积16800平方米。7个车间，1个研发中心。

公司拥有变压器、电源专业人才，员工130人，其中研发人员18人，技术人员20人，销售人员8人，拥有先进的设备和雄厚的技术力量。以及遍及山东、山西、河南、河北、北京、上海、陕西、东北三省等十几个省市的销售网络，煤矿防爆变压器已占到全国市场65%的份额。

公司荣获纳税功臣称号；获得河北省科技型中小企业称号。并于2002年获得了ISO9001：2000质量管理体系认证，2009年获得了CE产品质量认证，公司生产的电源变压器、牵引变压器、控制变压器、高压限流变压器、变频变压器、煤矿防爆变压器、电抗器等产品，随机销往美国、日本、中东等地，并获得了广泛认可和赞誉。创造100%高可靠、高品质产品是远大公司的质量方针。

公司广交各界朋友，竭诚为客户服务，为客户加工定制特殊产品。

我公司正在进行的技术开发的新产品主要有三大项：1）SH15系列非晶合金铁心电力变压器；2）SHM系列全密封电力变压器；3）干式电力变压器。

其空载损耗比普通变压器的降低约70%，节能效果十分显著。干式电力变压器也获得了广泛的应用，既环保又安全。该项目2014年1月份正式投产。

我们与客户共同努力，创造一个实现双赢的美好合作环境！

372. 任丘市先导科技电子有限公司

地址：河北省任丘市城东津保南路北张工业区
邮编：062562
电话：0317-2968283
传真：0317-3369058
邮箱：hbxdkj@126.com
网址：www.xdkjw.com
简介：

任丘市先导科技电子有限公司始建于2001年，是一家集科研、生产、销售于一体的现代化科技型企业。公司技术力量雄厚，生产设备先进，专业生产蓄电池充放电设备和电动车充电机。蓄电池充放电设备以其独特的功能设计、新型的专利技术，广泛应用于蓄电池生产企业；“征程”牌系列电动车充电机现已行销全国各地，为国内众多电动车生产厂家选为优质配套产品，深受广大消费者的青睐，并已成功打入韩国及东南亚市场。

2005年先导公司正式加入中国电源学会，成为优秀会员单位。在有关专家的精心指导和公司全体员工的不懈努力下，公司产品质量和管理水平突飞猛进，于2006年顺利通过ISO9001：2000国际质量管理体系认证，为企业进一步发展奠定了坚实的基础。

“铸诚信、保质量”乃企业发展之根本，我们将一如既往地为您提供一流的产品和完善的服务。先导人愿与各位同仁携手，共同步入更加辉煌的明天！

373. 唐山尚新融大电子产品有限公司

地址：河北省唐山市滦南县职业教育中心实训基地
邮编：063500
电话：0315-4166302
传真：0315-4166301
邮箱：creativemix@126.com
网址：www.creativemix.cn
简介：

唐山尚新融大电子产品有限公司创立于2008年4月。公司分为电力电子事业部、军品及标准事业部、定制批产事业部三大事业部。尚新融大致力于为军用电源电路、UPS、智能电网、轨道交通、光伏并网逆变器、通信电源提供磁性元器件系统化解决方案。是国内少数同时具备金属磁粉芯、非晶纳米晶磁心、平面变压器、电感器、MIL-STD-1553B总线变压器、平面磁集成滤波器的研制、生产的综合性科技企业。已通过ISO9001及GJB9001B-2009国军标质量体系认证，通过武器装备制造单位三级保密认证。公司依托磁电结合核心竞争力，为广大客户提供感性器件解决方案！

贵州省

374. 贵阳航空电机有限公司

地址：贵州省贵阳市小河经济技术开发区黄河路一号
邮编：550009
电话：0851-3834532
传真：0851-3804646
邮箱：gy185c@163. com
简介：

贵阳航空电机有限公司（国营第一八五厂）隶属中国航空工业（集团）公司，地处贵阳市小河区中心，占地总面积14万平方米（其中生产科研建筑面积5万平方米），是原国防科工委认可的唯一的研制和生产航空二次电源的专业化企业。

公司前身为1958年建于贵阳市小河的地方国营贵阳电机厂，当时主要生产中小型电机电器产品。1962年9月第三机械工业部、贵州省财政厅和贵州省机械工业厅联合行文，贵阳电机厂自1962年10月1日起移交给第三机械工业部，第一厂名为国营贵阳航空变电装置厂，第二厂名为国营贵阳电机厂，代号为国营第一八五厂。1964年1月开始仿制生产第一个航空产品。

公司现有职工1218人；拥有各类设备3565台（套）；拥有国防二级电工计量站，及满足国军标、美军标、国标要求的产品环境试验室。公司产品分航空产品、汽车零部件和压铸及冷挤压产品三大系列，其中航空二次电源及配电装置在国内军机配套中处于主导地位；压铸及冷挤压产品发展势头良好；汽车起动机和发电机已形成专业化和规模化的生产，现为中国汽车工业协会成员，中国汽车零部件工业联营公司董事单位。

375. 贵州航天林泉电机有限公司

地址： 贵州省贵阳市三桥新街28号
邮编： 550008
电话： 0851-4842807
传真： 0851-4849008
邮箱： htlq@lqmotor.cn
网址： www.lqmotor.cn
简介：

林泉电机厂隶属于中国航天科工集团公司，是中国航天微特电机、二次电源及小型化遥测设备的专业研制生产单位，是航天微特电机专业技术中心和检测中心。是国家批准的自营进出口权单位，也是国家批准的航天电机硕士研究生培养点和博士后科研工作站（微特电机专业站）。通过了GJB9001A-2001质量保证体系、ISO9001质量保证体系的认证。

工厂始建于1965年，1966年内迁至贵州省桐梓县，1987年调迁至贵州省贵阳市。工厂占地面积10万平方米，现有职工710人，其中工程技术人员351人。建厂40多年来，共为300多种型号研制生产了上千种产品，有86项产品获国家、省部级科技进步奖。

376. 贵州奇胜电源工程有限责任公司

地址： 贵州省贵阳市公园路8号都市名园0702室
邮编： 550001
电话： 0851-5867778
邮箱： qisheng_qs@sina.com
简介：

我公司是专营不间断电源（UPS）、汽油发电机、柴油发电机组、电池、电缆、防雷接地设计安装等机电产品的专业化电源公司，又是贵州唯一的中国电源学会会员单位及贵州质量诚信企业联盟理事单位，同时还是贵州省政府采购供应商。我司成立于1991年，在贵州从事电源的推广应用至今已有十余年的历史，专业性强，技术力量雄厚，信誉好，服务真正到位，受到省内广大用户的一致好评和肯定。

自1991年起，我公司先后成为美国STK（山特）UPS、SIEMENS（西门子）UPS、LEUMS（凌日）UPS、APC UPS、爱克赛UPS；日本久保田全系列发电机、雅玛哈发电机、本田发电机、德国MTU（奔驰）柴油发电机组、英国威尔信·劳斯莱斯全系列柴油发电机组；沈阳松下电池、韩国UNION（友联）电池、MCA（锐）牌电池；山东阳谷电缆等产品的贵州代理。至此我司已成为贵州省内最大的、专业的、在UPS和发电机行业最有影响的电源电力公司，公司根据不同用户的环境情况，提供全面的电源、电力解决方案。

陕西省

377. 陕西长岭光伏电气有限公司

地址： 陕西省宝鸡市清姜路75号
邮编： 721006
电话： 0917-3607661
传真： 0917-3607650
邮箱： 13772662816@163.com
网址： www.changlingpv.com
简介：

陕西长岭光伏电气有限公司（以下简称长岭光伏电气公司）由陕西长岭电气有限责任公司和陕西光伏产业有限公司共同出资组建。公司注册资本2亿元人民币。公司主要从事光伏逆变器、控制器、汇流箱、配电柜、安装支架、追日系统等光伏发电相关配套产品的开发、生产、销售、服务及以上产品的进出口业务。

陕西长岭电气有限责任公司的前身国营第七八二厂是国家“一五”期间投资建设的156项重点工程之一，国家军工骨干企业。经过五十多年的发展，已形成以军工电子产品、纺织机电产品、家用电器产品和太阳能光伏产品为支柱的大型国有企业。公司总资产16.8亿元，在职员工4300余人，其中各类专业技术人员1000余人。公司拥有先进的电子产品装联生产线、家用电器产品生产线和大批性能优良的机械加工设备，齐全的环境实验设备和先进的精密检测设备，先后通过了GJB/9001质量管理体系认证、ISO10012计量体系认证和ISO14001环境管理体系认证，是国家技术监督局批准的一级计量单位，荣获全国电子行业用户满意先进单位，全国诚信企业，陕西省质量服务双满意企业等荣誉称号。

长岭光伏电气公司可为用户提供BIPV、BAPV、LSPV、CPV等光伏发电系统的整体解决方案，提供逆变器、汇流箱、配电柜、电站监控系统、安装支架、追日系统等产品及光伏电站设计、施工、安装调试、系统检测、软件升级、技术咨询、人员培训等多方面的服务。

公司坚持“品质第一，规范管理，持续改进，用户满意”的质量方针，通过了GB/T28001-2011/OHSAS18001：2007职业健康安全管理体系认证、GB/T19001-2008/ISO9001：2008标准质量管理体系认证、GB/T24001-2004/ISO14001：2004环境管理体系认证，建立了完善的质量管理体系。

378. 陕西拓普索尔电子科技有限责任公司

地址： 陕西省西安市碑林区太白路立交瑞鑫摩天城2栋4单元21层

邮编：710068
电话：029-89198658
传真：029-89198658
邮箱：4008278008@b.qq.com
网址：www.topsail-tech.com
简介：

陕西拓普索尔电子科技有限责任公司成立于 2010 年 9 月，总部位于陕西省西安市。公司目前拥有以博士、硕士为核心的产品研发队伍 30 余人，其中核心研发人员均具有 8 年以上研发经验，保证了公司产品研发水平的先进性。公司成立至今本着“质量为本，诚信为德，开拓发展，争创品牌”的企业宗旨，时刻铭记“用户是上帝，质量是根本，服务是命脉”的服务方针。全心全意为行业用户提供各类高品质的产品和服务，我们管理高效，产品创新，质量优秀，团队尽职。

公司主要从事自动化仪器仪表与控制系统、自动贴片机等非标自动化设备、机器人、无损检测技术、智能传感器网络以及无线传输产品的研发、生产、销售、组建和工程服务；其中以自动贴片机、自动化仪器仪表、无线传输产品和智能传感器网络组建等产品为核心，立足电子、石油、天然气、水利、电力、气象、交通运输、环境保护等领域。公司已拥有多项自主核心知识产权，已通过西安市民营科技企业和陕西省民营科技企业认证，正在申请 2013 年国家高新技术企业。目前公司质量控制已严格按照 ISO9001 质量体系标准执行，保证产品质量及产品的先进性。

甘肃省

379. 兰州精新电源设备有限公司

地址：甘肃省兰州市城关区雁西路 1376 号工业城北五区 10 栋
邮编：730010
电话：0931-2186797
传真：0931-2186976
邮箱：jxps126@126.com
网址：www.jxps.com
简介：

兰州精新电源设备有限公司位于兰州国家高新技术开发区内，是专业从事电力电子技术及其相关产品研发、生产和销售的高新技术企业。

公司拥有一批实力雄厚的专业技术人员。并以高等院校、科研院所的专家和教授为技术后盾。凭借先进的开关电源、脉冲功率技术、自动控制技术，以长期研制生产核物理加速器、高稳定度、高频、高压、高功率脉冲、三角波扫描、超导电源为基础，研发出一批具有国内领先水平、具有自主知识产权并获得多项国家专利的高、精、新电力电子产品。本公司特种电源在材料改性、表面处理、电化学领域都发挥着不可替代的作用。公司以诚信为本，视提高中国特种电源，高频、高压、高功率、快脉冲电源技术为己任，锐意进取、精益求精、不断创新的技术形成核心竞争力，以完善可靠的产品质量和优良售后服务立足于市场。

380. 天水七四九电子有限公司

永 ® 红

地址：甘肃省天水市泰州区双桥路 14 号
邮编：741000
电话：0938-8631053
传真：0938-8214627
网址：www.ts749.cn
简介：

天水七四九电子有限公司是由原天水永红器材厂改制重组的高新技术企业。公司前身国营永红器材厂 1969 年始建于甘肃省秦安县，1995 年整体搬迁至甘肃省天水市。公司占地面积 16675 平方米，总资产 1.15 亿元，拥有各种仪器仪表 768 台套。现有职工 306 人，专业技术人员 95 人。公司是国内最早研制生产集成电路的企业之一，主要产品有：单片集成电路、混合集成电路、电源模块（包括厚膜化电源）三大类产品 600 多个品种，产品以其优良的品质广泛应用于航空、航天、兵器、船舶、电子、通信及自动化领域。曾为“长征系列”火箭、“风云”卫星、“嫦娥”探月工程、“神舟”号宇宙飞船等多个重点工程提供过高质量的产品，曾荣获“省优”、“ 部优”及“国家重点新产品”称号。

381. 中国科学院近代物理研究所

地址：甘肃省兰州市南昌路 509 号
邮编：730000
电话：0931-4969563
传真：0931-4969560
网址：www.impcas.ac.cn
简介：

中国科学院近代物理研究所创建于 1957 年，以重离子核物理基础研究和相关领域的交叉研究为主要方向，相应发展加速器物理技术及核技术。50 多年来，中科院近代物理研究所已成为国际上有较高知名度的中、低能重离子物理研究中心之一。与此同时，兰州重离子加速器（HIRFL）也发展成为我国规模最大、加速离子种类最多、能量最高的重离子研究装置，主要技术指标达到国际先进水平。

中国科学院近代物理研究所电源室负责兰州重离子加速器（HIRFL）励磁电源系统以及供配电系统的设计、运行、维护工作。五十多年来，近代物理研究所电源技术在大功率高稳定度直流稳流电源技术、大功率脉冲开关电源技术以及特种电源技术方面形成自己鲜明的特色。我所电源技术由直流输出发展到脉冲输出，由慢脉冲发展到快脉冲，由模拟控制发展到全数字控制，电源性能不断提高，满足了重离子加速器的发展需要。

其　他

382. 哈尔滨光宇集团股份有限公司

光宇集团 COSLIGHT GROUP

地址：黑龙江省哈尔滨市南岗区学府路电缆街 68 号
邮编：150086
电话：0451-86677970
传真：0451-86678032
邮箱：448153847@qq.com
网址：www.cncoslight.com
简介：

光宇国际集团科技有限公司创建于 1994 年，1999 年在香港联交所主版上市。集团在国内拥有哈尔滨光宇蓄电池股份有限公司、哈尔滨光宇电源股份有限公司等 23 家子公司，在欧美、俄罗斯、日本、东南亚设有 19 家海外营销子公司或办事机构。集团现有员工 11000 余人，2010 年总资产 42 亿元人民币，销售额 44 亿元人民币。

经过 20 余年的高速发展，现已形成制造业、矿产业及互联网产业等三大类产业群。第一大类是以工业用铅酸蓄电池、便携类锂离子电池，车用铁锂动力电池和电池储能系统为主体的制造业；第二大类是矿产业，开采作为铅酸蓄电池原材料的铅锌矿；第三大类是网络游戏的运营、研发及制作。

阀控密封铅酸蓄电池为公司第一核心产品，年生产能力可达 380 万千伏安时，从 1999 年以来一直是中国最大的阀控式铅酸蓄电池制造商。锂离子电池是公司第二大主要产品，年生产能力液态锂离子电池可达 8000 万只、聚合物锂离子电池可达 3000 万只，磷酸铁锂动力电池是公司主要研发的新产品，可年产 40 万 kWh。

公司先后通过了 ISO9001、ISO14001、OHSAS18001、TS16949 认证等管理体系认证，UL、CE、RHOS 等产品认证以及英国沃达丰、俄罗斯通信等入网认证。

历经十几年的持续稳定发展，光宇取得了非凡的发展业绩，获得社会各界广泛的肯定与好评。追求品质、超越非凡、立足中国、走向世界，光宇国际致力成为拥有顶级高新技术的大型国际化企业集团。

383. 哈尔滨九洲电气股份有限公司

JZE 九洲电气

地址：黑龙江省哈尔滨市南岗区哈平路 162 号
邮编：150081
电话：0451-87969243
传真：0451-86696792
邮箱：market@jze.com.cn
网址：www.jze.com.cn
简介：

哈尔滨九洲电气股份有限公司（简称：九洲电气）成立于 2000 年，注册资本 27780 万元人民币，是以“高压、大功率”电力电子技术为核心技术，以“高效节能、新型能源”为产品发展方向，从事电力电子成套设备的研发、制造、销售和服务的高科技上市公司。

九洲电气是国家发改委、国家科技部、国家财政部、国家海关总署、国家税务局认定的企业技术中心，是国家火炬计划重点高新技术企业，是国家科技部评定的实施火炬计划十五周年火炬计划优秀高新技术企业，是国家发改委审批的三个“国家高技术产业化示范工程项目”的实施基地，九洲电气还是黑龙江省科技厅、财政厅、国家税务局和地方税务局认定的高新技术龙头企业。

公司产品主要分为四大类：第一类为高压电机起动、补偿类产品；第二类为直流电源产品；第三类为电气控制及自动化产品，第四类为新型能源类产品等。

“九洲电气”作为国内电力电子行业的龙头企业，是中国高压电机调速产品的开拓者和领先者，也是中国兆瓦级风力发电变流器产品的奠基者。

2009 年 12 月，经中国证券监督管理委员会核准，公司于 2010 年 1 月 8 日在深圳证券交易所创业板上市，股票简称“九洲电气”，股票代码“300040”。

384. 南昌大学教授电气制造厂

教授事业

地址：江西省南昌市南京东路 351 号教授科技楼
邮编：330029
电话：0791-88301618
传真：0791-88332483
邮箱：chinaprofessor@alibaba.com.cn
网址：www.chinaprofessor.com
简介：

南昌大学教授电气制造厂是由南昌大学教师、教授创办的科技型企业，主要从事电脑、通信设备、机床设备精密交流稳压电源、家用冰箱空调稳压器、UPS、逆变电源、充电器充电机、太阳能光伏发电系统等多系列电源类产品的研发和制造，已有20年的制造历史，产品畅销国内各省，并远销非洲、印度、中东等电压特别不稳定地区。教授电气是国内最大家用电源生产企业之一。

教授电气依托南昌大学的研发力量，有能力不断创新，因此产品更新换代非常快，总是以最新最适合消费者的产品，为各级经销商创造新的商机，为终端用户提供更好的产品。

教授电气2001年就通过了ISO9000质量管理体系，有着严格的质量控制程序，因此产品质量一直深受用户信赖，在市场上有着良好的口碑。

教授电气的核心价值观是：以科技让人们生活得更好！教授电气全心全意以客户为中心，依靠自己的技术优势和勤奋工作，努力创造更好、更多的新产品，与消费者共享科技成果带来的快乐。

385. 重庆汇韬电气有限公司

地址： 重庆市两江新区水土高新技术产业园区云汉大道5号附23号
邮编： 400714
电话： 023-68204158
传真： 023-68204198
邮箱： hwyton@163.com
网址： www.hwyton.com
简介：

重庆汇韬电气有限公司成立于2007年，是一家专业从事电源的研发、生产、销售和服务为一体的高新技术企业，长期专注于各个领域不同环境的电源应用，为客户提供全方位的电源解决方案。

通过不懈努力，公司取得了丰硕成果并得到客户和业界的广泛认可和赞誉，公司通过了ISO9001质量管理体系认证，并先后获得了重庆市高新技术企业、中科院重庆绿色智能研究院工业设计平台会员单位、创新基金重点培育企业（四星级）、中国电源学会会员单位、中国消防协会单位会员和“全国质量诚信承诺优秀企业”称号，也是国内为数不多的能生产大功率数字化UPS的厂家之一。

作为专业的电源厂家，公司拥有一批在电源行业有丰富经验的专业技术人才，建有国内一流的电源产品生产线、专业的调试检测设备、先进的电源实验室和智能老化运行系统，能够生产制造九大类上千种规格的电源产品。

公司主导产品从引进美国先进技术的Hwyton工业级UPS，到自主开发的EPS应急电源，都采用了最先进的DSP数字化技术，拥有8项专利技术，处于国内领先水平，并通过了国家CCC认证，获得了“重庆市高新技术产品”、“重庆市重点新产品”、“重庆市名牌产品”和“全国质量检验稳定合格产品”等称号。多年来，公司产品在冶金、化工、石油天然气、医药卫生、能源电力、交通运输、商业、政府和公用工程等行业已得到广泛应用，产品遍布全国三十多个省（市）自治区，深受用户的信赖和好评。

我们遵循“精心制造，持续创新，优质高效，顾客满意”的质量方针，并通过客户服务中心及各地办事处来提供最优质的“5＋X”服务，做客户满意的“电源保护专家”。

386. 航天长峰朝阳电源有限公司

地址： 辽宁省朝阳市电源路1号
邮编： 122000
电话： 0421-2732351
传真： 0421-2828501
邮箱： 50hz@vip.sina.com
网址： www.4nic.com.cn
简介：

航天长峰朝阳电源有限公司是经中国航天科工集团批准，由中国航天科工防御技术研究院和朝阳市电源有限公司于2007年9月5日投资组建的国有控股公司，注册资金11760万元。

公司前身为朝阳市电源有限公司，成立于1986年，是国内第一家专业电源公司，具有27年的电源设计制造和测试经验，是当前国内最大的专业电源生产基地。以“4NIC”、“航天电源”及“CASIC中国航天科工集团”为品牌，生产三十多个系列三十余万品种稳压电源、恒流电源、UPS电源、脉冲电源、滤波器等各种电源和电源相关产品。应用领域覆盖航空、航天、兵器、机载、雷达、船舶、机车、通信及科研等领域，尤其是在需要高可靠性的军工领域发挥着不可替代的作用，为国家的国防建设和经济建设做出了卓越贡献。

公司位于辽宁省朝阳市电源路1号，现址占地20多万平方米，建筑面积15万平方米。新厂区占地面积42万平方米，建筑面积20万平方米。公司在国内30多个主要城市设有办事处，履行“航天电源就在您身边”的承诺。企业奉行“以顾客为关注焦点，量体裁衣做电源”的经营战略，满足个性化需求。

387. 许继电源有限公司

地址： 河南省许昌市经济技术开发区许继电气城
邮编： 461000
电话： 0374-3219505
传真： 0374-3215203-678
邮箱： zhongw@xjgc.com
网址： www.xjpower.com
简介：

许继电源有限公司是国家电网许继集团有限公司下属

的子公司，是专业从事电力电子产品研发、生产及系统设计的厂商，主要产品涵盖电动汽车充换电系统、电力电源、电能质量控制设备、军工特种电源、光伏发电并网逆变电源产品等高新技术领域。这些产品已广泛应用于电力、石化、煤炭、水利、环保、国防、轨道交通和公共事业中。

许继电源有限公司秉承“尊重、超越、共赢”的企业核心价值观，以“推进绿色电能变换技术，美好我们的生活和工作”为使命，以“成为中国领先的电力电子电能变换设备供应商及系统集成商”为愿景，许继电源有限公司将携同客户及合作伙伴一起开拓中国电力电子产品的美好未来。

388. 桂林斯壮微电子有限责任公司

地址：广西壮族自治区桂林市国家高新区信息产业园 D-8 号
邮编：541004
电话：0773-5858088
传真：0773-5855299
邮箱：gsme@gsme.com.cn
网址：www.gsme.com.cn

简介：

桂林斯壮微电子有限责任公司以设计开发生产经营半导体功率器件为主营业务，目前主要产品有低导通电阻和低栅电荷密度的功率场效应晶体管（Low RDson、LowQg MOSFET）及低导通电压的肖特基二极（LowVF）、开关二极管、稳压二极管等桂微牌产品，产品广泛应用于开关电源适配器 UPS、逆变器变频器、移动通信、计算机、消费类电子信息产品、家用电器、工业自动化控制设备等。

公司品牌“桂微”系列产品凭着过硬的品质保障，赢得客户好评。自成立以来不断扩大生产线和技术研发以及市场培育，从日本、韩国、欧美等国家和地区引进了具有国际先进水平的 120 多台（套）先进设备，形成生产能力年产 18 亿只。

389. 勤发电子股份有限公司

地址：台湾省新北市汐止区大同路一段 239 号 11 楼
邮编：221
电话：+886-2-26478100
传真：+886-2-26478200
邮箱：sales@chinfa.com
网址：www.chinfa.com

简介：

勤发电子自 1985 年创立以来，是一家取得 ISO9001、UL、TUV 认证的公司，在秉持着不断地创新思考，成为世界级全方位解决方案的翘楚，满足客户的需求及长期经营的理念。所有交换式电源供应器产品皆自行研发设计与生产，不论在技术研发、质量稳定度或降低成本上，以多年的经验来满足客户对于交换式电源供应器的各种要求，并追求更卓越效能的交换式电源供应器。

Isolated DC/DC converter：1 ~ 100W；AC/DC power module：7-40W；

AC/DC DIN Rail mountable power supply：5-960W；AC/DC DIN Rail mountable power supply：15 ~ 40W；AC/DC Rail Compact size power supply：240W；AC/DC enclosed power supply：20 ~ 100W Battery charger：30W&60W. DC UPS controller：30A；Redundant module：10A&20A。

会员企业按主要产品索引

UPS 电源（105）

艾默生网络能源有限公司
艾普斯电源（苏州）有限公司
北京恒电电源设备有限公司
北京纽绅埔科技有限公司
北京普罗斯托国际电气有限公司
北京韶光科技有限公司
北京世科伟业电气有限公司
北京银星通达科技开发有限责任公司
大连宝士达电源股份有限公司
东莞市乐科电子有限公司
东莞市友美电源设备有限公司
佛山市柏克新能科技股份有限公司
佛山市宝星科技发展有限公司
佛山市凯拓电源设备有限公司
佛山市力迅电子有限公司
佛山市南海区泰琪丰电子有限公司
佛山市上驰电源科技有限公司
佛山市新光宏锐电源设备有限公司
佛山市众盈电子有限公司
福建省瑞盛电力科技有限公司
广东创电科技有限公司
广东恩亿梯电源有限公司
广东和昌电业集团有限公司
广东新昇电业科技股份有限公司
广东易事特电源股份有限公司
广东志成冠军集团有限公司
广州东芝白云菱机电力电子有限公司
广州市昌菱电气有限公司
广州市锦路电气设备有限公司
广州市凝智科技有限公司
广州市维能达软件科技有限公司

广州市昱诚电子技术有限公司
贵州奇胜电源工程有限责任公司
杭州奥能电力设备制造有限公司
杭州奥能电源设备股份有限公司
杭州中恒电气股份有限公司
航天长峰朝阳电源有限公司
合肥联信电源有限公司
河北先控捷联电源设备有限公司
鸿宝电气集团股份有限公司
湖南长沙阳环科技实业有限公司
湖南东方万象科技有限公司
湖南丰日电源电气股份有限公司
湖南科明电源有限公司
华为技术有限公司
基美电子（苏州）有限公司
济南芯驰能源科技有限公司
江苏禾力清能电气有限公司
乐清市潘登电源有限公司
乐清市永茂电源有限公司
雷诺士（常州）电子有限公司
宁波金源电气有限公司
三科电器集团有限公司
上海百纳德电子信息有限公司
上海复华控制系统有限公司
上海弘乐电气有限公司
上海厚国电气有限公司
上海雷诺尔科技股份有限公司
上海诺易电器有限公司
上海松丰电源设备有限公司
上海伟浩机电设备有限公司
上海稳压器厂
上海熙顺电气有限公司
上海阳顿电气制造有限公司
深圳安固电子科技有限公司
深圳奥特迅电力设备股份有限公司
深圳科士达科技股份有限公司
深圳蓝信电气有限公司
深圳市比亚迪锂电池有限公司
深圳市汇川技术股份有限公司
深圳市汇业达通讯技术有限公司
深圳市捷益达电子有限公司
深圳市金宏威技术股份有限公司
深圳市晶福源电子技术有限公司
深圳市科陆电源技术有限公司
深圳市科瑞爱特科技开发有限公司
深圳市南方默顿电子有限公司
深圳市帕瓦科技有限公司
深圳市思凡贝特科技有限公司
深圳市西格玛泰变压器有限公司
深圳市新能力科技有限公司
深圳市新未来电源技术有限公司
深圳市雄韬电源科技股份有限公司
深圳市英威腾电源有限公司
深圳索瑞德电子有限公司
四川厚天电气股份有限公司
四川省科学城帝威电气有限公司
四川斯维奇电气科技有限公司
天津福海银洋能源科技开发有限公司
天津华云自控股份有限公司
温州东驰电力科技有限公司
温州松特电器有限公司
厦门科华恒盛股份有限公司
厦门市爱维达电子有限公司
许继电源有限公司
扬州奇盛电力设备有限公司
伊顿电源（上海）有限公司
浙江特雷斯电子科技有限公司
浙江腾腾电气有限公司
中川电气科技有限公司
中达电通股份有限公司
中兴通讯股份有限公司
重庆汇韬电气有限公司
珠海金电电源工业有限公司
珠海山特电子有限公司

新能源电源（光伏逆变器、风力变流器等）（95）

艾默生网络能源有限公司
北京创德科技有限公司
北京动力源科技股份有限公司
北京恒电电源设备有限公司
北京汇众电源设备厂
北京纽绅埔科技有限公司
北京普罗斯托国际电气有限公司
北京索英电气技术有限公司
常州市武进红光无线电有限公司
东莞市乐科电子有限公司
佛山市柏克新能科技股份有限公司
佛山市宝星科技发展有限公司
佛山市众盈电子有限公司
广东顺德三扬科技股份有限公司
广东新昇电业科技股份有限公司
广东易事特电源股份有限公司
广州广日电气设备有限公司
广州金升阳科技有限公司
广州市先锋电镀设备制造有限公司
哈尔滨九洲电气股份有限公司
杭州中恒电气股份有限公司
合肥科威尔电源系统有限公司
河北奥冠电源有限责任公司
华为技术有限公司
基美电子（苏州）有限公司

济南诺顿科技有限公司
济南芯驰能源科技有限公司
康舒电子（东莞）有限公司杭州分公司
昆山渝科电子科技有限公司
乐清市永茂电源有限公司
茂硕电源科技股份有限公司
美国国家仪器有限公司（简称“NI”）
南昌大学教授电气制造厂
南京冠亚电源设备有限公司
青岛晶鑫伟业高磁材料科技有限公司
衢州三源汇能电子有限公司
三科电器集团有限公司
山东新风光电子科技发展有限公司
陕西长岭光伏电气有限公司
上海吉电电子技术有限公司
上海诺易电器有限公司
上海日意电子科技有限公司
上海稳利达科技股份有限公司
上海宇帆电气有限公司
上海正泰电源系统有限公司
深圳古瑞瓦特新能源股份有限公司
深圳科士达科技股份有限公司
深圳欧陆通电子有限公司
深圳桑达国际电源科技有限公司
深圳市爱维达新能源科技有限公司
深圳市安托山技术有限公司
深圳市比亚迪锂电池有限公司
深圳市东辰科技有限公司
深圳市富凌控制技术有限公司
深圳市核达中远通电源技术有限公司
深圳市汇川技术股份有限公司
深圳市汇业达通讯技术有限公司
深圳市捷益达电子有限公司
深圳市金宏威技术股份有限公司
深圳市金威源科技股份有限公司
深圳市金元电子技术有限公司
深圳市晶福源电子技术有限公司
深圳市科瑞爱特科技开发有限公司
深圳市威日科技有限公司
深圳市西格玛泰变压器有限公司
深圳市雄韬电源科技股份有限公司
深圳市英威腾电源有限公司
深圳市中兴昆腾有限公司
深圳索瑞德电子有限公司
石家庄通合电子科技股份有限公司
四川长虹欣锐科技有限公司
四川厚天电气股份有限公司
四川英杰电气股份有限公司
苏州市电通电力电子有限公司
台达电子企业管理（上海）有限公司
天津福海银洋能源科技开发有限公司
天津市环瑞金属材料技术有限公司
温州华高电气有限公司
温州松特电器有限公司
无锡东电化兰达电子有限公司
武汉能创技术有限公司
西安爱科赛博电气股份有限公司
西安龙腾新能源科技发展有限公司
厦门科华恒盛股份有限公司
厦门蓝溪科技有限公司
厦门市爱维达电子有限公司
扬州奇盛电力设备有限公司
扬州双鸿电子有限公司
阳光电源股份有限公司
伊戈尔电气股份有限公司
浙江特雷斯电子科技有限公司
浙江腾腾电气有限公司
浙江正泰电源电器有限公司
中达电通股份有限公司
中兴通讯股份有限公司

通用开关电源（89）

北京大华无线电仪器厂
北京航天星瑞电子科技有限公司
北京航星力源科技有限公司
北京京仪椿树整流器有限责任公司
北京通力盛达节能设备股份有限公司
北京新雷能科技股份有限公司
北京中天汇科电子技术有限责任公司
常州市创联电源有限公司
常州市武进红光无线电有限公司
成都普斯特电气有限责任公司
东莞华兴电器有限公司
东莞立德电子有限公司
东莞市石龙富华电子有限公司
佛山市迪智电源有限公司
佛山市汉毅电脑设备有限公司
佛山市南海赛威科技技术有限公司
佛山市顺德区冠宇达电源有限公司
广东金华达电子有限公司
广州市华德电子电器设备有限公司
广州市力索能电子有限公司
广州市维能达软件科技有限公司
广州市先锋电镀设备制造有限公司
贵州航天林泉电机有限公司
海湾电子（山东）有限公司
杭州奥能电源设备股份有限公司
杭州池阳电子有限公司
合肥华耀电子工业有限公司
合肥科威尔电源系统有限公司
合肥通用电子技术研究所

湖南省湘潭市华鑫电子科技有限公司
华东微电子技术研究所
惠州 TCL 王牌高频电子有限公司
基美电子（苏州）有限公司
昆山渝科电子科技有限公司
兰州精新电源设备有限公司
茂硕电源科技股份有限公司
南京金宁星拓电源设备研究所
南京亿源科技有限公司
宁波金源电气有限公司
宁波赛耐比光电有限公司
勤发电子股份有限公司
任丘市先导科技电子有限公司
上海尖诺电子科技有限公司
上海日意电子科技有限公司
深圳安固电子科技有限公司
深圳华德电子有限公司
深圳可立克科技股份有限公司
深圳蓝信电气有限公司
深圳麦格米特电气股份有限公司
深圳欧陆通电子有限公司
深圳市比亚迪锂电池有限公司
深圳市航嘉驰源电气股份有限公司
深圳市好科星电子有限公司
深圳市核达中远通电源技术有限公司
深圳市坚力坚实业有限公司
深圳市京泉华科技股份有限公司
深圳市巨鼎电子有限公司
深圳市普德新星电源技术有限公司
深圳市瑞必达科技有限公司
深圳市瑞晶实业有限公司
深圳市威日科技有限公司
深圳市中电熊猫展盛科技有限公司
深圳市卓越至高电子有限公司
石家庄通合电子科技股份有限公司
四川长虹欣锐科技有限公司
苏州市申浦电源设备厂
苏州台智源电子有限公司
台达电子企业管理（上海）有限公司
太仓电威光电有限公司
天津福海银洋能源科技开发有限公司
天津市九荣鑫电源技术有限公司
田村（中国）企业管理有限公司
拓哲（广州）电子科技有限公司
威海东兴电子有限公司
温州松特电器有限公司
无锡东电化兰达电子有限公司
武汉永力科技股份有限公司
协丰万佳科技（深圳）有限公司
徐州市恒源电器有限公司
扬州裕红电源制造厂
张家港市电源设备厂
浙江宏胜光电科技有限公司
浙江矛牌电子科技有限公司
浙江省海宁市海整整流器有限公司
中国兵器装备集团兵器装备研究所
中国长城计算机深圳股份有限公司
中国船舶重工集团公司第七二四研究所
中山市卓锋电子有限公司
珠海泰坦科技股份有限公司

通信电源（78）

艾默生网络能源有限公司
安伏（苏州）电子有限公司
北京动力源科技股份有限公司
北京汇众电源设备厂
北京纽绅埔科技有限公司
北京新雷能科技股份有限公司
北京亚澳博信通信技术有限公司
北京中天汇科电子技术有限责任公司
常州诚联电源制造有限公司
东莞市石龙富华电子有限公司
佛山市南海赛威科技技术有限公司
佛山市顺德区冠宇达电源有限公司
福建省瑞盛电力科技有限公司
广东金华达电子有限公司
广东顺德三扬科技股份有限公司
广东易事特电源股份有限公司
广州科欣仪器有限公司
广州市昱诚电子技术有限公司
海湾电子（山东）有限公司
杭州奥能电力设备制造有限公司
河北奥冠电源有限责任公司
湖南丰日电源电气股份有限公司
华为技术有限公司
济南诺顿科技有限公司
江苏禾力清能电气有限公司
乐清市永茂电源有限公司
雷诺士（常州）电子有限公司
茂硕电源科技股份有限公司
宁波赛耐比光电有限公司
启东市华泰电源制造厂
深圳奥特迅电力设备股份有限公司
深圳博科源科技有限公司
深圳华德电子有限公司
深圳可立克科技股份有限公司
深圳市爱维达新能源科技有限公司
深圳市安托山技术有限公司
深圳市东辰科技有限公司
深圳市航嘉驰源电气股份有限公司
深圳市核达中远通电源技术有限公司

深圳市汇业达通讯技术有限公司
深圳市金宏威技术股份有限公司
深圳市金威源科技股份有限公司
深圳市晶福源电子技术有限公司
深圳市巨鼎电子有限公司
深圳市科瑞爱特科技开发有限公司
深圳市普德新星电源技术有限公司
深圳市瑞晶实业有限公司
深圳市新能力科技有限公司
深圳市新未来电源技术有限公司
深圳市雄韬电源科技股份有限公司
深圳市英可瑞科技开发有限公司
深圳市英威腾电源有限公司
深圳市中电熊猫展盛科技有限公司
深圳市中兴昆腾有限公司
深圳市卓越至高电子有限公司
深圳索瑞德电子有限公司
晟朗（上海）电力电子有限公司
四川省科学城帝威电气有限公司
台达电子企业管理（上海）有限公司
天津福海银洋能源科技开发有限公司
温州华高电气有限公司
武汉能创技术有限公司
武汉永力科技股份有限公司
厦门科华恒盛股份有限公司
厦门蓝溪科技有限公司
厦门市爱维达电子有限公司
烟台东方电子玉麟电气有限公司
扬州奇盛电力设备有限公司
浙江矛牌电子科技有限公司
中达电通股份有限公司
中国长城计算机深圳股份有限公司
中科航达科技发展（北京）有限公司
中兴通讯股份有限公司

照明电源、LED 驱动电源（71）

北京创德科技有限公司
北京通力盛达节能设备股份有限公司
常州诚联电源制造有限公司
常州市武进红光无线电有限公司
东莞立德电子有限公司
东莞市石龙富华电子有限公司
东莞市友美电源设备有限公司
佛山市哥迪电子有限公司
佛山市汉毅电脑设备有限公司
佛山市南海赛威科技技术有限公司
佛山市顺德区扬洋电子有限公司
佛山市众盈电子有限公司
福建联晟捷电子科技有限公司
广东和昌电业集团有限公司
广东金华达电子有限公司
广东新昇电业科技股份有限公司
广州广日电气设备有限公司
广州凯盛电子科技有限公司
海湾电子（山东）有限公司
杭州池阳电子有限公司
合肥华耀电子工业有限公司
河北奥冠电源有限责任公司
湖南省湘潭市华鑫电子科技有限公司
华东微电子技术研究所
惠州 TCL 王牌高频电子有限公司
基美电子（苏州）有限公司
江苏英尔特光电科技有限公司
昆山渝科电子科技有限公司
溧阳市华元电源设备厂
茂硕电源科技股份有限公司
宁波赛耐比光电有限公司
赛尔康技术（深圳）有限公司
上海豪远电子有限公司
上海稳利达科技股份有限公司
深圳安固电子科技有限公司
深圳可立克科技股份有限公司
深圳麦格米特电气股份有限公司
深圳欧陆通电子有限公司
深圳桑达国际电源科技有限公司
深圳市爱维达新能源科技有限公司
深圳市安托山技术有限公司
深圳市比亚迪锂电池有限公司
深圳市长运通光电技术有限公司
深圳市东辰科技有限公司
深圳市航嘉驰源电气股份有限公司
深圳市金威源科技股份有限公司
深圳市京泉华科技股份有限公司
深圳市巨鼎电子有限公司
深圳市科陆电源技术有限公司
深圳市普德新星电源技术有限公司
深圳市中电熊猫展盛科技有限公司
深圳市卓越至高电子有限公司
深圳唐微科技发展有限公司
晟朗（上海）电力电子有限公司
四川长虹欣锐科技有限公司
苏州东山精密制造股份有限公司
宿州市博远新能源电子科技有限公司
拓哲（广州）电子科技有限公司
威海东兴电子有限公司
无锡东电化兰达电子有限公司
无锡海德电子有限公司
无锡市迈杰电子有限公司
厦门市爱维达电子有限公司
徐州市恒源电器有限公司
伊戈尔电气股份有限公司

英飞特电子（杭州）股份有限公司
浙江矛牌电子科技有限公司
中达电通股份有限公司
中国长城计算机深圳股份有限公司
中山市横栏镇阿瑞斯电子厂
中山市卓锋电子有限公司

稳压电源（器）(67)

艾普斯电源（苏州）有限公司
北京大华无线电仪器厂
北京普罗斯托国际电气有限公司
北京世科伟业电气有限公司
大连宝士达电源股份有限公司
东莞市港龙电源设备有限公司
东莞市友美电源设备有限公司
佛山市汉毅电脑设备有限公司
佛山市顺德区冠宇达电源有限公司
佛山市新光宏锐电源设备有限公司
佛山市众盈电子有限公司
广东恩亿梯电源有限公司
广州金升阳科技有限公司
海丰县中联电子厂有限公司
杭州远方仪器有限公司
航天长峰朝阳电源有限公司
合肥通用电子技术研究所
鸿宝电气集团股份有限公司
湖南长沙阳环科技实业有限公司
济南诺顿科技有限公司
江苏宏微科技股份有限公司
空军预警学院电子技术研究所
乐清市潘登电源有限公司
南昌大学教授电气制造厂
南京金宁星拓电源设备研究所
宁波金源电气有限公司
启东市华泰电源制造厂
衢州三源汇能电子有限公司
三科电器集团有限公司
山东山大华天科技集团股份有限公司
上海百纳德电子信息有限公司
上海光泰电气有限公司
上海豪远电子有限公司
上海弘乐电气有限公司
上海厚国电气有限公司
上海津盛电器设备制造有限公司
上海诺易电器有限公司
上海潘登新电源有限公司
上海全力电器有限公司
上海日意电子科技有限公司
上海松丰电源设备有限公司
上海伟浩机电设备有限公司
上海稳利达科技股份有限公司
上海稳压器厂
上海熙顺电气有限公司
上海新康电器制造有限公司
深圳安固电子科技有限公司
深圳博科源科技有限公司
深圳市好科星电子有限公司
深圳市巨鼎电子有限公司
深圳市南方默顿电子有限公司
深圳市帕瓦科技有限公司
深圳市威泰隆电源电气有限公司
时冠电气（上海）有限公司
四川英杰电气股份有限公司
天津市鲲鹏电子有限公司
温州松特电器有限公司
温州现代集团有限公司
协丰万佳科技（深圳）有限公司
扬州双鸿电子有限公司
张家港市电源设备厂
浙江特雷斯电子科技有限公司
浙江西奥根电气有限公司
浙江正泰电源电器有限公司
中川电气科技有限公司
中国船舶重工集团公司第七二四研究所
珠海科达信电子科技有限公司

模块电源 (50)

安伏（苏州）电子有限公司
北京承力电源有限公司
北京航天星瑞电子科技有限公司
北京汇众电源设备厂
北京京仪椿树整流器有限责任公司
北京韶光科技有限公司
北京新创四方电子有限公司
北京新雷能科技股份有限公司
北京星原丰泰电子技术股份有限公司
北京宇翔电子有限公司
常州市武进红光无线电有限公司
东文高压电源（天津）有限公司
广州金升阳科技有限公司
贵州航天林泉电机有限公司
杭州池阳电子有限公司
航天长峰朝阳电源有限公司
合肥华耀电子工业有限公司
华东微电子技术研究所
华为技术有限公司
江苏禾力清能电气有限公司
昆山渝科电子科技有限公司
雷诺士（常州）电子有限公司
洛阳隆盛科技有限责任公司

勤发电子股份有限公司
青岛航天半导体研究所有限公司
上海福沪电源技术有限公司
上海尖诺电子科技有限公司
深圳蓝信电气有限公司
深圳市安托山技术有限公司
深圳市核达中远通电源技术有限公司
深圳市科陆电源技术有限公司
深圳市新未来电源技术有限公司
深圳市卓越至高电子有限公司
石家庄通合电子科技股份有限公司
四川英杰电气股份有限公司
天津市环瑞金属材料技术有限公司
天水七四九电子有限公司
拓哲（广州）电子科技有限公司
无锡东电化兰达电子有限公司
武汉能创技术有限公司
武汉永力科技股份有限公司
西安伟京电子制造有限公司
厦门蓝溪科技有限公司
协丰万佳科技（深圳）有限公司
扬州双鸿电子有限公司
扬州裕红电源制造厂
浙江矛牌电子科技有限公司
中国船舶重工集团公司第七二四研究所
中科航达科技发展（北京）有限公司
中兴通讯股份有限公司
赛尔康技术（深圳）有限公司
三科电器集团有限公司
山东山大华天科技集团股份有限公司
上海百纳德电子信息有限公司
上海雷诺尔科技股份有限公司
上海阳顿电气制造有限公司
深圳市汇业达通讯技术有限公司
深圳市捷益达电子有限公司
深圳市晶福源电子技术有限公司
深圳市科瑞爱特科技开发有限公司
深圳市南方默顿电子有限公司
深圳市新能力科技有限公司
深圳市英威腾电源有限公司
深圳索瑞德电子有限公司
四川厚天电气股份有限公司
四川斯维奇电气科技有限公司
四川欣三威光电科技有限公司
天津华云自控股份有限公司
温州东驰电力科技有限公司
温州华高电气有限公司
武汉瑞源电力设备有限公司
厦门科华恒盛股份有限公司
浙江特雷斯电子科技有限公司
浙江腾腾电气有限公司
浙江西奥根电气有限公司
中川电气科技有限公司
重庆汇韬电气有限公司

EPS 电源（48）

北京动力源科技股份有限公司
北京普罗斯托国际电气有限公司
成都顺通电气有限公司
大连宝士达电源股份有限公司
东莞市乐科电子有限公司
佛山市柏克新能科技股份有限公司
佛山市宝星科技发展有限公司
佛山市凯拓电源设备有限公司
广东创电科技有限公司
广东恩亿梯电源有限公司
广东易事特电源股份有限公司
广东志成冠军集团有限公司
广州东芝白云菱机电力电子有限公司
广州市昌菱电气有限公司
广州市锦路电气设备有限公司
杭州奥能电力设备制造有限公司
合肥联信电源有限公司
鸿宝电气集团股份有限公司
湖南科明电源有限公司
济南芯驰能源科技有限公司
江苏禾力清能电气有限公司

特种电源（39）

北京航天拓扑高科技有限责任公司
北京航天星瑞电子科技有限公司
北京恒电电源设备有限公司
北京汇众电源设备厂
北京京仪椿树整流器有限责任公司
成都金创立科技有限责任公司
东莞市友美电源设备有限公司
佛山市顺德区冠宇达电源有限公司
广东顺德三扬科技股份有限公司
广州金升阳科技有限公司
广州市力索能电子有限公司
广州市先锋电镀设备制造有限公司
贵州航天林泉电机有限公司
海尔集团技术研发中心
杭州远方仪器有限公司
杭州中恒电气股份有限公司
航天长峰朝阳电源有限公司
合肥华耀电子工业有限公司
合肥科威尔电源系统有限公司
湖南省湘潭市华鑫电子科技有限公司
兰州精新电源设备有限公司

溧阳市华元电源设备厂
山东新风光电子科技发展有限公司
深圳华德电子有限公司
深圳市好科星电子有限公司
四川省科学城帝威电气有限公司
苏州台智源电子有限公司
天津市蓝丝莱电子科技有限公司
天津市九荣鑫电源技术有限公司
威海广泰空港设备股份有限公司
武汉能创技术有限公司
武汉新瑞科电气技术有限公司
武汉永力科技股份有限公司
许继电源有限公司
扬州裕红电源制造厂
伊戈尔电气股份有限公司
中国船舶重工集团公司第七二四研究所
中科航达科技发展（北京）有限公司
中山市浩成自动化设备有限公司

直流屏、电力操作电源（38）

北京新雷能科技股份有限公司
成都顺通电气有限公司
福建省瑞盛电力科技有限公司
广州东芝白云菱机电力电子有限公司
广州科欣仪器有限公司
哈尔滨光宇集团股份有限公司
杭州奥能电力设备制造有限公司
杭州奥能电源设备股份有限公司
合肥联信电源有限公司
湖南丰日电源电气股份有限公司
湖南科明电源有限公司
江苏上能新特变压器有限公司
美尔森电气保护系统（上海）有限公司
启东市华泰电源制造厂
勤发电子股份有限公司
上海雷诺尔科技股份有限公司
上海阳顿电气制造有限公司
深圳奥特迅电力设备股份有限公司
深圳博科源科技有限公司
深圳蓝信电气有限公司
深圳市金宏威技术股份有限公司
深圳市科陆电源技术有限公司
深圳市新能力科技有限公司
深圳市新未来电源技术有限公司
深圳市英可瑞科技开发有限公司
深圳市正能实业有限公司
石家庄通合电子科技股份有限公司
四川省科学城帝威电气有限公司
温州东驰电力科技有限公司
温州华高电气有限公司
武汉瑞源电力设备有限公司
厦门蓝溪科技有限公司
厦门兴厦控恒昌自动化有限公司
许继电源有限公司
烟台东方电子玉麟电气有限公司
扬州奇盛电力设备有限公司
珠海金电电源工业有限公司
珠海泰坦科技股份有限公司

变频电源（器）（37）

艾普斯电源（苏州）有限公司
北京大华无线电仪器厂
北京动力源科技股份有限公司
北京航天星瑞电子科技有限公司
广州东芝白云菱机电力电子有限公司
哈尔滨九洲电气股份有限公司
杭州远方仪器有限公司
合肥科威尔电源系统有限公司
济南诺顿科技有限公司
济南芯驰能源科技有限公司
江门市安利电源工程有限公司
空军预警学院电子技术研究所
勤发电子股份有限公司
山东新风光电子科技发展有限公司
上海厚国电气有限公司
上海雷诺尔科技股份有限公司
上海诺易电器有限公司
上海松丰电源设备有限公司
上海稳压器厂
上海熙顺电气有限公司
深圳麦格米特电气股份有限公司
深圳市汇川技术股份有限公司
深圳市库马克新技术股份有限公司
深圳市帕瓦科技有限公司
深圳市西格玛泰变压器有限公司
四川长虹欣锐科技有限公司
苏州市电通电力电子有限公司
苏州台智源电子有限公司
台达电子企业管理（上海）有限公司
天津华云自控股份有限公司
天津市环瑞金属材料技术有限公司
天津市九荣鑫电源技术有限公司
温州现代集团有限公司
西安爱科赛博电气股份有限公司
张家港市电源设备厂
浙江海利普电子科技有限公司
珠海泰坦科技股份有限公司

电子变压器（48）

北京新创四方电子有限公司

北京一峰电子制作中心
东莞华兴电器有限公司
东莞立德电子有限公司
东莞市港龙电源设备有限公司
佛山市富士川电业有限公司
佛山市哥迪电子有限公司
佛山市顺德区扬洋电子有限公司
佛山市新光宏锐电源设备有限公司
广东新昇电业科技股份有限公司
河北远大电子有限公司
江苏宏微科技股份有限公司
江苏上能新特变压器有限公司
乐清市潘登电源有限公司
临沂昱通新能源科技有限公司
美国国家仪器有限公司（简称“NI”）
南京金宁星拓电源设备研究所
宁波金源电气有限公司
宁夏银利电器制造有限公司
青岛晶鑫伟业高磁材料科技有限公司
青岛云路新能源科技有限公司
衢州三源汇能电子有限公司
上海光泰电气有限公司
上海豪远电子有限公司
上海厚国电气有限公司
上海津盛电器设备制造有限公司
上海全力电器有限公司
上海松丰电源设备有限公司
上海伟浩机电设备有限公司
上海稳压器厂
上海熙顺电气有限公司
上海新康电器制造有限公司
深圳市港泰电子有限公司
深圳市港特科技有限公司
深圳市金顺怡电子有限公司
深圳市京泉华科技股份有限公司
深圳市帕瓦科技有限公司
深圳市威泰隆电源电气有限公司
时冠电气（上海）有限公司
唐山尚新融大电子产品有限公司
天津市鲲鹏电子有限公司
田村（中国）企业管理有限公司
武汉新瑞科电气技术有限公司
兴化市东方电器有限公司
浙江省东阳市仪表仪器有限公司
浙江西奥根电气有限公司
中山市横栏镇阿瑞斯电子厂
专顺电机（惠州）有限公司

蓄电池（30）

保定科诺沃机械有限公司
北京纽绅埔科技有限公司
北京世科伟业电气有限公司
北京银星通达科技开发有限责任公司
大连宝士达电源股份有限公司
佛山市柏克新能科技股份有限公司
佛山市宝星科技发展有限公司
佛山市力迅电子有限公司
佛山市新光宏锐电源设备有限公司
福州福光电子有限公司
广东志成冠军集团有限公司
广州市昌菱电气有限公司
广州市维能达软件科技有限公司
广州市昱诚电子技术有限公司
哈尔滨光宇集团股份有限公司
河北先控捷联电源设备有限公司
鸿宝电气集团股份有限公司
湖南丰日电源电气股份有限公司
湖南科明电源有限公司
理士国际技术有限公司
山东圣阳电源股份有限公司
上海百纳德电子信息有限公司
上海复华控制系统有限公司
上海阳顿电气制造有限公司
深圳科士达科技股份有限公司
深圳市南方默顿电子有限公司
深圳市雄韬电源科技股份有限公司
威海文隆电池有限公司
珠海山特电子有限公司
珠海泰坦科技股份有限公司

电源配套设备（自动化设备、SMT 设备、绕线机等）（23）

北京恒电电源设备有限公司
北京世特美测控技术有限公司
北京银星通达科技开发有限责任公司
东莞宏强电子有限公司
东莞市锐源仪器股份有限公司
佛山市南海区平洲广日电子机械有限公司
广东和昌电业集团有限公司
广州市维能达软件科技有限公司
贵州奇胜电源工程有限责任公司
杭州中恒电气股份有限公司
河北先控捷联电源设备有限公司
启东市华泰电源制造厂
陕西长岭光伏电气有限公司
陕西拓普索尔电子科技有限责任公司
上海科泰电源股份有限公司
上海日意电子科技有限公司
上海伟浩机电设备有限公司
深圳市汇川技术股份有限公司

深圳市鹏源电子有限公司
深圳市瑞必达科技有限公司
苏州市电通电力电子有限公司
苏州台智源电子有限公司
无锡海德电子有限公司

功率器件（20）

安泰科技股份有限公司非晶金属事业部
北京韶光科技有限公司
北京宇翔电子有限公司
常州瑞华电力电子器件有限公司
广州成启半导体有限公司
广州华工科技开发有限公司
桂林斯壮微电子有限责任公司
江苏宏微科技股份有限公司
南京时恒电子科技有限公司
青岛航天半导体研究所有限公司
上海吉电电子技术有限公司
深圳市华之美半导体有限公司
深圳市鹏源电子有限公司
苏州能讯高能半导体有限公司
唐山尚新融大电子产品有限公司
无锡市星火电器有限公司
无锡新洁能股份有限公司
武汉新瑞科电气技术有限公司
西安龙腾新能源科技发展有限公司
厦门信和达新能源有限公司

电焊机、充电机、电镀电源（19）

保定科诺沃机械有限公司
北京韶光科技有限公司
广东顺德三扬科技股份有限公司
广州市先锋电镀设备制造有限公司
贵州奇胜电源工程有限责任公司
海丰县中联电子厂有限公司
溧阳市华元电源设备厂
南昌大学教授电气制造厂
任丘市先导科技电子有限公司
上海全力电器有限公司
上海宇帆电气有限公司
深圳博科源科技有限公司
深圳华意隆电气股份有限公司
深圳麦格米特电气股份有限公司
深圳市好科星电子有限公司
深圳市正能实业有限公司
苏州市申浦电源设备厂
扬州双鸿电子有限公司
中山市浩成自动化设备有限公司

半导体集成电路（18）

安森美半导体 ON Semiconductor
昂宝电子（上海）有限公司
北京京仪椿树整流器有限责任公司
北京宇翔电子有限公司
东莞立德电子有限公司
佛山市南海赛威科技技术有限公司
广州成启半导体有限公司
桂林斯壮微电子有限责任公司
江苏宏微科技股份有限公司
青岛航天半导体研究所有限公司
上海吉电电子技术有限公司
深圳市长运通光电技术有限公司
深圳市华之美半导体有限公司
深圳市坚力坚实业有限公司
深圳市联德合微电子有限公司
无锡新洁能股份有限公司
西安龙腾新能源科技发展有限公司
英飞凌科技（中国）有限公司

电抗器（18）

安泰科技股份有限公司非晶金属事业部
北京新创四方电子有限公司
江苏上能新特变压器有限公司
宁夏银利电器制造有限公司
青岛晶鑫伟业高磁材料科技有限公司
青岛云路新能源科技有限公司
上海豪远电子有限公司
上海鹰峰电子科技有限公司
深圳市铂科磁材有限公司
深圳市港泰电子有限公司
深圳市金顺怡电子有限公司
深圳市西格玛泰变压器有限公司
唐山尚新融大电子产品有限公司
田村（中国）企业管理有限公司
温州现代集团有限公司
伊戈尔电气股份有限公司
浙江正泰电源电器有限公司
专顺电机（惠州）有限公司

磁性元件/材料（15）

安徽首文高新材料有限公司
安泰科技股份有限公司非晶金属事业部
北京七星飞行电子有限公司
临沂昱通新能源科技有限公司
青岛晶鑫伟业高磁材料科技有限公司
衢州三源汇能电子有限公司
上海钢研精密合金器材有限公司
上海灼日精细化工有限公司
深圳可立克科技股份有限公司
深圳市铂科磁材有限公司
深圳市威日科技有限公司

田村（中国）企业管理有限公司
武汉中磁浩源科技有限公司
越峰电子（昆山）有限公司
浙江科达磁电有限公司

电容器（14）

东莞宏强电子有限公司
广东丰明电子科技有限公司
广东意壳电子科技有限公司
广西吉光电子科技股份有限公司
广州华工科技开发有限公司
南通新三能电子有限公司
上海吉电电子技术有限公司
上海赛特康新能源科技有限公司
上海鹰峰电子科技有限公司
深圳市智胜新电子技术有限公司
厦门埃尔华进出口有限公司
厦门信和达新能源有限公司
扬州凯普电子有限公司
中山市万科电子有限公司

滤波器（13）

安泰科技股份有限公司非晶金属事业部
常州坚力电子有限公司
佛山市顺德区扬洋电子有限公司
华东微电子技术研究所
临沂昱通新能源科技有限公司
青岛云路新能源科技有限公司
山东山大华天科技集团股份有限公司
上海稳利达科技股份有限公司
上海鹰峰电子科技有限公司
四川厚天电气股份有限公司
天津华云自控股份有限公司
温州现代集团有限公司
西安爱科赛博电气股份有限公司

PC、服务器电源（12）

东莞市金河田实业有限公司
广州凯盛电子科技有限公司
海湾电子（山东）有限公司
雷诺士（常州）电子有限公司
深圳欧陆通电子有限公司
深圳市东辰科技有限公司
深圳市航嘉驰源电气股份有限公司
深圳市中电熊猫展盛科技有限公司
四川斯维奇电气科技有限公司
协丰万佳科技（深圳）有限公司
浙江省海宁市海整整流器有限公司
中国长城计算机深圳股份有限公司

电源测试设备（12）

北京大华无线电仪器厂
北京泛华恒兴科技有限公司
北京群菱能源科技有限公司
北京索英电气技术有限公司
东莞市锐源仪器股份有限公司
杭州远方仪器有限公司
美国国家仪器有限公司（简称“NI”）
陕西长岭光伏电气有限公司
陕西柯蓝电子有限公司
深圳市新亚电子制程股份有限公司
西安爱科赛博电气股份有限公司
西安龙腾新能源科技发展有限公司

电感器（9）

北京新创四方电子有限公司
北京一峰电子制作中心
临沂昱通新能源科技有限公司
宁夏银利电器制造有限公司
深圳市铂科磁材有限公司
深圳市京泉华科技股份有限公司
唐山尚新融大电子产品有限公司
拓哲（广州）电子科技有限公司
武汉新瑞科电气技术有限公司

电阻器（5）

广东省佛山科星电子有限公司
南京时恒电子科技有限公司
上海鹰峰电子科技有限公司
深圳市金元电子技术有限公司
苏州市电通电力电子有限公司

胶（5）

广州市白云化工实业有限公司
上海灼日精细化工有限公司
深圳华天启科技有限公司
深圳市希顺有机硅科技有限公司
深圳市新亚电子制程股份有限公司

机壳、机柜（4）

北京银星通达科技开发有限责任公司
河北先控捷联电源设备有限公司
陕西长岭光伏电气有限公司
上海弘乐电气有限公司

绝缘材料（3）

广东和昌电业集团有限公司
广州市宝力达电气材料有限公司
上海灼日精细化工有限公司

风扇、风机等散热设备（2）

天津市津铝工贸有限公司
天津市鑫利维铝业有限公司

其他（38）

TÜV 南德意志集团
保定科诺沃机械有限公司
北京博旺天成科技发展有限公司
北京机械设备研究所
北京索英电气技术有限公司
北京星原丰泰电子技术股份有限公司
北京中大科慧科技发展有限公司
常州市超顺电子技术有限公司
成都金创立科技有限责任公司
佛山市禅城区华南电源创新科技园投资管理有限公司
福建省瑞盛电力科技有限公司
广东大比特资讯广告发展有限公司
广州安的电子技术有限公司
广州广日电气设备有限公司
贵阳航空电机有限公司
海尔集团技术研发中心
杭州易泰达科技有限公司
湖南东方万象科技有限公司
美尔森电气保护系统（上海）有限公司
美国国家仪器有限公司（简称“NI”）
南昌大学教授电气制造厂
山东新风光电子科技发展有限公司
上海超群无损检测设备有限责任公司
上海临港经济发展（集团）有限公司
深圳市安科讯实业有限公司
深圳市金威源科技股份有限公司
深圳市兴龙辉科技有限公司
四川斯维奇电气科技有限公司
四川依米康环境科技股份有限公司
四川英杰电气股份有限公司
苏州市申浦电源设备厂
太仓电威光电有限公司
温州市创力电子有限公司
无锡海德电子有限公司
厦门兴厦控恒昌自动化有限公司
中国科学院等离子体物理研究所
中国科学院近代物理研究所

第十篇　电源新产品介绍

240V 高压直流电源（厦门科华恒盛股份有限公司）
ITCube 系列数据中心解决方案（深圳科士达科技股份有限公司）
SmartRow ™ 易睿™中小型数据中心解决方案（艾默生网络能源有限公司）
模块化 UPS 电源 EA660（广东易事特电源股份有限公司）
TDX 系列 80-400K 可并机 工频机（佛山市新光宏锐电源设备有限公司）
多制式节能型绿色 UPS 电源（广东志成冠军集团有限公司）
M25A-T200kVA 并机（东莞市乐科电子有限公司）
CMS-640（380V/380V 640kVA）在线式通信用不间断电源系统（河北先控捷联电源设备有限公司）
模块化 UPS 系列（佛山市柏克新能科技股份有限公司）
IDC 移动式应急电源车（北京中大科慧科技发展有限公司）
150kW 大功率水冷电源系统（北京动力源科技股份有限公司）
直流远供电源（深圳索瑞德电子有限公司）
175W PWM 调光恒流源（茂硕电源科技股份有限公司）
UEL040A-D1（东莞市石龙富华电子有限公司）
SG1000TS（阳光电源股份有限公司）
PNS 光伏控制器（鸿宝电气集团股份有限公司）
节电柜（温州现代集团有限公司）
华耀高功率密度、高效率标准砖 DC-DC 模块电源（合肥华耀电子工业有限公司）
XRE 系列 DC-DC 二代机新产品（北京星原丰泰电子技术股份有限公司）
WKPG-100 预稳压模块（西安伟京电子制造有限公司）
LI120 导轨 AC-DC 电源（广州金升阳科技有限公司）
MVP500（深圳市航嘉驰源电气股份有限公司）
电抗器及变压器（深圳市港特科技有限公司）
光伏逆变用 LCL 双层电抗器（广东新昇电业科技股份有限公司）
纳米晶磁粉芯（浙江科达磁电有限公司）
CTW 系列高频 PFC 电感（田村（中国）企业管理有限公司）
KEMET 薄膜电容 C9T 系列（厦门信和达新能源有限公司）
英飞凌 650V TRENCHSTOP™5 IGBT（英飞特电子（杭州）股份有限公司）
电源 EMC 滤波器（安泰科技非晶金属事业部）

厦门科华恒盛股份有限公司
地址：厦门火炬高新区火炬园马垄路457号
邮编：361006
电话：0592-5160516
传真：0592-5162166
网址：www.kehua.com.cn

产品简介：

随着信息技术的发展与数据业务的迅速扩大，尤其是高功率密度设备的大量应用，使得“建设节约又安全的通信供电系统”成为了各大通信运营企业关注的焦点，对通信电源也提出了新的运用要求。科华公司生产的ZL304系列通信用240V直流供电系统，是结合多年技术经验积累、生产体系管理的高可靠性产品，可以广泛应用于IDC数据中心、互联网等数据通信机房，银行及其他使用直流240V电源的设备。

本产品主要部件采用科华公司自主研发的高频开关电源及微机监控模块，高频开关电源整流模块采用国际先进的谐振软开关三电平电源技术，并结合全数字控制技术，具有效率高、体积小、重量轻等优越特点。

功能特点：

- 智能化程度高

  整流模块为自主研发的智能型高频开关电源，可实现模块智能调度、输出电压智能调节、输出电流智能调节、模块功率限制等。
- 可靠性高

  模块间采用数字化均流，支持带电热拔插，系统具有稳定性和可靠性。
- 显示、报警功能完善

  监控功能完善，断电后运行记录和历史故障不丢失。
- 完善的电池管理

  系统对电池实现智能充电管理和自动维护保养。
- 高效率、高功率因数

  电源满载效率＞95%；采用有源功率因数校正技术，满载功率因数PF≥0.999, 电流谐波THDi≤3%，整流模块稳压、稳流精度高。
- 采用CAN总线设计

  整流模块与配电模块采用CAN总线设计，其余模块采用RS-485总线扩展设计方案，系统可根据实际需求灵活配置。

主要参数：

指标 \ 型号		ZL304-G400	ZL304-G600	ZL304-G800	ZL304-G1200	ZL304-G1600
输入特性	电压范围/V	AC 260~530（304V以上可带满载）				
	电压谐波含量(%)	≤5				
	电流谐波含量(%)	≤3（100%负载），≤5（50%负载）				
	缺相工作情况	缺相保护				
	频率范围/ Hz	40~66				
	相数	三相三线				
	电池电压/V	DC 240				
	适用电池容量/Ah	100~2000（可根据用户需求配置）				
输出特性	功率/kVA	120	180	240	360	480
	额定输出电压/V	240				
	输出电压范围/V	185~290 连续可调				
	输出电流/A	400	600	800	1200	1600
	输出限流	额定电流×（20%~110%）				
	绝缘监测	直流母线以及直流支路均设置绝缘监测 直流配电列头柜内各个支路的绝缘监测由绝缘监测模块进行监测				
	稳压精度(%)	≤±0.2				
	稳流精度(%)	≤±1				
	纹波系数(%)	≤±0.13				
	效率(%)	≥94.5				
	并机性能(%)	≤±1				

ITCube系列数据中心解决方案

KSTAR 科士达

深圳科士达科技股份有限公司
地址：广东省深圳市南山区高新中区科技中二路软件园1栋4楼
邮编：518057
电话：0755-86169858
传真：0755-86168482
网址：www.kstar.com.cn
E-mail：chenglc@kstar.com.cn

产品简介：

为解决客户日益增长的新业务需求，满足快速部署、灵活扩展的需求，科士达公司推出ITCube系列数据中心解决方案。ITCube数据中心一体化解决方案以一体化整合、绿色节能、模块化为设计理念，帮助客户实现快速部署、柔性扩容、高效运行、管理便捷的新一代数据中心。

功能特点：

ITCube 四大核心价值

- 快速部署
  模块化部件、标准化接口、工厂预组装、现场快速安装。
- 高效节能
  模块化UPS、精密制冷、密闭通道。
- 高性价比
  设计费用低、工程费用低、维保费用低。
- 一站式服务
  整体方案设计、整体设备安装、统一售后服务。

EMERSON
Network Power

艾默生网络能源有限公司
地址：深圳市南山区科发路1号
邮编：518057
电话：400-887-6510
传真：0755-86010112
网址：www.emersonnetwork.com.cn

产品简介：

艾默生“SmartRow易睿™”：为中小机房建设开启“节省模式”。

SmartRow易睿中小机房IT解决方案作为一种智能解决方案，在帮助企业实现 “边成长边投资”发展理念的基础上，为中小企业机房建设多方位成功开启了“节省模式”。

SmartRow易睿中小机房IT解决方案在节省企业成本的同时，也便于配置和部署。该基础架构可安装在一个空房间中，甚至是有人工作的地点，而无需对房间做出较大的更改。产品包括最多达20kW的综合电源、精密制冷、机架、监控和管理以及灭火系统，而它们的占地面积仅为66平方英尺，从而降低了机房对空间的依赖程度。

功能特点：

艾默生网络能源推出的SmartRow易睿中小机房IT解决方案，充分利用了艾默生网络能源的技术广度和在数据中心设计领域专业知识的深度，整合了电源、制冷、基础架构管理和灭火系统，在封闭、多机架配置的数据中心能够支持高达20kW的IT设备，数据中心无需进行更多的空间变更就能为IT设备提供更好的支持，从而可以减少约10%的初始资本投入。在数据中心运行过程中，该架构还可以减少30%的能源成本。成功减轻了中小企业机房建设过重的成本负担，是业界领先的独立数据中心基础架构。

主要参数：

容量	<20kW
机柜数量	3 ~ 6个
类型	开放/封闭完整系统
地板	有/无 架空地板
典型适用场合	小型数据中心(在场地空间受限的环境尤其适用，全封闭方案，可以在非机房环境适用)

模块化UPS电源EA660

EAST®易事特

广东易事特电源股份有限公司
地址：广东省东莞市松山湖工业园区工业北路6号
邮编：523808
电话：0769-22897777
传真：0769-87882853
网址：www.eastups.com

产品简介：

第三代EA660是易事特全新推出的三进三出高频模块化UPS电源，产品采用全数字化控制技术，系统容量最大可扩容到500kVA。整机采用模块化设计，包含功率模块、充电模块以及监控模块，所有模块均支持热插拔操作。整机各模块均采用模组化设计，既保证了布局的紧凑性又增加了整机的可靠性。整机采用了先进的“N+X”无均流线线并联技术，最大程度降低了UPS单点故障的概率，使整机的可靠性设计趋于完美。

功能特点：

- 采用无均流线并联技术，可靠性高。
- 采用分散式并联结构，UPS模块均独立工作，无单点故障，系统更可靠。
- 灵活的充电参数设定以及电池节数配置，先进的电池智能管理技术，有效延长电池使用寿命。
- 独立充电模块设计，最多可支持4个充电模块并联，最大充电电流120A。

主要参数：

输入	
额定输入电压	AC380V
输入方式	三相五线
输入功率因素	≥0.99
额定频率	50/60Hz自适应
市电输入频率范围	40～70 Hz
旁路电压范围	上限：0~+20%可调，默认：+20%
	下限：-40%~0可调，默认：-20%
输出	
最大输出功率	400kVA/400kW（配置20kVA/20kW模块）
	500kVA/400kW（配置25kVA/20kW模块）
额定电压	AC380 V
输出方式	三相五线
输出频率	市电模式：与市电同步；电池模式：50Hz/60Hz
系统	
整机工作效率	94%
电池节数	40节（正负两组电池组，每组20节，同时支持32、34、36、38节）
控制面板	5.7英寸多功能LCD触摸宽屏
接口	SNMP、USB、RS232、RS485、干接点

节电柜

MODERN
电能质量优化专家

温州现代集团有限公司
地址：浙江温州鹿城区金丝桥路20号
邮编：325000
电话：0577-88823874
传真：0577-88838732
网址：www.wzmodern.com
E-mail：modern@wz.zj.cn

产品简介：

适用于任何负载，为电力设施如通信基站、CNC机器、电脑测绘、印刷设备、生产线和任何用电设施提供稳定并经过优化的电能设备，为用户有效的节电。

功能特点：

产品具有高容量、高效率、操作简单、性能可靠维护方便，结合三相分调技术，精度≤+-1.5%,效率≥98%，节点效率高，回收成本快，能适应复杂的现场环境，并且产品体积小，可为用户量身定做其所需的产品。

主要参数：

输入电压/V	3相: 400（1±15% ）230（1±15% ，1相)
输出电压/V	3相: 380（1±1.5%）220（1±1.5%，1相)
频率/Hz	50/60
绝缘电阻/ MΩ	≥2
噪声/ dB	<55
调压方式	分相调
谐波增量	零
变压器绝缘等级	H级
线制	三相五线制
电刷磨损次数	14万次，0.01mm磨损
电压调节方法	带有电动机和钢丝绳的调压变压器
耐压	2500V/1min无击穿
效率	>96%
机箱颜色	米色
电气安全	CE
显示	多功能表（可显示AMPS、 VOLTS、kW、kVA、kWH、kVAR、PF），带有RS485接口，显示都在机箱外
端子	There is a cover on the terminals端子部分要有遮挡，裸露电线不能直接接触
环境温度/℃	-20~ +45
海拔/ m	<1000
相对湿度	<90%
自动旁路	当机器放生故障，可以自动旁路，在控制面板上有手动/自动旁路转换开关
缺相保护功能	当输入缺相时，稳压器自动切断输出，缺失的相恢复时，稳压器重新启动
声光报警功能	过温和稳压器故障
调压控制	手动225V、220V、215V调压转换开关
其他功能	上电方式、故障保护、短路保护、报警消音、过、欠电压切断输出

华耀高功率密度、高效率标准砖DC-DC模块电源

合肥华耀电子工业有限公司
地址：安徽省合肥市高新区天智路41号华电大厦
邮编：230088
电话：400-665-9997
传真：0551-65324417-0
网址：www.ecu.com.cn
E-mail：sales@ecu.com.cn

产品简介：

华耀电子标准砖DC-DC模块电源，为高功率密度、高效率的典型代表。该系列电源以超宽的输入范围，高效率，低高度和高可靠性为主要特点，并拥有良好的热性能，适用于众多的应用场合：可广泛应用于通讯网络、自动化测试、军事装备、工业控制等领域。

华耀高功率密度、高效率标准砖DC-DC模块电源包括1/16砖、1/8砖、1/4砖、1/2砖、全砖，共五个子系列产品。

功能特点：

- 高功率密度：功率密度最高可达140W/inch3。
- 高效率：效率达93%。
- 高可靠性：平均无故障时间(MTBF)≥100万小时。
- 宽输入范围：4:1宽范围DC输入。
- 宽工作温度：-55-100℃的工作温度范围。
- 全系列灌胶封装：确保产品良好的散热和抗震性能。
- 全系列逻辑控制功能。
- 所有机种工业级和军工级（均符合GJB150A和GJB299C-2009标准）可选。

主要参数：

产品型号	最大输出功率/W	输入电压/V(DC)	额定输入电压/V(DC)	输出电压/V(DC)	效率典型值/%
EVBUS	50	18~75	24/48	3.3/5.0/8/12	92
EEBUS	125	18~75	24/48	3.3/5.0/8/12	93
EQBS100W-024S	100	10~36	24	3.3/5.0/12/15/24	87
EQBS100W-048S	100	18~75	48	3.3/5.0/12/15/24	88
EQBS150W-012S	150	10~18	12	3.3/5.0/12/15/24	90
EQBS150W-024S	150	10~18	24	3.3/5.0/12/15/24	90
EQBS150W-048S	150	36~75	48	3.3/5.0/12/15/24	92
EHBS200W-024S	200	10~36	24	3.3/5.0/12/15/24	87
EHBS200W-048S	200	18~75	48	3.3/5.0/12/15/24	89
EHBS300-012S	350	10~18	12	3.3/5.0/12/15/24/28	92
SHBS350-024S	351	18~36	24	3.3/5.0/12/15/24/28	91
EQBS350-048S	352	36~75	48	3.3/5.0/12/15/24/28	91
EHBS100-300S	100	200~400	300	3.3/5.0/12/15/24/28/48	86
EFBS600-024S	700	18~36	24	12/28/32	91
EFBS600-048S	00	36~75	48	12/28/32	92
EFBS700-300S	700	200~420	300	3.3/5.0/12/24/36/48	90

XRE系列DC-DC二代机新产品/XRA系列AC-DC模块电源系列

北京星原丰泰电子技术股份有限公司
地址：北京市昌平区沙河豆各庄工业园9号彩易达科园
邮编：102206
电话：010-80733900-8242
传真：010-80733900-8001
网址：www.saps.cn
E-mail：qizhiyuan@saps.cn

产品简介：

XRE系列DC-DC二代机模块电源：

为原DC-DC一代机的升级品，该产品具有以下典型特点：

- 体积小、功率密度高、有15W/30W/50W/100W可选；
- 工作温度范围-40℃至+85℃，适应恶劣的物理环境；
- 输入欠电压、输出过电流、过电压、短路保护，四大保护功能；
- 输入输出无过冲，全六面金属屏蔽，对外无干扰；
- 标称满载状态下，最高效率可达91%；
- 输入输出隔离耐压最高达DC2200V；
- 输出电压可遥控，可上下调±10%；
- 五年质保，全系列符合RoHS指令；
- 产品均可通过CE\UL等认证。

执行标准

→ GB/T4208-1993《外壳防护等级》
→ GB4943-2001 《信息技术设备的安全》
→ GB/T2423-2001《电工电子产品环境试验》
→ YD/T1376-2005《通信用直流-直流模块电源》
→ GB/T2828-2003《逐批检查技术抽样程序及抽样表》
→ GB4859-1984 《电子设备的抗干扰特性基本测量方法》

XRA系列AC-DC模块电源系列

具有以下特点：

- 宽输入电压范围（AC85V~265V可适应海内外不同标准）；
- 多种输出电压模式，可选输出电压隔离，输出电压不隔离等；
- 高EMC电磁兼容特性，电源模块裸机可过3级EMC；
- 小体积，高功率密度，电源模块最高效率可达85%；
- 可选绝缘塑壳和全六面金属壳两种封装形式；
- 高隔离耐压，输入输出最高可达AC2500V；
- 可选交直流两种输入方式；

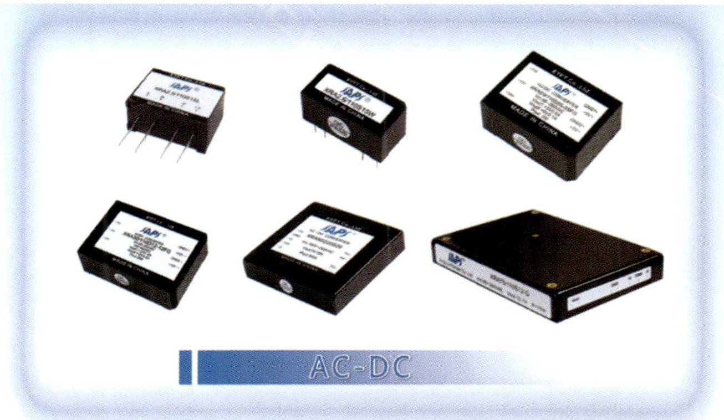

产品应用范围：

此产品在电磁兼容方面表现优越，浪涌完全按照IEC61000标准可达LEVEL 4，完全符合电力行业产品设计要求，具有低纹波噪声、高功率密度、输出短路、过电流等多重保护功能。该产品适用于通信、电力、铁路、工业控制、新能源等行业。

WKPG-100预稳压模块

西安伟京电子制造有限公司
地址：陕西省西安市高新区草堂科技产业基地秦岭大道西2号科技企业加速器9号楼1C
邮编：710304
电话：029-65660060
传真：029-65660061
网址：www.weiking.com
E-mail：sales@weiking.com

产品简介：

WKPG-100前端预稳压模块为DC-DC变换器配套产品，使用时连接于DC-DC变换器前端，用来处理系统输入的浪涌电压、尖峰电压及瞬态跌落，经预稳压处理后为DC-DC变换器提供可靠的输入电压。预稳压模块通过升压电路实现跌落输入电压的升压，高端嵌位电路实现浪涌电压和尖峰的抑制。模块采用混合厚膜集成工艺，金属外壳、平行缝焊封装。广泛应用于航空、航天等军用领域和有高可靠性要求的工业领域。

功能特点：

- 欠电压工作模式：当母线电压跌至16V以下时，稳压模块进入升压工作模式，输出电压20V，当输入电压跌至8V以下时，稳压模块关断所有操作。
- 正常工作模式：当母线电压在DC (16～40)V时，稳压模块输出跟随输入变化并低于输入电压约0.8V。
- 浪涌、尖峰抑制模式：当母线电压高于40V时，预稳压模块将输出电压嵌位在DC40V左右，并可以承受母线电压最大80V/50ms浪涌和50欧姆阻抗下600V/20us尖峰。
- 模块采用混合厚膜集成工艺，金属外壳、平行缝焊封装。广泛应用于航空、航天等军用领域和有高可靠性要求的工业领域。

主要参数：

- 工作壳温（Tc）-55℃～+125℃。
- 宽范围输入电压DC (10～40)V。
- 最大输出功率：100W。
- 产品满足GJB181(MIL-STD-704)。
- 瞬态抑制:80V/50ms 。
- 尖峰抑制:600V/20 μs。
- 跌落输入:8V/50ms。
- 具有禁止功能。

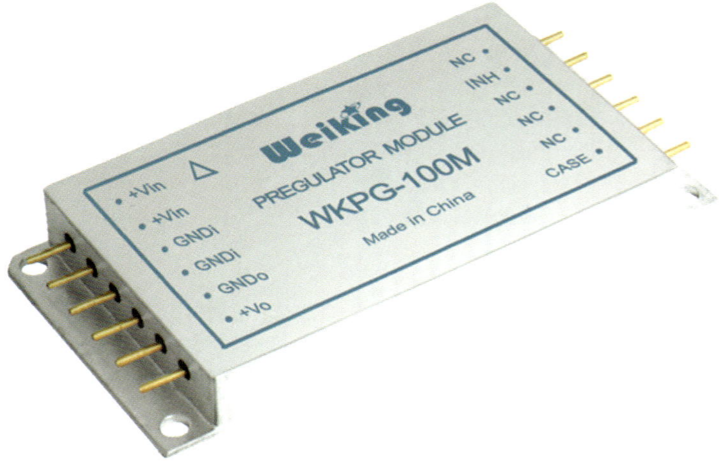

LI120导轨AC-DC电源

MORNSUN®

广州金升阳科技有限公司
地址：广州市科学城科学大道中科汇一街5号
邮编：510000
电话：020-38601850-8880
传真：020-38601272
网址：www.mornsun.cn
E-mail：mornsun@mornsun.cn

产品简介：

LI120是金升阳科技有限公司最新推出的大功率导轨式封装电源，该产品具有体积小、效率高、结构紧凑等特点，在工业控制设备、机器和其他各种恶劣环境中都有广泛的应用。

功能特点：

- 标准导轨式电源占板空间小，便于客户拆卸。
- 大功率保证后端多个单元工作。
- 92%高效率、3kV高隔离、优异纹波噪声保证整个电源系统可靠性。

主要参数：

- 输入电压范围：AC/85~264V/DC120~370V。
- 输出电压\电流：24V\5A。
- 输入欠电压保护，输出短路、过电流、过电压保护，过温保护，远程控制功能。
- 电源转换效率92%。
- UL60950、EN60950。
- 100mVp-p低纹波噪声。
- 125.0*120.0*35.0mm导轨式封装。

MVP500

Huntkey航嘉

深圳市航嘉驰源电气股份有限公司
地址：广东省深圳市龙岗区坂田坂雪大道航嘉工业园
邮编：518129
电话：0755-89606666
传真：0755-89606333
网址：www.huntkey.com
E-mail：secy@huntkey.net

产品简介：

为游戏发烧友设计的游戏专属电源，主打稳定、高效、大电流高性能的诉求，力求打造最有价值的游戏电源。

功能特点：

- 40A强大电流输出。
- 风扇延时冷却设计。
- 模组化设计。
- 全球电压90-264V宽幅支持。

主要参数：

交流输入	100~240V（宽幅），50~60Hz，9~5A				
直流输入	+12V	+5V	+3.3V	-12V	+5VSB
最大输出电流	40A	18A	18A	0.3A	2.5A
最大输出功率	480W	115W		16.1W	
额定输出功率	500W				
产品规格	150x160x85mm ,14cm				
功率因数	主动式PFC				

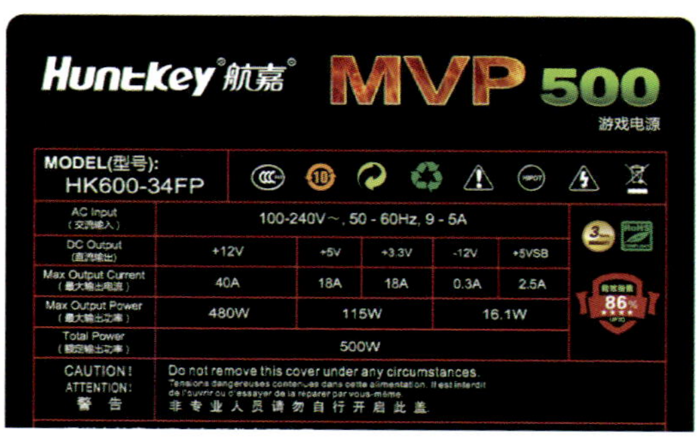

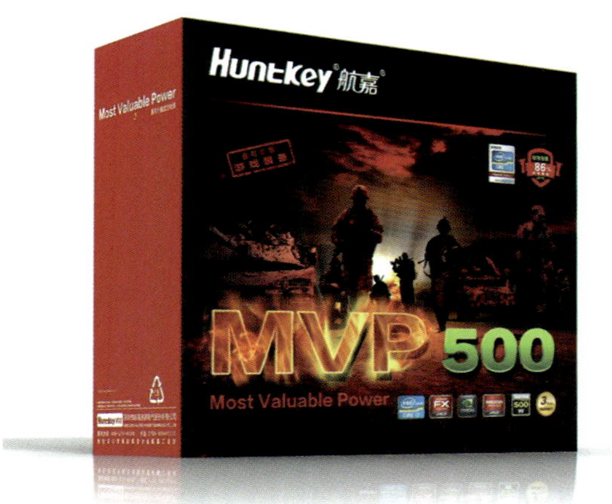

深圳市港特科技有限公司
地址：深圳市宝安区松岗街道楼岗工业区厂房C栋
邮编：518105
电话：0755-29095011 29095012
传真：0755-29095058
网址：www.kttchina.com
E-mail：ktt@kttchina.com

产品简介：

公司专业设计制造应用于大功率电力电子行业的电抗器，变压器等电磁设备并提供电能质量综合解决方案。
公司产品广泛应用于UPS、EPS、变频传动、光伏、风力发电、APF、SVC、SVG、混合动力汽车等领域。

功能特点：

- 对于2MW及以上全功率及双馈式风电变流器，公司提供水冷式散热电抗器，该电抗器具有体积小，温升低，噪声低特点。
- 针对500kW及以下光伏逆变输出与UPS输入和逆变输出，公司采用变压器内置电抗器方式，该产品具有体积小、温升低、成本低。
- 高频电抗器，适用于交直流1Hz～20kHz高频电路中，高频电抗器可采用纳米晶磁心及铁硅，磁心具有低剩磁、低损耗、低磁滞伸缩系数等优良特性。温升相对较低，对周围的电器元件影响较小。
- 特殊产品：带二极管嵌位DV/DT滤波器，LCR DV/DT滤波器，LC滤波器，防爆电抗器等，针对重载和轻载及传输距离特殊设计。

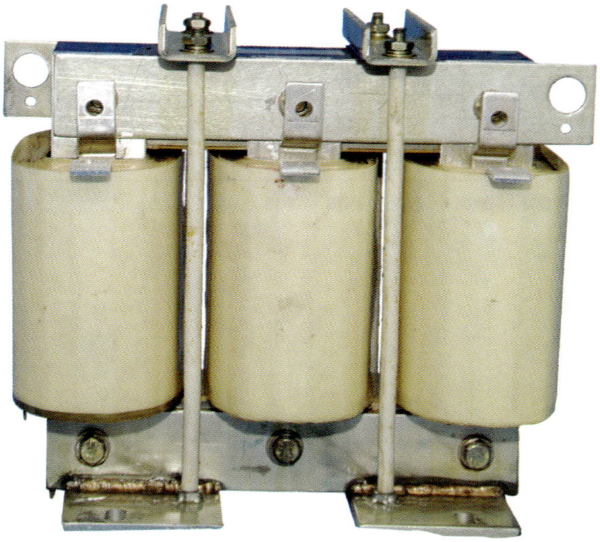

英飞凌650V TRENCHSTOP™5 IGBT

英飞凌科技（中国）有限公司
地址：上海市浦东新区松涛路647弄7-8号
邮编：201203
电话：021-61019100
传真：021-61649802
网址：www.infineon.com

产品简介：

英飞凌最新的TRENCHSTOP™5系列IGBT再一次定义了同级产品的最佳性能！

TRENCHSTOP™5系列目前提供两类产品：H5和F5。其中，H5致力于客户端的易用性，与上一代产品H3相比，在设计中无需大的更改即可实现更高的效率以及极佳的性价比。而F5致力于实现IGBT最佳的性能,因此需要进一步改善线路布局以及调整驱动参数来发挥器件的特点。比如，在太阳能设计当中，通过使用F5，在传统的H4拓扑上可以轻松实现98%的效率。而在传统的开关电源设计当中，与典型的MOSFET方案相比，F5也提供了另外一种可能性。

功能特点：

与市场上现有的产品相比，TRENCHSTOP™5 IGBT有着极低的导通和开关损耗。另外，全新开发的反并联Rapid快恢复二极管进一步改善了开通损耗和开通特性，因此在硬开关拓扑中有着无与伦比的效率以及极佳的温升特性，同时提供了650V的击穿耐压来满足更高的设计裕量要求，如太阳电池板最大功率点跟踪。该系列产品可以应用在诸如不间断电源（UPS）,逆变焊机，太阳能逆变器等。

TRENCHSTOP™5是IGBT技术的一个质的飞跃，因为它同时提供了效率的大幅改善以及可靠性的提升，因此可以进一步降低系统成本，或者是功率密度的提升。 而这两点对于功率系统设计来讲都是极具吸引力的，因而也必将对当今甚至是未来的设计产生深远的影响。

主要参数：

TRENCHSTOP™5系列产品通过对英飞凌在业界领先的薄晶圆工艺的进一步提高，以及IGBT器件内部载流子的优化设计，实现了以下的主要性能（跟上一代H3相比）：

1.导通损耗降低10%。

2.开关损耗降低60%。

3.击穿耐压提升至650V，提供更高的设计裕量。

4.门极电荷Qg降低60%，更易于驱动以及高频的设计。

5.更低的输出结电容，进一步改善轻载效率。

6.全系的Rapid二极管降低了开通损耗，实现了更佳的开通特性。

安泰科技非晶金属事业部
地址：北京市海淀区学院南路76号
邮编：100081
电话：010-62182423
传真：010-62182220
网址：www.atmcn.com www.atm-amorphous.com

产品简介：

相对于传统铁氧体磁性材的电源EMC滤波器而言，安泰电源EMC滤波器的共模电感铁心采用高性能纳米晶材料，系列产品已经取得TUV Mark认证（EN 61642、EN 60939，≥1000V）；符合低压设备指令：2006/95/EC要求；满足ROHS指令：2002/95/EC要求。安泰电源EMC滤波器能够解决各种复杂电磁环境下的传导干扰，为客户提滤波器供定制服务，根据客户选择的不同型号，可分别满足标准Class A 或者ClassB等级的要求。

功能特点：

安泰电源EMC滤波器在满载荷条件下设计,采用高性能的纳米晶材料做共模电感铁心，有很好的抗饱和能力，且具有电感量高、漏电流低、高频插入损耗高等优势；其结构紧凑，体积小，重量轻，更便于安装。

主要参数：

最大连续工作电压	DC1200~2000V/AC220~520V
额定工作电流	6~ 2500A@50℃
耐压数值	P→E, P→P DC 6000V@10mA 2s
防护等级	IP20
过载能力	在瞬间开关冲击电流为4倍额定电流；一般情况下1.5倍额定电流1min
环境温度	-40°~+100℃ (40/100/21)，(IEC/CEI60068-1) 21 天湿热测试
耐燃等级	UL94V-2
设计标准	UL1283 CSA22.2 NO.8 1986, IEC/EN60939
MTBF @50℃/1200VDC	≥130,000 h
绝缘电阻	≥6000MΩ
直流电阻	@25℃2*0.017Ω
温升	≤40℃（以UL1283标准测量或额定功率下温度稳定后测量）

电源学报

JOURNAL OF POWER SUPPLY

收录本刊的部分文献检索系统：　CN 12-1420/TM　ISSN 2095-2805　中国电源学会 主办

中国科学引文数据库（CSCD）　中国期刊全文数据库　中国学术期刊综合评价数据库

中国学术期刊网络出版总库　中国核心期刊（遴选）数据库　万方数据资源系统数字化期刊群

中国学术期刊（光盘版）　中文科技期刊数据库　中国科技论文在线

教育阅读网　华艺 CEPS 数据库

《电源学报》诚征优秀论文，欢迎来稿

《电源学报》，刊号：CN 12-1420/TM，主办单位：中国电源学会。经过中国科学引文数据库(Chinese Science Citation Database，简称CSCD)的定量遴选、学科专家评审和中国科学引文数据库来源期刊遴选委员会的评议，《电源学报》现已成为中国科学引文数据库来源期刊。

投稿、审稿、浏览、订阅请登陆：www.jops.cn

《电源学报》(原《电源技术学报》)所有文章均已在网站(www.jops.cn)刊载，欢迎浏览交流。该网站是智能远程稿件处理系统，编辑部日常工作流程均可在线完成。投稿、审稿、订阅请分别在首页作者登录区、审稿登录区、读者登录区进行注册登录，进入相关界面后，点击相应菜单即可完成对应功能。使用简单，操作方便。

地址：天津市南开区黄河道467号大通大厦16层　电话：022-27686327　网址：www.jops.cn

邮编：300110　传真：022-27686317　邮箱：dianyuan@126.com

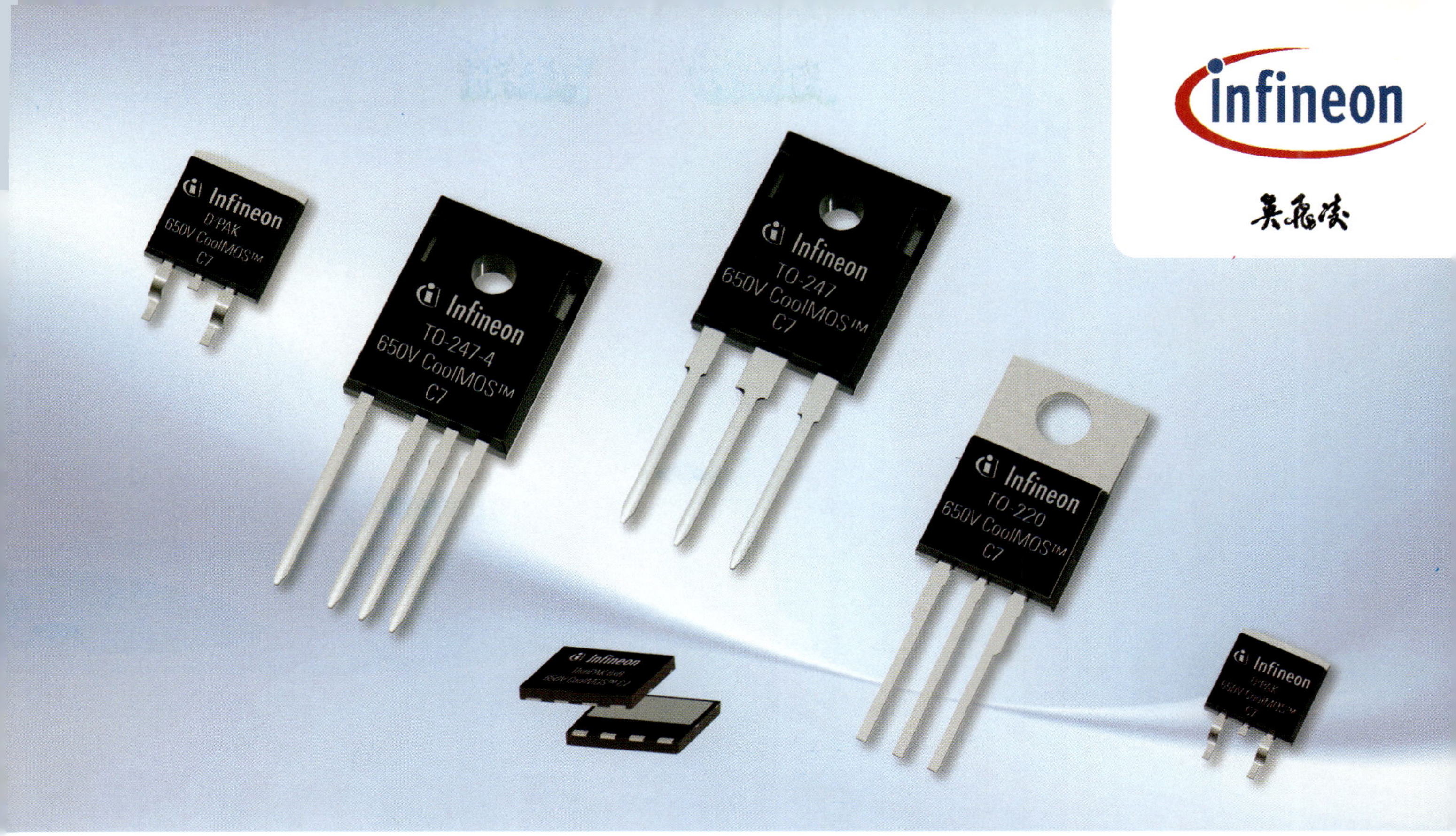

infineon
英飞凌

650V CoolMOS™ C7

世界领先的性能触手可及

英飞凌的全新 CoolMOS™ C7 系列是技术上的一次革命性飞跃，在硬开关应用的所有标准封装中它实现了全球最低 $R_{DS(on)}$。C7 的快速开关性能可实现超过 100kHz 的开关频率，同时在服务器 PFC 等级上实现了钛金级效率。它提供了提高功率密度的新方法。

全新 650V CoolMOS™ C7 的主要特点和优点

- 通过更高频率操作提升功率密度
- 在所有标准封装中 $R_{DS(on)}$ 为同类优质等级，实现技术上革命性飞跃
  - 实现全球最低 $R_{DS(on)}$，TO-247 中为 19mΩ，TO-220 和 D2PAK 中为 45mΩ
- 低开关损耗，低导通损耗（Q_g、 E_{oss}、 Q_{oss} 均改进）
  - 在全负载范围内实现效率提升
- 新的TO-247 4引脚封装，实现硬开关应用效率提升
- 650V 适合 SMPS 和太阳能应用

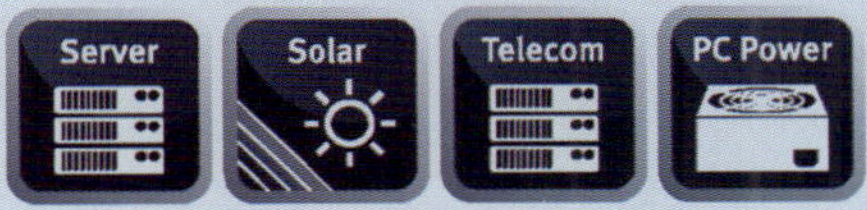

For further information please visit our website:
www.infineon.com/c7

CHESHING
CHAMPION
优质产品 电力保障
CPTT系列数字化不间断电源
◆银行、证券等机构的数据中心
◆交通电力、通信机房
◆工业自动化行业
◆IDC中心、计算机系统
◆高精度设备
CPTH系列多制式模块化不间断电源
广东志成冠军集团有限公司
GuangDong ZhiCheng Champion Group Co,.Ltd.
电话：0769-87725486 传真：0769-87927259
地址：广东省东莞市塘厦镇田心工业区
获取更多信息请登陆：www.zhicheng-champion.com

Huntkey®
Power Your Dream
连续八年排名国内PC电源行业首位
世界电源企业排名第五位
ISO9001:2008认证企业
国际电源制造商会员
中国电源学会会员
深圳市高新技术企业
X7
1000W
组装一体机
移动电源
适配器
电源转换器
手机充电器
深圳市航嘉驰源电气股份有限公司
wwww.huntkey.com
服务热线: 400-678-8388

华南电源
现代电源主题园
S.C.P.C.S.
CPSS
中国电源学会副理事长单位
中国电源专业园区
城市新核心 产业新动力
可租可售可按揭 宜工宜商新境界
塱沙路
塱宝西路
高速出入口
张槎路
华南电源创新科技园
轻工路
佛山一环
佛开高速
华宝路
禅西大道
佛山大道
季华路
华南电源创新科技园
SOUTH CHINA POWER CREATIVE SCIENCE PARK
招商热线：0757-82108418
地址：广东省佛山高新技术产业开发区禅城园张槎一路115号（佛开高速张槎出口西行500米）
www.hndy.gd.cn

金武士 KINGCHEVALIER | 360° 电力保护解决方案

电力保护系统：独创REINFORCEMENT®“瑞福®”技术，为UPS提供网络化管理、DSP数字控制技术完全解决方案。
电力储备系统：自主研发的革命性Power Vegetarian及零度密封技术，电池寿命更长、更环保、更具性价比。
电力转换系统：自主核心技术制造，产品品质可靠、品类齐全。为各种型号规格的UPS提供优质的产品支持。

本企业已通过ISO9001及ISO14001认证

SERVICE 360 U微笑服务体系

佛山市新光宏锐电源设备有限公司
SUNSHINE&CELL POWER SYSTEM EQUIPMENT CO.,LTD.FOSHAN
联系地址：广东省佛山市国家高新技术开发区禅城园区
塱沙路塱宝工业园西区三路八号

UE Electronic

Since 1989

105W 室外LED驱动电源 (UEL105-A1Z)
15-54V DC 0-8.33A
EN61347、UL8750、GB19510

15W 室内 LED驱动电源 (UE15WCP1-SPA)
3-24V DC 0.01-2.00A

开关电源适配器 (UE05LF)
5VDC 0.01-1.00A

开关电源适配器 (UE18W2)
12VDC 0.01-1.5A

代理商招募中

寻找电源研发设计公司合作

中国率先获得LED路灯电源CQC认证厂家

PSB BSMI SABS WEEE ISO 14001:2004 ISO 9001:2008 CEC OHSAS 18001:2007

UE Electronic

东莞市石龙富华电子有限公司 中国广东省东莞市石龙镇新城区黄洲祥龙路富华电子工业园

Tel: (86) 769-8602 2222 Fax: (86) 769-8602 3333 www.fuhua-cn.com E-mail: fuhua@fuhua-cn.com

全球驱动热线：400 830 8668

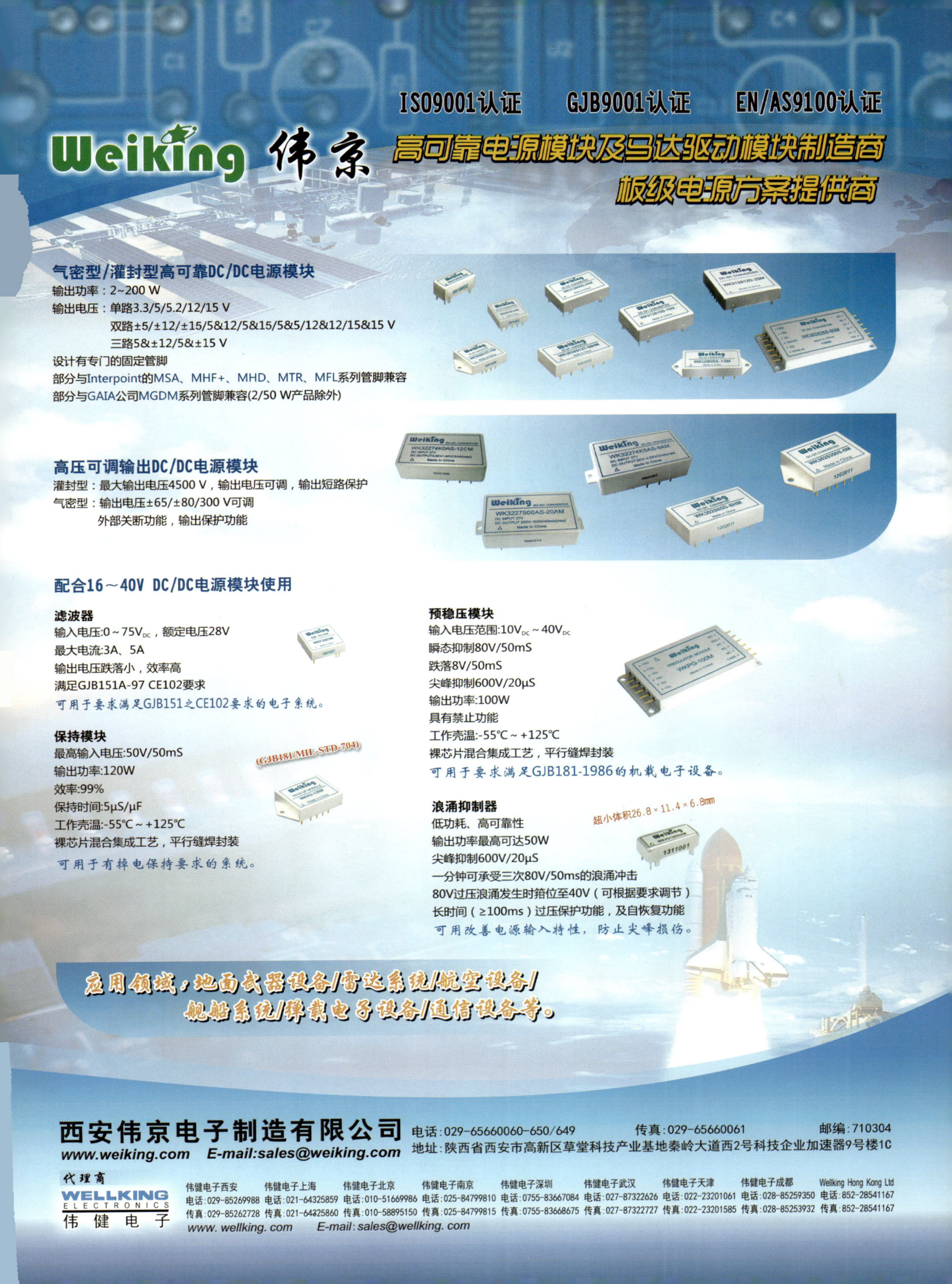

ISO9001认证 GJB9001认证 EN/AS9100认证
Weiking 伟京
高可靠电源模块及马达驱动模块制造商
板级电源方案提供商
气密型/灌封型高可靠DC/DC电源模块
输出功率：2~200 W
输出电压：单路3.3/5/5.2/12/15 V
双路±5/±12/±15/5&12/5&15/5&5/12&12/15&15 V
三路5&±12/5&±15 V
设计有专门的固定管脚
部分与Interpoint的MSA、MHF+、MHD、MTR、MFL系列管脚兼容
部分与GAIA公司MGDM系列管脚兼容(2/50 W产品除外)
高压可调输出DC/DC电源模块
灌封型：最大输出电压4500 V，输出电压可调，输出短路保护
气密型：输出电压±65/±80/300 V可调
外部关断功能，输出保护功能
配合16～40V DC/DC电源模块使用
滤波器
输入电压:0～75V_DC，额定电压28V
最大电流:3A、5A
输出电压跌落小，效率高
满足GJB151A-97 CE102要求
可用于要求满足GJB151之CE102要求的电子系统。
保持模块
(GJB181/MIL-STD-704)
最高输入电压:50V/50mS
输出功率:120W
效率:99%
保持时间:5μS/μF
工作壳温:-55℃～+125℃
裸芯片混合集成工艺，平行缝焊封装
可用于有掉电保持要求的系统。
预稳压模块
输入电压范围:10V_DC～40V_DC
瞬态抑制80V/50mS
跌落8V/50mS
尖峰抑制600V/20μS
输出功率:100W
具有禁止功能
工作壳温:-55℃～+125℃
裸芯片混合集成工艺，平行缝焊封装
可用于要求满足GJB181-1986的机载电子设备。
浪涌抑制器
超小体积26.8×11.4×6.8mm
低功耗、高可靠性
输出功率最高可达50W
尖峰抑制600V/20μS
一分钟可承受三次80V/50ms的浪涌冲击
80V过压浪涌发生时箝位至40V（可根据要求调节）
长时间（≥100ms）过压保护功能，及自恢复功能
可用改善电源输入特性，防止尖峰损伤。
应用领域：地面武器设备/雷达系统/航空设备/
舰船系统/弹载电子设备/通信设备等。
西安伟京电子制造有限公司
www.weiking.com E-mail:sales@weiking.com
电话:029-65660060-650/649 传真:029-65660061 邮编:710304
地址:陕西省西安市高新区草堂科技产业基地秦岭大道西2号科技企业加速器9号楼1C
代理商
WELLKING ELECTRONICS 伟健电子
伟健电子西安 电话:029-85269988 传真:029-85262728
伟健电子上海 电话:021-64325859 传真:021-64325860
伟健电子北京 电话:010-51669986 传真:010-58895150
伟健电子南京 电话:025-84799810 传真:025-84799815
伟健电子深圳 电话:0755-83667084 传真:0755-83668675
伟健电子武汉 电话:027-87322626 传真:027-87322727
伟健电子天津 电话:022-23201061 传真:022-23201585
伟健电子成都 电话:028-85259350 传真:028-85253932
Wellking Hong Kong Ltd 电话:852-28541167 传真:852-28541167
www.wellking.com E-mail:sales@wellking.com

港特科技
KTRANSFORMER
变压器、电抗器
专业制造商
光伏逆变、UPS专用变压器
(50~1000kVA)
高频变压器
高频电感
UPS、变频电源用变压器
三相电抗器
自耦升压变压器(双铁芯)
三相UPS用自耦变压器
曝光机用变压器
三相隔离变压器
三相UPS用变压器
三相EPS用变压器
港特科技会更以执着的专业精神为您服务!
深圳市港特科技有限公司
地址：深圳市宝安区松岗街道楼岗工业区厂房C栋一至四层
电话：86-755-29095011 29095012 29095055
传真：86-755-29095058 邮 箱：ktt@kttchina.com
www.kttchina.com